第　15　回

21世紀出生児縦断調査
（平成13年出生児）

（平成28年）

厚生労働省政策統括官（統計・情報政策担当）編
一般財団法人　厚　生　労　働　統　計　協　会

ま　え　が　き

この報告書は、平成28年１月と７月に実施した「第15回21世紀出生児縦断調査（平成13年出生児）」の結果を取りまとめたものです。

「21世紀出生児縦断調査（平成13年出生児）」は、21世紀の初年に出生した子の実態及び経年変化の状況を継続的に観察することにより、少子化対策等の様々な施策に役立てることを目的として平成13年度から実施しているものです。

この調査は、従来から行われてきた横断調査（毎回調査客体を替え、調査時点の実態を明らかにする調査手法）と異なり、同一調査客体を継続的に調査し、その実態や意識の変化、行動変化を把握し、詳細な分析を行う「縦断調査」という調査手法により実施しています。

第15回調査では調査対象児は15歳（中学3年生）になりました。子どものようすや子育てについての意識などを毎年調査するとともに、同一調査客体の過去の調査事項をリンクさせ、子どもの状況や子育て意識などの変化を把握しています。

この報告書が行政施策の基礎資料として利用されるとともに、関係各方面においても幅広く利用していただければ幸いです。

平成30年２月

厚生労働省政策統括官（統計・情報政策担当）

酒　光　一　章

担　当　係

政策統括官付参事官付世帯統計室

出生児縦断統計企画係

電話０３－５２５３－１１１１

内線７４７４

目　　次

【食事のようす】

【家庭での会話】

【学校生活について】

【学校以外の勉強時間】

【学習塾等の状況】

【将来について】

【働きたい地域】

【就きたい職業・将来就いてほしい職業について】

【小遣いの状況】

【子ども自身の悩みや不安、相談相手】

Ⅰ　調査の概要

1　調査の目的

この調査は、同一客体を長年にわたって追跡する縦断調査として、平成13年度から実施している統計調査であり、21世紀の初年に出生した子の実態及び経年変化の状況を継続的に観察することにより、少子化対策、子どもの健全育成等、厚生労働行政施策の企画立案、実施等のための基礎資料を得ることを目的としている。

2　調査の対象

全国の平成13年（2001年）１月10日から同月17日の間及び同年７月10日から同月17日の間に出生した子を対象とし、厚生労働省が人口動態調査の出生票を基に調査客体を抽出した。双子、三つ子についてもそれぞれの子を対象としている。

第15回調査における対象児の年齢は15歳（中学３年生）である。

3　調査の時期

１月生まれは平成28年１月18日、７月生まれは平成28年７月18日とした。

4　調査事項

保護者…父母の就業状況、保護者が希望する進路、子育てに関する意識、子育て費用　等

子ども…家族の状況、将来（進路・結婚等）、悩みや不安　等

5　調査の方法及び結果の集計

調査票の配布及び回収は郵送により行った。

なお、結果の集計は、厚生労働省政策統括官（統計・情報政策担当）において行った。

6　調査票の回収状況等

調査票の配布数及び回収数は以下のとおりである。

	１月生まれ			７月生まれ			合計		
	配布数	回収数	回収率	配布数	回収数	回収率	配布数	回収数	回収率
第１回	26,620	23,423	88.0%	26,955	23,592	87.5%	53,575	47,015	87.8%
第２回	23,391	21,923	93.7%	23,575	22,002	93.3%	46,966	43,925	93.5%
第３回	23,374	21,365	91.4%	23,523	21,447	91.2%	46,897	42,812	91.3%
第４回	22,439	20,699	92.2%	22,398	20,860	93.1%	44,837	41,559	92.7%
第５回	21,735	19,824	91.2%	21,824	19,993	91.6%	43,559	39,817	91.4%
第６回	21,020	19,154	91.1%	21,167	19,383	91.6%	42,187	38,537	91.3%
第７回	20,182	18,304	90.7%	20,416	18,481	90.5%	40,598	36,785	90.6%
第８回	19,530	17,978	92.1%	19,731	18,158	92.0%	39,261	36,136	92.0%
第９回	18,865	17,480	92.7%	19,067	17,784	93.3%	37,932	35,264	93.0%
第10回	18,359	17,256	94.0%	18,630	16,868	90.5%	36,989	34,124	92.3%
第11回	17,948	16,426	91.5%	18,111	16,487	91.0%	36,059	32,913	91.3%
第12回	17,529	16,067	91.7%	17,509	15,998	91.4%	35,038	32,065	91.5%
第13回	16,960	15,204	89.6%	16,944	15,127	89.3%	33,904	30,331	89.5%
第14回	16,451	14,780	89.8%	16,392	14,726	89.8%	32,843	29,506	89.8%
第15回	15,738	14,462	91.9%	15,670	14,348	91.6%	31,408	28,810	91.7%

7　調査票の様式

第15回調査の１月生まれの調査票

（７月生まれの調査票は、調査項目が同様であるため省略）

第15回21世紀出生児縦断調査調査票
【平成13年出生児】

（平成28年（2016年）１月18日調査）

厚生労働省

（本人用）

この調査票は、平成13年１月生まれのお子さん（中学３年生）ご本人がお答えください。

調査票は、平成28年１月18日現在の状況で記入をしてください。
もし、自分で答えられない場合は、保護者の方にお手伝いしてもらってもかまいません。

統計法に基づく国の統計調査です。調査票情報の秘密の保護に万全を期します。
お答えいただいた内容については、統計の作成以外の目的には使用しませんのでご協力をお願いします。

記入後の調査票は、同封の「本人用調査票回収封筒（白色）」に入れ密封し、保護者の方が回答する「保護者用」の調査票と一緒に、同封の返信用封筒（茶色）に入れてポストに投函してください。

【提出の仕方】
※「本人用調査票回収封筒（白色）」のみをポストに投函されても郵送されませんので
ご注意ください。

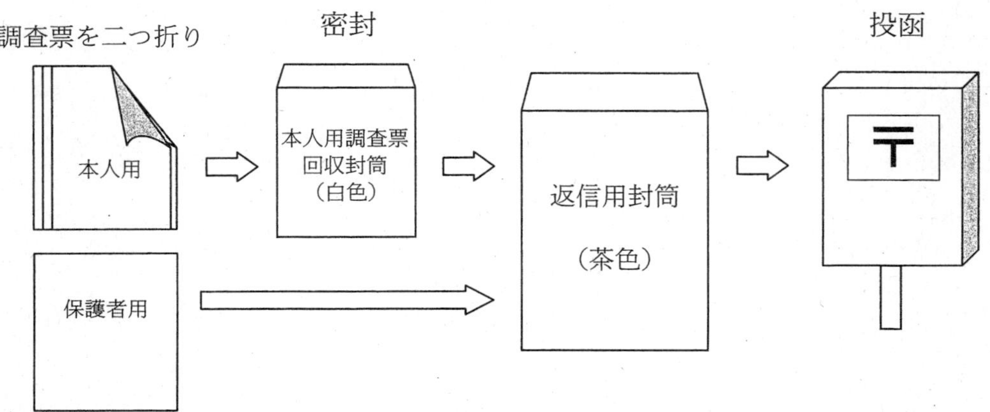

【ご家族について】

問1　現在、あなた（平成13年生まれのお子さん）は、どなたと同居していますか。
あてはまる番号**すべて**に○をつけてください。
なお、○をつけた番号に □ がある場合は、□ に人数を記入してください。

（あなたが、双子、三つ子の場合、兄姉弟妹のそれぞれの人数には、他の調査票の対象となっている兄姉弟妹も含めてください。）

※　単身赴任（ふにん）等で長期不在の方がいる場合、3か月に1度以上の割合で帰宅する場合には同居に含めます。3か月を超えて不在の場合は同居には含めません。
※　寄宿舎（学生寮）に入寮している場合、相部屋で1人以上の者と同室であっても、「その他の同居者」を選ばないでください。

あなた（平成13年生まれのお子さん）と同居している人			
1　お母さん	3　兄 □ 人	7　祖母（お母さんの母親）	11　その他の同居者 □ 人
2　お父さん	4　姉 □ 人	8　祖父（お母さんの父親）	（具体的に　　）
	5　弟 □ 人	9　祖母（お父さんの母親）	12　寄宿舎（学生寮）に入寮中
	6　妹 □ 人	10　祖父（お父さんの父親）	

→（5・6に○をつけた場合）
同居している一番下の弟妹は何歳ですか。 □ 歳
※　1歳未満の場合は、0歳と書いてください。

問2　現在、お母さん、お父さんは単身赴任（ふにん）中ですか。それぞれあてはまる番号**1つ**に○をつけてください。

お母さん	お父さん
1　はい　　2　いいえ	1　はい　　2　いいえ

2

【起床時間と就寝時間について】

問３　あなたの**起きる時間**、**寝る時間**は何時頃ですか。

平日と土・日曜日別にそれぞれあてはまる番号１つに○をつけてください。

※　平日は曜日によって、起きる時間、寝る時間が異なる場合は、最も多い時間帯としてください。

起きる時間	平日	日曜日
午前5時前	1	1
午前5時　　～5時29分	2	2
午前5時30分～5時59分	3	3
午前6時　　～6時29分	4	4
午前6時30分～6時59分	5	5
午前7時　　～7時29分	6	6
午前7時30分～7時59分	7	7
午前8時　　～8時29分	8	8
午前8時30分～8時59分	9	9
午前9時以降	10	10
起きる時間は決まっていない	11	11

寝る時間	平日	土曜日
午後　9時前	1	1
午後　9時　　～　9時29分	2	2
午後　9時30分～　9時59分	3	3
午後10時　　～10時29分	4	4
午後10時30分～10時59分	5	5
午後11時　　～11時29分	6	6
午後11時30分～11時59分	7	7
午前　0時　　～　0時29分	8	8
午前　0時30分～　0時59分	9	9
午前　1時以降	10	10
寝る時間は決まっていない	11	11

【食事について】

問4　あなたはふだん、**朝食を食べていますか。あてはまる番号1つ**に○をつけてください。

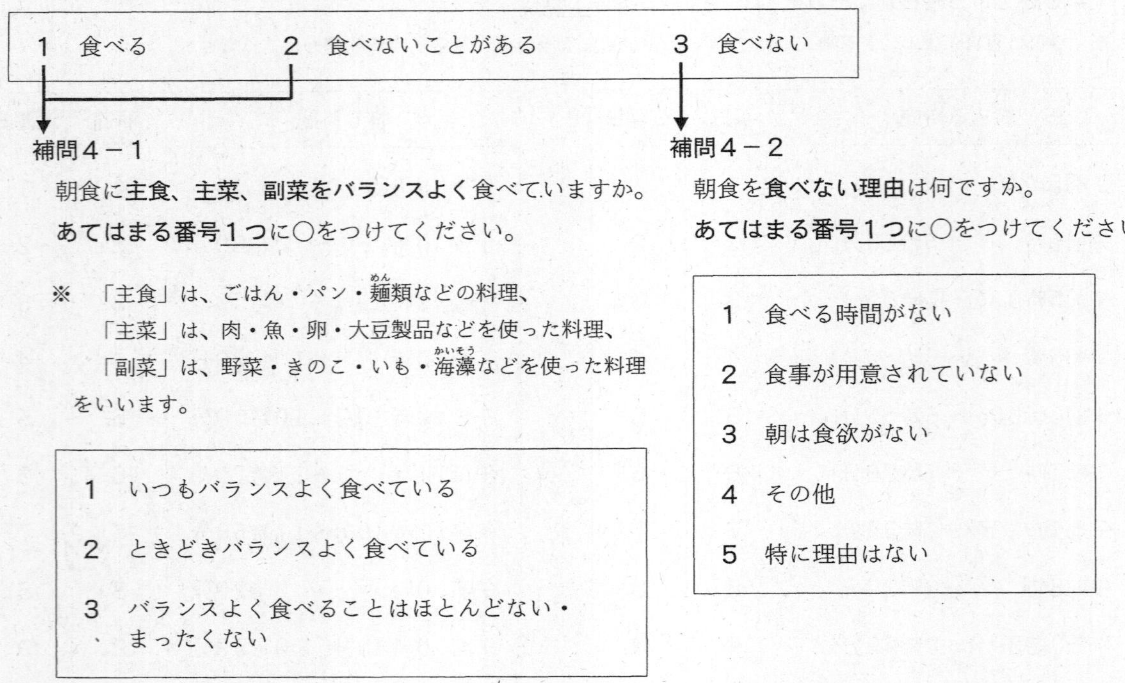

1　食べる　　2　食べないことがある　　3　食べない

補問4－1

朝食に**主食、主菜、副菜をバランスよく**食べていますか。
あてはまる番号1つに○をつけてください。

※　「主食」は、ごはん・パン・麺類などの料理、
「主菜」は、肉・魚・卵・大豆製品などを使った料理、
「副菜」は、野菜・きのこ・いも・海藻などを使った料理
をいいます。

1　いつもバランスよく食べている
2　ときどきバランスよく食べている
3　バランスよく食べることはほとんどない・まったくない

補問4－2

朝食を**食べない理由**は何ですか。
あてはまる番号1つに○をつけてください。

1　食べる時間がない
2　食事が用意されていない
3　朝は食欲がない
4　その他
5　特に理由はない

問5　あなたはふだん、**夕食を食べていますか。あてはまる番号1つ**に○をつけてください。

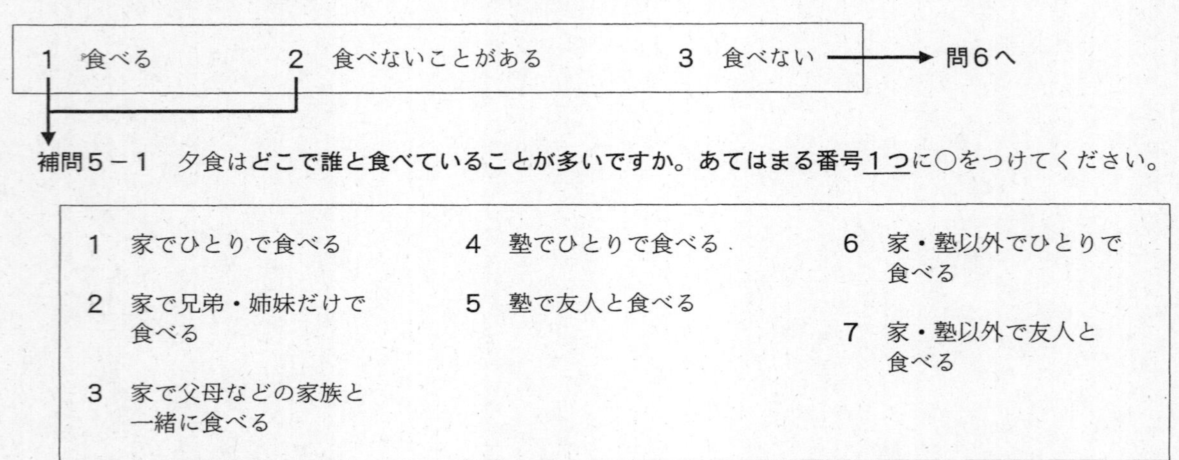

1　食べる　　2　食べないことがある　　3　食べない → 問6へ

補問5－1　夕食は**どこで誰と食べていることが多いですか。あてはまる番号1つ**に○をつけてください。

1　家でひとりで食べる
2　家で兄弟・姉妹だけで食べる
3　家で父母などの家族と一緒に食べる
4　塾でひとりで食べる
5　塾で友人と食べる
6　家・塾以外でひとりで食べる
7　家・塾以外で友人と食べる

問６　あなたはふだん、学校が終わった後、寝るまでに**夕食以外に何か食べたり、飲んだりしますか。**
①〜⑥の**各項目について、それぞれあてはまる番号１つ**に○をつけてください。

	よく食べる・よく飲む	ときどき食べる・ときどき飲む	ほとんど食べない・ほとんど飲まない	まったく食べない・まったく飲まない
① お菓子（スナック菓子、ケーキ、チョコレート、アメ、せんべいなど）	1	2	3	4
② 氷菓子（アイスクリーム、アイスキャンディーなど）	1	2	3	4
③ 飲料（牛乳、スポーツドリンク、果物ジュースなど）	1	2	3	4
④ 炭酸飲料（コーラ、サイダーなど）	1	2	3	4
⑤ 果物（バナナ、リンゴ、みかんなど）	1	2	3	4
⑥ ご飯・パン・麺（めん）類（おにぎり、菓子パン、カップ麺など）	1	2	3	4

【家庭の様子について】

問７　あなたはふだん、**お母さんやお父さんと会話をしていますか。**
①〜⑤の**各項目について、それぞれあてはまる番号１つ**に○をつけてください。

	お母さん				お父さん			
	よくする	ときどきする	あまりしない	まったくしない	よくする	ときどきする	あまりしない	まったくしない
① 学校でのできごとについて	1	2	3	4	1	2	3	4
② 友だちのことについて	1	2	3	4	1	2	3	4
③ 将来や進路のことについて	1	2	3	4	1	2	3	4
④ 勉強や成績のことについて	1	2	3	4	1	2	3	4
⑤ 社会のできごとやニュースについて	1	2	3	4	1	2	3	4

【学校について】

問８　あなたは、**学校生活に満足していますか。**

①〜⑥の各項目について、それぞれ**あてはまる番号１つ**に○をつけてください。

	とても そう思う	まあ そう思う	あまりそう 思わない	まったくそう 思わない
①　クラスの友人関係はうまくいっている	1	2	3	4
②　教師との関係はうまくいっている	1	2	3	4
③　ためになると思える授業がたくさんある	1	2	3	4
④　楽しいと思える授業がたくさんある	1	2	3	4
⑤　学校の勉強は将来役に立つと思う	1	2	3	4
⑥　授業の内容をよく理解できている	1	2	3	4

問９　あなたは、**中学３年生以降部活動（クラブ活動を含む）を行っていますか。または、行っていましたか。**

あてはまる番号すべてに○をつけてください。

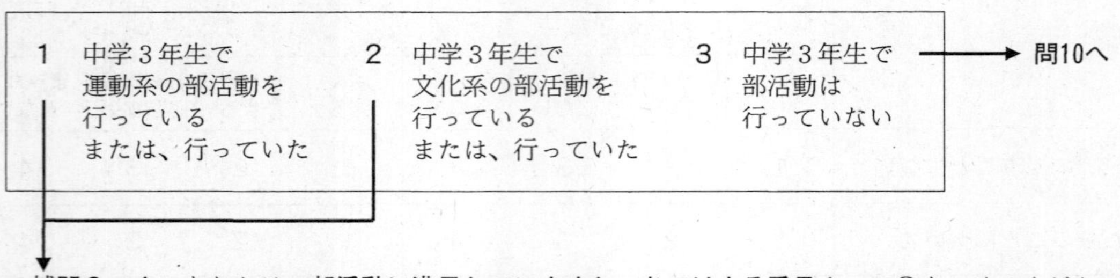

1　中学３年生で運動系の部活動を行っている　または、行っていた

2　中学３年生で文化系の部活動を行っている　または、行っていた

3　中学３年生で部活動は行っていない　→　問10へ

補問９－１　あなたは、**部活動に満足していますか。あてはまる番号１つ**に○をつけてください。

	とても そう思う	まあ そう思う	あまりそう 思わない	まったくそう 思わない
部活動の仲間や友人との関係はうまくいっている	1	2	3	4

【家や塾などでの勉強時間について】

問10　あなたはふだん、授業の予習・復習や受験勉強を**家や塾など**でどのくらいしていますか。
平日と休日別に、それぞれ**あてはまる番号1つ**に○をつけてください。

※　あなたの通う学校が、土曜日も授業があれば土曜日は平日と考えてください。

※　学校の宿題は含めません。

家や塾などでの勉強時間	平日	休日
しない	1	1
1時間未満	2	2
1時間～2時間未満	3	3
2時間～3時間未満	4	4
3時間～4時間未満	5	5
4時間～5時間未満	6	6
5時間～6時間未満	7	7
6時間以上	8	8

補問10－1　「2」～「8」に○をつけた方は、学習塾等の種類について**あてはまる番号すべて**に○をつけ、□には日数を記入してください。

学習塾等の種類
1　学習塾 →1週間の日数 □ 日
2　家庭教師 →1週間の日数 □ 日
3　通信教育（添削（てんさく）教材やプリント教材などを使った通信学習）
4　上記については、利用していない

上記の「1」～「3」を利用する主な目的は何ですか。
あてはまる番号1つに○をつけてください。

1　学校の勉強の補助・補習のため

2　受験や進学のため

3　上記以外

【将来について】

問11　あなたは現在、将来について考えていますか。「進路」「結婚」「最初の子どもを持つ時期」それぞれについて、あてはまる番号1つに○をつけてください。

進　　路	結　　婚	最初の子どもを持つ時期
1　中学卒業後に働くことを考えている	1　10代のうちにしたいと考えている	1　10代のうちに持ちたいと考えている
2　中学卒業後は専門学校・各種学校※へ進み、その後、働くことを考えている	2　20～24歳でしたいと考えている	2　20～24歳で持ちたいと考えている
3　高校卒業後に働くことを考えている	3　25～29歳でしたいと考えている	3　25～29歳で持ちたいと考えている
4　高校卒業後は専門学校・各種学校※へ進み、その後、働くことを考えている	4　30～34歳でしたいと考えている	4　30～34歳で持ちたいと考えている
5　大学卒業後に働くことを考えている	5　35～39歳でしたいと考えている	5　35～39歳で持ちたいと考えている
6　具体的にはまだ考えていない	6　40歳以降でしたいと考えている	6　40歳以降で持ちたいと考えている
	7　結婚はしたいが時期は考えていない	7　子どもは持ちたいが時期は考えていない
	8　結婚はしたくない	8　子どもは持ちたくない
	9　具体的にはまだ考えていない	9　具体的にはまだ考えていない

※　看護学校，経理・簿記学校，栄養士・調理師学校，服飾学校，美容学校などのいわゆる専門学校と呼ばれている学校や高等専修学校、各種学校

問12　働きたい地域を決めていますか。あてはまる番号1つに○をつけてください。

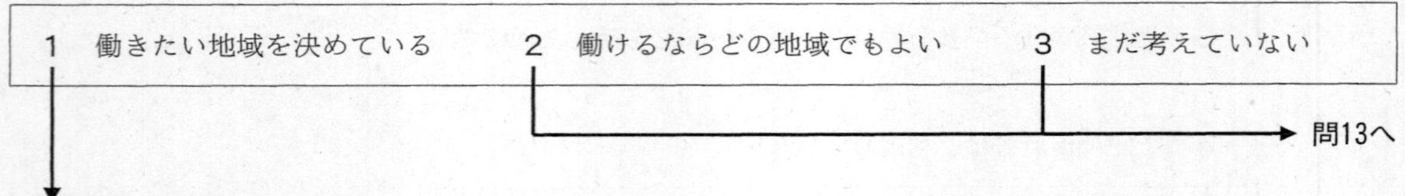
1　働きたい地域を決めている　　2　働けるならどの地域でもよい　　3　まだ考えていない

（2・3）→問13へ

補問12－1　働きたいのはどの地域ですか。あてはまる番号1つに○をつけてください。

1　現在住んでいる市区町村、または現在住んでいる市区町村から通える地域

2　上記1以外の地域

問13　就きたい職業は決まっていますか。あてはまる番号に○をつけてください。

1　決まっている　　2　決まっていない　→ 問14へ

↓

補問13－１　その職業に就きたい理由はなんですか。あてはまる番号すべてに○をつけてください。
また、その中で一番の理由の番号を［　］に記入してください。

1　高収入が得られるから
2　地位や名声が得られるから
3　自分の能力や適性が生かせるから
4　自分の興味や好みにあっているから
5　社会や人のために役立ち、貢献できるから
6　失業のおそれがないから
7　親(祖父母や親せきを含む)の仕事を継ぎたいから
8　その他
［具体的に　　］

○をつけたうち
一番の理由の番号［　］

補問13－２　その職業に就きたいと思うようになったきっかけはなんですか。
あてはまる番号すべてに○をつけてください。
また、その中で一番のきっかけとなったものの番号を［　］に記入してください。

1　親(祖父母や親せきを含む)の
働く姿をみていたから
2　親(祖父母や親せきを含む)から
すすめられたから
3　先輩や友人との話
4　学校での職場体験や職場見学
5　ボランティア活動
6　職業適性検査
7　ＴＶ・雑誌・インターネットなどの
メディアの情報
8　パンフレットや求人案内
9　その他
［具体的に　　］

○をつけたうち
一番のきっかけとなったものの番号［　］

【お小遣いについて】

問14　あなたは、お小遣いをもらっていますか。あてはまる番号1つに○をつけてください。

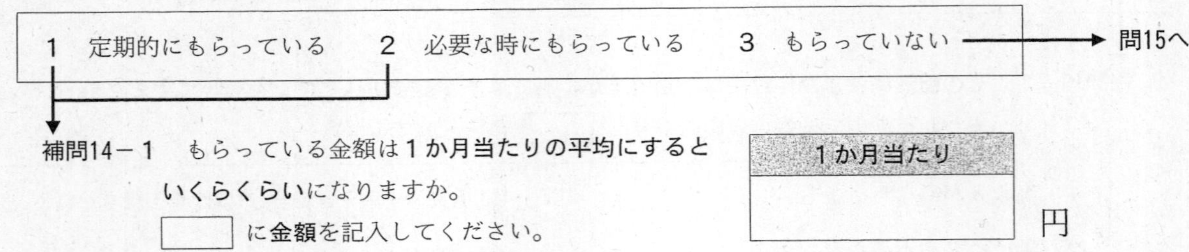

補問14－1　もらっている金額は1か月当たりの平均にすると
いくらくらいになりますか。
□ に金額を記入してください。

1か月当たり	
	円

【身長・体重・測定日】

問15　あなたの現在の身長、体重、測定した年月を記入してください。

身　長 □□□.□ cm　　体　重 □□.□ kg　　測定年月 平成 □□ 年 □□ 月

（年を西暦で記入する場合は
下2桁（けた）を記入してください。
2016年 →「16」）

【悩みや不安について】

問16　あなたは現在、悩みや不安はありますか。あてはまる番号すべてに○をつけてください。
また特に深い悩みや強い不安の番号を □ に記入してください。

1　悩みや不安は特にない ──→ これで調査は終わりです。

2　親の仲が悪いこと

3　あなたと家族の仲が悪いこと

4　友達との関係に関すること
（友達ができない・友達の輪に入れないなど）

5　いじめに関すること

6　部活動（クラブ活動を含む）での
トラブルに関すること

7　恋愛に関すること

8　性に関すること

9　学校や塾の成績に関すること

10　進路に関すること

11　親がなにかと干渉（かんしょう）してくること

12　親の期待や要求が高すぎること

13　何かにつけ兄弟姉妹と比べられること

14　自分の容姿に関すること

15　健康（病気）に関すること

16　その他
（具体的に　　　　）

○をつけたうち
特に深い悩みや強い不安の番号 □

補問16－1　あなたが、**悩みや不安について相談するのは誰**ですか。
あてはまる番号<u>すべて</u>に○をつけてください。

1　お母さん	6　同居していない親せき	11　カウンセラー（10以外）（電話相談を含む）
2　お父さん	7　友人	12　医師
3　兄弟姉妹	8　先輩・後輩	13　インターネットの相談サイト
4　祖父・祖母	9　教師	14　その他〔具体的に　〕
5　その他の家族※	10　学校カウンセラー（スクールカウンセラー）	15　誰にも相談しない

※　曽祖父（そうそふ）・曽祖母（そうそぼ）、おじ・おばなどの同居している親せき、その他の同居者

質問は以上で終了です。どうもありがとうございました。

最後にもう一度、記入されていないページがないかご確認のうえ、本人用調査票回収封筒（白色）に入れて密封し、保護者の方が回答する「保護者用」の調査票と一緒に同封の返信用封筒（茶色）に入れて、お早めにポストに投函してください。

今後ともご協力いただきますようお願いします。

第15回21世紀出生児縦断調査調査票

【平成13年出生児】

（平成28年（2016年）１月18日調査）

厚生労働省

（保護者用）

この調査票は、平成13年１月生まれのお子さん（中学３年生）の**保護者がお答えください。**

調査票は、**平成28年１月18日現在の状況で記入**をしてください。

お子さんには、「本人用」の調査票に回答してもらいます。なお、お子さん本人が答えられない場合は、保護者の方が記入をお手伝いされても差し支えありません。

統計法に基づく国の統計調査です。調査票情報の秘密の保護に万全を期します。
お答えいただいた内容については、統計の作成以外の目的には使用しませんのでご協力をお願いします。

記入後の調査票は、同封の返信用封筒（茶色）にお子さんの調査票を封入した「本人用調査票回収封筒（白色）」と一緒に入れてポストに投函してください。

【提出の仕方】

※お子さんの調査票を封入した「本人用調査票回収封筒（白色）」を忘れずに同封してください。

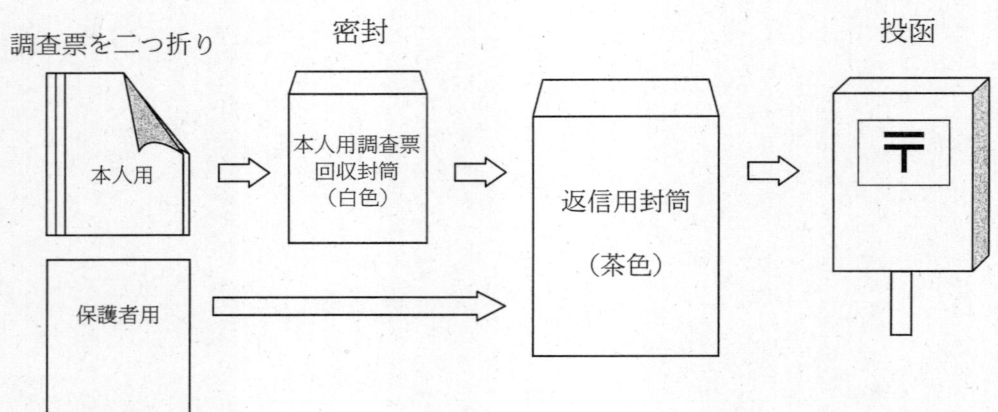

※「お母さん」、「お父さん」の欄は、平成13年生まれのお子さんと離別・死別等で同居していない場合は、空欄のままで結構です。

【就業状況について】

問１　お母さん、お父さんの**平成28年１月18日現在の就業状況**について、**あてはまる番号１つ**に○をつけてください。

※　単身赴任等で長期不在の方の分についても、記入してください。

※　現在、育児休業などで休業中の方は、復職するときの仕事に○をつけてください。

お母さん	お父さん
1　家事（専業） 2　無職 → 1　仕事を探している → 2　仕事を探していない	1　家事（専業） 2　無職 → 1　仕事を探している → 2　仕事を探していない
3　学生 4　勤め（常勤） 5　勤め（パート・アルバイト） 6　自営業・家業 7　内職 8　その他（具体的に　　　　）	3　学生 4　勤め（常勤） 5　勤め（パート・アルバイト） 6　自営業・家業 7　内職 8　その他（具体的に　　　　）

【年収について】

問２　**平成27年１年間**（平成27年１月から平成27年12月まで）**のお母さん、お父さんの年収（税込み）およびその他の年間収入**についておたずねします。それぞれあてはまる番号に○をつけ、□には**金額**を記入してください。分けられない場合は、どちらかにまとめて記入していただいて結構です。

※　１万円未満は四捨五入してください。

※　単身赴任等で長期不在の方の分についても、記入してください。

平成27年の年収	お母さんの働いて得た年収	お父さんの働いて得た年収	その他の年間収入（親からの援助、家賃・地代等の財産収入、児童手当・出産一時金等社会保障給付金等を含みます。）
	1　あり　□万円 2　なし	1　あり　□万円 2　なし	1　あり　□万円 2　なし

2

【1か月間にお子さんにかかった費用について】

問3　平成27年12月の1か月間に、平成13年生まれのお子さんにかかったすべての費用について □ に金額を記入してください。そのうち、学校にかかった費用については、あてはまる番号に○をつけ、□ には金額を記入してください。

※　千円未満は四捨五入してください。500円未満は「0」千円としてください。

平成27年12月の1か月間に平成13年生まれのお子さんにかかったすべての費用（学校にかかった費用、習い事等の費用、医療費、食費、衣料費などの合計）	そのうち、1か月間に学校にかかった費用（教材費、給食費、授業料など）
□ 万 □ 千円	1　なし 2　あり　□ 万 □ 千円

問4　平成27年12月の1か月間に、平成13年生まれのお子さんにかかった習い事等の費用について、それぞれあてはまる番号に○をつけ、□ には金額を記入してください。

※　千円未満は四捨五入してください。500円未満は「0」千円としてください。

1か月間に習い事・スポーツクラブ等にかかった費用	1か月間に学習塾・家庭教師・通信教育等にかかった費用
1　なし 2　あり　□ 万 □ 千円	1　なし 2　あり　□ 万 □ 千円

【子育てについて】

問5　平成13年生まれのお子さんを育てていて**負担に思うことや悩み**はありますか。**あてはまる番号すべて**に○をつけてください。

1	負担に思うことや悩みは特にない ──→ 問6へ		
2	子育ての出費がかさむ	9	子どもの将来（進路など）に関すること
3	配偶者が子育てに無関心	10	子どもがいじめられている
4	ほかの保護者との付き合いが煩わしい	11	子どもが学校に行きたがらない（行かない）
5	気持ちに余裕をもって子どもに接することができない	12	子どもが病気がちである
6	子どもの反抗的な態度や言動	13	子どもの交友関係に関すること
7	子どもの暴力に関すること	14	子どもの異性との交際に関すること
8	子どもの成績に関すること	15	その他（具体的に　　）

問6　平成13年生まれのお子さんには、**どのような進路を希望していますか。あてはまる番号1つ**に○をつけてください。

1	中学卒業後に働いてほしい	5	大学卒業後に働いてほしい
2	中学卒業後は専門学校・各種学校※へ進み、その後、働いてほしい	6	子どもの意思にまかせる
3	高校卒業後に働いてほしい	7	特に考えていない
4	高校卒業後は専門学校・各種学校※へ進み、その後、働いてほしい		

※　看護学校，経理・簿(ぼ)記学校，栄養士・調理師学校，服飾学校，美容学校などのいわゆる専門学校と呼ばれている学校や高等専修学校、各種学校

質問は以上で終了です。どうもありがとうございました。

最後にもう一度、記入されていないページがないかご確認のうえ、同封の返信用封筒（茶色）にお子さんの調査票を封入した「本人用調査票回収封筒（白色）」と一緒に入れて、お早めにポストに投函してください。

今後ともご協力いただきますようお願いします。

Ⅱ　結 果 の 概 要

利用上の注意

(1) 表章記号の規約

計数のない場合	－
比率が微少（0.05未満）の場合	0.0

(2) 掲載の数値は四捨五入しているため、内訳の合計が総数に合わない場合がある。

1　母の就業状況の変化

母が有職の割合は年々増加し、第 15 回調査（中学３年生）では 80. 8%

母が有職の割合は、出産１年前の 54. 1%が、第１回調査（出産半年後）で 24. 9%に減少したが、その後は年々増加し、第 15 回調査（中学３年生）では 80. 8%となっている。

母の就業状況の変化をみると、「勤め（パート・アルバイト）」の割合は、第１回調査（出産半年後）の 3. 4%から年々増加し、第 15 回調査では 48. 9%となっており、「勤め（常勤）」の割合は、第４回調査（15. 3%）から徐々に増加し、第 15 回調査では 24. 5%となっている。（図１）

また、第 14 回調査（中学２年生）から第 15 回調査（中学３年生）の変化をみると、第 14 回調査で「無職」であった母のうち、23. 7%が「有職」となり、その内訳では「勤め（パート・アルバイト）」が最も多くなっている（表１）。

第 15 回調査の母の就業状況をきょうだい構成別にみると、「有職」の割合は「弟妹のみ」（80. 1%）と「兄姉のみ」（82. 8%）では、「兄姉のみ」の方が 2. 7 ポイント高くなっている（表２）。

図１　母の就業状況の変化

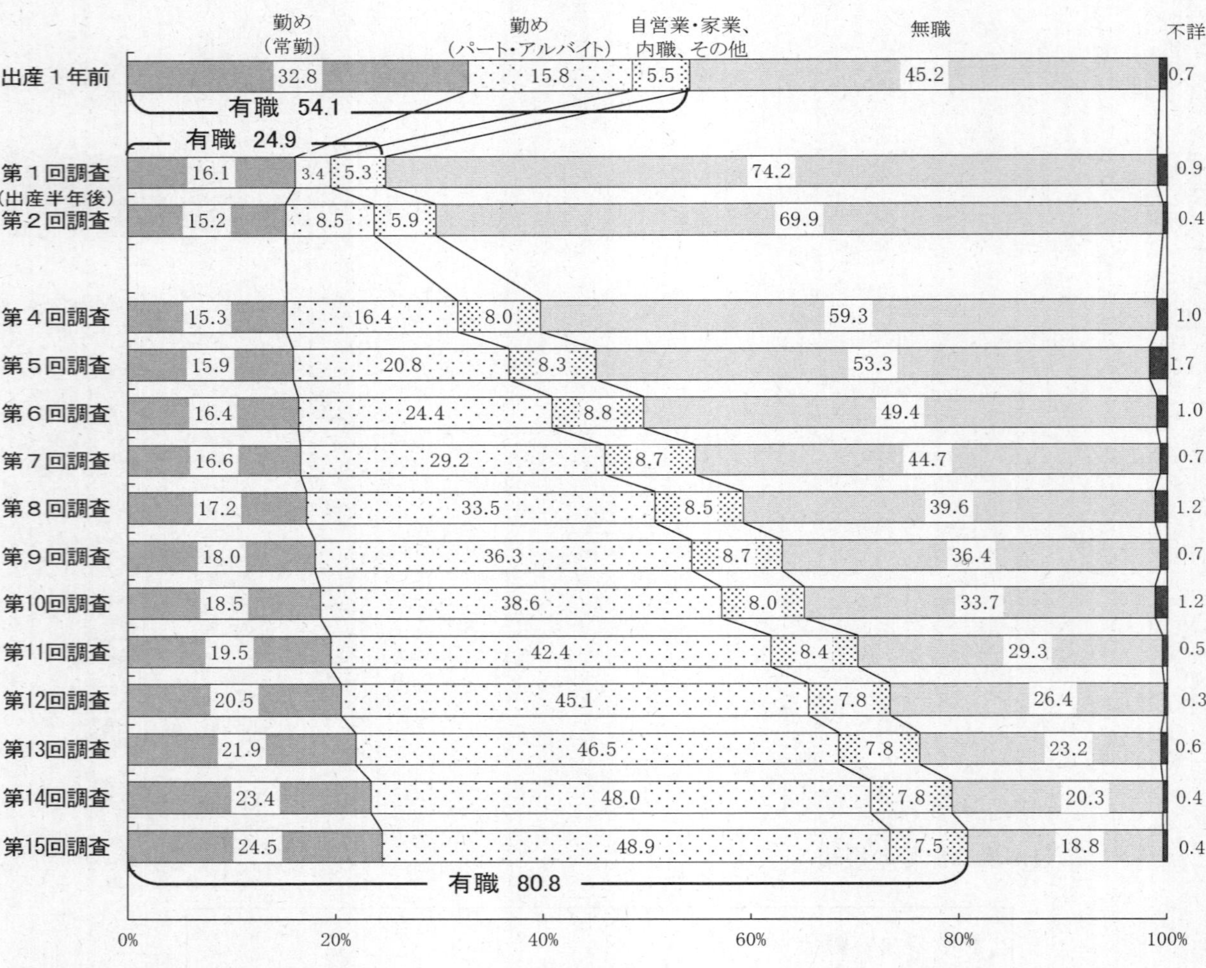

注：1）第1回調査から第15回調査まですべて回答を得た者のうち、ずっと「母と同居」の者（総数 23,346)を集計。
　　2）第3回調査は母の就業状況を調査していない。

表１　第 14 回調査の母の就業状況別にみた第 15 回調査の母の就業状況

（単位：%）

第15回調査（中学3年生）／第14回調査（中学2年生）	総数 2)		無職	（再掲）仕事を探している	（再掲）仕事を探していない	有職	勤め（常勤）	勤め（パート・アルバイト）	自営業・家業	内職	その他
総数 2)	(100.0)	100.0	18.8	5.1	12.9	80.8	24.5	48.9	6.4	0.7	0.4
無職	(20.3)	100.0	76.0	16.4	57.0	23.7	1.9	18.7	2.1	0.8	0.2
（再掲）仕事を探している	(5.7)	100.0	55.1	36.2	17.7	44.7	4.3	38.1	1.3	0.9	0.2
（再掲）仕事を探していない	(13.9)	100.0	84.8	8.6	73.8	14.9	0.7	10.9	2.5	0.6	0.2
有職	(79.3)	100.0	4.1	2.2	1.7	95.5	30.3	56.6	7.4	0.7	0.4
勤め（常勤）	(23.4)	100.0	1.8	1.2	0.5	97.8	91.8	5.1	0.6	－	0.2
勤め（パート・アルバイト）	(48.0)	100.0	4.8	2.8	1.8	94.9	4.6	89.1	0.8	0.1	0.2
自営業・家業	(6.3)	100.0	5.4	1.1	3.9	94.2	4.1	6.7	82.8	0.1	0.4
内職	(1.0)	100.0	18.6	7.5	9.7	81.4	2.2	25.2	0.9	52.2	0.9
その他	(0.6)	100.0	8.0	2.9	4.4	92.0	10.2	30.7	22.6	0.7	27.7

注：1)第1回調査から第15回調査まですべて回答を得た者のうち、ずっと「母と同居」の者（総数 23,346）を集計。

2)総数には、母の就業状況「不詳」を含む。

3) ▒▒ は、就業状況に変化のないものである。

表２　きょうだい構成別にみた母の就業状況【第 15 回調査】

（単位：%）

母の就業状況／きょうだい構成 2)	総　数 3)		無　職	有　職	勤め（常勤）	勤め（パート・アルバイト）	自営業・家業	内職	その他
総数	(100.0)	100.0	18.5	81.0	25.1	48.3	6.5	0.7	0.4
ひとり（対象児本人のみ）	(16.3)	100.0	21.5	78.0	28.0	42.7	6.1	0.6	0.6
弟妹のみ	(37.2)	100.0	19.5	80.1	24.0	49.0	5.9	0.7	0.4
兄姉のみ	(35.8)	100.0	16.7	82.8	25.1	50.2	6.5	0.6	0.4
兄弟姉妹あり	(10.8)	100.0	16.9	82.6	24.9	47.6	8.7	1.0	0.4

注：1)第15回調査の回答を得た者のうち、「母と同居」の者（総数 28,335）を集計。

2)きょうだい構成は、調査対象児と同居している兄弟姉妹の構成をいう。

3)総数には、母の就業状況「不詳」を含む。

2　子ども自身が考える進路と保護者が希望する進路

・　子ども自身も保護者も大学卒業後に働くことを希望する割合が最も高い
・　保護者が「子どもの意思にまかせる」と回答した割合は、男児・女児ともに３割超

子ども自身が考える進路と保護者が希望する進路について、「大学卒業後に働くことを考えている」（子ども）・「大学卒業後に働いてほしい」（保護者）と回答する割合が最も高く、性別にみると、（子ども）は男児と女児で大きな差はないが、（保護者）は男児の方が女児より 8.6 ポイント高くなっている。

（保護者）が「子どもの意思にまかせる」と回答した割合は、男児（32.4%）、女児（37.8%）と、女児の方が男児より 5.4 ポイント高くなっている。（図２）

図２　子ども自身が考える進路と保護者が希望する進路【第 15 回調査】

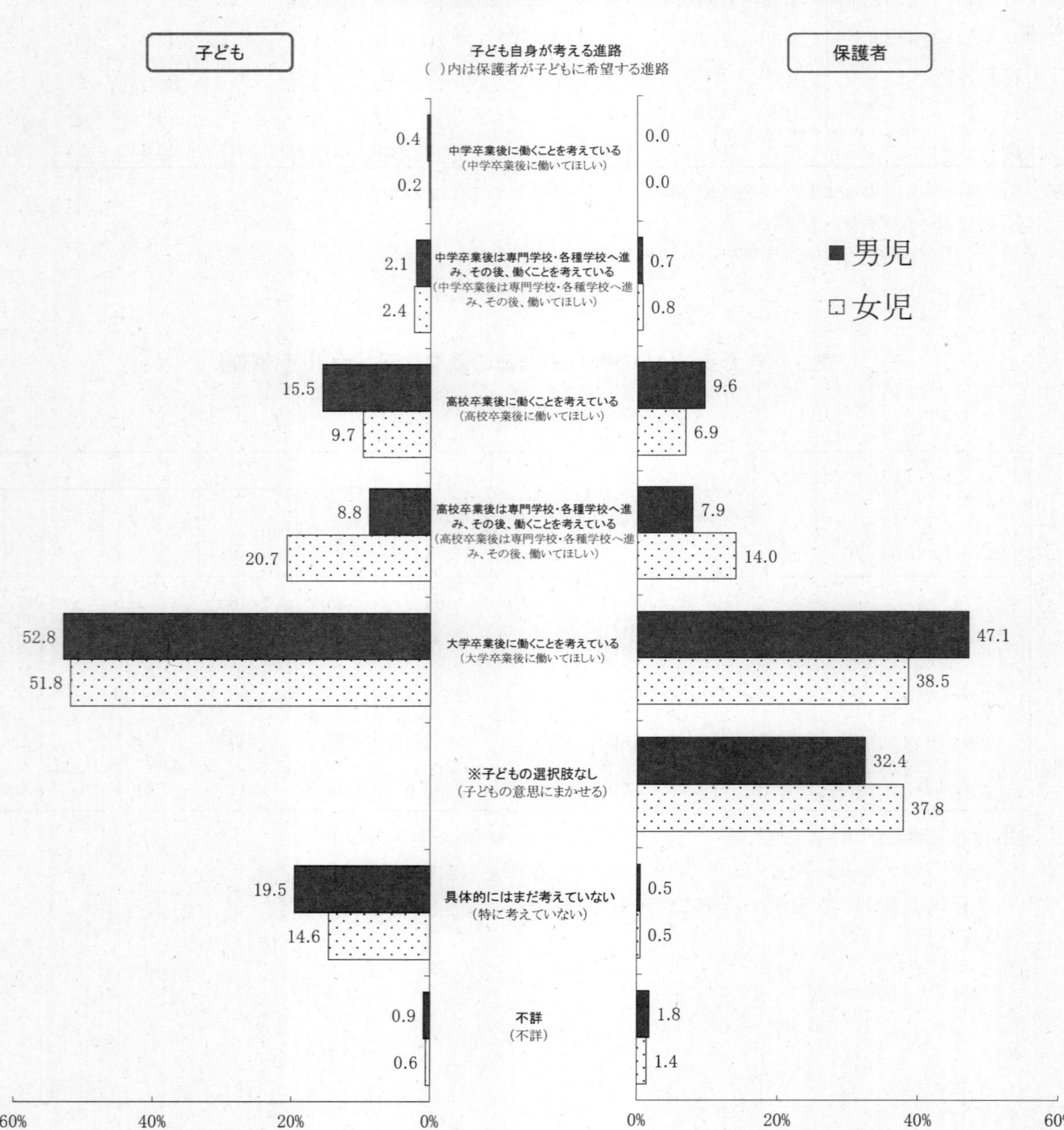

注：第15回調査の回答を得た者（男児14,796、女児14,014）を集計。

3　子ども自身が考える将来（結婚・最初の子どもを持つ時期）について

（1）結婚

第13回調査で「具体的にはまだ考えていない」と回答した子どものうち、男児の約3割、女児の約4割が第15回調査では20歳代で結婚したいと回答

子ども自身が考える結婚に対する意識について、第13回調査（中学1年生）から第15回調査（中学3年生）の変化を性別にみると、第13回調査で「具体的にはまだ考えていない」と回答した子どものうち、男児の約3割、女児の約4割が、第15回調査では20歳代で結婚したいと考えている（表3）。

表3　第13回調査の子ども自身が考える結婚に対する意識別にみた第15回調査の子ども自身が考える結婚に対する意識

（単位：%）

第15回調査（中学3年生）／第13回調査（中学1年生）	総数		10代のうちにしたいと考えている	20～24歳でしたいと考えている	25～29歳でしたいと考えている	30～34歳でしたいと考えている	35～39歳でしたいと考えている	40歳以降でしたいと考えている	結婚はしたいが時期は考えていない	結婚はしたくない	具体的にはまだ考えていない	不詳
男児	(100.0)	100.0	0.4	14.8	27.1	4.0	0.2	0.1	7.4	4.4	40.5	1.2
10代のうちにしたいと考えている	(0.3)	100.0	12.8	25.6	10.3	5.1	–	–	7.7	5.1	33.3	–
20～24歳でしたいと考えている	(13.0)	100.0	0.8	39.8	32.8	1.9	0.2	0.1	4.7	2.7	16.0	1.1
25～29歳でしたいと考えている	(20.2)	100.0	0.2	15.2	47.5	5.6	0.1	0.0	5.9	1.9	22.8	0.8
30～34歳でしたいと考えている	(3.8)	100.0	–	4.0	29.9	21.1	0.6	0.2	7.3	2.1	33.5	1.3
35～39歳でしたいと考えている	(0.2)	100.0	–	9.7	12.9	9.7	9.7	–	9.7	3.2	41.9	3.2
40歳以降でしたいと考えている	(0.1)	100.0	25.0	25.0	–	12.5	–	–	–	12.5	25.0	–
結婚はしたいが時期は考えていない	(8.4)	100.0	0.2	13.4	30.5	4.1	0.2	0.1	16.2	2.8	31.6	1.0
結婚はしたくない	(3.0)	100.0	0.5	3.6	6.4	1.2	–	–	2.8	32.9	51.4	1.2
具体的にはまだ考えていない	(49.3)	100.0	0.3	9.9	18.0	2.7	0.1	0.1	7.6	4.5	55.6	1.2
不詳	(1.8)	100.0	–	13.0	24.4	3.9	–	0.4	3.9	6.7	39.8	7.9
女児	(100.0)	100.0	0.4	27.3	33.0	2.0	0.0	0.0	7.4	4.3	25.0	0.6
10代のうちにしたいと考えている	(0.5)	100.0	11.3	57.7	8.5	1.4	–	–	5.6	1.4	11.3	2.8
20～24歳でしたいと考えている	(28.5)	100.0	0.6	51.0	29.2	0.9	–	–	4.6	1.6	11.4	0.6
25～29歳でしたいと考えている	(26.6)	100.0	0.1	19.5	53.3	2.7	0.1	–	6.7	1.7	15.6	0.4
30～34歳でしたいと考えている	(1.4)	100.0	–	8.4	40.4	15.7	–	–	7.9	3.4	23.6	0.6
35～39歳でしたいと考えている	(0.0)	100.0	–	–	16.7	16.7	16.7	–	–	–	50.0	–
40歳以降でしたいと考えている	(0.0)	100.0	–	33.3	33.3	–	–	–	–	–	33.3	–
結婚はしたいが時期は考えていない	(8.4)	100.0	0.4	22.7	32.4	1.8	–	–	17.4	2.5	22.3	0.5
結婚はしたくない	(4.1)	100.0	0.6	7.7	11.1	1.5	–	–	4.3	39.5	34.7	0.6
具体的にはまだ考えていない	(29.3)	100.0	0.2	15.5	21.8	1.8	–	0.0	8.4	5.0	46.3	0.8
不詳	(1.2)	100.0	–	26.9	26.3	2.6	–	–	7.7	5.8	28.2	2.6

注：1)第13回調査から第15回調査まですべて回答を得た者（男児13,851、女児 13,106）を集計。
　　2)　　　は、結婚に対する意識に変化のないものである。

（２）最初の子どもを持つ時期
第 13 回調査で「具体的にはまだ考えていない」と回答した子どものうち、男児の約２割、女児の約３割が第 15 回調査では 20 歳代で子どもを持ちたいと回答

子ども自身が考える最初の子どもを持つ時期に対する意識について、第 13 回調査（中学１年生）から第 15 回調査（中学３年生）の変化を性別にみると、第 13 回調査で「具体的にはまだ考えていない」と回答した子どものうち、男児の約２割、女児の約３割が、第 15 回調査では 20 歳代で最初の子どもを持ちたいと考えている（表４）。

表４　第 13 回調査の子ども自身が考える最初の子どもを持つ時期に対する意識別にみた第 15 回調査の子ども自身が考える最初の子どもを持つ時期に対する意識

（単位：%）

第13回調査（中学1年生）＼第15回調査（中学3年生）	総数		10代のうちに持ちたいと考えている	20～24歳で持ちたいと考えている	25～29歳で持ちたいと考えている	30～34歳で持ちたいと考えている	35～39歳で持ちたいと考えている	40歳以降で持ちたいと考えている	子どもは持ちたいが時期は考えていない	子どもは持ちたくない	具体的にはまだ考えていない	不詳
男児	(100.0)	100.0	0.2	5.3	25.9	10.4	0.8	0.1	6.9	4.2	44.9	1.3
10代のうちに持ちたいと考えている	(0.1)	100.0	14.3	28.6	7.1	–	–	–	7.1	7.1	35.7	–
20～24歳で持ちたいと考えている	(4.3)	100.0	0.8	25.1	40.5	5.0	0.7	–	4.5	2.3	19.9	1.2
25～29歳で持ちたいと考えている	(19.5)	100.0	0.2	7.7	47.7	12.4	0.5	0.1	5.9	2.1	22.6	0.8
30～34歳で持ちたいと考えている	(9.6)	100.0	0.1	2.5	29.2	26.4	2.6	0.1	6.9	2.3	28.9	1.1
35～39歳で持ちたいと考えている	(0.9)	100.0	–	1.6	15.9	20.6	10.3	–	8.7	4.0	38.1	0.8
40歳以降で持ちたいと考えている	(0.1)	100.0	–	13.3	20.0	26.7	6.7	–	–	6.7	26.7	–
子どもは持ちたいが時期は考えていない	(8.3)	100.0	–	4.8	28.6	11.2	1.0	–	15.2	2.5	35.6	1.0
子どもは持ちたくない	(2.8)	100.0	0.5	2.1	7.8	3.1	0.8	–	2.1	31.9	49.9	1.8
具体的にはまだ考えていない	(52.3)	100.0	0.1	3.6	16.8	7.2	0.5	0.1	6.5	4.2	59.7	1.3
不詳	(2.0)	100.0	–	3.9	23.1	10.0	0.4	0.4	3.2	7.5	44.1	7.5
女児	(100.0)	100.0	0.2	12.6	38.4	6.4	0.3	–	8.0	5.0	28.5	0.7
10代のうちに持ちたいと考えている	(0.3)	100.0	12.2	53.7	–	2.4	–	–	7.3	7.3	14.6	2.4
20～24歳で持ちたいと考えている	(12.4)	100.0	0.6	38.2	38.4	1.8	0.1	–	6.1	1.9	12.4	0.7
25～29歳で持ちたいと考えている	(33.9)	100.0	0.0	11.8	56.0	7.4	0.2	–	6.1	2.0	16.0	0.5
30～34歳で持ちたいと考えている	(5.4)	100.0	–	2.9	41.2	22.2	1.1	–	8.7	2.8	20.5	0.6
35～39歳で持ちたいと考えている	(0.2)	100.0	–	6.3	25.0	40.6	6.3	–	–	–	21.9	–
40歳以降で持ちたいと考えている	(0.0)	100.0	–	33.3	–	33.3	–	–	–	33.3	–	–
子どもは持ちたいが時期は考えていない	(9.7)	100.0	–	10.7	35.4	6.1	0.2	–	17.5	2.4	27.0	0.7
子どもは持ちたくない	(3.9)	100.0	–	2.1	13.2	2.9	0.2	–	5.0	42.7	33.3	0.6
具体的にはまだ考えていない	(32.7)	100.0	0.1	6.8	24.3	4.8	0.2	–	8.1	5.9	48.8	0.9
不詳	(1.3)	100.0	–	11.7	33.3	4.1	–	–	10.5	5.8	32.2	2.3

注：1)第13回調査から第15回調査まですべて回答を得た者（男児13,851、女児 13,106）を集計。
　　2)　　　　は、最初の子どもを持つ時期に対する意識に変化のないものである。

4　子どもが思う悩みや不安

男児、女児とも「進路に関すること」と答えた割合が最も増加

子どもが思う悩みや不安の種類について、第 13 回調査（中学１年生）から第 15 回調査（中学３年生）の割合の変化を性別にみると、男児、女児とも最も変化のあった「進路に関すること」は、男児は 9.4％から 18.5 ポイント増加し 27.9％、女児は 14.5％から 30.0 ポイント増加し 44.5％となっている（図３）。

図３　子どもの性別にみた子どもが思う悩みや不安の種類の変化（複数回答）

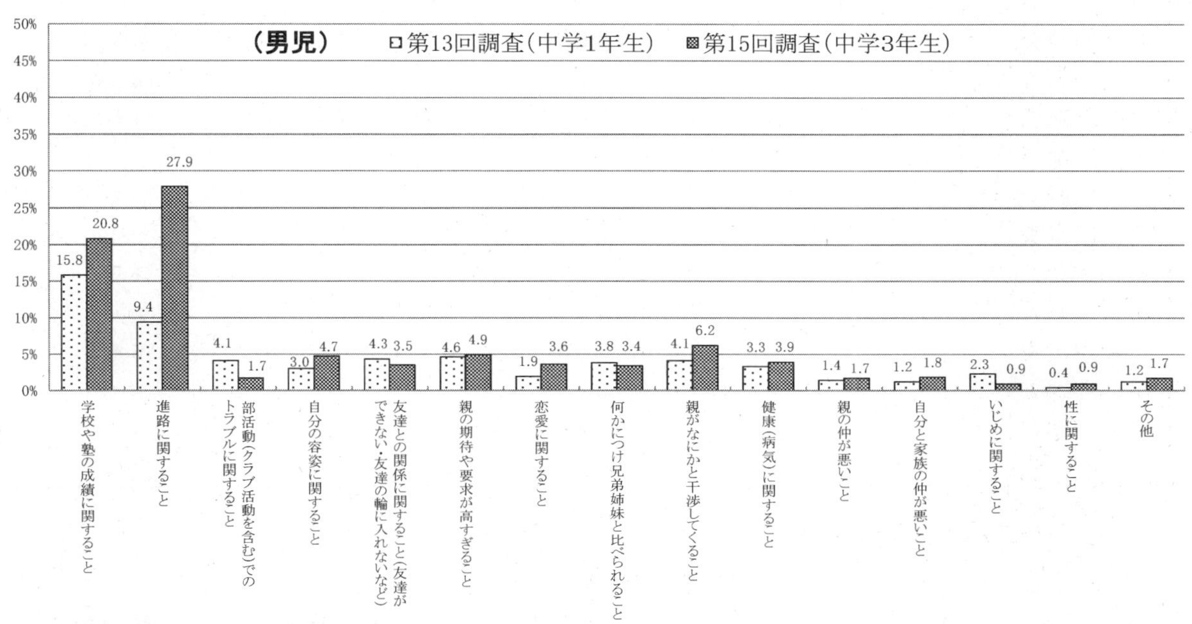

注：第13回調査から第15回調査の回答を得た男児（総数 13,851）を集計。

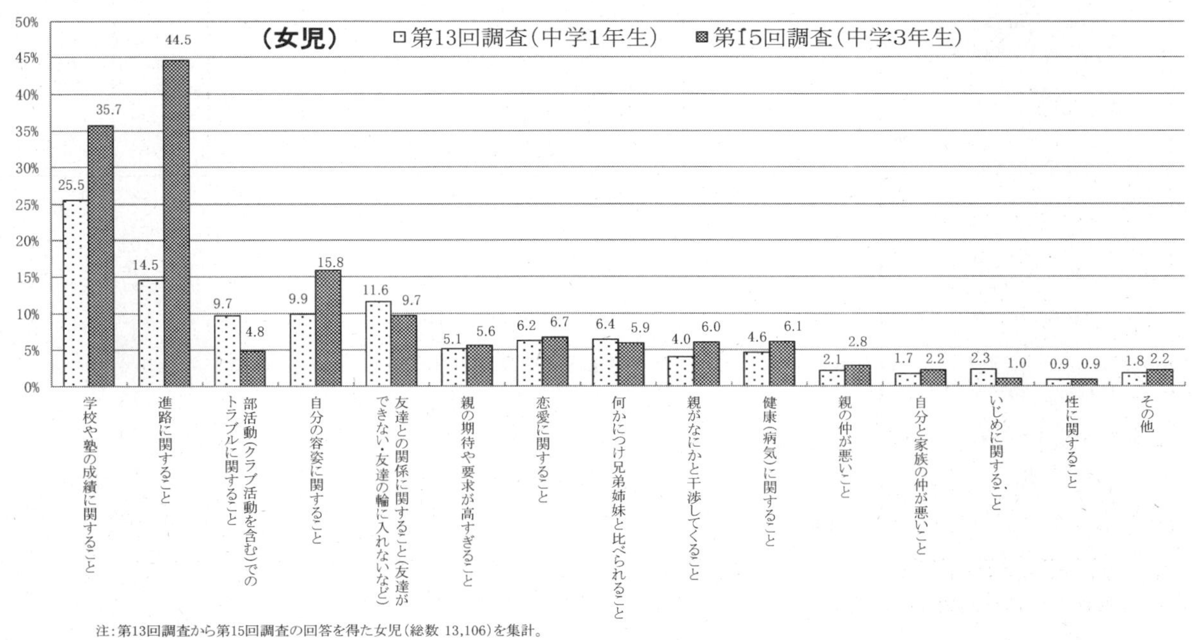

注：第13回調査から第15回調査の回答を得た女児（総数 13,106）を集計。

（付表）

付表第１表　母の就業状況の変化

（単位：人）

調査回＼就業状況	総数	勤め（常勤）	勤め（パート・アルバイト）	自営業・家業、内職、その他	無職	不詳
出産１年前	23 346	7 650	3 687	1 291	10 554	164
第１回調査（出産半年後）	23 346	3 769	802	1 239	17 327	209
第２回調査	23 346	3 556	1 986	1 369	16 330	105
第４回調査	23 346	3 575	3 834	1 863	13 843	231
第５回調査	23 346	3 715	4 845	1 947	12 453	386
第６回調査	23 346	3 823	5 695	2 057	11 544	227
第７回調査	23 346	3 867	6 821	2 042	10 447	169
第８回調査	23 346	4 026	7 820	1 977	9 243	280
第９回調査	23 346	4 191	8 464	2 028	8 490	173
第10回調査	23 346	4 311	9 018	1 879	7 857	281
第11回調査	23 346	4 545	9 897	1 961	6 834	109
第12回調査	23 346	4 776	10 519	1 825	6 157	69
第13回調査	23 346	5 104	10 861	1 819	5 422	140
第14回調査	23 346	5 456	11 216	1 832	4 742	100
第15回調査	23 346	5 718	11 407	1 747	4 384	90

注：1)第1回調査から第15回調査まですべて回答を得た者のうち、ずっと「母と同居」の者を集計。
　　2)第3回調査は母の就業状況を調査していない。

付表第２表　第14回調査の母の就業状況別にみた第15回調査の母の就業状況

（単位：人）

第14回調査（中学2年生）＼第15回調査（中学3年生）	総数 2)	無職	（再掲）仕事を探している	（再掲）仕事を探していない	有職	勤め（常勤）	勤め（パート・アルバイト）	自営業・家業	内職	その他
総数 2)	23 346	4 384	1 200	3 019	18 872	5 718	11 407	1 483	169	95
無職	4 742	3 603	778	2 701	1 124	88	886	101	38	11
（再掲）仕事を探している	1 326	730	480	235	593	57	505	17	12	2
仕事を探していない	3 252	2 759	281	2 401	484	22	353	81	20	8
有職	18 504	764	413	311	17 667	5 607	10 473	1 374	131	82
勤め（常勤）	5 456	98	64	28	5 334	5 008	278	35	−	13
勤め（パート・アルバイト）	11 216	533	312	197	10 639	520	9 997	89	10	23
自営業・家業	1 469	80	16	58	1 384	60	99	1 217	2	6
内職	226	42	17	22	184	5	57	2	118	2
その他	137	11	4	6	126	14	42	31	1	38

注：1)第1回調査から第15回調査まですべて回答を得た者のうち、ずっと「母と同居」の者を集計。
　　2)総数には、母の就業状況「不詳」を含む。

付表第３表　きょうだい構成別にみた母の就業状況

（単位：人）

母の就業状況 きょうだい構成 2)	総 数 3)	無 職	有 職					
				勤め（常勤）	勤め（パート・アルバイト）	自営業・家業	内職	その他
総数	28 335	5 254	22 946	7 121	13 677	1 832	196	120
ひとり（対象児本人のみ）	4 607	992	3 595	1 290	1 969	281	27	28
弟妹のみ	10 541	2 056	8 439	2 527	5 168	626	76	42
兄姉のみ	10 132	1 690	8 389	2 544	5 086	659	62	38
兄弟姉妹あり	3 055	516	2 523	760	1 454	266	31	12

注：1)第15回調査の回答を得た者のうち、「母と同居」の者を集計。
　2)きょうだい構成は、調査対象児と同居している兄弟姉妹の構成をいう。
　3)総数には、母の就業状況「不詳」を含む。

付表第４表　子ども自身が考える進路と保護者が希望する進路

（単位：人）

子ども自身が考える進路の意識 性別	総数	中学卒業後に働くことを考えている	中学卒業後は専門学校・各種学校へ進み、その後、働くことを考えている	高校卒業後に働くことを考えている	高校卒業後は専門学校・各種学校へ進み、その後、働くことを考えている	大学卒業後に働くことを考えている		具体的にはまだ考えていない	不詳
総数	28 810	95	648	3 661	4 194	15 065		4 924	223
男児	14 796	62	306	2 297	1 298	7 810		2 884	139
女児	14 014	33	342	1 364	2 896	7 255		2 040	84
保護者が希望する進路 性別	**総数**	**中学卒業後に働いてほしい**	**中学卒業後は専門学校・各種学校へ進み、その後、働いてほしい**	**高校卒業後に働いてほしい**	**高校卒業後は専門学校・各種学校へ進み、その後、働いてほしい**	**大学卒業後に働いてほしい**	**子どもの意思にまかせる**	**特に考えていない**	**不詳**
総数	28 810	13	223	2 376	3 130	12 372	10 095	142	459
男児	14 796	7	109	1 416	1 164	6 970	4 794	77	259
女児	14 014	6	114	960	1 966	5 402	5 301	65	200

注：第15回調査の回答を得た者を集計。

付表第5表　第13回調査の子ども自身が考える結婚に対する意識別にみた第15回調査の子ども自身が考える結婚に対する意識

（単位：人）

第15回調査（中学3年生）／第13回調査（中学1年生）	総数	10代のうちにしたいと考えている	20～24歳でしたいと考えている	25～29歳でしたいと考えている	30～34歳でしたいと考えている	35～39歳でしたいと考えている	40歳以降でしたいと考えている	結婚はしたいが時期は考えていない	結婚はしたくない	具体的にはまだ考えていない	不詳
総数	26 957	100	5 626	8 076	817	26	12	1 994	1 173	8 882	251
10代のうちにしたいと考えている	110	13	51	10	3	−	−	7	3	21	2
20～24歳でしたいと考えている	5 536	35	2 622	1 683	70	3	2	256	109	715	41
25～29歳でしたいと考えている	6 276	10	1 104	3 182	248	5	1	400	111	1 180	35
30～34歳でしたいと考えている	700	−	36	228	138	3	1	52	17	217	8
35～39歳でしたいと考えている	37	−	3	5	4	4	−	3	1	16	1
40歳以降でしたいと考えている	11	2	3	1	1	−	−	−	1	3	−
結婚はしたいが時期は考えていない	2 258	6	405	710	68	2	1	378	59	611	18
結婚はしたくない	953	5	56	86	13	−	−	35	349	401	8
具体的にはまだ考えていない	10 666	29	1 271	2 068	258	9	6	841	497	5 573	114
不詳	410	−	75	103	14	−	1	22	26	145	24
男児	13 851	50	2 053	3 755	556	23	11	1 021	609	5 605	168
10代のうちにしたいと考えている	39	5	10	4	2	−	−	3	2	13	−
20～24歳でしたいと考えている	1 798	14	715	590	35	3	2	84	49	287	19
25～29歳でしたいと考えている	2 791	5	424	1 326	155	3	1	165	53	637	22
30～34歳でしたいと考えている	522	−	21	156	110	3	1	38	11	175	7
35～39歳でしたいと考えている	31	−	3	4	3	3	−	3	1	13	1
40歳以降でしたいと考えている	8	2	2	−	1	−	−	−	1	2	−
結婚はしたいが時期は考えていない	1 163	2	156	355	48	2	1	188	32	367	12
結婚はしたくない	422	2	15	27	5	−	−	12	139	217	5
具体的にはまだ考えていない	6 823	20	674	1 231	187	9	5	518	304	3 793	82
不詳	254	−	33	62	10	−	1	10	17	101	20
女児	13 106	50	3 573	4 321	261	3	1	973	564	3 277	83
10代のうちにしたいと考えている	71	8	41	6	1	−	−	4	1	8	2
20～24歳でしたいと考えている	3 738	21	1 907	1 093	35	−	−	172	60	428	22
25～29歳でしたいと考えている	3 485	5	680	1 856	93	2	−	235	58	543	13
30～34歳でしたいと考えている	178	−	15	72	28	−	−	14	6	42	1
35～39歳でしたいと考えている	6	−	−	1	1	1	−	−	−	3	−
40歳以降でしたいと考えている	3	−	1	1	−	−	−	−	−	1	−
結婚はしたいが時期は考えていない	1 095	4	249	355	20	−	−	190	27	244	6
結婚はしたくない	531	3	41	59	8	−	−	23	210	184	3
具体的にはまだ考えていない	3 843	9	597	837	71	−	1	323	193	1 780	32
不詳	156	−	42	41	4	−	−	12	9	44	4

注：1）第13回調査から第15回調査まですべて回答を得た者を集計。
　2）■■■は、結婚に対する意識に変化のないものである。

付表第6表　第13回調査の子ども自身が考える最初の子どもを持つ時期に対する意識別にみた第15回調査の子ども自身が考える最初の子どもを持つ時期に対する意識

（単位：人）

第15回調査（中学3年生）／第13回調査（中学1年生）	総数	10代のうちに持ちたいと考えている	20～24歳で持ちたいと考えている	25～29歳で持ちたいと考えている	30～34歳で持ちたいと考えている	35～39歳で持ちたいと考えている	40歳以降で持ちたいと考えている	子どもは持ちたいが時期は考えていない	子どもは持ちたくない	具体的にはまだ考えていない	不詳
総数	26 957	47	2 383	8 612	2 273	149	11	2 006	1 246	9 954	276
10代のうちに持ちたいと考えている	55	7	26	1	1	－	－	4	4	11	1
20～24歳で持ちたいと考えている	2 229	14	772	868	59	5	－	126	45	322	18
25～29歳で持ちたいと考えている	7 149	8	734	3 777	663	22	3	430	145	1 322	45
30～34歳で持ちたいと考えている	2 044	1	54	682	510	43	1	154	50	530	19
35～39歳で持ちたいと考えている	158	－	4	28	39	15	－	11	5	55	1
40歳以降で持ちたいと考えている	18	－	3	3	5	1	－	－	2	4	－
子どもは持ちたいが時期は考えていない	2 421	－	191	779	207	14	－	397	59	753	21
子どもは持ちたくない	902	2	19	98	27	4	－	34	344	364	10
具体的にはまだ考えていない	11 529	15	549	2 254	727	44	6	823	561	6 414	136
不詳	452	－	31	122	35	1	1	27	31	179	25
男児	13 851	26	733	3 583	1 436	116	11	956	588	6 221	181
10代のうちに持ちたいと考えている	14	2	4	1	－	－	－	1	1	5	－
20～24歳で持ちたいと考えている	602	5	151	244	30	4	－	27	14	120	7
25～29歳で持ちたいと考えている	2 704	6	208	1 289	335	13	3	159	58	612	21
30～34歳で持ちたいと考えている	1 331	1	33	388	352	35	1	92	30	384	15
35～39歳で持ちたいと考えている	126	－	2	20	26	13	－	11	5	48	1
40歳以降で持ちたいと考えている	15	－	2	3	4	1	－	－	1	4	－
子どもは持ちたいが時期は考えていない	1 151	－	55	329	129	12	－	175	29	410	12
子どもは持ちたくない	385	2	8	30	12	3	－	8	123	192	7
具体的にはまだ考えていない	7 242	10	259	1 214	520	34	6	474	306	4 322	97
不詳	281	－	11	65	28	1	1	9	21	124	21
女児	13 106	21	1 650	5 029	837	33	－	1 050	658	3 733	95
10代のうちに持ちたいと考えている	41	5	22	－	1	－	－	3	3	6	1
20～24歳で持ちたいと考えている	1 627	9	621	624	29	1	－	99	31	202	11
25～29歳で持ちたいと考えている	4 445	2	526	2 488	328	9	－	271	87	710	24
30～34歳で持ちたいと考えている	713	－	21	294	158	8	－	62	20	146	4
35～39歳で持ちたいと考えている	32	－	2	8	13	2	－	－	－	7	－
40歳以降で持ちたいと考えている	3	－	1	－	1	－	－	－	1	－	－
子どもは持ちたいが時期は考えていない	1 270	－	136	450	78	2	－	222	30	343	9
子どもは持ちたくない	517	－	11	68	15	1	－	26	221	172	3
具体的にはまだ考えていない	4 287	5	290	1 040	207	10	－	349	255	2 092	39
不詳	171	－	20	57	7	－	－	18	10	55	4

注：1)第13回調査から第15回調査まですべて回答を得た者を集計。
　　2)［網掛け］は、最初の子どもを持つ時期に対する意識に変化のないものである。

付表第７表　子どもの性別にみた子どもが思う悩みや不安の種類の変化（複数回答）

（単位：人）

悩みや不安／調査回・性別	総数	悩みや不安がある	子ども自身の悩みや不安（複数回答）															悩みや不安は特になし	不詳
			学校や塾の成績に関すること	進路に関すること	部活動（クラブ活動を含む）でのトラブルに関すること	自分の容姿に関すること	友達との関係に関すること（友達ができない・友達の輪に入れないなど）	親の期待や要求が高すぎること	恋愛に関すること	何かにつけ兄弟姉妹と比べられること	親がなにかと干渉してくること	健康（病気）に関すること	親の仲が悪いこと	自分と家族の仲が悪いこと	いじめに関すること	性に関すること	その他		
第13回調査（中学1年生）																			
総数	26 957	9 678	5 531	3 208	1 835	1 701	2 123	1 313	1 070	1 366	1 087	1 064	475	387	613	180	405	16 540	739
男児	13 851	3 984	2 189	1 307	562	409	601	642	260	527	564	463	200	165	314	56	167	9 452	415
女児	13 106	5 694	3 342	1 901	1 273	1 292	1 522	671	810	839	523	601	275	222	299	124	238	7 088	324
第15回調査（中学3年生）																			
総数	26 957	12 756	7 570	9 704	870	2 725	1 762	1 414	1 377	1 239	1 645	1 341	601	537	267	239	517	13 774	427
男児	13 851	5 313	2 885	3 868	237	653	486	684	500	465	857	543	239	249	130	123	230	8 264	274
女児	13 106	7 443	4 685	5 836	633	2 072	1 276	730	877	774	788	798	362	288	137	116	287	5 510	153

注：第13回調査から第15回調査の回答を得た者を集計。

Ⅲ　統　計　表

利用上の注意

(1) 表章記号の規約

計数のない場合	—
統計項目のあり得ない場合	・
比率が微少（0.05未満）の場合	0.0

(2) 掲載の数値は四捨五入しているため、内訳の合計が総数に合わない場合がある。

統　計　表　一　覧　（4－1）

統計表番号	単位項目		分類														
	子ども数	構成割合・総数に対する割合	単胎－多胎	性	出生月（調査月）	出生時の身長	出生時の体重	（現在の）身長	（現在の）体重	子どもの体型	市郡	地域ブロック	（現在の）同居者の構成	1年前の同居者の構成	（現在の）きょうだい構成	1年前のきょうだい構成
1	○	○	○	○		○		○								
2	○	○	○	○			○		○							
3	○	○	○	○				○	○							
4	○	○		○				○				○				
5	○	○		○					○			○				
6	○	○		○							○		○		○	
7	○	○		○								○	○		○	
8	○	○			○								○			
9	○	○		○											○	
10	○	○											○			
11	○	○													○	
12	○	○											○	○		
13	○	○													○	○
14	○	○			○								○			
15	○	○			○										○	
16	○	○			○											
17	○	○										○	○			
18	○	○			○						○				○	
19	○	○													○	
20	○	○			○											
21	○	○			○										○	
22	○	○			○											
23	○	○		○				○	○	○						
24	○	○		○				○	○	○						
25	○	○			○						○					
26	○	○			○						○					
27	○	○		○								○				
28	○	○		○								○				
29	○	○		○											○	
30	○	○		○											○	
31	○	○											○			
32	○	○											○			
33	○	○		○												
34	○	○		○												
35	○	○		○												
36	○	○		○												
37	○	○														

項目																統計表番号
弟妹の有無	末の弟妹の年齢	兄姉の有無	母の年齢	父の年齢	母の単身赴任の状況	父の単身赴任の状況	母の就業の有無	（現在の）母の就業状況	1年前の母の就業状況	母の就業パターン	父の就業状況	平日―日曜日の起床時間	平日―土曜日の就寝時間	平日―日曜日の睡眠時間	家庭学習の時間	
																1
																2
																3
																4
																5
																6
																7
○	○	○														8
			○	○												9
					○	○										10
						○	○									11
																12
																13
								○			○					14
								○			○					15
○	○	○						○			○					16
								○								17
								○								18
			○					○								19
○	○	○								○						20
										○						21
								○	○							22
												○				23
													○			24
												○				25
													○			26
												○				27
													○			28
												○				29
													○			30
												○				31
													○			32
												○			○	33
													○		○	34
														○	○	35
													○	○		36
								○			○		○			37

統　計　表　一　覧　（4－2）

統計表番号	単位項目		分類											
	子ども数	構成割合・総数に対する割合	性	出生月（調査月）	子どもの体型	市郡	地域ブロック	同居者の構成	きょうだい構成	母の就業状況	（現在の）平日―日曜日の起床時間	1年前の平日―日曜日の起床時間	平日の起床時間	（現在の）平日―土曜日の就寝時間
38	○	○									○	○		
39	○	○												○
40	○	○												
41	○	○	○			○			○					
42	○	○	○				○							
43	○	○	○					○						
44	○	○	○	○									○	
45	○	○	○	○										
46	○	○	○	○										
47	○	○	○		○									
48	○	○	○											
49	○	○	○							○				
50	○	○												
51	○	○	○			○			○					
52	○	○	○				○							
53	○	○	○					○						
54	○	○	○		○									
55	○	○	○							○				
56	○	○	○			○			○					
57	○	○	○				○							
58	○	○	○					○						
59	○	○	○		○									
60	○	○	○							○				
61	○	○	○			○			○					
62	○	○	○				○							
63	○	○	○					○						
64	○	○	○	○									○	
65	○	○	○	○										
66	○	○	○	○										
67	○	○	○		○									
68	○	○	○											
69	○	○	○											
70	○	○	○											
71	○	○	○							○				
72	○	○	○					○						
73	○	○	○											

項目															統計表番号
1年前の平日—土曜日の就寝時間	平日の就寝時間	（現在の）平日—日曜日の睡眠時間	1年前の平日—日曜日の睡眠時間	平日の睡眠時間	（現在の）朝食のとり方	1年前の朝食のとり方	朝食の内容	朝食を食べない理由	（現在の）夕食のとり方	1年前の夕食のとり方	間食の内容	家庭での会話	学習塾等の種類	子ども自身の悩みや不安	
															38
○															39
		○	○												40
					○				○						41
					○				○						42
					○				○						43
					○				○						44
	○				○				○						45
				○	○				○						46
					○				○						47
					○				○					○	48
					○				○						49
					○	○			○	○					50
							○								51
							○								52
							○								53
							○								54
							○								55
								○							56
								○							57
								○							58
								○							59
								○							60
											○				61
											○				62
											○				63
											○				64
	○										○				65
				○							○				66
											○				67
					○				○		○				68
								○			○				69
											○		○		70
											○				71
												○			72
												○		○	73

統　計　表　一　覧　（4－3）

統計表番号	単位項目		分類											
	子ども数	構成割合・総数に対する割合	性	出生月（調査月）	市郡	地域ブロック	同居者の構成	きょうだい構成	母の年齢	父の年齢	母の学歴	父の学歴	平日の起床時間	平日の就寝時間
74	○	○		○	○		○							
75	○	○	○	○				○						
76	○	○	○											
77	○	○	○											
78	○	○	○											
79	○	○	○	○										
80	○	○			○		○							
81	○	○				○		○						
82	○	○		○				○						
83	○	○			○		○							
84	○	○				○								
85	○	○	○	○				○						
86	○	○		○	○									
87	○	○	○			○								
88	○	○	○	○										
89	○	○							○		○			
90	○	○		○	○									
91	○	○	○			○								
92	○	○	○	○										
93	○	○	○										○	○
94	○	○	○	○										
95	○	○	○				○							
96	○	○							○	○				
97	○	○	○											
98	○	○	○								○	○		
99	○	○												
100	○	○	○		○									
101	○	○	○			○								
102	○	○	○											
103	○	○	○				○							
104	○	○	○				○							
105	○	○	○											

項目																	統計表番号
家庭での会話	子ども自身の悩みや不安	学校生活―部活動の満足	将来について	子どもが望む進路	保護者が望む進路	家庭学習の時間	（現在の）学習塾等の種類	1年前の学習塾等の種類	1週間の学習塾等の日数	学習塾等を利用する主な目的	1か月の習い事・学習塾等の費用	就きたい職業の有無	就きたい理由	就きたい一番の理由	就きたいと思った一番のきっかけ	働きたい地域	
		○															74
		○															75
○		○															76
	○	○															77
		○	○														78
						○											79
						○											80
						○											81
						○											82
							○										83
							○										84
							○										85
										○							86
										○							87
						○				○							88
							○										89
									○								90
									○								91
						○			○								92
									○								93
							○	○									94
			○														95
			○														96
				○	○												97
				○													98
					○						○						99
																○	100
																○	101
				○												○	102
												○	○				103
												○		○			104
														○	○		105

統　計　表　一　覧　（4－4）

統計表番号	単位項目					分類									
	子ども数	構成割合・総数に対する割合	1か月の平均子育て費用	1か月の平均学校にかかった費用	1か月の平均習い事等の費用	性	出生月（調査月）	市郡	地域ブロック	同居者の構成	きょうだい構成	母の年齢	父の年齢	母の就業状況	母の就業パターン
106	○	○				○		○							
107	○	○				○				○					
108	○	○				○					○				
109	○	○				○									
110	○	○					○							○	
111	○	○				○				○					
112	○	○						○		○					
113	○	○				○					○				
114	○	○										○	○		
115	○	○												○	
116	○	○													○
117	○	○	○			○	○	○							
118	○	○	○			○	○				○				
119	○	○									○				
120	○	○		○		○	○	○							
121	○	○		○		○	○		○						
122	○	○		○		○	○				○				
123	○	○									○				
124	○	○			○	○	○	○							
125	○	○			○		○	○							
126	○	○			○	○	○				○				
127	○	○									○				
128	○	○								○					
129	○	○									○				
130	○	○						○							
131	○	○									○				
132	○	○						○							
133	○	○									○				
134	○	○						○							
135	○	○									○				

項目																統計表番号
父の就業状況	学習塾等の種類	1週間の学習塾等の日数	小遣いの有無	小遣いの金額	子ども自身の悩みや不安	子ども自身の悩みや不安の相談相手	子どもを育てていて負担に思うことや悩み	（現在の）1か月の子育て費用	1年前の1か月の子育て費用	（現在の）1か月の学校にかかった費用	1年前の1か月の学校にかかった費用	（現在の）1か月の習い事・学習塾等の費用	1年前の1か月の習い事・学習塾等の費用	1か月の学習塾等の費用	父母の総収入額	
			○	○												106
			○	○												107
			○	○												108
	○		○	○												109
○			○	○												110
					○	○										111
							○									112
							○									113
							○									114
							○									115
							○									116
								○								117
								○								118
								○	○							119
										○						120
										○						121
										○						122
										○	○					123
												○				124
		○												○		125
												○				126
												○	○			127
							○								○	128
	○														○	129
								○							○	130
								○							○	131
										○					○	132
										○					○	133
												○			○	134
												○			○	135

第１表　子ども数・構成割合，単胎－多胎、

単胎－多胎、性、出生時の身長	総数	150cm未満	150～155cm未満	155～160cm未満	160～165cm未満	165～170cm未満	170cm以上	不詳
	第15回							
	実数（人）							
総数	28 810	1 183	3 923	6 064	6 493	5 302	5 364	481
40cm未満	111	27	19	16	19	15	9	6
40～45cm未満	651	86	139	131	129	94	57	15
45～50cm未満	15 416	837	2 602	3 634	3 478	2 559	2 051	255
50cm以上	12 551	226	1 151	2 266	2 853	2 617	3 236	202
男児	14 796	109	349	1 182	3 252	4 430	5 216	258
40cm未満	56	4	5	6	16	14	9	2
40～45cm未満	309	6	20	47	89	82	55	10
45～50cm未満	7 189	66	202	740	1 858	2 193	1 999	131
50cm以上	7 198	32	119	384	1 282	2 126	3 142	113
女児	14 014	1 074	3 574	4 882	3 241	872	148	223
40cm未満	55	23	14	10	3	1	－	4
40～45cm未満	342	80	119	84	40	12	2	5
45～50cm未満	8 227	771	2 400	2 894	1 620	366	52	124
50cm以上	5 353	194	1 032	1 882	1 571	491	94	89
単胎	28 296	1 150	3 851	5 949	6 379	5 210	5 287	470
40cm未満	87	20	13	12	15	12	9	6
40～45cm未満	526	71	114	107	108	74	40	12
45～50cm未満	15 083	826	2 563	3 552	3 392	2 503	1 998	249
50cm以上	12 527	226	1 149	2 262	2 851	2 610	3 229	200
男児	14 523	106	343	1 146	3 184	4 349	5 142	253
40cm未満	46	4	4	4	12	11	9	2
40～45cm未満	248	6	18	37	76	64	38	9
45～50cm未満	7 011	63	199	718	1 809	2 145	1 949	128
50cm以上	7 182	32	119	383	1 281	2 120	3 135	112
女児	13 773	1 044	3 508	4 803	3 195	861	145	217
40cm未満	41	16	9	8	3	1	－	4
40～45cm未満	278	65	96	70	32	10	2	3
45～50cm未満	8 072	763	2 364	2 834	1 583	358	49	121
50cm以上	5 345	194	1 030	1 879	1 570	490	94	88
多胎	514	33	72	115	114	92	77	11
40cm未満	24	7	6	4	4	3	－	－
40～45cm未満	125	15	25	24	21	20	17	3
45～50cm未満	333	11	39	82	86	56	53	6
50cm以上	24	－	2	4	2	7	7	2
男児	273	3	6	36	68	81	74	5
40cm未満	10	－	1	2	4	3	－	－
40～45cm未満	61	－	2	10	13	18	17	1
45～50cm未満	178	3	3	22	49	48	50	3
50cm以上	16	－	－	1	1	6	7	1
女児	241	30	66	79	46	11	3	6
40cm未満	14	7	5	2	－	－	－	－
40～45cm未満	64	15	23	14	8	2	－	2
45～50cm未満	155	8	36	60	37	8	3	3
50cm以上	8	－	2	3	1	1	－	1

注：総数には出生時の身長「不詳」を含む。

性、出生時の身長、現在（第15回調査）の身長別

第15回調査（平成28年）

調査の身長							
総数	150 cm 未満	150 ～ 155 cm 未満	155 ～ 160 cm 未満	160 ～ 165 cm 未満	165 ～ 170 cm 未満	170 cm 以上	不詳
構成割合（%）							
100.0	4.1	13.6	21.0	22.5	18.4	18.6	1.7
0.4	0.1	0.1	0.1	0.1	0.1	0.0	0.0
2.3	0.3	0.5	0.5	0.4	0.3	0.2	0.1
53.5	2.9	9.0	12.6	12.1	8.9	7.1	0.9
43.6	0.8	4.0	7.9	9.9	9.1	11.2	0.7
100.0	0.7	2.4	8.0	22.0	29.9	35.3	1.7
0.4	0.0	0.0	0.0	0.1	0.1	0.1	0.0
2.1	0.0	0.1	0.3	0.6	0.6	0.4	0.1
48.6	0.4	1.4	5.0	12.6	14.8	13.5	0.9
48.6	0.2	0.8	2.6	8.7	14.4	21.2	0.8
100.0	7.7	25.5	34.8	23.1	6.2	1.1	1.6
0.4	0.2	0.1	0.1	0.0	0.0	−	0.0
2.4	0.6	0.8	0.6	0.3	0.1	0.0	0.0
58.7	5.5	17.1	20.7	11.6	2.6	0.4	0.9
38.2	1.4	7.4	13.4	11.2	3.5	0.7	0.6
100.0	4.1	13.6	21.0	22.5	18.4	18.7	1.7
0.3	0.1	0.0	0.0	0.1	0.0	0.0	0.0
1.9	0.3	0.4	0.4	0.4	0.3	0.1	0.0
53.3	2.9	9.1	12.6	12.0	8.8	7.1	0.9
44.3	0.8	4.1	8.0	10.1	9.2	11.4	0.7
100.0	0.7	2.4	7.9	21.9	29.9	35.4	1.7
0.3	0.0	0.0	0.0	0.1	0.1	0.1	0.0
1.7	0.0	0.1	0.3	0.5	0.4	0.3	0.1
48.3	0.4	1.4	4.9	12.5	14.8	13.4	0.9
49.5	0.2	0.8	2.6	8.8	14.6	21.6	0.8
100.0	7.6	25.5	34.9	23.2	6.3	1.1	1.6
0.3	0.1	0.1	0.1	0.0	0.0	−	0.0
2.0	0.5	0.7	0.5	0.2	0.1	0.0	0.0
58.6	5.5	17.2	20.6	11.5	2.6	0.4	0.9
38.8	1.4	7.5	13.6	11.4	3.6	0.7	0.6
100.0	6.4	14.0	22.4	22.2	17.9	15.0	2.1
4.7	1.4	1.2	0.8	0.8	0.6	−	−
24.3	2.9	4.9	4.7	4.1	3.9	3.3	0.6
64.8	2.1	7.6	16.0	16.7	10.9	10.3	1.2
4.7	−	0.4	0.8	0.4	1.4	1.4	0.4
100.0	1.1	2.2	13.2	24.9	29.7	27.1	1.8
3.7	−	0.4	0.7	1.5	1.1	−	−
22.3	−	0.7	3.7	4.8	6.6	6.2	0.4
65.2	1.1	1.1	8.1	17.9	17.6	18.3	1.1
5.9	−	−	0.4	0.4	2.2	2.6	0.4
100.0	12.4	27.4	32.8	19.1	4.6	1.2	2.5
5.8	2.9	2.1	0.8	−	−	−	−
26.6	6.2	9.5	5.8	3.3	0.8	−	0.8
64.3	3.3	14.9	24.9	15.4	3.3	1.2	1.2
3.3	−	0.8	1.2	0.4	0.4	−	0.4

第2表　子ども数・構成割合，単胎－多胎、

単胎－多胎、性、出生時の体重	第15回							
	総数	40.0kg未満	40.0～45.0kg未満	45.0～50.0kg未満	50.0～55.0kg未満	55.0～60.0kg未満	60.0kg以上	不詳
	実数（人）							
総数	28 810	931	3 880	7 032	7 207	4 410	4 703	647
2.0kg未満	429	36	100	111	90	43	36	13
2.0～2.5kg未満	1 922	138	393	539	411	223	177	41
2.5～3.0kg未満	10 579	434	1 831	2 869	2 567	1 346	1 308	224
3.0～3.5kg未満	12 385	271	1 325	2 925	3 300	2 067	2 228	269
3.5～4.0kg未満	3 179	51	211	550	770	668	838	91
4.0kg以上	310	1	18	37	67	63	115	9
男児	14 796	256	1 119	2 549	3 812	2 949	3 795	316
2.0kg未満	235	12	38	55	57	33	33	7
2.0～2.5kg未満	848	25	102	195	224	133	145	24
2.5～3.0kg未満	4 931	101	485	977	1 341	876	1 051	100
3.0～3.5kg未満	6 627	95	409	1 082	1 715	1 395	1 798	133
3.5～4.0kg未満	1 958	23	78	226	442	465	676	48
4.0kg以上	193	－	7	13	31	47	91	4
女児	14 014	675	2 761	4 483	3 395	1 461	908	331
2.0kg未満	194	24	62	56	33	10	3	6
2.0～2.5kg未満	1 074	113	291	344	187	90	32	17
2.5～3.0kg未満	5 648	333	1 346	1 892	1 226	470	257	124
3.0～3.5kg未満	5 758	176	916	1 843	1 585	672	430	136
3.5～4.0kg未満	1 221	28	133	324	328	203	162	43
4.0kg以上	117	1	11	24	36	16	24	5
単胎	28 296	893	3 790	6 903	7 095	4 346	4 633	636
2.0kg未満	320	23	70	87	70	36	24	10
2.0～2.5kg未満	1 692	121	355	480	357	193	148	38
2.5～3.0kg未満	10 427	427	1 811	2 829	2 532	1 326	1 283	219
3.0～3.5kg未満	12 364	270	1 323	2 920	3 297	2 061	2 224	269
3.5～4.0kg未満	3 177	51	211	549	770	667	838	91
4.0kg以上	310	1	18	37	67	63	115	9
男児	14 523	248	1 081	2 491	3 749	2 912	3 731	311
2.0kg未満	182	8	26	43	49	29	21	6
2.0～2.5kg未満	730	24	87	168	189	120	120	22
2.5～3.0kg未満	4 846	98	475	961	1 323	863	1 028	98
3.0～3.5kg未満	6 612	95	408	1 080	1 713	1 389	1 794	133
3.5～4.0kg未満	1 956	23	78	225	442	464	676	48
4.0kg以上	193	－	7	13	31	47	91	4
女児	13 773	645	2 709	4 412	3 346	1 434	902	325
2.0kg未満	138	15	44	44	21	7	3	4
2.0～2.5kg未満	962	97	268	312	168	73	28	16
2.5～3.0kg未満	5 581	329	1 336	1 868	1 209	463	255	121
3.0～3.5kg未満	5 752	175	915	1 840	1 584	672	430	136
3.5～4.0kg未満	1 221	28	133	324	328	203	162	43
4.0kg以上	117	1	11	24	36	16	24	5
多胎	514	38	90	129	112	64	70	11
2.0kg未満	109	13	30	24	20	7	12	3
2.0～2.5kg未満	230	17	38	59	54	30	29	3
2.5～3.0kg未満	152	7	20	40	35	20	25	5
3.0～3.5kg未満	21	1	2	5	3	6	4	－
3.5～4.0kg未満	2	－	－	1	－	1	－	－
4.0kg以上	－	－	－	－	－	－	－	－
男児	273	8	38	58	63	37	64	5
2.0kg未満	53	4	12	12	8	4	12	1
2.0～2.5kg未満	118	1	15	27	35	13	25	2
2.5～3.0kg未満	85	3	10	16	18	13	23	2
3.0～3.5kg未満	15	－	1	2	2	6	4	－
3.5～4.0kg未満	2	－	－	1	－	1	－	－
4.0kg以上	－	－	－	－	－	－	－	－
女児	241	30	52	71	49	27	6	6
2.0kg未満	56	9	18	12	12	3	－	2
2.0～2.5kg未満	112	16	23	32	19	17	4	1
2.5～3.0kg未満	67	4	10	24	17	7	2	3
3.0～3.5kg未満	6	1	1	3	1	－	－	－
3.5～4.0kg未満	－	－	－	－	－	－	－	－
4.0kg以上	－	－	－	－	－	－	－	－

注：総数には出生時の体重「不詳」を含む。

性、出生時の体重、現在（第15回調査）の体重別

第15回調査（平成28年）

調査の体重 総数	40.0kg未満	40.0～45.0kg未満	45.0～50.0kg未満	50.0～55.0kg未満	55.0～60.0kg未満	60.0kg以上	不詳
構成割合（%）							
100.0	3.2	13.5	24.4	25.0	15.3	16.3	2.2
1.5	0.1	0.3	0.4	0.3	0.1	0.1	0.0
6.7	0.5	1.4	1.9	1.4	0.8	0.6	0.1
36.7	1.5	6.4	10.0	8.9	4.7	4.5	0.8
43.0	0.9	4.6	10.2	11.5	7.2	7.7	0.9
11.0	0.2	0.7	1.9	2.7	2.3	2.9	0.3
1.1	0.0	0.1	0.1	0.2	0.2	0.4	0.0
100.0	1.7	7.6	17.2	25.8	19.9	25.6	2.1
1.6	0.1	0.3	0.4	0.4	0.2	0.2	0.0
5.7	0.2	0.7	1.3	1.5	0.9	1.0	0.2
33.3	0.7	3.3	6.6	9.1	5.9	7.1	0.7
44.8	0.6	2.8	7.3	11.6	9.4	12.2	0.9
13.2	0.2	0.5	1.5	3.0	3.1	4.6	0.3
1.3	-	0.0	0.1	0.2	0.3	0.6	0.0
100.0	4.8	19.7	32.0	24.2	10.4	6.5	2.4
1.4	0.2	0.4	0.4	0.2	0.1	0.0	0.0
7.7	0.8	2.1	2.5	1.3	0.6	0.2	0.1
40.3	2.4	9.6	13.5	8.7	3.4	1.8	0.9
41.1	1.3	6.5	13.2	11.3	4.8	3.1	1.0
8.7	0.2	0.9	2.3	2.3	1.4	1.2	0.3
0.8	0.0	0.1	0.2	0.3	0.1	0.2	0.0
100.0	3.2	13.4	24.4	25.1	15.4	16.4	2.2
1.1	0.1	0.2	0.3	0.2	0.1	0.1	0.0
6.0	0.4	1.3	1.7	1.3	0.7	0.5	0.1
36.8	1.5	6.4	10.0	8.9	4.7	4.5	0.8
43.7	1.0	4.7	10.3	11.7	7.3	7.9	1.0
11.2	0.2	0.7	1.9	2.7	2.4	3.0	0.3
1.1	0.0	0.1	0.1	0.2	0.2	0.4	0.0
100.0	1.7	7.4	17.2	25.8	20.1	25.7	2.1
1.3	0.1	0.2	0.3	0.3	0.2	0.1	0.0
5.0	0.2	0.6	1.2	1.3	0.8	0.8	0.2
33.4	0.7	3.3	6.6	9.1	5.9	7.1	0.7
45.5	0.7	2.8	7.4	11.8	9.6	12.4	0.9
13.5	0.2	0.5	1.5	3.0	3.2	4.7	0.3
1.3	-	0.0	0.1	0.2	0.3	0.6	0.0
100.0	4.7	19.7	32.0	24.3	10.4	6.5	2.4
1.0	0.1	0.3	0.3	0.2	0.1	0.0	0.0
7.0	0.7	1.9	2.3	1.2	0.5	0.2	0.1
40.5	2.4	9.7	13.6	8.8	3.4	1.9	0.9
41.8	1.3	6.6	13.4	11.5	4.9	3.1	1.0
8.9	0.2	1.0	2.4	2.4	1.5	1.2	0.3
0.8	0.0	0.1	0.2	0.3	0.1	0.2	0.0
100.0	7.4	17.5	25.1	21.8	12.5	13.6	2.1
21.2	2.5	5.8	4.7	3.9	1.4	2.3	0.6
44.7	3.3	7.4	11.5	10.5	5.8	5.6	0.6
29.6	1.4	3.9	7.8	6.8	3.9	4.9	1.0
4.1	0.2	0.4	1.0	0.6	1.2	0.8	-
0.4	-	-	0.2	-	0.2	-	-
-	-	-	-	-	-	-	-
100.0	2.9	13.9	21.2	23.1	13.6	23.4	1.8
19.4	1.5	4.4	4.4	2.9	1.5	4.4	0.4
43.2	0.4	5.5	9.9	12.8	4.8	9.2	0.7
31.1	1.1	3.7	5.9	6.6	4.8	8.4	0.7
5.5	-	0.4	0.7	0.7	2.2	1.5	-
0.7	-	-	0.4	-	0.4	-	-
-	-	-	-	-	-	-	-
100.0	12.4	21.6	29.5	20.3	11.2	2.5	2.5
23.2	3.7	7.5	5.0	5.0	1.2	-	0.8
46.5	6.6	9.5	13.3	7.9	7.1	1.7	0.4
27.8	1.7	4.1	10.0	7.1	2.9	0.8	1.2
2.5	0.4	0.4	1.2	0.4	-	-	-
-	-	-	-	-	-	-	-
-	-	-	-	-	-	-	-

第3表　子ども数・構成割合，

単胎－多胎、性、身長	体							
	総数	40.0 kg 未満	40.0 ～ 45.0 kg 未満	45.0 ～ 50.0 kg 未満	50.0 ～ 55.0 kg 未満	55.0 ～ 60.0 kg 未満	60.0 kg 以上	不詳
	実数（人）							
総数	28 810	931	3 880	7 032	7 207	4 410	4 703	647
150cm未満	1 183	320	434	276	92	33	20	8
150～155cm未満	3 923	347	1 287	1 317	635	196	102	39
155～160cm未満	6 064	193	1 206	2 236	1 528	552	300	49
160～165cm未満	6 493	51	721	1 980	2 070	932	687	52
165～170cm未満	5 302	14	194	948	1 777	1 231	1 105	33
170cm以上	5 364	4	33	260	1 094	1 461	2 482	30
不詳	481	2	5	15	11	5	7	436
男児	14 796	256	1 119	2 549	3 812	2 949	3 795	316
150cm未満	109	59	35	11	－	2	1	1
150～155cm未満	349	81	132	81	34	13	8	－
155～160cm未満	1 182	70	337	400	226	76	67	6
160～165cm未満	3 252	31	420	1 003	997	421	359	21
165～170cm未満	4 430	12	161	802	1 497	1 012	920	26
170cm以上	5 216	3	32	247	1 051	1 422	2 434	27
不詳	258	－	2	5	7	3	6	235
女児	14 014	675	2 761	4 483	3 395	1 461	908	331
150cm未満	1 074	261	399	265	92	31	19	7
150～155cm未満	3 574	266	1 155	1 236	601	183	94	39
155～160cm未満	4 882	123	869	1 836	1 302	476	233	43
160～165cm未満	3 241	20	301	977	1 073	511	328	31
165～170cm未満	872	2	33	146	280	219	185	7
170cm以上	148	1	1	13	43	39	48	3
不詳	223	2	3	10	4	2	1	201
単胎	28 296	893	3 790	6 903	7 095	4 346	4 633	636
150cm未満	1 150	302	425	274	88	33	20	8
150～155cm未満	3 851	336	1 261	1 296	628	192	100	38
155～160cm未満	5 949	187	1 178	2 196	1 504	539	296	49
160～165cm未満	6 379	49	697	1 945	2 040	917	679	52
165～170cm未満	5 210	13	193	921	1 749	1 218	1 083	33
170cm以上	5 287	4	31	256	1 075	1 443	2 448	30
不詳	470	2	5	15	11	4	7	426
男児	14 523	248	1 081	2 491	3 749	2 912	3 731	311
150cm未満	106	56	35	11	－	2	1	1
150～155cm未満	343	78	130	80	34	13	8	－
155～160cm未満	1 146	69	323	386	221	76	65	6
160～165cm未満	3 184	31	401	985	981	414	351	21
165～170cm未満	4 349	11	160	780	1 472	1 000	900	26
170cm以上	5 142	3	30	244	1 034	1 404	2 400	27
不詳	253	－	2	5	7	3	6	230
女児	13 773	645	2 709	4 412	3 346	1 434	902	325
150cm未満	1 044	246	390	263	88	31	19	7
150～155cm未満	3 508	258	1 131	1 216	594	179	92	38
155～160cm未満	4 803	118	855	1 810	1 283	463	231	43
160～165cm未満	3 195	18	296	960	1 059	503	328	31
165～170cm未満	861	2	33	141	277	218	183	7
170cm以上	145	1	1	12	41	39	48	3
不詳	217	2	3	10	4	1	1	196
多胎	514	38	90	129	112	64	70	11
150cm未満	33	18	9	2	4	－	－	－
150～155cm未満	72	11	26	21	7	4	2	1
155～160cm未満	115	6	28	40	24	13	4	－
160～165cm未満	114	2	24	35	30	15	8	－
165～170cm未満	92	1	1	27	28	13	22	－
170cm以上	77	－	2	4	19	18	34	－
不詳	11	－	－	－	－	1	－	10
男児	273	8	38	58	63	37	64	5
150cm未満	3	3	－	－	－	－	－	－
150～155cm未満	6	3	2	1	－	－	－	－
155～160cm未満	36	1	14	14	5	－	2	－
160～165cm未満	68	－	19	18	16	7	8	－
165～170cm未満	81	1	1	22	25	12	20	－
170cm以上	74	－	2	3	17	18	34	－
不詳	5	－	－	－	－	－	－	5
女児	241	30	52	71	49	27	6	6
150cm未満	30	15	9	2	4	－	－	－
150～155cm未満	66	8	24	20	7	4	2	1
155～160cm未満	79	5	14	26	19	13	2	－
160～165cm未満	46	2	5	17	14	8	－	－
165～170cm未満	11	－	－	5	3	1	2	－
170cm以上	3	－	－	1	2	－	－	－
不詳	6	－	－	－	－	1	－	5

総数	重 40.0kg未満	40.0～45.0kg未満	45.0～50.0kg未満	50.0～55.0kg未満	55.0～60.0kg未満	60.0kg以上	不詳
構成割合（%）							
100.0	3.2	13.5	24.4	25.0	15.3	16.3	2.2
4.1	1.1	1.5	1.0	0.3	0.1	0.1	0.0
13.6	1.2	4.5	4.6	2.2	0.7	0.4	0.1
21.0	0.7	4.2	7.8	5.3	1.9	1.0	0.2
22.5	0.2	2.5	6.9	7.2	3.2	2.4	0.2
18.4	0.0	0.7	3.3	6.2	4.3	3.8	0.1
18.6	0.0	0.1	0.9	3.8	5.1	8.6	0.1
1.7	0.0	0.0	0.1	0.0	0.0	0.0	1.5
100.0	1.7	7.6	17.2	25.8	19.9	25.6	2.1
0.7	0.4	0.2	0.1	－	0.0	0.0	0.0
2.4	0.5	0.9	0.5	0.2	0.1	0.1	－
8.0	0.5	2.3	2.7	1.5	0.5	0.5	0.0
22.0	0.2	2.8	6.8	6.7	2.8	2.4	0.1
29.9	0.1	1.1	5.4	10.1	6.8	6.2	0.2
35.3	0.0	0.2	1.7	7.1	9.6	16.5	0.2
1.7	－	0.0	0.0	0.0	0.0	0.0	1.6
100.0	4.8	19.7	32.0	24.2	10.4	6.5	2.4
7.7	1.9	2.8	1.9	0.7	0.2	0.1	0.0
25.5	1.9	8.2	8.8	4.3	1.3	0.7	0.3
34.8	0.9	6.2	13.1	9.3	3.4	1.7	0.3
23.1	0.1	2.1	7.0	7.7	3.6	2.3	0.2
6.2	0.0	0.2	1.0	2.0	1.6	1.3	0.0
1.1	0.0	0.0	0.1	0.3	0.3	0.3	0.0
1.6	0.0	0.0	0.1	0.0	0.0	0.0	1.4
100.0	3.2	13.4	24.4	25.1	15.4	16.4	2.2
4.1	1.1	1.5	1.0	0.3	0.1	0.1	0.0
13.6	1.2	4.5	4.6	2.2	0.7	0.4	0.1
21.0	0.7	4.2	7.8	5.3	1.9	1.0	0.2
22.5	0.2	2.5	6.9	7.2	3.2	2.4	0.2
18.4	0.0	0.7	3.3	6.2	4.3	3.8	0.1
18.7	0.0	0.1	0.9	3.8	5.1	8.7	0.1
1.7	0.0	0.0	0.1	0.0	0.0	0.0	1.5
100.0	1.7	7.4	17.2	25.8	20.1	25.7	2.1
0.7	0.4	0.2	0.1	－	0.0	0.0	0.0
2.4	0.5	0.9	0.6	0.2	0.1	0.1	－
7.9	0.5	2.2	2.7	1.5	0.5	0.4	0.0
21.9	0.2	2.8	6.8	6.8	2.9	2.4	0.1
29.9	0.1	1.1	5.4	10.1	6.9	6.2	0.2
35.4	0.0	0.2	1.7	7.1	9.7	16.5	0.2
1.7	－	0.0	0.0	0.0	0.0	0.0	1.6
100.0	4.7	19.7	32.0	24.3	10.4	6.5	2.4
7.6	1.8	2.8	1.9	0.6	0.2	0.1	0.1
25.5	1.9	8.2	8.8	4.3	1.3	0.7	0.3
34.9	0.9	6.2	13.1	9.3	3.4	1.7	0.3
23.2	0.1	2.1	7.0	7.7	3.7	2.4	0.2
6.3	0.0	0.2	1.0	2.0	1.6	1.3	0.1
1.1	0.0	0.0	0.1	0.3	0.3	0.3	0.0
1.6	0.0	0.0	0.1	0.0	0.0	0.0	1.4
100.0	7.4	17.5	25.1	21.8	12.5	13.6	2.1
6.4	3.5	1.8	0.4	0.8	－	－	－
14.0	2.1	5.1	4.1	1.4	0.8	0.4	0.2
22.4	1.2	5.4	7.8	4.7	2.5	0.8	－
22.2	0.4	4.7	6.8	5.8	2.9	1.6	－
17.9	0.2	0.2	5.3	5.4	2.5	4.3	－
15.0	－	0.4	0.8	3.7	3.5	6.6	－
2.1	－	－	－	－	0.2	－	1.9
100.0	2.9	13.9	21.2	23.1	13.6	23.4	1.8
1.1	1.1	－	－	－	－	－	－
2.2	1.1	0.7	0.4	－	－	－	－
13.2	0.4	5.1	5.1	1.8	－	0.7	－
24.9	－	7.0	6.6	5.9	2.6	2.9	－
29.7	0.4	0.4	8.1	9.2	4.4	7.3	－
27.1	－	0.7	1.1	6.2	6.6	12.5	－
1.8	－	－	－	－	－	－	1.8
100.0	12.4	21.6	29.5	20.3	11.2	2.5	2.5
12.4	6.2	3.7	0.8	1.7	－	－	－
27.4	3.3	10.0	8.3	2.9	1.7	0.8	0.4
32.8	2.1	5.8	10.8	7.9	5.4	0.8	－
19.1	0.8	2.1	7.1	5.8	3.3	－	－
4.6	－	－	2.1	1.2	0.4	0.8	－
1.2	－	－	0.4	0.8	－	－	－
2.5	－	－	－	－	0.4	－	2.1

第4表　子ども数・構成割合,

地域ブロック	総数										
	総数	150 cm 未満	150 ～ 155 cm 未満	155 ～ 160 cm 未満	160 ～ 165 cm 未満	165 ～ 170 cm 未満	170 cm 以上	不詳	総数	150 cm 未満	150 ～ 155 cm 未満
											実
総数	28 810	1 183	3 923	6 064	6 493	5 302	5 364	481	14 796	109	349
北海道	1 035	51	143	242	192	165	229	13	494	7	11
東北	2 092	85	291	395	492	394	390	45	1 077	8	29
関東1	7 784	289	989	1 594	1 785	1 479	1 530	118	3 999	29	71
関東2	2 379	113	325	537	516	408	443	37	1 218	9	29
北陸	1 365	33	170	297	320	232	294	19	706	2	14
東海	3 728	163	525	814	859	665	643	59	1 944	16	56
近畿1	3 813	148	497	792	864	732	715	65	1 969	13	44
近畿2	947	21	128	208	223	179	172	16	501	1	11
中国	1 716	80	291	348	388	301	283	25	859	8	30
四国	863	51	148	184	189	148	132	11	404	4	12
北九州	1 849	86	247	392	392	359	324	49	975	6	26
南九州	1 181	62	164	249	262	231	194	19	625	6	16
外国	58	1	5	12	11	9	15	5	25	－	－
											構成
総数	100.0	4.1	13.6	21.0	22.5	18.4	18.6	1.7	100.0	0.7	2.4
北海道	100.0	4.9	13.8	23.4	18.6	15.9	22.1	1.3	100.0	1.4	2.2
東北	100.0	4.1	13.9	18.9	23.5	18.8	18.6	2.2	100.0	0.7	2.7
関東1	100.0	3.7	12.7	20.5	22.9	19.0	19.7	1.5	100.0	0.7	1.8
関東2	100.0	4.7	13.7	22.6	21.7	17.2	18.6	1.6	100.0	0.7	2.4
北陸	100.0	2.4	12.5	21.8	23.4	17.0	21.5	1.4	100.0	0.3	2.0
東海	100.0	4.4	14.1	21.8	23.0	17.8	17.2	1.6	100.0	0.8	2.9
近畿1	100.0	3.9	13.0	20.8	22.7	19.2	18.8	1.7	100.0	0.7	2.2
近畿2	100.0	2.2	13.5	22.0	23.5	18.9	18.2	1.7	100.0	0.2	2.2
中国	100.0	4.7	17.0	20.3	22.6	17.5	16.5	1.5	100.0	0.9	3.5
四国	100.0	5.9	17.1	21.3	21.9	17.1	15.3	1.3	100.0	1.0	3.0
北九州	100.0	4.7	13.4	21.2	21.2	19.4	17.5	2.7	100.0	0.6	2.7
南九州	100.0	5.2	13.9	21.1	22.2	19.6	16.4	1.6	100.0	1.0	2.6
外国	100.0	1.7	8.6	20.7	19.0	15.5	25.9	8.6	100.0	－	－

第5表　子ども数・構成割合,

地域ブロック	総数										
	総数	40.0 kg 未満	40.0 ～ 45.0 kg 未満	45.0 ～ 50.0 kg 未満	50.0 ～ 55.0 kg 未満	55.0 ～ 60.0 kg 未満	60.0 kg 以上	不詳	総数	40.0 kg 未満	40.0 ～ 45.0 kg 未満
											実
総数	28 810	931	3 880	7 032	7 207	4 410	4 703	647	14 796	256	1 119
北海道	1 035	33	134	251	238	155	208	16	494	7	36
東北	2 092	51	210	451	527	352	446	55	1 077	14	48
関東1	7 784	266	1 089	1 889	1 981	1 177	1 228	154	3 999	84	321
関東2	2 379	65	337	554	617	364	394	48	1 218	15	87
北陸	1 365	27	173	322	364	232	222	25	706	4	50
東海	3 728	143	524	964	938	511	577	71	1 944	43	161
近畿1	3 813	126	538	966	903	591	588	101	1 969	31	153
近畿2	947	34	138	226	247	143	128	31	501	8	46
中国	1 716	65	226	449	424	265	251	36	859	18	69
四国	863	37	109	207	208	146	140	16	404	6	29
北九州	1 849	53	242	458	464	282	293	57	975	18	70
南九州	1 181	28	157	283	281	185	217	30	625	7	48
外国	58	3	3	12	15	7	11	7	25	1	1
											構成
総数	100.0	3.2	13.5	24.4	25.0	15.3	16.3	2.2	100.0	1.7	7.6
北海道	100.0	3.2	12.9	24.3	23.0	15.0	20.1	1.5	100.0	1.4	7.3
東北	100.0	2.4	10.0	21.6	25.2	16.8	21.3	2.6	100.0	1.3	4.5
関東1	100.0	3.4	14.0	24.3	25.4	15.1	15.8	2.0	100.0	2.1	8.0
関東2	100.0	2.7	14.2	23.3	25.9	15.3	16.6	2.0	100.0	1.2	7.1
北陸	100.0	2.0	12.7	23.6	26.7	17.0	16.3	1.8	100.0	0.6	7.1
東海	100.0	3.8	14.1	25.9	25.2	13.7	15.5	1.9	100.0	2.2	8.3
近畿1	100.0	3.3	14.1	25.3	23.7	15.5	15.4	2.6	100.0	1.6	7.8
近畿2	100.0	3.6	14.6	23.9	26.1	15.1	13.5	3.3	100.0	1.6	9.2
中国	100.0	3.8	13.2	26.2	24.7	15.4	14.6	2.1	100.0	2.1	8.0
四国	100.0	4.3	12.6	24.0	24.1	16.9	16.2	1.9	100.0	1.5	7.2
北九州	100.0	2.9	13.1	24.8	25.1	15.3	15.8	3.1	100.0	1.8	7.2
南九州	100.0	2.4	13.3	24.0	23.8	15.7	18.4	2.5	100.0	1.1	7.7
外国	100.0	5.2	5.2	20.7	25.9	12.1	19.0	12.1	100.0	4.0	4.0

地域ブロック、性、身長別

第15回調査（平成28年）

男児 155～160cm未満	160～165cm未満	165～170cm未満	170cm以上	不詳	女児 総数	150cm未満	150～155cm未満	155～160cm未満	160～165cm未満	165～170cm未満	170cm以上	不詳
数（人）												
1 182	3 252	4 430	5 216	258	14 014	1 074	3 574	4 882	3 241	872	148	223
42	68	134	223	9	541	44	132	200	124	31	6	4
61	249	321	379	30	1 015	77	262	334	243	73	11	15
300	836	1 217	1 483	63	3 785	260	918	1 294	949	262	47	55
107	271	351	430	21	1 161	104	296	430	245	57	13	16
49	156	192	283	10	659	31	156	248	164	40	11	9
166	476	572	630	28	1 784	147	469	648	383	93	13	31
152	435	594	697	34	1 844	135	453	640	429	138	18	31
54	110	151	166	8	446	20	117	154	113	28	6	8
65	214	257	272	13	857	72	261	283	174	44	11	12
30	99	127	128	4	459	47	136	154	90	21	4	7
103	189	302	323	26	874	80	221	289	203	57	1	23
53	144	208	188	10	556	56	148	196	118	23	6	9
-	5	4	14	2	33	1	5	12	6	5	1	3
割合（%）												
8.0	22.0	29.9	35.3	1.7	100.0	7.7	25.5	34.8	23.1	6.2	1.1	1.6
8.5	13.8	27.1	45.1	1.8	100.0	8.1	24.4	37.0	22.9	5.7	1.1	0.7
5.7	23.1	29.8	35.2	2.8	100.0	7.6	25.8	32.9	23.9	7.2	1.1	1.5
7.5	20.9	30.4	37.1	1.6	100.0	6.9	24.3	34.2	25.1	6.9	1.2	1.5
8.8	22.2	28.8	35.3	1.7	100.0	9.0	25.5	37.0	21.1	4.9	1.1	1.4
6.9	22.1	27.2	40.1	1.4	100.0	4.7	23.7	37.6	24.9	6.1	1.7	1.4
8.5	24.5	29.4	32.4	1.4	100.0	8.2	26.3	36.3	21.5	5.2	0.7	1.7
7.7	22.1	30.2	35.4	1.7	100.0	7.3	24.6	34.7	23.3	7.5	1.0	1.7
10.8	22.0	30.1	33.1	1.6	100.0	4.5	26.2	34.5	25.3	6.3	1.3	1.8
7.6	24.9	29.9	31.7	1.5	100.0	8.4	30.5	33.0	20.3	5.1	1.3	1.4
7.4	24.5	31.4	31.7	1.0	100.0	10.2	29.6	33.6	19.6	4.6	0.9	1.5
10.6	19.4	31.0	33.1	2.7	100.0	9.2	25.3	33.1	23.2	6.5	0.1	2.6
8.5	23.0	33.3	30.1	1.6	100.0	10.1	26.6	35.3	21.2	4.1	1.1	1.6
-	20.0	16.0	56.0	8.0	100.0	3.0	15.2	36.4	18.2	15.2	3.0	9.1

地域ブロック、性、体重別

第15回調査（平成28年）

男児 45.0～50.0kg未満	50.0～55.0kg未満	55.0～60.0kg未満	60.0kg以上	不詳	女児 総数	40.0kg未満	40.0～45.0kg未満	45.0～50.0kg未満	50.0～55.0kg未満	55.0～60.0kg未満	60.0kg以上	不詳
数（人）												
2 549	3 812	2 949	3 795	316	14 014	675	2 761	4 483	3 395	1 461	908	331
69	117	89	165	11	541	26	98	182	121	66	43	5
172	266	200	346	31	1 015	37	162	279	261	152	100	24
660	1 039	831	993	71	3 785	182	768	1 229	942	346	235	83
209	322	232	328	25	1 161	50	250	345	295	132	66	23
121	179	156	180	16	659	23	123	201	185	76	42	9
366	526	341	475	32	1 784	100	363	598	412	170	102	39
344	483	421	490	47	1 844	95	385	622	420	170	98	54
87	144	97	104	15	446	26	92	139	103	46	24	16
163	226	168	199	16	857	47	157	286	198	97	52	20
75	92	88	107	7	459	31	80	132	116	58	33	9
176	255	197	230	29	874	35	172	282	209	85	63	28
106	154	125	171	14	556	21	109	177	127	60	46	16
1	9	4	7	2	33	2	2	11	6	3	4	5
割合（%）												
17.2	25.8	19.9	25.6	2.1	100.0	4.8	19.7	32.0	24.2	10.4	6.5	2.4
14.0	23.7	18.0	33.4	2.2	100.0	4.8	18.1	33.6	22.4	12.2	7.9	0.9
16.0	24.7	18.6	32.1	2.9	100.0	3.6	16.0	27.5	25.7	15.0	9.9	2.4
16.5	26.0	20.8	24.8	1.8	100.0	4.8	20.3	32.5	24.9	9.1	6.2	2.2
17.2	26.4	19.0	26.9	2.1	100.0	4.3	21.5	29.7	25.4	11.4	5.7	2.0
17.1	25.4	22.1	25.5	2.3	100.0	3.5	18.7	30.5	28.1	11.5	6.4	1.4
18.8	27.1	17.5	24.4	1.6	100.0	5.6	20.3	33.5	23.1	9.5	5.7	2.2
17.5	24.5	21.4	24.9	2.4	100.0	5.2	20.9	33.7	22.8	9.2	5.3	2.9
17.4	28.7	19.4	20.8	3.0	100.0	5.8	20.6	31.2	23.1	10.3	5.4	3.6
19.0	26.3	19.6	23.2	1.9	100.0	5.5	18.3	33.4	23.1	11.3	6.1	2.3
18.6	22.8	21.8	26.5	1.7	100.0	6.8	17.4	28.8	25.3	12.6	7.2	2.0
18.1	26.2	20.2	23.6	3.0	100.0	4.0	19.7	32.3	23.9	9.7	7.2	3.2
17.0	24.6	20.0	27.4	2.2	100.0	3.8	19.6	31.8	22.8	10.8	8.3	2.9
4.0	36.0	16.0	28.0	8.0	100.0	6.1	6.1	33.3	18.2	9.1	12.1	15.2

第6表　子ども数・構成割合，市郡、同居者の

実　数（人）

市郡、同居者の構成	総数					
	総数	ひとり	弟妹のみ	兄姉のみ	兄弟姉妹あり	総数
総数	28 810	4 874	10 617	10 242	3 077	14 796
父母と同居	25 078	3 665	9 671	8 962	2 780	12 918
父母又は父母ときょうだいのみ	20 110	2 999	7 870	7 064	2 177	10 369
父母のみ	2 999	2 999	・	・	・	1 517
父母ときょうだいのみ	17 111	・	7 870	7 064	2 177	8 852
父母と祖父母	4 879	655	1 772	1 861	591	2 504
父母と母方の祖父母	1 349	206	477	523	143	688
父母と父方の祖父母	3 521	447	1 292	1 335	447	1 809
父母と両方の祖父母	9	2	3	3	1	7
父母とその他	89	11	29	37	12	45
父又は母と同居	3 561	1 049	941	1 275	296	1 778
母のみ又は母ときょうだいのみ	2 268	581	613	848	226	1 135
母と祖父母等	989	361	257	322	49	475
父のみ又は父ときょうだいのみ	143	43	33	58	9	79
父と祖父母等	161	64	38	47	12	89
その他	171	160	5	5	1	100
21大都市	7 541	1 392	2 728	2 730	691	3 914
父母と同居	6 554	1 089	2 490	2 374	601	3 409
父母又は父母ときょうだいのみ	5 734	961	2 193	2 064	516	2 982
父母のみ	961	961	・	・	・	498
父母ときょうだいのみ	4 773	・	2 193	2 064	516	2 484
父母と祖父母	797	124	290	299	84	419
父母と母方の祖父母	261	50	93	98	20	134
父母と父方の祖父母	534	74	197	200	63	283
父母と両方の祖父母	2	−	−	1	1	2
父母とその他	23	4	7	11	1	8
父又は母と同居	948	267	236	355	90	487
母のみ又は母ときょうだいのみ	689	179	175	265	70	348
母と祖父母等	202	74	49	65	14	100
父のみ又は父ときょうだいのみ	37	7	8	18	4	26
父と祖父母等	20	7	4	7	2	13
その他	39	36	2	1	−	18
その他の市	18 677	3 043	6 918	6 643	2 073	9 552
父母と同居	16 253	2 256	6 289	5 815	1 893	8 345
父母又は父母ときょうだいのみ	12 749	1 795	5 018	4 473	1 463	6 549
父母のみ	1 795	1 795	・	・	・	900
父母ときょうだいのみ	10 954	・	5 018	4 473	1 463	5 649
父母と祖父母	3 443	454	1 252	1 318	419	1 761
父母と母方の祖父母	928	134	330	362	102	475
父母と父方の祖父母	2 510	319	920	954	317	1 283
父母と両方の祖父母	5	1	2	2	−	3
父母とその他	61	7	19	24	11	35
父又は母と同居	2 309	680	626	824	179	1 138
母のみ又は母ときょうだいのみ	1 431	365	395	531	140	712
母と祖父母等	672	240	178	228	26	317
父のみ又は父ときょうだいのみ	94	30	23	37	4	48
父と祖父母等	112	45	30	28	9	61
その他	115	107	3	4	1	69
郡部	2 534	422	941	864	307	1 305
父母と同居	2 217	307	862	768	280	1 141
父母又は父母ときょうだいのみ	1 573	230	629	522	192	815
父母のみ	230	230	・	・	・	112
父母ときょうだいのみ	1 343	・	629	522	192	703
父母と祖父母	639	77	230	244	88	324
父母と母方の祖父母	160	22	54	63	21	79
父母と父方の祖父母	477	54	175	181	67	243
父母と両方の祖父母	2	1	1	−	−	2
父母とその他	5	−	3	2	−	2
父又は母と同居	301	99	79	96	27	152
母のみ又は母ときょうだいのみ	145	34	43	52	16	74
母と祖父母等	115	47	30	29	9	58
父のみ又は父ときょうだいのみ	12	6	2	3	1	5
父と祖父母等	29	12	4	12	1	15
その他	16	16	−	−	−	12

注：1）総数には外国在住分を含む。
　　2）その他には寄宿舎（学生寮）に入寮中を含む。

構成、性、きょうだい構成別（２－１）

第15回調査（平成28年）

男児				女児				
ひとり	弟妹のみ	兄姉のみ	兄弟姉妹あり	総数	ひとり	弟妹のみ	兄姉のみ	兄弟姉妹あり
2 468	5 350	5 329	1 649	14 014	2 406	5 267	4 913	1 428
1 850	4 894	4 686	1 488	12 160	1 815	4 777	4 276	1 292
1 517	3 975	3 692	1 185	9 741	1 482	3 895	3 372	992
1 517	•	•	•	1 482	1 482	•	•	•
•	3 975	3 692	1 185	8 259	•	3 895	3 372	992
328	904	972	300	2 375	327	868	889	291
102	240	269	77	661	104	237	254	66
224	662	701	222	1 712	223	630	634	225
2	2	2	1	2	–	1	1	–
5	15	22	3	44	6	14	15	9
523	453	642	160	1 783	526	488	633	136
292	299	418	126	1 133	289	314	430	100
167	119	165	24	514	194	138	157	25
27	14	34	4	64	16	19	24	5
37	21	25	6	72	27	17	22	6
95	3	1	1	71	65	2	4	–
715	1 381	1 423	395	3 627	677	1 347	1 307	296
563	1 255	1 246	345	3 145	526	1 235	1 128	256
498	1 098	1 087	299	2 752	463	1 095	977	217
498	•	•	•	463	463	•	•	•
•	1 098	1 087	299	2 289	•	1 095	977	217
65	154	155	45	378	59	136	144	39
23	49	51	11	127	27	44	47	9
42	105	103	33	251	32	92	97	30
–	–	1	1	–	–	–	–	–
–	3	4	1	15	4	4	7	–
134	126	177	50	461	133	110	178	40
91	94	124	39	341	88	81	141	31
34	24	35	7	102	40	25	30	7
5	6	13	2	11	2	2	5	2
4	2	5	2	7	3	2	2	–
18	–	–	–	21	18	2	1	–
1 528	3 476	3 453	1 095	9 125	1 515	3 442	3 190	978
1 131	3 179	3 036	999	7 908	1 125	3 110	2 779	894
900	2 535	2 330	784	6 200	895	2 483	2 143	679
900	•	•	•	895	895	•	•	•
•	2 535	2 330	784	5 305	•	2 483	2 143	679
226	633	689	213	1 682	228	619	629	206
68	166	186	55	453	66	164	176	47
157	466	502	158	1 227	162	454	452	159
1	1	1	–	2	–	1	1	–
5	11	17	2	26	2	8	7	9
333	294	416	95	1 171	347	332	408	84
182	186	265	79	719	183	209	266	61
106	82	117	12	355	134	96	111	14
20	8	19	1	46	10	15	18	3
25	18	15	3	51	20	12	13	6
64	3	1	1	46	43	–	3	–
216	481	452	156	1 229	206	460	412	151
149	448	403	141	1 076	158	414	365	139
112	330	274	99	758	118	299	248	93
112	•	•	•	118	118	•	•	•
•	330	274	99	640	•	299	248	93
37	117	128	42	315	40	113	116	46
11	25	32	11	81	11	29	31	10
25	91	96	31	234	29	84	85	36
1	1	–	–	–	–	–	–	–
–	1	1	–	3	–	2	1	–
55	33	49	15	149	44	46	47	12
18	19	29	8	71	16	24	23	8
27	13	13	5	57	20	17	16	4
2	–	2	1	7	4	2	1	–
8	1	5	1	14	4	3	7	–
12	–	–	–	4	4	–	–	–

第6表　子ども数・構成割合，市郡、同居者の

構成割合（%）

市郡、同居者の構成	総数					
	総数	ひとり	弟妹のみ	兄姉のみ	兄弟姉妹あり	総数
総数	100.0	16.9	36.9	35.6	10.7	100.0
父母と同居	100.0	14.6	38.6	35.7	11.1	100.0
父母又は父母ときょうだいのみ	100.0	14.9	39.1	35.1	10.8	100.0
父母のみ	100.0	100.0	·	·	·	100.0
父母ときょうだいのみ	100.0	·	46.0	41.3	12.7	100.0
父母と祖父母	100.0	13.4	36.3	38.1	12.1	100.0
父母と母方の祖父母	100.0	15.3	35.4	38.8	10.6	100.0
父母と父方の祖父母	100.0	12.7	36.7	37.9	12.7	100.0
父母と両方の祖父母	100.0	22.2	33.3	33.3	11.1	100.0
父母とその他	100.0	12.4	32.6	41.6	13.5	100.0
父又は母と同居	100.0	29.5	26.4	35.8	8.3	100.0
母のみ又は母ときょうだいのみ	100.0	25.6	27.0	37.4	10.0	100.0
母と祖父母等	100.0	36.5	26.0	32.6	5.0	100.0
父のみ又は父ときょうだいのみ	100.0	30.1	23.1	40.6	6.3	100.0
父と祖父母等	100.0	39.8	23.6	29.2	7.5	100.0
その他	100.0	93.6	2.9	2.9	0.6	100.0
21大都市	100.0	18.5	36.2	36.2	9.2	100.0
父母と同居	100.0	16.6	38.0	36.2	9.2	100.0
父母又は父母ときょうだいのみ	100.0	16.8	38.2	36.0	9.0	100.0
父母のみ	100.0	100.0	·	·	·	100.0
父母ときょうだいのみ	100.0	·	45.9	43.2	10.8	100.0
父母と祖父母	100.0	15.6	36.4	37.5	10.5	100.0
父母と母方の祖父母	100.0	19.2	35.6	37.5	7.7	100.0
父母と父方の祖父母	100.0	13.9	36.9	37.5	11.8	100.0
父母と両方の祖父母	100.0	−	−	50.0	50.0	100.0
父母とその他	100.0	17.4	30.4	47.8	4.3	100.0
父又は母と同居	100.0	28.2	24.9	37.4	9.5	100.0
母のみ又は母ときょうだいのみ	100.0	26.0	25.4	38.5	10.2	100.0
母と祖父母等	100.0	36.6	24.3	32.2	6.9	100.0
父のみ又は父ときょうだいのみ	100.0	18.9	21.6	48.6	10.8	100.0
父と祖父母等	100.0	35.0	20.0	35.0	10.0	100.0
その他	100.0	92.3	5.1	2.6	−	100.0
その他の市	100.0	16.3	37.0	35.6	11.1	100.0
父母と同居	100.0	13.9	38.7	35.8	11.6	100.0
父母又は父母ときょうだいのみ	100.0	14.1	39.4	35.1	11.5	100.0
父母のみ	100.0	100.0	·	·	·	100.0
父母ときょうだいのみ	100.0	·	45.8	40.8	13.4	100.0
父母と祖父母	100.0	13.2	36.4	38.3	12.2	100.0
父母と母方の祖父母	100.0	14.4	35.6	39.0	11.0	100.0
父母と父方の祖父母	100.0	12.7	36.7	38.0	12.6	100.0
父母と両方の祖父母	100.0	20.0	40.0	40.0	−	100.0
父母とその他	100.0	11.5	31.1	39.3	18.0	100.0
父又は母と同居	100.0	29.4	27.1	35.7	7.8	100.0
母のみ又は母ときょうだいのみ	100.0	25.5	27.6	37.1	9.8	100.0
母と祖父母等	100.0	35.7	26.5	33.9	3.9	100.0
父のみ又は父ときょうだいのみ	100.0	31.9	24.5	39.4	4.3	100.0
父と祖父母等	100.0	40.2	26.8	25.0	8.0	100.0
その他	100.0	93.0	2.6	3.5	0.9	100.0
郡部	100.0	16.7	37.1	34.1	12.1	100.0
父母と同居	100.0	13.8	38.9	34.6	12.6	100.0
父母又は父母ときょうだいのみ	100.0	14.6	40.0	33.2	12.2	100.0
父母のみ	100.0	100.0	·	·	·	100.0
父母ときょうだいのみ	100.0	·	46.8	38.9	14.3	100.0
父母と祖父母	100.0	12.1	36.0	38.2	13.8	100.0
父母と母方の祖父母	100.0	13.8	33.8	39.4	13.1	100.0
父母と父方の祖父母	100.0	11.3	36.7	37.9	14.0	100.0
父母と両方の祖父母	100.0	50.0	50.0	−	−	100.0
父母とその他	100.0	−	60.0	40.0	−	100.0
父又は母と同居	100.0	32.9	26.2	31.9	9.0	100.0
母のみ又は母ときょうだいのみ	100.0	23.4	29.7	35.9	11.0	100.0
母と祖父母等	100.0	40.9	26.1	25.2	7.8	100.0
父のみ又は父ときょうだいのみ	100.0	50.0	16.7	25.0	8.3	100.0
父と祖父母等	100.0	41.4	13.8	41.4	3.4	100.0
その他	100.0	100.0	−	−	−	100.0

注：1）総数には外国在住分を含む。
　　2）その他には寄宿舎（学生寮）に入寮中を含む。

第15回調査（平成28年）

男児				女児				
ひとり	弟妹のみ	兄姉のみ	兄弟姉妹あり	総数	ひとり	弟妹のみ	兄姉のみ	兄弟姉妹あり
16.7	36.2	36.0	11.1	100.0	17.2	37.6	35.1	10.2
14.3	37.9	36.3	11.5	100.0	14.9	39.3	35.2	10.6
14.6	38.3	35.6	11.4	100.0	15.2	40.0	34.6	10.2
100.0	・	・	・	100.0	100.0	・	・	・
・	44.9	41.7	13.4	100.0	・	47.2	40.8	12.0
13.1	36.1	38.8	12.0	100.0	13.8	36.5	37.4	12.3
14.8	34.9	39.1	11.2	100.0	15.7	35.9	38.4	10.0
12.4	36.6	38.8	12.3	100.0	13.0	36.8	37.0	13.1
28.6	28.6	28.6	14.3	100.0	−	50.0	50.0	−
11.1	33.3	48.9	6.7	100.0	13.6	31.8	34.1	20.5
29.4	25.5	36.1	9.0	100.0	29.5	27.4	35.5	7.6
25.7	26.3	36.8	11.1	100.0	25.5	27.7	38.0	8.8
35.2	25.1	34.7	5.1	100.0	37.7	26.8	30.5	4.9
34.2	17.7	43.0	5.1	100.0	25.0	29.7	37.5	7.8
41.6	23.6	28.1	6.7	100.0	37.5	23.6	30.6	8.3
95.0	3.0	1.0	1.0	100.0	91.5	2.8	5.6	−
18.3	35.3	36.4	10.1	100.0	18.7	37.1	36.0	8.2
16.5	36.8	36.6	10.1	100.0	16.7	39.3	35.9	8.1
16.7	36.8	36.5	10.0	100.0	16.8	39.8	35.5	7.9
100.0	・	・	・	100.0	100.0	・	・	・
・	44.2	43.8	12.0	100.0	・	47.8	42.7	9.5
15.5	36.8	37.0	10.7	100.0	15.6	36.0	38.1	10.3
17.2	36.6	38.1	8.2	100.0	21.3	34.6	37.0	7.1
14.8	37.1	36.4	11.7	100.0	12.7	36.7	38.6	12.0
−	−	50.0	50.0	−	−	−	−	−
−	37.5	50.0	12.5	100.0	26.7	26.7	46.7	−
27.5	25.9	36.3	10.3	100.0	28.9	23.9	38.6	8.7
26.1	27.0	35.6	11.2	100.0	25.8	23.8	41.3	9.1
34.0	24.0	35.0	7.0	100.0	39.2	24.5	29.4	6.9
19.2	23.1	50.0	7.7	100.0	18.2	18.2	45.5	18.2
30.8	15.4	38.5	15.4	100.0	42.9	28.6	28.6	−
100.0	−	−	−	100.0	85.7	9.5	4.8	−
16.0	36.4	36.1	11.5	100.0	16.6	37.7	35.0	10.7
13.6	38.1	36.4	12.0	100.0	14.2	39.3	35.1	11.3
13.7	38.7	35.6	12.0	100.0	14.4	40.0	34.6	11.0
100.0	・	・	・	100.0	100.0	・	・	・
・	44.9	41.2	13.9	100.0	・	46.8	40.4	12.8
12.8	35.9	39.1	12.1	100.0	13.6	36.8	37.4	12.2
14.3	34.9	39.2	11.6	100.0	14.6	36.2	38.9	10.4
12.2	36.3	39.1	12.3	100.0	13.2	37.0	36.8	13.0
33.3	33.3	33.3	−	100.0	−	50.0	50.0	−
14.3	31.4	48.6	5.7	100.0	7.7	30.8	26.9	34.6
29.3	25.8	36.6	8.3	100.0	29.6	28.4	34.8	7.2
25.6	26.1	37.2	11.1	100.0	25.5	29.1	37.0	8.5
33.4	25.9	36.9	3.8	100.0	37.7	27.0	31.3	3.9
41.7	16.7	39.6	2.1	100.0	21.7	32.6	39.1	6.5
41.0	29.5	24.6	4.9	100.0	39.2	23.5	25.5	11.8
92.8	4.3	1.4	1.4	100.0	93.5	−	6.5	−
16.6	36.9	34.6	12.0	100.0	16.8	37.4	33.5	12.3
13.1	39.3	35.3	12.4	100.0	14.7	38.5	33.9	12.9
13.7	40.5	33.6	12.1	100.0	15.6	39.4	32.7	12.3
100.0	・	・	・	100.0	100.0	・	・	・
・	46.9	39.0	14.1	100.0	・	46.7	38.8	14.5
11.4	36.1	39.5	13.0	100.0	12.7	35.9	36.8	14.6
13.9	31.6	40.5	13.9	100.0	13.6	35.8	38.3	12.3
10.3	37.4	39.5	12.8	100.0	12.4	35.9	36.3	15.4
50.0	50.0	−	−	−	−	−	−	−
−	50.0	50.0	−	100.0	−	66.7	33.3	−
36.2	21.7	32.2	9.9	100.0	29.5	30.9	31.5	8.1
24.3	25.7	39.2	10.8	100.0	22.5	33.8	32.4	11.3
46.6	22.4	22.4	8.6	100.0	35.1	29.8	28.1	7.0
40.0	−	40.0	20.0	100.0	57.1	28.6	14.3	−
53.3	6.7	33.3	6.7	100.0	28.6	21.4	50.0	−
100.0	−	−	−	100.0	100.0	−	−	−

第7表　子ども数・構成割合，地域ブロック、

実　数（人）

地域ブロック、同居者の構成	総数						
	総数	ひとり	弟妹のみ	兄姉のみ	兄弟姉妹あり	総数	ひとり
総数	28 810	4 874	10 617	10 242	3 077	14 796	2 468
父母のみ	2 999	2 999	・	・	・	1 517	1 517
父母ときょうだいのみ	17 111	・	7 870	7 064	2 177	8 852	・
父母と祖父母	4 879	655	1 772	1 861	591	2 504	328
父母とその他	89	11	29	37	12	45	5
父又は母と同居	3 561	1 049	941	1 275	296	1 778	523
その他	171	160	5	5	1	100	95
北海道	1 035	230	375	332	98	494	106
父母のみ	144	144	・	・	・	67	67
父母ときょうだいのみ	603	・	287	238	78	296	・
父母と祖父母	114	23	39	43	9	49	6
父母とその他	5	1	2	1	1	4	1
父又は母と同居	164	59	45	50	10	76	30
その他	5	3	2	−	−	2	2
東北	2 092	377	778	708	229	1 077	180
父母のみ	183	183	・	・	・	92	92
父母ときょうだいのみ	958	・	476	361	121	505	・
父母と祖父母	647	92	225	246	84	321	45
父母とその他	8	3	4	1	−	5	2
父又は母と同居	283	88	73	98	24	147	34
その他	13	11	−	2	−	7	7
関東1	7 784	1 366	2 782	2 894	742	3 999	687
父母のみ	939	939	・	・	・	473	473
父母ときょうだいのみ	4 989	・	2 210	2 205	574	2 598	・
父母と祖父母	901	128	340	353	80	477	69
父母とその他	18	5	5	7	1	7	1
父又は母と同居	907	264	227	329	87	425	125
その他	30	30	−	−	−	19	19
関東2	2 379	400	865	833	281	1 218	211
父母のみ	238	238	・	・	・	124	124
父母ときょうだいのみ	1 291	・	587	525	179	684	・
父母と祖父母	555	73	193	215	74	263	37
父母とその他	9	−	1	7	1	4	−
父又は母と同居	270	74	83	86	27	132	40
その他	16	15	1	−	−	11	10
北陸	1 365	200	539	479	147	706	91
父母のみ	94	94	・	・	・	41	41
父母ときょうだいのみ	653	・	320	257	76	354	・
父母と祖父母	451	56	174	160	61	233	25
父母とその他	3	−	1	2	−	1	−
父又は母と同居	154	41	43	60	10	73	22
その他	10	9	1	−	−	4	3
東海	3 728	572	1 410	1 361	385	1 944	300
父母のみ	343	343	・	・	・	183	183
父母ときょうだいのみ	2 126	・	995	871	260	1 102	・
父母と祖父母	822	111	305	319	87	434	60
父母とその他	11	−	4	6	1	7	−
父又は母と同居	406	99	106	164	37	208	47
その他	20	19	−	1	−	10	10

注：その他には寄宿舎（学生寮）に入寮中を含む。

同居者の構成、性、きょうだい構成別（４－１）

第15回調査（平成28年）

男児			女児				
弟妹のみ	兄姉のみ	兄弟姉妹あり	総数	ひとり	弟妹のみ	兄姉のみ	兄弟姉妹あり
5 350	5 329	1 649	14 014	2 406	5 267	4 913	1 428
・	・	・	1 482	1 482	・	・	・
3 975	3 692	1 185	8 259	・	3 895	3 372	992
904	972	300	2 375	327	868	889	291
15	22	3	44	6	14	15	9
453	642	160	1 783	526	488	633	136
3	1	1	71	65	2	4	－
177	164	47	541	124	198	168	51
・	・	・	77	77	・	・	・
136	120	40	307	・	151	118	38
20	22	1	65	17	19	21	8
1	1	1	1	－	1	－	－
20	21	5	88	29	25	29	5
－	－	－	3	1	2	－	－
404	370	123	1 015	197	374	338	106
・	・	・	91	91	・	・	・
247	193	65	453	・	229	168	56
113	121	42	326	47	112	125	42
2	1	－	3	1	2	－	－
42	55	16	136	54	31	43	8
－	－	－	6	4	－	2	－
1 385	1 518	409	3 785	679	1 397	1 376	333
・	・	・	466	466	・	・	・
1 109	1 170	319	2 391	・	1 101	1 035	255
176	188	44	424	59	164	165	36
2	4	－	11	4	3	3	1
98	156	46	482	139	129	173	41
－	－	－	11	11	－	－	－
426	436	145	1 161	189	439	397	136
・	・	・	114	114	・	・	・
299	288	97	607	・	288	237	82
90	99	37	292	36	103	116	37
－	4	－	5	－	1	3	1
36	45	11	138	34	47	41	16
1	－	－	5	5	－	－	－
279	256	80	659	109	260	223	67
・	・	・	53	53	・	・	・
172	137	45	299	・	148	120	31
88	91	29	218	31	86	69	32
1	－	－	2	－	－	2	－
17	28	6	81	19	26	32	4
1	－	－	6	6	－	－	－
722	703	219	1 784	272	688	658	166
・	・	・	160	160	・	・	・
510	442	150	1 024	・	485	429	110
156	176	42	388	51	149	143	45
2	5	－	4	－	2	1	1
54	80	27	198	52	52	84	10
－	－	－	10	9	－	1	－

第7表　子ども数・構成割合，地域ブロック、

実　数（人）

地域ブロック、同居者の構成	総数						
	総数	ひとり	弟妹のみ	兄姉のみ	兄弟姉妹あり	総数	ひとり
近畿1	3 813	607	1 424	1 402	380	1 969	318
父母のみ	394	394	・	・	・	211	211
父母ときょうだいのみ	2 529	・	1 177	1 054	298	1 295	・
父母と祖父母	371	55	117	160	39	190	24
父母とその他	9	1	3	2	3	6	1
父又は母と同居	491	139	126	186	40	254	70
その他	19	18	1	−	−	13	12
近畿2	947	136	354	340	117	501	67
父母のみ	86	86	・	・	・	41	41
父母ときょうだいのみ	584	・	260	245	79	319	・
父母と祖父母	170	14	56	65	35	88	7
父母とその他	2	−	1	1	−	1	−
父又は母と同居	98	29	37	29	3	48	15
その他	7	7	−	−	−	4	4
中国	1 716	306	616	589	205	859	150
父母のみ	175	175	・	・	・	80	80
父母ときょうだいのみ	1 004	・	446	402	156	496	・
父母と祖父母	283	36	110	102	35	155	21
父母とその他	4	1	−	1	2	−	−
父又は母と同居	241	85	60	84	12	123	44
その他	9	9	−	−	−	5	5
四国	863	159	301	311	92	404	74
父母のみ	98	98	・	・	・	49	49
父母ときょうだいのみ	503	・	219	217	67	244	・
父母と祖父母	141	22	55	48	16	56	7
父母とその他	6	−	3	3	−	3	−
父又は母と同居	108	32	24	43	9	49	15
その他	7	7	−	−	−	3	3
北九州	1 849	318	692	599	240	975	168
父母のみ	194	194	・	・	・	91	91
父母ときょうだいのみ	1 093	・	514	408	171	564	・
父母と祖父母	268	30	97	99	42	151	19
父母とその他	9	−	2	4	3	5	−
父又は母と同居	266	77	79	86	24	152	47
その他	19	17	−	2	−	12	11
南九州	1 181	186	451	389	155	625	107
父母のみ	98	98	・	・	・	58	58
父母ときょうだいのみ	737	・	349	276	112	379	・
父母と祖父母	156	15	61	51	29	87	8
父母とその他	5	−	3	2	−	2	−
父又は母と同居	170	59	38	60	13	90	33
その他	15	14	−	−	1	9	8
外国	58	17	30	5	6	25	9
父母のみ	13	13	・	・	・	7	7
父母ときょうだいのみ	41	・	30	5	6	16	・
父母と祖父母	−	−	−	−	−	−	−
父母とその他	−	−	−	−	−	−	−
父又は母と同居	3	3	−	−	−	1	1
その他	1	1	−	−	−	1	1

注：その他には寄宿舎（学生寮）に入寮中を含む。

同居者の構成、性、きょうだい構成別（４－２）

第15回調査（平成28年）

男児			女児				
弟妹のみ	兄姉のみ	兄弟姉妹あり	総数	ひとり	弟妹のみ	兄姉のみ	兄弟姉妹あり
730	712	209	1 844	289	694	690	171
・	・	・	183	183	・	・	・
599	527	169	1 234	・	578	527	129
58	87	21	181	31	59	73	18
3	1	1	3	－	－	1	2
69	97	18	237	69	57	89	22
1	－	－	6	6	－	－	－
194	179	61	446	69	160	161	56
・	・	・	45	45	・	・	・
146	129	44	265	・	114	116	35
31	33	17	82	7	25	32	18
－	1	－	1	－	1	－	－
17	16	－	50	14	20	13	3
－	－	－	3	3	－	－	－
304	307	98	857	156	312	282	107
・	・	・	95	95	・	・	・
210	211	75	508	・	236	191	81
67	51	16	128	15	43	51	19
－	－	－	4	1	－	1	2
27	45	7	118	41	33	39	5
－	－	－	4	4	－	－	－
143	143	44	459	85	158	168	48
・	・	・	49	49	・	・	・
109	107	28	259	・	110	110	39
20	17	12	85	15	35	31	4
2	1	－	3	－	1	2	－
12	18	4	59	17	12	25	5
－	－	－	4	4	－	－	－
352	327	128	874	150	340	272	112
・	・	・	103	103	・	・	・
258	214	92	529	・	256	194	79
49	62	21	117	11	48	37	21
1	3	1	4	－	1	1	2
44	47	14	114	30	35	39	10
－	1	－	7	6	－	1	－
222	213	83	556	79	229	176	72
・	・	・	40	40	・	・	・
168	153	58	358	・	181	123	54
36	25	18	69	7	25	26	11
1	1	－	3	－	2	1	－
17	34	6	80	26	21	26	7
－	－	1	6	6	－	－	－
12	1	3	33	8	18	4	3
・	・	・	6	6	・	・	・
12	1	3	25	・	18	4	3
－	－	－	－	－	－	－	－
－	－	－	－	－	－	－	－
－	－	－	2	2	－	－	－
－	－	－	－	－	－	－	－

構成割合（%）

地域ブロック、同居者の構成	総数						
	総数	ひとり	弟妹のみ	兄姉のみ	兄弟姉妹あり	総数	ひとり
総数	100.0	16.9	36.9	35.6	10.7	100.0	16.7
父母のみ	100.0	100.0	•	•	•	100.0	100.0
父母ときょうだいのみ	100.0	•	46.0	41.3	12.7	100.0	•
父母と祖父母	100.0	13.4	36.3	38.1	12.1	100.0	13.1
父母とその他	100.0	12.4	32.6	41.6	13.5	100.0	11.1
父又は母と同居	100.0	29.5	26.4	35.8	8.3	100.0	29.4
その他	100.0	93.6	2.9	2.9	0.6	100.0	95.0
北海道	100.0	22.2	36.2	32.1	9.5	100.0	21.5
父母のみ	100.0	100.0	•	•	•	100.0	100.0
父母ときょうだいのみ	100.0	•	47.6	39.5	12.9	100.0	•
父母と祖父母	100.0	20.2	34.2	37.7	7.9	100.0	12.2
父母とその他	100.0	20.0	40.0	20.0	20.0	100.0	25.0
父又は母と同居	100.0	36.0	27.4	30.5	6.1	100.0	39.5
その他	100.0	60.0	40.0	−	−	100.0	100.0
東北	100.0	18.0	37.2	33.8	10.9	100.0	16.7
父母のみ	100.0	100.0	•	•	•	100.0	100.0
父母ときょうだいのみ	100.0	•	49.7	37.7	12.6	100.0	•
父母と祖父母	100.0	14.2	34.8	38.0	13.0	100.0	14.0
父母とその他	100.0	37.5	50.0	12.5	−	100.0	40.0
父又は母と同居	100.0	31.1	25.8	34.6	8.5	100.0	23.1
その他	100.0	84.6	−	15.4	−	100.0	100.0
関東１	100.0	17.5	35.7	37.2	9.5	100.0	17.2
父母のみ	100.0	100.0	•	•	•	100.0	100.0
父母ときょうだいのみ	100.0	•	44.3	44.2	11.5	100.0	•
父母と祖父母	100.0	14.2	37.7	39.2	8.9	100.0	14.5
父母とその他	100.0	27.8	27.8	38.9	5.6	100.0	14.3
父又は母と同居	100.0	29.1	25.0	36.3	9.6	100.0	29.4
その他	100.0	100.0	−	−	−	100.0	100.0
関東２	100.0	16.8	36.4	35.0	11.8	100.0	17.3
父母のみ	100.0	100.0	•	•	•	100.0	100.0
父母ときょうだいのみ	100.0	•	45.5	40.7	13.9	100.0	•
父母と祖父母	100.0	13.2	34.8	38.7	13.3	100.0	14.1
父母とその他	100.0	−	11.1	77.8	11.1	100.0	−
父又は母と同居	100.0	27.4	30.7	31.9	10.0	100.0	30.3
その他	100.0	93.8	6.3	−	−	100.0	90.9
北陸	100.0	14.7	39.5	35.1	10.8	100.0	12.9
父母のみ	100.0	100.0	•	•	•	100.0	100.0
父母ときょうだいのみ	100.0	•	49.0	39.4	11.6	100.0	•
父母と祖父母	100.0	12.4	38.6	35.5	13.5	100.0	10.7
父母とその他	100.0	−	33.3	66.7	−	100.0	−
父又は母と同居	100.0	26.6	27.9	39.0	6.5	100.0	30.1
その他	100.0	90.0	10.0	−	−	100.0	75.0
東海	100.0	15.3	37.8	36.5	10.3	100.0	15.4
父母のみ	100.0	100.0	•	•	•	100.0	100.0
父母ときょうだいのみ	100.0	•	46.8	41.0	12.2	100.0	•
父母と祖父母	100.0	13.5	37.1	38.8	10.6	100.0	13.8
父母とその他	100.0	−	36.4	54.5	9.1	100.0	−
父又は母と同居	100.0	24.4	26.1	40.4	9.1	100.0	22.6
その他	100.0	95.0	−	5.0	−	100.0	100.0

注：その他には寄宿舎（学生寮）に入寮中を含む。

第15回調査（平成28年）

男児			女児				
弟妹のみ	兄姉のみ	兄弟姉妹あり	総数	ひとり	弟妹のみ	兄姉のみ	兄弟姉妹あり
36.2	36.0	11.1	100.0	17.2	37.6	35.1	10.2
•	•	•	100.0	100.0	•	•	•
44.9	41.7	13.4	100.0	•	47.2	40.8	12.0
36.1	38.8	12.0	100.0	13.8	36.5	37.4	12.3
33.3	48.9	6.7	100.0	13.6	31.8	34.1	20.5
25.5	36.1	9.0	100.0	29.5	27.4	35.5	7.6
3.0	1.0	1.0	100.0	91.5	2.8	5.6	-
35.8	33.2	9.5	100.0	22.9	36.6	31.1	9.4
•	•	•	100.0	100.0	•	•	•
45.9	40.5	13.5	100.0	•	49.2	38.4	12.4
40.8	44.9	2.0	100.0	26.2	29.2	32.3	12.3
25.0	25.0	25.0	100.0	-	100.0	-	-
26.3	27.6	6.6	100.0	33.0	28.4	33.0	5.7
-	-	-	100.0	33.3	66.7	-	-
37.5	34.4	11.4	100.0	19.4	36.8	33.3	10.4
•	•	•	100.0	100.0	•	•	•
48.9	38.2	12.9	100.0	•	50.6	37.1	12.4
35.2	37.7	13.1	100.0	14.4	34.4	38.3	12.9
40.0	20.0	-	100.0	33.3	66.7	-	-
28.6	37.4	10.9	100.0	39.7	22.8	31.6	5.9
-	-	-	100.0	66.7	-	33.3	-
34.6	38.0	10.2	100.0	17.9	36.9	36.4	8.8
•	•	•	100.0	100.0	•	•	•
42.7	45.0	12.3	100.0	•	46.0	43.3	10.7
36.9	39.4	9.2	100.0	13.9	38.7	38.9	8.5
28.6	57.1	-	100.0	36.4	27.3	27.3	9.1
23.1	36.7	10.8	100.0	28.8	26.8	35.9	8.5
-	-	-	100.0	100.0	-	-	-
35.0	35.8	11.9	100.0	16.3	37.8	34.2	11.7
•	•	•	100.0	100.0	•	•	•
43.7	42.1	14.2	100.0	•	47.4	39.0	13.5
34.2	37.6	14.1	100.0	12.3	35.3	39.7	12.7
-	100.0	-	100.0	-	20.0	60.0	20.0
27.3	34.1	8.3	100.0	24.6	34.1	29.7	11.6
9.1	-	-	100.0	100.0	-	-	-
39.5	36.3	11.3	100.0	16.5	39.5	33.8	10.2
•	•	•	100.0	100.0	•	•	•
48.6	38.7	12.7	100.0	•	49.5	40.1	10.4
37.8	39.1	12.4	100.0	14.2	39.4	31.7	14.7
100.0	-	-	100.0	-	-	100.0	-
23.3	38.4	8.2	100.0	23.5	32.1	39.5	4.9
25.0	-	-	100.0	100.0	-	-	-
37.1	36.2	11.3	100.0	15.2	38.6	36.9	9.3
•	•	•	100.0	100.0	•	•	•
46.3	40.1	13.6	100.0	•	47.4	41.9	10.7
35.9	40.6	9.7	100.0	13.1	38.4	36.9	11.6
28.6	71.4	-	100.0	-	50.0	25.0	25.0
26.0	38.5	13.0	100.0	26.3	26.3	42.4	5.1
-	-	-	100.0	90.0	-	10.0	-

構成割合（%）

地域ブロック、同居者の構成	総数						
	総数	ひとり	弟妹のみ	兄姉のみ	兄弟姉妹あり	総数	ひとり
近畿１	100.0	15.9	37.3	36.8	10.0	100.0	16.2
父母のみ	100.0	100.0	•	•	•	100.0	100.0
父母ときょうだいのみ	100.0	•	46.5	41.7	11.8	100.0	•
父母と祖父母	100.0	14.8	31.5	43.1	10.5	100.0	12.6
父母とその他	100.0	11.1	33.3	22.2	33.3	100.0	16.7
父又は母と同居	100.0	28.3	25.7	37.9	8.1	100.0	27.6
その他	100.0	94.7	5.3	−	−	100.0	92.3
近畿２	100.0	14.4	37.4	35.9	12.4	100.0	13.4
父母のみ	100.0	100.0	•	•	•	100.0	100.0
父母ときょうだいのみ	100.0	•	44.5	42.0	13.5	100.0	•
父母と祖父母	100.0	8.2	32.9	38.2	20.6	100.0	8.0
父母とその他	100.0	−	50.0	50.0	−	100.0	−
父又は母と同居	100.0	29.6	37.8	29.6	3.1	100.0	31.3
その他	100.0	100.0	−	−	−	100.0	100.0
中国	100.0	17.8	35.9	34.3	11.9	100.0	17.5
父母のみ	100.0	100.0	•	•	•	100.0	100.0
父母ときょうだいのみ	100.0	•	44.4	40.0	15.5	100.0	•
父母と祖父母	100.0	12.7	38.9	36.0	12.4	100.0	13.5
父母とその他	100.0	25.0	−	25.0	50.0	−	−
父又は母と同居	100.0	35.3	24.9	34.9	5.0	100.0	35.8
その他	100.0	100.0	−	−	−	100.0	100.0
四国	100.0	18.4	34.9	36.0	10.7	100.0	18.3
父母のみ	100.0	100.0	•	•	•	100.0	100.0
父母ときょうだいのみ	100.0	•	43.5	43.1	13.3	100.0	•
父母と祖父母	100.0	15.6	39.0	34.0	11.3	100.0	12.5
父母とその他	100.0	−	50.0	50.0	−	100.0	−
父又は母と同居	100.0	29.6	22.2	39.8	8.3	100.0	30.6
その他	100.0	100.0	−	−	−	100.0	100.0
北九州	100.0	17.2	37.4	32.4	13.0	100.0	17.2
父母のみ	100.0	100.0	•	•	•	100.0	100.0
父母ときょうだいのみ	100.0	•	47.0	37.3	15.6	100.0	•
父母と祖父母	100.0	11.2	36.2	36.9	15.7	100.0	12.6
父母とその他	100.0	−	22.2	44.4	33.3	100.0	−
父又は母と同居	100.0	28.9	29.7	32.3	9.0	100.0	30.9
その他	100.0	89.5	−	10.5	−	100.0	91.7
南九州	100.0	15.7	38.2	32.9	13.1	100.0	17.1
父母のみ	100.0	100.0	•	•	•	100.0	100.0
父母ときょうだいのみ	100.0	•	47.4	37.4	15.2	100.0	•
父母と祖父母	100.0	9.6	39.1	32.7	18.6	100.0	9.2
父母とその他	100.0	−	60.0	40.0	−	100.0	−
父又は母と同居	100.0	34.7	22.4	35.3	7.6	100.0	36.7
その他	100.0	93.3	−	−	6.7	100.0	88.9
外国	100.0	29.3	51.7	8.6	10.3	100.0	36.0
父母のみ	100.0	100.0	•	•	•	100.0	100.0
父母ときょうだいのみ	100.0	•	73.2	12.2	14.6	100.0	•
父母と祖父母	−	−	−	−	−	−	−
父母とその他	−	−	−	−	−	−	−
父又は母と同居	100.0	100.0	−	−	−	100.0	100.0
その他	100.0	100.0	−	−	−	100.0	100.0

注：その他には寄宿舎（学生寮）に入寮中を含む。

同居者の構成、性、きょうだい構成別（4－4）

第15回調査（平成28年）

男児			女児				
弟妹のみ	兄姉のみ	兄弟姉妹あり	総数	ひとり	弟妹のみ	兄姉のみ	兄弟姉妹あり
37.1	36.2	10.6	100.0	15.7	37.6	37.4	9.3
•	•	•	100.0	100.0	•	•	•
46.3	40.7	13.1	100.0	•	46.8	42.7	10.5
30.5	45.8	11.1	100.0	17.1	32.6	40.3	9.9
50.0	16.7	16.7	100.0	–	–	33.3	66.7
27.2	38.2	7.1	100.0	29.1	24.1	37.6	9.3
7.7	–	–	100.0	100.0	–	–	–
38.7	35.7	12.2	100.0	15.5	35.9	36.1	12.6
•	•	•	100.0	100.0	•	•	•
45.8	40.4	13.8	100.0	•	43.0	43.8	13.2
35.2	37.5	19.3	100.0	8.5	30.5	39.0	22.0
–	100.0	–	100.0	–	100.0	–	–
35.4	33.3	–	100.0	28.0	40.0	26.0	6.0
–	–	–	100.0	100.0	–	–	–
35.4	35.7	11.4	100.0	18.2	36.4	32.9	12.5
•	•	•	100.0	100.0	•	•	•
42.3	42.5	15.1	100.0	•	46.5	37.6	15.9
43.2	32.9	10.3	100.0	11.7	33.6	39.8	14.8
–	–	–	100.0	25.0	–	25.0	50.0
22.0	36.6	5.7	100.0	34.7	28.0	33.1	4.2
–	–	–	100.0	100.0	–	–	–
35.4	35.4	10.9	100.0	18.5	34.4	36.6	10.5
•	•	•	100.0	100.0	•	•	•
44.7	43.9	11.5	100.0	•	42.5	42.5	15.1
35.7	30.4	21.4	100.0	17.6	41.2	36.5	4.7
66.7	33.3	–	100.0	–	33.3	66.7	–
24.5	36.7	8.2	100.0	28.8	20.3	42.4	8.5
–	–	–	100.0	100.0	–	–	–
36.1	33.5	13.1	100.0	17.2	38.9	31.1	12.8
•	•	•	100.0	100.0	•	•	•
45.7	37.9	16.3	100.0	•	48.4	36.7	14.9
32.5	41.1	13.9	100.0	9.4	41.0	31.6	17.9
20.0	60.0	20.0	100.0	–	25.0	25.0	50.0
28.9	30.9	9.2	100.0	26.3	30.7	34.2	8.8
–	8.3	–	100.0	85.7	–	14.3	–
35.5	34.1	13.3	100.0	14.2	41.2	31.7	12.9
•	•	•	100.0	100.0	•	•	•
44.3	40.4	15.3	100.0	•	50.6	34.4	15.1
41.4	28.7	20.7	100.0	10.1	36.2	37.7	15.9
50.0	50.0	–	100.0	–	66.7	33.3	–
18.9	37.8	6.7	100.0	32.5	26.3	32.5	8.8
–	–	11.1	100.0	100.0	–	–	–
48.0	4.0	12.0	100.0	24.2	54.5	12.1	9.1
•	•	•	100.0	100.0	•	•	•
75.0	6.3	18.8	100.0	•	72.0	16.0	12.0
–	–	–	–	–	–	–	–
–	–	–	–	–	–	–	–
–	–	–	100.0	100.0	–	–	–
–	–	–	–	–	–	–	–

出生月、兄姉の有無、弟妹の有無・末の弟妹の年齢	総数	父母のみ	父母ときょうだいのみ	父母と祖父母	父母とその他	父又は母と同居
			実数（人）			
総数	28 810	2 999	17 111	4 879	89	3 561
弟妹あり	13 694	・	10 047	2 363	41	1 237
末の弟妹の年齢０歳	61	・	50	8	−	3
１歳	77	・	59	13	−	5
２歳	132	・	95	22	1	14
３歳	173	・	129	29	−	15
４～14歳	13 249	・	9 713	2 291	40	1 199
弟妹なし	15 116	2 999	7 064	2 516	48	2 324
兄姉あり	13 319	・	9 241	2 452	49	1 571
弟妹あり	3 077	・	2 177	591	12	296
末の弟妹の年齢０歳	13	・	11	2	−	−
１歳	22	・	15	6	−	1
２歳	27	・	19	3	1	4
３歳	42	・	28	9	−	5
４～14歳	2 973	・	2 104	571	11	286
弟妹なし	10 242	・	7 064	1 861	37	1 275
兄姉なし	15 491	2 999	7 870	2 427	40	1 990
弟妹あり	10 617	・	7 870	1 772	29	941
末の弟妹の年齢０歳	48	・	39	6	−	3
１歳	55	・	44	7	−	4
２歳	105	・	76	19	−	10
３歳	131	・	101	20	−	10
４～14歳	10 276	・	7 609	1 720	29	913
弟妹なし	4 874	2 999	・	655	11	1 049
１月生まれ	14 462	1 495	8 621	2 462	40	1 768
弟妹あり	6 929	・	5 059	1 216	15	637
末の弟妹の年齢０歳	37	・	28	6	−	3
１歳	37	・	26	9	−	2
２歳	59	・	45	10	−	4
３歳	79	・	61	12	−	6
４～14歳	6 715	・	4 898	1 179	15	621
弟妹なし	7 533	1 495	3 562	1 246	25	1 131
兄姉あり	6 698	・	4 677	1 242	24	753
弟妹あり	1 583	・	1 115	319	5	144
末の弟妹の年齢０歳	9	・	7	2	−	−
１歳	10	・	6	4	−	−
２歳	9	・	7	2	−	−
３歳	19	・	14	3	−	2
４～14歳	1 536	・	1 081	308	5	142
弟妹なし	5 115	・	3 562	923	19	609
兄姉なし	7 764	1 495	3 944	1 220	16	1 015
弟妹あり	5 346	・	3 944	897	10	493
末の弟妹の年齢０歳	28	・	21	4	−	3
１歳	27	・	20	5	−	2
２歳	50	・	38	8	−	4
３歳	60	・	47	9	−	4
４～14歳	5 179	・	3 817	871	10	479
弟妹なし	2 418	1 495	・	323	6	522
７月生まれ	14 348	1 504	8 490	2 417	49	1 793
弟妹あり	6 765	・	4 988	1 147	26	600
末の弟妹の年齢０歳	24	・	22	2	−	−
１歳	40	・	33	4	−	3
２歳	73	・	50	12	1	10
３歳	94	・	68	17	−	9
４～14歳	6 534	・	4 815	1 112	25	578
弟妹なし	7 583	1 504	3 502	1 270	23	1 193
兄姉あり	6 621	・	4 564	1 210	25	818
弟妹あり	1 494	・	1 062	272	7	152
末の弟妹の年齢０歳	4	・	4	−	−	−
１歳	12	・	9	2	−	1
２歳	18	・	12	1	1	4
３歳	23	・	14	6	−	3
４～14歳	1 437	・	1 023	263	6	144
弟妹なし	5 127	・	3 502	938	18	666
兄姉なし	7 727	1 504	3 926	1 207	24	975
弟妹あり	5 271	・	3 926	875	19	448
末の弟妹の年齢０歳	20	・	18	2	−	−
１歳	28	・	24	2	−	2
２歳	55	・	38	11	−	6
３歳	71	・	54	11	−	6
４～14歳	5 097	・	3 792	849	19	434
弟妹なし	2 456	1 504	・	332	5	527

注：１）弟妹ありには末の弟妹の年齢「不詳」を含む。
　　２）その他には寄宿舎（学生寮）に入寮中を含む。

第15回調査（平成28年）

その他	総数	父母のみ	父母ときょうだいのみ	父母と祖父母	父母とその他	父又は母と同居	その他
	構成割合（%）						
171	100.0	10.4	59.4	16.9	0.3	12.4	0.6
6	100.0	·	73.4	17.3	0.3	9.0	0.0
–	100.0	·	82.0	13.1	–	4.9	–
–	100.0	·	76.6	16.9	–	6.5	–
–	100.0	·	72.0	16.7	0.8	10.6	–
–	100.0	·	74.6	16.8	–	8.7	–
6	100.0	·	73.3	17.3	0.3	9.0	0.0
165	100.0	19.8	46.7	16.6	0.3	15.4	1.1
6	100.0	·	69.4	18.4	0.4	11.8	0.0
1	100.0	·	70.8	19.2	0.4	9.6	0.0
–	100.0	·	84.6	15.4	–	–	–
–	100.0	·	68.2	27.3	–	4.5	–
–	100.0	·	70.4	11.1	3.7	14.8	–
–	100.0	·	66.7	21.4	–	11.9	–
1	100.0	·	70.8	19.2	0.4	9.6	0.0
5	100.0	·	69.0	18.2	0.4	12.4	0.0
165	100.0	19.4	50.8	15.7	0.3	12.8	1.1
5	100.0	·	74.1	16.7	0.3	8.9	0.0
–	100.0	·	81.3	12.5	–	6.3	–
–	100.0	·	80.0	12.7	–	7.3	–
–	100.0	·	72.4	18.1	–	9.5	–
–	100.0	·	77.1	15.3	–	7.6	–
5	100.0	·	74.0	16.7	0.3	8.9	0.0
160	100.0	61.5	·	13.4	0.2	21.5	3.3
76	100.0	10.3	59.6	17.0	0.3	12.2	0.5
2	100.0	·	73.0	17.5	0.2	9.2	0.0
–	100.0	·	75.7	16.2	–	8.1	–
–	100.0	·	70.3	24.3	–	5.4	–
–	100.0	·	76.3	16.9	–	6.8	–
–	100.0	·	77.2	15.2	–	7.6	–
2	100.0	·	72.9	17.6	0.2	9.2	0.0
74	100.0	19.8	47.3	16.5	0.3	15.0	1.0
2	100.0	·	69.8	18.5	0.4	11.2	0.0
–	100.0	·	70.4	20.2	0.3	9.1	–
–	100.0	·	77.8	22.2	–	–	–
–	100.0	·	60.0	40.0	–	–	–
–	100.0	·	77.8	22.2	–	–	–
–	100.0	·	73.7	15.8	–	10.5	–
–	100.0	·	70.4	20.1	0.3	9.2	–
2	100.0	·	69.6	18.0	0.4	11.9	0.0
74	100.0	19.3	50.8	15.7	0.2	13.1	1.0
2	100.0	·	73.8	16.8	0.2	9.2	0.0
–	100.0	·	75.0	14.3	–	10.7	–
–	100.0	·	74.1	18.5	–	7.4	–
–	100.0	·	76.0	16.0	–	8.0	–
–	100.0	·	78.3	15.0	–	6.7	–
2	100.0	·	73.7	16.8	0.2	9.2	0.0
72	100.0	61.8	·	13.4	0.2	21.6	3.0
95	100.0	10.5	59.2	16.8	0.3	12.5	0.7
4	100.0	·	73.7	17.0	0.4	8.9	0.1
–	100.0	·	91.7	8.3	–	–	–
–	100.0	·	82.5	10.0	–	7.5	–
–	100.0	·	68.5	16.4	1.4	13.7	–
–	100.0	·	72.3	18.1	–	9.6	–
4	100.0	·	73.7	17.0	0.4	8.8	0.1
91	100.0	19.8	46.2	16.7	0.3	15.7	1.2
4	100.0	·	68.9	18.3	0.4	12.4	0.1
1	100.0	·	71.1	18.2	0.5	10.2	0.1
–	100.0	·	100.0	–	–	–	–
–	100.0	·	75.0	16.7	–	8.3	–
–	100.0	·	66.7	5.6	5.6	22.2	–
–	100.0	·	60.9	26.1	–	13.0	–
1	100.0	·	71.2	18.3	0.4	10.0	0.1
3	100.0	·	68.3	18.3	0.4	13.0	0.1
91	100.0	19.5	50.8	15.6	0.3	12.6	1.2
3	100.0	·	74.5	16.6	0.4	8.5	0.1
–	100.0	·	90.0	10.0	–	–	–
–	100.0	·	85.7	7.1	–	7.1	–
–	100.0	·	69.1	20.0	–	10.9	–
–	100.0	·	76.1	15.5	–	8.5	–
3	100.0	·	74.4	16.7	0.4	8.5	0.1
88	100.0	61.2	·	13.5	0.2	21.5	3.6

第9表　母・父と同居している子ども数・構成割合,

母－父の年齢	総数						
	総数	ひとり	弟妹のみ	兄姉のみ	兄弟姉妹あり	総数	ひとり
							実
母	28 335	4 607	10 541	10 132	3 055	14 528	2 309
34歳以下	148	29	111	4	4	87	15
35～39歳	2 404	296	1 589	259	260	1 197	143
40～44歳	10 731	1 258	5 536	2 600	1 337	5 536	621
45～49歳	10 936	1 787	2 867	5 024	1 258	5 612	895
50歳以上	4 094	1 233	428	2 239	194	2 086	633
父	25 382	3 772	9 742	9 067	2 801	13 086	1 914
34歳以下	46	2	41	1	2	31	1
35～39歳	1 203	90	874	112	127	597	42
40～44歳	6 775	666	3 912	1 386	811	3 488	339
45～49歳	9 441	1 260	3 333	3 673	1 175	4 898	641
50歳以上	7 632	1 693	1 444	3 854	641	3 938	866
							構成
母	100.0	16.3	37.2	35.8	10.8	100.0	15.9
34歳以下	100.0	19.6	75.0	2.7	2.7	100.0	17.2
35～39歳	100.0	12.3	66.1	10.8	10.8	100.0	11.9
40～44歳	100.0	11.7	51.6	24.2	12.5	100.0	11.2
45～49歳	100.0	16.3	26.2	45.9	11.5	100.0	15.9
50歳以上	100.0	30.1	10.5	54.7	4.7	100.0	30.3
父	100.0	14.9	38.4	35.7	11.0	100.0	14.6
34歳以下	100.0	4.3	89.1	2.2	4.3	100.0	3.2
35～39歳	100.0	7.5	72.7	9.3	10.6	100.0	7.0
40～44歳	100.0	9.8	57.7	20.5	12.0	100.0	9.7
45～49歳	100.0	13.3	35.3	38.9	12.4	100.0	13.1
50歳以上	100.0	22.2	18.9	50.5	8.4	100.0	22.0

注：総数には母－父の年齢の「不詳」を含む。

母－父の年齢、性、きょうだい構成別

第15回調査（平成28年）

男児			女児				
弟妹のみ	兄姉のみ	兄弟姉妹あり	総数	ひとり	弟妹のみ	兄姉のみ	兄弟姉妹あり
数（人）							
5 312	5 269	1 638	13 807	2 298	5 229	4 863	1 417
66	3	3	61	14	45	1	1
788	140	126	1 207	153	801	119	134
2 816	1 375	724	5 195	637	2 720	1 225	613
1 427	2 600	690	5 324	892	1 440	2 424	568
211	1 148	94	2 008	600	217	1 091	100
4 929	4 745	1 498	12 296	1 858	4 813	4 322	1 303
28	1	1	15	1	13	－	1
421	66	68	606	48	453	46	59
1 979	734	436	3 287	327	1 933	652	375
1 707	1 917	633	4 543	619	1 626	1 756	542
721	2 009	342	3 694	827	723	1 845	299
割合（%）							
36.6	36.3	11.3	100.0	16.6	37.9	35.2	10.3
75.9	3.4	3.4	100.0	23.0	73.8	1.6	1.6
65.8	11.7	10.5	100.0	12.7	66.4	9.9	11.1
50.9	24.8	13.1	100.0	12.3	52.4	23.6	11.8
25.4	46.3	12.3	100.0	16.8	27.0	45.5	10.7
10.1	55.0	4.5	100.0	29.9	10.8	54.3	5.0
37.7	36.3	11.4	100.0	15.1	39.1	35.1	10.6
90.3	3.2	3.2	100.0	6.7	86.7	－	6.7
70.5	11.1	11.4	100.0	7.9	74.8	7.6	9.7
56.7	21.0	12.5	100.0	9.9	58.8	19.8	11.4
34.9	39.1	12.9	100.0	13.6	35.8	38.7	11.9
18.3	51.0	8.7	100.0	22.4	19.6	49.9	8.1

第10表　子ども数・構成割合，同居者の構成、

同居者の構成	総数	母 同居	母 同居 単身赴任中	母 別居 単身赴任中	母 その他
					実
総数	28 810	28 335	34	9	466
父母のみ	2 999	2 999	4	・	・
父母ときょうだいのみ	17 111	17 111	6	・	・
父母と祖父母	4 879	4 879	4	・	・
父母とその他	89	89	−	・	・
父又は母と同居	3 561	3 257	20	7	297
その他	171	・	・	2	169
					構成
総数	100.0	98.4	0.1	0.0	1.6
父母のみ	100.0	100.0	0.1	・	・
父母ときょうだいのみ	100.0	100.0	0.0	・	・
父母と祖父母	100.0	100.0	0.1	・	・
父母とその他	100.0	100.0	−	・	・
父又は母と同居	100.0	91.5	0.6	0.2	8.3
その他	100.0	・	・	1.2	98.8

注：1）同居の「単身赴任中」は、定期的に帰宅する者をいう。
　　2）その他には寄宿舎（学生寮）に入寮中を含む。

第11表　母と同居している子ども数・構成割合，

母の就業の有無、きょうだい構成	総数	父の単身 同居	父の単身 同居 単身赴任中	父の単身 別居 単身赴任中	父の単身 その他	父の単身 （再掲）単身赴任中
			実数（人）			
総数	28 335	25 078	1 270	696	2 561	1 966
ひとり	4 607	3 665	155	135	807	290
弟妹のみ	10 541	9 671	480	208	662	688
兄姉のみ	10 132	8 962	514	289	881	803
兄弟姉妹あり	3 055	2 780	121	64	211	185
有職	22 946	20 055	969	555	2 336	1 524
ひとり	3 595	2 762	111	102	731	213
弟妹のみ	8 439	7 666	361	162	611	523
兄姉のみ	8 389	7 350	401	241	798	642
兄弟姉妹あり	2 523	2 277	96	50	196	146
無職	5 254	4 914	297	135	205	432
ひとり	992	891	43	33	68	76
弟妹のみ	2 056	1 963	117	45	48	162
兄姉のみ	1 690	1 571	112	44	75	156
兄弟姉妹あり	516	489	25	13	14	38

注：1）同居の「単身赴任中」は、定期的に帰宅する者をいう。
　　2）総数には母の就業有無「不詳」を含む。

母ー父の単身赴任の状況別

第15回調査（平成28年）

（再　掲）単身赴任中	父 同　居	単身赴任中	別　居 単身赴任中	そ　の　他	（再　掲）単身赴任中
数（人）					
43	25 382	1 275	703	2 725	1 978
4	2 999	132	・	・	132
6	17 111	966	・	・	966
4	4 879	170	・	・	170
－	89	2	・	・	2
27	304	5	696	2 561	701
2	・	・	7	164	7
割　合（%）					
0.1	88.1	4.4	2.4	9.5	6.9
0.1	100.0	4.4	・	・	4.4
0.0	100.0	5.6	・	・	5.6
0.1	100.0	3.5	・	・	3.5
－	100.0	2.2	・	・	2.2
0.8	8.5	0.1	19.5	71.9	19.7
1.2	・	・	4.1	95.9	4.1

母の就業の有無、きょうだい構成、父の単身赴任の状況別

第15回調査（平成28年）

赴任の状況 総　数	同　居	単身赴任中	別　居 単身赴任中	そ　の　他	（再　掲）単身赴任中
構成割合（%）					
100.0	88.5	4.5	2.5	9.0	6.9
100.0	79.6	3.4	2.9	17.5	6.3
100.0	91.7	4.6	2.0	6.3	6.5
100.0	88.5	5.1	2.9	8.7	7.9
100.0	91.0	4.0	2.1	6.9	6.1
100.0	87.4	4.2	2.4	10.2	6.6
100.0	76.8	3.1	2.8	20.3	5.9
100.0	90.8	4.3	1.9	7.2	6.2
100.0	87.6	4.8	2.9	9.5	7.7
100.0	90.2	3.8	2.0	7.8	5.8
100.0	93.5	5.7	2.6	3.9	8.2
100.0	89.8	4.3	3.3	6.9	7.7
100.0	95.5	5.7	2.2	2.3	7.9
100.0	93.0	6.6	2.6	4.4	9.2
100.0	94.8	4.8	2.5	2.7	7.4

第12表　子ども数・構成割合，現在（第15回調査）

第15回調査の同居者の構成	第14回調査の						
	総数	父母と同居	父母又は父母ときょうだいのみ	父母のみ	父母ときょうだいのみ	父母と祖父母	父母と母方の祖父母
							実
総数	27 797	24 428	19 566	2 713	16 853	4 762	1 286
父母と同居	24 223	23 881	19 118	2 638	16 480	4 666	1 248
父母又は父母ときょうだいのみ	19 436	19 152	18 665	2 581	16 084	458	138
父母のみ	2 931	2 872	2 809	2 449	360	55	13
父母ときょうだいのみ	16 505	16 280	15 856	132	15 724	403	125
父母と祖父母	4 701	4 644	428	53	375	4 193	1 103
父母と母方の祖父母	1 304	1 276	151	22	129	1 119	1 095
父母と父方の祖父母	3 388	3 359	270	30	240	3 072	7
父母と両方の祖父母	9	9	7	1	6	2	1
父母とその他	86	85	25	4	21	15	7
父又は母と同居	3 413	465	386	64	322	76	35
母のみ又は母ときょうだいのみ	2 173	353	342	55	287	11	1
母と祖父母等	951	80	20	4	16	57	34
父のみ又は父ときょうだいのみ	135	19	18	5	13	1	−
父と祖父母等	154	13	6	−	6	7	−
その他	161	82	62	11	51	20	3
							構成
総数	100.0	87.9	70.4	9.8	60.6	17.1	4.6
父母と同居	100.0	98.6	78.9	10.9	68.0	19.3	5.2
父母又は父母ときょうだいのみ	100.0	98.5	96.0	13.3	82.8	2.4	0.7
父母のみ	100.0	98.0	95.8	83.6	12.3	1.9	0.4
父母ときょうだいのみ	100.0	98.6	96.1	0.8	95.3	2.4	0.8
父母と祖父母	100.0	98.8	9.1	1.1	8.0	89.2	23.5
父母と母方の祖父母	100.0	97.9	11.6	1.7	9.9	85.8	84.0
父母と父方の祖父母	100.0	99.1	8.0	0.9	7.1	90.7	0.2
父母と両方の祖父母	100.0	100.0	77.8	11.1	66.7	22.2	11.1
父母とその他	100.0	98.8	29.1	4.7	24.4	17.4	8.1
父又は母と同居	100.0	13.6	11.3	1.9	9.4	2.2	1.0
母のみ又は母ときょうだいのみ	100.0	16.2	15.7	2.5	13.2	0.5	0.0
母と祖父母等	100.0	8.4	2.1	0.4	1.7	6.0	3.6
父のみ又は父ときょうだいのみ	100.0	14.1	13.3	3.7	9.6	0.7	−
父と祖父母等	100.0	8.4	3.9	−	3.9	4.5	−
その他	100.0	50.9	38.5	6.8	31.7	12.4	1.9

注：1）第14回調査と第15回調査の回答を得た者を集計。
　　2）その他には寄宿舎（学生寮）に入寮中を含む。

第13表　子ども数・構成割合，現在（第15回調査）

第15回調査のきょうだい構成	第14回調査の				
	総数	ひとり	弟妹のみ	兄姉のみ	兄弟姉妹あり
			実数（人）		
総数	27 797	4 375	10 165	10 257	3 000
ひとり	4 741	4 092	44	595	10
弟妹のみ	10 222	31	10 076	1	114
兄姉のみ	9 905	244	1	9 653	7
兄弟姉妹あり	2 929	8	44	8	2 869

注：第14回調査と第15回調査の回答を得た者を集計。

の同居者の構成、１年前（第14回調査）の同居者の構成別

第15回調査（平成28年）

同居者の構成								
			父又は母と同居					
父母と父方の祖父母	父母と両方の祖父母	父母とその他	父又は母と同居	母のみ又は母ときょうだいのみ	母と祖父母等	父のみ又は父ときょうだいのみ	父と祖父母等	その他
数（人）								
3 469	7	100	3 221	2 020	925	134	142	148
3 411	7	97	274	206	48	14	6	68
319	1	29	231	199	16	14	2	53
42	－	8	45	34	6	4	1	14
277	1	21	186	165	10	10	1	39
3 084	6	23	43	7	32	－	4	14
22	2	6	23	4	19	－	－	5
3 062	3	17	20	3	13	－	4	9
－	1	－	－	－	－	－	－	－
8	－	45	－	－	－	－	－	1
41	－	3	2 933	1 806	872	120	135	15
10	－	－	1 810	1 734	73	3	－	10
23	－	3	868	70	798	－	－	3
1	－	－	116	1	1	105	9	－
7	－	－	139	1	－	12	126	2
17	－	－	14	8	5	－	1	65
割合（%）								
12.5	0.0	0.4	11.6	7.3	3.3	0.5	0.5	0.5
14.1	0.0	0.4	1.1	0.9	0.2	0.1	0.0	0.3
1.6	0.0	0.1	1.2	1.0	0.1	0.1	0.0	0.3
1.4	－	0.3	1.5	1.2	0.2	0.1	0.0	0.5
1.7	0.0	0.1	1.1	1.0	0.1	0.1	0.0	0.2
65.6	0.1	0.5	0.9	0.1	0.7	－	0.1	0.3
1.7	0.2	0.5	1.8	0.3	1.5	－	－	0.4
90.4	0.1	0.5	0.6	0.1	0.4	－	0.1	0.3
－	11.1	－	－	－	－	－	－	－
9.3	－	52.3	－	－	－	－	－	1.2
1.2	－	0.1	85.9	52.9	25.5	3.5	4.0	0.4
0.5	－	－	83.3	79.8	3.4	0.1	－	0.5
2.4	－	0.3	91.3	7.4	83.9	－	－	0.3
0.7	－	－	85.9	0.7	0.7	77.8	6.7	－
4.5	－	－	90.3	0.6	－	7.8	81.8	1.3
10.6	－	－	8.7	5.0	3.1	－	0.6	40.4

のきょうだい構成、１年前（第14回調査）のきょうだい構成別

第15回調査（平成28年）

きょうだい構成				
総数	ひとり	弟妹のみ	兄姉のみ	兄弟姉妹あり
構成割合（%）				
100.0	15.7	36.6	36.9	10.8
100.0	86.3	0.9	12.6	0.2
100.0	0.3	98.6	0.0	1.1
100.0	2.5	0.0	97.5	0.1
100.0	0.3	1.5	0.3	98.0

第14表　母・父と同居している子ども数・構成割合,

出生月、同居者の構成	母の就業状況 総数	無職	仕事を探している	仕事を探していない	求職状況不詳	学生	有職	勤め（常勤）	勤め（パート・アルバイト）	自営業・家業	内職	その他
												実
総数	28 335	5 254	1 464	3 567	186	37	22 946	7 121	13 677	1 832	196	120
父母のみ	2 999	780	174	573	25	8	2 210	633	1 358	185	20	14
父母ときょうだいのみ	17 111	3 403	935	2 342	113	13	13 629	3 539	8 875	1 017	133	65
父母と祖父母	4 879	710	193	494	20	3	4 149	1 510	2 109	473	35	22
父母とその他	89	21	6	13	2	−	67	22	33	11	−	1
父又は母と同居	3 257	340	156	145	26	13	2 891	1 417	1 302	146	8	18
1月生まれ	14 228	2 758	796	1 835	112	15	11 403	3 519	6 791	926	105	62
父母のみ	1 495	421	90	308	21	2	1 071	311	651	92	12	5
父母ときょうだいのみ	8 621	1 807	512	1 217	70	8	6 774	1 753	4 397	513	75	36
父母と祖父母	2 462	360	105	246	9	−	2 089	751	1 061	254	14	9
父母とその他	40	12	4	8	−	−	28	12	14	2	−	−
父又は母と同居	1 610	158	85	56	12	5	1 441	692	668	65	4	12
7月生まれ	14 107	2 496	668	1 732	74	22	11 543	3 602	6 886	906	91	58
父母のみ	1 504	359	84	265	4	6	1 139	322	707	93	8	9
父母ときょうだいのみ	8 490	1 596	423	1 125	43	5	6 855	1 786	4 478	504	58	29
父母と祖父母	2 417	350	88	248	11	3	2 060	759	1 048	219	21	13
父母とその他	49	9	2	5	2	−	39	10	19	9	−	1
父又は母と同居	1 647	182	71	89	14	8	1 450	725	634	81	4	6
												構　成
総数	100.0	18.5	5.2	12.6	0.7	0.1	81.0	25.1	48.3	6.5	0.7	0.4
父母のみ	100.0	26.0	5.8	19.1	0.8	0.3	73.7	21.1	45.3	6.2	0.7	0.5
父母ときょうだいのみ	100.0	19.9	5.5	13.7	0.7	0.1	79.7	20.7	51.9	5.9	0.8	0.4
父母と祖父母	100.0	14.6	4.0	10.1	0.4	0.1	85.0	30.9	43.2	9.7	0.7	0.5
父母とその他	100.0	23.6	6.7	14.6	2.2	−	75.3	24.7	37.1	12.4	−	1.1
父又は母と同居	100.0	10.4	4.8	4.5	0.8	0.4	88.8	43.5	40.0	4.5	0.2	0.6
1月生まれ	100.0	19.4	5.6	12.9	0.8	0.1	80.1	24.7	47.7	6.5	0.7	0.4
父母のみ	100.0	28.2	6.0	20.6	1.4	0.1	71.6	20.8	43.5	6.2	0.8	0.3
父母ときょうだいのみ	100.0	21.0	5.9	14.1	0.8	0.1	78.6	20.3	51.0	6.0	0.9	0.4
父母と祖父母	100.0	14.6	4.3	10.0	0.4	−	84.8	30.5	43.1	10.3	0.6	0.4
父母とその他	100.0	30.0	10.0	20.0	−	−	70.0	30.0	35.0	5.0	−	−
父又は母と同居	100.0	9.8	5.3	3.5	0.7	0.3	89.5	43.0	41.5	4.0	0.2	0.7
7月生まれ	100.0	17.7	4.7	12.3	0.5	0.2	81.8	25.5	48.8	6.4	0.6	0.4
父母のみ	100.0	23.9	5.6	17.6	0.3	0.4	75.7	21.4	47.0	6.2	0.5	0.6
父母ときょうだいのみ	100.0	18.8	5.0	13.3	0.5	0.1	80.7	21.0	52.7	5.9	0.7	0.3
父母と祖父母	100.0	14.5	3.6	10.3	0.5	0.1	85.2	31.4	43.4	9.1	0.9	0.5
父母とその他	100.0	18.4	4.1	10.2	4.1	−	79.6	20.4	38.8	18.4	−	2.0
父又は母と同居	100.0	11.1	4.3	5.4	0.9	0.5	88.0	44.0	38.5	4.9	0.2	0.4

出生月、同居者の構成、母－父の就業状況別

第15回調査（平成28年）

不　詳	父の就業状況												
	総　数	無　職	仕事を探している	仕事を探していない	求職状況不詳	学　生	有　職	勤め（常勤）	勤め（パート・アルバイト）	自営業・家業	内　職	その他	不　詳
数（人）													
135	25 382	350	208	102	36	4	24 800	20 870	297	3 573	1	59	232
9	2 999	60	34	20	5	1	2 914	2 427	51	428	－	8	25
79	17 111	221	136	62	21	2	16 728	14 339	164	2 185	1	39	162
20	4 879	54	26	18	9	1	4 788	3 818	71	889	－	10	37
1	89	1	－	1	－	－	86	65	1	19	－	1	2
26	304	14	12	1	1	－	284	221	10	52	－	1	6
67	12 776	182	108	51	20	3	12 479	10 478	156	1 822	－	23	115
3	1 495	30	16	10	3	1	1 453	1 213	29	209	－	2	12
40	8 621	120	79	29	11	1	8 420	7 207	87	1 112	－	14	81
13	2 462	28	10	11	6	1	2 414	1 904	36	468	－	6	20
－	40	－	－	－	－	－	39	30	－	8	－	1	1
11	158	4	3	1	－	－	153	124	4	25	－	－	1
68	12 606	168	100	51	16	1	12 321	10 392	141	1 751	1	36	117
6	1 504	30	18	10	2	－	1 461	1 214	22	219	－	6	13
39	8 490	101	57	33	10	1	8 308	7 132	77	1 073	1	25	81
7	2 417	26	16	7	3	－	2 374	1 914	35	421	－	4	17
1	49	1	－	1	－	－	47	35	1	11	－	－	1
15	146	10	9	－	1	－	131	97	6	27	－	1	5
割　合（%）													
0.5	100.0	1.4	0.8	0.4	0.1	0.0	97.7	82.2	1.2	14.1	0.0	0.2	0.9
0.3	100.0	2.0	1.1	0.7	0.2	0.0	97.2	80.9	1.7	14.3	－	0.3	0.8
0.5	100.0	1.3	0.8	0.4	0.1	0.0	97.8	83.8	1.0	12.8	0.0	0.2	0.9
0.4	100.0	1.1	0.5	0.4	0.2	0.0	98.1	78.3	1.5	18.2	－	0.2	0.8
1.1	100.0	1.1	－	1.1	－	－	96.6	73.0	1.1	21.3	－	1.1	2.2
0.8	100.0	4.6	3.9	0.3	0.3	－	93.4	72.7	3.3	17.1	－	0.3	2.0
0.5	100.0	1.4	0.8	0.4	0.2	0.0	97.7	82.0	1.2	14.3	－	0.2	0.9
0.2	100.0	2.0	1.1	0.7	0.2	0.1	97.2	81.1	1.9	14.0	－	0.1	0.8
0.5	100.0	1.4	0.9	0.3	0.1	0.0	97.7	83.6	1.0	12.9	－	0.2	0.9
0.5	100.0	1.1	0.4	0.4	0.2	0.0	98.1	77.3	1.5	19.0	－	0.2	0.8
－	100.0	－	－	－	－	－	97.5	75.0	－	20.0	－	2.5	2.5
0.7	100.0	2.5	1.9	0.6	－	－	96.8	78.5	2.5	15.8	－	－	0.6
0.5	100.0	1.3	0.8	0.4	0.1	0.0	97.7	82.4	1.1	13.9	0.0	0.3	0.9
0.4	100.0	2.0	1.2	0.7	0.1	－	97.1	80.7	1.5	14.6	－	0.4	0.9
0.5	100.0	1.2	0.7	0.4	0.1	0.0	97.9	84.0	0.9	12.6	0.0	0.3	1.0
0.3	100.0	1.1	0.7	0.3	0.1	－	98.2	79.2	1.4	17.4	－	0.2	0.7
2.0	100.0	2.0	－	2.0	－	－	95.9	71.4	2.0	22.4	－	－	2.0
0.9	100.0	6.8	6.2	－	0.7	－	89.7	66.4	4.1	18.5	－	0.7	3.4

第15表　母・父と同居している子ども数・構成割合，

出生月、きょうだい構成	母の就業状況											
	総数	無職	仕事を探している	仕事を探していない	求職状況不詳	学生	有職	勤め（常勤）	勤め（パート・アルバイト）	自営業・家業	内職	その他
												実
総数	28 335	5 254	1 464	3 567	186	37	22 946	7 121	13 677	1 832	196	120
ひとり	4 607	992	239	699	42	12	3 595	1 290	1 969	281	27	28
弟妹のみ	10 541	2 056	597	1 377	68	14	8 439	2 527	5 168	626	76	42
兄姉のみ	10 132	1 690	488	1 138	56	8	8 389	2 544	5 086	659	62	38
兄弟姉妹あり	3 055	516	140	353	20	3	2 523	760	1 454	266	31	12
1月生まれ	14 228	2 758	796	1 835	112	15	11 403	3 519	6 791	926	105	62
ひとり	2 291	521	122	366	30	3	1 761	622	973	142	14	10
弟妹のみ	5 302	1 092	341	705	39	7	4 182	1 256	2 548	316	42	20
兄姉のみ	5 066	867	261	577	26	3	4 178	1 259	2 527	335	33	24
兄弟姉妹あり	1 569	278	72	187	17	2	1 282	382	743	133	16	8
7月生まれ	14 107	2 496	668	1 732	74	22	11 543	3 602	6 886	906	91	58
ひとり	2 316	471	117	333	12	9	1 834	668	996	139	13	18
弟妹のみ	5 239	964	256	672	29	7	4 257	1 271	2 620	310	34	22
兄姉のみ	5 066	823	227	561	30	5	4 211	1 285	2 559	324	29	14
兄弟姉妹あり	1 486	238	68	166	3	1	1 241	378	711	133	15	4
												構成
総数	100.0	18.5	5.2	12.6	0.7	0.1	81.0	25.1	48.3	6.5	0.7	0.4
ひとり	100.0	21.5	5.2	15.2	0.9	0.3	78.0	28.0	42.7	6.1	0.6	0.6
弟妹のみ	100.0	19.5	5.7	13.1	0.6	0.1	80.1	24.0	49.0	5.9	0.7	0.4
兄姉のみ	100.0	16.7	4.8	11.2	0.6	0.1	82.8	25.1	50.2	6.5	0.6	0.4
兄弟姉妹あり	100.0	16.9	4.6	11.6	0.7	0.1	82.6	24.9	47.6	8.7	1.0	0.4
1月生まれ	100.0	19.4	5.6	12.9	0.8	0.1	80.1	24.7	47.7	6.5	0.7	0.4
ひとり	100.0	22.7	5.3	16.0	1.3	0.1	76.9	27.1	42.5	6.2	0.6	0.4
弟妹のみ	100.0	20.6	6.4	13.3	0.7	0.1	78.9	23.7	48.1	6.0	0.8	0.4
兄姉のみ	100.0	17.1	5.2	11.4	0.5	0.1	82.5	24.9	49.9	6.6	0.7	0.5
兄弟姉妹あり	100.0	17.7	4.6	11.9	1.1	0.1	81.7	24.3	47.4	8.5	1.0	0.5
7月生まれ	100.0	17.7	4.7	12.3	0.5	0.2	81.8	25.5	48.8	6.4	0.6	0.4
ひとり	100.0	20.3	5.1	14.4	0.5	0.4	79.2	28.8	43.0	6.0	0.6	0.8
弟妹のみ	100.0	18.4	4.9	12.8	0.6	0.1	81.3	24.3	50.0	5.9	0.6	0.4
兄姉のみ	100.0	16.2	4.5	11.1	0.6	0.1	83.1	25.4	50.5	6.4	0.6	0.3
兄弟姉妹あり	100.0	16.0	4.6	11.2	0.2	0.1	83.5	25.4	47.8	9.0	1.0	0.3

出生月、きょうだい構成、母－父の就業状況別

第15回調査（平成28年）

不詳	父の就業状況 総数	無職	仕事を探している	仕事を探していない	求職状況不詳	学生	有職	勤め（常勤）	勤め（パート・アルバイト）	自営業・家業	内職	その他	不詳
数（人）													
135	25 382	350	208	102	36	4	24 800	20 870	297	3 573	1	59	232
20	3 772	80	44	27	8	1	3 662	3 021	67	563	-	11	30
46	9 742	93	65	20	7	1	9 554	8 213	76	1 247	-	18	95
53	9 067	139	78	40	19	2	8 846	7 443	127	1 253	1	22	82
16	2 801	38	21	15	2	-	2 738	2 193	27	510	-	8	25
67	12 776	182	108	51	20	3	12 479	10 478	156	1 822	-	23	115
9	1 879	41	20	15	5	1	1 826	1 506	38	279	-	3	12
28	4 893	51	40	8	2	1	4 790	4 097	44	642	-	7	52
21	4 551	71	39	20	11	1	4 440	3 731	56	644	-	9	40
9	1 453	19	9	8	2	-	1 423	1 144	18	257	-	4	11
68	12 606	168	100	51	16	1	12 321	10 392	141	1 751	1	36	117
11	1 893	39	24	12	3	-	1 836	1 515	29	284	-	8	18
18	4 849	42	25	12	5	-	4 764	4 116	32	605	-	11	43
32	4 516	68	39	20	8	1	4 406	3 712	71	609	1	13	42
7	1 348	19	12	7	-	-	1 315	1 049	9	253	-	4	14
割合（%）													
0.5	100.0	1.4	0.8	0.4	0.1	0.0	97.7	82.2	1.2	14.1	0.0	0.2	0.9
0.4	100.0	2.1	1.2	0.7	0.2	0.0	97.1	80.1	1.8	14.9	-	0.3	0.8
0.4	100.0	1.0	0.7	0.2	0.1	0.0	98.1	84.3	0.8	12.8	-	0.2	1.0
0.5	100.0	1.5	0.9	0.4	0.2	0.0	97.6	82.1	1.4	13.8	0.0	0.2	0.9
0.5	100.0	1.4	0.7	0.5	0.1	-	97.8	78.3	1.0	18.2	-	0.3	0.9
0.5	100.0	1.4	0.8	0.4	0.2	0.0	97.7	82.0	1.2	14.3	-	0.2	0.9
0.4	100.0	2.2	1.1	0.8	0.3	0.1	97.2	80.1	2.0	14.8	-	0.2	0.6
0.5	100.0	1.0	0.8	0.2	0.0	0.0	97.9	83.7	0.9	13.1	-	0.1	1.1
0.4	100.0	1.6	0.9	0.4	0.2	0.0	97.6	82.0	1.2	14.2	-	0.2	0.9
0.6	100.0	1.3	0.6	0.6	0.1	-	97.9	78.7	1.2	17.7	-	0.3	0.8
0.5	100.0	1.3	0.8	0.4	0.1	0.0	97.7	82.4	1.1	13.9	0.0	0.3	0.9
0.5	100.0	2.1	1.3	0.6	0.2	-	97.0	80.0	1.5	15.0	-	0.4	1.0
0.3	100.0	0.9	0.5	0.2	0.1	-	98.2	84.9	0.7	12.5	-	0.2	0.9
0.6	100.0	1.5	0.9	0.4	0.2	0.0	97.6	82.2	1.6	13.5	0.0	0.3	0.9
0.5	100.0	1.4	0.9	0.5	-	-	97.6	77.8	0.7	18.8	-	0.3	1.0

第16表　母・父と同居している子ども数・構成割合，

実　数（人）

出生月、兄姉の有無、弟妹の有無・末の弟妹の年齢	母の就業状況 総数	無職	仕事を探している	仕事を探していない	求職状況不詳	学生	有職	勤め（常勤）	勤め（パート・アルバイト）	自営業・家業	内職	その他
総数	28 335	5 254	1 464	3 567	186	37	22 946	7 121	13 677	1 832	196	120
弟妹あり	13 596	2 572	737	1 730	88	17	10 962	3 287	6 622	892	107	54
末の弟妹の年齢0歳	61	32	5	25	2	－	26	8	13	4	－	1
1歳	77	32	4	26	2	－	44	14	24	4	2	－
2歳	131	43	6	34	3	－	87	33	43	9	2	－
3歳	172	63	9	51	3	－	109	39	56	10	4	－
4～14歳	13 154	2 402	713	1 594	78	17	10 696	3 193	6 486	865	99	53
弟妹なし	14 739	2 682	727	1 837	98	20	11 984	3 834	7 055	940	89	66
兄姉あり	13 187	2 206	628	1 491	76	11	10 912	3 304	6 540	925	93	50
弟妹あり	3 055	516	140	353	20	3	2 523	760	1 454	266	31	12
末の弟妹の年齢0歳	13	6	－	4	2	－	7	1	4	2	－	－
1歳	22	7	－	7	－	－	14	6	7	－	1	－
2歳	27	10	2	7	1	－	16	7	7	2	－	－
3歳	41	14	3	10	1	－	27	8	14	3	2	－
4～14歳	2 952	479	135	325	16	3	2 459	738	1 422	259	28	12
弟妹なし	10 132	1 690	488	1 138	56	8	8 389	2 544	5 086	659	62	38
兄姉なし	15 148	3 048	836	2 076	110	26	12 034	3 817	7 137	907	103	70
弟妹あり	10 541	2 056	597	1 377	68	14	8 439	2 527	5 168	626	76	42
末の弟妹の年齢0歳	48	26	5	21	－	－	19	7	9	2	－	1
1歳	55	25	4	19	2	－	30	8	17	4	1	－
2歳	104	33	4	27	2	－	71	26	36	7	2	－
3歳	131	49	6	41	2	－	82	31	42	7	2	－
4～14歳	10 202	1 923	578	1 269	62	14	8 237	2 455	5 064	606	71	41
弟妹なし	4 607	992	239	699	42	12	3 595	1 290	1 969	281	27	28
1月生まれ	14 228	2 758	796	1 835	112	15	11 403	3 519	6 791	926	105	62
弟妹あり	6 871	1 370	413	892	56	9	5 464	1 638	3 291	449	58	28
末の弟妹の年齢0歳	37	18	4	13	1	－	17	5	9	3	－	－
1歳	37	15	2	11	2	－	21	6	11	2	2	－
2歳	58	16	3	11	2	－	41	18	15	6	2	－
3歳	79	32	4	25	3	－	47	17	24	6	－	－
4～14歳	6 659	1 289	400	832	48	9	5 338	1 592	3 232	432	54	28
弟妹なし	7 357	1 388	383	943	56	6	5 939	1 881	3 500	477	47	34
兄姉あり	6 635	1 145	333	764	43	5	5 460	1 641	3 270	468	49	32
弟妹あり	1 569	278	72	187	17	2	1 282	382	743	133	16	8
末の弟妹の年齢0歳	9	4	－	3	1	－	5	－	3	2	－	－
1歳	10	3	－	3	－	－	6	2	3	－	1	－
2歳	9	4	－	3	1	－	4	2	1	1	－	－
3歳	19	7	1	5	1	－	12	4	6	2	－	－
4～14歳	1 522	260	71	173	14	2	1 255	374	730	128	15	8
弟妹なし	5 066	867	261	577	26	3	4 178	1 259	2 527	335	33	24
兄姉なし	7 593	1 613	463	1 071	69	10	5 943	1 878	3 521	458	56	30
弟妹あり	5 302	1 092	341	705	39	7	4 182	1 256	2 548	316	42	20
末の弟妹の年齢0歳	28	14	4	10	－	－	12	5	6	1	－	－
1歳	27	12	2	8	2	－	15	4	8	2	1	－
2歳	49	12	3	8	1	－	37	16	14	5	2	－
3歳	60	25	3	20	2	－	35	13	18	4	－	－
4～14歳	5 137	1 029	329	659	34	7	4 083	1 218	2 502	304	39	20
弟妹なし	2 291	521	122	366	30	3	1 761	622	973	142	14	10
7月生まれ	14 107	2 496	668	1 732	74	22	11 543	3 602	6 886	906	91	58
弟妹あり	6 725	1 202	324	838	32	8	5 498	1 649	3 331	443	49	26
末の弟妹の年齢0歳	24	14	1	12	1	－	9	3	4	1	－	1
1歳	40	17	2	15	－	－	23	8	13	2	－	－
2歳	73	27	3	23	1	－	46	15	28	3	－	－
3歳	93	31	5	26	－	－	62	22	32	4	4	－
4～14歳	6 495	1 113	313	762	30	8	5 358	1 601	3 254	433	45	25
弟妹なし	7 382	1 294	344	894	42	14	6 045	1 953	3 555	463	42	32
兄姉あり	6 552	1 061	295	727	33	6	5 452	1 663	3 270	457	44	18
弟妹あり	1 486	238	68	166	3	1	1 241	378	711	133	15	4
末の弟妹の年齢0歳	4	2	－	1	1	－	2	1	1	－	－	－
1歳	12	4	－	4	－	－	8	4	4	－	－	－
2歳	18	6	2	4	－	－	12	5	6	1	－	－
3歳	22	7	2	5	－	－	15	4	8	1	2	－
4～14歳	1 430	219	64	152	2	1	1 204	364	692	131	13	4
弟妹なし	5 066	823	227	561	30	5	4 211	1 285	2 559	324	29	14
兄姉なし	7 555	1 435	373	1 005	41	16	6 091	1 939	3 616	449	47	40
弟妹あり	5 239	964	256	672	29	7	4 257	1 271	2 620	310	34	22
末の弟妹の年齢0歳	20	12	1	11	－	－	7	2	3	1	－	1
1歳	28	13	2	11	－	－	15	4	9	2	－	－
2歳	55	21	1	19	1	－	34	10	22	2	－	－
3歳	71	24	3	21	－	－	47	18	24	3	2	－
4～14歳	5 065	894	249	610	28	7	4 154	1 237	2 562	302	32	21
弟妹なし	2 316	471	117	333	12	9	1 834	668	996	139	13	18

注：弟妹ありには末の弟妹の年齢「不詳」を含む。

出生月、兄姉の有無、弟妹の有無・末の弟妹の年齢、母－父の就業状況別（２－１）

第15回調査（平成28年）

	父の就業状況												
不詳	総数	無職					有職						不詳
			仕事を探している	仕事を探していない	求職状況不詳	学生		勤め（常勤）	勤め（パート・アルバイト）	自営業・家業	内職	その他	
135	25 382	350	208	102	36	4	24 800	20 870	297	3 573	1	59	232
62	12 543	131	86	35	9	1	12 292	10 406	103	1 757	-	26	120
3	58	1	1	-	-	-	56	45	2	9	-	-	1
1	72	1	1	-	-	-	68	57	1	9	-	1	3
1	119	-	-	-	-	-	118	93	-	24	-	1	1
-	159	1	1	-	-	-	156	127	2	26	-	1	2
56	12 133	128	83	35	9	1	11 893	10 083	98	1 689	-	23	112
73	12 839	219	122	67	27	3	12 508	10 464	194	1 816	1	33	112
69	11 868	177	99	55	21	2	11 584	9 636	154	1 763	1	30	107
16	2 801	38	21	15	2	-	2 738	2 193	27	510	-	8	25
-	13	-	-	-	-	-	13	9	-	4	-	-	-
1	21	-	-	-	-	-	21	15	1	5	-	-	-
1	23	-	-	-	-	-	23	20	-	3	-	-	-
-	38	-	-	-	-	-	38	31	1	6	-	-	-
14	2 706	38	21	15	2	-	2 643	2 118	25	492	-	8	25
53	9 067	139	78	40	19	2	8 846	7 443	127	1 253	1	22	82
66	13 514	173	109	47	15	2	13 216	11 234	143	1 810	-	29	125
46	9 742	93	65	20	7	1	9 554	8 213	76	1 247	-	18	95
3	45	1	1	-	-	-	43	36	2	5	-	-	1
-	51	1	1	-	-	-	47	42	-	4	-	1	3
-	96	-	-	-	-	-	95	73	-	21	-	1	1
-	121	1	1	-	-	-	118	96	1	20	-	1	2
42	9 427	90	62	20	7	1	9 250	7 965	73	1 197	-	15	87
20	3 772	80	44	27	8	1	3 662	3 021	67	563	-	11	30
67	12 776	182	108	51	20	3	12 479	10 478	156	1 822	-	23	115
37	6 346	70	49	16	4	1	6 213	5 241	62	899	-	11	63
2	34	1	1	-	-	-	33	26	2	5	-	-	-
1	35	-	-	-	-	-	34	31	1	2	-	-	1
1	56	-	-	-	-	-	55	42	-	13	-	-	1
-	73	1	1	-	-	-	71	55	2	14	-	-	1
32	6 146	68	47	16	4	1	6 019	5 086	57	865	-	11	59
30	6 430	112	59	35	16	2	6 266	5 237	94	923	-	12	52
30	6 004	90	48	28	13	1	5 863	4 875	74	901	-	13	51
9	1 453	19	9	8	2	-	1 423	1 144	18	257	-	4	11
-	9	-	-	-	-	-	9	6	-	3	-	-	-
1	10	-	-	-	-	-	10	8	1	1	-	-	-
1	9	-	-	-	-	-	9	8	-	1	-	-	-
-	17	-	-	-	-	-	17	14	1	2	-	-	-
7	1 408	19	9	8	2	-	1 378	1 108	16	250	-	4	11
21	4 551	71	39	20	11	1	4 440	3 731	56	644	-	9	40
37	6 772	92	60	23	7	2	6 616	5 603	82	921	-	10	64
28	4 893	51	40	8	2	1	4 790	4 097	44	642	-	7	52
2	25	1	1	-	-	-	24	20	2	2	-	-	-
-	25	-	-	-	-	-	24	23	-	1	-	-	1
-	47	-	-	-	-	-	46	34	-	12	-	-	1
-	56	1	1	-	-	-	54	41	1	12	-	-	1
25	4 738	49	38	8	2	1	4 641	3 978	41	615	-	7	48
9	1 879	41	20	15	5	1	1 826	1 506	38	279	-	3	12
68	12 606	168	100	51	16	1	12 321	10 392	141	1 751	1	36	117
25	6 197	61	37	19	5	-	6 079	5 165	41	858	-	15	57
1	24	-	-	-	-	-	23	19	-	4	-	-	1
-	37	1	1	-	-	-	34	26	-	7	-	1	2
-	63	-	-	-	-	-	63	51	-	11	-	1	-
-	86	-	-	-	-	-	85	72	-	12	-	1	1
24	5 987	60	36	19	5	-	5 874	4 997	41	824	-	12	53
43	6 409	107	63	32	11	1	6 242	5 227	100	893	1	21	60
39	5 864	87	51	27	8	1	5 721	4 761	80	862	1	17	56
7	1 348	19	12	7	-	-	1 315	1 049	9	253	-	4	14
-	4	-	-	-	-	-	4	3	-	1	-	-	-
-	11	-	-	-	-	-	11	7	-	4	-	-	-
-	14	-	-	-	-	-	14	12	-	2	-	-	-
-	21	-	-	-	-	-	21	17	-	4	-	-	-
7	1 298	19	12	7	-	-	1 265	1 010	9	242	-	4	14
32	4 516	68	39	20	8	1	4 406	3 712	71	609	1	13	42
29	6 742	81	49	24	8	-	6 600	5 631	61	889	-	19	61
18	4 849	42	25	12	5	-	4 764	4 116	32	605	-	11	43
1	20	-	-	-	-	-	19	16	-	3	-	-	1
-	26	1	1	-	-	-	23	19	-	3	-	1	2
-	49	-	-	-	-	-	49	39	-	9	-	1	-
-	65	-	-	-	-	-	64	55	-	8	-	1	1
17	4 689	41	24	12	5	-	4 609	3 987	32	582	-	8	39
11	1 893	39	24	12	3	-	1 836	1 515	29	284	-	8	18

第16表　母・父と同居している子ども数・構成割合，

構成割合（%）

出生月、兄姉の有無、弟妹の有無・末の弟妹の年齢	母の就業状況											
	総数	無職	仕事を探している	仕事を探していない	求職状況不詳	学生	有職	勤め（常勤）	勤め（パート・アルバイト）	自営業・家業	内職	その他
総数	100.0	18.5	5.2	12.6	0.7	0.1	81.0	25.1	48.3	6.5	0.7	0.4
弟妹あり	100.0	18.9	5.4	12.7	0.6	0.1	80.6	24.2	48.7	6.6	0.8	0.4
末の弟妹の年齢0歳	100.0	52.5	8.2	41.0	3.3	–	42.6	13.1	21.3	6.6	–	1.6
1歳	100.0	41.6	5.2	33.8	2.6	–	57.1	18.2	31.2	5.2	2.6	–
2歳	100.0	32.8	4.6	26.0	2.3	–	66.4	25.2	32.8	6.9	1.5	–
3歳	100.0	36.6	5.2	29.7	1.7	–	63.4	22.7	32.6	5.8	2.3	–
4～14歳	100.0	18.3	5.4	12.1	0.6	0.1	81.3	24.3	49.3	6.6	0.8	0.4
弟妹なし	100.0	18.2	4.9	12.5	0.7	0.1	81.3	26.0	47.9	6.4	0.6	0.4
兄姉あり	100.0	16.7	4.8	11.3	0.6	0.1	82.7	25.1	49.6	7.0	0.7	0.4
弟妹あり	100.0	16.9	4.6	11.6	0.7	0.1	82.6	24.9	47.6	8.7	1.0	0.4
末の弟妹の年齢0歳	100.0	46.2	–	30.8	15.4	–	53.8	7.7	30.8	15.4	–	–
1歳	100.0	31.8	–	31.8	–	–	63.6	27.3	31.8	–	4.5	–
2歳	100.0	37.0	7.4	25.9	3.7	–	59.3	25.9	25.9	7.4	–	–
3歳	100.0	34.1	7.3	24.4	2.4	–	65.9	19.5	34.1	7.3	4.9	–
4～14歳	100.0	16.2	4.6	11.0	0.5	0.1	83.3	25.0	48.2	8.8	0.9	0.4
弟妹なし	100.0	16.7	4.8	11.2	0.6	0.1	82.8	25.1	50.2	6.5	0.6	0.4
兄姉なし	100.0	20.1	5.5	13.7	0.7	0.2	79.4	25.2	47.1	6.0	0.7	0.5
弟妹あり	100.0	19.5	5.7	13.1	0.6	0.1	80.1	24.0	49.0	5.9	0.7	0.4
末の弟妹の年齢0歳	100.0	54.2	10.4	43.8	–	–	39.6	14.6	18.8	4.2	–	2.1
1歳	100.0	45.5	7.3	34.5	3.6	–	54.5	14.5	30.9	7.3	1.8	–
2歳	100.0	31.7	3.8	26.0	1.9	–	68.3	25.0	34.6	6.7	1.9	–
3歳	100.0	37.4	4.6	31.3	1.5	–	62.6	23.7	32.1	5.3	1.5	–
4～14歳	100.0	18.8	5.7	12.4	0.6	0.1	80.7	24.1	49.6	5.9	0.7	0.4
弟妹なし	100.0	21.5	5.2	15.2	0.9	0.3	78.0	28.0	42.7	6.1	0.6	0.6
1月生まれ	100.0	19.4	5.6	12.9	0.8	0.1	80.1	24.7	47.7	6.5	0.7	0.4
弟妹あり	100.0	19.9	6.0	13.0	0.8	0.1	79.5	23.8	47.9	6.5	0.8	0.4
末の弟妹の年齢0歳	100.0	48.6	10.8	35.1	2.7	–	45.9	13.5	24.3	8.1	–	–
1歳	100.0	40.5	5.4	29.7	5.4	–	56.8	16.2	29.7	5.4	5.4	–
2歳	100.0	27.6	5.2	19.0	3.4	–	70.7	31.0	25.9	10.3	3.4	–
3歳	100.0	40.5	5.1	31.6	3.8	–	59.5	21.5	30.4	7.6	–	–
4～14歳	100.0	19.4	6.0	12.5	0.7	0.1	80.2	23.9	48.5	6.5	0.8	0.4
弟妹なし	100.0	18.9	5.2	12.8	0.8	0.1	80.7	25.6	47.6	6.5	0.6	0.5
兄姉あり	100.0	17.3	5.0	11.5	0.6	0.1	82.3	24.7	49.3	7.1	0.7	0.5
弟妹あり	100.0	17.7	4.6	11.9	1.1	0.1	81.7	24.3	47.4	8.5	1.0	0.5
末の弟妹の年齢0歳	100.0	44.4	–	33.3	11.1	–	55.6	–	33.3	22.2	–	–
1歳	100.0	30.0	–	30.0	–	–	60.0	20.0	30.0	–	10.0	–
2歳	100.0	44.4	–	33.3	11.1	–	44.4	22.2	11.1	11.1	–	–
3歳	100.0	36.8	5.3	26.3	5.3	–	63.2	21.1	31.6	10.5	–	–
4～14歳	100.0	17.1	4.7	11.4	0.9	0.1	82.5	24.6	48.0	8.4	1.0	0.5
弟妹なし	100.0	17.1	5.2	11.4	0.5	0.1	82.5	24.9	49.9	6.6	0.7	0.5
兄姉なし	100.0	21.2	6.1	14.1	0.9	0.1	78.3	24.7	46.4	6.0	0.7	0.4
弟妹あり	100.0	20.6	6.4	13.3	0.7	0.1	78.9	23.7	48.1	6.0	0.8	0.4
末の弟妹の年齢0歳	100.0	50.0	14.3	35.7	–	–	42.9	17.9	21.4	3.6	–	–
1歳	100.0	44.4	7.4	29.6	7.4	–	55.6	14.8	29.6	7.4	3.7	–
2歳	100.0	24.5	6.1	16.3	2.0	–	75.5	32.7	28.6	10.2	4.1	–
3歳	100.0	41.7	5.0	33.3	3.3	–	58.3	21.7	30.0	6.7	–	–
4～14歳	100.0	20.0	6.4	12.8	0.7	0.1	79.5	23.7	48.7	5.9	0.8	0.4
弟妹なし	100.0	22.7	5.3	16.0	1.3	0.1	76.9	27.1	42.5	6.2	0.6	0.4
7月生まれ	100.0	17.7	4.7	12.3	0.5	0.2	81.8	25.5	48.8	6.4	0.6	0.4
弟妹あり	100.0	17.9	4.8	12.5	0.5	0.1	81.8	24.5	49.5	6.6	0.7	0.4
末の弟妹の年齢0歳	100.0	58.3	4.2	50.0	4.2	–	37.5	12.5	16.7	4.2	–	4.2
1歳	100.0	42.5	5.0	37.5	–	–	57.5	20.0	32.5	5.0	–	–
2歳	100.0	37.0	4.1	31.5	1.4	–	63.0	20.5	38.4	4.1	–	–
3歳	100.0	33.3	5.4	28.0	–	–	66.7	23.7	34.4	4.3	4.3	–
4～14歳	100.0	17.1	4.8	11.7	0.5	0.1	82.5	24.6	50.1	6.7	0.7	0.4
弟妹なし	100.0	17.5	4.7	12.1	0.6	0.2	81.9	26.5	48.2	6.3	0.6	0.4
兄姉あり	100.0	16.2	4.5	11.1	0.5	0.1	83.2	25.4	49.9	7.0	0.7	0.3
弟妹あり	100.0	16.0	4.6	11.2	0.2	0.1	83.5	25.4	47.8	9.0	1.0	0.3
末の弟妹の年齢0歳	100.0	50.0	–	25.0	25.0	–	50.0	25.0	25.0	–	–	–
1歳	100.0	33.3	–	33.3	–	–	66.7	33.3	33.3	–	–	–
2歳	100.0	33.3	11.1	22.2	–	–	66.7	27.8	33.3	5.6	–	–
3歳	100.0	31.8	9.1	22.7	–	–	68.2	18.2	36.4	4.5	9.1	–
4～14歳	100.0	15.3	4.5	10.6	0.1	0.1	84.2	25.5	48.4	9.2	0.9	0.3
弟妹なし	100.0	16.2	4.5	11.1	0.6	0.1	83.1	25.4	50.5	6.4	0.6	0.3
兄姉なし	100.0	19.0	4.9	13.3	0.5	0.2	80.6	25.7	47.9	5.9	0.6	0.5
弟妹あり	100.0	18.4	4.9	12.8	0.6	0.1	81.3	24.3	50.0	5.9	0.6	0.4
末の弟妹の年齢0歳	100.0	60.0	5.0	55.0	–	–	35.0	10.0	15.0	5.0	–	5.0
1歳	100.0	46.4	7.1	39.3	–	–	53.6	14.3	32.1	7.1	–	–
2歳	100.0	38.2	1.8	34.5	1.8	–	61.8	18.2	40.0	3.6	–	–
3歳	100.0	33.8	4.2	29.6	–	–	66.2	25.4	33.8	4.2	2.8	–
4～14歳	100.0	17.7	4.9	12.0	0.6	0.1	82.0	24.4	50.6	6.0	0.6	0.4
弟妹なし	100.0	20.3	5.1	14.4	0.5	0.4	79.2	28.8	43.0	6.0	0.6	0.8

注：弟妹ありには末の弟妹の年齢「不詳」を含む。

第15回調査（平成28年）

不　詳	父の就業状況												
	総　数	無　職					有　職						不　詳
			仕事を探している	仕事を探していない	求職状況不詳	学　生		勤め（常勤）	勤め（パート・アルバイト）	自営業・家業	内　職	その他	
0.5	100.0	1.4	0.8	0.4	0.1	0.0	97.7	82.2	1.2	14.1	0.0	0.2	0.9
0.5	100.0	1.0	0.7	0.3	0.1	0.0	98.0	83.0	0.8	14.0	－	0.2	1.0
4.9	100.0	1.7	1.7	－	－	－	96.6	77.6	3.4	15.5	－	－	1.7
1.3	100.0	1.4	1.4	－	－	－	94.4	79.2	1.4	12.5	－	1.4	4.2
0.8	100.0	－	－	－	－	－	99.2	78.2	－	20.2	－	0.8	0.8
－	100.0	0.6	0.6	－	－	－	98.1	79.9	1.3	16.4	－	0.6	1.3
0.4	100.0	1.1	0.7	0.3	0.1	0.0	98.0	83.1	0.8	13.9	－	0.2	0.9
0.5	100.0	1.7	1.0	0.5	0.2	0.0	97.4	81.5	1.5	14.1	0.0	0.3	0.9
0.5	100.0	1.5	0.8	0.5	0.2	0.0	97.6	81.2	1.3	14.9	0.0	0.3	0.9
0.5	100.0	1.4	0.7	0.5	0.1	－	97.8	78.3	1.0	18.2	－	0.3	0.9
－	100.0	－	－	－	－	－	100.0	69.2	－	30.8	－	－	－
4.5	100.0	－	－	－	－	－	100.0	71.4	4.8	23.8	－	－	－
3.7	100.0	－	－	－	－	－	100.0	87.0	－	13.0	－	－	－
－	100.0	－	－	－	－	－	100.0	81.6	2.6	15.8	－	－	－
0.5	100.0	1.4	0.8	0.6	0.1	－	97.7	78.3	0.9	18.2	－	0.3	0.9
0.5	100.0	1.5	0.9	0.4	0.2	0.0	97.6	82.1	1.4	13.8	0.0	0.2	0.9
0.4	100.0	1.3	0.8	0.3	0.1	0.0	97.8	83.1	1.1	13.4	－	0.2	0.9
0.4	100.0	1.0	0.7	0.2	0.1	0.0	98.1	84.3	0.8	12.8	－	0.2	1.0
6.3	100.0	2.2	2.2	－	－	－	95.6	80.0	4.4	11.1	－	－	2.2
－	100.0	2.0	2.0	－	－	－	92.2	82.4	－	7.8	－	2.0	5.9
－	100.0	－	－	－	－	－	99.0	76.0	－	21.9	－	1.0	1.0
－	100.0	0.8	0.8	－	－	－	97.5	79.3	0.8	16.5	－	0.8	1.7
0.4	100.0	1.0	0.7	0.2	0.1	0.0	98.1	84.5	0.8	12.7	－	0.2	0.9
0.4	100.0	2.1	1.2	0.7	0.2	0.0	97.1	80.1	1.8	14.9	－	0.3	0.8
0.5	100.0	1.4	0.8	0.4	0.2	0.0	97.7	82.0	1.2	14.3	－	0.2	0.9
0.5	100.0	1.1	0.8	0.3	0.1	0.0	97.9	82.6	1.0	14.2	－	0.2	1.0
5.4	100.0	2.9	2.9	－	－	－	97.1	76.5	5.9	14.7	－	－	－
2.7	100.0	－	－	－	－	－	97.1	88.6	2.9	5.7	－	－	2.9
1.7	100.0	－	－	－	－	－	98.2	75.0	－	23.2	－	－	1.8
－	100.0	1.4	1.4	－	－	－	97.3	75.3	2.7	19.2	－	－	1.4
0.5	100.0	1.1	0.8	0.3	0.1	0.0	97.9	82.8	0.9	14.1	－	0.2	1.0
0.4	100.0	1.7	0.9	0.5	0.2	0.0	97.4	81.4	1.5	14.4	－	0.2	0.8
0.5	100.0	1.5	0.8	0.5	0.2	0.0	97.7	81.2	1.2	15.0	－	0.2	0.8
0.6	100.0	1.3	0.6	0.6	0.1	－	97.9	78.7	1.2	17.7	－	0.3	0.8
－	100.0	－	－	－	－	－	100.0	66.7	－	33.3	－	－	－
10.0	100.0	－	－	－	－	－	100.0	80.0	10.0	10.0	－	－	－
11.1	100.0	－	－	－	－	－	100.0	88.9	－	11.1	－	－	－
－	100.0	－	－	－	－	－	100.0	82.4	5.9	11.8	－	－	－
0.5	100.0	1.3	0.6	0.6	0.1	－	97.9	78.7	1.1	17.8	－	0.3	0.8
0.4	100.0	1.6	0.9	0.4	0.2	0.0	97.6	82.0	1.2	14.2	－	0.2	0.9
0.5	100.0	1.4	0.9	0.3	0.1	0.0	97.7	82.7	1.2	13.6	－	0.1	0.9
0.5	100.0	1.0	0.8	0.2	0.0	0.0	97.9	83.7	0.9	13.1	－	0.1	1.1
7.1	100.0	4.0	4.0	－	－	－	96.0	80.0	8.0	8.0	－	－	－
－	100.0	－	－	－	－	－	96.0	92.0	－	4.0	－	－	4.0
－	100.0	－	－	－	－	－	97.9	72.3	－	25.5	－	－	2.1
－	100.0	1.8	1.8	－	－	－	96.4	73.2	1.8	21.4	－	－	1.8
0.5	100.0	1.0	0.8	0.2	0.0	0.0	98.0	84.0	0.9	13.0	－	0.1	1.0
0.4	100.0	2.2	1.1	0.8	0.3	0.1	97.2	80.1	2.0	14.8	－	0.2	0.6
0.5	100.0	1.3	0.8	0.4	0.1	0.0	97.7	82.4	1.1	13.9	0.0	0.3	0.9
0.4	100.0	1.0	0.6	0.3	0.1	－	98.1	83.3	0.7	13.8	－	0.2	0.9
4.2	100.0	－	－	－	－	－	95.8	79.2	－	16.7	－	－	4.2
－	100.0	2.7	2.7	－	－	－	91.9	70.3	－	18.9	－	2.7	5.4
－	100.0	－	－	－	－	－	100.0	81.0	－	17.5	－	1.6	－
－	100.0	－	－	－	－	－	98.8	83.7	－	14.0	－	1.2	1.2
0.4	100.0	1.0	0.6	0.3	0.1	－	98.1	83.5	0.7	13.8	－	0.2	0.9
0.6	100.0	1.7	1.0	0.5	0.2	0.0	97.4	81.6	1.6	13.9	0.0	0.3	0.9
0.6	100.0	1.5	0.9	0.5	0.1	0.0	97.6	81.2	1.4	14.7	0.0	0.3	1.0
0.5	100.0	1.4	0.9	0.5	－	－	97.6	77.8	0.7	18.8	－	0.3	1.0
－	100.0	－	－	－	－	－	100.0	75.0	－	25.0	－	－	－
－	100.0	－	－	－	－	－	100.0	63.6	－	36.4	－	－	－
－	100.0	－	－	－	－	－	100.0	85.7	－	14.3	－	－	－
－	100.0	－	－	－	－	－	100.0	81.0	－	19.0	－	－	－
0.5	100.0	1.5	0.9	0.5	－	－	97.5	77.8	0.7	18.6	－	0.3	1.1
0.6	100.0	1.5	0.9	0.4	0.2	0.0	97.6	82.2	1.6	13.5	0.0	0.3	0.9
0.4	100.0	1.2	0.7	0.4	0.1	－	97.9	83.5	0.9	13.2	－	0.3	0.9
0.3	100.0	0.9	0.5	0.2	0.1	－	98.2	84.9	0.7	12.5	－	0.2	0.9
5.0	100.0	－	－	－	－	－	95.0	80.0	－	15.0	－	－	5.0
－	100.0	3.8	3.8	－	－	－	88.5	73.1	－	11.5	－	3.8	7.7
－	100.0	－	－	－	－	－	100.0	79.6	－	18.4	－	2.0	－
－	100.0	－	－	－	－	－	98.5	84.6	－	12.3	－	1.5	1.5
0.3	100.0	0.9	0.5	0.3	0.1	－	98.3	85.0	0.7	12.4	－	0.2	0.8
0.5	100.0	2.1	1.3	0.6	0.2	－	97.0	80.0	1.5	15.0	－	0.4	1.0

第17表　母と同居している子ども数・構成割合,

地域ブロック、同居者の構成	総数	無職	仕事を探している	仕事を探していない	求職状況不詳	学生	有職	勤め(常勤)	勤め(パート・アルバイト)	自営業・家業	内職	その他
						実数（人）						
総数	28 335	5 254	1 464	3 567	186	37	22 946	7 121	13 677	1 832	196	120
父母のみ	2 999	780	174	573	25	8	2 210	633	1 358	185	20	14
父母ときょうだいのみ	17 111	3 403	935	2 342	113	13	13 629	3 539	8 875	1 017	133	65
父母と祖父母	4 879	710	193	494	20	3	4 149	1 510	2 109	473	35	22
父母とその他	89	21	6	13	2	-	67	22	33	11	-	1
母と同居	3 257	340	156	145	26	13	2 891	1 417	1 302	146	8	18
北海道	1 017	191	58	120	12	1	819	233	503	76	3	4
父母のみ	144	35	10	23	2	-	109	34	62	13	-	-
父母ときょうだいのみ	603	113	34	73	6	-	487	119	330	34	3	1
父母と祖父母	114	22	4	18	-	-	90	21	45	24	-	-
父母とその他	5	2	-	2	-	-	3	1	1	1	-	-
母と同居	151	19	10	4	4	1	130	58	65	4	-	3
東北	2 044	326	104	212	9	1	1 709	770	791	130	8	10
父母のみ	183	44	8	34	2	-	138	55	68	15	-	-
父母ときょうだいのみ	958	185	59	121	4	1	766	278	429	53	2	4
父母と祖父母	647	68	24	44	-	-	579	306	204	58	5	6
父母とその他	8	3	2	1	-	-	5	2	3	-	-	-
母と同居	248	26	11	12	3	-	221	129	87	4	1	-
関東1	7 683	1 589	401	1 131	47	10	6 060	1 523	4 015	432	49	41
父母のみ	939	259	51	201	4	3	677	175	444	47	4	7
父母ときょうだいのみ	4 989	1 059	269	754	32	4	3 907	821	2 760	263	35	28
父母と祖父母	901	172	44	126	2	-	726	187	446	83	8	2
父母とその他	18	6	1	4	1	-	12	2	7	2	-	1
母と同居	836	93	36	46	8	3	738	338	358	37	2	3
関東2	2 335	364	115	233	14	2	1 964	634	1 135	172	15	8
父母のみ	238	71	17	50	4	-	167	52	97	15	3	-
父母ときょうだいのみ	1 291	203	68	132	3	-	1 083	304	683	82	9	5
父母と祖父母	555	70	23	40	5	2	483	165	256	58	2	2
父母とその他	9	2	-	1	1	-	7	2	3	2	-	-
母と同居	242	18	7	10	1	-	224	111	96	15	1	1
北陸	1 337	143	41	97	5	-	1 189	551	539	84	10	5
父母のみ	94	15	6	9	-	-	79	25	47	7	-	-
父母ときょうだいのみ	653	94	25	65	4	-	559	224	288	37	8	2
父母と祖父母	451	27	7	20	-	-	420	232	152	34	2	-
父母とその他	3	-	-	-	-	-	3	1	1	1	-	-
母と同居	136	7	3	3	1	-	128	69	51	5	-	3
東海	3 665	631	193	414	22	2	3 016	817	1 915	245	32	7
父母のみ	343	82	19	57	5	1	261	62	169	23	6	1
父母ときょうだいのみ	2 126	387	117	254	15	1	1 727	399	1 173	130	21	4
父母と祖父母	822	127	37	89	1	-	694	200	415	73	4	2
父母とその他	11	2	1	1	-	-	9	3	4	2	-	-
母と同居	363	33	19	13	1	-	325	153	154	17	1	-

第15回調査（平成28年）

不詳	総数	無職	仕事を探している	仕事を探していない	求職状況不詳	学生	有職	勤め（常勤）	勤め（パート・アルバイト）	自営業・家業	内職	その他	不詳
	構成割合 (%)												
135	100.0	18.5	5.2	12.6	0.7	0.1	81.0	25.1	48.3	6.5	0.7	0.4	0.5
9	100.0	26.0	5.8	19.1	0.8	0.3	73.7	21.1	45.3	6.2	0.7	0.5	0.3
79	100.0	19.9	5.5	13.7	0.7	0.1	79.7	20.7	51.9	5.9	0.8	0.4	0.5
20	100.0	14.6	4.0	10.1	0.4	0.1	85.0	30.9	43.2	9.7	0.7	0.5	0.4
1	100.0	23.6	6.7	14.6	2.2	−	75.3	24.7	37.1	12.4	−	1.1	1.1
26	100.0	10.4	4.8	4.5	0.8	0.4	88.8	43.5	40.0	4.5	0.2	0.6	0.8
7	100.0	18.8	5.7	11.8	1.2	0.1	80.5	22.9	49.5	7.5	0.3	0.4	0.7
−	100.0	24.3	6.9	16.0	1.4	−	75.7	23.6	43.1	9.0	−	−	−
3	100.0	18.7	5.6	12.1	1.0	−	80.8	19.7	54.7	5.6	0.5	0.2	0.5
2	100.0	19.3	3.5	15.8	−	−	78.9	18.4	39.5	21.1	−	−	1.8
−	100.0	40.0	−	40.0	−	−	60.0	20.0	20.0	20.0	−	−	−
2	100.0	12.6	6.6	2.6	2.6	0.7	86.1	38.4	43.0	2.6	−	2.0	1.3
9	100.0	15.9	5.1	10.4	0.4	0.0	83.6	37.7	38.7	6.4	0.4	0.5	0.4
1	100.0	24.0	4.4	18.6	1.1	−	75.4	30.1	37.2	8.2	−	−	0.5
7	100.0	19.3	6.2	12.6	0.4	0.1	80.0	29.0	44.8	5.5	0.2	0.4	0.7
−	100.0	10.5	3.7	6.8	−	−	89.5	47.3	31.5	9.0	0.8	0.9	−
−	100.0	37.5	25.0	12.5	−	−	62.5	25.0	37.5	−	−	−	−
1	100.0	10.5	4.4	4.8	1.2	−	89.1	52.0	35.1	1.6	0.4	−	0.4
34	100.0	20.7	5.2	14.7	0.6	0.1	78.9	19.8	52.3	5.6	0.6	0.5	0.4
3	100.0	27.6	5.4	21.4	0.4	0.3	72.1	18.6	47.3	5.0	0.4	0.7	0.3
23	100.0	21.2	5.4	15.1	0.6	0.1	78.3	16.5	55.3	5.3	0.7	0.6	0.5
3	100.0	19.1	4.9	14.0	0.2	−	80.6	20.8	49.5	9.2	0.9	0.2	0.3
−	100.0	33.3	5.6	22.2	5.6	−	66.7	11.1	38.9	11.1	−	5.6	−
5	100.0	11.1	4.3	5.5	1.0	0.4	88.3	40.4	42.8	4.4	0.2	0.4	0.6
7	100.0	15.6	4.9	10.0	0.6	0.1	84.1	27.2	48.6	7.4	0.6	0.3	0.3
−	100.0	29.8	7.1	21.0	1.7	−	70.2	21.8	40.8	6.3	1.3	−	−
5	100.0	15.7	5.3	10.2	0.2	−	83.9	23.5	52.9	6.4	0.7	0.4	0.4
2	100.0	12.6	4.1	7.2	0.9	0.4	87.0	29.7	46.1	10.5	0.4	0.4	0.4
−	100.0	22.2	−	11.1	11.1	−	77.8	22.2	33.3	22.2	−	−	−
−	100.0	7.4	2.9	4.1	0.4	−	92.6	45.9	39.7	6.2	0.4	0.4	−
5	100.0	10.7	3.1	7.3	0.4	−	88.9	41.2	40.3	6.3	0.7	0.4	0.4
−	100.0	16.0	6.4	9.6	−	−	84.0	26.6	50.0	7.4	−	−	−
−	100.0	14.4	3.8	10.0	0.6	−	85.6	34.3	44.1	5.7	1.2	0.3	−
4	100.0	6.0	1.6	4.4	−	−	93.1	51.4	33.7	7.5	0.4	−	0.9
−	100.0	−	−	−	−	−	100.0	33.3	33.3	33.3	−	−	−
1	100.0	5.1	2.2	2.2	0.7	−	94.1	50.7	37.5	3.7	−	2.2	0.7
18	100.0	17.2	5.3	11.3	0.6	0.1	82.3	22.3	52.3	6.7	0.9	0.2	0.5
−	100.0	23.9	5.5	16.6	1.5	0.3	76.1	18.1	49.3	6.7	1.7	0.3	−
12	100.0	18.2	5.5	11.9	0.7	0.0	81.2	18.8	55.2	6.1	1.0	0.2	0.6
1	100.0	15.5	4.5	10.8	0.1	−	84.4	24.3	50.5	8.9	0.5	0.2	0.1
−	100.0	18.2	9.1	9.1	−	−	81.8	27.3	36.4	18.2	−	−	−
5	100.0	9.1	5.2	3.6	0.3	−	89.5	42.1	42.4	4.7	0.3	−	1.4

第17表　母と同居している子ども数・構成割合，

地域ブロック、同居者の構成	総数	無職	仕事を探している	仕事を探していない	求職状況不詳	学生	有職	勤め（常勤）	勤め（パート・アルバイト）	自営業・家業	内職	その他
	実数（人）											
近畿1	3 768	858	214	600	32	12	2 889	715	1 922	205	32	15
父母のみ	394	105	21	78	4	2	289	72	195	17	3	2
父母ときょうだいのみ	2 529	608	147	434	22	5	1 909	391	1 355	129	23	11
父母と祖父母	371	84	18	63	2	1	284	73	173	33	5	−
父母とその他	9	1	−	1	−	−	7	2	5	−	−	−
母と同居	465	60	28	24	4	4	400	177	194	26	1	2
近畿2	932	185	42	136	5	2	744	199	472	62	10	1
父母のみ	86	25	4	21	−	−	59	15	42	2	−	−
父母ときょうだいのみ	584	118	25	90	3	−	465	116	305	35	9	−
父母と祖父母	170	29	8	20	1	−	141	38	82	19	1	1
父母とその他	2	−	−	−	−	−	2	−	2	−	−	−
母と同居	90	13	5	5	1	2	77	30	41	6	−	−
中国	1 685	260	84	169	5	2	1 416	567	711	112	19	7
父母のみ	175	34	9	24	−	1	139	48	78	11	1	1
父母ときょうだいのみ	1 004	174	53	117	4	−	827	295	445	72	14	1
父母と祖父母	283	32	9	23	−	−	248	100	120	21	3	4
父母とその他	4	1	1	−	−	−	3	1	2	−	−	−
母と同居	219	19	12	5	1	1	199	123	66	8	1	1
四国	844	140	39	93	7	1	698	267	355	68	5	3
父母のみ	98	18	3	13	1	1	80	34	38	8	−	−
父母ときょうだいのみ	503	93	28	62	3	−	406	132	225	44	3	2
父母と祖父母	141	20	4	13	3	−	121	52	55	11	2	1
父母とその他	6	1	−	1	−	−	5	4	1	−	−	−
母と同居	96	8	4	4	−	−	86	45	36	5	−	−
北九州	1 814	325	106	204	12	3	1 476	482	845	131	6	12
父母のみ	194	51	16	34	1	−	142	37	88	14	1	2
父母ときょうだいのみ	1 093	211	69	132	9	1	875	245	546	75	4	5
父母と祖父母	268	32	9	22	1	−	235	86	113	31	1	4
父母とその他	9	2	−	2	−	−	7	1	4	2	−	−
母と同居	250	29	12	14	1	2	217	113	94	9	−	1
南九州	1 154	200	67	119	13	1	951	355	469	113	7	7
父母のみ	98	29	10	18	1	−	69	23	30	13	2	1
父母ときょうだいのみ	737	129	41	80	7	1	606	209	332	61	2	2
父母と祖父母	156	27	6	16	5	−	128	50	48	28	2	−
父母とその他	5	1	1	−	−	−	4	3	−	1	−	−
母と同居	158	14	9	5	−	−	144	70	59	10	1	4
外国	57	42	−	39	3	−	15	8	5	2	−	−
父母のみ	13	12	−	11	1	−	1	1	−	−	−	−
父母ときょうだいのみ	41	29	−	28	1	−	12	6	4	2	−	−
父母と祖父母	−	−	−	−	−	−	−	−	−	−	−	−
父母とその他	−	−	−	−	−	−	−	−	−	−	−	−
母と同居	3	1	−	−	1	−	2	1	1	−	−	−

第15回調査（平成28年）

不　詳	総　数	無　職	仕事を探している	仕事を探していない	求職状況不詳	学　生	有　職	勤め（常勤）	勤め（パート・アルバイト）	自営業・家業	内　職	その他	不　詳
	構成割合（%）												
21	100.0	22.8	5.7	15.9	0.8	0.3	76.7	19.0	51.0	5.4	0.8	0.4	0.6
-	100.0	26.6	5.3	19.8	1.0	0.5	73.4	18.3	49.5	4.3	0.8	0.5	-
12	100.0	24.0	5.8	17.2	0.9	0.2	75.5	15.5	53.6	5.1	0.9	0.4	0.5
3	100.0	22.6	4.9	17.0	0.5	0.3	76.5	19.7	46.6	8.9	1.3	-	0.8
1	100.0	11.1	-	11.1	-	-	77.8	22.2	55.6	-	-	-	11.1
5	100.0	12.9	6.0	5.2	0.9	0.9	86.0	38.1	41.7	5.6	0.2	0.4	1.1
3	100.0	19.8	4.5	14.6	0.5	0.2	79.8	21.4	50.6	6.7	1.1	0.1	0.3
2	100.0	29.1	4.7	24.4	-	-	68.6	17.4	48.8	2.3	-	-	2.3
1	100.0	20.2	4.3	15.4	0.5	-	79.6	19.9	52.2	6.0	1.5	-	0.2
-	100.0	17.1	4.7	11.8	0.6	-	82.9	22.4	48.2	11.2	0.6	0.6	-
-	100.0	-	-	-	-	-	100.0	-	100.0	-	-	-	-
-	100.0	14.4	5.6	5.6	1.1	2.2	85.6	33.3	45.6	6.7	-	-	-
9	100.0	15.4	5.0	10.0	0.3	0.1	84.0	33.6	42.2	6.6	1.1	0.4	0.5
2	100.0	19.4	5.1	13.7	-	0.6	79.4	27.4	44.6	6.3	0.6	0.6	1.1
3	100.0	17.3	5.3	11.7	0.4	-	82.4	29.4	44.3	7.2	1.4	0.1	0.3
3	100.0	11.3	3.2	8.1	-	-	87.6	35.3	42.4	7.4	1.1	1.4	1.1
-	100.0	25.0	25.0	-	-	-	75.0	25.0	50.0	-	-	-	-
1	100.0	8.7	5.5	2.3	0.5	0.5	90.9	56.2	30.1	3.7	0.5	0.5	0.5
6	100.0	16.6	4.6	11.0	0.8	0.1	82.7	31.6	42.1	8.1	0.6	0.4	0.7
-	100.0	18.4	3.1	13.3	1.0	1.0	81.6	34.7	38.8	8.2	-	-	-
4	100.0	18.5	5.6	12.3	0.6	-	80.7	26.2	44.7	8.7	0.6	0.4	0.8
-	100.0	14.2	2.8	9.2	2.1	-	85.8	36.9	39.0	7.8	1.4	0.7	-
-	100.0	16.7	-	16.7	-	-	83.3	66.7	16.7	-	-	-	-
2	100.0	8.3	4.2	4.2	-	-	89.6	46.9	37.5	5.2	-	-	2.1
13	100.0	17.9	5.8	11.2	0.7	0.2	81.4	26.6	46.6	7.2	0.3	0.7	0.7
1	100.0	26.3	8.2	17.5	0.5	-	73.2	19.1	45.4	7.2	0.5	1.0	0.5
7	100.0	19.3	6.3	12.1	0.8	0.1	80.1	22.4	50.0	6.9	0.4	0.5	0.6
1	100.0	11.9	3.4	8.2	0.4	-	87.7	32.1	42.2	11.6	0.4	1.5	0.4
-	100.0	22.2	-	22.2	-	-	77.8	11.1	44.4	22.2	-	-	-
4	100.0	11.6	4.8	5.6	0.4	0.8	86.8	45.2	37.6	3.6	-	0.4	1.6
3	100.0	17.3	5.8	10.3	1.1	0.1	82.4	30.8	40.6	9.8	0.6	0.6	0.3
-	100.0	29.6	10.2	18.4	1.0	-	70.4	23.5	30.6	13.3	2.0	1.0	-
2	100.0	17.5	5.6	10.9	0.9	0.1	82.2	28.4	45.0	8.3	0.3	0.3	0.3
1	100.0	17.3	3.8	10.3	3.2	-	82.1	32.1	30.8	17.9	1.3	-	0.6
-	100.0	20.0	20.0	-	-	-	80.0	60.0	-	20.0	-	-	-
-	100.0	8.9	5.7	3.2	-	-	91.1	44.3	37.3	6.3	0.6	2.5	-
-	100.0	73.7	-	68.4	5.3	-	26.3	14.0	8.8	3.5	-	-	-
-	100.0	92.3	-	84.6	7.7	-	7.7	7.7	-	-	-	-	-
-	100.0	70.7	-	68.3	2.4	-	29.3	14.6	9.8	4.9	-	-	-
-	-	-	-	-	-	-	-	-	-	-	-	-	-
-	-	-	-	-	-	-	-	-	-	-	-	-	-
-	100.0	33.3	-	-	33.3	-	66.7	33.3	33.3	-	-	-	-

第18表　母と同居している子ども数・構成割合，

出生月、市郡、きょうだい構成	総数	無職	仕事を探している	仕事を探していない	求職状況不詳	学生	有職	勤め（常勤）	勤め（パート・アルバイト）	自営業・家業	内職	その他
	実数（人）											
総数	28 335	5 254	1 464	3 567	186	37	22 946	7 121	13 677	1 832	196	120
ひとり	4 607	992	239	699	42	12	3 595	1 290	1 969	281	27	28
弟妹のみ	10 541	2 056	597	1 377	68	14	8 439	2 527	5 168	626	76	42
兄姉のみ	10 132	1 690	488	1 138	56	8	8 389	2 544	5 086	659	62	38
兄弟姉妹あり	3 055	516	140	353	20	3	2 523	760	1 454	266	31	12
21大都市	7 445	1 688	438	1 174	61	15	5 720	1 515	3 691	423	60	31
ひとり	1 342	329	79	237	6	7	1 008	310	616	65	9	8
弟妹のみ	2 714	668	174	462	28	4	2 032	492	1 356	156	17	11
兄姉のみ	2 704	550	148	382	18	2	2 142	572	1 384	153	22	11
兄弟姉妹あり	685	141	37	93	9	2	538	141	335	49	12	1
その他の市	18 356	3 200	918	2 160	100	22	15 069	4 831	8 849	1 184	123	82
ひとり	2 861	592	146	413	28	5	2 258	850	1 194	180	15	19
弟妹のみ	6 862	1 241	373	822	36	10	5 593	1 737	3 378	396	56	26
兄姉のみ	6 574	1 032	306	694	26	6	5 504	1 716	3 286	440	36	26
兄弟姉妹あり	2 059	335	93	231	10	1	1 714	528	991	168	16	11
郡部	2 477	324	108	194	22	－	2 142	767	1 132	223	13	7
ひとり	388	58	14	38	6	－	326	128	158	36	3	1
弟妹のみ	935	122	50	69	3	－	809	295	433	73	3	5
兄姉のみ	849	107	34	61	12	－	739	255	414	65	4	1
兄弟姉妹あり	305	37	10	26	1	－	268	89	127	49	3	－
外国	57	42	－	39	3	－	15	8	5	2	－	－
ひとり	16	13	－	11	2	－	3	2	1	－	－	－
弟妹のみ	30	25	－	24	1	－	5	3	1	1	－	－
兄姉のみ	5	1	－	1	－	－	4	1	2	1	－	－
兄弟姉妹あり	6	3	－	3	－	－	3	2	1	－	－	－
1月生まれ	14 228	2 758	796	1 835	112	15	11 403	3 519	6 791	926	105	62
ひとり	2 291	521	122	366	30	3	1 761	622	973	142	14	10
弟妹のみ	5 302	1 092	341	705	39	7	4 182	1 256	2 548	316	42	20
兄姉のみ	5 066	867	261	577	26	3	4 178	1 259	2 527	335	33	24
兄弟姉妹あり	1 569	278	72	187	17	2	1 282	382	743	133	16	8
21大都市	3 800	887	238	609	35	5	2 894	767	1 874	201	35	17
ひとり	693	168	38	124	4	2	522	157	322	34	6	3
弟妹のみ	1 374	358	105	235	16	2	1 008	250	672	70	11	5
兄姉のみ	1 397	284	75	201	8	－	1 108	300	713	75	12	8
兄弟姉妹あり	336	77	20	49	7	1	256	60	167	22	6	1
その他の市	9 129	1 679	498	1 104	67	10	7 406	2 370	4 321	608	66	41
ひとり	1 411	313	76	215	21	1	1 092	408	576	93	8	7
弟妹のみ	3 423	655	208	421	21	5	2 751	860	1 645	206	29	11
兄姉のみ	3 230	531	166	347	15	3	2 684	827	1 595	225	21	16
兄弟姉妹あり	1 065	180	48	121	10	1	879	275	505	84	8	7
郡部	1 264	167	60	98	9	－	1 093	376	593	116	4	4
ひとり	178	34	8	21	5	－	144	55	74	15	－	－
弟妹のみ	485	62	28	33	1	－	420	145	230	39	2	4
兄姉のみ	438	52	20	29	3	－	385	131	219	35	－	－
兄弟姉妹あり	163	19	4	15	－	－	144	45	70	27	2	－
外国	35	25	－	24	1	－	10	6	3	1	－	－
ひとり	9	6	－	6	－	－	3	2	1	－	－	－
弟妹のみ	20	17	－	16	1	－	3	1	1	1	－	－
兄姉のみ	1	－	－	－	－	－	1	1	－	－	－	－
兄弟姉妹あり	5	2	－	2	－	－	3	2	1	－	－	－
7月生まれ	14 107	2 496	668	1 732	74	22	11 543	3 602	6 886	906	91	58
ひとり	2 316	471	117	333	12	9	1 834	668	996	139	13	18
弟妹のみ	5 239	964	256	672	29	7	4 257	1 271	2 620	310	34	22
兄姉のみ	5 066	823	227	561	30	5	4 211	1 285	2 559	324	29	14
兄弟姉妹あり	1 486	238	68	166	3	1	1 241	378	711	133	15	4
21大都市	3 645	801	200	565	26	10	2 826	748	1 817	222	25	14
ひとり	649	161	41	113	2	5	486	153	294	31	3	5
弟妹のみ	1 340	310	69	227	12	2	1 024	242	684	86	6	6
兄姉のみ	1 307	266	73	181	10	2	1 034	272	671	78	10	3
兄弟姉妹あり	349	64	17	44	2	1	282	81	168	27	6	－
その他の市	9 227	1 521	420	1 056	33	12	7 663	2 461	4 528	576	57	41
ひとり	1 450	279	70	198	7	4	1 166	442	618	87	7	12
弟妹のみ	3 439	586	165	401	15	5	2 842	877	1 733	190	27	15
兄姉のみ	3 344	501	140	347	11	3	2 820	889	1 691	215	15	10
兄弟姉妹あり	994	155	45	110	－	－	835	253	486	84	8	4
郡部	1 213	157	48	96	13	－	1 049	391	539	107	9	3
ひとり	210	24	6	17	1	－	182	73	84	21	3	1
弟妹のみ	450	60	22	36	2	－	389	150	203	34	1	1
兄姉のみ	411	55	14	32	9	－	354	124	195	30	4	1
兄弟姉妹あり	142	18	6	11	1	－	124	44	57	22	1	－
外国	22	17	－	15	2	－	5	2	2	1	－	－
ひとり	7	7	－	5	2	－	－	－	－	－	－	－
弟妹のみ	10	8	－	8	－	－	2	2	－	－	－	－
兄姉のみ	4	1	－	1	－	－	3	－	2	1	－	－
兄弟姉妹あり	1	1	－	1	－	－	－	－	－	－	－	－

第15回調査（平成28年）

不詳	総数	無職	仕事を探している	仕事を探していない	求職状況不詳	学生	有職	勤め（常勤）	勤め（パート・アルバイト）	自営業・家業	内職	その他	不詳
	構成割合（%）												
135	100.0	18.5	5.2	12.6	0.7	0.1	81.0	25.1	48.3	6.5	0.7	0.4	0.5
20	100.0	21.5	5.2	15.2	0.9	0.3	78.0	28.0	42.7	6.1	0.6	0.6	0.4
46	100.0	19.5	5.7	13.1	0.6	0.1	80.1	24.0	49.0	5.9	0.7	0.4	0.4
53	100.0	16.7	4.8	11.2	0.6	0.1	82.8	25.1	50.2	6.5	0.6	0.4	0.5
16	100.0	16.9	4.6	11.6	0.7	0.1	82.6	24.9	47.6	8.7	1.0	0.4	0.5
37	100.0	22.7	5.9	15.8	0.8	0.2	76.8	20.3	49.6	5.7	0.8	0.4	0.5
5	100.0	24.5	5.9	17.7	0.4	0.5	75.1	23.1	45.9	4.8	0.7	0.6	0.4
14	100.0	24.6	6.4	17.0	1.0	0.1	74.9	18.1	50.0	5.7	0.6	0.4	0.5
12	100.0	20.3	5.5	14.1	0.7	0.1	79.2	21.2	51.2	5.7	0.8	0.4	0.4
6	100.0	20.6	5.4	13.6	1.3	0.3	78.5	20.6	48.9	7.2	1.8	0.1	0.9
87	100.0	17.4	5.0	11.8	0.5	0.1	82.1	26.3	48.2	6.5	0.7	0.4	0.5
11	100.0	20.7	5.1	14.4	1.0	0.2	78.9	29.7	41.7	6.3	0.5	0.7	0.4
28	100.0	18.1	5.4	12.0	0.5	0.1	81.5	25.3	49.2	5.8	0.8	0.4	0.4
38	100.0	15.7	4.7	10.6	0.4	0.1	83.7	26.1	50.0	6.7	0.5	0.4	0.6
10	100.0	16.3	4.5	11.2	0.5	0.0	83.2	25.6	48.1	8.2	0.8	0.5	0.5
11	100.0	13.1	4.4	7.8	0.9	-	86.5	31.0	45.7	9.0	0.5	0.3	0.4
4	100.0	14.9	3.6	9.8	1.5	-	84.0	33.0	40.7	9.3	0.8	0.3	1.0
4	100.0	13.0	5.3	7.4	0.3	-	86.5	31.6	46.3	7.8	0.3	0.5	0.4
3	100.0	12.6	4.0	7.2	1.4	-	87.0	30.0	48.8	7.7	0.5	0.1	0.4
-	100.0	12.1	3.3	8.5	0.3	-	87.9	29.2	41.6	16.1	1.0	-	-
-	100.0	73.7	-	68.4	5.3	-	26.3	14.0	8.8	3.5	-	-	-
-	100.0	81.3	-	68.8	12.5	-	18.8	12.5	6.3	-	-	-	-
-	100.0	83.3	-	80.0	3.3	-	16.7	10.0	3.3	3.3	-	-	-
-	100.0	20.0	-	20.0	-	-	80.0	20.0	40.0	20.0	-	-	-
-	100.0	50.0	-	50.0	-	-	50.0	33.3	16.7	-	-	-	-
67	100.0	19.4	5.6	12.9	0.8	0.1	80.1	24.7	47.7	6.5	0.7	0.4	0.5
9	100.0	22.7	5.3	16.0	1.3	0.1	76.9	27.1	42.5	6.2	0.6	0.4	0.4
28	100.0	20.6	6.4	13.3	0.7	0.1	78.9	23.7	48.1	6.0	0.8	0.4	0.5
21	100.0	17.1	5.2	11.4	0.5	0.1	82.5	24.9	49.9	6.6	0.7	0.5	0.4
9	100.0	17.7	4.6	11.9	1.1	0.1	81.7	24.3	47.4	8.5	1.0	0.5	0.6
19	100.0	23.3	6.3	16.0	0.9	0.1	76.2	20.2	49.3	5.3	0.9	0.4	0.5
3	100.0	24.2	5.5	17.9	0.6	0.3	75.3	22.7	46.5	4.9	0.9	0.4	0.4
8	100.0	26.1	7.6	17.1	1.2	0.1	73.4	18.2	48.9	5.1	0.8	0.4	0.6
5	100.0	20.3	5.4	14.4	0.6	-	79.3	21.5	51.0	5.4	0.9	0.6	0.4
3	100.0	22.9	6.0	14.6	2.1	0.3	76.2	17.9	49.7	6.5	1.8	0.3	0.9
44	100.0	18.4	5.5	12.1	0.7	0.1	81.1	26.0	47.3	6.7	0.7	0.4	0.5
6	100.0	22.2	5.4	15.2	1.5	0.1	77.4	28.9	40.8	6.6	0.6	0.5	0.4
17	100.0	19.1	6.1	12.3	0.6	0.1	80.4	25.1	48.1	6.0	0.8	0.3	0.5
15	100.0	16.4	5.1	10.7	0.5	0.1	83.1	25.6	49.4	7.0	0.7	0.5	0.5
6	100.0	16.9	4.5	11.4	0.9	0.1	82.5	25.8	47.4	7.9	0.8	0.7	0.6
4	100.0	13.2	4.7	7.8	0.7	-	86.5	29.7	46.9	9.2	0.3	0.3	0.3
-	100.0	19.1	4.5	11.8	2.8	-	80.9	30.9	41.6	8.4	-	-	-
3	100.0	12.8	5.8	6.8	0.2	-	86.6	29.9	47.4	8.0	0.4	0.8	0.6
1	100.0	11.9	4.6	6.6	0.7	-	87.9	29.9	50.0	8.0	-	-	0.2
-	100.0	11.7	2.5	9.2	-	-	88.3	27.6	42.9	16.6	1.2	-	-
-	100.0	71.4	-	68.6	2.9	-	28.6	17.1	8.6	2.9	-	-	-
-	100.0	66.7	-	66.7	-	-	33.3	22.2	11.1	-	-	-	-
-	100.0	85.0	-	80.0	5.0	-	15.0	5.0	5.0	5.0	-	-	-
-	100.0	-	-	-	-	-	100.0	100.0	-	-	-	-	-
-	100.0	40.0	-	40.0	-	-	60.0	40.0	20.0	-	-	-	-
68	100.0	17.7	4.7	12.3	0.5	0.2	81.8	25.5	48.8	6.4	0.6	0.4	0.5
11	100.0	20.3	5.1	14.4	0.5	0.4	79.2	28.8	43.0	6.0	0.6	0.8	0.5
18	100.0	18.4	4.9	12.8	0.6	0.1	81.3	24.3	50.0	5.9	0.6	0.4	0.3
32	100.0	16.2	4.5	11.1	0.6	0.1	83.1	25.4	50.5	6.4	0.6	0.3	0.6
7	100.0	16.0	4.6	11.2	0.2	0.1	83.5	25.4	47.8	9.0	1.0	0.3	0.5
18	100.0	22.0	5.5	15.5	0.7	0.3	77.5	20.5	49.8	6.1	0.7	0.4	0.5
2	100.0	24.8	6.3	17.4	0.3	0.8	74.9	23.6	45.3	4.8	0.5	0.8	0.3
6	100.0	23.1	5.1	16.9	0.9	0.1	76.4	18.1	51.0	6.4	0.4	0.4	0.4
7	100.0	20.4	5.6	13.8	0.8	0.2	79.1	20.8	51.3	6.0	0.8	0.2	0.5
3	100.0	18.3	4.9	12.6	0.6	0.3	80.8	23.2	48.1	7.7	1.7	-	0.9
43	100.0	16.5	4.6	11.4	0.4	0.1	83.0	26.7	49.1	6.2	0.6	0.4	0.5
5	100.0	19.2	4.8	13.7	0.5	0.3	80.4	30.5	42.6	6.0	0.5	0.8	0.3
11	100.0	17.0	4.8	11.7	0.4	0.1	82.6	25.5	50.4	5.5	0.8	0.4	0.3
23	100.0	15.0	4.2	10.4	0.3	0.1	84.3	26.6	50.6	6.4	0.4	0.3	0.7
4	100.0	15.6	4.5	11.1	-	-	84.0	25.5	48.9	8.5	0.8	0.4	0.4
7	100.0	12.9	4.0	7.9	1.1	-	86.5	32.2	44.4	8.8	0.7	0.2	0.6
4	100.0	11.4	2.9	8.1	0.5	-	86.7	34.8	40.0	10.0	1.4	0.5	1.9
1	100.0	13.3	4.9	8.0	0.4	-	86.4	33.3	45.1	7.6	0.2	0.2	0.2
2	100.0	13.4	3.4	7.8	2.2	-	86.1	30.2	47.4	7.3	1.0	0.2	0.5
-	100.0	12.7	4.2	7.7	0.7	-	87.3	31.0	40.1	15.5	0.7	-	-
-	100.0	77.3	-	68.2	9.1	-	22.7	9.1	9.1	4.5	-	-	-
-	100.0	100.0	-	71.4	28.6	-	-	-	-	-	-	-	-
-	100.0	80.0	-	80.0	-	-	20.0	20.0	-	-	-	-	-
-	100.0	25.0	-	25.0	-	-	75.0	-	50.0	25.0	-	-	-
-	100.0	100.0	-	100.0	-	-	-	-	-	-	-	-	-

第19表　母と同居している子ども数・構成割合,

きょうだい構成、母の年齢	総数	無職					有職					
			仕事を探している	仕事を探していない	求職状況不詳	学生		勤め（常勤）	勤め（パート・アルバイト）	自営業・家業	内職	その他
	実数（人）											
総数	28 335	5 254	1 464	3 567	186	37	22 946	7 121	13 677	1 832	196	120
34歳以下	148	27	9	15	3	−	118	43	68	5	1	1
35～39歳	2 404	381	121	235	19	6	2 011	710	1 153	126	14	8
40～44歳	10 731	1 743	523	1 151	53	16	8 936	2 742	5 440	632	81	41
45～49歳	10 936	2 077	557	1 445	69	6	8 812	2 663	5 291	738	75	45
50歳以上	4 094	1 020	254	715	42	9	3 054	956	1 718	330	25	25
ひとり	4 607	992	239	699	42	12	3 595	1 290	1 969	281	27	28
34歳以下	29	4	2	−	2	−	25	11	13	−	−	1
35～39歳	296	45	17	22	5	1	250	117	121	11	1	−
40～44歳	1 258	226	68	152	3	3	1 023	386	577	47	8	5
45～49歳	1 787	388	78	288	19	3	1 392	467	787	114	10	14
50歳以上	1 233	328	74	236	13	5	902	307	470	109	8	8
弟妹のみ	10 541	2 056	597	1 377	68	14	8 439	2 527	5 168	626	76	42
34歳以下	111	20	5	14	1	−	88	31	51	5	1	−
35～39歳	1 589	252	79	157	11	5	1 332	445	794	78	10	5
40～44歳	5 536	1 001	286	677	30	8	4 511	1 330	2 813	301	45	22
45～49歳	2 867	663	193	446	23	1	2 193	618	1 343	201	20	11
50歳以上	428	117	34	80	3	−	308	101	163	40	−	4
兄姉のみ	10 132	1 690	488	1 138	56	8	8 389	2 544	5 086	659	62	38
34歳以下	4	2	1	1	−	−	2	1	1	−	−	−
35～39歳	259	30	13	17	−	−	225	89	121	13	1	1
40～44歳	2 600	321	116	193	10	2	2 266	683	1 398	160	15	10
45～49歳	5 024	806	223	559	22	2	4 195	1 262	2 576	314	29	14
50歳以上	2 239	529	135	366	24	4	1 697	507	988	172	17	13
兄弟姉妹あり	3 055	516	140	353	20	3	2 523	760	1 454	266	31	12
34歳以下	4	1	1	−	−	−	3	−	3	−	−	−
35～39歳	260	54	12	39	3	−	204	59	117	24	2	2
40～44歳	1 337	195	53	129	10	3	1 136	343	652	124	13	4
45～49歳	1 258	220	63	152	5	−	1 032	316	585	109	16	6
50歳以上	194	46	11	33	2	−	147	41	97	9	−	−

注：総数には、母の年齢の「不詳」を含む。

きょうだい構成、母の年齢、母の就業状況別

第15回調査（平成28年）

不　詳	総　数	無　職	仕事を探している	仕事を探していない	求職状況不詳	学　生	有　職	勤め（常勤）	勤め（パート・アルバイト）	自営業・家業	内　職	その他	不　詳
	構成割合（%）												
135	100.0	18.5	5.2	12.6	0.7	0.1	81.0	25.1	48.3	6.5	0.7	0.4	0.5
3	100.0	18.2	6.1	10.1	2.0	－	79.7	29.1	45.9	3.4	0.7	0.7	2.0
12	100.0	15.8	5.0	9.8	0.8	0.2	83.7	29.5	48.0	5.2	0.6	0.3	0.5
52	100.0	16.2	4.9	10.7	0.5	0.1	83.3	25.6	50.7	5.9	0.8	0.4	0.5
47	100.0	19.0	5.1	13.2	0.6	0.1	80.6	24.4	48.4	6.7	0.7	0.4	0.4
20	100.0	24.9	6.2	17.5	1.0	0.2	74.6	23.4	42.0	8.1	0.6	0.6	0.5
20	100.0	21.5	5.2	15.2	0.9	0.3	78.0	28.0	42.7	6.1	0.6	0.6	0.4
－	100.0	13.8	6.9	－	6.9	－	86.2	37.9	44.8	－	－	3.4	－
1	100.0	15.2	5.7	7.4	1.7	0.3	84.5	39.5	40.9	3.7	0.3	－	0.3
9	100.0	18.0	5.4	12.1	0.2	0.2	81.3	30.7	45.9	3.7	0.6	0.4	0.7
7	100.0	21.7	4.4	16.1	1.1	0.2	77.9	26.1	44.0	6.4	0.6	0.8	0.4
3	100.0	26.6	6.0	19.1	1.1	0.4	73.2	24.9	38.1	8.8	0.6	0.6	0.2
46	100.0	19.5	5.7	13.1	0.6	0.1	80.1	24.0	49.0	5.9	0.7	0.4	0.4
3	100.0	18.0	4.5	12.6	0.9	－	79.3	27.9	45.9	4.5	0.9	－	2.7
5	100.0	15.9	5.0	9.9	0.7	0.3	83.8	28.0	50.0	4.9	0.6	0.3	0.3
24	100.0	18.1	5.2	12.2	0.5	0.1	81.5	24.0	50.8	5.4	0.8	0.4	0.4
11	100.0	23.1	6.7	15.6	0.8	0.0	76.5	21.6	46.8	7.0	0.7	0.4	0.4
3	100.0	27.3	7.9	18.7	0.7	－	72.0	23.6	38.1	9.3	－	0.9	0.7
53	100.0	16.7	4.8	11.2	0.6	0.1	82.8	25.1	50.2	6.5	0.6	0.4	0.5
－	100.0	50.0	25.0	25.0	－	－	50.0	25.0	25.0	－	－	－	－
4	100.0	11.6	5.0	6.6	－	－	86.9	34.4	46.7	5.0	0.4	0.4	1.5
13	100.0	12.3	4.5	7.4	0.4	0.1	87.2	26.3	53.8	6.2	0.6	0.4	0.5
23	100.0	16.0	4.4	11.1	0.4	0.0	83.5	25.1	51.3	6.3	0.6	0.3	0.5
13	100.0	23.6	6.0	16.3	1.1	0.2	75.8	22.6	44.1	7.7	0.8	0.6	0.6
16	100.0	16.9	4.6	11.6	0.7	0.1	82.6	24.9	47.6	8.7	1.0	0.4	0.5
－	100.0	25.0	25.0	－	－	－	75.0	－	75.0	－	－	－	－
2	100.0	20.8	4.6	15.0	1.2	－	78.5	22.7	45.0	9.2	0.8	0.8	0.8
6	100.0	14.6	4.0	9.6	0.7	0.2	85.0	25.7	48.8	9.3	1.0	0.3	0.4
6	100.0	17.5	5.0	12.1	0.4	－	82.0	25.1	46.5	8.7	1.3	0.5	0.5
1	100.0	23.7	5.7	17.0	1.0	－	75.8	21.1	50.0	4.6	－	－	0.5

第20表　母と同居している子ども数・構成割合,

出生月、兄姉の有無、弟妹の有無・末の弟妹の年齢	総数	出産1年前から無職	出産後から無職	出産後から有職			出産1年前から有職	その他
					1年前までに有職	1年前から現在までに有職		
	実数（人）							
総数	23 346	1 449	576	4 552	4 348	204	3 104	11 263
弟妹あり	11 153	620	438	1 432	1 310	122	1 384	6 231
末の弟妹の年齢0歳	40	3	1	3	3	−	3	20
1歳	52	1	−	8	7	1	3	30
2歳	99	9	3	9	8	1	15	49
3歳	125	12	10	7	7	−	11	77
4～14歳	10 836	595	424	1 405	1 285	120	1 352	6 055
弟妹なし	12 193	829	138	3 120	3 038	82	1 720	5 032
兄姉あり	10 829	763	36	3 274	3 168	106	1 470	4 107
弟妹あり	2 429	188	17	621	579	42	330	1 013
末の弟妹の年齢0歳	7	1	−	1	1	−	−	2
1歳	15	−	−	5	5	−	−	7
2歳	18	3	−	3	3	−	1	9
3歳	29	4	−	2	2	−	6	16
4～14歳	2 360	180	17	610	568	42	323	979
弟妹なし	8 400	575	19	2 653	2 589	64	1 140	3 094
兄姉なし	12 517	686	540	1 278	1 180	98	1 634	7 156
弟妹あり	8 724	432	421	811	731	80	1 054	5 218
末の弟妹の年齢0歳	33	2	1	2	2	−	3	18
1歳	37	1	−	3	2	1	3	23
2歳	81	6	3	6	5	1	14	40
3歳	96	8	10	5	5	−	5	61
4～14歳	8 476	415	407	795	717	78	1 029	5 076
弟妹なし	3 793	254	119	467	449	18	580	1 938
1月生まれ	11 711	735	299	2 193	2 096	97	1 489	5 513
弟妹あり	5 638	316	231	700	646	54	662	3 064
末の弟妹の年齢0歳	21	−	1	2	2	−	1	10
1歳	24	−	−	2	2	−	2	14
2歳	46	3	1	3	3	−	11	20
3歳	57	6	5	2	2	−	7	31
4～14歳	5 489	307	224	691	637	54	641	2 989
弟妹なし	6 073	419	68	1 493	1 450	43	827	2 449
兄姉あり	5 442	390	20	1 587	1 529	58	724	2 010
弟妹あり	1 242	101	7	311	287	24	164	505
末の弟妹の年齢0歳	4	−	−	−	−	−	−	2
1歳	5	−	−	2	2	−	−	1
2歳	6	1	−	1	1	−	1	2
3歳	12	1	−	1	1	−	5	5
4～14歳	1 215	99	7	307	283	24	158	495
弟妹なし	4 200	289	13	1 276	1 242	34	560	1 505
兄姉なし	6 269	345	279	606	567	39	765	3 503
弟妹あり	4 396	215	224	389	359	30	498	2 559
末の弟妹の年齢0歳	17	−	1	2	2	−	1	8
1歳	19	−	−	−	−	−	2	13
2歳	40	2	1	2	2	−	10	18
3歳	45	5	5	1	1	−	2	26
4～14歳	4 274	208	217	384	354	30	483	2 494
弟妹なし	1 873	130	55	217	208	9	267	944
7月生まれ	11 635	714	277	2 359	2 252	107	1 615	5 750
弟妹あり	5 515	304	207	732	664	68	722	3 167
末の弟妹の年齢0歳	19	3	−	1	1	−	2	10
1歳	28	1	−	6	5	1	1	16
2歳	53	6	2	6	5	1	4	29
3歳	68	6	5	5	5	−	4	46
4～14歳	5 347	288	200	714	648	66	711	3 066
弟妹なし	6 120	410	70	1 627	1 588	39	893	2 583
兄姉あり	5 387	373	16	1 687	1 639	48	746	2 097
弟妹あり	1 187	87	10	310	292	18	166	508
末の弟妹の年齢0歳	3	1	−	1	1	−	−	−
1歳	10	−	−	3	3	−	−	6
2歳	12	2	−	2	2	−	−	7
3歳	17	3	−	1	1	−	1	11
4～14歳	1 145	81	10	303	285	18	165	484
弟妹なし	4 200	286	6	1 377	1 347	30	580	1 589
兄姉なし	6 248	341	261	672	613	59	869	3 653
弟妹あり	4 328	217	197	422	372	50	556	2 659
末の弟妹の年齢0歳	16	2	−	−	−	−	2	10
1歳	18	1	−	3	2	1	1	10
2歳	41	4	2	4	3	1	4	22
3歳	51	3	5	4	4	−	3	35
4～14歳	4 202	207	190	411	363	48	546	2 582
弟妹なし	1 920	124	64	250	241	9	313	994

注：1）弟妹ありには末の弟妹の年齢「不詳」を含む。
　　2）第1回調査から第15回調査まで回答を得た者を集計。

出生月、兄姉の有無、弟妹の有無・末の弟妹の年齢、母の就業パターン（第１回調査からの）別

第15回調査（平成28年）

不詳	総数	出産１年前から無職	出産後から無職	出産後から有職			出産１年前から有職	その他	不詳
					１年前までに有職	１年前から現在までに有職			
	構成割合（%）								
2 402	100.0	6.2	2.5	19.5	18.6	0.9	13.3	48.2	10.3
1 048	100.0	5.6	3.9	12.8	11.7	1.1	12.4	55.9	9.4
10	100.0	7.5	2.5	7.5	7.5	－	7.5	50.0	25.0
10	100.0	1.9	－	15.4	13.5	1.9	5.8	57.7	19.2
14	100.0	9.1	3.0	9.1	8.1	1.0	15.2	49.5	14.1
8	100.0	9.6	8.0	5.6	5.6	－	8.8	61.6	6.4
1 005	100.0	5.5	3.9	13.0	11.9	1.1	12.5	55.9	9.3
1 354	100.0	6.8	1.1	25.6	24.9	0.7	14.1	41.3	11.1
1 179	100.0	7.0	0.3	30.2	29.3	1.0	13.6	37.9	10.9
260	100.0	7.7	0.7	25.6	23.8	1.7	13.6	41.7	10.7
3	100.0	14.3	－	14.3	14.3	－	－	28.6	42.9
3	100.0	－	－	33.3	33.3	－	－	46.7	20.0
2	100.0	16.7	－	16.7	16.7	－	5.6	50.0	11.1
1	100.0	13.8	－	6.9	6.9	－	20.7	55.2	3.4
251	100.0	7.6	0.7	25.8	24.1	1.8	13.7	41.5	10.6
919	100.0	6.8	0.2	31.6	30.8	0.8	13.6	36.8	10.9
1 223	100.0	5.5	4.3	10.2	9.4	0.8	13.1	57.2	9.8
788	100.0	5.0	4.8	9.3	8.4	0.9	12.1	59.8	9.0
7	100.0	6.1	3.0	6.1	6.1	－	9.1	54.5	21.2
7	100.0	2.7	－	8.1	5.4	2.7	8.1	62.2	18.9
12	100.0	7.4	3.7	7.4	6.2	1.2	17.3	49.4	14.8
7	100.0	8.3	10.4	5.2	5.2	－	5.2	63.5	7.3
754	100.0	4.9	4.8	9.4	8.5	0.9	12.1	59.9	8.9
435	100.0	6.7	3.1	12.3	11.8	0.5	15.3	51.1	11.5
1 482	100.0	6.3	2.6	18.7	17.9	0.8	12.7	47.1	12.7
665	100.0	5.6	4.1	12.4	11.5	1.0	11.7	54.3	11.8
7	100.0	－	4.8	9.5	9.5	－	4.8	47.6	33.3
6	100.0	－	－	8.3	8.3	－	8.3	58.3	25.0
8	100.0	6.5	2.2	6.5	6.5	－	23.9	43.5	17.4
6	100.0	10.5	8.8	3.5	3.5	－	12.3	54.4	10.5
637	100.0	5.6	4.1	12.6	11.6	1.0	11.7	54.5	11.6
817	100.0	6.9	1.1	24.6	23.9	0.7	13.6	40.3	13.5
711	100.0	7.2	0.4	29.2	28.1	1.1	13.3	36.9	13.1
154	100.0	8.1	0.6	25.0	23.1	1.9	13.2	40.7	12.4
2	100.0	－	－	－	－	－	－	50.0	50.0
2	100.0	－	－	40.0	40.0	－	－	20.0	40.0
1	100.0	16.7	－	16.7	16.7	－	16.7	33.3	16.7
－	100.0	8.3	－	8.3	8.3	－	41.7	41.7	－
149	100.0	8.1	0.6	25.3	23.3	2.0	13.0	40.7	12.3
557	100.0	6.9	0.3	30.4	29.6	0.8	13.3	35.8	13.3
771	100.0	5.5	4.5	9.7	9.0	0.6	12.2	55.9	12.3
511	100.0	4.9	5.1	8.8	8.2	0.7	11.3	58.2	11.6
5	100.0	－	5.9	11.8	11.8	－	5.9	47.1	29.4
4	100.0	－	－	－	－	－	10.5	68.4	21.1
7	100.0	5.0	2.5	5.0	5.0	－	25.0	45.0	17.5
6	100.0	11.1	11.1	2.2	2.2	－	4.4	57.8	13.3
488	100.0	4.9	5.1	9.0	8.3	0.7	11.3	58.4	11.4
260	100.0	6.9	2.9	11.6	11.1	0.5	14.3	50.4	13.9
920	100.0	6.1	2.4	20.3	19.4	0.9	13.9	49.4	7.9
383	100.0	5.5	3.8	13.3	12.0	1.2	13.1	57.4	6.9
3	100.0	15.8	－	5.3	5.3	－	10.5	52.6	15.8
4	100.0	3.6	－	21.4	17.9	3.6	3.6	57.1	14.3
6	100.0	11.3	3.8	11.3	9.4	1.9	7.5	54.7	11.3
2	100.0	8.8	7.4	7.4	7.4	－	5.9	67.6	2.9
368	100.0	5.4	3.7	13.4	12.1	1.2	13.3	57.3	6.9
537	100.0	6.7	1.1	26.6	25.9	0.6	14.6	42.2	8.8
468	100.0	6.9	0.3	31.3	30.4	0.9	13.8	38.9	8.7
106	100.0	7.3	0.8	26.1	24.6	1.5	14.0	42.8	8.9
1	100.0	33.3	－	33.3	33.3	－	－	－	33.3
1	100.0	－	－	30.0	30.0	－	－	60.0	10.0
1	100.0	16.7	－	16.7	16.7	－	－	58.3	8.3
1	100.0	17.6	－	5.9	5.9	－	5.9	64.7	5.9
102	100.0	7.1	0.9	26.5	24.9	1.6	14.4	42.3	8.9
362	100.0	6.8	0.1	32.8	32.1	0.7	13.8	37.8	8.6
452	100.0	5.5	4.2	10.8	9.8	0.9	13.9	58.5	7.2
277	100.0	5.0	4.6	9.8	8.6	1.2	12.8	61.4	6.4
2	100.0	12.5	－	－	－	－	12.5	62.5	12.5
3	100.0	5.6	－	16.7	11.1	5.6	5.6	55.6	16.7
5	100.0	9.8	4.9	9.8	7.3	2.4	9.8	53.7	12.2
1	100.0	5.9	9.8	7.8	7.8	－	5.9	68.6	2.0
266	100.0	4.9	4.5	9.8	8.6	1.1	13.0	61.4	6.3
175	100.0	6.5	3.3	13.0	12.6	0.5	16.3	51.8	9.1

第21表　母と同居している子ども数・構成割合，

出生月、きょうだい構成	総数	出産1年前から無職	出産後から無職	出産後から有職	1年前までに有職	1年前から現在までに有職	出産1年前から有職	その他
	実数（人）							
総数	23 346	1 449	576	4 552	4 348	204	3 104	11 263
ひとり	3 793	254	119	467	449	18	580	1 938
弟妹のみ	8 724	432	421	811	731	80	1 054	5 218
兄姉のみ	8 400	575	19	2 653	2 589	64	1 140	3 094
兄弟姉妹あり	2 429	188	17	621	579	42	330	1 013
1月生まれ	11 711	735	299	2 193	2 096	97	1 489	5 513
ひとり	1 873	130	55	217	208	9	267	944
弟妹のみ	4 396	215	224	389	359	30	498	2 559
兄姉のみ	4 200	289	13	1 276	1 242	34	560	1 505
兄弟姉妹あり	1 242	101	7	311	287	24	164	505
7月生まれ	11 635	714	277	2 359	2 252	107	1 615	5 750
ひとり	1 920	124	64	250	241	9	313	994
弟妹のみ	4 328	217	197	422	372	50	556	2 659
兄姉のみ	4 200	286	6	1 377	1 347	30	580	1 589
兄弟姉妹あり	1 187	87	10	310	292	18	166	508

注：第1回調査から第15回調査まで回答を得た者を集計。

出生月、きょうだい構成、母の就業パターン（第１回調査からの）別

第15回調査（平成28年）

不　詳	総　数	出産１年前から無職	出産後から無職	出産後から有職			出産１年前から有職	その他	不　詳
					１年前までに有職	１年前から現在までに有職			
	構成割合（%）								
2 402	100.0	6.2	2.5	19.5	18.6	0.9	13.3	48.2	10.3
435	100.0	6.7	3.1	12.3	11.8	0.5	15.3	51.1	11.5
788	100.0	5.0	4.8	9.3	8.4	0.9	12.1	59.8	9.0
919	100.0	6.8	0.2	31.6	30.8	0.8	13.6	36.8	10.9
260	100.0	7.7	0.7	25.6	23.8	1.7	13.6	41.7	10.7
1 482	100.0	6.3	2.6	18.7	17.9	0.8	12.7	47.1	12.7
260	100.0	6.9	2.9	11.6	11.1	0.5	14.3	50.4	13.9
511	100.0	4.9	5.1	8.8	8.2	0.7	11.3	58.2	11.6
557	100.0	6.9	0.3	30.4	29.6	0.8	13.3	35.8	13.3
154	100.0	8.1	0.6	25.0	23.1	1.9	13.2	40.7	12.4
920	100.0	6.1	2.4	20.3	19.4	0.9	13.9	49.4	7.9
175	100.0	6.5	3.3	13.0	12.6	0.5	16.3	51.8	9.1
277	100.0	5.0	4.6	9.8	8.6	1.2	12.8	61.4	6.4
362	100.0	6.8	0.1	32.8	32.1	0.7	13.8	37.8	8.6
106	100.0	7.3	0.8	26.1	24.6	1.5	14.0	42.8	8.9

第22表　母と同居している子ども数・構成割合，

出生月、第14回調査の母の就業状況	第15回調査の										
	総数	無職	仕事を探している	仕事を探していない	求職状況不詳	学生	有職	勤め（常勤）	勤め（パート・アルバイト）	自営業・家業	内職
	実数（人）										
総数	27 243	5 064	1 409	3 450	169	36	22 057	6 835	13 170	1 752	191
無職	5 480	4 138	911	3 073	130	24	1 318	110	1 021	128	46
仕事を探している	1 551	854	562	271	19	2	690	76	576	21	14
仕事を探していない	3 731	3 146	328	2 724	92	2	571	24	409	104	26
求職状況不詳	169	118	20	78	19	1	48	4	33	3	6
学生	29	20	1	−	−	19	9	6	3	−	−
有職	21 637	904	489	366	38	11	20 637	6 694	12 092	1 613	145
勤め（常勤）	6 518	119	80	33	3	3	6 364	5 959	343	48	−
勤め（パート・アルバイト）	12 980	628	363	235	24	6	12 300	636	11 520	101	12
自営業・家業	1 731	94	22	64	6	2	1 628	76	116	1 428	2
内職	251	47	18	25	4	−	204	5	65	2	130
その他	157	16	6	9	1	−	141	18	48	34	1
不詳	126	22	9	11	1	1	102	31	57	11	−
1月生まれ	13 682	2 654	762	1 776	101	15	10 968	3 376	6 546	883	103
無職	2 829	2 161	497	1 580	74	10	655	51	509	61	27
仕事を探している	813	460	311	141	8	−	350	37	292	10	8
仕事を探していない	1 913	1 627	176	1 397	53	1	277	12	198	49	15
求職状況不詳	90	65	9	42	13	1	24	−	17	2	4
学生	13	9	1	−	−	8	4	2	2	−	−
有職	10 792	481	262	189	26	4	10 264	3 311	6 009	818	76
勤め（常勤）	3 236	58	39	17	1	1	3 165	2 964	168	24	−
勤め（パート・アルバイト）	6 471	333	194	119	17	3	6 111	298	5 732	57	9
自営業・家業	863	53	17	32	4	−	803	40	43	716	2
内職	135	29	11	15	3	−	106	4	35	1	64
その他	87	8	1	6	1	−	79	5	31	20	1
不詳	61	12	3	7	1	1	49	14	28	4	−
7月生まれ	13 561	2 410	647	1 674	68	21	11 089	3 459	6 624	869	88
無職	2 651	1 977	414	1 493	56	14	663	59	512	67	19
仕事を探している	738	394	251	130	11	2	340	39	284	11	6
仕事を探していない	1 818	1 519	152	1 327	39	1	294	12	211	55	11
求職状況不詳	79	53	11	36	6	−	24	4	16	1	2
学生	16	11	−	−	−	11	5	4	1	−	−
有職	10 845	423	227	177	12	7	10 373	3 383	6 083	795	69
勤め（常勤）	3 282	61	41	16	2	2	3 199	2 995	175	24	−
勤め（パート・アルバイト）	6 509	295	169	116	7	3	6 189	338	5 788	44	3
自営業・家業	868	41	5	32	2	2	825	36	73	712	−
内職	116	18	7	10	1	−	98	1	30	1	66
その他	70	8	5	3	−	−	62	13	17	14	−
不詳	65	10	6	4	−	−	53	17	29	7	−

注：第14回調査と第15回調査の回答を得た者を集計。

出生月、１年前（第14回調査）の母の就業状況、現在（第15回調査）の母の就業状況別

第15回調査（平成28年）

母の就業状況														
その他	不詳	総数	無職	仕事を探している	仕事を探していない	求職状況不詳	学生	有職	勤め（常勤）	勤め（パート・アルバイト）	自営業・家業	内職	その他	不詳
		構成割合（%）												
109	122	100.0	18.6	5.2	12.7	0.6	0.1	81.0	25.1	48.3	6.4	0.7	0.4	0.4
13	24	100.0	75.5	16.6	56.1	2.4	0.4	24.1	2.0	18.6	2.3	0.8	0.2	0.4
3	7	100.0	55.1	36.2	17.5	1.2	0.1	44.5	4.9	37.1	1.4	0.9	0.2	0.5
8	14	100.0	84.3	8.8	73.0	2.5	0.1	15.3	0.6	11.0	2.8	0.7	0.2	0.4
2	3	100.0	69.8	11.8	46.2	11.2	0.6	28.4	2.4	19.5	1.8	3.6	1.2	1.8
−	−	100.0	69.0	3.4	−	−	65.5	31.0	20.7	10.3	−	−	−	−
93	96	100.0	4.2	2.3	1.7	0.2	0.1	95.4	30.9	55.9	7.5	0.7	0.4	0.4
14	35	100.0	1.8	1.2	0.5	0.0	0.0	97.6	91.4	5.3	0.7	−	0.2	0.5
31	52	100.0	4.8	2.8	1.8	0.2	0.0	94.8	4.9	88.8	0.8	0.1	0.2	0.4
6	9	100.0	5.4	1.3	3.7	0.3	0.1	94.0	4.4	6.7	82.5	0.1	0.3	0.5
2	−	100.0	18.7	7.2	10.0	1.6	−	81.3	2.0	25.9	0.8	51.8	0.8	−
40	−	100.0	10.2	3.8	5.7	0.6	−	89.8	11.5	30.6	21.7	0.6	25.5	−
3	2	100.0	17.5	7.1	8.7	0.8	0.8	81.0	24.6	45.2	8.7	−	2.4	1.6
60	60	100.0	19.4	5.6	13.0	0.7	0.1	80.2	24.7	47.8	6.5	0.8	0.4	0.4
7	13	100.0	76.4	17.6	55.9	2.6	0.4	23.2	1.8	18.0	2.2	1.0	0.2	0.5
3	3	100.0	56.6	38.3	17.3	1.0	−	43.1	4.6	35.9	1.2	1.0	0.4	0.4
3	9	100.0	85.0	9.2	73.0	2.8	0.1	14.5	0.6	10.4	2.6	0.8	0.2	0.5
1	1	100.0	72.2	10.0	46.7	14.4	1.1	26.7	−	18.9	2.2	4.4	1.1	1.1
−	−	100.0	69.2	7.7	−	−	61.5	30.8	15.4	15.4	−	−	−	−
50	47	100.0	4.5	2.4	1.8	0.2	0.0	95.1	30.7	55.7	7.6	0.7	0.5	0.4
9	13	100.0	1.8	1.2	0.5	0.0	0.0	97.8	91.6	5.2	0.7	−	0.3	0.4
15	27	100.0	5.1	3.0	1.8	0.3	0.0	94.4	4.6	88.6	0.9	0.1	0.2	0.4
2	7	100.0	6.1	2.0	3.7	0.5	−	93.0	4.6	5.0	83.0	0.2	0.2	0.8
2	−	100.0	21.5	8.1	11.1	2.2	−	78.5	3.0	25.9	0.7	47.4	1.5	−
22	−	100.0	9.2	1.1	6.9	1.1	−	90.8	5.7	35.6	23.0	1.1	25.3	−
3	−	100.0	19.7	4.9	11.5	1.6	1.6	80.3	23.0	45.9	6.6	−	4.9	−
49	62	100.0	17.8	4.8	12.3	0.5	0.2	81.8	25.5	48.8	6.4	0.6	0.4	0.5
6	11	100.0	74.6	15.6	56.3	2.1	0.5	25.0	2.2	19.3	2.5	0.7	0.2	0.4
−	4	100.0	53.4	34.0	17.6	1.5	0.3	46.1	5.3	38.5	1.5	0.8	−	0.5
5	5	100.0	83.6	8.4	73.0	2.1	0.1	16.2	0.7	11.6	3.0	0.6	0.3	0.3
1	2	100.0	67.1	13.9	45.6	7.6	−	30.4	5.1	20.3	1.3	2.5	1.3	2.5
−	−	100.0	68.8	−	−	−	68.8	31.3	25.0	6.3	−	−	−	−
43	49	100.0	3.9	2.1	1.6	0.1	0.1	95.6	31.2	56.1	7.3	0.6	0.4	0.5
5	22	100.0	1.9	1.2	0.5	0.1	0.1	97.5	91.3	5.3	0.7	−	0.2	0.7
16	25	100.0	4.5	2.6	1.8	0.1	0.0	95.1	5.2	88.9	0.7	0.0	0.2	0.4
4	2	100.0	4.7	0.6	3.7	0.2	0.2	95.0	4.1	8.4	82.0	−	0.5	0.2
−	−	100.0	15.5	6.0	8.6	0.9	−	84.5	0.9	25.9	0.9	56.9	−	−
18	−	100.0	11.4	7.1	4.3	−	−	88.6	18.6	24.3	20.0	−	25.7	−
−	2	100.0	15.4	9.2	6.2	−	−	81.5	26.2	44.6	10.8	−	−	3.1

実　数（人）

性　、 体重・身長・ 子どもの体型	総数	平日の起床時間 午前5時前	午前5時～5時29分	午前5時30分～5時59分	午前6時～6時29分	午前6時30分～6時59分	午前7時～7時29分	午前7時30分～7時59分	午前8時～8時29分	午前8時30分～8時59分	午前9時以降
体重　総数	28 810	220	510	1 534	6 219	9 021	8 438	2 059	200	42	60
40.0kg未満	931	5	15	67	202	294	268	58	4	1	4
40.0～45.0kg未満	3 880	21	70	202	866	1 264	1 104	247	26	4	11
45.0～50.0kg未満	7 032	52	101	385	1 635	2 229	2 012	463	39	9	13
50.0～55.0kg未満	7 207	51	131	387	1 543	2 274	2 140	522	49	13	14
55.0～60.0kg未満	4 410	31	92	216	927	1 392	1 296	341	31	4	5
60.0kg以上	4 703	55	88	247	934	1 413	1 449	369	46	8	11
不詳	647	5	13	30	112	155	169	59	5	3	2
男児	14 796	122	238	694	2 876	4 420	4 611	1 347	139	22	32
40.0kg未満	256	1	4	10	58	69	79	25	4	－	3
40.0～45.0kg未満	1 119	8	16	46	209	350	336	113	14	1	6
45.0～50.0kg未満	2 549	16	30	108	504	750	827	234	24	4	4
50.0～55.0kg未満	3 812	29	70	191	756	1 151	1 177	339	32	6	9
55.0～60.0kg未満	2 949	20	47	130	597	898	904	275	24	3	1
60.0kg以上	3 795	45	64	196	709	1 137	1 203	323	38	6	8
不詳	316	3	7	13	43	65	85	38	3	2	1
女児	14 014	98	272	840	3 343	4 601	3 827	712	61	20	28
40.0kg未満	675	4	11	57	144	225	189	33	－	1	1
40.0～45.0kg未満	2 761	13	54	156	657	914	768	134	12	3	5
45.0～50.0kg未満	4 483	36	71	277	1 131	1 479	1 185	229	15	5	9
50.0～55.0kg未満	3 395	22	61	196	787	1 123	963	183	17	7	5
55.0～60.0kg未満	1 461	11	45	86	330	494	392	66	7	1	4
60.0kg以上	908	10	24	51	225	276	246	46	8	2	3
不詳	331	2	6	17	69	90	84	21	2	1	1
身長　総数	28 810	220	510	1 534	6 219	9 021	8 438	2 059	200	42	60
150cm未満	1 183	8	30	81	304	385	306	49	1	1	1
150～155cm未満	3 923	32	65	223	966	1 273	1 080	204	18	4	5
155～160cm未満	6 064	46	100	365	1 322	2 041	1 665	390	33	7	15
160～165cm未満	6 493	44	123	344	1 414	2 017	1 930	439	49	8	17
165～170cm未満	5 302	43	105	252	1 080	1 601	1 635	440	43	11	16
170cm以上	5 364	44	76	246	1 057	1 601	1 703	491	51	8	5
不詳	481	3	11	23	76	103	119	46	5	3	1
男児	14 796	122	238	694	2 876	4 420	4 611	1 347	139	22	32
150cm未満	109	－	1	3	27	27	36	13	－	－	－
150～155cm未満	349	6	4	10	71	124	99	30	1	－	－
155～160cm未満	1 182	6	19	53	225	394	342	105	9	1	6
160～165cm未満	3 252	26	53	174	634	950	1 019	279	38	4	7
165～170cm未満	4 430	37	80	207	871	1 326	1 390	402	37	8	13
170cm以上	5 216	44	74	236	1 016	1 549	1 668	486	49	7	5
不詳	258	3	7	11	32	50	57	32	5	2	1
女児	14 014	98	272	840	3 343	4 601	3 827	712	61	20	28
150cm未満	1 074	8	29	78	277	358	270	36	1	1	1
150～155cm未満	3 574	26	61	213	895	1 149	981	174	17	4	5
155～160cm未満	4 882	40	81	312	1 097	1 647	1 323	285	24	6	9
160～165cm未満	3 241	18	70	170	780	1 067	911	160	11	4	10
165～170cm未満	872	6	25	45	209	275	245	38	6	3	3
170cm以上	148	－	2	10	41	52	35	5	2	1	－
不詳	223	－	4	12	44	53	62	14	－	1	－
体型　総数	28 810	220	510	1 534	6 219	9 021	8 438	2 059	200	42	60
低体重（痩せ型）	9 224	61	150	452	2 017	2 822	2 749	716	69	14	26
普通体重	17 773	137	327	982	3 867	5 708	5 154	1 205	109	24	28
肥満（1度）	948	14	17	61	177	280	299	64	11	1	4
肥満（2度）	156	3	2	4	37	47	46	6	4	－	－
肥満（3度）	16	－	－	2	4	3	3	3	－	－	－
肥満（4度）	1	－	－	－	－	－	1	－	－	－	－
不詳	692	5	14	33	117	161	186	65	7	3	2
男児	14 796	122	238	694	2 876	4 420	4 611	1 347	139	22	32
低体重（痩せ型）	5 206	39	73	218	1 064	1 515	1 637	496	54	8	16
普通体重	8 584	69	149	432	1 650	2 646	2 653	758	72	12	13
肥満（1度）	549	9	7	28	91	155	191	47	5	－	2
肥満（2度）	109	2	1	1	25	35	35	3	3	－	－
肥満（3度）	9	－	－	－	1	2	2	3	－	－	－
肥満（4度）	－	－	－	－	－	－	－	－	－	－	－
不詳	339	3	8	15	45	67	93	40	5	2	1
女児	14 014	98	272	840	3 343	4 601	3 827	712	61	20	28
低体重（痩せ型）	4 018	22	77	234	953	1 307	1 112	220	15	6	10
普通体重	9 189	68	178	550	2 217	3 062	2 501	447	37	12	15
肥満（1度）	399	5	10	33	86	125	108	17	6	1	2
肥満（2度）	47	1	1	3	12	12	11	3	1	－	－
肥満（3度）	7	－	－	2	3	1	1	－	－	－	－
肥満（4度）	1	－	－	－	－	－	1	－	－	－	－
不詳	353	2	6	18	72	94	93	25	2	1	1

性、体重・身長・子どもの体型、平日－日曜日の起床時間別（２－１）

第15回調査（平成28年）

		日曜日の起床時間											
時間が不規則	不詳	午前5時前	午前5時～5時29分	午前5時30分～5時59分	午前6時～6時29分	午前6時30分～6時59分	午前7時～7時29分	午前7時30分～7時59分	午前8時～8時29分	午前8時30分～8時59分	午前9時以降	時間が不規則	不詳
394	113	120	226	514	1 691	2 186	4 208	3 287	4 713	2 410	3 753	5 512	190
13	－	1	4	9	55	78	124	104	164	72	130	185	5
61	4	11	24	50	198	268	580	431	609	348	548	802	11
87	7	28	38	95	373	492	1 018	851	1 165	648	948	1 357	19
72	11	32	59	137	409	529	1 094	836	1 201	599	915	1 367	29
63	12	16	45	95	287	358	642	517	752	327	528	823	20
70	13	29	52	117	345	416	672	496	743	369	597	828	39
28	66	3	4	11	24	45	78	52	79	47	87	150	67
221	74	88	144	337	1 052	1 247	2 218	1 683	2 385	1 187	1 826	2 493	136
3	－	－	2	2	19	23	34	31	45	16	29	53	2
19	1	7	8	20	69	93	182	118	164	88	158	209	3
46	2	16	17	45	169	181	365	292	412	231	357	449	15
45	7	23	38	90	258	313	622	457	629	315	431	617	19
41	9	14	32	70	220	263	433	339	526	213	328	494	17
53	13	27	45	102	304	355	543	418	574	300	482	608	37
14	42	1	2	8	13	19	39	28	35	24	41	63	43
173	39	32	82	177	639	939	1 990	1 604	2 328	1 223	1 927	3 019	54
10	－	1	2	7	36	55	90	73	119	56	101	132	3
42	3	4	16	30	129	175	398	313	445	260	390	593	8
41	5	12	21	50	204	311	653	559	753	417	591	908	4
27	4	9	21	47	151	216	472	379	572	284	484	750	10
22	3	2	13	25	67	95	209	178	226	114	200	329	3
17	－	2	7	15	41	61	129	78	169	69	115	220	2
14	24	2	2	3	11	26	39	24	44	23	46	87	24
394	113	120	226	514	1 691	2 186	4 208	3 287	4 713	2 410	3 753	5 512	190
15	2	3	8	13	61	104	178	121	195	95	148	252	5
52	1	10	24	46	191	250	535	448	671	336	552	854	6
74	6	23	41	74	296	425	894	714	1 029	535	760	1 262	11
99	9	29	47	128	384	493	936	766	1 017	544	883	1 240	26
64	12	30	54	110	359	429	811	607	865	396	683	922	36
65	17	24	49	136	381	449	801	592	888	467	666	873	38
25	66	1	3	7	19	36	53	39	48	37	61	109	68
221	74	88	144	337	1 052	1 247	2 218	1 683	2 385	1 187	1 826	2 493	136
2	－	－	－	2	9	10	15	15	21	6	14	17	－
4	－	4	1	4	27	30	50	32	66	31	40	62	2
22	－	9	9	26	77	100	187	152	180	89	132	218	3
62	6	20	34	74	241	281	488	371	506	253	408	557	19
50	9	30	50	93	312	367	675	517	723	332	563	738	30
65	17	24	49	132	373	440	774	575	864	455	644	848	38
16	42	1	1	6	13	19	29	21	25	21	25	53	44
173	39	32	82	177	639	939	1 990	1 604	2 328	1 223	1 927	3 019	54
13	2	3	8	11	52	94	163	106	174	89	134	235	5
48	1	6	23	42	164	220	485	416	605	305	512	792	4
52	6	14	32	48	219	325	707	562	849	446	628	1 044	8
37	3	9	13	54	143	212	448	395	511	291	475	683	7
14	3	－	4	17	47	62	136	90	142	64	120	184	6
－	－	－	－	4	8	9	27	17	24	12	22	25	－
9	24	－	2	1	6	17	24	18	23	16	36	56	24
394	113	120	226	514	1 691	2 186	4 208	3 287	4 713	2 410	3 753	5 512	190
136	12	36	60	126	522	665	1 385	1 073	1 487	818	1 268	1 743	41
200	32	69	152	350	1 075	1 377	2 611	2 042	2 967	1 454	2 253	3 350	73
17	3	9	9	22	56	78	112	103	155	76	110	211	7
7	－	3	－	4	8	15	16	15	22	10	25	37	1
1	－	－	－	1	4	1	2	－	－	－	4	4	－
－	－	－	－	－	－	－	－	－	－	－	1	－	－
33	66	3	5	11	26	50	82	54	82	52	92	167	68
221	74	88	144	337	1 052	1 247	2 218	1 683	2 385	1 187	1 826	2 493	136
79	7	30	43	84	336	397	810	601	824	452	674	925	30
108	22	46	93	229	658	766	1 293	979	1 417	656	1 028	1 364	55
11	3	9	6	14	34	49	63	68	92	44	61	103	6
4	－	2	－	2	8	12	10	7	14	8	19	26	1
1	－	－	－	－	1	1	1	－	－	－	3	3	－
－	－	－	－	－	－	－	－	－	－	－	－	－	－
18	42	1	2	8	15	22	41	28	38	27	41	72	44
173	39	32	82	177	639	939	1 990	1 604	2 328	1 223	1 927	3 019	54
57	5	6	17	42	186	268	575	472	663	366	594	818	11
92	10	23	59	121	417	611	1 318	1 063	1 550	798	1 225	1 986	18
6	－	－	3	8	22	29	49	35	63	32	49	108	1
3	－	1	－	2	－	3	6	8	8	2	6	11	－
－	－	－	－	1	3	－	1	－	－	－	1	1	－
－	－	－	－	－	－	－	－	－	－	－	1	－	－
15	24	2	3	3	11	28	41	26	44	25	51	95	24

構成割合（%）

性　　、 体重・身長・ 子どもの体型	総　数	平日の起床時間 午　前 5時前	午前5時 ～ 5時29分	午前5時30分 ～ 5時59分	午前6時 ～ 6時29分	午前6時30分 ～ 6時59分	午前7時 ～ 7時29分	午前7時30分 ～ 7時59分	午前8時 ～ 8時29分	午前8時30分 ～ 8時59分	午　前 9時以降
体重　総数	100.0	0.8	1.8	5.3	21.6	31.3	29.3	7.1	0.7	0.1	0.2
40.0kg未満	100.0	0.5	1.6	7.2	21.7	31.6	28.8	6.2	0.4	0.1	0.4
40.0～45.0kg未満	100.0	0.5	1.8	5.2	22.3	32.6	28.5	6.4	0.7	0.1	0.3
45.0～50.0kg未満	100.0	0.7	1.4	5.5	23.3	31.7	28.6	6.6	0.6	0.1	0.2
50.0～55.0kg未満	100.0	0.7	1.8	5.4	21.4	31.6	29.7	7.2	0.7	0.2	0.2
55.0～60.0kg未満	100.0	0.7	2.1	4.9	21.0	31.6	29.4	7.7	0.7	0.1	0.1
60.0kg以上	100.0	1.2	1.9	5.3	19.9	30.0	30.8	7.8	1.0	0.2	0.2
不詳	100.0	0.8	2.0	4.6	17.3	24.0	26.1	9.1	0.8	0.5	0.3
男児	100.0	0.8	1.6	4.7	19.4	29.9	31.2	9.1	0.9	0.1	0.2
40.0kg未満	100.0	0.4	1.6	3.9	22.7	27.0	30.9	9.8	1.6	−	1.2
40.0～45.0kg未満	100.0	0.7	1.4	4.1	18.7	31.3	30.0	10.1	1.3	0.1	0.5
45.0～50.0kg未満	100.0	0.6	1.2	4.2	19.8	29.4	32.4	9.2	0.9	0.2	0.2
50.0～55.0kg未満	100.0	0.8	1.8	5.0	19.8	30.2	30.9	8.9	0.8	0.2	0.2
55.0～60.0kg未満	100.0	0.7	1.6	4.4	20.2	30.5	30.7	9.3	0.8	0.1	0.0
60.0kg以上	100.0	1.2	1.7	5.2	18.7	30.0	31.7	8.5	1.0	0.2	0.2
不詳	100.0	0.9	2.2	4.1	13.6	20.6	26.9	12.0	0.9	0.6	0.3
女児	100.0	0.7	1.9	6.0	23.9	32.8	27.3	5.1	0.4	0.1	0.2
40.0kg未満	100.0	0.6	1.6	8.4	21.3	33.3	28.0	4.9	−	0.1	0.1
40.0～45.0kg未満	100.0	0.5	2.0	5.7	23.8	33.1	27.8	4.9	0.4	0.1	0.2
45.0～50.0kg未満	100.0	0.8	1.6	6.2	25.2	33.0	26.4	5.1	0.3	0.1	0.2
50.0～55.0kg未満	100.0	0.6	1.8	5.8	23.2	33.1	28.4	5.4	0.5	0.2	0.1
55.0～60.0kg未満	100.0	0.8	3.1	5.9	22.6	33.8	26.8	4.5	0.5	0.1	0.3
60.0kg以上	100.0	1.1	2.6	5.6	24.8	30.4	27.1	5.1	0.9	0.2	0.3
不詳	100.0	0.6	1.8	5.1	20.8	27.2	25.4	6.3	0.6	0.3	0.3
身長　総数	100.0	0.8	1.8	5.3	21.6	31.3	29.3	7.1	0.7	0.1	0.2
150cm未満	100.0	0.7	2.5	6.8	25.7	32.5	25.9	4.1	0.1	0.1	0.1
150～155cm未満	100.0	0.8	1.7	5.7	24.6	32.4	27.5	5.2	0.5	0.1	0.1
155～160cm未満	100.0	0.8	1.6	6.0	21.8	33.7	27.5	6.4	0.5	0.1	0.2
160～165cm未満	100.0	0.7	1.9	5.3	21.8	31.1	29.7	6.8	0.8	0.1	0.3
165～170cm未満	100.0	0.8	2.0	4.8	20.4	30.2	30.8	8.3	0.8	0.2	0.3
170cm以上	100.0	0.8	1.4	4.6	19.7	29.8	31.7	9.2	1.0	0.1	0.1
不詳	100.0	0.6	2.3	4.8	15.8	21.4	24.7	9.6	1.0	0.6	0.2
男児	100.0	0.8	1.6	4.7	19.4	29.9	31.2	9.1	0.9	0.1	0.2
150cm未満	100.0	−	0.9	2.8	24.8	24.8	33.0	11.9	−	−	−
150～155cm未満	100.0	1.7	1.1	2.9	20.3	35.5	28.4	8.6	0.3	−	−
155～160cm未満	100.0	0.5	1.6	4.5	19.0	33.3	28.9	8.9	0.8	0.1	0.5
160～165cm未満	100.0	0.8	1.6	5.4	19.5	29.2	31.3	8.6	1.2	0.1	0.2
165～170cm未満	100.0	0.8	1.8	4.7	19.7	29.9	31.4	9.1	0.8	0.2	0.3
170cm以上	100.0	0.8	1.4	4.5	19.5	29.7	32.0	9.3	0.9	0.1	0.1
不詳	100.0	1.2	2.7	4.3	12.4	19.4	22.1	12.4	1.9	0.8	0.4
女児	100.0	0.7	1.9	6.0	23.9	32.8	27.3	5.1	0.4	0.1	0.2
150cm未満	100.0	0.7	2.7	7.3	25.8	33.3	25.1	3.4	0.1	0.1	0.1
150～155cm未満	100.0	0.7	1.7	6.0	25.0	32.1	27.4	4.9	0.5	0.1	0.1
155～160cm未満	100.0	0.8	1.7	6.4	22.5	33.7	27.1	5.8	0.5	0.1	0.2
160～165cm未満	100.0	0.6	2.2	5.2	24.1	32.9	28.1	4.9	0.3	0.1	0.3
165～170cm未満	100.0	0.7	2.9	5.2	24.0	31.5	28.1	4.4	0.7	0.3	0.3
170cm以上	100.0	−	1.4	6.8	27.7	35.1	23.6	3.4	1.4	0.7	−
不詳	100.0	−	1.8	5.4	19.7	23.8	27.8	6.3	−	0.4	−
体型　総数	100.0	0.8	1.8	5.3	21.6	31.3	29.3	7.1	0.7	0.1	0.2
低体重（痩せ型）	100.0	0.7	1.6	4.9	21.9	30.6	29.8	7.8	0.7	0.2	0.3
普通体重	100.0	0.8	1.8	5.5	21.8	32.1	29.0	6.8	0.6	0.1	0.2
肥満（1度）	100.0	1.5	1.8	6.4	18.7	29.5	31.5	6.8	1.2	0.1	0.4
肥満（2度）	100.0	1.9	1.3	2.6	23.7	30.1	29.5	3.8	2.6	−	−
肥満（3度）	100.0	−	−	12.5	25.0	18.8	18.8	18.8	−	−	−
肥満（4度）	100.0	−	−	−	−	−	100.0	−	−	−	−
不詳	100.0	0.7	2.0	4.8	16.9	23.3	26.9	9.4	1.0	0.4	0.3
男児	100.0	0.8	1.6	4.7	19.4	29.9	31.2	9.1	0.9	0.1	0.2
低体重（痩せ型）	100.0	0.7	1.4	4.2	20.4	29.1	31.4	9.5	1.0	0.2	0.3
普通体重	100.0	0.8	1.7	5.0	19.2	30.8	30.9	8.8	0.8	0.1	0.2
肥満（1度）	100.0	1.6	1.3	5.1	16.6	28.2	34.8	8.6	0.9	−	0.4
肥満（2度）	100.0	1.8	0.9	0.9	22.9	32.1	32.1	2.8	2.8	−	−
肥満（3度）	100.0	−	−	−	11.1	22.2	22.2	33.3	−	−	−
肥満（4度）	−	−	−	−	−	−	−	−	−	−	−
不詳	100.0	0.9	2.4	4.4	13.3	19.8	27.4	11.8	1.5	0.6	0.3
女児	100.0	0.7	1.9	6.0	23.9	32.8	27.3	5.1	0.4	0.1	0.2
低体重（痩せ型）	100.0	0.5	1.9	5.8	23.7	32.5	27.7	5.5	0.4	0.1	0.2
普通体重	100.0	0.7	1.9	6.0	24.1	33.3	27.2	4.9	0.4	0.1	0.2
肥満（1度）	100.0	1.3	2.5	8.3	21.6	31.3	27.1	4.3	1.5	0.3	0.5
肥満（2度）	100.0	2.1	2.1	6.4	25.5	25.5	23.4	6.4	2.1	−	−
肥満（3度）	100.0	−	−	28.6	42.9	14.3	14.3	−	−	−	−
肥満（4度）	100.0	−	−	−	−	−	100.0	−	−	−	−
不詳	100.0	0.6	1.7	5.1	20.4	26.6	26.3	7.1	0.6	0.3	0.3

性、体重・身長・子どもの体型、平日－日曜日の起床時間別（２－２）

第15回調査（平成28年）

		日曜日の起床時間											
時間が不規則	不　詳	午　前 ５時前	午前５時 ～ ５時29分	午前５時30分 ～ ５時59分	午前６時 ～ ６時29分	午前６時30分 ～ ６時59分	午前７時 ～ ７時29分	午前７時30分 ～ ７時59分	午前８時 ～ ８時29分	午前８時30分 ～ ８時59分	午　前 ９時以降	時間が 不規則	不　詳
1.4	0.4	0.4	0.8	1.8	5.9	7.6	14.6	11.4	16.4	8.4	13.0	19.1	0.7
1.4	−	0.1	0.4	1.0	5.9	8.4	13.3	11.2	17.6	7.7	14.0	19.9	0.5
1.6	0.1	0.3	0.6	1.3	5.1	6.9	14.9	11.1	15.7	9.0	14.1	20.7	0.3
1.2	0.1	0.4	0.5	1.4	5.3	7.0	14.5	12.1	16.6	9.2	13.5	19.3	0.3
1.0	0.2	0.4	0.8	1.9	5.7	7.3	15.2	11.6	16.7	8.3	12.7	19.0	0.4
1.4	0.3	0.4	1.0	2.2	6.5	8.1	14.6	11.7	17.1	7.4	12.0	18.7	0.5
1.5	0.3	0.6	1.1	2.5	7.3	8.8	14.3	10.5	15.8	7.8	12.7	17.6	0.8
4.3	10.2	0.5	0.6	1.7	3.7	7.0	12.1	8.0	12.2	7.3	13.4	23.2	10.4
1.5	0.5	0.6	1.0	2.3	7.1	8.4	15.0	11.4	16.1	8.0	12.3	16.8	0.9
1.2	−	−	0.8	0.8	7.4	9.0	13.3	12.1	17.6	6.3	11.3	20.7	0.8
1.7	0.1	0.6	0.7	1.8	6.2	8.3	16.3	10.5	14.7	7.9	14.1	18.7	0.3
1.8	0.1	0.6	0.7	1.8	6.6	7.1	14.3	11.5	16.2	9.1	14.0	17.6	0.6
1.2	0.2	0.6	1.0	2.4	6.8	8.2	16.3	12.0	16.5	8.3	11.3	16.2	0.5
1.4	0.3	0.5	1.1	2.4	7.5	8.9	14.7	11.5	17.8	7.2	11.1	16.8	0.6
1.4	0.3	0.7	1.2	2.7	8.0	9.4	14.3	11.0	15.1	7.9	12.7	16.0	1.0
4.4	13.3	0.3	0.6	2.5	4.1	6.0	12.3	8.9	11.1	7.6	13.0	19.9	13.6
1.2	0.3	0.2	0.6	1.3	4.6	6.7	14.2	11.4	16.6	8.7	13.8	21.5	0.4
1.5	−	0.1	0.3	1.0	5.3	8.1	13.3	10.8	17.6	8.3	15.0	19.6	0.4
1.5	0.1	0.1	0.6	1.1	4.7	6.3	14.4	11.3	16.1	9.4	14.1	21.5	0.3
0.9	0.1	0.3	0.5	1.1	4.6	6.9	14.6	12.5	16.8	9.3	13.2	20.3	0.1
0.8	0.1	0.3	0.6	1.4	4.4	6.4	13.9	11.2	16.8	8.4	14.3	22.1	0.3
1.5	0.2	0.1	0.9	1.7	4.6	6.5	14.3	12.2	15.5	7.8	13.7	22.5	0.2
1.9	−	0.2	0.8	1.7	4.5	6.7	14.2	8.6	18.6	7.6	12.7	24.2	0.2
4.2	7.3	0.6	0.6	0.9	3.3	7.9	11.8	7.3	13.3	6.9	13.9	26.3	7.3
1.4	0.4	0.4	0.8	1.8	5.9	7.6	14.6	11.4	16.4	8.4	13.0	19.1	0.7
1.3	0.2	0.3	0.7	1.1	5.2	8.8	15.0	10.2	16.5	8.0	12.5	21.3	0.4
1.3	0.0	0.3	0.6	1.2	4.9	6.4	13.6	11.4	17.1	8.6	14.1	21.8	0.2
1.2	0.1	0.4	0.7	1.2	4.9	7.0	14.7	11.8	17.0	8.8	12.5	20.8	0.2
1.5	0.1	0.4	0.7	2.0	5.9	7.6	14.4	11.8	15.7	8.4	13.6	19.1	0.4
1.2	0.2	0.6	1.0	2.1	6.8	8.1	15.3	11.4	16.3	7.5	12.9	17.4	0.7
1.2	0.3	0.4	0.9	2.5	7.1	8.4	14.9	11.0	16.6	8.7	12.4	16.3	0.7
5.2	13.7	0.2	0.6	1.5	4.0	7.5	11.0	8.1	10.0	7.7	12.7	22.7	14.1
1.5	0.5	0.6	1.0	2.3	7.1	8.4	15.0	11.4	16.1	8.0	12.3	16.8	0.9
1.8	−	−	−	1.8	8.3	9.2	13.8	13.8	19.3	5.5	12.8	15.6	−
1.1	−	1.1	0.3	1.1	7.7	8.6	14.3	9.2	18.9	8.9	11.5	17.8	0.6
1.9	−	0.8	0.8	2.2	6.5	8.5	15.8	12.9	15.2	7.5	11.2	18.4	0.3
1.9	0.2	0.6	1.0	2.3	7.4	8.6	15.0	11.4	15.6	7.8	12.5	17.1	0.6
1.1	0.2	0.7	1.1	2.1	7.0	8.3	15.2	11.7	16.3	7.5	12.7	16.7	0.7
1.2	0.3	0.5	0.9	2.5	7.2	8.4	14.8	11.0	16.6	8.7	12.3	16.3	0.7
6.2	16.3	0.4	0.4	2.3	5.0	7.4	11.2	8.1	9.7	8.1	9.7	20.5	17.1
1.2	0.3	0.2	0.6	1.3	4.6	6.7	14.2	11.4	16.6	8.7	13.8	21.5	0.4
1.2	0.2	0.3	0.7	1.0	4.8	8.8	15.2	9.9	16.2	8.3	12.5	21.9	0.5
1.3	0.0	0.2	0.6	1.2	4.6	6.2	13.6	11.6	16.9	8.5	14.3	22.2	0.1
1.1	0.1	0.3	0.7	1.0	4.5	6.7	14.5	11.5	17.4	9.1	12.9	21.4	0.2
1.1	0.1	0.3	0.4	1.7	4.4	6.5	13.8	12.2	15.8	9.0	14.7	21.1	0.2
1.6	0.3	−	0.5	1.9	5.4	7.1	15.6	10.3	16.3	7.3	13.8	21.1	0.7
−	−	−	−	2.7	5.4	6.1	18.2	11.5	16.2	8.1	14.9	16.9	−
4.0	10.8	−	0.9	0.4	2.7	7.6	10.8	8.1	10.3	7.2	16.1	25.1	10.8
1.4	0.4	0.4	0.8	1.8	5.9	7.6	14.6	11.4	16.4	8.4	13.0	19.1	0.7
1.5	0.1	0.4	0.7	1.4	5.7	7.2	15.0	11.6	16.1	8.9	13.7	18.9	0.4
1.1	0.2	0.4	0.9	2.0	6.0	7.7	14.7	11.5	16.7	8.2	12.7	18.8	0.4
1.8	0.3	0.9	0.9	2.3	5.9	8.2	11.8	10.9	16.4	8.0	11.6	22.3	0.7
4.5	−	1.9	−	2.6	5.1	9.6	10.3	9.6	14.1	6.4	16.0	23.7	0.6
6.3	−	−	−	6.3	25.0	6.3	12.5	−	−	−	25.0	25.0	−
−	−	−	−	−	−	−	−	−	−	−	100.0	−	−
4.8	9.5	0.4	0.7	1.6	3.8	7.2	11.8	7.8	11.8	7.5	13.3	24.1	9.8
1.5	0.5	0.6	1.0	2.3	7.1	8.4	15.0	11.4	16.1	8.0	12.3	16.8	0.9
1.5	0.1	0.6	0.8	1.6	6.5	7.6	15.6	11.5	15.8	8.7	12.9	17.8	0.6
1.3	0.3	0.5	1.1	2.7	7.7	8.9	15.1	11.4	16.5	7.6	12.0	15.9	0.6
2.0	0.5	1.6	1.1	2.6	6.2	8.9	11.5	12.4	16.8	8.0	11.1	18.8	1.1
3.7	−	1.8	−	1.8	7.3	11.0	9.2	6.4	12.8	7.3	17.4	23.9	0.9
11.1	−	−	−	−	11.1	11.1	11.1	−	−	−	33.3	33.3	−
−	−	−	−	−	−	−	−	−	−	−	−	−	−
5.3	12.4	0.3	0.6	2.4	4.4	6.5	12.1	8.3	11.2	8.0	12.1	21.2	13.0
1.2	0.3	0.2	0.6	1.3	4.6	6.7	14.2	11.4	16.6	8.7	13.8	21.5	0.4
1.4	0.1	0.1	0.4	1.0	4.6	6.7	14.3	11.7	16.5	9.1	14.8	20.4	0.3
1.0	0.1	0.3	0.6	1.3	4.5	6.6	14.3	11.6	16.9	8.7	13.3	21.6	0.2
1.5	−	−	0.8	2.0	5.5	7.3	12.3	8.8	15.8	8.0	12.3	27.1	0.3
6.4	−	2.1	−	4.3	−	6.4	12.8	17.0	17.0	4.3	12.8	23.4	−
−	−	−	−	14.3	42.9	−	14.3	−	−	−	14.3	14.3	−
−	−	−	−	−	−	−	−	−	−	−	100.0	−	−
4.2	6.8	0.6	0.8	0.8	3.1	7.9	11.6	7.4	12.5	7.1	14.4	26.9	6.8

第24表　子ども数・構成割合,

実　数（人）

性、体重・身長・子どもの体型	総数	平日の就寝時間									
		午後9時前	午後9時～9時29分	午後9時30分～9時59分	午後10時～10時29分	午後10時30分～10時59分	午後11時～11時29分	午後11時30分～11時59分	午前0時～0時29分	午前0時30分～0時59分	午前1時以降
体重　総数	28 810	70	323	597	2 192	3 765	6 367	5 630	4 478	1 830	1 274
40.0kg未満	931	4	23	23	87	116	197	179	135	52	44
40.0～45.0kg未満	3 880	5	39	81	271	482	858	763	664	267	159
45.0～50.0kg未満	7 032	18	68	140	524	905	1 563	1 375	1 127	462	335
50.0～55.0kg未満	7 207	12	76	146	526	925	1 592	1 436	1 137	461	328
55.0～60.0kg未満	4 410	12	42	81	368	598	998	851	664	273	180
60.0kg以上	4 703	19	64	108	371	677	1 041	940	656	266	210
不詳	647	-	11	18	45	62	118	86	95	49	18
男児	14 796	43	195	356	1 272	2 098	3 460	2 863	2 018	772	597
40.0kg未満	256	1	8	10	29	41	65	41	21	11	10
40.0～45.0kg未満	1 119	1	17	32	110	168	258	206	171	42	38
45.0～50.0kg未満	2 549	11	38	62	217	342	637	488	331	134	105
50.0～55.0kg未満	3 812	8	45	94	318	526	904	770	513	198	154
55.0～60.0kg未満	2 949	6	28	57	268	446	676	553	425	152	117
60.0kg以上	3 795	16	53	90	303	544	860	767	514	214	166
不詳	316	-	6	11	27	31	60	38	43	21	7
女児	14 014	27	128	241	920	1 667	2 907	2 767	2 460	1 058	677
40.0kg未満	675	3	15	13	58	75	132	138	114	41	34
40.0～45.0kg未満	2 761	4	22	49	161	314	600	557	493	225	121
45.0～50.0kg未満	4 483	7	30	78	307	563	926	887	796	328	230
50.0～55.0kg未満	3 395	4	31	52	208	399	688	666	624	263	174
55.0～60.0kg未満	1 461	6	14	24	100	152	322	298	239	121	63
60.0kg以上	908	3	11	18	68	133	181	173	142	52	44
不詳	331	-	5	7	18	31	58	48	52	28	11
身長　総数	28 810	70	323	597	2 192	3 765	6 367	5 630	4 478	1 830	1 274
150cm未満	1 183	7	25	41	105	141	220	211	196	83	52
150～155cm未満	3 923	6	38	63	272	476	838	788	654	280	176
155～160cm未満	6 064	16	63	117	440	734	1 283	1 179	1 038	438	280
160～165cm未満	6 493	5	72	132	503	850	1 454	1 280	1 019	408	282
165～170cm未満	5 302	21	60	107	401	731	1 260	1 042	763	285	231
170cm以上	5 364	15	58	122	435	789	1 232	1 059	750	306	234
不詳	481	-	7	15	36	44	80	71	58	30	19
男児	14 796	43	195	356	1 272	2 098	3 460	2 863	2 018	772	597
150cm未満	109	1	5	5	19	18	18	18	12	5	2
150～155cm未満	349	-	15	12	41	50	89	66	35	13	8
155～160cm未満	1 182	4	19	38	128	169	279	202	154	51	43
160～165cm未満	3 252	5	43	85	293	456	745	651	444	167	124
165～170cm未満	4 430	19	51	89	344	617	1 076	868	615	229	185
170cm以上	5 216	14	56	116	425	766	1 207	1 023	732	294	228
不詳	258	-	6	11	22	22	46	35	26	13	7
女児	14 014	27	128	241	920	1 667	2 907	2 767	2 460	1 058	677
150cm未満	1 074	6	20	36	86	123	202	193	184	78	50
150～155cm未満	3 574	6	23	51	231	426	749	722	619	267	168
155～160cm未満	4 882	12	44	79	312	565	1 004	977	884	387	237
160～165cm未満	3 241	-	29	47	210	394	709	629	575	241	158
165～170cm未満	872	2	9	18	57	114	184	174	148	56	46
170cm以上	148	1	2	6	10	23	25	36	18	12	6
不詳	223	-	1	4	14	22	34	36	32	17	12
体型　総数	28 810	70	323	597	2 192	3 765	6 367	5 630	4 478	1 830	1 274
低体重（痩せ型）	9 224	25	120	205	695	1 218	2 115	1 809	1 387	553	417
普通体重	17 773	39	167	344	1 357	2 323	3 903	3 508	2 845	1 159	778
肥満（1度）	948	6	23	23	72	131	193	191	129	55	43
肥満（2度）	156	-	2	6	14	26	32	22	14	10	10
肥満（3度）	16	-	-	1	3	2	2	2	2	2	1
肥満（4度）	1	-	-	-	1	-	-	-	-	-	-
不詳	692	-	11	18	50	65	122	98	101	51	25
男児	14 796	43	195	356	1 272	2 098	3 460	2 863	2 018	772	597
低体重（痩せ型）	5 206	17	81	134	419	749	1 266	995	688	264	211
普通体重	8 584	24	93	192	771	1 230	1 988	1 692	1 196	448	344
肥満（1度）	549	2	14	13	45	72	122	111	76	29	21
肥満（2度）	109	-	1	6	7	14	21	18	11	7	10
肥満（3度）	9	-	-	-	-	1	1	1	2	2	1
肥満（4度）	-	-	-	-	-	-	-	-	-	-	-
不詳	339	-	6	11	30	32	62	46	45	22	10
女児	14 014	27	128	241	920	1 667	2 907	2 767	2 460	1 058	677
低体重（痩せ型）	4 018	8	39	71	276	469	849	814	699	289	206
普通体重	9 189	15	74	152	586	1 093	1 915	1 816	1 649	711	434
肥満（1度）	399	4	9	10	27	59	71	80	53	26	22
肥満（2度）	47	-	1	-	7	12	11	4	3	3	-
肥満（3度）	7	-	-	1	3	1	1	1	-	-	-
肥満（4度）	1	-	-	-	1	-	-	-	-	-	-
不詳	353	-	5	7	20	33	60	52	56	29	15

第15回調査（平成28年）

		土曜日の就寝時間											
時間が不規則	不詳	午後9時前	午後9時～9時29分	午後9時30分～9時59分	午後10時～10時29分	午後10時30分～10時59分	午後11時～11時29分	午後11時30分～11時59分	午前0時～0時29分	午前0時30分～0時59分	午前1時以降	時間が不規則	不詳
2 157	127	48	221	419	1 484	2 863	5 212	5 395	4 477	2 119	1 912	4 476	184
71	–	4	13	17	58	100	179	162	140	47	68	137	6
285	6	6	25	61	190	334	709	764	645	311	229	600	6
504	11	8	55	91	350	696	1 294	1 350	1 077	537	475	1 082	17
554	14	10	50	100	353	744	1 268	1 359	1 163	543	455	1 134	28
328	15	6	27	62	250	435	832	818	681	315	306	656	22
337	14	14	43	76	257	503	844	855	689	328	332	725	37
78	67	–	8	12	26	51	86	87	82	38	47	142	68
1 041	81	33	134	276	904	1 629	2 895	2 740	2 083	969	910	2 087	136
19	–	1	4	8	24	36	49	40	30	7	14	40	3
73	3	2	12	29	82	112	223	202	167	63	56	168	3
180	4	5	29	45	146	272	538	489	334	158	155	366	12
275	7	8	32	72	220	439	747	735	558	256	211	514	20
210	11	3	18	48	194	325	599	536	426	201	185	395	19
254	14	14	35	67	220	417	697	695	525	267	272	550	36
30	42	–	4	7	18	28	42	43	43	17	17	54	43
1 116	46	15	87	143	580	1 234	2 317	2 655	2 394	1 150	1 002	2 389	48
52	–	3	9	9	34	64	130	122	110	40	54	97	3
212	3	4	13	32	108	222	486	562	478	248	173	432	3
324	7	3	26	46	204	424	756	861	743	379	320	716	5
279	7	2	18	28	133	305	521	624	605	287	244	620	8
118	4	3	9	14	56	110	233	282	255	114	121	261	3
83	–	–	8	9	37	86	147	160	164	61	60	175	1
48	25	–	4	5	8	23	44	44	39	21	30	88	25
2 157	127	48	221	419	1 484	2 863	5 212	5 395	4 477	2 119	1 912	4 476	184
101	1	4	16	29	71	122	190	203	174	90	75	205	4
330	2	2	21	38	159	362	677	738	652	308	262	700	4
465	11	9	48	66	287	548	1 013	1 155	1 027	491	433	972	15
475	13	6	47	95	361	645	1 184	1 236	993	462	418	1 023	23
387	14	17	40	91	267	568	1 051	1 021	789	361	319	748	30
345	19	10	44	90	317	580	1 038	975	786	384	370	731	39
54	67	–	5	10	22	38	59	67	56	23	35	97	69
1 041	81	33	134	276	904	1 629	2 895	2 740	2 083	969	910	2 087	136
6	–	–	3	8	11	17	20	17	11	6	5	11	–
20	–	–	10	10	31	41	67	77	33	17	14	46	3
92	3	3	14	26	89	135	232	203	171	67	64	171	7
231	8	5	25	61	220	361	629	615	441	199	185	492	19
327	10	16	36	78	229	491	899	851	630	297	268	610	25
337	18	9	42	86	309	561	1 017	943	766	372	361	712	38
28	42	–	4	7	15	23	31	34	31	11	13	45	44
1 116	46	15	87	143	580	1 234	2 317	2 655	2 394	1 150	1 002	2 389	48
95	1	4	13	21	60	105	170	186	163	84	70	194	4
310	2	2	11	28	128	321	610	661	619	291	248	654	1
373	8	6	34	40	198	413	781	952	856	424	369	801	8
244	5	1	22	34	141	284	555	621	552	263	233	531	4
60	4	1	4	13	38	77	152	170	159	64	51	138	5
8	1	1	2	4	8	19	21	32	20	12	9	19	1
26	25	–	1	3	7	15	28	33	25	12	22	52	25
2 157	127	48	221	419	1 484	2 863	5 212	5 395	4 477	2 119	1 912	4 476	184
662	18	20	83	150	471	934	1 780	1 760	1 405	646	593	1 346	36
1 311	39	26	116	238	924	1 762	3 179	3 351	2 823	1 351	1 183	2 748	72
79	3	2	13	15	48	94	133	170	148	68	68	183	6
20	–	–	1	3	11	16	28	18	11	13	14	40	1
1	–	–	–	1	1	2	3	1	2	–	2	4	–
–	–	–	–	–	–	1	–	–	–	–	–	–	–
84	67	–	8	12	29	54	89	95	88	41	52	155	69
1 041	81	33	134	276	904	1 629	2 895	2 740	2 083	969	910	2 087	136
372	10	13	55	105	308	574	1 054	970	722	318	313	748	26
580	26	19	66	151	540	960	1 694	1 608	1 229	576	532	1 149	60
41	3	1	9	10	30	54	87	102	79	45	33	94	5
14	–	–	–	3	7	11	15	12	7	10	11	32	1
1	–	–	–	–	–	1	1	–	1	–	2	4	–
–	–	–	–	–	–	–	–	–	–	–	–	–	–
33	42	–	4	7	19	29	44	48	45	20	19	60	44
1 116	46	15	87	143	580	1 234	2 317	2 655	2 394	1 150	1 002	2 389	48
290	8	7	28	45	163	360	726	790	683	328	280	598	10
731	13	7	50	87	384	802	1 485	1 743	1 594	775	651	1 599	12
38	–	1	4	5	18	40	46	68	69	23	35	89	1
6	–	–	1	–	4	5	13	6	4	3	3	8	–
–	–	–	–	1	1	1	2	1	1	–	–	–	–
–	–	–	–	–	–	1	–	–	–	–	–	–	–
51	25	–	4	5	10	25	45	47	43	21	33	95	25

第24表　子ども数・構成割合,

構成割合（%）

性、体重・身長・子どもの体型	総数	平日の就寝時間 午後9時前	午後9時～9時29分	午後9時30分～9時59分	午後10時～10時29分	午後10時30分～10時59分	午後11時～11時29分	午後11時30分～11時59分	午前0時～0時29分	午前0時30分～0時59分	午前1時以降
体重　総数	100.0	0.2	1.1	2.1	7.6	13.1	22.1	19.5	15.5	6.4	4.4
40.0kg未満	100.0	0.4	2.5	2.5	9.3	12.5	21.2	19.2	14.5	5.6	4.7
40.0～45.0kg未満	100.0	0.1	1.0	2.1	7.0	12.4	22.1	19.7	17.1	6.9	4.1
45.0～50.0kg未満	100.0	0.3	1.0	2.0	7.5	12.9	22.2	19.6	16.0	6.6	4.8
50.0～55.0kg未満	100.0	0.2	1.1	2.0	7.3	12.8	22.1	19.9	15.8	6.4	4.6
55.0～60.0kg未満	100.0	0.3	1.0	1.8	8.3	13.6	22.6	19.3	15.1	6.2	4.1
60.0kg以上	100.0	0.4	1.4	2.3	7.9	14.4	22.1	20.0	13.9	5.7	4.5
不詳	100.0	-	1.7	2.8	7.0	9.6	18.2	13.3	14.7	7.6	2.8
男児	100.0	0.3	1.3	2.4	8.6	14.2	23.4	19.3	13.6	5.2	4.0
40.0kg未満	100.0	0.4	3.1	3.9	11.3	16.0	25.4	16.0	8.2	4.3	3.9
40.0～45.0kg未満	100.0	0.1	1.5	2.9	9.8	15.0	23.1	18.4	15.3	3.8	3.4
45.0～50.0kg未満	100.0	0.4	1.5	2.4	8.5	13.4	25.0	19.1	13.0	5.3	4.1
50.0～55.0kg未満	100.0	0.2	1.2	2.5	8.3	13.8	23.7	20.2	13.5	5.2	4.0
55.0～60.0kg未満	100.0	0.2	0.9	1.9	9.1	15.1	22.9	18.8	14.4	5.2	4.0
60.0kg以上	100.0	0.4	1.4	2.4	8.0	14.3	22.7	20.2	13.5	5.6	4.4
不詳	100.0	-	1.9	3.5	8.5	9.8	19.0	12.0	13.6	6.6	2.2
女児	100.0	0.2	0.9	1.7	6.6	11.9	20.7	19.7	17.6	7.5	4.8
40.0kg未満	100.0	0.4	2.2	1.9	8.6	11.1	19.6	20.4	16.9	6.1	5.0
40.0～45.0kg未満	100.0	0.1	0.8	1.8	5.8	11.4	21.7	20.2	17.9	8.1	4.4
45.0～50.0kg未満	100.0	0.2	0.7	1.7	6.8	12.6	20.7	19.8	17.8	7.3	5.1
50.0～55.0kg未満	100.0	0.1	0.9	1.5	6.1	11.8	20.3	19.6	18.4	7.7	5.1
55.0～60.0kg未満	100.0	0.4	1.0	1.6	6.8	10.4	22.0	20.4	16.4	8.3	4.3
60.0kg以上	100.0	0.3	1.2	2.0	7.5	14.6	19.9	19.1	15.6	5.7	4.8
不詳	100.0	-	1.5	2.1	5.4	9.4	17.5	14.5	15.7	8.5	3.3
身長　総数	100.0	0.2	1.1	2.1	7.6	13.1	22.1	19.5	15.5	6.4	4.4
150cm未満	100.0	0.6	2.1	3.5	8.9	11.9	18.6	17.8	16.6	7.0	4.4
150～155cm未満	100.0	0.2	1.0	1.6	6.9	12.1	21.4	20.1	16.7	7.1	4.5
155～160cm未満	100.0	0.3	1.0	1.9	7.3	12.1	21.2	19.4	17.1	7.2	4.6
160～165cm未満	100.0	0.1	1.1	2.0	7.7	13.1	22.4	19.7	15.7	6.3	4.3
165～170cm未満	100.0	0.4	1.1	2.0	7.6	13.8	23.8	19.7	14.4	5.4	4.4
170cm以上	100.0	0.3	1.1	2.3	8.1	14.7	23.0	19.7	14.0	5.7	4.4
不詳	100.0	-	1.5	3.1	7.5	9.1	16.6	14.8	12.1	6.2	4.0
男児	100.0	0.3	1.3	2.4	8.6	14.2	23.4	19.3	13.6	5.2	4.0
150cm未満	100.0	0.9	4.6	4.6	17.4	16.5	16.5	16.5	11.0	4.6	1.8
150～155cm未満	100.0	-	4.3	3.4	11.7	14.3	25.5	18.9	10.0	3.7	2.3
155～160cm未満	100.0	0.3	1.6	3.2	10.8	14.3	23.6	17.1	13.0	4.3	3.6
160～165cm未満	100.0	0.2	1.3	2.6	9.0	14.0	22.9	20.0	13.7	5.1	3.8
165～170cm未満	100.0	0.4	1.2	2.0	7.8	13.9	24.3	19.6	13.9	5.2	4.2
170cm以上	100.0	0.3	1.1	2.2	8.1	14.7	23.1	19.6	14.0	5.6	4.4
不詳	100.0	-	2.3	4.3	8.5	8.5	17.8	13.6	10.1	5.0	2.7
女児	100.0	0.2	0.9	1.7	6.6	11.9	20.7	19.7	17.6	7.5	4.8
150cm未満	100.0	0.6	1.9	3.4	8.0	11.5	18.8	18.0	17.1	7.3	4.7
150～155cm未満	100.0	0.2	0.6	1.4	6.5	11.9	21.0	20.2	17.3	7.5	4.7
155～160cm未満	100.0	0.2	0.9	1.6	6.4	11.6	20.6	20.0	18.1	7.9	4.9
160～165cm未満	100.0	-	0.9	1.5	6.5	12.2	21.9	19.4	17.7	7.4	4.9
165～170cm未満	100.0	0.2	1.0	2.1	6.5	13.1	21.1	20.0	17.0	6.4	5.3
170cm以上	100.0	0.7	1.4	4.1	6.8	15.5	16.9	24.3	12.2	8.1	4.1
不詳	100.0	-	0.4	1.8	6.3	9.9	15.2	16.1	14.3	7.6	5.4
体型　総数	100.0	0.2	1.1	2.1	7.6	13.1	22.1	19.5	15.5	6.4	4.4
低体重（痩せ型）	100.0	0.3	1.3	2.2	7.5	13.2	22.9	19.6	15.0	6.0	4.5
普通体重	100.0	0.2	0.9	1.9	7.6	13.1	22.0	19.7	16.0	6.5	4.4
肥満（1度）	100.0	0.6	2.4	2.4	7.6	13.8	20.4	20.1	13.6	5.8	4.5
肥満（2度）	100.0	-	1.3	3.8	9.0	16.7	20.5	14.1	9.0	6.4	6.4
肥満（3度）	100.0	-	-	6.3	18.8	12.5	12.5	12.5	12.5	12.5	6.3
肥満（4度）	100.0	-	-	-	100.0	-	-	-	-	-	-
不詳	100.0	-	1.6	2.6	7.2	9.4	17.6	14.2	14.6	7.4	3.6
男児	100.0	0.3	1.3	2.4	8.6	14.2	23.4	19.3	13.6	5.2	4.0
低体重（痩せ型）	100.0	0.3	1.6	2.6	8.0	14.4	24.3	19.1	13.2	5.1	4.1
普通体重	100.0	0.3	1.1	2.2	9.0	14.3	23.2	19.7	13.9	5.2	4.0
肥満（1度）	100.0	0.4	2.6	2.4	8.2	13.1	22.2	20.2	13.8	5.3	3.8
肥満（2度）	100.0	-	0.9	5.5	6.4	12.8	19.3	16.5	10.1	6.4	9.2
肥満（3度）	100.0	-	-	-	-	11.1	11.1	11.1	22.2	22.2	11.1
肥満（4度）	-	-	-	-	-	-	-	-	-	-	-
不詳	100.0	-	1.8	3.2	8.8	9.4	18.3	13.6	13.3	6.5	2.9
女児	100.0	0.2	0.9	1.7	6.6	11.9	20.7	19.7	17.6	7.5	4.8
低体重（痩せ型）	100.0	0.2	1.0	1.8	6.9	11.7	21.1	20.3	17.4	7.2	5.1
普通体重	100.0	0.2	0.8	1.7	6.4	11.9	20.8	19.8	17.9	7.7	4.7
肥満（1度）	100.0	1.0	2.3	2.5	6.8	14.8	17.8	20.1	13.3	6.5	5.5
肥満（2度）	100.0	-	2.1	-	14.9	25.5	23.4	8.5	6.4	6.4	-
肥満（3度）	100.0	-	-	14.3	42.9	14.3	14.3	14.3	-	-	-
肥満（4度）	100.0	-	-	-	100.0	-	-	-	-	-	-
不詳	100.0	-	1.4	2.0	5.7	9.3	17.0	14.7	15.9	8.2	4.2

性、体重・身長・子どもの体型、平日－土曜日の就寝時間別（２－２）

第15回調査（平成28年）

		土曜日の就寝時間											
時間が不規則	不詳	午後9時前	午後９時～9時29分	午後９時30分～9時59分	午後10時～10時29分	午後10時30分～10時59分	午後11時～11時29分	午後11時30分～11時59分	午前０時～0時29分	午前０時30分～0時59分	午前1時以降	時間が不規則	不詳
7.5	0.4	0.2	0.8	1.5	5.2	9.9	18.1	18.7	15.5	7.4	6.6	15.5	0.6
7.6	−	0.4	1.4	1.8	6.2	10.7	19.2	17.4	15.0	5.0	7.3	14.7	0.6
7.3	0.2	0.2	0.6	1.6	4.9	8.6	18.3	19.7	16.6	8.0	5.9	15.5	0.2
7.2	0.2	0.1	0.8	1.3	5.0	9.9	18.4	19.2	15.3	7.6	6.8	15.4	0.2
7.7	0.2	0.1	0.7	1.4	4.9	10.3	17.6	18.9	16.1	7.5	6.3	15.7	0.4
7.4	0.3	0.1	0.6	1.4	5.7	9.9	18.9	18.5	15.4	7.1	6.9	14.9	0.5
7.2	0.3	0.3	0.9	1.6	5.5	10.7	17.9	18.2	14.7	7.0	7.1	15.4	0.8
12.1	10.4	−	1.2	1.9	4.0	7.9	13.3	13.4	12.7	5.9	7.3	21.9	10.5
7.0	0.5	0.2	0.9	1.9	6.1	11.0	19.6	18.5	14.1	6.5	6.2	14.1	0.9
7.4	−	0.4	1.6	3.1	9.4	14.1	19.1	15.6	11.7	2.7	5.5	15.6	1.2
6.5	0.3	0.2	1.1	2.6	7.3	10.0	19.9	18.1	14.9	5.6	5.0	15.0	0.3
7.1	0.2	0.2	1.1	1.8	5.7	10.7	21.1	19.2	13.1	6.2	6.1	14.4	0.5
7.2	0.2	0.2	0.8	1.9	5.8	11.5	19.6	19.3	14.6	6.7	5.5	13.5	0.5
7.1	0.4	0.1	0.6	1.6	6.6	11.0	20.3	18.2	14.4	6.8	6.3	13.4	0.6
6.7	0.4	0.4	0.9	1.8	5.8	11.0	18.4	18.3	13.8	7.0	7.2	14.5	0.9
9.5	13.3	−	1.3	2.2	5.7	8.9	13.3	13.6	13.6	5.4	5.4	17.1	13.6
8.0	0.3	0.1	0.6	1.0	4.1	8.8	16.5	18.9	17.1	8.2	7.1	17.0	0.3
7.7	−	0.4	1.3	1.3	5.0	9.5	19.3	18.1	16.3	5.9	8.0	14.4	0.4
7.7	0.1	0.1	0.5	1.2	3.9	8.0	17.6	20.4	17.3	9.0	6.3	15.6	0.1
7.2	0.2	0.1	0.6	1.0	4.6	9.5	16.9	19.2	16.6	8.5	7.1	16.0	0.1
8.2	0.2	0.1	0.5	0.8	3.9	9.0	15.3	18.4	17.8	8.5	7.2	18.3	0.2
8.1	0.3	0.2	0.6	1.0	3.8	7.5	15.9	19.3	17.5	7.8	8.3	17.9	0.2
9.1	−	−	0.9	1.0	4.1	9.5	16.2	17.6	18.1	6.7	6.6	19.3	0.1
14.5	7.6	−	1.2	1.5	2.4	6.9	13.3	13.3	11.8	6.3	9.1	26.6	7.6
7.5	0.4	0.2	0.8	1.5	5.2	9.9	18.1	18.7	15.5	7.4	6.6	15.5	0.6
8.5	0.1	0.3	1.4	2.5	6.0	10.3	16.1	17.2	14.7	7.6	6.3	17.3	0.3
8.4	0.1	0.1	0.5	1.0	4.1	9.2	17.3	18.8	16.6	7.9	6.7	17.8	0.1
7.7	0.2	0.1	0.8	1.1	4.7	9.0	16.7	19.0	16.9	8.1	7.1	16.0	0.2
7.3	0.2	0.1	0.7	1.5	5.6	9.9	18.2	19.0	15.3	7.1	6.4	15.8	0.4
7.3	0.3	0.3	0.8	1.7	5.0	10.7	19.8	19.3	14.9	6.8	6.0	14.1	0.6
6.4	0.4	0.2	0.8	1.7	5.9	10.8	19.4	18.2	14.7	7.2	6.9	13.6	0.7
11.2	13.9	−	1.0	2.1	4.6	7.9	12.3	13.9	11.6	4.8	7.3	20.2	14.3
7.0	0.5	0.2	0.9	1.9	6.1	11.0	19.6	18.5	14.1	6.5	6.2	14.1	0.9
5.5	−	−	2.8	7.3	10.1	15.6	18.3	15.6	10.1	5.5	4.6	10.1	−
5.7	−	−	2.9	2.9	8.9	11.7	19.2	22.1	9.5	4.9	4.0	13.2	0.9
7.8	0.3	0.3	1.2	2.2	7.5	11.4	19.6	17.2	14.5	5.7	5.4	14.5	0.6
7.1	0.2	0.2	0.8	1.9	6.8	11.1	19.3	18.9	13.6	6.1	5.7	15.1	0.6
7.4	0.2	0.4	0.8	1.8	5.2	11.1	20.3	19.2	14.2	6.7	6.0	13.8	0.6
6.5	0.3	0.2	0.8	1.6	5.9	10.8	19.5	18.1	14.7	7.1	6.9	13.7	0.7
10.9	16.3	−	1.6	2.7	5.8	8.9	12.0	13.2	12.0	4.3	5.0	17.4	17.1
8.0	0.3	0.1	0.6	1.0	4.1	8.8	16.5	18.9	17.1	8.2	7.1	17.0	0.3
8.8	0.1	0.4	1.2	2.0	5.6	9.8	15.8	17.3	15.2	7.8	6.5	18.1	0.4
8.7	0.1	0.1	0.3	0.8	3.6	9.0	17.1	18.5	17.3	8.1	6.9	18.3	0.0
7.6	0.2	0.1	0.7	0.8	4.1	8.5	16.0	19.5	17.5	8.7	7.6	16.4	0.2
7.5	0.2	0.0	0.7	1.0	4.4	8.8	17.1	19.2	17.0	8.1	7.2	16.4	0.1
6.9	0.5	0.1	0.5	1.5	4.4	8.8	17.4	19.5	18.2	7.3	5.8	15.8	0.6
5.4	0.7	0.7	1.4	2.7	5.4	12.8	14.2	21.6	13.5	8.1	6.1	12.8	0.7
11.7	11.2	−	0.4	1.3	3.1	6.7	12.6	14.8	11.2	5.4	9.9	23.3	11.2
7.5	0.4	0.2	0.8	1.5	5.2	9.9	18.1	18.7	15.5	7.4	6.6	15.5	0.6
7.2	0.2	0.2	0.9	1.6	5.1	10.1	19.3	19.1	15.2	7.0	6.4	14.6	0.4
7.4	0.2	0.1	0.7	1.3	5.2	9.9	17.9	18.9	15.9	7.6	6.7	15.5	0.4
8.3	0.3	0.2	1.4	1.6	5.1	9.9	14.0	17.9	15.6	7.2	7.2	19.3	0.6
12.8	−	−	0.6	1.9	7.1	10.3	17.9	11.5	7.1	8.3	9.0	25.6	0.6
6.3	−	−	−	6.3	6.3	12.5	18.8	6.3	12.5	−	12.5	25.0	−
−	−	−	−	−	−	100.0	−	−	−	−	−	−	−
12.1	9.7	−	1.2	1.7	4.2	7.8	12.9	13.7	12.7	5.9	7.5	22.4	10.0
7.0	0.5	0.2	0.9	1.9	6.1	11.0	19.6	18.5	14.1	6.5	6.2	14.1	0.9
7.1	0.2	0.2	1.1	2.0	5.9	11.0	20.2	18.6	13.9	6.1	6.0	14.4	0.5
6.8	0.3	0.2	0.8	1.8	6.3	11.2	19.7	18.7	14.3	6.7	6.2	13.4	0.7
7.5	0.5	0.2	1.6	1.8	5.5	9.8	15.8	18.6	14.4	8.2	6.0	17.1	0.9
12.8	−	−	−	2.8	6.4	10.1	13.8	11.0	6.4	9.2	10.1	29.4	0.9
11.1	−	−	−	−	−	11.1	11.1	−	11.1	−	22.2	44.4	−
−	−	−	−	−	−	−	−	−	−	−	−	−	−
9.7	12.4	−	1.2	2.1	5.6	8.6	13.0	14.2	13.3	5.9	5.6	17.7	13.0
8.0	0.3	0.1	0.6	1.0	4.1	8.8	16.5	18.9	17.1	8.2	7.1	17.0	0.3
7.2	0.2	0.2	0.7	1.1	4.1	9.0	18.1	19.7	17.0	8.2	7.0	14.9	0.2
8.0	0.1	0.1	0.5	0.9	4.2	8.7	16.2	19.0	17.3	8.4	7.1	17.4	0.1
9.5	−	0.3	1.0	1.3	4.5	10.0	11.5	17.0	17.3	5.8	8.8	22.3	0.3
12.8	−	−	2.1	−	8.5	10.6	27.7	12.8	8.5	6.4	6.4	17.0	−
−	−	−	−	14.3	14.3	14.3	28.6	14.3	14.3	−	−	−	−
−	−	−	−	−	−	100.0	−	−	−	−	−	−	−
14.4	7.1	−	1.1	1.4	2.8	7.1	12.7	13.3	12.2	5.9	9.3	26.9	7.1

第25表　子ども数・構成割合，

出生月、市郡	総数	平日の起床時間 午前5時前	午前5時～5時29分	午前5時30分～5時59分	午前6時～6時29分	午前6時30分～6時59分	午前7時～7時29分	午前7時30分～7時59分	午前8時～8時29分	午前8時30分～8時59分	午前9時以降	時間が不規則
												実
総数	28 810	220	510	1 534	6 219	9 021	8 438	2 059	200	42	60	394
21大都市	7 541	45	113	318	1 288	2 049	2 693	802	69	11	19	103
その他の市	18 677	155	341	1 058	4 269	6 096	5 106	1 141	128	30	34	246
郡部	2 534	20	54	157	647	859	624	113	3	1	6	43
外国	58	-	2	1	15	17	15	3	-	-	1	2
1月生まれ	14 462	89	201	487	2 512	4 561	4 929	1 275	112	20	35	188
21大都市	3 845	19	48	111	537	1 002	1 523	494	38	5	11	42
その他の市	9 282	63	130	329	1 698	3 071	3 019	706	73	15	21	125
郡部	1 299	7	21	46	270	475	379	73	1	-	3	20
外国	36	-	2	1	7	13	8	2	-	-	-	1
7月生まれ	14 348	131	309	1 047	3 707	4 460	3 509	784	88	22	25	206
21大都市	3 696	26	65	207	751	1 047	1 170	308	31	6	8	61
その他の市	9 395	92	211	729	2 571	3 025	2 087	435	55	15	13	121
郡部	1 235	13	33	111	377	384	245	40	2	1	3	23
外国	22	-	-	-	8	4	7	1	-	-	1	1
												構　成
総数	100.0	0.8	1.8	5.3	21.6	31.3	29.3	7.1	0.7	0.1	0.2	1.4
21大都市	100.0	0.6	1.5	4.2	17.1	27.2	35.7	10.6	0.9	0.1	0.3	1.4
その他の市	100.0	0.8	1.8	5.7	22.9	32.6	27.3	6.1	0.7	0.2	0.2	1.3
郡部	100.0	0.8	2.1	6.2	25.5	33.9	24.6	4.5	0.1	0.0	0.2	1.7
外国	100.0	-	3.4	1.7	25.9	29.3	25.9	5.2	-	-	1.7	3.4
1月生まれ	100.0	0.6	1.4	3.4	17.4	31.5	34.1	8.8	0.8	0.1	0.2	1.3
21大都市	100.0	0.5	1.2	2.9	14.0	26.1	39.6	12.8	1.0	0.1	0.3	1.1
その他の市	100.0	0.7	1.4	3.5	18.3	33.1	32.5	7.6	0.8	0.2	0.2	1.3
郡部	100.0	0.5	1.6	3.5	20.8	36.6	29.2	5.6	0.1	-	0.2	1.5
外国	100.0	-	5.6	2.8	19.4	36.1	22.2	5.6	-	-	-	2.8
7月生まれ	100.0	0.9	2.2	7.3	25.8	31.1	24.5	5.5	0.6	0.2	0.2	1.4
21大都市	100.0	0.7	1.8	5.6	20.3	28.3	31.7	8.3	0.8	0.2	0.2	1.7
その他の市	100.0	1.0	2.2	7.8	27.4	32.2	22.2	4.6	0.6	0.2	0.1	1.3
郡部	100.0	1.1	2.7	9.0	30.5	31.1	19.8	3.2	0.2	0.1	0.2	1.9
外国	100.0	-	-	-	36.4	18.2	31.8	4.5	-	-	4.5	4.5

出生月、市郡、平日－日曜日の起床時間別

第15回調査（平成28年）

	日曜日の起床時間											
不詳	午前5時前	午前5時～5時29分	午前5時30分～5時59分	午前6時～6時29分	午前6時30分～6時59分	午前7時～7時29分	午前7時30分～7時59分	午前8時～8時29分	午前8時30分～8時59分	午前9時以降	時間が不規則	不詳
数（人）												
113	120	226	514	1 691	2 186	4 208	3 287	4 713	2 410	3 753	5 512	190
31	30	61	109	381	443	976	879	1 271	701	1 054	1 586	50
73	80	141	354	1 136	1 508	2 858	2 096	3 030	1 502	2 392	3 454	126
7	10	23	51	174	234	370	307	399	202	294	458	12
2	－	1	－	－	1	4	5	13	5	13	14	2
53	36	58	122	439	682	1 693	1 613	2 652	1 458	2 374	3 248	87
15	12	20	34	98	152	395	412	711	407	642	939	23
32	22	34	78	298	455	1 116	1 034	1 709	923	1 533	2 022	58
4	2	3	10	43	74	179	164	226	125	189	280	4
2	－	1	－	－	1	3	3	6	3	10	7	2
60	84	168	392	1 252	1 504	2 515	1 674	2 061	952	1 379	2 264	103
16	18	41	75	283	291	581	467	560	294	412	647	27
41	58	107	276	838	1 053	1 742	1 062	1 321	579	859	1 432	68
3	8	20	41	131	160	191	143	173	77	105	178	8
－	－	－	－	－	－	1	2	7	2	3	7	－
割合（%）												
0.4	0.4	0.8	1.8	5.9	7.6	14.6	11.4	16.4	8.4	13.0	19.1	0.7
0.4	0.4	0.8	1.4	5.1	5.9	12.9	11.7	16.9	9.3	14.0	21.0	0.7
0.4	0.4	0.8	1.9	6.1	8.1	15.3	11.2	16.2	8.0	12.8	18.5	0.7
0.3	0.4	0.9	2.0	6.9	9.2	14.6	12.1	15.7	8.0	11.6	18.1	0.5
3.4	－	1.7	－	－	1.7	6.9	8.6	22.4	8.6	22.4	24.1	3.4
0.4	0.2	0.4	0.8	3.0	4.7	11.7	11.2	18.3	10.1	16.4	22.5	0.6
0.4	0.3	0.5	0.9	2.5	4.0	10.3	10.7	18.5	10.6	16.7	24.4	0.6
0.3	0.2	0.4	0.8	3.2	4.9	12.0	11.1	18.4	9.9	16.5	21.8	0.6
0.3	0.2	0.2	0.8	3.3	5.7	13.8	12.6	17.4	9.6	14.5	21.6	0.3
5.6	－	2.8	－	－	2.8	8.3	8.3	16.7	8.3	27.8	19.4	5.6
0.4	0.6	1.2	2.7	8.7	10.5	17.5	11.7	14.4	6.6	9.6	15.8	0.7
0.4	0.5	1.1	2.0	7.7	7.9	15.7	12.6	15.2	8.0	11.1	17.5	0.7
0.4	0.6	1.1	2.9	8.9	11.2	18.5	11.3	14.1	6.2	9.1	15.2	0.7
0.2	0.6	1.6	3.3	10.6	13.0	15.5	11.6	14.0	6.2	8.5	14.4	0.6
－	－	－	－	－	－	4.5	9.1	31.8	9.1	13.6	31.8	－

第26表　子ども数・構成割合,

出生月、市郡	総数	平日の就寝時間 午後9時前	午後9時～9時29分	午後9時30分～9時59分	午後10時～10時29分	午後10時30分～10時59分	午後11時～11時29分	午後11時30分～11時59分	午前0時～0時29分	午前0時30分～0時59分	午前1時以降	時間が不規則
												実
総数	28 810	70	323	597	2 192	3 765	6 367	5 630	4 478	1 830	1 274	2 157
21大都市	7 541	11	62	120	439	864	1 645	1 523	1 303	573	384	581
その他の市	18 677	53	221	405	1 503	2 476	4 139	3 643	2 839	1 129	796	1 392
郡部	2 534	6	40	67	246	414	575	454	330	122	92	180
外国	58	–	–	5	4	11	8	10	6	6	2	4
１月生まれ	14 462	35	134	235	952	1 528	2 938	2 878	2 618	1 132	804	1 152
21大都市	3 845	5	25	43	208	348	763	799	734	361	232	312
その他の市	9 282	25	90	160	617	998	1 903	1 819	1 686	695	516	738
郡部	1 299	5	19	28	125	175	266	254	194	74	55	100
外国	36	–	–	4	2	7	6	6	4	2	1	2
７月生まれ	14 348	35	189	362	1 240	2 237	3 429	2 752	1 860	698	470	1 005
21大都市	3 696	6	37	77	231	516	882	724	569	212	152	269
その他の市	9 395	28	131	245	886	1 478	2 236	1 824	1 153	434	280	654
郡部	1 235	1	21	39	121	239	309	200	136	48	37	80
外国	22	–	–	1	2	4	2	4	2	4	1	2
												構　成
総数	100.0	0.2	1.1	2.1	7.6	13.1	22.1	19.5	15.5	6.4	4.4	7.5
21大都市	100.0	0.1	0.8	1.6	5.8	11.5	21.8	20.2	17.3	7.6	5.1	7.7
その他の市	100.0	0.3	1.2	2.2	8.0	13.3	22.2	19.5	15.2	6.0	4.3	7.5
郡部	100.0	0.2	1.6	2.6	9.7	16.3	22.7	17.9	13.0	4.8	3.6	7.1
外国	100.0	–	–	8.6	6.9	19.0	13.8	17.2	10.3	10.3	3.4	6.9
１月生まれ	100.0	0.2	0.9	1.6	6.6	10.6	20.3	19.9	18.1	7.8	5.6	8.0
21大都市	100.0	0.1	0.7	1.1	5.4	9.1	19.8	20.8	19.1	9.4	6.0	8.1
その他の市	100.0	0.3	1.0	1.7	6.6	10.8	20.5	19.6	18.2	7.5	5.6	8.0
郡部	100.0	0.4	1.5	2.2	9.6	13.5	20.5	19.6	14.9	5.7	4.2	7.7
外国	100.0	–	–	11.1	5.6	19.4	16.7	16.7	11.1	5.6	2.8	5.6
７月生まれ	100.0	0.2	1.3	2.5	8.6	15.6	23.9	19.2	13.0	4.9	3.3	7.0
21大都市	100.0	0.2	1.0	2.1	6.3	14.0	23.9	19.6	15.4	5.7	4.1	7.3
その他の市	100.0	0.3	1.4	2.6	9.4	15.7	23.8	19.4	12.3	4.6	3.0	7.0
郡部	100.0	0.1	1.7	3.2	9.8	19.4	25.0	16.2	11.0	3.9	3.0	6.5
外国	100.0	–	–	4.5	9.1	18.2	9.1	18.2	9.1	18.2	4.5	9.1

出生月、市郡、平日－土曜日の就寝時間別

第15回調査（平成28年）

不　詳	土曜日の就寝時間 午後9時前	午後9時～9時29分	午後9時30分～9時59分	午後10時～10時29分	午後10時30分～10時59分	午後11時～11時29分	午後11時30分～11時59分	午前0時～0時29分	午前0時30分～0時59分	午前1時以降	時間が不規則	不　詳
数（人）												
127	48	221	419	1 484	2 863	5 212	5 395	4 477	2 119	1 912	4 476	184
36	10	47	86	320	631	1 343	1 416	1 264	618	564	1 190	52
81	34	153	287	998	1 916	3 364	3 524	2 855	1 336	1 184	2 908	118
8	4	21	46	163	313	495	444	349	158	161	368	12
2	－	－	－	3	3	10	11	9	7	3	10	2
56	19	85	150	567	1 142	2 254	2 689	2 504	1 287	1 224	2 461	80
15	4	17	26	136	252	585	743	694	370	350	647	21
35	13	59	107	355	754	1 433	1 720	1 593	826	768	1 601	53
4	2	9	17	74	133	229	221	211	87	104	208	4
2	－	－	－	2	3	7	5	6	4	2	5	2
71	29	136	269	917	1 721	2 958	2 706	1 973	832	688	2 015	104
21	6	30	60	184	379	758	673	570	248	214	543	31
46	21	94	180	643	1 162	1 931	1 804	1 262	510	416	1 307	65
4	2	12	29	89	180	266	223	138	71	57	160	8
－	－	－	－	1	－	3	6	3	3	1	5	－
割　合（％）												
0.4	0.2	0.8	1.5	5.2	9.9	18.1	18.7	15.5	7.4	6.6	15.5	0.6
0.5	0.1	0.6	1.1	4.2	8.4	17.8	18.8	16.8	8.2	7.5	15.8	0.7
0.4	0.2	0.8	1.5	5.3	10.3	18.0	18.9	15.3	7.2	6.3	15.6	0.6
0.3	0.2	0.8	1.8	6.4	12.4	19.5	17.5	13.8	6.2	6.4	14.5	0.5
3.4	－	－	－	5.2	5.2	17.2	19.0	15.5	12.1	5.2	17.2	3.4
0.4	0.1	0.6	1.0	3.9	7.9	15.6	18.6	17.3	8.9	8.5	17.0	0.6
0.4	0.1	0.4	0.7	3.5	6.6	15.2	19.3	18.0	9.6	9.1	16.8	0.5
0.4	0.1	0.6	1.2	3.8	8.1	15.4	18.5	17.2	8.9	8.3	17.2	0.6
0.3	0.2	0.7	1.3	5.7	10.2	17.6	17.0	16.2	6.7	8.0	16.0	0.3
5.6	－	－	－	5.6	8.3	19.4	13.9	16.7	11.1	5.6	13.9	5.6
0.5	0.2	0.9	1.9	6.4	12.0	20.6	18.9	13.8	5.8	4.8	14.0	0.7
0.6	0.2	0.8	1.6	5.0	10.3	20.5	18.2	15.4	6.7	5.8	14.7	0.8
0.5	0.2	1.0	1.9	6.8	12.4	20.6	19.2	13.4	5.4	4.4	13.9	0.7
0.3	0.2	1.0	2.3	7.2	14.6	21.5	18.1	11.2	5.7	4.6	13.0	0.6
－	－	－	－	4.5	－	13.6	27.3	13.6	13.6	4.5	22.7	－

第27表　子ども数・構成割合,

実　数（人）

性、地域ブロック	総数	平日の起床時間 午前5時前	午前5時～5時29分	午前5時30分～5時59分	午前6時～6時29分	午前6時30分～6時59分	午前7時～7時29分	午前7時30分～7時59分	午前8時～8時29分	午前8時30分～8時59分	午前9時以降
総数	28 810	220	510	1 534	6 219	9 021	8 438	2 059	200	42	60
北海道	1 035	9	9	37	150	347	396	62	5	1	4
東北	2 092	25	50	124	610	807	391	38	5	6	4
関東1	7 784	52	150	467	1 594	2 049	2 515	731	68	5	18
関東2	2 379	28	61	191	640	776	542	86	6	4	5
北陸	1 365	10	36	65	312	586	289	44	3	1	1
東海	3 728	30	75	227	976	1 264	899	166	15	8	5
近畿1	3 813	20	34	143	545	950	1 454	507	70	4	9
近畿2	947	2	4	32	140	241	374	118	9	2	4
中国	1 716	17	17	86	359	560	512	116	9	3	1
四国	863	3	14	37	212	328	209	31	5	−	4
北九州	1 849	7	32	72	356	623	597	121	5	6	2
南九州	1 181	17	26	52	310	473	245	36	−	2	2
外国	58	−	2	1	15	17	15	3	−	−	1
男児	14 796	122	238	694	2 876	4 420	4 611	1 347	139	22	32
北海道	494	5	5	12	60	156	207	32	2	1	3
東北	1 077	19	21	69	287	397	238	24	4	2	1
関東1	3 999	29	75	205	708	980	1 390	476	45	3	11
関東2	1 218	15	25	82	296	384	321	62	4	2	3
北陸	706	2	22	37	134	297	172	28	1	1	1
東海	1 944	13	35	92	476	658	503	115	10	3	3
近畿1	1 969	11	11	62	255	453	741	334	52	2	5
近畿2	501	2	3	12	76	113	189	82	7	2	−
中国	859	9	8	40	153	285	265	71	5	2	1
四国	404	1	4	15	95	150	104	18	4	−	2
北九州	975	4	15	40	180	298	329	82	5	4	−
南九州	625	12	14	27	148	240	150	21	−	−	2
外国	25	−	−	1	8	9	2	2	−	−	−
女児	14 014	98	272	840	3 343	4 601	3 827	712	61	20	28
北海道	541	4	4	25	90	191	189	30	3	−	1
東北	1 015	6	29	55	323	410	153	14	1	4	3
関東1	3 785	23	75	262	886	1 069	1 125	255	23	2	7
関東2	1 161	13	36	109	344	392	221	24	2	2	2
北陸	659	8	14	28	178	289	117	16	2	−	−
東海	1 784	17	40	135	500	606	396	51	5	5	2
近畿1	1 844	9	23	81	290	497	713	173	18	2	4
近畿2	446	−	1	20	64	128	185	36	2	−	4
中国	857	8	9	46	206	275	247	45	4	1	−
四国	459	2	10	22	117	178	105	13	1	−	2
北九州	874	3	17	32	176	325	268	39	−	2	2
南九州	556	5	12	25	162	233	95	15	−	2	−
外国	33	−	2	−	7	8	13	1	−	−	1

性、地域ブロック、平日－日曜日の起床時間別（２－１）

第15回調査（平成28年）

		日曜日の起床時間											
時間が不規則	不詳	午前5時前	午前5時～5時29分	午前5時30分～5時59分	午前6時～6時29分	午前6時30分～6時59分	午前7時～7時29分	午前7時30分～7時59分	午前8時～8時29分	午前8時30分～8時59分	午前9時以降	時間が不規則	不詳
394	113	120	226	514	1 691	2 186	4 208	3 287	4 713	2 410	3 753	5 512	190
14	1	7	4	18	49	73	142	122	193	86	140	198	3
29	3	15	28	43	128	215	359	246	310	152	242	348	6
104	31	24	65	133	466	540	1 078	851	1 329	672	1 084	1 485	57
32	8	13	27	66	174	199	409	263	375	180	250	410	13
15	3	7	13	26	91	129	230	161	225	96	153	232	2
44	19	15	30	86	241	306	598	431	556	316	435	688	26
59	18	17	20	46	163	237	437	424	624	362	591	863	29
15	6	1	1	16	51	61	124	90	159	89	156	190	9
31	5	10	9	29	107	144	243	211	261	139	222	333	8
14	6	4	6	11	47	77	122	89	142	70	117	170	8
21	7	2	15	23	112	120	287	242	313	143	215	360	17
14	4	5	7	17	62	84	175	152	213	100	135	221	10
2	2	－	1	－	－	1	4	5	13	5	13	14	2
221	74	88	144	337	1 052	1 247	2 218	1 683	2 385	1 187	1 826	2 493	136
10	1	4	2	10	31	38	72	51	96	38	63	87	2
15	－	13	16	30	80	135	181	119	163	70	122	146	2
59	18	20	43	85	288	297	559	431	676	337	551	675	37
19	5	10	16	40	101	89	222	138	195	80	129	188	10
8	3	5	9	19	61	78	123	82	109	45	69	104	2
22	14	9	22	52	142	178	326	243	261	155	209	330	17
31	12	12	15	34	103	145	229	217	311	185	287	409	22
10	5	1	1	10	36	32	71	45	73	50	75	99	8
17	3	6	4	21	68	89	119	103	138	68	104	133	6
8	3	3	3	4	22	43	61	42	76	34	42	69	5
14	4	1	7	17	77	75	154	129	168	71	106	157	13
7	4	4	6	15	43	47	99	81	114	51	64	91	10
1	2	－	－	－	－	1	2	2	5	3	5	5	2
173	39	32	82	177	639	939	1 990	1 604	2 328	1 223	1 927	3 019	54
4	－	3	2	8	18	35	70	71	97	48	77	111	1
14	3	2	12	13	48	80	178	127	147	82	120	202	4
45	13	4	22	48	178	243	519	420	653	335	533	810	20
13	3	3	11	26	73	110	187	125	180	100	121	222	3
7	－	2	4	7	30	51	107	79	116	51	84	128	－
22	5	6	8	34	99	128	272	188	295	161	226	358	9
28	6	5	5	12	60	92	208	207	313	177	304	454	7
5	1	－	－	6	15	29	53	45	86	39	81	91	1
14	2	4	5	8	39	55	124	108	123	71	118	200	2
6	3	1	3	7	25	34	61	47	66	36	75	101	3
7	3	1	8	6	35	45	133	113	145	72	109	203	4
7	－	1	1	2	19	37	76	71	99	49	71	130	－
1	－	－	1	－	－	－	2	3	8	2	8	9	－

第27表　子ども数・構成割合,

構成割合（%）

性　　、 地域ブロック	総　数	平日の起床時間 午　前 5 時 前	午前5時 ～ 5時29分	午前5時30分 ～ 5時59分	午前6時 ～ 6時29分	午前6時30分 ～ 6時59分	午前7時 ～ 7時29分	午前7時30分 ～ 7時59分	午前8時 ～ 8時29分	午前8時30分 ～ 8時59分	午　前 9時以降
総数	100.0	0.8	1.8	5.3	21.6	31.3	29.3	7.1	0.7	0.1	0.2
北海道	100.0	0.9	0.9	3.6	14.5	33.5	38.3	6.0	0.5	0.1	0.4
東北	100.0	1.2	2.4	5.9	29.2	38.6	18.7	1.8	0.2	0.3	0.2
関東1	100.0	0.7	1.9	6.0	20.5	26.3	32.3	9.4	0.9	0.1	0.2
関東2	100.0	1.2	2.6	8.0	26.9	32.6	22.8	3.6	0.3	0.2	0.2
北陸	100.0	0.7	2.6	4.8	22.9	42.9	21.2	3.2	0.2	0.1	0.1
東海	100.0	0.8	2.0	6.1	26.2	33.9	24.1	4.5	0.4	0.2	0.1
近畿1	100.0	0.5	0.9	3.8	14.3	24.9	38.1	13.3	1.8	0.1	0.2
近畿2	100.0	0.2	0.4	3.4	14.8	25.4	39.5	12.5	1.0	0.2	0.4
中国	100.0	1.0	1.0	5.0	20.9	32.6	29.8	6.8	0.5	0.2	0.1
四国	100.0	0.3	1.6	4.3	24.6	38.0	24.2	3.6	0.6	-	0.5
北九州	100.0	0.4	1.7	3.9	19.3	33.7	32.3	6.5	0.3	0.3	0.1
南九州	100.0	1.4	2.2	4.4	26.2	40.1	20.7	3.0	-	0.2	0.2
外国	100.0	-	3.4	1.7	25.9	29.3	25.9	5.2	-	-	1.7
男児	100.0	0.8	1.6	4.7	19.4	29.9	31.2	9.1	0.9	0.1	0.2
北海道	100.0	1.0	1.0	2.4	12.1	31.6	41.9	6.5	0.4	0.2	0.6
東北	100.0	1.8	1.9	6.4	26.6	36.9	22.1	2.2	0.4	0.2	0.1
関東1	100.0	0.7	1.9	5.1	17.7	24.5	34.8	11.9	1.1	0.1	0.3
関東2	100.0	1.2	2.1	6.7	24.3	31.5	26.4	5.1	0.3	0.2	0.2
北陸	100.0	0.3	3.1	5.2	19.0	42.1	24.4	4.0	0.1	0.1	0.1
東海	100.0	0.7	1.8	4.7	24.5	33.8	25.9	5.9	0.5	0.2	0.2
近畿1	100.0	0.6	0.6	3.1	13.0	23.0	37.6	17.0	2.6	0.1	0.3
近畿2	100.0	0.4	0.6	2.4	15.2	22.6	37.7	16.4	1.4	0.4	-
中国	100.0	1.0	0.9	4.7	17.8	33.2	30.8	8.3	0.6	0.2	0.1
四国	100.0	0.2	1.0	3.7	23.5	37.1	25.7	4.5	1.0	-	0.5
北九州	100.0	0.4	1.5	4.1	18.5	30.6	33.7	8.4	0.5	0.4	-
南九州	100.0	1.9	2.2	4.3	23.7	38.4	24.0	3.4	-	-	0.3
外国	100.0	-	-	4.0	32.0	36.0	8.0	8.0	-	-	-
女児	100.0	0.7	1.9	6.0	23.9	32.8	27.3	5.1	0.4	0.1	0.2
北海道	100.0	0.7	0.7	4.6	16.6	35.3	34.9	5.5	0.6	-	0.2
東北	100.0	0.6	2.9	5.4	31.8	40.4	15.1	1.4	0.1	0.4	0.3
関東1	100.0	0.6	2.0	6.9	23.4	28.2	29.7	6.7	0.6	0.1	0.2
関東2	100.0	1.1	3.1	9.4	29.6	33.8	19.0	2.1	0.2	0.2	0.2
北陸	100.0	1.2	2.1	4.2	27.0	43.9	17.8	2.4	0.3	-	-
東海	100.0	1.0	2.2	7.6	28.0	34.0	22.2	2.9	0.3	0.3	0.1
近畿1	100.0	0.5	1.2	4.4	15.7	27.0	38.7	9.4	1.0	0.1	0.2
近畿2	100.0	-	0.2	4.5	14.3	28.7	41.5	8.1	0.4	-	0.9
中国	100.0	0.9	1.1	5.4	24.0	32.1	28.8	5.3	0.5	0.1	-
四国	100.0	0.4	2.2	4.8	25.5	38.8	22.9	2.8	0.2	-	0.4
北九州	100.0	0.3	1.9	3.7	20.1	37.2	30.7	4.5	-	0.2	0.2
南九州	100.0	0.9	2.2	4.5	29.1	41.9	17.1	2.7	-	0.4	-
外国	100.0	-	6.1	-	21.2	24.2	39.4	3.0	-	-	3.0

性、地域ブロック、平日－日曜日の起床時間別（２－２）

第15回調査（平成28年）

		日曜日の起床時間											
時間が不規則	不　詳	午　前 ５時前	午前５時 ～ ５時29分	午前５時30分 ～ ５時59分	午前６時 ～ ６時29分	午前６時30分 ～ ６時59分	午前７時 ～ ７時29分	午前７時30分 ～ ７時59分	午前８時 ～ ８時29分	午前８時30分 ～ ８時59分	午　前 ９時以降	時間が 不規則	不　詳
1.4	0.4	0.4	0.8	1.8	5.9	7.6	14.6	11.4	16.4	8.4	13.0	19.1	0.7
1.4	0.1	0.7	0.4	1.7	4.7	7.1	13.7	11.8	18.6	8.3	13.5	19.1	0.3
1.4	0.1	0.7	1.3	2.1	6.1	10.3	17.2	11.8	14.8	7.3	11.6	16.6	0.3
1.3	0.4	0.3	0.8	1.7	6.0	6.9	13.8	10.9	17.1	8.6	13.9	19.1	0.7
1.3	0.3	0.5	1.1	2.8	7.3	8.4	17.2	11.1	15.8	7.6	10.5	17.2	0.5
1.1	0.2	0.5	1.0	1.9	6.7	9.5	16.8	11.8	16.5	7.0	11.2	17.0	0.1
1.2	0.5	0.4	0.8	2.3	6.5	8.2	16.0	11.6	14.9	8.5	11.7	18.5	0.7
1.5	0.5	0.4	0.5	1.2	4.3	6.2	11.5	11.1	16.4	9.5	15.5	22.6	0.8
1.6	0.6	0.1	0.1	1.7	5.4	6.4	13.1	9.5	16.8	9.4	16.5	20.1	1.0
1.8	0.3	0.6	0.5	1.7	6.2	8.4	14.2	12.3	15.2	8.1	12.9	19.4	0.5
1.6	0.7	0.5	0.7	1.3	5.4	8.9	14.1	10.3	16.5	8.1	13.6	19.7	0.9
1.1	0.4	0.1	0.8	1.2	6.1	6.5	15.5	13.1	16.9	7.7	11.6	19.5	0.9
1.2	0.3	0.4	0.6	1.4	5.2	7.1	14.8	12.9	18.0	8.5	11.4	18.7	0.8
3.4	3.4	－	1.7	－	－	1.7	6.9	8.6	22.4	8.6	22.4	24.1	3.4
1.5	0.5	0.6	1.0	2.3	7.1	8.4	15.0	11.4	16.1	8.0	12.3	16.8	0.9
2.0	0.2	0.8	0.4	2.0	6.3	7.7	14.6	10.3	19.4	7.7	12.8	17.6	0.4
1.4	－	1.2	1.5	2.8	7.4	12.5	16.8	11.0	15.1	6.5	11.3	13.6	0.2
1.5	0.5	0.5	1.1	2.1	7.2	7.4	14.0	10.8	16.9	8.4	13.8	16.9	0.9
1.6	0.4	0.8	1.3	3.3	8.3	7.3	18.2	11.3	16.0	6.6	10.6	15.4	0.8
1.1	0.4	0.7	1.3	2.7	8.6	11.0	17.4	11.6	15.4	6.4	9.8	14.7	0.3
1.1	0.7	0.5	1.1	2.7	7.3	9.2	16.8	12.5	13.4	8.0	10.8	17.0	0.9
1.6	0.6	0.6	0.8	1.7	5.2	7.4	11.6	11.0	15.8	9.4	14.6	20.8	1.1
2.0	1.0	0.2	0.2	2.0	7.2	6.4	14.2	9.0	14.6	10.0	15.0	19.8	1.6
2.0	0.3	0.7	0.5	2.4	7.9	10.4	13.9	12.0	16.1	7.9	12.1	15.5	0.7
2.0	0.7	0.7	0.7	1.0	5.4	10.6	15.1	10.4	18.8	8.4	10.4	17.1	1.2
1.4	0.4	0.1	0.7	1.7	7.9	7.7	15.8	13.2	17.2	7.3	10.9	16.1	1.3
1.1	0.6	0.6	1.0	2.4	6.9	7.5	15.8	13.0	18.2	8.2	10.2	14.6	1.6
4.0	8.0	－	－	－	－	4.0	8.0	8.0	20.0	12.0	20.0	20.0	8.0
1.2	0.3	0.2	0.6	1.3	4.6	6.7	14.2	11.4	16.6	8.7	13.8	21.5	0.4
0.7	－	0.6	0.4	1.5	3.3	6.5	12.9	13.1	17.9	8.9	14.2	20.5	0.2
1.4	0.3	0.2	1.2	1.3	4.7	7.9	17.5	12.5	14.5	8.1	11.8	19.9	0.4
1.2	0.3	0.1	0.6	1.3	4.7	6.4	13.7	11.1	17.3	8.9	14.1	21.4	0.5
1.1	0.3	0.3	0.9	2.2	6.3	9.5	16.1	10.8	15.5	8.6	10.4	19.1	0.3
1.1	－	0.3	0.6	1.1	4.6	7.7	16.2	12.0	17.6	7.7	12.7	19.4	－
1.2	0.3	0.3	0.4	1.9	5.5	7.2	15.2	10.5	16.5	9.0	12.7	20.1	0.5
1.5	0.3	0.3	0.3	0.7	3.3	5.0	11.3	11.2	17.0	9.6	16.5	24.6	0.4
1.1	0.2	－	－	1.3	3.4	6.5	11.9	10.1	19.3	8.7	18.2	20.4	0.2
1.6	0.2	0.5	0.6	0.9	4.6	6.4	14.5	12.6	14.4	8.3	13.8	23.3	0.2
1.3	0.7	0.2	0.7	1.5	5.4	7.4	13.3	10.2	14.4	7.8	16.3	22.0	0.7
0.8	0.3	0.1	0.9	0.7	4.0	5.1	15.2	12.9	16.6	8.2	12.5	23.2	0.5
1.3	－	0.2	0.2	0.4	3.4	6.7	13.7	12.8	17.8	8.8	12.8	23.4	－
3.0	－	－	3.0	－	－	－	6.1	9.1	24.2	6.1	24.2	27.3	－

第28表　子ども数・構成割合,

実　数（人）

性、地域ブロック	総数	平日の就寝時間 午後9時前	午後9時～9時29分	午後9時30分～9時59分	午後10時～10時29分	午後10時30分～10時59分	午後11時～11時29分	午後11時30分～11時59分	午前0時～0時29分	午前0時30分～0時59分	午前1時以降
総数	28 810	70	323	597	2 192	3 765	6 367	5 630	4 478	1 830	1 274
北海道	1 035	6	21	34	82	162	222	192	149	47	37
東北	2 092	5	33	74	219	320	499	372	252	113	56
関東1	7 784	18	77	136	528	915	1 682	1 577	1 286	554	380
関東2	2 379	11	32	61	251	371	542	427	310	102	90
北陸	1 365	5	19	52	134	224	324	260	159	55	39
東海	3 728	8	38	68	292	528	866	744	534	201	148
近畿1	3 813	8	33	49	210	402	770	759	717	321	226
近畿2	947	－	7	10	56	91	190	189	186	73	59
中国	1 716	3	24	43	143	242	399	340	240	83	48
四国	863	1	10	22	63	113	171	165	138	59	44
北九州	1 849	2	17	18	118	216	419	373	310	155	93
南九州	1 181	3	12	25	92	170	275	222	191	61	52
外国	58	－	－	5	4	11	8	10	6	6	2
男児	14 796	43	195	356	1 272	2 098	3 460	2 863	2 018	772	597
北海道	494	4	13	21	44	84	106	90	62	21	14
東北	1 077	4	21	44	125	178	266	184	130	42	23
関東1	3 999	10	43	78	310	524	916	817	567	244	182
関東2	1 218	7	20	38	137	206	282	216	135	45	39
北陸	706	3	13	31	77	133	171	122	65	26	16
東海	1 944	7	22	45	165	301	491	376	222	94	72
近畿1	1 969	3	16	28	122	225	427	393	338	137	116
近畿2	501	－	3	3	38	45	107	113	97	23	22
中国	859	2	15	26	86	117	212	164	104	35	27
四国	404	1	9	12	39	56	80	71	61	23	15
北九州	975	2	10	14	76	124	242	202	145	59	42
南九州	625	－	10	13	51	99	157	111	89	23	29
外国	25	－	－	3	2	6	3	4	3	－	－
女児	14 014	27	128	241	920	1 667	2 907	2 767	2 460	1 058	677
北海道	541	2	8	13	38	78	116	102	87	26	23
東北	1 015	1	12	30	94	142	233	188	122	71	33
関東1	3 785	8	34	58	218	391	766	760	719	310	198
関東2	1 161	4	12	23	114	165	260	211	175	57	51
北陸	659	2	6	21	57	91	153	138	94	29	23
東海	1 784	1	16	23	127	227	375	368	312	107	76
近畿1	1 844	5	17	21	88	177	343	366	379	184	110
近畿2	446	－	4	7	18	46	83	76	89	50	37
中国	857	1	9	17	57	125	187	176	136	48	21
四国	459	－	1	10	24	57	91	94	77	36	29
北九州	874	－	7	4	42	92	177	171	165	96	51
南九州	556	3	2	12	41	71	118	111	102	38	23
外国	33	－	－	2	2	5	5	6	3	6	2

第15回調査（平成28年）

		土曜日の就寝時間													
時間が不規則	不詳	午後9時前	午後9時～9時29分	午後9時30分～9時59分	午後10時～10時29分	午後10時30分～10時59分	午後11時～11時29分	午後11時30分～11時59分	午前0時～0時29分	午前0時30分～0時59分	午前1時以降	時間が不規則	不詳
2 157	127	48	221	419	1 484	2 863	5 212	5 395	4 477	2 119	1 912	4 476	184
81	2	2	11	23	55	121	178	174	157	71	65	176	2
146	3	5	21	47	136	266	393	398	278	131	109	302	6
593	38	13	55	104	381	729	1 423	1 446	1 219	607	550	1 197	60
173	9	6	21	42	165	289	470	435	332	130	131	346	12
91	3	1	15	39	95	149	303	234	185	85	57	200	2
281	20	8	33	48	197	394	681	750	578	249	218	550	22
298	20	5	22	44	143	302	594	699	663	341	327	643	30
79	7	-	4	6	40	75	149	176	166	86	76	159	10
145	6	4	15	23	111	160	328	338	252	101	83	292	9
71	6	1	6	13	32	87	147	147	137	70	72	144	7
121	7	2	11	12	80	154	324	342	319	168	150	273	14
74	4	1	7	18	46	134	212	245	182	73	71	184	8
4	2	-	-	-	3	3	10	11	9	7	3	10	2
1 041	81	33	134	276	904	1 629	2 895	2 740	2 083	969	910	2 087	136
33	2	1	6	18	31	65	90	82	66	35	21	77	2
60	-	3	12	29	79	150	220	199	140	60	52	131	2
286	22	9	32	73	230	429	780	728	572	279	255	569	43
87	6	3	14	25	103	154	256	215	149	61	63	166	9
46	3	1	6	30	57	82	163	124	84	37	26	94	2
136	13	7	23	29	122	219	397	375	252	111	113	281	15
150	14	3	11	27	79	187	327	364	325	164	157	302	23
46	4	-	3	2	23	46	81	99	85	35	36	83	8
67	4	4	9	12	73	88	180	163	111	45	49	118	7
34	3	-	5	10	19	42	75	71	56	32	29	61	4
55	4	2	7	9	59	90	194	187	149	76	70	121	11
39	4	-	6	12	28	76	128	128	89	32	39	79	8
2	2	-	-	-	1	1	4	5	5	2	-	5	2
1 116	46	15	87	143	580	1 234	2 317	2 655	2 394	1 150	1 002	2 389	48
48	-	1	5	5	24	56	88	92	91	36	44	99	-
86	3	2	9	18	57	116	173	199	138	71	57	171	4
307	16	4	23	31	151	300	643	718	647	328	295	628	17
86	3	3	7	17	62	135	214	220	183	69	68	180	3
45	-	-	9	9	38	67	140	110	101	48	31	106	-
145	7	1	10	19	75	175	284	375	326	138	105	269	7
148	6	2	11	17	64	115	267	335	338	177	170	341	7
33	3	-	1	4	17	29	68	77	81	51	40	76	2
78	2	-	6	11	38	72	148	175	141	56	34	174	2
37	3	1	1	3	13	45	72	76	81	38	43	83	3
66	3	-	4	3	21	64	130	155	170	92	80	152	3
35	-	1	1	6	18	58	84	117	93	41	32	105	-
2	-	-	-	-	2	2	6	6	4	5	3	5	-

第28表　子ども数・構成割合,

構成割合（%）

性、地域ブロック	総数	平日の就寝時間 午後9時前	午後9時～9時29分	午後9時30分～9時59分	午後10時～10時29分	午後10時30分～10時59分	午後11時～11時29分	午後11時30分～11時59分	午前0時～0時29分	午前0時30分～0時59分	午前1時以降
総数	100.0	0.2	1.1	2.1	7.6	13.1	22.1	19.5	15.5	6.4	4.4
北海道	100.0	0.6	2.0	3.3	7.9	15.7	21.4	18.6	14.4	4.5	3.6
東北	100.0	0.2	1.6	3.5	10.5	15.3	23.9	17.8	12.0	5.4	2.7
関東1	100.0	0.2	1.0	1.7	6.8	11.8	21.6	20.3	16.5	7.1	4.9
関東2	100.0	0.5	1.3	2.6	10.6	15.6	22.8	17.9	13.0	4.3	3.8
北陸	100.0	0.4	1.4	3.8	9.8	16.4	23.7	19.0	11.6	4.0	2.9
東海	100.0	0.2	1.0	1.8	7.8	14.2	23.2	20.0	14.3	5.4	4.0
近畿1	100.0	0.2	0.9	1.3	5.5	10.5	20.2	19.9	18.8	8.4	5.9
近畿2	100.0	-	0.7	1.1	5.9	9.6	20.1	20.0	19.6	7.7	6.2
中国	100.0	0.2	1.4	2.5	8.3	14.1	23.3	19.8	14.0	4.8	2.8
四国	100.0	0.1	1.2	2.5	7.3	13.1	19.8	19.1	16.0	6.8	5.1
北九州	100.0	0.1	0.9	1.0	6.4	11.7	22.7	20.2	16.8	8.4	5.0
南九州	100.0	0.3	1.0	2.1	7.8	14.4	23.3	18.8	16.2	5.2	4.4
外国	100.0	-	-	8.6	6.9	19.0	13.8	17.2	10.3	10.3	3.4
男児	100.0	0.3	1.3	2.4	8.6	14.2	23.4	19.3	13.6	5.2	4.0
北海道	100.0	0.8	2.6	4.3	8.9	17.0	21.5	18.2	12.6	4.3	2.8
東北	100.0	0.4	1.9	4.1	11.6	16.5	24.7	17.1	12.1	3.9	2.1
関東1	100.0	0.3	1.1	2.0	7.8	13.1	22.9	20.4	14.2	6.1	4.6
関東2	100.0	0.6	1.6	3.1	11.2	16.9	23.2	17.7	11.1	3.7	3.2
北陸	100.0	0.4	1.8	4.4	10.9	18.8	24.2	17.3	9.2	3.7	2.3
東海	100.0	0.4	1.1	2.3	8.5	15.5	25.3	19.3	11.4	4.8	3.7
近畿1	100.0	0.2	0.8	1.4	6.2	11.4	21.7	20.0	17.2	7.0	5.9
近畿2	100.0	-	0.6	0.6	7.6	9.0	21.4	22.6	19.4	4.6	4.4
中国	100.0	0.2	1.7	3.0	10.0	13.6	24.7	19.1	12.1	4.1	3.1
四国	100.0	0.2	2.2	3.0	9.7	13.9	19.8	17.6	15.1	5.7	3.7
北九州	100.0	0.2	1.0	1.4	7.8	12.7	24.8	20.7	14.9	6.1	4.3
南九州	100.0	-	1.6	2.1	8.2	15.8	25.1	17.8	14.2	3.7	4.6
外国	100.0	-	-	12.0	8.0	24.0	12.0	16.0	12.0	-	-
女児	100.0	0.2	0.9	1.7	6.6	11.9	20.7	19.7	17.6	7.5	4.8
北海道	100.0	0.4	1.5	2.4	7.0	14.4	21.4	18.9	16.1	4.8	4.3
東北	100.0	0.1	1.2	3.0	9.3	14.0	23.0	18.5	12.0	7.0	3.3
関東1	100.0	0.2	0.9	1.5	5.8	10.3	20.2	20.1	19.0	8.2	5.2
関東2	100.0	0.3	1.0	2.0	9.8	14.2	22.4	18.2	15.1	4.9	4.4
北陸	100.0	0.3	0.9	3.2	8.6	13.8	23.2	20.9	14.3	4.4	3.5
東海	100.0	0.1	0.9	1.3	7.1	12.7	21.0	20.6	17.5	6.0	4.3
近畿1	100.0	0.3	0.9	1.1	4.8	9.6	18.6	19.8	20.6	10.0	6.0
近畿2	100.0	-	0.9	1.6	4.0	10.3	18.6	17.0	20.0	11.2	8.3
中国	100.0	0.1	1.1	2.0	6.7	14.6	21.8	20.5	15.9	5.6	2.5
四国	100.0	-	0.2	2.2	5.2	12.4	19.8	20.5	16.8	7.8	6.3
北九州	100.0	-	0.8	0.5	4.8	10.5	20.3	19.6	18.9	11.0	5.8
南九州	100.0	0.5	0.4	2.2	7.4	12.8	21.2	20.0	18.3	6.8	4.1
外国	100.0	-	-	6.1	6.1	15.2	15.2	18.2	9.1	18.2	6.1

性、地域ブロック、平日－土曜日の就寝時間別（２－２）

第15回調査（平成28年）

		土曜日の就寝時間											
時間が不規則	不詳	午後9時前	午後9時～9時29分	午後9時30分～9時59分	午後10時～10時29分	午後10時30分～10時59分	午後11時～11時29分	午後11時30分～11時59分	午前0時～0時29分	午前0時30分～0時59分	午前1時以降	時間が不規則	不詳
7.5	0.4	0.2	0.8	1.5	5.2	9.9	18.1	18.7	15.5	7.4	6.6	15.5	0.6
7.8	0.2	0.2	1.1	2.2	5.3	11.7	17.2	16.8	15.2	6.9	6.3	17.0	0.2
7.0	0.1	0.2	1.0	2.2	6.5	12.7	18.8	19.0	13.3	6.3	5.2	14.4	0.3
7.6	0.5	0.2	0.7	1.3	4.9	9.4	18.3	18.6	15.7	7.8	7.1	15.4	0.8
7.3	0.4	0.3	0.9	1.8	6.9	12.1	19.8	18.3	14.0	5.5	5.5	14.5	0.5
6.7	0.2	0.1	1.1	2.9	7.0	10.9	22.2	17.1	13.6	6.2	4.2	14.7	0.1
7.5	0.5	0.2	0.9	1.3	5.3	10.6	18.3	20.1	15.5	6.7	5.8	14.8	0.6
7.8	0.5	0.1	0.6	1.2	3.8	7.9	15.6	18.3	17.4	8.9	8.6	16.9	0.8
8.3	0.7	-	0.4	0.6	4.2	7.9	15.7	18.6	17.5	9.1	8.0	16.8	1.1
8.4	0.3	0.2	0.9	1.3	6.5	9.3	19.1	19.7	14.7	5.9	4.8	17.0	0.5
8.2	0.7	0.1	0.7	1.5	3.7	10.1	17.0	17.0	15.9	8.1	8.3	16.7	0.8
6.5	0.4	0.1	0.6	0.6	4.3	8.3	17.5	18.5	17.3	9.1	8.1	14.8	0.8
6.3	0.3	0.1	0.6	1.5	3.9	11.3	18.0	20.7	15.4	6.2	6.0	15.6	0.7
6.9	3.4	-	-	-	5.2	5.2	17.2	19.0	15.5	12.1	5.2	17.2	3.4
7.0	0.5	0.2	0.9	1.9	6.1	11.0	19.6	18.5	14.1	6.5	6.2	14.1	0.9
6.7	0.4	0.2	1.2	3.6	6.3	13.2	18.2	16.6	13.4	7.1	4.3	15.6	0.4
5.6	-	0.3	1.1	2.7	7.3	13.9	20.4	18.5	13.0	5.6	4.8	12.2	0.2
7.2	0.6	0.2	0.8	1.8	5.8	10.7	19.5	18.2	14.3	7.0	6.4	14.2	1.1
7.1	0.5	0.2	1.1	2.1	8.5	12.6	21.0	17.7	12.2	5.0	5.2	13.6	0.7
6.5	0.4	0.1	0.8	4.2	8.1	11.6	23.1	17.6	11.9	5.2	3.7	13.3	0.3
7.0	0.7	0.4	1.2	1.5	6.3	11.3	20.4	19.3	13.0	5.7	5.8	14.5	0.8
7.6	0.7	0.2	0.6	1.4	4.0	9.5	16.6	18.5	16.5	8.3	8.0	15.3	1.2
9.2	0.8	-	0.6	0.4	4.6	9.2	16.2	19.8	17.0	7.0	7.2	16.6	1.6
7.8	0.5	0.5	1.0	1.4	8.5	10.2	21.0	19.0	12.9	5.2	5.7	13.7	0.8
8.4	0.7	-	1.2	2.5	4.7	10.4	18.6	17.6	13.9	7.9	7.2	15.1	1.0
5.6	0.4	0.2	0.7	0.9	6.1	9.2	19.9	19.2	15.3	7.8	7.2	12.4	1.1
6.2	0.6	-	1.0	1.9	4.5	12.2	20.5	20.5	14.2	5.1	6.2	12.6	1.3
8.0	8.0	-	-	-	4.0	4.0	16.0	20.0	20.0	8.0	-	20.0	8.0
8.0	0.3	0.1	0.6	1.0	4.1	8.8	16.5	18.9	17.1	8.2	7.1	17.0	0.3
8.9	-	0.2	0.9	0.9	4.4	10.4	16.3	17.0	16.8	6.7	8.1	18.3	-
8.5	0.3	0.2	0.9	1.8	5.6	11.4	17.0	19.6	13.6	7.0	5.6	16.8	0.4
8.1	0.4	0.1	0.6	0.8	4.0	7.9	17.0	19.0	17.1	8.7	7.8	16.6	0.4
7.4	0.3	0.3	0.6	1.5	5.3	11.6	18.4	18.9	15.8	5.9	5.9	15.5	0.3
6.8	-	-	1.4	1.4	5.8	10.2	21.2	16.7	15.3	7.3	4.7	16.1	-
8.1	0.4	0.1	0.6	1.1	4.2	9.8	15.9	21.0	18.3	7.7	5.9	15.1	0.4
8.0	0.3	0.1	0.6	0.9	3.5	6.2	14.5	18.2	18.3	9.6	9.2	18.5	0.4
7.4	0.7	-	0.2	0.9	3.8	6.5	15.2	17.3	18.2	11.4	9.0	17.0	0.4
9.1	0.2	-	0.7	1.3	4.4	8.4	17.3	20.4	16.5	6.5	4.0	20.3	0.2
8.1	0.7	0.2	0.2	0.7	2.8	9.8	15.7	16.6	17.6	8.3	9.4	18.1	0.7
7.6	0.3	-	0.5	0.3	2.4	7.3	14.9	17.7	19.5	10.5	9.2	17.4	0.3
6.3	-	0.2	0.2	1.1	3.2	10.4	15.1	21.0	16.7	7.4	5.8	18.9	-
6.1	-	-	-	-	6.1	6.1	18.2	18.2	12.1	15.2	9.1	15.2	-

第29表　子ども数・構成割合,

性　、 きょうだい構成	総数	平日の起床時間 午前 5時前	午前5時 ～ 5時29分	午前5時30分 ～ 5時59分	午前6時 ～ 6時29分	午前6時30分 ～ 6時59分	午前7時 ～ 7時29分	午前7時30分 ～ 7時59分	午前8時 ～ 8時29分	午前8時30分 ～ 8時59分	午前 9時以降
											実
総数	28 810	220	510	1 534	6 219	9 021	8 438	2 059	200	42	60
ひとり	4 874	48	94	302	1 140	1 466	1 340	300	28	8	17
弟妹のみ	10 617	87	208	567	2 352	3 386	3 007	769	75	10	17
兄姉のみ	10 242	68	160	529	2 087	3 204	3 145	749	77	17	21
兄弟姉妹あり	3 077	17	48	136	640	965	946	241	20	7	5
男児	14 796	122	238	694	2 876	4 420	4 611	1 347	139	22	32
ひとり	2 468	25	40	142	517	704	717	204	20	5	8
弟妹のみ	5 350	53	85	266	1 103	1 624	1 598	486	47	4	4
兄姉のみ	5 329	33	86	226	961	1 598	1 746	500	56	11	15
兄弟姉妹あり	1 649	11	27	60	295	494	550	157	16	2	5
女児	14 014	98	272	840	3 343	4 601	3 827	712	61	20	28
ひとり	2 406	23	54	160	623	762	623	96	8	3	9
弟妹のみ	5 267	34	123	301	1 249	1 762	1 409	283	28	6	13
兄姉のみ	4 913	35	74	303	1 126	1 606	1 399	249	21	6	6
兄弟姉妹あり	1 428	6	21	76	345	471	396	84	4	5	-
											構成
総数	100.0	0.8	1.8	5.3	21.6	31.3	29.3	7.1	0.7	0.1	0.2
ひとり	100.0	1.0	1.9	6.2	23.4	30.1	27.5	6.2	0.6	0.2	0.3
弟妹のみ	100.0	0.8	2.0	5.3	22.2	31.9	28.3	7.2	0.7	0.1	0.2
兄姉のみ	100.0	0.7	1.6	5.2	20.4	31.3	30.7	7.3	0.8	0.2	0.2
兄弟姉妹あり	100.0	0.6	1.6	4.4	20.8	31.4	30.7	7.8	0.6	0.2	0.2
男児	100.0	0.8	1.6	4.7	19.4	29.9	31.2	9.1	0.9	0.1	0.2
ひとり	100.0	1.0	1.6	5.8	20.9	28.5	29.1	8.3	0.8	0.2	0.3
弟妹のみ	100.0	1.0	1.6	5.0	20.6	30.4	29.9	9.1	0.9	0.1	0.1
兄姉のみ	100.0	0.6	1.6	4.2	18.0	30.0	32.8	9.4	1.1	0.2	0.3
兄弟姉妹あり	100.0	0.7	1.6	3.6	17.9	30.0	33.4	9.5	1.0	0.1	0.3
女児	100.0	0.7	1.9	6.0	23.9	32.8	27.3	5.1	0.4	0.1	0.2
ひとり	100.0	1.0	2.2	6.7	25.9	31.7	25.9	4.0	0.3	0.1	0.4
弟妹のみ	100.0	0.6	2.3	5.7	23.7	33.5	26.8	5.4	0.5	0.1	0.2
兄姉のみ	100.0	0.7	1.5	6.2	22.9	32.7	28.5	5.1	0.4	0.1	0.1
兄弟姉妹あり	100.0	0.4	1.5	5.3	24.2	33.0	27.7	5.9	0.3	0.4	-

性、きょうだい構成、平日－日曜日の起床時間別

第15回調査（平成28年）

時間が不規則	不　詳	日曜日の起床時間 午　前 5時前	午前5時～5時29分	午前5時30分～5時59分	午前6時～6時29分	午前6時30分～6時59分	午前7時～7時29分	午前7時30分～7時59分	午前8時～8時29分	午前8時30分～8時59分	午　前 9時以降	時間が不規則	不　詳
数　(人)													
394	113	120	226	514	1 691	2 186	4 208	3 287	4 713	2 410	3 753	5 512	190
59	72	17	37	88	281	343	692	564	786	406	638	942	80
122	17	54	90	192	684	841	1 657	1 257	1 687	827	1 323	1 957	48
165	20	37	82	176	560	757	1 412	1 110	1 735	921	1 384	2 014	54
48	4	12	17	58	166	245	447	356	505	256	408	599	8
221	74	88	144	337	1 052	1 247	2 218	1 683	2 385	1 187	1 826	2 493	136
38	48	10	21	63	173	181	353	291	388	212	321	400	55
70	10	43	52	123	415	469	850	639	822	396	620	885	36
85	12	25	59	109	353	442	764	578	910	447	672	932	38
28	4	10	12	42	111	155	251	175	265	132	213	276	7
173	39	32	82	177	639	939	1 990	1 604	2 328	1 223	1 927	3 019	54
21	24	7	16	25	108	162	339	273	398	194	317	542	25
52	7	11	38	69	269	372	807	618	865	431	703	1 072	12
80	8	12	23	67	207	315	648	532	825	474	712	1 082	16
20	-	2	5	16	55	90	196	181	240	124	195	323	1
割　合　(%)													
1.4	0.4	0.4	0.8	1.8	5.9	7.6	14.6	11.4	16.4	8.4	13.0	19.1	0.7
1.2	1.5	0.3	0.8	1.8	5.8	7.0	14.2	11.6	16.1	8.3	13.1	19.3	1.6
1.1	0.2	0.5	0.8	1.8	6.4	7.9	15.6	11.8	15.9	7.8	12.5	18.4	0.5
1.6	0.2	0.4	0.8	1.7	5.5	7.4	13.8	10.8	16.9	9.0	13.5	19.7	0.5
1.6	0.1	0.4	0.6	1.9	5.4	8.0	14.5	11.6	16.4	8.3	13.3	19.5	0.3
1.5	0.5	0.6	1.0	2.3	7.1	8.4	15.0	11.4	16.1	8.0	12.3	16.8	0.9
1.5	1.9	0.4	0.9	2.6	7.0	7.3	14.3	11.8	15.7	8.6	13.0	16.2	2.2
1.3	0.2	0.8	1.0	2.3	7.8	8.8	15.9	11.9	15.4	7.4	11.6	16.5	0.7
1.6	0.2	0.5	1.1	2.0	6.6	8.3	14.3	10.8	17.1	8.4	12.6	17.5	0.7
1.7	0.2	0.6	0.7	2.5	6.7	9.4	15.2	10.6	16.1	8.0	12.9	16.7	0.4
1.2	0.3	0.2	0.6	1.3	4.6	6.7	14.2	11.4	16.6	8.7	13.8	21.5	0.4
0.9	1.0	0.3	0.7	1.0	4.5	6.7	14.1	11.3	16.5	8.1	13.2	22.5	1.0
1.0	0.1	0.2	0.7	1.3	5.1	7.1	15.3	11.7	16.4	8.2	13.3	20.4	0.2
1.6	0.2	0.2	0.5	1.4	4.2	6.4	13.2	10.8	16.8	9.6	14.5	22.0	0.3
1.4	-	0.1	0.4	1.1	3.9	6.3	13.7	12.7	16.8	8.7	13.7	22.6	0.1

第30表　子ども数・構成割合，

性　　、 きょうだい構成	総　数	平日の就寝時間 午　後 9時前	午後9時 ～ 9時29分	午後9時30分 ～ 9時59分	午後10時 ～ 10時29分	午後10時30分 ～ 10時59分	午後11時 ～ 11時29分	午後11時30分 ～ 11時59分	午前0時 ～ 0時29分	午前0時30分 ～ 0時59分	午　前 1時以降
											実
総数	28 810	70	323	597	2 192	3 765	6 367	5 630	4 478	1 830	1 274
ひとり	4 874	14	59	106	356	638	1 039	944	744	330	223
弟妹のみ	10 617	30	136	236	869	1 449	2 393	2 040	1 602	637	466
兄姉のみ	10 242	19	92	182	704	1 270	2 238	2 053	1 691	686	467
兄弟姉妹あり	3 077	7	36	73	263	408	697	593	441	177	118
男児	14 796	43	195	356	1 272	2 098	3 460	2 863	2 018	772	597
ひとり	2 468	9	37	65	213	334	560	482	309	141	107
弟妹のみ	5 350	16	80	137	504	815	1 280	997	699	250	192
兄姉のみ	5 329	12	58	111	394	723	1 227	1 059	791	312	245
兄弟姉妹あり	1 649	6	20	43	161	226	393	325	219	69	53
女児	14 014	27	128	241	920	1 667	2 907	2 767	2 460	1 058	677
ひとり	2 406	5	22	41	143	304	479	462	435	189	116
弟妹のみ	5 267	14	56	99	365	634	1 113	1 043	903	387	274
兄姉のみ	4 913	7	34	71	310	547	1 011	994	900	374	222
兄弟姉妹あり	1 428	1	16	30	102	182	304	268	222	108	65
											構　成
総数	100.0	0.2	1.1	2.1	7.6	13.1	22.1	19.5	15.5	6.4	4.4
ひとり	100.0	0.3	1.2	2.2	7.3	13.1	21.3	19.4	15.3	6.8	4.6
弟妹のみ	100.0	0.3	1.3	2.2	8.2	13.6	22.5	19.2	15.1	6.0	4.4
兄姉のみ	100.0	0.2	0.9	1.8	6.9	12.4	21.9	20.0	16.5	6.7	4.6
兄弟姉妹あり	100.0	0.2	1.2	2.4	8.5	13.3	22.7	19.3	14.3	5.8	3.8
男児	100.0	0.3	1.3	2.4	8.6	14.2	23.4	19.3	13.6	5.2	4.0
ひとり	100.0	0.4	1.5	2.6	8.6	13.5	22.7	19.5	12.5	5.7	4.3
弟妹のみ	100.0	0.3	1.5	2.6	9.4	15.2	23.9	18.6	13.1	4.7	3.6
兄姉のみ	100.0	0.2	1.1	2.1	7.4	13.6	23.0	19.9	14.8	5.9	4.6
兄弟姉妹あり	100.0	0.4	1.2	2.6	9.8	13.7	23.8	19.7	13.3	4.2	3.2
女児	100.0	0.2	0.9	1.7	6.6	11.9	20.7	19.7	17.6	7.5	4.8
ひとり	100.0	0.2	0.9	1.7	5.9	12.6	19.9	19.2	18.1	7.9	4.8
弟妹のみ	100.0	0.3	1.1	1.9	6.9	12.0	21.1	19.8	17.1	7.3	5.2
兄姉のみ	100.0	0.1	0.7	1.4	6.3	11.1	20.6	20.2	18.3	7.6	4.5
兄弟姉妹あり	100.0	0.1	1.1	2.1	7.1	12.7	21.3	18.8	15.5	7.6	4.6

性、きょうだい構成、平日－土曜日の就寝時間別

第15回調査（平成28年）

		土曜日の就寝時間											
時間が不規則	不詳	午後9時前	午後9時～9時29分	午後9時30分～9時59分	午後10時～10時29分	午後10時30分～10時59分	午後11時～11時29分	午後11時30分～11時59分	午前0時～0時29分	午前0時30分～0時59分	午前1時以降	時間が不規則	不詳
数（人）													
2 157	127	48	221	419	1 484	2 863	5 212	5 395	4 477	2 119	1 912	4 476	184
345	76	7	35	69	247	460	859	893	731	402	357	734	80
736	23	25	107	175	598	1 176	1 985	1 965	1 589	707	682	1 564	44
817	23	12	52	125	479	935	1 797	1 946	1 699	792	687	1 667	51
259	5	4	27	50	160	292	571	591	458	218	186	511	9
1 041	81	33	134	276	904	1 629	2 895	2 740	2 083	969	910	2 087	136
162	49	7	20	46	155	259	467	455	319	191	176	319	54
366	14	13	66	109	352	653	1 094	970	705	319	302	730	37
384	13	10	36	84	297	546	1 001	999	819	365	345	790	37
129	5	3	12	37	100	171	333	316	240	94	87	248	8
1 116	46	15	87	143	580	1 234	2 317	2 655	2 394	1 150	1 002	2 389	48
183	27	-	15	23	92	201	392	438	412	211	181	415	26
370	9	12	41	66	246	523	891	995	884	388	380	834	7
433	10	2	16	41	182	389	796	947	880	427	342	877	14
130	-	1	15	13	60	121	238	275	218	124	99	263	1
割合（%）													
7.5	0.4	0.2	0.8	1.5	5.2	9.9	18.1	18.7	15.5	7.4	6.6	15.5	0.6
7.1	1.6	0.1	0.7	1.4	5.1	9.4	17.6	18.3	15.0	8.2	7.3	15.1	1.6
6.9	0.2	0.2	1.0	1.6	5.6	11.1	18.7	18.5	15.0	6.7	6.4	14.7	0.4
8.0	0.2	0.1	0.5	1.2	4.7	9.1	17.5	19.0	16.6	7.7	6.7	16.3	0.5
8.4	0.2	0.1	0.9	1.6	5.2	9.5	18.6	19.2	14.9	7.1	6.0	16.6	0.3
7.0	0.5	0.2	0.9	1.9	6.1	11.0	19.6	18.5	14.1	6.5	6.2	14.1	0.9
6.6	2.0	0.3	0.8	1.9	6.3	10.5	18.9	18.4	12.9	7.7	7.1	12.9	2.2
6.8	0.3	0.2	1.2	2.0	6.6	12.2	20.4	18.1	13.2	6.0	5.6	13.6	0.7
7.2	0.2	0.2	0.7	1.6	5.6	10.2	18.8	18.7	15.4	6.8	6.5	14.8	0.7
7.8	0.3	0.2	0.7	2.2	6.1	10.4	20.2	19.2	14.6	5.7	5.3	15.0	0.5
8.0	0.3	0.1	0.6	1.0	4.1	8.8	16.5	18.9	17.1	8.2	7.1	17.0	0.3
7.6	1.1	-	0.6	1.0	3.8	8.4	16.3	18.2	17.1	8.8	7.5	17.2	1.1
7.0	0.2	0.2	0.8	1.3	4.7	9.9	16.9	18.9	16.8	7.4	7.2	15.8	0.1
8.8	0.2	0.0	0.3	0.8	3.7	7.9	16.2	19.3	17.9	8.7	7.0	17.9	0.3
9.1	-	0.1	1.1	0.9	4.2	8.5	16.7	19.3	15.3	8.7	6.9	18.4	0.1

第31表　子ども数・構成割合，同居者の構成、

同居者の構成	総数	午前5時前	午前5時～5時29分	午前5時30分～5時59分	午前6時～6時29分	午前6時30分～6時59分	午前7時～7時29分	午前7時30分～7時59分	午前8時～8時29分	午前8時30分～8時59分	午前9時以降
					平日の起床時間						
											実
総数	28 810	220	510	1 534	6 219	9 021	8 438	2 059	200	42	60
父母のみ	2 999	26	55	195	719	899	853	186	17	5	8
父母ときょうだいのみ	17 111	114	282	863	3 576	5 334	5 216	1 301	131	17	33
父母と祖父母	4 879	39	104	282	1 147	1 664	1 266	264	22	9	8
父母とその他	89	1	-	3	21	32	21	9	-	-	-
父又は母と同居	3 561	37	68	184	728	1 053	1 063	292	30	11	11
その他	171	3	1	7	28	39	19	7	-	-	-
											構成
総数	100.0	0.8	1.8	5.3	21.6	31.3	29.3	7.1	0.7	0.1	0.2
父母のみ	100.0	0.9	1.8	6.5	24.0	30.0	28.4	6.2	0.6	0.2	0.3
父母ときょうだいのみ	100.0	0.7	1.6	5.0	20.9	31.2	30.5	7.6	0.8	0.1	0.2
父母と祖父母	100.0	0.8	2.1	5.8	23.5	34.1	25.9	5.4	0.5	0.2	0.2
父母とその他	100.0	1.1	-	3.4	23.6	36.0	23.6	10.1	-	-	-
父又は母と同居	100.0	1.0	1.9	5.2	20.4	29.6	29.9	8.2	0.8	0.3	0.3
その他	100.0	1.8	0.6	4.1	16.4	22.8	11.1	4.1	-	-	-

第32表　子ども数・構成割合，同居者の構成、

同居者の構成	総数	午後9時前	午後9時～9時29分	午後9時30分～9時59分	午後10時～10時29分	午後10時30分～10時59分	午後11時～11時29分	午後11時30分～11時59分	午前0時～0時29分	午前0時30分～0時59分	午前1時以降
					平日の就寝時間						
											実
総数	28 810	70	323	597	2 192	3 765	6 367	5 630	4 478	1 830	1 274
父母のみ	2 999	10	33	64	207	405	660	587	482	214	138
父母ときょうだいのみ	17 111	40	186	324	1 266	2 203	3 824	3 390	2 762	1 108	732
父母と祖父母	4 879	10	52	118	403	692	1 159	934	678	253	208
父母とその他	89	1	-	1	5	15	22	15	13	2	1
父又は母と同居	3 561	8	48	87	299	440	675	682	533	246	192
その他	171	1	4	3	12	10	27	22	10	7	3
											構成
総数	100.0	0.2	1.1	2.1	7.6	13.1	22.1	19.5	15.5	6.4	4.4
父母のみ	100.0	0.3	1.1	2.1	6.9	13.5	22.0	19.6	16.1	7.1	4.6
父母ときょうだいのみ	100.0	0.2	1.1	1.9	7.4	12.9	22.3	19.8	16.1	6.5	4.3
父母と祖父母	100.0	0.2	1.1	2.4	8.3	14.2	23.8	19.1	13.9	5.2	4.3
父母とその他	100.0	1.1	-	1.1	5.6	16.9	24.7	16.9	14.6	2.2	1.1
父又は母と同居	100.0	0.2	1.3	2.4	8.4	12.4	19.0	19.2	15.0	6.9	5.4
その他	100.0	0.6	2.3	1.8	7.0	5.8	15.8	12.9	5.8	4.1	1.8

平日－日曜日の起床時間別

第15回調査（平成28年）

		日曜日の起床時間											
時間が不規則	不詳	午前5時前	午前5時〜5時29分	午前5時30分〜5時59分	午前6時〜6時29分	午前6時30分〜6時59分	午前7時〜7時29分	午前7時30分〜7時59分	午前8時〜8時29分	午前8時30分〜8時59分	午前9時以降	時間が不規則	不詳
数（人）													
394	113	120	226	514	1 691	2 186	4 208	3 287	4 713	2 410	3 753	5 512	190
29	7	5	25	52	178	196	430	372	528	259	372	571	11
214	30	73	131	285	1 003	1 269	2 536	1 957	2 855	1 484	2 262	3 177	79
68	6	27	42	105	300	433	741	555	778	376	591	917	14
2	-	1	-	1	6	8	13	9	11	5	10	23	2
78	6	12	27	68	195	268	466	382	526	281	508	809	19
3	64	2	1	3	9	12	22	12	15	5	10	15	65
割合（%）													
1.4	0.4	0.4	0.8	1.8	5.9	7.6	14.6	11.4	16.4	8.4	13.0	19.1	0.7
1.0	0.2	0.2	0.8	1.7	5.9	6.5	14.3	12.4	17.6	8.6	12.4	19.0	0.4
1.3	0.2	0.4	0.8	1.7	5.9	7.4	14.8	11.4	16.7	8.7	13.2	18.6	0.5
1.4	0.1	0.6	0.9	2.2	6.1	8.9	15.2	11.4	15.9	7.7	12.1	18.8	0.3
2.2	-	1.1	-	1.1	6.7	9.0	14.6	10.1	12.4	5.6	11.2	25.8	2.2
2.2	0.2	0.3	0.8	1.9	5.5	7.5	13.1	10.7	14.8	7.9	14.3	22.7	0.5
1.8	37.4	1.2	0.6	1.8	5.3	7.0	12.9	7.0	8.8	2.9	5.8	8.8	38.0

平日－土曜日の就寝時間別

第15回調査（平成28年）

		土曜日の就寝時間											
時間が不規則	不詳	午後9時前	午後9時〜9時29分	午後9時30分〜9時59分	午後10時〜10時29分	午後10時30分〜10時59分	午後11時〜11時29分	午後11時30分〜11時59分	午前0時〜0時29分	午前0時30分〜0時59分	午前1時以降	時間が不規則	不詳
数（人）													
2 157	127	48	221	419	1 484	2 863	5 212	5 395	4 477	2 119	1 912	4 476	184
189	10	4	21	36	157	289	547	567	468	268	209	421	12
1 234	42	32	132	245	865	1 710	3 151	3 238	2 735	1 240	1 116	2 569	78
367	5	8	32	78	280	518	916	926	755	318	293	744	11
14	-	1	-	-	3	9	12	17	14	6	4	22	1
345	6	3	33	57	173	322	566	627	492	281	283	707	17
8	64	-	3	3	6	15	20	20	13	6	7	13	65
割合（%）													
7.5	0.4	0.2	0.8	1.5	5.2	9.9	18.1	18.7	15.5	7.4	6.6	15.5	0.6
6.3	0.3	0.1	0.7	1.2	5.2	9.6	18.2	18.9	15.6	8.9	7.0	14.0	0.4
7.2	0.2	0.2	0.8	1.4	5.1	10.0	18.4	18.9	16.0	7.2	6.5	15.0	0.5
7.5	0.1	0.2	0.7	1.6	5.7	10.6	18.8	19.0	15.5	6.5	6.0	15.2	0.2
15.7	-	1.1	-	-	3.4	10.1	13.5	19.1	15.7	6.7	4.5	24.7	1.1
9.7	0.2	0.1	0.9	1.6	4.9	9.0	15.9	17.6	13.8	7.9	7.9	19.9	0.5
4.7	37.4	-	1.8	1.8	3.5	8.8	11.7	11.7	7.6	3.5	4.1	7.6	38.0

第33表　子ども数・構成割合，性、平日－休日の家庭学習の

実　数（人）

性　、 平日－休日の家庭学習の時間	総　数	平日の起床時間 午前 5時前	午前5時 ～ 5時29分	午前5時30分 ～ 5時59分	午前6時 ～ 6時29分	午前6時30分 ～ 6時59分	午前7時 ～ 7時29分	午前7時30分 ～ 7時59分	午前8時 ～ 8時29分	午前8時30分 ～ 8時59分	午前 9時以降
総数											
平日の家庭学習の時間	28 810	220	510	1 534	6 219	9 021	8 438	2 059	200	42	60
しない	1 729	18	30	84	325	420	457	171	44	13	33
する	26 713	199	474	1 441	5 842	8 509	7 884	1 863	155	28	26
1時間未満	4 423	35	80	308	1 064	1 306	1 222	281	33	8	13
1時間～2時間未満	8 579	60	181	541	2 038	2 801	2 278	518	50	9	5
2時間～3時間未満	7 514	52	113	360	1 585	2 463	2 304	527	32	7	3
3時間～4時間未満	3 986	23	60	154	780	1 287	1 306	319	23	3	4
4時間～5時間未満	1 361	6	23	44	240	428	479	127	3	1	－
5時間～6時間未満	502	12	13	23	77	143	166	54	7	－	－
6時間以上	348	11	4	11	58	81	129	37	7	－	1
不詳	368	3	6	9	52	92	97	25	1	1	1
男児											
平日の家庭学習の時間	14 796	122	238	694	2 876	4 420	4 611	1 347	139	22	32
しない	1 010	13	16	41	190	235	272	116	30	7	16
する	13 549	107	218	649	2 651	4 129	4 277	1 211	108	15	15
1時間未満	2 538	22	45	159	563	735	732	202	24	3	7
1時間～2時間未満	4 432	32	85	255	949	1 396	1 273	343	29	6	3
2時間～3時間未満	3 682	26	48	142	674	1 169	1 228	333	25	5	2
3時間～4時間未満	1 874	12	22	62	318	559	668	198	19	1	2
4時間～5時間未満	628	3	11	16	93	176	239	81	1	－	－
5時間～6時間未満	227	5	7	11	28	60	74	32	5	－	－
6時間以上	168	7	－	4	26	34	63	22	5	－	1
不詳	237	2	4	4	35	56	62	20	1	－	1
女児											
平日の家庭学習の時間	14 014	98	272	840	3 343	4 601	3 827	712	61	20	28
しない	719	5	14	43	135	185	185	55	14	6	17
する	13 164	92	256	792	3 191	4 380	3 607	652	47	13	11
1時間未満	1 885	13	35	149	501	571	490	79	9	5	6
1時間～2時間未満	4 147	28	96	286	1 089	1 405	1 005	175	21	3	2
2時間～3時間未満	3 832	26	65	218	911	1 294	1 076	194	7	2	1
3時間～4時間未満	2 112	11	38	92	462	728	638	121	4	2	2
4時間～5時間未満	733	3	12	28	147	252	240	46	2	1	－
5時間～6時間未満	275	7	6	12	49	83	92	22	2	－	－
6時間以上	180	4	4	7	32	47	66	15	2	－	－
不詳	131	1	2	5	17	36	35	5	－	1	－
総数											
休日の家庭学習の時間	28 810	220	510	1 534	6 219	9 021	8 438	2 059	200	42	60
しない	2 934	22	48	129	500	729	869	350	63	15	38
する	25 310	192	449	1 391	5 633	8 129	7 412	1 672	136	25	21
1時間未満	4 734	37	73	278	1 024	1 458	1 406	339	30	7	10
1時間～2時間未満	5 778	33	104	355	1 397	1 815	1 634	341	32	5	3
2時間～3時間未満	5 250	36	82	307	1 242	1 711	1 472	315	26	5	4
3時間～4時間未満	3 647	21	67	194	809	1 220	1 017	257	21	5	2
4時間～5時間未満	2 255	13	45	90	484	769	701	132	10	1	1
5時間～6時間未満	1 377	11	33	57	256	430	472	102	7	1	－
6時間以上	2 269	41	45	110	421	726	710	186	10	1	1
不詳	566	6	13	14	86	163	157	37	1	2	1
男児											
休日の家庭学習の時間	14 796	122	238	694	2 876	4 420	4 611	1 347	139	22	32
しない	1 746	15	26	62	283	421	524	248	44	8	19
する	12 685	103	204	626	2 537	3 895	3 985	1 070	94	14	12
1時間未満	2 667	25	38	138	552	757	858	228	21	2	5
1時間～2時間未満	3 001	16	48	170	644	952	885	220	23	3	1
2時間～3時間未満	2 604	22	42	130	553	822	777	212	14	4	2
3時間～4時間未満	1 766	13	31	85	342	554	543	161	16	5	2
4時間～5時間未満	1 034	4	17	41	190	325	358	83	8	－	1
5時間～6時間未満	607	6	14	21	86	193	217	60	6	－	－
6時間以上	1 006	17	14	41	170	292	347	106	6	－	1
不詳	365	4	8	6	56	104	102	29	1	－	1
女児											
休日の家庭学習の時間	14 014	98	272	840	3 343	4 601	3 827	712	61	20	28
しない	1 188	7	22	67	217	308	345	102	19	7	19
する	12 625	89	245	765	3 096	4 234	3 427	602	42	11	9
1時間未満	2 067	12	35	140	472	701	548	111	9	5	5
1時間～2時間未満	2 777	17	56	185	753	863	749	121	9	2	2
2時間～3時間未満	2 646	14	40	177	689	889	695	103	12	1	2
3時間～4時間未満	1 881	8	36	109	467	666	474	96	5	－	－
4時間～5時間未満	1 221	9	28	49	294	444	343	49	2	1	－
5時間～6時間未満	770	5	19	36	170	237	255	42	1	1	－
6時間以上	1 263	24	31	69	251	434	363	80	4	1	－
不詳	201	2	5	8	30	59	55	8	－	2	－

時間、平日－日曜日の起床時間別（２－１）

第15回調査（平成28年）

時間が不規則	不詳	日曜日の起床時間 午前5時前	午前5時～5時29分	午前5時30分～5時59分	午前6時～6時29分	午前6時30分～6時59分	午前7時～7時29分	午前7時30分～7時59分	午前8時～8時29分	午前8時30分～8時59分	午前9時以降	時間が不規則	不詳
394	113	120	226	514	1 691	2 186	4 208	3 287	4 713	2 410	3 753	5 512	190
132	2	12	18	41	106	126	182	132	190	107	280	530	5
251	41	106	206	468	1 569	2 034	3 976	3 124	4 481	2 275	3 431	4 928	115
65	8	24	42	120	330	384	605	468	608	312	610	896	24
79	19	29	78	169	596	736	1 256	972	1 330	662	1 049	1 666	36
60	8	23	45	107	385	513	1 159	871	1 338	715	983	1 347	28
22	5	13	23	48	169	251	603	503	768	391	516	678	23
9	1	3	9	10	51	89	204	202	287	117	178	209	2
7	－	4	7	8	19	40	96	59	92	41	60	75	1
9	－	10	2	6	19	21	53	49	58	37	35	57	1
11	70	2	2	5	16	26	50	31	42	28	42	54	70
221	74	88	144	337	1 052	1 247	2 218	1 683	2 385	1 187	1 826	2 493	136
72	2	9	12	27	79	77	111	81	108	64	162	276	4
143	26	77	130	305	960	1 149	2 078	1 580	2 249	1 106	1 639	2 190	86
38	8	21	34	84	225	238	374	274	348	160	319	443	18
49	12	24	56	117	349	433	663	498	687	313	510	758	24
27	3	15	23	67	233	275	591	422	643	370	452	568	23
11	2	7	10	24	99	134	297	235	373	178	223	277	17
7	1	2	3	4	31	41	88	99	128	54	93	83	2
5	－	1	4	6	10	20	40	28	43	13	28	33	1
6	－	7	－	3	13	8	25	24	27	18	14	28	1
6	46	2	2	5	13	21	29	22	28	17	25	27	46
173	39	32	82	177	639	939	1 990	1 604	2 328	1 223	1 927	3 019	54
60	－	3	6	14	27	49	71	51	82	43	118	254	1
108	15	29	76	163	609	885	1 898	1 544	2 232	1 169	1 792	2 738	29
27	－	3	8	36	105	146	231	194	260	152	291	453	6
30	7	5	22	52	247	303	593	474	643	349	539	908	12
33	5	8	22	40	152	238	568	449	695	345	531	779	5
11	3	6	13	24	70	117	306	268	395	213	293	401	6
2	－	1	6	6	20	48	116	103	159	63	85	126	－
2	－	3	3	2	9	20	56	31	49	28	32	42	－
3	－	3	2	3	6	13	28	25	31	19	21	29	－
5	24	－	－	－	3	5	21	9	14	11	17	27	24
394	113	120	226	514	1 691	2 186	4 208	3 287	4 713	2 410	3 753	5 512	190
165	6	20	34	79	192	207	306	214	319	192	511	848	12
214	36	97	189	426	1 469	1 934	3 831	3 015	4 328	2 167	3 176	4 572	106
67	5	23	48	116	344	431	648	466	632	333	657	1 020	16
43	16	14	47	112	418	481	836	635	891	474	720	1 116	34
45	5	16	29	80	299	398	824	617	861	442	679	983	22
29	5	10	19	50	170	241	541	452	706	339	470	637	12
8	1	8	13	22	83	135	339	294	484	224	270	376	7
7	1	3	14	10	41	72	224	206	307	146	165	186	3
15	3	23	19	36	114	176	419	345	447	209	215	254	12
15	71	3	3	9	30	45	71	58	66	51	66	92	72
221	74	88	144	337	1 052	1 247	2 218	1 683	2 385	1 187	1 826	2 493	136
91	5	15	25	60	138	136	194	135	191	115	280	447	10
122	23	71	116	269	891	1 078	1 979	1 510	2 152	1 040	1 505	1 996	78
38	5	19	39	80	233	269	378	270	359	183	344	482	11
29	10	12	32	72	254	270	458	330	497	217	334	502	23
23	3	12	18	52	170	225	422	301	413	228	331	414	18
12	2	10	13	33	104	133	266	233	321	160	216	269	8
7	－	3	3	12	52	67	165	141	220	98	119	149	5
3	1	2	8	3	21	36	100	82	153	67	70	62	3
10	2	13	3	17	57	78	190	153	189	87	91	118	10
8	46	2	3	8	23	33	45	38	42	32	41	50	48
173	39	32	82	177	639	939	1 990	1 604	2 328	1 223	1 927	3 019	54
74	1	5	9	19	54	71	112	79	128	77	231	401	2
92	13	26	73	157	578	856	1 852	1 505	2 176	1 127	1 671	2 576	28
29	－	4	9	36	111	162	270	196	273	150	313	538	5
14	6	2	15	40	164	211	378	305	394	257	386	614	11
22	2	4	11	28	129	173	402	316	448	214	348	569	4
17	3	－	6	17	66	108	275	219	385	179	254	368	4
1	1	5	10	10	31	68	174	153	264	126	151	227	2
4	－	1	6	7	20	36	124	124	154	79	95	124	－
5	1	10	16	19	57	98	229	192	258	122	124	136	2
7	25	1	－	1	7	12	26	20	24	19	25	42	24

第33表　子ども数・構成割合，性、平日－休日の家庭学習の

構成割合（%）

性　、 平日－休日の家庭学習の時間	総数	平日の起床時間 午前5時前	午前5時～5時29分	午前5時30分～5時59分	午前6時～6時29分	午前6時30分～6時59分	午前7時～7時29分	午前7時30分～7時59分	午前8時～8時29分	午前8時30分～8時59分	午前9時以降
総数											
平日の家庭学習の時間	100.0	0.8	1.8	5.3	21.6	31.3	29.3	7.1	0.7	0.1	0.2
しない	100.0	1.0	1.7	4.9	18.8	24.3	26.4	9.9	2.5	0.8	1.9
する	100.0	0.7	1.8	5.4	21.9	31.9	29.5	7.0	0.6	0.1	0.1
1時間未満	100.0	0.8	1.8	7.0	24.1	29.5	27.6	6.4	0.7	0.2	0.3
1時間～2時間未満	100.0	0.7	2.1	6.3	23.8	32.6	26.6	6.0	0.6	0.1	0.1
2時間～3時間未満	100.0	0.7	1.5	4.8	21.1	32.8	30.7	7.0	0.4	0.1	0.0
3時間～4時間未満	100.0	0.6	1.5	3.9	19.6	32.3	32.8	8.0	0.6	0.1	0.1
4時間～5時間未満	100.0	0.4	1.7	3.2	17.6	31.4	35.2	9.3	0.2	0.1	－
5時間～6時間未満	100.0	2.4	2.6	4.6	15.3	28.5	33.1	10.8	1.4	－	－
6時間以上	100.0	3.2	1.1	3.2	16.7	23.3	37.1	10.6	2.0	－	0.3
不詳	100.0	0.8	1.6	2.4	14.1	25.0	26.4	6.8	0.3	0.3	0.3
男児											
平日の家庭学習の時間	100.0	0.8	1.6	4.7	19.4	29.9	31.2	9.1	0.9	0.1	0.2
しない	100.0	1.3	1.6	4.1	18.8	23.3	26.9	11.5	3.0	0.7	1.6
する	100.0	0.8	1.6	4.8	19.6	30.5	31.6	8.9	0.8	0.1	0.1
1時間未満	100.0	0.9	1.8	6.3	22.2	29.0	28.8	8.0	0.9	0.1	0.3
1時間～2時間未満	100.0	0.7	1.9	5.8	21.4	31.5	28.7	7.7	0.7	0.1	0.1
2時間～3時間未満	100.0	0.7	1.3	3.9	18.3	31.7	33.4	9.0	0.7	0.1	0.1
3時間～4時間未満	100.0	0.6	1.2	3.3	17.0	29.8	35.6	10.6	1.0	0.1	0.1
4時間～5時間未満	100.0	0.5	1.8	2.5	14.8	28.0	38.1	12.9	0.2	－	－
5時間～6時間未満	100.0	2.2	3.1	4.8	12.3	26.4	32.6	14.1	2.2	－	－
6時間以上	100.0	4.2	－	2.4	15.5	20.2	37.5	13.1	3.0	－	0.6
不詳	100.0	0.8	1.7	1.7	14.8	23.6	26.2	8.4	0.4	－	0.4
女児											
平日の家庭学習の時間	100.0	0.7	1.9	6.0	23.9	32.8	27.3	5.1	0.4	0.1	0.2
しない	100.0	0.7	1.9	6.0	18.8	25.7	25.7	7.6	1.9	0.8	2.4
する	100.0	0.7	1.9	6.0	24.2	33.3	27.4	5.0	0.4	0.1	0.1
1時間未満	100.0	0.7	1.9	7.9	26.6	30.3	26.0	4.2	0.5	0.3	0.3
1時間～2時間未満	100.0	0.7	2.3	6.9	26.3	33.9	24.2	4.2	0.5	0.1	0.0
2時間～3時間未満	100.0	0.7	1.7	5.7	23.8	33.8	28.1	5.1	0.2	0.1	0.0
3時間～4時間未満	100.0	0.5	1.8	4.4	21.9	34.5	30.2	5.7	0.2	0.1	0.1
4時間～5時間未満	100.0	0.4	1.6	3.8	20.1	34.4	32.7	6.3	0.3	0.1	－
5時間～6時間未満	100.0	2.5	2.2	4.4	17.8	30.2	33.5	8.0	0.7	－	－
6時間以上	100.0	2.2	2.2	3.9	17.8	26.1	36.7	8.3	1.1	－	－
不詳	100.0	0.8	1.5	3.8	13.0	27.5	26.7	3.8	－	0.8	－
総数											
休日の家庭学習の時間	100.0	0.8	1.8	5.3	21.6	31.3	29.3	7.1	0.7	0.1	0.2
しない	100.0	0.7	1.6	4.4	17.0	24.8	29.6	11.9	2.1	0.5	1.3
する	100.0	0.8	1.8	5.5	22.3	32.1	29.3	6.6	0.5	0.1	0.1
1時間未満	100.0	0.8	1.5	5.9	21.6	30.8	29.7	7.2	0.6	0.1	0.2
1時間～2時間未満	100.0	0.6	1.8	6.1	24.2	31.4	28.3	5.9	0.6	0.1	0.1
2時間～3時間未満	100.0	0.7	1.6	5.8	23.7	32.6	28.0	6.0	0.5	0.1	0.1
3時間～4時間未満	100.0	0.6	1.8	5.3	22.2	33.5	27.9	7.0	0.6	0.1	0.1
4時間～5時間未満	100.0	0.6	2.0	4.0	21.5	34.1	31.1	5.9	0.4	0.0	0.0
5時間～6時間未満	100.0	0.8	2.4	4.1	18.6	31.2	34.3	7.4	0.5	0.1	－
6時間以上	100.0	1.8	2.0	4.8	18.6	32.0	31.3	8.2	0.4	0.0	0.0
不詳	100.0	1.1	2.3	2.5	15.2	28.8	27.7	6.5	0.2	0.4	0.2
男児											
休日の家庭学習の時間	100.0	0.8	1.6	4.7	19.4	29.9	31.2	9.1	0.9	0.1	0.2
しない	100.0	0.9	1.5	3.6	16.2	24.1	30.0	14.2	2.5	0.5	1.1
する	100.0	0.8	1.6	4.9	20.0	30.7	31.4	8.4	0.7	0.1	0.1
1時間未満	100.0	0.9	1.4	5.2	20.7	28.4	32.2	8.5	0.8	0.1	0.2
1時間～2時間未満	100.0	0.5	1.6	5.7	21.5	31.7	29.5	7.3	0.8	0.1	0.0
2時間～3時間未満	100.0	0.8	1.6	5.0	21.2	31.6	29.8	8.1	0.5	0.2	0.1
3時間～4時間未満	100.0	0.7	1.8	4.8	19.4	31.4	30.7	9.1	0.9	0.3	0.1
4時間～5時間未満	100.0	0.4	1.6	4.0	18.4	31.4	34.6	8.0	0.8	－	0.1
5時間～6時間未満	100.0	1.0	2.3	3.5	14.2	31.8	35.7	9.9	1.0	－	－
6時間以上	100.0	1.7	1.4	4.1	16.9	29.0	34.5	10.5	0.6	－	0.1
不詳	100.0	1.1	2.2	1.6	15.3	28.5	27.9	7.9	0.3	－	0.3
女児											
休日の家庭学習の時間	100.0	0.7	1.9	6.0	23.9	32.8	27.3	5.1	0.4	0.1	0.2
しない	100.0	0.6	1.9	5.6	18.3	25.9	29.0	8.6	1.6	0.6	1.6
する	100.0	0.7	1.9	6.1	24.5	33.5	27.1	4.8	0.3	0.1	0.1
1時間未満	100.0	0.6	1.7	6.8	22.8	33.9	26.5	5.4	0.4	0.2	0.2
1時間～2時間未満	100.0	0.6	2.0	6.7	27.1	31.1	27.0	4.4	0.3	0.1	0.1
2時間～3時間未満	100.0	0.5	1.5	6.7	26.0	33.6	26.3	3.9	0.5	0.0	0.1
3時間～4時間未満	100.0	0.4	1.9	5.8	24.8	35.4	25.2	5.1	0.3	－	－
4時間～5時間未満	100.0	0.7	2.3	4.0	24.1	36.4	28.1	4.0	0.2	0.1	－
5時間～6時間未満	100.0	0.6	2.5	4.7	22.1	30.8	33.1	5.5	0.1	0.1	－
6時間以上	100.0	1.9	2.5	5.5	19.9	34.4	28.7	6.3	0.3	0.1	－
不詳	100.0	1.0	2.5	4.0	14.9	29.4	27.4	4.0	－	1.0	－

第15回調査（平成28年）

		日曜日の起床時間											
時間が不規則	不詳	午前5時前	午前5時～5時29分	午前5時30分～5時59分	午前6時～6時29分	午前6時30分～6時59分	午前7時～7時29分	午前7時30分～7時59分	午前8時～8時29分	午前8時30分～8時59分	午前9時以降	時間が不規則	不詳
1.4	0.4	0.4	0.8	1.8	5.9	7.6	14.6	11.4	16.4	8.4	13.0	19.1	0.7
7.6	0.1	0.7	1.0	2.4	6.1	7.3	10.5	7.6	11.0	6.2	16.2	30.7	0.3
0.9	0.2	0.4	0.8	1.8	5.9	7.6	14.9	11.7	16.8	8.5	12.8	18.4	0.4
1.5	0.2	0.5	0.9	2.7	7.5	8.7	13.7	10.6	13.7	7.1	13.8	20.3	0.5
0.9	0.2	0.3	0.9	2.0	6.9	8.6	14.6	11.3	15.5	7.7	12.2	19.4	0.4
0.8	0.1	0.3	0.6	1.4	5.1	6.8	15.4	11.6	17.8	9.5	13.1	17.9	0.4
0.6	0.1	0.3	0.6	1.2	4.2	6.3	15.1	12.6	19.3	9.8	12.9	17.0	0.6
0.7	0.1	0.2	0.7	0.7	3.7	6.5	15.0	14.8	21.1	8.6	13.1	15.4	0.1
1.4	-	0.8	1.4	1.6	3.8	8.0	19.1	11.8	18.3	8.2	12.0	14.9	0.2
2.6	-	2.9	0.6	1.7	5.5	6.0	15.2	14.1	16.7	10.6	10.1	16.4	0.3
3.0	19.0	0.5	0.5	1.4	4.3	7.1	13.6	8.4	11.4	7.6	11.4	14.7	19.0
1.5	0.5	0.6	1.0	2.3	7.1	8.4	15.0	11.4	16.1	8.0	12.3	16.8	0.9
7.1	0.2	0.9	1.2	2.7	7.8	7.6	11.0	8.0	10.7	6.3	16.0	27.3	0.4
1.1	0.2	0.6	1.0	2.3	7.1	8.5	15.3	11.7	16.6	8.2	12.1	16.2	0.6
1.5	0.3	0.8	1.3	3.3	8.9	9.4	14.7	10.8	13.7	6.3	12.6	17.5	0.7
1.1	0.3	0.5	1.3	2.6	7.9	9.8	15.0	11.2	15.5	7.1	11.5	17.1	0.5
0.7	0.1	0.4	0.6	1.8	6.3	7.5	16.1	11.5	17.5	10.0	12.3	15.4	0.6
0.6	0.1	0.4	0.5	1.3	5.3	7.2	15.8	12.5	19.9	9.5	11.9	14.8	0.9
1.1	0.2	0.3	0.5	0.6	4.9	6.5	14.0	15.8	20.4	8.6	14.8	13.2	0.3
2.2	-	0.4	1.8	2.6	4.4	8.8	17.6	12.3	18.9	5.7	12.3	14.5	0.4
3.6	-	4.2	-	1.8	7.7	4.8	14.9	14.3	16.1	10.7	8.3	16.7	0.6
2.5	19.4	0.8	0.8	2.1	5.5	8.9	12.2	9.3	11.8	7.2	10.5	11.4	19.4
1.2	0.3	0.2	0.6	1.3	4.6	6.7	14.2	11.4	16.6	8.7	13.8	21.5	0.4
8.3	-	0.4	0.8	1.9	3.8	6.8	9.9	7.1	11.4	6.0	16.4	35.3	0.1
0.8	0.1	0.2	0.6	1.2	4.6	6.7	14.4	11.7	17.0	8.9	13.6	20.8	0.2
1.4	-	0.2	0.4	1.9	5.6	7.7	12.3	10.3	13.8	8.1	15.4	24.0	0.3
0.7	0.2	0.1	0.5	1.3	6.0	7.3	14.3	11.4	15.5	8.4	13.0	21.9	0.3
0.9	0.1	0.2	0.6	1.0	4.0	6.2	14.8	11.7	18.1	9.0	13.9	20.3	0.1
0.5	0.1	0.3	0.6	1.1	3.3	5.5	14.5	12.7	18.7	10.1	13.9	19.0	0.3
0.3	-	0.1	0.8	0.8	2.7	6.5	15.8	14.1	21.7	8.6	11.6	17.2	-
0.7	-	1.1	1.1	0.7	3.3	7.3	20.4	11.3	17.8	10.2	11.6	15.3	-
1.7	-	1.7	1.1	1.7	3.3	7.2	15.6	13.9	17.2	10.6	11.7	16.1	-
3.8	18.3	-	-	-	2.3	3.8	16.0	6.9	10.7	8.4	13.0	20.6	18.3
1.4	0.4	0.4	0.8	1.8	5.9	7.6	14.6	11.4	16.4	8.4	13.0	19.1	0.7
5.6	0.2	0.7	1.2	2.7	6.5	7.1	10.4	7.3	10.9	6.5	17.4	28.9	0.4
0.8	0.1	0.4	0.7	1.7	5.8	7.6	15.1	11.9	17.1	8.6	12.5	18.1	0.4
1.4	0.1	0.5	1.0	2.5	7.3	9.1	13.7	9.8	13.4	7.0	13.9	21.5	0.3
0.7	0.3	0.2	0.8	1.9	7.2	8.3	14.5	11.0	15.4	8.2	12.5	19.3	0.6
0.9	0.1	0.3	0.6	1.5	5.7	7.6	15.7	11.8	16.4	8.4	12.9	18.7	0.4
0.8	0.1	0.3	0.5	1.4	4.7	6.6	14.8	12.4	19.4	9.3	12.9	17.5	0.3
0.4	0.0	0.4	0.6	1.0	3.7	6.0	15.0	13.0	21.5	9.9	12.0	16.7	0.3
0.5	0.1	0.2	1.0	0.7	3.0	5.2	16.3	15.0	22.3	10.6	12.0	13.5	0.2
0.7	0.1	1.0	0.8	1.6	5.0	7.8	18.5	15.2	19.7	9.2	9.5	11.2	0.5
2.7	12.5	0.5	0.5	1.6	5.3	8.0	12.5	10.2	11.7	9.0	11.7	16.3	12.7
1.5	0.5	0.6	1.0	2.3	7.1	8.4	15.0	11.4	16.1	8.0	12.3	16.8	0.9
5.2	0.3	0.9	1.4	3.4	7.9	7.8	11.1	7.7	10.9	6.6	16.0	25.6	0.6
1.0	0.2	0.6	0.9	2.1	7.0	8.5	15.6	11.9	17.0	8.2	11.9	15.7	0.6
1.4	0.2	0.7	1.5	3.0	8.7	10.1	14.2	10.1	13.5	6.9	12.9	18.1	0.4
1.0	0.3	0.4	1.1	2.4	8.5	9.0	15.3	11.0	16.6	7.2	11.1	16.7	0.8
0.9	0.1	0.5	0.7	2.0	6.5	8.6	16.2	11.6	15.9	8.8	12.7	15.9	0.7
0.7	0.1	0.6	0.7	1.9	5.9	7.5	15.1	13.2	18.2	9.1	12.2	15.2	0.5
0.7	-	0.3	0.3	1.2	5.0	6.5	16.0	13.6	21.3	9.5	11.5	14.4	0.5
0.5	0.2	0.3	1.3	0.5	3.5	5.9	16.5	13.5	25.2	11.0	11.5	10.2	0.5
1.0	0.2	1.3	0.3	1.7	5.7	7.8	18.9	15.2	18.8	8.6	9.0	11.7	1.0
2.2	12.6	0.5	0.8	2.2	6.3	9.0	12.3	10.4	11.5	8.8	11.2	13.7	13.2
1.2	0.3	0.2	0.6	1.3	4.6	6.7	14.2	11.4	16.6	8.7	13.8	21.5	0.4
6.2	0.1	0.4	0.8	1.6	4.5	6.0	9.4	6.6	10.8	6.5	19.4	33.8	0.2
0.7	0.1	0.2	0.6	1.2	4.6	6.8	14.7	11.9	17.2	8.9	13.2	20.4	0.2
1.4	-	0.2	0.4	1.7	5.4	7.8	13.1	9.5	13.2	7.3	15.1	26.0	0.2
0.5	0.2	0.1	0.5	1.4	5.9	7.6	13.6	11.0	14.2	9.3	13.9	22.1	0.4
0.8	0.1	0.2	0.4	1.1	4.9	6.5	15.2	11.9	16.9	8.1	13.2	21.5	0.2
0.9	0.2	-	0.3	0.9	3.5	5.7	14.6	11.6	20.5	9.5	13.5	19.6	0.2
0.1	0.1	0.4	0.8	0.8	2.5	5.6	14.3	12.5	21.6	10.3	12.4	18.6	0.2
0.5	-	0.1	0.8	0.9	2.6	4.7	16.1	16.1	20.0	10.3	12.3	16.1	-
0.4	0.1	0.8	1.3	1.5	4.5	7.8	18.1	15.2	20.4	9.7	9.8	10.8	0.2
3.5	12.4	0.5	-	0.5	3.5	6.0	12.9	10.0	11.9	9.5	12.4	20.9	11.9

第34表　子ども数・構成割合，性、平日－休日の家庭学習の

実　数（人）

性　、 平日－休日の家庭学習の時間	総　数	平日の就寝時間 午後9時前	午後9時～9時29分	午後9時30分～9時59分	午後10時～10時29分	午後10時30分～10時59分	午後11時～11時29分	午後11時30分～11時59分	午前0時～0時29分	午前0時30分～0時59分	午前1時以降
総数											
平日の家庭学習の時間	28 810	70	323	597	2 192	3 765	6 367	5 630	4 478	1 830	1 274
しない	1 729	20	42	60	183	205	299	220	196	91	108
する	26 713	49	273	528	1 985	3 526	6 005	5 364	4 226	1 727	1 151
1時間未満	4 423	22	103	163	460	732	1 023	711	503	182	137
1時間～2時間未満	8 579	17	101	214	887	1 376	2 017	1 615	1 082	402	245
2時間～3時間未満	7 514	3	44	113	427	962	1 826	1 613	1 270	484	275
3時間～4時間未満	3 986	2	17	29	157	334	806	971	829	363	244
4時間～5時間未満	1 361	－	4	7	31	78	229	303	331	182	118
5時間～6時間未満	502	－	3	2	13	23	69	96	132	68	63
6時間以上	348	5	1	－	10	21	35	55	79	46	69
不詳	368	1	8	9	24	34	63	46	56	12	15
男児											
平日の家庭学習の時間	14 796	43	195	356	1 272	2 098	3 460	2 863	2 018	772	597
しない	1 010	10	30	40	117	128	189	132	107	52	52
する	13 549	32	158	309	1 139	1 949	3 221	2 709	1 877	713	536
1時間未満	2 538	14	63	115	290	412	606	403	264	88	72
1時間～2時間未満	4 432	9	58	117	484	749	1 090	813	506	170	126
2時間～3時間未満	3 682	2	25	54	233	533	939	794	547	199	127
3時間～4時間未満	1 874	2	9	17	97	182	416	467	345	143	100
4時間～5時間未満	628	－	2	6	19	44	116	154	133	71	52
5時間～6時間未満	227	－	1	－	8	14	37	46	50	23	30
6時間以上	168	5	－	－	8	15	17	32	32	19	29
不詳	237	1	7	7	16	21	50	22	34	7	9
女児											
平日の家庭学習の時間	14 014	27	128	241	920	1 667	2 907	2 767	2 460	1 058	677
しない	719	10	12	20	66	77	110	88	89	39	56
する	13 164	17	115	219	846	1 577	2 784	2 655	2 349	1 014	615
1時間未満	1 885	8	40	48	170	320	417	308	239	94	65
1時間～2時間未満	4 147	8	43	97	403	627	927	802	576	232	119
2時間～3時間未満	3 832	1	19	59	194	429	887	819	723	285	148
3時間～4時間未満	2 112	－	8	12	60	152	390	504	484	220	144
4時間～5時間未満	733	－	2	1	12	34	113	149	198	111	66
5時間～6時間未満	275	－	2	2	5	9	32	50	82	45	33
6時間以上	180	－	1	－	2	6	18	23	47	27	40
不詳	131	－	1	2	8	13	13	24	22	5	6
総数											
休日の家庭学習の時間	28 810	70	323	597	2 192	3 765	6 367	5 630	4 478	1 830	1 274
しない	2 934	23	51	82	280	355	556	442	351	168	180
する	25 310	46	262	504	1 868	3 345	5 708	5 103	4 035	1 641	1 073
1時間未満	4 734	14	87	154	442	720	1 103	826	581	220	161
1時間～2時間未満	5 778	16	77	139	558	873	1 325	1 067	828	287	182
2時間～3時間未満	5 250	3	44	90	377	771	1 294	1 082	746	297	165
3時間～4時間未満	3 647	4	21	48	229	449	845	822	623	233	161
4時間～5時間未満	2 255	2	19	38	108	236	483	508	437	202	106
5時間～6時間未満	1 377	－	5	12	56	140	262	333	301	118	87
6時間以上	2 269	7	9	23	98	156	396	465	519	284	211
不詳	566	1	10	11	44	65	103	85	92	21	21
男児											
休日の家庭学習の時間	14 796	43	195	356	1 272	2 098	3 460	2 863	2 018	772	597
しない	1 746	10	33	47	184	227	359	277	206	91	90
する	12 685	32	154	302	1 059	1 825	3 025	2 539	1 758	665	496
1時間未満	2 667	8	51	115	265	421	655	451	307	99	82
1時間～2時間未満	3 001	13	46	84	312	485	734	544	360	111	95
2時間～3時間未満	2 604	－	29	45	211	411	665	526	332	129	80
3時間～4時間未満	1 766	2	13	20	124	242	426	411	262	90	71
4時間～5時間未満	1 034	2	8	20	64	117	234	237	183	78	44
5時間～6時間未満	607	－	3	8	33	70	124	155	110	45	37
6時間以上	1 006	7	4	10	50	79	187	215	204	113	87
不詳	365	1	8	7	29	46	76	47	54	16	11
女児											
休日の家庭学習の時間	14 014	27	128	241	920	1 667	2 907	2 767	2 460	1 058	677
しない	1 188	13	18	35	96	128	197	165	145	77	90
する	12 625	14	108	202	809	1 520	2 683	2 564	2 277	976	577
1時間未満	2 067	6	36	39	177	299	448	375	274	121	79
1時間～2時間未満	2 777	3	31	55	246	388	591	523	468	176	87
2時間～3時間未満	2 646	3	15	45	166	360	629	556	414	168	85
3時間～4時間未満	1 881	2	8	28	105	207	419	411	361	143	90
4時間～5時間未満	1 221	－	11	18	44	119	249	271	254	124	62
5時間～6時間未満	770	－	2	4	23	70	138	178	191	73	50
6時間以上	1 263	－	5	13	48	77	209	250	315	171	124
不詳	201	－	2	4	15	19	27	38	38	5	10

時間、平日－土曜日の就寝時間別（２－１）

第15回調査（平成28年）

		土曜日の就寝時間											
時間が不規則	不詳	午後9時前	午後9時～9時29分	午後9時30分～9時59分	午後10時～10時29分	午後10時30分～10時59分	午後11時～11時29分	午後11時30分～11時59分	午前0時～0時29分	午前0時30分～0時59分	午前1時以降	時間が不規則	不詳
2 157	127	48	221	419	1 484	2 863	5 212	5 395	4 477	2 119	1 912	4 476	184
303	2	11	21	49	119	166	234	228	183	82	149	483	4
1 824	55	36	195	365	1 349	2 660	4 931	5 119	4 243	2 023	1 740	3 942	110
375	12	9	63	106	304	563	856	725	530	258	242	746	21
602	21	10	74	148	564	1 015	1 737	1 566	1 179	497	414	1 340	35
484	13	10	36	72	325	680	1 448	1 570	1 250	576	440	1 078	29
226	8	2	13	32	119	291	634	837	795	407	335	501	20
77	1	－	5	4	25	67	167	287	301	169	161	173	2
33	－	－	3	2	5	24	57	89	114	67	81	58	2
27	－	5	1	1	7	20	32	45	74	49	67	46	1
30	70	1	5	5	16	37	47	48	51	14	23	51	70
1 041	81	33	134	276	904	1 629	2 895	2 740	2 083	969	910	2 087	136
151	2	6	15	30	80	103	143	145	107	49	82	247	3
873	33	26	115	241	813	1 499	2 717	2 569	1 945	912	813	1 812	87
201	10	7	41	78	202	336	526	402	297	128	133	371	17
298	12	6	40	98	343	557	947	791	541	242	207	634	26
223	6	6	20	41	164	394	760	762	557	266	190	499	23
92	4	2	9	19	77	148	350	400	346	165	148	194	16
30	1	－	4	3	18	37	88	143	126	67	70	70	2
18	－	－	1	1	3	14	31	47	42	22	37	27	2
11	－	5	－	1	6	13	15	24	36	22	28	17	1
17	46	1	4	5	11	27	35	26	31	8	15	28	46
1 116	46	15	87	143	580	1 234	2 317	2 655	2 394	1 150	1 002	2 389	48
152	－	5	6	19	39	63	91	83	76	33	67	236	1
951	22	10	80	124	536	1 161	2 214	2 550	2 298	1 111	927	2 130	23
174	2	2	22	28	102	227	330	323	233	130	109	375	4
304	9	4	34	50	221	458	790	775	638	255	207	706	9
261	7	4	16	31	161	286	688	808	693	310	250	579	6
134	4	－	4	13	42	143	284	437	449	242	187	307	4
47	－	－	1	1	7	30	79	144	175	102	91	103	－
15	－	－	2	1	2	10	26	42	72	45	44	31	－
16	－	－	1	－	1	7	17	21	38	27	39	29	－
13	24	－	1	－	5	10	12	22	20	6	8	23	24
2 157	127	48	221	419	1 484	2 863	5 212	5 395	4 477	2 119	1 912	4 476	184
439	7	12	29	64	191	280	423	395	333	173	268	753	13
1 676	49	35	185	348	1 265	2 526	4 704	4 913	4 054	1 921	1 608	3 652	99
416	10	11	55	93	309	553	907	816	599	263	269	843	16
408	18	11	53	101	365	652	1 111	1 061	831	388	281	893	31
375	6	3	31	62	244	562	1 098	1 026	769	352	260	826	17
204	8	2	22	35	151	342	661	785	665	298	223	450	13
114	2	1	13	24	80	184	373	502	426	205	168	273	6
62	1	－	3	10	47	100	208	285	300	129	129	163	3
97	4	7	8	23	69	133	346	438	464	286	278	204	13
42	71	1	7	7	28	57	85	87	90	25	36	71	72
1 041	81	33	134	276	904	1 629	2 895	2 740	2 083	969	910	2 087	136
217	5	7	21	42	128	184	273	248	194	98	145	396	10
800	30	25	108	227	756	1 404	2 562	2 442	1 833	854	744	1 652	78
204	9	7	34	68	210	334	548	436	330	133	139	415	13
207	10	10	30	69	219	371	628	552	374	170	140	415	23
173	3	－	19	35	138	310	573	497	352	160	124	382	14
102	3	－	11	28	78	165	349	404	295	140	96	190	10
46	1	1	7	7	47	104	195	229	178	86	75	101	4
21	1	－	2	8	28	52	98	127	126	53	56	54	3
47	3	7	5	12	36	68	171	197	178	112	114	95	11
24	46	1	5	7	20	41	60	50	56	17	21	39	48
1 116	46	15	87	143	580	1 234	2 317	2 655	2 394	1 150	1 002	2 389	48
222	2	5	8	22	63	96	150	147	139	75	123	357	3
876	19	10	77	121	509	1 122	2 142	2 471	2 221	1 067	864	2 000	21
212	1	4	21	25	99	219	359	380	269	130	130	428	3
201	8	1	23	32	146	281	483	509	457	218	141	478	8
202	3	3	12	27	106	252	525	529	417	192	136	444	3
102	5	2	11	7	73	177	312	381	370	158	127	260	3
68	1	－	6	17	33	80	178	273	248	119	93	172	2
41	－	－	1	2	19	48	110	158	174	76	73	109	－
50	1	－	3	11	33	65	175	241	286	174	164	109	2
18	25	－	2	－	8	16	25	37	34	8	15	32	24

第34表　子ども数・構成割合，性、平日－休日の家庭学習の

構成割合（%）

性、平日－休日の家庭学習の時間	総数	平日の就寝時間 午後9時前	午後9時～9時29分	午後9時30分～9時59分	午後10時～10時29分	午後10時30分～10時59分	午後11時～11時29分	午後11時30分～11時59分	午前0時～0時29分	午前0時30分～0時59分	午前1時以降
総数											
平日の家庭学習の時間	100.0	0.2	1.1	2.1	7.6	13.1	22.1	19.5	15.5	6.4	4.4
しない	100.0	1.2	2.4	3.5	10.6	11.9	17.3	12.7	11.3	5.3	6.2
する	100.0	0.2	1.0	2.0	7.4	13.2	22.5	20.1	15.8	6.5	4.3
1時間未満	100.0	0.5	2.3	3.7	10.4	16.5	23.1	16.1	11.4	4.1	3.1
1時間～2時間未満	100.0	0.2	1.2	2.5	10.3	16.0	23.5	18.8	12.6	4.7	2.9
2時間～3時間未満	100.0	0.0	0.6	1.5	5.7	12.8	24.3	21.5	16.9	6.4	3.7
3時間～4時間未満	100.0	0.1	0.4	0.7	3.9	8.4	20.2	24.4	20.8	9.1	6.1
4時間～5時間未満	100.0	-	0.3	0.5	2.3	5.7	16.8	22.3	24.3	13.4	8.7
5時間～6時間未満	100.0	-	0.6	0.4	2.6	4.6	13.7	19.1	26.3	13.5	12.5
6時間以上	100.0	1.4	0.3	-	2.9	6.0	10.1	15.8	22.7	13.2	19.8
不詳	100.0	0.3	2.2	2.4	6.5	9.2	17.1	12.5	15.2	3.3	4.1
男児											
平日の家庭学習の時間	100.0	0.3	1.3	2.4	8.6	14.2	23.4	19.3	13.6	5.2	4.0
しない	100.0	1.0	3.0	4.0	11.6	12.7	18.7	13.1	10.6	5.1	5.1
する	100.0	0.2	1.2	2.3	8.4	14.4	23.8	20.0	13.9	5.3	4.0
1時間未満	100.0	0.6	2.5	4.5	11.4	16.2	23.9	15.9	10.4	3.5	2.8
1時間～2時間未満	100.0	0.2	1.3	2.6	10.9	16.9	24.6	18.3	11.4	3.8	2.8
2時間～3時間未満	100.0	0.1	0.7	1.5	6.3	14.5	25.5	21.6	14.9	5.4	3.4
3時間～4時間未満	100.0	0.1	0.5	0.9	5.2	9.7	22.2	24.9	18.4	7.6	5.3
4時間～5時間未満	100.0	-	0.3	1.0	3.0	7.0	18.5	24.5	21.2	11.3	8.3
5時間～6時間未満	100.0	-	0.4	-	3.5	6.2	16.3	20.3	22.0	10.1	13.2
6時間以上	100.0	3.0	-	-	4.8	8.9	10.1	19.0	19.0	11.3	17.3
不詳	100.0	0.4	3.0	3.0	6.8	8.9	21.1	9.3	14.3	3.0	3.8
女児											
平日の家庭学習の時間	100.0	0.2	0.9	1.7	6.6	11.9	20.7	19.7	17.6	7.5	4.8
しない	100.0	1.4	1.7	2.8	9.2	10.7	15.3	12.2	12.4	5.4	7.8
する	100.0	0.1	0.9	1.7	6.4	12.0	21.1	20.2	17.8	7.7	4.7
1時間未満	100.0	0.4	2.1	2.5	9.0	17.0	22.1	16.3	12.7	5.0	3.4
1時間～2時間未満	100.0	0.2	1.0	2.3	9.7	15.1	22.4	19.3	13.9	5.6	2.9
2時間～3時間未満	100.0	0.0	0.5	1.5	5.1	11.2	23.1	21.4	18.9	7.4	3.9
3時間～4時間未満	100.0	-	0.4	0.6	2.8	7.2	18.5	23.9	22.9	10.4	6.8
4時間～5時間未満	100.0	-	0.3	0.1	1.6	4.6	15.4	20.3	27.0	15.1	9.0
5時間～6時間未満	100.0	-	0.7	0.7	1.8	3.3	11.6	18.2	29.8	16.4	12.0
6時間以上	100.0	-	0.6	-	1.1	3.3	10.0	12.8	26.1	15.0	22.2
不詳	100.0	-	0.8	1.5	6.1	9.9	9.9	18.3	16.8	3.8	4.6
総数											
休日の家庭学習の時間	100.0	0.2	1.1	2.1	7.6	13.1	22.1	19.5	15.5	6.4	4.4
しない	100.0	0.8	1.7	2.8	9.5	12.1	19.0	15.1	12.0	5.7	6.1
する	100.0	0.2	1.0	2.0	7.4	13.2	22.6	20.2	15.9	6.5	4.2
1時間未満	100.0	0.3	1.8	3.3	9.3	15.2	23.3	17.4	12.3	4.6	3.4
1時間～2時間未満	100.0	0.3	1.3	2.4	9.7	15.1	22.9	18.5	14.3	5.0	3.1
2時間～3時間未満	100.0	0.1	0.8	1.7	7.2	14.7	24.6	20.6	14.2	5.7	3.1
3時間～4時間未満	100.0	0.1	0.6	1.3	6.3	12.3	23.2	22.5	17.1	6.4	4.4
4時間～5時間未満	100.0	0.1	0.8	1.7	4.8	10.5	21.4	22.5	19.4	9.0	4.7
5時間～6時間未満	100.0	-	0.4	0.9	4.1	10.2	19.0	24.2	21.9	8.6	6.3
6時間以上	100.0	0.3	0.4	1.0	4.3	6.9	17.5	20.5	22.9	12.5	9.3
不詳	100.0	0.2	1.8	1.9	7.8	11.5	18.2	15.0	16.3	3.7	3.7
男児											
休日の家庭学習の時間	100.0	0.3	1.3	2.4	8.6	14.2	23.4	19.3	13.6	5.2	4.0
しない	100.0	0.6	1.9	2.7	10.5	13.0	20.6	15.9	11.8	5.2	5.2
する	100.0	0.3	1.2	2.4	8.3	14.4	23.8	20.0	13.9	5.2	3.9
1時間未満	100.0	0.3	1.9	4.3	9.9	15.8	24.6	16.9	11.5	3.7	3.1
1時間～2時間未満	100.0	0.4	1.5	2.8	10.4	16.2	24.5	18.1	12.0	3.7	3.2
2時間～3時間未満	100.0	-	1.1	1.7	8.1	15.8	25.5	20.2	12.7	5.0	3.1
3時間～4時間未満	100.0	0.1	0.7	1.1	7.0	13.7	24.1	23.3	14.8	5.1	4.0
4時間～5時間未満	100.0	0.2	0.8	1.9	6.2	11.3	22.6	22.9	17.7	7.5	4.3
5時間～6時間未満	100.0	-	0.5	1.3	5.4	11.5	20.4	25.5	18.1	7.4	6.1
6時間以上	100.0	0.7	0.4	1.0	5.0	7.9	18.6	21.4	20.3	11.2	8.6
不詳	100.0	0.3	2.2	1.9	7.9	12.6	20.8	12.9	14.8	4.4	3.0
女児											
休日の家庭学習の時間	100.0	0.2	0.9	1.7	6.6	11.9	20.7	19.7	17.6	7.5	4.8
しない	100.0	1.1	1.5	2.9	8.1	10.8	16.6	13.9	12.2	6.5	7.6
する	100.0	0.1	0.9	1.6	6.4	12.0	21.3	20.3	18.0	7.7	4.6
1時間未満	100.0	0.3	1.7	1.9	8.6	14.5	21.7	18.1	13.3	5.9	3.8
1時間～2時間未満	100.0	0.1	1.1	2.0	8.9	14.0	21.3	18.8	16.9	6.3	3.1
2時間～3時間未満	100.0	0.1	0.6	1.7	6.3	13.6	23.8	21.0	15.6	6.3	3.2
3時間～4時間未満	100.0	0.1	0.4	1.5	5.6	11.0	22.3	21.9	19.2	7.6	4.8
4時間～5時間未満	100.0	-	0.9	1.5	3.6	9.7	20.4	22.2	20.8	10.2	5.1
5時間～6時間未満	100.0	-	0.3	0.5	3.0	9.1	17.9	23.1	24.8	9.5	6.5
6時間以上	100.0	-	0.4	1.0	3.8	6.1	16.5	19.8	24.9	13.5	9.8
不詳	100.0	-	1.0	2.0	7.5	9.5	13.4	18.9	18.9	2.5	5.0

第15回調査（平成28年）

		土曜日の就寝時間											
時間が不規則	不　詳	午後9時前	午後9時～9時29分	午後9時30分～9時59分	午後10時～10時29分	午後10時30分～10時59分	午後11時～11時29分	午後11時30分～11時59分	午前0時～0時29分	午前0時30分～0時59分	午前1時以降	時間が不規則	不　詳
7.5	0.4	0.2	0.8	1.5	5.2	9.9	18.1	18.7	15.5	7.4	6.6	15.5	0.6
17.5	0.1	0.6	1.2	2.8	6.9	9.6	13.5	13.2	10.6	4.7	8.6	27.9	0.2
6.8	0.2	0.1	0.7	1.4	5.0	10.0	18.5	19.2	15.9	7.6	6.5	14.8	0.4
8.5	0.3	0.2	1.4	2.4	6.9	12.7	19.4	16.4	12.0	5.8	5.5	16.9	0.5
7.0	0.2	0.1	0.9	1.7	6.6	11.8	20.2	18.3	13.7	5.8	4.8	15.6	0.4
6.4	0.2	0.1	0.5	1.0	4.3	9.0	19.3	20.9	16.6	7.7	5.9	14.3	0.4
5.7	0.2	0.1	0.3	0.8	3.0	7.3	15.9	21.0	19.9	10.2	8.4	12.6	0.5
5.7	0.1	−	0.4	0.3	1.8	4.9	12.3	21.1	22.1	12.4	11.8	12.7	0.1
6.6	−	−	0.6	0.4	1.0	4.8	11.4	17.7	22.7	13.3	16.1	11.6	0.4
7.8	−	1.4	0.3	0.3	2.0	5.7	9.2	12.9	21.3	14.1	19.3	13.2	0.3
8.2	19.0	0.3	1.4	1.4	4.3	10.1	12.8	13.0	13.9	3.8	6.3	13.9	19.0
7.0	0.5	0.2	0.9	1.9	6.1	11.0	19.6	18.5	14.1	6.5	6.2	14.1	0.9
15.0	0.2	0.6	1.5	3.0	7.9	10.2	14.2	14.4	10.6	4.9	8.1	24.5	0.3
6.4	0.2	0.2	0.8	1.8	6.0	11.1	20.1	19.0	14.4	6.7	6.0	13.4	0.6
7.9	0.4	0.3	1.6	3.1	8.0	13.2	20.7	15.8	11.7	5.0	5.2	14.6	0.7
6.7	0.3	0.1	0.9	2.2	7.7	12.6	21.4	17.8	12.2	5.5	4.7	14.3	0.6
6.1	0.2	0.2	0.5	1.1	4.5	10.7	20.6	20.7	15.1	7.2	5.2	13.6	0.6
4.9	0.2	0.1	0.5	1.0	4.1	7.9	18.7	21.3	18.5	8.8	7.9	10.4	0.9
4.8	0.2	−	0.6	0.5	2.9	5.9	14.0	22.8	20.1	10.7	11.1	11.1	0.3
7.9	−	−	0.4	0.4	1.3	6.2	13.7	20.7	18.5	9.7	16.3	11.9	0.9
6.5	−	3.0	−	0.6	3.6	7.7	8.9	14.3	21.4	13.1	16.7	10.1	0.6
7.2	19.4	0.4	1.7	2.1	4.6	11.4	14.8	11.0	13.1	3.4	6.3	11.8	19.4
8.0	0.3	0.1	0.6	1.0	4.1	8.8	16.5	18.9	17.1	8.2	7.1	17.0	0.3
21.1	−	0.7	0.8	2.6	5.4	8.8	12.7	11.5	10.6	4.6	9.3	32.8	0.1
7.2	0.2	0.1	0.6	0.9	4.1	8.8	16.8	19.4	17.5	8.4	7.0	16.2	0.2
9.2	0.1	0.1	1.2	1.5	5.4	12.0	17.5	17.1	12.4	6.9	5.8	19.9	0.2
7.3	0.2	0.1	0.8	1.2	5.3	11.0	19.0	18.7	15.4	6.1	5.0	17.0	0.2
6.8	0.2	0.1	0.4	0.8	4.2	7.5	18.0	21.1	18.1	8.1	6.5	15.1	0.2
6.3	0.2	−	0.2	0.6	2.0	6.8	13.4	20.7	21.3	11.5	8.9	14.5	0.2
6.4	−	−	0.1	0.1	1.0	4.1	10.8	19.6	23.9	13.9	12.4	14.1	−
5.5	−	−	0.7	0.4	0.7	3.6	9.5	15.3	26.2	16.4	16.0	11.3	−
8.9	−	−	0.6	−	0.6	3.9	9.4	11.7	21.1	15.0	21.7	16.1	−
9.9	18.3	−	0.8	−	3.8	7.6	9.2	16.8	15.3	4.6	6.1	17.6	18.3
7.5	0.4	0.2	0.8	1.5	5.2	9.9	18.1	18.7	15.5	7.4	6.6	15.5	0.6
15.0	0.2	0.4	1.0	2.2	6.5	9.5	14.4	13.5	11.3	5.9	9.1	25.7	0.4
6.6	0.2	0.1	0.7	1.4	5.0	10.0	18.6	19.4	16.0	7.6	6.4	14.4	0.4
8.8	0.2	0.2	1.2	2.0	6.5	11.7	19.2	17.2	12.7	5.6	5.7	17.8	0.3
7.1	0.3	0.2	0.9	1.7	6.3	11.3	19.2	18.4	14.4	6.7	4.9	15.5	0.5
7.1	0.1	0.1	0.6	1.2	4.6	10.7	20.9	19.5	14.6	6.7	5.0	15.7	0.3
5.6	0.2	0.1	0.6	1.0	4.1	9.4	18.1	21.5	18.2	8.2	6.1	12.3	0.4
5.1	0.1	0.0	0.6	1.1	3.5	8.2	16.5	22.3	18.9	9.1	7.5	12.1	0.3
4.5	0.1	−	0.2	0.7	3.4	7.3	15.1	20.7	21.8	9.4	9.4	11.8	0.2
4.3	0.2	0.3	0.4	1.0	3.0	5.9	15.2	19.3	20.4	12.6	12.3	9.0	0.6
7.4	12.5	0.2	1.2	1.2	4.9	10.1	15.0	15.4	15.9	4.4	6.4	12.5	12.7
7.0	0.5	0.2	0.9	1.9	6.1	11.0	19.6	18.5	14.1	6.5	6.2	14.1	0.9
12.4	0.3	0.4	1.2	2.4	7.3	10.5	15.6	14.2	11.1	5.6	8.3	22.7	0.6
6.3	0.2	0.2	0.9	1.8	6.0	11.1	20.2	19.3	14.5	6.7	5.9	13.0	0.6
7.6	0.3	0.3	1.3	2.5	7.9	12.5	20.5	16.3	12.4	5.0	5.2	15.6	0.5
6.9	0.3	0.3	1.0	2.3	7.3	12.4	20.9	18.4	12.5	5.7	4.7	13.8	0.8
6.6	0.1	−	0.7	1.3	5.3	11.9	22.0	19.1	13.5	6.1	4.8	14.7	0.5
5.8	0.2	−	0.6	1.6	4.4	9.3	19.8	22.9	16.7	7.9	5.4	10.8	0.6
4.4	0.1	0.1	0.7	0.7	4.5	10.1	18.9	22.1	17.2	8.3	7.3	9.8	0.4
3.5	0.2	−	0.3	1.3	4.6	8.6	16.1	20.9	20.8	8.7	9.2	8.9	0.5
4.7	0.3	0.7	0.5	1.2	3.6	6.8	17.0	19.6	17.7	11.1	11.3	9.4	1.1
6.6	12.6	0.3	1.4	1.9	5.5	11.2	16.4	13.7	15.3	4.7	5.8	10.7	13.2
8.0	0.3	0.1	0.6	1.0	4.1	8.8	16.5	18.9	17.1	8.2	7.1	17.0	0.3
18.7	0.2	0.4	0.7	1.9	5.3	8.1	12.6	12.4	11.7	6.3	10.4	30.1	0.3
6.9	0.2	0.1	0.6	1.0	4.0	8.9	17.0	19.6	17.6	8.5	6.8	15.8	0.2
10.3	0.0	0.2	1.0	1.2	4.8	10.6	17.4	18.4	13.0	6.3	6.3	20.7	0.1
7.2	0.3	0.0	0.8	1.2	5.3	10.1	17.4	18.3	16.5	7.9	5.1	17.2	0.3
7.6	0.1	0.1	0.5	1.0	4.0	9.5	19.8	20.0	15.8	7.3	5.1	16.8	0.1
5.4	0.3	0.1	0.6	0.4	3.9	9.4	16.6	20.3	19.7	8.4	6.8	13.8	0.2
5.6	0.1	−	0.5	1.4	2.7	6.6	14.6	22.4	20.3	9.7	7.6	14.1	0.2
5.3	−	−	0.1	0.3	2.5	6.2	14.3	20.5	22.6	9.9	9.5	14.2	−
4.0	0.1	−	0.2	0.9	2.6	5.1	13.9	19.1	22.6	13.8	13.0	8.6	0.2
9.0	12.4	−	1.0	−	4.0	8.0	12.4	18.4	16.9	4.0	7.5	15.9	11.9

第35表　子ども数・構成割合，性、平日－休日の家庭学習の

実　数（人）

性　、平日－休日の家庭学習の時間	総　数	平日の睡眠時間 6時間未満	6時間台	7時間台	8時間台	9時間台	10時間台	11時間以上	時間が不規則
総数									
平日の家庭学習の時間	28 810	941	6 018	12 100	6 357	949	71	7	2 238
しない	1 729	37	248	532	443	121	16	1	329
する	26 713	895	5 713	11 456	5 844	811	54	6	1 877
1時間未満	4 423	102	683	1 738	1 227	250	16	3	392
1時間～2時間未満	8 579	221	1 549	3 654	2 175	317	23	1	616
2時間～3時間未満	7 514	235	1 611	3 431	1 545	175	9	－	495
3時間～4時間未満	3 986	160	1 141	1 733	656	50	5	1	232
4時間～5時間未満	1 361	93	420	600	155	14	－	－	78
5時間～6時間未満	502	44	179	195	46	2	1	－	35
6時間以上	348	40	130	105	40	3	－	1	29
不詳	368	9	57	112	70	17	1	－	32
男児									
平日の家庭学習の時間	14 796	334	2 472	6 325	3 844	614	45	2	1 078
しない	1 010	15	120	324	300	78	8	－	163
する	13 549	313	2 324	5 924	3 496	522	36	2	898
1時間未満	2 538	45	327	968	806	163	9	－	210
1時間～2時間未満	4 432	70	678	1 929	1 224	197	17	－	304
2時間～3時間未満	3 682	89	611	1 715	915	111	7	－	228
3時間～4時間未満	1 874	52	427	858	399	36	3	1	94
4時間～5時間未満	628	31	159	302	93	11	－	－	31
5時間～6時間未満	227	12	74	90	30	2	－	－	19
6時間以上	168	14	48	62	29	2	－	1	12
不詳	237	6	28	77	48	14	1	－	17
女児									
平日の家庭学習の時間	14 014	607	3 546	5 775	2 513	335	26	5	1 160
しない	719	22	128	208	143	43	8	1	166
する	13 164	582	3 389	5 532	2 348	289	18	4	979
1時間未満	1 885	57	356	770	421	87	7	3	182
1時間～2時間未満	4 147	151	871	1 725	951	120	6	1	312
2時間～3時間未満	3 832	146	1 000	1 716	630	64	2	－	267
3時間～4時間未満	2 112	108	714	875	257	14	2	－	138
4時間～5時間未満	733	62	261	298	62	3	－	－	47
5時間～6時間未満	275	32	105	105	16	－	1	－	16
6時間以上	180	26	82	43	11	1	－	－	17
不詳	131	3	29	35	22	3	－	－	15
総数									
休日の家庭学習の時間	28 810	941	6 018	12 100	6 357	949	71	7	2 238
しない	2 934	63	447	964	781	181	19	2	470
する	25 310	865	5 476	10 935	5 460	745	51	5	1 722
1時間未満	4 734	109	751	1 929	1 239	246	15	2	433
1時間～2時間未満	5 778	163	1 072	2 451	1 435	210	14	1	413
2時間～3時間未満	5 250	142	1 056	2 370	1 153	129	13	－	381
3時間～4時間未満	3 647	144	820	1 655	738	60	7	－	214
4時間～5時間未満	2 255	92	606	988	389	60	1	1	116
5時間～6時間未満	1 377	59	413	596	225	20	－	－	63
6時間以上	2 269	156	758	946	281	20	1	1	102
不詳	566	13	95	201	116	23	1	－	46
男児									
休日の家庭学習の時間	14 796	334	2 472	6 325	3 844	614	45	2	1 078
しない	1 746	29	220	596	537	117	8	－	234
する	12 685	297	2 199	5 597	3 224	480	36	2	819
1時間未満	2 667	47	346	1 090	787	169	9	－	210
1時間～2時間未満	3 001	58	453	1 258	868	131	11	－	211
2時間～3時間未満	2 604	50	434	1 210	642	80	9	－	176
3時間～4時間未満	1 766	51	318	815	432	38	6	－	103
4時間～5時間未満	1 034	27	222	486	213	36	1	1	47
5時間～6時間未満	607	16	150	278	127	13	－	－	22
6時間以上	1 006	48	276	460	155	13	－	1	50
不詳	365	8	53	132	83	17	1	－	25
女児									
休日の家庭学習の時間	14 014	607	3 546	5 775	2 513	335	26	5	1 160
しない	1 188	34	227	368	244	64	11	2	236
する	12 625	568	3 277	5 338	2 236	265	15	3	903
1時間未満	2 067	62	405	839	452	77	6	2	223
1時間～2時間未満	2 777	105	619	1 193	567	79	3	1	202
2時間～3時間未満	2 646	92	622	1 160	511	49	4	－	205
3時間～4時間未満	1 881	93	502	840	306	22	1	－	111
4時間～5時間未満	1 221	65	384	502	176	24	－	－	69
5時間～6時間未満	770	43	263	318	98	7	－	－	41
6時間以上	1 263	108	482	486	126	7	1	－	52
不詳	201	5	42	69	33	6	－	－	21

時間、平日－日曜日の睡眠時間別（２－１）

第15回調査（平成28年）

不詳	日曜日の睡眠時間								
	6時間未満	6 時間台	7 時間台	8 時間台	9 時間台	10 時間台	11時間以上	時間が不規則	不詳
129	255	1 432	5 237	8 683	4 973	1 082	105	6 832	211
2	17	56	223	420	289	74	11	634	5
57	236	1 358	4 955	8 182	4 632	993	91	6 130	136
12	37	209	706	1 269	812	206	28	1 127	29
23	65	377	1 459	2 618	1 582	372	38	2 027	41
13	60	341	1 364	2 337	1 383	284	15	1 696	34
8	34	221	854	1 284	613	101	8	845	26
1	17	107	334	451	161	24	1	263	3
－	10	61	144	137	47	4	－	97	2
－	13	42	94	86	34	2	1	75	1
70	2	18	59	81	52	15	3	68	70
82	142	734	2 786	4 580	2 632	561	60	3 147	154
2	11	34	152	254	184	41	7	323	4
34	129	685	2 597	4 268	2 416	510	51	2 789	104
10	25	129	434	766	469	106	14	574	21
13	37	208	809	1 386	802	196	24	941	29
6	30	170	697	1 166	699	143	6	743	28
4	18	99	397	629	310	50	5	346	20
1	7	41	152	209	94	14	1	107	3
－	6	22	62	67	24	－	－	44	2
－	6	16	46	45	18	1	1	34	1
46	2	15	37	58	32	10	2	35	46
47	113	698	2 451	4 103	2 341	521	45	3 685	57
－	6	22	71	166	105	33	4	311	1
23	107	673	2 358	3 914	2 216	483	40	3 341	32
2	12	80	272	503	343	100	14	553	8
10	28	169	650	1 232	780	176	14	1 086	12
7	30	171	667	1 171	684	141	9	953	6
4	16	122	457	655	303	51	3	499	6
－	10	66	182	242	67	10	－	156	－
－	4	39	82	70	23	4	－	53	－
－	7	26	48	41	16	1	－	41	－
24	－	3	22	23	20	5	1	33	24
129	255	1 432	5 237	8 683	4 973	1 082	105	6 832	211
7	32	128	390	727	480	119	18	1 025	15
51	218	1 274	4 745	7 827	4 403	941	81	5 697	124
10	42	219	800	1 326	830	217	25	1 254	21
19	49	273	976	1 788	1 022	243	24	1 364	39
6	34	225	923	1 598	980	207	19	1 241	23
9	29	168	665	1 156	687	137	4	786	15
2	16	97	461	729	411	64	5	464	8
1	11	65	296	506	212	37	1	245	4
4	37	227	624	724	261	36	3	343	14
71	5	30	102	129	90	22	6	110	72
82	142	734	2 786	4 580	2 632	561	60	3 147	154
5	20	84	271	443	303	67	10	536	12
31	118	626	2 454	4 044	2 273	480	45	2 551	94
9	24	135	490	789	481	107	12	614	15
11	28	141	535	954	542	131	16	626	28
3	17	114	484	817	474	113	13	553	19
3	18	80	351	569	334	66	1	337	10
1	10	47	197	356	213	27	1	177	6
1	6	28	129	233	102	19	1	85	4
3	15	81	268	326	127	17	1	159	12
46	4	24	61	93	56	14	5	60	48
47	113	698	2 451	4 103	2 341	521	45	3 685	57
2	12	44	119	284	177	52	8	489	3
20	100	648	2 291	3 783	2 130	461	36	3 146	30
1	18	84	310	537	349	110	13	640	6
8	21	132	441	834	480	112	8	738	11
3	17	111	439	781	506	94	6	688	4
6	11	88	314	587	353	71	3	449	5
1	6	50	264	373	198	37	4	287	2
－	5	37	167	273	110	18	－	160	－
1	22	146	356	398	134	19	2	184	2
25	1	6	41	36	34	8	1	50	24

第35表　子ども数・構成割合，性、平日－休日の家庭学習の

構成割合（%）

性　、 平日－休日の家庭学習の時間	総数	平日の睡眠時間 6時間未満	6時間台	7時間台	8時間台	9時間台	10時間台	11時間以上	時間が不規則
総数									
平日の家庭学習の時間	100.0	3.3	20.9	42.0	22.1	3.3	0.2	0.0	7.8
しない	100.0	2.1	14.3	30.8	25.6	7.0	0.9	0.1	19.0
する	100.0	3.4	21.4	42.9	21.9	3.0	0.2	0.0	7.0
1時間未満	100.0	2.3	15.4	39.3	27.7	5.7	0.4	0.1	8.9
1時間～2時間未満	100.0	2.6	18.1	42.6	25.4	3.7	0.3	0.0	7.2
2時間～3時間未満	100.0	3.1	21.4	45.7	20.6	2.3	0.1	－	6.6
3時間～4時間未満	100.0	4.0	28.6	43.5	16.5	1.3	0.1	0.0	5.8
4時間～5時間未満	100.0	6.8	30.9	44.1	11.4	1.0	－	－	5.7
5時間～6時間未満	100.0	8.8	35.7	38.8	9.2	0.4	0.2	－	7.0
6時間以上	100.0	11.5	37.4	30.2	11.5	0.9	－	0.3	8.3
不詳	100.0	2.4	15.5	30.4	19.0	4.6	0.3	－	8.7
男児									
平日の家庭学習の時間	100.0	2.3	16.7	42.7	26.0	4.1	0.3	0.0	7.3
しない	100.0	1.5	11.9	32.1	29.7	7.7	0.8	－	16.1
する	100.0	2.3	17.2	43.7	25.8	3.9	0.3	0.0	6.6
1時間未満	100.0	1.8	12.9	38.1	31.8	6.4	0.4	－	8.3
1時間～2時間未満	100.0	1.6	15.3	43.5	27.6	4.4	0.4	－	6.9
2時間～3時間未満	100.0	2.4	16.6	46.6	24.9	3.0	0.2	－	6.2
3時間～4時間未満	100.0	2.8	22.8	45.8	21.3	1.9	0.2	0.1	5.0
4時間～5時間未満	100.0	4.9	25.3	48.1	14.8	1.8	－	－	4.9
5時間～6時間未満	100.0	5.3	32.6	39.6	13.2	0.9	－	－	8.4
6時間以上	100.0	8.3	28.6	36.9	17.3	1.2	－	0.6	7.1
不詳	100.0	2.5	11.8	32.5	20.3	5.9	0.4	－	7.2
女児									
平日の家庭学習の時間	100.0	4.3	25.3	41.2	17.9	2.4	0.2	0.0	8.3
しない	100.0	3.1	17.8	28.9	19.9	6.0	1.1	0.1	23.1
する	100.0	4.4	25.7	42.0	17.8	2.2	0.1	0.0	7.4
1時間未満	100.0	3.0	18.9	40.8	22.3	4.6	0.4	0.2	9.7
1時間～2時間未満	100.0	3.6	21.0	41.6	22.9	2.9	0.1	0.0	7.5
2時間～3時間未満	100.0	3.8	26.1	44.8	16.4	1.7	0.1	－	7.0
3時間～4時間未満	100.0	5.1	33.8	41.4	12.2	0.7	0.1	－	6.5
4時間～5時間未満	100.0	8.5	35.6	40.7	8.5	0.4	－	－	6.4
5時間～6時間未満	100.0	11.6	38.2	38.2	5.8	－	0.4	－	5.8
6時間以上	100.0	14.4	45.6	23.9	6.1	0.6	－	－	9.4
不詳	100.0	2.3	22.1	26.7	16.8	2.3	－	－	11.5
総数									
休日の家庭学習の時間	100.0	3.3	20.9	42.0	22.1	3.3	0.2	0.0	7.8
しない	100.0	2.1	15.2	32.9	26.6	6.2	0.6	0.1	16.0
する	100.0	3.4	21.6	43.2	21.6	2.9	0.2	0.0	6.8
1時間未満	100.0	2.3	15.9	40.7	26.2	5.2	0.3	0.0	9.1
1時間～2時間未満	100.0	2.8	18.6	42.4	24.8	3.6	0.2	0.0	7.1
2時間～3時間未満	100.0	2.7	20.1	45.1	22.0	2.5	0.2	－	7.3
3時間～4時間未満	100.0	3.9	22.5	45.4	20.2	1.6	0.2	－	5.9
4時間～5時間未満	100.0	4.1	26.9	43.8	17.3	2.7	0.0	0.0	5.1
5時間～6時間未満	100.0	4.3	30.0	43.3	16.3	1.5	－	－	4.6
6時間以上	100.0	6.9	33.4	41.7	12.4	0.9	0.0	0.0	4.5
不詳	100.0	2.3	16.8	35.5	20.5	4.1	0.2	－	8.1
男児									
休日の家庭学習の時間	100.0	2.3	16.7	42.7	26.0	4.1	0.3	0.0	7.3
しない	100.0	1.7	12.6	34.1	30.8	6.7	0.5	－	13.4
する	100.0	2.3	17.3	44.1	25.4	3.8	0.3	0.0	6.5
1時間未満	100.0	1.8	13.0	40.9	29.5	6.3	0.3	－	7.9
1時間～2時間未満	100.0	1.9	15.1	41.9	28.9	4.4	0.4	－	7.0
2時間～3時間未満	100.0	1.9	16.7	46.5	24.7	3.1	0.3	－	6.8
3時間～4時間未満	100.0	2.9	18.0	46.1	24.5	2.2	0.3	－	5.8
4時間～5時間未満	100.0	2.6	21.5	47.0	20.6	3.5	0.1	0.1	4.5
5時間～6時間未満	100.0	2.6	24.7	45.8	20.9	2.1	－	－	3.6
6時間以上	100.0	4.8	27.4	45.7	15.4	1.3	－	0.1	5.0
不詳	100.0	2.2	14.5	36.2	22.7	4.7	0.3	－	6.8
女児									
休日の家庭学習の時間	100.0	4.3	25.3	41.2	17.9	2.4	0.2	0.0	8.3
しない	100.0	2.9	19.1	31.0	20.5	5.4	0.9	0.2	19.9
する	100.0	4.5	26.0	42.3	17.7	2.1	0.1	0.0	7.2
1時間未満	100.0	3.0	19.6	40.6	21.9	3.7	0.3	0.1	10.8
1時間～2時間未満	100.0	3.8	22.3	43.0	20.4	2.8	0.1	0.0	7.3
2時間～3時間未満	100.0	3.5	23.5	43.8	19.3	1.9	0.2	－	7.7
3時間～4時間未満	100.0	4.9	26.7	44.7	16.3	1.2	0.1	－	5.9
4時間～5時間未満	100.0	5.3	31.4	41.1	14.4	2.0	－	－	5.7
5時間～6時間未満	100.0	5.6	34.2	41.3	12.7	0.9	－	－	5.3
6時間以上	100.0	8.6	38.2	38.5	10.0	0.6	0.1	－	4.1
不詳	100.0	2.5	20.9	34.3	16.4	3.0	－	－	10.4

時間、平日－日曜日の睡眠時間別（２－２）

第15回調査（平成28年）

	日曜日の睡眠時間								
不詳	6時間未満	6時間台	7時間台	8時間台	9時間台	10時間台	11時間以上	時間が不規則	不詳
0.4	0.9	5.0	18.2	30.1	17.3	3.8	0.4	23.7	0.7
0.1	1.0	3.2	12.9	24.3	16.7	4.3	0.6	36.7	0.3
0.2	0.9	5.1	18.5	30.6	17.3	3.7	0.3	22.9	0.5
0.3	0.8	4.7	16.0	28.7	18.4	4.7	0.6	25.5	0.7
0.3	0.8	4.4	17.0	30.5	18.4	4.3	0.4	23.6	0.5
0.2	0.8	4.5	18.2	31.1	18.4	3.8	0.2	22.6	0.5
0.2	0.9	5.5	21.4	32.2	15.4	2.5	0.2	21.2	0.7
0.1	1.2	7.9	24.5	33.1	11.8	1.8	0.1	19.3	0.2
-	2.0	12.2	28.7	27.3	9.4	0.8	-	19.3	0.4
-	3.7	12.1	27.0	24.7	9.8	0.6	0.3	21.6	0.3
19.0	0.5	4.9	16.0	22.0	14.1	4.1	0.8	18.5	19.0
0.6	1.0	5.0	18.8	31.0	17.8	3.8	0.4	21.3	1.0
0.2	1.1	3.4	15.0	25.1	18.2	4.1	0.7	32.0	0.4
0.3	1.0	5.1	19.2	31.5	17.8	3.8	0.4	20.6	0.8
0.4	1.0	5.1	17.1	30.2	18.5	4.2	0.6	22.6	0.8
0.3	0.8	4.7	18.3	31.3	18.1	4.4	0.5	21.2	0.7
0.2	0.8	4.6	18.9	31.7	19.0	3.9	0.2	20.2	0.8
0.2	1.0	5.3	21.2	33.6	16.5	2.7	0.3	18.5	1.1
0.2	1.1	6.5	24.2	33.3	15.0	2.2	0.2	17.0	0.5
-	2.6	9.7	27.3	29.5	10.6	-	-	19.4	0.9
-	3.6	9.5	27.4	26.8	10.7	0.6	0.6	20.2	0.6
19.4	0.8	6.3	15.6	24.5	13.5	4.2	0.8	14.8	19.4
0.3	0.8	5.0	17.5	29.3	16.7	3.7	0.3	26.3	0.4
-	0.8	3.1	9.9	23.1	14.6	4.6	0.6	43.3	0.1
0.2	0.8	5.1	17.9	29.7	16.8	3.7	0.3	25.4	0.2
0.1	0.6	4.2	14.4	26.7	18.2	5.3	0.7	29.3	0.4
0.2	0.7	4.1	15.7	29.7	18.8	4.2	0.3	26.2	0.3
0.2	0.8	4.5	17.4	30.6	17.8	3.7	0.2	24.9	0.2
0.2	0.8	5.8	21.6	31.0	14.3	2.4	0.1	23.6	0.3
-	1.4	9.0	24.8	33.0	9.1	1.4	-	21.3	-
-	1.5	14.2	29.8	25.5	8.4	1.5	-	19.3	-
-	3.9	14.4	26.7	22.8	8.9	0.6	-	22.8	-
18.3	-	2.3	16.8	17.6	15.3	3.8	0.8	25.2	18.3
0.4	0.9	5.0	18.2	30.1	17.3	3.8	0.4	23.7	0.7
0.2	1.1	4.4	13.3	24.8	16.4	4.1	0.6	34.9	0.5
0.2	0.9	5.0	18.7	30.9	17.4	3.7	0.3	22.5	0.5
0.2	0.9	4.6	16.9	28.0	17.5	4.6	0.5	26.5	0.4
0.3	0.8	4.7	16.9	30.9	17.7	4.2	0.4	23.6	0.7
0.1	0.6	4.3	17.6	30.4	18.7	3.9	0.4	23.6	0.4
0.2	0.8	4.6	18.2	31.7	18.8	3.8	0.1	21.6	0.4
0.1	0.7	4.3	20.4	32.3	18.2	2.8	0.2	20.6	0.4
0.1	0.8	4.7	21.5	36.7	15.4	2.7	0.1	17.8	0.3
0.2	1.6	10.0	27.5	31.9	11.5	1.6	0.1	15.1	0.6
12.5	0.9	5.3	18.0	22.8	15.9	3.9	1.1	19.4	12.7
0.6	1.0	5.0	18.8	31.0	17.8	3.8	0.4	21.3	1.0
0.3	1.1	4.8	15.5	25.4	17.4	3.8	0.6	30.7	0.7
0.2	0.9	4.9	19.3	31.9	17.9	3.8	0.4	20.1	0.7
0.3	0.9	5.1	18.4	29.6	18.0	4.0	0.4	23.0	0.6
0.4	0.9	4.7	17.8	31.8	18.1	4.4	0.5	20.9	0.9
0.1	0.7	4.4	18.6	31.4	18.2	4.3	0.5	21.2	0.7
0.2	1.0	4.5	19.9	32.2	18.9	3.7	0.1	19.1	0.6
0.1	1.0	4.5	19.1	34.4	20.6	2.6	0.1	17.1	0.6
0.2	1.0	4.6	21.3	38.4	16.8	3.1	0.2	14.0	0.7
0.3	1.5	8.1	26.6	32.4	12.6	1.7	0.1	15.8	1.2
12.6	1.1	6.6	16.7	25.5	15.3	3.8	1.4	16.4	13.2
0.3	0.8	5.0	17.5	29.3	16.7	3.7	0.3	26.3	0.4
0.2	1.0	3.7	10.0	23.9	14.9	4.4	0.7	41.2	0.3
0.2	0.8	5.1	18.1	30.0	16.9	3.7	0.3	24.9	0.2
0.0	0.9	4.1	15.0	26.0	16.9	5.3	0.6	31.0	0.3
0.3	0.8	4.8	15.9	30.0	17.3	4.0	0.3	26.6	0.4
0.1	0.6	4.2	16.6	29.5	19.1	3.6	0.2	26.0	0.2
0.3	0.6	4.7	16.7	31.2	18.8	3.8	0.2	23.9	0.3
0.1	0.5	4.1	21.6	30.5	16.2	3.0	0.3	23.5	0.2
-	0.6	4.8	21.7	35.5	14.3	2.3	-	20.8	-
0.1	1.7	11.6	28.2	31.5	10.6	1.5	0.2	14.6	0.2
12.4	0.5	3.0	20.4	17.9	16.9	4.0	0.5	24.9	11.9

第36表　子ども数・構成割合，性、平日－

実　数（人）

性、平日－土曜日の就寝時間	総数	平日の睡眠時間 6時間未満	6時間台	7時間台	8時間台	9時間台	10時間台	11時間以上
総数　平日の就寝時間	28 810	941	6 018	12 100	6 357	949	71	7
午後9時前	70	－	－	15	12	30	10	2
午後9時　　～9時29分	323	－	－	33	83	164	39	3
午後9時30分～9時59分	597	－	18	40	310	217	9	－
午後10時　　～10時29分	2 192	－	51	350	1 390	391	5	2
午後10時30分～10時59分	3 765	33	100	1 464	2 057	104	5	－
午後11時　　～11時29分	6 367	21	482	3 859	1 967	29	3	－
午後11時30分～11時59分	5 630	79	1 276	3 800	447	7	－	－
午前0時　　～0時29分	4 478	147	2 061	2 197	50	7	－	－
午前0時30分～0時59分	1 830	252	1 260	295	10	－	－	－
午前1時以降	1 274	409	770	47	31	－	－	－
時間が不規則	2 157	－	－	－	－	－	－	－
不詳	127	－	－	－	－	－	－	－
男児　平日の就寝時間	14 796	334	2 472	6 325	3 844	614	45	2
午後9時前	43	－	－	13	6	18	4	2
午後9時　　～9時29分	195	－	－	18	56	93	28	－
午後9時30分～9時59分	356	－	7	27	184	131	6	－
午後10時　　～10時29分	1 272	－	29	183	789	266	4	－
午後10時30分～10時59分	2 098	17	47	748	1 207	76	2	－
午後11時　　～11時29分	3 460	10	196	2 006	1 226	19	1	－
午後11時30分～11時59分	2 863	39	521	1 965	319	6	－	－
午前0時　　～0時29分	2 018	41	776	1 154	35	5	－	－
午前0時30分～0時59分	772	73	510	176	4	－	－	－
午前1時以降	597	154	386	35	18	－	－	－
時間が不規則	1 041	－	－	－	－	－	－	－
不詳	81	－	－	－	－	－	－	－
女児　平日の就寝時間	14 014	607	3 546	5 775	2 513	335	26	5
午後9時前	27	－	－	2	6	12	6	－
午後9時　　～9時29分	128	－	－	15	27	71	11	3
午後9時30分～9時59分	241	－	11	13	126	86	3	－
午後10時　　～10時29分	920	－	22	167	601	125	1	2
午後10時30分～10時59分	1 667	16	53	716	850	28	3	－
午後11時　　～11時29分	2 907	11	286	1 853	741	10	2	－
午後11時30分～11時59分	2 767	40	755	1 835	128	1	－	－
午前0時　　～0時29分	2 460	106	1 285	1 043	15	2	－	－
午前0時30分～0時59分	1 058	179	750	119	6	－	－	－
午前1時以降	677	255	384	12	13	－	－	－
時間が不規則	1 116	－	－	－	－	－	－	－
不詳	46	－	－	－	－	－	－	－
総数　土曜日の就寝時間	28 810	941	6 018	12 100	6 357	949	71	7
午後9時前	48	2	－	15	11	12	5	2
午後9時　　～9時29分	221	1	4	27	68	95	22	3
午後9時30分～9時59分	419	1	13	52	222	116	11	－
午後10時　　～10時29分	1 484	8	66	334	803	255	10	1
午後10時30分～10時59分	2 863	20	143	1 084	1 393	205	10	1
午後11時　　～11時29分	5 212	37	484	2 696	1 845	133	4	－
午後11時30分～11時59分	5 395	71	983	3 254	1 020	43	－	－
午前0時　　～0時29分	4 477	165	1 493	2 356	411	26	1	－
午前0時30分～0時59分	2 119	167	1 018	820	85	2	1	－
午前1時以降	1 912	345	1 048	391	70	7	－	－
時間が不規則	4 476	123	755	1 042	409	52	7	－
不詳	184	1	11	29	20	3	－	－
男児　土曜日の就寝時間	14 796	334	2 472	6 325	3 844	614	45	2
午後9時前	33	－	－	13	8	8	2	2
午後9時　　～9時29分	134	1	1	16	45	52	19	－
午後9時30分～9時59分	276	1	6	35	149	76	7	－
午後10時　　～10時29分	904	6	34	193	495	166	8	－
午後10時30分～10時59分	1 629	7	70	570	831	144	5	－
午後11時　　～11時29分	2 895	17	169	1 487	1 131	84	2	－
午後11時30分～11時59分	2 740	32	404	1 658	601	32	－	－
午前0時　　～0時29分	2 083	45	579	1 182	252	14	－	－
午前0時30分～0時59分	969	50	426	429	47	2	－	－
午前1時以降	910	134	475	228	47	4	－	－
時間が不規則	2 087	40	297	487	219	30	2	－
不詳	136	1	11	27	19	2	－	－
女児　土曜日の就寝時間	14 014	607	3 546	5 775	2 513	335	26	5
午後9時前	15	2	－	2	3	4	3	－
午後9時　　～9時29分	87	－	3	11	23	43	3	3
午後9時30分～9時59分	143	－	7	17	73	40	4	－
午後10時　　～10時29分	580	2	32	141	308	89	2	1
午後10時30分～10時59分	1 234	13	73	514	562	61	5	1
午後11時　　～11時29分	2 317	20	315	1 209	714	49	2	－
午後11時30分～11時59分	2 655	39	579	1 596	419	11	－	－
午前0時　　～0時29分	2 394	120	914	1 174	159	12	1	－
午前0時30分～0時59分	1 150	117	592	391	38	－	1	－
午前1時以降	1 002	211	573	163	23	3	－	－
時間が不規則	2 389	83	458	555	190	22	5	－
不詳	48	－	－	2	1	1	－	－

土曜日の就寝時間、平日－日曜日の睡眠時間別（２－１）

第15回調査（平成28年）

		日曜日の睡眠時間								
時間が不規則	不詳	6時間未満	6時間台	7時間台	8時間台	9時間台	10時間台	11時間以上	時間が不規則	不詳
2 238	129	255	1 432	5 237	8 683	4 973	1 082	105	6 832	211
1	-	1	-	12	8	18	14	8	9	-
1	-	1	3	17	70	105	73	27	25	2
3	-	-	12	42	186	217	74	16	49	1
2	1	4	40	220	727	695	283	38	176	9
2	-	25	79	629	1 403	993	253	5	361	17
6	-	26	228	1 297	2 160	1 421	327	2	888	18
20	1	44	338	1 337	1 831	985	39	5	1 029	22
16	-	66	371	1 049	1 348	491	17	1	1 125	10
13	-	42	213	402	547	31	-	-	585	10
17	-	43	143	211	373	10	1	-	487	6
2 157	-	1	5	18	26	6	1	3	2 093	4
-	127	2	-	3	4	1	-	-	5	112
1 078	82	142	734	2 786	4 580	2 632	561	60	3 147	154
-	-	1	-	12	6	9	8	4	3	-
-	-	1	2	14	49	59	43	15	11	1
1	-	-	5	28	121	130	35	10	26	1
1	-	-	27	145	439	394	147	23	92	5
1	-	15	52	382	815	538	126	1	155	14
2	-	18	129	757	1 174	766	176	1	423	16
12	1	23	191	686	916	513	17	3	492	22
7	-	36	160	496	623	212	8	1	473	9
9	-	20	95	163	235	9	-	-	243	7
4	-	26	68	90	191	1	1	-	215	5
1 041	-	1	5	10	9	1	-	2	1 011	2
-	81	1	-	3	2	-	-	-	3	72
1 160	47	113	698	2 451	4 103	2 341	521	45	3 685	57
1	-	-	-	-	2	9	6	4	6	-
1	-	-	1	3	21	46	30	12	14	1
2	-	-	7	14	65	87	39	6	23	-
1	1	4	13	75	288	301	136	15	84	4
1	-	10	27	247	588	455	127	4	206	3
4	-	8	99	540	986	655	151	1	465	2
8	-	21	147	651	915	472	22	2	537	-
9	-	30	211	553	725	279	9	-	652	1
4	-	22	118	239	312	22	-	-	342	3
13	-	17	75	121	182	9	-	-	272	1
1 116	-	-	-	8	17	5	1	1	1 082	2
-	46	1	-	-	2	1	-	-	2	40
2 238	129	255	1 432	5 237	8 683	4 973	1 082	105	6 832	211
1	-	-	-	13	3	12	9	6	5	-
1	-	-	-	10	42	75	56	29	9	-
4	-	-	9	23	143	148	65	21	10	-
6	1	-	27	129	461	512	245	49	57	4
6	1	20	39	445	1 085	818	282	-	171	3
10	3	17	159	1 046	1 851	1 364	425	-	343	7
21	3	29	315	1 368	1 932	1 253	-	-	492	6
24	1	60	345	1 150	1 574	791	-	-	551	6
24	2	56	298	628	825	-	-	-	309	3
50	1	73	240	425	767	-	-	-	405	2
2 086	2	-	-	-	-	-	-	-	4 476	-
5	115	-	-	-	-	-	-	-	4	180
1 078	82	142	734	2 786	4 580	2 632	561	60	3 147	154
-	-	-	-	13	2	8	5	4	1	-
-	-	-	-	8	30	43	33	15	5	-
2	-	-	6	20	106	95	33	11	5	-
2	-	-	20	95	300	300	124	30	34	1
1	1	11	30	287	622	456	142	-	79	2
3	2	12	93	642	1 028	726	224	-	166	4
11	2	21	179	705	969	634	-	-	228	4
11	-	24	167	531	746	370	-	-	239	6
15	-	30	130	291	397	-	-	-	118	3
21	1	44	109	194	380	-	-	-	182	1
1 010	2	-	-	-	-	-	-	-	2 087	-
2	74	-	-	-	-	-	-	-	3	133
1 160	47	113	698	2 451	4 103	2 341	521	45	3 685	57
1	-	-	-	-	1	4	4	2	4	-
1	-	-	-	2	12	32	23	14	4	-
2	-	-	3	3	37	53	32	10	5	-
4	1	-	7	34	161	212	121	19	23	3
5	-	9	9	158	463	362	140	-	92	1
7	1	5	66	404	823	638	201	-	177	3
10	1	8	136	663	963	619	-	-	264	2
13	1	36	178	619	828	421	-	-	312	-
9	2	26	168	337	428	-	-	-	191	-
29	-	29	131	231	387	-	-	-	223	1
1 076	-	-	-	-	-	-	-	-	2 389	-
3	41	-	-	-	-	-	-	-	1	47

第36表　子ども数・構成割合，性、平日－

構成割合（%）

性、平日－土曜日の就寝時間		総数	平日の睡眠時間 6時間未満	6時間台	7時間台	8時間台	9時間台	10時間台	11時間以上
総数	平日の就寝時間	100.0	3.3	20.9	42.0	22.1	3.3	0.2	0.0
	午後9時前	100.0	-	-	21.4	17.1	42.9	14.3	2.9
	午後9時～9時29分	100.0	-	-	10.2	25.7	50.8	12.1	0.9
	午後9時30分～9時59分	100.0	-	3.0	6.7	51.9	36.3	1.5	-
	午後10時～10時29分	100.0	-	2.3	16.0	63.4	17.8	0.2	0.1
	午後10時30分～10時59分	100.0	0.9	2.7	38.9	54.6	2.8	0.1	-
	午後11時～11時29分	100.0	0.3	7.6	60.6	30.9	0.5	0.0	-
	午後11時30分～11時59分	100.0	1.4	22.7	67.5	7.9	0.1	-	-
	午前0時～0時29分	100.0	3.3	46.0	49.1	1.1	0.2	-	-
	午前0時30分～0時59分	100.0	13.8	68.9	16.1	0.5	-	-	-
	午前1時以降	100.0	32.1	60.4	3.7	2.4	-	-	-
	時間が不規則	100.0	-	-	-	-	-	-	-
	不詳	100.0	-	-	-	-	-	-	-
男児	平日の就寝時間	100.0	2.3	16.7	42.7	26.0	4.1	0.3	0.0
	午後9時前	100.0	-	-	30.2	14.0	41.9	9.3	4.7
	午後9時～9時29分	100.0	-	-	9.2	28.7	47.7	14.4	-
	午後9時30分～9時59分	100.0	-	2.0	7.6	51.7	36.8	1.7	-
	午後10時～10時29分	100.0	-	2.3	14.4	62.0	20.9	0.3	-
	午後10時30分～10時59分	100.0	0.8	2.2	35.7	57.5	3.6	0.1	-
	午後11時～11時29分	100.0	0.3	5.7	58.0	35.4	0.5	0.0	-
	午後11時30分～11時59分	100.0	1.4	18.2	68.6	11.1	0.2	-	-
	午前0時～0時29分	100.0	2.0	38.5	57.2	1.7	0.2	-	-
	午前0時30分～0時59分	100.0	9.5	66.1	22.8	0.5	-	-	-
	午前1時以降	100.0	25.8	64.7	5.9	3.0	-	-	-
	時間が不規則	100.0	-	-	-	-	-	-	-
	不詳	100.0	-	-	-	-	-	-	-
女児	平日の就寝時間	100.0	4.3	25.3	41.2	17.9	2.4	0.2	0.0
	午後9時前	100.0	-	-	7.4	22.2	44.4	22.2	-
	午後9時～9時29分	100.0	-	-	11.7	21.1	55.5	8.6	2.3
	午後9時30分～9時59分	100.0	-	4.6	5.4	52.3	35.7	1.2	-
	午後10時～10時29分	100.0	-	2.4	18.2	65.3	13.6	0.1	0.2
	午後10時30分～10時59分	100.0	1.0	3.2	43.0	51.0	1.7	0.2	-
	午後11時～11時29分	100.0	0.4	9.8	63.7	25.5	0.3	0.1	-
	午後11時30分～11時59分	100.0	1.4	27.3	66.3	4.6	0.0	-	-
	午前0時～0時29分	100.0	4.3	52.2	42.4	0.6	0.1	-	-
	午前0時30分～0時59分	100.0	16.9	70.9	11.2	0.6	-	-	-
	午前1時以降	100.0	37.7	56.7	1.8	1.9	-	-	-
	時間が不規則	100.0	-	-	-	-	-	-	-
	不詳	100.0	-	-	-	-	-	-	-
総数	土曜日の就寝時間	100.0	3.3	20.9	42.0	22.1	3.3	0.2	0.0
	午後9時前	100.0	4.2	-	31.3	22.9	25.0	10.4	4.2
	午後9時～9時29分	100.0	0.5	1.8	12.2	30.8	43.0	10.0	1.4
	午後9時30分～9時59分	100.0	0.2	3.1	12.4	53.0	27.7	2.6	-
	午後10時～10時29分	100.0	0.5	4.4	22.5	54.1	17.2	0.7	0.1
	午後10時30分～10時59分	100.0	0.7	5.0	37.9	48.7	7.2	0.3	0.0
	午後11時～11時29分	100.0	0.7	9.3	51.7	35.4	2.6	0.1	-
	午後11時30分～11時59分	100.0	1.3	18.2	60.3	18.9	0.8	-	-
	午前0時～0時29分	100.0	3.7	33.3	52.6	9.2	0.6	0.0	-
	午前0時30分～0時59分	100.0	7.9	48.0	38.7	4.0	0.1	0.0	-
	午前1時以降	100.0	18.0	54.8	20.4	3.7	0.4	-	-
	時間が不規則	100.0	2.7	16.9	23.3	9.1	1.2	0.2	-
	不詳	100.0	0.5	6.0	15.8	10.9	1.6	-	-
男児	土曜日の就寝時間	100.0	2.3	16.7	42.7	26.0	4.1	0.3	0.0
	午後9時前	100.0	-	-	39.4	24.2	24.2	6.1	6.1
	午後9時～9時29分	100.0	0.7	0.7	11.9	33.6	38.8	14.2	-
	午後9時30分～9時59分	100.0	0.4	2.2	12.7	54.0	27.5	2.5	-
	午後10時～10時29分	100.0	0.7	3.8	21.3	54.8	18.4	0.9	-
	午後10時30分～10時59分	100.0	0.4	4.3	35.0	51.0	8.8	0.3	-
	午後11時～11時29分	100.0	0.6	5.8	51.4	39.1	2.9	0.1	-
	午後11時30分～11時59分	100.0	1.2	14.7	60.5	21.9	1.2	-	-
	午前0時～0時29分	100.0	2.2	27.8	56.7	12.1	0.7	-	-
	午前0時30分～0時59分	100.0	5.2	44.0	44.3	4.9	0.2	-	-
	午前1時以降	100.0	14.7	52.2	25.1	5.2	0.4	-	-
	時間が不規則	100.0	1.9	14.2	23.3	10.5	1.4	0.1	-
	不詳	100.0	0.7	8.1	19.9	14.0	1.5	-	-
女児	土曜日の就寝時間	100.0	4.3	25.3	41.2	17.9	2.4	0.2	0.0
	午後9時前	100.0	13.3	-	13.3	20.0	26.7	20.0	-
	午後9時～9時29分	100.0	-	3.4	12.6	26.4	49.4	3.4	3.4
	午後9時30分～9時59分	100.0	-	4.9	11.9	51.0	28.0	2.8	-
	午後10時～10時29分	100.0	0.3	5.5	24.3	53.1	15.3	0.3	0.2
	午後10時30分～10時59分	100.0	1.1	5.9	41.7	45.5	4.9	0.4	0.1
	午後11時～11時29分	100.0	0.9	13.6	52.2	30.8	2.1	0.1	-
	午後11時30分～11時59分	100.0	1.5	21.8	60.1	15.8	0.4	-	-
	午前0時～0時29分	100.0	5.0	38.2	49.0	6.6	0.5	0.0	-
	午前0時30分～0時59分	100.0	10.2	51.5	34.0	3.3	-	0.1	-
	午前1時以降	100.0	21.1	57.2	16.3	2.3	0.3	-	-
	時間が不規則	100.0	3.5	19.2	23.2	8.0	0.9	0.2	-
	不詳	100.0	-	-	4.2	2.1	2.1	-	-

土曜日の就寝時間、平日－日曜日の睡眠時間別（２－２）

第15回調査（平成28年）

		日曜日の睡眠時間								
時間が不規則	不詳	6時間未満	6時間台	7時間台	8時間台	9時間台	10時間台	11時間以上	時間が不規則	不詳
7.8	0.4	0.9	5.0	18.2	30.1	17.3	3.8	0.4	23.7	0.7
1.4	-	1.4	-	17.1	11.4	25.7	20.0	11.4	12.9	-
0.3	-	0.3	0.9	5.3	21.7	32.5	22.6	8.4	7.7	0.6
0.5	-	-	2.0	7.0	31.2	36.3	12.4	2.7	8.2	0.2
0.1	0.0	0.2	1.8	10.0	33.2	31.7	12.9	1.7	8.0	0.4
0.1	-	0.7	2.1	16.7	37.3	26.4	6.7	0.1	9.6	0.5
0.1	-	0.4	3.6	20.4	33.9	22.3	5.1	0.0	13.9	0.3
0.4	0.0	0.8	6.0	23.7	32.5	17.5	0.7	0.1	18.3	0.4
0.4	-	1.5	8.3	23.4	30.1	11.0	0.4	0.0	25.1	0.2
0.7	-	2.3	11.6	22.0	29.9	1.7	-	-	32.0	0.5
1.3	-	3.4	11.2	16.6	29.3	0.8	0.1	-	38.2	0.5
100.0	-	0.0	0.2	0.8	1.2	0.3	0.0	0.1	97.0	0.2
-	100.0	1.6	-	2.4	3.1	0.8	-	-	3.9	88.2
7.3	0.6	1.0	5.0	18.8	31.0	17.8	3.8	0.4	21.3	1.0
-	-	2.3	-	27.9	14.0	20.9	18.6	9.3	7.0	-
-	-	0.5	1.0	7.2	25.1	30.3	22.1	7.7	5.6	0.5
0.3	-	-	1.4	7.9	34.0	36.5	9.8	2.8	7.3	0.3
0.1	-	-	2.1	11.4	34.5	31.0	11.6	1.8	7.2	0.4
0.0	-	0.7	2.5	18.2	38.8	25.6	6.0	0.0	7.4	0.7
0.1	-	0.5	3.7	21.9	33.9	22.1	5.1	0.0	12.2	0.5
0.4	0.0	0.8	6.7	24.0	32.0	17.9	0.6	0.1	17.2	0.8
0.3	-	1.8	7.9	24.6	30.9	10.5	0.4	0.0	23.4	0.4
1.2	-	2.6	12.3	21.1	30.4	1.2	-	-	31.5	0.9
0.7	-	4.4	11.4	15.1	32.0	0.2	0.2	-	36.0	0.8
100.0	-	0.1	0.5	1.0	0.9	0.1	-	0.2	97.1	0.2
-	100.0	1.2	-	3.7	2.5	-	-	-	3.7	88.9
8.3	0.3	0.8	5.0	17.5	29.3	16.7	3.7	0.3	26.3	0.4
3.7	-	-	-	-	7.4	33.3	22.2	14.8	22.2	-
0.8	-	-	0.8	2.3	16.4	35.9	23.4	9.4	10.9	0.8
0.8	-	-	2.9	5.8	27.0	36.1	16.2	2.5	9.5	-
0.1	0.1	0.4	1.4	8.2	31.3	32.7	14.8	1.6	9.1	0.4
0.1	-	0.6	1.6	14.8	35.3	27.3	7.6	0.2	12.4	0.2
0.1	-	0.3	3.4	18.6	33.9	22.5	5.2	0.0	16.0	0.1
0.3	-	0.8	5.3	23.5	33.1	17.1	0.8	0.1	19.4	-
0.4	-	1.2	8.6	22.5	29.5	11.3	0.4	-	26.5	0.0
0.4	-	2.1	11.2	22.6	29.5	2.1	-	-	32.3	0.3
1.9	-	2.5	11.1	17.9	26.9	1.3	-	-	40.2	0.1
100.0	-	-	-	0.7	1.5	0.4	0.1	0.1	97.0	0.2
-	100.0	2.2	-	-	4.3	2.2	-	-	4.3	87.0
7.8	0.4	0.9	5.0	18.2	30.1	17.3	3.8	0.4	23.7	0.7
2.1	-	-	-	27.1	6.3	25.0	18.8	12.5	10.4	-
0.5	-	-	-	4.5	19.0	33.9	25.3	13.1	4.1	-
1.0	-	-	2.1	5.5	34.1	35.3	15.5	5.0	2.4	-
0.4	0.1	-	1.8	8.7	31.1	34.5	16.5	3.3	3.8	0.3
0.2	0.0	0.7	1.4	15.5	37.9	28.6	9.8	-	6.0	0.1
0.2	0.1	0.3	3.1	20.1	35.5	26.2	8.2	-	6.6	0.1
0.4	0.1	0.5	5.8	25.4	35.8	23.2	-	-	9.1	0.1
0.5	0.0	1.3	7.7	25.7	35.2	17.7	-	-	12.3	0.1
1.1	0.1	2.6	14.1	29.6	38.9	-	-	-	14.6	0.1
2.6	0.1	3.8	12.6	22.2	40.1	-	-	-	21.2	0.1
46.6	0.0	-	-	-	-	-	-	-	100.0	-
2.7	62.5	-	-	-	-	-	-	-	2.2	97.8
7.3	0.6	1.0	5.0	18.8	31.0	17.8	3.8	0.4	21.3	1.0
-	-	-	-	39.4	6.1	24.2	15.2	12.1	3.0	-
-	-	-	-	6.0	22.4	32.1	24.6	11.2	3.7	-
0.7	-	-	2.2	7.2	38.4	34.4	12.0	4.0	1.8	-
0.2	-	-	2.2	10.5	33.2	33.2	13.7	3.3	3.8	0.1
0.1	0.1	0.7	1.8	17.6	38.2	28.0	8.7	-	4.8	0.1
0.1	0.1	0.4	3.2	22.2	35.5	25.1	7.7	-	5.7	0.1
0.4	0.1	0.8	6.5	25.7	35.4	23.1	-	-	8.3	0.1
0.5	-	1.2	8.0	25.5	35.8	17.8	-	-	11.5	0.3
1.5	-	3.1	13.4	30.0	41.0	-	-	-	12.2	0.3
2.3	0.1	4.8	12.0	21.3	41.8	-	-	-	20.0	0.1
48.4	0.1	-	-	-	-	-	-	-	100.0	-
1.5	54.4	-	-	-	-	-	-	-	2.2	97.8
8.3	0.3	0.8	5.0	17.5	29.3	16.7	3.7	0.3	26.3	0.4
6.7	-	-	-	-	6.7	26.7	26.7	13.3	26.7	-
1.1	-	-	-	2.3	13.8	36.8	26.4	16.1	4.6	-
1.4	-	-	2.1	2.1	25.9	37.1	22.4	7.0	3.5	-
0.7	0.2	-	1.2	5.9	27.8	36.6	20.9	3.3	4.0	0.5
0.4	-	0.7	0.7	12.8	37.5	29.3	11.3	-	7.5	0.1
0.3	0.0	0.2	2.8	17.4	35.5	27.5	8.7	-	7.6	0.1
0.4	0.0	0.3	5.1	25.0	36.3	23.3	-	-	9.9	0.1
0.5	0.0	1.5	7.4	25.9	34.6	17.6	-	-	13.0	-
0.8	0.2	2.3	14.6	29.3	37.2	-	-	-	16.6	-
2.9	-	2.9	13.1	23.1	38.6	-	-	-	22.3	0.1
45.0	-	-	-	-	-	-	-	-	100.0	-
6.3	85.4	-	-	-	-	-	-	-	2.1	97.9

第37表　母・父と同居している子ども数・構成割合,

母－父の就業状況	総数	平日の就寝時間										
		午後9時前	午後9時～9時29分	午後9時30分～9時59分	午後10時～10時29分	午後10時30分～10時59分	午後11時～11時29分	午後11時30分～11時59分	午前0時～0時29分	午前0時30分～0時59分	午前1時以降	時間が不規則
												実
母の就業状況	28 335	69	310	584	2 139	3 709	6 284	5 558	4 429	1 808	1 260	2 125
無職	5 254	23	84	122	393	685	1 103	995	849	343	248	404
仕事を探している	1 464	5	22	35	111	182	344	273	221	91	68	111
仕事を探していない	3 567	18	55	81	264	474	710	684	590	236	170	281
求職状況不詳	186	-	7	6	13	24	44	34	33	10	7	8
学生	37	-	-	-	5	5	5	4	5	6	3	4
有職	22 946	46	224	459	1 733	3 008	5 149	4 542	3 557	1 458	1 005	1 712
勤め(常勤)	7 121	10	69	138	570	960	1 602	1 378	1 070	456	290	556
勤め(パート・アルバイト)	13 677	28	137	267	992	1 746	3 080	2 776	2 128	879	623	991
自営業・家業	1 832	7	14	44	147	263	390	335	322	105	79	125
内職	196	1	2	6	17	25	46	35	21	8	4	31
その他	120	-	2	4	7	14	31	18	16	10	9	9
不詳	135	-	2	3	13	16	32	21	23	7	7	9
父の就業状況	25 382	61	280	517	1 922	3 361	5 721	4 976	3 974	1 592	1 090	1 828
無職	350	1	5	14	35	44	68	64	46	25	19	29
仕事を探している	208	-	4	11	22	25	34	40	33	15	10	14
仕事を探していない	102	1	-	1	10	11	26	17	11	6	7	12
求職状況不詳	36	-	1	2	2	7	8	6	2	4	1	3
学生	4	-	-	-	1	1	-	1	-	-	1	-
有職	24 800	59	274	497	1 867	3 285	5 602	4 862	3 897	1 556	1 062	1 782
勤め(常勤)	20 870	45	229	411	1 562	2 754	4 730	4 156	3 252	1 312	895	1 477
勤め(パート・アルバイト)	297	-	7	12	30	32	74	41	41	22	18	18
自営業・家業	3 573	14	37	71	269	492	785	656	596	220	145	280
内職	1	-	-	-	-	1	-	-	-	-	-	-
その他	59	-	1	3	6	6	13	9	8	2	4	7
不詳	232	1	1	6	20	32	51	50	31	11	9	17
												構成
母の就業状況	100.0	0.2	1.1	2.1	7.5	13.1	22.2	19.6	15.6	6.4	4.4	7.5
無職	100.0	0.4	1.6	2.3	7.5	13.0	21.0	18.9	16.2	6.5	4.7	7.7
仕事を探している	100.0	0.3	1.5	2.4	7.6	12.4	23.5	18.6	15.1	6.2	4.6	7.6
仕事を探していない	100.0	0.5	1.5	2.3	7.4	13.3	19.9	19.2	16.5	6.6	4.8	7.9
求職状況不詳	100.0	-	3.8	3.2	7.0	12.9	23.7	18.3	17.7	5.4	3.8	4.3
学生	100.0	-	-	-	13.5	13.5	13.5	10.8	13.5	16.2	8.1	10.8
有職	100.0	0.2	1.0	2.0	7.6	13.1	22.4	19.8	15.5	6.4	4.4	7.5
勤め(常勤)	100.0	0.1	1.0	1.9	8.0	13.5	22.5	19.4	15.0	6.4	4.1	7.8
勤め(パート・アルバイト)	100.0	0.2	1.0	2.0	7.3	12.8	22.5	20.3	15.6	6.4	4.6	7.2
自営業・家業	100.0	0.4	0.8	2.4	8.0	14.4	21.3	18.3	17.6	5.7	4.3	6.8
内職	100.0	0.5	1.0	3.1	8.7	12.8	23.5	17.9	10.7	4.1	2.0	15.8
その他	100.0	-	1.7	3.3	5.8	11.7	25.8	15.0	13.3	8.3	7.5	7.5
不詳	100.0	-	1.5	2.2	9.6	11.9	23.7	15.6	17.0	5.2	5.2	6.7
父の就業状況	100.0	0.2	1.1	2.0	7.6	13.2	22.5	19.6	15.7	6.3	4.3	7.2
無職	100.0	0.3	1.4	4.0	10.0	12.6	19.4	18.3	13.1	7.1	5.4	8.3
仕事を探している	100.0	-	1.9	5.3	10.6	12.0	16.3	19.2	15.9	7.2	4.8	6.7
仕事を探していない	100.0	1.0	-	1.0	9.8	10.8	25.5	16.7	10.8	5.9	6.9	11.8
求職状況不詳	100.0	-	2.8	5.6	5.6	19.4	22.2	16.7	5.6	11.1	2.8	8.3
学生	100.0	-	-	-	25.0	25.0	-	25.0	-	-	25.0	-
有職	100.0	0.2	1.1	2.0	7.5	13.2	22.6	19.6	15.7	6.3	4.3	7.2
勤め(常勤)	100.0	0.2	1.1	2.0	7.5	13.2	22.7	19.9	15.6	6.3	4.3	7.1
勤め(パート・アルバイト)	100.0	-	2.4	4.0	10.1	10.8	24.9	13.8	13.8	7.4	6.1	6.1
自営業・家業	100.0	0.4	1.0	2.0	7.5	13.8	22.0	18.4	16.7	6.2	4.1	7.8
内職	100.0	-	-	-	-	100.0	-	-	-	-	-	-
その他	100.0	-	1.7	5.1	10.2	10.2	22.0	15.3	13.6	3.4	6.8	11.9
不詳	100.0	0.4	0.4	2.6	8.6	13.8	22.0	21.6	13.4	4.7	3.9	7.3

第15回調査（平成28年）

不詳	土曜日の就寝時間 午後9時前	午後9時～9時29分	午後9時30分～9時59分	午後10時～10時29分	午後10時30分～10時59分	午後11時～11時29分	午後11時30分～11時59分	午前0時～0時29分	午前0時30分～0時59分	午前1時以降	時間が不規則	不詳
数（人）												
60	48	210	409	1 459	2 804	5 145	5 328	4 426	2 092	1 883	4 415	116
5	19	59	88	272	549	913	957	811	414	361	798	13
1	4	17	21	63	159	253	276	242	105	93	227	4
4	15	41	61	195	368	616	636	540	286	252	548	9
－	－	1	6	13	19	38	38	24	19	10	18	－
－	－	－	－	1	3	6	7	5	4	6	5	－
53	29	150	320	1 173	2 242	4 211	4 343	3 598	1 667	1 510	3 602	101
22	3	41	105	378	677	1 355	1 340	1 055	520	447	1 162	38
30	22	92	194	675	1 336	2 485	2 633	2 185	987	922	2 089	57
1	3	14	15	101	205	307	317	314	142	123	285	6
－	－	2	3	15	14	38	34	29	12	4	45	－
－	1	1	3	4	10	26	19	15	6	14	21	－
2	－	1	1	14	13	21	28	17	11	12	15	2
60	45	193	366	1 324	2 570	4 673	4 795	4 010	1 853	1 644	3 804	105
－	1	2	9	32	31	44	58	64	25	27	56	1
－	－	2	7	21	18	28	32	43	14	14	28	1
－	1	－	2	5	8	11	20	18	6	11	20	－
－	－	－	－	4	5	5	6	2	4	2	8	－
－	－	－	－	2	－	－	－	1	1	－	－	－
57	44	190	354	1 278	2 514	4 588	4 685	3 914	1 815	1 600	3 717	101
47	36	159	304	1 070	2 104	3 924	4 035	3 268	1 493	1 320	3 072	85
2	－	5	6	21	26	50	40	51	27	27	42	2
8	8	25	42	181	378	603	604	587	293	246	592	14
－	－	－	－	－	－	1	－	－	－	－	－	－
－	－	1	2	6	6	10	6	8	2	7	11	－
3	－	1	3	14	25	41	52	32	13	17	31	3
割合（%）												
0.2	0.2	0.7	1.4	5.1	9.9	18.2	18.8	15.6	7.4	6.6	15.6	0.4
0.1	0.4	1.1	1.7	5.2	10.4	17.4	18.2	15.4	7.9	6.9	15.2	0.2
0.1	0.3	1.2	1.4	4.3	10.9	17.3	18.9	16.5	7.2	6.4	15.5	0.3
0.1	0.4	1.1	1.7	5.5	10.3	17.3	17.8	15.1	8.0	7.1	15.4	0.3
－	－	0.5	3.2	7.0	10.2	20.4	20.4	12.9	10.2	5.4	9.7	－
－	－	－	－	2.7	8.1	16.2	18.9	13.5	10.8	16.2	13.5	－
0.2	0.1	0.7	1.4	5.1	9.8	18.4	18.9	15.7	7.3	6.6	15.7	0.4
0.3	0.0	0.6	1.5	5.3	9.5	19.0	18.8	14.8	7.3	6.3	16.3	0.5
0.2	0.2	0.7	1.4	4.9	9.8	18.2	19.3	16.0	7.2	6.7	15.3	0.4
0.1	0.2	0.8	0.8	5.5	11.2	16.8	17.3	17.1	7.8	6.7	15.6	0.3
－	－	1.0	1.5	7.7	7.1	19.4	17.3	14.8	6.1	2.0	23.0	－
－	0.8	0.8	2.5	3.3	8.3	21.7	15.8	12.5	5.0	11.7	17.5	－
1.5	－	0.7	0.7	10.4	9.6	15.6	20.7	12.6	8.1	8.9	11.1	1.5
0.2	0.2	0.8	1.4	5.2	10.1	18.4	18.9	15.8	7.3	6.5	15.0	0.4
－	0.3	0.6	2.6	9.1	8.9	12.6	16.6	18.3	7.1	7.7	16.0	0.3
－	－	1.0	3.4	10.1	8.7	13.5	15.4	20.7	6.7	6.7	13.5	0.5
－	1.0	－	2.0	4.9	7.8	10.8	19.6	17.6	5.9	10.8	19.6	－
－	－	－	－	11.1	13.9	13.9	16.7	5.6	11.1	5.6	22.2	－
－	－	－	－	50.0	－	－	－	25.0	25.0	－	－	－
0.2	0.2	0.8	1.4	5.2	10.1	18.5	18.9	15.8	7.3	6.5	15.0	0.4
0.2	0.2	0.8	1.5	5.1	10.1	18.8	19.3	15.7	7.2	6.3	14.7	0.4
0.7	－	1.7	2.0	7.1	8.8	16.8	13.5	17.2	9.1	9.1	14.1	0.7
0.2	0.2	0.7	1.2	5.1	10.6	16.9	16.9	16.4	8.2	6.9	16.6	0.4
－	－	－	－	－	－	100.0	－	－	－	－	－	－
－	－	1.7	3.4	10.2	10.2	16.9	10.2	13.6	3.4	11.9	18.6	－
1.3	－	0.4	1.3	6.0	10.8	17.7	22.4	13.8	5.6	7.3	13.4	1.3

第38表　子ども数・構成割合，1年前（第14回調査）の

第14回調査の平日－日曜日の起床時間	総数	第15回調査の 平日の起床時間 午前5時前	午前5時～5時29分	午前5時30分～5時59分	午前6時～6時29分	午前6時30分～6時59分	午前7時～7時29分	午前7時30分～7時59分	午前8時～8時29分	午前8時30分～8時59分	午前9時以降
											実
平日の起床時間	27 797	211	494	1 475	6 004	8 726	8 141	1 984	191	38	57
午前5時前	202	52	44	35	36	16	11	2	1	－	1
午前5時　～5時29分	623	40	165	147	158	79	20	4	3	－	－
午前5時30分～5時59分	2 277	39	119	728	760	431	167	16	1	2	1
午前6時　～6時29分	8 059	47	98	396	3 707	2 460	1 124	133	11	4	5
午前6時30分～6時59分	8 803	16	42	126	1 085	4 633	2 437	316	33	8	8
午前7時　～7時29分	6 046	6	19	27	183	956	3 904	790	43	7	10
午前7時30分～7時59分	1 153	7	1	1	20	55	337	628	56	7	5
午前8時　～8時29分	104	－	1	－	4	9	15	31	26	1	2
午前8時30分～8時59分	23	－	－	－	－	1	5	1	3	2	6
午前9時以降	46	－	－	－	3	2	8	5	2	2	11
時間が不規則	321	2	3	7	25	49	80	38	10	5	7
不詳	140	2	2	8	23	35	33	20	2	－	1
日曜日の起床時間	27 797	211	494	1 475	6 004	8 726	8 141	1 984	191	38	57
午前5時前	123	18	15	9	31	21	18	7	－	－	－
午前5時　～5時29分	309	16	54	53	72	65	33	10	1	－	－
午前5時30分～5時59分	816	20	55	159	234	178	132	23	4	2	－
午前6時　～6時29分	2 882	43	91	334	1 034	778	472	88	5	1	2
午前6時30分～6時59分	3 280	18	52	202	939	1 199	707	126	9	2	2
午前7時　～7時29分	5 006	35	71	234	1 207	1 786	1 359	240	19	2	5
午前7時30分～7時59分	2 991	11	39	126	556	1 054	923	229	21	1	2
午前8時　～8時29分	3 412	11	42	114	595	1 104	1 202	261	24	4	3
午前8時30分～8時59分	1 735	13	10	52	257	576	609	163	19	4	7
午前9時以降	2 414	6	17	56	349	631	959	298	24	9	18
時間が不規則	4 586	18	44	125	686	1 260	1 671	510	61	13	17
不詳	243	2	4	11	44	74	56	29	4	－	1
											構成
平日の起床時間	100.0	0.8	1.8	5.3	21.6	31.4	29.3	7.1	0.7	0.1	0.2
午前5時前	100.0	25.7	21.8	17.3	17.8	7.9	5.4	1.0	0.5	－	0.5
午前5時　～5時29分	100.0	6.4	26.5	23.6	25.4	12.7	3.2	0.6	0.5	－	－
午前5時30分～5時59分	100.0	1.7	5.2	32.0	33.4	18.9	7.3	0.7	0.0	0.1	0.0
午前6時　～6時29分	100.0	0.6	1.2	4.9	46.0	30.5	13.9	1.7	0.1	0.0	0.1
午前6時30分～6時59分	100.0	0.2	0.5	1.4	12.3	52.6	27.7	3.6	0.4	0.1	0.1
午前7時　～7時29分	100.0	0.1	0.3	0.4	3.0	15.8	64.6	13.1	0.7	0.1	0.2
午前7時30分～7時59分	100.0	0.6	0.1	0.1	1.7	4.8	29.2	54.5	4.9	0.6	0.4
午前8時　～8時29分	100.0	－	1.0	－	3.8	8.7	14.4	29.8	25.0	1.0	1.9
午前8時30分～8時59分	100.0	－	－	－	－	4.3	21.7	4.3	13.0	8.7	26.1
午前9時以降	100.0	－	－	－	6.5	4.3	17.4	10.9	4.3	4.3	23.9
時間が不規則	100.0	0.6	0.9	2.2	7.8	15.3	24.9	11.8	3.1	1.6	2.2
不詳	100.0	1.4	1.4	5.7	16.4	25.0	23.6	14.3	1.4	－	0.7
日曜日の起床時間	100.0	0.8	1.8	5.3	21.6	31.4	29.3	7.1	0.7	0.1	0.2
午前5時前	100.0	14.6	12.2	7.3	25.2	17.1	14.6	5.7	－	－	－
午前5時　～5時29分	100.0	5.2	17.5	17.2	23.3	21.0	10.7	3.2	0.3	－	－
午前5時30分～5時59分	100.0	2.5	6.7	19.5	28.7	21.8	16.2	2.8	0.5	0.2	－
午前6時　～6時29分	100.0	1.5	3.2	11.6	35.9	27.0	16.4	3.1	0.2	0.0	0.1
午前6時30分～6時59分	100.0	0.5	1.6	6.2	28.6	36.6	21.6	3.8	0.3	0.1	0.1
午前7時　～7時29分	100.0	0.7	1.4	4.7	24.1	35.7	27.1	4.8	0.4	0.0	0.1
午前7時30分～7時59分	100.0	0.4	1.3	4.2	18.6	35.2	30.9	7.7	0.7	0.0	0.1
午前8時　～8時29分	100.0	0.3	1.2	3.3	17.4	32.4	35.2	7.6	0.7	0.1	0.1
午前8時30分～8時59分	100.0	0.7	0.6	3.0	14.8	33.2	35.1	9.4	1.1	0.2	0.4
午前9時以降	100.0	0.2	0.7	2.3	14.5	26.1	39.7	12.3	1.0	0.4	0.7
時間が不規則	100.0	0.4	1.0	2.7	15.0	27.5	36.4	11.1	1.3	0.3	0.4
不詳	100.0	0.8	1.6	4.5	18.1	30.5	23.0	11.9	1.6	－	0.4

注：第14回調査と第15回調査の回答を得た者を集計。

平日－日曜日の起床時間、現在（第15回調査）の平日－日曜日の起床時間別

第15回調査（平成28年）

平日－日曜日の起床時間													
		日曜日の起床時間											
時間が不規則	不詳	午前5時前	午前5時～5時29分	午前5時30分～5時59分	午前6時～6時29分	午前6時30分～6時59分	午前7時～7時29分	午前7時30分～7時59分	午前8時～8時29分	午前8時30分～8時59分	午前9時以降	時間が不規則	不詳
数（人）													
369	107	115	221	499	1 643	2 104	4 078	3 194	4 525	2 324	3 621	5 291	182
3	1	22	21	14	31	10	39	12	18	8	5	20	2
5	2	17	47	60	79	65	122	46	63	19	43	59	3
7	6	13	48	155	310	287	431	237	273	145	113	252	13
48	26	26	50	151	741	866	1 510	981	1 255	566	735	1 136	42
71	28	21	31	72	328	608	1 333	1 202	1 599	805	1 152	1 607	45
78	23	7	18	34	114	209	555	609	1 111	618	1 191	1 535	45
28	8	6	3	5	14	31	55	64	157	122	284	397	15
14	1	－	2	－	4	4	5	4	9	12	18	45	1
5	－	－	－	－	－	2	－	－	1	3	9	8	－
13	－	－	－	－	3	－	2	1	4	1	15	20	－
92	3	2	－	5	6	15	19	19	17	15	35	185	3
5	9	1	1	3	13	7	7	19	18	10	21	27	13
369	107	115	221	499	1 643	2 104	4 078	3 194	4 525	2 324	3 621	5 291	182
4	－	24	17	14	17	4	15	4	9	5	4	10	－
3	2	18	47	55	45	28	39	12	30	3	9	21	2
6	3	10	49	128	168	101	106	54	72	23	31	65	9
18	16	24	44	144	667	490	513	249	287	120	120	203	21
19	5	7	15	53	300	626	780	377	423	176	222	284	17
36	12	16	15	42	209	457	1 311	857	827	298	362	589	23
18	11	2	11	14	59	130	504	636	703	268	257	388	19
36	16	2	9	12	47	83	350	446	989	475	457	516	26
17	8	3	2	5	29	34	96	147	381	338	366	323	11
34	13	2	3	9	21	27	88	114	251	264	969	651	15
169	12	6	7	18	64	105	258	264	518	333	793	2 195	25
9	9	1	2	5	17	19	18	34	35	21	31	46	14
割合（%）													
1.3	0.4	0.4	0.8	1.8	5.9	7.6	14.7	11.5	16.3	8.4	13.0	19.0	0.7
1.5	0.5	10.9	10.4	6.9	15.3	5.0	19.3	5.9	8.9	4.0	2.5	9.9	1.0
0.8	0.3	2.7	7.5	9.6	12.7	10.4	19.6	7.4	10.1	3.0	6.9	9.5	0.5
0.3	0.3	0.6	2.1	6.8	13.6	12.6	18.9	10.4	12.0	6.4	5.0	11.1	0.6
0.6	0.3	0.3	0.6	1.9	9.2	10.7	18.7	12.2	15.6	7.0	9.1	14.1	0.5
0.8	0.3	0.2	0.4	0.8	3.7	6.9	15.1	13.7	18.2	9.1	13.1	18.3	0.5
1.3	0.4	0.1	0.3	0.6	1.9	3.5	9.2	10.1	18.4	10.2	19.7	25.4	0.7
2.4	0.7	0.5	0.3	0.4	1.2	2.7	4.8	5.6	13.6	10.6	24.6	34.4	1.3
13.5	1.0	－	1.9	－	3.8	3.8	4.8	3.8	8.7	11.5	17.3	43.3	1.0
21.7	－	－	－	－	－	8.7	－	－	4.3	13.0	39.1	34.8	－
28.3	－	－	－	－	6.5	－	4.3	2.2	8.7	2.2	32.6	43.5	－
28.7	0.9	0.6	－	1.6	1.9	4.7	5.9	5.9	5.3	4.7	10.9	57.6	0.9
3.6	6.4	0.7	0.7	2.1	9.3	5.0	5.0	13.6	12.9	7.1	15.0	19.3	9.3
1.3	0.4	0.4	0.8	1.8	5.9	7.6	14.7	11.5	16.3	8.4	13.0	19.0	0.7
3.3	－	19.5	13.8	11.4	13.8	3.3	12.2	3.3	7.3	4.1	3.3	8.1	－
1.0	0.6	5.8	15.2	17.8	14.6	9.1	12.6	3.9	9.7	1.0	2.9	6.8	0.6
0.7	0.4	1.2	6.0	15.7	20.6	12.4	13.0	6.6	8.8	2.8	3.8	8.0	1.1
0.6	0.6	0.8	1.5	5.0	23.1	17.0	17.8	8.6	10.0	4.2	4.2	7.0	0.7
0.6	0.2	0.2	0.5	1.6	9.1	19.1	23.8	11.5	12.9	5.4	6.8	8.7	0.5
0.7	0.2	0.3	0.3	0.8	4.2	9.1	26.2	17.1	16.5	6.0	7.2	11.8	0.5
0.6	0.4	0.1	0.4	0.5	2.0	4.3	16.9	21.3	23.5	9.0	8.6	13.0	0.6
1.1	0.5	0.1	0.3	0.4	1.4	2.4	10.3	13.1	29.0	13.9	13.4	15.1	0.8
1.0	0.5	0.2	0.1	0.3	1.7	2.0	5.5	8.5	22.0	19.5	21.1	18.6	0.6
1.4	0.5	0.1	0.1	0.4	0.9	1.1	3.6	4.7	10.4	10.9	40.1	27.0	0.6
3.7	0.3	0.1	0.2	0.4	1.4	2.3	5.6	5.8	11.3	7.3	17.3	47.9	0.5
3.7	3.7	0.4	0.8	2.1	7.0	7.8	7.4	14.0	14.4	8.6	12.8	18.9	5.8

第39表　子ども数・構成割合，１年前（第14回調査）の

第14回調査の平日－土曜日の就寝時間	総数	第15回調査の平日の就寝時間 午後9時前	午後9時～9時29分	午後9時30分～9時59分	午後10時～10時29分	午後10時30分～10時59分	午後11時～11時29分	午後11時30分～11時59分	午前0時～0時29分	午前0時30分～0時59分	午前1時以降	時間が不規則
												実
平日の就寝時間	27 797	66	318	576	2 122	3 626	6 156	5 416	4 317	1 775	1 230	2 074
午後９時前	143	17	32	29	22	13	15	4	2	1	－	7
午後９時　～９時29分	632	13	136	139	152	79	54	18	11	4	4	19
午後９時30分～９時59分	1 292	11	81	202	360	284	185	72	38	8	9	36
午後10時　～10時29分	3 749	8	28	113	903	1 086	882	364	178	49	24	101
午後10時30分～10時59分	5 563	3	15	52	431	1 314	1 872	997	471	106	63	212
午後11時　～11時29分	6 749	4	7	14	141	536	2 167	1 939	1 108	316	161	337
午後11時30分～11時59分	4 319	2	4	6	39	143	621	1 347	1 192	458	200	288
午前０時　～０時29分	2 291	2	3	4	6	37	114	335	809	451	272	245
午前０時30分～０時59分	732	－	2	1	1	11	30	81	178	162	152	112
午前１時以降	450	3	1	1	4	4	16	19	54	63	192	89
時間が不規則	1 726	3	5	8	51	104	174	216	258	140	144	618
不詳	151	－	4	7	12	15	26	24	18	17	9	10
土曜日の就寝時間	27 797	66	318	576	2 122	3 626	6 156	5 416	4 317	1 775	1 230	2 074
午後９時前	104	10	21	20	19	13	9	4	1	1	－	6
午後９時　～９時29分	398	12	91	85	84	47	43	7	10	2	3	10
午後９時30分～９時59分	880	10	76	149	218	183	127	54	22	4	2	30
午後10時　～10時29分	2 644	15	47	152	708	687	547	246	123	30	17	62
午後10時30分～10時59分	4 422	1	29	87	515	1 123	1 382	682	331	85	45	123
午後11時　～11時29分	6 326	2	17	30	295	862	2 085	1 605	787	244	129	250
午後11時30分～11時59分	4 682	5	5	13	93	300	1 024	1 400	1 059	344	161	262
午前０時　～０時29分	2 716	2	3	3	42	93	294	575	880	398	196	216
午前０時30分～０時59分	1 040	－	3	3	8	19	81	179	307	192	151	91
午前１時以降	814	3	4	2	8	19	46	70	146	146	234	129
時間が不規則	3 525	5	17	22	115	252	466	549	627	304	276	881
不詳	246	1	5	10	17	28	52	45	24	25	16	14
												構成
平日の就寝時間	100.0	0.2	1.1	2.1	7.6	13.0	22.1	19.5	15.5	6.4	4.4	7.5
午後９時前	100.0	11.9	22.4	20.3	15.4	9.1	10.5	2.8	1.4	0.7	－	4.9
午後９時　～９時29分	100.0	2.1	21.5	22.0	24.1	12.5	8.5	2.8	1.7	0.6	0.6	3.0
午後９時30分～９時59分	100.0	0.9	6.3	15.6	27.9	22.0	14.3	5.6	2.9	0.6	0.7	2.8
午後10時　～10時29分	100.0	0.2	0.7	3.0	24.1	29.0	23.5	9.7	4.7	1.3	0.6	2.7
午後10時30分～10時59分	100.0	0.1	0.3	0.9	7.7	23.6	33.7	17.9	8.5	1.9	1.1	3.8
午後11時　～11時29分	100.0	0.1	0.1	0.2	2.1	7.9	32.1	28.7	16.4	4.7	2.4	5.0
午後11時30分～11時59分	100.0	0.0	0.1	0.1	0.9	3.3	14.4	31.2	27.6	10.6	4.6	6.7
午前０時　～０時29分	100.0	0.1	0.1	0.2	0.3	1.6	5.0	14.6	35.3	19.7	11.9	10.7
午前０時30分～０時59分	100.0	－	0.3	0.1	0.1	1.5	4.1	11.1	24.3	22.1	20.8	15.3
午前１時以降	100.0	0.7	0.2	0.2	0.9	0.9	3.6	4.2	12.0	14.0	42.7	19.8
時間が不規則	100.0	0.2	0.3	0.5	3.0	6.0	10.1	12.5	14.9	8.1	8.3	35.8
不詳	100.0	－	2.6	4.6	7.9	9.9	17.2	15.9	11.9	11.3	6.0	6.6
土曜日の就寝時間	100.0	0.2	1.1	2.1	7.6	13.0	22.1	19.5	15.5	6.4	4.4	7.5
午後９時前	100.0	9.6	20.2	19.2	18.3	12.5	8.7	3.8	1.0	1.0	－	5.8
午後９時　～９時29分	100.0	3.0	22.9	21.4	21.1	11.8	10.8	1.8	2.5	0.5	0.8	2.5
午後９時30分～９時59分	100.0	1.1	8.6	16.9	24.8	20.8	14.4	6.1	2.5	0.5	0.2	3.4
午後10時　～10時29分	100.0	0.6	1.8	5.7	26.8	26.0	20.7	9.3	4.7	1.1	0.6	2.3
午後10時30分～10時59分	100.0	0.0	0.7	2.0	11.6	25.4	31.3	15.4	7.5	1.9	1.0	2.8
午後11時　～11時29分	100.0	0.0	0.3	0.5	4.7	13.6	33.0	25.4	12.4	3.9	2.0	4.0
午後11時30分～11時59分	100.0	0.1	0.1	0.3	2.0	6.4	21.9	29.9	22.6	7.3	3.4	5.6
午前０時　～０時29分	100.0	0.1	0.1	0.1	1.5	3.4	10.8	21.2	32.4	14.7	7.2	8.0
午前０時30分～０時59分	100.0	－	0.3	0.3	0.8	1.8	7.8	17.2	29.5	18.5	14.5	8.8
午前１時以降	100.0	0.4	0.5	0.2	1.0	2.3	5.7	8.6	17.9	17.9	28.7	15.8
時間が不規則	100.0	0.1	0.5	0.6	3.3	7.1	13.2	15.6	17.8	8.6	7.8	25.0
不詳	100.0	0.4	2.0	4.1	6.9	11.4	21.1	18.3	9.8	10.2	6.5	5.7

注：第14回調査と第15回調査の回答を得た者を集計。

平日－土曜日の就寝時間、現在（第15回調査）の平日－土曜日の就寝時間別

第15回調査（平成28年）

平日－土曜日の就寝時間												
	土曜日の就寝時間											
不詳	午後9時前	午後9時～9時29分	午後9時30分～9時59分	午後10時～10時29分	午後10時30分～10時59分	午後11時～11時29分	午後11時30分～11時59分	午前0時～0時29分	午前0時30分～0時59分	午前1時以降	時間が不規則	不詳
数（人）												
121	46	216	409	1 440	2 759	5 037	5 214	4 306	2 044	1 850	4 300	176
1	11	25	22	20	23	13	7	2	1	3	15	1
3	9	88	100	148	98	79	24	20	7	9	47	3
6	5	50	124	286	293	229	135	60	11	17	73	9
13	6	21	81	567	877	953	569	261	79	47	268	20
27	1	12	43	265	883	1 586	1 218	629	204	140	539	43
19	5	7	15	92	356	1 502	1 861	1 276	465	296	837	37
19	3	2	7	25	102	428	977	1 117	559	354	717	28
13	2	1	2	7	20	81	210	570	447	391	547	13
2	－	1	－	1	8	17	41	124	116	199	224	1
4	2	1	1	2	4	8	8	47	38	198	137	4
5	2	6	6	20	78	123	145	176	106	181	878	5
9	－	2	8	7	17	18	19	24	11	15	18	12
121	46	216	409	1 440	2 759	5 037	5 214	4 306	2 044	1 850	4 300	176
－	10	26	17	14	16	6	4	1	1	2	7	－
4	7	74	83	93	51	38	12	12	2	5	17	4
5	6	49	142	218	185	123	61	28	9	4	50	5
10	6	26	81	585	713	599	277	137	37	29	138	16
19	4	12	38	293	962	1 402	832	391	115	68	274	31
20	1	8	19	120	480	1 756	1 877	976	300	200	553	36
16	2	4	7	40	135	608	1 296	1 237	494	240	593	26
14	2	1	2	14	41	157	375	747	528	356	475	18
6	1	2	－	6	6	25	80	217	218	259	219	7
7	1	2	1	1	9	23	30	79	83	331	248	6
11	5	9	10	45	136	261	333	445	238	333	1 696	14
9	1	3	9	11	25	39	37	36	19	23	30	13
割合（%）												
0.4	0.2	0.8	1.5	5.2	9.9	18.1	18.8	15.5	7.4	6.7	15.5	0.6
0.7	7.7	17.5	15.4	14.0	16.1	9.1	4.9	1.4	0.7	2.1	10.5	0.7
0.5	1.4	13.9	15.8	23.4	15.5	12.5	3.8	3.2	1.1	1.4	7.4	0.5
0.5	0.4	3.9	9.6	22.1	22.7	17.7	10.4	4.6	0.9	1.3	5.7	0.7
0.3	0.2	0.6	2.2	15.1	23.4	25.4	15.2	7.0	2.1	1.3	7.1	0.5
0.5	0.0	0.2	0.8	4.8	15.9	28.5	21.9	11.3	3.7	2.5	9.7	0.8
0.3	0.1	0.1	0.2	1.4	5.3	22.3	27.6	18.9	6.9	4.4	12.4	0.5
0.4	0.1	0.0	0.2	0.6	2.4	9.9	22.6	25.9	12.9	8.2	16.6	0.6
0.6	0.1	0.0	0.1	0.3	0.9	3.5	9.2	24.9	19.5	17.1	23.9	0.6
0.3	－	0.1	－	0.1	1.1	2.3	5.6	16.9	15.8	27.2	30.6	0.1
0.9	0.4	0.2	0.2	0.4	0.9	1.8	1.8	10.4	8.4	44.0	30.4	0.9
0.3	0.1	0.3	0.3	1.2	4.5	7.1	8.4	10.2	6.1	10.5	50.9	0.3
6.0	－	1.3	5.3	4.6	11.3	11.9	12.6	15.9	7.3	9.9	11.9	7.9
0.4	0.2	0.8	1.5	5.2	9.9	18.1	18.8	15.5	7.4	6.7	15.5	0.6
－	9.6	25.0	16.3	13.5	15.4	5.8	3.8	1.0	1.0	1.9	6.7	－
1.0	1.8	18.6	20.9	23.4	12.8	9.5	3.0	3.0	0.5	1.3	4.3	1.0
0.6	0.7	5.6	16.1	24.8	21.0	14.0	6.9	3.2	1.0	0.5	5.7	0.6
0.4	0.2	1.0	3.1	22.1	27.0	22.7	10.5	5.2	1.4	1.1	5.2	0.6
0.4	0.1	0.3	0.9	6.6	21.8	31.7	18.8	8.8	2.6	1.5	6.2	0.7
0.3	0.0	0.1	0.3	1.9	7.6	27.8	29.7	15.4	4.7	3.2	8.7	0.6
0.3	0.0	0.1	0.1	0.9	2.9	13.0	27.7	26.4	10.6	5.1	12.7	0.6
0.5	0.1	0.0	0.1	0.5	1.5	5.8	13.8	27.5	19.4	13.1	17.5	0.7
0.6	0.1	0.2	－	0.6	0.6	2.4	7.7	20.9	21.0	24.9	21.1	0.7
0.9	0.1	0.2	0.1	0.1	1.1	2.8	3.7	9.7	10.2	40.7	30.5	0.7
0.3	0.1	0.3	0.3	1.3	3.9	7.4	9.4	12.6	6.8	9.4	48.1	0.4
3.7	0.4	1.2	3.7	4.5	10.2	15.9	15.0	14.6	7.7	9.3	12.2	5.3

第40表　子ども数・構成割合，１年前（第14回調査）の

第14回調査の平日－日曜日の睡眠時間	総数	第15回調査の 平日の睡眠時間 6時間未満	6時間台	7時間台	8時間台	9時間台	10時間台	11時間以上	時間が不規則
									実
平日の睡眠時間	27 797	914	5 806	11 675	6 135	920	69	7	2 148
6時間未満	575	174	212	82	15	3	1	－	87
6時間台	3 870	338	1 804	1 200	182	10	1	－	315
7時間台	11 221	260	2 646	5 979	1 567	95	9	3	621
8時間台	8 488	62	697	3 576	3 326	390	12	2	387
9時間台	1 572	8	48	312	756	354	19	－	66
10時間台	113	－	1	13	30	36	21	1	10
11時間以上	4	－	－	1	1	1	1	－	－
時間が不規則	1 801	67	366	463	215	27	5	1	651
不詳	153	5	32	49	43	4	－	－	11
日曜日の睡眠時間	27 797	914	5 806	11 675	6 135	920	69	7	2 148
6時間未満	207	38	64	61	16	2	－	－	26
6時間台	1 414	109	550	535	115	7	－	1	88
7時間台	5 300	216	1 385	2 528	813	70	3	－	261
8時間台	8 277	226	1 579	3 758	2 067	236	10	3	367
9時間台	5 233	98	760	2 147	1 670	297	18	1	217
10時間台	1 295	14	125	493	433	157	13	－	50
11時間以上	139	－	10	47	38	28	8	－	8
時間が不規則	5 659	203	1 277	2 007	912	115	17	2	1 111
不詳	273	10	56	99	71	8	－	－	20
									構　成
平日の睡眠時間	100.0	3.3	20.9	42.0	22.1	3.3	0.2	0.0	7.7
6時間未満	100.0	30.3	36.9	14.3	2.6	0.5	0.2	－	15.1
6時間台	100.0	8.7	46.6	31.0	4.7	0.3	0.0	－	8.1
7時間台	100.0	2.3	23.6	53.3	14.0	0.8	0.1	0.0	5.5
8時間台	100.0	0.7	8.2	42.1	39.2	4.6	0.1	0.0	4.6
9時間台	100.0	0.5	3.1	19.8	48.1	22.5	1.2	－	4.2
10時間台	100.0	－	0.9	11.5	26.5	31.9	18.6	0.9	8.8
11時間以上	100.0	－	－	25.0	25.0	25.0	25.0	－	－
時間が不規則	100.0	3.7	20.3	25.7	11.9	1.5	0.3	0.1	36.1
不詳	100.0	3.3	20.9	32.0	28.1	2.6	－	－	7.2
日曜日の睡眠時間	100.0	3.3	20.9	42.0	22.1	3.3	0.2	0.0	7.7
6時間未満	100.0	18.4	30.9	29.5	7.7	1.0	－	－	12.6
6時間台	100.0	7.7	38.9	37.8	8.1	0.5	－	0.1	6.2
7時間台	100.0	4.1	26.1	47.7	15.3	1.3	0.1	－	4.9
8時間台	100.0	2.7	19.1	45.4	25.0	2.9	0.1	0.0	4.4
9時間台	100.0	1.9	14.5	41.0	31.9	5.7	0.3	0.0	4.1
10時間台	100.0	1.1	9.7	38.1	33.4	12.1	1.0	－	3.9
11時間以上	100.0	－	7.2	33.8	27.3	20.1	5.8	－	5.8
時間が不規則	100.0	3.6	22.6	35.5	16.1	2.0	0.3	0.0	19.6
不詳	100.0	3.7	20.5	36.3	26.0	2.9	－	－	7.3

注：第14回調査と第15回調査の回答を得た者を集計。

平日－日曜日の睡眠時間、現在（第15回調査）の平日－日曜日の睡眠時間別

第15回調査（平成28年）

平日－日曜日の睡眠時間									
	日曜日の睡眠時間								
不詳	6時間未満	6時間台	7時間台	8時間台	9時間台	10時間台	11時間以上	時間が不規則	不詳
数（人）									
123	245	1 394	5 053	8 402	4 804	1 033	105	6 558	203
1	27	77	116	122	24	8	－	198	3
20	55	400	894	1 022	369	46	1	1 058	25
41	92	626	2 446	3 590	1 757	256	26	2 359	69
36	45	205	1 261	2 877	1 979	480	28	1 545	68
9	3	22	134	421	490	179	36	270	17
1	－	1	8	16	32	22	8	25	1
－	－	－	－	1	1	2	－	－	－
6	21	54	173	307	130	33	5	1 071	7
9	2	9	21	46	22	7	1	32	13
123	245	1 394	5 053	8 402	4 804	1 033	105	6 558	203
－	24	42	38	33	15	3	－	52	－
9	62	279	388	311	83	8	1	267	15
24	68	526	1 724	1 577	560	63	7	736	39
31	39	289	1 756	3 279	1 330	206	16	1 307	55
25	13	92	521	1 770	1 612	310	24	854	37
10	2	17	68	248	457	234	25	232	12
－	－	－	5	17	35	39	14	29	－
15	35	136	509	1 079	671	157	17	3 024	31
9	2	13	44	88	41	13	1	57	14
割合（%）									
0.4	0.9	5.0	18.2	30.2	17.3	3.7	0.4	23.6	0.7
0.2	4.7	13.4	20.2	21.2	4.2	1.4	－	34.4	0.5
0.5	1.4	10.3	23.1	26.4	9.5	1.2	0.0	27.3	0.6
0.4	0.8	5.6	21.8	32.0	15.7	2.3	0.2	21.0	0.6
0.4	0.5	2.4	14.9	33.9	23.3	5.7	0.3	18.2	0.8
0.6	0.2	1.4	8.5	26.8	31.2	11.4	2.3	17.2	1.1
0.9	－	0.9	7.1	14.2	28.3	19.5	7.1	22.1	0.9
－	－	－	－	25.0	25.0	50.0	－	－	－
0.3	1.2	3.0	9.6	17.0	7.2	1.8	0.3	59.5	0.4
5.9	1.3	5.9	13.7	30.1	14.4	4.6	0.7	20.9	8.5
0.4	0.9	5.0	18.2	30.2	17.3	3.7	0.4	23.6	0.7
－	11.6	20.3	18.4	15.9	7.2	1.4	－	25.1	－
0.6	4.4	19.7	27.4	22.0	5.9	0.6	0.1	18.9	1.1
0.5	1.3	9.9	32.5	29.8	10.6	1.2	0.1	13.9	0.7
0.4	0.5	3.5	21.2	39.6	16.1	2.5	0.2	15.8	0.7
0.5	0.2	1.8	10.0	33.8	30.8	5.9	0.5	16.3	0.7
0.8	0.2	1.3	5.3	19.2	35.3	18.1	1.9	17.9	0.9
－	－	－	3.6	12.2	25.2	28.1	10.1	20.9	－
0.3	0.6	2.4	9.0	19.1	11.9	2.8	0.3	53.4	0.5
3.3	0.7	4.8	16.1	32.2	15.0	4.8	0.4	20.9	5.1

第41表　子ども数・構成割合，性、市郡、

実　数（人）

性、市郡、きょうだい構成	朝食 総数	朝食 食べる	朝食 食べないことがある	朝食 食べない	朝食 不詳	総数	食べる	食べないことがある
総数	28 810	25 565	2 328	800	117	28 810	28 253	425
ひとり	4 874	4 264	382	153	75	4 874	4 733	60
弟妹のみ	10 617	9 536	815	243	23	10 617	10 460	130
兄姉のみ	10 242	9 118	808	300	16	10 242	10 046	179
兄弟姉妹あり	3 077	2 647	323	104	3	3 077	3 014	56
21大都市	7 541	6 627	652	233	29	7 541	7 404	105
ひとり	1 392	1 203	119	53	17	1 392	1 359	14
弟妹のみ	2 728	2 450	208	62	8	2 728	2 691	28
兄姉のみ	2 730	2 394	241	92	3	2 730	2 678	49
兄弟姉妹あり	691	580	84	26	1	691	676	14
その他の市	18 677	16 614	1 483	506	74	18 677	18 310	282
ひとり	3 043	2 671	230	92	50	3 043	2 948	42
弟妹のみ	6 918	6 207	539	160	12	6 918	6 815	88
兄姉のみ	6 643	5 943	508	182	10	6 643	6 515	116
兄弟姉妹あり	2 073	1 793	206	72	2	2 073	2 032	36
郡部	2 534	2 277	187	57	13	2 534	2 485	35
ひとり	422	375	32	8	7	422	410	4
弟妹のみ	941	854	66	18	3	941	926	12
兄姉のみ	864	778	58	25	3	864	848	14
兄弟姉妹あり	307	270	31	6	−	307	301	5
外国	58	47	6	4	1	58	54	3
ひとり	17	15	1	−	1	17	16	−
弟妹のみ	30	25	2	3	−	30	28	2
兄姉のみ	5	3	1	1	−	5	5	−
兄弟姉妹あり	6	4	2	−	−	6	5	1
男児	14 796	13 028	1 229	464	75	14 796	14 588	132
ひとり	2 468	2 136	195	89	48	2 468	2 397	21
弟妹のみ	5 350	4 782	424	128	16	5 350	5 296	38
兄姉のみ	5 329	4 695	441	184	9	5 329	5 264	58
兄弟姉妹あり	1 649	1 415	169	63	2	1 649	1 631	15
21大都市	3 914	3 406	347	143	18	3 914	3 858	38
ひとり	715	614	61	31	9	715	700	5
弟妹のみ	1 381	1 222	112	41	6	1 381	1 362	13
兄姉のみ	1 423	1 245	121	55	2	1 423	1 406	15
兄弟姉妹あり	395	325	53	16	1	395	390	5
その他の市	9 552	8 431	783	292	46	9 552	9 419	86
ひとり	1 528	1 325	117	53	33	1 528	1 480	14
弟妹のみ	3 476	3 106	281	81	8	3 476	3 444	24
兄姉のみ	3 453	3 054	281	114	4	3 453	3 412	38
兄弟姉妹あり	1 095	946	104	44	1	1 095	1 083	10
郡部	1 305	1 170	97	28	10	1 305	1 287	8
ひとり	216	189	17	5	5	216	209	2
弟妹のみ	481	444	30	5	2	481	478	1
兄姉のみ	452	395	39	15	3	452	445	5
兄弟姉妹あり	156	142	11	3	−	156	155	−
外国	25	21	2	1	1	25	24	−
ひとり	9	8	−	−	1	9	8	−
弟妹のみ	12	10	1	1	−	12	12	−
兄姉のみ	1	1	−	−	−	1	1	−
兄弟姉妹あり	3	2	1	−	−	3	3	−
女児	14 014	12 537	1 099	336	42	14 014	13 665	293
ひとり	2 406	2 128	187	64	27	2 406	2 336	39
弟妹のみ	5 267	4 754	391	115	7	5 267	5 164	92
兄姉のみ	4 913	4 423	367	116	7	4 913	4 782	121
兄弟姉妹あり	1 428	1 232	154	41	1	1 428	1 383	41
21大都市	3 627	3 221	305	90	11	3 627	3 546	67
ひとり	677	589	58	22	8	677	659	9
弟妹のみ	1 347	1 228	96	21	2	1 347	1 329	15
兄姉のみ	1 307	1 149	120	37	1	1 307	1 272	34
兄弟姉妹あり	296	255	31	10	−	296	286	9
その他の市	9 125	8 183	700	214	28	9 125	8 891	196
ひとり	1 515	1 346	113	39	17	1 515	1 468	28
弟妹のみ	3 442	3 101	258	79	4	3 442	3 371	64
兄姉のみ	3 190	2 889	227	68	6	3 190	3 103	78
兄弟姉妹あり	978	847	102	28	1	978	949	26
郡部	1 229	1 107	90	29	3	1 229	1 198	27
ひとり	206	186	15	3	2	206	201	2
弟妹のみ	460	410	36	13	1	460	448	11
兄姉のみ	412	383	19	10	−	412	403	9
兄弟姉妹あり	151	128	20	3	−	151	146	5
外国	33	26	4	3	−	33	30	3
ひとり	8	7	1	−	−	8	8	−
弟妹のみ	18	15	1	2	−	18	16	2
兄姉のみ	4	2	1	1	−	4	4	−
兄弟姉妹あり	3	2	1	−	−	3	2	1

きょうだい構成、朝食－夕食のとり方別（２－１）

第15回調査（平成28年）

夕食									
夕食のとり方								食べない	不詳
家でひとりで食べる	家で兄弟・姉妹だけで食べる	家で父母などの家族と一緒に食べる	塾でひとりで食べる	塾で友人と食べる	家・塾以外でひとりで食べる	家・塾以外で友人と食べる	不詳		
2 019	1 320	24 783	82	252	21	73	128	10	122
362	6	4 275	11	33	8	48	50	2	79
646	558	9 193	33	103	4	17	36	2	25
843	480	8 734	30	94	7	6	31	2	15
168	276	2 581	8	22	2	2	11	4	3
642	346	6 377	27	68	-	19	30	2	30
101	3	1 228	4	13	-	13	11	1	18
214	145	2 313	10	24	-	3	10	-	9
281	131	2 273	10	23	-	2	7	-	3
46	67	563	3	8	-	1	2	1	-
1 250	857	16 105	51	175	20	47	87	6	79
233	3	2 657	7	20	8	30	32	-	53
396	357	6 016	21	73	4	12	24	2	13
517	313	5 680	18	70	6	4	23	2	10
104	184	1 752	5	12	2	1	8	2	3
127	116	2 247	3	8	1	7	11	2	12
28	-	374	-	-	-	5	7	1	7
36	55	837	1	5	-	2	2	-	3
45	36	776	2	1	1	-	1	-	2
18	25	260	-	2	-	-	1	1	-
-	1	54	1	1	-	-	-	-	1
-	-	16	-	-	-	-	-	-	1
-	1	27	1	1	-	-	-	-	-
-	-	5	-	-	-	-	-	-	-
-	-	6	-	-	-	-	-	-	-
1 144	657	12 643	40	99	10	53	74	1	75
217	2	2 116	8	15	4	34	22	-	50
364	275	4 604	18	37	2	12	22	-	16
470	246	4 527	9	39	2	5	24	-	7
93	134	1 396	5	8	2	2	6	1	2
360	168	3 302	13	20	-	14	19	-	18
59	-	625	2	7	-	8	4	-	10
122	68	1 163	5	6	-	3	8	-	6
154	69	1 181	4	5	-	2	6	-	2
25	31	333	2	2	-	1	1	-	-
715	435	8 162	25	77	9	34	48	-	47
143	2	1 297	6	8	4	22	12	-	34
221	178	3 004	11	30	2	8	14	-	8
291	161	2 939	5	33	1	3	17	-	3
60	94	922	3	6	2	1	5	-	2
69	53	1 158	1	1	1	5	7	1	9
15	-	186	-	-	-	4	6	-	5
21	28	428	1	-	-	1	-	-	2
25	16	406	-	1	1	-	1	-	2
8	9	138	-	-	-	-	-	1	-
-	1	21	1	1	-	-	-	-	1
-	-	8	-	-	-	-	-	-	1
-	1	9	1	1	-	-	-	-	-
-	-	1	-	-	-	-	-	-	-
-	-	3	-	-	-	-	-	-	-
875	663	12 140	42	153	11	20	54	9	47
145	4	2 159	3	18	4	14	28	2	29
282	283	4 589	15	66	2	5	14	2	9
373	234	4 207	21	55	5	1	7	2	8
75	142	1 185	3	14	-	-	5	3	1
282	178	3 075	14	48	-	5	11	2	12
42	3	603	2	6	-	5	7	1	8
92	77	1 150	5	18	-	-	2	-	3
127	62	1 092	6	18	-	-	1	-	1
21	36	230	1	6	-	-	1	1	-
535	422	7 943	26	98	11	13	39	6	32
90	1	1 360	1	12	4	8	20	-	19
175	179	3 012	10	43	2	4	10	2	5
226	152	2 741	13	37	5	1	6	2	7
44	90	830	2	6	-	-	3	2	1
58	63	1 089	2	7	-	2	4	1	3
13	-	188	-	-	-	1	1	1	2
15	27	409	-	5	-	1	2	-	1
20	20	370	2	-	-	-	-	-	-
10	16	122	-	2	-	-	1	-	-
-	-	33	-	-	-	-	-	-	-
-	-	8	-	-	-	-	-	-	-
-	-	18	-	-	-	-	-	-	-
-	-	4	-	-	-	-	-	-	-
-	-	3	-	-	-	-	-	-	-

構成割合（%）

性、市郡、きょうだい構成	朝食 総数	食べる	食べないことがある	食べない	不詳	総数	食べる	食べないことがある
総数	100.0	88.7	8.1	2.8	0.4	100.0	98.1	1.5
ひとり	100.0	87.5	7.8	3.1	1.5	100.0	97.1	1.2
弟妹のみ	100.0	89.8	7.7	2.3	0.2	100.0	98.5	1.2
兄姉のみ	100.0	89.0	7.9	2.9	0.2	100.0	98.1	1.7
兄弟姉妹あり	100.0	86.0	10.5	3.4	0.1	100.0	98.0	1.8
21大都市	100.0	87.9	8.6	3.1	0.4	100.0	98.2	1.4
ひとり	100.0	86.4	8.5	3.8	1.2	100.0	97.6	1.0
弟妹のみ	100.0	89.8	7.6	2.3	0.3	100.0	98.6	1.0
兄姉のみ	100.0	87.7	8.8	3.4	0.1	100.0	98.1	1.8
兄弟姉妹あり	100.0	83.9	12.2	3.8	0.1	100.0	97.8	2.0
その他の市	100.0	89.0	7.9	2.7	0.4	100.0	98.0	1.5
ひとり	100.0	87.8	7.6	3.0	1.6	100.0	96.9	1.4
弟妹のみ	100.0	89.7	7.8	2.3	0.2	100.0	98.5	1.3
兄姉のみ	100.0	89.5	7.6	2.7	0.2	100.0	98.1	1.7
兄弟姉妹あり	100.0	86.5	9.9	3.5	0.1	100.0	98.0	1.7
郡部	100.0	89.9	7.4	2.2	0.5	100.0	98.1	1.4
ひとり	100.0	88.9	7.6	1.9	1.7	100.0	97.2	0.9
弟妹のみ	100.0	90.8	7.0	1.9	0.3	100.0	98.4	1.3
兄姉のみ	100.0	90.0	6.7	2.9	0.3	100.0	98.1	1.6
兄弟姉妹あり	100.0	87.9	10.1	2.0	-	100.0	98.0	1.6
外国	100.0	81.0	10.3	6.9	1.7	100.0	93.1	5.2
ひとり	100.0	88.2	5.9	-	5.9	100.0	94.1	-
弟妹のみ	100.0	83.3	6.7	10.0	-	100.0	93.3	6.7
兄姉のみ	100.0	60.0	20.0	20.0	-	100.0	100.0	-
兄弟姉妹あり	100.0	66.7	33.3	-	-	100.0	83.3	16.7
男児	100.0	88.1	8.3	3.1	0.5	100.0	98.6	0.9
ひとり	100.0	86.5	7.9	3.6	1.9	100.0	97.1	0.9
弟妹のみ	100.0	89.4	7.9	2.4	0.3	100.0	99.0	0.7
兄姉のみ	100.0	88.1	8.3	3.5	0.2	100.0	98.8	1.1
兄弟姉妹あり	100.0	85.8	10.2	3.8	0.1	100.0	98.9	0.9
21大都市	100.0	87.0	8.9	3.7	0.5	100.0	98.6	1.0
ひとり	100.0	85.9	8.5	4.3	1.3	100.0	97.9	0.7
弟妹のみ	100.0	88.5	8.1	3.0	0.4	100.0	98.6	0.9
兄姉のみ	100.0	87.5	8.5	3.9	0.1	100.0	98.8	1.1
兄弟姉妹あり	100.0	82.3	13.4	4.1	0.3	100.0	98.7	1.3
その他の市	100.0	88.3	8.2	3.1	0.5	100.0	98.6	0.9
ひとり	100.0	86.7	7.7	3.5	2.2	100.0	96.9	0.9
弟妹のみ	100.0	89.4	8.1	2.3	0.2	100.0	99.1	0.7
兄姉のみ	100.0	88.4	8.1	3.3	0.1	100.0	98.8	1.1
兄弟姉妹あり	100.0	86.4	9.5	4.0	0.1	100.0	98.9	0.9
郡部	100.0	89.7	7.4	2.1	0.8	100.0	98.6	0.6
ひとり	100.0	87.5	7.9	2.3	2.3	100.0	96.8	0.9
弟妹のみ	100.0	92.3	6.2	1.0	0.4	100.0	99.4	0.2
兄姉のみ	100.0	87.4	8.6	3.3	0.7	100.0	98.5	1.1
兄弟姉妹あり	100.0	91.0	7.1	1.9	-	100.0	99.4	-
外国	100.0	84.0	8.0	4.0	4.0	100.0	96.0	-
ひとり	100.0	88.9	-	-	11.1	100.0	88.9	-
弟妹のみ	100.0	83.3	8.3	8.3	-	100.0	100.0	-
兄姉のみ	100.0	100.0	-	-	-	100.0	100.0	-
兄弟姉妹あり	100.0	66.7	33.3	-	-	100.0	100.0	-
女児	100.0	89.5	7.8	2.4	0.3	100.0	97.5	2.1
ひとり	100.0	88.4	7.8	2.7	1.1	100.0	97.1	1.6
弟妹のみ	100.0	90.3	7.4	2.2	0.1	100.0	98.0	1.7
兄姉のみ	100.0	90.0	7.5	2.4	0.1	100.0	97.3	2.5
兄弟姉妹あり	100.0	86.3	10.8	2.9	0.1	100.0	96.8	2.9
21大都市	100.0	88.8	8.4	2.5	0.3	100.0	97.8	1.8
ひとり	100.0	87.0	8.6	3.2	1.2	100.0	97.3	1.3
弟妹のみ	100.0	91.2	7.1	1.6	0.1	100.0	98.7	1.1
兄姉のみ	100.0	87.9	9.2	2.8	0.1	100.0	97.3	2.6
兄弟姉妹あり	100.0	86.1	10.5	3.4	-	100.0	96.6	3.0
その他の市	100.0	89.7	7.7	2.3	0.3	100.0	97.4	2.1
ひとり	100.0	88.8	7.5	2.6	1.1	100.0	96.9	1.8
弟妹のみ	100.0	90.1	7.5	2.3	0.1	100.0	97.9	1.9
兄姉のみ	100.0	90.6	7.1	2.1	0.2	100.0	97.3	2.4
兄弟姉妹あり	100.0	86.6	10.4	2.9	0.1	100.0	97.0	2.7
郡部	100.0	90.1	7.3	2.4	0.2	100.0	97.5	2.2
ひとり	100.0	90.3	7.3	1.5	1.0	100.0	97.6	1.0
弟妹のみ	100.0	89.1	7.8	2.8	0.2	100.0	97.4	2.4
兄姉のみ	100.0	93.0	4.6	2.4	-	100.0	97.8	2.2
兄弟姉妹あり	100.0	84.8	13.2	2.0	-	100.0	96.7	3.3
外国	100.0	78.8	12.1	9.1	-	100.0	90.9	9.1
ひとり	100.0	87.5	12.5	-	-	100.0	100.0	-
弟妹のみ	100.0	83.3	5.6	11.1	-	100.0	88.9	11.1
兄姉のみ	100.0	50.0	25.0	25.0	-	100.0	100.0	-
兄弟姉妹あり	100.0	66.7	33.3	-	-	100.0	66.7	33.3

きょうだい構成、朝食－夕食のとり方別（２－２）

第15回調査（平成28年）

夕食									
夕食のとり方								食べない	不詳
家でひとりで食べる	家で兄弟・姉妹だけで食べる	家で父母などの家族と一緒に食べる	塾でひとりで食べる	塾で友人と食べる	家・塾以外でひとりで食べる	家・塾以外で友人と食べる	不詳		
7.0	4.6	86.0	0.3	0.9	0.1	0.3	0.4	0.0	0.4
7.4	0.1	87.7	0.2	0.7	0.2	1.0	1.0	0.0	1.6
6.1	5.3	86.6	0.3	1.0	0.0	0.2	0.3	0.0	0.2
8.2	4.7	85.3	0.3	0.9	0.1	0.1	0.3	0.0	0.1
5.5	9.0	83.9	0.3	0.7	0.1	0.1	0.4	0.1	0.1
8.5	4.6	84.6	0.4	0.9	－	0.3	0.4	0.0	0.4
7.3	0.2	88.2	0.3	0.9	－	0.9	0.8	0.1	1.3
7.8	5.3	84.8	0.4	0.9	－	0.1	0.4	－	0.3
10.3	4.8	83.3	0.4	0.8	－	0.1	0.3	－	0.1
6.7	9.7	81.5	0.4	1.2	－	0.1	0.3	0.1	－
6.7	4.6	86.2	0.3	0.9	0.1	0.3	0.5	0.0	0.4
7.7	0.1	87.3	0.2	0.7	0.3	1.0	1.1	－	1.7
5.7	5.2	87.0	0.3	1.1	0.1	0.2	0.3	0.0	0.2
7.8	4.7	85.5	0.3	1.1	0.1	0.1	0.3	0.0	0.2
5.0	8.9	84.5	0.2	0.6	0.1	0.0	0.4	0.1	0.1
5.0	4.6	88.7	0.1	0.3	0.0	0.3	0.4	0.1	0.5
6.6	－	88.6	－	－	－	1.2	1.7	0.2	1.7
3.8	5.8	88.9	0.1	0.5	－	0.2	0.2	－	0.3
5.2	4.2	89.8	0.2	0.1	0.1	－	0.1	－	0.2
5.9	8.1	84.7	－	0.7	－	－	0.3	0.3	－
－	1.7	93.1	1.7	1.7	－	－	－	－	1.7
－	－	94.1	－	－	－	－	－	－	5.9
－	3.3	90.0	3.3	3.3	－	－	－	－	－
－	－	100.0	－	－	－	－	－	－	－
－	－	100.0	－	－	－	－	－	－	－
7.7	4.4	85.4	0.3	0.7	0.1	0.4	0.5	0.0	0.5
8.8	0.1	85.7	0.3	0.6	0.2	1.4	0.9	－	2.0
6.8	5.1	86.1	0.3	0.7	0.0	0.2	0.4	－	0.3
8.8	4.6	85.0	0.2	0.7	0.0	0.1	0.5	－	0.1
5.6	8.1	84.7	0.3	0.5	0.1	0.1	0.4	0.1	0.1
9.2	4.3	84.4	0.3	0.5	－	0.4	0.5	－	0.5
8.3	－	87.4	0.3	1.0	－	1.1	0.6	－	1.4
8.8	4.9	84.2	0.4	0.4	－	0.2	0.6	－	0.4
10.8	4.8	83.0	0.3	0.4	－	0.1	0.4	－	0.1
6.3	7.8	84.3	0.5	0.5	－	0.3	0.3	－	－
7.5	4.6	85.4	0.3	0.8	0.1	0.4	0.5	－	0.5
9.4	0.1	84.9	0.4	0.5	0.3	1.4	0.8	－	2.2
6.4	5.1	86.4	0.3	0.9	0.1	0.2	0.4	－	0.2
8.4	4.7	85.1	0.1	1.0	0.0	0.1	0.5	－	0.1
5.5	8.6	84.2	0.3	0.5	0.2	0.1	0.5	－	0.2
5.3	4.1	88.7	0.1	0.1	0.1	0.4	0.5	0.1	0.7
6.9	－	86.1	－	－	－	1.9	2.8	－	2.3
4.4	5.8	89.0	0.2	－	－	0.2	－	－	0.4
5.5	3.5	89.8	－	0.2	0.2	－	0.2	－	0.4
5.1	5.8	88.5	－	－	－	－	－	0.6	－
－	4.0	84.0	4.0	4.0	－	－	－	－	4.0
－	－	88.9	－	－	－	－	－	－	11.1
－	8.3	75.0	8.3	8.3	－	－	－	－	－
－	－	100.0	－	－	－	－	－	－	－
－	－	100.0	－	－	－	－	－	－	－
6.2	4.7	86.6	0.3	1.1	0.1	0.1	0.4	0.1	0.3
6.0	0.2	89.7	0.1	0.7	0.2	0.6	1.2	0.1	1.2
5.4	5.4	87.1	0.3	1.3	0.0	0.1	0.3	0.0	0.2
7.6	4.8	85.6	0.4	1.1	0.1	0.0	0.1	0.0	0.2
5.3	9.9	83.0	0.2	1.0	－	－	0.4	0.2	0.1
7.8	4.9	84.8	0.4	1.3	－	0.1	0.3	0.1	0.3
6.2	0.4	89.1	0.3	0.9	－	0.7	1.0	0.1	1.2
6.8	5.7	85.4	0.4	1.3	－	－	0.1	－	0.2
9.7	4.7	83.6	0.5	1.4	－	－	0.1	－	0.1
7.1	12.2	77.7	0.3	2.0	－	－	0.3	0.3	－
5.9	4.6	87.0	0.3	1.1	0.1	0.1	0.4	0.1	0.4
5.9	0.1	89.8	0.1	0.8	0.3	0.5	1.3	－	1.3
5.1	5.2	87.5	0.3	1.2	0.1	0.1	0.3	0.1	0.1
7.1	4.8	85.9	0.4	1.2	0.2	0.0	0.2	0.1	0.2
4.5	9.2	84.9	0.2	0.6	－	－	0.3	0.2	0.1
4.7	5.1	88.6	0.2	0.6	－	0.2	0.3	0.1	0.2
6.3	－	91.3	－	－	－	0.5	0.5	0.5	1.0
3.3	5.9	88.9	－	1.1	－	0.2	0.4	－	0.2
4.9	4.9	89.8	0.5	－	－	－	－	－	－
6.6	10.6	80.8	－	1.3	－	－	0.7	－	－
－	－	100.0	－	－	－	－	－	－	－
－	－	100.0	－	－	－	－	－	－	－
－	－	100.0	－	－	－	－	－	－	－
－	－	100.0	－	－	－	－	－	－	－
－	－	100.0	－	－	－	－	－	－	－

第42表　子ども数・構成割合，

性、地域ブロック	朝食 総数	朝食 食べる	朝食 食べないことがある	朝食 食べない	朝食 不詳	総数	食べる	食べないことがある
								実
総数	28 810	25 565	2 328	800	117	28 810	28 253	425
北海道	1 035	925	77	33	-	1 035	1 015	20
東北	2 092	1 892	147	50	3	2 092	2 055	31
関東1	7 784	6 840	681	228	35	7 784	7 617	131
関東2	2 379	2 129	177	61	12	2 379	2 331	34
北陸	1 365	1 244	92	26	3	1 365	1 348	11
東海	3 728	3 350	266	98	14	3 728	3 663	47
近畿1	3 813	3 312	362	125	14	3 813	3 744	51
近畿2	947	840	77	25	5	947	929	13
中国	1 716	1 528	136	44	8	1 716	1 687	22
四国	863	755	74	28	6	863	846	12
北九州	1 849	1 642	145	50	12	1 849	1 820	19
南九州	1 181	1 061	88	28	4	1 181	1 144	31
外国	58	47	6	4	1	58	54	3
男児	14 796	13 028	1 229	464	75	14 796	14 588	132
北海道	494	439	38	17	-	494	491	3
東北	1 077	982	67	27	1	1 077	1 070	4
関東1	3 999	3 466	366	142	25	3 999	3 925	52
関東2	1 218	1 076	100	36	6	1 218	1 201	10
北陸	706	645	45	14	2	706	701	2
東海	1 944	1 722	146	68	8	1 944	1 923	12
近畿1	1 969	1 706	190	64	9	1 969	1 940	19
近畿2	501	439	41	17	4	501	495	2
中国	859	763	70	21	5	859	848	6
四国	404	350	36	15	3	404	398	3
北九州	975	858	82	27	8	975	961	8
南九州	625	561	46	15	3	625	611	11
外国	25	21	2	1	1	25	24	-
女児	14 014	12 537	1 099	336	42	14 014	13 665	293
北海道	541	486	39	16	-	541	524	17
東北	1 015	910	80	23	2	1 015	985	27
関東1	3 785	3 374	315	86	10	3 785	3 692	79
関東2	1 161	1 053	77	25	6	1 161	1 130	24
北陸	659	599	47	12	1	659	647	9
東海	1 784	1 628	120	30	6	1 784	1 740	35
近畿1	1 844	1 606	172	61	5	1 844	1 804	32
近畿2	446	401	36	8	1	446	434	11
中国	857	765	66	23	3	857	839	16
四国	459	405	38	13	3	459	448	9
北九州	874	784	63	23	4	874	859	11
南九州	556	500	42	13	1	556	533	20
外国	33	26	4	3	-	33	30	3
								構　成
総数	100.0	88.7	8.1	2.8	0.4	100.0	98.1	1.5
北海道	100.0	89.4	7.4	3.2	-	100.0	98.1	1.9
東北	100.0	90.4	7.0	2.4	0.1	100.0	98.2	1.5
関東1	100.0	87.9	8.7	2.9	0.4	100.0	97.9	1.7
関東2	100.0	89.5	7.4	2.6	0.5	100.0	98.0	1.4
北陸	100.0	91.1	6.7	1.9	0.2	100.0	98.8	0.8
東海	100.0	89.9	7.1	2.6	0.4	100.0	98.3	1.3
近畿1	100.0	86.9	9.5	3.3	0.4	100.0	98.2	1.3
近畿2	100.0	88.7	8.1	2.6	0.5	100.0	98.1	1.4
中国	100.0	89.0	7.9	2.6	0.5	100.0	98.3	1.3
四国	100.0	87.5	8.6	3.2	0.7	100.0	98.0	1.4
北九州	100.0	88.8	7.8	2.7	0.6	100.0	98.4	1.0
南九州	100.0	89.8	7.5	2.4	0.3	100.0	96.9	2.6
外国	100.0	81.0	10.3	6.9	1.7	100.0	93.1	5.2
男児	100.0	88.1	8.3	3.1	0.5	100.0	98.6	0.9
北海道	100.0	88.9	7.7	3.4	-	100.0	99.4	0.6
東北	100.0	91.2	6.2	2.5	0.1	100.0	99.4	0.4
関東1	100.0	86.7	9.2	3.6	0.6	100.0	98.1	1.3
関東2	100.0	88.3	8.2	3.0	0.5	100.0	98.6	0.8
北陸	100.0	91.4	6.4	2.0	0.3	100.0	99.3	0.3
東海	100.0	88.6	7.5	3.5	0.4	100.0	98.9	0.6
近畿1	100.0	86.6	9.6	3.3	0.5	100.0	98.5	1.0
近畿2	100.0	87.6	8.2	3.4	0.8	100.0	98.8	0.4
中国	100.0	88.8	8.1	2.4	0.6	100.0	98.7	0.7
四国	100.0	86.6	8.9	3.7	0.7	100.0	98.5	0.7
北九州	100.0	88.0	8.4	2.8	0.8	100.0	98.6	0.8
南九州	100.0	89.8	7.4	2.4	0.5	100.0	97.8	1.8
外国	100.0	84.0	8.0	4.0	4.0	100.0	96.0	-
女児	100.0	89.5	7.8	2.4	0.3	100.0	97.5	2.1
北海道	100.0	89.8	7.2	3.0	-	100.0	96.9	3.1
東北	100.0	89.7	7.9	2.3	0.2	100.0	97.0	2.7
関東1	100.0	89.1	8.3	2.3	0.3	100.0	97.5	2.1
関東2	100.0	90.7	6.6	2.2	0.5	100.0	97.3	2.1
北陸	100.0	90.9	7.1	1.8	0.2	100.0	98.2	1.4
東海	100.0	91.3	6.7	1.7	0.3	100.0	97.5	2.0
近畿1	100.0	87.1	9.3	3.3	0.3	100.0	97.8	1.7
近畿2	100.0	89.9	8.1	1.8	0.2	100.0	97.3	2.5
中国	100.0	89.3	7.7	2.7	0.4	100.0	97.9	1.9
四国	100.0	88.2	8.3	2.8	0.7	100.0	97.6	2.0
北九州	100.0	89.7	7.2	2.6	0.5	100.0	98.3	1.3
南九州	100.0	89.9	7.6	2.3	0.2	100.0	95.9	3.6
外国	100.0	78.8	12.1	9.1	-	100.0	90.9	9.1

性、地域ブロック、朝食－夕食のとり方別

第15回調査（平成28年）

夕食									
夕食のとり方								食べない	不詳
家でひとりで食べる	家で兄弟・姉妹だけで食べる	家で父母などの家族と一緒に食べる	塾でひとりで食べる	塾で友人と食べる	家・塾以外でひとりで食べる	家・塾以外で友人と食べる	不詳		
数（人）									
2 019	1 320	24 783	82	252	21	73	128	10	122
52	52	919	3	5	-	2	2	-	-
100	89	1 866	4	13	-	3	11	1	5
699	356	6 494	30	110	5	17	37	5	31
126	96	2 108	4	14	2	5	10	-	14
73	63	1 197	1	8	4	1	12	-	6
225	201	3 234	6	14	6	8	16	1	17
305	176	3 240	16	35	2	8	13	1	17
91	47	779	1	17	1	3	3	-	5
91	78	1 518	6	5	-	4	7	-	7
59	32	752	3	6	1	3	2	-	5
128	85	1 590	5	13	-	9	9	-	10
70	44	1 032	2	11	-	10	6	2	4
-	1	54	1	1	-	-	-	-	1
1 144	657	12 643	40	99	10	53	74	1	75
26	21	443	1	-	-	2	1	-	-
57	41	955	2	8	-	2	9	-	3
405	180	3 296	18	41	2	13	22	1	21
72	52	1 069	1	5	1	5	6	-	7
42	25	624	-	3	4	-	5	-	3
126	104	1 680	4	7	1	7	6	-	9
167	101	1 656	7	13	1	4	10	-	10
55	25	410	1	3	-	1	2	-	4
56	35	749	2	4	-	3	5	-	5
26	13	355	-	3	1	2	1	-	3
76	36	835	2	6	-	9	5	-	6
36	23	550	1	5	-	5	2	-	3
-	1	21	1	1	-	-	-	-	1
875	663	12 140	42	153	11	20	54	9	47
26	31	476	2	5	-	-	1	-	-
43	48	911	2	5	-	1	2	1	2
294	176	3 198	12	69	3	4	15	4	10
54	44	1 039	3	9	1	-	4	-	7
31	38	573	1	5	-	1	7	-	3
99	97	1 554	2	7	5	1	10	1	8
138	75	1 584	9	22	1	4	3	1	7
36	22	369	-	14	1	2	1	-	1
35	43	769	4	1	-	1	2	-	2
33	19	397	3	3	-	1	1	-	2
52	49	755	3	7	-	-	4	-	4
34	21	482	1	6	-	5	4	2	1
-	-	33	-	-	-	-	-	-	-
割合（%）									
7.0	4.6	86.0	0.3	0.9	0.1	0.3	0.4	0.0	0.4
5.0	5.0	88.8	0.3	0.5	-	0.2	0.2	-	-
4.8	4.3	89.2	0.2	0.6	-	0.1	0.5	0.0	0.2
9.0	4.6	83.4	0.4	1.4	0.1	0.2	0.5	0.1	0.4
5.3	4.0	88.6	0.2	0.6	0.1	0.2	0.4	-	0.6
5.3	4.6	87.7	0.1	0.6	0.3	0.1	0.9	-	0.4
6.0	5.4	86.7	0.2	0.4	0.2	0.2	0.4	0.0	0.5
8.0	4.6	85.0	0.4	0.9	0.1	0.2	0.3	0.0	0.4
9.6	5.0	82.3	0.1	1.8	0.1	0.3	0.3	-	0.5
5.3	4.5	88.5	0.3	0.3	-	0.2	0.4	-	0.4
6.8	3.7	87.1	0.3	0.7	0.1	0.3	0.2	-	0.6
6.9	4.6	86.0	0.3	0.7	-	0.5	0.5	-	0.5
5.9	3.7	87.4	0.2	0.9	-	0.8	0.5	0.2	0.3
-	1.7	93.1	1.7	1.7	-	-	-	-	1.7
7.7	4.4	85.4	0.3	0.7	0.1	0.4	0.5	0.0	0.5
5.3	4.3	89.7	0.2	-	-	0.4	0.2	-	-
5.3	3.8	88.7	0.2	0.7	-	0.2	0.8	-	0.3
10.1	4.5	82.4	0.5	1.0	0.1	0.3	0.6	0.0	0.5
5.9	4.3	87.8	0.1	0.4	0.1	0.4	0.5	-	0.6
5.9	3.5	88.4	-	0.4	0.6	-	0.7	-	0.4
6.5	5.3	86.4	0.2	0.4	0.1	0.4	0.3	-	0.5
8.5	5.1	84.1	0.4	0.7	0.1	0.2	0.5	-	0.5
11.0	5.0	81.8	0.2	0.6	-	0.2	0.4	-	0.8
6.5	4.1	87.2	0.2	0.5	-	0.3	0.6	-	0.6
6.4	3.2	87.9	-	0.7	0.2	0.5	0.2	-	0.7
7.8	3.7	85.6	0.2	0.6	-	0.9	0.5	-	0.6
5.8	3.7	88.0	0.2	0.8	-	0.8	0.3	-	0.5
-	4.0	84.0	4.0	4.0	-	-	-	-	4.0
6.2	4.7	86.6	0.3	1.1	0.1	0.1	0.4	0.1	0.3
4.8	5.7	88.0	0.4	0.9	-	-	0.2	-	-
4.2	4.7	89.8	0.2	0.5	-	0.1	0.2	0.1	0.2
7.8	4.6	84.5	0.3	1.8	0.1	0.1	0.4	0.1	0.3
4.7	3.8	89.5	0.3	0.8	0.1	-	0.3	-	0.6
4.7	5.8	86.9	0.2	0.8	-	0.2	1.1	-	0.5
5.5	5.4	87.1	0.1	0.4	0.3	0.1	0.6	0.1	0.4
7.5	4.1	85.9	0.5	1.2	0.1	0.2	0.2	0.1	0.4
8.1	4.9	82.7	-	3.1	0.2	0.4	0.2	-	0.2
4.1	5.0	89.7	0.5	0.1	-	0.1	0.2	-	0.2
7.2	4.1	86.5	0.7	0.7	-	0.2	0.2	-	0.4
5.9	5.6	86.4	0.3	0.8	-	-	0.5	-	0.5
6.1	3.8	86.7	0.2	1.1	-	0.9	0.7	0.4	0.2
-	-	100.0	-	-	-	-	-	-	-

第43表　子ども数・構成割合，

実　数（人）

性、同居者の構成	朝				食			
	総数	食べる	食べないことがある	食べない	不詳	総数	食べる	食べないことがある
総数	28 810	25 565	2 328	800	117	28 810	28 253	425
父母と同居	25 078	22 491	1 911	632	44	25 078	24 684	335
父母又は父母ときょうだいのみ	20 110	18 042	1 526	504	38	20 110	19 802	259
父母のみ	2 999	2 697	202	91	9	2 999	2 955	31
父母ときょうだいのみ	17 111	15 345	1 324	413	29	17 111	16 847	228
父母と祖父母	4 879	4 372	374	127	6	4 879	4 798	72
父母と母方の祖父母	1 349	1 189	119	40	1	1 349	1 332	16
父母と父方の祖父母	3 521	3 174	255	87	5	3 521	3 458	55
父母と両方の祖父母	9	9	-	-	-	9	8	1
父母とその他	89	77	11	1	-	89	84	4
父又は母と同居	3 561	2 977	410	165	9	3 561	3 465	88
母のみ又は母ときょうだいのみ	2 268	1 897	271	94	6	2 268	2 211	52
母と祖父母等	989	835	101	51	2	989	964	23
父のみ又は父ときょうだいのみ	143	114	20	9	-	143	137	6
父と祖父母等	161	131	18	11	1	161	153	7
その他	171	97	7	3	64	171	104	2
男児	14 796	13 028	1 229	464	75	14 796	14 588	132
父母と同居	12 918	11 500	1 012	379	27	12 918	12 787	102
父母又は父母ときょうだいのみ	10 369	9 245	805	295	24	10 369	10 260	83
父母のみ	1 517	1 351	105	56	5	1 517	1 501	10
父母ときょうだいのみ	8 852	7 894	700	239	19	8 852	8 759	73
父母と祖父母	2 504	2 216	202	83	3	2 504	2 483	18
父母と母方の祖父母	688	595	67	25	1	688	682	5
父母と父方の祖父母	1 809	1 614	135	58	2	1 809	1 795	12
父母と両方の祖父母	7	7	-	-	-	7	6	1
父母とその他	45	39	5	1	-	45	44	1
父又は母と同居	1 778	1 473	214	84	7	1 778	1 744	29
母のみ又は母ときょうだいのみ	1 135	946	143	41	5	1 135	1 114	18
母と祖父母等	475	389	52	33	1	475	467	7
父のみ又は父ときょうだいのみ	79	64	12	3	-	79	78	1
父と祖父母等	89	74	7	7	1	89	85	3
その他	100	55	3	1	41	100	57	1
女児	14 014	12 537	1 099	336	42	14 014	13 665	293
父母と同居	12 160	10 991	899	253	17	12 160	11 897	233
父母又は父母ときょうだいのみ	9 741	8 797	721	209	14	9 741	9 542	176
父母のみ	1 482	1 346	97	35	4	1 482	1 454	21
父母ときょうだいのみ	8 259	7 451	624	174	10	8 259	8 088	155
父母と祖父母	2 375	2 156	172	44	3	2 375	2 315	54
父母と母方の祖父母	661	594	52	15	-	661	650	11
父母と父方の祖父母	1 712	1 560	120	29	3	1 712	1 663	43
父母と両方の祖父母	2	2	-	-	-	2	2	-
父母とその他	44	38	6	-	-	44	40	3
父又は母と同居	1 783	1 504	196	81	2	1 783	1 721	59
母のみ又は母ときょうだいのみ	1 133	951	128	53	1	1 133	1 097	34
母と祖父母等	514	446	49	18	1	514	497	16
父のみ又は父ときょうだいのみ	64	50	8	6	-	64	59	5
父と祖父母等	72	57	11	4	-	72	68	4
その他	71	42	4	2	23	71	47	1

性、同居者の構成、朝食－夕食のとり方別（２－１）

第15回調査（平成28年）

夕					食				
夕食のとり方								食べない	不詳
家でひとりで食べる	家で兄弟・姉妹だけで食べる	家で父母などの家族と一緒に食べる	塾でひとりで食べる	塾で友人と食べる	家・塾以外でひとりで食べる	家・塾以外で友人と食べる	不詳		
2 019	1 320	24 783	82	252	21	73	128	10	122
1 681	1 118	21 810	71	219	18	26	76	10	49
1 379	920	17 402	65	197	13	23	62	7	42
201	4	2 741	9	22	2	1	6	2	11
1 178	916	14 661	56	175	11	22	56	5	31
295	195	4 331	6	22	5	3	13	2	7
83	56	1 195	2	5	1	1	5	－	1
211	139	3 128	4	17	4	2	8	2	6
1	－	8	－	－	－	－	－	－	－
7	3	77	－	－	－	－	1	1	－
337	201	2 951	11	33	3	2	15	－	8
219	142	1 863	9	22	2	2	4	－	5
95	30	842	2	8	1	－	9	－	2
14	24	103	－	1	－	－	1	－	－
9	5	143	－	2	－	－	1	－	1
1	1	22	－	－	－	45	37	－	65
1 144	657	12 643	40	99	10	53	74	1	75
967	558	11 168	35	85	8	20	48	1	28
797	458	8 915	32	78	6	17	40	1	25
129	2	1 359	7	10	－	1	3	－	6
668	456	7 556	25	68	6	16	37	1	19
166	98	2 214	3	7	2	3	8	－	3
52	31	596	1	1	1	1	4	－	1
113	67	1 612	2	6	1	2	4	－	2
1	－	6	－	－	－	－	－	－	－
4	2	39	－	－	－	－	－	－	－
177	98	1 464	5	14	2	2	11	－	5
105	71	936	5	9	1	2	3	－	3
57	15	391	－	3	1	－	7	－	1
8	11	58	－	1	－	－	1	－	－
7	1	79	－	1	－	－	－	－	1
－	1	11	－	－	－	31	15	－	42
875	663	12 140	42	153	11	20	54	9	47
714	560	10 642	36	134	10	6	28	9	21
582	462	8 487	33	119	7	6	22	6	17
72	2	1 382	2	12	2	－	3	2	5
510	460	7 105	31	107	5	6	19	4	12
129	97	2 117	3	15	3	－	5	2	4
31	25	599	1	4	－	－	1	－	－
98	72	1 516	2	11	3	－	4	2	4
－	－	2	－	－	－	－	－	－	－
3	1	38	－	－	－	－	1	1	－
160	103	1 487	6	19	1	－	4	－	3
114	71	927	4	13	1	－	1	－	2
38	15	451	2	5	－	－	2	－	1
6	13	45	－	－	－	－	－	－	－
2	4	64	－	1	－	－	1	－	－
1	－	11	－	－	－	14	22	－	23

第43表　子ども数・構成割合，

構成割合（%）

性、同居者の構成	朝食 総数	朝食 食べる	朝食 食べないことがある	朝食 食べない	朝食 不詳	総数	食べる	食べないことがある
総数	100.0	88.7	8.1	2.8	0.4	100.0	98.1	1.5
父母と同居	100.0	89.7	7.6	2.5	0.2	100.0	98.4	1.3
父母又は父母ときょうだいのみ	100.0	89.7	7.6	2.5	0.2	100.0	98.5	1.3
父母のみ	100.0	89.9	6.7	3.0	0.3	100.0	98.5	1.0
父母ときょうだいのみ	100.0	89.7	7.7	2.4	0.2	100.0	98.5	1.3
父母と祖父母	100.0	89.6	7.7	2.6	0.1	100.0	98.3	1.5
父母と母方の祖父母	100.0	88.1	8.8	3.0	0.1	100.0	98.7	1.2
父母と父方の祖父母	100.0	90.1	7.2	2.5	0.1	100.0	98.2	1.6
父母と両方の祖父母	100.0	100.0	-	-	-	100.0	88.9	11.1
父母とその他	100.0	86.5	12.4	1.1	-	100.0	94.4	4.5
父又は母と同居	100.0	83.6	11.5	4.6	0.3	100.0	97.3	2.5
母のみ又は母ときょうだいのみ	100.0	83.6	11.9	4.1	0.3	100.0	97.5	2.3
母と祖父母等	100.0	84.4	10.2	5.2	0.2	100.0	97.5	2.3
父のみ又は父ときょうだいのみ	100.0	79.7	14.0	6.3	-	100.0	95.8	4.2
父と祖父母等	100.0	81.4	11.2	6.8	0.6	100.0	95.0	4.3
その他	100.0	56.7	4.1	1.8	37.4	100.0	60.8	1.2
男児	100.0	88.1	8.3	3.1	0.5	100.0	98.6	0.9
父母と同居	100.0	89.0	7.8	2.9	0.2	100.0	99.0	0.8
父母又は父母ときょうだいのみ	100.0	89.2	7.8	2.8	0.2	100.0	98.9	0.8
父母のみ	100.0	89.1	6.9	3.7	0.3	100.0	98.9	0.7
父母ときょうだいのみ	100.0	89.2	7.9	2.7	0.2	100.0	98.9	0.8
父母と祖父母	100.0	88.5	8.1	3.3	0.1	100.0	99.2	0.7
父母と母方の祖父母	100.0	86.5	9.7	3.6	0.1	100.0	99.1	0.7
父母と父方の祖父母	100.0	89.2	7.5	3.2	0.1	100.0	99.2	0.7
父母と両方の祖父母	100.0	100.0	-	-	-	100.0	85.7	14.3
父母とその他	100.0	86.7	11.1	2.2	-	100.0	97.8	2.2
父又は母と同居	100.0	82.8	12.0	4.7	0.4	100.0	98.1	1.6
母のみ又は母ときょうだいのみ	100.0	83.3	12.6	3.6	0.4	100.0	98.1	1.6
母と祖父母等	100.0	81.9	10.9	6.9	0.2	100.0	98.3	1.5
父のみ又は父ときょうだいのみ	100.0	81.0	15.2	3.8	-	100.0	98.7	1.3
父と祖父母等	100.0	83.1	7.9	7.9	1.1	100.0	95.5	3.4
その他	100.0	55.0	3.0	1.0	41.0	100.0	57.0	1.0
女児	100.0	89.5	7.8	2.4	0.3	100.0	97.5	2.1
父母と同居	100.0	90.4	7.4	2.1	0.1	100.0	97.8	1.9
父母又は父母ときょうだいのみ	100.0	90.3	7.4	2.1	0.1	100.0	98.0	1.8
父母のみ	100.0	90.8	6.5	2.4	0.3	100.0	98.1	1.4
父母ときょうだいのみ	100.0	90.2	7.6	2.1	0.1	100.0	97.9	1.9
父母と祖父母	100.0	90.8	7.2	1.9	0.1	100.0	97.5	2.3
父母と母方の祖父母	100.0	89.9	7.9	2.3	-	100.0	98.3	1.7
父母と父方の祖父母	100.0	91.1	7.0	1.7	0.2	100.0	97.1	2.5
父母と両方の祖父母	100.0	100.0	-	-	-	100.0	100.0	-
父母とその他	100.0	86.4	13.6	-	-	100.0	90.9	6.8
父又は母と同居	100.0	84.4	11.0	4.5	0.1	100.0	96.5	3.3
母のみ又は母ときょうだいのみ	100.0	83.9	11.3	4.7	0.1	100.0	96.8	3.0
母と祖父母等	100.0	86.8	9.5	3.5	0.2	100.0	96.7	3.1
父のみ又は父ときょうだいのみ	100.0	78.1	12.5	9.4	-	100.0	92.2	7.8
父と祖父母等	100.0	79.2	15.3	5.6	-	100.0	94.4	5.6
その他	100.0	59.2	5.6	2.8	32.4	100.0	66.2	1.4

性、同居者の構成、朝食－夕食のとり方別（２－２）

第15回調査（平成28年）

夕食									
夕食のとり方								食べない	不詳
家でひとりで食べる	家で兄弟・姉妹だけで食べる	家で父母などの家族と一緒に食べる	塾でひとりで食べる	塾で友人と食べる	家・塾以外でひとりで食べる	家・塾以外で友人と食べる	不詳		
7.0	4.6	86.0	0.3	0.9	0.1	0.3	0.4	0.0	0.4
6.7	4.5	87.0	0.3	0.9	0.1	0.1	0.3	0.0	0.2
6.9	4.6	86.5	0.3	1.0	0.1	0.1	0.3	0.0	0.2
6.7	0.1	91.4	0.3	0.7	0.1	0.0	0.2	0.1	0.4
6.9	5.4	85.7	0.3	1.0	0.1	0.1	0.3	0.0	0.2
6.0	4.0	88.8	0.1	0.5	0.1	0.1	0.3	0.0	0.1
6.2	4.2	88.6	0.1	0.4	0.1	0.1	0.4	－	0.1
6.0	3.9	88.8	0.1	0.5	0.1	0.1	0.2	0.1	0.2
11.1	－	88.9	－	－	－	－	－	－	－
7.9	3.4	86.5	－	－	－	－	1.1	1.1	－
9.5	5.6	82.9	0.3	0.9	0.1	0.1	0.4	－	0.2
9.7	6.3	82.1	0.4	1.0	0.1	0.1	0.2	－	0.2
9.6	3.0	85.1	0.2	0.8	0.1	－	0.9	－	0.2
9.8	16.8	72.0	－	0.7	－	－	0.7	－	－
5.6	3.1	88.8	－	1.2	－	－	0.6	－	0.6
0.6	0.6	12.9	－	－	－	26.3	21.6	－	38.0
7.7	4.4	85.4	0.3	0.7	0.1	0.4	0.5	0.0	0.5
7.5	4.3	86.5	0.3	0.7	0.1	0.2	0.4	0.0	0.2
7.7	4.4	86.0	0.3	0.8	0.1	0.2	0.4	0.0	0.2
8.5	0.1	89.6	0.5	0.7	－	0.1	0.2	－	0.4
7.5	5.2	85.4	0.3	0.8	0.1	0.2	0.4	0.0	0.2
6.6	3.9	88.4	0.1	0.3	0.1	0.1	0.3	－	0.1
7.6	4.5	86.6	0.1	0.1	0.1	0.1	0.6	－	0.1
6.2	3.7	89.1	0.1	0.3	0.1	0.1	0.2	－	0.1
14.3	－	85.7	－	－	－	－	－	－	－
8.9	4.4	86.7	－	－	－	－	－	－	－
10.0	5.5	82.3	0.3	0.8	0.1	0.1	0.6	－	0.3
9.3	6.3	82.5	0.4	0.8	0.1	0.2	0.3	－	0.3
12.0	3.2	82.3	－	0.6	0.2	－	1.5	－	0.2
10.1	13.9	73.4	－	1.3	－	－	1.3	－	－
7.9	1.1	88.8	－	1.1	－	－	－	－	1.1
－	1.0	11.0	－	－	－	31.0	15.0	－	42.0
6.2	4.7	86.6	0.3	1.1	0.1	0.1	0.4	0.1	0.3
5.9	4.6	87.5	0.3	1.1	0.1	0.0	0.2	0.1	0.2
6.0	4.7	87.1	0.3	1.2	0.1	0.1	0.2	0.1	0.2
4.9	0.1	93.3	0.1	0.8	0.1	－	0.2	0.1	0.3
6.2	5.6	86.0	0.4	1.3	0.1	0.1	0.2	0.0	0.1
5.4	4.1	89.1	0.1	0.6	0.1	－	0.2	0.1	0.2
4.7	3.8	90.6	0.2	0.6	－	－	0.2	－	－
5.7	4.2	88.6	0.1	0.6	0.2	－	0.2	0.1	0.2
－	－	100.0	－	－	－	－	－	－	－
6.8	2.3	86.4	－	－	－	－	2.3	2.3	－
9.0	5.8	83.4	0.3	1.1	0.1	－	0.2	－	0.2
10.1	6.3	81.8	0.4	1.1	0.1	－	0.1	－	0.2
7.4	2.9	87.7	0.4	1.0	－	－	0.4	－	0.2
9.4	20.3	70.3	－	－	－	－	－	－	－
2.8	5.6	88.9	－	1.4	－	－	1.4	－	－
1.4	－	15.5	－	－	－	19.7	31.0	－	32.4

第44表　子ども数・構成割合，性、出生月、

実　数（人）

性、出生月、平日の起床時間	朝食							
	総数	食べる	食べないことがある	食べない	不詳	総数	食べる	食べないことがある
総数								
平日の起床時間	28 810	25 565	2 328	800	117	28 810	28 253	425
午前5時前	220	202	18	-	-	220	210	10
午前5時　～5時29分	510	481	21	6	2	510	493	15
午前5時30分～5時59分	1 534	1 454	66	11	3	1 534	1 504	26
午前6時　～6時29分	6 219	5 844	293	75	7	6 219	6 126	80
午前6時30分～6時59分	9 021	8 327	548	134	12	9 021	8 881	122
午前7時　～7時29分	8 438	7 373	801	249	15	8 438	8 332	90
午前7時30分～7時59分	2 059	1 493	361	201	4	2 059	2 019	34
午前8時　～8時29分	200	109	52	39	-	200	194	6
午前8時30分～8時59分	42	23	13	6	-	42	39	2
午前9時以降	60	25	16	19	-	60	57	3
時間が不規則	394	199	134	58	3	394	355	37
不詳	113	35	5	2	71	113	43	-
1月生まれ								
平日の起床時間	14 462	12 803	1 159	451	49	14 462	14 211	192
午前5時前	89	87	2	-	-	89	88	1
午前5時　～5時29分	201	186	11	3	1	201	190	10
午前5時30分～5時59分	487	475	11	1	-	487	480	7
午前6時　～6時29分	2 512	2 369	108	32	3	2 512	2 479	26
午前6時30分～6時59分	4 561	4 240	251	64	6	4 561	4 495	57
午前7時　～7時29分	4 929	4 322	452	146	9	4 929	4 871	47
午前7時30分～7時59分	1 275	923	219	131	2	1 275	1 250	22
午前8時　～8時29分	112	58	28	26	-	112	108	4
午前8時30分～8時59分	20	11	6	3	-	20	19	-
午前9時以降	35	13	10	12	-	35	32	3
時間が不規則	188	98	58	31	1	188	173	15
不詳	53	21	3	2	27	53	26	-
7月生まれ								
平日の起床時間	14 348	12 762	1 169	349	68	14 348	14 042	233
午前5時前	131	115	16	-	-	131	122	9
午前5時　～5時29分	309	295	10	3	1	309	303	5
午前5時30分～5時59分	1 047	979	55	10	3	1 047	1 024	19
午前6時　～6時29分	3 707	3 475	185	43	4	3 707	3 647	54
午前6時30分～6時59分	4 460	4 087	297	70	6	4 460	4 386	65
午前7時　～7時29分	3 509	3 051	349	103	6	3 509	3 461	43
午前7時30分～7時59分	784	570	142	70	2	784	769	12
午前8時　～8時29分	88	51	24	13	-	88	86	2
午前8時30分～8時59分	22	12	7	3	-	22	20	2
午前9時以降	25	12	6	7	-	25	25	-
時間が不規則	206	101	76	27	2	206	182	22
不詳	60	14	2	-	44	60	17	-

平日の起床時間、朝食－夕食のとり方別（４－１）

第15回調査（平成28年）

夕食									
夕食のとり方								食べない	不詳
家でひとりで食べる	家で兄弟・姉妹だけで食べる	家で父母などの家族と一緒に食べる	塾でひとりで食べる	塾で友人と食べる	家・塾以外でひとりで食べる	家・塾以外で友人と食べる	不詳		
2 019	1 320	24 783	82	252	21	73	128	10	122
28	10	176	–	1	–	3	2	–	–
33	23	441	2	1	2	3	3	–	2
104	73	1 329	4	8	1	3	8	–	4
361	275	5 465	12	48	8	18	19	2	11
527	396	7 909	26	70	6	27	42	5	13
642	418	7 188	28	89	3	15	39	1	15
236	102	1 667	7	31	1	2	7	2	4
25	6	163	1	2	–	1	2	–	–
3	3	35	–	–	–	–	–	–	1
3	2	53	–	–	–	1	1	–	–
50	10	324	2	2	–	–	4	–	2
7	2	33	–	–	–	–	1	–	70
1 051	623	12 365	51	206	7	36	64	6	53
9	6	70	–	–	–	2	2	–	–
16	6	170	2	1	2	1	2	–	1
41	22	409	3	6	–	2	4	–	–
144	77	2 236	6	30	–	8	4	2	5
265	205	3 971	14	62	2	15	18	2	7
377	240	4 172	19	77	2	6	25	1	10
151	57	1 024	6	28	1	1	4	1	2
14	3	93	–	1	–	–	1	–	–
1	2	16	–	–	–	–	–	–	1
1	1	31	–	–	–	1	1	–	–
29	4	151	1	1	–	–	2	–	–
3	–	22	–	–	–	–	1	–	27
968	697	12 418	31	46	14	37	64	4	69
19	4	106	–	1	–	1	–	–	–
17	17	271	–	–	–	2	1	–	1
63	51	920	1	2	1	1	4	–	4
217	198	3 229	6	18	8	10	15	–	6
262	191	3 938	12	8	4	12	24	3	6
265	178	3 016	9	12	1	9	14	–	5
85	45	643	1	3	–	1	3	1	2
11	3	70	1	1	–	1	1	–	–
2	1	19	–	–	–	–	–	–	–
2	1	22	–	–	–	–	–	–	–
21	6	173	1	1	–	–	2	–	2
4	2	11	–	–	–	–	–	–	43

第44表　子ども数・構成割合，性、出生月、

実　数（人）

性、出生月、平日の起床時間	朝食							
	総数	食べる	食べないことがある	食べない	不詳	総数	食べる	食べないことがある
男児								
平日の起床時間	14 796	13 028	1 229	464	75	14 796	14 588	132
午前5時前	122	114	8	−	−	122	119	3
午前5時　～5時29分	238	228	7	2	1	238	234	3
午前5時30分～5時59分	694	657	26	8	3	694	686	5
午前6時　～6時29分	2 876	2 711	126	36	3	2 876	2 858	13
午前6時30分～6時59分	4 420	4 070	279	67	4	4 420	4 386	30
午前7時　～7時29分	4 611	4 028	428	143	12	4 611	4 568	31
午前7時30分～7時59分	1 347	981	222	141	3	1 347	1 325	19
午前8時　～8時29分	139	78	37	24	−	139	136	3
午前8時30分～8時59分	22	11	9	2	−	22	20	2
午前9時以降	32	13	6	13	−	32	32	−
時間が不規則	221	114	77	27	3	221	196	23
不詳	74	23	4	1	46	74	28	−
1月生まれ								
平日の起床時間	7 344	6 421	616	272	35	7 344	7 247	61
午前5時前	42	42	−	−	−	42	42	−
午前5時　～5時29分	89	84	3	1	1	89	86	2
午前5時30分～5時59分	224	219	4	1	−	224	223	1
午前6時　～6時29分	1 101	1 041	45	15	−	1 101	1 097	3
午前6時30分～6時59分	2 182	2 013	130	36	3	2 182	2 166	13
午前7時　～7時29分	2 633	2 306	235	86	6	2 633	2 608	18
午前7時30分～7時59分	828	602	133	91	2	828	815	11
午前8時　～8時29分	75	40	20	15	−	75	73	2
午前8時30分～8時59分	11	6	4	1	−	11	11	−
午前9時以降	19	7	3	9	−	19	19	−
時間が不規則	102	49	36	16	1	102	91	11
不詳	38	12	3	1	22	38	16	−
7月生まれ								
平日の起床時間	7 452	6 607	613	192	40	7 452	7 341	71
午前5時前	80	72	8	−	−	80	77	3
午前5時　～5時29分	149	144	4	1	−	149	148	1
午前5時30分～5時59分	470	438	22	7	3	470	463	4
午前6時　～6時29分	1 775	1 670	81	21	3	1 775	1 761	10
午前6時30分～6時59分	2 238	2 057	149	31	1	2 238	2 220	17
午前7時　～7時29分	1 978	1 722	193	57	6	1 978	1 960	13
午前7時30分～7時59分	519	379	89	50	1	519	510	8
午前8時　～8時29分	64	38	17	9	−	64	63	1
午前8時30分～8時59分	11	5	5	1	−	11	9	2
午前9時以降	13	6	3	4	−	13	13	−
時間が不規則	119	65	41	11	2	119	105	12
不詳	36	11	1	−	24	36	12	−
女児								
平日の起床時間	14 014	12 537	1 099	336	42	14 014	13 665	293
午前5時前	98	88	10	−	−	98	91	7
午前5時　～5時29分	272	253	14	4	1	272	259	12
午前5時30分～5時59分	840	797	40	3	−	840	818	21
午前6時　～6時29分	3 343	3 133	167	39	4	3 343	3 268	67
午前6時30分～6時59分	4 601	4 257	269	67	8	4 601	4 495	92
午前7時　～7時29分	3 827	3 345	373	106	3	3 827	3 764	59
午前7時30分～7時59分	712	512	139	60	1	712	694	15
午前8時　～8時29分	61	31	15	15	−	61	58	3
午前8時30分～8時59分	20	12	4	4	−	20	19	−
午前9時以降	28	12	10	6	−	28	25	3
時間が不規則	173	85	57	31	−	173	159	14
不詳	39	12	1	1	25	39	15	−
1月生まれ								
平日の起床時間	7 118	6 382	543	179	14	7 118	6 964	131
午前5時前	47	45	2	−	−	47	46	1
午前5時　～5時29分	112	102	8	2	−	112	104	8
午前5時30分～5時59分	263	256	7	−	−	263	257	6
午前6時　～6時29分	1 411	1 328	63	17	3	1 411	1 382	23
午前6時30分～6時59分	2 379	2 227	121	28	3	2 379	2 329	44
午前7時　～7時29分	2 296	2 016	217	60	3	2 296	2 263	29
午前7時30分～7時59分	447	321	86	40	−	447	435	11
午前8時　～8時29分	37	18	8	11	−	37	35	2
午前8時30分～8時59分	9	5	2	2	−	9	8	−
午前9時以降	16	6	7	3	−	16	13	3
時間が不規則	86	49	22	15	−	86	82	4
不詳	15	9	−	1	5	15	10	−
7月生まれ								
平日の起床時間	6 896	6 155	556	157	28	6 896	6 701	162
午前5時前	51	43	8	−	−	51	45	6
午前5時　～5時29分	160	151	6	2	1	160	155	4
午前5時30分～5時59分	577	541	33	3	−	577	561	15
午前6時　～6時29分	1 932	1 805	104	22	1	1 932	1 886	44
午前6時30分～6時59分	2 222	2 030	148	39	5	2 222	2 166	48
午前7時　～7時29分	1 531	1 329	156	46	−	1 531	1 501	30
午前7時30分～7時59分	265	191	53	20	1	265	259	4
午前8時　～8時29分	24	13	7	4	−	24	23	1
午前8時30分～8時59分	11	7	2	2	−	11	11	−
午前9時以降	12	6	3	3	−	12	12	−
時間が不規則	87	36	35	16	−	87	77	10
不詳	24	3	1	−	20	24	5	−

平日の起床時間、朝食－夕食のとり方別（４－２）

第15回調査（平成28年）

夕食									
夕食のとり方								食べない	不詳
家でひとりで食べる	家で兄弟・姉妹だけで食べる	家で父母などの家族と一緒に食べる	塾でひとりで食べる	塾で友人と食べる	家・塾以外でひとりで食べる	家・塾以外で友人と食べる	不詳		
1 144	657	12 643	40	99	10	53	74	1	75
13	5	98	–	1	–	3	2	–	–
14	11	206	1	1	2	1	1	–	1
52	31	600	–	2	–	3	3	–	3
176	122	2 524	3	19	3	15	9	–	5
277	192	3 870	13	25	3	16	20	1	3
386	220	3 901	17	36	1	12	26	–	12
158	63	1 095	6	13	1	1	7	–	3
22	3	110	–	1	–	1	2	–	–
2	3	17	–	–	–	–	–	–	–
3	1	27	–	–	–	1	–	–	–
35	4	176	–	1	–	–	3	–	2
6	2	19	–	–	–	–	1	–	46
595	296	6 238	28	81	5	26	39	1	35
5	2	31	–	–	–	2	2	–	–
7	2	75	1	1	2	–	–	–	1
22	9	188	–	2	–	2	1	–	–
66	30	978	2	16	–	7	1	–	1
135	89	1 907	8	20	1	8	11	1	2
221	121	2 219	12	30	1	6	16	–	7
98	36	670	5	12	1	–	4	–	2
14	1	59	–	–	–	–	1	–	–
1	2	8	–	–	–	–	–	–	–
1	1	16	–	–	–	1	–	–	–
23	3	74	–	–	–	–	2	–	–
2	–	13	–	–	–	–	1	–	22
549	361	6 405	12	18	5	27	35	–	40
8	3	67	–	1	–	1	–	–	–
7	9	131	–	–	–	1	1	–	–
30	22	412	–	–	–	1	2	–	3
110	92	1 546	1	3	3	8	8	–	4
142	103	1 963	5	5	2	8	9	–	1
165	99	1 682	5	6	–	6	10	–	5
60	27	425	1	1	–	1	3	–	1
8	2	51	–	1	–	1	1	–	–
1	1	9	–	–	–	–	–	–	–
2	–	11	–	–	–	–	–	–	–
12	1	102	–	1	–	–	1	–	2
4	2	6	–	–	–	–	–	–	24
875	663	12 140	42	153	11	20	54	9	47
15	5	78	–	–	–	–	–	–	–
19	12	235	1	–	–	2	2	–	1
52	42	729	4	6	1	–	5	–	1
185	153	2 941	9	29	5	3	10	2	6
250	204	4 039	13	45	3	11	22	4	10
256	198	3 287	11	53	2	3	13	1	3
78	39	572	1	18	–	1	–	2	1
3	3	53	1	1	–	–	–	–	–
1	–	18	–	–	–	–	–	–	1
–	1	26	–	–	–	–	1	–	–
15	6	148	2	1	–	–	1	–	–
1	–	14	–	–	–	–	–	–	24
456	327	6 127	23	125	2	10	25	5	18
4	4	39	–	–	–	–	–	–	–
9	4	95	1	–	–	1	2	–	–
19	13	221	3	4	–	–	3	–	–
78	47	1 258	4	14	–	1	3	2	4
130	116	2 064	6	42	1	7	7	1	5
156	119	1 953	7	47	1	–	9	1	3
53	21	354	1	16	–	1	–	1	–
–	2	34	–	1	–	–	–	–	–
–	–	8	–	–	–	–	–	–	1
–	–	15	–	–	–	–	1	–	–
6	1	77	1	1	–	–	–	–	–
1	–	9	–	–	–	–	–	–	5
419	336	6 013	19	28	9	10	29	4	29
11	1	39	–	–	–	–	–	–	–
10	8	140	–	–	–	1	–	–	1
33	29	508	1	2	1	–	2	–	1
107	106	1 683	5	15	5	2	7	–	2
120	88	1 975	7	3	2	4	15	3	5
100	79	1 334	4	6	1	3	4	–	–
25	18	218	–	2	–	–	–	1	1
3	1	19	1	–	–	–	–	–	–
1	–	10	–	–	–	–	–	–	–
–	1	11	–	–	–	–	–	–	–
9	5	71	1	–	–	–	1	–	–
–	–	5	–	–	–	–	–	–	19

第44表　子ども数・構成割合，性、出生月、

構成割合（%）

性、出生月、平日の起床時間	朝食 総数	朝食 食べる	朝食 食べないことがある	朝食 食べない	朝食 不詳	総数	食べる	食べないことがある
総数								
平日の起床時間	100.0	88.7	8.1	2.8	0.4	100.0	98.1	1.5
午前5時前	100.0	91.8	8.2	-	-	100.0	95.5	4.5
午前5時　～5時29分	100.0	94.3	4.1	1.2	0.4	100.0	96.7	2.9
午前5時30分～5時59分	100.0	94.8	4.3	0.7	0.2	100.0	98.0	1.7
午前6時　～6時29分	100.0	94.0	4.7	1.2	0.1	100.0	98.5	1.3
午前6時30分～6時59分	100.0	92.3	6.1	1.5	0.1	100.0	98.4	1.4
午前7時　～7時29分	100.0	87.4	9.5	3.0	0.2	100.0	98.7	1.1
午前7時30分～7時59分	100.0	72.5	17.5	9.8	0.2	100.0	98.1	1.7
午前8時　～8時29分	100.0	54.5	26.0	19.5	-	100.0	97.0	3.0
午前8時30分～8時59分	100.0	54.8	31.0	14.3	-	100.0	92.9	4.8
午前9時以降	100.0	41.7	26.7	31.7	-	100.0	95.0	5.0
時間が不規則	100.0	50.5	34.0	14.7	0.8	100.0	90.1	9.4
不詳	100.0	31.0	4.4	1.8	62.8	100.0	38.1	-
1月生まれ								
平日の起床時間	100.0	88.5	8.0	3.1	0.3	100.0	98.3	1.3
午前5時前	100.0	97.8	2.2	-	-	100.0	98.9	1.1
午前5時　～5時29分	100.0	92.5	5.5	1.5	0.5	100.0	94.5	5.0
午前5時30分～5時59分	100.0	97.5	2.3	0.2	-	100.0	98.6	1.4
午前6時　～6時29分	100.0	94.3	4.3	1.3	0.1	100.0	98.7	1.0
午前6時30分～6時59分	100.0	93.0	5.5	1.4	0.1	100.0	98.6	1.2
午前7時　～7時29分	100.0	87.7	9.2	3.0	0.2	100.0	98.8	1.0
午前7時30分～7時59分	100.0	72.4	17.2	10.3	0.2	100.0	98.0	1.7
午前8時　～8時29分	100.0	51.8	25.0	23.2	-	100.0	96.4	3.6
午前8時30分～8時59分	100.0	55.0	30.0	15.0	-	100.0	95.0	-
午前9時以降	100.0	37.1	28.6	34.3	-	100.0	91.4	8.6
時間が不規則	100.0	52.1	30.9	16.5	0.5	100.0	92.0	8.0
不詳	100.0	39.6	5.7	3.8	50.9	100.0	49.1	-
7月生まれ								
平日の起床時間	100.0	88.9	8.1	2.4	0.5	100.0	97.9	1.6
午前5時前	100.0	87.8	12.2	-	-	100.0	93.1	6.9
午前5時　～5時29分	100.0	95.5	3.2	1.0	0.3	100.0	98.1	1.6
午前5時30分～5時59分	100.0	93.5	5.3	1.0	0.3	100.0	97.8	1.8
午前6時　～6時29分	100.0	93.7	5.0	1.2	0.1	100.0	98.4	1.5
午前6時30分～6時59分	100.0	91.6	6.7	1.6	0.1	100.0	98.3	1.5
午前7時　～7時29分	100.0	86.9	9.9	2.9	0.2	100.0	98.6	1.2
午前7時30分～7時59分	100.0	72.7	18.1	8.9	0.3	100.0	98.1	1.5
午前8時　～8時29分	100.0	58.0	27.3	14.8	-	100.0	97.7	2.3
午前8時30分～8時59分	100.0	54.5	31.8	13.6	-	100.0	90.9	9.1
午前9時以降	100.0	48.0	24.0	28.0	-	100.0	100.0	-
時間が不規則	100.0	49.0	36.9	13.1	1.0	100.0	88.3	10.7
不詳	100.0	23.3	3.3	-	73.3	100.0	28.3	-

平日の起床時間、朝食－夕食のとり方別（４－３）

第15回調査（平成28年）

夕食									
夕食のとり方								食べない	不詳
家でひとりで食べる	家で兄弟・姉妹だけで食べる	家で父母などの家族と一緒に食べる	塾でひとりで食べる	塾で友人と食べる	家・塾以外でひとりで食べる	家・塾以外で友人と食べる	不詳		
7.0	4.6	86.0	0.3	0.9	0.1	0.3	0.4	0.0	0.4
12.7	4.5	80.0	−	0.5	−	1.4	0.9	−	−
6.5	4.5	86.5	0.4	0.2	0.4	0.6	0.6	−	0.4
6.8	4.8	86.6	0.3	0.5	0.1	0.2	0.5	−	0.3
5.8	4.4	87.9	0.2	0.8	0.1	0.3	0.3	0.0	0.2
5.8	4.4	87.7	0.3	0.8	0.1	0.3	0.5	0.1	0.1
7.6	5.0	85.2	0.3	1.1	0.0	0.2	0.5	0.0	0.2
11.5	5.0	81.0	0.3	1.5	0.0	0.1	0.3	0.1	0.2
12.5	3.0	81.5	0.5	1.0	−	0.5	1.0	−	−
7.1	7.1	83.3	−	−	−	−	−	−	2.4
5.0	3.3	88.3	−	−	−	1.7	1.7	−	−
12.7	2.5	82.2	0.5	0.5	−	−	1.0	−	0.5
6.2	1.8	29.2	−	−	−	−	0.9	−	61.9
7.3	4.3	85.5	0.4	1.4	0.0	0.2	0.4	0.0	0.4
10.1	6.7	78.7	−	−	−	2.2	2.2	−	−
8.0	3.0	84.6	1.0	0.5	1.0	0.5	1.0	−	0.5
8.4	4.5	84.0	0.6	1.2	−	0.4	0.8	−	−
5.7	3.1	89.0	0.2	1.2	−	0.3	0.2	0.1	0.2
5.8	4.5	87.1	0.3	1.4	0.0	0.3	0.4	0.0	0.2
7.6	4.9	84.6	0.4	1.6	0.0	0.1	0.5	0.0	0.2
11.8	4.5	80.3	0.5	2.2	0.1	0.1	0.3	0.1	0.2
12.5	2.7	83.0	−	0.9	−	−	0.9	−	−
5.0	10.0	80.0	−	−	−	−	−	−	5.0
2.9	2.9	88.6	−	−	−	2.9	2.9	−	−
15.4	2.1	80.3	0.5	0.5	−	−	1.1	−	−
5.7	−	41.5	−	−	−	−	1.9	−	50.9
6.7	4.9	86.5	0.2	0.3	0.1	0.3	0.4	0.0	0.5
14.5	3.1	80.9	−	0.8	−	0.8	−	−	−
5.5	5.5	87.7	−	−	−	0.6	0.3	−	0.3
6.0	4.9	87.9	0.1	0.2	0.1	0.1	0.4	−	0.4
5.9	5.3	87.1	0.2	0.5	0.2	0.3	0.4	−	0.2
5.9	4.3	88.3	0.3	0.2	0.1	0.3	0.5	0.1	0.1
7.6	5.1	86.0	0.3	0.3	0.0	0.3	0.4	−	0.1
10.8	5.7	82.0	0.1	0.4	−	0.1	0.4	0.1	0.3
12.5	3.4	79.5	1.1	1.1	−	1.1	1.1	−	−
9.1	4.5	86.4	−	−	−	−	−	−	−
8.0	4.0	88.0	−	−	−	−	−	−	−
10.2	2.9	84.0	0.5	0.5	−	−	1.0	−	1.0
6.7	3.3	18.3	−	−	−	−	−	−	71.7

第44表　子ども数・構成割合，性、出生月、

構成割合（%）

性、出生月、平日の起床時間	朝食 総数	朝食 食べる	朝食 食べないことがある	朝食 食べない	朝食 不詳	総数	食べる	食べないことがある
男児								
平日の起床時間	100.0	88.1	8.3	3.1	0.5	100.0	98.6	0.9
午前5時前	100.0	93.4	6.6	-	-	100.0	97.5	2.5
午前5時　～5時29分	100.0	95.8	2.9	0.8	0.4	100.0	98.3	1.3
午前5時30分～5時59分	100.0	94.7	3.7	1.2	0.4	100.0	98.8	0.7
午前6時　～6時29分	100.0	94.3	4.4	1.3	0.1	100.0	99.4	0.5
午前6時30分～6時59分	100.0	92.1	6.3	1.5	0.1	100.0	99.2	0.7
午前7時　～7時29分	100.0	87.4	9.3	3.1	0.3	100.0	99.1	0.7
午前7時30分～7時59分	100.0	72.8	16.5	10.5	0.2	100.0	98.4	1.4
午前8時　～8時29分	100.0	56.1	26.6	17.3	-	100.0	97.8	2.2
午前8時30分～8時59分	100.0	50.0	40.9	9.1	-	100.0	90.9	9.1
午前9時以降	100.0	40.6	18.8	40.6	-	100.0	100.0	-
時間が不規則	100.0	51.6	34.8	12.2	1.4	100.0	88.7	10.4
不詳	100.0	31.1	5.4	1.4	62.2	100.0	37.8	-
1月生まれ								
平日の起床時間	100.0	87.4	8.4	3.7	0.5	100.0	98.7	0.8
午前5時前	100.0	100.0	-	-	-	100.0	100.0	-
午前5時　～5時29分	100.0	94.4	3.4	1.1	1.1	100.0	96.6	2.2
午前5時30分～5時59分	100.0	97.8	1.8	0.4	-	100.0	99.6	0.4
午前6時　～6時29分	100.0	94.6	4.1	1.4	-	100.0	99.6	0.3
午前6時30分～6時59分	100.0	92.3	6.0	1.6	0.1	100.0	99.3	0.6
午前7時　～7時29分	100.0	87.6	8.9	3.3	0.2	100.0	99.1	0.7
午前7時30分～7時59分	100.0	72.7	16.1	11.0	0.2	100.0	98.4	1.3
午前8時　～8時29分	100.0	53.3	26.7	20.0	-	100.0	97.3	2.7
午前8時30分～8時59分	100.0	54.5	36.4	9.1	-	100.0	100.0	-
午前9時以降	100.0	36.8	15.8	47.4	-	100.0	100.0	-
時間が不規則	100.0	48.0	35.3	15.7	1.0	100.0	89.2	10.8
不詳	100.0	31.6	7.9	2.6	57.9	100.0	42.1	-
7月生まれ								
平日の起床時間	100.0	88.7	8.2	2.6	0.5	100.0	98.5	1.0
午前5時前	100.0	90.0	10.0	-	-	100.0	96.3	3.8
午前5時　～5時29分	100.0	96.6	2.7	0.7	-	100.0	99.3	0.7
午前5時30分～5時59分	100.0	93.2	4.7	1.5	0.6	100.0	98.5	0.9
午前6時　～6時29分	100.0	94.1	4.6	1.2	0.2	100.0	99.2	0.6
午前6時30分～6時59分	100.0	91.9	6.7	1.4	0.0	100.0	99.2	0.8
午前7時　～7時29分	100.0	87.1	9.8	2.9	0.3	100.0	99.1	0.7
午前7時30分～7時59分	100.0	73.0	17.1	9.6	0.2	100.0	98.3	1.5
午前8時　～8時29分	100.0	59.4	26.6	14.1	-	100.0	98.4	1.6
午前8時30分～8時59分	100.0	45.5	45.5	9.1	-	100.0	81.8	18.2
午前9時以降	100.0	46.2	23.1	30.8	-	100.0	100.0	-
時間が不規則	100.0	54.6	34.5	9.2	1.7	100.0	88.2	10.1
不詳	100.0	30.6	2.8	-	66.7	100.0	33.3	-
女児								
平日の起床時間	100.0	89.5	7.8	2.4	0.3	100.0	97.5	2.1
午前5時前	100.0	89.8	10.2	-	-	100.0	92.9	7.1
午前5時　～5時29分	100.0	93.0	5.1	1.5	0.4	100.0	95.2	4.4
午前5時30分～5時59分	100.0	94.9	4.8	0.4	-	100.0	97.4	2.5
午前6時　～6時29分	100.0	93.7	5.0	1.2	0.1	100.0	97.8	2.0
午前6時30分～6時59分	100.0	92.5	5.8	1.5	0.2	100.0	97.7	2.0
午前7時　～7時29分	100.0	87.4	9.7	2.8	0.1	100.0	98.4	1.5
午前7時30分～7時59分	100.0	71.9	19.5	8.4	0.1	100.0	97.5	2.1
午前8時　～8時29分	100.0	50.8	24.6	24.6	-	100.0	95.1	4.9
午前8時30分～8時59分	100.0	60.0	20.0	20.0	-	100.0	95.0	-
午前9時以降	100.0	42.9	35.7	21.4	-	100.0	89.3	10.7
時間が不規則	100.0	49.1	32.9	17.9	-	100.0	91.9	8.1
不詳	100.0	30.8	2.6	2.6	64.1	100.0	38.5	-
1月生まれ								
平日の起床時間	100.0	89.7	7.6	2.5	0.2	100.0	97.8	1.8
午前5時前	100.0	95.7	4.3	-	-	100.0	97.9	2.1
午前5時　～5時29分	100.0	91.1	7.1	1.8	-	100.0	92.9	7.1
午前5時30分～5時59分	100.0	97.3	2.7	-	-	100.0	97.7	2.3
午前6時　～6時29分	100.0	94.1	4.5	1.2	0.2	100.0	97.9	1.6
午前6時30分～6時59分	100.0	93.6	5.1	1.2	0.1	100.0	97.9	1.8
午前7時　～7時29分	100.0	87.8	9.5	2.6	0.1	100.0	98.6	1.3
午前7時30分～7時59分	100.0	71.8	19.2	8.9	-	100.0	97.3	2.5
午前8時　～8時29分	100.0	48.6	21.6	29.7	-	100.0	94.6	5.4
午前8時30分～8時59分	100.0	55.6	22.2	22.2	-	100.0	88.9	-
午前9時以降	100.0	37.5	43.8	18.8	-	100.0	81.3	18.8
時間が不規則	100.0	57.0	25.6	17.4	-	100.0	95.3	4.7
不詳	100.0	60.0	-	6.7	33.3	100.0	66.7	-
7月生まれ								
平日の起床時間	100.0	89.3	8.1	2.3	0.4	100.0	97.2	2.3
午前5時前	100.0	84.3	15.7	-	-	100.0	88.2	11.8
午前5時　～5時29分	100.0	94.4	3.8	1.3	0.6	100.0	96.9	2.5
午前5時30分～5時59分	100.0	93.8	5.7	0.5	-	100.0	97.2	2.6
午前6時　～6時29分	100.0	93.4	5.4	1.1	0.1	100.0	97.6	2.3
午前6時30分～6時59分	100.0	91.4	6.7	1.8	0.2	100.0	97.5	2.2
午前7時　～7時29分	100.0	86.8	10.2	3.0	-	100.0	98.0	2.0
午前7時30分～7時59分	100.0	72.1	20.0	7.5	0.4	100.0	97.7	1.5
午前8時　～8時29分	100.0	54.2	29.2	16.7	-	100.0	95.8	4.2
午前8時30分～8時59分	100.0	63.6	18.2	18.2	-	100.0	100.0	-
午前9時以降	100.0	50.0	25.0	25.0	-	100.0	100.0	-
時間が不規則	100.0	41.4	40.2	18.4	-	100.0	88.5	11.5
不詳	100.0	12.5	4.2	-	83.3	100.0	20.8	-

第15回調査（平成28年）

夕				食					
夕食のとり方								食べない	不詳
家でひとりで食べる	家で兄弟・姉妹だけで食べる	家で父母などの家族と一緒に食べる	塾でひとりで食べる	塾で友人と食べる	家・塾以外でひとりで食べる	家・塾以外で友人と食べる	不詳		
7.7	4.4	85.4	0.3	0.7	0.1	0.4	0.5	0.0	0.5
10.7	4.1	80.3	-	0.8	-	2.5	1.6	-	-
5.9	4.6	86.6	0.4	0.4	0.8	0.4	0.4	-	0.4
7.5	4.5	86.5	-	0.3	-	0.4	0.4	-	0.4
6.1	4.2	87.8	0.1	0.7	0.1	0.5	0.3	-	0.2
6.3	4.3	87.6	0.3	0.6	0.1	0.4	0.5	0.0	0.1
8.4	4.8	84.6	0.4	0.8	0.0	0.3	0.6	-	0.3
11.7	4.7	81.3	0.4	1.0	0.1	0.1	0.5	-	0.2
15.8	2.2	79.1	-	0.7	-	0.7	1.4	-	-
9.1	13.6	77.3	-	-	-	-	-	-	-
9.4	3.1	84.4	-	-	-	3.1	-	-	-
15.8	1.8	79.6	-	0.5	-	-	1.4	-	0.9
8.1	2.7	25.7	-	-	-	-	1.4	-	62.2
8.1	4.0	84.9	0.4	1.1	0.1	0.4	0.5	0.0	0.5
11.9	4.8	73.8	-	-	-	4.8	4.8	-	-
7.9	2.2	84.3	1.1	1.1	2.2	-	-	-	1.1
9.8	4.0	83.9	-	0.9	-	0.9	0.4	-	-
6.0	2.7	88.8	0.2	1.5	-	0.6	0.1	-	0.1
6.2	4.1	87.4	0.4	0.9	0.0	0.4	0.5	0.0	0.1
8.4	4.6	84.3	0.5	1.1	0.0	0.2	0.6	-	0.3
11.8	4.3	80.9	0.6	1.4	0.1	-	0.5	-	0.2
18.7	1.3	78.7	-	-	-	-	1.3	-	-
9.1	18.2	72.7	-	-	-	-	-	-	-
5.3	5.3	84.2	-	-	-	5.3	-	-	-
22.5	2.9	72.5	-	-	-	-	2.0	-	-
5.3	-	34.2	-	-	-	-	2.6	-	57.9
7.4	4.8	86.0	0.2	0.2	0.1	0.4	0.5	-	0.5
10.0	3.8	83.8	-	1.3	-	1.3	-	-	-
4.7	6.0	87.9	-	-	-	0.7	0.7	-	-
6.4	4.7	87.7	-	-	-	0.2	0.4	-	0.6
6.2	5.2	87.1	0.1	0.2	0.2	0.5	0.5	-	0.2
6.3	4.6	87.7	0.2	0.2	0.1	0.4	0.4	-	0.0
8.3	5.0	85.0	0.3	0.3	-	0.3	0.5	-	0.3
11.6	5.2	81.9	0.2	0.2	-	0.2	0.6	-	0.2
12.5	3.1	79.7	-	1.6	-	1.6	1.6	-	-
9.1	9.1	81.8	-	-	-	-	-	-	-
15.4	-	84.6	-	-	-	-	-	-	-
10.1	0.8	85.7	-	0.8	-	-	0.8	-	1.7
11.1	5.6	16.7	-	-	-	-	-	-	66.7
6.2	4.7	86.6	0.3	1.1	0.1	0.1	0.4	0.1	0.3
15.3	5.1	79.6	-	-	-	-	-	-	-
7.0	4.4	86.4	0.4	-	-	0.7	0.7	-	0.4
6.2	5.0	86.8	0.5	0.7	0.1	-	0.6	-	0.1
5.5	4.6	88.0	0.3	0.9	0.1	0.1	0.3	0.1	0.2
5.4	4.4	87.8	0.3	1.0	0.1	0.2	0.5	0.1	0.2
6.7	5.2	85.9	0.3	1.4	0.1	0.1	0.3	0.0	0.1
11.0	5.5	80.3	0.1	2.5	-	0.1	-	0.3	0.1
4.9	4.9	86.9	1.6	1.6	-	-	-	-	-
5.0	-	90.0	-	-	-	-	-	-	5.0
-	3.6	92.9	-	-	-	-	3.6	-	-
8.7	3.5	85.5	1.2	0.6	-	-	0.6	-	-
2.6	-	35.9	-	-	-	-	-	-	61.5
6.4	4.6	86.1	0.3	1.8	0.0	0.1	0.4	0.1	0.3
8.5	8.5	83.0	-	-	-	-	-	-	-
8.0	3.6	84.8	0.9	-	-	0.9	1.8	-	-
7.2	4.9	84.0	1.1	1.5	-	-	1.1	-	-
5.5	3.3	89.2	0.3	1.0	-	0.1	0.2	0.1	0.3
5.5	4.9	86.8	0.3	1.8	0.0	0.3	0.3	0.0	0.2
6.8	5.2	85.1	0.3	2.0	0.0	-	0.4	0.0	0.1
11.9	4.7	79.2	0.2	3.6	-	0.2	-	0.2	-
-	5.4	91.9	-	2.7	-	-	-	-	-
-	-	88.9	-	-	-	-	-	-	11.1
-	-	93.8	-	-	-	-	6.3	-	-
7.0	1.2	89.5	1.2	1.2	-	-	-	-	-
6.7	-	60.0	-	-	-	-	-	-	33.3
6.1	4.9	87.2	0.3	0.4	0.1	0.1	0.4	0.1	0.4
21.6	2.0	76.5	-	-	-	-	-	-	-
6.3	5.0	87.5	-	-	-	0.6	-	-	0.6
5.7	5.0	88.0	0.2	0.3	0.2	-	0.3	-	0.2
5.5	5.5	87.1	0.3	0.8	0.3	0.1	0.4	-	0.1
5.4	4.0	88.9	0.3	0.1	0.1	0.2	0.7	0.1	0.2
6.5	5.2	87.1	0.3	0.4	0.1	0.2	0.3	-	-
9.4	6.8	82.3	-	0.8	-	-	-	0.4	0.4
12.5	4.2	79.2	4.2	-	-	-	-	-	-
9.1	-	90.9	-	-	-	-	-	-	-
-	8.3	91.7	-	-	-	-	-	-	-
10.3	5.7	81.6	1.1	-	-	-	1.1	-	-
-	-	20.8	-	-	-	-	-	-	79.2

第45表　子ども数・構成割合，性、出生月、

実　数（人）

性、出生月、平日の就寝時間	朝食							
	総数	食べる	食べないことがある	食べない	不詳	総数	食べる	食べないことがある
総数								
平日の就寝時間	28 810	25 565	2 328	800	117	28 810	28 253	425
午後９時前	70	60	8	2	−	70	66	4
午後９時　～９時29分	323	308	11	3	1	323	314	6
午後９時30分～９時59分	597	568	20	7	2	597	588	7
午後10時　～10時29分	2 192	2 046	126	17	3	2 192	2 165	25
午後10時30分～10時59分	3 765	3 534	175	50	6	3 765	3 725	30
午後11時　～11時29分	6 367	5 846	408	106	7	6 367	6 298	59
午後11時30分～11時59分	5 630	5 137	368	119	6	5 630	5 559	62
午前０時　～０時29分	4 478	3 877	451	140	10	4 478	4 397	71
午前０時30分～０時59分	1 830	1 519	218	87	6	1 830	1 792	30
午前１時以降	1 274	995	177	101	1	1 274	1 231	40
時間が不規則	2 157	1 630	359	164	4	2 157	2 061	91
不詳	127	45	7	4	71	127	57	−
１月生まれ								
平日の就寝時間	14 462	12 803	1 159	451	49	14 462	14 211	192
午後９時前	35	32	3	−	−	35	34	1
午後９時　～９時29分	134	129	3	1	1	134	131	1
午後９時30分～９時59分	235	227	6	2	−	235	232	2
午後10時　～10時29分	952	886	52	13	1	952	944	8
午後10時30分～10時59分	1 528	1 423	78	25	2	1 528	1 512	11
午後11時　～11時29分	2 938	2 710	178	50	−	2 938	2 918	18
午後11時30分～11時59分	2 878	2 623	181	69	5	2 878	2 847	27
午前０時　～０時29分	2 618	2 276	258	79	5	2 618	2 567	44
午前０時30分～０時59分	1 132	962	117	48	5	1 132	1 116	10
午前１時以降	804	636	110	57	1	804	777	24
時間が不規則	1 152	875	170	105	2	1 152	1 104	46
不詳	56	24	3	2	27	56	29	−
７月生まれ								
平日の就寝時間	14 348	12 762	1 169	349	68	14 348	14 042	233
午後９時前	35	28	5	2	−	35	32	3
午後９時　～９時29分	189	179	8	2	−	189	183	5
午後９時30分～９時59分	362	341	14	5	2	362	356	5
午後10時　～10時29分	1 240	1 160	74	4	2	1 240	1 221	17
午後10時30分～10時59分	2 237	2 111	97	25	4	2 237	2 213	19
午後11時　～11時29分	3 429	3 136	230	56	7	3 429	3 380	41
午後11時30分～11時59分	2 752	2 514	187	50	1	2 752	2 712	35
午前０時　～０時29分	1 860	1 601	193	61	5	1 860	1 830	27
午前０時30分～０時59分	698	557	101	39	1	698	676	20
午前１時以降	470	359	67	44	−	470	454	16
時間が不規則	1 005	755	189	59	2	1 005	957	45
不詳	71	21	4	2	44	71	28	−

平日の就寝時間、朝食－夕食のとり方別（４－１）

第15回調査（平成28年）

夕食									
夕食のとり方								食べない	不詳
家でひとりで食べる	家で兄弟・姉妹だけで食べる	家で父母などの家族と一緒に食べる	塾でひとりで食べる	塾で友人と食べる	家・塾以外でひとりで食べる	家・塾以外で友人と食べる	不詳		
2 019	1 320	24 783	82	252	21	73	128	10	122
7	5	54	－	－	－	2	2	－	－
10	12	292	－	－	－	4	2	1	2
25	15	548	－	2	－	2	3	－	2
102	92	1 968	3	5	4	7	9	－	2
184	168	3 357	5	17	1	5	18	－	10
380	278	5 615	9	23	2	18	32	2	8
387	262	4 846	21	59	4	19	23	2	7
386	237	3 716	21	80	3	12	13	－	10
185	80	1 502	13	29	4	1	8	2	6
165	52	1 012	8	25	1	2	6	2	1
182	116	1 827	2	11	2	1	11	1	4
6	3	46	－	1	－	－	1	－	70
1 051	623	12 365	51	206	7	36	64	6	53
3	3	27	－	－	－	2	－	－	－
5	4	120	－	－	－	2	1	1	1
11	5	217	－	1	－	－	－	－	1
43	41	854	3	3	2	4	2	－	－
69	61	1 368	1	16	1	2	5	－	5
160	118	2 605	7	19	1	8	18	2	－
205	129	2 467	12	44	－	8	9	－	4
226	128	2 160	13	65	2	9	8	－	7
113	43	926	9	27	1	－	7	1	5
107	36	628	5	20	－	1	4	2	1
106	55	969	1	10	－	－	9	－	2
3	－	24	－	1	－	－	1	－	27
968	697	12 418	31	46	14	37	64	4	69
4	2	27	－	－	－	－	2	－	－
5	8	172	－	－	－	2	1	－	1
14	10	331	－	1	－	2	3	－	1
59	51	1 114	－	2	2	3	7	－	2
115	107	1 989	4	1	－	3	13	－	5
220	160	3 010	2	4	1	10	14	－	8
182	133	2 379	9	15	4	11	14	2	3
160	109	1 556	8	15	1	3	5	－	3
72	37	576	4	2	3	1	1	1	1
58	16	384	3	5	1	1	2	－	－
76	61	858	1	1	2	1	2	1	2
3	3	22	－	－	－	－	－	－	43

第45表　子ども数・構成割合，性、出生月、

実　数（人）

性、出生月、平日の就寝時間	朝食 総数	食べる	食べないことがある	食べない	不詳	総数	食べる	食べないことがある
男児								
平日の就寝時間	14 796	13 028	1 229	464	75	14 796	14 588	132
午後９時前	43	36	5	2	-	43	42	1
午後９時　～９時29分	195	190	2	2	1	195	191	2
午後９時30分～９時59分	356	340	10	4	2	356	351	4
午後10時　～10時29分	1 272	1 187	76	8	1	1 272	1 266	6
午後10時30分～10時59分	2 098	1 973	98	23	4	2 098	2 082	10
午後11時　～11時29分	3 460	3 148	229	77	6	3 460	3 435	18
午後11時30分～11時59分	2 863	2 575	209	75	4	2 863	2 848	11
午前０時　～０時29分	2 018	1 690	240	83	5	2 018	1 992	22
午前０時30分～０時59分	772	617	101	52	2	772	760	10
午前１時以降	597	460	79	57	1	597	581	15
時間が不規則	1 041	784	175	79	3	1 041	1 005	33
不詳	81	28	5	2	46	81	35	-
１月生まれ								
平日の就寝時間	7 344	6 421	616	272	35	7 344	7 247	61
午後９時前	20	19	1	-	-	20	20	-
午後９時　～９時29分	75	73	-	1	1	75	74	-
午後９時30分～９時59分	142	138	3	1	-	142	141	1
午後10時　～10時29分	552	520	26	5	1	552	550	2
午後10時30分～10時59分	850	796	42	11	1	850	844	4
午後11時　～11時29分	1 595	1 447	106	42	-	1 595	1 588	6
午後11時30分～11時59分	1 475	1 321	106	44	4	1 475	1 466	6
午前０時　～０時29分	1 170	978	141	49	2	1 170	1 152	15
午前０時30分～０時59分	484	399	54	29	2	484	480	2
午前１時以降	381	296	49	35	1	381	371	9
時間が不規則	560	420	85	54	1	560	543	16
不詳	40	14	3	1	22	40	18	-
７月生まれ								
平日の就寝時間	7 452	6 607	613	192	40	7 452	7 341	71
午後９時前	23	17	4	2	-	23	22	1
午後９時　～９時29分	120	117	2	1	-	120	117	2
午後９時30分～９時59分	214	202	7	3	2	214	210	3
午後10時　～10時29分	720	667	50	3	-	720	716	4
午後10時30分～10時59分	1 248	1 177	56	12	3	1 248	1 238	6
午後11時　～11時29分	1 865	1 701	123	35	6	1 865	1 847	12
午後11時30分～11時59分	1 388	1 254	103	31	-	1 388	1 382	5
午前０時　～０時29分	848	712	99	34	3	848	840	7
午前０時30分～０時59分	288	218	47	23	-	288	280	8
午前１時以降	216	164	30	22	-	216	210	6
時間が不規則	481	364	90	25	2	481	462	17
不詳	41	14	2	1	24	41	17	-
女児								
平日の就寝時間	14 014	12 537	1 099	336	42	14 014	13 665	293
午後９時前	27	24	3	-	-	27	24	3
午後９時　～９時29分	128	118	9	1	-	128	123	4
午後９時30分～９時59分	241	228	10	3	-	241	237	3
午後10時　～10時29分	920	859	50	9	2	920	899	19
午後10時30分～10時59分	1 667	1 561	77	27	2	1 667	1 643	20
午後11時　～11時29分	2 907	2 698	179	29	1	2 907	2 863	41
午後11時30分～11時59分	2 767	2 562	159	44	2	2 767	2 711	51
午前０時　～０時29分	2 460	2 187	211	57	5	2 460	2 405	49
午前０時30分～０時59分	1 058	902	117	35	4	1 058	1 032	20
午前１時以降	677	535	98	44	-	677	650	25
時間が不規則	1 116	846	184	85	1	1 116	1 056	58
不詳	46	17	2	2	25	46	22	-
１月生まれ								
平日の就寝時間	7 118	6 382	543	179	14	7 118	6 964	131
午後９時前	15	13	2	-	-	15	14	1
午後９時　～９時29分	59	56	3	-	-	59	57	1
午後９時30分～９時59分	93	89	3	1	-	93	91	1
午後10時　～10時29分	400	366	26	8	-	400	394	6
午後10時30分～10時59分	678	627	36	14	1	678	668	7
午後11時　～11時29分	1 343	1 263	72	8	-	1 343	1 330	12
午後11時30分～11時59分	1 403	1 302	75	25	1	1 403	1 381	21
午前０時　～０時29分	1 448	1 298	117	30	3	1 448	1 415	29
午前０時30分～０時59分	648	563	63	19	3	648	636	8
午前１時以降	423	340	61	22	-	423	406	15
時間が不規則	592	455	85	51	1	592	561	30
不詳	16	10	-	1	5	16	11	-
７月生まれ								
平日の就寝時間	6 896	6 155	556	157	28	6 896	6 701	162
午後９時前	12	11	1	-	-	12	10	2
午後９時　～９時29分	69	62	6	1	-	69	66	3
午後９時30分～９時59分	148	139	7	2	-	148	146	2
午後10時　～10時29分	520	493	24	1	2	520	505	13
午後10時30分～10時59分	989	934	41	13	1	989	975	13
午後11時　～11時29分	1 564	1 435	107	21	1	1 564	1 533	29
午後11時30分～11時59分	1 364	1 260	84	19	1	1 364	1 330	30
午前０時　～０時29分	1 012	889	94	27	2	1 012	990	20
午前０時30分～０時59分	410	339	54	16	1	410	396	12
午前１時以降	254	195	37	22	-	254	244	10
時間が不規則	524	391	99	34	-	524	495	28
不詳	30	7	2	1	20	30	11	-

平日の就寝時間、朝食－夕食のとり方別（４－２）

第15回調査（平成28年）

夕食									
夕食のとり方								食べない	不詳
家でひとりで食べる	家で兄弟・姉妹だけで食べる	家で父母などの家族と一緒に食べる	塾でひとりで食べる	塾で友人と食べる	家・塾以外でひとりで食べる	家・塾以外で友人と食べる	不詳		
1 144	657	12 643	40	99	10	53	74	1	75
5	2	34	－	－	－	2	－	－	－
5	7	177	－	－	－	2	2	－	2
21	7	323	－	2	－	2	－	－	1
64	52	1 135	2	3	3	7	6	－	－
100	96	1 863	3	11	1	4	14	－	6
225	153	3 025	7	13	2	14	14	1	6
228	127	2 444	9	22	2	13	14	－	4
203	108	1 655	8	27	1	6	6	－	4
98	33	623	5	8	－	1	2	－	2
88	24	465	6	6	－	1	6	－	1
102	46	873	－	6	1	1	9	－	3
5	2	26	－	1	－	－	1	－	46
595	296	6 238	28	81	5	26	39	1	35
2	2	14	－	－	－	2	－	－	－
2	1	69	－	－	－	1	1	－	1
10	3	128	－	1	－	－	－	－	－
29	20	491	2	2	2	4	2	－	－
36	36	761	1	10	1	1	2	－	2
86	55	1 421	5	11	1	6	9	1	－
128	61	1 246	6	18	－	6	7	－	3
119	58	952	6	22	1	5	4	－	3
60	21	388	4	8	－	－	1	－	2
57	16	295	4	3	－	1	4	－	1
64	23	459	－	5	－	－	8	－	1
2	－	14	－	1	－	－	1	－	22
549	361	6 405	12	18	5	27	35	－	40
3	－	20	－	－	－	－	－	－	－
3	6	108	－	－	－	1	1	－	1
11	4	195	－	1	－	2	－	－	1
35	32	644	－	1	1	3	4	－	－
64	60	1 102	2	1	－	3	12	－	4
139	98	1 604	2	2	1	8	5	－	6
100	66	1 198	3	4	2	7	7	－	1
84	50	703	2	5	－	1	2	－	1
38	12	235	1	－	－	1	1	－	－
31	8	170	2	3	－	－	2	－	－
38	23	414	－	1	1	1	1	－	2
3	2	12	－	－	－	－	－	－	24
875	663	12 140	42	153	11	20	54	9	47
2	3	20	－	－	－	－	2	－	－
5	5	115	－	－	－	2	－	1	－
4	8	225	－	－	－	－	3	－	1
38	40	833	1	2	1	－	3	－	2
84	72	1 494	2	6	－	1	4	－	4
155	125	2 590	2	10	－	4	18	1	2
159	135	2 402	12	37	2	6	9	2	3
183	129	2 061	13	53	2	6	7	－	6
87	47	879	8	21	4	－	6	2	4
77	28	547	2	19	1	1	－	2	－
80	70	954	2	5	1	－	2	1	1
1	1	20	－	－	－	－	－	－	24
456	327	6 127	23	125	2	10	25	5	18
1	1	13	－	－	－	－	－	－	－
3	3	51	－	－	－	1	－	1	－
1	2	89	－	－	－	－	－	－	1
14	21	363	1	1	－	－	－	－	－
33	25	607	－	6	－	1	3	－	3
74	63	1 184	2	8	－	2	9	1	－
77	68	1 221	6	26	－	2	2	－	1
107	70	1 208	7	43	1	4	4	－	4
53	22	538	5	19	1	－	6	1	3
50	20	333	1	17	－	－	－	2	－
42	32	510	1	5	－	－	1	－	1
1	－	10	－	－	－	－	－	－	5
419	336	6 013	19	28	9	10	29	4	29
1	2	7	－	－	－	－	2	－	－
2	2	64	－	－	－	1	－	－	－
3	6	136	－	－	－	－	3	－	－
24	19	470	－	1	1	－	3	－	2
51	47	887	2	－	－	－	1	－	1
81	62	1 406	－	2	－	2	9	－	2
82	67	1 181	6	11	2	4	7	2	2
76	59	853	6	10	1	2	3	－	2
34	25	341	3	2	3	－	－	1	1
27	8	214	1	2	1	1	－	－	－
38	38	444	1	－	1	－	1	1	－
－	1	10	－	－	－	－	－	－	19

第45表　子ども数・構成割合，性、出生月、

構成割合（%）

性、出生月、平日の就寝時間	朝食 総数	朝食 食べる	朝食 食べないことがある	朝食 食べない	朝食 不詳	総数	食べる	食べないことがある
総数								
平日の就寝時間	100.0	88.7	8.1	2.8	0.4	100.0	98.1	1.5
午後９時前	100.0	85.7	11.4	2.9	-	100.0	94.3	5.7
午後９時　～９時29分	100.0	95.4	3.4	0.9	0.3	100.0	97.2	1.9
午後９時30分～９時59分	100.0	95.1	3.4	1.2	0.3	100.0	98.5	1.2
午後10時　～10時29分	100.0	93.3	5.7	0.8	0.1	100.0	98.8	1.1
午後10時30分～10時59分	100.0	93.9	4.6	1.3	0.2	100.0	98.9	0.8
午後11時　～11時29分	100.0	91.8	6.4	1.7	0.1	100.0	98.9	0.9
午後11時30分～11時59分	100.0	91.2	6.5	2.1	0.1	100.0	98.7	1.1
午前０時　～０時29分	100.0	86.6	10.1	3.1	0.2	100.0	98.2	1.6
午前０時30分～０時59分	100.0	83.0	11.9	4.8	0.3	100.0	97.9	1.6
午前１時以降	100.0	78.1	13.9	7.9	0.1	100.0	96.6	3.1
時間が不規則	100.0	75.6	16.6	7.6	0.2	100.0	95.5	4.2
不詳	100.0	35.4	5.5	3.1	55.9	100.0	44.9	-
１月生まれ								
平日の就寝時間	100.0	88.5	8.0	3.1	0.3	100.0	98.3	1.3
午後９時前	100.0	91.4	8.6	-	-	100.0	97.1	2.9
午後９時　～９時29分	100.0	96.3	2.2	0.7	0.7	100.0	97.8	0.7
午後９時30分～９時59分	100.0	96.6	2.6	0.9	-	100.0	98.7	0.9
午後10時　～10時29分	100.0	93.1	5.5	1.4	0.1	100.0	99.2	0.8
午後10時30分～10時59分	100.0	93.1	5.1	1.6	0.1	100.0	99.0	0.7
午後11時　～11時29分	100.0	92.2	6.1	1.7	-	100.0	99.3	0.6
午後11時30分～11時59分	100.0	91.1	6.3	2.4	0.2	100.0	98.9	0.9
午前０時　～０時29分	100.0	86.9	9.9	3.0	0.2	100.0	98.1	1.7
午前０時30分～０時59分	100.0	85.0	10.3	4.2	0.4	100.0	98.6	0.9
午前１時以降	100.0	79.1	13.7	7.1	0.1	100.0	96.6	3.0
時間が不規則	100.0	76.0	14.8	9.1	0.2	100.0	95.8	4.0
不詳	100.0	42.9	5.4	3.6	48.2	100.0	51.8	-
７月生まれ								
平日の就寝時間	100.0	88.9	8.1	2.4	0.5	100.0	97.9	1.6
午後９時前	100.0	80.0	14.3	5.7	-	100.0	91.4	8.6
午後９時　～９時29分	100.0	94.7	4.2	1.1	-	100.0	96.8	2.6
午後９時30分～９時59分	100.0	94.2	3.9	1.4	0.6	100.0	98.3	1.4
午後10時　～10時29分	100.0	93.5	6.0	0.3	0.2	100.0	98.5	1.4
午後10時30分～10時59分	100.0	94.4	4.3	1.1	0.2	100.0	98.9	0.8
午後11時　～11時29分	100.0	91.5	6.7	1.6	0.2	100.0	98.6	1.2
午後11時30分～11時59分	100.0	91.4	6.8	1.8	0.0	100.0	98.5	1.3
午前０時　～０時29分	100.0	86.1	10.4	3.3	0.3	100.0	98.4	1.5
午前０時30分～０時59分	100.0	79.8	14.5	5.6	0.1	100.0	96.8	2.9
午前１時以降	100.0	76.4	14.3	9.4	-	100.0	96.6	3.4
時間が不規則	100.0	75.1	18.8	5.9	0.2	100.0	95.2	4.5
不詳	100.0	29.6	5.6	2.8	62.0	100.0	39.4	-

第15回調査（平成28年）

夕				食					
夕　食　の　と　り　方								食べない	不　詳
家でひとりで食べる	家で兄弟・姉妹だけで食べる	家で父母などの家族と一緒に食べる	塾でひとりで食べる	塾で友人と食べる	家・塾以外でひとりで食べる	家・塾以外で友人と食べる	不　詳		
7.0	4.6	86.0	0.3	0.9	0.1	0.3	0.4	0.0	0.4
10.0	7.1	77.1	-	-	-	2.9	2.9	-	-
3.1	3.7	90.4	-	-	-	1.2	0.6	0.3	0.6
4.2	2.5	91.8	-	0.3	-	0.3	0.5	-	0.3
4.7	4.2	89.8	0.1	0.2	0.2	0.3	0.4	-	0.1
4.9	4.5	89.2	0.1	0.5	0.0	0.1	0.5	-	0.3
6.0	4.4	88.2	0.1	0.4	0.0	0.3	0.5	0.0	0.1
6.9	4.7	86.1	0.4	1.0	0.1	0.3	0.4	0.0	0.1
8.6	5.3	83.0	0.5	1.8	0.1	0.3	0.3	-	0.2
10.1	4.4	82.1	0.7	1.6	0.2	0.1	0.4	0.1	0.3
13.0	4.1	79.4	0.6	2.0	0.1	0.2	0.5	0.2	0.1
8.4	5.4	84.7	0.1	0.5	0.1	0.0	0.5	0.0	0.2
4.7	2.4	36.2	-	0.8	-	-	0.8	-	55.1
7.3	4.3	85.5	0.4	1.4	0.0	0.2	0.4	0.0	0.4
8.6	8.6	77.1	-	-	-	5.7	-	-	-
3.7	3.0	89.6	-	-	-	1.5	0.7	0.7	0.7
4.7	2.1	92.3	-	0.4	-	-	-	-	0.4
4.5	4.3	89.7	0.3	0.3	0.2	0.4	0.2	-	-
4.5	4.0	89.5	0.1	1.0	0.1	0.1	0.3	-	0.3
5.4	4.0	88.7	0.2	0.6	0.0	0.3	0.6	0.1	-
7.1	4.5	85.7	0.4	1.5	-	0.3	0.3	-	0.1
8.6	4.9	82.5	0.5	2.5	0.1	0.3	0.3	-	0.3
10.0	3.8	81.8	0.8	2.4	0.1	-	0.6	0.1	0.4
13.3	4.5	78.1	0.6	2.5	-	0.1	0.5	0.2	0.1
9.2	4.8	84.1	0.1	0.9	-	-	0.8	-	0.2
5.4	-	42.9	-	1.8	-	-	1.8	-	48.2
6.7	4.9	86.5	0.2	0.3	0.1	0.3	0.4	0.0	0.5
11.4	5.7	77.1	-	-	-	-	5.7	-	-
2.6	4.2	91.0	-	-	-	1.1	0.5	-	0.5
3.9	2.8	91.4	-	0.3	-	0.6	0.8	-	0.3
4.8	4.1	89.8	-	0.2	0.2	0.2	0.6	-	0.2
5.1	4.8	88.9	0.2	0.0	-	0.1	0.6	-	0.2
6.4	4.7	87.8	0.1	0.1	0.0	0.3	0.4	-	0.2
6.6	4.8	86.4	0.3	0.5	0.1	0.4	0.5	0.1	0.1
8.6	5.9	83.7	0.4	0.8	0.1	0.2	0.3	-	0.2
10.3	5.3	82.5	0.6	0.3	0.4	0.1	0.1	0.1	0.1
12.3	3.4	81.7	0.6	1.1	0.2	0.2	0.4	-	-
7.6	6.1	85.4	0.1	0.1	0.2	0.1	0.2	0.1	0.2
4.2	4.2	31.0	-	-	-	-	-	-	60.6

構成割合（%）

性、出生月、平日の就寝時間	朝食 総数	食べる	食べないことがある	食べない	不詳	総数	食べる	食べないことがある
男児								
平日の就寝時間	100.0	88.1	8.3	3.1	0.5	100.0	98.6	0.9
午後９時前	100.0	83.7	11.6	4.7	-	100.0	97.7	2.3
午後９時　～９時29分	100.0	97.4	1.0	1.0	0.5	100.0	97.9	1.0
午後９時30分～９時59分	100.0	95.5	2.8	1.1	0.6	100.0	98.6	1.1
午後10時　～10時29分	100.0	93.3	6.0	0.6	0.1	100.0	99.5	0.5
午後10時30分～10時59分	100.0	94.0	4.7	1.1	0.2	100.0	99.2	0.5
午後11時　～11時29分	100.0	91.0	6.6	2.2	0.2	100.0	99.3	0.5
午後11時30分～11時59分	100.0	89.9	7.3	2.6	0.1	100.0	99.5	0.4
午前０時　～０時29分	100.0	83.7	11.9	4.1	0.2	100.0	98.7	1.1
午前０時30分～０時59分	100.0	79.9	13.1	6.7	0.3	100.0	98.4	1.3
午前１時以降	100.0	77.1	13.2	9.5	0.2	100.0	97.3	2.5
時間が不規則	100.0	75.3	16.8	7.6	0.3	100.0	96.5	3.2
不詳	100.0	34.6	6.2	2.5	56.8	100.0	43.2	-
１月生まれ								
平日の就寝時間	100.0	87.4	8.4	3.7	0.5	100.0	98.7	0.8
午後９時前	100.0	95.0	5.0	-	-	100.0	100.0	-
午後９時　～９時29分	100.0	97.3	-	1.3	1.3	100.0	98.7	-
午後９時30分～９時59分	100.0	97.2	2.1	0.7	-	100.0	99.3	0.7
午後10時　～10時29分	100.0	94.2	4.7	0.9	0.2	100.0	99.6	0.4
午後10時30分～10時59分	100.0	93.6	4.9	1.3	0.1	100.0	99.3	0.5
午後11時　～11時29分	100.0	90.7	6.6	2.6	-	100.0	99.6	0.4
午後11時30分～11時59分	100.0	89.6	7.2	3.0	0.3	100.0	99.4	0.4
午前０時　～０時29分	100.0	83.6	12.1	4.2	0.2	100.0	98.5	1.3
午前０時30分～０時59分	100.0	82.4	11.2	6.0	0.4	100.0	99.2	0.4
午前１時以降	100.0	77.7	12.9	9.2	0.3	100.0	97.4	2.4
時間が不規則	100.0	75.0	15.2	9.6	0.2	100.0	97.0	2.9
不詳	100.0	35.0	7.5	2.5	55.0	100.0	45.0	-
７月生まれ								
平日の就寝時間	100.0	88.7	8.2	2.6	0.5	100.0	98.5	1.0
午後９時前	100.0	73.9	17.4	8.7	-	100.0	95.7	4.3
午後９時　～９時29分	100.0	97.5	1.7	0.8	-	100.0	97.5	1.7
午後９時30分～９時59分	100.0	94.4	3.3	1.4	0.9	100.0	98.1	1.4
午後10時　～10時29分	100.0	92.6	6.9	0.4	-	100.0	99.4	0.6
午後10時30分～10時59分	100.0	94.3	4.5	1.0	0.2	100.0	99.2	0.5
午後11時　～11時29分	100.0	91.2	6.6	1.9	0.3	100.0	99.0	0.6
午後11時30分～11時59分	100.0	90.3	7.4	2.2	-	100.0	99.6	0.4
午前０時　～０時29分	100.0	84.0	11.7	4.0	0.4	100.0	99.1	0.8
午前０時30分～０時59分	100.0	75.7	16.3	8.0	-	100.0	97.2	2.8
午前１時以降	100.0	75.9	13.9	10.2	-	100.0	97.2	2.8
時間が不規則	100.0	75.7	18.7	5.2	0.4	100.0	96.0	3.5
不詳	100.0	34.1	4.9	2.4	58.5	100.0	41.5	-
女児								
平日の就寝時間	100.0	89.5	7.8	2.4	0.3	100.0	97.5	2.1
午後９時前	100.0	88.9	11.1	-	-	100.0	88.9	11.1
午後９時　～９時29分	100.0	92.2	7.0	0.8	-	100.0	96.1	3.1
午後９時30分～９時59分	100.0	94.6	4.1	1.2	-	100.0	98.3	1.2
午後10時　～10時29分	100.0	93.4	5.4	1.0	0.2	100.0	97.7	2.1
午後10時30分～10時59分	100.0	93.6	4.6	1.6	0.1	100.0	98.6	1.2
午後11時　～11時29分	100.0	92.8	6.2	1.0	0.0	100.0	98.5	1.4
午後11時30分～11時59分	100.0	92.6	5.7	1.6	0.1	100.0	98.0	1.8
午前０時　～０時29分	100.0	88.9	8.6	2.3	0.2	100.0	97.8	2.0
午前０時30分～０時59分	100.0	85.3	11.1	3.3	0.4	100.0	97.5	1.9
午前１時以降	100.0	79.0	14.5	6.5	-	100.0	96.0	3.7
時間が不規則	100.0	75.8	16.5	7.6	0.1	100.0	94.6	5.2
不詳	100.0	37.0	4.3	4.3	54.3	100.0	47.8	-
１月生まれ								
平日の就寝時間	100.0	89.7	7.6	2.5	0.2	100.0	97.8	1.8
午後９時前	100.0	86.7	13.3	-	-	100.0	93.3	6.7
午後９時　～９時29分	100.0	94.9	5.1	-	-	100.0	96.6	1.7
午後９時30分～９時59分	100.0	95.7	3.2	1.1	-	100.0	97.8	1.1
午後10時　～10時29分	100.0	91.5	6.5	2.0	-	100.0	98.5	1.5
午後10時30分～10時59分	100.0	92.5	5.3	2.1	0.1	100.0	98.5	1.0
午後11時　～11時29分	100.0	94.0	5.4	0.6	-	100.0	99.0	0.9
午後11時30分～11時59分	100.0	92.8	5.3	1.8	0.1	100.0	98.4	1.5
午前０時　～０時29分	100.0	89.6	8.1	2.1	0.2	100.0	97.7	2.0
午前０時30分～０時59分	100.0	86.9	9.7	2.9	0.5	100.0	98.1	1.2
午前１時以降	100.0	80.4	14.4	5.2	-	100.0	96.0	3.5
時間が不規則	100.0	76.9	14.4	8.6	0.2	100.0	94.8	5.1
不詳	100.0	62.5	-	6.3	31.3	100.0	68.8	-
７月生まれ								
平日の就寝時間	100.0	89.3	8.1	2.3	0.4	100.0	97.2	2.3
午後９時前	100.0	91.7	8.3	-	-	100.0	83.3	16.7
午後９時　～９時29分	100.0	89.9	8.7	1.4	-	100.0	95.7	4.3
午後９時30分～９時59分	100.0	93.9	4.7	1.4	-	100.0	98.6	1.4
午後10時　～10時29分	100.0	94.8	4.6	0.2	0.4	100.0	97.1	2.5
午後10時30分～10時59分	100.0	94.4	4.1	1.3	0.1	100.0	98.6	1.3
午後11時　～11時29分	100.0	91.8	6.8	1.3	0.1	100.0	98.0	1.9
午後11時30分～11時59分	100.0	92.4	6.2	1.4	0.1	100.0	97.5	2.2
午前０時　～０時29分	100.0	87.8	9.3	2.7	0.2	100.0	97.8	2.0
午前０時30分～０時59分	100.0	82.7	13.2	3.9	0.2	100.0	96.6	2.9
午前１時以降	100.0	76.8	14.6	8.7	-	100.0	96.1	3.9
時間が不規則	100.0	74.6	18.9	6.5	-	100.0	94.5	5.3
不詳	100.0	23.3	6.7	3.3	66.7	100.0	36.7	-

平日の就寝時間、朝食－夕食のとり方別（４－４）

第15回調査（平成28年）

夕食									
夕食のとり方								食べない	不詳
家でひとりで食べる	家で兄弟・姉妹だけで食べる	家で父母などの家族と一緒に食べる	塾でひとりで食べる	塾で友人と食べる	家・塾以外でひとりで食べる	家・塾以外で友人と食べる	不詳		
7.7	4.4	85.4	0.3	0.7	0.1	0.4	0.5	0.0	0.5
11.6	4.7	79.1	-	-	-	4.7	-	-	-
2.6	3.6	90.8	-	-	-	1.0	1.0	-	1.0
5.9	2.0	90.7	-	0.6	-	0.6	-	-	0.3
5.0	4.1	89.2	0.2	0.2	0.2	0.6	0.5	-	-
4.8	4.6	88.8	0.1	0.5	0.0	0.2	0.7	-	0.3
6.5	4.4	87.4	0.2	0.4	0.1	0.4	0.4	0.0	0.2
8.0	4.4	85.4	0.3	0.8	0.1	0.5	0.5	-	0.1
10.1	5.4	82.0	0.4	1.3	0.0	0.3	0.3	-	0.2
12.7	4.3	80.7	0.6	1.0	-	0.1	0.3	-	0.3
14.7	4.0	77.9	1.0	1.0	-	0.2	1.0	-	0.2
9.8	4.4	83.9	-	0.6	0.1	0.1	0.9	-	0.3
6.2	2.5	32.1	-	1.2	-	-	1.2	-	56.8
8.1	4.0	84.9	0.4	1.1	0.1	0.4	0.5	0.0	0.5
10.0	10.0	70.0	-	-	-	10.0	-	-	-
2.7	1.3	92.0	-	-	-	1.3	1.3	-	1.3
7.0	2.1	90.1	-	0.7	-	-	-	-	-
5.3	3.6	88.9	0.4	0.4	0.4	0.7	0.4	-	-
4.2	4.2	89.5	0.1	1.2	0.1	0.1	0.2	-	0.2
5.4	3.4	89.1	0.3	0.7	0.1	0.4	0.6	0.1	-
8.7	4.1	84.5	0.4	1.2	-	0.4	0.5	-	0.2
10.2	5.0	81.4	0.5	1.9	0.1	0.4	0.3	-	0.3
12.4	4.3	80.2	0.8	1.7	-	-	0.2	-	0.4
15.0	4.2	77.4	1.0	0.8	-	0.3	1.0	-	0.3
11.4	4.1	82.0	-	0.9	-	-	1.4	-	0.2
5.0	-	35.0	-	2.5	-	-	2.5	-	55.0
7.4	4.8	86.0	0.2	0.2	0.1	0.4	0.5	-	0.5
13.0	-	87.0	-	-	-	-	-	-	-
2.5	5.0	90.0	-	-	-	0.8	0.8	-	0.8
5.1	1.9	91.1	-	0.5	-	0.9	-	-	0.5
4.9	4.4	89.4	-	0.1	0.1	0.4	0.6	-	-
5.1	4.8	88.3	0.2	0.1	-	0.2	1.0	-	0.3
7.5	5.3	86.0	0.1	0.1	0.1	0.4	0.3	-	0.3
7.2	4.8	86.3	0.2	0.3	0.1	0.5	0.5	-	0.1
9.9	5.9	82.9	0.2	0.6	-	0.1	0.2	-	0.1
13.2	4.2	81.6	0.3	-	-	0.3	0.3	-	-
14.4	3.7	78.7	0.9	1.4	-	-	0.9	-	-
7.9	4.8	86.1	-	0.2	0.2	0.2	0.2	-	0.4
7.3	4.9	29.3	-	-	-	-	-	-	58.5
6.2	4.7	86.6	0.3	1.1	0.1	0.1	0.4	0.1	0.3
7.4	11.1	74.1	-	-	-	-	7.4	-	-
3.9	3.9	89.8	-	-	-	1.6	-	0.8	-
1.7	3.3	93.4	-	-	-	-	1.2	-	0.4
4.1	4.3	90.5	0.1	0.2	0.1	-	0.3	-	0.2
5.0	4.3	89.6	0.1	0.4	-	0.1	0.2	-	0.2
5.3	4.3	89.1	0.1	0.3	-	0.1	0.6	0.0	0.1
5.7	4.9	86.8	0.4	1.3	0.1	0.2	0.3	0.1	0.1
7.4	5.2	83.8	0.5	2.2	0.1	0.2	0.3	-	0.2
8.2	4.4	83.1	0.8	2.0	0.4	-	0.6	0.2	0.4
11.4	4.1	80.8	0.3	2.8	0.1	0.1	-	0.3	-
7.2	6.3	85.5	0.2	0.4	0.1	-	0.2	0.1	0.1
2.2	2.2	43.5	-	-	-	-	-	-	52.2
6.4	4.6	86.1	0.3	1.8	0.0	0.1	0.4	0.1	0.3
6.7	6.7	86.7	-	-	-	-	-	-	-
5.1	5.1	86.4	-	-	-	1.7	-	1.7	-
1.1	2.2	95.7	-	-	-	-	-	-	1.1
3.5	5.3	90.8	0.3	0.3	-	-	-	-	-
4.9	3.7	89.5	-	0.9	-	0.1	0.4	-	0.4
5.5	4.7	88.2	0.1	0.6	-	0.1	0.7	0.1	-
5.5	4.8	87.0	0.4	1.9	-	0.1	0.1	-	0.1
7.4	4.8	83.4	0.5	3.0	0.1	0.3	0.3	-	0.3
8.2	3.4	83.0	0.8	2.9	0.2	-	0.9	0.2	0.5
11.8	4.7	78.7	0.2	4.0	-	-	-	0.5	-
7.1	5.4	86.1	0.2	0.8	-	-	0.2	-	0.2
6.3	-	62.5	-	-	-	-	-	-	31.3
6.1	4.9	87.2	0.3	0.4	0.1	0.1	0.4	0.1	0.4
8.3	16.7	58.3	-	-	-	-	16.7	-	-
2.9	2.9	92.8	-	-	-	1.4	-	-	-
2.0	4.1	91.9	-	-	-	-	2.0	-	-
4.6	3.7	90.4	-	0.2	0.2	-	0.6	-	0.4
5.2	4.8	89.7	0.2	-	-	-	0.1	-	0.1
5.2	4.0	89.9	-	0.1	-	0.1	0.6	-	0.1
6.0	4.9	86.6	0.4	0.8	0.1	0.3	0.5	0.1	0.1
7.5	5.8	84.3	0.6	1.0	0.1	0.2	0.3	-	0.2
8.3	6.1	83.2	0.7	0.5	0.7	-	-	0.2	0.2
10.6	3.1	84.3	0.4	0.8	0.4	0.4	-	-	-
7.3	7.3	84.7	0.2	-	0.2	-	0.2	0.2	-
-	3.3	33.3	-	-	-	-	-	-	63.3

第46表　子ども数・構成割合，性、出生月、

実　数（人）

性、出生月、平日の睡眠時間	朝食							
	総数	食べる	食べないことがある	食べない	不詳	総数	食べる	食べないことがある
総数								
平日の睡眠時間	28 810	25 565	2 328	800	117	28 810	28 253	425
6時間未満	941	840	71	27	3	941	910	29
6時間台	6 018	5 408	452	149	9	6 018	5 907	97
7時間台	12 100	10 960	870	255	15	12 100	11 937	141
8時間台	6 357	5 741	450	155	11	6 357	6 287	55
9時間台	949	837	81	30	1	949	943	4
10時間台	71	61	6	2	2	71	67	3
11時間以上	7	6	−	1	−	7	7	−
時間が不規則	2 238	1 665	391	177	5	2 238	2 136	96
不詳	129	47	7	4	71	129	59	−
1月生まれ								
平日の睡眠時間	14 462	12 803	1 159	451	49	14 462	14 211	192
6時間未満	480	438	29	11	2	480	468	10
6時間台	3 210	2 897	231	77	5	3 210	3 151	51
7時間台	5 971	5 380	437	146	8	5 971	5 899	60
8時間台	3 016	2 701	223	88	4	3 016	2 988	22
9時間台	494	436	42	16	−	494	493	−
10時間台	33	29	3	−	1	33	31	1
11時間以上	1	1	−	−	−	1	1	−
時間が不規則	1 200	896	191	111	2	1 200	1 150	48
不詳	57	25	3	2	27	57	30	−
7月生まれ								
平日の睡眠時間	14 348	12 762	1 169	349	68	14 348	14 042	233
6時間未満	461	402	42	16	1	461	442	19
6時間台	2 808	2 511	221	72	4	2 808	2 756	46
7時間台	6 129	5 580	433	109	7	6 129	6 038	81
8時間台	3 341	3 040	227	67	7	3 341	3 299	33
9時間台	455	401	39	14	1	455	450	4
10時間台	38	32	3	2	1	38	36	2
11時間以上	6	5	−	1	−	6	6	−
時間が不規則	1 038	769	200	66	3	1 038	986	48
不詳	72	22	4	2	44	72	29	−

平日の睡眠時間、 朝食－夕食のとり方別（４－１）

第15回調査（平成28年）

夕				食					
夕食のとり方								食べない	不詳
家でひとりで食べる	家で兄弟・姉妹だけで食べる	家で父母などの家族と一緒に食べる	塾でひとりで食べる	塾で友人と食べる	家・塾以外でひとりで食べる	家・塾以外で友人と食べる	不詳		
2 019	1 320	24 783	82	252	21	73	128	10	122
99	47	767	7	9	2	5	3	–	2
512	256	5 075	29	97	7	10	18	4	10
814	587	10 445	34	95	7	38	58	3	19
359	272	5 621	8	36	2	14	30	1	14
32	32	872	1	1	1	3	5	1	1
3	4	60	–	–	–	2	1	–	1
–	–	7	–	–	–	–	–	–	–
193	119	1 889	3	13	2	1	12	1	5
7	3	47	–	1	–	–	1	–	70
1 051	623	12 365	51	206	7	36	64	6	53
50	24	387	3	8	–	3	3	–	2
287	124	2 678	21	73	1	6	12	3	5
416	263	5 129	19	83	5	18	26	2	10
161	135	2 664	5	29	–	6	10	–	6
19	17	449	1	1	1	3	2	1	–
1	3	27	–	–	–	–	1	–	1
–	–	1	–	–	–	–	–	–	–
114	57	1 005	2	11	–	–	9	–	2
3	–	25	–	1	–	–	1	–	27
968	697	12 418	31	46	14	37	64	4	69
49	23	380	4	1	2	2	–	–	–
225	132	2 397	8	24	6	4	6	1	5
398	324	5 316	15	12	2	20	32	1	9
198	137	2 957	3	7	2	8	20	1	8
13	15	423	–	–	–	–	3	–	1
2	1	33	–	–	–	2	–	–	–
–	–	6	–	–	–	–	–	–	–
79	62	884	1	2	2	1	3	1	3
4	3	22	–	–	–	–	–	–	43

第46表　子ども数・構成割合，性、出生月、

実　数（人）

性、出生月、平日の睡眠時間	朝食							
	総数	食べる	食べないことがある	食べない	不詳	総数	食べる	食べないことがある
男児								
平日の睡眠時間	14 796	13 028	1 229	464	75	14 796	14 588	132
6時間未満	334	297	24	11	2	334	329	4
6時間台	2 472	2 183	204	82	3	2 472	2 448	21
7時間台	6 325	5 676	476	163	10	6 325	6 267	46
8時間台	3 844	3 471	270	96	7	3 844	3 814	22
9時間台	614	533	59	21	1	614	612	1
10時間台	45	40	2	1	2	45	42	2
11時間以上	2	1	-	1	-	2	2	-
時間が不規則	1 078	798	189	87	4	1 078	1 038	36
不詳	82	29	5	2	46	82	36	-
1月生まれ								
平日の睡眠時間	7 344	6 421	616	272	35	7 344	7 247	61
6時間未満	159	146	7	5	1	159	157	1
6時間台	1 306	1 152	109	43	2	1 306	1 293	11
7時間台	3 123	2 779	243	96	5	3 123	3 093	23
8時間台	1 802	1 611	130	58	3	1 802	1 791	9
9時間台	311	272	29	10	-	311	311	-
10時間台	21	20	-	-	1	21	20	-
11時間以上	-	-	-	-	-	-	-	-
時間が不規則	582	427	95	59	1	582	564	17
不詳	40	14	3	1	22	40	18	-
7月生まれ								
平日の睡眠時間	7 452	6 607	613	192	40	7 452	7 341	71
6時間未満	175	151	17	6	1	175	172	3
6時間台	1 166	1 031	95	39	1	1 166	1 155	10
7時間台	3 202	2 897	233	67	5	3 202	3 174	23
8時間台	2 042	1 860	140	38	4	2 042	2 023	13
9時間台	303	261	30	11	1	303	301	1
10時間台	24	20	2	1	1	24	22	2
11時間以上	2	1	-	1	-	2	2	-
時間が不規則	496	371	94	28	3	496	474	19
不詳	42	15	2	1	24	42	18	-
女児								
平日の睡眠時間	14 014	12 537	1 099	336	42	14 014	13 665	293
6時間未満	607	543	47	16	1	607	581	25
6時間台	3 546	3 225	248	67	6	3 546	3 459	76
7時間台	5 775	5 284	394	92	5	5 775	5 670	95
8時間台	2 513	2 270	180	59	4	2 513	2 473	33
9時間台	335	304	22	9	-	335	331	3
10時間台	26	21	4	1	-	26	25	1
11時間以上	5	5	-	-	-	5	5	-
時間が不規則	1 160	867	202	90	1	1 160	1 098	60
不詳	47	18	2	2	25	47	23	-
1月生まれ								
平日の睡眠時間	7 118	6 382	543	179	14	7 118	6 964	131
6時間未満	321	292	22	6	1	321	311	9
6時間台	1 904	1 745	122	34	3	1 904	1 858	40
7時間台	2 848	2 601	194	50	3	2 848	2 806	37
8時間台	1 214	1 090	93	30	1	1 214	1 197	13
9時間台	183	164	13	6	-	183	182	-
10時間台	12	9	3	-	-	12	11	1
11時間以上	1	1	-	-	-	1	1	-
時間が不規則	618	469	96	52	1	618	586	31
不詳	17	11	-	1	5	17	12	-
7月生まれ								
平日の睡眠時間	6 896	6 155	556	157	28	6 896	6 701	162
6時間未満	286	251	25	10	-	286	270	16
6時間台	1 642	1 480	126	33	3	1 642	1 601	36
7時間台	2 927	2 683	200	42	2	2 927	2 864	58
8時間台	1 299	1 180	87	29	3	1 299	1 276	20
9時間台	152	140	9	3	-	152	149	3
10時間台	14	12	1	1	-	14	14	-
11時間以上	4	4	-	-	-	4	4	-
時間が不規則	542	398	106	38	-	542	512	29
不詳	30	7	2	1	20	30	11	-

第15回調査（平成28年）

夕食									
夕食のとり方								食べない	不詳
家でひとりで食べる	家で兄弟・姉妹だけで食べる	家で父母などの家族と一緒に食べる	塾でひとりで食べる	塾で友人と食べる	家・塾以外でひとりで食べる	家・塾以外で友人と食べる	不詳		
1 144	657	12 643	40	99	10	53	74	1	75
44	14	267	2	2	−	3	1	−	1
240	106	2 071	11	24	2	5	10	−	3
486	300	5 403	20	42	5	28	29	1	11
232	165	3 376	7	22	1	13	20	−	8
24	20	562	−	1	1	2	3	−	1
3	2	37	−	−	−	1	1	−	1
−	−	2	−	−	−	−	−	−	−
109	48	899	−	7	1	1	9	−	4
6	2	26	−	1	−	−	1	−	46
595	296	6 238	28	81	5	26	39	1	35
18	6	128	1	2	−	2	1	−	1
146	51	1 070	9	19	−	3	6	−	2
248	125	2 663	13	36	4	14	13	1	6
96	78	1 592	5	17	−	5	7	−	2
14	10	281	−	1	1	2	2	−	−
1	1	17	−	−	−	−	1	−	1
−	−	−	−	−	−	−	−	−	−
70	25	473	−	5	−	−	8	−	1
2	−	14	−	1	−	−	1	−	22
549	361	6 405	12	18	5	27	35	−	40
26	8	139	1	−	−	1	−	−	−
94	55	1 001	2	5	2	2	4	−	1
238	175	2 740	7	6	1	14	16	−	5
136	87	1 784	2	5	1	8	13	−	6
10	10	281	−	−	−	−	1	−	1
2	1	20	−	−	−	1	−	−	−
−	−	2	−	−	−	−	−	−	−
39	23	426	−	2	1	1	1	−	3
4	2	12	−	−	−	−	−	−	24
875	663	12 140	42	153	11	20	54	9	47
55	33	500	5	7	2	2	2	−	1
272	150	3 004	18	73	5	5	8	4	7
328	287	5 042	14	53	2	10	29	2	8
127	107	2 245	1	14	1	1	10	1	6
8	12	310	1	−	−	1	2	1	−
−	2	23	−	−	−	1	−	−	−
−	−	5	−	−	−	−	−	−	−
84	71	990	3	6	1	−	3	1	1
1	1	21	−	−	−	−	−	−	24
456	327	6 127	23	125	2	10	25	5	18
32	18	259	2	6	−	1	2	−	1
141	73	1 608	12	54	1	3	6	3	3
168	138	2 466	6	47	1	4	13	1	4
65	57	1 072	−	12	−	1	3	−	4
5	7	168	1	−	−	1	−	1	−
−	2	10	−	−	−	−	−	−	−
−	−	1	−	−	−	−	−	−	−
44	32	532	2	6	−	−	1	−	1
1	−	11	−	−	−	−	−	−	5
419	336	6 013	19	28	9	10	29	4	29
23	15	241	3	1	2	1	−	−	−
131	77	1 396	6	19	4	2	2	1	4
160	149	2 576	8	6	1	6	16	1	4
62	50	1 173	1	2	1	−	7	1	2
3	5	142	−	−	−	−	2	−	−
−	−	13	−	−	−	1	−	−	−
−	−	4	−	−	−	−	−	−	−
40	39	458	1	−	1	−	2	1	−
−	1	10	−	−	−	−	−	−	19

第46表　子ども数・構成割合，性、出生月、

構成割合（%）

性、出生月、平日の睡眠時間	朝食 総数	朝食 食べる	朝食 食べないことがある	朝食 食べない	朝食 不詳	総数	食べる	食べないことがある
総数								
平日の睡眠時間	100.0	88.7	8.1	2.8	0.4	100.0	98.1	1.5
6時間未満	100.0	89.3	7.5	2.9	0.3	100.0	96.7	3.1
6時間台	100.0	89.9	7.5	2.5	0.1	100.0	98.2	1.6
7時間台	100.0	90.6	7.2	2.1	0.1	100.0	98.7	1.2
8時間台	100.0	90.3	7.1	2.4	0.2	100.0	98.9	0.9
9時間台	100.0	88.2	8.5	3.2	0.1	100.0	99.4	0.4
10時間台	100.0	85.9	8.5	2.8	2.8	100.0	94.4	4.2
11時間以上	100.0	85.7	-	14.3	-	100.0	100.0	-
時間が不規則	100.0	74.4	17.5	7.9	0.2	100.0	95.4	4.3
不詳	100.0	36.4	5.4	3.1	55.0	100.0	45.7	-
1月生まれ								
平日の睡眠時間	100.0	88.5	8.0	3.1	0.3	100.0	98.3	1.3
6時間未満	100.0	91.3	6.0	2.3	0.4	100.0	97.5	2.1
6時間台	100.0	90.2	7.2	2.4	0.2	100.0	98.2	1.6
7時間台	100.0	90.1	7.3	2.4	0.1	100.0	98.8	1.0
8時間台	100.0	89.6	7.4	2.9	0.1	100.0	99.1	0.7
9時間台	100.0	88.3	8.5	3.2	-	100.0	99.8	-
10時間台	100.0	87.9	9.1	-	3.0	100.0	93.9	3.0
11時間以上	100.0	100.0	-	-	-	100.0	100.0	-
時間が不規則	100.0	74.7	15.9	9.3	0.2	100.0	95.8	4.0
不詳	100.0	43.9	5.3	3.5	47.4	100.0	52.6	-
7月生まれ								
平日の睡眠時間	100.0	88.9	8.1	2.4	0.5	100.0	97.9	1.6
6時間未満	100.0	87.2	9.1	3.5	0.2	100.0	95.9	4.1
6時間台	100.0	89.4	7.9	2.6	0.1	100.0	98.1	1.6
7時間台	100.0	91.0	7.1	1.8	0.1	100.0	98.5	1.3
8時間台	100.0	91.0	6.8	2.0	0.2	100.0	98.7	1.0
9時間台	100.0	88.1	8.6	3.1	0.2	100.0	98.9	0.9
10時間台	100.0	84.2	7.9	5.3	2.6	100.0	94.7	5.3
11時間以上	100.0	83.3	-	16.7	-	100.0	100.0	-
時間が不規則	100.0	74.1	19.3	6.4	0.3	100.0	95.0	4.6
不詳	100.0	30.6	5.6	2.8	61.1	100.0	40.3	-

平日の睡眠時間、 朝食－夕食のとり方別（４－３）

第15回調査（平成28年）

夕食									
夕食のとり方								食べない	不詳
家でひとりで食べる	家で兄弟・姉妹だけで食べる	家で父母などの家族と一緒に食べる	塾でひとりで食べる	塾で友人と食べる	家・塾以外でひとりで食べる	家・塾以外で友人と食べる	不詳		
7.0	4.6	86.0	0.3	0.9	0.1	0.3	0.4	0.0	0.4
10.5	5.0	81.5	0.7	1.0	0.2	0.5	0.3	－	0.2
8.5	4.3	84.3	0.5	1.6	0.1	0.2	0.3	0.1	0.2
6.7	4.9	86.3	0.3	0.8	0.1	0.3	0.5	0.0	0.2
5.6	4.3	88.4	0.1	0.6	0.0	0.2	0.5	0.0	0.2
3.4	3.4	91.9	0.1	0.1	0.1	0.3	0.5	0.1	0.1
4.2	5.6	84.5	－	－	－	2.8	1.4	－	1.4
－	－	100.0	－	－	－	－	－	－	－
8.6	5.3	84.4	0.1	0.6	0.1	0.0	0.5	0.0	0.2
5.4	2.3	36.4	－	0.8	－	－	0.8	－	54.3
7.3	4.3	85.5	0.4	1.4	0.0	0.2	0.4	0.0	0.4
10.4	5.0	80.6	0.6	1.7	－	0.6	0.6	－	0.4
8.9	3.9	83.4	0.7	2.3	0.0	0.2	0.4	0.1	0.2
7.0	4.4	85.9	0.3	1.4	0.1	0.3	0.4	0.0	0.2
5.3	4.5	88.3	0.2	1.0	－	0.2	0.3	－	0.2
3.8	3.4	90.9	0.2	0.2	0.2	0.6	0.4	0.2	－
3.0	9.1	81.8	－	－	－	－	3.0	－	3.0
－	－	100.0	－	－	－	－	－	－	－
9.5	4.8	83.8	0.2	0.9	－	－	0.8	－	0.2
5.3	－	43.9	－	1.8	－	－	1.8	－	47.4
6.7	4.9	86.5	0.2	0.3	0.1	0.3	0.4	0.0	0.5
10.6	5.0	82.4	0.9	0.2	0.4	0.4	－	－	－
8.0	4.7	85.4	0.3	0.9	0.2	0.1	0.2	0.0	0.2
6.5	5.3	86.7	0.2	0.2	0.0	0.3	0.5	0.0	0.1
5.9	4.1	88.5	0.1	0.2	0.1	0.2	0.6	0.0	0.2
2.9	3.3	93.0	－	－	－	－	0.7	－	0.2
5.3	2.6	86.8	－	－	－	5.3	－	－	－
－	－	100.0	－	－	－	－	－	－	－
7.6	6.0	85.2	0.1	0.2	0.2	0.1	0.3	0.1	0.3
5.6	4.2	30.6	－	－	－	－	－	－	59.7

第46表　子ども数・構成割合，性、出生月、

構成割合（%）

性　、 出生月　、 平日の睡眠時間	朝	食						
	総数	食べる	食べないことがある	食べない	不詳	総数	食べる	食べないことがある
男児								
平日の睡眠時間	100.0	88.1	8.3	3.1	0.5	100.0	98.6	0.9
６時間未満	100.0	88.9	7.2	3.3	0.6	100.0	98.5	1.2
６時間台	100.0	88.3	8.3	3.3	0.1	100.0	99.0	0.8
７時間台	100.0	89.7	7.5	2.6	0.2	100.0	99.1	0.7
８時間台	100.0	90.3	7.0	2.5	0.2	100.0	99.2	0.6
９時間台	100.0	86.8	9.6	3.4	0.2	100.0	99.7	0.2
10時間台	100.0	88.9	4.4	2.2	4.4	100.0	93.3	4.4
11時間以上	100.0	50.0	−	50.0	−	100.0	100.0	−
時間が不規則	100.0	74.0	17.5	8.1	0.4	100.0	96.3	3.3
不詳	100.0	35.4	6.1	2.4	56.1	100.0	43.9	−
１月生まれ								
平日の睡眠時間	100.0	87.4	8.4	3.7	0.5	100.0	98.7	0.8
６時間未満	100.0	91.8	4.4	3.1	0.6	100.0	98.7	0.6
６時間台	100.0	88.2	8.3	3.3	0.2	100.0	99.0	0.8
７時間台	100.0	89.0	7.8	3.1	0.2	100.0	99.0	0.7
８時間台	100.0	89.4	7.2	3.2	0.2	100.0	99.4	0.5
９時間台	100.0	87.5	9.3	3.2	−	100.0	100.0	−
10時間台	100.0	95.2	−	−	4.8	100.0	95.2	−
11時間以上	−	−	−	−	−	−	−	−
時間が不規則	100.0	73.4	16.3	10.1	0.2	100.0	96.9	2.9
不詳	100.0	35.0	7.5	2.5	55.0	100.0	45.0	−
７月生まれ								
平日の睡眠時間	100.0	88.7	8.2	2.6	0.5	100.0	98.5	1.0
６時間未満	100.0	86.3	9.7	3.4	0.6	100.0	98.3	1.7
６時間台	100.0	88.4	8.1	3.3	0.1	100.0	99.1	0.9
７時間台	100.0	90.5	7.3	2.1	0.2	100.0	99.1	0.7
８時間台	100.0	91.1	6.9	1.9	0.2	100.0	99.1	0.6
９時間台	100.0	86.1	9.9	3.6	0.3	100.0	99.3	0.3
10時間台	100.0	83.3	8.3	4.2	4.2	100.0	91.7	8.3
11時間以上	100.0	50.0	−	50.0	−	100.0	100.0	−
時間が不規則	100.0	74.8	19.0	5.6	0.6	100.0	95.6	3.8
不詳	100.0	35.7	4.8	2.4	57.1	100.0	42.9	−
女児								
平日の睡眠時間	100.0	89.5	7.8	2.4	0.3	100.0	97.5	2.1
６時間未満	100.0	89.5	7.7	2.6	0.2	100.0	95.7	4.1
６時間台	100.0	90.9	7.0	1.9	0.2	100.0	97.5	2.1
７時間台	100.0	91.5	6.8	1.6	0.1	100.0	98.2	1.6
８時間台	100.0	90.3	7.2	2.3	0.2	100.0	98.4	1.3
９時間台	100.0	90.7	6.6	2.7	−	100.0	98.8	0.9
10時間台	100.0	80.8	15.4	3.8	−	100.0	96.2	3.8
11時間以上	100.0	100.0	−	−	−	100.0	100.0	−
時間が不規則	100.0	74.7	17.4	7.8	0.1	100.0	94.7	5.2
不詳	100.0	38.3	4.3	4.3	53.2	100.0	48.9	−
１月生まれ								
平日の睡眠時間	100.0	89.7	7.6	2.5	0.2	100.0	97.8	1.8
６時間未満	100.0	91.0	6.9	1.9	0.3	100.0	96.9	2.8
６時間台	100.0	91.6	6.4	1.8	0.2	100.0	97.6	2.1
７時間台	100.0	91.3	6.8	1.8	0.1	100.0	98.5	1.3
８時間台	100.0	89.8	7.7	2.5	0.1	100.0	98.6	1.1
９時間台	100.0	89.6	7.1	3.3	−	100.0	99.5	−
10時間台	100.0	75.0	25.0	−	−	100.0	91.7	8.3
11時間以上	100.0	100.0	−	−	−	100.0	100.0	−
時間が不規則	100.0	75.9	15.5	8.4	0.2	100.0	94.8	5.0
不詳	100.0	64.7	−	5.9	29.4	100.0	70.6	−
７月生まれ								
平日の睡眠時間	100.0	89.3	8.1	2.3	0.4	100.0	97.2	2.3
６時間未満	100.0	87.8	8.7	3.5	−	100.0	94.4	5.6
６時間台	100.0	90.1	7.7	2.0	0.2	100.0	97.5	2.2
７時間台	100.0	91.7	6.8	1.4	0.1	100.0	97.8	2.0
８時間台	100.0	90.8	6.7	2.2	0.2	100.0	98.2	1.5
９時間台	100.0	92.1	5.9	2.0	−	100.0	98.0	2.0
10時間台	100.0	85.7	7.1	7.1	−	100.0	100.0	−
11時間以上	100.0	100.0	−	−	−	100.0	100.0	−
時間が不規則	100.0	73.4	19.6	7.0	−	100.0	94.5	5.4
不詳	100.0	23.3	6.7	3.3	66.7	100.0	36.7	−

第15回調査（平成28年）

夕	食								
夕食のとり方								食べない	不詳
家でひとりで食べる	家で兄弟・姉妹だけで食べる	家で父母などの家族と一緒に食べる	塾でひとりで食べる	塾で友人と食べる	家・塾以外でひとりで食べる	家・塾以外で友人と食べる	不詳		
7.7	4.4	85.4	0.3	0.7	0.1	0.4	0.5	0.0	0.5
13.2	4.2	79.9	0.6	0.6	－	0.9	0.3	－	0.3
9.7	4.3	83.8	0.4	1.0	0.1	0.2	0.4	－	0.1
7.7	4.7	85.4	0.3	0.7	0.1	0.4	0.5	0.0	0.2
6.0	4.3	87.8	0.2	0.6	0.0	0.3	0.5	－	0.2
3.9	3.3	91.5	－	0.2	0.2	0.3	0.5	－	0.2
6.7	4.4	82.2	－	－	－	2.2	2.2	－	2.2
－	－	100.0	－	－	－	－	－	－	－
10.1	4.5	83.4	－	0.6	0.1	0.1	0.8	－	0.4
7.3	2.4	31.7	－	1.2	－	－	1.2	－	56.1
8.1	4.0	84.9	0.4	1.1	0.1	0.4	0.5	0.0	0.5
11.3	3.8	80.5	0.6	1.3	－	1.3	0.6	－	0.6
11.2	3.9	81.9	0.7	1.5	－	0.2	0.5	－	0.2
7.9	4.0	85.3	0.4	1.2	0.1	0.4	0.4	0.0	0.2
5.3	4.3	88.3	0.3	0.9	－	0.3	0.4	－	0.1
4.5	3.2	90.4	－	0.3	0.3	0.6	0.6	－	－
4.8	4.8	81.0	－	－	－	－	4.8	－	4.8
－	－	－	－	－	－	－	－	－	－
12.0	4.3	81.3	－	0.9	－	－	1.4	－	0.2
5.0	－	35.0	－	2.5	－	－	2.5	－	55.0
7.4	4.8	86.0	0.2	0.2	0.1	0.4	0.5	－	0.5
14.9	4.6	79.4	0.6	－	－	0.6	－	－	－
8.1	4.7	85.8	0.2	0.4	0.2	0.2	0.3	－	0.1
7.4	5.5	85.6	0.2	0.2	0.0	0.4	0.5	－	0.2
6.7	4.3	87.4	0.1	0.2	0.0	0.4	0.6	－	0.3
3.3	3.3	92.7	－	－	－	－	0.3	－	0.3
8.3	4.2	83.3	－	－	－	4.2	－	－	－
－	－	100.0	－	－	－	－	－	－	－
7.9	4.6	85.9	－	0.4	0.2	0.2	0.2	－	0.6
9.5	4.8	28.6	－	－	－	－	－	－	57.1
6.2	4.7	86.6	0.3	1.1	0.1	0.1	0.4	0.1	0.3
9.1	5.4	82.4	0.8	1.2	0.3	0.3	0.3	－	0.2
7.7	4.2	84.7	0.5	2.1	0.1	0.1	0.2	0.1	0.2
5.7	5.0	87.3	0.2	0.9	0.0	0.2	0.5	0.0	0.1
5.1	4.3	89.3	0.0	0.6	0.0	0.0	0.4	0.0	0.2
2.4	3.6	92.5	0.3	－	－	0.3	0.6	0.3	－
－	7.7	88.5	－	－	－	3.8	－	－	－
－	－	100.0	－	－	－	－	－	－	－
7.2	6.1	85.3	0.3	0.5	0.1	－	0.3	0.1	0.1
2.1	2.1	44.7	－	－	－	－	－	－	51.1
6.4	4.6	86.1	0.3	1.8	0.0	0.1	0.4	0.1	0.3
10.0	5.6	80.7	0.6	1.9	－	0.3	0.6	－	0.3
7.4	3.8	84.5	0.6	2.8	0.1	0.2	0.3	0.2	0.2
5.9	4.8	86.6	0.2	1.7	0.0	0.1	0.5	0.0	0.1
5.4	4.7	88.3	－	1.0	－	0.1	0.2	－	0.3
2.7	3.8	91.8	0.5	－	－	0.5	－	0.5	－
－	16.7	83.3	－	－	－	－	－	－	－
－	－	100.0	－	－	－	－	－	－	－
7.1	5.2	86.1	0.3	1.0	－	－	0.2	－	0.2
5.9	－	64.7	－	－	－	－	－	－	29.4
6.1	4.9	87.2	0.3	0.4	0.1	0.1	0.4	0.1	0.4
8.0	5.2	84.3	1.0	0.3	0.7	0.3	－	－	－
8.0	4.7	85.0	0.4	1.2	0.2	0.1	0.1	0.1	0.2
5.5	5.1	88.0	0.3	0.2	0.0	0.2	0.5	0.0	0.1
4.8	3.8	90.3	0.1	0.2	0.1	－	0.5	0.1	0.2
2.0	3.3	93.4	－	－	－	－	1.3	－	－
－	－	92.9	－	－	－	7.1	－	－	－
－	－	100.0	－	－	－	－	－	－	－
7.4	7.2	84.5	0.2	－	0.2	－	0.4	0.2	－
－	3.3	33.3	－	－	－	－	－	－	63.3

第47表　子ども数・構成割合,

性、子どもの体型	朝食							
	総数	食べる	食べないことがある	食べない	不詳	総数	食べる	食べないことがある
								実
総数	28 810	25 565	2 328	800	117	28 810	28 253	425
低体重(痩せ型)	9 224	8 218	720	270	16	9 224	9 089	118
普通体重	17 773	15 891	1 394	457	31	17 773	17 459	271
肥満（1度）	948	811	100	36	1	948	927	20
肥満（2度）	156	132	16	8	-	156	154	2
肥満（3度）	16	13	2	1	-	16	16	-
肥満（4度）	1	1	-	-	-	1	1	-
不詳	692	499	96	28	69	692	607	14
男児	14 796	13 028	1 229	464	75	14 796	14 588	132
低体重(痩せ型)	5 206	4 580	434	180	12	5 206	5 141	54
普通体重	8 584	7 633	687	247	17	8 584	8 498	68
肥満（1度）	549	475	55	18	1	549	541	7
肥満（2度）	109	93	11	5	-	109	107	2
肥満（3度）	9	6	2	1	-	9	9	-
肥満（4度）	-	-	-	-	-	-	-	-
不詳	339	241	40	13	45	339	292	1
女児	14 014	12 537	1 099	336	42	14 014	13 665	293
低体重(痩せ型)	4 018	3 638	286	90	4	4 018	3 948	64
普通体重	9 189	8 258	707	210	14	9 189	8 961	203
肥満（1度）	399	336	45	18	-	399	386	13
肥満（2度）	47	39	5	3	-	47	47	-
肥満（3度）	7	7	-	-	-	7	7	-
肥満（4度）	1	1	-	-	-	1	1	-
不詳	353	258	56	15	24	353	315	13
								構　成
総数	100.0	88.7	8.1	2.8	0.4	100.0	98.1	1.5
低体重(痩せ型)	100.0	89.1	7.8	2.9	0.2	100.0	98.5	1.3
普通体重	100.0	89.4	7.8	2.6	0.2	100.0	98.2	1.5
肥満（1度）	100.0	85.5	10.5	3.8	0.1	100.0	97.8	2.1
肥満（2度）	100.0	84.6	10.3	5.1	-	100.0	98.7	1.3
肥満（3度）	100.0	81.3	12.5	6.3	-	100.0	100.0	-
肥満（4度）	100.0	100.0	-	-	-	100.0	100.0	-
不詳	100.0	72.1	13.9	4.0	10.0	100.0	87.7	2.0
男児	100.0	88.1	8.3	3.1	0.5	100.0	98.6	0.9
低体重(痩せ型)	100.0	88.0	8.3	3.5	0.2	100.0	98.8	1.0
普通体重	100.0	88.9	8.0	2.9	0.2	100.0	99.0	0.8
肥満（1度）	100.0	86.5	10.0	3.3	0.2	100.0	98.5	1.3
肥満（2度）	100.0	85.3	10.1	4.6	-	100.0	98.2	1.8
肥満（3度）	100.0	66.7	22.2	11.1	-	100.0	100.0	-
肥満（4度）	-	-	-	-	-	-	-	-
不詳	100.0	71.1	11.8	3.8	13.3	100.0	86.1	0.3
女児	100.0	89.5	7.8	2.4	0.3	100.0	97.5	2.1
低体重(痩せ型)	100.0	90.5	7.1	2.2	0.1	100.0	98.3	1.6
普通体重	100.0	89.9	7.7	2.3	0.2	100.0	97.5	2.2
肥満（1度）	100.0	84.2	11.3	4.5	-	100.0	96.7	3.3
肥満（2度）	100.0	83.0	10.6	6.4	-	100.0	100.0	-
肥満（3度）	100.0	100.0	-	-	-	100.0	100.0	-
肥満（4度）	100.0	100.0	-	-	-	100.0	100.0	-
不詳	100.0	73.1	15.9	4.2	6.8	100.0	89.2	3.7

性、子どもの体型、朝食ー夕食のとり方別

第15回調査（平成28年）

夕食									
夕食のとり方								食べない	不詳
家でひとりで食べる	家で兄弟・姉妹だけで食べる	家で父母などの家族と一緒に食べる	塾でひとりで食べる	塾で友人と食べる	家・塾以外でひとりで食べる	家・塾以外で友人と食べる	不詳		
数（人）									
2 019	1 320	24 783	82	252	21	73	128	10	122
633	378	8 011	26	84	12	14	49	3	14
1 244	849	15 298	51	160	8	53	67	6	37
67	48	815	3	6	1	4	3	−	1
17	7	129	−	1	−	1	1	−	−
2	1	13	−	−	−	−	−	−	−
−	−	1	−	−	−	−	−	−	−
56	37	516	2	1	−	1	8	1	70
1 144	657	12 643	40	99	10	53	74	1	75
381	207	4 516	14	31	5	10	31	1	10
674	409	7 319	24	63	4	37	36	−	18
45	20	471	2	4	1	4	1	−	1
14	6	86	−	1	−	1	1	−	−
1	1	7	−	−	−	−	−	−	−
−	−	−	−	−	−	−	−	−	−
29	14	244	−	−	−	1	5	−	46
875	663	12 140	42	153	11	20	54	9	47
252	171	3 495	12	53	7	4	18	2	4
570	440	7 979	27	97	4	16	31	6	19
22	28	344	1	2	−	−	2	−	−
3	1	43	−	−	−	−	−	−	−
1	−	6	−	−	−	−	−	−	−
−	−	1	−	−	−	−	−	−	−
27	23	272	2	1	−	−	3	1	24
割合（%）									
7.0	4.6	86.0	0.3	0.9	0.1	0.3	0.4	0.0	0.4
6.9	4.1	86.8	0.3	0.9	0.1	0.2	0.5	0.0	0.2
7.0	4.8	86.1	0.3	0.9	0.0	0.3	0.4	0.0	0.2
7.1	5.1	86.0	0.3	0.6	0.1	0.4	0.3	−	0.1
10.9	4.5	82.7	−	0.6	−	0.6	0.6	−	−
12.5	6.3	81.3	−	−	−	−	−	−	−
−	−	100.0	−	−	−	−	−	−	−
8.1	5.3	74.6	0.3	0.1	−	0.1	1.2	0.1	10.1
7.7	4.4	85.4	0.3	0.7	0.1	0.4	0.5	0.0	0.5
7.3	4.0	86.7	0.3	0.6	0.1	0.2	0.6	0.0	0.2
7.9	4.8	85.3	0.3	0.7	0.0	0.4	0.4	−	0.2
8.2	3.6	85.8	0.4	0.7	0.2	0.7	0.2	−	0.2
12.8	5.5	78.9	−	0.9	−	0.9	0.9	−	−
11.1	11.1	77.8	−	−	−	−	−	−	−
−	−	−	−	−	−	−	−	−	−
8.6	4.1	72.0	−	−	−	0.3	1.5	−	13.6
6.2	4.7	86.6	0.3	1.1	0.1	0.1	0.4	0.1	0.3
6.3	4.3	87.0	0.3	1.3	0.2	0.1	0.4	0.0	0.1
6.2	4.8	86.8	0.3	1.1	0.0	0.2	0.3	0.1	0.2
5.5	7.0	86.2	0.3	0.5	−	−	0.5	−	−
6.4	2.1	91.5	−	−	−	−	−	−	−
14.3	−	85.7	−	−	−	−	−	−	−
−	−	100.0	−	−	−	−	−	−	−
7.6	6.5	77.1	0.6	0.3	−	−	0.8	0.3	6.8

実　数（人）

性、子ども自身の悩みや不安（複数回答）	朝食 総数	食べる	食べないことがある	食べない	不詳	総数	食べる	食べないことがある
総数	28 810	25 565	2 328	800	117	28 810	28 253	425
悩みや不安がある	13 662	11 986	1 246	406	24	13 662	13 354	277
親の仲が悪いこと	662	540	93	29	−	662	639	22
自分と家族の仲が悪いこと	577	454	91	31	1	577	540	35
友達との関係に関すること（友達ができない・友達の輪に入れないなど）	1 890	1 581	225	81	3	1 890	1 832	56
いじめに関すること	290	234	38	18	−	290	283	7
部活動（クラブ活動を含む）でのトラブルに関すること	926	820	81	24	1	926	899	26
恋愛に関すること	1 468	1 249	163	55	1	1 468	1 418	48
性に関すること	248	209	28	10	1	248	241	5
学校や塾の成績に関すること	8 081	7 146	714	210	11	8 081	7 911	159
進路に関すること	10 376	9 127	938	293	18	10 376	10 148	206
親がなにかと干渉してくること	1 761	1 482	210	66	3	1 761	1 707	50
親の期待や要求が高すぎること	1 501	1 293	156	50	2	1 501	1 457	41
何かにつけ兄弟姉妹と比べられること	1 318	1 110	154	52	2	1 318	1 265	51
自分の容姿に関すること	2 912	2 517	293	100	2	2 912	2 814	92
健康（病気）に関すること	1 427	1 209	167	50	1	1 427	1 380	46
その他	559	462	71	22	4	559	537	20
悩みや不安は特にない	14 669	13 240	1 034	374	21	14 669	14 498	142
不詳	479	339	48	20	72	479	401	6
男児	14 796	13 028	1 229	464	75	14 796	14 588	132
悩みや不安がある	5 706	4 961	540	192	13	5 706	5 625	68
親の仲が悪いこと	263	216	36	11	−	263	260	3
自分と家族の仲が悪いこと	270	222	36	11	1	270	258	10
友達との関係に関すること（友達ができない・友達の輪に入れないなど）	523	434	62	25	2	523	508	14
いじめに関すること	144	114	19	11	−	144	141	3
部活動（クラブ活動を含む）でのトラブルに関すること	249	225	16	8	−	249	246	3
恋愛に関すること	526	462	50	13	1	526	516	9
性に関すること	127	110	13	3	1	127	124	2
学校や塾の成績に関すること	3 079	2 714	277	84	4	3 079	3 046	31
進路に関すること	4 146	3 608	394	135	9	4 146	4 092	46
親がなにかと干渉してくること	918	774	104	37	3	918	897	17
親の期待や要求が高すぎること	732	622	79	29	2	732	718	11
何かにつけ兄弟姉妹と比べられること	502	429	49	22	2	502	488	12
自分の容姿に関すること	702	591	83	27	1	702	690	12
健康（病気）に関すること	578	490	63	25	−	578	568	10
その他	246	194	36	13	3	246	235	10
悩みや不安は特にない	8 787	7 856	659	257	15	8 787	8 711	60
不詳	303	211	30	15	47	303	252	4
女児	14 014	12 537	1 099	336	42	14 014	13 665	293
悩みや不安がある	7 956	7 025	706	214	11	7 956	7 729	209
親の仲が悪いこと	399	324	57	18	−	399	379	19
自分と家族の仲が悪いこと	307	232	55	20	−	307	282	25
友達との関係に関すること（友達ができない・友達の輪に入れないなど）	1 367	1 147	163	56	1	1 367	1 324	42
いじめに関すること	146	120	19	7	−	146	142	4
部活動（クラブ活動を含む）でのトラブルに関すること	677	595	65	16	1	677	653	23
恋愛に関すること	942	787	113	42	−	942	902	39
性に関すること	121	99	15	7	−	121	117	3
学校や塾の成績に関すること	5 002	4 432	437	126	7	5 002	4 865	128
進路に関すること	6 230	5 519	544	158	9	6 230	6 056	160
親がなにかと干渉してくること	843	708	106	29	−	843	810	33
親の期待や要求が高すぎること	769	671	77	21	−	769	739	30
何かにつけ兄弟姉妹と比べられること	816	681	105	30	−	816	777	39
自分の容姿に関すること	2 210	1 926	210	73	1	2 210	2 124	80
健康（病気）に関すること	849	719	104	25	1	849	812	36
その他	313	268	35	9	1	313	302	10
悩みや不安は特にない	5 882	5 384	375	117	6	5 882	5 787	82
不詳	176	128	18	5	25	176	149	2

第15回調査（平成28年）

夕食									
夕食のとり方								食べない	不詳
家でひとりで食べる	家で兄弟・姉妹だけで食べる	家で父母などの家族と一緒に食べる	塾でひとりで食べる	塾で友人と食べる	家・塾以外でひとりで食べる	家・塾以外で友人と食べる	不詳		
2 019	1 320	24 783	82	252	21	73	128	10	122
1 075	660	11 593	49	152	11	34	57	6	25
71	46	531	1	6	3	2	1	1	−
99	42	421	2	6	−	1	4	−	2
149	105	1 604	8	13	3	3	3	−	2
25	16	242	1	3	1	−	2	−	−
76	43	789	5	4	1	1	6	−	1
120	86	1 227	6	14	1	4	8	−	2
28	13	198	2	1	−	2	2	−	2
697	390	6 804	34	96	4	21	24	2	9
820	494	8 796	43	124	7	26	44	5	17
174	89	1 448	9	22	3	3	9	−	4
151	78	1 223	13	17	1	6	9	−	3
133	98	1 059	5	11	2	2	6	−	2
268	156	2 412	10	35	2	15	8	4	2
125	66	1 203	6	15	3	5	3	−	1
55	24	468	3	4	−	−	3	−	2
913	632	12 852	32	98	10	38	65	4	25
31	28	338	1	2	−	1	6	−	72
1 144	657	12 643	40	99	10	53	74	1	75
493	269	4 815	19	45	4	20	28	−	13
33	14	215	−	−	−	1	−	−	−
47	14	204	−	1	−	−	2	−	2
47	32	432	2	3	2	2	2	−	1
12	11	119	−	−	1	−	1	−	−
25	7	212	−	−	1	−	4	−	−
49	31	434	1	4	1	2	3	−	1
13	8	104	1	−	−	−	−	−	1
287	135	2 594	10	29	3	11	8	−	2
369	189	3 490	16	35	4	14	21	−	8
100	52	742	5	8	1	−	6	−	4
77	34	594	8	5	−	3	8	−	3
47	38	404	3	5	−	−	3	−	2
69	31	585	1	7	−	6	3	−	−
55	22	486	4	5	1	3	2	−	−
26	7	207	2	1	−	−	2	−	1
629	371	7 619	20	53	6	32	41	1	15
22	17	209	1	1	−	1	5	−	47
875	663	12 140	42	153	11	20	54	9	47
582	391	6 778	30	107	7	14	29	6	12
38	32	316	1	6	3	1	1	1	−
52	28	217	2	5	−	1	2	−	−
102	73	1 172	6	10	1	1	1	−	1
13	5	123	1	3	−	−	1	−	−
51	36	577	5	4	−	1	2	−	1
71	55	793	5	10	−	2	5	−	1
15	5	94	1	1	−	2	2	−	1
410	255	4 210	24	67	1	10	16	2	7
451	305	5 306	27	89	3	12	23	5	9
74	37	706	4	14	2	3	3	−	−
74	44	629	5	12	1	3	1	−	−
86	60	655	2	6	2	2	3	−	−
199	125	1 827	9	28	2	9	5	4	2
70	44	717	2	10	2	2	1	−	1
29	17	261	1	3	−	−	1	−	1
284	261	5 233	12	45	4	6	24	3	10
9	11	129	−	1	−	−	1	−	25

第48表　子ども数・構成割合，性、子ども自身の

構成割合（%）

性 子ども自身の悩みや不安（複数回答）	朝		食					
	総数	食べる	食べないことがある	食べない	不詳	総数	食べる	食べないことがある
総数	100.0	88.7	8.1	2.8	0.4	100.0	98.1	1.5
悩みや不安がある	100.0	87.7	9.1	3.0	0.2	100.0	97.7	2.0
親の仲が悪いこと	100.0	81.6	14.0	4.4	−	100.0	96.5	3.3
自分と家族の仲が悪いこと	100.0	78.7	15.8	5.4	0.2	100.0	93.6	6.1
友達との関係に関すること（友達ができない・友達の輪に入れないなど）	100.0	83.7	11.9	4.3	0.2	100.0	96.9	3.0
いじめに関すること	100.0	80.7	13.1	6.2	−	100.0	97.6	2.4
部活動（クラブ活動を含む）でのトラブルに関すること	100.0	88.6	8.7	2.6	0.1	100.0	97.1	2.8
恋愛に関すること	100.0	85.1	11.1	3.7	0.1	100.0	96.6	3.3
性に関すること	100.0	84.3	11.3	4.0	0.4	100.0	97.2	2.0
学校や塾の成績に関すること	100.0	88.4	8.8	2.6	0.1	100.0	97.9	2.0
進路に関すること	100.0	88.0	9.0	2.8	0.2	100.0	97.8	2.0
親がなにかと干渉してくること	100.0	84.2	11.9	3.7	0.2	100.0	96.9	2.8
親の期待や要求が高すぎること	100.0	86.1	10.4	3.3	0.1	100.0	97.1	2.7
何かにつけ兄弟姉妹と比べられること	100.0	84.2	11.7	3.9	0.2	100.0	96.0	3.9
自分の容姿に関すること	100.0	86.4	10.1	3.4	0.1	100.0	96.6	3.2
健康（病気）に関すること	100.0	84.7	11.7	3.5	0.1	100.0	96.7	3.2
その他	100.0	82.6	12.7	3.9	0.7	100.0	96.1	3.6
悩みや不安は特にない	100.0	90.3	7.0	2.5	0.1	100.0	98.8	1.0
不詳	100.0	70.8	10.0	4.2	15.0	100.0	83.7	1.3
男児	100.0	88.1	8.3	3.1	0.5	100.0	98.6	0.9
悩みや不安がある	100.0	86.9	9.5	3.4	0.2	100.0	98.6	1.2
親の仲が悪いこと	100.0	82.1	13.7	4.2	−	100.0	98.9	1.1
自分と家族の仲が悪いこと	100.0	82.2	13.3	4.1	0.4	100.0	95.6	3.7
友達との関係に関すること（友達ができない・友達の輪に入れないなど）	100.0	83.0	11.9	4.8	0.4	100.0	97.1	2.7
いじめに関すること	100.0	79.2	13.2	7.6	−	100.0	97.9	2.1
部活動（クラブ活動を含む）でのトラブルに関すること	100.0	90.4	6.4	3.2	−	100.0	98.8	1.2
恋愛に関すること	100.0	87.8	9.5	2.5	0.2	100.0	98.1	1.7
性に関すること	100.0	86.6	10.2	2.4	0.8	100.0	97.6	1.6
学校や塾の成績に関すること	100.0	88.1	9.0	2.7	0.1	100.0	98.9	1.0
進路に関すること	100.0	87.0	9.5	3.3	0.2	100.0	98.7	1.1
親がなにかと干渉してくること	100.0	84.3	11.3	4.0	0.3	100.0	97.7	1.9
親の期待や要求が高すぎること	100.0	85.0	10.8	4.0	0.3	100.0	98.1	1.5
何かにつけ兄弟姉妹と比べられること	100.0	85.5	9.8	4.4	0.4	100.0	97.2	2.4
自分の容姿に関すること	100.0	84.2	11.8	3.8	0.1	100.0	98.3	1.7
健康（病気）に関すること	100.0	84.8	10.9	4.3	−	100.0	98.3	1.7
その他	100.0	78.9	14.6	5.3	1.2	100.0	95.5	4.1
悩みや不安は特にない	100.0	89.4	7.5	2.9	0.2	100.0	99.1	0.7
不詳	100.0	69.6	9.9	5.0	15.5	100.0	83.2	1.3
女児	100.0	89.5	7.8	2.4	0.3	100.0	97.5	2.1
悩みや不安がある	100.0	88.3	8.9	2.7	0.1	100.0	97.1	2.6
親の仲が悪いこと	100.0	81.2	14.3	4.5	−	100.0	95.0	4.8
自分と家族の仲が悪いこと	100.0	75.6	17.9	6.5	−	100.0	91.9	8.1
友達との関係に関すること（友達ができない・友達の輪に入れないなど）	100.0	83.9	11.9	4.1	0.1	100.0	96.9	3.1
いじめに関すること	100.0	82.2	13.0	4.8	−	100.0	97.3	2.7
部活動（クラブ活動を含む）でのトラブルに関すること	100.0	87.9	9.6	2.4	0.1	100.0	96.5	3.4
恋愛に関すること	100.0	83.5	12.0	4.5	−	100.0	95.8	4.1
性に関すること	100.0	81.8	12.4	5.8	−	100.0	96.7	2.5
学校や塾の成績に関すること	100.0	88.6	8.7	2.5	0.1	100.0	97.3	2.6
進路に関すること	100.0	88.6	8.7	2.5	0.1	100.0	97.2	2.6
親がなにかと干渉してくること	100.0	84.0	12.6	3.4	−	100.0	96.1	3.9
親の期待や要求が高すぎること	100.0	87.3	10.0	2.7	−	100.0	96.1	3.9
何かにつけ兄弟姉妹と比べられること	100.0	83.5	12.9	3.7	−	100.0	95.2	4.8
自分の容姿に関すること	100.0	87.1	9.5	3.3	0.0	100.0	96.1	3.6
健康（病気）に関すること	100.0	84.7	12.2	2.9	0.1	100.0	95.6	4.2
その他	100.0	85.6	11.2	2.9	0.3	100.0	96.5	3.2
悩みや不安は特にない	100.0	91.5	6.4	2.0	0.1	100.0	98.4	1.4
不詳	100.0	72.7	10.2	2.8	14.2	100.0	84.7	1.1

悩みや不安（複数回答）、朝食－夕食のとり方別（２－２）

第15回調査（平成28年）

夕食									
夕食のとり方								食べない	不詳
家でひとりで食べる	家で兄弟・姉妹だけで食べる	家で父母などの家族と一緒に食べる	塾でひとりで食べる	塾で友人と食べる	家・塾以外でひとりで食べる	家・塾以外で友人と食べる	不詳		
7.0	4.6	86.0	0.3	0.9	0.1	0.3	0.4	0.0	0.4
7.9	4.8	84.9	0.4	1.1	0.1	0.2	0.4	0.0	0.2
10.7	6.9	80.2	0.2	0.9	0.5	0.3	0.2	0.2	－
17.2	7.3	73.0	0.3	1.0	－	0.2	0.7	－	0.3
7.9	5.6	84.9	0.4	0.7	0.2	0.2	0.2	－	0.1
8.6	5.5	83.4	0.3	1.0	0.3	－	0.7	－	－
8.2	4.6	85.2	0.5	0.4	0.1	0.1	0.6	－	0.1
8.2	5.9	83.6	0.4	1.0	0.1	0.3	0.5	－	0.1
11.3	5.2	79.8	0.8	0.4	－	0.8	0.8	－	0.8
8.6	4.8	84.2	0.4	1.2	0.0	0.3	0.3	0.0	0.1
7.9	4.8	84.8	0.4	1.2	0.1	0.3	0.4	0.0	0.2
9.9	5.1	82.2	0.5	1.2	0.2	0.2	0.5	－	0.2
10.1	5.2	81.5	0.9	1.1	0.1	0.4	0.6	－	0.2
10.1	7.4	80.3	0.4	0.8	0.2	0.2	0.5	－	0.2
9.2	5.4	82.8	0.3	1.2	0.1	0.5	0.3	0.1	0.1
8.8	4.6	84.3	0.4	1.1	0.2	0.4	0.2	－	0.1
9.8	4.3	83.7	0.5	0.7	－	－	0.5	－	0.4
6.2	4.3	87.6	0.2	0.7	0.1	0.3	0.4	0.0	0.2
6.5	5.8	70.6	0.2	0.4	－	0.2	1.3	－	15.0
7.7	4.4	85.4	0.3	0.7	0.1	0.4	0.5	0.0	0.5
8.6	4.7	84.4	0.3	0.8	0.1	0.4	0.5	－	0.2
12.5	5.3	81.7	－	－	－	0.4	－	－	－
17.4	5.2	75.6	－	0.4	－	－	0.7	－	0.7
9.0	6.1	82.6	0.4	0.6	0.4	0.4	0.4	－	0.2
8.3	7.6	82.6	－	－	0.7	－	0.7	－	－
10.0	2.8	85.1	－	－	0.4	－	1.6	－	－
9.3	5.9	82.5	0.2	0.8	0.2	0.4	0.6	－	0.2
10.2	6.3	81.9	0.8	－	－	－	－	－	0.8
9.3	4.4	84.2	0.3	0.9	0.1	0.4	0.3	－	0.1
8.9	4.6	84.2	0.4	0.8	0.1	0.3	0.5	－	0.2
10.9	5.7	80.8	0.5	0.9	0.1	－	0.7	－	0.4
10.5	4.6	81.1	1.1	0.7	－	0.4	1.1	－	0.4
9.4	7.6	80.5	0.6	1.0	－	－	0.6	－	0.4
9.8	4.4	83.3	0.1	1.0	－	0.9	0.4	－	－
9.5	3.8	84.1	0.7	0.9	0.2	0.5	0.3	－	－
10.6	2.8	84.1	0.8	0.4	－	－	0.8	－	0.4
7.2	4.2	86.7	0.2	0.6	0.1	0.4	0.5	0.0	0.2
7.3	5.6	69.0	0.3	0.3	－	0.3	1.7	－	15.5
6.2	4.7	86.6	0.3	1.1	0.1	0.1	0.4	0.1	0.3
7.3	4.9	85.2	0.4	1.3	0.1	0.2	0.4	0.1	0.2
9.5	8.0	79.2	0.3	1.5	0.8	0.3	0.3	0.3	－
16.9	9.1	70.7	0.7	1.6	－	0.3	0.7	－	－
7.5	5.3	85.7	0.4	0.7	0.1	0.1	0.1	－	0.1
8.9	3.4	84.2	0.7	2.1	－	－	0.7	－	－
7.5	5.3	85.2	0.7	0.6	－	0.1	0.3	－	0.1
7.5	5.8	84.2	0.5	1.1	－	0.2	0.5	－	0.1
12.4	4.1	77.7	0.8	0.8	－	1.7	1.7	－	0.8
8.2	5.1	84.2	0.5	1.3	0.0	0.2	0.3	0.0	0.1
7.2	4.9	85.2	0.4	1.4	0.0	0.2	0.4	0.1	0.1
8.8	4.4	83.7	0.5	1.7	0.2	0.4	0.4	－	－
9.6	5.7	81.8	0.7	1.6	0.1	0.4	0.1	－	－
10.5	7.4	80.3	0.2	0.7	0.2	0.2	0.4	－	－
9.0	5.7	82.7	0.4	1.3	0.1	0.4	0.2	0.2	0.1
8.2	5.2	84.5	0.2	1.2	0.2	0.2	0.1	－	0.1
9.3	5.4	83.4	0.3	1.0	－	－	0.3	－	0.3
4.8	4.4	89.0	0.2	0.8	0.1	0.1	0.4	0.1	0.2
5.1	6.3	73.3	－	0.6	－	－	0.6	－	14.2

第49表　母と同居している子ども数・構成割合，

性、母の就業状況	朝食 総数	朝食 食べる	朝食 食べないことがある	朝食 食べない	朝食 不詳	総数	食べる	食べないことがある
								実
総数	28 335	25 223	2 283	777	52	28 335	27 859	410
無職	5 254	4 719	383	141	11	5 254	5 185	56
仕事を探している	1 464	1 308	120	35	1	1 464	1 444	19
仕事を探していない	3 567	3 220	241	98	8	3 567	3 523	33
求職状況不詳	186	160	19	6	1	186	183	3
学生	37	31	3	2	1	37	35	1
有職	22 946	20 388	1 889	629	40	22 946	22 542	352
勤め(常勤)	7 121	6 251	658	199	13	7 121	6 963	140
勤め(パート・アルバイト)	13 677	12 252	1 036	366	23	13 677	13 472	176
自営業・家業	1 832	1 603	167	58	4	1 832	1 796	31
内職	196	181	12	3	-	196	196	-
その他	120	101	16	3	-	120	115	5
不詳	135	116	11	7	1	135	132	2
男児	14 528	12 835	1 207	453	33	14 528	14 368	127
無職	2 685	2 415	189	77	4	2 685	2 661	19
仕事を探している	736	662	54	19	1	736	730	5
仕事を探していない	1 832	1 652	125	53	2	1 832	1 815	13
求職状況不詳	101	86	10	4	1	101	100	1
学生	16	15	-	1	-	16	16	-
有職	11 755	10 343	1 011	372	29	11 755	11 619	108
勤め(常勤)	3 598	3 123	352	114	9	3 598	3 548	41
勤め(パート・アルバイト)	7 065	6 270	561	217	17	7 065	6 988	61
自営業・家業	948	823	84	38	3	948	940	5
内職	91	83	6	2	-	91	91	-
その他	53	44	8	1	-	53	52	1
不詳	88	77	7	4	-	88	88	-
女児	13 807	12 388	1 076	324	19	13 807	13 491	283
無職	2 569	2 304	194	64	7	2 569	2 524	37
仕事を探している	728	646	66	16	-	728	714	14
仕事を探していない	1 735	1 568	116	45	6	1 735	1 708	20
求職状況不詳	85	74	9	2	-	85	83	2
学生	21	16	3	1	1	21	19	1
有職	11 191	10 045	878	257	11	11 191	10 923	244
勤め(常勤)	3 523	3 128	306	85	4	3 523	3 415	99
勤め(パート・アルバイト)	6 612	5 982	475	149	6	6 612	6 484	115
自営業・家業	884	780	83	20	1	884	856	26
内職	105	98	6	1	-	105	105	-
その他	67	57	8	2	-	67	63	4
不詳	47	39	4	3	1	47	44	2
								構成
総数	100.0	89.0	8.1	2.7	0.2	100.0	98.3	1.4
無職	100.0	89.8	7.3	2.7	0.2	100.0	98.7	1.1
仕事を探している	100.0	89.3	8.2	2.4	0.1	100.0	98.6	1.3
仕事を探していない	100.0	90.3	6.8	2.7	0.2	100.0	98.8	0.9
求職状況不詳	100.0	86.0	10.2	3.2	0.5	100.0	98.4	1.6
学生	100.0	83.8	8.1	5.4	2.7	100.0	94.6	2.7
有職	100.0	88.9	8.2	2.7	0.2	100.0	98.2	1.5
勤め(常勤)	100.0	87.8	9.2	2.8	0.2	100.0	97.8	2.0
勤め(パート・アルバイト)	100.0	89.6	7.6	2.7	0.2	100.0	98.5	1.3
自営業・家業	100.0	87.5	9.1	3.2	0.2	100.0	98.0	1.7
内職	100.0	92.3	6.1	1.5	-	100.0	100.0	-
その他	100.0	84.2	13.3	2.5	-	100.0	95.8	4.2
不詳	100.0	85.9	8.1	5.2	0.7	100.0	97.8	1.5
男児	100.0	88.3	8.3	3.1	0.2	100.0	98.9	0.9
無職	100.0	89.9	7.0	2.9	0.1	100.0	99.1	0.7
仕事を探している	100.0	89.9	7.3	2.6	0.1	100.0	99.2	0.7
仕事を探していない	100.0	90.2	6.8	2.9	0.1	100.0	99.1	0.7
求職状況不詳	100.0	85.1	9.9	4.0	1.0	100.0	99.0	1.0
学生	100.0	93.8	-	6.3	-	100.0	100.0	-
有職	100.0	88.0	8.6	3.2	0.2	100.0	98.8	0.9
勤め(常勤)	100.0	86.8	9.8	3.2	0.3	100.0	98.6	1.1
勤め(パート・アルバイト)	100.0	88.7	7.9	3.1	0.2	100.0	98.9	0.9
自営業・家業	100.0	86.8	8.9	4.0	0.3	100.0	99.2	0.5
内職	100.0	91.2	6.6	2.2	-	100.0	100.0	-
その他	100.0	83.0	15.1	1.9	-	100.0	98.1	1.9
不詳	100.0	87.5	8.0	4.5	-	100.0	100.0	-
女児	100.0	89.7	7.8	2.3	0.1	100.0	97.7	2.0
無職	100.0	89.7	7.6	2.5	0.3	100.0	98.2	1.4
仕事を探している	100.0	88.7	9.1	2.2	-	100.0	98.1	1.9
仕事を探していない	100.0	90.4	6.7	2.6	0.3	100.0	98.4	1.2
求職状況不詳	100.0	87.1	10.6	2.4	-	100.0	97.6	2.4
学生	100.0	76.2	14.3	4.8	4.8	100.0	90.5	4.8
有職	100.0	89.8	7.8	2.3	0.1	100.0	97.6	2.2
勤め(常勤)	100.0	88.8	8.7	2.4	0.1	100.0	96.9	2.8
勤め(パート・アルバイト)	100.0	90.5	7.2	2.3	0.1	100.0	98.1	1.7
自営業・家業	100.0	88.2	9.4	2.3	0.1	100.0	96.8	2.9
内職	100.0	93.3	5.7	1.0	-	100.0	100.0	-
その他	100.0	85.1	11.9	3.0	-	100.0	94.0	6.0
不詳	100.0	83.0	8.5	6.4	2.1	100.0	93.6	4.3

性、母の就業状況、朝食－夕食のとり方別

第15回調査（平成28年）

夕食									
夕食のとり方								食べない	不詳
家でひとりで食べる	家で兄弟・姉妹だけで食べる	家で父母などの家族と一緒に食べる	塾でひとりで食べる	塾で友人と食べる	家・塾以外でひとりで食べる	家・塾以外で友人と食べる	不詳		
数（人）									
1 995	1 290	24 515	82	249	21	28	89	10	56
307	200	4 645	13	56	3	7	10	3	10
91	58	1 296	1	12	2	–	3	–	1
192	134	3 164	11	41	1	7	6	3	8
19	7	155	1	3	–	–	1	–	–
5	1	30	–	–	–	–	–	–	1
1 676	1 080	19 760	69	193	18	21	77	6	46
583	368	6 026	22	66	9	5	24	1	17
949	594	11 886	39	116	7	11	46	5	24
119	104	1 575	6	10	2	5	6	–	5
16	7	172	–	1	–	–	–	–	–
9	7	101	2	–	–	–	1	–	–
12	10	110	–	–	–	–	2	1	–
1 129	644	12 495	40	97	10	22	58	1	32
174	105	2 354	9	23	1	6	8	1	4
53	28	644	1	6	–	–	3	–	1
109	73	1 612	7	16	1	6	4	1	3
10	4	84	1	1	–	–	1	–	–
2	–	14	–	–	–	–	–	–	–
949	530	10 070	31	74	9	16	48	–	28
312	170	3 046	8	30	5	3	15	–	9
555	305	6 090	18	40	2	10	29	–	16
68	48	814	3	4	2	3	3	–	3
8	3	80	–	–	–	–	–	–	–
6	4	40	2	–	–	–	1	–	–
6	9	71	–	–	–	–	2	–	–
866	646	12 020	42	152	11	6	31	9	24
133	95	2 291	4	33	2	1	2	2	6
38	30	652	–	6	2	–	–	–	–
83	61	1 552	4	25	–	1	2	2	5
9	3	71	–	2	–	–	–	–	–
3	1	16	–	–	–	–	–	–	1
727	550	9 690	38	119	9	5	29	6	18
271	198	2 980	14	36	4	2	9	1	8
394	289	5 796	21	76	5	1	17	5	8
51	56	761	3	6	–	2	3	–	2
8	4	92	–	1	–	–	–	–	–
3	3	61	–	–	–	–	–	–	–
6	1	39	–	–	–	–	–	1	–
割合（%）									
7.0	4.6	86.5	0.3	0.9	0.1	0.1	0.3	0.0	0.2
5.8	3.8	88.4	0.2	1.1	0.1	0.1	0.2	0.1	0.2
6.2	4.0	88.5	0.1	0.8	0.1	–	0.2	–	0.1
5.4	3.8	88.7	0.3	1.1	0.0	0.2	0.2	0.1	0.2
10.2	3.8	83.3	0.5	1.6	–	–	0.5	–	–
13.5	2.7	81.1	–	–	–	–	–	–	2.7
7.3	4.7	86.1	0.3	0.8	0.1	0.1	0.3	0.0	0.2
8.2	5.2	84.6	0.3	0.9	0.1	0.1	0.3	0.0	0.2
6.9	4.3	86.9	0.3	0.8	0.1	0.1	0.3	0.0	0.2
6.5	5.7	86.0	0.3	0.5	0.1	0.3	0.3	–	0.3
8.2	3.6	87.8	–	0.5	–	–	–	–	–
7.5	5.8	84.2	1.7	–	–	–	0.8	–	–
8.9	7.4	81.5	–	–	–	–	1.5	0.7	–
7.8	4.4	86.0	0.3	0.7	0.1	0.2	0.4	0.0	0.2
6.5	3.9	87.7	0.3	0.9	0.0	0.2	0.3	0.0	0.1
7.2	3.8	87.5	0.1	0.8	–	–	0.4	–	0.1
5.9	4.0	88.0	0.4	0.9	0.1	0.3	0.2	0.1	0.2
9.9	4.0	83.2	1.0	1.0	–	–	1.0	–	–
12.5	–	87.5	–	–	–	–	–	–	–
8.1	4.5	85.7	0.3	0.6	0.1	0.1	0.4	–	0.2
8.7	4.7	84.7	0.2	0.8	0.1	0.1	0.4	–	0.3
7.9	4.3	86.2	0.3	0.6	0.0	0.1	0.4	–	0.2
7.2	5.1	85.9	0.3	0.4	0.2	0.3	0.3	–	0.3
8.8	3.3	87.9	–	–	–	–	–	–	–
11.3	7.5	75.5	3.8	–	–	–	1.9	–	–
6.8	10.2	80.7	–	–	–	–	2.3	–	–
6.3	4.7	87.1	0.3	1.1	0.1	0.0	0.2	0.1	0.2
5.2	3.7	89.2	0.2	1.3	0.1	0.0	0.1	0.1	0.2
5.2	4.1	89.6	–	0.8	0.3	–	–	–	–
4.8	3.5	89.5	0.2	1.4	–	0.1	0.1	0.1	0.3
10.6	3.5	83.5	–	2.4	–	–	–	–	–
14.3	4.8	76.2	–	–	–	–	–	–	4.8
6.5	4.9	86.6	0.3	1.1	0.1	0.0	0.3	0.1	0.2
7.7	5.6	84.6	0.4	1.0	0.1	0.1	0.3	0.0	0.2
6.0	4.4	87.7	0.3	1.1	0.1	0.0	0.3	0.1	0.1
5.8	6.3	86.1	0.3	0.7	–	0.2	0.3	–	0.2
7.6	3.8	87.6	–	1.0	–	–	–	–	–
4.5	4.5	91.0	–	–	–	–	–	–	–
12.8	2.1	83.0	–	–	–	–	–	2.1	–

第50表　子ども数・構成割合，１年前（第14回調査）の

第14回調査の朝食－夕食のとり方	第　１　５　回　調　査　の							
	朝　食							
	総　数	食べる	食べないことがある	食べない	不　詳	総　数	食べる	食べないことがある
								実
朝食	27 797	24 704	2 227	756	110	27 797	27 263	409
食べる	25 159	23 741	1 162	170	86	25 159	24 787	275
食べないことがある	2 006	800	923	272	11	2 006	1 889	104
食べない	535	88	136	309	2	535	504	28
不詳	97	75	6	5	11	97	83	2
夕食	27 797	24 704	2 227	756	110	27 797	27 263	409
食べる	27 368	24 426	2 127	721	94	27 368	26 940	323
食べないことがある	331	205	94	27	5	331	243	82
家でひとりで食べる	1 303	1 108	135	53	7	1 303	1 250	45
家で兄弟・姉妹だけで食べる	1 295	1 110	130	46	9	1 295	1 241	42
家で父母などの家族と一緒に食べる	24 892	22 227	1 945	640	80	24 892	24 490	315
塾でひとりで食べる	24	21	1	2	－	24	23	1
塾で友人と食べる	22	21	1	－	－	22	22	－
家・塾以外でひとりで食べる	19	17	2	－	－	19	18	1
家・塾以外で友人と食べる	62	53	3	5	1	62	59	1
不詳	82	74	4	2	2	82	80	－
食べない	8	6	－	2	－	8	4	2
不詳	90	67	6	6	11	90	76	2
								構　成
朝食	100.0	88.9	8.0	2.7	0.4	100.0	98.1	1.5
食べる	100.0	94.4	4.6	0.7	0.3	100.0	98.5	1.1
食べないことがある	100.0	39.9	46.0	13.6	0.5	100.0	94.2	5.2
食べない	100.0	16.4	25.4	57.8	0.4	100.0	94.2	5.2
不詳	100.0	77.3	6.2	5.2	11.3	100.0	85.6	2.1
夕食	100.0	88.9	8.0	2.7	0.4	100.0	98.1	1.5
食べる	100.0	89.3	7.8	2.6	0.3	100.0	98.4	1.2
食べないことがある	100.0	61.9	28.4	8.2	1.5	100.0	73.4	24.8
家でひとりで食べる	100.0	85.0	10.4	4.1	0.5	100.0	95.9	3.5
家で兄弟・姉妹だけで食べる	100.0	85.7	10.0	3.6	0.7	100.0	95.8	3.2
家で父母などの家族と一緒に食べる	100.0	89.3	7.8	2.6	0.3	100.0	98.4	1.3
塾でひとりで食べる	100.0	87.5	4.2	8.3	－	100.0	95.8	4.2
塾で友人と食べる	100.0	95.5	4.5	－	－	100.0	100.0	－
家・塾以外でひとりで食べる	100.0	89.5	10.5	－	－	100.0	94.7	5.3
家・塾以外で友人と食べる	100.0	85.5	4.8	8.1	1.6	100.0	95.2	1.6
不詳	100.0	90.2	4.9	2.4	2.4	100.0	97.6	－
食べない	100.0	75.0	－	25.0	－	100.0	50.0	25.0
不詳	100.0	74.4	6.7	6.7	12.2	100.0	84.4	2.2

朝食－夕食のとり方、現在（第15回調査）の朝食－夕食のとり方別

第15回調査（平成28年）

朝食－夕食のとり方									
夕食									
夕食のとり方								食べない	不詳
家でひとりで食べる	家で兄弟・姉妹だけで食べる	家で父母などの家族と一緒に食べる	塾でひとりで食べる	塾で友人と食べる	家・塾以外でひとりで食べる	家・塾以外で友人と食べる	不詳		
数（人）									
1 948	1 264	23 919	80	244	20	71	126	10	115
1 681	1 133	21 758	68	225	15	64	118	7	90
192	106	1 652	10	16	5	5	7	1	12
65	25	435	2	3	－	1	1	－	3
10	－	74	－	－	－	1	－	2	10
1 948	1 264	23 919	80	244	20	71	126	10	115
1 876	1 246	23 611	77	241	20	68	124	5	100
64	18	233	3	3	－	2	2	1	5
659	70	520	8	22	6	2	8	1	7
205	548	496	8	16	1	－	9	3	9
1 061	633	22 733	59	191	11	19	98	2	85
1	4	14	3	1	1	－	－	－	－
3	－	5	1	11	－	2	－	－	－
3	2	13	－	－	1	－	－	－	－
2	－	10	－	1	－	45	2	－	2
6	7	53	1	2	－	2	9	－	2
－	－	6	－	－	－	－	－	2	－
8	－	69	－	－	－	1	－	2	10
割合（%）									
7.0	4.5	86.0	0.3	0.9	0.1	0.3	0.5	0.0	0.4
6.7	4.5	86.5	0.3	0.9	0.1	0.3	0.5	0.0	0.4
9.6	5.3	82.4	0.5	0.8	0.2	0.2	0.3	0.0	0.6
12.1	4.7	81.3	0.4	0.6	－	0.2	0.2	－	0.6
10.3	－	76.3	－	－	－	1.0	－	2.1	10.3
7.0	4.5	86.0	0.3	0.9	0.1	0.3	0.5	0.0	0.4
6.9	4.6	86.3	0.3	0.9	0.1	0.2	0.5	0.0	0.4
19.3	5.4	70.4	0.9	0.9	－	0.6	0.6	0.3	1.5
50.6	5.4	39.9	0.6	1.7	0.5	0.2	0.6	0.1	0.5
15.8	42.3	38.3	0.6	1.2	0.1	－	0.7	0.2	0.7
4.3	2.5	91.3	0.2	0.8	0.0	0.1	0.4	0.0	0.3
4.2	16.7	58.3	12.5	4.2	4.2	－	－	－	－
13.6	－	22.7	4.5	50.0	－	9.1	－	－	－
15.8	10.5	68.4	－	－	5.3	－	－	－	－
3.2	－	16.1	－	1.6	－	72.6	3.2	－	3.2
7.3	8.5	64.6	1.2	2.4	－	2.4	11.0	－	2.4
－	－	75.0	－	－	－	－	－	25.0	－
8.9	－	76.7	－	－	－	1.1	－	2.2	11.1

第51表　朝食を食べる子ども数・構成割合，

性　、　市　郡　、 きょうだい構成	総数	朝食の内容			
		いつもバランスよく食べている	ときどきバランスよく食べている	バランスよく食べることはほとんどない・まったくない	不詳
		実数（人）			
総数	27 893	10 075	11 774	5 967	77
ひとり	4 646	1 754	1 895	984	13
弟妹のみ	10 351	3 891	4 406	2 028	26
兄姉のみ	9 926	3 467	4 173	2 254	32
兄弟姉妹あり	2 970	963	1 300	701	6
21大都市	7 279	2 710	2 951	1 597	21
ひとり	1 322	532	490	296	4
弟妹のみ	2 658	1 041	1 090	519	8
兄姉のみ	2 635	923	1 074	632	6
兄弟姉妹あり	664	214	297	150	3
その他の市	18 097	6 500	7 686	3 860	51
ひとり	2 901	1 077	1 213	603	8
弟妹のみ	6 746	2 510	2 881	1 338	17
兄姉のみ	6 451	2 253	2 725	1 450	23
兄弟姉妹あり	1 999	660	867	469	3
郡部	2 464	850	1 107	502	5
ひとり	407	143	184	79	1
弟妹のみ	920	329	420	170	1
兄姉のみ	836	289	373	171	3
兄弟姉妹あり	301	89	130	82	−
外国	53	15	30	8	−
ひとり	16	2	8	6	−
弟妹のみ	27	11	15	1	−
兄姉のみ	4	2	1	1	−
兄弟姉妹あり	6	−	6	−	−
男児	14 257	5 400	5 878	2 931	48
ひとり	2 331	930	913	481	7
弟妹のみ	5 206	2 062	2 168	959	17
兄姉のみ	5 136	1 868	2 122	1 125	21
兄弟姉妹あり	1 584	540	675	366	3
21大都市	3 753	1 465	1 510	765	13
ひとり	675	294	229	149	3
弟妹のみ	1 334	550	539	241	4
兄姉のみ	1 366	495	569	297	5
兄弟姉妹あり	378	126	173	78	1
その他の市	9 214	3 461	3 806	1 916	31
ひとり	1 442	555	591	293	3
弟妹のみ	3 387	1 335	1 397	643	12
兄姉のみ	3 335	1 203	1 384	734	14
兄弟姉妹あり	1 050	368	434	246	2
郡部	1 267	469	546	248	4
ひとり	206	80	88	37	1
弟妹のみ	474	173	225	75	1
兄姉のみ	434	170	168	94	2
兄弟姉妹あり	153	46	65	42	−
外国	23	5	16	2	−
ひとり	8	1	5	2	−
弟妹のみ	11	4	7	−	−
兄姉のみ	1	−	1	−	−
兄弟姉妹あり	3	−	3	−	−
女児	13 636	4 675	5 896	3 036	29
ひとり	2 315	824	982	503	6
弟妹のみ	5 145	1 829	2 238	1 069	9
兄姉のみ	4 790	1 599	2 051	1 129	11
兄弟姉妹あり	1 386	423	625	335	3
21大都市	3 526	1 245	1 441	832	8
ひとり	647	238	261	147	1
弟妹のみ	1 324	491	551	278	4
兄姉のみ	1 269	428	505	335	1
兄弟姉妹あり	286	88	124	72	2
その他の市	8 883	3 039	3 880	1 944	20
ひとり	1 459	522	622	310	5
弟妹のみ	3 359	1 175	1 484	695	5
兄姉のみ	3 116	1 050	1 341	716	9
兄弟姉妹あり	949	292	433	223	1
郡部	1 197	381	561	254	1
ひとり	201	63	96	42	−
弟妹のみ	446	156	195	95	−
兄姉のみ	402	119	205	77	1
兄弟姉妹あり	148	43	65	40	−
外国	30	10	14	6	−
ひとり	8	1	3	4	−
弟妹のみ	16	7	8	1	−
兄姉のみ	3	2	−	1	−
兄弟姉妹あり	3	−	3	−	−

第15回調査（平成28年）

総数	朝食の内容			
	いつもバランスよく食べている	ときどきバランスよく食べている	バランスよく食べることはほとんどない・まったくない	不詳
構成割合 (%)				
100.0	36.1	42.2	21.4	0.3
100.0	37.8	40.8	21.2	0.3
100.0	37.6	42.6	19.6	0.3
100.0	34.9	42.0	22.7	0.3
100.0	32.4	43.8	23.6	0.2
100.0	37.2	40.5	21.9	0.3
100.0	40.2	37.1	22.4	0.3
100.0	39.2	41.0	19.5	0.3
100.0	35.0	40.8	24.0	0.2
100.0	32.2	44.7	22.6	0.5
100.0	35.9	42.5	21.3	0.3
100.0	37.1	41.8	20.8	0.3
100.0	37.2	42.7	19.8	0.3
100.0	34.9	42.2	22.5	0.4
100.0	33.0	43.4	23.5	0.2
100.0	34.5	44.9	20.4	0.2
100.0	35.1	45.2	19.4	0.2
100.0	35.8	45.7	18.5	0.1
100.0	34.6	44.6	20.5	0.4
100.0	29.6	43.2	27.2	-
100.0	28.3	56.6	15.1	-
100.0	12.5	50.0	37.5	-
100.0	40.7	55.6	3.7	-
100.0	50.0	25.0	25.0	-
100.0	-	100.0	-	-
100.0	37.9	41.2	20.6	0.3
100.0	39.9	39.2	20.6	0.3
100.0	39.6	41.6	18.4	0.3
100.0	36.4	41.3	21.9	0.4
100.0	34.1	42.6	23.1	0.2
100.0	39.0	40.2	20.4	0.3
100.0	43.6	33.9	22.1	0.4
100.0	41.2	40.4	18.1	0.3
100.0	36.2	41.7	21.7	0.4
100.0	33.3	45.8	20.6	0.3
100.0	37.6	41.3	20.8	0.3
100.0	38.5	41.0	20.3	0.2
100.0	39.4	41.2	19.0	0.4
100.0	36.1	41.5	22.0	0.4
100.0	35.0	41.3	23.4	0.2
100.0	37.0	43.1	19.6	0.3
100.0	38.8	42.7	18.0	0.5
100.0	36.5	47.5	15.8	0.2
100.0	39.2	38.7	21.7	0.5
100.0	30.1	42.5	27.5	-
100.0	21.7	69.6	8.7	-
100.0	12.5	62.5	25.0	-
100.0	36.4	63.6	-	-
100.0	-	100.0	-	-
100.0	-	100.0	-	-
100.0	34.3	43.2	22.3	0.2
100.0	35.6	42.4	21.7	0.3
100.0	35.5	43.5	20.8	0.2
100.0	33.4	42.8	23.6	0.2
100.0	30.5	45.1	24.2	0.2
100.0	35.3	40.9	23.6	0.2
100.0	36.8	40.3	22.7	0.2
100.0	37.1	41.6	21.0	0.3
100.0	33.7	39.8	26.4	0.1
100.0	30.8	43.4	25.2	0.7
100.0	34.2	43.7	21.9	0.2
100.0	35.8	42.6	21.2	0.3
100.0	35.0	44.2	20.7	0.1
100.0	33.7	43.0	23.0	0.3
100.0	30.8	45.6	23.5	0.1
100.0	31.8	46.9	21.2	0.1
100.0	31.3	47.8	20.9	-
100.0	35.0	43.7	21.3	-
100.0	29.6	51.0	19.2	0.2
100.0	29.1	43.9	27.0	-
100.0	33.3	46.7	20.0	-
100.0	12.5	37.5	50.0	-
100.0	43.8	50.0	6.3	-
100.0	66.7	-	33.3	-
100.0	-	100.0	-	-

第52表　朝食を食べる子ども数・構成割合，

性　、 地域ブロック	総数	朝食の内容			
		いつもバランスよく食べている	ときどきバランスよく食べている	バランスよく食べることはほとんどない・まったくない	不詳
	実数（人）				
総数	27 893	10 075	11 774	5 967	77
北海道	1 002	368	435	195	4
東北	2 039	809	917	310	3
関東１	7 521	2 850	3 031	1 612	28
関東２	2 306	908	981	412	5
北陸	1 336	540	574	219	3
東海	3 616	1 258	1 576	775	7
近畿１	3 674	1 122	1 510	1 031	11
近畿２	917	282	364	268	3
中国	1 664	587	697	376	4
四国	829	279	366	182	2
北九州	1 787	650	769	363	5
南九州	1 149	407	524	216	2
外国	53	15	30	8	-
男児	14 257	5 400	5 878	2 931	48
北海道	477	195	198	82	2
東北	1 049	447	475	124	3
関東１	3 832	1 482	1 515	817	18
関東２	1 176	500	475	197	4
北陸	690	296	282	111	1
東海	1 868	687	785	393	3
近畿１	1 896	593	794	501	8
近畿２	480	151	184	144	1
中国	833	306	349	176	2
四国	386	142	150	92	2
北九州	940	359	392	186	3
南九州	607	237	263	106	1
外国	23	5	16	2	-
女児	13 636	4 675	5 896	3 036	29
北海道	525	173	237	113	2
東北	990	362	442	186	-
関東１	3 689	1 368	1 516	795	10
関東２	1 130	408	506	215	1
北陸	646	244	292	108	2
東海	1 748	571	791	382	4
近畿１	1 778	529	716	530	3
近畿２	437	131	180	124	2
中国	831	281	348	200	2
四国	443	137	216	90	-
北九州	847	291	377	177	2
南九州	542	170	261	110	1
外国	30	10	14	6	-

性、地域ブロック、朝食の内容別

第15回調査（平成28年）

総　　数	朝食の内容			
	いつもバランスよく食べている	ときどきバランスよく食べている	バランスよく食べることはほとんどない・まったくない	不　詳
構成割合 (%)				
100.0	36.1	42.2	21.4	0.3
100.0	36.7	43.4	19.5	0.4
100.0	39.7	45.0	15.2	0.1
100.0	37.9	40.3	21.4	0.4
100.0	39.4	42.5	17.9	0.2
100.0	40.4	43.0	16.4	0.2
100.0	34.8	43.6	21.4	0.2
100.0	30.5	41.1	28.1	0.3
100.0	30.8	39.7	29.2	0.3
100.0	35.3	41.9	22.6	0.2
100.0	33.7	44.1	22.0	0.2
100.0	36.4	43.0	20.3	0.3
100.0	35.4	45.6	18.8	0.2
100.0	28.3	56.6	15.1	-
100.0	37.9	41.2	20.6	0.3
100.0	40.9	41.5	17.2	0.4
100.0	42.6	45.3	11.8	0.3
100.0	38.7	39.5	21.3	0.5
100.0	42.5	40.4	16.8	0.3
100.0	42.9	40.9	16.1	0.1
100.0	36.8	42.0	21.0	0.2
100.0	31.3	41.9	26.4	0.4
100.0	31.5	38.3	30.0	0.2
100.0	36.7	41.9	21.1	0.2
100.0	36.8	38.9	23.8	0.5
100.0	38.2	41.7	19.8	0.3
100.0	39.0	43.3	17.5	0.2
100.0	21.7	69.6	8.7	-
100.0	34.3	43.2	22.3	0.2
100.0	33.0	45.1	21.5	0.4
100.0	36.6	44.6	18.8	-
100.0	37.1	41.1	21.6	0.3
100.0	36.1	44.8	19.0	0.1
100.0	37.8	45.2	16.7	0.3
100.0	32.7	45.3	21.9	0.2
100.0	29.8	40.3	29.8	0.2
100.0	30.0	41.2	28.4	0.5
100.0	33.8	41.9	24.1	0.2
100.0	30.9	48.8	20.3	-
100.0	34.4	44.5	20.9	0.2
100.0	31.4	48.2	20.3	0.2
100.0	33.3	46.7	20.0	-

第53表　朝食を食べる子ども数・構成割合,

性、同居者の構成	総数	朝食の内容 いつもバランスよく食べている	ときどきバランスよく食べている	バランスよく食べることはほとんどない・まったくない
	実数（人）			
総数	27 893	10 075	11 774	5 967
父母と同居	24 402	8 893	10 332	5 114
父母又は父母ときょうだいのみ	19 568	7 173	8 164	4 174
父母のみ	2 899	1 121	1 171	600
父母ときょうだいのみ	16 669	6 052	6 993	3 574
父母と祖父母	4 746	1 692	2 122	926
父母と母方の祖父母	1 308	471	550	286
父母と父方の祖父母	3 429	1 216	1 570	638
父母と両方の祖父母	9	5	2	2
父母とその他	88	28	46	14
父又は母と同居	3 387	1 118	1 413	843
母のみ又は母ときょうだいのみ	2 168	718	907	537
母と祖父母等	936	311	392	229
父のみ又は父ときょうだいのみ	134	30	57	46
父と祖父母等	149	59	57	31
その他	104	64	29	10
男児	14 257	5 400	5 878	2 931
父母と同居	12 512	4 783	5 171	2 519
父母又は父母ときょうだいのみ	10 050	3 877	4 101	2 038
父母のみ	1 456	589	574	291
父母ときょうだいのみ	8 594	3 288	3 527	1 747
父母と祖父母	2 418	887	1 052	474
父母と母方の祖父母	662	237	278	146
父母と父方の祖父母	1 749	647	772	326
父母と両方の祖父母	7	3	2	2
父母とその他	44	19	18	7
父又は母と同居	1 687	576	695	408
母のみ又は母ときょうだいのみ	1 089	371	451	263
母と祖父母等	441	153	181	105
父のみ又は父ときょうだいのみ	76	18	30	27
父と祖父母等	81	34	33	13
その他	58	41	12	4
女児	13 636	4 675	5 896	3 036
父母と同居	11 890	4 110	5 161	2 595
父母又は父母ときょうだいのみ	9 518	3 296	4 063	2 136
父母のみ	1 443	532	597	309
父母ときょうだいのみ	8 075	2 764	3 466	1 827
父母と祖父母	2 328	805	1 070	452
父母と母方の祖父母	646	234	272	140
父母と父方の祖父母	1 680	569	798	312
父母と両方の祖父母	2	2	-	-
父母とその他	44	9	28	7
父又は母と同居	1 700	542	718	435
母のみ又は母ときょうだいのみ	1 079	347	456	274
母と祖父母等	495	158	211	124
父のみ又は父ときょうだいのみ	58	12	27	19
父と祖父母等	68	25	24	18
その他	46	23	17	6

性、同居者の構成、朝食の内容別

第15回調査（平成28年）

不詳	総数	朝食の内容 いつもバランスよく食べている	 ときどきバランスよく食べている	 バランスよく食べることはほとんどない・まったくない	 不詳
	構成割合 (%)				
77	100.0	36.1	42.2	21.4	0.3
63	100.0	36.4	42.3	21.0	0.3
57	100.0	36.7	41.7	21.3	0.3
7	100.0	38.7	40.4	20.7	0.2
50	100.0	36.3	42.0	21.4	0.3
6	100.0	35.7	44.7	19.5	0.1
1	100.0	36.0	42.0	21.9	0.1
5	100.0	35.5	45.8	18.6	0.1
-	100.0	55.6	22.2	22.2	-
-	100.0	31.8	52.3	15.9	-
13	100.0	33.0	41.7	24.9	0.4
6	100.0	33.1	41.8	24.8	0.3
4	100.0	33.2	41.9	24.5	0.4
1	100.0	22.4	42.5	34.3	0.7
2	100.0	39.6	38.3	20.8	1.3
1	100.0	61.5	27.9	9.6	1.0
48	100.0	37.9	41.2	20.6	0.3
39	100.0	38.2	41.3	20.1	0.3
34	100.0	38.6	40.8	20.3	0.3
2	100.0	40.5	39.4	20.0	0.1
32	100.0	38.3	41.0	20.3	0.4
5	100.0	36.7	43.5	19.6	0.2
1	100.0	35.8	42.0	22.1	0.2
4	100.0	37.0	44.1	18.6	0.2
-	100.0	42.9	28.6	28.6	-
-	100.0	43.2	40.9	15.9	-
8	100.0	34.1	41.2	24.2	0.5
4	100.0	34.1	41.4	24.2	0.4
2	100.0	34.7	41.0	23.8	0.5
1	100.0	23.7	39.5	35.5	1.3
1	100.0	42.0	40.7	16.0	1.2
1	100.0	70.7	20.7	6.9	1.7
29	100.0	34.3	43.2	22.3	0.2
24	100.0	34.6	43.4	21.8	0.2
23	100.0	34.6	42.7	22.4	0.2
5	100.0	36.9	41.4	21.4	0.3
18	100.0	34.2	42.9	22.6	0.2
1	100.0	34.6	46.0	19.4	0.0
-	100.0	36.2	42.1	21.7	-
1	100.0	33.9	47.5	18.6	0.1
-	100.0	100.0	-	-	-
-	100.0	20.5	63.6	15.9	-
5	100.0	31.9	42.2	25.6	0.3
2	100.0	32.2	42.3	25.4	0.2
2	100.0	31.9	42.6	25.1	0.4
-	100.0	20.7	46.6	32.8	-
1	100.0	36.8	35.3	26.5	1.5
-	100.0	50.0	37.0	13.0	-

第54表　朝食を食べる子ども数・構成割合,

性　、 子どもの体型	総　　数	朝食の内容 いつもバランスよく食べている	 ときどきバランスよく食べている	 バランスよく食べることはほとんどない・まったくない	 不　　詳
	実数（人）				
総数	27 893	10 075	11 774	5 967	77
低体重(痩せ型)	8 938	3 205	3 730	1 974	29
普通体重	17 285	6 338	7 313	3 595	39
肥満（１度）	911	298	398	214	1
肥満（２度）	148	45	72	31	−
肥満（３度）	15	2	10	3	−
肥満（４度）	1	1	−	−	−
不詳	595	186	251	150	8
男児	14 257	5 400	5 878	2 931	48
低体重(痩せ型)	5 014	1 826	2 037	1 134	17
普通体重	8 320	3 259	3 429	1 606	26
肥満（１度）	530	193	231	106	−
肥満（２度）	104	31	51	22	−
肥満（３度）	8	2	5	1	−
肥満（４度）	−	−	−	−	−
不詳	281	89	125	62	5
女児	13 636	4 675	5 896	3 036	29
低体重(痩せ型)	3 924	1 379	1 693	840	12
普通体重	8 965	3 079	3 884	1 989	13
肥満（１度）	381	105	167	108	1
肥満（２度）	44	14	21	9	−
肥満（３度）	7	−	5	2	−
肥満（４度）	1	1	−	−	−
不詳	314	97	126	88	3

性、子どもの体型、朝食の内容別

第15回調査（平成28年）

総数	朝食の内容 いつもバランスよく食べている	ときどきバランスよく食べている	バランスよく食べることはほとんどない・まったくない	不詳
構成割合（%）				
100.0	36.1	42.2	21.4	0.3
100.0	35.9	41.7	22.1	0.3
100.0	36.7	42.3	20.8	0.2
100.0	32.7	43.7	23.5	0.1
100.0	30.4	48.6	20.9	–
100.0	13.3	66.7	20.0	–
100.0	100.0	–	–	–
100.0	31.3	42.2	25.2	1.3
100.0	37.9	41.2	20.6	0.3
100.0	36.4	40.6	22.6	0.3
100.0	39.2	41.2	19.3	0.3
100.0	36.4	43.6	20.0	–
100.0	29.8	49.0	21.2	–
100.0	25.0	62.5	12.5	–
–	–	–	–	–
100.0	31.7	44.5	22.1	1.8
100.0	34.3	43.2	22.3	0.2
100.0	35.1	43.1	21.4	0.3
100.0	34.3	43.3	22.2	0.1
100.0	27.6	43.8	28.3	0.3
100.0	31.8	47.7	20.5	–
100.0	–	71.4	28.6	–
100.0	100.0	–	–	–
100.0	30.9	40.1	28.0	1.0

第55表　母と同居している朝食を食べる子ども数・

性、母の就業状況	総数	朝食の内容 いつもバランスよく食べている	ときどきバランスよく食べている	バランスよく食べることはほとんどない・まったくない
	実数（人）			
総数	27 506	9 922	11 631	5 880
無職	5 102	1 991	2 075	1 027
仕事を探している	1 428	537	592	295
仕事を探していない	3 461	1 380	1 389	687
求職状況不詳	179	65	82	32
学生	34	9	12	13
有職	22 277	7 890	9 498	4 825
勤め(常勤)	6 909	2 330	2 979	1 581
勤め(パート・アルバイト)	13 288	4 749	5 655	2 845
自営業・家業	1 770	683	753	328
内職	193	75	75	43
その他	117	53	36	28
不詳	127	41	58	28
男児	14 042	5 307	5 803	2 887
無職	2 604	1 060	1 028	510
仕事を探している	716	291	283	139
仕事を探していない	1 777	730	697	347
求職状況不詳	96	33	44	19
学生	15	6	4	5
有職	11 354	4 220	4 738	2 357
勤め(常勤)	3 475	1 230	1 470	763
勤め(パート・アルバイト)	6 831	2 551	2 856	1 401
自営業・家業	907	371	366	166
内職	89	40	32	17
その他	52	28	14	10
不詳	84	27	37	20
女児	13 464	4 615	5 828	2 993
無職	2 498	931	1 047	517
仕事を探している	712	246	309	156
仕事を探していない	1 684	650	692	340
求職状況不詳	83	32	38	13
学生	19	3	8	8
有職	10 923	3 670	4 760	2 468
勤め(常勤)	3 434	1 100	1 509	818
勤め(パート・アルバイト)	6 457	2 198	2 799	1 444
自営業・家業	863	312	387	162
内職	104	35	43	26
その他	65	25	22	18
不詳	43	14	21	8

構成割合，性、母の就業状況、朝食の内容別

第15回調査（平成28年）

不詳	総数	朝食の内容 いつもバランスよく食べている	ときどきバランスよく食べている	バランスよく食べることはほとんどない・まったくない	不詳
	構成割合 (%)				
73	100.0	36.1	42.3	21.4	0.3
9	100.0	39.0	40.7	20.1	0.2
4	100.0	37.6	41.5	20.7	0.3
5	100.0	39.9	40.1	19.8	0.1
-	100.0	36.3	45.8	17.9	-
-	100.0	26.5	35.3	38.2	-
64	100.0	35.4	42.6	21.7	0.3
19	100.0	33.7	43.1	22.9	0.3
39	100.0	35.7	42.6	21.4	0.3
6	100.0	38.6	42.5	18.5	0.3
-	100.0	38.9	38.9	22.3	-
-	100.0	45.3	30.8	23.9	-
-	100.0	32.3	45.7	22.0	-
45	100.0	37.8	41.3	20.6	0.3
6	100.0	40.7	39.5	19.6	0.2
3	100.0	40.6	39.5	19.4	0.4
3	100.0	41.1	39.2	19.5	0.2
-	100.0	34.4	45.8	19.8	-
-	100.0	40.0	26.7	33.3	-
39	100.0	37.2	41.7	20.8	0.3
12	100.0	35.4	42.3	22.0	0.3
23	100.0	37.3	41.8	20.5	0.3
4	100.0	40.9	40.4	18.3	0.4
-	100.0	44.9	36.0	19.1	-
-	100.0	53.8	26.9	19.2	-
-	100.0	32.1	44.0	23.8	-
28	100.0	34.3	43.3	22.2	0.2
3	100.0	37.3	41.9	20.7	0.1
1	100.0	34.6	43.4	21.9	0.1
2	100.0	38.6	41.1	20.2	0.1
-	100.0	38.6	45.8	15.7	-
-	100.0	15.8	42.1	42.1	-
25	100.0	33.6	43.6	22.6	0.2
7	100.0	32.0	43.9	23.8	0.2
16	100.0	34.0	43.3	22.4	0.2
2	100.0	36.2	44.8	18.8	0.2
-	100.0	33.7	41.3	25.0	-
-	100.0	38.5	33.8	27.7	-
-	100.0	32.6	48.8	18.6	-

第56表　朝食を食べない子ども数・構成割合,

性、市郡、きょうだい構成	総数	朝食を食べない理由				
		食べる時間がない	食事が用意されていない	朝は食欲がない	その他	特に理由はない
	実数（人）					
総数	800	251	15	375	62	96
ひとり	153	50	5	64	16	18
弟妹のみ	243	77	4	120	16	26
兄姉のみ	300	94	3	134	24	44
兄弟姉妹あり	104	30	3	57	6	8
21大都市	233	83	4	113	17	16
ひとり	53	22	2	23	3	3
弟妹のみ	62	17	1	35	7	2
兄姉のみ	92	34	1	40	7	10
兄弟姉妹あり	26	10	−	15	−	1
その他の市	506	156	10	232	37	71
ひとり	92	27	3	37	11	14
弟妹のみ	160	54	2	76	7	21
兄姉のみ	182	55	2	81	14	30
兄弟姉妹あり	72	20	3	38	5	6
郡部	57	11	1	29	8	7
ひとり	8	1	−	4	2	1
弟妹のみ	18	5	1	8	2	2
兄姉のみ	25	5	−	13	3	3
兄弟姉妹あり	6	−	−	4	1	1
外国	4	1	−	1	−	2
ひとり	−	−	−	−	−	−
弟妹のみ	3	1	−	1	−	1
兄姉のみ	1	−	−	−	−	1
兄弟姉妹あり	−	−	−	−	−	−
男児	464	143	11	223	34	52
ひとり	89	27	4	39	10	9
弟妹のみ	128	39	2	68	9	10
兄姉のみ	184	58	2	85	11	27
兄弟姉妹あり	63	19	3	31	4	6
21大都市	143	54	4	66	10	9
ひとり	31	12	2	13	2	2
弟妹のみ	41	12	1	22	5	1
兄姉のみ	55	23	1	23	3	5
兄弟姉妹あり	16	7	−	8	−	1
その他の市	292	85	7	140	21	39
ひとり	53	15	2	23	7	6
弟妹のみ	81	26	1	42	4	8
兄姉のみ	114	32	1	54	7	20
兄弟姉妹あり	44	12	3	21	3	5
郡部	28	3	−	17	3	4
ひとり	5	−	−	3	1	1
弟妹のみ	5	−	−	4	−	1
兄姉のみ	15	3	−	8	1	2
兄弟姉妹あり	3	−	−	2	1	−
外国	1	1	−	−	−	−
ひとり	−	−	−	−	−	−
弟妹のみ	1	1	−	−	−	−
兄姉のみ	−	−	−	−	−	−
兄弟姉妹あり	−	−	−	−	−	−
女児	336	108	4	152	28	44
ひとり	64	23	1	25	6	9
弟妹のみ	115	38	2	52	7	16
兄姉のみ	116	36	1	49	13	17
兄弟姉妹あり	41	11	−	26	2	2
21大都市	90	29	−	47	7	7
ひとり	22	10	−	10	1	1
弟妹のみ	21	5	−	13	2	1
兄姉のみ	37	11	−	17	4	5
兄弟姉妹あり	10	3	−	7	−	−
その他の市	214	71	3	92	16	32
ひとり	39	12	1	14	4	8
弟妹のみ	79	28	1	34	3	13
兄姉のみ	68	23	1	27	7	10
兄弟姉妹あり	28	8	−	17	2	1
郡部	29	8	1	12	5	3
ひとり	3	1	−	1	1	−
弟妹のみ	13	5	1	4	2	1
兄姉のみ	10	2	−	5	2	1
兄弟姉妹あり	3	−	−	2	−	1
外国	3	−	−	1	−	2
ひとり	−	−	−	−	−	−
弟妹のみ	2	−	−	1	−	1
兄姉のみ	1	−	−	−	−	1
兄弟姉妹あり	−	−	−	−	−	−

性、市郡、きょうだい構成、朝食を食べない理由別

第15回調査（平成28年）

不詳	総数	朝食を食べない理由					
		食べる時間がない	食事が用意されていない	朝は食欲がない	その他	特に理由はない	不詳
	構成割合 (%)						
1	100.0	31.4	1.9	46.9	7.8	12.0	0.1
–	100.0	32.7	3.3	41.8	10.5	11.8	–
–	100.0	31.7	1.6	49.4	6.6	10.7	–
1	100.0	31.3	1.0	44.7	8.0	14.7	0.3
–	100.0	28.8	2.9	54.8	5.8	7.7	–
–	100.0	35.6	1.7	48.5	7.3	6.9	–
–	100.0	41.5	3.8	43.4	5.7	5.7	–
–	100.0	27.4	1.6	56.5	11.3	3.2	–
–	100.0	37.0	1.1	43.5	7.6	10.9	–
–	100.0	38.5	–	57.7	–	3.8	–
–	100.0	30.8	2.0	45.8	7.3	14.0	–
–	100.0	29.3	3.3	40.2	12.0	15.2	–
–	100.0	33.8	1.3	47.5	4.4	13.1	–
–	100.0	30.2	1.1	44.5	7.7	16.5	–
–	100.0	27.8	4.2	52.8	6.9	8.3	–
1	100.0	19.3	1.8	50.9	14.0	12.3	1.8
–	100.0	12.5	–	50.0	25.0	12.5	–
–	100.0	27.8	5.6	44.4	11.1	11.1	–
1	100.0	20.0	–	52.0	12.0	12.0	4.0
–	100.0	–	–	66.7	16.7	16.7	–
–	100.0	25.0	–	25.0	–	50.0	–
–	–	–	–	–	–	–	–
–	100.0	33.3	–	33.3	–	33.3	–
–	100.0	–	–	–	–	100.0	–
–	–	–	–	–	–	–	–
1	100.0	30.8	2.4	48.1	7.3	11.2	0.2
–	100.0	30.3	4.5	43.8	11.2	10.1	–
–	100.0	30.5	1.6	53.1	7.0	7.8	–
1	100.0	31.5	1.1	46.2	6.0	14.7	0.5
–	100.0	30.2	4.8	49.2	6.3	9.5	–
–	100.0	37.8	2.8	46.2	7.0	6.3	–
–	100.0	38.7	6.5	41.9	6.5	6.5	–
–	100.0	29.3	2.4	53.7	12.2	2.4	–
–	100.0	41.8	1.8	41.8	5.5	9.1	–
–	100.0	43.8	–	50.0	–	6.3	–
–	100.0	29.1	2.4	47.9	7.2	13.4	–
–	100.0	28.3	3.8	43.4	13.2	11.3	–
–	100.0	32.1	1.2	51.9	4.9	9.9	–
–	100.0	28.1	0.9	47.4	6.1	17.5	–
–	100.0	27.3	6.8	47.7	6.8	11.4	–
1	100.0	10.7	–	60.7	10.7	14.3	3.6
–	100.0	–	–	60.0	20.0	20.0	–
–	100.0	–	–	80.0	–	20.0	–
1	100.0	20.0	–	53.3	6.7	13.3	6.7
–	100.0	–	–	66.7	33.3	–	–
–	100.0	100.0	–	–	–	–	–
–	–	–	–	–	–	–	–
–	100.0	100.0	–	–	–	–	–
–	–	–	–	–	–	–	–
–	–	–	–	–	–	–	–
–	100.0	32.1	1.2	45.2	8.3	13.1	–
–	100.0	35.9	1.6	39.1	9.4	14.1	–
–	100.0	33.0	1.7	45.2	6.1	13.9	–
–	100.0	31.0	0.9	42.2	11.2	14.7	–
–	100.0	26.8	–	63.4	4.9	4.9	–
–	100.0	32.2	–	52.2	7.8	7.8	–
–	100.0	45.5	–	45.5	4.5	4.5	–
–	100.0	23.8	–	61.9	9.5	4.8	–
–	100.0	29.7	–	45.9	10.8	13.5	–
–	100.0	30.0	–	70.0	–	–	–
–	100.0	33.2	1.4	43.0	7.5	15.0	–
–	100.0	30.8	2.6	35.9	10.3	20.5	–
–	100.0	35.4	1.3	43.0	3.8	16.5	–
–	100.0	33.8	1.5	39.7	10.3	14.7	–
–	100.0	28.6	–	60.7	7.1	3.6	–
–	100.0	27.6	3.4	41.4	17.2	10.3	–
–	100.0	33.3	–	33.3	33.3	–	–
–	100.0	38.5	7.7	30.8	15.4	7.7	–
–	100.0	20.0	–	50.0	20.0	10.0	–
–	100.0	–	–	66.7	–	33.3	–
–	100.0	–	–	33.3	–	66.7	–
–	–	–	–	–	–	–	–
–	100.0	–	–	50.0	–	50.0	–
–	100.0	–	–	–	–	100.0	–
–	–	–	–	–	–	–	–

第57表　朝食を食べない子ども数・構成割合,

性、地域ブロック	総数	朝食を食べない理由 食べる時間がない	食事が用意されていない	朝は食欲がない	その他	特に理由はない
	実数（人）					
総数	800	251	15	375	62	96
北海道	33	9	2	17	3	2
東北	50	11	−	27	6	5
関東１	228	79	6	99	18	26
関東２	61	14	1	31	3	12
北陸	26	5	−	19	−	2
東海	98	35	1	45	5	12
近畿１	125	42	−	58	11	14
近畿２	25	8	1	10	3	3
中国	44	11	1	19	5	8
四国	28	12	1	12	2	1
北九州	50	16	2	23	4	5
南九州	28	8	−	14	2	4
外国	4	1	−	1	−	2
男児	464	143	11	223	34	52
北海道	17	3	2	9	1	2
東北	27	6	−	14	4	2
関東１	142	47	5	61	11	18
関東２	36	8	−	18	3	7
北陸	14	1	−	11	−	2
東海	68	25	1	34	−	8
近畿１	64	21	−	32	6	5
近畿２	17	6	1	7	2	1
中国	21	6	1	11	1	2
四国	15	7	−	7	1	−
北九州	27	9	1	12	3	2
南九州	15	3	−	7	2	3
外国	1	1	−	−	−	−
女児	336	108	4	152	28	44
北海道	16	6	−	8	2	−
東北	23	5	−	13	2	3
関東１	86	32	1	38	7	8
関東２	25	6	1	13	−	5
北陸	12	4	−	8	−	−
東海	30	10	−	11	5	4
近畿１	61	21	−	26	5	9
近畿２	8	2	−	3	1	2
中国	23	5	−	8	4	6
四国	13	5	1	5	1	1
北九州	23	7	1	11	1	3
南九州	13	5	−	7	−	1
外国	3	−	−	1	−	2

性、地域ブロック、朝食を食べない理由別

第15回調査（平成28年）

不　　詳	総　　数	朝食を食べない理由					
		食べる時間がない	食事が用意されていない	朝は食欲がない	その他	特に理由はない	不　　詳
	構成割合（%）						
1	100.0	31.4	1.9	46.9	7.8	12.0	0.1
－	100.0	27.3	6.1	51.5	9.1	6.1	－
1	100.0	22.0	－	54.0	12.0	10.0	2.0
－	100.0	34.6	2.6	43.4	7.9	11.4	－
－	100.0	23.0	1.6	50.8	4.9	19.7	－
－	100.0	19.2	－	73.1	－	7.7	－
－	100.0	35.7	1.0	45.9	5.1	12.2	－
－	100.0	33.6	－	46.4	8.8	11.2	－
－	100.0	32.0	4.0	40.0	12.0	12.0	－
－	100.0	25.0	2.3	43.2	11.4	18.2	－
－	100.0	42.9	3.6	42.9	7.1	3.6	－
－	100.0	32.0	4.0	46.0	8.0	10.0	－
－	100.0	28.6	－	50.0	7.1	14.3	－
－	100.0	25.0	－	25.0	－	50.0	－
1	100.0	30.8	2.4	48.1	7.3	11.2	0.2
－	100.0	17.6	11.8	52.9	5.9	11.8	－
1	100.0	22.2	－	51.9	14.8	7.4	3.7
－	100.0	33.1	3.5	43.0	7.7	12.7	－
－	100.0	22.2	－	50.0	8.3	19.4	－
－	100.0	7.1	－	78.6	－	14.3	－
－	100.0	36.8	1.5	50.0	－	11.8	－
－	100.0	32.8	－	50.0	9.4	7.8	－
－	100.0	35.3	5.9	41.2	11.8	5.9	－
－	100.0	28.6	4.8	52.4	4.8	9.5	－
－	100.0	46.7	－	46.7	6.7	－	－
－	100.0	33.3	3.7	44.4	11.1	7.4	－
－	100.0	20.0	－	46.7	13.3	20.0	－
－	100.0	100.0	－	－	－	－	－
－	100.0	32.1	1.2	45.2	8.3	13.1	－
－	100.0	37.5	－	50.0	12.5	－	－
－	100.0	21.7	－	56.5	8.7	13.0	－
－	100.0	37.2	1.2	44.2	8.1	9.3	－
－	100.0	24.0	4.0	52.0	－	20.0	－
－	100.0	33.3	－	66.7	－	－	－
－	100.0	33.3	－	36.7	16.7	13.3	－
－	100.0	34.4	－	42.6	8.2	14.8	－
－	100.0	25.0	－	37.5	12.5	25.0	－
－	100.0	21.7	－	34.8	17.4	26.1	－
－	100.0	38.5	7.7	38.5	7.7	7.7	－
－	100.0	30.4	4.3	47.8	4.3	13.0	－
－	100.0	38.5	－	53.8	－	7.7	－
－	100.0	－	－	33.3	－	66.7	－

第58表　朝食を食べない子ども数・構成割合，

性、同居者の構成	総数	朝食を食べない理由				
		食べる時間がない	食事が用意されていない	朝は食欲がない	その他	特に理由はない
	実数（人）					
総数	800	251	15	375	62	96
父母と同居	632	196	10	306	49	71
父母又は父母ときょうだいのみ	504	164	8	239	39	54
父母のみ	91	28	2	39	12	10
父母ときょうだいのみ	413	136	6	200	27	44
父母と祖父母	127	32	2	66	10	17
父母と母方の祖父母	40	15	−	16	2	7
父母と父方の祖父母	87	17	2	50	8	10
父母と両方の祖父母	−	−	−	−	−	−
父母とその他	1	−	−	1	−	−
父又は母と同居	165	54	5	67	13	25
母のみ又は母ときょうだいのみ	94	30	4	38	6	16
母と祖父母等	51	16	1	23	3	7
父のみ又は父ときょうだいのみ	9	2	−	3	2	2
父と祖父母等	11	6	−	3	2	−
その他	3	1	−	2	−	−
男児	464	143	11	223	34	52
父母と同居	379	118	7	186	27	41
父母又は父母ときょうだいのみ	295	99	5	143	19	29
父母のみ	56	15	2	26	7	6
父母ときょうだいのみ	239	84	3	117	12	23
父母と祖父母	83	19	2	42	8	12
父母と母方の祖父母	25	9	−	9	2	5
父母と父方の祖父母	58	10	2	33	6	7
父母と両方の祖父母	−	−	−	−	−	−
父母とその他	1	−	−	1	−	−
父又は母と同居	84	24	4	37	7	11
母のみ又は母ときょうだいのみ	41	8	3	22	3	5
母と祖父母等	33	11	1	12	3	5
父のみ又は父ときょうだいのみ	3	1	−	1	−	1
父と祖父母等	7	4	−	2	1	−
その他	1	1	−	−	−	−
女児	336	108	4	152	28	44
父母と同居	253	78	3	120	22	30
父母又は父母ときょうだいのみ	209	65	3	96	20	25
父母のみ	35	13	−	13	5	4
父母ときょうだいのみ	174	52	3	83	15	21
父母と祖父母	44	13	−	24	2	5
父母と母方の祖父母	15	6	−	7	−	2
父母と父方の祖父母	29	7	−	17	2	3
父母と両方の祖父母	−	−	−	−	−	−
父母とその他	−	−	−	−	−	−
父又は母と同居	81	30	1	30	6	14
母のみ又は母ときょうだいのみ	53	22	1	16	3	11
母と祖父母等	18	5	−	11	−	2
父のみ又は父ときょうだいのみ	6	1	−	2	2	1
父と祖父母等	4	2	−	1	1	−
その他	2	−	−	2	−	−

性、同居者の構成、朝食を食べない理由別

第15回調査（平成28年）

不詳	総数	朝食を食べない理由					
		食べる時間がない	食事が用意されていない	朝は食欲がない	その他	特に理由はない	不詳
	構成割合 (%)						
1	100.0	31.4	1.9	46.9	7.8	12.0	0.1
−	100.0	31.0	1.6	48.4	7.8	11.2	−
−	100.0	32.5	1.6	47.4	7.7	10.7	−
−	100.0	30.8	2.2	42.9	13.2	11.0	−
−	100.0	32.9	1.5	48.4	6.5	10.7	−
−	100.0	25.2	1.6	52.0	7.9	13.4	−
−	100.0	37.5	−	40.0	5.0	17.5	−
−	100.0	19.5	2.3	57.5	9.2	11.5	−
−	−	−	−	−	−	−	−
−	100.0	−	−	100.0	−	−	−
1	100.0	32.7	3.0	40.6	7.9	15.2	0.6
−	100.0	31.9	4.3	40.4	6.4	17.0	−
1	100.0	31.4	2.0	45.1	5.9	13.7	2.0
−	100.0	22.2	−	33.3	22.2	22.2	−
−	100.0	54.5	−	27.3	18.2	−	−
−	100.0	33.3	−	66.7	−	−	−
1	100.0	30.8	2.4	48.1	7.3	11.2	0.2
−	100.0	31.1	1.8	49.1	7.1	10.8	−
−	100.0	33.6	1.7	48.5	6.4	9.8	−
−	100.0	26.8	3.6	46.4	12.5	10.7	−
−	100.0	35.1	1.3	49.0	5.0	9.6	−
−	100.0	22.9	2.4	50.6	9.6	14.5	−
−	100.0	36.0	−	36.0	8.0	20.0	−
−	100.0	17.2	3.4	56.9	10.3	12.1	−
−	−	−	−	−	−	−	−
−	100.0	−	−	100.0	−	−	−
1	100.0	28.6	4.8	44.0	8.3	13.1	1.2
−	100.0	19.5	7.3	53.7	7.3	12.2	−
1	100.0	33.3	3.0	36.4	9.1	15.2	3.0
−	100.0	33.3	−	33.3	−	33.3	−
−	100.0	57.1	−	28.6	14.3	−	−
−	100.0	100.0	−	−	−	−	−
−	100.0	32.1	1.2	45.2	8.3	13.1	−
−	100.0	30.8	1.2	47.4	8.7	11.9	−
−	100.0	31.1	1.4	45.9	9.6	12.0	−
−	100.0	37.1	−	37.1	14.3	11.4	−
−	100.0	29.9	1.7	47.7	8.6	12.1	−
−	100.0	29.5	−	54.5	4.5	11.4	−
−	100.0	40.0	−	46.7	−	13.3	−
−	100.0	24.1	−	58.6	6.9	10.3	−
−	−	−	−	−	−	−	−
−	−	−	−	−	−	−	−
−	100.0	37.0	1.2	37.0	7.4	17.3	−
−	100.0	41.5	1.9	30.2	5.7	20.8	−
−	100.0	27.8	−	61.1	−	11.1	−
−	100.0	16.7	−	33.3	33.3	16.7	−
−	100.0	50.0	−	25.0	25.0	−	−
−	100.0	−	−	100.0	−	−	−

第59表　朝食を食べない子ども数・構成割合,

性、子どもの体型	総数	朝食を食べない理由 食べる時間がない	食事が用意されていない	朝は食欲がない	その他	特に理由はない
	実数（人）					
総数	800	251	15	375	62	96
低体重(痩せ型)	270	86	7	119	22	35
普通体重	457	145	7	220	32	53
肥満（１度）	36	7	–	22	4	3
肥満（２度）	8	3	–	3	1	1
肥満（３度）	1	1	–	–	–	–
肥満（４度）	–	–	–	–	–	–
不詳	28	9	1	11	3	4
男児	464	143	11	223	34	52
低体重(痩せ型)	180	50	6	84	14	25
普通体重	247	83	4	121	16	23
肥満（１度）	18	3	–	11	2	2
肥満（２度）	5	2	–	2	1	–
肥満（３度）	1	1	–	–	–	–
肥満（４度）	–	–	–	–	–	–
不詳	13	4	1	5	1	2
女児	336	108	4	152	28	44
低体重(痩せ型)	90	36	1	35	8	10
普通体重	210	62	3	99	16	30
肥満（１度）	18	4	–	11	2	1
肥満（２度）	3	1	–	1	–	1
肥満（３度）	–	–	–	–	–	–
肥満（４度）	–	–	–	–	–	–
不詳	15	5	–	6	2	2

性、子どもの体型、朝食を食べない理由別

第15回調査（平成28年）

不詳	総数	朝食を食べない理由 食べる時間がない	食事が用意されていない	朝は食欲がない	その他	特に理由はない	不詳
	構成割合（%）						
1	100.0	31.4	1.9	46.9	7.8	12.0	0.1
1	100.0	31.9	2.6	44.1	8.1	13.0	0.4
−	100.0	31.7	1.5	48.1	7.0	11.6	−
−	100.0	19.4	−	61.1	11.1	8.3	−
−	100.0	37.5	−	37.5	12.5	12.5	−
−	100.0	100.0	−	−	−	−	−
−	−	−	−	−	−	−	−
−	100.0	32.1	3.6	39.3	10.7	14.3	−
1	100.0	30.8	2.4	48.1	7.3	11.2	0.2
1	100.0	27.8	3.3	46.7	7.8	13.9	0.6
−	100.0	33.6	1.6	49.0	6.5	9.3	−
−	100.0	16.7	−	61.1	11.1	11.1	−
−	100.0	40.0	−	40.0	20.0	−	−
−	100.0	100.0	−	−	−	−	−
−	−	−	−	−	−	−	−
−	100.0	30.8	7.7	38.5	7.7	15.4	−
−	100.0	32.1	1.2	45.2	8.3	13.1	−
−	100.0	40.0	1.1	38.9	8.9	11.1	−
−	100.0	29.5	1.4	47.1	7.6	14.3	−
−	100.0	22.2	−	61.1	11.1	5.6	−
−	100.0	33.3	−	33.3	−	33.3	−
−	−	−	−	−	−	−	−
−	−	−	−	−	−	−	−
−	100.0	33.3	−	40.0	13.3	13.3	−

第60表　母と同居している朝食を食べない子ども数・

性、母の就業状況	総数	朝食を食べない理由				
		食べる時間がない	食事が用意されていない	朝は食欲がない	その他	特に理由はない
	実数（人）					
総数	777	242	15	367	58	94
無職	141	49	1	71	8	12
仕事を探している	35	16	−	16	−	3
仕事を探していない	98	31	1	51	7	8
求職状況不詳	6	1	−	4	−	1
学生	2	1	−	−	1	−
有職	629	191	14	293	50	80
勤め(常勤)	199	61	6	79	21	32
勤め(パート・アルバイト)	366	113	6	181	21	44
自営業・家業	58	14	2	32	7	3
内職	3	1	−	−	1	1
その他	3	2	−	1	−	−
不詳	7	2	−	3	−	2
男児	453	137	11	220	33	51
無職	77	28	1	38	5	5
仕事を探している	19	9	−	9	−	1
仕事を探していない	53	18	1	26	4	4
求職状況不詳	4	1	−	3	−	−
学生	1	−	−	−	1	−
有職	372	109	10	180	28	44
勤め(常勤)	114	34	5	45	13	17
勤め(パート・アルバイト)	217	63	5	112	11	25
自営業・家業	38	11	−	22	4	1
内職	2	1	−	−	−	1
その他	1	−	−	1	−	−
不詳	4	−	−	2	−	2
女児	324	105	4	147	25	43
無職	64	21	−	33	3	7
仕事を探している	16	7	−	7	−	2
仕事を探していない	45	13	−	25	3	4
求職状況不詳	2	−	−	1	−	1
学生	1	1	−	−	−	−
有職	257	82	4	113	22	36
勤め(常勤)	85	27	1	34	8	15
勤め(パート・アルバイト)	149	50	1	69	10	19
自営業・家業	20	3	2	10	3	2
内職	1	−	−	−	1	−
その他	2	2	−	−	−	−
不詳	3	2	−	1	−	−

構成割合，性、母の就業状況、朝食を食べない理由別

第15回調査（平成28年）

不　詳	総　数	朝食を食べない理由：食べる時間がない	食事が用意されていない	朝は食欲がない	その他	特に理由はない	不　詳
	構成割合（%）						
1	100.0	31.1	1.9	47.2	7.5	12.1	0.1
−	100.0	34.8	0.7	50.4	5.7	8.5	−
−	100.0	45.7	−	45.7	−	8.6	−
−	100.0	31.6	1.0	52.0	7.1	8.2	−
−	100.0	16.7	−	66.7	−	16.7	−
−	100.0	50.0	−	−	50.0	−	−
1	100.0	30.4	2.2	46.6	7.9	12.7	0.2
−	100.0	30.7	3.0	39.7	10.6	16.1	−
1	100.0	30.9	1.6	49.5	5.7	12.0	0.3
−	100.0	24.1	3.4	55.2	12.1	5.2	−
−	100.0	33.3	−	−	33.3	33.3	−
−	100.0	66.7	−	33.3	−	−	−
−	100.0	28.6	−	42.9	−	28.6	−
1	100.0	30.2	2.4	48.6	7.3	11.3	0.2
−	100.0	36.4	1.3	49.4	6.5	6.5	−
−	100.0	47.4	−	47.4	−	5.3	−
−	100.0	34.0	1.9	49.1	7.5	7.5	−
−	100.0	25.0	−	75.0	−	−	−
−	100.0	−	−	−	100.0	−	−
1	100.0	29.3	2.7	48.4	7.5	11.8	0.3
−	100.0	29.8	4.4	39.5	11.4	14.9	−
1	100.0	29.0	2.3	51.6	5.1	11.5	0.5
−	100.0	28.9	−	57.9	10.5	2.6	−
−	100.0	50.0	−	−	−	50.0	−
−	100.0	−	−	100.0	−	−	−
−	100.0	−	−	50.0	−	50.0	−
−	100.0	32.4	1.2	45.4	7.7	13.3	−
−	100.0	32.8	−	51.6	4.7	10.9	−
−	100.0	43.8	−	43.8	−	12.5	−
−	100.0	28.9	−	55.6	6.7	8.9	−
−	100.0	−	−	50.0	−	50.0	−
−	100.0	100.0	−	−	−	−	−
−	100.0	31.9	1.6	44.0	8.6	14.0	−
−	100.0	31.8	1.2	40.0	9.4	17.6	−
−	100.0	33.6	0.7	46.3	6.7	12.8	−
−	100.0	15.0	10.0	50.0	15.0	10.0	−
−	100.0	−	−	−	100.0	−	−
−	100.0	100.0	−	−	−	−	−
−	100.0	66.7	−	33.3	−	−	−

実　数（人）

性　、市　郡　、 きょうだい構成	総　数	お菓子 よく食べる・よく飲む	お菓子 ときどき食べる・ときどき飲む	お菓子 ほとんど食べない・ほとんど飲まない	お菓子 まったく食べない・まったく飲まない	お菓子 不　詳	氷菓子 よく食べる・よく飲む	氷菓子 ときどき食べる・ときどき飲む	氷菓子 ほとんど食べない・ほとんど飲まない	氷菓子 まったく食べない・まったく飲まない	氷菓子 不　詳	飲 よく食べる・よく飲む	飲 ときどき食べる・ときどき飲む	飲 ほとんど食べない・ほとんど飲まない
総数	28 810	8 572	13 563	4 719	1 496	460	4 704	12 730	7 609	3 068	699	10 801	10 161	4 955
ひとり	4 874	1 370	2 250	819	299	136	722	2 079	1 295	576	202	1 906	1 624	771
弟妹のみ	10 617	3 255	4 919	1 772	553	118	1 730	4 665	2 858	1 162	202	3 691	3 783	2 016
兄姉のみ	10 242	3 037	4 925	1 627	490	163	1 767	4 612	2 623	1 014	226	4 095	3 648	1 597
兄弟姉妹あり	3 077	910	1 469	501	154	43	485	1 374	833	316	69	1 109	1 106	571
21大都市	7 541	2 396	3 536	1 133	367	109	1 388	3 384	1 886	716	167	2 880	2 626	1 270
ひとり	1 392	405	657	206	89	35	238	588	352	162	52	545	460	227
弟妹のみ	2 728	891	1 276	415	125	21	481	1 249	693	262	43	971	997	497
兄姉のみ	2 730	893	1 253	416	124	44	552	1 220	675	227	56	1 107	916	429
兄弟姉妹あり	691	207	350	96	29	9	117	327	166	65	16	257	253	117
その他の市	18 677	5 456	8 825	3 094	1 002	300	2 923	8 250	4 971	2 074	459	6 977	6 625	3 233
ひとり	3 043	853	1 392	526	187	85	412	1 311	823	368	129	1 189	1 021	477
弟妹のみ	6 918	2 076	3 194	1 184	379	85	1 104	3 013	1 883	781	137	2 385	2 462	1 323
兄姉のみ	6 643	1 921	3 263	1 033	325	101	1 085	2 993	1 707	708	150	2 644	2 408	1 043
兄弟姉妹あり	2 073	606	976	351	111	29	322	933	558	217	43	759	734	390
郡部	2 534	701	1 172	486	125	50	387	1 075	731	269	72	923	893	438
ひとり	422	108	192	85	22	15	71	174	114	43	20	166	139	63
弟妹のみ	941	276	435	170	48	12	142	390	273	114	22	326	314	187
兄姉のみ	864	223	405	177	41	18	129	398	239	78	20	343	322	124
兄弟姉妹あり	307	94	140	54	14	5	45	113	105	34	10	88	118	64
外国	58	19	30	6	2	1	6	21	21	9	1	21	17	14
ひとり	17	4	9	2	1	1	1	6	6	3	1	6	4	4
弟妹のみ	30	12	14	3	1	－	3	13	9	5	－	9	10	9
兄姉のみ	5	－	4	1	－	－	1	1	2	1	－	1	2	1
兄弟姉妹あり	6	3	3	－	－	－	1	1	4	－	－	5	1	－
男児	14 796	4 197	6 980	2 497	803	319	2 495	6 450	3 865	1 547	439	6 543	5 167	1 934
ひとり	2 468	652	1 149	418	158	91	385	991	658	302	132	1 103	818	297
弟妹のみ	5 350	1 544	2 481	949	297	79	866	2 361	1 429	575	119	2 215	1 919	803
兄姉のみ	5 329	1 540	2 544	863	264	118	980	2 356	1 332	518	143	2 511	1 835	607
兄弟姉妹あり	1 649	461	806	267	84	31	264	742	446	152	45	714	595	227
21大都市	3 914	1 176	1 836	608	216	78	745	1 722	963	373	111	1 748	1 336	517
ひとり	715	186	339	115	52	23	119	289	184	91	32	310	244	98
弟妹のみ	1 381	411	657	229	70	14	252	628	343	130	28	586	491	202
兄姉のみ	1 423	464	637	211	75	36	309	618	336	120	40	681	453	168
兄弟姉妹あり	395	115	203	53	19	5	65	187	100	32	11	171	148	49
その他の市	9 552	2 650	4 543	1 622	530	207	1 541	4 165	2 509	1 053	284	4 208	3 378	1 239
ひとり	1 528	402	718	254	98	56	223	612	411	197	85	687	504	171
弟妹のみ	3 476	989	1 601	623	205	58	545	1 522	935	393	81	1 422	1 258	524
兄姉のみ	3 453	965	1 694	557	167	70	599	1 532	874	358	90	1 619	1 223	392
兄弟姉妹あり	1 095	294	530	188	60	23	174	499	289	105	28	480	393	152
郡部	1 305	363	588	264	57	33	206	555	382	119	43	571	449	174
ひとり	216	63	86	48	8	11	42	88	58	14	14	100	69	27
弟妹のみ	481	139	218	95	22	7	68	205	148	50	10	200	168	74
兄姉のみ	452	111	212	95	22	12	72	206	121	40	13	211	158	47
兄弟姉妹あり	156	50	72	26	5	3	24	56	55	15	6	60	54	26
外国	25	8	13	3	－	1	3	8	11	2	1	16	4	4
ひとり	9	1	6	1	－	1	1	2	5	－	1	6	1	1
弟妹のみ	12	5	5	2	－	－	1	6	3	2	－	7	2	3
兄姉のみ	1	－	1	－	－	－	－	－	1	－	－	－	1	－
兄弟姉妹あり	3	2	1	－	－	－	1	－	2	－	－	3	－	－
女児	14 014	4 375	6 583	2 222	693	141	2 209	6 280	3 744	1 521	260	4 258	4 994	3 021
ひとり	2 406	718	1 101	401	141	45	337	1 088	637	274	70	803	806	474
弟妹のみ	5 267	1 711	2 438	823	256	39	864	2 304	1 429	587	83	1 476	1 864	1 213
兄姉のみ	4 913	1 497	2 381	764	226	45	787	2 256	1 291	496	83	1 584	1 813	990
兄弟姉妹あり	1 428	449	663	234	70	12	221	632	387	164	24	395	511	344
21大都市	3 627	1 220	1 700	525	151	31	643	1 662	923	343	56	1 132	1 290	753
ひとり	677	219	318	91	37	12	119	299	168	71	20	235	216	129
弟妹のみ	1 347	480	619	186	55	7	229	621	350	132	15	385	506	295
兄姉のみ	1 307	429	616	205	49	8	243	602	339	107	16	426	463	261
兄弟姉妹あり	296	92	147	43	10	4	52	140	66	33	5	86	105	68
その他の市	9 125	2 806	4 282	1 472	472	93	1 382	4 085	2 462	1 021	175	2 769	3 247	1 994
ひとり	1 515	451	674	272	89	29	189	699	412	171	44	502	517	306
弟妹のみ	3 442	1 087	1 593	561	174	27	559	1 491	948	388	56	963	1 204	799
兄姉のみ	3 190	956	1 569	476	158	31	486	1 461	833	350	60	1 025	1 185	651
兄弟姉妹あり	978	312	446	163	51	6	148	434	269	112	15	279	341	238
郡部	1 229	338	584	222	68	17	181	520	349	150	29	352	444	264
ひとり	206	45	106	37	14	4	29	86	56	29	6	66	70	36
弟妹のみ	460	137	217	75	26	5	74	185	125	64	12	126	146	113
兄姉のみ	412	112	193	82	19	6	57	192	118	38	7	132	164	77
兄弟姉妹あり	151	44	68	28	9	2	21	57	50	19	4	28	64	38
外国	33	11	17	3	2	－	3	13	10	7	－	5	13	10
ひとり	8	3	3	1	1	－	－	4	1	3	－	－	3	3
弟妹のみ	18	7	9	1	1	－	2	7	6	3	－	2	8	6
兄姉のみ	4	－	3	1	－	－	1	1	1	1	－	1	1	1
兄弟姉妹あり	3	1	2	－	－	－	－	1	2	－	－	2	1	－

性、市郡、きょうだい構成、間食の内容別（２－１）

第15回調査（平成28年）

料		炭酸飲料					果物					ごはん・パン・麺類				
まったく食べない・まったく飲まない	不詳	よく食べる・よく飲む	ときどき食べる・ときどき飲む	ほとんど食べない・ほとんど飲まない	まったく食べない・まったく飲まない	不詳	よく食べる・よく飲む	ときどき食べる・ときどき飲む	ほとんど食べない・ほとんど飲まない	まったく食べない・まったく飲まない	不詳	よく食べる・よく飲む	ときどき食べる・ときどき飲む	ほとんど食べない・ほとんど飲まない	まったく食べない・まったく飲まない	不詳
2 264	629	4 426	9 311	7 632	6 746	695	4 062	10 516	8 688	4 802	742	5 738	7 766	7 073	7 648	585
401	172	742	1 492	1 201	1 257	182	794	1 708	1 348	828	196	929	1 237	1 173	1 377	158
925	202	1 492	3 345	2 875	2 694	211	1 487	3 950	3 179	1 777	224	2 070	2 794	2 642	2 932	179
706	196	1 729	3 428	2 714	2 143	228	1 421	3 775	3 113	1 687	246	2 140	2 809	2 509	2 595	189
232	59	463	1 046	842	652	74	360	1 083	1 048	510	76	599	926	749	744	59
599	166	1 189	2 443	1 980	1 771	158	1 184	2 782	2 173	1 228	174	1 617	2 070	1 787	1 929	138
114	46	205	416	348	375	48	231	516	350	244	51	264	367	341	379	41
222	41	379	884	745	684	36	419	1 010	814	442	43	571	728	653	743	33
213	65	488	896	717	572	57	455	995	790	426	64	628	758	638	652	54
50	14	117	247	170	140	17	79	261	219	116	16	154	217	155	155	10
1 454	388	2 870	6 014	4 969	4 359	465	2 565	6 797	5 667	3 157	491	3 686	5 034	4 589	4 986	382
247	109	471	949	748	760	115	496	1 038	870	515	124	580	761	727	875	100
612	136	986	2 144	1 872	1 760	156	960	2 568	2 067	1 166	157	1 347	1 836	1 710	1 900	125
441	107	1 106	2 216	1 774	1 401	146	856	2 466	2 026	1 136	159	1 356	1 818	1 640	1 712	117
154	36	307	705	575	438	48	253	725	704	340	51	403	619	512	499	40
206	74	361	838	663	601	71	301	913	833	411	76	429	641	678	722	64
38	16	64	122	100	118	18	65	150	121	66	20	83	104	101	118	16
89	25	125	310	246	241	19	99	359	292	167	24	149	216	269	286	21
51	24	135	315	221	168	25	109	311	296	125	23	156	233	228	229	18
28	9	37	91	96	74	9	28	93	124	53	9	41	88	80	89	9
5	1	6	16	20	15	1	12	24	15	6	1	6	21	19	11	1
2	1	2	5	5	4	1	2	4	7	3	1	2	5	4	5	1
2	-	2	7	12	9	-	9	13	6	2	-	3	14	10	3	-
1	-	-	1	2	2	-	1	3	1	-	-	-	-	3	2	-
-	-	2	3	1	-	-	-	4	1	1	-	1	2	2	1	-
787	365	2 979	5 419	3 475	2 515	408	1 831	5 236	4 715	2 543	471	3 631	4 555	3 410	2 851	349
144	106	498	837	532	488	113	351	847	703	439	128	588	711	568	502	99
304	109	1 002	1 972	1 296	970	110	672	1 928	1 689	927	134	1 284	1 593	1 282	1 093	98
259	117	1 166	1 980	1 246	796	141	632	1 906	1 718	913	160	1 351	1 681	1 206	974	117
80	33	313	630	401	261	44	176	555	605	264	49	408	570	354	282	35
213	100	825	1 412	930	651	96	546	1 394	1 224	633	117	1 001	1 224	868	733	88
33	30	134	227	175	151	28	104	250	192	137	32	158	206	180	146	25
80	22	275	516	338	235	17	199	494	441	221	26	353	399	331	278	20
81	40	332	514	332	206	39	201	507	450	217	48	382	475	285	245	36
19	8	84	155	85	59	12	42	143	141	58	11	108	144	72	64	7
506	221	1 900	3 512	2 232	1 639	269	1 137	3 379	3 043	1 685	308	2 336	2 942	2 190	1 862	222
100	66	316	541	303	296	72	213	524	444	265	82	374	443	328	320	63
198	74	649	1 266	834	644	83	427	1 242	1 092	619	96	825	1 056	816	713	66
158	61	737	1 284	822	524	86	378	1 240	1 117	620	98	866	1 071	804	642	70
50	20	198	421	273	175	28	119	373	390	181	32	271	372	242	187	23
68	43	249	488	305	221	42	142	453	442	223	45	291	380	343	253	38
11	9	46	67	51	40	12	32	71	64	36	13	54	60	58	34	10
26	13	77	186	119	89	10	42	186	154	87	12	105	132	130	102	12
20	16	97	182	92	65	16	53	158	151	76	14	103	135	116	87	11
11	5	29	53	43	27	4	15	38	73	24	6	29	53	39	30	5
-	1	5	7	8	4	1	6	10	6	2	1	3	9	9	3	1
-	1	2	2	3	1	1	2	2	3	1	1	2	2	2	2	1
-	-	1	4	5	2	-	4	6	2	-	-	1	6	5	-	-
-	-	-	-	-	1	-	-	1	-	-	-	-	-	1	-	-
-	-	2	1	-	-	-	-	1	1	1	-	-	1	1	1	-
1 477	264	1 447	3 892	4 157	4 231	287	2 231	5 280	3 973	2 259	271	2 107	3 211	3 663	4 797	236
257	66	244	655	669	769	69	443	861	645	389	68	341	526	605	875	59
621	93	490	1 373	1 579	1 724	101	815	2 022	1 490	850	90	786	1 201	1 360	1 839	81
447	79	563	1 448	1 468	1 347	87	789	1 869	1 395	774	86	789	1 128	1 303	1 621	72
152	26	150	416	441	391	30	184	528	443	246	27	191	356	395	462	24
386	66	364	1 031	1 050	1 120	62	638	1 388	949	595	57	616	846	919	1 196	50
81	16	71	189	173	224	20	127	266	158	107	19	106	161	161	233	16
142	19	104	368	407	449	19	220	516	373	221	17	218	329	322	465	13
132	25	156	382	385	366	18	254	488	340	209	16	246	283	353	407	18
31	6	33	92	85	81	5	37	118	78	58	5	46	73	83	91	3
948	167	970	2 502	2 737	2 720	196	1 428	3 418	2 624	1 472	183	1 350	2 092	2 399	3 124	160
147	43	155	408	445	464	43	283	514	426	250	42	206	318	399	555	37
414	62	337	878	1 038	1 116	73	533	1 326	975	547	61	522	780	894	1 187	59
283	46	369	932	952	877	60	478	1 226	909	516	61	490	747	836	1 070	47
104	16	109	284	302	263	20	134	352	314	159	19	132	247	270	312	17
138	31	112	350	358	380	29	159	460	391	188	31	138	261	335	469	26
27	7	18	55	49	78	6	33	79	57	30	7	29	44	43	84	6
63	12	48	124	127	152	9	57	173	138	80	12	44	84	139	184	9
31	8	38	133	129	103	9	56	153	145	49	9	53	98	112	142	7
17	4	8	38	53	47	5	13	55	51	29	3	12	35	41	59	4
5	-	1	9	12	11	-	6	14	9	4	-	3	12	10	8	-
2	-	-	3	2	3	-	-	2	4	2	-	-	3	2	3	-
2	-	1	3	7	7	-	5	7	4	2	-	2	8	5	3	-
1	-	-	1	2	1	-	1	2	1	-	-	-	-	2	2	-
-	-	-	2	1	-	-	-	3	-	-	-	1	1	1	-	-

第61表　子ども数・構成割合,

構成割合（%）

性、市郡、きょうだい構成	総数	お菓子					氷菓子					飲		
		よく食べる・よく飲む	ときどき食べる・ときどき飲む	ほとんど食べない・ほとんど飲まない	まったく食べない・まったく飲まない	不詳	よく食べる・よく飲む	ときどき食べる・ときどき飲む	ほとんど食べない・ほとんど飲まない	まったく食べない・まったく飲まない	不詳	よく食べる・よく飲む	ときどき食べる・ときどき飲む	ほとんど食べない・ほとんど飲まない
総数	100.0	29.8	47.1	16.4	5.2	1.6	16.3	44.2	26.4	10.6	2.4	37.5	35.3	17.2
ひとり	100.0	28.1	46.2	16.8	6.1	2.8	14.8	42.7	26.6	11.8	4.1	39.1	33.3	15.8
弟妹のみ	100.0	30.7	46.3	16.7	5.2	1.1	16.3	43.9	26.9	10.9	1.9	34.8	35.6	19.0
兄姉のみ	100.0	29.7	48.1	15.9	4.8	1.6	17.3	45.0	25.6	9.9	2.2	40.0	35.6	15.6
兄弟姉妹あり	100.0	29.6	47.7	16.3	5.0	1.4	15.8	44.7	27.1	10.3	2.2	36.0	35.9	18.6
21大都市	100.0	31.8	46.9	15.0	4.9	1.4	18.4	44.9	25.0	9.5	2.2	38.2	34.8	16.8
ひとり	100.0	29.1	47.2	14.8	6.4	2.5	17.1	42.2	25.3	11.6	3.7	39.2	33.0	16.3
弟妹のみ	100.0	32.7	46.8	15.2	4.6	0.8	17.6	45.8	25.4	9.6	1.6	35.6	36.5	18.2
兄姉のみ	100.0	32.7	45.9	15.2	4.5	1.6	20.2	44.7	24.7	8.3	2.1	40.5	33.6	15.7
兄弟姉妹あり	100.0	30.0	50.7	13.9	4.2	1.3	16.9	47.3	24.0	9.4	2.3	37.2	36.6	16.9
その他の市	100.0	29.2	47.3	16.6	5.4	1.6	15.7	44.2	26.6	11.1	2.5	37.4	35.5	17.3
ひとり	100.0	28.0	45.7	17.3	6.1	2.8	13.5	43.1	27.0	12.1	4.2	39.1	33.6	15.7
弟妹のみ	100.0	30.0	46.2	17.1	5.5	1.2	16.0	43.6	27.2	11.3	2.0	34.5	35.6	19.1
兄姉のみ	100.0	28.9	49.1	15.6	4.9	1.5	16.3	45.1	25.7	10.7	2.3	39.8	36.2	15.7
兄弟姉妹あり	100.0	29.2	47.1	16.9	5.4	1.4	15.5	45.0	26.9	10.5	2.1	36.6	35.4	18.8
郡部	100.0	27.7	46.3	19.2	4.9	2.0	15.3	42.4	28.8	10.6	2.8	36.4	35.2	17.3
ひとり	100.0	25.6	45.5	20.1	5.2	3.6	16.8	41.2	27.0	10.2	4.7	39.3	32.9	14.9
弟妹のみ	100.0	29.3	46.2	18.1	5.1	1.3	15.1	41.4	29.0	12.1	2.3	34.6	33.4	19.9
兄姉のみ	100.0	25.8	46.9	20.5	4.7	2.1	14.9	46.1	27.7	9.0	2.3	39.7	37.3	14.4
兄弟姉妹あり	100.0	30.6	45.6	17.6	4.6	1.6	14.7	36.8	34.2	11.1	3.3	28.7	38.4	20.8
外国	100.0	32.8	51.7	10.3	3.4	1.7	10.3	36.2	36.2	15.5	1.7	36.2	29.3	24.1
ひとり	100.0	23.5	52.9	11.8	5.9	5.9	5.9	35.3	35.3	17.6	5.9	35.3	23.5	23.5
弟妹のみ	100.0	40.0	46.7	10.0	3.3	–	10.0	43.3	30.0	16.7	–	30.0	33.3	30.0
兄姉のみ	100.0	–	80.0	20.0	–	–	20.0	20.0	40.0	20.0	–	20.0	40.0	20.0
兄弟姉妹あり	100.0	50.0	50.0	–	–	–	16.7	16.7	66.7	–	–	83.3	16.7	–
男児	100.0	28.4	47.2	16.9	5.4	2.2	16.9	43.6	26.1	10.5	3.0	44.2	34.9	13.1
ひとり	100.0	26.4	46.6	16.9	6.4	3.7	15.6	40.2	26.7	12.2	5.3	44.7	33.1	12.0
弟妹のみ	100.0	28.9	46.4	17.7	5.6	1.5	16.2	44.1	26.7	10.7	2.2	41.4	35.9	15.0
兄姉のみ	100.0	28.9	47.7	16.2	5.0	2.2	18.4	44.2	25.0	9.7	2.7	47.1	34.4	11.4
兄弟姉妹あり	100.0	28.0	48.9	16.2	5.1	1.9	16.0	45.0	27.0	9.2	2.7	43.3	36.1	13.8
21大都市	100.0	30.0	46.9	15.5	5.5	2.0	19.0	44.0	24.6	9.5	2.8	44.7	34.1	13.2
ひとり	100.0	26.0	47.4	16.1	7.3	3.2	16.6	40.4	25.7	12.7	4.5	43.4	34.1	13.7
弟妹のみ	100.0	29.8	47.6	16.6	5.1	1.0	18.2	45.5	24.8	9.4	2.0	42.4	35.6	14.6
兄姉のみ	100.0	32.6	44.8	14.8	5.3	2.5	21.7	43.4	23.6	8.4	2.8	47.9	31.8	11.8
兄弟姉妹あり	100.0	29.1	51.4	13.4	4.8	1.3	16.5	47.3	25.3	8.1	2.8	43.3	37.5	12.4
その他の市	100.0	27.7	47.6	17.0	5.5	2.2	16.1	43.6	26.3	11.0	3.0	44.1	35.4	13.0
ひとり	100.0	26.3	47.0	16.6	6.4	3.7	14.6	40.1	26.9	12.9	5.6	45.0	33.0	11.2
弟妹のみ	100.0	28.5	46.1	17.9	5.9	1.7	15.7	43.8	26.9	11.3	2.3	40.9	36.2	15.1
兄姉のみ	100.0	27.9	49.1	16.1	4.8	2.0	17.3	44.4	25.3	10.4	2.6	46.9	35.4	11.4
兄弟姉妹あり	100.0	26.8	48.4	17.2	5.5	2.1	15.9	45.6	26.4	9.6	2.6	43.8	35.9	13.9
郡部	100.0	27.8	45.1	20.2	4.4	2.5	15.8	42.5	29.3	9.1	3.3	43.8	34.4	13.3
ひとり	100.0	29.2	39.8	22.2	3.7	5.1	19.4	40.7	26.9	6.5	6.5	46.3	31.9	12.5
弟妹のみ	100.0	28.9	45.3	19.8	4.6	1.5	14.1	42.6	30.8	10.4	2.1	41.6	34.9	15.4
兄姉のみ	100.0	24.6	46.9	21.0	4.9	2.7	15.9	45.6	26.8	8.8	2.9	46.7	35.0	10.4
兄弟姉妹あり	100.0	32.1	46.2	16.7	3.2	1.9	15.4	35.9	35.3	9.6	3.8	38.5	34.6	16.7
外国	100.0	32.0	52.0	12.0	–	4.0	12.0	32.0	44.0	8.0	4.0	64.0	16.0	16.0
ひとり	100.0	11.1	66.7	11.1	–	11.1	11.1	22.2	55.6	–	11.1	66.7	11.1	11.1
弟妹のみ	100.0	41.7	41.7	16.7	–	–	8.3	50.0	25.0	16.7	–	58.3	16.7	25.0
兄姉のみ	100.0	–	100.0	–	–	–	–	–	100.0	–	–	–	100.0	–
兄弟姉妹あり	100.0	66.7	33.3	–	–	–	33.3	–	66.7	–	–	100.0	–	–
女児	100.0	31.2	47.0	15.9	4.9	1.0	15.8	44.8	26.7	10.9	1.9	30.4	35.6	21.6
ひとり	100.0	29.8	45.8	16.7	5.9	1.9	14.0	45.2	26.5	11.4	2.9	33.4	33.5	19.7
弟妹のみ	100.0	32.5	46.3	15.6	4.9	0.7	16.4	43.7	27.1	11.1	1.6	28.0	35.4	23.0
兄姉のみ	100.0	30.5	48.5	15.6	4.6	0.9	16.0	45.9	26.3	10.1	1.7	32.2	36.9	20.2
兄弟姉妹あり	100.0	31.4	46.4	16.4	4.9	0.8	15.5	44.3	27.1	11.5	1.7	27.7	35.8	24.1
21大都市	100.0	33.6	46.9	14.5	4.2	0.9	17.7	45.8	25.4	9.5	1.5	31.2	35.6	20.8
ひとり	100.0	32.3	47.0	13.4	5.5	1.8	17.6	44.2	24.8	10.5	3.0	34.7	31.9	19.1
弟妹のみ	100.0	35.6	46.0	13.8	4.1	0.5	17.0	46.1	26.0	9.8	1.1	28.6	37.6	21.9
兄姉のみ	100.0	32.8	47.1	15.7	3.7	0.6	18.6	46.1	25.9	8.2	1.2	32.6	35.4	20.0
兄弟姉妹あり	100.0	31.1	49.7	14.5	3.4	1.4	17.6	47.3	22.3	11.1	1.7	29.1	35.5	23.0
その他の市	100.0	30.8	46.9	16.1	5.2	1.0	15.1	44.8	27.0	11.2	1.9	30.3	35.6	21.9
ひとり	100.0	29.8	44.5	18.0	5.9	1.9	12.5	46.1	27.2	11.3	2.9	33.1	34.1	20.2
弟妹のみ	100.0	31.6	46.3	16.3	5.1	0.8	16.2	43.3	27.5	11.3	1.6	28.0	35.0	23.2
兄姉のみ	100.0	30.0	49.2	14.9	5.0	1.0	15.2	45.8	26.1	11.0	1.9	32.1	37.1	20.4
兄弟姉妹あり	100.0	31.9	45.6	16.7	5.2	0.6	15.1	44.4	27.5	11.5	1.5	28.5	34.9	24.3
郡部	100.0	27.5	47.5	18.1	5.5	1.4	14.7	42.3	28.4	12.2	2.4	28.6	36.1	21.5
ひとり	100.0	21.8	51.5	18.0	6.8	1.9	14.1	41.7	27.2	14.1	2.9	32.0	34.0	17.5
弟妹のみ	100.0	29.8	47.2	16.3	5.7	1.1	16.1	40.2	27.2	13.9	2.6	27.4	31.7	24.6
兄姉のみ	100.0	27.2	46.8	19.9	4.6	1.5	13.8	46.6	28.6	9.2	1.7	32.0	39.8	18.7
兄弟姉妹あり	100.0	29.1	45.0	18.5	6.0	1.3	13.9	37.7	33.1	12.6	2.6	18.5	42.4	25.2
外国	100.0	33.3	51.5	9.1	6.1	–	9.1	39.4	30.3	21.2	–	15.2	39.4	30.3
ひとり	100.0	37.5	37.5	12.5	12.5	–	–	50.0	12.5	37.5	–	–	37.5	37.5
弟妹のみ	100.0	38.9	50.0	5.6	5.6	–	11.1	38.9	33.3	16.7	–	11.1	44.4	33.3
兄姉のみ	100.0	–	75.0	25.0	–	–	25.0	25.0	25.0	25.0	–	25.0	25.0	25.0
兄弟姉妹あり	100.0	33.3	66.7	–	–	–	–	33.3	66.7	–	–	66.7	33.3	–

性、市郡、きょうだい構成、間食の内容別（２－２）

第15回調査（平成28年）

料		炭酸飲料					果物					ごはん・パン・麺類				
まったく食べない・まったく飲まない	不詳	よく食べる・よく飲む	ときどき食べる・ときどき飲む	ほとんど食べない・ほとんど飲まない	まったく食べない・まったく飲まない	不詳	よく食べる・よく飲む	ときどき食べる・ときどき飲む	ほとんど食べない・ほとんど飲まない	まったく食べない・まったく飲まない	不詳	よく食べる・よく飲む	ときどき食べる・ときどき飲む	ほとんど食べない・ほとんど飲まない	まったく食べない・まったく飲まない	不詳
7.9	2.2	15.4	32.3	26.5	23.4	2.4	14.1	36.5	30.2	16.7	2.6	19.9	27.0	24.6	26.5	2.0
8.2	3.5	15.2	30.6	24.6	25.8	3.7	16.3	35.0	27.7	17.0	4.0	19.1	25.4	24.1	28.3	3.2
8.7	1.9	14.1	31.5	27.1	25.4	2.0	14.0	37.2	29.9	16.7	2.1	19.5	26.3	24.9	27.6	1.7
6.9	1.9	16.9	33.5	26.5	20.9	2.2	13.9	36.9	30.4	16.5	2.4	20.9	27.4	24.5	25.3	1.8
7.5	1.9	15.0	34.0	27.4	21.2	2.4	11.7	35.2	34.1	16.6	2.5	19.5	30.1	24.3	24.2	1.9
7.9	2.2	15.8	32.4	26.3	23.5	2.1	15.7	36.9	28.8	16.3	2.3	21.4	27.4	23.7	25.6	1.8
8.2	3.3	14.7	29.9	25.0	26.9	3.4	16.6	37.1	25.1	17.5	3.7	19.0	26.4	24.5	27.2	2.9
8.1	1.5	13.9	32.4	27.3	25.1	1.3	15.4	37.0	29.8	16.2	1.6	20.9	26.7	23.9	27.2	1.2
7.8	2.4	17.9	32.8	26.3	21.0	2.1	16.7	36.4	28.9	15.6	2.3	23.0	27.8	23.4	23.9	2.0
7.2	2.0	16.9	35.7	24.6	20.3	2.5	11.4	37.8	31.7	16.8	2.3	22.3	31.4	22.4	22.4	1.4
7.8	2.1	15.4	32.2	26.6	23.3	2.5	13.7	36.4	30.3	16.9	2.6	19.7	27.0	24.6	26.7	2.0
8.1	3.6	15.5	31.2	24.6	25.0	3.8	16.3	34.1	28.6	16.9	4.1	19.1	25.0	23.9	28.8	3.3
8.8	2.0	14.3	31.0	27.1	25.4	2.3	13.9	37.1	29.9	16.9	2.3	19.5	26.5	24.7	27.5	1.8
6.6	1.6	16.6	33.4	26.7	21.1	2.2	12.9	37.1	30.5	17.1	2.4	20.4	27.4	24.7	25.8	1.8
7.4	1.7	14.8	34.0	27.7	21.1	2.3	12.2	35.0	34.0	16.4	2.5	19.4	29.9	24.7	24.1	1.9
8.1	2.9	14.2	33.1	26.2	23.7	2.8	11.9	36.0	32.9	16.2	3.0	16.9	25.3	26.8	28.5	2.5
9.0	3.8	15.2	28.9	23.7	28.0	4.3	15.4	35.5	28.7	15.6	4.7	19.7	24.6	23.9	28.0	3.8
9.5	2.7	13.3	32.9	26.1	25.6	2.0	10.5	38.2	31.0	17.7	2.6	15.8	23.0	28.6	30.4	2.2
5.9	2.8	15.6	36.5	25.6	19.4	2.9	12.6	36.0	34.3	14.5	2.7	18.1	27.0	26.4	26.5	2.1
9.1	2.9	12.1	29.6	31.3	24.1	2.9	9.1	30.3	40.4	17.3	2.9	13.4	28.7	26.1	29.0	2.9
8.6	1.7	10.3	27.6	34.5	25.9	1.7	20.7	41.4	25.9	10.3	1.7	10.3	36.2	32.8	19.0	1.7
11.8	5.9	11.8	29.4	29.4	23.5	5.9	11.8	23.5	41.2	17.6	5.9	11.8	29.4	23.5	29.4	5.9
6.7	-	6.7	23.3	40.0	30.0	-	30.0	43.3	20.0	6.7	-	10.0	46.7	33.3	10.0	-
20.0	-	-	20.0	40.0	40.0	-	20.0	60.0	20.0	-	-	-	-	60.0	40.0	-
-	-	33.3	50.0	16.7	-	-	-	66.7	16.7	16.7	-	16.7	33.3	33.3	16.7	-
5.3	2.5	20.1	36.6	23.5	17.0	2.8	12.4	35.4	31.9	17.2	3.2	24.5	30.8	23.0	19.3	2.4
5.8	4.3	20.2	33.9	21.6	19.8	4.6	14.2	34.3	28.5	17.8	5.2	23.8	28.8	23.0	20.3	4.0
5.7	2.0	18.7	36.9	24.2	18.1	2.1	12.6	36.0	31.6	17.3	2.5	24.0	29.8	24.0	20.4	1.8
4.9	2.2	21.9	37.2	23.4	14.9	2.6	11.9	35.8	32.2	17.1	3.0	25.4	31.5	22.6	18.3	2.2
4.9	2.0	19.0	38.2	24.3	15.8	2.7	10.7	33.7	36.7	16.0	3.0	24.7	34.6	21.5	17.1	2.1
5.4	2.6	21.1	36.1	23.8	16.6	2.5	13.9	35.6	31.3	16.2	3.0	25.6	31.3	22.2	18.7	2.2
4.6	4.2	18.7	31.7	24.5	21.1	3.9	14.5	35.0	26.9	19.2	4.5	22.1	28.8	25.2	20.4	3.5
5.8	1.6	19.9	37.4	24.5	17.0	1.2	14.4	35.8	31.9	16.0	1.9	25.6	28.9	24.0	20.1	1.4
5.7	2.8	23.3	36.1	23.3	14.5	2.7	14.1	35.6	31.6	15.2	3.4	26.8	33.4	20.0	17.2	2.5
4.8	2.0	21.3	39.2	21.5	14.9	3.0	10.6	36.2	35.7	14.7	2.8	27.3	36.5	18.2	16.2	1.8
5.3	2.3	19.9	36.8	23.4	17.2	2.8	11.9	35.4	31.9	17.6	3.2	24.5	30.8	22.9	19.5	2.3
6.5	4.3	20.7	35.4	19.8	19.4	4.7	13.9	34.3	29.1	17.3	5.4	24.5	29.0	21.5	20.9	4.1
5.7	2.1	18.7	36.4	24.0	18.5	2.4	12.3	35.7	31.4	17.8	2.8	23.7	30.4	23.5	20.5	1.9
4.6	1.8	21.3	37.2	23.8	15.2	2.5	10.9	35.9	32.3	18.0	2.8	25.1	31.0	23.3	18.6	2.0
4.6	1.8	18.1	38.4	24.9	16.0	2.6	10.9	34.1	35.6	16.5	2.9	24.7	34.0	22.1	17.1	2.1
5.2	3.3	19.1	37.4	23.4	16.9	3.2	10.9	34.7	33.9	17.1	3.4	22.3	29.1	26.3	19.4	2.9
5.1	4.2	21.3	31.0	23.6	18.5	5.6	14.8	32.9	29.6	16.7	6.0	25.0	27.8	26.9	15.7	4.6
5.4	2.7	16.0	38.7	24.7	18.5	2.1	8.7	38.7	32.0	18.1	2.5	21.8	27.4	27.0	21.2	2.5
4.4	3.5	21.5	40.3	20.4	14.4	3.5	11.7	35.0	33.4	16.8	3.1	22.8	29.9	25.7	19.2	2.4
7.1	3.2	18.6	34.0	27.6	17.3	2.6	9.6	24.4	46.8	15.4	3.8	18.6	34.0	25.0	19.2	3.2
-	4.0	20.0	28.0	32.0	16.0	4.0	24.0	40.0	24.0	8.0	4.0	12.0	36.0	36.0	12.0	4.0
-	11.1	22.2	22.2	33.3	11.1	11.1	22.2	22.2	33.3	11.1	11.1	22.2	22.2	22.2	22.2	11.1
-	-	8.3	33.3	41.7	16.7	-	33.3	50.0	16.7	-	-	8.3	50.0	41.7	-	-
-	-	-	-	-	100.0	-	-	100.0	-	-	-	-	-	100.0	-	-
-	-	66.7	33.3	-	-	-	-	33.3	33.3	33.3	-	-	33.3	33.3	33.3	-
10.5	1.9	10.3	27.8	29.7	30.2	2.0	15.9	37.7	28.4	16.1	1.9	15.0	22.9	26.1	34.2	1.7
10.7	2.7	10.1	27.2	27.8	32.0	2.9	18.4	35.8	26.8	16.2	2.8	14.2	21.9	25.1	36.4	2.5
11.8	1.8	9.3	26.1	30.0	32.7	1.9	15.5	38.4	28.3	16.1	1.7	14.9	22.8	25.8	34.9	1.5
9.1	1.6	11.5	29.5	29.9	27.4	1.8	16.1	38.0	28.4	15.8	1.8	16.1	23.0	26.5	33.0	1.5
10.6	1.8	10.5	29.1	30.9	27.4	2.1	12.9	37.0	31.0	17.2	1.9	13.4	24.9	27.7	32.4	1.7
10.6	1.8	10.0	28.4	28.9	30.9	1.7	17.6	38.3	26.2	16.4	1.6	17.0	23.3	25.3	33.0	1.4
12.0	2.4	10.5	27.9	25.6	33.1	3.0	18.8	39.3	23.3	15.8	2.8	15.7	23.8	23.8	34.4	2.4
10.5	1.4	7.7	27.3	30.2	33.3	1.4	16.3	38.3	27.7	16.4	1.3	16.2	24.4	23.9	34.5	1.0
10.1	1.9	11.9	29.2	29.5	28.0	1.4	19.4	37.3	26.0	16.0	1.2	18.8	21.7	27.0	31.1	1.4
10.5	2.0	11.1	31.1	28.7	27.4	1.7	12.5	39.9	26.4	19.6	1.7	15.5	24.7	28.0	30.7	1.0
10.4	1.8	10.6	27.4	30.0	29.8	2.1	15.6	37.5	28.8	16.1	2.0	14.8	22.9	26.3	34.2	1.8
9.7	2.8	10.2	26.9	29.4	30.6	2.8	18.7	33.9	28.1	16.5	2.8	13.6	21.0	26.3	36.6	2.4
12.0	1.8	9.8	25.5	30.2	32.4	2.1	15.5	38.5	28.3	15.9	1.8	15.2	22.7	26.0	34.5	1.7
8.9	1.4	11.6	29.2	29.8	27.5	1.9	15.0	38.4	28.5	16.2	1.9	15.4	23.4	26.2	33.5	1.5
10.6	1.6	11.1	29.0	30.9	26.9	2.0	13.7	36.0	32.1	16.3	1.9	13.5	25.3	27.6	31.9	1.7
11.2	2.5	9.1	28.5	29.1	30.9	2.4	12.9	37.4	31.8	15.3	2.5	11.2	21.2	27.3	38.2	2.1
13.1	3.4	8.7	26.7	23.8	37.9	2.9	16.0	38.3	27.7	14.6	3.4	14.1	21.4	20.9	40.8	2.9
13.7	2.6	10.4	27.0	27.6	33.0	2.0	12.4	37.6	30.0	17.4	2.6	9.6	18.3	30.2	40.0	2.0
7.5	1.9	9.2	32.3	31.3	25.0	2.2	13.6	37.1	35.2	11.9	2.2	12.9	23.8	27.2	34.5	1.7
11.3	2.6	5.3	25.2	35.1	31.1	3.3	8.6	36.4	33.8	19.2	2.0	7.9	23.2	27.2	39.1	2.6
15.2	-	3.0	27.3	36.4	33.3	-	18.2	42.4	27.3	12.1	-	9.1	36.4	30.3	24.2	-
25.0	-	-	37.5	25.0	37.5	-	-	25.0	50.0	25.0	-	-	37.5	25.0	37.5	-
11.1	-	5.6	16.7	38.9	38.9	-	27.8	38.9	22.2	11.1	-	11.1	44.4	27.8	16.7	-
25.0	-	-	25.0	50.0	25.0	-	25.0	50.0	25.0	-	-	-	-	50.0	50.0	-
-	-	-	66.7	33.3	-	-	-	100.0	-	-	-	33.3	33.3	33.3	-	-

第62表　子ども数・構成割合,

実　数（人）

性　　、 地域ブロック	総　数	お菓子 よく食べる・よく飲む	お菓子 ときどき食べる・ときどき飲む	お菓子 ほとんど食べない・ほとんど飲まない	お菓子 まったく食べない・まったく飲まない	お菓子 不　詳	氷菓子 よく食べる・よく飲む	氷菓子 ときどき食べる・ときどき飲む	氷菓子 ほとんど食べない・ほとんど飲まない	氷菓子 まったく食べない・まったく飲まない	氷菓子 不　詳	飲 よく食べる・よく飲む	飲 ときどき食べる・ときどき飲む	飲 ほとんど食べない・ほとんど飲まない
総数	28 810	8 572	13 563	4 719	1 496	460	4 704	12 730	7 609	3 068	699	10 801	10 161	4 955
北海道	1 035	270	527	182	45	11	152	467	292	99	25	363	375	196
東北	2 092	551	1 053	347	111	30	303	940	573	240	36	890	745	296
関東１	7 784	2 428	3 650	1 160	421	125	1 330	3 529	1 961	778	186	3 078	2 651	1 319
関東２	2 379	680	1 106	405	145	43	364	1 027	640	289	59	884	866	372
北陸	1 365	378	626	249	89	23	208	577	389	163	28	456	495	242
東海	3 728	1 212	1 729	567	167	53	640	1 648	1 009	343	88	1 423	1 291	650
近畿１	3 813	1 224	1 709	634	182	64	700	1 719	926	368	100	1 409	1 379	654
近畿２	947	281	440	164	43	19	148	404	281	88	26	306	374	165
中国	1 716	469	837	296	92	22	287	719	477	198	35	632	595	329
四国	863	222	406	175	39	21	134	368	218	113	30	315	310	135
北九州	1 849	518	881	328	94	28	280	815	487	218	49	626	628	373
南九州	1 181	320	569	206	66	20	152	496	335	162	36	398	435	210
外国	58	19	30	6	2	1	6	21	21	9	1	21	17	14
男児	14 796	4 197	6 980	2 497	803	319	2 495	6 450	3 865	1 547	439	6 543	5 167	1 934
北海道	494	123	250	88	26	7	75	199	149	54	17	198	179	86
東北	1 077	260	563	178	54	22	169	481	282	119	26	525	383	102
関東１	3 999	1 160	1 887	624	241	87	683	1 782	1 014	399	121	1 849	1 337	512
関東２	1 218	346	549	217	77	29	195	510	331	147	35	523	450	138
北陸	706	194	320	128	47	17	121	288	191	89	17	276	260	94
東海	1 944	611	901	308	88	36	354	848	507	179	56	902	665	243
近畿１	1 969	605	866	350	106	42	378	867	470	201	53	866	689	266
近畿２	501	143	233	90	22	13	80	211	151	42	17	176	210	70
中国	859	236	409	153	41	20	140	360	240	93	26	376	294	126
四国	404	92	202	83	13	14	55	177	104	50	18	167	150	55
北九州	975	249	480	179	50	17	144	439	260	102	30	399	323	161
南九州	625	170	307	96	38	14	98	280	155	70	22	270	223	77
外国	25	8	13	3	−	1	3	8	11	2	1	16	4	4
女児	14 014	4 375	6 583	2 222	693	141	2 209	6 280	3 744	1 521	260	4 258	4 994	3 021
北海道	541	147	277	94	19	4	77	268	143	45	8	165	196	110
東北	1 015	291	490	169	57	8	134	459	291	121	10	365	362	194
関東１	3 785	1 268	1 763	536	180	38	647	1 747	947	379	65	1 229	1 314	807
関東２	1 161	334	557	188	68	14	169	517	309	142	24	361	416	234
北陸	659	184	306	121	42	6	87	289	198	74	11	180	235	148
東海	1 784	601	828	259	79	17	286	800	502	164	32	521	626	407
近畿１	1 844	619	843	284	76	22	322	852	456	167	47	543	690	388
近畿２	446	138	207	74	21	6	68	193	130	46	9	130	164	95
中国	857	233	428	143	51	2	147	359	237	105	9	256	301	203
四国	459	130	204	92	26	7	79	191	114	63	12	148	160	80
北九州	874	269	401	149	44	11	136	376	227	116	19	227	305	212
南九州	556	150	262	110	28	6	54	216	180	92	14	128	212	133
外国	33	11	17	3	2	−	3	13	10	7	−	5	13	10

性、地域ブロック、間食の内容別（２－１）

第15回調査（平成28年）

料		炭酸飲料					果物					ごはん・パン・麺類				
まったく食べない・まったく飲まない	不詳	よく食べる・よく飲む	ときどき食べる・ときどき飲む	ほとんど食べない・ほとんど飲まない	まったく食べない・まったく飲まない	不詳	よく食べる・よく飲む	ときどき食べる・ときどき飲む	ほとんど食べない・ほとんど飲まない	まったく食べない・まったく飲まない	不詳	よく食べる・よく飲む	ときどき食べる・ときどき飲む	ほとんど食べない・ほとんど飲まない	まったく食べない・まったく飲まない	不詳
2 264	629	4 426	9 311	7 632	6 746	695	4 062	10 516	8 688	4 802	742	5 738	7 766	7 073	7 648	585
83	18	161	336	282	235	21	128	387	336	159	25	173	233	274	334	21
121	40	347	702	560	442	41	297	874	593	286	42	408	480	566	601	37
578	158	1 201	2 568	2 077	1 760	178	1 246	2 887	2 188	1 260	203	1 633	2 269	1 850	1 879	153
199	58	322	772	666	563	56	353	864	686	419	57	425	624	611	674	45
146	26	192	429	359	355	30	178	511	417	231	28	215	339	320	466	25
290	74	588	1 161	947	940	92	507	1 313	1 158	659	91	698	966	969	1 019	76
281	90	642	1 239	966	865	101	541	1 363	1 162	646	101	826	1 040	932	930	85
81	21	147	325	230	221	24	131	327	315	147	27	224	257	203	242	21
128	32	262	553	450	418	33	215	591	549	320	41	317	464	390	517	28
74	29	124	251	239	219	30	117	289	287	137	33	157	224	227	232	23
168	54	280	599	519	399	52	228	649	613	304	55	396	538	422	450	43
110	28	154	360	317	314	36	109	437	369	228	38	260	311	290	293	27
5	1	6	16	20	15	1	12	24	15	6	1	6	21	19	11	1
787	365	2 979	5 419	3 475	2 515	408	1 831	5 236	4 715	2 543	471	3 631	4 555	3 410	2 851	349
23	8	107	171	123	82	11	59	167	169	84	15	96	128	136	124	10
42	25	232	417	235	164	29	142	436	324	146	29	267	289	265	229	27
203	98	826	1 470	937	655	111	537	1 442	1 213	672	135	1 014	1 325	876	684	100
74	33	210	451	300	227	30	161	427	365	234	31	273	379	305	240	21
61	15	132	254	157	144	19	77	266	220	123	20	139	206	154	190	17
91	43	407	696	441	347	53	244	656	626	361	57	455	570	485	390	44
106	42	419	728	459	315	48	243	675	650	343	58	509	597	457	365	41
31	14	104	190	110	81	16	61	169	175	80	16	136	156	105	92	12
39	24	168	302	220	147	22	102	290	281	157	29	207	269	178	185	20
18	14	76	137	103	72	16	46	140	133	65	20	89	128	100	75	12
61	31	189	363	232	159	32	101	334	347	158	35	263	317	200	168	27
38	17	104	233	150	118	20	52	224	206	118	25	180	182	140	106	17
-	1	5	7	8	4	1	6	10	6	2	1	3	9	9	3	1
1 477	264	1 447	3 892	4 157	4 231	287	2 231	5 280	3 973	2 259	271	2 107	3 211	3 663	4 797	236
60	10	54	165	159	153	10	69	220	167	75	10	77	105	138	210	11
79	15	115	285	325	278	12	155	438	269	140	13	141	191	301	372	10
375	60	375	1 098	1 140	1 105	67	709	1 445	975	588	68	619	944	974	1 195	53
125	25	112	321	366	336	26	192	437	321	185	26	152	245	306	434	24
85	11	60	175	202	211	11	101	245	197	108	8	76	133	166	276	8
199	31	181	465	506	593	39	263	657	532	298	34	243	396	484	629	32
175	48	223	511	507	550	53	298	688	512	303	43	317	443	475	565	44
50	7	43	135	120	140	8	70	158	140	67	11	88	101	98	150	9
89	8	94	251	230	271	11	113	301	268	163	12	110	195	212	332	8
56	15	48	114	136	147	14	71	149	154	72	13	68	96	127	157	11
107	23	91	236	287	240	20	127	315	266	146	20	133	221	222	282	16
72	11	50	127	167	196	16	57	213	163	110	13	80	129	150	187	10
5	-	1	9	12	11	-	6	14	9	4	-	3	12	10	8	-

第62表　子ども数・構成割合,

構成割合（%）

性、地域ブロック	総数	お菓子 よく食べる・よく飲む	お菓子 ときどき食べる・ときどき飲む	お菓子 ほとんど食べない・ほとんど飲まない	お菓子 まったく食べない・まったく飲まない	お菓子 不詳	氷菓子 よく食べる・よく飲む	氷菓子 ときどき食べる・ときどき飲む	氷菓子 ほとんど食べない・ほとんど飲まない	氷菓子 まったく食べない・まったく飲まない	氷菓子 不詳	飲 よく食べる・よく飲む	飲 ときどき食べる・ときどき飲む	飲 ほとんど食べない・ほとんど飲まない
総数	100.0	29.8	47.1	16.4	5.2	1.6	16.3	44.2	26.4	10.6	2.4	37.5	35.3	17.2
北海道	100.0	26.1	50.9	17.6	4.3	1.1	14.7	45.1	28.2	9.6	2.4	35.1	36.2	18.9
東北	100.0	26.3	50.3	16.6	5.3	1.4	14.5	44.9	27.4	11.5	1.7	42.5	35.6	14.1
関東１	100.0	31.2	46.9	14.9	5.4	1.6	17.1	45.3	25.2	10.0	2.4	39.5	34.1	16.9
関東２	100.0	28.6	46.5	17.0	6.1	1.8	15.3	43.2	26.9	12.1	2.5	37.2	36.4	15.6
北陸	100.0	27.7	45.9	18.2	6.5	1.7	15.2	42.3	28.5	11.9	2.1	33.4	36.3	17.7
東海	100.0	32.5	46.4	15.2	4.5	1.4	17.2	44.2	27.1	9.2	2.4	38.2	34.6	17.4
近畿１	100.0	32.1	44.8	16.6	4.8	1.7	18.4	45.1	24.3	9.7	2.6	37.0	36.2	17.2
近畿２	100.0	29.7	46.5	17.3	4.5	2.0	15.6	42.7	29.7	9.3	2.7	32.3	39.5	17.4
中国	100.0	27.3	48.8	17.2	5.4	1.3	16.7	41.9	27.8	11.5	2.0	36.8	34.7	19.2
四国	100.0	25.7	47.0	20.3	4.5	2.4	15.5	42.6	25.3	13.1	3.5	36.5	35.9	15.6
北九州	100.0	28.0	47.6	17.7	5.1	1.5	15.1	44.1	26.3	11.8	2.7	33.9	34.0	20.2
南九州	100.0	27.1	48.2	17.4	5.6	1.7	12.9	42.0	28.4	13.7	3.0	33.7	36.8	17.8
外国	100.0	32.8	51.7	10.3	3.4	1.7	10.3	36.2	36.2	15.5	1.7	36.2	29.3	24.1
男児	100.0	28.4	47.2	16.9	5.4	2.2	16.9	43.6	26.1	10.5	3.0	44.2	34.9	13.1
北海道	100.0	24.9	50.6	17.8	5.3	1.4	15.2	40.3	30.2	10.9	3.4	40.1	36.2	17.4
東北	100.0	24.1	52.3	16.5	5.0	2.0	15.7	44.7	26.2	11.0	2.4	48.7	35.6	9.5
関東１	100.0	29.0	47.2	15.6	6.0	2.2	17.1	44.6	25.4	10.0	3.0	46.2	33.4	12.8
関東２	100.0	28.4	45.1	17.8	6.3	2.4	16.0	41.9	27.2	12.1	2.9	42.9	36.9	11.3
北陸	100.0	27.5	45.3	18.1	6.7	2.4	17.1	40.8	27.1	12.6	2.4	39.1	36.8	13.3
東海	100.0	31.4	46.3	15.8	4.5	1.9	18.2	43.6	26.1	9.2	2.9	46.4	34.2	12.5
近畿１	100.0	30.7	44.0	17.8	5.4	2.1	19.2	44.0	23.9	10.2	2.7	44.0	35.0	13.5
近畿２	100.0	28.5	46.5	18.0	4.4	2.6	16.0	42.1	30.1	8.4	3.4	35.1	41.9	14.0
中国	100.0	27.5	47.6	17.8	4.8	2.3	16.3	41.9	27.9	10.8	3.0	43.8	34.2	14.7
四国	100.0	22.8	50.0	20.5	3.2	3.5	13.6	43.8	25.7	12.4	4.5	41.3	37.1	13.6
北九州	100.0	25.5	49.2	18.4	5.1	1.7	14.8	45.0	26.7	10.5	3.1	40.9	33.1	16.5
南九州	100.0	27.2	49.1	15.4	6.1	2.2	15.7	44.8	24.8	11.2	3.5	43.2	35.7	12.3
外国	100.0	32.0	52.0	12.0	-	4.0	12.0	32.0	44.0	8.0	4.0	64.0	16.0	16.0
女児	100.0	31.2	47.0	15.9	4.9	1.0	15.8	44.8	26.7	10.9	1.9	30.4	35.6	21.6
北海道	100.0	27.2	51.2	17.4	3.5	0.7	14.2	49.5	26.4	8.3	1.5	30.5	36.2	20.3
東北	100.0	28.7	48.3	16.7	5.6	0.8	13.2	45.2	28.7	11.9	1.0	36.0	35.7	19.1
関東１	100.0	33.5	46.6	14.2	4.8	1.0	17.1	46.2	25.0	10.0	1.7	32.5	34.7	21.3
関東２	100.0	28.8	48.0	16.2	5.9	1.2	14.6	44.5	26.6	12.2	2.1	31.1	35.8	20.2
北陸	100.0	27.9	46.4	18.4	6.4	0.9	13.2	43.9	30.0	11.2	1.7	27.3	35.7	22.5
東海	100.0	33.7	46.4	14.5	4.4	1.0	16.0	44.8	28.1	9.2	1.8	29.2	35.1	22.8
近畿１	100.0	33.6	45.7	15.4	4.1	1.2	17.5	46.2	24.7	9.1	2.5	29.4	37.4	21.0
近畿２	100.0	30.9	46.4	16.6	4.7	1.3	15.2	43.3	29.1	10.3	2.0	29.1	36.8	21.3
中国	100.0	27.2	49.9	16.7	6.0	0.2	17.2	41.9	27.7	12.3	1.1	29.9	35.1	23.7
四国	100.0	28.3	44.4	20.0	5.7	1.5	17.2	41.6	24.8	13.7	2.6	32.2	34.9	17.4
北九州	100.0	30.8	45.9	17.0	5.0	1.3	15.6	43.0	26.0	13.3	2.2	26.0	34.9	24.3
南九州	100.0	27.0	47.1	19.8	5.0	1.1	9.7	38.8	32.4	16.5	2.5	23.0	38.1	23.9
外国	100.0	33.3	51.5	9.1	6.1	-	9.1	39.4	30.3	21.2	-	15.2	39.4	30.3

性、地域ブロック、間食の内容別（２－２）

第15回調査（平成28年）

料		炭酸飲料					果物					ごはん・パン・麺類				
まったく食べない・まったく飲まない	不詳	よく食べる・よく飲む	ときどき食べる・ときどき飲む	ほとんど食べない・ほとんど飲まない	まったく食べない・まったく飲まない	不詳	よく食べる・よく飲む	ときどき食べる・ときどき飲む	ほとんど食べない・ほとんど飲まない	まったく食べない・まったく飲まない	不詳	よく食べる・よく飲む	ときどき食べる・ときどき飲む	ほとんど食べない・ほとんど飲まない	まったく食べない・まったく飲まない	不詳
7.9	2.2	15.4	32.3	26.5	23.4	2.4	14.1	36.5	30.2	16.7	2.6	19.9	27.0	24.6	26.5	2.0
8.0	1.7	15.6	32.5	27.2	22.7	2.0	12.4	37.4	32.5	15.4	2.4	16.7	22.5	26.5	32.3	2.0
5.8	1.9	16.6	33.6	26.8	21.1	2.0	14.2	41.8	28.3	13.7	2.0	19.5	22.9	27.1	28.7	1.8
7.4	2.0	15.4	33.0	26.7	22.6	2.3	16.0	37.1	28.1	16.2	2.6	21.0	29.1	23.8	24.1	2.0
8.4	2.4	13.5	32.5	28.0	23.7	2.4	14.8	36.3	28.8	17.6	2.4	17.9	26.2	25.7	28.3	1.9
10.7	1.9	14.1	31.4	26.3	26.0	2.2	13.0	37.4	30.5	16.9	2.1	15.8	24.8	23.4	34.1	1.8
7.8	2.0	15.8	31.1	25.4	25.2	2.5	13.6	35.2	31.1	17.7	2.4	18.7	25.9	26.0	27.3	2.0
7.4	2.4	16.8	32.5	25.3	22.7	2.6	14.2	35.7	30.5	16.9	2.6	21.7	27.3	24.4	24.4	2.2
8.6	2.2	15.5	34.3	24.3	23.3	2.5	13.8	34.5	33.3	15.5	2.9	23.7	27.1	21.4	25.6	2.2
7.5	1.9	15.3	32.2	26.2	24.4	1.9	12.5	34.4	32.0	18.6	2.4	18.5	27.0	22.7	30.1	1.6
8.6	3.4	14.4	29.1	27.7	25.4	3.5	13.6	33.5	33.3	15.9	3.8	18.2	26.0	26.3	26.9	2.7
9.1	2.9	15.1	32.4	28.1	21.6	2.8	12.3	35.1	33.2	16.4	3.0	21.4	29.1	22.8	24.3	2.3
9.3	2.4	13.0	30.5	26.8	26.6	3.0	9.2	37.0	31.2	19.3	3.2	22.0	26.3	24.6	24.8	2.3
8.6	1.7	10.3	27.6	34.5	25.9	1.7	20.7	41.4	25.9	10.3	1.7	10.3	36.2	32.8	19.0	1.7
5.3	2.5	20.1	36.6	23.5	17.0	2.8	12.4	35.4	31.9	17.2	3.2	24.5	30.8	23.0	19.3	2.4
4.7	1.6	21.7	34.6	24.9	16.6	2.2	11.9	33.8	34.2	17.0	3.0	19.4	25.9	27.5	25.1	2.0
3.9	2.3	21.5	38.7	21.8	15.2	2.7	13.2	40.5	30.1	13.6	2.7	24.8	26.8	24.6	21.3	2.5
5.1	2.5	20.7	36.8	23.4	16.4	2.8	13.4	36.1	30.3	16.8	3.4	25.4	33.1	21.9	17.1	2.5
6.1	2.7	17.2	37.0	24.6	18.6	2.5	13.2	35.1	30.0	19.2	2.5	22.4	31.1	25.0	19.7	1.7
8.6	2.1	18.7	36.0	22.2	20.4	2.7	10.9	37.7	31.2	17.4	2.8	19.7	29.2	21.8	26.9	2.4
4.7	2.2	20.9	35.8	22.7	17.8	2.7	12.6	33.7	32.2	18.6	2.9	23.4	29.3	24.9	20.1	2.3
5.4	2.1	21.3	37.0	23.3	16.0	2.4	12.3	34.3	33.0	17.4	2.9	25.9	30.3	23.2	18.5	2.1
6.2	2.8	20.8	37.9	22.0	16.2	3.2	12.2	33.7	34.9	16.0	3.2	27.1	31.1	21.0	18.4	2.4
4.5	2.8	19.6	35.2	25.6	17.1	2.6	11.9	33.8	32.7	18.3	3.4	24.1	31.3	20.7	21.5	2.3
4.5	3.5	18.8	33.9	25.5	17.8	4.0	11.4	34.7	32.9	16.1	5.0	22.0	31.7	24.8	18.6	3.0
6.3	3.2	19.4	37.2	23.8	16.3	3.3	10.4	34.3	35.6	16.2	3.6	27.0	32.5	20.5	17.2	2.8
6.1	2.7	16.6	37.3	24.0	18.9	3.2	8.3	35.8	33.0	18.9	4.0	28.8	29.1	22.4	17.0	2.7
-	4.0	20.0	28.0	32.0	16.0	4.0	24.0	40.0	24.0	8.0	4.0	12.0	36.0	36.0	12.0	4.0
10.5	1.9	10.3	27.8	29.7	30.2	2.0	15.9	37.7	28.4	16.1	1.9	15.0	22.9	26.1	34.2	1.7
11.1	1.8	10.0	30.5	29.4	28.3	1.8	12.8	40.7	30.9	13.9	1.8	14.2	19.4	25.5	38.8	2.0
7.8	1.5	11.3	28.1	32.0	27.4	1.2	15.3	43.2	26.5	13.8	1.3	13.9	18.8	29.7	36.7	1.0
9.9	1.6	9.9	29.0	30.1	29.2	1.8	18.7	38.2	25.8	15.5	1.8	16.4	24.9	25.7	31.6	1.4
10.8	2.2	9.6	27.6	31.5	28.9	2.2	16.5	37.6	27.6	15.9	2.2	13.1	21.1	26.4	37.4	2.1
12.9	1.7	9.1	26.6	30.7	32.0	1.7	15.3	37.2	29.9	16.4	1.2	11.5	20.2	25.2	41.9	1.2
11.2	1.7	10.1	26.1	28.4	33.2	2.2	14.7	36.8	29.8	16.7	1.9	13.6	22.2	27.1	35.3	1.8
9.5	2.6	12.1	27.7	27.5	29.8	2.9	16.2	37.3	27.8	16.4	2.3	17.2	24.0	25.8	30.6	2.4
11.2	1.6	9.6	30.3	26.9	31.4	1.8	15.7	35.4	31.4	15.0	2.5	19.7	22.6	22.0	33.6	2.0
10.4	0.9	11.0	29.3	26.8	31.6	1.3	13.2	35.1	31.3	19.0	1.4	12.8	22.8	24.7	38.7	0.9
12.2	3.3	10.5	24.8	29.6	32.0	3.1	15.5	32.5	33.6	15.7	2.8	14.8	20.9	27.7	34.2	2.4
12.2	2.6	10.4	27.0	32.8	27.5	2.3	14.5	36.0	30.4	16.7	2.3	15.2	25.3	25.4	32.3	1.8
12.9	2.0	9.0	22.8	30.0	35.3	2.9	10.3	38.3	29.3	19.8	2.3	14.4	23.2	27.0	33.6	1.8
15.2	-	3.0	27.3	36.4	33.3	-	18.2	42.4	27.3	12.1	-	9.1	36.4	30.3	24.2	-

第63表　子ども数・構成割合，

実　数（人）

性　、 同居者の構成	総　数	お菓子					氷菓子					飲		
		よく食べる・よく飲む	ときどき食べる・ときどき飲む	ほとんど食べない・ほとんど飲まない	まったく食べない・まったく飲まない	不　詳	よく食べる・よく飲む	ときどき食べる・ときどき飲む	ほとんど食べない・ほとんど飲まない	まったく食べない・まったく飲まない	不　詳	よく食べる・よく飲む	ときどき食べる・ときどき飲む	ほとんど食べない・ほとんど飲まない
総数	28 810	8 572	13 563	4 719	1 496	460	4 704	12 730	7 609	3 068	699	10 801	10 161	4 955
父母と同居	25 078	7 610	11 830	4 039	1 264	335	4 143	11 156	6 616	2 632	531	9 437	8 868	4 331
父母又は父母ときょうだいのみ	20 110	6 206	9 446	3 192	1 002	264	3 375	8 905	5 271	2 136	423	7 532	7 075	3 530
父母のみ	2 999	887	1 405	488	171	48	465	1 305	791	355	83	1 195	1 002	479
父母ときょうだいのみ	17 111	5 319	8 041	2 704	831	216	2 910	7 600	4 480	1 781	340	6 337	6 073	3 051
父母と祖父母	4 879	1 385	2 346	822	258	68	756	2 211	1 323	484	105	1 874	1 760	784
父母と母方の祖父母	1 349	386	654	217	70	22	219	597	373	132	28	512	495	203
父母と父方の祖父母	3 521	996	1 687	604	188	46	536	1 611	946	352	76	1 358	1 263	579
父母と両方の祖父母	9	3	5	1	－	－	1	3	4	－	1	4	2	2
父母とその他	89	19	38	25	4	3	12	40	22	12	3	31	33	17
父又は母と同居	3 561	942	1 679	664	220	56	548	1 538	962	415	98	1 332	1 250	616
母のみ又は母ときょうだいのみ	2 268	627	1 057	411	144	29	366	985	597	271	49	849	793	390
母と祖父母等	989	242	483	184	64	16	151	421	283	108	26	378	332	185
父のみ又は父ときょうだいのみ	143	29	73	33	7	1	9	71	37	20	6	49	62	18
父と祖父母等	161	44	66	36	5	10	22	61	45	16	17	56	63	23
その他	171	20	54	16	12	69	13	36	31	21	70	32	43	8
男児	14 796	4 197	6 980	2 497	803	319	2 495	6 450	3 865	1 547	439	6 543	5 167	1 934
父母と同居	12 918	3 738	6 110	2 165	673	232	2 205	5 697	3 359	1 328	329	5 734	4 535	1 697
父母又は父母ときょうだいのみ	10 369	3 033	4 871	1 726	553	186	1 766	4 551	2 697	1 091	264	4 593	3 625	1 375
父母のみ	1 517	415	721	250	100	31	242	619	402	196	58	696	504	183
父母ときょうだいのみ	8 852	2 618	4 150	1 476	453	155	1 524	3 932	2 295	895	206	3 897	3 121	1 192
父母と祖父母	2 504	693	1 223	425	119	44	434	1 125	650	232	63	1 123	893	313
父母と母方の祖父母	688	187	351	107	32	11	122	306	183	65	12	311	237	85
父母と父方の祖父母	1 809	505	867	317	87	33	312	817	463	167	50	810	654	226
父母と両方の祖父母	7	1	5	1	－	－	－	2	4	－	1	2	2	2
父母とその他	45	12	16	14	1	2	5	21	12	5	2	18	17	9
父又は母と同居	1 778	453	841	321	122	41	283	736	489	206	64	792	607	234
母のみ又は母ときょうだいのみ	1 135	309	527	205	77	17	190	481	305	132	27	496	394	157
母と祖父母等	475	107	237	79	37	15	77	182	140	56	20	225	145	61
父のみ又は父ときょうだいのみ	79	17	39	17	6	－	3	41	18	12	5	33	33	8
父と祖父母等	89	20	38	20	2	9	13	32	26	6	12	38	35	8
その他	100	6	29	11	8	46	7	17	17	13	46	17	25	3
女児	14 014	4 375	6 583	2 222	693	141	2 209	6 280	3 744	1 521	260	4 258	4 994	3 021
父母と同居	12 160	3 872	5 720	1 874	591	103	1 938	5 459	3 257	1 304	202	3 703	4 333	2 634
父母又は父母ときょうだいのみ	9 741	3 173	4 575	1 466	449	78	1 609	4 354	2 574	1 045	159	2 939	3 450	2 155
父母のみ	1 482	472	684	238	71	17	223	686	389	159	25	499	498	296
父母ときょうだいのみ	8 259	2 701	3 891	1 228	378	61	1 386	3 668	2 185	886	134	2 440	2 952	1 859
父母と祖父母	2 375	692	1 123	397	139	24	322	1 086	673	252	42	751	867	471
父母と母方の祖父母	661	199	303	110	38	11	97	291	190	67	16	201	258	118
父母と父方の祖父母	1 712	491	820	287	101	13	224	794	483	185	26	548	609	353
父母と両方の祖父母	2	2	－	－	－	－	1	1	－	－	－	2	－	－
父母とその他	44	7	22	11	3	1	7	19	10	7	1	13	16	8
父又は母と同居	1 783	489	838	343	98	15	265	802	473	209	34	540	643	382
母のみ又は母ときょうだいのみ	1 133	318	530	206	67	12	176	504	292	139	22	353	399	233
母と祖父母等	514	135	246	105	27	1	74	239	143	52	6	153	187	124
父のみ又は父ときょうだいのみ	64	12	34	16	1	1	6	30	19	8	1	16	29	10
父と祖父母等	72	24	28	16	3	1	9	29	19	10	5	18	28	15
その他	71	14	25	5	4	23	6	19	14	8	24	15	18	5

性、同居者の構成、間食の内容別（２－１）

第15回調査（平成28年）

料		炭酸飲料					果物					ごはん・パン・麺類				
まったく食べない・まったく飲まない	不詳	よく食べる・よく飲む	ときどき食べる・ときどき飲む	ほとんど食べない・ほとんど飲まない	まったく食べない・まったく飲まない	不詳	よく食べる・よく飲む	ときどき食べる・ときどき飲む	ほとんど食べない・ほとんど飲まない	まったく食べない・まったく飲まない	不詳	よく食べる・よく飲む	ときどき食べる・ときどき飲む	ほとんど食べない・ほとんど飲まない	まったく食べない・まったく飲まない	不詳
2 264	629	4 426	9 311	7 632	6 746	695	4 062	10 516	8 688	4 802	742	5 738	7 766	7 073	7 648	585
1 964	478	3 846	8 127	6 698	5 871	536	3 550	9 204	7 566	4 183	575	4 964	6 798	6 195	6 680	441
1 596	377	3 040	6 487	5 355	4 792	436	2 859	7 362	6 053	3 368	468	4 022	5 501	4 903	5 332	352
257	66	436	932	760	796	75	504	1 078	824	511	82	574	767	735	865	58
1 339	311	2 604	5 555	4 595	3 996	361	2 355	6 284	5 229	2 857	386	3 448	4 734	4 168	4 467	294
362	99	789	1 610	1 320	1 062	98	681	1 805	1 492	797	104	924	1 275	1 269	1 325	86
114	25	210	454	368	291	26	211	495	384	225	34	274	351	339	359	26
248	73	577	1 152	951	769	72	470	1 307	1 105	570	69	645	924	928	964	60
-	1	2	4	1	2	-	-	3	3	2	1	5	-	2	2	-
6	2	17	30	23	17	2	10	37	21	18	3	18	22	23	23	3
282	81	571	1 147	913	841	89	500	1 284	1 092	588	97	753	942	852	938	76
194	42	361	736	582	541	48	312	808	717	379	52	496	601	536	595	40
71	23	162	301	260	240	26	145	376	273	167	28	193	263	245	267	21
7	7	20	58	28	32	5	18	44	50	25	6	20	40	36	42	5
10	9	28	52	43	28	10	25	56	52	17	11	44	38	35	34	10
18	70	9	37	21	34	70	12	28	30	31	70	21	26	26	30	68
787	365	2 979	5 419	3 475	2 515	408	1 831	5 236	4 715	2 543	471	3 631	4 555	3 410	2 851	349
677	275	2 605	4 756	3 056	2 187	314	1 610	4 612	4 134	2 198	364	3 160	4 012	2 988	2 493	265
565	211	2 059	3 793	2 453	1 805	259	1 295	3 713	3 289	1 776	296	2 563	3 237	2 353	2 005	211
91	43	294	521	337	315	50	222	543	429	267	56	366	441	355	316	39
474	168	1 765	3 272	2 116	1 490	209	1 073	3 170	2 860	1 509	240	2 197	2 796	1 998	1 689	172
112	63	535	948	592	375	54	311	881	831	415	66	589	763	621	479	52
42	13	151	264	159	104	10	99	253	211	106	19	178	212	163	121	14
70	49	383	681	432	269	44	212	627	617	307	46	408	551	456	356	38
-	1	1	3	1	2	-	-	1	3	2	1	3	-	2	2	-
-	1	11	15	11	7	1	4	18	14	7	2	8	12	14	9	2
100	45	367	643	409	311	48	215	610	564	328	61	462	523	407	346	40
68	20	229	418	254	214	20	139	392	366	209	29	303	347	252	218	15
28	16	104	158	124	71	18	59	166	138	92	20	116	132	113	99	15
1	4	14	34	13	15	3	7	21	30	17	4	12	23	24	17	3
3	5	20	33	18	11	7	10	31	30	10	8	31	21	18	12	7
10	45	7	20	10	17	46	6	14	17	17	46	9	20	15	12	44
1 477	264	1 447	3 892	4 157	4 231	287	2 231	5 280	3 973	2 259	271	2 107	3 211	3 663	4 797	236
1 287	203	1 241	3 371	3 642	3 684	222	1 940	4 592	3 432	1 985	211	1 804	2 786	3 207	4 187	176
1 031	166	981	2 694	2 902	2 987	177	1 564	3 649	2 764	1 592	172	1 459	2 264	2 550	3 327	141
166	23	142	411	423	481	25	282	535	395	244	26	208	326	380	549	19
865	143	839	2 283	2 479	2 506	152	1 282	3 114	2 369	1 348	146	1 251	1 938	2 170	2 778	122
250	36	254	662	728	687	44	370	924	661	382	38	335	512	648	846	34
72	12	59	190	209	187	16	112	242	173	119	15	96	139	176	238	12
178	24	194	471	519	500	28	258	680	488	263	23	237	373	472	608	22
-	-	1	1	-	-	-	-	2	-	-	-	2	-	-	-	-
6	1	6	15	12	10	1	6	19	7	11	1	10	10	9	14	1
182	36	204	504	504	530	41	285	674	528	260	36	291	419	445	592	36
126	22	132	318	328	327	28	173	416	351	170	23	193	254	284	377	25
43	7	58	143	136	169	8	86	210	135	75	8	77	131	132	168	6
6	3	6	24	15	17	2	11	23	20	8	2	8	17	12	25	2
7	4	8	19	25	17	3	15	25	22	7	3	13	17	17	22	3
8	25	2	17	11	17	24	6	14	13	14	24	12	6	11	18	24

第63表　子ども数・構成割合，

構成割合（%）

性　　、 同居者の構成	総数	お菓子 よく食べる・よく飲む	お菓子 ときどき食べる・ときどき飲む	お菓子 ほとんど食べない・ほとんど飲まない	お菓子 まったく食べない・まったく飲まない	お菓子 不詳	氷菓子 よく食べる・よく飲む	氷菓子 ときどき食べる・ときどき飲む	氷菓子 ほとんど食べない・ほとんど飲まない	氷菓子 まったく食べない・まったく飲まない	氷菓子 不詳	飲 よく食べる・よく飲む	飲 ときどき食べる・ときどき飲む	飲 ほとんど食べない・ほとんど飲まない
総数	100.0	29.8	47.1	16.4	5.2	1.6	16.3	44.2	26.4	10.6	2.4	37.5	35.3	17.2
父母と同居	100.0	30.3	47.2	16.1	5.0	1.3	16.5	44.5	26.4	10.5	2.1	37.6	35.4	17.3
父母又は父母ときょうだいのみ	100.0	30.9	47.0	15.9	5.0	1.3	16.8	44.3	26.2	10.6	2.1	37.5	35.2	17.6
父母のみ	100.0	29.6	46.8	16.3	5.7	1.6	15.5	43.5	26.4	11.8	2.8	39.8	33.4	16.0
父母ときょうだいのみ	100.0	31.1	47.0	15.8	4.9	1.3	17.0	44.4	26.2	10.4	2.0	37.0	35.5	17.8
父母と祖父母	100.0	28.4	48.1	16.8	5.3	1.4	15.5	45.3	27.1	9.9	2.2	38.4	36.1	16.1
父母と母方の祖父母	100.0	28.6	48.5	16.1	5.2	1.6	16.2	44.3	27.7	9.8	2.1	38.0	36.7	15.0
父母と父方の祖父母	100.0	28.3	47.9	17.2	5.3	1.3	15.2	45.8	26.9	10.0	2.2	38.6	35.9	16.4
父母と両方の祖父母	100.0	33.3	55.6	11.1	-	-	11.1	33.3	44.4	-	11.1	44.4	22.2	22.2
父母とその他	100.0	21.3	42.7	28.1	4.5	3.4	13.5	44.9	24.7	13.5	3.4	34.8	37.1	19.1
父又は母と同居	100.0	26.5	47.1	18.6	6.2	1.6	15.4	43.2	27.0	11.7	2.8	37.4	35.1	17.3
母のみ又は母ときょうだいのみ	100.0	27.6	46.6	18.1	6.3	1.3	16.1	43.4	26.3	11.9	2.2	37.4	35.0	17.2
母と祖父母等	100.0	24.5	48.8	18.6	6.5	1.6	15.3	42.6	28.6	10.9	2.6	38.2	33.6	18.7
父のみ又は父ときょうだいのみ	100.0	20.3	51.0	23.1	4.9	0.7	6.3	49.7	25.9	14.0	4.2	34.3	43.4	12.6
父と祖父母等	100.0	27.3	41.0	22.4	3.1	6.2	13.7	37.9	28.0	9.9	10.6	34.8	39.1	14.3
その他	100.0	11.7	31.6	9.4	7.0	40.4	7.6	21.1	18.1	12.3	40.9	18.7	25.1	4.7
男児	100.0	28.4	47.2	16.9	5.4	2.2	16.9	43.6	26.1	10.5	3.0	44.2	34.9	13.1
父母と同居	100.0	28.9	47.3	16.8	5.2	1.8	17.1	44.1	26.0	10.3	2.5	44.4	35.1	13.1
父母又は父母ときょうだいのみ	100.0	29.3	47.0	16.6	5.3	1.8	17.0	43.9	26.0	10.5	2.5	44.3	35.0	13.3
父母のみ	100.0	27.4	47.5	16.5	6.6	2.0	16.0	40.8	26.5	12.9	3.8	45.9	33.2	12.1
父母ときょうだいのみ	100.0	29.6	46.9	16.7	5.1	1.8	17.2	44.4	25.9	10.1	2.3	44.0	35.3	13.5
父母と祖父母	100.0	27.7	48.8	17.0	4.8	1.8	17.3	44.9	26.0	9.3	2.5	44.8	35.7	12.5
父母と母方の祖父母	100.0	27.2	51.0	15.6	4.7	1.6	17.7	44.5	26.6	9.4	1.7	45.2	34.4	12.4
父母と父方の祖父母	100.0	27.9	47.9	17.5	4.8	1.8	17.2	45.2	25.6	9.2	2.8	44.8	36.2	12.5
父母と両方の祖父母	100.0	14.3	71.4	14.3	-	-	-	28.6	57.1	-	14.3	28.6	28.6	28.6
父母とその他	100.0	26.7	35.6	31.1	2.2	4.4	11.1	46.7	26.7	11.1	4.4	40.0	37.8	20.0
父又は母と同居	100.0	25.5	47.3	18.1	6.9	2.3	15.9	41.4	27.5	11.6	3.6	44.5	34.1	13.2
母のみ又は母ときょうだいのみ	100.0	27.2	46.4	18.1	6.8	1.5	16.7	42.4	26.9	11.6	2.4	43.7	34.7	13.8
母と祖父母等	100.0	22.5	49.9	16.6	7.8	3.2	16.2	38.3	29.5	11.8	4.2	47.4	30.5	12.8
父のみ又は父ときょうだいのみ	100.0	21.5	49.4	21.5	7.6	-	3.8	51.9	22.8	15.2	6.3	41.8	41.8	10.1
父と祖父母等	100.0	22.5	42.7	22.5	2.2	10.1	14.6	36.0	29.2	6.7	13.5	42.7	39.3	9.0
その他	100.0	6.0	29.0	11.0	8.0	46.0	7.0	17.0	17.0	13.0	46.0	17.0	25.0	3.0
女児	100.0	31.2	47.0	15.9	4.9	1.0	15.8	44.8	26.7	10.9	1.9	30.4	35.6	21.6
父母と同居	100.0	31.8	47.0	15.4	4.9	0.8	15.9	44.9	26.8	10.7	1.7	30.5	35.6	21.7
父母又は父母ときょうだいのみ	100.0	32.6	47.0	15.0	4.6	0.8	16.5	44.7	26.4	10.7	1.6	30.2	35.4	22.1
父母のみ	100.0	31.8	46.2	16.1	4.8	1.1	15.0	46.3	26.2	10.7	1.7	33.7	33.6	20.0
父母ときょうだいのみ	100.0	32.7	47.1	14.9	4.6	0.7	16.8	44.4	26.5	10.7	1.6	29.5	35.7	22.5
父母と祖父母	100.0	29.1	47.3	16.7	5.9	1.0	13.6	45.7	28.3	10.6	1.8	31.6	36.5	19.8
父母と母方の祖父母	100.0	30.1	45.8	16.6	5.7	1.7	14.7	44.0	28.7	10.1	2.4	30.4	39.0	17.9
父母と父方の祖父母	100.0	28.7	47.9	16.8	5.9	0.8	13.1	46.4	28.2	10.8	1.5	32.0	35.6	20.6
父母と両方の祖父母	100.0	100.0	-	-	-	-	50.0	50.0	-	-	-	100.0	-	-
父母とその他	100.0	15.9	50.0	25.0	6.8	2.3	15.9	43.2	22.7	15.9	2.3	29.5	36.4	18.2
父又は母と同居	100.0	27.4	47.0	19.2	5.5	0.8	14.9	45.0	26.5	11.7	1.9	30.3	36.1	21.4
母のみ又は母ときょうだいのみ	100.0	28.1	46.8	18.2	5.9	1.1	15.5	44.5	25.8	12.3	1.9	31.2	35.2	20.6
母と祖父母等	100.0	26.3	47.9	20.4	5.3	0.2	14.4	46.5	27.8	10.1	1.2	29.8	36.4	24.1
父のみ又は父ときょうだいのみ	100.0	18.8	53.1	25.0	1.6	1.6	9.4	46.9	29.7	12.5	1.6	25.0	45.3	15.6
父と祖父母等	100.0	33.3	38.9	22.2	4.2	1.4	12.5	40.3	26.4	13.9	6.9	25.0	38.9	20.8
その他	100.0	19.7	35.2	7.0	5.6	32.4	8.5	26.8	19.7	11.3	33.8	21.1	25.4	7.0

性、同居者の構成、間食の内容別（２－２）

第15回調査（平成28年）

料		炭酸飲料					果物					ごはん・パン・麺類				
まったく食べない・まったく飲まない	不詳	よく食べる・よく飲む	ときどき食べる・ときどき飲む	ほとんど食べない・ほとんど飲まない	まったく食べない・まったく飲まない	不詳	よく食べる・よく飲む	ときどき食べる・ときどき飲む	ほとんど食べない・ほとんど飲まない	まったく食べない・まったく飲まない	不詳	よく食べる・よく飲む	ときどき食べる・ときどき飲む	ほとんど食べない・ほとんど飲まない	まったく食べない・まったく飲まない	不詳
7.9	2.2	15.4	32.3	26.5	23.4	2.4	14.1	36.5	30.2	16.7	2.6	19.9	27.0	24.6	26.5	2.0
7.8	1.9	15.3	32.4	26.7	23.4	2.1	14.2	36.7	30.2	16.7	2.3	19.8	27.1	24.7	26.6	1.8
7.9	1.9	15.1	32.3	26.6	23.8	2.2	14.2	36.6	30.1	16.7	2.3	20.0	27.4	24.4	26.5	1.8
8.6	2.2	14.5	31.1	25.3	26.5	2.5	16.8	35.9	27.5	17.0	2.7	19.1	25.6	24.5	28.8	1.9
7.8	1.8	15.2	32.5	26.9	23.4	2.1	13.8	36.7	30.6	16.7	2.3	20.2	27.7	24.4	26.1	1.7
7.4	2.0	16.2	33.0	27.1	21.8	2.0	14.0	37.0	30.6	16.3	2.1	18.9	26.1	26.0	27.2	1.8
8.5	1.9	15.6	33.7	27.3	21.6	1.9	15.6	36.7	28.5	16.7	2.5	20.3	26.0	25.1	26.6	1.9
7.0	2.1	16.4	32.7	27.0	21.8	2.0	13.3	37.1	31.4	16.2	2.0	18.3	26.2	26.4	27.4	1.7
-	11.1	22.2	44.4	11.1	22.2	-	-	33.3	33.3	22.2	11.1	55.6	-	22.2	22.2	-
6.7	2.2	19.1	33.7	25.8	19.1	2.2	11.2	41.6	23.6	20.2	3.4	20.2	24.7	25.8	25.8	3.4
7.9	2.3	16.0	32.2	25.6	23.6	2.5	14.0	36.1	30.7	16.5	2.7	21.1	26.5	23.9	26.3	2.1
8.6	1.9	15.9	32.5	25.7	23.9	2.1	13.8	35.6	31.6	16.7	2.3	21.9	26.5	23.6	26.2	1.8
7.2	2.3	16.4	30.4	26.3	24.3	2.6	14.7	38.0	27.6	16.9	2.8	19.5	26.6	24.8	27.0	2.1
4.9	4.9	14.0	40.6	19.6	22.4	3.5	12.6	30.8	35.0	17.5	4.2	14.0	28.0	25.2	29.4	3.5
6.2	5.6	17.4	32.3	26.7	17.4	6.2	15.5	34.8	32.3	10.6	6.8	27.3	23.6	21.7	21.1	6.2
10.5	40.9	5.3	21.6	12.3	19.9	40.9	7.0	16.4	17.5	18.1	40.9	12.3	15.2	15.2	17.5	39.8
5.3	2.5	20.1	36.6	23.5	17.0	2.8	12.4	35.4	31.9	17.2	3.2	24.5	30.8	23.0	19.3	2.4
5.2	2.1	20.2	36.8	23.7	16.9	2.4	12.5	35.7	32.0	17.0	2.8	24.5	31.1	23.1	19.3	2.1
5.4	2.0	19.9	36.6	23.7	17.4	2.5	12.5	35.8	31.7	17.1	2.9	24.7	31.2	22.7	19.3	2.0
6.0	2.8	19.4	34.3	22.2	20.8	3.3	14.6	35.8	28.3	17.6	3.7	24.1	29.1	23.4	20.8	2.6
5.4	1.9	19.9	37.0	23.9	16.8	2.4	12.1	35.8	32.3	17.0	2.7	24.8	31.6	22.6	19.1	1.9
4.5	2.5	21.4	37.9	23.6	15.0	2.2	12.4	35.2	33.2	16.6	2.6	23.5	30.5	24.8	19.1	2.1
6.1	1.9	21.9	38.4	23.1	15.1	1.5	14.4	36.8	30.7	15.4	2.8	25.9	30.8	23.7	17.6	2.0
3.9	2.7	21.2	37.6	23.9	14.9	2.4	11.7	34.7	34.1	17.0	2.5	22.6	30.5	25.2	19.7	2.1
-	14.3	14.3	42.9	14.3	28.6	-	-	14.3	42.9	28.6	14.3	42.9	-	28.6	28.6	-
-	2.2	24.4	33.3	24.4	15.6	2.2	8.9	40.0	31.1	15.6	4.4	17.8	26.7	31.1	20.0	4.4
5.6	2.5	20.6	36.2	23.0	17.5	2.7	12.1	34.3	31.7	18.4	3.4	26.0	29.4	22.9	19.5	2.2
6.0	1.8	20.2	36.8	22.4	18.9	1.8	12.2	34.5	32.2	18.4	2.6	26.7	30.6	22.2	19.2	1.3
5.9	3.4	21.9	33.3	26.1	14.9	3.8	12.4	34.9	29.1	19.4	4.2	24.4	27.8	23.8	20.8	3.2
1.3	5.1	17.7	43.0	16.5	19.0	3.8	8.9	26.6	38.0	21.5	5.1	15.2	29.1	30.4	21.5	3.8
3.4	5.6	22.5	37.1	20.2	12.4	7.9	11.2	34.8	33.7	11.2	9.0	34.8	23.6	20.2	13.5	7.9
10.0	45.0	7.0	20.0	10.0	17.0	46.0	6.0	14.0	17.0	17.0	46.0	9.0	20.0	15.0	12.0	44.0
10.5	1.9	10.3	27.8	29.7	30.2	2.0	15.9	37.7	28.4	16.1	1.9	15.0	22.9	26.1	34.2	1.7
10.6	1.7	10.2	27.7	30.0	30.3	1.8	16.0	37.8	28.2	16.3	1.7	14.8	22.9	26.4	34.4	1.4
10.6	1.7	10.1	27.7	29.8	30.7	1.8	16.1	37.5	28.4	16.3	1.8	15.0	23.2	26.2	34.2	1.4
11.2	1.6	9.6	27.7	28.5	32.5	1.7	19.0	36.1	26.7	16.5	1.8	14.0	22.0	25.6	37.0	1.3
10.5	1.7	10.2	27.6	30.0	30.3	1.8	15.5	37.7	28.7	16.3	1.8	15.1	23.5	26.3	33.6	1.5
10.5	1.5	10.7	27.9	30.7	28.9	1.9	15.6	38.9	27.8	16.1	1.6	14.1	21.6	27.3	35.6	1.4
10.9	1.8	8.9	28.7	31.6	28.3	2.4	16.9	36.6	26.2	18.0	2.3	14.5	21.0	26.6	36.0	1.8
10.4	1.4	11.3	27.5	30.3	29.2	1.6	15.1	39.7	28.5	15.4	1.3	13.8	21.8	27.6	35.5	1.3
-	-	50.0	50.0	-	-	-	-	100.0	-	-	-	100.0	-	-	-	-
13.6	2.3	13.6	34.1	27.3	22.7	2.3	13.6	43.2	15.9	25.0	2.3	22.7	22.7	20.5	31.8	2.3
10.2	2.0	11.4	28.3	28.3	29.7	2.3	16.0	37.8	29.6	14.6	2.0	16.3	23.5	25.0	33.2	2.0
11.1	1.9	11.7	28.1	28.9	28.9	2.5	15.3	36.7	31.0	15.0	2.0	17.0	22.4	25.1	33.3	2.2
8.4	1.4	11.3	27.8	26.5	32.9	1.6	16.7	40.9	26.3	14.6	1.6	15.0	25.5	25.7	32.7	1.2
9.4	4.7	9.4	37.5	23.4	26.6	3.1	17.2	35.9	31.3	12.5	3.1	12.5	26.6	18.8	39.1	3.1
9.7	5.6	11.1	26.4	34.7	23.6	4.2	20.8	34.7	30.6	9.7	4.2	18.1	23.6	23.6	30.6	4.2
11.3	35.2	2.8	23.9	15.5	23.9	33.8	8.5	19.7	18.3	19.7	33.8	16.9	8.5	15.5	25.4	33.8

第64表　子ども数・構成割合，

実　数（人）

性、出生月、平日の起床時間	総数	お菓子 よく食べる・よく飲む	お菓子 ときどき食べる・ときどき飲む	お菓子 ほとんど食べない・ほとんど飲まない	お菓子 まったく食べない・まったく飲まない	お菓子 不詳	氷菓子 よく食べる・よく飲む	氷菓子 ときどき食べる・ときどき飲む	氷菓子 ほとんど食べない・ほとんど飲まない	氷菓子 まったく食べない・まったく飲まない	氷菓子 不詳	飲 よく食べる・よく飲む	飲 ときどき食べる・ときどき飲む	飲 ほとんど食べない・ほとんど飲まない
総数														
平日の起床時間	28 810	8 572	13 563	4 719	1 496	460	4 704	12 730	7 609	3 068	699	10 801	10 161	4 955
午前5時前	220	51	97	38	29	5	43	67	55	48	7	85	63	32
午前5時　～5時29分	510	122	219	103	52	14	85	185	147	79	14	187	168	88
午前5時30分～5時59分	1 534	388	700	299	124	23	262	669	398	170	35	601	516	256
午前6時　～6時29分	6 219	1 698	2 955	1 122	370	74	982	2 852	1 612	652	121	2 264	2 242	1 091
午前6時30分～6時59分	9 021	2 636	4 372	1 472	428	113	1 432	3 959	2 463	976	191	3 355	3 158	1 629
午前7時　～7時29分	8 438	2 731	3 974	1 257	354	122	1 368	3 782	2 237	846	205	3 200	3 055	1 391
午前7時30分～7時59分	2 059	701	927	312	92	27	386	898	521	216	38	805	721	340
午前8時　～8時29分	200	80	74	34	9	3	40	86	47	22	5	82	70	32
午前8時30分～8時59分	42	12	22	7	1	-	9	18	11	4	-	16	13	8
午前9時以降	60	20	25	7	7	1	16	25	10	7	2	24	18	12
時間が不規則	394	115	185	60	28	6	76	166	98	45	9	164	122	70
不詳	113	18	13	8	2	72	5	23	10	3	72	18	15	6
1月生まれ														
平日の起床時間	14 462	4 761	6 861	2 026	605	209	1 476	5 802	4 727	2 061	396	4 894	5 188	2 727
午前5時前	89	23	42	11	10	3	15	18	27	24	5	32	18	15
午前5時　～5時29分	201	55	95	32	15	4	15	69	67	44	6	55	71	40
午前5時30分～5時59分	487	130	229	89	34	5	40	173	186	76	12	158	175	94
午前6時　～6時29分	2 512	762	1 219	389	115	27	214	969	881	391	57	763	927	521
午前6時30分～6時59分	4 561	1 434	2 246	649	180	52	431	1 809	1 531	671	119	1 532	1 612	904
午前7時　～7時29分	4 929	1 746	2 288	645	181	69	534	2 072	1 555	633	135	1 723	1 811	867
午前7時30分～7時59分	1 275	462	586	160	48	19	171	535	367	174	28	475	453	214
午前8時　～8時29分	112	53	37	16	5	1	16	49	28	17	2	44	42	18
午前8時30分～8時59分	20	5	11	3	1	-	3	8	6	3	-	6	8	3
午前9時以降	35	12	15	4	4	-	3	20	6	5	1	16	8	7
時間が不規則	188	69	84	23	11	1	31	67	65	22	3	81	52	40
不詳	53	10	9	5	1	28	3	13	8	1	28	9	11	4
7月生まれ														
平日の起床時間	14 348	3 811	6 702	2 693	891	251	3 228	6 928	2 882	1 007	303	5 907	4 973	2 228
午前5時前	131	28	55	27	19	2	28	49	28	24	2	53	45	17
午前5時　～5時29分	309	67	124	71	37	10	70	116	80	35	8	132	97	48
午前5時30分～5時59分	1 047	258	471	210	90	18	222	496	212	94	23	443	341	162
午前6時　～6時29分	3 707	936	1 736	733	255	47	768	1 883	731	261	64	1 501	1 315	570
午前6時30分～6時59分	4 460	1 202	2 126	823	248	61	1 001	2 150	932	305	72	1 823	1 546	725
午前7時　～7時29分	3 509	985	1 686	612	173	53	834	1 710	682	213	70	1 477	1 244	524
午前7時30分～7時59分	784	239	341	152	44	8	215	363	154	42	10	330	268	126
午前8時　～8時29分	88	27	37	18	4	2	24	37	19	5	3	38	28	14
午前8時30分～8時59分	22	7	11	4	-	-	6	10	5	1	-	10	5	5
午前9時以降	25	8	10	3	3	1	13	5	4	2	1	8	10	5
時間が不規則	206	46	101	37	17	5	45	99	33	23	6	83	70	30
不詳	60	8	4	3	1	44	2	10	2	2	44	9	4	2

性、出生月、平日の起床時間、間食の内容別（４－１）

第15回調査（平成28年）

料		炭酸飲料					果物					ごはん・パン・麺類				
まったく食べない・まったく飲まない	不詳	よく食べる・よく飲む	ときどき食べる・ときどき飲む	ほとんど食べない・ほとんど飲まない	まったく食べない・まったく飲まない	不詳	よく食べる・よく飲む	ときどき食べる・ときどき飲む	ほとんど食べない・ほとんど飲まない	まったく食べない・まったく飲まない	不詳	よく食べる・よく飲む	ときどき食べる・ときどき飲む	ほとんど食べない・ほとんど飲まない	まったく食べない・まったく飲まない	不詳
2 264	629	4 426	9 311	7 632	6 746	695	4 062	10 516	8 688	4 802	742	5 738	7 766	7 073	7 648	585
34	6	30	42	61	80	7	51	66	55	42	6	44	38	47	84	7
53	14	52	129	134	177	18	88	158	168	79	17	86	113	120	178	13
136	25	197	424	434	444	35	252	550	423	273	36	284	329	407	485	29
515	107	819	1 892	1 803	1 582	123	878	2 329	1 859	1 014	139	1 088	1 567	1 550	1 902	112
701	178	1 256	2 998	2 423	2 148	196	1 242	3 401	2 698	1 479	201	1 664	2 368	2 298	2 533	158
617	175	1 451	2 926	2 106	1 777	178	1 193	3 042	2 619	1 381	203	1 818	2 471	2 068	1 935	146
156	37	431	683	503	396	46	255	746	628	383	47	550	655	432	388	34
12	4	48	62	53	29	8	30	56	66	39	9	55	62	35	41	7
5	－	12	10	10	10	－	8	11	13	10	－	16	7	9	10	－
4	2	14	13	12	20	1	4	22	20	12	2	15	17	14	12	2
28	10	105	124	78	75	12	52	113	132	87	10	106	122	86	74	6
3	71	11	8	15	8	71	9	22	7	3	72	12	17	7	6	71
1 333	320	1 987	4 498	4 032	3 595	350	2 332	5 442	4 085	2 229	374	2 907	4 047	3 527	3 691	290
21	3	15	15	21	33	5	17	28	23	16	5	18	15	14	37	5
27	8	15	48	55	74	9	34	57	66	36	8	31	46	41	77	6
53	7	41	120	159	158	9	103	177	119	80	8	90	102	137	151	7
260	41	286	693	771	705	57	431	984	680	364	53	425	653	626	763	45
422	91	551	1 431	1 303	1 180	96	714	1 780	1 293	672	102	813	1 244	1 158	1 271	75
418	110	740	1 663	1 299	1 117	110	798	1 818	1 421	765	127	1 064	1 461	1 209	1 099	96
104	29	247	424	322	251	31	176	469	372	222	36	346	423	259	221	26
6	2	24	40	34	12	2	22	29	35	23	3	36	31	20	23	2
3	－	2	7	6	5	－	5	11	2	2	－	10	2	4	4	－
3	1	8	4	8	15	－	3	13	11	7	1	10	10	9	5	1
14	1	50	50	44	40	4	24	62	58	41	3	60	50	43	35	－
2	27	8	3	10	5	27	5	14	5	1	28	4	10	7	5	27
931	309	2 439	4 813	3 600	3 151	345	1 730	5 074	4 603	2 573	368	2 831	3 719	3 546	3 957	295
13	3	15	27	40	47	2	34	38	32	26	1	26	23	33	47	2
26	6	37	81	79	103	9	54	101	102	43	9	55	67	79	101	7
83	18	156	304	275	286	26	149	373	304	193	28	194	227	270	334	22
255	66	533	1 199	1 032	877	66	447	1 345	1 179	650	86	663	914	924	1 139	67
279	87	705	1 567	1 120	968	100	528	1 621	1 405	807	99	851	1 124	1 140	1 262	83
199	65	711	1 263	807	660	68	395	1 224	1 198	616	76	754	1 010	859	836	50
52	8	184	259	181	145	15	79	277	256	161	11	204	232	173	167	8
6	2	24	22	19	17	6	8	27	31	16	6	19	31	15	18	5
2	－	10	3	4	5	－	3	－	11	8	－	6	5	5	6	－
1	1	6	9	4	5	1	1	9	9	5	1	5	7	5	7	1
14	9	55	74	34	35	8	28	51	74	46	7	46	72	43	39	6
1	44	3	5	5	3	44	4	8	2	2	44	8	7	－	1	44

第64表　子ども数・構成割合，

実　数（人）

性、出生月、平日の起床時間	総数	お菓子 よく食べる・よく飲む	お菓子 ときどき食べる・ときどき飲む	お菓子 ほとんど食べない・ほとんど飲まない	お菓子 まったく食べない・まったく飲まない	お菓子 不詳	氷菓子 よく食べる・よく飲む	氷菓子 ときどき食べる・ときどき飲む	氷菓子 ほとんど食べない・ほとんど飲まない	氷菓子 まったく食べない・まったく飲まない	氷菓子 不詳	飲 よく食べる・よく飲む	飲 ときどき食べる・ときどき飲む	飲 ほとんど食べない・ほとんど飲まない
男児														
平日の起床時間	14 796	4 197	6 980	2 497	803	319	2 495	6 450	3 865	1 547	439	6 543	5 167	1 934
午前5時前	122	36	51	18	14	3	29	42	23	23	5	58	36	12
午前5時　～5時29分	238	54	95	50	29	10	44	86	60	39	9	110	68	33
午前5時30分～5時59分	694	163	319	143	55	14	109	307	187	69	22	330	224	84
午前6時　～6時29分	2 876	744	1 386	532	171	43	470	1 295	754	294	63	1 268	1 053	348
午前6時30分～6時59分	4 420	1 240	2 119	753	235	73	745	1 904	1 167	488	116	1 951	1 514	628
午前7時　～7時29分	4 611	1 384	2 200	729	200	98	760	2 036	1 239	440	136	2 039	1 659	587
午前7時30分～7時59分	1 347	426	619	205	73	24	253	591	328	147	28	579	480	177
午前8時　～8時29分	139	58	50	24	5	2	32	55	34	13	5	67	44	20
午前8時30分～8時59分	22	6	14	2	-	-	2	10	8	2	-	10	7	3
午前9時以降	32	12	11	5	3	1	8	12	7	3	2	14	8	7
時間が不規則	221	63	106	31	17	4	40	97	51	27	6	103	63	33
不詳	74	11	10	5	1	47	3	15	7	2	47	14	11	2
1月生まれ														
平日の起床時間	7 344	2 279	3 500	1 095	322	148	818	2 931	2 346	1 003	246	2 954	2 704	1 057
午前5時前	42	13	16	5	6	2	8	10	8	12	4	17	10	5
午前5時　～5時29分	89	21	37	20	9	2	7	30	31	18	3	32	31	12
午前5時30分～5時59分	224	45	116	48	13	2	14	82	86	34	8	83	88	30
午前6時　～6時29分	1 101	311	540	179	55	16	105	423	378	166	29	405	449	156
午前6時30分～6時59分	2 182	630	1 070	357	93	32	231	846	713	323	69	889	767	352
午前7時　～7時29分	2 633	891	1 239	354	96	53	303	1 099	839	309	83	1 076	992	360
午前7時30分～7時59分	828	278	393	103	38	16	115	351	228	113	21	345	304	106
午前8時　～8時29分	75	36	23	12	3	1	13	29	20	11	2	34	23	13
午前8時30分～8時59分	11	3	7	1	-	-	-	6	4	1	-	4	5	1
午前9時以降	19	8	6	3	2	-	2	10	3	3	1	10	3	4
時間が不規則	102	37	46	11	7	1	18	37	31	13	3	53	23	17
不詳	38	6	7	2	-	23	2	8	5	-	23	6	9	1
7月生まれ														
平日の起床時間	7 452	1 918	3 480	1 402	481	171	1 677	3 519	1 519	544	193	3 589	2 463	877
午前5時前	80	23	35	13	8	1	21	32	15	11	1	41	26	7
午前5時　～5時29分	149	33	58	30	20	8	37	56	29	21	6	78	37	21
午前5時30分～5時59分	470	118	203	95	42	12	95	225	101	35	14	247	136	54
午前6時　～6時29分	1 775	433	846	353	116	27	365	872	376	128	34	863	604	192
午前6時30分～6時59分	2 238	610	1 049	396	142	41	514	1 058	454	165	47	1 062	747	276
午前7時　～7時29分	1 978	493	961	375	104	45	457	937	400	131	53	963	667	227
午前7時30分～7時59分	519	148	226	102	35	8	138	240	100	34	7	234	176	71
午前8時　～8時29分	64	22	27	12	2	1	19	26	14	2	3	33	21	7
午前8時30分～8時59分	11	3	7	1	-	-	2	4	4	1	-	6	2	2
午前9時以降	13	4	5	2	1	1	6	2	4	-	1	4	5	3
時間が不規則	119	26	60	20	10	3	22	60	20	14	3	50	40	16
不詳	36	5	3	3	1	24	1	7	2	2	24	8	2	1
女児														
平日の起床時間	14 014	4 375	6 583	2 222	693	141	2 209	6 280	3 744	1 521	260	4 258	4 994	3 021
午前5時前	98	15	46	20	15	2	14	25	32	25	2	27	27	20
午前5時　～5時29分	272	68	124	53	23	4	41	99	87	40	5	77	100	55
午前5時30分～5時59分	840	225	381	156	69	9	153	362	211	101	13	271	292	172
午前6時　～6時29分	3 343	954	1 569	590	199	31	512	1 557	858	358	58	996	1 189	743
午前6時30分～6時59分	4 601	1 396	2 253	719	193	40	687	2 055	1 296	488	75	1 404	1 644	1 001
午前7時　～7時29分	3 827	1 347	1 774	528	154	24	608	1 746	998	406	69	1 161	1 396	804
午前7時30分～7時59分	712	275	308	107	19	3	133	307	193	69	10	226	241	163
午前8時　～8時29分	61	22	24	10	4	1	8	31	13	9	-	15	26	12
午前8時30分～8時59分	20	6	8	5	1	-	7	8	3	2	-	6	6	5
午前9時以降	28	8	14	2	4	-	8	13	3	4	-	10	10	5
時間が不規則	173	52	79	29	11	2	36	69	47	18	3	61	59	37
不詳	39	7	3	3	1	25	2	8	3	1	25	4	4	4
1月生まれ														
平日の起床時間	7 118	2 482	3 361	931	283	61	658	2 871	2 381	1 058	150	1 940	2 484	1 670
午前5時前	47	10	26	6	4	1	7	8	19	12	1	15	8	10
午前5時　～5時29分	112	34	58	12	6	2	8	39	36	26	3	23	40	28
午前5時30分～5時59分	263	85	113	41	21	3	26	91	100	42	4	75	87	64
午前6時　～6時29分	1 411	451	679	210	60	11	109	546	503	225	28	358	478	365
午前6時30分～6時59分	2 379	804	1 176	292	87	20	200	963	818	348	50	643	845	552
午前7時　～7時29分	2 296	855	1 049	291	85	16	231	973	716	324	52	647	819	507
午前7時30分～7時59分	447	184	193	57	10	3	56	184	139	61	7	130	149	108
午前8時　～8時29分	37	17	14	4	2	-	3	20	8	6	-	10	19	5
午前8時30分～8時59分	9	2	4	2	1	-	3	2	2	2	-	2	3	2
午前9時以降	16	4	9	1	2	-	1	10	3	2	-	6	5	3
時間が不規則	86	32	38	12	4	-	13	30	34	9	-	28	29	23
不詳	15	4	2	3	1	5	1	5	3	1	5	3	2	3
7月生まれ														
平日の起床時間	6 896	1 893	3 222	1 291	410	80	1 551	3 409	1 363	463	110	2 318	2 510	1 351
午前5時前	51	5	20	14	11	1	7	17	13	13	1	12	19	10
午前5時　～5時29分	160	34	66	41	17	2	33	60	51	14	2	54	60	27
午前5時30分～5時59分	577	140	268	115	48	6	127	271	111	59	9	196	205	108
午前6時　～6時29分	1 932	503	890	380	139	20	403	1 011	355	133	30	638	711	378
午前6時30分～6時59分	2 222	592	1 077	427	106	20	487	1 092	478	140	25	761	799	449
午前7時　～7時29分	1 531	492	725	237	69	8	377	773	282	82	17	514	577	297
午前7時30分～7時59分	265	91	115	50	9	-	77	123	54	8	3	96	92	55
午前8時　～8時29分	24	5	10	6	2	1	5	11	5	3	-	5	7	7
午前8時30分～8時59分	11	4	4	3	-	-	4	6	1	-	-	4	3	3
午前9時以降	12	4	5	1	2	-	7	3	-	2	-	4	5	2
時間が不規則	87	20	41	17	7	2	23	39	13	9	3	33	30	14
不詳	24	3	1	-	-	20	1	3	-	-	20	1	2	1

第15回調査（平成28年）

料		炭酸飲料					果物					ごはん・パン・麺類				
まったく食べない・まったく飲まない	不詳	よく食べる・よく飲む	ときどき食べる・ときどき飲む	ほとんど食べない・ほとんど飲まない	まったく食べない・まったく飲まない	不詳	よく食べる・よく飲む	ときどき食べる・ときどき飲む	ほとんど食べない・ほとんど飲まない	まったく食べない・まったく飲まない	不詳	よく食べる・よく飲む	ときどき食べる・ときどき飲む	ほとんど食べない・ほとんど飲まない	まったく食べない・まったく飲まない	不詳
787	365	2 979	5 419	3 475	2 515	408	1 831	5 236	4 715	2 543	471	3 631	4 555	3 410	2 851	349
14	2	25	29	32	32	4	31	36	31	21	3	33	20	26	39	4
22	5	34	76	51	68	9	36	70	82	41	9	47	59	58	68	6
45	11	117	223	186	147	21	103	243	197	129	22	165	175	182	155	17
155	52	527	1 019	730	538	62	378	1 058	915	450	75	648	862	683	627	56
229	98	799	1 671	1 042	799	109	514	1 589	1 434	759	124	1 006	1 352	1 063	910	89
213	113	1 003	1 790	1 037	674	107	562	1 622	1 501	785	141	1 174	1 521	1 042	780	94
82	29	338	476	303	193	37	153	487	409	263	35	412	431	274	203	27
6	2	40	45	33	16	5	18	40	47	27	7	45	43	23	23	5
2	-	8	6	5	3	-	3	7	6	6	-	9	4	3	6	-
1	2	9	8	6	8	1	2	9	9	10	2	10	10	5	5	2
17	5	70	72	39	33	7	26	59	80	50	6	73	64	48	33	3
1	46	9	4	11	4	46	5	16	4	2	47	9	14	3	2	46
439	190	1 353	2 659	1 831	1 302	199	1 010	2 645	2 228	1 222	239	1 810	2 311	1 690	1 357	176
9	1	11	8	5	15	3	9	11	11	8	3	10	8	4	17	3
10	4	7	29	23	27	3	15	24	29	18	3	14	22	22	29	2
20	3	27	66	72	53	6	39	78	61	41	5	56	57	57	48	6
74	17	183	368	294	227	29	165	418	328	160	30	241	333	263	243	21
127	47	347	805	554	426	50	289	792	691	352	58	482	689	524	445	42
134	71	519	1 014	634	405	61	357	941	809	440	86	662	874	616	422	59
51	22	193	302	192	119	22	106	306	235	156	25	262	269	161	117	19
4	1	18	28	23	6	-	12	21	24	16	2	28	20	12	14	1
1	-	1	5	3	2	-	2	7	1	1	-	5	2	1	3	-
1	1	5	4	4	6	-	1	5	5	7	1	5	7	3	3	1
8	1	35	29	20	15	3	12	33	31	23	3	42	22	24	14	-
-	22	7	1	7	1	22	3	9	3	-	23	3	8	3	2	22
348	175	1 626	2 760	1 644	1 213	209	821	2 591	2 487	1 321	232	1 821	2 244	1 720	1 494	173
5	1	14	21	27	17	1	22	25	20	13	-	23	12	22	22	1
12	1	27	47	28	41	6	21	46	53	23	6	33	37	36	39	4
25	8	90	157	114	94	15	64	165	136	88	17	109	118	125	107	11
81	35	344	651	436	311	33	213	640	587	290	45	407	529	420	384	35
102	51	452	866	488	373	59	225	797	743	407	66	524	663	539	465	47
79	42	484	776	403	269	46	205	681	692	345	55	512	647	426	358	35
31	7	145	174	111	74	15	47	181	174	107	10	150	162	113	86	8
2	1	22	17	10	10	5	6	19	23	11	5	17	23	11	9	4
1	-	7	1	2	1	-	1	-	5	5	-	4	2	2	3	-
-	1	4	4	2	2	1	1	4	4	3	1	5	3	2	2	1
9	4	35	43	19	18	4	14	26	49	27	3	31	42	24	19	3
1	24	2	3	4	3	24	2	7	1	2	24	6	6	-	-	24
1 477	264	1 447	3 892	4 157	4 231	287	2 231	5 280	3 973	2 259	271	2 107	3 211	3 663	4 797	236
20	4	5	13	29	48	3	20	30	24	21	3	11	18	21	45	3
31	9	18	53	83	109	9	52	88	86	38	8	39	54	62	110	7
91	14	80	201	248	297	14	149	307	226	144	14	119	154	225	330	12
360	55	292	873	1 073	1 044	61	500	1 271	944	564	64	440	705	867	1 275	56
472	80	457	1 327	1 381	1 349	87	728	1 812	1 264	720	77	658	1 016	1 235	1 623	69
404	62	448	1 136	1 069	1 103	71	631	1 420	1 118	596	62	644	950	1 026	1 155	52
74	8	93	207	200	203	9	102	259	219	120	12	138	224	158	185	7
6	2	8	17	20	13	3	12	16	19	12	2	10	19	12	18	2
3	-	4	4	5	7	-	5	4	7	4	-	7	3	6	4	-
3	-	5	5	6	12	-	2	13	11	2	-	5	7	9	7	-
11	5	35	52	39	42	5	26	54	52	37	4	33	58	38	41	3
2	25	2	4	4	4	25	4	6	3	1	25	3	3	4	4	25
894	130	634	1 839	2 201	2 293	151	1 322	2 797	1 857	1 007	135	1 097	1 736	1 837	2 334	114
12	2	4	7	16	18	2	8	17	12	8	2	8	7	10	20	2
17	4	8	19	32	47	6	19	33	37	18	5	17	24	19	48	4
33	4	14	54	87	105	3	64	99	58	39	3	34	45	80	103	1
186	24	103	325	477	478	28	266	566	352	204	23	184	320	363	520	24
295	44	204	626	749	754	46	425	988	602	320	44	331	555	634	826	33
284	39	221	649	665	712	49	441	877	612	325	41	402	587	593	677	37
53	7	54	122	130	132	9	70	163	137	66	11	84	154	98	104	7
2	1	6	12	11	6	2	10	8	11	7	1	8	11	8	9	1
2	-	1	2	3	3	-	3	4	1	1	-	5	-	3	1	-
2	-	3	-	4	9	-	2	8	6	-	-	5	3	6	2	-
6	-	15	21	24	25	1	12	29	27	18	-	18	28	19	21	-
2	5	1	2	3	4	5	2	5	2	1	5	1	2	4	3	5
583	134	813	2 053	1 956	1 938	136	909	2 483	2 116	1 252	136	1 010	1 475	1 826	2 463	122
8	2	1	6	13	30	1	12	13	12	13	1	3	11	11	25	1
14	5	10	34	51	62	3	33	55	49	20	3	22	30	43	62	3
58	10	66	147	161	192	11	85	208	168	105	11	85	109	145	227	11
174	31	189	548	596	566	33	234	705	592	360	41	256	385	504	755	32
177	36	253	701	632	595	41	303	824	662	400	33	327	461	601	797	36
120	23	227	487	404	391	22	190	543	506	271	21	242	363	433	478	15
21	1	39	85	70	71	-	32	96	82	54	1	54	70	60	81	-
4	1	2	5	9	7	1	2	8	8	5	1	2	8	4	9	1
1	-	3	2	2	4	-	2	-	6	3	-	2	3	3	3	-
1	-	2	5	2	3	-	-	5	5	2	-	-	4	3	5	-
5	5	20	31	15	17	4	14	25	25	19	4	15	30	19	20	3
-	20	1	2	1	-	20	2	1	1	-	20	2	1	-	1	20

構成割合（%）

性、出生月、平日の起床時間	総数	お菓子 よく食べる・よく飲む	お菓子 ときどき食べる・ときどき飲む	お菓子 ほとんど食べない・ほとんど飲まない	お菓子 まったく食べない・まったく飲まない	お菓子 不詳	氷菓子 よく食べる・よく飲む	氷菓子 ときどき食べる・ときどき飲む	氷菓子 ほとんど食べない・ほとんど飲まない	氷菓子 まったく食べない・まったく飲まない	氷菓子 不詳	飲 よく食べる・よく飲む	飲 ときどき食べる・ときどき飲む	飲 ほとんど食べない・ほとんど飲まない
総数														
平日の起床時間	100.0	29.8	47.1	16.4	5.2	1.6	16.3	44.2	26.4	10.6	2.4	37.5	35.3	17.2
午前5時前	100.0	23.2	44.1	17.3	13.2	2.3	19.5	30.5	25.0	21.8	3.2	38.6	28.6	14.5
午前5時　～5時29分	100.0	23.9	42.9	20.2	10.2	2.7	16.7	36.3	28.8	15.5	2.7	36.7	32.9	17.3
午前5時30分～5時59分	100.0	25.3	45.6	19.5	8.1	1.5	17.1	43.6	25.9	11.1	2.3	39.2	33.6	16.7
午前6時　～6時29分	100.0	27.3	47.5	18.0	5.9	1.2	15.8	45.9	25.9	10.5	1.9	36.4	36.1	17.5
午前6時30分～6時59分	100.0	29.2	48.5	16.3	4.7	1.3	15.9	43.9	27.3	10.8	2.1	37.2	35.0	18.1
午前7時　～7時29分	100.0	32.4	47.1	14.9	4.2	1.4	16.2	44.8	26.5	10.0	2.4	37.9	36.2	16.5
午前7時30分～7時59分	100.0	34.0	45.0	15.2	4.5	1.3	18.7	43.6	25.3	10.5	1.8	39.1	35.0	16.5
午前8時　～8時29分	100.0	40.0	37.0	17.0	4.5	1.5	20.0	43.0	23.5	11.0	2.5	41.0	35.0	16.0
午前8時30分～8時59分	100.0	28.6	52.4	16.7	2.4	－	21.4	42.9	26.2	9.5	－	38.1	31.0	19.0
午前9時以降	100.0	33.3	41.7	11.7	11.7	1.7	26.7	41.7	16.7	11.7	3.3	40.0	30.0	20.0
時間が不規則	100.0	29.2	47.0	15.2	7.1	1.5	19.3	42.1	24.9	11.4	2.3	41.6	31.0	17.8
不詳	100.0	15.9	11.5	7.1	1.8	63.7	4.4	20.4	8.8	2.7	63.7	15.9	13.3	5.3
1月生まれ														
平日の起床時間	100.0	32.9	47.4	14.0	4.2	1.4	10.2	40.1	32.7	14.3	2.7	33.8	35.9	18.9
午前5時前	100.0	25.8	47.2	12.4	11.2	3.4	16.9	20.2	30.3	27.0	5.6	36.0	20.2	16.9
午前5時　～5時29分	100.0	27.4	47.3	15.9	7.5	2.0	7.5	34.3	33.3	21.9	3.0	27.4	35.3	19.9
午前5時30分～5時59分	100.0	26.7	47.0	18.3	7.0	1.0	8.2	35.5	38.2	15.6	2.5	32.4	35.9	19.3
午前6時　～6時29分	100.0	30.3	48.5	15.5	4.6	1.1	8.5	38.6	35.1	15.6	2.3	30.4	36.9	20.7
午前6時30分～6時59分	100.0	31.4	49.2	14.2	3.9	1.1	9.4	39.7	33.6	14.7	2.6	33.6	35.3	19.8
午前7時　～7時29分	100.0	35.4	46.4	13.1	3.7	1.4	10.8	42.0	31.5	12.8	2.7	35.0	36.7	17.6
午前7時30分～7時59分	100.0	36.2	46.0	12.5	3.8	1.5	13.4	42.0	28.8	13.6	2.2	37.3	35.5	16.8
午前8時　～8時29分	100.0	47.3	33.0	14.3	4.5	0.9	14.3	43.8	25.0	15.2	1.8	39.3	37.5	16.1
午前8時30分～8時59分	100.0	25.0	55.0	15.0	5.0	－	15.0	40.0	30.0	15.0	－	30.0	40.0	15.0
午前9時以降	100.0	34.3	42.9	11.4	11.4	－	8.6	57.1	17.1	14.3	2.9	45.7	22.9	20.0
時間が不規則	100.0	36.7	44.7	12.2	5.9	0.5	16.5	35.6	34.6	11.7	1.6	43.1	27.7	21.3
不詳	100.0	18.9	17.0	9.4	1.9	52.8	5.7	24.5	15.1	1.9	52.8	17.0	20.8	7.5
7月生まれ														
平日の起床時間	100.0	26.6	46.7	18.8	6.2	1.7	22.5	48.3	20.1	7.0	2.1	41.2	34.7	15.5
午前5時前	100.0	21.4	42.0	20.6	14.5	1.5	21.4	37.4	21.4	18.3	1.5	40.5	34.4	13.0
午前5時　～5時29分	100.0	21.7	40.1	23.0	12.0	3.2	22.7	37.5	25.9	11.3	2.6	42.7	31.4	15.5
午前5時30分～5時59分	100.0	24.6	45.0	20.1	8.6	1.7	21.2	47.4	20.2	9.0	2.2	42.3	32.6	15.5
午前6時　～6時29分	100.0	25.2	46.8	19.8	6.9	1.3	20.7	50.8	19.7	7.0	1.7	40.5	35.5	15.4
午前6時30分～6時59分	100.0	27.0	47.7	18.5	5.6	1.4	22.4	48.2	20.9	6.8	1.6	40.9	34.7	16.3
午前7時　～7時29分	100.0	28.1	48.0	17.4	4.9	1.5	23.8	48.7	19.4	6.1	2.0	42.1	35.5	14.9
午前7時30分～7時59分	100.0	30.5	43.5	19.4	5.6	1.0	27.4	46.3	19.6	5.4	1.3	42.1	34.2	16.1
午前8時　～8時29分	100.0	30.7	42.0	20.5	4.5	2.3	27.3	42.0	21.6	5.7	3.4	43.2	31.8	15.9
午前8時30分～8時59分	100.0	31.8	50.0	18.2	－	－	27.3	45.5	22.7	4.5	－	45.5	22.7	22.7
午前9時以降	100.0	32.0	40.0	12.0	12.0	4.0	52.0	20.0	16.0	8.0	4.0	32.0	40.0	20.0
時間が不規則	100.0	22.3	49.0	18.0	8.3	2.4	21.8	48.1	16.0	11.2	2.9	40.3	34.0	14.6
不詳	100.0	13.3	6.7	5.0	1.7	73.3	3.3	16.7	3.3	3.3	73.3	15.0	6.7	3.3

第15回調査（平成28年）

料		炭酸飲料					果物					ごはん・パン・麺類				
まったく食べない・まったく飲まない	不詳	よく食べる・よく飲む	ときどき食べる・ときどき飲む	ほとんど食べない・ほとんど飲まない	まったく食べない・まったく飲まない	不詳	よく食べる・よく飲む	ときどき食べる・ときどき飲む	ほとんど食べない・ほとんど飲まない	まったく食べない・まったく飲まない	不詳	よく食べる・よく飲む	ときどき食べる・ときどき飲む	ほとんど食べない・ほとんど飲まない	まったく食べない・まったく飲まない	不詳
7.9	2.2	15.4	32.3	26.5	23.4	2.4	14.1	36.5	30.2	16.7	2.6	19.9	27.0	24.6	26.5	2.0
15.5	2.7	13.6	19.1	27.7	36.4	3.2	23.2	30.0	25.0	19.1	2.7	20.0	17.3	21.4	38.2	3.2
10.4	2.7	10.2	25.3	26.3	34.7	3.5	17.3	31.0	32.9	15.5	3.3	16.9	22.2	23.5	34.9	2.5
8.9	1.6	12.8	27.6	28.3	28.9	2.3	16.4	35.9	27.6	17.8	2.3	18.5	21.4	26.5	31.6	1.9
8.3	1.7	13.2	30.4	29.0	25.4	2.0	14.1	37.4	29.9	16.3	2.2	17.5	25.2	24.9	30.6	1.8
7.8	2.0	13.9	33.2	26.9	23.8	2.2	13.8	37.7	29.9	16.4	2.2	18.4	26.2	25.5	28.1	1.8
7.3	2.1	17.2	34.7	25.0	21.1	2.1	14.1	36.1	31.0	16.4	2.4	21.5	29.3	24.5	22.9	1.7
7.6	1.8	20.9	33.2	24.4	19.2	2.2	12.4	36.2	30.5	18.6	2.3	26.7	31.8	21.0	18.8	1.7
6.0	2.0	24.0	31.0	26.5	14.5	4.0	15.0	28.0	33.0	19.5	4.5	27.5	31.0	17.5	20.5	3.5
11.9	-	28.6	23.8	23.8	23.8	-	19.0	26.2	31.0	23.8	-	38.1	16.7	21.4	23.8	-
6.7	3.3	23.3	21.7	20.0	33.3	1.7	6.7	36.7	33.3	20.0	3.3	25.0	28.3	23.3	20.0	3.3
7.1	2.5	26.6	31.5	19.8	19.0	3.0	13.2	28.7	33.5	22.1	2.5	26.9	31.0	21.8	18.8	1.5
2.7	62.8	9.7	7.1	13.3	7.1	62.8	8.0	19.5	6.2	2.7	63.7	10.6	15.0	6.2	5.3	62.8
9.2	2.2	13.7	31.1	27.9	24.9	2.4	16.1	37.6	28.2	15.4	2.6	20.1	28.0	24.4	25.5	2.0
23.6	3.4	16.9	16.9	23.6	37.1	5.6	19.1	31.5	25.8	18.0	5.6	20.2	16.9	15.7	41.6	5.6
13.4	4.0	7.5	23.9	27.4	36.8	4.5	16.9	28.4	32.8	17.9	4.0	15.4	22.9	20.4	38.3	3.0
10.9	1.4	8.4	24.6	32.6	32.4	1.8	21.1	36.3	24.4	16.4	1.6	18.5	20.9	28.1	31.0	1.4
10.4	1.6	11.4	27.6	30.7	28.1	2.3	17.2	39.2	27.1	14.5	2.1	16.9	26.0	24.9	30.4	1.8
9.3	2.0	12.1	31.4	28.6	25.9	2.1	15.7	39.0	28.3	14.7	2.2	17.8	27.3	25.4	27.9	1.6
8.5	2.2	15.0	33.7	26.4	22.7	2.2	16.2	36.9	28.8	15.5	2.6	21.6	29.6	24.5	22.3	1.9
8.2	2.3	19.4	33.3	25.3	19.7	2.4	13.8	36.8	29.2	17.4	2.8	27.1	33.2	20.3	17.3	2.0
5.4	1.8	21.4	35.7	30.4	10.7	1.8	19.6	25.9	31.3	20.5	2.7	32.1	27.7	17.9	20.5	1.8
15.0	-	10.0	35.0	30.0	25.0	-	25.0	55.0	10.0	10.0	-	50.0	10.0	20.0	20.0	-
8.6	2.9	22.9	11.4	22.9	42.9	-	8.6	37.1	31.4	20.0	2.9	28.6	28.6	25.7	14.3	2.9
7.4	0.5	26.6	26.6	23.4	21.3	2.1	12.8	33.0	30.9	21.8	1.6	31.9	26.6	22.9	18.6	-
3.8	50.9	15.1	5.7	18.9	9.4	50.9	9.4	26.4	9.4	1.9	52.8	7.5	18.9	13.2	9.4	50.9
6.5	2.2	17.0	33.5	25.1	22.0	2.4	12.1	35.4	32.1	17.9	2.6	19.7	25.9	24.7	27.6	2.1
9.9	2.3	11.5	20.6	30.5	35.9	1.5	26.0	29.0	24.4	19.8	0.8	19.8	17.6	25.2	35.9	1.5
8.4	1.9	12.0	26.2	25.6	33.3	2.9	17.5	32.7	33.0	13.9	2.9	17.8	21.7	25.6	32.7	2.3
7.9	1.7	14.9	29.0	26.3	27.3	2.5	14.2	35.6	29.0	18.4	2.7	18.5	21.7	25.8	31.9	2.1
6.9	1.8	14.4	32.3	27.8	23.7	1.8	12.1	36.3	31.8	17.5	2.3	17.9	24.7	24.9	30.7	1.8
6.3	2.0	15.8	35.1	25.1	21.7	2.2	11.8	36.3	31.5	18.1	2.2	19.1	25.2	25.6	28.3	1.9
5.7	1.9	20.3	36.0	23.0	18.8	1.9	11.3	34.9	34.1	17.6	2.2	21.5	28.8	24.5	23.8	1.4
6.6	1.0	23.5	33.0	23.1	18.5	1.9	10.1	35.3	32.7	20.5	1.4	26.0	29.6	22.1	21.3	1.0
6.8	2.3	27.3	25.0	21.6	19.3	6.8	9.1	30.7	35.2	18.2	6.8	21.6	35.2	17.0	20.5	5.7
9.1	-	45.5	13.6	18.2	22.7	-	13.6	-	50.0	36.4	-	27.3	22.7	22.7	27.3	-
4.0	4.0	24.0	36.0	16.0	20.0	4.0	4.0	36.0	36.0	20.0	4.0	20.0	28.0	20.0	28.0	4.0
6.8	4.4	26.7	35.9	16.5	17.0	3.9	13.6	24.8	35.9	22.3	3.4	22.3	35.0	20.9	18.9	2.9
1.7	73.3	5.0	8.3	8.3	5.0	73.3	6.7	13.3	3.3	3.3	73.3	13.3	11.7	-	1.7	73.3

第64表　子ども数・構成割合,

構成割合（%）

性、出生月、平日の起床時間	総数	お菓子 よく食べる・よく飲む	お菓子 ときどき食べる・ときどき飲む	お菓子 ほとんど食べない・ほとんど飲まない	お菓子 まったく食べない・まったく飲まない	お菓子 不詳	氷菓子 よく食べる・よく飲む	氷菓子 ときどき食べる・ときどき飲む	氷菓子 ほとんど食べない・ほとんど飲まない	氷菓子 まったく食べない・まったく飲まない	氷菓子 不詳	飲 よく食べる・よく飲む	飲 ときどき食べる・ときどき飲む	飲 ほとんど食べない・ほとんど飲まない
男児														
平日の起床時間	100.0	28.4	47.2	16.9	5.4	2.2	16.9	43.6	26.1	10.5	3.0	44.2	34.9	13.1
午前5時前	100.0	29.5	41.8	14.8	11.5	2.5	23.8	34.4	18.9	18.9	4.1	47.5	29.5	9.8
午前5時　～5時29分	100.0	22.7	39.9	21.0	12.2	4.2	18.5	36.1	25.2	16.4	3.8	46.2	28.6	13.9
午前5時30分～5時59分	100.0	23.5	46.0	20.6	7.9	2.0	15.7	44.2	26.9	9.9	3.2	47.6	32.3	12.1
午前6時　～6時29分	100.0	25.9	48.2	18.5	5.9	1.5	16.3	45.0	26.2	10.2	2.2	44.1	36.6	12.1
午前6時30分～6時59分	100.0	28.1	47.9	17.0	5.3	1.7	16.9	43.1	26.4	11.0	2.6	44.1	34.3	14.2
午前7時　～7時29分	100.0	30.0	47.7	15.8	4.3	2.1	16.5	44.2	26.9	9.5	2.9	44.2	36.0	12.7
午前7時30分～7時59分	100.0	31.6	46.0	15.2	5.4	1.8	18.8	43.9	24.4	10.9	2.1	43.0	35.6	13.1
午前8時　～8時29分	100.0	41.7	36.0	17.3	3.6	1.4	23.0	39.6	24.5	9.4	3.6	48.2	31.7	14.4
午前8時30分～8時59分	100.0	27.3	63.6	9.1	-	-	9.1	45.5	36.4	9.1	-	45.5	31.8	13.6
午前9時以降	100.0	37.5	34.4	15.6	9.4	3.1	25.0	37.5	21.9	9.4	6.3	43.8	25.0	21.9
時間が不規則	100.0	28.5	48.0	14.0	7.7	1.8	18.1	43.9	23.1	12.2	2.7	46.6	28.5	14.9
不詳	100.0	14.9	13.5	6.8	1.4	63.5	4.1	20.3	9.5	2.7	63.5	18.9	14.9	2.7
1月生まれ														
平日の起床時間	100.0	31.0	47.7	14.9	4.4	2.0	11.1	39.9	31.9	13.7	3.3	40.2	36.8	14.4
午前5時前	100.0	31.0	38.1	11.9	14.3	4.8	19.0	23.8	19.0	28.6	9.5	40.5	23.8	11.9
午前5時　～5時29分	100.0	23.6	41.6	22.5	10.1	2.2	7.9	33.7	34.8	20.2	3.4	36.0	34.8	13.5
午前5時30分～5時59分	100.0	20.1	51.8	21.4	5.8	0.9	6.3	36.6	38.4	15.2	3.6	37.1	39.3	13.4
午前6時　～6時29分	100.0	28.2	49.0	16.3	5.0	1.5	9.5	38.4	34.3	15.1	2.6	36.8	40.8	14.2
午前6時30分～6時59分	100.0	28.9	49.0	16.4	4.3	1.5	10.6	38.8	32.7	14.8	3.2	40.7	35.2	16.1
午前7時　～7時29分	100.0	33.8	47.1	13.4	3.6	2.0	11.5	41.7	31.9	11.7	3.2	40.9	37.7	13.7
午前7時30分～7時59分	100.0	33.6	47.5	12.4	4.6	1.9	13.9	42.4	27.5	13.6	2.5	41.7	36.7	12.8
午前8時　～8時29分	100.0	48.0	30.7	16.0	4.0	1.3	17.3	38.7	26.7	14.7	2.7	45.3	30.7	17.3
午前8時30分～8時59分	100.0	27.3	63.6	9.1	-	-	-	54.5	36.4	9.1	-	36.4	45.5	9.1
午前9時以降	100.0	42.1	31.6	15.8	10.5	-	10.5	52.6	15.8	15.8	5.3	52.6	15.8	21.1
時間が不規則	100.0	36.3	45.1	10.8	6.9	1.0	17.6	36.3	30.4	12.7	2.9	52.0	22.5	16.7
不詳	100.0	15.8	18.4	5.3	-	60.5	5.3	21.1	13.2	-	60.5	15.8	23.7	2.6
7月生まれ														
平日の起床時間	100.0	25.7	46.7	18.8	6.5	2.3	22.5	47.2	20.4	7.3	2.6	48.2	33.1	11.8
午前5時前	100.0	28.8	43.8	16.3	10.0	1.3	26.3	40.0	18.8	13.8	1.3	51.3	32.5	8.8
午前5時　～5時29分	100.0	22.1	38.9	20.1	13.4	5.4	24.8	37.6	19.5	14.1	4.0	52.3	24.8	14.1
午前5時30分～5時59分	100.0	25.1	43.2	20.2	8.9	2.6	20.2	47.9	21.5	7.4	3.0	52.6	28.9	11.5
午前6時　～6時29分	100.0	24.4	47.7	19.9	6.5	1.5	20.6	49.1	21.2	7.2	1.9	48.6	34.0	10.8
午前6時30分～6時59分	100.0	27.3	46.9	17.7	6.3	1.8	23.0	47.3	20.3	7.4	2.1	47.5	33.4	12.3
午前7時　～7時29分	100.0	24.9	48.6	19.0	5.3	2.3	23.1	47.4	20.2	6.6	2.7	48.7	33.7	11.5
午前7時30分～7時59分	100.0	28.5	43.5	19.7	6.7	1.5	26.6	46.2	19.3	6.6	1.3	45.1	33.9	13.7
午前8時　～8時29分	100.0	34.4	42.2	18.8	3.1	1.6	29.7	40.6	21.9	3.1	4.7	51.6	32.8	10.9
午前8時30分～8時59分	100.0	27.3	63.6	9.1	-	-	18.2	36.4	36.4	9.1	-	54.5	18.2	18.2
午前9時以降	100.0	30.8	38.5	15.4	7.7	7.7	46.2	15.4	30.8	-	7.7	30.8	38.5	23.1
時間が不規則	100.0	21.8	50.4	16.8	8.4	2.5	18.5	50.4	16.8	11.8	2.5	42.0	33.6	13.4
不詳	100.0	13.9	8.3	8.3	2.8	66.7	2.8	19.4	5.6	5.6	66.7	22.2	5.6	2.8
女児														
平日の起床時間	100.0	31.2	47.0	15.9	4.9	1.0	15.8	44.8	26.7	10.9	1.9	30.4	35.6	21.6
午前5時前	100.0	15.3	46.9	20.4	15.3	2.0	14.3	25.5	32.7	25.5	2.0	27.6	27.6	20.4
午前5時　～5時29分	100.0	25.0	45.6	19.5	8.5	1.5	15.1	36.4	32.0	14.7	1.8	28.3	36.8	20.2
午前5時30分～5時59分	100.0	26.8	45.4	18.6	8.2	1.1	18.2	43.1	25.1	12.0	1.5	32.3	34.8	20.5
午前6時　～6時29分	100.0	28.5	46.9	17.6	6.0	0.9	15.3	46.6	25.7	10.7	1.7	29.8	35.6	22.2
午前6時30分～6時59分	100.0	30.3	49.0	15.6	4.2	0.9	14.9	44.7	28.2	10.6	1.6	30.5	35.7	21.8
午前7時　～7時29分	100.0	35.2	46.4	13.8	4.0	0.6	15.9	45.6	26.1	10.6	1.8	30.3	36.5	21.0
午前7時30分～7時59分	100.0	38.6	43.3	15.0	2.7	0.4	18.7	43.1	27.1	9.7	1.4	31.7	33.8	22.9
午前8時　～8時29分	100.0	36.1	39.3	16.4	6.6	1.6	13.1	50.8	21.3	14.8	-	24.6	42.6	19.7
午前8時30分～8時59分	100.0	30.0	40.0	25.0	5.0	-	35.0	40.0	15.0	10.0	-	30.0	30.0	25.0
午前9時以降	100.0	28.6	50.0	7.1	14.3	-	28.6	46.4	10.7	14.3	-	35.7	35.7	17.9
時間が不規則	100.0	30.1	45.7	16.8	6.4	1.2	20.8	39.9	27.2	10.4	1.7	35.3	34.1	21.4
不詳	100.0	17.9	7.7	7.7	2.6	64.1	5.1	20.5	7.7	2.6	64.1	10.3	10.3	10.3
1月生まれ														
平日の起床時間	100.0	34.9	47.2	13.1	4.0	0.9	9.2	40.3	33.5	14.9	2.1	27.3	34.9	23.5
午前5時前	100.0	21.3	55.3	12.8	8.5	2.1	14.9	17.0	40.4	25.5	2.1	31.9	17.0	21.3
午前5時　～5時29分	100.0	30.4	51.8	10.7	5.4	1.8	7.1	34.8	32.1	23.2	2.7	20.5	35.7	25.0
午前5時30分～5時59分	100.0	32.3	43.0	15.6	8.0	1.1	9.9	34.6	38.0	16.0	1.5	28.5	33.1	24.3
午前6時　～6時29分	100.0	32.0	48.1	14.9	4.3	0.8	7.7	38.7	35.6	15.9	2.0	25.4	33.9	25.9
午前6時30分～6時59分	100.0	33.8	49.4	12.3	3.7	0.8	8.4	40.5	34.4	14.6	2.1	27.0	35.5	23.2
午前7時　～7時29分	100.0	37.2	45.7	12.7	3.7	0.7	10.1	42.4	31.2	14.1	2.3	28.2	35.7	22.1
午前7時30分～7時59分	100.0	41.2	43.2	12.8	2.2	0.7	12.5	41.2	31.1	13.6	1.6	29.1	33.3	24.2
午前8時　～8時29分	100.0	45.9	37.8	10.8	5.4	-	8.1	54.1	21.6	16.2	-	27.0	51.4	13.5
午前8時30分～8時59分	100.0	22.2	44.4	22.2	11.1	-	33.3	22.2	22.2	22.2	-	22.2	33.3	22.2
午前9時以降	100.0	25.0	56.3	6.3	12.5	-	6.3	62.5	18.8	12.5	-	37.5	31.3	18.8
時間が不規則	100.0	37.2	44.2	14.0	4.7	-	15.1	34.9	39.5	10.5	-	32.6	33.7	26.7
不詳	100.0	26.7	13.3	20.0	6.7	33.3	6.7	33.3	20.0	6.7	33.3	20.0	13.3	20.0
7月生まれ														
平日の起床時間	100.0	27.5	46.7	18.7	5.9	1.2	22.5	49.4	19.8	6.7	1.6	33.6	36.4	19.6
午前5時前	100.0	9.8	39.2	27.5	21.6	2.0	13.7	33.3	25.5	25.5	2.0	23.5	37.3	19.6
午前5時　～5時29分	100.0	21.3	41.3	25.6	10.6	1.3	20.6	37.5	31.9	8.8	1.3	33.8	37.5	16.9
午前5時30分～5時59分	100.0	24.3	46.4	19.9	8.3	1.0	22.0	47.0	19.2	10.2	1.6	34.0	35.5	18.7
午前6時　～6時29分	100.0	26.0	46.1	19.7	7.2	1.0	20.9	52.3	18.4	6.9	1.6	33.0	36.8	19.6
午前6時30分～6時59分	100.0	26.6	48.5	19.2	4.8	0.9	21.9	49.1	21.5	6.3	1.1	34.2	36.0	20.2
午前7時　～7時29分	100.0	32.1	47.4	15.5	4.5	0.5	24.6	50.5	18.4	5.4	1.1	33.6	37.7	19.4
午前7時30分～7時59分	100.0	34.3	43.4	18.9	3.4	-	29.1	46.4	20.4	3.0	1.1	36.2	34.7	20.8
午前8時　～8時29分	100.0	20.8	41.7	25.0	8.3	4.2	20.8	45.8	20.8	12.5	-	20.8	29.2	29.2
午前8時30分～8時59分	100.0	36.4	36.4	27.3	-	-	36.4	54.5	9.1	-	-	36.4	27.3	27.3
午前9時以降	100.0	33.3	41.7	8.3	16.7	-	58.3	25.0	-	16.7	-	33.3	41.7	16.7
時間が不規則	100.0	23.0	47.1	19.5	8.0	2.3	26.4	44.8	14.9	10.3	3.4	37.9	34.5	16.1
不詳	100.0	12.5	4.2	-	-	83.3	4.2	12.5	-	-	83.3	4.2	8.3	4.2

第15回調査（平成28年）

料		炭酸飲料					果物					ごはん・パン・麺類				
まったく食べない・まったく飲まない	不詳	よく食べる・よく飲む	ときどき食べる・ときどき飲む	ほとんど食べない・ほとんど飲まない	まったく食べない・まったく飲まない	不詳	よく食べる・よく飲む	ときどき食べる・ときどき飲む	ほとんど食べない・ほとんど飲まない	まったく食べない・まったく飲まない	不詳	よく食べる・よく飲む	ときどき食べる・ときどき飲む	ほとんど食べない・ほとんど飲まない	まったく食べない・まったく飲まない	不詳
5.3	2.5	20.1	36.6	23.5	17.0	2.8	12.4	35.4	31.9	17.2	3.2	24.5	30.8	23.0	19.3	2.4
11.5	1.6	20.5	23.8	26.2	26.2	3.3	25.4	29.5	25.4	17.2	2.5	27.0	16.4	21.3	32.0	3.3
9.2	2.1	14.3	31.9	21.4	28.6	3.8	15.1	29.4	34.5	17.2	3.8	19.7	24.8	24.4	28.6	2.5
6.5	1.6	16.9	32.1	26.8	21.2	3.0	14.8	35.0	28.4	18.6	3.2	23.8	25.2	26.2	22.3	2.4
5.4	1.8	18.3	35.4	25.4	18.7	2.2	13.1	36.8	31.8	15.6	2.6	22.5	30.0	23.7	21.8	1.9
5.2	2.2	18.1	37.8	23.6	18.1	2.5	11.6	36.0	32.4	17.2	2.8	22.8	30.6	24.0	20.6	2.0
4.6	2.5	21.8	38.8	22.5	14.6	2.3	12.2	35.2	32.6	17.0	3.1	25.5	33.0	22.6	16.9	2.0
6.1	2.2	25.1	35.3	22.5	14.3	2.7	11.4	36.2	30.4	19.5	2.6	30.6	32.0	20.3	15.1	2.0
4.3	1.4	28.8	32.4	23.7	11.5	3.6	12.9	28.8	33.8	19.4	5.0	32.4	30.9	16.5	16.5	3.6
9.1	-	36.4	27.3	22.7	13.6	-	13.6	31.8	27.3	27.3	-	40.9	18.2	13.6	27.3	-
3.1	6.3	28.1	25.0	18.8	25.0	3.1	6.3	28.1	28.1	31.3	6.3	31.3	31.3	15.6	15.6	6.3
7.7	2.3	31.7	32.6	17.6	14.9	3.2	11.8	26.7	36.2	22.6	2.7	33.0	29.0	21.7	14.9	1.4
1.4	62.2	12.2	5.4	14.9	5.4	62.2	6.8	21.6	5.4	2.7	63.5	12.2	18.9	4.1	2.7	62.2
6.0	2.6	18.4	36.2	24.9	17.7	2.7	13.8	36.0	30.3	16.6	3.3	24.6	31.5	23.0	18.5	2.4
21.4	2.4	26.2	19.0	11.9	35.7	7.1	21.4	26.2	26.2	19.0	7.1	23.8	19.0	9.5	40.5	7.1
11.2	4.5	7.9	32.6	25.8	30.3	3.4	16.9	27.0	32.6	20.2	3.4	15.7	24.7	24.7	32.6	2.2
8.9	1.3	12.1	29.5	32.1	23.7	2.7	17.4	34.8	27.2	18.3	2.2	25.0	25.4	25.4	21.4	2.7
6.7	1.5	16.6	33.4	26.7	20.6	2.6	15.0	38.0	29.8	14.5	2.7	21.9	30.2	23.9	22.1	1.9
5.8	2.2	15.9	36.9	25.4	19.5	2.3	13.2	36.3	31.7	16.1	2.7	22.1	31.6	24.0	20.4	1.9
5.1	2.7	19.7	38.5	24.1	15.4	2.3	13.6	35.7	30.7	16.7	3.3	25.1	33.2	23.4	16.0	2.2
6.2	2.7	23.3	36.5	23.2	14.4	2.7	12.8	37.0	28.4	18.8	3.0	31.6	32.5	19.4	14.1	2.3
5.3	1.3	24.0	37.3	30.7	8.0	-	16.0	28.0	32.0	21.3	2.7	37.3	26.7	16.0	18.7	1.3
9.1	-	9.1	45.5	27.3	18.2	-	18.2	63.6	9.1	9.1	-	45.5	18.2	9.1	27.3	-
5.3	5.3	26.3	21.1	21.1	31.6	-	5.3	26.3	26.3	36.8	5.3	26.3	36.8	15.8	15.8	5.3
7.8	1.0	34.3	28.4	19.6	14.7	2.9	11.8	32.4	30.4	22.5	2.9	41.2	21.6	23.5	13.7	-
-	57.9	18.4	2.6	18.4	2.6	57.9	7.9	23.7	7.9	-	60.5	7.9	21.1	7.9	5.3	57.9
4.7	2.3	21.8	37.0	22.1	16.3	2.8	11.0	34.8	33.4	17.7	3.1	24.4	30.1	23.1	20.0	2.3
6.3	1.3	17.5	26.3	33.8	21.3	1.3	27.5	31.3	25.0	16.3	-	28.8	15.0	27.5	27.5	1.3
8.1	0.7	18.1	31.5	18.8	27.5	4.0	14.1	30.9	35.6	15.4	4.0	22.1	24.8	24.2	26.2	2.7
5.3	1.7	19.1	33.4	24.3	20.0	3.2	13.6	35.1	28.9	18.7	3.6	23.2	25.1	26.6	22.8	2.3
4.6	2.0	19.4	36.7	24.6	17.5	1.9	12.0	36.1	33.1	16.3	2.5	22.9	29.8	23.7	21.6	2.0
4.6	2.3	20.2	38.7	21.8	16.7	2.6	10.1	35.6	33.2	18.2	2.9	23.4	29.6	24.1	20.8	2.1
4.0	2.1	24.5	39.2	20.4	13.6	2.3	10.4	34.4	35.0	17.4	2.8	25.9	32.7	21.5	18.1	1.8
6.0	1.3	27.9	33.5	21.4	14.3	2.9	9.1	34.9	33.5	20.6	1.9	28.9	31.2	21.8	16.6	1.5
3.1	1.6	34.4	26.6	15.6	15.6	7.8	9.4	29.7	35.9	17.2	7.8	26.6	35.9	17.2	14.1	6.3
9.1	-	63.6	9.1	18.2	9.1	-	9.1	-	45.5	45.5	-	36.4	18.2	18.2	27.3	-
-	7.7	30.8	30.8	15.4	15.4	7.7	7.7	30.8	30.8	23.1	7.7	38.5	23.1	15.4	15.4	7.7
7.6	3.4	29.4	36.1	16.0	15.1	3.4	11.8	21.8	41.2	22.7	2.5	26.1	35.3	20.2	16.0	2.5
2.8	66.7	5.6	8.3	11.1	8.3	66.7	5.6	19.4	2.8	5.6	66.7	16.7	16.7	-	-	66.7
10.5	1.9	10.3	27.8	29.7	30.2	2.0	15.9	37.7	28.4	16.1	1.9	15.0	22.9	26.1	34.2	1.7
20.4	4.1	5.1	13.3	29.6	49.0	3.1	20.4	30.6	24.5	21.4	3.1	11.2	18.4	21.4	45.9	3.1
11.4	3.3	6.6	19.5	30.5	40.1	3.3	19.1	32.4	31.6	14.0	2.9	14.3	19.9	22.8	40.4	2.6
10.8	1.7	9.5	23.9	29.5	35.4	1.7	17.7	36.5	26.9	17.1	1.7	14.2	18.3	26.8	39.3	1.4
10.8	1.6	8.7	26.1	32.1	31.2	1.8	15.0	38.0	28.2	16.9	1.9	13.2	21.1	25.9	38.1	1.7
10.3	1.7	9.9	28.8	30.0	29.3	1.9	15.8	39.4	27.5	15.6	1.7	14.3	22.1	26.8	35.3	1.5
10.6	1.6	11.7	29.7	27.9	28.8	1.9	16.5	37.1	29.2	15.6	1.6	16.8	24.8	26.8	30.2	1.4
10.4	1.1	13.1	29.1	28.1	28.5	1.3	14.3	36.4	30.8	16.9	1.7	19.4	31.5	22.2	26.0	1.0
9.8	3.3	13.1	27.9	32.8	21.3	4.9	19.7	26.2	31.1	19.7	3.3	16.4	31.1	19.7	29.5	3.3
15.0	-	20.0	20.0	25.0	35.0	-	25.0	20.0	35.0	20.0	-	35.0	15.0	30.0	20.0	-
10.7	-	17.9	17.9	21.4	42.9	-	7.1	46.4	39.3	7.1	-	17.9	25.0	32.1	25.0	-
6.4	2.9	20.2	30.1	22.5	24.3	2.9	15.0	31.2	30.1	21.4	2.3	19.1	33.5	22.0	23.7	1.7
5.1	64.1	5.1	10.3	10.3	10.3	64.1	10.3	15.4	7.7	2.6	64.1	7.7	7.7	10.3	10.3	64.1
12.6	1.8	8.9	25.8	30.9	32.2	2.1	18.6	39.3	26.1	14.1	1.9	15.4	24.4	25.8	32.8	1.6
25.5	4.3	8.5	14.9	34.0	38.3	4.3	17.0	36.2	25.5	17.0	4.3	17.0	14.9	21.3	42.6	4.3
15.2	3.6	7.1	17.0	28.6	42.0	5.4	17.0	29.5	33.0	16.1	4.5	15.2	21.4	17.0	42.9	3.6
12.5	1.5	5.3	20.5	33.1	39.9	1.1	24.3	37.6	22.1	14.8	1.1	12.9	17.1	30.4	39.2	0.4
13.2	1.7	7.3	23.0	33.8	33.9	2.0	18.9	40.1	24.9	14.5	1.6	13.0	22.7	25.7	36.9	1.7
12.4	1.8	8.6	26.3	31.5	31.7	1.9	17.9	41.5	25.3	13.5	1.8	13.9	23.3	26.6	34.7	1.4
12.4	1.7	9.6	28.3	29.0	31.0	2.1	19.2	38.2	26.7	14.2	1.8	17.5	25.6	25.8	29.5	1.6
11.9	1.6	12.1	27.3	29.1	29.5	2.0	15.7	36.5	30.6	14.8	2.5	18.8	34.5	21.9	23.3	1.6
5.4	2.7	16.2	32.4	29.7	16.2	5.4	27.0	21.6	29.7	18.9	2.7	21.6	29.7	21.6	24.3	2.7
22.2	-	11.1	22.2	33.3	33.3	-	33.3	44.4	11.1	11.1	-	55.6	-	33.3	11.1	-
12.5	-	18.8	-	25.0	56.3	-	12.5	50.0	37.5	-	-	31.3	18.8	37.5	12.5	-
7.0	-	17.4	24.4	27.9	29.1	1.2	14.0	33.7	31.4	20.9	-	20.9	32.6	22.1	24.4	-
13.3	33.3	6.7	13.3	20.0	26.7	33.3	13.3	33.3	13.3	6.7	33.3	6.7	13.3	26.7	20.0	33.3
8.5	1.9	11.8	29.8	28.4	28.1	2.0	13.2	36.0	30.7	18.2	2.0	14.6	21.4	26.5	35.7	1.8
15.7	3.9	2.0	11.8	25.5	58.8	2.0	23.5	25.5	23.5	25.5	2.0	5.9	21.6	21.6	49.0	2.0
8.8	3.1	6.3	21.3	31.9	38.8	1.9	20.6	34.4	30.6	12.5	1.9	13.8	18.8	26.9	38.8	1.9
10.1	1.7	11.4	25.5	27.9	33.3	1.9	14.7	36.0	29.1	18.2	1.9	14.7	18.9	25.1	39.3	1.9
9.0	1.6	9.8	28.4	30.8	29.3	1.7	12.1	36.5	30.6	18.6	2.1	13.3	19.9	26.1	39.1	1.7
8.0	1.6	11.4	31.5	28.4	26.8	1.8	13.6	37.1	29.8	18.0	1.5	14.7	20.7	27.0	35.9	1.6
7.8	1.5	14.8	31.8	26.4	25.5	1.4	12.4	35.5	33.1	17.7	1.4	15.8	23.7	28.3	31.2	1.0
7.9	0.4	14.7	32.1	26.4	26.8	-	12.1	36.2	30.9	20.4	0.4	20.4	26.4	22.6	30.6	-
16.7	4.2	8.3	20.8	37.5	29.2	4.2	8.3	33.3	33.3	20.8	4.2	8.3	33.3	16.7	37.5	4.2
9.1	-	27.3	18.2	18.2	36.4	-	18.2	-	54.5	27.3	-	18.2	27.3	27.3	27.3	-
8.3	-	16.7	41.7	16.7	25.0	-	-	41.7	41.7	16.7	-	-	33.3	25.0	41.7	-
5.7	5.7	23.0	35.6	17.2	19.5	4.6	16.1	28.7	28.7	21.8	4.6	17.2	34.5	21.8	23.0	3.4
-	83.3	4.2	8.3	4.2	-	83.3	8.3	4.2	4.2	-	83.3	8.3	4.2	-	4.2	83.3

第65表　子ども数・構成割合，

実　数（人）

性、出生月、平日の就寝時間	総数	お菓子 よく食べる・よく飲む	ときどき食べる・ときどき飲む	ほとんど食べない・ほとんど飲まない	まったく食べない・まったく飲まない	不詳	氷菓子 よく食べる・よく飲む	ときどき食べる・ときどき飲む	ほとんど食べない・ほとんど飲まない	まったく食べない・まったく飲まない	不詳	飲 よく食べる・よく飲む	ときどき食べる・ときどき飲む	ほとんど食べない・ほとんど飲まない
総数														
平日の就寝時間	28 810	8 572	13 563	4 719	1 496	460	4 704	12 730	7 609	3 068	699	10 801	10 161	4 955
午後9時前	70	25	25	11	8	1	14	24	18	12	2	25	19	17
午後9時　～9時29分	323	84	127	71	30	11	43	127	89	46	18	112	117	49
午後9時30分～9時59分	597	127	283	116	58	13	83	229	193	75	17	197	215	112
午後10時　～10時29分	2 192	555	1 081	361	167	28	307	951	601	273	60	782	792	365
午後10時30分～10時59分	3 765	936	1 829	717	218	65	566	1 712	963	435	89	1 346	1 358	668
午後11時　～11時29分	6 367	1 837	3 052	1 071	319	88	1 040	2 844	1 682	656	145	2 400	2 282	1 077
午後11時30分～11時59分	5 630	1 689	2 701	931	238	71	923	2 569	1 489	531	118	2 135	2 046	947
午前0時　～0時29分	4 478	1 456	2 128	656	189	49	767	1 987	1 181	460	83	1 705	1 592	765
午前0時30分～0時59分	1 830	658	800	256	95	21	316	774	495	213	32	726	570	349
午前1時以降	1 274	472	519	202	66	15	257	544	318	134	21	510	400	218
時間が不規則	2 157	710	1 000	315	106	26	382	939	565	229	42	840	749	379
不詳	127	23	18	12	2	72	6	30	15	4	72	23	21	9
1月生まれ														
平日の就寝時間	14 462	4 761	6 861	2 026	605	209	1 476	5 802	4 727	2 061	396	4 894	5 188	2 727
午後9時前	35	11	13	5	5	1	3	11	11	9	1	12	8	6
午後9時　～9時29分	134	37	54	30	7	6	11	49	44	18	12	45	44	21
午後9時30分～9時59分	235	53	114	40	22	6	19	73	94	40	9	61	88	51
午後10時　～10時29分	952	276	492	125	46	13	69	355	334	156	38	272	368	182
午後10時30分～10時59分	1 528	411	767	256	68	26	130	601	495	262	40	469	574	311
午後11時　～11時29分	2 938	928	1 427	422	130	31	267	1 165	987	441	78	979	1 074	538
午後11時30分～11時59分	2 878	956	1 381	402	101	38	294	1 188	952	371	73	979	1 060	538
午前0時　～0時29分	2 618	919	1 236	351	90	22	308	1 092	823	346	49	909	958	478
午前0時30分～0時59分	1 132	429	499	136	54	14	129	458	350	168	27	419	355	227
午前1時以降	804	317	334	115	29	9	107	342	241	100	14	308	253	147
時間が不規則	1 152	412	534	139	52	15	136	454	386	149	27	430	394	224
不詳	56	12	10	5	1	28	3	14	10	1	28	11	12	4
7月生まれ														
平日の就寝時間	14 348	3 811	6 702	2 693	891	251	3 228	6 928	2 882	1 007	303	5 907	4 973	2 228
午後9時前	35	14	12	6	3	-	11	13	7	3	1	13	11	11
午後9時　～9時29分	189	47	73	41	23	5	32	78	45	28	6	67	73	28
午後9時30分～9時59分	362	74	169	76	36	7	64	156	99	35	8	136	127	61
午後10時　～10時29分	1 240	279	589	236	121	15	238	596	267	117	22	510	424	183
午後10時30分～10時59分	2 237	525	1 062	461	150	39	436	1 111	468	173	49	877	784	357
午後11時　～11時29分	3 429	909	1 625	649	189	57	773	1 679	695	215	67	1 421	1 208	539
午後11時30分～11時59分	2 752	733	1 320	529	137	33	629	1 381	537	160	45	1 156	986	409
午前0時　～0時29分	1 860	537	892	305	99	27	459	895	358	114	34	796	634	287
午前0時30分～0時59分	698	229	301	120	41	7	187	316	145	45	5	307	215	122
午前1時以降	470	155	185	87	37	6	150	202	77	34	7	202	147	71
時間が不規則	1 005	298	466	176	54	11	246	485	179	80	15	410	355	155
不詳	71	11	8	7	1	44	3	16	5	3	44	12	9	5

性、出生月、平日の就寝時間、間食の内容別（４－１）

第15回調査（平成28年）

料		炭酸飲料					果物					ごはん・パン・麺類				
まったく食べない・まったく飲まない	不詳	よく食べる・よく飲む	ときどき食べる・ときどき飲む	ほとんど食べない・ほとんど飲まない	まったく食べない・まったく飲まない	不詳	よく食べる・よく飲む	ときどき食べる・ときどき飲む	ほとんど食べない・ほとんど飲まない	まったく食べない・まったく飲まない	不詳	よく食べる・よく飲む	ときどき食べる・ときどき飲む	ほとんど食べない・ほとんど飲まない	まったく食べない・まったく飲まない	不詳
2 264	629	4 426	9 311	7 632	6 746	695	4 062	10 516	8 688	4 802	742	5 738	7 766	7 073	7 648	585
8	1	11	14	18	23	4	16	15	21	15	3	21	15	14	19	1
31	14	35	81	73	116	18	45	110	88	63	17	58	64	70	114	17
60	13	55	177	185	164	16	86	212	179	102	18	93	148	135	209	12
202	51	257	695	593	588	59	290	774	678	386	64	382	515	532	710	53
322	71	476	1 216	1 047	939	87	510	1 385	1 127	642	101	645	1 015	930	1 100	75
480	128	976	2 106	1 664	1 472	149	850	2 413	1 913	1 046	145	1 223	1 679	1 629	1 726	110
393	109	845	1 866	1 534	1 265	120	809	2 139	1 694	863	125	1 154	1 545	1 374	1 461	96
347	69	743	1 452	1 197	1 009	77	704	1 636	1 364	691	83	980	1 264	1 093	1 081	60
152	33	333	566	462	435	34	297	675	518	304	36	390	517	448	444	31
118	28	251	408	310	283	22	192	411	395	244	32	321	360	279	290	24
148	41	431	713	532	443	38	256	713	700	442	46	458	620	560	484	35
3	71	13	17	17	9	71	7	33	11	4	72	13	24	9	10	71
1 333	320	1 987	4 498	4 032	3 595	350	2 332	5 442	4 085	2 229	374	2 907	4 047	3 527	3 691	290
8	1	5	8	8	12	2	7	9	10	8	1	11	9	2	13	−
15	9	12	32	30	49	11	17	50	33	24	10	25	28	27	43	11
31	4	16	67	75	70	7	40	81	71	34	9	32	57	48	92	6
102	28	95	283	265	277	32	145	346	265	163	33	158	240	236	289	29
147	27	153	494	451	397	33	246	588	421	233	40	252	422	390	435	29
288	59	382	907	820	764	65	452	1 152	821	450	63	555	785	736	812	50
238	63	364	904	846	693	71	485	1 088	819	414	72	578	803	731	714	52
232	41	387	832	742	611	46	452	994	759	366	47	586	770	612	619	31
108	23	194	345	292	280	21	203	443	294	170	22	247	344	251	271	19
78	18	154	250	197	189	14	135	262	233	149	25	215	231	185	155	18
84	20	216	371	296	248	21	146	412	353	217	24	244	346	301	243	18
2	27	9	5	10	5	27	4	17	6	1	28	4	12	8	5	27
931	309	2 439	4 813	3 600	3 151	345	1 730	5 074	4 603	2 573	368	2 831	3 719	3 546	3 957	295
−	−	6	6	10	11	2	9	6	11	7	2	10	6	12	6	1
16	5	23	49	43	67	7	28	60	55	39	7	33	36	43	71	6
29	9	39	110	110	94	9	46	131	108	68	9	61	91	87	117	6
100	23	162	412	328	311	27	145	428	413	223	31	224	275	296	421	24
175	44	323	722	596	542	54	264	797	706	409	61	393	593	540	665	46
192	69	594	1 199	844	708	84	398	1 261	1 092	596	82	668	894	893	914	60
155	46	481	962	688	572	49	324	1 051	875	449	53	576	742	643	747	44
115	28	356	620	455	398	31	252	642	605	325	36	394	494	481	462	29
44	10	139	221	170	155	13	94	232	224	134	14	143	173	197	173	12
40	10	97	158	113	94	8	57	149	162	95	7	106	129	94	135	6
64	21	215	342	236	195	17	110	301	347	225	22	214	274	259	241	17
1	44	4	12	7	4	44	3	16	5	3	44	9	12	1	5	44

第65表　子ども数・構成割合，

実　数（人）

性、出生月、平日の就寝時間	総数	お菓子 よく食べる・よく飲む	お菓子 ときどき食べる・ときどき飲む	お菓子 ほとんど食べない・ほとんど飲まない	お菓子 まったく食べない・まったく飲まない	お菓子 不詳	氷菓子 よく食べる・よく飲む	氷菓子 ときどき食べる・ときどき飲む	氷菓子 ほとんど食べない・ほとんど飲まない	氷菓子 まったく食べない・まったく飲まない	氷菓子 不詳	飲 よく食べる・よく飲む	飲 ときどき食べる・ときどき飲む	飲 ほとんど食べない・ほとんど飲まない
男児														
平日の就寝時間	14 796	4 197	6 980	2 497	803	319	2 495	6 450	3 865	1 547	439	6 543	5 167	1 934
午後9時前	43	18	12	7	6	-	9	16	11	7	-	20	10	10
午後9時　～9時29分	195	49	76	44	19	7	26	67	64	26	12	76	71	21
午後9時30分～9時59分	356	75	163	73	38	7	47	144	108	47	10	132	127	58
午後10時　～10時29分	1 272	304	622	223	99	24	178	540	362	155	37	515	468	171
午後10時30分～10時59分	2 098	505	1 022	402	119	50	323	937	526	245	67	862	754	304
午後11時　～11時29分	3 460	974	1 672	573	177	64	601	1 524	893	346	96	1 534	1 236	432
午後11時30分～11時59分	2 863	810	1 374	498	131	50	491	1 314	732	255	71	1 293	1 028	364
午前0時　～0時29分	2 018	623	965	313	88	29	356	888	523	205	46	938	701	249
午前0時30分～0時59分	772	270	342	103	42	15	151	316	211	78	16	382	231	109
午前1時以降	597	224	236	100	29	8	123	250	158	54	12	288	182	77
時間が不規則	1 041	332	483	154	54	18	187	436	267	126	25	487	344	136
不詳	81	13	13	7	1	47	3	18	10	3	47	16	15	3
1月生まれ														
平日の就寝時間	7 344	2 279	3 500	1 095	322	148	818	2 931	2 346	1 003	246	2 954	2 704	1 057
午後9時前	20	9	3	4	4	-	2	8	5	5	-	10	4	3
午後9時　～9時29分	75	18	34	16	4	3	6	25	29	8	7	25	29	8
午後9時30分～9時59分	142	35	62	26	16	3	12	50	50	24	6	44	53	25
午後10時　～10時29分	552	148	278	85	29	12	41	203	193	92	23	175	225	87
午後10時30分～10時59分	850	221	425	144	38	22	80	328	269	144	29	291	334	147
午後11時　～11時29分	1 595	494	784	232	65	20	159	633	527	227	49	642	592	223
午後11時30分～11時59分	1 475	446	717	228	59	25	179	622	458	178	38	594	561	211
午前0時　～0時29分	1 170	392	557	166	40	15	152	481	355	152	30	517	429	145
午前0時30分～0時59分	484	168	221	62	23	10	61	203	148	58	14	227	152	73
午前1時以降	381	152	153	56	15	5	57	157	118	40	9	169	125	52
時間が不規則	560	189	258	74	29	10	67	212	188	75	18	252	191	82
不詳	40	7	8	2	-	23	2	9	6	-	23	8	9	1
7月生まれ														
平日の就寝時間	7 452	1 918	3 480	1 402	481	171	1 677	3 519	1 519	544	193	3 589	2 463	877
午後9時前	23	9	9	3	2	-	7	8	6	2	-	10	6	7
午後9時　～9時29分	120	31	42	28	15	4	20	42	35	18	5	51	42	13
午後9時30分～9時59分	214	40	101	47	22	4	35	94	58	23	4	88	74	33
午後10時　～10時29分	720	156	344	138	70	12	137	337	169	63	14	340	243	84
午後10時30分～10時59分	1 248	284	597	258	81	28	243	609	257	101	38	571	420	157
午後11時　～11時29分	1 865	480	888	341	112	44	442	891	366	119	47	892	644	209
午後11時30分～11時59分	1 388	364	657	270	72	25	312	692	274	77	33	699	467	153
午前0時　～0時29分	848	231	408	147	48	14	204	407	168	53	16	421	272	104
午前0時30分～0時59分	288	102	121	41	19	5	90	113	63	20	2	155	79	36
午前1時以降	216	72	83	44	14	3	66	93	40	14	3	119	57	25
時間が不規則	481	143	225	80	25	8	120	224	79	51	7	235	153	54
不詳	41	6	5	5	1	24	1	9	4	3	24	8	6	2
女児														
平日の就寝時間	14 014	4 375	6 583	2 222	693	141	2 209	6 280	3 744	1 521	260	4 258	4 994	3 021
午後9時前	27	7	13	4	2	1	5	8	7	5	2	5	9	7
午後9時　～9時29分	128	35	51	27	11	4	17	60	25	20	6	36	46	28
午後9時30分～9時59分	241	52	120	43	20	6	36	85	85	28	7	65	88	54
午後10時　～10時29分	920	251	459	138	68	4	129	411	239	118	23	267	324	194
午後10時30分～10時59分	1 667	431	807	315	99	15	243	775	437	190	22	484	604	364
午後11時　～11時29分	2 907	863	1 380	498	142	24	439	1 320	789	310	49	866	1 046	645
午後11時30分～11時59分	2 767	879	1 327	433	107	21	432	1 255	757	276	47	842	1 018	583
午前0時　～0時29分	2 460	833	1 163	343	101	20	411	1 099	658	255	37	767	891	516
午前0時30分～0時59分	1 058	388	458	153	53	6	165	458	284	135	16	344	339	240
午前1時以降	677	248	283	102	37	7	134	294	160	80	9	222	218	141
時間が不規則	1 116	378	517	161	52	8	195	503	298	103	17	353	405	243
不詳	46	10	5	5	1	25	3	12	5	1	25	7	6	6
1月生まれ														
平日の就寝時間	7 118	2 482	3 361	931	283	61	658	2 871	2 381	1 058	150	1 940	2 484	1 670
午後9時前	15	2	10	1	1	1	1	3	6	4	1	2	4	3
午後9時　～9時29分	59	19	20	14	3	3	5	24	15	10	5	20	15	13
午後9時30分～9時59分	93	18	52	14	6	3	7	23	44	16	3	17	35	26
午後10時　～10時29分	400	128	214	40	17	1	28	152	141	64	15	97	143	95
午後10時30分～10時59分	678	190	342	112	30	4	50	273	226	118	11	178	240	164
午後11時　～11時29分	1 343	434	643	190	65	11	108	532	460	214	29	337	482	315
午後11時30分～11時59分	1 403	510	664	174	42	13	115	566	494	193	35	385	499	327
午前0時　～0時29分	1 448	527	679	185	50	7	156	611	468	194	19	392	529	333
午前0時30分～0時59分	648	261	278	74	31	4	68	255	202	110	13	192	203	154
午前1時以降	423	165	181	59	14	4	50	185	123	60	5	139	128	95
時間が不規則	592	223	276	65	23	5	69	242	198	74	9	178	203	142
不詳	16	5	2	3	1	5	1	5	4	1	5	3	3	3
7月生まれ														
平日の就寝時間	6 896	1 893	3 222	1 291	410	80	1 551	3 409	1 363	463	110	2 318	2 510	1 351
午後9時前	12	5	3	3	1	-	4	5	1	1	1	3	5	4
午後9時　～9時29分	69	16	31	13	8	1	12	36	10	10	1	16	31	15
午後9時30分～9時59分	148	34	68	29	14	3	29	62	41	12	4	48	53	28
午後10時　～10時29分	520	123	245	98	51	3	101	259	98	54	8	170	181	99
午後10時30分～10時59分	989	241	465	203	69	11	193	502	211	72	11	306	364	200
午後11時　～11時29分	1 564	429	737	308	77	13	331	788	329	96	20	529	564	330
午後11時30分～11時59分	1 364	369	663	259	65	8	317	689	263	83	12	457	519	256
午前0時　～0時29分	1 012	306	484	158	51	13	255	488	190	61	18	375	362	183
午前0時30分～0時59分	410	127	180	79	22	2	97	203	82	25	3	152	136	86
午前1時以降	254	83	102	43	23	3	84	109	37	20	4	83	90	46
時間が不規則	524	155	241	96	29	3	126	261	100	29	8	175	202	101
不詳	30	5	3	2	-	20	2	7	1	-	20	4	3	3

第15回調査（平成28年）

料		炭酸飲料					果物					ごはん・パン・麺類				
まったく食べない・まったく飲まない	不詳	よく食べる・よく飲む	ときどき食べる・ときどき飲む	ほとんど食べない・ほとんど飲まない	まったく食べない・まったく飲まない	不詳	よく食べる・よく飲む	ときどき食べる・ときどき飲む	ほとんど食べない・ほとんど飲まない	まったく食べない・まったく飲まない	不詳	よく食べる・よく飲む	ときどき食べる・ときどき飲む	ほとんど食べない・ほとんど飲まない	まったく食べない・まったく飲まない	不詳
787	365	2 979	5 419	3 475	2 515	408	1 831	5 236	4 715	2 543	471	3 631	4 555	3 410	2 851	349
3	-	9	10	12	11	1	11	9	11	11	1	15	9	10	9	-
18	9	24	55	46	58	12	27	60	58	38	12	43	36	45	58	13
32	7	39	120	108	81	8	49	126	112	58	11	69	100	83	97	7
88	30	188	435	336	276	37	157	441	406	224	44	265	342	310	321	34
127	51	326	802	503	404	63	257	755	659	352	75	434	668	487	459	50
174	84	686	1 316	798	566	94	411	1 267	1 119	567	96	822	1 072	834	665	67
122	56	587	1 070	694	449	63	357	1 040	940	452	74	720	895	663	531	54
99	31	465	750	450	316	37	269	707	656	340	46	555	663	450	316	34
33	17	202	277	167	108	18	96	281	244	132	19	217	253	159	130	13
36	14	162	209	130	87	9	67	197	179	136	18	193	188	114	91	11
54	20	280	366	221	154	20	126	331	325	231	28	290	310	251	170	20
1	46	11	9	10	5	46	4	22	6	2	47	8	19	4	4	46
439	190	1 353	2 659	1 831	1 302	199	1 010	2 645	2 228	1 222	239	1 810	2 311	1 690	1 357	176
3	-	4	5	5	6	-	6	5	4	5	-	7	6	1	6	-
8	5	7	22	19	21	6	8	29	20	12	6	16	15	14	23	7
18	2	13	47	44	34	4	23	50	45	18	6	28	38	29	43	4
47	18	73	182	148	130	19	82	188	154	105	23	108	160	131	134	19
60	18	103	336	211	176	24	118	321	245	137	29	168	272	204	187	19
100	38	275	571	405	306	38	203	593	503	256	40	375	495	385	313	27
78	31	266	541	391	242	35	210	524	475	227	39	352	464	363	267	29
57	22	246	447	271	183	23	171	411	374	186	28	326	393	249	181	21
19	13	123	168	123	59	11	69	184	149	70	12	142	162	97	76	7
24	11	93	141	84	57	6	48	130	102	86	15	131	123	73	44	10
25	10	142	197	123	87	11	69	200	153	120	18	154	174	140	81	11
-	22	8	2	7	1	22	3	10	4	-	23	3	9	4	2	22
348	175	1 626	2 760	1 644	1 213	209	821	2 591	2 487	1 321	232	1 821	2 244	1 720	1 494	173
-	-	5	5	7	5	1	5	4	7	6	1	8	3	9	3	-
10	4	17	33	27	37	6	19	31	38	26	6	27	21	31	35	6
14	5	26	73	64	47	4	26	76	67	40	5	41	62	54	54	3
41	12	115	253	188	146	18	75	253	252	119	21	157	182	179	187	15
67	33	223	466	292	228	39	139	434	414	215	46	266	396	283	272	31
74	46	411	745	393	260	56	208	674	616	311	56	447	577	449	352	40
44	25	321	529	303	207	28	147	516	465	225	35	368	431	300	264	25
42	9	219	303	179	133	14	98	296	282	154	18	229	270	201	135	13
14	4	79	109	44	49	7	27	97	95	62	7	75	91	62	54	6
12	3	69	68	46	30	3	19	67	77	50	3	62	65	41	47	1
29	10	138	169	98	67	9	57	131	172	111	10	136	136	111	89	9
1	24	3	7	3	4	24	1	12	2	2	24	5	10	-	2	24
1 477	264	1 447	3 892	4 157	4 231	287	2 231	5 280	3 973	2 259	271	2 107	3 211	3 663	4 797	236
5	1	2	4	6	12	3	5	6	10	4	2	6	6	4	10	1
13	5	11	26	27	58	6	18	50	30	25	5	15	28	25	56	4
28	6	16	57	77	83	8	37	86	67	44	7	24	48	52	112	5
114	21	69	260	257	312	22	133	333	272	162	20	117	173	222	389	19
195	20	150	414	544	535	24	253	630	468	290	26	211	347	443	641	25
306	44	290	790	866	906	55	439	1 146	794	479	49	401	607	795	1 061	43
271	53	258	796	840	816	57	452	1 099	754	411	51	434	650	711	930	42
248	38	278	702	747	693	40	435	929	708	351	37	425	601	643	765	26
119	16	131	289	295	327	16	201	394	274	172	17	173	264	289	314	18
82	14	89	199	180	196	13	125	214	216	108	14	128	172	165	199	13
94	21	151	347	311	289	18	130	382	375	211	18	168	310	309	314	15
2	25	2	8	7	4	25	3	11	5	2	25	5	5	5	6	25
894	130	634	1 839	2 201	2 293	151	1 322	2 797	1 857	1 007	135	1 097	1 736	1 837	2 334	114
5	1	1	3	3	6	2	1	4	6	3	1	4	3	1	7	-
7	4	5	10	11	28	5	9	21	13	12	4	9	13	13	20	4
13	2	3	20	31	36	3	17	31	26	16	3	4	19	19	49	2
55	10	22	101	117	147	13	63	158	111	58	10	50	80	105	155	10
87	9	50	158	240	221	9	128	267	176	96	11	84	150	186	248	10
188	21	107	336	415	458	27	249	559	318	194	23	180	290	351	499	23
160	32	98	363	455	451	36	275	564	344	187	33	226	339	368	447	23
175	19	141	385	471	428	23	281	583	385	180	19	260	377	363	438	10
89	10	71	177	169	221	10	134	259	145	100	10	105	182	154	195	12
54	7	61	109	113	132	8	87	132	131	63	10	84	108	112	111	8
59	10	74	174	173	161	10	77	212	200	97	6	90	172	161	162	7
2	5	1	3	3	4	5	1	7	2	1	5	1	3	4	3	5
583	134	813	2 053	1 956	1 938	136	909	2 483	2 116	1 252	136	1 010	1 475	1 826	2 463	122
-	-	1	1	3	6	1	4	2	4	1	1	2	3	3	3	1
6	1	6	16	16	30	1	9	29	17	13	1	6	15	12	36	-
15	4	13	37	46	47	5	20	55	41	28	4	20	29	33	63	3
59	11	47	159	140	165	9	70	175	161	104	10	67	93	117	234	9
108	11	100	256	304	314	15	125	363	292	194	15	127	197	257	393	15
118	23	183	454	451	448	28	190	587	476	285	26	221	317	444	562	20
111	21	160	433	385	365	21	177	535	410	224	18	208	311	343	483	19
73	19	137	317	276	265	17	154	346	323	171	18	165	224	280	327	16
30	6	60	112	126	106	6	67	135	129	72	7	68	82	135	119	6
28	7	28	90	67	64	5	38	82	85	45	4	44	64	53	88	5
35	11	77	173	138	128	8	53	170	175	114	12	78	138	148	152	8
-	20	1	5	4	-	20	2	4	3	1	20	4	2	1	3	20

構成割合（%）

性、出生月、平日の就寝時間	総数	お菓子					氷菓子					飲		
		よく食べる・よく飲む	ときどき食べる・ときどき飲む	ほとんど食べない・ほとんど飲まない	まったく食べない・まったく飲まない	不詳	よく食べる・よく飲む	ときどき食べる・ときどき飲む	ほとんど食べない・ほとんど飲まない	まったく食べない・まったく飲まない	不詳	よく食べる・よく飲む	ときどき食べる・ときどき飲む	ほとんど食べない・ほとんど飲まない
総数														
平日の就寝時間	100.0	29.8	47.1	16.4	5.2	1.6	16.3	44.2	26.4	10.6	2.4	37.5	35.3	17.2
午後9時前	100.0	35.7	35.7	15.7	11.4	1.4	20.0	34.3	25.7	17.1	2.9	35.7	27.1	24.3
午後9時　～9時29分	100.0	26.0	39.3	22.0	9.3	3.4	13.3	39.3	27.6	14.2	5.6	34.7	36.2	15.2
午後9時30分～9時59分	100.0	21.3	47.4	19.4	9.7	2.2	13.9	38.4	32.3	12.6	2.8	33.0	36.0	18.8
午後10時　～10時29分	100.0	25.3	49.3	16.5	7.6	1.3	14.0	43.4	27.4	12.5	2.7	35.7	36.1	16.7
午後10時30分～10時59分	100.0	24.9	48.6	19.0	5.8	1.7	15.0	45.5	25.6	11.6	2.4	35.8	36.1	17.7
午後11時　～11時29分	100.0	28.9	47.9	16.8	5.0	1.4	16.3	44.7	26.4	10.3	2.3	37.7	35.8	16.9
午後11時30分～11時59分	100.0	30.0	48.0	16.5	4.2	1.3	16.4	45.6	26.4	9.4	2.1	37.9	36.3	16.8
午前0時　～0時29分	100.0	32.5	47.5	14.6	4.2	1.1	17.1	44.4	26.4	10.3	1.9	38.1	35.6	17.1
午前0時30分～0時59分	100.0	36.0	43.7	14.0	5.2	1.1	17.3	42.3	27.0	11.6	1.7	39.7	31.1	19.1
午前1時以降	100.0	37.0	40.7	15.9	5.2	1.2	20.2	42.7	25.0	10.5	1.6	40.0	31.4	17.1
時間が不規則	100.0	32.9	46.4	14.6	4.9	1.2	17.7	43.5	26.2	10.6	1.9	38.9	34.7	17.6
不詳	100.0	18.1	14.2	9.4	1.6	56.7	4.7	23.6	11.8	3.1	56.7	18.1	16.5	7.1
1月生まれ														
平日の就寝時間	100.0	32.9	47.4	14.0	4.2	1.4	10.2	40.1	32.7	14.3	2.7	33.8	35.9	18.9
午後9時前	100.0	31.4	37.1	14.3	14.3	2.9	8.6	31.4	31.4	25.7	2.9	34.3	22.9	17.1
午後9時　～9時29分	100.0	27.6	40.3	22.4	5.2	4.5	8.2	36.6	32.8	13.4	9.0	33.6	32.8	15.7
午後9時30分～9時59分	100.0	22.6	48.5	17.0	9.4	2.6	8.1	31.1	40.0	17.0	3.8	26.0	37.4	21.7
午後10時　～10時29分	100.0	29.0	51.7	13.1	4.8	1.4	7.2	37.3	35.1	16.4	4.0	28.6	38.7	19.1
午後10時30分～10時59分	100.0	26.9	50.2	16.8	4.5	1.7	8.5	39.3	32.4	17.1	2.6	30.7	37.6	20.4
午後11時　～11時29分	100.0	31.6	48.6	14.4	4.4	1.1	9.1	39.7	33.6	15.0	2.7	33.3	36.6	18.3
午後11時30分～11時59分	100.0	33.2	48.0	14.0	3.5	1.3	10.2	41.3	33.1	12.9	2.5	34.0	36.8	18.7
午前0時　～0時29分	100.0	35.1	47.2	13.4	3.4	0.8	11.8	41.7	31.4	13.2	1.9	34.7	36.6	18.3
午前0時30分～0時59分	100.0	37.9	44.1	12.0	4.8	1.2	11.4	40.5	30.9	14.8	2.4	37.0	31.4	20.1
午前1時以降	100.0	39.4	41.5	14.3	3.6	1.1	13.3	42.5	30.0	12.4	1.7	38.3	31.5	18.3
時間が不規則	100.0	35.8	46.4	12.1	4.5	1.3	11.8	39.4	33.5	12.9	2.3	37.3	34.2	19.4
不詳	100.0	21.4	17.9	8.9	1.8	50.0	5.4	25.0	17.9	1.8	50.0	19.6	21.4	7.1
7月生まれ														
平日の就寝時間	100.0	26.6	46.7	18.8	6.2	1.7	22.5	48.3	20.1	7.0	2.1	41.2	34.7	15.5
午後9時前	100.0	40.0	34.3	17.1	8.6	-	31.4	37.1	20.0	8.6	2.9	37.1	31.4	31.4
午後9時　～9時29分	100.0	24.9	38.6	21.7	12.2	2.6	16.9	41.3	23.8	14.8	3.2	35.4	38.6	14.8
午後9時30分～9時59分	100.0	20.4	46.7	21.0	9.9	1.9	17.7	43.1	27.3	9.7	2.2	37.6	35.1	16.9
午後10時　～10時29分	100.0	22.5	47.5	19.0	9.8	1.2	19.2	48.1	21.5	9.4	1.8	41.1	34.2	14.8
午後10時30分～10時59分	100.0	23.5	47.5	20.6	6.7	1.7	19.5	49.7	20.9	7.7	2.2	39.2	35.0	16.0
午後11時　～11時29分	100.0	26.5	47.4	18.9	5.5	1.7	22.5	49.0	20.3	6.3	2.0	41.4	35.2	15.7
午後11時30分～11時59分	100.0	26.6	48.0	19.2	5.0	1.2	22.9	50.2	19.5	5.8	1.6	42.0	35.8	14.9
午前0時　～0時29分	100.0	28.9	48.0	16.4	5.3	1.5	24.7	48.1	19.2	6.1	1.8	42.8	34.1	15.4
午前0時30分～0時59分	100.0	32.8	43.1	17.2	5.9	1.0	26.8	45.3	20.8	6.4	0.7	44.0	30.8	17.5
午前1時以降	100.0	33.0	39.4	18.5	7.9	1.3	31.9	43.0	16.4	7.2	1.5	43.0	31.3	15.1
時間が不規則	100.0	29.7	46.4	17.5	5.4	1.1	24.5	48.3	17.8	8.0	1.5	40.8	35.3	15.4
不詳	100.0	15.5	11.3	9.9	1.4	62.0	4.2	22.5	7.0	4.2	62.0	16.9	12.7	7.0

第15回調査（平成28年）

料		炭酸飲料					果物					ごはん・パン・麺類				
まったく食べない・まったく飲まない	不詳	よく食べる・よく飲む	ときどき食べる・ときどき飲む	ほとんど食べない・ほとんど飲まない	まったく食べない・まったく飲まない	不詳	よく食べる・よく飲む	ときどき食べる・ときどき飲む	ほとんど食べない・ほとんど飲まない	まったく食べない・まったく飲まない	不詳	よく食べる・よく飲む	ときどき食べる・ときどき飲む	ほとんど食べない・ほとんど飲まない	まったく食べない・まったく飲まない	不詳
7.9	2.2	15.4	32.3	26.5	23.4	2.4	14.1	36.5	30.2	16.7	2.6	19.9	27.0	24.6	26.5	2.0
11.4	1.4	15.7	20.0	25.7	32.9	5.7	22.9	21.4	30.0	21.4	4.3	30.0	21.4	20.0	27.1	1.4
9.6	4.3	10.8	25.1	22.6	35.9	5.6	13.9	34.1	27.2	19.5	5.3	18.0	19.8	21.7	35.3	5.3
10.1	2.2	9.2	29.6	31.0	27.5	2.7	14.4	35.5	30.0	17.1	3.0	15.6	24.8	22.6	35.0	2.0
9.2	2.3	11.7	31.7	27.1	26.8	2.7	13.2	35.3	30.9	17.6	2.9	17.4	23.5	24.3	32.4	2.4
8.6	1.9	12.6	32.3	27.8	24.9	2.3	13.5	36.8	29.9	17.1	2.7	17.1	27.0	24.7	29.2	2.0
7.5	2.0	15.3	33.1	26.1	23.1	2.3	13.4	37.9	30.0	16.4	2.3	19.2	26.4	25.6	27.1	1.7
7.0	1.9	15.0	33.1	27.2	22.5	2.1	14.4	38.0	30.1	15.3	2.2	20.5	27.4	24.4	26.0	1.7
7.7	1.5	16.6	32.4	26.7	22.5	1.7	15.7	36.5	30.5	15.4	1.9	21.9	28.2	24.4	24.1	1.3
8.3	1.8	18.2	30.9	25.2	23.8	1.9	16.2	36.9	28.3	16.6	2.0	21.3	28.3	24.5	24.3	1.7
9.3	2.2	19.7	32.0	24.3	22.2	1.7	15.1	32.3	31.0	19.2	2.5	25.2	28.3	21.9	22.8	1.9
6.9	1.9	20.0	33.1	24.7	20.5	1.8	11.9	33.1	32.5	20.5	2.1	21.2	28.7	26.0	22.4	1.6
2.4	55.9	10.2	13.4	13.4	7.1	55.9	5.5	26.0	8.7	3.1	56.7	10.2	18.9	7.1	7.9	55.9
9.2	2.2	13.7	31.1	27.9	24.9	2.4	16.1	37.6	28.2	15.4	2.6	20.1	28.0	24.4	25.5	2.0
22.9	2.9	14.3	22.9	22.9	34.3	5.7	20.0	25.7	28.6	22.9	2.9	31.4	25.7	5.7	37.1	-
11.2	6.7	9.0	23.9	22.4	36.6	8.2	12.7	37.3	24.6	17.9	7.5	18.7	20.9	20.1	32.1	8.2
13.2	1.7	6.8	28.5	31.9	29.8	3.0	17.0	34.5	30.2	14.5	3.8	13.6	24.3	20.4	39.1	2.6
10.7	2.9	10.0	29.7	27.8	29.1	3.4	15.2	36.3	27.8	17.1	3.5	16.6	25.2	24.8	30.4	3.0
9.6	1.8	10.0	32.3	29.5	26.0	2.2	16.1	38.5	27.6	15.2	2.6	16.5	27.6	25.5	28.5	1.9
9.8	2.0	13.0	30.9	27.9	26.0	2.2	15.4	39.2	27.9	15.3	2.1	18.9	26.7	25.1	27.6	1.7
8.3	2.2	12.6	31.4	29.4	24.1	2.5	16.9	37.8	28.5	14.4	2.5	20.1	27.9	25.4	24.8	1.8
8.9	1.6	14.8	31.8	28.3	23.3	1.8	17.3	38.0	29.0	14.0	1.8	22.4	29.4	23.4	23.6	1.2
9.5	2.0	17.1	30.5	25.8	24.7	1.9	17.9	39.1	26.0	15.0	1.9	21.8	30.4	22.2	23.9	1.7
9.7	2.2	19.2	31.1	24.5	23.5	1.7	16.8	32.6	29.0	18.5	3.1	26.7	28.7	23.0	19.3	2.2
7.3	1.7	18.8	32.2	25.7	21.5	1.8	12.7	35.8	30.6	18.8	2.1	21.2	30.0	26.1	21.1	1.6
3.6	48.2	16.1	8.9	17.9	8.9	48.2	7.1	30.4	10.7	1.8	50.0	7.1	21.4	14.3	8.9	48.2
6.5	2.2	17.0	33.5	25.1	22.0	2.4	12.1	35.4	32.1	17.9	2.6	19.7	25.9	24.7	27.6	2.1
-	-	17.1	17.1	28.6	31.4	5.7	25.7	17.1	31.4	20.0	5.7	28.6	17.1	34.3	17.1	2.9
8.5	2.6	12.2	25.9	22.8	35.4	3.7	14.8	31.7	29.1	20.6	3.7	17.5	19.0	22.8	37.6	3.2
8.0	2.5	10.8	30.4	30.4	26.0	2.5	12.7	36.2	29.8	18.8	2.5	16.9	25.1	24.0	32.3	1.7
8.1	1.9	13.1	33.2	26.5	25.1	2.2	11.7	34.5	33.3	18.0	2.5	18.1	22.2	23.9	34.0	1.9
7.8	2.0	14.4	32.3	26.6	24.2	2.4	11.8	35.6	31.6	18.3	2.7	17.6	26.5	24.1	29.7	2.1
5.6	2.0	17.3	35.0	24.6	20.6	2.4	11.6	36.8	31.8	17.4	2.4	19.5	26.1	26.0	26.7	1.7
5.6	1.7	17.5	35.0	25.0	20.8	1.8	11.8	38.2	31.8	16.3	1.9	20.9	27.0	23.4	27.1	1.6
6.2	1.5	19.1	33.3	24.5	21.4	1.7	13.5	34.5	32.5	17.5	1.9	21.2	26.6	25.9	24.8	1.6
6.3	1.4	19.9	31.7	24.4	22.2	1.9	13.5	33.2	32.1	19.2	2.0	20.5	24.8	28.2	24.8	1.7
8.5	2.1	20.6	33.6	24.0	20.0	1.7	12.1	31.7	34.5	20.2	1.5	22.6	27.4	20.0	28.7	1.3
6.4	2.1	21.4	34.0	23.5	19.4	1.7	10.9	30.0	34.5	22.4	2.2	21.3	27.3	25.8	24.0	1.7
1.4	62.0	5.6	16.9	9.9	5.6	62.0	4.2	22.5	7.0	4.2	62.0	12.7	16.9	1.4	7.0	62.0

構成割合（%）

性、出生月、平日の就寝時間	総数	お菓子					氷菓子					飲		
		よく食べる・よく飲む	ときどき食べる・ときどき飲む	ほとんど食べない・ほとんど飲まない	まったく食べない・まったく飲まない	不詳	よく食べる・よく飲む	ときどき食べる・ときどき飲む	ほとんど食べない・ほとんど飲まない	まったく食べない・まったく飲まない	不詳	よく食べる・よく飲む	ときどき食べる・ときどき飲む	ほとんど食べない・ほとんど飲まない
男児														
平日の就寝時間	100.0	28.4	47.2	16.9	5.4	2.2	16.9	43.6	26.1	10.5	3.0	44.2	34.9	13.1
午後9時前	100.0	41.9	27.9	16.3	14.0	-	20.9	37.2	25.6	16.3	-	46.5	23.3	23.3
午後9時　～9時29分	100.0	25.1	39.0	22.6	9.7	3.6	13.3	34.4	32.8	13.3	6.2	39.0	36.4	10.8
午後9時30分～9時59分	100.0	21.1	45.8	20.5	10.7	2.0	13.2	40.4	30.3	13.2	2.8	37.1	35.7	16.3
午後10時　～10時29分	100.0	23.9	48.9	17.5	7.8	1.9	14.0	42.5	28.5	12.2	2.9	40.5	36.8	13.4
午後10時30分～10時59分	100.0	24.1	48.7	19.2	5.7	2.4	15.4	44.7	25.1	11.7	3.2	41.1	35.9	14.5
午後11時　～11時29分	100.0	28.2	48.3	16.6	5.1	1.8	17.4	44.0	25.8	10.0	2.8	44.3	35.7	12.5
午後11時30分～11時59分	100.0	28.3	48.0	17.4	4.6	1.7	17.1	45.9	25.6	8.9	2.5	45.2	35.9	12.7
午前0時　～0時29分	100.0	30.9	47.8	15.5	4.4	1.4	17.6	44.0	25.9	10.2	2.3	46.5	34.7	12.3
午前0時30分～0時59分	100.0	35.0	44.3	13.3	5.4	1.9	19.6	40.9	27.3	10.1	2.1	49.5	29.9	14.1
午前1時以降	100.0	37.5	39.5	16.8	4.9	1.3	20.6	41.9	26.5	9.0	2.0	48.2	30.5	12.9
時間が不規則	100.0	31.9	46.4	14.8	5.2	1.7	18.0	41.9	25.6	12.1	2.4	46.8	33.0	13.1
不詳	100.0	16.0	16.0	8.6	1.2	58.0	3.7	22.2	12.3	3.7	58.0	19.8	18.5	3.7
１月生まれ														
平日の就寝時間	100.0	31.0	47.7	14.9	4.4	2.0	11.1	39.9	31.9	13.7	3.3	40.2	36.8	14.4
午後9時前	100.0	45.0	15.0	20.0	20.0	-	10.0	40.0	25.0	25.0	-	50.0	20.0	15.0
午後9時　～9時29分	100.0	24.0	45.3	21.3	5.3	4.0	8.0	33.3	38.7	10.7	9.3	33.3	38.7	10.7
午後9時30分～9時59分	100.0	24.6	43.7	18.3	11.3	2.1	8.5	35.2	35.2	16.9	4.2	31.0	37.3	17.6
午後10時　～10時29分	100.0	26.8	50.4	15.4	5.3	2.2	7.4	36.8	35.0	16.7	4.2	31.7	40.8	15.8
午後10時30分～10時59分	100.0	26.0	50.0	16.9	4.5	2.6	9.4	38.6	31.6	16.9	3.4	34.2	39.3	17.3
午後11時　～11時29分	100.0	31.0	49.2	14.5	4.1	1.3	10.0	39.7	33.0	14.2	3.1	40.3	37.1	14.0
午後11時30分～11時59分	100.0	30.2	48.6	15.5	4.0	1.7	12.1	42.2	31.1	12.1	2.6	40.3	38.0	14.3
午前0時　～0時29分	100.0	33.5	47.6	14.2	3.4	1.3	13.0	41.1	30.3	13.0	2.6	44.2	36.7	12.4
午前0時30分～0時59分	100.0	34.7	45.7	12.8	4.8	2.1	12.6	41.9	30.6	12.0	2.9	46.9	31.4	15.1
午前1時以降	100.0	39.9	40.2	14.7	3.9	1.3	15.0	41.2	31.0	10.5	2.4	44.4	32.8	13.6
時間が不規則	100.0	33.8	46.1	13.2	5.2	1.8	12.0	37.9	33.6	13.4	3.2	45.0	34.1	14.6
不詳	100.0	17.5	20.0	5.0	-	57.5	5.0	22.5	15.0	-	57.5	20.0	22.5	2.5
７月生まれ														
平日の就寝時間	100.0	25.7	46.7	18.8	6.5	2.3	22.5	47.2	20.4	7.3	2.6	48.2	33.1	11.8
午後9時前	100.0	39.1	39.1	13.0	8.7	-	30.4	34.8	26.1	8.7	-	43.5	26.1	30.4
午後9時　～9時29分	100.0	25.8	35.0	23.3	12.5	3.3	16.7	35.0	29.2	15.0	4.2	42.5	35.0	10.8
午後9時30分～9時59分	100.0	18.7	47.2	22.0	10.3	1.9	16.4	43.9	27.1	10.7	1.9	41.1	34.6	15.4
午後10時　～10時29分	100.0	21.7	47.8	19.2	9.7	1.7	19.0	46.8	23.5	8.8	1.9	47.2	33.8	11.7
午後10時30分～10時59分	100.0	22.8	47.8	20.7	6.5	2.2	19.5	48.8	20.6	8.1	3.0	45.8	33.7	12.6
午後11時　～11時29分	100.0	25.7	47.6	18.3	6.0	2.4	23.7	47.8	19.6	6.4	2.5	47.8	34.5	11.2
午後11時30分～11時59分	100.0	26.2	47.3	19.5	5.2	1.8	22.5	49.9	19.7	5.5	2.4	50.4	33.6	11.0
午前0時　～0時29分	100.0	27.2	48.1	17.3	5.7	1.7	24.1	48.0	19.8	6.3	1.9	49.6	32.1	12.3
午前0時30分～0時59分	100.0	35.4	42.0	14.2	6.6	1.7	31.3	39.2	21.9	6.9	0.7	53.8	27.4	12.5
午前1時以降	100.0	33.3	38.4	20.4	6.5	1.4	30.6	43.1	18.5	6.5	1.4	55.1	26.4	11.6
時間が不規則	100.0	29.7	46.8	16.6	5.2	1.7	24.9	46.6	16.4	10.6	1.5	48.9	31.8	11.2
不詳	100.0	14.6	12.2	12.2	2.4	58.5	2.4	22.0	9.8	7.3	58.5	19.5	14.6	4.9
女児														
平日の就寝時間	100.0	31.2	47.0	15.9	4.9	1.0	15.8	44.8	26.7	10.9	1.9	30.4	35.6	21.6
午後9時前	100.0	25.9	48.1	14.8	7.4	3.7	18.5	29.6	25.9	18.5	7.4	18.5	33.3	25.9
午後9時　～9時29分	100.0	27.3	39.8	21.1	8.6	3.1	13.3	46.9	19.5	15.6	4.7	28.1	35.9	21.9
午後9時30分～9時59分	100.0	21.6	49.8	17.8	8.3	2.5	14.9	35.3	35.3	11.6	2.9	27.0	36.5	22.4
午後10時　～10時29分	100.0	27.3	49.9	15.0	7.4	0.4	14.0	44.7	26.0	12.8	2.5	29.0	35.2	21.1
午後10時30分～10時59分	100.0	25.9	48.4	18.9	5.9	0.9	14.6	46.5	26.2	11.4	1.3	29.0	36.2	21.8
午後11時　～11時29分	100.0	29.7	47.5	17.1	4.9	0.8	15.1	45.4	27.1	10.7	1.7	29.8	36.0	22.2
午後11時30分～11時59分	100.0	31.8	48.0	15.6	3.9	0.8	15.6	45.4	27.4	10.0	1.7	30.4	36.8	21.1
午前0時　～0時29分	100.0	33.9	47.3	13.9	4.1	0.8	16.7	44.7	26.7	10.4	1.5	31.2	36.2	21.0
午前0時30分～0時59分	100.0	36.7	43.3	14.5	5.0	0.6	15.6	43.3	26.8	12.8	1.5	32.5	32.0	22.7
午前1時以降	100.0	36.6	41.8	15.1	5.5	1.0	19.8	43.4	23.6	11.8	1.3	32.8	32.2	20.8
時間が不規則	100.0	33.9	46.3	14.4	4.7	0.7	17.5	45.1	26.7	9.2	1.5	31.6	36.3	21.8
不詳	100.0	21.7	10.9	10.9	2.2	54.3	6.5	26.1	10.9	2.2	54.3	15.2	13.0	13.0
１月生まれ														
平日の就寝時間	100.0	34.9	47.2	13.1	4.0	0.9	9.2	40.3	33.5	14.9	2.1	27.3	34.9	23.5
午後9時前	100.0	13.3	66.7	6.7	6.7	6.7	6.7	20.0	40.0	26.7	6.7	13.3	26.7	20.0
午後9時　～9時29分	100.0	32.2	33.9	23.7	5.1	5.1	8.5	40.7	25.4	16.9	8.5	33.9	25.4	22.0
午後9時30分～9時59分	100.0	19.4	55.9	15.1	6.5	3.2	7.5	24.7	47.3	17.2	3.2	18.3	37.6	28.0
午後10時　～10時29分	100.0	32.0	53.5	10.0	4.3	0.3	7.0	38.0	35.3	16.0	3.8	24.3	35.8	23.8
午後10時30分～10時59分	100.0	28.0	50.4	16.5	4.4	0.6	7.4	40.3	33.3	17.4	1.6	26.3	35.4	24.2
午後11時　～11時29分	100.0	32.3	47.9	14.1	4.8	0.8	8.0	39.6	34.3	15.9	2.2	25.1	35.9	23.5
午後11時30分～11時59分	100.0	36.4	47.3	12.4	3.0	0.9	8.2	40.3	35.2	13.8	2.5	27.4	35.6	23.3
午前0時　～0時29分	100.0	36.4	46.9	12.8	3.5	0.5	10.8	42.2	32.3	13.4	1.3	27.1	36.5	23.0
午前0時30分～0時59分	100.0	40.3	42.9	11.4	4.8	0.6	10.5	39.4	31.2	17.0	2.0	29.6	31.3	23.8
午前1時以降	100.0	39.0	42.8	13.9	3.3	0.9	11.8	43.7	29.1	14.2	1.2	32.9	30.3	22.5
時間が不規則	100.0	37.7	46.6	11.0	3.9	0.8	11.7	40.9	33.4	12.5	1.5	30.1	34.3	24.0
不詳	100.0	31.3	12.5	18.8	6.3	31.3	6.3	31.3	25.0	6.3	31.3	18.8	18.8	18.8
７月生まれ														
平日の就寝時間	100.0	27.5	46.7	18.7	5.9	1.2	22.5	49.4	19.8	6.7	1.6	33.6	36.4	19.6
午後9時前	100.0	41.7	25.0	25.0	8.3	-	33.3	41.7	8.3	8.3	8.3	25.0	41.7	33.3
午後9時　～9時29分	100.0	23.2	44.9	18.8	11.6	1.4	17.4	52.2	14.5	14.5	1.4	23.2	44.9	21.7
午後9時30分～9時59分	100.0	23.0	45.9	19.6	9.5	2.0	19.6	41.9	27.7	8.1	2.7	32.4	35.8	18.9
午後10時　～10時29分	100.0	23.7	47.1	18.8	9.8	0.6	19.4	49.8	18.8	10.4	1.5	32.7	34.8	19.0
午後10時30分～10時59分	100.0	24.4	47.0	20.5	7.0	1.1	19.5	50.8	21.3	7.3	1.1	30.9	36.8	20.2
午後11時　～11時29分	100.0	27.4	47.1	19.7	4.9	0.8	21.2	50.4	21.0	6.1	1.3	33.8	36.1	21.1
午後11時30分～11時59分	100.0	27.1	48.6	19.0	4.8	0.6	23.2	50.5	19.3	6.1	0.9	33.5	38.0	18.8
午前0時　～0時29分	100.0	30.2	47.8	15.6	5.0	1.3	25.2	48.2	18.8	6.0	1.8	37.1	35.8	18.1
午前0時30分～0時59分	100.0	31.0	43.9	19.3	5.4	0.5	23.7	49.5	20.0	6.1	0.7	37.1	33.2	21.0
午前1時以降	100.0	32.7	40.2	16.9	9.1	1.2	33.1	42.9	14.6	7.9	1.6	32.7	35.4	18.1
時間が不規則	100.0	29.6	46.0	18.3	5.5	0.6	24.0	49.8	19.1	5.5	1.5	33.4	38.5	19.3
不詳	100.0	16.7	10.0	6.7	-	66.7	6.7	23.3	3.3	-	66.7	13.3	10.0	10.0

第15回調査（平成28年）

料		炭酸飲料					果物					ごはん・パン・麺類				
まったく食べない・まったく飲まない	不詳	よく食べる・よく飲む	ときどき食べる・ときどき飲む	ほとんど食べない・ほとんど飲まない	まったく食べない・まったく飲まない	不詳	よく食べる・よく飲む	ときどき食べる・ときどき飲む	ほとんど食べない・ほとんど飲まない	まったく食べない・まったく飲まない	不詳	よく食べる・よく飲む	ときどき食べる・ときどき飲む	ほとんど食べない・ほとんど飲まない	まったく食べない・まったく飲まない	不詳
5.3	2.5	20.1	36.6	23.5	17.0	2.8	12.4	35.4	31.9	17.2	3.2	24.5	30.8	23.0	19.3	2.4
7.0	-	20.9	23.3	27.9	25.6	2.3	25.6	20.9	25.6	25.6	2.3	34.9	20.9	23.3	20.9	-
9.2	4.6	12.3	28.2	23.6	29.7	6.2	13.8	30.8	29.7	19.5	6.2	22.1	18.5	23.1	29.7	6.7
9.0	2.0	11.0	33.7	30.3	22.8	2.2	13.8	35.4	31.5	16.3	3.1	19.4	28.1	23.3	27.2	2.0
6.9	2.4	14.8	34.2	26.4	21.7	2.9	12.3	34.7	31.9	17.6	3.5	20.8	26.9	24.4	25.2	2.7
6.1	2.4	15.5	38.2	24.0	19.3	3.0	12.2	36.0	31.4	16.8	3.6	20.7	31.8	23.2	21.9	2.4
5.0	2.4	19.8	38.0	23.1	16.4	2.7	11.9	36.6	32.3	16.4	2.8	23.8	31.0	24.1	19.2	1.9
4.3	2.0	20.5	37.4	24.2	15.7	2.2	12.5	36.3	32.8	15.8	2.6	25.1	31.3	23.2	18.5	1.9
4.9	1.5	23.0	37.2	22.3	15.7	1.8	13.3	35.0	32.5	16.8	2.3	27.5	32.9	22.3	15.7	1.7
4.3	2.2	26.2	35.9	21.6	14.0	2.3	12.4	36.4	31.6	17.1	2.5	28.1	32.8	20.6	16.8	1.7
6.0	2.3	27.1	35.0	21.8	14.6	1.5	11.2	33.0	30.0	22.8	3.0	32.3	31.5	19.1	15.2	1.8
5.2	1.9	26.9	35.2	21.2	14.8	1.9	12.1	31.8	31.2	22.2	2.7	27.9	29.8	24.1	16.3	1.9
1.2	56.8	13.6	11.1	12.3	6.2	56.8	4.9	27.2	7.4	2.5	58.0	9.9	23.5	4.9	4.9	56.8
6.0	2.6	18.4	36.2	24.9	17.7	2.7	13.8	36.0	30.3	16.6	3.3	24.6	31.5	23.0	18.5	2.4
15.0	-	20.0	25.0	25.0	30.0	-	30.0	25.0	20.0	25.0	-	35.0	30.0	5.0	30.0	-
10.7	6.7	9.3	29.3	25.3	28.0	8.0	10.7	38.7	26.7	16.0	8.0	21.3	20.0	18.7	30.7	9.3
12.7	1.4	9.2	33.1	31.0	23.9	2.8	16.2	35.2	31.7	12.7	4.2	19.7	26.8	20.4	30.3	2.8
8.5	3.3	13.2	33.0	26.8	23.6	3.4	14.9	34.1	27.9	19.0	4.2	19.6	29.0	23.7	24.3	3.4
7.1	2.1	12.1	39.5	24.8	20.7	2.8	13.9	37.8	28.8	16.1	3.4	19.8	32.0	24.0	22.0	2.2
6.3	2.4	17.2	35.8	25.4	19.2	2.4	12.7	37.2	31.5	16.1	2.5	23.5	31.0	24.1	19.6	1.7
5.3	2.1	18.0	36.7	26.5	16.4	2.4	14.2	35.5	32.2	15.4	2.6	23.9	31.5	24.6	18.1	2.0
4.9	1.9	21.0	38.2	23.2	15.6	2.0	14.6	35.1	32.0	15.9	2.4	27.9	33.6	21.3	15.5	1.8
3.9	2.7	25.4	34.7	25.4	12.2	2.3	14.3	38.0	30.8	14.5	2.5	29.3	33.5	20.0	15.7	1.4
6.3	2.9	24.4	37.0	22.0	15.0	1.6	12.6	34.1	26.8	22.6	3.9	34.4	32.3	19.2	11.5	2.6
4.5	1.8	25.4	35.2	22.0	15.5	2.0	12.3	35.7	27.3	21.4	3.2	27.5	31.1	25.0	14.5	2.0
-	55.0	20.0	5.0	17.5	2.5	55.0	7.5	25.0	10.0	-	57.5	7.5	22.5	10.0	5.0	55.0
4.7	2.3	21.8	37.0	22.1	16.3	2.8	11.0	34.8	33.4	17.7	3.1	24.4	30.1	23.1	20.0	2.3
-	-	21.7	21.7	30.4	21.7	4.3	21.7	17.4	30.4	26.1	4.3	34.8	13.0	39.1	13.0	-
8.3	3.3	14.2	27.5	22.5	30.8	5.0	15.8	25.8	31.7	21.7	5.0	22.5	17.5	25.8	29.2	5.0
6.5	2.3	12.1	34.1	29.9	22.0	1.9	12.1	35.5	31.3	18.7	2.3	19.2	29.0	25.2	25.2	1.4
5.7	1.7	16.0	35.1	26.1	20.3	2.5	10.4	35.1	35.0	16.5	2.9	21.8	25.3	24.9	26.0	2.1
5.4	2.6	17.9	37.3	23.4	18.3	3.1	11.1	34.8	33.2	17.2	3.7	21.3	31.7	22.7	21.8	2.5
4.0	2.5	22.0	39.9	21.1	13.9	3.0	11.2	36.1	33.0	16.7	3.0	24.0	30.9	24.1	18.9	2.1
3.2	1.8	23.1	38.1	21.8	14.9	2.0	10.6	37.2	33.5	16.2	2.5	26.5	31.1	21.6	19.0	1.8
5.0	1.1	25.8	35.7	21.1	15.7	1.7	11.6	34.9	33.3	18.2	2.1	27.0	31.8	23.7	15.9	1.5
4.9	1.4	27.4	37.8	15.3	17.0	2.4	9.4	33.7	33.0	21.5	2.4	26.0	31.6	21.5	18.8	2.1
5.6	1.4	31.9	31.5	21.3	13.9	1.4	8.8	31.0	35.6	23.1	1.4	28.7	30.1	19.0	21.8	0.5
6.0	2.1	28.7	35.1	20.4	13.9	1.9	11.9	27.2	35.8	23.1	2.1	28.3	28.3	23.1	18.5	1.9
2.4	58.5	7.3	17.1	7.3	9.8	58.5	2.4	29.3	4.9	4.9	58.5	12.2	24.4	-	4.9	58.5
10.5	1.9	10.3	27.8	29.7	30.2	2.0	15.9	37.7	28.4	16.1	1.9	15.0	22.9	26.1	34.2	1.7
18.5	3.7	7.4	14.8	22.2	44.4	11.1	18.5	22.2	37.0	14.8	7.4	22.2	22.2	14.8	37.0	3.7
10.2	3.9	8.6	20.3	21.1	45.3	4.7	14.1	39.1	23.4	19.5	3.9	11.7	21.9	19.5	43.8	3.1
11.6	2.5	6.6	23.7	32.0	34.4	3.3	15.4	35.7	27.8	18.3	2.9	10.0	19.9	21.6	46.5	2.1
12.4	2.3	7.5	28.3	27.9	33.9	2.4	14.5	36.2	29.6	17.6	2.2	12.7	18.8	24.1	42.3	2.1
11.7	1.2	9.0	24.8	32.6	32.1	1.4	15.2	37.8	28.1	17.4	1.6	12.7	20.8	26.6	38.5	1.5
10.5	1.5	10.0	27.2	29.8	31.2	1.9	15.1	39.4	27.3	16.5	1.7	13.8	20.9	27.3	36.5	1.5
9.8	1.9	9.3	28.8	30.4	29.5	2.1	16.3	39.7	27.2	14.9	1.8	15.7	23.5	25.7	33.6	1.5
10.1	1.5	11.3	28.5	30.4	28.2	1.6	17.7	37.8	28.8	14.3	1.5	17.3	24.4	26.1	31.1	1.1
11.2	1.5	12.4	27.3	27.9	30.9	1.5	19.0	37.2	25.9	16.3	1.6	16.4	25.0	27.3	29.7	1.7
12.1	2.1	13.1	29.4	26.6	29.0	1.9	18.5	31.6	31.9	16.0	2.1	18.9	25.4	24.4	29.4	1.9
8.4	1.9	13.5	31.1	27.9	25.9	1.6	11.6	34.2	33.6	18.9	1.6	15.1	27.8	27.7	28.1	1.3
4.3	54.3	4.3	17.4	15.2	8.7	54.3	6.5	23.9	10.9	4.3	54.3	10.9	10.9	10.9	13.0	54.3
12.6	1.8	8.9	25.8	30.9	32.2	2.1	18.6	39.3	26.1	14.1	1.9	15.4	24.4	25.8	32.8	1.6
33.3	6.7	6.7	20.0	20.0	40.0	13.3	6.7	26.7	40.0	20.0	6.7	26.7	20.0	6.7	46.7	-
11.9	6.8	8.5	16.9	18.6	47.5	8.5	15.3	35.6	22.0	20.3	6.8	15.3	22.0	22.0	33.9	6.8
14.0	2.2	3.2	21.5	33.3	38.7	3.2	18.3	33.3	28.0	17.2	3.2	4.3	20.4	20.4	52.7	2.2
13.8	2.5	5.5	25.3	29.3	36.8	3.3	15.8	39.5	27.8	14.5	2.5	12.5	20.0	26.3	38.8	2.5
12.8	1.3	7.4	23.3	35.4	32.6	1.3	18.9	39.4	26.0	14.2	1.6	12.4	22.1	27.4	36.6	1.5
14.0	1.6	8.0	25.0	30.9	34.1	2.0	18.5	41.6	23.7	14.4	1.7	13.4	21.6	26.1	37.2	1.7
11.4	2.3	7.0	25.9	32.4	32.1	2.6	19.6	40.2	24.5	13.3	2.4	16.1	24.2	26.2	31.9	1.6
12.1	1.3	9.7	26.6	32.5	29.6	1.6	19.4	40.3	26.6	12.4	1.3	18.0	26.0	25.1	30.2	0.7
13.7	1.5	11.0	27.3	26.1	34.1	1.5	20.7	40.0	22.4	15.4	1.5	16.2	28.1	23.8	30.1	1.9
12.8	1.7	14.4	25.8	26.7	31.2	1.9	20.6	31.2	31.0	14.9	2.4	19.9	25.5	26.5	26.2	1.9
10.0	1.7	12.5	29.4	29.2	27.2	1.7	13.0	35.8	33.8	16.4	1.0	15.2	29.1	27.2	27.4	1.2
12.5	31.3	6.3	18.8	18.8	25.0	31.3	6.3	43.8	12.5	6.3	31.3	6.3	18.8	25.0	18.8	31.3
8.5	1.9	11.8	29.8	28.4	28.1	2.0	13.2	36.0	30.7	18.2	2.0	14.6	21.4	26.5	35.7	1.8
-	-	8.3	8.3	25.0	50.0	8.3	33.3	16.7	33.3	8.3	8.3	16.7	25.0	25.0	25.0	8.3
8.7	1.4	8.7	23.2	23.2	43.5	1.4	13.0	42.0	24.6	18.8	1.4	8.7	21.7	17.4	52.2	-
10.1	2.7	8.8	25.0	31.1	31.8	3.4	13.5	37.2	27.7	18.9	2.7	13.5	19.6	22.3	42.6	2.0
11.3	2.1	9.0	30.6	26.9	31.7	1.7	13.5	33.7	31.0	20.0	1.9	12.9	17.9	22.5	45.0	1.7
10.9	1.1	10.1	25.9	30.7	31.7	1.5	12.6	36.7	29.5	19.6	1.5	12.8	19.9	26.0	39.7	1.5
7.5	1.5	11.7	29.0	28.8	28.6	1.8	12.1	37.5	30.4	18.2	1.7	14.1	20.3	28.4	35.9	1.3
8.1	1.5	11.7	31.7	28.2	26.8	1.5	13.0	39.2	30.1	16.4	1.3	15.2	22.8	25.1	35.4	1.4
7.2	1.9	13.5	31.3	27.3	26.2	1.7	15.2	34.2	31.9	16.9	1.8	16.3	22.1	27.7	32.3	1.6
7.3	1.5	14.6	27.3	30.7	25.9	1.5	16.3	32.9	31.5	17.6	1.7	16.6	20.0	32.9	29.0	1.5
11.0	2.8	11.0	35.4	26.4	25.2	2.0	15.0	32.3	33.5	17.7	1.6	17.3	25.2	20.9	34.6	2.0
6.7	2.1	14.7	33.0	26.3	24.4	1.5	10.1	32.4	33.4	21.8	2.3	14.9	26.3	28.2	29.0	1.5
-	66.7	3.3	16.7	13.3	-	66.7	6.7	13.3	10.0	3.3	66.7	13.3	6.7	3.3	10.0	66.7

第66表　子ども数・構成割合，

実　数（人）

性、出生月、平日の睡眠時間	総数	お菓子 よく食べる・よく飲む	お菓子 ときどき食べる・ときどき飲む	お菓子 ほとんど食べない・ほとんど飲まない	お菓子 まったく食べない・まったく飲まない	お菓子 不詳	氷菓子 よく食べる・よく飲む	氷菓子 ときどき食べる・ときどき飲む	氷菓子 ほとんど食べない・ほとんど飲まない	氷菓子 まったく食べない・まったく飲まない	氷菓子 不詳	飲 よく食べる・よく飲む	飲 ときどき食べる・ときどき飲む	飲 ほとんど食べない・ほとんど飲まない
総数														
平日の睡眠時間	28 810	8 572	13 563	4 719	1 496	460	4 704	12 730	7 609	3 068	699	10 801	10 161	4 955
6時間未満	941	288	401	167	73	12	166	374	262	116	23	366	296	167
6時間台	6 018	1 896	2 769	972	310	71	1 014	2 651	1 595	650	108	2 319	2 019	1 053
7時間台	12 100	3 613	5 778	1 989	569	151	2 005	5 459	3 165	1 233	238	4 578	4 305	2 096
8時間台	6 357	1 735	3 071	1 084	362	105	982	2 820	1 676	710	169	2 289	2 372	1 063
9時間台	949	261	455	157	60	16	121	387	295	106	40	322	352	166
10時間台	71	16	30	11	8	6	11	30	14	10	6	29	18	7
11時間以上	7	3	3	－	1	－	3	3	－	1	－	2	2	2
時間が不規則	2 238	737	1 037	326	111	27	396	975	586	238	43	872	775	392
不詳	129	23	19	13	2	72	6	31	16	4	72	24	22	9
1月生まれ														
平日の睡眠時間	14 462	4 761	6 861	2 026	605	209	1 476	5 802	4 727	2 061	396	4 894	5 188	2 727
6時間未満	480	157	208	77	33	5	53	170	163	82	12	181	136	98
6時間台	3 210	1 127	1 472	447	134	30	336	1 305	1 062	442	65	1 092	1 095	637
7時間台	5 971	1 970	2 896	817	216	72	621	2 440	1 927	841	142	2 026	2 190	1 110
8時間台	3 016	903	1 467	463	138	45	277	1 201	985	462	91	991	1 139	543
9時間台	494	154	237	67	26	10	41	179	174	72	28	134	195	100
10時間台	33	7	15	4	3	4	2	18	5	5	3	11	9	3
11時間以上	1	1	－	－	－	－	－	1	－	－	－	1	－	－
時間が不規則	1 200	430	555	146	54	15	143	473	401	156	27	447	411	232
不詳	57	12	11	5	1	28	3	15	10	1	28	11	13	4
7月生まれ														
平日の睡眠時間	14 348	3 811	6 702	2 693	891	251	3 228	6 928	2 882	1 007	303	5 907	4 973	2 228
6時間未満	461	131	193	90	40	7	113	204	99	34	11	185	160	69
6時間台	2 808	769	1 297	525	176	41	678	1 346	533	208	43	1 227	924	416
7時間台	6 129	1 643	2 882	1 172	353	79	1 384	3 019	1 238	392	96	2 552	2 115	986
8時間台	3 341	832	1 604	621	224	60	705	1 619	691	248	78	1 298	1 233	520
9時間台	455	107	218	90	34	6	80	208	121	34	12	188	157	66
10時間台	38	9	15	7	5	2	9	12	9	5	3	18	9	4
11時間以上	6	2	3	－	1	－	3	2	－	1	－	1	2	2
時間が不規則	1 038	307	482	180	57	12	253	502	185	82	16	425	364	160
不詳	72	11	8	8	1	44	3	16	6	3	44	13	9	5

性、出生月、平日の睡眠時間、間食の内容別（４－１）

第15回調査（平成28年）

料		炭酸飲料					果物					ごはん・パン・麺類				
まったく食べない・まったく飲まない	不詳	よく食べる・よく飲む	ときどき食べる・ときどき飲む	ほとんど食べない・ほとんど飲まない	まったく食べない・まったく飲まない	不詳	よく食べる・よく飲む	ときどき食べる・ときどき飲む	ほとんど食べない・ほとんど飲まない	まったく食べない・まったく飲まない	不詳	よく食べる・よく飲む	ときどき食べる・ときどき飲む	ほとんど食べない・ほとんど飲まない	まったく食べない・まったく飲まない	不詳
2 264	629	4 426	9 311	7 632	6 746	695	4 062	10 516	8 688	4 802	742	5 738	7 766	7 073	7 648	585
92	20	135	246	272	265	23	161	333	255	163	29	175	242	225	277	22
518	109	942	1 842	1 613	1 514	107	979	2 221	1 747	959	112	1 244	1 542	1 506	1 630	96
916	205	1 833	3 998	3 260	2 768	241	1 696	4 498	3 698	1 954	254	2 417	3 275	3 000	3 217	191
493	140	906	2 153	1 647	1 484	167	823	2 309	1 959	1 088	178	1 197	1 785	1 503	1 746	126
73	36	135	290	264	220	40	115	352	281	158	43	196	240	231	243	39
11	6	10	23	11	21	6	10	23	17	15	6	16	14	12	25	4
1	−	2	1	2	2	−	1	4	1	1	−	2	1	1	3	−
157	42	450	740	545	463	40	268	743	719	460	48	477	643	585	497	36
3	71	13	18	18	9	71	9	33	11	4	72	14	24	10	10	71
1 333	320	1 987	4 498	4 032	3 595	350	2 332	5 442	4 085	2 229	374	2 907	4 047	3 527	3 691	290
55	10	71	113	134	150	12	93	188	110	73	16	97	126	115	131	11
327	59	453	944	911	844	58	573	1 205	886	485	61	666	866	773	855	50
532	113	800	1 902	1 705	1 437	127	971	2 263	1 727	877	133	1 211	1 701	1 462	1 501	96
277	66	368	979	822	769	78	463	1 133	857	481	82	568	837	733	817	61
43	22	55	155	139	121	24	69	192	128	78	27	98	137	114	120	25
7	3	5	12	4	9	3	3	15	7	5	3	7	9	2	13	2
−	−	1	−	−	−	−	−	1	−	−	−	−	−	1	−	−
90	20	225	387	307	260	21	155	428	364	229	24	256	359	318	249	18
2	27	9	6	10	5	27	5	17	6	1	28	4	12	9	5	27
931	309	2 439	4 813	3 600	3 151	345	1 730	5 074	4 603	2 573	368	2 831	3 719	3 546	3 957	295
37	10	64	133	138	115	11	68	145	145	90	13	78	116	110	146	11
191	50	489	898	702	670	49	406	1 016	861	474	51	578	676	733	775	46
384	92	1 033	2 096	1 555	1 331	114	725	2 235	1 971	1 077	121	1 206	1 574	1 538	1 716	95
216	74	538	1 174	825	715	89	360	1 176	1 102	607	96	629	948	770	929	65
30	14	80	135	125	99	16	46	160	153	80	16	98	103	117	123	14
4	3	5	11	7	12	3	7	8	10	10	3	9	5	10	12	2
1	−	1	1	2	2	−	1	3	1	1	−	2	1	−	3	−
67	22	225	353	238	203	19	113	315	355	231	24	221	284	267	248	18
1	44	4	12	8	4	44	4	16	5	3	44	10	12	1	5	44

第66表　子ども数・構成割合,

実　数（人）

性、出生月、平日の睡眠時間	総数	お菓子 よく食べる・よく飲む	お菓子 ときどき食べる・ときどき飲む	お菓子 ほとんど食べない・ほとんど飲まない	お菓子 まったく食べない・まったく飲まない	お菓子 不詳	氷菓子 よく食べる・よく飲む	氷菓子 ときどき食べる・ときどき飲む	氷菓子 ほとんど食べない・ほとんど飲まない	氷菓子 まったく食べない・まったく飲まない	氷菓子 不詳	飲 よく食べる・よく飲む	飲 ときどき食べる・ときどき飲む	飲 ほとんど食べない・ほとんど飲まない
男児														
平日の睡眠時間	14 796	4 197	6 980	2 497	803	319	2 495	6 450	3 865	1 547	439	6 543	5 167	1 934
6時間未満	334	101	144	52	27	10	72	117	90	40	15	168	100	38
6時間台	2 472	735	1 136	433	131	37	426	1 111	637	246	52	1 199	799	303
7時間台	6 325	1 838	3 014	1 064	307	102	1 108	2 823	1 624	621	149	2 839	2 227	809
8時間台	3 844	996	1 860	666	232	90	612	1 664	1 014	434	120	1 562	1 435	537
9時間台	614	161	292	107	42	12	76	242	203	66	27	236	223	97
10時間台	45	9	18	8	7	3	3	22	8	8	4	17	13	5
11時間以上	2	1	1	−	−	−	2	−	−	−	−	1	1	−
時間が不規則	1 078	343	502	159	56	18	193	453	278	129	25	504	354	142
不詳	82	13	13	8	1	47	3	18	11	3	47	17	15	3
1月生まれ														
平日の睡眠時間	7 344	2 279	3 500	1 095	322	148	818	2 931	2 346	1 003	246	2 954	2 704	1 057
6時間未満	159	50	66	28	11	4	21	51	53	25	9	72	49	22
6時間台	1 306	406	615	207	62	16	152	543	416	164	31	567	458	182
7時間台	3 123	999	1 516	451	110	47	367	1 280	976	415	85	1 267	1 165	437
8時間台	1 802	523	870	282	88	39	181	707	578	275	61	680	695	265
9時間台	311	92	148	46	18	7	23	108	121	42	17	92	124	63
10時間台	21	6	8	2	3	2	1	13	1	4	2	7	6	2
11時間以上	−	−	−	−	−	−	−	−	−	−	−	−	−	−
時間が不規則	582	196	269	77	30	10	71	220	195	78	18	261	198	85
不詳	40	7	8	2	−	23	2	9	6	−	23	8	9	1
7月生まれ														
平日の睡眠時間	7 452	1 918	3 480	1 402	481	171	1 677	3 519	1 519	544	193	3 589	2 463	877
6時間未満	175	51	78	24	16	6	51	66	37	15	6	96	51	16
6時間台	1 166	329	521	226	69	21	274	568	221	82	21	632	341	121
7時間台	3 202	839	1 498	613	197	55	741	1 543	648	206	64	1 572	1 062	372
8時間台	2 042	473	990	384	144	51	431	957	436	159	59	882	740	272
9時間台	303	69	144	61	24	5	53	134	82	24	10	144	99	34
10時間台	24	3	10	6	4	1	2	9	7	4	2	10	7	3
11時間以上	2	1	1	−	−	−	2	−	−	−	−	1	1	−
時間が不規則	496	147	233	82	26	8	122	233	83	51	7	243	156	57
不詳	42	6	5	6	1	24	1	9	5	3	24	9	6	2
女児														
平日の睡眠時間	14 014	4 375	6 583	2 222	693	141	2 209	6 280	3 744	1 521	260	4 258	4 994	3 021
6時間未満	607	187	257	115	46	2	94	257	172	76	8	198	196	129
6時間台	3 546	1 161	1 633	539	179	34	588	1 540	958	404	56	1 120	1 220	750
7時間台	5 775	1 775	2 764	925	262	49	897	2 636	1 541	612	89	1 739	2 078	1 287
8時間台	2 513	739	1 211	418	130	15	370	1 156	662	276	49	727	937	526
9時間台	335	100	163	50	18	4	45	145	92	40	13	86	129	69
10時間台	26	7	12	3	1	3	8	8	6	2	2	12	5	2
11時間以上	5	2	2	−	1	−	1	3	−	1	−	1	1	2
時間が不規則	1 160	394	535	167	55	9	203	522	308	109	18	368	421	250
不詳	47	10	6	5	1	25	3	13	5	1	25	7	7	6
1月生まれ														
平日の睡眠時間	7 118	2 482	3 361	931	283	61	658	2 871	2 381	1 058	150	1 940	2 484	1 670
6時間未満	321	107	142	49	22	1	32	119	110	57	3	109	87	76
6時間台	1 904	721	857	240	72	14	184	762	646	278	34	525	637	455
7時間台	2 848	971	1 380	366	106	25	254	1 160	951	426	57	759	1 025	673
8時間台	1 214	380	597	181	50	6	96	494	407	187	30	311	444	278
9時間台	183	62	89	21	8	3	18	71	53	30	11	42	71	37
10時間台	12	1	7	2	−	2	1	5	4	1	1	4	3	1
11時間以上	1	1	−	−	−	−	−	1	−	−	−	1	−	−
時間が不規則	618	234	286	69	24	5	72	253	206	78	9	186	213	147
不詳	17	5	3	3	1	5	1	6	4	1	5	3	4	3
7月生まれ														
平日の睡眠時間	6 896	1 893	3 222	1 291	410	80	1 551	3 409	1 363	463	110	2 318	2 510	1 351
6時間未満	286	80	115	66	24	1	62	138	62	19	5	89	109	53
6時間台	1 642	440	776	299	107	20	404	778	312	126	22	595	583	295
7時間台	2 927	804	1 384	559	156	24	643	1 476	590	186	32	980	1 053	614
8時間台	1 299	359	614	237	80	9	274	662	255	89	19	416	493	248
9時間台	152	38	74	29	10	1	27	74	39	10	2	44	58	32
10時間台	14	6	5	1	1	1	7	3	2	1	1	8	2	1
11時間以上	4	1	2	−	1	−	1	2	−	1	−	−	1	2
時間が不規則	542	160	249	98	31	4	131	269	102	31	9	182	208	103
不詳	30	5	3	2	−	20	2	7	1	−	20	4	3	3

性、出生月、平日の睡眠時間、間食の内容別（４－２）

第15回調査（平成28年）

料		炭酸飲料					果物					ごはん・パン・麺類				
まったく食べない・まったく飲まない	不詳	よく食べる・よく飲む	ときどき食べる・ときどき飲む	ほとんど食べない・ほとんど飲まない	まったく食べない・まったく飲まない	不詳	よく食べる・よく飲む	ときどき食べる・ときどき飲む	ほとんど食べない・ほとんど飲まない	まったく食べない・まったく飲まない	不詳	よく食べる・よく飲む	ときどき食べる・ときどき飲む	ほとんど食べない・ほとんど飲まない	まったく食べない・まったく飲まない	不詳
787	365	2 979	5 419	3 475	2 515	408	1 831	5 236	4 715	2 543	471	3 631	4 555	3 410	2 851	349
21	7	76	101	82	61	14	50	118	91	59	16	95	107	58	62	12
124	47	568	866	554	438	46	329	886	772	431	54	645	754	584	450	39
333	117	1 257	2 399	1 509	1 025	135	784	2 266	2 080	1 035	160	1 559	1 950	1 480	1 221	115
210	100	662	1 446	919	699	118	457	1 370	1 229	657	131	862	1 225	869	801	87
34	24	106	201	166	115	26	71	217	187	108	31	150	173	144	121	26
6	4	8	15	8	11	3	4	13	13	11	4	8	9	8	16	4
-	-	1	1	-	-	-	1	1	-	-	-	2	-	-	-	-
58	20	290	381	226	161	20	130	343	337	240	28	301	318	263	176	20
1	46	11	9	11	5	46	5	22	6	2	47	9	19	4	4	46
439	190	1 353	2 659	1 831	1 302	199	1 010	2 645	2 228	1 222	239	1 810	2 311	1 690	1 357	176
11	5	37	47	36	31	8	30	65	35	20	9	45	55	28	24	7
72	27	272	454	322	234	24	187	459	404	227	29	351	410	291	234	20
188	66	565	1 170	797	522	69	428	1 118	1 001	494	82	770	996	733	565	59
119	43	278	664	449	360	51	249	664	534	296	59	400	563	418	380	41
17	15	42	107	91	58	13	39	117	83	55	17	75	96	67	59	14
4	2	4	8	2	6	1	2	7	6	4	2	3	5	1	10	2
-	-	-	-	-	-	-	-	-	-	-	-	-	-	-	-	-
28	10	147	207	127	90	11	72	205	161	126	18	163	177	148	83	11
-	22	8	2	7	1	22	3	10	4	-	23	3	9	4	2	22
348	175	1 626	2 760	1 644	1 213	209	821	2 591	2 487	1 321	232	1 821	2 244	1 720	1 494	173
10	2	39	54	46	30	6	20	53	56	39	7	50	52	30	38	5
52	20	296	412	232	204	22	142	427	368	204	25	294	344	293	216	19
145	51	692	1 229	712	503	66	356	1 148	1 079	541	78	789	954	747	656	56
91	57	384	782	470	339	67	208	706	695	361	72	462	662	451	421	46
17	9	64	94	75	57	13	32	100	104	53	14	75	77	77	62	12
2	2	4	7	6	5	2	2	6	7	7	2	5	4	7	6	2
-	-	1	1	-	-	-	1	1	-	-	-	2	-	-	-	-
30	10	143	174	99	71	9	58	138	176	114	10	138	141	115	93	9
1	24	3	7	4	4	24	2	12	2	2	24	6	10	-	2	24
1 477	264	1 447	3 892	4 157	4 231	287	2 231	5 280	3 973	2 259	271	2 107	3 211	3 663	4 797	236
71	13	59	145	190	204	9	111	215	164	104	13	80	135	167	215	10
394	62	374	976	1 059	1 076	61	650	1 335	975	528	58	599	788	922	1 180	57
583	88	576	1 599	1 751	1 743	106	912	2 232	1 618	919	94	858	1 325	1 520	1 996	76
283	40	244	707	728	785	49	366	939	730	431	47	335	560	634	945	39
39	12	29	89	98	105	14	44	135	94	50	12	46	67	87	122	13
5	2	2	8	3	10	3	6	10	4	4	2	8	5	4	9	-
1	-	1	-	2	2	-	-	3	1	1	-	-	1	1	3	-
99	22	160	359	319	302	20	138	400	382	220	20	176	325	322	321	16
2	25	2	9	7	4	25	4	11	5	2	25	5	5	6	6	25
894	130	634	1 839	2 201	2 293	151	1 322	2 797	1 857	1 007	135	1 097	1 736	1 837	2 334	114
44	5	34	66	98	119	4	63	123	75	53	7	52	71	87	107	4
255	32	181	490	589	610	34	386	746	482	258	32	315	456	482	621	30
344	47	235	732	908	915	58	543	1 145	726	383	51	441	705	729	936	37
158	23	90	315	373	409	27	214	469	323	185	23	168	274	315	437	20
26	7	13	48	48	63	11	30	75	45	23	10	23	41	47	61	11
3	1	1	4	2	3	2	1	8	1	1	1	4	4	1	3	-
-	-	1	-	-	-	-	-	1	-	-	-	-	-	1	-	-
62	10	78	180	180	170	10	83	223	203	103	6	93	182	170	166	7
2	5	1	4	3	4	5	2	7	2	1	5	1	3	5	3	5
583	134	813	2 053	1 956	1 938	136	909	2 483	2 116	1 252	136	1 010	1 475	1 826	2 463	122
27	8	25	79	92	85	5	48	92	89	51	6	28	64	80	108	6
139	30	193	486	470	466	27	264	589	493	270	26	284	332	440	559	27
239	41	341	867	843	828	48	369	1 087	892	536	43	417	620	791	1 060	39
125	17	154	392	355	376	22	152	470	407	246	24	167	286	319	508	19
13	5	16	41	50	42	3	14	60	49	27	2	23	26	40	61	2
2	1	1	4	1	7	1	5	2	3	3	1	4	1	3	6	-
1	-	-	-	2	2	-	-	2	1	1	-	-	1	-	3	-
37	12	82	179	139	132	10	55	177	179	117	14	83	143	152	155	9
-	20	1	5	4	-	20	2	4	3	1	20	4	2	1	3	20

構成割合（%）

性、出生月、平日の睡眠時間	総数	お菓子 よく食べる・よく飲む	お菓子 ときどき食べる・ときどき飲む	お菓子 ほとんど食べない・ほとんど飲まない	お菓子 まったく食べない・まったく飲まない	お菓子 不詳	氷菓子 よく食べる・よく飲む	氷菓子 ときどき食べる・ときどき飲む	氷菓子 ほとんど食べない・ほとんど飲まない	氷菓子 まったく食べない・まったく飲まない	氷菓子 不詳	飲 よく食べる・よく飲む	飲 ときどき食べる・ときどき飲む	飲 ほとんど食べない・ほとんど飲まない
総数														
平日の睡眠時間	100.0	29.8	47.1	16.4	5.2	1.6	16.3	44.2	26.4	10.6	2.4	37.5	35.3	17.2
6時間未満	100.0	30.6	42.6	17.7	7.8	1.3	17.6	39.7	27.8	12.3	2.4	38.9	31.5	17.7
6時間台	100.0	31.5	46.0	16.2	5.2	1.2	16.8	44.1	26.5	10.8	1.8	38.5	33.5	17.5
7時間台	100.0	29.9	47.8	16.4	4.7	1.2	16.6	45.1	26.2	10.2	2.0	37.8	35.6	17.3
8時間台	100.0	27.3	48.3	17.1	5.7	1.7	15.4	44.4	26.4	11.2	2.7	36.0	37.3	16.7
9時間台	100.0	27.5	47.9	16.5	6.3	1.7	12.8	40.8	31.1	11.2	4.2	33.9	37.1	17.5
10時間台	100.0	22.5	42.3	15.5	11.3	8.5	15.5	42.3	19.7	14.1	8.5	40.8	25.4	9.9
11時間以上	100.0	42.9	42.9	-	14.3	-	42.9	42.9	-	14.3	-	28.6	28.6	28.6
時間が不規則	100.0	32.9	46.3	14.6	5.0	1.2	17.7	43.6	26.2	10.6	1.9	39.0	34.6	17.5
不詳	100.0	17.8	14.7	10.1	1.6	55.8	4.7	24.0	12.4	3.1	55.8	18.6	17.1	7.0
1月生まれ														
平日の睡眠時間	100.0	32.9	47.4	14.0	4.2	1.4	10.2	40.1	32.7	14.3	2.7	33.8	35.9	18.9
6時間未満	100.0	32.7	43.3	16.0	6.9	1.0	11.0	35.4	34.0	17.1	2.5	37.7	28.3	20.4
6時間台	100.0	35.1	45.9	13.9	4.2	0.9	10.5	40.7	33.1	13.8	2.0	34.0	34.1	19.8
7時間台	100.0	33.0	48.5	13.7	3.6	1.2	10.4	40.9	32.3	14.1	2.4	33.9	36.7	18.6
8時間台	100.0	29.9	48.6	15.4	4.6	1.5	9.2	39.8	32.7	15.3	3.0	32.9	37.8	18.0
9時間台	100.0	31.2	48.0	13.6	5.3	2.0	8.3	36.2	35.2	14.6	5.7	27.1	39.5	20.2
10時間台	100.0	21.2	45.5	12.1	9.1	12.1	6.1	54.5	15.2	15.2	9.1	33.3	27.3	9.1
11時間以上	100.0	100.0	-	-	-	-	-	100.0	-	-	-	100.0	-	-
時間が不規則	100.0	35.8	46.3	12.2	4.5	1.3	11.9	39.4	33.4	13.0	2.3	37.3	34.3	19.3
不詳	100.0	21.1	19.3	8.8	1.8	49.1	5.3	26.3	17.5	1.8	49.1	19.3	22.8	7.0
7月生まれ														
平日の睡眠時間	100.0	26.6	46.7	18.8	6.2	1.7	22.5	48.3	20.1	7.0	2.1	41.2	34.7	15.5
6時間未満	100.0	28.4	41.9	19.5	8.7	1.5	24.5	44.3	21.5	7.4	2.4	40.1	34.7	15.0
6時間台	100.0	27.4	46.2	18.7	6.3	1.5	24.1	47.9	19.0	7.4	1.5	43.7	32.9	14.8
7時間台	100.0	26.8	47.0	19.1	5.8	1.3	22.6	49.3	20.2	6.4	1.6	41.6	34.5	16.1
8時間台	100.0	24.9	48.0	18.6	6.7	1.8	21.1	48.5	20.7	7.4	2.3	38.9	36.9	15.6
9時間台	100.0	23.5	47.9	19.8	7.5	1.3	17.6	45.7	26.6	7.5	2.6	41.3	34.5	14.5
10時間台	100.0	23.7	39.5	18.4	13.2	5.3	23.7	31.6	23.7	13.2	7.9	47.4	23.7	10.5
11時間以上	100.0	33.3	50.0	-	16.7	-	50.0	33.3	-	16.7	-	16.7	33.3	33.3
時間が不規則	100.0	29.6	46.4	17.3	5.5	1.2	24.4	48.4	17.8	7.9	1.5	40.9	35.1	15.4
不詳	100.0	15.3	11.1	11.1	1.4	61.1	4.2	22.2	8.3	4.2	61.1	18.1	12.5	6.9

性、出生月、平日の睡眠時間、間食の内容別（４－３）

第15回調査（平成28年）

料		炭酸飲料					果物					ごはん・パン・麺類				
まったく食べない・まったく飲まない	不詳	よく食べる・よく飲む	ときどき食べる・ときどき飲む	ほとんど食べない・ほとんど飲まない	まったく食べない・まったく飲まない	不詳	よく食べる・よく飲む	ときどき食べる・ときどき飲む	ほとんど食べない・ほとんど飲まない	まったく食べない・まったく飲まない	不詳	よく食べる・よく飲む	ときどき食べる・ときどき飲む	ほとんど食べない・ほとんど飲まない	まったく食べない・まったく飲まない	不詳
7.9	2.2	15.4	32.3	26.5	23.4	2.4	14.1	36.5	30.2	16.7	2.6	19.9	27.0	24.6	26.5	2.0
9.8	2.1	14.3	26.1	28.9	28.2	2.4	17.1	35.4	27.1	17.3	3.1	18.6	25.7	23.9	29.4	2.3
8.6	1.8	15.7	30.6	26.8	25.2	1.8	16.3	36.9	29.0	15.9	1.9	20.7	25.6	25.0	27.1	1.6
7.6	1.7	15.1	33.0	26.9	22.9	2.0	14.0	37.2	30.6	16.1	2.1	20.0	27.1	24.8	26.6	1.6
7.8	2.2	14.3	33.9	25.9	23.3	2.6	12.9	36.3	30.8	17.1	2.8	18.8	28.1	23.6	27.5	2.0
7.7	3.8	14.2	30.6	27.8	23.2	4.2	12.1	37.1	29.6	16.6	4.5	20.7	25.3	24.3	25.6	4.1
15.5	8.5	14.1	32.4	15.5	29.6	8.5	14.1	32.4	23.9	21.1	8.5	22.5	19.7	16.9	35.2	5.6
14.3	－	28.6	14.3	28.6	28.6	－	14.3	57.1	14.3	14.3	－	28.6	14.3	14.3	42.9	－
7.0	1.9	20.1	33.1	24.4	20.7	1.8	12.0	33.2	32.1	20.6	2.1	21.3	28.7	26.1	22.2	1.6
2.3	55.0	10.1	14.0	14.0	7.0	55.0	7.0	25.6	8.5	3.1	55.8	10.9	18.6	7.8	7.8	55.0
9.2	2.2	13.7	31.1	27.9	24.9	2.4	16.1	37.6	28.2	15.4	2.6	20.1	28.0	24.4	25.5	2.0
11.5	2.1	14.8	23.5	27.9	31.3	2.5	19.4	39.2	22.9	15.2	3.3	20.2	26.3	24.0	27.3	2.3
10.2	1.8	14.1	29.4	28.4	26.3	1.8	17.9	37.5	27.6	15.1	1.9	20.7	27.0	24.1	26.6	1.6
8.9	1.9	13.4	31.9	28.6	24.1	2.1	16.3	37.9	28.9	14.7	2.2	20.3	28.5	24.5	25.1	1.6
9.2	2.2	12.2	32.5	27.3	25.5	2.6	15.4	37.6	28.4	15.9	2.7	18.8	27.8	24.3	27.1	2.0
8.7	4.5	11.1	31.4	28.1	24.5	4.9	14.0	38.9	25.9	15.8	5.5	19.8	27.7	23.1	24.3	5.1
21.2	9.1	15.2	36.4	12.1	27.3	9.1	9.1	45.5	21.2	15.2	9.1	21.2	27.3	6.1	39.4	6.1
－	－	100.0	－	－	－	－	－	100.0	－	－	－	－	－	100.0	－	－
7.5	1.7	18.8	32.3	25.6	21.7	1.8	12.9	35.7	30.3	19.1	2.0	21.3	29.9	26.5	20.8	1.5
3.5	47.4	15.8	10.5	17.5	8.8	47.4	8.8	29.8	10.5	1.8	49.1	7.0	21.1	15.8	8.8	47.4
6.5	2.2	17.0	33.5	25.1	22.0	2.4	12.1	35.4	32.1	17.9	2.6	19.7	25.9	24.7	27.6	2.1
8.0	2.2	13.9	28.9	29.9	24.9	2.4	14.8	31.5	31.5	19.5	2.8	16.9	25.2	23.9	31.7	2.4
6.8	1.8	17.4	32.0	25.0	23.9	1.7	14.5	36.2	30.7	16.9	1.8	20.6	24.1	26.1	27.6	1.6
6.3	1.5	16.9	34.2	25.4	21.7	1.9	11.8	36.5	32.2	17.6	2.0	19.7	25.7	25.1	28.0	1.6
6.5	2.2	16.1	35.1	24.7	21.4	2.7	10.8	35.2	33.0	18.2	2.9	18.8	28.4	23.0	27.8	1.9
6.6	3.1	17.6	29.7	27.5	21.8	3.5	10.1	35.2	33.6	17.6	3.5	21.5	22.6	25.7	27.0	3.1
10.5	7.9	13.2	28.9	18.4	31.6	7.9	18.4	21.1	26.3	26.3	7.9	23.7	13.2	26.3	31.6	5.3
16.7	－	16.7	16.7	33.3	33.3	－	16.7	50.0	16.7	16.7	－	33.3	16.7	－	50.0	－
6.5	2.1	21.7	34.0	22.9	19.6	1.8	10.9	30.3	34.2	22.3	2.3	21.3	27.4	25.7	23.9	1.7
1.4	61.1	5.6	16.7	11.1	5.6	61.1	5.6	22.2	6.9	4.2	61.1	13.9	16.7	1.4	6.9	61.1

第66表　子ども数・構成割合,

構成割合(%)

性、出生月、平日の睡眠時間	総数	お菓子 よく食べる・よく飲む	お菓子 ときどき食べる・ときどき飲む	お菓子 ほとんど食べない・ほとんど飲まない	お菓子 まったく食べない・まったく飲まない	お菓子 不詳	氷菓子 よく食べる・よく飲む	氷菓子 ときどき食べる・ときどき飲む	氷菓子 ほとんど食べない・ほとんど飲まない	氷菓子 まったく食べない・まったく飲まない	氷菓子 不詳	飲 よく食べる・よく飲む	飲 ときどき食べる・ときどき飲む	飲 ほとんど食べない・ほとんど飲まない
男児														
平日の睡眠時間	100.0	28.4	47.2	16.9	5.4	2.2	16.9	43.6	26.1	10.5	3.0	44.2	34.9	13.1
6時間未満	100.0	30.2	43.1	15.6	8.1	3.0	21.6	35.0	26.9	12.0	4.5	50.3	29.9	11.4
6時間台	100.0	29.7	46.0	17.5	5.3	1.5	17.2	44.9	25.8	10.0	2.1	48.5	32.3	12.3
7時間台	100.0	29.1	47.7	16.8	4.9	1.6	17.5	44.6	25.7	9.8	2.4	44.9	35.2	12.8
8時間台	100.0	25.9	48.4	17.3	6.0	2.3	15.9	43.3	26.4	11.3	3.1	40.6	37.3	14.0
9時間台	100.0	26.2	47.6	17.4	6.8	2.0	12.4	39.4	33.1	10.7	4.4	38.4	36.3	15.8
10時間台	100.0	20.0	40.0	17.8	15.6	6.7	6.7	48.9	17.8	17.8	8.9	37.8	28.9	11.1
11時間以上	100.0	50.0	50.0	-	-	-	100.0	-	-	-	-	50.0	50.0	-
時間が不規則	100.0	31.8	46.6	14.7	5.2	1.7	17.9	42.0	25.8	12.0	2.3	46.8	32.8	13.2
不詳	100.0	15.9	15.9	9.8	1.2	57.3	3.7	22.0	13.4	3.7	57.3	20.7	18.3	3.7
1月生まれ														
平日の睡眠時間	100.0	31.0	47.7	14.9	4.4	2.0	11.1	39.9	31.9	13.7	3.3	40.2	36.8	14.4
6時間未満	100.0	31.4	41.5	17.6	6.9	2.5	13.2	32.1	33.3	15.7	5.7	45.3	30.8	13.8
6時間台	100.0	31.1	47.1	15.8	4.7	1.2	11.6	41.6	31.9	12.6	2.4	43.4	35.1	13.9
7時間台	100.0	32.0	48.5	14.4	3.5	1.5	11.8	41.0	31.3	13.3	2.7	40.6	37.3	14.0
8時間台	100.0	29.0	48.3	15.6	4.9	2.2	10.0	39.2	32.1	15.3	3.4	37.7	38.6	14.7
9時間台	100.0	29.6	47.6	14.8	5.8	2.3	7.4	34.7	38.9	13.5	5.5	29.6	39.9	20.3
10時間台	100.0	28.6	38.1	9.5	14.3	9.5	4.8	61.9	4.8	19.0	9.5	33.3	28.6	9.5
11時間以上	-	-	-	-	-	-	-	-	-	-	-	-	-	-
時間が不規則	100.0	33.7	46.2	13.2	5.2	1.7	12.2	37.8	33.5	13.4	3.1	44.8	34.0	14.6
不詳	100.0	17.5	20.0	5.0	-	57.5	5.0	22.5	15.0	-	57.5	20.0	22.5	2.5
7月生まれ														
平日の睡眠時間	100.0	25.7	46.7	18.8	6.5	2.3	22.5	47.2	20.4	7.3	2.6	48.2	33.1	11.8
6時間未満	100.0	29.1	44.6	13.7	9.1	3.4	29.1	37.7	21.1	8.6	3.4	54.9	29.1	9.1
6時間台	100.0	28.2	44.7	19.4	5.9	1.8	23.5	48.7	19.0	7.0	1.8	54.2	29.2	10.4
7時間台	100.0	26.2	46.8	19.1	6.2	1.7	23.1	48.2	20.2	6.4	2.0	49.1	33.2	11.6
8時間台	100.0	23.2	48.5	18.8	7.1	2.5	21.1	46.9	21.4	7.8	2.9	43.2	36.2	13.3
9時間台	100.0	22.8	47.5	20.1	7.9	1.7	17.5	44.2	27.1	7.9	3.3	47.5	32.7	11.2
10時間台	100.0	12.5	41.7	25.0	16.7	4.2	8.3	37.5	29.2	16.7	8.3	41.7	29.2	12.5
11時間以上	100.0	50.0	50.0	-	-	-	100.0	-	-	-	-	50.0	50.0	-
時間が不規則	100.0	29.6	47.0	16.5	5.2	1.6	24.6	47.0	16.7	10.3	1.4	49.0	31.5	11.5
不詳	100.0	14.3	11.9	14.3	2.4	57.1	2.4	21.4	11.9	7.1	57.1	21.4	14.3	4.8
女児														
平日の睡眠時間	100.0	31.2	47.0	15.9	4.9	1.0	15.8	44.8	26.7	10.9	1.9	30.4	35.6	21.6
6時間未満	100.0	30.8	42.3	18.9	7.6	0.3	15.5	42.3	28.3	12.5	1.3	32.6	32.3	21.3
6時間台	100.0	32.7	46.1	15.2	5.0	1.0	16.6	43.4	27.0	11.4	1.6	31.6	34.4	21.2
7時間台	100.0	30.7	47.9	16.0	4.5	0.8	15.5	45.6	26.7	10.6	1.5	30.1	36.0	22.3
8時間台	100.0	29.4	48.2	16.6	5.2	0.6	14.7	46.0	26.3	11.0	1.9	28.9	37.3	20.9
9時間台	100.0	29.9	48.7	14.9	5.4	1.2	13.4	43.3	27.5	11.9	3.9	25.7	38.5	20.6
10時間台	100.0	26.9	46.2	11.5	3.8	11.5	30.8	30.8	23.1	7.7	7.7	46.2	19.2	7.7
11時間以上	100.0	40.0	40.0	-	20.0	-	20.0	60.0	-	20.0	-	20.0	20.0	40.0
時間が不規則	100.0	34.0	46.1	14.4	4.7	0.8	17.5	45.0	26.6	9.4	1.6	31.7	36.3	21.6
不詳	100.0	21.3	12.8	10.6	2.1	53.2	6.4	27.7	10.6	2.1	53.2	14.9	14.9	12.8
1月生まれ														
平日の睡眠時間	100.0	34.9	47.2	13.1	4.0	0.9	9.2	40.3	33.5	14.9	2.1	27.3	34.9	23.5
6時間未満	100.0	33.3	44.2	15.3	6.9	0.3	10.0	37.1	34.3	17.8	0.9	34.0	27.1	23.7
6時間台	100.0	37.9	45.0	12.6	3.8	0.7	9.7	40.0	33.9	14.6	1.8	27.6	33.5	23.9
7時間台	100.0	34.1	48.5	12.9	3.7	0.9	8.9	40.7	33.4	15.0	2.0	26.7	36.0	23.6
8時間台	100.0	31.3	49.2	14.9	4.1	0.5	7.9	40.7	33.5	15.4	2.5	25.6	36.6	22.9
9時間台	100.0	33.9	48.6	11.5	4.4	1.6	9.8	38.8	29.0	16.4	6.0	23.0	38.8	20.2
10時間台	100.0	8.3	58.3	16.7	-	16.7	8.3	41.7	33.3	8.3	8.3	33.3	25.0	8.3
11時間以上	100.0	100.0	-	-	-	-	-	100.0	-	-	-	100.0	-	-
時間が不規則	100.0	37.9	46.3	11.2	3.9	0.8	11.7	40.9	33.3	12.6	1.5	30.1	34.5	23.8
不詳	100.0	29.4	17.6	17.6	5.9	29.4	5.9	35.3	23.5	5.9	29.4	17.6	23.5	17.6
7月生まれ														
平日の睡眠時間	100.0	27.5	46.7	18.7	5.9	1.2	22.5	49.4	19.8	6.7	1.6	33.6	36.4	19.6
6時間未満	100.0	28.0	40.2	23.1	8.4	0.3	21.7	48.3	21.7	6.6	1.7	31.1	38.1	18.5
6時間台	100.0	26.8	47.3	18.2	6.5	1.2	24.6	47.4	19.0	7.7	1.3	36.2	35.5	18.0
7時間台	100.0	27.5	47.3	19.1	5.3	0.8	22.0	50.4	20.2	6.4	1.1	33.5	36.0	21.0
8時間台	100.0	27.6	47.3	18.2	6.2	0.7	21.1	51.0	19.6	6.9	1.5	32.0	38.0	19.1
9時間台	100.0	25.0	48.7	19.1	6.6	0.7	17.8	48.7	25.7	6.6	1.3	28.9	38.2	21.1
10時間台	100.0	42.9	35.7	7.1	7.1	7.1	50.0	21.4	14.3	7.1	7.1	57.1	14.3	7.1
11時間以上	100.0	25.0	50.0	-	25.0	-	25.0	50.0	-	25.0	-	-	25.0	50.0
時間が不規則	100.0	29.5	45.9	18.1	5.7	0.7	24.2	49.6	18.8	5.7	1.7	33.6	38.4	19.0
不詳	100.0	16.7	10.0	6.7	-	66.7	6.7	23.3	3.3	-	66.7	13.3	10.0	10.0

第15回調査（平成28年）

料		炭酸飲料					果物					ごはん・パン・麺類				
まったく食べない・まったく飲まない	不詳	よく食べる・よく飲む	ときどき食べる・ときどき飲む	ほとんど食べない・ほとんど飲まない	まったく食べない・まったく飲まない	不詳	よく食べる・よく飲む	ときどき食べる・ときどき飲む	ほとんど食べない・ほとんど飲まない	まったく食べない・まったく飲まない	不詳	よく食べる・よく飲む	ときどき食べる・ときどき飲む	ほとんど食べない・ほとんど飲まない	まったく食べない・まったく飲まない	不詳
5.3	2.5	20.1	36.6	23.5	17.0	2.8	12.4	35.4	31.9	17.2	3.2	24.5	30.8	23.0	19.3	2.4
6.3	2.1	22.8	30.2	24.6	18.3	4.2	15.0	35.3	27.2	17.7	4.8	28.4	32.0	17.4	18.6	3.6
5.0	1.9	23.0	35.0	22.4	17.7	1.9	13.3	35.8	31.2	17.4	2.2	26.1	30.5	23.6	18.2	1.6
5.3	1.8	19.9	37.9	23.9	16.2	2.1	12.4	35.8	32.9	16.4	2.5	24.6	30.8	23.4	19.3	1.8
5.5	2.6	17.2	37.6	23.9	18.2	3.1	11.9	35.6	32.0	17.1	3.4	22.4	31.9	22.6	20.8	2.3
5.5	3.9	17.3	32.7	27.0	18.7	4.2	11.6	35.3	30.5	17.6	5.0	24.4	28.2	23.5	19.7	4.2
13.3	8.9	17.8	33.3	17.8	24.4	6.7	8.9	28.9	28.9	24.4	8.9	17.8	20.0	17.8	35.6	8.9
-	-	50.0	50.0	-	-	-	50.0	50.0	-	-	-	100.0	-	-	-	-
5.4	1.9	26.9	35.3	21.0	14.9	1.9	12.1	31.8	31.3	22.3	2.6	27.9	29.5	24.4	16.3	1.9
1.2	56.1	13.4	11.0	13.4	6.1	56.1	6.1	26.8	7.3	2.4	57.3	11.0	23.2	4.9	4.9	56.1
6.0	2.6	18.4	36.2	24.9	17.7	2.7	13.8	36.0	30.3	16.6	3.3	24.6	31.5	23.0	18.5	2.4
6.9	3.1	23.3	29.6	22.6	19.5	5.0	18.9	40.9	22.0	12.6	5.7	28.3	34.6	17.6	15.1	4.4
5.5	2.1	20.8	34.8	24.7	17.9	1.8	14.3	35.1	30.9	17.4	2.2	26.9	31.4	22.3	17.9	1.5
6.0	2.1	18.1	37.5	25.5	16.7	2.2	13.7	35.8	32.1	15.8	2.6	24.7	31.9	23.5	18.1	1.9
6.6	2.4	15.4	36.8	24.9	20.0	2.8	13.8	36.8	29.6	16.4	3.3	22.2	31.2	23.2	21.1	2.3
5.5	4.8	13.5	34.4	29.3	18.6	4.2	12.5	37.6	26.7	17.7	5.5	24.1	30.9	21.5	19.0	4.5
19.0	9.5	19.0	38.1	9.5	28.6	4.8	9.5	33.3	28.6	19.0	9.5	14.3	23.8	4.8	47.6	9.5
-	-	-	-	-	-	-	-	-	-	-	-	-	-	-	-	-
4.8	1.7	25.3	35.6	21.8	15.5	1.9	12.4	35.2	27.7	21.6	3.1	28.0	30.4	25.4	14.3	1.9
-	55.0	20.0	5.0	17.5	2.5	55.0	7.5	25.0	10.0	-	57.5	7.5	22.5	10.0	5.0	55.0
4.7	2.3	21.8	37.0	22.1	16.3	2.8	11.0	34.8	33.4	17.7	3.1	24.4	30.1	23.1	20.0	2.3
5.7	1.1	22.3	30.9	26.3	17.1	3.4	11.4	30.3	32.0	22.3	4.0	28.6	29.7	17.1	21.7	2.9
4.5	1.7	25.4	35.3	19.9	17.5	1.9	12.2	36.6	31.6	17.5	2.1	25.2	29.5	25.1	18.5	1.6
4.5	1.6	21.6	38.4	22.2	15.7	2.1	11.1	35.9	33.7	16.9	2.4	24.6	29.8	23.3	20.5	1.7
4.5	2.8	18.8	38.3	23.0	16.6	3.3	10.2	34.6	34.0	17.7	3.5	22.6	32.4	22.1	20.6	2.3
5.6	3.0	21.1	31.0	24.8	18.8	4.3	10.6	33.0	34.3	17.5	4.6	24.8	25.4	25.4	20.5	4.0
8.3	8.3	16.7	29.2	25.0	20.8	8.3	8.3	25.0	29.2	29.2	8.3	20.8	16.7	29.2	25.0	8.3
-	-	50.0	50.0	-	-	-	50.0	50.0	-	-	-	100.0	-	-	-	-
6.0	2.0	28.8	35.1	20.0	14.3	1.8	11.7	27.8	35.5	23.0	2.0	27.8	28.4	23.2	18.8	1.8
2.4	57.1	7.1	16.7	9.5	9.5	57.1	4.8	28.6	4.8	4.8	57.1	14.3	23.8	-	4.8	57.1
10.5	1.9	10.3	27.8	29.7	30.2	2.0	15.9	37.7	28.4	16.1	1.9	15.0	22.9	26.1	34.2	1.7
11.7	2.1	9.7	23.9	31.3	33.6	1.5	18.3	35.4	27.0	17.1	2.1	13.2	22.2	27.5	35.4	1.6
11.1	1.7	10.5	27.5	29.9	30.3	1.7	18.3	37.6	27.5	14.9	1.6	16.9	22.2	26.0	33.3	1.6
10.1	1.5	10.0	27.7	30.3	30.2	1.8	15.8	38.6	28.0	15.9	1.6	14.9	22.9	26.3	34.6	1.3
11.3	1.6	9.7	28.1	29.0	31.2	1.9	14.6	37.4	29.0	17.2	1.9	13.3	22.3	25.2	37.6	1.6
11.6	3.6	8.7	26.6	29.3	31.3	4.2	13.1	40.3	28.1	14.9	3.6	13.7	20.0	26.0	36.4	3.9
19.2	7.7	7.7	30.8	11.5	38.5	11.5	23.1	38.5	15.4	15.4	7.7	30.8	19.2	15.4	34.6	-
20.0	-	20.0	-	40.0	40.0	-	-	60.0	20.0	20.0	-	-	20.0	20.0	60.0	-
8.5	1.9	13.8	30.9	27.5	26.0	1.7	11.9	34.5	32.9	19.0	1.7	15.2	28.0	27.8	27.7	1.4
4.3	53.2	4.3	19.1	14.9	8.5	53.2	8.5	23.4	10.6	4.3	53.2	10.6	10.6	12.8	12.8	53.2
12.6	1.8	8.9	25.8	30.9	32.2	2.1	18.6	39.3	26.1	14.1	1.9	15.4	24.4	25.8	32.8	1.6
13.7	1.6	10.6	20.6	30.5	37.1	1.2	19.6	38.3	23.4	16.5	2.2	16.2	22.1	27.1	33.3	1.2
13.4	1.7	9.5	25.7	30.9	32.0	1.8	20.3	39.2	25.3	13.6	1.7	16.5	23.9	25.3	32.6	1.6
12.1	1.7	8.3	25.7	31.9	32.1	2.0	19.1	40.2	25.5	13.4	1.8	15.5	24.8	25.6	32.9	1.3
13.0	1.9	7.4	25.9	30.7	33.7	2.2	17.6	38.6	26.6	15.2	1.9	13.8	22.6	25.9	36.0	1.6
14.2	3.8	7.1	26.2	26.2	34.4	6.0	16.4	41.0	24.6	12.6	5.5	12.6	22.4	25.7	33.3	6.0
25.0	8.3	8.3	33.3	16.7	25.0	16.7	8.3	66.7	8.3	8.3	8.3	33.3	33.3	8.3	25.0	-
-	-	100.0	-	-	-	-	-	100.0	-	-	-	-	-	100.0	-	-
10.0	1.6	12.6	29.1	29.1	27.5	1.6	13.4	36.1	32.8	16.7	1.0	15.0	29.4	27.5	26.9	1.1
11.8	29.4	5.9	23.5	17.6	23.5	29.4	11.8	41.2	11.8	5.9	29.4	5.9	17.6	29.4	17.6	29.4
8.5	1.9	11.8	29.8	28.4	28.1	2.0	13.2	36.0	30.7	18.2	2.0	14.6	21.4	26.5	35.7	1.8
9.4	2.8	8.7	27.6	32.2	29.7	1.7	16.8	32.2	31.1	17.8	2.1	9.8	22.4	28.0	37.8	2.1
8.5	1.8	11.8	29.6	28.6	28.4	1.6	16.1	35.9	30.0	16.4	1.6	17.3	20.2	26.8	34.0	1.6
8.2	1.4	11.7	29.6	28.8	28.3	1.6	12.6	37.1	30.5	18.3	1.5	14.2	21.2	27.0	36.2	1.3
9.6	1.3	11.9	30.2	27.3	28.9	1.7	11.7	36.2	31.3	18.9	1.8	12.9	22.0	24.6	39.1	1.5
8.6	3.3	10.5	27.0	32.9	27.6	2.0	9.2	39.5	32.2	17.8	1.3	15.1	17.1	26.3	40.1	1.3
14.3	7.1	7.1	28.6	7.1	50.0	7.1	35.7	14.3	21.4	21.4	7.1	28.6	7.1	21.4	42.9	-
25.0	-	-	-	50.0	50.0	-	-	50.0	25.0	25.0	-	-	25.0	-	75.0	-
6.8	2.2	15.1	33.0	25.6	24.4	1.8	10.1	32.7	33.0	21.6	2.6	15.3	26.4	28.0	28.6	1.7
-	66.7	3.3	16.7	13.3	-	66.7	6.7	13.3	10.0	3.3	66.7	13.3	6.7	3.3	10.0	66.7

第67表　子ども数・構成割合，

性　、 子どもの体型	総数	お菓子 よく食べる・よく飲む	 ときどき食べる・ときどき飲む	 ほとんど食べない・ほとんど飲まない	 まったく食べない・まったく飲まない	 不詳	氷菓子 よく食べる・よく飲む	 ときどき食べる・ときどき飲む	 ほとんど食べない・ほとんど飲まない	 まったく食べない・まったく飲まない	 不詳	飲 よく食べる・よく飲む	 ときどき食べる・ときどき飲む	 ほとんど食べない・ほとんど飲まない
														実
総数	28 810	8 572	13 563	4 719	1 496	460	4 704	12 730	7 609	3 068	699	10 801	10 161	4 955
低体重（痩せ型）	9 224	3 073	4 266	1 331	433	121	1 566	4 056	2 446	957	199	3 458	3 296	1 583
普通体重	17 773	5 060	8 497	3 032	949	235	2 885	7 915	4 678	1 921	374	6 699	6 253	3 068
肥満（1度）	948	210	438	218	63	19	137	437	250	97	27	360	326	169
肥満（2度）	156	39	62	38	14	3	29	56	45	20	6	68	50	24
肥満（3度）	16	4	7	4	1	-	2	9	4	1	-	8	7	1
肥満（4度）	1	-	1	-	-	-	-	-	1	-	-	-	1	-
不詳	692	186	292	96	36	82	85	257	185	72	93	208	228	110
男児	14 796	4 197	6 980	2 497	803	319	2 495	6 450	3 865	1 547	439	6 543	5 167	1 934
低体重（痩せ型）	5 206	1 623	2 464	776	254	89	891	2 267	1 381	529	138	2 212	1 865	739
普通体重	8 584	2 336	4 087	1 517	484	160	1 459	3 764	2 224	915	222	3 924	2 974	1 054
肥満（1度）	549	117	252	125	41	14	80	247	150	57	15	231	185	83
肥満（2度）	109	30	40	28	9	2	23	38	29	15	4	56	33	14
肥満（3度）	9	2	5	1	1	-	-	6	3	-	-	4	4	1
肥満（4度）	-	-	-	-	-	-	-	-	-	-	-	-	-	-
不詳	339	89	132	50	14	54	42	128	78	31	60	116	106	43
女児	14 014	4 375	6 583	2 222	693	141	2 209	6 280	3 744	1 521	260	4 258	4 994	3 021
低体重（痩せ型）	4 018	1 450	1 802	555	179	32	675	1 789	1 065	428	61	1 246	1 431	844
普通体重	9 189	2 724	4 410	1 515	465	75	1 426	4 151	2 454	1 006	152	2 775	3 279	2 014
肥満（1度）	399	93	186	93	22	5	57	190	100	40	12	129	141	86
肥満（2度）	47	9	22	10	5	1	6	18	16	5	2	12	17	10
肥満（3度）	7	2	2	3	-	-	2	3	1	1	-	4	3	-
肥満（4度）	1	-	1	-	-	-	-	-	1	-	-	-	1	-
不詳	353	97	160	46	22	28	43	129	107	41	33	92	122	67
														構　成
総数	100.0	29.8	47.1	16.4	5.2	1.6	16.3	44.2	26.4	10.6	2.4	37.5	35.3	17.2
低体重（痩せ型）	100.0	33.3	46.2	14.4	4.7	1.3	17.0	44.0	26.5	10.4	2.2	37.5	35.7	17.2
普通体重	100.0	28.5	47.8	17.1	5.3	1.3	16.2	44.5	26.3	10.8	2.1	37.7	35.2	17.3
肥満（1度）	100.0	22.2	46.2	23.0	6.6	2.0	14.5	46.1	26.4	10.2	2.8	38.0	34.4	17.8
肥満（2度）	100.0	25.0	39.7	24.4	9.0	1.9	18.6	35.9	28.8	12.8	3.8	43.6	32.1	15.4
肥満（3度）	100.0	25.0	43.8	25.0	6.3	-	12.5	56.3	25.0	6.3	-	50.0	43.8	6.3
肥満（4度）	100.0	-	100.0	-	-	-	-	-	100.0	-	-	-	100.0	-
不詳	100.0	26.9	42.2	13.9	5.2	11.8	12.3	37.1	26.7	10.4	13.4	30.1	32.9	15.9
男児	100.0	28.4	47.2	16.9	5.4	2.2	16.9	43.6	26.1	10.5	3.0	44.2	34.9	13.1
低体重（痩せ型）	100.0	31.2	47.3	14.9	4.9	1.7	17.1	43.5	26.5	10.2	2.7	42.5	35.8	14.2
普通体重	100.0	27.2	47.6	17.7	5.6	1.9	17.0	43.8	25.9	10.7	2.6	45.7	34.6	12.3
肥満（1度）	100.0	21.3	45.9	22.8	7.5	2.6	14.6	45.0	27.3	10.4	2.7	42.1	33.7	15.1
肥満（2度）	100.0	27.5	36.7	25.7	8.3	1.8	21.1	34.9	26.6	13.8	3.7	51.4	30.3	12.8
肥満（3度）	100.0	22.2	55.6	11.1	11.1	-	-	66.7	33.3	-	-	44.4	44.4	11.1
肥満（4度）	-	-	-	-	-	-	-	-	-	-	-	-	-	-
不詳	100.0	26.3	38.9	14.7	4.1	15.9	12.4	37.8	23.0	9.1	17.7	34.2	31.3	12.7
女児	100.0	31.2	47.0	15.9	4.9	1.0	15.8	44.8	26.7	10.9	1.9	30.4	35.6	21.6
低体重（痩せ型）	100.0	36.1	44.8	13.8	4.5	0.8	16.8	44.5	26.5	10.7	1.5	31.0	35.6	21.0
普通体重	100.0	29.6	48.0	16.5	5.1	0.8	15.5	45.2	26.7	10.9	1.7	30.2	35.7	21.9
肥満（1度）	100.0	23.3	46.6	23.3	5.5	1.3	14.3	47.6	25.1	10.0	3.0	32.3	35.3	21.6
肥満（2度）	100.0	19.1	46.8	21.3	10.6	2.1	12.8	38.3	34.0	10.6	4.3	25.5	36.2	21.3
肥満（3度）	100.0	28.6	28.6	42.9	-	-	28.6	42.9	14.3	14.3	-	57.1	42.9	-
肥満（4度）	100.0	-	100.0	-	-	-	-	-	100.0	-	-	-	100.0	-
不詳	100.0	27.5	45.3	13.0	6.2	7.9	12.2	36.5	30.3	11.6	9.3	26.1	34.6	19.0

性、子どもの体型、間食の内容別

第15回調査（平成28年）

料		炭酸飲料					果物					ごはん・パン・麺類				
まったく食べない・まったく飲まない	不詳	よく食べる・よく飲む	ときどき食べる・ときどき飲む	ほとんど食べない・ほとんど飲まない	まったく食べない・まったく飲まない	不詳	よく食べる・よく飲む	ときどき食べる・ときどき飲む	ほとんど食べない・ほとんど飲まない	まったく食べない・まったく飲まない	不詳	よく食べる・よく飲む	ときどき食べる・ときどき飲む	ほとんど食べない・ほとんど飲まない	まったく食べない・まったく飲まない	不詳
数（人）																
2 264	629	4 426	9 311	7 632	6 746	695	4 062	10 516	8 688	4 802	742	5 738	7 766	7 073	7 648	585
706	181	1 487	3 066	2 369	2 094	208	1 325	3 422	2 788	1 482	207	1 919	2 576	2 199	2 365	165
1 424	329	2 668	5 703	4 796	4 245	361	2 532	6 488	5 364	2 993	396	3 447	4 716	4 452	4 853	305
72	21	150	305	250	214	29	116	327	289	181	35	202	249	233	241	23
7	7	36	50	37	28	5	21	45	58	25	7	43	40	33	35	5
－	－	1	8	2	5	－	1	8	4	3	－	4	6	2	4	－
－	－	－	1	－	－	－	－	－	1	－	－	－	－	1	－	－
55	91	84	178	178	160	92	67	226	184	118	97	123	179	153	150	87
787	365	2 979	5 419	3 475	2 515	408	1 831	5 236	4 715	2 543	471	3 631	4 555	3 410	2 851	349
278	112	1 049	1 941	1 191	886	139	648	1 851	1 696	864	147	1 249	1 594	1 193	1 062	108
452	180	1 751	3 145	2 047	1 450	191	1 080	3 060	2 715	1 493	236	2 135	2 682	1 987	1 611	169
37	13	96	195	142	99	17	60	187	172	109	21	139	157	128	111	14
3	3	27	38	20	20	4	19	31	34	21	4	36	32	20	18	3
－	－	1	4	1	3	－	－	5	2	2	－	1	4	2	2	－
－	－	－	－	－	－	－	－	－	－	－	－	－	－	－	－	－
17	57	55	96	74	57	57	24	102	96	54	63	71	86	80	47	55
1 477	264	1 447	3 892	4 157	4 231	287	2 231	5 280	3 973	2 259	271	2 107	3 211	3 663	4 797	236
428	69	438	1 125	1 178	1 208	69	677	1 571	1 092	618	60	670	982	1 006	1 303	57
972	149	917	2 558	2 749	2 795	170	1 452	3 428	2 649	1 500	160	1 312	2 034	2 465	3 242	136
35	8	54	110	108	115	12	56	140	117	72	14	63	92	105	130	9
4	4	9	12	17	8	1	2	14	24	4	3	7	8	13	17	2
－	－	－	4	1	2	－	1	3	2	1	－	3	2	－	2	－
－	－	－	1	－	－	－	－	－	1	－	－	－	－	1	－	－
38	34	29	82	104	103	35	43	124	88	64	34	52	93	73	103	32
割合（%）																
7.9	2.2	15.4	32.3	26.5	23.4	2.4	14.1	36.5	30.2	16.7	2.6	19.9	27.0	24.6	26.5	2.0
7.7	2.0	16.1	33.2	25.7	22.7	2.3	14.4	37.1	30.2	16.1	2.2	20.8	27.9	23.8	25.6	1.8
8.0	1.9	15.0	32.1	27.0	23.9	2.0	14.2	36.5	30.2	16.8	2.2	19.4	26.5	25.0	27.3	1.7
7.6	2.2	15.8	32.2	26.4	22.6	3.1	12.2	34.5	30.5	19.1	3.7	21.3	26.3	24.6	25.4	2.4
4.5	4.5	23.1	32.1	23.7	17.9	3.2	13.5	28.8	37.2	16.0	4.5	27.6	25.6	21.2	22.4	3.2
－	－	6.3	50.0	12.5	31.3	－	6.3	50.0	25.0	18.8	－	25.0	37.5	12.5	25.0	－
－	－	－	100.0	－	－	－	－	－	100.0	－	－	－	－	100.0	－	－
7.9	13.2	12.1	25.7	25.7	23.1	13.3	9.7	32.7	26.6	17.1	14.0	17.8	25.9	22.1	21.7	12.6
5.3	2.5	20.1	36.6	23.5	17.0	2.8	12.4	35.4	31.9	17.2	3.2	24.5	30.8	23.0	19.3	2.4
5.3	2.2	20.1	37.3	22.9	17.0	2.7	12.4	35.6	32.6	16.6	2.8	24.0	30.6	22.9	20.4	2.1
5.3	2.1	20.4	36.6	23.8	16.9	2.2	12.6	35.6	31.6	17.4	2.7	24.9	31.2	23.1	18.8	2.0
6.7	2.4	17.5	35.5	25.9	18.0	3.1	10.9	34.1	31.3	19.9	3.8	25.3	28.6	23.3	20.2	2.6
2.8	2.8	24.8	34.9	18.3	18.3	3.7	17.4	28.4	31.2	19.3	3.7	33.0	29.4	18.3	16.5	2.8
－	－	11.1	44.4	11.1	33.3	－	－	55.6	22.2	22.2	－	11.1	44.4	22.2	22.2	－
－	－	－	－	－	－	－	－	－	－	－	－	－	－	－	－	－
5.0	16.8	16.2	28.3	21.8	16.8	16.8	7.1	30.1	28.3	15.9	18.6	20.9	25.4	23.6	13.9	16.2
10.5	1.9	10.3	27.8	29.7	30.2	2.0	15.9	37.7	28.4	16.1	1.9	15.0	22.9	26.1	34.2	1.7
10.7	1.7	10.9	28.0	29.3	30.1	1.7	16.8	39.1	27.2	15.4	1.5	16.7	24.4	25.0	32.4	1.4
10.6	1.6	10.0	27.8	29.9	30.4	1.9	15.8	37.3	28.8	16.3	1.7	14.3	22.1	26.8	35.3	1.5
8.8	2.0	13.5	27.6	27.1	28.8	3.0	14.0	35.1	29.3	18.0	3.5	15.8	23.1	26.3	32.6	2.3
8.5	8.5	19.1	25.5	36.2	17.0	2.1	4.3	29.8	51.1	8.5	6.4	14.9	17.0	27.7	36.2	4.3
－	－	－	57.1	14.3	28.6	－	14.3	42.9	28.6	14.3	－	42.9	28.6	－	28.6	－
－	－	－	100.0	－	－	－	－	－	100.0	－	－	－	－	100.0	－	－
10.8	9.6	8.2	23.2	29.5	29.2	9.9	12.2	35.1	24.9	18.1	9.6	14.7	26.3	20.7	29.2	9.1

第68表　子ども数・構成割合，

実　数（人）

性、朝食－夕食のとり方	総数	お菓子 よく食べる・よく飲む	お菓子 ときどき食べる・ときどき飲む	お菓子 ほとんど食べない・ほとんど飲まない	お菓子 まったく食べない・まったく飲まない	お菓子 不詳	氷菓子 よく食べる・よく飲む	氷菓子 ときどき食べる・ときどき飲む	氷菓子 ほとんど食べない・ほとんど飲まない	氷菓子 まったく食べない・まったく飲まない	氷菓子 不詳	飲 よく食べる・よく飲む	飲 ときどき食べる・ときどき飲む	飲 ほとんど食べない・ほとんど飲まない
総数	28 810	8 572	13 563	4 719	1 496	460	4 704	12 730	7 609	3 068	699	10 801	10 161	4 955
朝食　食べる	25 565	7 617	12 066	4 206	1 351	325	4 199	11 272	6 811	2 741	542	9 566	9 001	4 469
食べないことがある	2 328	721	1 115	366	98	28	375	1 080	593	235	45	882	886	367
食べない	800	228	368	144	45	15	127	368	196	90	19	344	267	113
不詳	117	6	14	3	2	92	3	10	9	2	93	9	7	6
夕食　食べる	28 253	8 467	13 325	4 628	1 469	364	4 633	12 537	7 470	3 020	593	10 642	9 998	4 851
食べないことがある	425	98	218	85	22	2	66	178	128	42	11	147	153	95
家でひとりで食べる	2 019	574	914	368	141	22	384	785	579	229	42	820	668	329
家で兄弟・姉妹だけで食べる	1 320	368	631	229	76	16	240	587	346	130	17	482	481	230
家で父母などの家族と一緒に食べる	24 783	7 460	11 763	4 009	1 232	319	3 991	11 138	6 509	2 617	528	9 286	8 791	4 306
塾でひとりで食べる	82	21	31	21	8	1	11	31	25	15	－	31	32	10
塾で友人と食べる	252	82	105	50	14	1	34	94	79	39	6	85	94	48
家・塾以外でひとりで食べる	21	7	6	5	2	1	9	8	3	1	－	13	5	2
家・塾以外で友人と食べる	73	16	31	14	9	3	10	19	25	15	4	17	38	4
不詳	128	37	62	17	9	3	20	53	32	16	7	55	42	17
食べない	10	2	3	2	2	1	3	2	1	3	1	3	1	3
不詳	122	5	17	4	3	93	2	13	10	3	94	9	9	6
男児	14 796	4 197	6 980	2 497	803	319	2 495	6 450	3 865	1 547	439	6 543	5 167	1 934
朝食　食べる	13 028	3 674	6 197	2 206	718	233	2 226	5 668	3 432	1 366	336	5 780	4 574	1 713
食べないことがある	1 229	381	562	208	61	17	194	563	315	129	28	531	448	160
食べない	464	138	212	81	24	9	74	212	113	51	14	226	141	58
不詳	75	4	9	2	－	60	1	7	5	1	61	6	4	3
夕食　食べる	14 588	4 155	6 903	2 477	796	257	2 471	6 387	3 825	1 532	373	6 475	5 116	1 915
食べないことがある	132	41	67	17	6	1	24	56	36	12	4	62	46	17
家でひとりで食べる	1 144	310	512	223	80	19	210	444	321	139	30	506	400	138
家で兄弟・姉妹だけで食べる	657	179	311	120	36	11	129	285	168	66	9	299	230	86
家で父母などの家族と一緒に食べる	12 643	3 636	6 029	2 098	660	220	2 112	5 618	3 289	1 297	327	5 622	4 418	1 686
塾でひとりで食べる	40	9	15	9	6	1	3	17	12	8	－	14	19	1
塾で友人と食べる	99	28	43	21	6	1	14	32	37	13	3	41	43	10
家・塾以外でひとりで食べる	10	4	2	2	1	1	4	5	－	1	－	6	2	1
家・塾以外で友人と食べる	53	9	21	13	7	3	7	13	20	10	3	14	26	3
不詳	74	21	37	8	6	2	16	29	14	10	5	35	24	7
食べない	1	－	－	－	1	－	－	－	－	1	－	－	－	1
不詳	75	1	10	3	－	61	－	7	4	2	62	6	5	1
女児	14 014	4 375	6 583	2 222	693	141	2 209	6 280	3 744	1 521	260	4 258	4 994	3 021
朝食　食べる	12 537	3 943	5 869	2 000	633	92	1 973	5 604	3 379	1 375	206	3 786	4 427	2 756
食べないことがある	1 099	340	553	158	37	11	181	517	278	106	17	351	438	207
食べない	336	90	156	63	21	6	53	156	83	39	5	118	126	55
不詳	42	2	5	1	2	32	2	3	4	1	32	3	3	3
夕食　食べる	13 665	4 312	6 422	2 151	673	107	2 162	6 150	3 645	1 488	220	4 167	4 882	2 936
食べないことがある	293	57	151	68	16	1	42	122	92	30	7	85	107	78
家でひとりで食べる	875	264	402	145	61	3	174	341	258	90	12	314	268	191
家で兄弟・姉妹だけで食べる	663	189	320	109	40	5	111	302	178	64	8	183	251	144
家で父母などの家族と一緒に食べる	12 140	3 824	5 734	1 911	572	99	1 879	5 520	3 220	1 320	201	3 664	4 373	2 620
塾でひとりで食べる	42	12	16	12	2	－	8	14	13	7	－	17	13	9
塾で友人と食べる	153	54	62	29	8	－	20	62	42	26	3	44	51	38
家・塾以外でひとりで食べる	11	3	4	3	1	－	5	3	3	－	－	7	3	1
家・塾以外で友人と食べる	20	7	10	1	2	－	3	6	5	5	1	3	12	1
不詳	54	16	25	9	3	1	4	24	18	6	2	20	18	10
食べない	9	2	3	2	1	1	3	2	1	2	1	3	1	2
不詳	47	4	7	1	3	32	2	6	6	1	32	3	4	5

性、朝食－夕食のとり方、間食の内容別（２－１）

第15回調査（平成28年）

料		炭酸飲料					果物					ごはん・パン・麺類				
まったく食べない・まったく飲まない	不詳	よく食べる・よく飲む	ときどき食べる・ときどき飲む	ほとんど食べない・ほとんど飲まない	まったく食べない・まったく飲まない	不詳	よく食べる・よく飲む	ときどき食べる・ときどき飲む	ほとんど食べない・ほとんど飲まない	まったく食べない・まったく飲まない	不詳	よく食べる・よく飲む	ときどき食べる・ときどき飲む	ほとんど食べない・ほとんど飲まない	まったく食べない・まったく飲まない	不詳
2 264	629	4 426	9 311	7 632	6 746	695	4 062	10 516	8 688	4 802	742	5 738	7 766	7 073	7 648	585
2 052	477	3 713	8 180	6 934	6 202	536	3 725	9 474	7 622	4 176	568	4 953	6 778	6 322	7 074	438
148	45	497	856	527	402	46	256	811	769	438	54	566	731	565	428	38
62	14	212	265	164	139	20	75	224	290	185	26	212	247	183	141	17
2	93	4	10	7	3	93	6	7	7	3	94	7	10	3	5	92
2 234	528	4 348	9 169	7 505	6 638	593	3 994	10 376	8 541	4 703	639	5 642	7 639	6 958	7 527	487
23	7	73	129	118	98	7	60	131	137	89	8	88	119	107	107	4
163	39	348	618	548	467	38	312	619	643	402	43	540	599	395	460	25
107	20	215	435	335	312	23	170	451	432	245	22	283	360	358	301	18
1 936	464	3 781	8 083	6 601	5 796	522	3 490	9 238	7 442	4 047	566	4 770	6 647	6 203	6 728	435
8	1	11	25	20	25	1	12	28	26	15	1	21	19	12	30	−
21	4	34	63	69	79	7	45	93	74	34	6	68	62	55	62	5
1	−	7	4	3	6	1	3	10	4	3	1	8	6	2	4	1
12	2	7	19	18	26	3	8	21	19	22	3	14	26	15	16	2
9	5	18	51	29	25	5	14	47	38	24	5	26	39	25	33	5
3	−	2	2	1	4	1	2	2	1	4	1	1	−	5	3	1
4	94	3	11	8	6	94	6	7	9	6	94	7	8	3	11	93
787	365	2 979	5 419	3 475	2 515	408	1 831	5 236	4 715	2 543	471	3 631	4 555	3 410	2 851	349
692	269	2 482	4 776	3 143	2 320	307	1 685	4 688	4 111	2 189	355	3 108	3 980	3 053	2 631	256
66	24	339	476	245	140	29	106	422	424	243	34	364	422	258	163	22
28	11	156	160	83	54	11	37	122	176	109	20	154	147	96	56	11
1	61	2	7	4	1	61	3	4	4	2	62	5	6	3	1	60
782	300	2 945	5 357	3 444	2 500	342	1 815	5 195	4 665	2 509	404	3 591	4 508	3 376	2 827	286
4	3	33	55	27	13	4	13	37	48	29	5	35	43	32	20	2
73	27	257	402	274	184	27	153	326	384	248	33	357	361	203	202	21
32	10	134	237	141	131	14	72	216	220	137	12	166	195	170	117	9
657	260	2 537	4 682	2 989	2 140	295	1 570	4 594	4 023	2 103	353	3 028	3 910	2 984	2 471	250
6	−	6	15	10	8	1	2	14	12	11	1	9	12	5	14	−
5	−	18	30	25	23	3	15	33	36	12	3	35	23	22	17	2
1	−	5	2	1	1	1	1	4	3	1	1	4	3	−	2	1
9	1	6	15	14	16	2	7	15	13	16	2	10	21	11	10	1
3	5	15	29	17	10	3	8	30	22	10	4	17	26	13	14	4
−	−	−	−	−	1	−	−	−	−	1	−	−	−	−	1	−
1	62	1	7	4	1	62	3	4	2	4	62	5	4	2	3	61
1 477	264	1 447	3 892	4 157	4 231	287	2 231	5 280	3 973	2 259	271	2 107	3 211	3 663	4 797	236
1 360	208	1 231	3 404	3 791	3 882	229	2 040	4 786	3 511	1 987	213	1 845	2 798	3 269	4 443	182
82	21	158	380	282	262	17	150	389	345	195	20	202	309	307	265	16
34	3	56	105	81	85	9	38	102	114	76	6	58	100	87	85	6
1	32	2	3	3	2	32	3	3	3	1	32	2	4	−	4	32
1 452	228	1 403	3 812	4 061	4 138	251	2 179	5 181	3 876	2 194	235	2 051	3 131	3 582	4 700	201
19	4	40	74	91	85	3	47	94	89	60	3	53	76	75	87	2
90	12	91	216	274	283	11	159	293	259	154	10	183	238	192	258	4
75	10	81	198	194	181	9	98	235	212	108	10	117	165	188	184	9
1 279	204	1 244	3 401	3 612	3 656	227	1 920	4 644	3 419	1 944	213	1 742	2 737	3 219	4 257	185
2	1	5	10	10	17	−	10	14	14	4	−	12	7	7	16	−
16	4	16	33	44	56	4	30	60	38	22	3	33	39	33	45	3
−	−	2	2	2	5	−	2	6	1	2	−	4	3	2	2	−
3	1	1	4	4	10	1	1	6	6	6	1	4	5	4	6	1
6	−	3	22	12	15	2	6	17	16	14	1	9	13	12	19	1
3	−	2	2	1	3	1	2	2	1	3	1	1	−	5	2	1
3	32	2	4	4	5	32	3	3	7	2	32	2	4	1	8	32

構成割合（%）

性、朝食－夕食のとり方	総数	お菓子					氷菓子					飲		
		よく食べる・よく飲む	ときどき食べる・ときどき飲む	ほとんど食べない・ほとんど飲まない	まったく食べない・まったく飲まない	不詳	よく食べる・よく飲む	ときどき食べる・ときどき飲む	ほとんど食べない・ほとんど飲まない	まったく食べない・まったく飲まない	不詳	よく食べる・よく飲む	ときどき食べる・ときどき飲む	ほとんど食べない・ほとんど飲まない
総数	100.0	29.8	47.1	16.4	5.2	1.6	16.3	44.2	26.4	10.6	2.4	37.5	35.3	17.2
朝食　食べる	100.0	29.8	47.2	16.5	5.3	1.3	16.4	44.1	26.6	10.7	2.1	37.4	35.2	17.5
食べないことがある	100.0	31.0	47.9	15.7	4.2	1.2	16.1	46.4	25.5	10.1	1.9	37.9	38.1	15.8
食べない	100.0	28.5	46.0	18.0	5.6	1.9	15.9	46.0	24.5	11.3	2.4	43.0	33.4	14.1
不詳	100.0	5.1	12.0	2.6	1.7	78.6	2.6	8.5	7.7	1.7	79.5	7.7	6.0	5.1
夕食　食べる	100.0	30.0	47.2	16.4	5.2	1.3	16.4	44.4	26.4	10.7	2.1	37.7	35.4	17.2
食べないことがある	100.0	23.1	51.3	20.0	5.2	0.5	15.5	41.9	30.1	9.9	2.6	34.6	36.0	22.4
家でひとりで食べる	100.0	28.4	45.3	18.2	7.0	1.1	19.0	38.9	28.7	11.3	2.1	40.6	33.1	16.3
家で兄弟・姉妹だけで食べる	100.0	27.9	47.8	17.3	5.8	1.2	18.2	44.5	26.2	9.8	1.3	36.5	36.4	17.4
家で父母などの家族と一緒に食べる	100.0	30.1	47.5	16.2	5.0	1.3	16.1	44.9	26.3	10.6	2.1	37.5	35.5	17.4
塾でひとりで食べる	100.0	25.6	37.8	25.6	9.8	1.2	13.4	37.8	30.5	18.3	－	37.8	39.0	12.2
塾で友人と食べる	100.0	32.5	41.7	19.8	5.6	0.4	13.5	37.3	31.3	15.5	2.4	33.7	37.3	19.0
家・塾以外でひとりで食べる	100.0	33.3	28.6	23.8	9.5	4.8	42.9	38.1	14.3	4.8	－	61.9	23.8	9.5
家・塾以外で友人と食べる	100.0	21.9	42.5	19.2	12.3	4.1	13.7	26.0	34.2	20.5	5.5	23.3	52.1	5.5
不詳	100.0	28.9	48.4	13.3	7.0	2.3	15.6	41.4	25.0	12.5	5.5	43.0	32.8	13.3
食べない	100.0	20.0	30.0	20.0	20.0	10.0	30.0	20.0	10.0	30.0	10.0	30.0	10.0	30.0
不詳	100.0	4.1	13.9	3.3	2.5	76.2	1.6	10.7	8.2	2.5	77.0	7.4	7.4	4.9
男児	100.0	28.4	47.2	16.9	5.4	2.2	16.9	43.6	26.1	10.5	3.0	44.2	34.9	13.1
朝食　食べる	100.0	28.2	47.6	16.9	5.5	1.8	17.1	43.5	26.3	10.5	2.6	44.4	35.1	13.1
食べないことがある	100.0	31.0	45.7	16.9	5.0	1.4	15.8	45.8	25.6	10.5	2.3	43.2	36.5	13.0
食べない	100.0	29.7	45.7	17.5	5.2	1.9	15.9	45.7	24.4	11.0	3.0	48.7	30.4	12.5
不詳	100.0	5.3	12.0	2.7	－	80.0	1.3	9.3	6.7	1.3	81.3	8.0	5.3	4.0
夕食　食べる	100.0	28.5	47.3	17.0	5.5	1.8	16.9	43.8	26.2	10.5	2.6	44.4	35.1	13.1
食べないことがある	100.0	31.1	50.8	12.9	4.5	0.8	18.2	42.4	27.3	9.1	3.0	47.0	34.8	12.9
家でひとりで食べる	100.0	27.1	44.8	19.5	7.0	1.7	18.4	38.8	28.1	12.2	2.6	44.2	35.0	12.1
家で兄弟・姉妹だけで食べる	100.0	27.2	47.3	18.3	5.5	1.7	19.6	43.4	25.6	10.0	1.4	45.5	35.0	13.1
家で父母などの家族と一緒に食べる	100.0	28.8	47.7	16.6	5.2	1.7	16.7	44.4	26.0	10.3	2.6	44.5	34.9	13.3
塾でひとりで食べる	100.0	22.5	37.5	22.5	15.0	2.5	7.5	42.5	30.0	20.0	－	35.0	47.5	2.5
塾で友人と食べる	100.0	28.3	43.4	21.2	6.1	1.0	14.1	32.3	37.4	13.1	3.0	41.4	43.4	10.1
家・塾以外でひとりで食べる	100.0	40.0	20.0	20.0	10.0	10.0	40.0	50.0	－	10.0	－	60.0	20.0	10.0
家・塾以外で友人と食べる	100.0	17.0	39.6	24.5	13.2	5.7	13.2	24.5	37.7	18.9	5.7	26.4	49.1	5.7
不詳	100.0	28.4	50.0	10.8	8.1	2.7	21.6	39.2	18.9	13.5	6.8	47.3	32.4	9.5
食べない	100.0	－	－	－	100.0	－	－	－	－	100.0	－	－	－	100.0
不詳	100.0	1.3	13.3	4.0	－	81.3	－	9.3	5.3	2.7	82.7	8.0	6.7	1.3
女児	100.0	31.2	47.0	15.9	4.9	1.0	15.8	44.8	26.7	10.9	1.9	30.4	35.6	21.6
朝食　食べる	100.0	31.5	46.8	16.0	5.0	0.7	15.7	44.7	27.0	11.0	1.6	30.2	35.3	22.0
食べないことがある	100.0	30.9	50.3	14.4	3.4	1.0	16.5	47.0	25.3	9.6	1.5	31.9	39.9	18.8
食べない	100.0	26.8	46.4	18.8	6.3	1.8	15.8	46.4	24.7	11.6	1.5	35.1	37.5	16.4
不詳	100.0	4.8	11.9	2.4	4.8	76.2	4.8	7.1	9.5	2.4	76.2	7.1	7.1	7.1
夕食　食べる	100.0	31.6	47.0	15.7	4.9	0.8	15.8	45.0	26.7	10.9	1.6	30.5	35.7	21.5
食べないことがある	100.0	19.5	51.5	23.2	5.5	0.3	14.3	41.6	31.4	10.2	2.4	29.0	36.5	26.6
家でひとりで食べる	100.0	30.2	45.9	16.6	7.0	0.3	19.9	39.0	29.5	10.3	1.4	35.9	30.6	21.8
家で兄弟・姉妹だけで食べる	100.0	28.5	48.3	16.4	6.0	0.8	16.7	45.6	26.8	9.7	1.2	27.6	37.9	21.7
家で父母などの家族と一緒に食べる	100.0	31.5	47.2	15.7	4.7	0.8	15.5	45.5	26.5	10.9	1.7	30.2	36.0	21.6
塾でひとりで食べる	100.0	28.6	38.1	28.6	4.8	－	19.0	33.3	31.0	16.7	－	40.5	31.0	21.4
塾で友人と食べる	100.0	35.3	40.5	19.0	5.2	－	13.1	40.5	27.5	17.0	2.0	28.8	33.3	24.8
家・塾以外でひとりで食べる	100.0	27.3	36.4	27.3	9.1	－	45.5	27.3	27.3	－	－	63.6	27.3	9.1
家・塾以外で友人と食べる	100.0	35.0	50.0	5.0	10.0	－	15.0	30.0	25.0	25.0	5.0	15.0	60.0	5.0
不詳	100.0	29.6	46.3	16.7	5.6	1.9	7.4	44.4	33.3	11.1	3.7	37.0	33.3	18.5
食べない	100.0	22.2	33.3	22.2	11.1	11.1	33.3	22.2	11.1	22.2	11.1	33.3	11.1	22.2
不詳	100.0	8.5	14.9	2.1	6.4	68.1	4.3	12.8	12.8	2.1	68.1	6.4	8.5	10.6

性、朝食－夕食のとり方、間食の内容別（２－２）

第15回調査（平成28年）

料		炭酸飲料					果物					ごはん・パン・麺類				
まったく食べない・まったく飲まない	不詳	よく食べる・よく飲む	ときどき食べる・ときどき飲む	ほとんど食べない・ほとんど飲まない	まったく食べない・まったく飲まない	不詳	よく食べる・よく飲む	ときどき食べる・ときどき飲む	ほとんど食べない・ほとんど飲まない	まったく食べない・まったく飲まない	不詳	よく食べる・よく飲む	ときどき食べる・ときどき飲む	ほとんど食べない・ほとんど飲まない	まったく食べない・まったく飲まない	不詳
7.9	2.2	15.4	32.3	26.5	23.4	2.4	14.1	36.5	30.2	16.7	2.6	19.9	27.0	24.6	26.5	2.0
8.0	1.9	14.5	32.0	27.1	24.3	2.1	14.6	37.1	29.8	16.3	2.2	19.4	26.5	24.7	27.7	1.7
6.4	1.9	21.3	36.8	22.6	17.3	2.0	11.0	34.8	33.0	18.8	2.3	24.3	31.4	24.3	18.4	1.6
7.8	1.8	26.5	33.1	20.5	17.4	2.5	9.4	28.0	36.3	23.1	3.3	26.5	30.9	22.9	17.6	2.1
1.7	79.5	3.4	8.5	6.0	2.6	79.5	5.1	6.0	6.0	2.6	80.3	6.0	8.5	2.6	4.3	78.6
7.9	1.9	15.4	32.5	26.6	23.5	2.1	14.1	36.7	30.2	16.6	2.3	20.0	27.0	24.6	26.6	1.7
5.4	1.6	17.2	30.4	27.8	23.1	1.6	14.1	30.8	32.2	20.9	1.9	20.7	28.0	25.2	25.2	0.9
8.1	1.9	17.2	30.6	27.1	23.1	1.9	15.5	30.7	31.8	19.9	2.1	26.7	29.7	19.6	22.8	1.2
8.1	1.5	16.3	33.0	25.4	23.6	1.7	12.9	34.2	32.7	18.6	1.7	21.4	27.3	27.1	22.8	1.4
7.8	1.9	15.3	32.6	26.6	23.4	2.1	14.1	37.3	30.0	16.3	2.3	19.2	26.8	25.0	27.1	1.8
9.8	1.2	13.4	30.5	24.4	30.5	1.2	14.6	34.1	31.7	18.3	1.2	25.6	23.2	14.6	36.6	-
8.3	1.6	13.5	25.0	27.4	31.3	2.8	17.9	36.9	29.4	13.5	2.4	27.0	24.6	21.8	24.6	2.0
4.8	-	33.3	19.0	14.3	28.6	4.8	14.3	47.6	19.0	14.3	4.8	38.1	28.6	9.5	19.0	4.8
16.4	2.7	9.6	26.0	24.7	35.6	4.1	11.0	28.8	26.0	30.1	4.1	19.2	35.6	20.5	21.9	2.7
7.0	3.9	14.1	39.8	22.7	19.5	3.9	10.9	36.7	29.7	18.8	3.9	20.3	30.5	19.5	25.8	3.9
30.0	-	20.0	20.0	10.0	40.0	10.0	20.0	20.0	10.0	40.0	10.0	10.0	-	50.0	30.0	10.0
3.3	77.0	2.5	9.0	6.6	4.9	77.0	4.9	5.7	7.4	4.9	77.0	5.7	6.6	2.5	9.0	76.2
5.3	2.5	20.1	36.6	23.5	17.0	2.8	12.4	35.4	31.9	17.2	3.2	24.5	30.8	23.0	19.3	2.4
5.3	2.1	19.1	36.7	24.1	17.8	2.4	12.9	36.0	31.6	16.8	2.7	23.9	30.5	23.4	20.2	2.0
5.4	2.0	27.6	38.7	19.9	11.4	2.4	8.6	34.3	34.5	19.8	2.8	29.6	34.3	21.0	13.3	1.8
6.0	2.4	33.6	34.5	17.9	11.6	2.4	8.0	26.3	37.9	23.5	4.3	33.2	31.7	20.7	12.1	2.4
1.3	81.3	2.7	9.3	5.3	1.3	81.3	4.0	5.3	5.3	2.7	82.7	6.7	8.0	4.0	1.3	80.0
5.4	2.1	20.2	36.7	23.6	17.1	2.3	12.4	35.6	32.0	17.2	2.8	24.6	30.9	23.1	19.4	2.0
3.0	2.3	25.0	41.7	20.5	9.8	3.0	9.8	28.0	36.4	22.0	3.8	26.5	32.6	24.2	15.2	1.5
6.4	2.4	22.5	35.1	24.0	16.1	2.4	13.4	28.5	33.6	21.7	2.9	31.2	31.6	17.7	17.7	1.8
4.9	1.5	20.4	36.1	21.5	19.9	2.1	11.0	32.9	33.5	20.9	1.8	25.3	29.7	25.9	17.8	1.4
5.2	2.1	20.1	37.0	23.6	16.9	2.3	12.4	36.3	31.8	16.6	2.8	24.0	30.9	23.6	19.5	2.0
15.0	-	15.0	37.5	25.0	20.0	2.5	5.0	35.0	30.0	27.5	2.5	22.5	30.0	12.5	35.0	-
5.1	-	18.2	30.3	25.3	23.2	3.0	15.2	33.3	36.4	12.1	3.0	35.4	23.2	22.2	17.2	2.0
10.0	-	50.0	20.0	10.0	10.0	10.0	10.0	40.0	30.0	10.0	10.0	40.0	30.0	-	20.0	10.0
17.0	1.9	11.3	28.3	26.4	30.2	3.8	13.2	28.3	24.5	30.2	3.8	18.9	39.6	20.8	18.9	1.9
4.1	6.8	20.3	39.2	23.0	13.5	4.1	10.8	40.5	29.7	13.5	5.4	23.0	35.1	17.6	18.9	5.4
-	-	-	-	-	100.0	-	-	-	-	100.0	-	-	-	-	100.0	-
1.3	82.7	1.3	9.3	5.3	1.3	82.7	4.0	5.3	2.7	5.3	82.7	6.7	5.3	2.7	4.0	81.3
10.5	1.9	10.3	27.8	29.7	30.2	2.0	15.9	37.7	28.4	16.1	1.9	15.0	22.9	26.1	34.2	1.7
10.8	1.7	9.8	27.2	30.2	31.0	1.8	16.3	38.2	28.0	15.8	1.7	14.7	22.3	26.1	35.4	1.5
7.5	1.9	14.4	34.6	25.7	23.8	1.5	13.6	35.4	31.4	17.7	1.8	18.4	28.1	27.9	24.1	1.5
10.1	0.9	16.7	31.3	24.1	25.3	2.7	11.3	30.4	33.9	22.6	1.8	17.3	29.8	25.9	25.3	1.8
2.4	76.2	4.8	7.1	7.1	4.8	76.2	7.1	7.1	7.1	2.4	76.2	4.8	9.5	-	9.5	76.2
10.6	1.7	10.3	27.9	29.7	30.3	1.8	15.9	37.9	28.4	16.1	1.7	15.0	22.9	26.2	34.4	1.5
6.5	1.4	13.7	25.3	31.1	29.0	1.0	16.0	32.1	30.4	20.5	1.0	18.1	25.9	25.6	29.7	0.7
10.3	1.4	10.4	24.7	31.3	32.3	1.3	18.2	33.5	29.6	17.6	1.1	20.9	27.2	21.9	29.5	0.5
11.3	1.5	12.2	29.9	29.3	27.3	1.4	14.8	35.4	32.0	16.3	1.5	17.6	24.9	28.4	27.8	1.4
10.5	1.7	10.2	28.0	29.8	30.1	1.9	15.8	38.3	28.2	16.0	1.8	14.3	22.5	26.5	35.1	1.5
4.8	2.4	11.9	23.8	23.8	40.5	-	23.8	33.3	33.3	9.5	-	28.6	16.7	16.7	38.1	-
10.5	2.6	10.5	21.6	28.8	36.6	2.6	19.6	39.2	24.8	14.4	2.0	21.6	25.5	21.6	29.4	2.0
-	-	18.2	18.2	18.2	45.5	-	18.2	54.5	9.1	18.2	-	36.4	27.3	18.2	18.2	-
15.0	5.0	5.0	20.0	20.0	50.0	5.0	5.0	30.0	30.0	30.0	5.0	20.0	25.0	20.0	30.0	5.0
11.1	-	5.6	40.7	22.2	27.8	3.7	11.1	31.5	29.6	25.9	1.9	16.7	24.1	22.2	35.2	1.9
33.3	-	22.2	22.2	11.1	33.3	11.1	22.2	22.2	11.1	33.3	11.1	11.1	-	55.6	22.2	11.1
6.4	68.1	4.3	8.5	8.5	10.6	68.1	6.4	6.4	14.9	4.3	68.1	4.3	8.5	2.1	17.0	68.1

第69表　朝食を食べない子ども数・構成割合,

性　　、 朝食を食べない理由	総数	お菓子 よく食べる・よく飲む	 ときどき食べる・ときどき飲む	 ほとんど食べない・ほとんど飲まない	 まったく食べない・まったく飲まない	 不詳	氷菓子 よく食べる・よく飲む	 ときどき食べる・ときどき飲む	 ほとんど食べない・ほとんど飲まない	 まったく食べない・まったく飲まない	 不詳	飲 よく食べる・よく飲む	 ときどき食べる・ときどき飲む	 ほとんど食べない・ほとんど飲まない
														実
総数	800	228	368	144	45	15	127	368	196	90	19	344	267	113
食べる時間がない	251	95	100	36	12	8	43	110	67	22	9	116	83	29
食事が用意されていない	15	3	8	4	-	-	3	7	3	2	-	5	3	6
朝は食欲がない	375	99	180	71	20	5	63	183	81	41	7	164	128	51
その他	62	13	29	14	5	1	8	29	19	5	1	25	21	12
特に理由はない	96	18	50	19	8	1	10	39	25	20	2	34	31	15
不詳	1	-	1	-	-	-	-	-	1	-	-	-	1	-
男児	464	138	212	81	24	9	74	212	113	51	14	226	141	58
食べる時間がない	143	54	55	24	6	4	24	58	45	11	5	73	43	16
食事が用意されていない	11	2	7	2	-	-	3	4	3	1	-	3	3	4
朝は食欲がない	223	64	107	38	10	4	38	112	39	27	7	113	71	24
その他	34	8	17	7	2	-	4	17	11	2	-	18	9	6
特に理由はない	52	10	25	10	6	1	5	21	14	10	2	19	14	8
不詳	1	-	1	-	-	-	-	-	1	-	-	-	1	-
女児	336	90	156	63	21	6	53	156	83	39	5	118	126	55
食べる時間がない	108	41	45	12	6	4	19	52	22	11	4	43	40	13
食事が用意されていない	4	1	1	2	-	-	-	3	-	1	-	2	-	2
朝は食欲がない	152	35	73	33	10	1	25	71	42	14	-	51	57	27
その他	28	5	12	7	3	1	4	12	8	3	1	7	12	6
特に理由はない	44	8	25	9	2	-	5	18	11	10	-	15	17	7
不詳	-	-	-	-	-	-	-	-	-	-	-	-	-	-
														構　成
総数	100.0	28.5	46.0	18.0	5.6	1.9	15.9	46.0	24.5	11.3	2.4	43.0	33.4	14.1
食べる時間がない	100.0	37.8	39.8	14.3	4.8	3.2	17.1	43.8	26.7	8.8	3.6	46.2	33.1	11.6
食事が用意されていない	100.0	20.0	53.3	26.7	-	-	20.0	46.7	20.0	13.3	-	33.3	20.0	40.0
朝は食欲がない	100.0	26.4	48.0	18.9	5.3	1.3	16.8	48.8	21.6	10.9	1.9	43.7	34.1	13.6
その他	100.0	21.0	46.8	22.6	8.1	1.6	12.9	46.8	30.6	8.1	1.6	40.3	33.9	19.4
特に理由はない	100.0	18.8	52.1	19.8	8.3	1.0	10.4	40.6	26.0	20.8	2.1	35.4	32.3	15.6
不詳	100.0	-	100.0	-	-	-	-	-	100.0	-	-	-	100.0	-
男児	100.0	29.7	45.7	17.5	5.2	1.9	15.9	45.7	24.4	11.0	3.0	48.7	30.4	12.5
食べる時間がない	100.0	37.8	38.5	16.8	4.2	2.8	16.8	40.6	31.5	7.7	3.5	51.0	30.1	11.2
食事が用意されていない	100.0	18.2	63.6	18.2	-	-	27.3	36.4	27.3	9.1	-	27.3	27.3	36.4
朝は食欲がない	100.0	28.7	48.0	17.0	4.5	1.8	17.0	50.2	17.5	12.1	3.1	50.7	31.8	10.8
その他	100.0	23.5	50.0	20.6	5.9	-	11.8	50.0	32.4	5.9	-	52.9	26.5	17.6
特に理由はない	100.0	19.2	48.1	19.2	11.5	1.9	9.6	40.4	26.9	19.2	3.8	36.5	26.9	15.4
不詳	100.0	-	100.0	-	-	-	-	-	100.0	-	-	-	100.0	-
女児	100.0	26.8	46.4	18.8	6.3	1.8	15.8	46.4	24.7	11.6	1.5	35.1	37.5	16.4
食べる時間がない	100.0	38.0	41.7	11.1	5.6	3.7	17.6	48.1	20.4	10.2	3.7	39.8	37.0	12.0
食事が用意されていない	100.0	25.0	25.0	50.0	-	-	-	75.0	-	25.0	-	50.0	-	50.0
朝は食欲がない	100.0	23.0	48.0	21.7	6.6	0.7	16.4	46.7	27.6	9.2	-	33.6	37.5	17.8
その他	100.0	17.9	42.9	25.0	10.7	3.6	14.3	42.9	28.6	10.7	3.6	25.0	42.9	21.4
特に理由はない	100.0	18.2	56.8	20.5	4.5	-	11.4	40.9	25.0	22.7	-	34.1	38.6	15.9
不詳	-	-	-	-	-	-	-	-	-	-	-	-	-	-

性、朝食を食べない理由、間食の内容別

第15回調査（平成28年）

料		炭酸飲料					果物					ごはん・パン・麺類				
まったく食べない・まったく飲まない	不詳	よく食べる・よく飲む	ときどき食べる・ときどき飲む	ほとんど食べない・ほとんど飲まない	まったく食べない・まったく飲まない	不詳	よく食べる・よく飲む	ときどき食べる・ときどき飲む	ほとんど食べない・ほとんど飲まない	まったく食べない・まったく飲まない	不詳	よく食べる・よく飲む	ときどき食べる・ときどき飲む	ほとんど食べない・ほとんど飲まない	まったく食べない・まったく飲まない	不詳
数（人）																
62	14	212	265	164	139	20	75	224	290	185	26	212	247	183	141	17
16	7	69	91	40	42	9	30	63	91	57	10	70	78	60	35	8
-	1	1	5	7	2	-	1	8	1	5	-	5	5	2	2	1
29	3	105	118	80	66	6	30	113	142	80	10	99	113	83	76	4
4	-	15	20	15	9	3	5	14	28	13	2	17	25	13	5	2
13	3	22	30	22	20	2	9	25	28	30	4	21	25	25	23	2
-	-	-	1	-	-	-	-	1	-	-	-	-	1	-	-	-
28	11	156	160	83	54	11	37	122	176	109	20	154	147	96	56	11
7	4	44	57	20	18	4	14	35	55	31	8	55	37	36	11	4
-	1	1	5	4	1	-	-	6	1	4	-	5	3	2	-	1
12	3	83	67	41	27	5	15	63	87	49	9	68	79	41	31	4
1	-	11	12	9	2	-	3	7	18	6	-	11	13	9	1	-
8	3	17	18	9	6	2	5	10	15	19	3	15	14	8	13	2
-	-	-	1	-	-	-	-	1	-	-	-	-	1	-	-	-
34	3	56	105	81	85	9	38	102	114	76	6	58	100	87	85	6
9	3	25	34	20	24	5	16	28	36	26	2	15	41	24	24	4
-	-	-	-	3	1	-	1	2	-	1	-	-	2	-	2	-
17	-	22	51	39	39	1	15	50	55	31	1	31	34	42	45	-
3	-	4	8	6	7	3	2	7	10	7	2	6	12	4	4	2
5	-	5	12	13	14	-	4	15	13	11	1	6	11	17	10	-
-	-	-	-	-	-	-	-	-	-	-	-	-	-	-	-	-
割合（%）																
7.8	1.8	26.5	33.1	20.5	17.4	2.5	9.4	28.0	36.3	23.1	3.3	26.5	30.9	22.9	17.6	2.1
6.4	2.8	27.5	36.3	15.9	16.7	3.6	12.0	25.1	36.3	22.7	4.0	27.9	31.1	23.9	13.9	3.2
-	6.7	6.7	33.3	46.7	13.3	-	6.7	53.3	6.7	33.3	-	33.3	33.3	13.3	13.3	6.7
7.7	0.8	28.0	31.5	21.3	17.6	1.6	8.0	30.1	37.9	21.3	2.7	26.4	30.1	22.1	20.3	1.1
6.5	-	24.2	32.3	24.2	14.5	4.8	8.1	22.6	45.2	21.0	3.2	27.4	40.3	21.0	8.1	3.2
13.5	3.1	22.9	31.3	22.9	20.8	2.1	9.4	26.0	29.2	31.3	4.2	21.9	26.0	26.0	24.0	2.1
-	-	-	100.0	-	-	-	-	100.0	-	-	-	-	100.0	-	-	-
6.0	2.4	33.6	34.5	17.9	11.6	2.4	8.0	26.3	37.9	23.5	4.3	33.2	31.7	20.7	12.1	2.4
4.9	2.8	30.8	39.9	14.0	12.6	2.8	9.8	24.5	38.5	21.7	5.6	38.5	25.9	25.2	7.7	2.8
-	9.1	9.1	45.5	36.4	9.1	-	-	54.5	9.1	36.4	-	45.5	27.3	18.2	-	9.1
5.4	1.3	37.2	30.0	18.4	12.1	2.2	6.7	28.3	39.0	22.0	4.0	30.5	35.4	18.4	13.9	1.8
2.9	-	32.4	35.3	26.5	5.9	-	8.8	20.6	52.9	17.6	-	32.4	38.2	26.5	2.9	-
15.4	5.8	32.7	34.6	17.3	11.5	3.8	9.6	19.2	28.8	36.5	5.8	28.8	26.9	15.4	25.0	3.8
-	-	-	100.0	-	-	-	-	100.0	-	-	-	-	100.0	-	-	-
10.1	0.9	16.7	31.3	24.1	25.3	2.7	11.3	30.4	33.9	22.6	1.8	17.3	29.8	25.9	25.3	1.8
8.3	2.8	23.1	31.5	18.5	22.2	4.6	14.8	25.9	33.3	24.1	1.9	13.9	38.0	22.2	22.2	3.7
-	-	-	-	75.0	25.0	-	25.0	50.0	-	25.0	-	-	50.0	-	50.0	-
11.2	-	14.5	33.6	25.7	25.7	0.7	9.9	32.9	36.2	20.4	0.7	20.4	22.4	27.6	29.6	-
10.7	-	14.3	28.6	21.4	25.0	10.7	7.1	25.0	35.7	25.0	7.1	21.4	42.9	14.3	14.3	7.1
11.4	-	11.4	27.3	29.5	31.8	-	9.1	34.1	29.5	25.0	2.3	13.6	25.0	38.6	22.7	-
-	-	-	-	-	-	-	-	-	-	-	-	-	-	-	-	-

第70表　子ども数・構成割合，

学習塾等の種類（複数回答）	総数	お菓子					氷菓子					飲		
		よく食べる・よく飲む	ときどき食べる・ときどき飲む	ほとんど食べない・ほとんど飲まない	まったく食べない・まったく飲まない	不詳	よく食べる・よく飲む	ときどき食べる・ときどき飲む	ほとんど食べない・ほとんど飲まない	まったく食べない・まったく飲まない	不詳	よく食べる・よく飲む	ときどき食べる・ときどき飲む	ほとんど食べない・ほとんど飲まない
													実	
総数	28 810	8 572	13 563	4 719	1 496	460	4 704	12 730	7 609	3 068	699	10 801	10 161	4 955
学習塾等の種類														
学習塾	18 366	5 618	8 655	2 964	914	215	3 090	8 151	4 854	1 933	338	6 978	6 470	3 209
家庭教師	1 217	322	622	192	65	16	186	544	324	127	36	440	449	207
通信教育	2 683	842	1 246	436	143	16	379	1 186	767	314	37	931	964	478
学習塾等を利用していない	5 858	1 621	2 828	1 003	325	81	905	2 614	1 568	632	139	2 161	2 065	1 038
不詳	2 038	590	851	325	129	143	339	826	467	234	172	777	671	289
														構成
総数	100.0	29.8	47.1	16.4	5.2	1.6	16.3	44.2	26.4	10.6	2.4	37.5	35.3	17.2
学習塾等の種類														
学習塾	100.0	30.6	47.1	16.1	5.0	1.2	16.8	44.4	26.4	10.5	1.8	38.0	35.2	17.5
家庭教師	100.0	26.5	51.1	15.8	5.3	1.3	15.3	44.7	26.6	10.4	3.0	36.2	36.9	17.0
通信教育	100.0	31.4	46.4	16.3	5.3	0.6	14.1	44.2	28.6	11.7	1.4	34.7	35.9	17.8
学習塾等を利用していない	100.0	27.7	48.3	17.1	5.5	1.4	15.4	44.6	26.8	10.8	2.4	36.9	35.3	17.7
不詳	100.0	28.9	41.8	15.9	6.3	7.0	16.6	40.5	22.9	11.5	8.4	38.1	32.9	14.2

注：総数には「家や塾などで勉強しない者」及び「不詳」を含む。

学習塾等の種類（複数回答）、間食の内容別

第15回調査（平成28年）

料		炭酸飲料					果物					ごはん・パン・麺類				
まったく食べない・まったく飲まない	不詳	よく食べる・よく飲む	ときどき食べる・ときどき飲む	ほとんど食べない・ほとんど飲まない	まったく食べない・まったく飲まない	不詳	よく食べる・よく飲む	ときどき食べる・ときどき飲む	ほとんど食べない・ほとんど飲まない	まったく食べない・まったく飲まない	不詳	よく食べる・よく飲む	ときどき食べる・ときどき飲む	ほとんど食べない・ほとんど飲まない	まったく食べない・まったく飲まない	不詳
数（人）																
2 264	629	4 426	9 311	7 632	6 746	695	4 062	10 516	8 688	4 802	742	5 738	7 766	7 073	7 648	585
1 400	309	2 849	5 985	4 925	4 261	346	2 794	6 842	5 415	2 944	371	3 858	5 162	4 486	4 594	266
94	27	191	420	320	260	26	196	434	350	210	27	266	337	287	304	23
274	36	309	765	763	808	38	400	956	799	492	36	422	642	706	880	33
474	120	862	1 902	1 598	1 357	139	710	2 138	1 884	974	152	992	1 419	1 504	1 825	118
145	156	393	635	424	420	166	219	638	611	394	176	460	560	429	430	159
割合（%）																
7.9	2.2	15.4	32.3	26.5	23.4	2.4	14.1	36.5	30.2	16.7	2.6	19.9	27.0	24.6	26.5	2.0
7.6	1.7	15.5	32.6	26.8	23.2	1.9	15.2	37.3	29.5	16.0	2.0	21.0	28.1	24.4	25.0	1.4
7.7	2.2	15.7	34.5	26.3	21.4	2.1	16.1	35.7	28.8	17.3	2.2	21.9	27.7	23.6	25.0	1.9
10.2	1.3	11.5	28.5	28.4	30.1	1.4	14.9	35.6	29.8	18.3	1.3	15.7	23.9	26.3	32.8	1.2
8.1	2.0	14.7	32.5	27.3	23.2	2.4	12.1	36.5	32.2	16.6	2.6	16.9	24.2	25.7	31.2	2.0
7.1	7.7	19.3	31.2	20.8	20.6	8.1	10.7	31.3	30.0	19.3	8.6	22.6	27.5	21.1	21.1	7.8

第71表　母と同居している子ども数・構成割合,

実　数（人）

性、母の就業状況	総数	お菓子					氷菓子					飲		
		よく食べる・よく飲む	ときどき食べる・ときどき飲む	ほとんど食べない・ほとんど飲まない	まったく食べない・まったく飲まない	不詳	よく食べる・よく飲む	ときどき食べる・ときどき飲む	ほとんど食べない・ほとんど飲まない	まったく食べない・まったく飲まない	不詳	よく食べる・よく飲む	ときどき食べる・ときどき飲む	ほとんど食べない・ほとんど飲まない
総数	28 335	8 479	13 370	4 634	1 472	380	4 660	12 562	7 496	3 011	606	10 664	9 993	4 906
無職	5 254	1 666	2 472	779	266	71	879	2 323	1 393	539	120	1 966	1 856	901
仕事を探している	1 464	458	697	224	67	18	244	657	389	144	30	551	515	261
仕事を探していない	3 567	1 145	1 661	526	189	46	595	1 573	943	378	78	1 341	1 260	602
求職状況不詳	186	53	96	26	7	4	34	79	52	13	8	64	69	31
学生	37	10	18	3	3	3	6	14	9	4	4	10	12	7
有職	22 946	6 773	10 841	3 831	1 194	307	3 760	10 176	6 072	2 454	484	8 647	8 097	3 980
勤め(常勤)	7 121	1 872	3 398	1 309	444	98	1 093	2 973	2 008	893	154	2 669	2 466	1 218
勤め(パート・アルバイト)	13 677	4 308	6 428	2 141	630	170	2 315	6 247	3 517	1 330	268	5 183	4 856	2 393
自営業・家業	1 832	500	853	343	99	37	296	815	469	192	60	683	650	314
内職	196	65	96	25	9	1	36	89	47	23	1	69	80	35
その他	120	28	66	13	12	1	20	52	31	16	1	43	45	20
不詳	135	40	57	24	12	2	21	63	31	18	2	51	40	25
男児	14 528	4 154	6 874	2 449	787	264	2 472	6 360	3 804	1 516	376	6 455	5 074	1 915
無職	2 685	825	1 256	418	140	46	447	1 164	731	277	66	1 188	930	368
仕事を探している	736	222	344	121	38	11	125	313	211	68	19	337	248	97
仕事を探していない	1 832	566	858	282	97	29	302	805	486	202	37	805	636	254
求職状況不詳	101	32	47	14	4	4	17	40	31	6	7	40	41	14
学生	16	5	7	1	1	2	3	6	3	1	3	6	5	3
有職	11 755	3 301	5 580	2 017	640	217	2 008	5 155	3 058	1 225	309	5 229	4 115	1 533
勤め(常勤)	3 598	886	1 741	665	236	70	567	1 496	989	443	103	1 592	1 243	458
勤め(パート・アルバイト)	7 065	2 134	3 338	1 135	340	118	1 266	3 173	1 786	673	167	3 143	2 485	949
自営業・家業	948	241	425	202	53	27	146	426	249	89	38	431	337	106
内職	91	28	46	12	4	1	19	39	23	9	1	39	33	14
その他	53	12	30	3	7	1	10	21	11	11	－	24	17	6
不詳	88	28	38	14	7	1	17	41	15	14	1	38	29	14
女児	13 807	4 325	6 496	2 185	685	116	2 188	6 202	3 692	1 495	230	4 209	4 919	2 991
無職	2 569	841	1 216	361	126	25	432	1 159	662	262	54	778	926	533
仕事を探している	728	236	353	103	29	7	119	344	178	76	11	214	267	164
仕事を探していない	1 735	579	803	244	92	17	293	768	457	176	41	536	624	348
求職状況不詳	85	21	49	12	3	－	17	39	21	7	1	24	28	17
学生	21	5	11	2	2	1	3	8	6	3	1	4	7	4
有職	11 191	3 472	5 261	1 814	554	90	1 752	5 021	3 014	1 229	175	3 418	3 982	2 447
勤め(常勤)	3 523	986	1 657	644	208	28	526	1 477	1 019	450	51	1 077	1 223	760
勤め(パート・アルバイト)	6 612	2 174	3 090	1 006	290	52	1 049	3 074	1 731	657	101	2 040	2 371	1 444
自営業・家業	884	259	428	141	46	10	150	389	220	103	22	252	313	208
内職	105	37	50	13	5	－	17	50	24	14	－	30	47	21
その他	67	16	36	10	5	－	10	31	20	5	1	19	28	14
不詳	47	12	19	10	5	1	4	22	16	4	1	13	11	11

性、母の就業状況、間食の内容別（２－１）

第15回調査（平成28年）

料		炭酸飲料					果物					ごはん・パン・麺類				
まったく食べない・まったく飲まない	不詳	よく食べる・よく飲む	ときどき食べる・ときどき飲む	ほとんど食べない・ほとんど飲まない	まったく食べない・まったく飲まない	不詳	よく食べる・よく飲む	ときどき食べる・ときどき飲む	ほとんど食べない・ほとんど飲まない	まったく食べない・まったく飲まない	不詳	よく食べる・よく飲む	ときどき食べる・ときどき飲む	ほとんど食べない・ほとんど飲まない	まったく食べない・まったく飲まない	不詳
2 229	543	4 369	9 164	7 540	6 652	610	4 007	10 388	8 556	4 729	655	5 653	7 662	6 976	7 542	502
422	109	732	1 702	1 401	1 297	122	835	1 974	1 479	846	120	994	1 438	1 292	1 435	95
102	35	205	506	379	339	35	203	562	417	249	33	293	393	370	383	25
299	65	499	1 127	956	908	77	601	1 323	1 008	557	78	662	976	869	998	62
15	7	24	60	53	43	6	29	75	45	31	6	34	53	48	46	5
6	2	4	9	13	7	4	2	14	9	9	3	5	16	5	8	3
1 794	428	3 609	7 421	6 108	5 324	484	3 152	8 360	7 034	3 870	530	4 631	6 173	5 657	6 083	402
639	129	1 110	2 202	1 868	1 784	157	986	2 490	2 169	1 311	165	1 370	1 841	1 776	2 006	128
990	255	2 182	4 536	3 650	3 044	265	1 824	5 067	4 238	2 242	306	2 832	3 749	3 334	3 532	230
146	39	264	577	506	427	58	289	680	545	264	54	359	503	464	465	41
9	3	36	69	51	37	3	28	86	47	33	2	42	49	51	52	2
10	2	17	37	33	32	1	25	37	35	20	3	28	31	32	28	1
13	6	28	41	31	31	4	20	54	43	13	5	28	51	27	24	5
773	311	2 938	5 332	3 434	2 472	352	1 808	5 170	4 638	2 499	413	3 579	4 491	3 353	2 810	295
146	53	499	986	641	498	61	370	976	818	449	72	599	813	653	566	54
35	19	140	281	167	129	19	88	272	225	129	22	183	222	169	147	15
106	31	340	665	442	351	34	272	661	556	301	42	397	548	455	400	32
4	2	16	37	26	17	5	10	37	31	17	6	18	34	26	19	4
1	1	3	3	6	1	3	-	6	6	2	2	1	9	3	-	3
623	255	2 417	4 312	2 777	1 960	289	1 425	4 161	3 789	2 042	338	2 959	3 642	2 685	2 231	238
227	78	715	1 289	842	649	103	427	1 227	1 165	671	108	879	1 081	832	725	81
339	149	1 486	2 623	1 681	1 129	146	837	2 556	2 291	1 189	192	1 797	2 217	1 612	1 306	133
51	23	182	346	225	159	36	141	328	291	154	34	245	309	212	161	21
2	3	23	38	17	10	3	12	37	22	18	2	24	22	19	24	2
4	2	11	16	12	13	1	8	13	20	10	2	14	13	10	15	1
4	3	22	34	16	14	2	13	33	31	8	3	21	36	15	13	3
1 456	232	1 431	3 832	4 106	4 180	258	2 199	5 218	3 918	2 230	242	2 074	3 171	3 623	4 732	207
276	56	233	716	760	799	61	465	998	661	397	48	395	625	639	869	41
67	16	65	225	212	210	16	115	290	192	120	11	110	171	201	236	10
193	34	159	462	514	557	43	329	662	452	256	36	265	428	414	598	30
11	5	8	23	27	26	1	19	38	14	14	-	16	19	22	27	1
5	1	1	6	7	6	1	2	8	3	7	1	4	7	2	8	-
1 171	173	1 192	3 109	3 331	3 364	195	1 727	4 199	3 245	1 828	192	1 672	2 531	2 972	3 852	164
412	51	395	913	1 026	1 135	54	559	1 263	1 004	640	57	491	760	944	1 281	47
651	106	696	1 913	1 969	1 915	119	987	2 511	1 947	1 053	114	1 035	1 532	1 722	2 226	97
95	16	82	231	281	268	22	148	352	254	110	20	114	194	252	304	20
7	-	13	31	34	27	-	16	49	25	15	-	18	27	32	28	-
6	-	6	21	21	19	-	17	24	15	10	1	14	18	22	13	-
9	3	6	7	15	17	2	7	21	12	5	2	7	15	12	11	2

第71表　母と同居している子ども数・構成割合，

構成割合（%）

性、母の就業状況	総数	お菓子					氷菓子					飲		
		よく食べる・よく飲む	ときどき食べる・ときどき飲む	ほとんど食べない・ほとんど飲まない	まったく食べない・まったく飲まない	不詳	よく食べる・よく飲む	ときどき食べる・ときどき飲む	ほとんど食べない・ほとんど飲まない	まったく食べない・まったく飲まない	不詳	よく食べる・よく飲む	ときどき食べる・ときどき飲む	ほとんど食べない・ほとんど飲まない
総数	100.0	29.9	47.2	16.4	5.2	1.3	16.4	44.3	26.5	10.6	2.1	37.6	35.3	17.3
無職	100.0	31.7	47.0	14.8	5.1	1.4	16.7	44.2	26.5	10.3	2.3	37.4	35.3	17.1
仕事を探している	100.0	31.3	47.6	15.3	4.6	1.2	16.7	44.9	26.6	9.8	2.0	37.6	35.2	17.8
仕事を探していない	100.0	32.1	46.6	14.7	5.3	1.3	16.7	44.1	26.4	10.6	2.2	37.6	35.3	16.9
求職状況不詳	100.0	28.5	51.6	14.0	3.8	2.2	18.3	42.5	28.0	7.0	4.3	34.4	37.1	16.7
学生	100.0	27.0	48.6	8.1	8.1	8.1	16.2	37.8	24.3	10.8	10.8	27.0	32.4	18.9
有職	100.0	29.5	47.2	16.7	5.2	1.3	16.4	44.3	26.5	10.7	2.1	37.7	35.3	17.3
勤め(常勤)	100.0	26.3	47.7	18.4	6.2	1.4	15.3	41.7	28.2	12.5	2.2	37.5	34.6	17.1
勤め(パート・アルバイト)	100.0	31.5	47.0	15.7	4.6	1.2	16.9	45.7	25.7	9.7	2.0	37.9	35.5	17.5
自営業・家業	100.0	27.3	46.6	18.7	5.4	2.0	16.2	44.5	25.6	10.5	3.3	37.3	35.5	17.1
内職	100.0	33.2	49.0	12.8	4.6	0.5	18.4	45.4	24.0	11.7	0.5	35.2	40.8	17.9
その他	100.0	23.3	55.0	10.8	10.0	0.8	16.7	43.3	25.8	13.3	0.8	35.8	37.5	16.7
不詳	100.0	29.6	42.2	17.8	8.9	1.5	15.6	46.7	23.0	13.3	1.5	37.8	29.6	18.5
男児	100.0	28.6	47.3	16.9	5.4	1.8	17.0	43.8	26.2	10.4	2.6	44.4	34.9	13.2
無職	100.0	30.7	46.8	15.6	5.2	1.7	16.6	43.4	27.2	10.3	2.5	44.2	34.6	13.7
仕事を探している	100.0	30.2	46.7	16.4	5.2	1.5	17.0	42.5	28.7	9.2	2.6	45.8	33.7	13.2
仕事を探していない	100.0	30.9	46.8	15.4	5.3	1.6	16.5	43.9	26.5	11.0	2.0	43.9	34.7	13.9
求職状況不詳	100.0	31.7	46.5	13.9	4.0	4.0	16.8	39.6	30.7	5.9	6.9	39.6	40.6	13.9
学生	100.0	31.3	43.8	6.3	6.3	12.5	18.8	37.5	18.8	6.3	18.8	37.5	31.3	18.8
有職	100.0	28.1	47.5	17.2	5.4	1.8	17.1	43.9	26.0	10.4	2.6	44.5	35.0	13.0
勤め(常勤)	100.0	24.6	48.4	18.5	6.6	1.9	15.8	41.6	27.5	12.3	2.9	44.2	34.5	12.7
勤め(パート・アルバイト)	100.0	30.2	47.2	16.1	4.8	1.7	17.9	44.9	25.3	9.5	2.4	44.5	35.2	13.4
自営業・家業	100.0	25.4	44.8	21.3	5.6	2.8	15.4	44.9	26.3	9.4	4.0	45.5	35.5	11.2
内職	100.0	30.8	50.5	13.2	4.4	1.1	20.9	42.9	25.3	9.9	1.1	42.9	36.3	15.4
その他	100.0	22.6	56.6	5.7	13.2	1.9	18.9	39.6	20.8	20.8	-	45.3	32.1	11.3
不詳	100.0	31.8	43.2	15.9	8.0	1.1	19.3	46.6	17.0	15.9	1.1	43.2	33.0	15.9
女児	100.0	31.3	47.0	15.8	5.0	0.8	15.8	44.9	26.7	10.8	1.7	30.5	35.6	21.7
無職	100.0	32.7	47.3	14.1	4.9	1.0	16.8	45.1	25.8	10.2	2.1	30.3	36.0	20.7
仕事を探している	100.0	32.4	48.5	14.1	4.0	1.0	16.3	47.3	24.5	10.4	1.5	29.4	36.7	22.5
仕事を探していない	100.0	33.4	46.3	14.1	5.3	1.0	16.9	44.3	26.3	10.1	2.4	30.9	36.0	20.1
求職状況不詳	100.0	24.7	57.6	14.1	3.5	-	20.0	45.9	24.7	8.2	1.2	28.2	32.9	20.0
学生	100.0	23.8	52.4	9.5	9.5	4.8	14.3	38.1	28.6	14.3	4.8	19.0	33.3	19.0
有職	100.0	31.0	47.0	16.2	5.0	0.8	15.7	44.9	26.9	11.0	1.6	30.5	35.6	21.9
勤め(常勤)	100.0	28.0	47.0	18.3	5.9	0.8	14.9	41.9	28.9	12.8	1.4	30.6	34.7	21.6
勤め(パート・アルバイト)	100.0	32.9	46.7	15.2	4.4	0.8	15.9	46.5	26.2	9.9	1.5	30.9	35.9	21.8
自営業・家業	100.0	29.3	48.4	16.0	5.2	1.1	17.0	44.0	24.9	11.7	2.5	28.5	35.4	23.5
内職	100.0	35.2	47.6	12.4	4.8	-	16.2	47.6	22.9	13.3	-	28.6	44.8	20.0
その他	100.0	23.9	53.7	14.9	7.5	-	14.9	46.3	29.9	7.5	1.5	28.4	41.8	20.9
不詳	100.0	25.5	40.4	21.3	10.6	2.1	8.5	46.8	34.0	8.5	2.1	27.7	23.4	23.4

性、母の就業状況、間食の内容別（２－２）

第15回調査（平成28年）

料		炭酸飲料					果物					ごはん・パン・麺類				
まったく食べない・まったく飲まない	不詳	よく食べる・よく飲む	ときどき食べる・ときどき飲む	ほとんど食べない・ほとんど飲まない	まったく食べない・まったく飲まない	不詳	よく食べる・よく飲む	ときどき食べる・ときどき飲む	ほとんど食べない・ほとんど飲まない	まったく食べない・まったく飲まない	不詳	よく食べる・よく飲む	ときどき食べる・ときどき飲む	ほとんど食べない・ほとんど飲まない	まったく食べない・まったく飲まない	不詳
7.9	1.9	15.4	32.3	26.6	23.5	2.2	14.1	36.7	30.2	16.7	2.3	20.0	27.0	24.6	26.6	1.8
8.0	2.1	13.9	32.4	26.7	24.7	2.3	15.9	37.6	28.1	16.1	2.3	18.9	27.4	24.6	27.3	1.8
7.0	2.4	14.0	34.6	25.9	23.2	2.4	13.9	38.4	28.5	17.0	2.3	20.0	26.8	25.3	26.2	1.7
8.4	1.8	14.0	31.6	26.8	25.5	2.2	16.8	37.1	28.3	15.6	2.2	18.6	27.4	24.4	28.0	1.7
8.1	3.8	12.9	32.3	28.5	23.1	3.2	15.6	40.3	24.2	16.7	3.2	18.3	28.5	25.8	24.7	2.7
16.2	5.4	10.8	24.3	35.1	18.9	10.8	5.4	37.8	24.3	24.3	8.1	13.5	43.2	13.5	21.6	8.1
7.8	1.9	15.7	32.3	26.6	23.2	2.1	13.7	36.4	30.7	16.9	2.3	20.2	26.9	24.7	26.5	1.8
9.0	1.8	15.6	30.9	26.2	25.1	2.2	13.8	35.0	30.5	18.4	2.3	19.2	25.9	24.9	28.2	1.8
7.2	1.9	16.0	33.2	26.7	22.3	1.9	13.3	37.0	31.0	16.4	2.2	20.7	27.4	24.4	25.8	1.7
8.0	2.1	14.4	31.5	27.6	23.3	3.2	15.8	37.1	29.7	14.4	2.9	19.6	27.5	25.3	25.4	2.2
4.6	1.5	18.4	35.2	26.0	18.9	1.5	14.3	43.9	24.0	16.8	1.0	21.4	25.0	26.0	26.5	1.0
8.3	1.7	14.2	30.8	27.5	26.7	0.8	20.8	30.8	29.2	16.7	2.5	23.3	25.8	26.7	23.3	0.8
9.6	4.4	20.7	30.4	23.0	23.0	3.0	14.8	40.0	31.9	9.6	3.7	20.7	37.8	20.0	17.8	3.7
5.3	2.1	20.2	36.7	23.6	17.0	2.4	12.4	35.6	31.9	17.2	2.8	24.6	30.9	23.1	19.3	2.0
5.4	2.0	18.6	36.7	23.9	18.5	2.3	13.8	36.4	30.5	16.7	2.7	22.3	30.3	24.3	21.1	2.0
4.8	2.6	19.0	38.2	22.7	17.5	2.6	12.0	37.0	30.6	17.5	3.0	24.9	30.2	23.0	20.0	2.0
5.8	1.7	18.6	36.3	24.1	19.2	1.9	14.8	36.1	30.3	16.4	2.3	21.7	29.9	24.8	21.8	1.7
4.0	2.0	15.8	36.6	25.7	16.8	5.0	9.9	36.6	30.7	16.8	5.9	17.8	33.7	25.7	18.8	4.0
6.3	6.3	18.8	18.8	37.5	6.3	18.8	-	37.5	37.5	12.5	12.5	6.3	56.3	18.8	-	18.8
5.3	2.2	20.6	36.7	23.6	16.7	2.5	12.1	35.4	32.2	17.4	2.9	25.2	31.0	22.8	19.0	2.0
6.3	2.2	19.9	35.8	23.4	18.0	2.9	11.9	34.1	32.4	18.6	3.0	24.4	30.0	23.1	20.2	2.3
4.8	2.1	21.0	37.1	23.8	16.0	2.1	11.8	36.2	32.4	16.8	2.7	25.4	31.4	22.8	18.5	1.9
5.4	2.4	19.2	36.5	23.7	16.8	3.8	14.9	34.6	30.7	16.2	3.6	25.8	32.6	22.4	17.0	2.2
2.2	3.3	25.3	41.8	18.7	11.0	3.3	13.2	40.7	24.2	19.8	2.2	26.4	24.2	20.9	26.4	2.2
7.5	3.8	20.8	30.2	22.6	24.5	1.9	15.1	24.5	37.7	18.9	3.8	26.4	24.5	18.9	28.3	1.9
4.5	3.4	25.0	38.6	18.2	15.9	2.3	14.8	37.5	35.2	9.1	3.4	23.9	40.9	17.0	14.8	3.4
10.5	1.7	10.4	27.8	29.7	30.3	1.9	15.9	37.8	28.4	16.2	1.8	15.0	23.0	26.2	34.3	1.5
10.7	2.2	9.1	27.9	29.6	31.1	2.4	18.1	38.8	25.7	15.5	1.9	15.4	24.3	24.9	33.8	1.6
9.2	2.2	8.9	30.9	29.1	28.8	2.2	15.8	39.8	26.4	16.5	1.5	15.1	23.5	27.6	32.4	1.4
11.1	2.0	9.2	26.6	29.6	32.1	2.5	19.0	38.2	26.1	14.8	2.1	15.3	24.7	23.9	34.5	1.7
12.9	5.9	9.4	27.1	31.8	30.6	1.2	22.4	44.7	16.5	16.5	-	18.8	22.4	25.9	31.8	1.2
23.8	4.8	4.8	28.6	33.3	28.6	4.8	9.5	38.1	14.3	33.3	4.8	19.0	33.3	9.5	38.1	-
10.5	1.5	10.7	27.8	29.8	30.1	1.7	15.4	37.5	29.0	16.3	1.7	14.9	22.6	26.6	34.4	1.5
11.7	1.4	11.2	25.9	29.1	32.2	1.5	15.9	35.9	28.5	18.2	1.6	13.9	21.6	26.8	36.4	1.3
9.8	1.6	10.5	28.9	29.8	29.0	1.8	14.9	38.0	29.4	15.9	1.7	15.7	23.2	26.0	33.7	1.5
10.7	1.8	9.3	26.1	31.8	30.3	2.5	16.7	39.8	28.7	12.4	2.3	12.9	21.9	28.5	34.4	2.3
6.7	-	12.4	29.5	32.4	25.7	-	15.2	46.7	23.8	14.3	-	17.1	25.7	30.5	26.7	-
9.0	-	9.0	31.3	31.3	28.4	-	25.4	35.8	22.4	14.9	1.5	20.9	26.9	32.8	19.4	-
19.1	6.4	12.8	14.9	31.9	36.2	4.3	14.9	44.7	25.5	10.6	4.3	14.9	31.9	25.5	23.4	4.3

第72表　母・父と同居している子ども数・構成割合,

実　数（人）

性、同居者の構成	総数	母と：学校でのできごとについて：よくする	ときどきする	あまりしない	まったくしない	不詳	友だちのことについて：よくする	ときどきする	あまりしない	まったくしない	不詳
総数	28 335	13 447	10 110	3 644	1 034	100	11 341	10 548	5 009	1 296	141
父母と同居	25 078	12 012	8 950	3 163	869	84	10 114	9 373	4 382	1 089	120
父母又は父母ときょうだいのみ	20 110	9 629	7 164	2 553	691	73	8 115	7 524	3 495	878	98
父母のみ	2 999	1 541	975	376	96	11	1 292	1 077	499	118	13
父母ときょうだいのみ	17 111	8 088	6 189	2 177	595	62	6 823	6 447	2 996	760	85
父母と祖父母	4 879	2 344	1 756	596	173	10	1 968	1 815	869	206	21
父母と母方の祖父母	1 349	650	490	155	53	1	546	509	224	64	6
父母と父方の祖父母	3 521	1 691	1 262	439	120	9	1 417	1 303	644	142	15
父母と両方の祖父母	9	3	4	2	–	–	5	3	1	–	–
父母とその他	89	39	30	14	5	1	31	34	18	5	1
父又は母と同居	3 257	1 435	1 160	481	165	16	1 227	1 175	627	207	21
母のみ又は母ときょうだいのみ	2 268	989	816	332	123	8	847	816	448	146	11
母と祖父母等	989	446	344	149	42	8	380	359	179	61	10
父のみ又は父ときょうだいのみ	–	–	–	–	–	–	–	–	–	–	–
父と祖父母等	–	–	–	–	–	–	–	–	–	–	–
男児	14 528	5 018	6 040	2 606	803	61	3 967	6 040	3 454	989	78
父母と同居	12 918	4 510	5 412	2 276	669	51	3 570	5 416	3 040	827	65
父母又は父母ときょうだいのみ	10 369	3 635	4 324	1 827	536	47	2 868	4 354	2 422	668	57
父母のみ	1 517	568	605	258	80	6	433	654	327	95	8
父母ときょうだいのみ	8 852	3 067	3 719	1 569	456	41	2 435	3 700	2 095	573	49
父母と祖父母	2 504	861	1 070	439	130	4	691	1 043	607	155	8
父母と母方の祖父母	688	242	293	115	37	1	190	296	152	47	3
父母と父方の祖父母	1 809	617	774	322	93	3	497	745	454	108	5
父母と両方の祖父母	7	2	3	2	–	–	4	2	1	–	–
父母とその他	45	14	18	10	3	–	11	19	11	4	–
父又は母と同居	1 610	508	628	330	134	10	397	624	414	162	13
母のみ又は母ときょうだいのみ	1 135	344	446	239	101	5	265	441	308	115	6
母と祖父母等	475	164	182	91	33	5	132	183	106	47	7
父のみ又は父ときょうだいのみ	–	–	–	–	–	–	–	–	–	–	–
父と祖父母等	–	–	–	–	–	–	–	–	–	–	–
女児	13 807	8 429	4 070	1 038	231	39	7 374	4 508	1 555	307	63
父母と同居	12 160	7 502	3 538	887	200	33	6 544	3 957	1 342	262	55
父母又は父母ときょうだいのみ	9 741	5 994	2 840	726	155	26	5 247	3 170	1 073	210	41
父母のみ	1 482	973	370	118	16	5	859	423	172	23	5
父母ときょうだいのみ	8 259	5 021	2 470	608	139	21	4 388	2 747	901	187	36
父母と祖父母	2 375	1 483	686	157	43	6	1 277	772	262	51	13
父母と母方の祖父母	661	408	197	40	16	–	356	213	72	17	3
父母と父方の祖父母	1 712	1 074	488	117	27	6	920	558	190	34	10
父母と両方の祖父母	2	1	1	–	–	–	1	1	–	–	–
父母とその他	44	25	12	4	2	1	20	15	7	1	1
父又は母と同居	1 647	927	532	151	31	6	830	551	213	45	8
母のみ又は母ときょうだいのみ	1 133	645	370	93	22	3	582	375	140	31	5
母と祖父母等	514	282	162	58	9	3	248	176	73	14	3
父のみ又は父ときょうだいのみ	–	–	–	–	–	–	–	–	–	–	–
父と祖父母等	–	–	–	–	–	–	–	–	–	–	–

性、同居者の構成、家庭での会話別（4－1）

第15回調査（平成28年）

の					会					話				
将来や進路のことについて					勉強や成績のことについて					社会のできごとやニュースについて				
よくする	ときどきする	あまりしない	まったくしない	不詳	よくする	ときどきする	あまりしない	まったくしない	不詳	よくする	ときどきする	あまりしない	まったくしない	不詳
10 042	11 858	5 267	1 023	145	10 804	11 798	4 629	965	139	5 361	10 195	9 157	3 475	147
8 950	10 537	4 593	875	123	9 721	10 474	3 962	807	114	4 673	9 079	8 163	3 040	123
7 269	8 391	3 640	704	106	7 912	8 353	3 112	636	97	3 861	7 347	6 441	2 359	102
1 099	1 265	517	106	12	1 224	1 228	442	90	15	688	1 137	864	297	13
6 170	7 126	3 123	598	94	6 688	7 125	2 670	546	82	3 173	6 210	5 577	2 062	89
1 654	2 113	927	169	16	1 779	2 090	827	167	16	805	1 702	1 689	663	20
489	562	240	55	3	497	565	224	60	3	243	490	438	175	3
1 161	1 549	684	114	13	1 278	1 522	601	107	13	558	1 212	1 248	486	17
4	2	3	–	–	4	3	2	–	–	4	–	3	2	–
27	33	26	2	1	30	31	23	4	1	7	30	33	18	1
1 092	1 321	674	148	22	1 083	1 324	667	158	25	688	1 116	994	435	24
745	932	484	98	9	747	930	469	110	12	497	789	676	294	12
347	389	190	50	13	336	394	198	48	13	191	327	318	141	12
–	–	–	–	–	–	–	–	–	–	–	–	–	–	–
–	–	–	–	–	–	–	–	–	–	–	–	–	–	–
4 304	6 272	3 143	725	84	4 776	6 285	2 728	661	78	2 495	5 202	4 776	1 973	82
3 858	5 623	2 743	622	72	4 337	5 636	2 327	553	65	2 176	4 650	4 284	1 739	69
3 155	4 476	2 177	497	64	3 546	4 501	1 836	429	57	1 784	3 791	3 383	1 352	59
463	665	301	81	7	534	641	268	67	7	301	582	455	172	7
2 692	3 811	1 876	416	57	3 012	3 860	1 568	362	50	1 483	3 209	2 928	1 180	52
693	1 130	550	123	8	776	1 122	477	121	8	389	845	884	376	10
210	293	145	39	1	220	285	141	40	2	121	231	237	97	2
480	836	402	84	7	553	835	334	81	6	265	614	645	277	8
3	1	3	–	–	3	2	2	–	–	3	–	2	2	–
10	17	16	2	–	15	13	14	3	–	3	14	17	11	–
446	649	400	103	12	439	649	401	108	13	319	552	492	234	13
299	464	296	72	4	307	461	287	75	5	234	393	338	165	5
147	185	104	31	8	132	188	114	33	8	85	159	154	69	8
–	–	–	–	–	–	–	–	–	–	–	–	–	–	–
–	–	–	–	–	–	–	–	–	–	–	–	–	–	–
5 738	5 586	2 124	298	61	6 028	5 513	1 901	304	61	2 866	4 993	4 381	1 502	65
5 092	4 914	1 850	253	51	5 384	4 838	1 635	254	49	2 497	4 429	3 879	1 301	54
4 114	3 915	1 463	207	42	4 366	3 852	1 276	207	40	2 077	3 556	3 058	1 007	43
636	600	216	25	5	690	587	174	23	8	387	555	409	125	6
3 478	3 315	1 247	182	37	3 676	3 265	1 102	184	32	1 690	3 001	2 649	882	37
961	983	377	46	8	1 003	968	350	46	8	416	857	805	287	10
279	269	95	16	2	277	280	83	20	1	122	259	201	78	1
681	713	282	30	6	725	687	267	26	7	293	598	603	209	9
1	1	–	–	–	1	1	–	–	–	1	–	1	–	–
17	16	10	–	1	15	18	9	1	1	4	16	16	7	1
646	672	274	45	10	644	675	266	50	12	369	564	502	201	11
446	468	188	26	5	440	469	182	35	7	263	396	338	129	7
200	204	86	19	5	204	206	84	15	5	106	168	164	72	4
–	–	–	–	–	–	–	–	–	–	–	–	–	–	–
–	–	–	–	–	–	–	–	–	–	–	–	–	–	–

第72表　母・父と同居している子ども数・構成割合，

実　数（人）

性、同居者の構成	総数	父と									
		学校でのできごとについて					友だちのことについて				
		よくする	ときどきする	あまりしない	まったくしない	不詳	よくする	ときどきする	あまりしない	まったくしない	不詳
総数	25 382	3 704	8 019	9 032	4 419	208	2 831	6 842	9 957	5 485	267
父母と同居	25 078	3 649	7 886	8 955	4 385	203	2 792	6 742	9 844	5 443	257
父母又は父母ときょうだいのみ	20 110	2 883	6 276	7 239	3 551	161	2 217	5 363	7 905	4 421	204
父母のみ	2 999	509	1 013	977	478	22	390	858	1 137	585	29
父母ときょうだいのみ	17 111	2 374	5 263	6 262	3 073	139	1 827	4 505	6 768	3 836	175
父母と祖父母	4 879	759	1 580	1 682	817	41	566	1 357	1 905	999	52
父母と母方の祖父母	1 349	200	417	460	257	15	156	356	515	304	18
父母と父方の祖父母	3 521	559	1 158	1 219	559	26	410	998	1 385	694	34
父母と両方の祖父母	9	－	5	3	1	－	－	3	5	1	－
父母とその他	89	7	30	34	17	1	9	22	34	23	1
父又は母と同居	304	55	133	77	34	5	39	100	113	42	10
母のみ又は母ときょうだいのみ	－	－	－	－	－	－	－	－	－	－	－
母と祖父母等	－	－	－	－	－	－	－	－	－	－	－
父のみ又は父ときょうだいのみ	143	29	65	34	14	1	17	55	51	18	2
父と祖父母等	161	26	68	43	20	4	22	45	62	24	8
男児	13 086	1 745	3 999	4 848	2 377	117	1 374	3 591	5 213	2 764	144
父母と同居	12 918	1 722	3 926	4 801	2 354	115	1 360	3 535	5 148	2 738	137
父母又は父母ときょうだいのみ	10 369	1 381	3 115	3 871	1 908	94	1 092	2 812	4 128	2 226	111
父母のみ	1 517	220	478	545	260	14	175	425	589	312	16
父母ときょうだいのみ	8 852	1 161	2 637	3 326	1 648	80	917	2 387	3 539	1 914	95
父母と祖父母	2 504	338	798	912	435	21	264	712	1 004	498	26
父母と母方の祖父母	688	93	202	248	135	10	78	173	274	150	13
父母と父方の祖父母	1 809	245	593	661	299	11	186	537	726	347	13
父母と両方の祖父母	7	－	3	3	1	－	－	2	4	1	－
父母とその他	45	3	13	18	11	－	4	11	16	14	－
父又は母と同居	168	23	73	47	23	2	14	56	65	26	7
母のみ又は母ときょうだいのみ	－	－	－	－	－	－	－	－	－	－	－
母と祖父母等	－	－	－	－	－	－	－	－	－	－	－
父のみ又は父ときょうだいのみ	79	9	39	21	10	－	4	31	31	12	1
父と祖父母等	89	14	34	26	13	2	10	25	34	14	6
女児	12 296	1 959	4 020	4 184	2 042	91	1 457	3 251	4 744	2 721	123
父母と同居	12 160	1 927	3 960	4 154	2 031	88	1 432	3 207	4 696	2 705	120
父母又は父母ときょうだいのみ	9 741	1 502	3 161	3 368	1 643	67	1 125	2 551	3 777	2 195	93
父母のみ	1 482	289	535	432	218	8	215	433	548	273	13
父母ときょうだいのみ	8 259	1 213	2 626	2 936	1 425	59	910	2 118	3 229	1 922	80
父母と祖父母	2 375	421	782	770	382	20	302	645	901	501	26
父母と母方の祖父母	661	107	215	212	122	5	78	183	241	154	5
父母と父方の祖父母	1 712	314	565	558	260	15	224	461	659	347	21
父母と両方の祖父母	2	－	2	－	－	－	－	1	1	－	－
父母とその他	44	4	17	16	6	1	5	11	18	9	1
父又は母と同居	136	32	60	30	11	3	25	44	48	16	3
母のみ又は母ときょうだいのみ	－	－	－	－	－	－	－	－	－	－	－
母と祖父母等	－	－	－	－	－	－	－	－	－	－	－
父のみ又は父ときょうだいのみ	64	20	26	13	4	1	13	24	20	6	1
父と祖父母等	72	12	34	17	7	2	12	20	28	10	2

性、同居者の構成、家庭での会話別（4－2）

第15回調査（平成28年）

の					会					話				
将来や進路のことについて					勉強や成績のことについて					社会のできごとやニュースについて				
よくする	ときどきする	あまりしない	まったくしない	不詳	よくする	ときどきする	あまりしない	まったくしない	不詳	よくする	ときどきする	あまりしない	まったくしない	不詳
4 480	9 209	7 983	3 475	235	4 785	9 132	7 865	3 366	234	3 790	7 604	8 588	5 163	237
4 419	9 082	7 894	3 455	228	4 730	9 003	7 777	3 344	224	3 764	7 517	8 472	5 099	226
3 578	7 238	6 337	2 771	186	3 839	7 207	6 228	2 654	182	3 095	6 083	6 730	4 019	183
542	1 128	901	403	25	601	1 102	894	377	25	580	953	912	528	26
3 036	6 110	5 436	2 368	161	3 238	6 105	5 334	2 277	157	2 515	5 130	5 818	3 491	157
826	1 820	1 525	667	41	876	1 767	1 521	674	41	658	1 408	1 714	1 057	42
209	477	439	210	14	196	478	440	222	13	172	380	472	310	15
616	1 339	1 082	457	27	680	1 284	1 077	452	28	486	1 026	1 236	746	27
1	4	4	-	-	-	5	4	-	-	-	2	6	1	-
15	24	32	17	1	15	29	28	16	1	11	26	28	23	1
61	127	89	20	7	55	129	88	22	10	26	87	116	64	11
-	-	-	-	-	-	-	-	-	-	-	-	-	-	-
-	-	-	-	-	-	-	-	-	-	-	-	-	-	-
32	65	37	8	1	27	62	42	9	3	14	49	56	22	2
29	62	52	12	6	28	67	46	13	7	12	38	60	42	9
2 450	4 761	4 027	1 716	132	2 519	4 644	4 061	1 733	129	1 978	3 924	4 450	2 602	132
2 421	4 695	3 973	1 702	127	2 491	4 577	4 008	1 719	123	1 965	3 885	4 379	2 563	126
1 963	3 763	3 171	1 368	104	2 034	3 698	3 179	1 358	100	1 625	3 128	3 499	2 015	102
289	570	441	201	16	317	523	461	202	14	301	490	446	264	16
1 674	3 193	2 730	1 167	88	1 717	3 175	2 718	1 156	86	1 324	2 638	3 053	1 751	86
450	918	788	325	23	450	863	815	353	23	335	742	864	539	24
120	239	224	95	10	104	228	236	110	10	83	199	241	154	11
329	676	561	230	13	346	631	576	243	13	252	541	619	384	13
1	3	3	-	-	-	4	3	-	-	-	2	4	1	-
8	14	14	9	-	7	16	14	8	-	5	15	16	9	-
29	66	54	14	5	28	67	53	14	6	13	39	71	39	6
-	-	-	-	-	-	-	-	-	-	-	-	-	-	-
-	-	-	-	-	-	-	-	-	-	-	-	-	-	-
12	36	22	8	1	11	35	25	7	1	7	23	32	16	1
17	30	32	6	4	17	32	28	7	5	6	16	39	23	5
2 030	4 448	3 956	1 759	103	2 266	4 488	3 804	1 633	105	1 812	3 680	4 138	2 561	105
1 998	4 387	3 921	1 753	101	2 239	4 426	3 769	1 625	101	1 799	3 632	4 093	2 536	100
1 615	3 475	3 166	1 403	82	1 805	3 509	3 049	1 296	82	1 470	2 955	3 231	2 004	81
253	558	460	202	9	284	579	433	175	11	279	463	466	264	10
1 362	2 917	2 706	1 201	73	1 521	2 930	2 616	1 121	71	1 191	2 492	2 765	1 740	71
376	902	737	342	18	426	904	706	321	18	323	666	850	518	18
89	238	215	115	4	92	250	204	112	3	89	181	231	156	4
287	663	521	227	14	334	653	501	209	15	234	485	617	362	14
-	1	1	-	-	-	1	1	-	-	-	-	2	-	-
7	10	18	8	1	8	13	14	8	1	6	11	12	14	1
32	61	35	6	2	27	62	35	8	4	13	48	45	25	5
-	-	-	-	-	-	-	-	-	-	-	-	-	-	-
-	-	-	-	-	-	-	-	-	-	-	-	-	-	-
20	29	15	-	-	16	27	17	2	2	7	26	24	6	1
12	32	20	6	2	11	35	18	6	2	6	22	21	19	4

第72表　母・父と同居している子ども数・構成割合,

構成割合（%）

性、同居者の構成	総数	母と 学校でのできごとについて よくする	ときどきする	あまりしない	まったくしない	不詳	友だちのことについて よくする	ときどきする	あまりしない	まったくしない	不詳
総数	100.0	47.5	35.7	12.9	3.6	0.4	40.0	37.2	17.7	4.6	0.5
父母と同居	100.0	47.9	35.7	12.6	3.5	0.3	40.3	37.4	17.5	4.3	0.5
父母又は父母ときょうだいのみ	100.0	47.9	35.6	12.7	3.4	0.4	40.4	37.4	17.4	4.4	0.5
父母のみ	100.0	51.4	32.5	12.5	3.2	0.4	43.1	35.9	16.6	3.9	0.4
父母ときょうだいのみ	100.0	47.3	36.2	12.7	3.5	0.4	39.9	37.7	17.5	4.4	0.5
父母と祖父母	100.0	48.0	36.0	12.2	3.5	0.2	40.3	37.2	17.8	4.2	0.4
父母と母方の祖父母	100.0	48.2	36.3	11.5	3.9	0.1	40.5	37.7	16.6	4.7	0.4
父母と父方の祖父母	100.0	48.0	35.8	12.5	3.4	0.3	40.2	37.0	18.3	4.0	0.4
父母と両方の祖父母	100.0	33.3	44.4	22.2	-	-	55.6	33.3	11.1	-	-
父母とその他	100.0	43.8	33.7	15.7	5.6	1.1	34.8	38.2	20.2	5.6	1.1
父又は母と同居	100.0	44.1	35.6	14.8	5.1	0.5	37.7	36.1	19.3	6.4	0.6
母のみ又は母ときょうだいのみ	100.0	43.6	36.0	14.6	5.4	0.4	37.3	36.0	19.8	6.4	0.5
母と祖父母等	100.0	45.1	34.8	15.1	4.2	0.8	38.4	36.3	18.1	6.2	1.0
父のみ又は父ときょうだいのみ	-	-	-	-	-	-	-	-	-	-	-
父と祖父母等	-	-	-	-	-	-	-	-	-	-	-
男児	100.0	34.5	41.6	17.9	5.5	0.4	27.3	41.6	23.8	6.8	0.5
父母と同居	100.0	34.9	41.9	17.6	5.2	0.4	27.6	41.9	23.5	6.4	0.5
父母又は父母ときょうだいのみ	100.0	35.1	41.7	17.6	5.2	0.5	27.7	42.0	23.4	6.4	0.5
父母のみ	100.0	37.4	39.9	17.0	5.3	0.4	28.5	43.1	21.6	6.3	0.5
父母ときょうだいのみ	100.0	34.6	42.0	17.7	5.2	0.5	27.5	41.8	23.7	6.5	0.6
父母と祖父母	100.0	34.4	42.7	17.5	5.2	0.2	27.6	41.7	24.2	6.2	0.3
父母と母方の祖父母	100.0	35.2	42.6	16.7	5.4	0.1	27.6	43.0	22.1	6.8	0.4
父母と父方の祖父母	100.0	34.1	42.8	17.8	5.1	0.2	27.5	41.2	25.1	6.0	0.3
父母と両方の祖父母	100.0	28.6	42.9	28.6	-	-	57.1	28.6	14.3	-	-
父母とその他	100.0	31.1	40.0	22.2	6.7	-	24.4	42.2	24.4	8.9	-
父又は母と同居	100.0	31.6	39.0	20.5	8.3	0.6	24.7	38.8	25.7	10.1	0.8
母のみ又は母ときょうだいのみ	100.0	30.3	39.3	21.1	8.9	0.4	23.3	38.9	27.1	10.1	0.5
母と祖父母等	100.0	34.5	38.3	19.2	6.9	1.1	27.8	38.5	22.3	9.9	1.5
父のみ又は父ときょうだいのみ	-	-	-	-	-	-	-	-	-	-	-
父と祖父母等	-	-	-	-	-	-	-	-	-	-	-
女児	100.0	61.0	29.5	7.5	1.7	0.3	53.4	32.7	11.3	2.2	0.5
父母と同居	100.0	61.7	29.1	7.3	1.6	0.3	53.8	32.5	11.0	2.2	0.5
父母又は父母ときょうだいのみ	100.0	61.5	29.2	7.5	1.6	0.3	53.9	32.5	11.0	2.2	0.4
父母のみ	100.0	65.7	25.0	8.0	1.1	0.3	58.0	28.5	11.6	1.6	0.3
父母ときょうだいのみ	100.0	60.8	29.9	7.4	1.7	0.3	53.1	33.3	10.9	2.3	0.4
父母と祖父母	100.0	62.4	28.9	6.6	1.8	0.3	53.8	32.5	11.0	2.1	0.5
父母と母方の祖父母	100.0	61.7	29.8	6.1	2.4	-	53.9	32.2	10.9	2.6	0.5
父母と父方の祖父母	100.0	62.7	28.5	6.8	1.6	0.4	53.7	32.6	11.1	2.0	0.6
父母と両方の祖父母	100.0	50.0	50.0	-	-	-	50.0	50.0	-	-	-
父母とその他	100.0	56.8	27.3	9.1	4.5	2.3	45.5	34.1	15.9	2.3	2.3
父又は母と同居	100.0	56.3	32.3	9.2	1.9	0.4	50.4	33.5	12.9	2.7	0.5
母のみ又は母ときょうだいのみ	100.0	56.9	32.7	8.2	1.9	0.3	51.4	33.1	12.4	2.7	0.4
母と祖父母等	100.0	54.9	31.5	11.3	1.8	0.6	48.2	34.2	14.2	2.7	0.6
父のみ又は父ときょうだいのみ	-	-	-	-	-	-	-	-	-	-	-
父と祖父母等	-	-	-	-	-	-	-	-	-	-	-

性、同居者の構成、家庭での会話別（４－３）

第15回調査（平成28年）

の					会					話				
将来や進路のことについて					勉強や成績のことについて					社会のできごとやニュースについて				
よくする	ときどきする	あまりしない	まったくしない	不詳	よくする	ときどきする	あまりしない	まったくしない	不詳	よくする	ときどきする	あまりしない	まったくしない	不詳
35.4	41.8	18.6	3.6	0.5	38.1	41.6	16.3	3.4	0.5	18.9	36.0	32.3	12.3	0.5
35.7	42.0	18.3	3.5	0.5	38.8	41.8	15.8	3.2	0.5	18.6	36.2	32.6	12.1	0.5
36.1	41.7	18.1	3.5	0.5	39.3	41.5	15.5	3.2	0.5	19.2	36.5	32.0	11.7	0.5
36.6	42.2	17.2	3.5	0.4	40.8	40.9	14.7	3.0	0.5	22.9	37.9	28.8	9.9	0.4
36.1	41.6	18.3	3.5	0.5	39.1	41.6	15.6	3.2	0.5	18.5	36.3	32.6	12.1	0.5
33.9	43.3	19.0	3.5	0.3	36.5	42.8	17.0	3.4	0.3	16.5	34.9	34.6	13.6	0.4
36.2	41.7	17.8	4.1	0.2	36.8	41.9	16.6	4.4	0.2	18.0	36.3	32.5	13.0	0.2
33.0	44.0	19.4	3.2	0.4	36.3	43.2	17.1	3.0	0.4	15.8	34.4	35.4	13.8	0.5
44.4	22.2	33.3	-	-	44.4	33.3	22.2	-	-	44.4	-	33.3	22.2	-
30.3	37.1	29.2	2.2	1.1	33.7	34.8	25.8	4.5	1.1	7.9	33.7	37.1	20.2	1.1
33.5	40.6	20.7	4.5	0.7	33.3	40.7	20.5	4.9	0.8	21.1	34.3	30.5	13.4	0.7
32.8	41.1	21.3	4.3	0.4	32.9	41.0	20.7	4.9	0.5	21.9	34.8	29.8	13.0	0.5
35.1	39.3	19.2	5.1	1.3	34.0	39.8	20.0	4.9	1.3	19.3	33.1	32.2	14.3	1.2
-	-	-	-	-	-	-	-	-	-	-	-	-	-	-
-	-	-	-	-	-	-	-	-	-	-	-	-	-	-
29.6	43.2	21.6	5.0	0.6	32.9	43.3	18.8	4.5	0.5	17.2	35.8	32.9	13.6	0.6
29.9	43.5	21.2	4.8	0.6	33.6	43.6	18.0	4.3	0.5	16.8	36.0	33.2	13.5	0.5
30.4	43.2	21.0	4.8	0.6	34.2	43.4	17.7	4.1	0.5	17.2	36.6	32.6	13.0	0.6
30.5	43.8	19.8	5.3	0.5	35.2	42.3	17.7	4.4	0.5	19.8	38.4	30.0	11.3	0.5
30.4	43.1	21.2	4.7	0.6	34.0	43.6	17.7	4.1	0.6	16.8	36.3	33.1	13.3	0.6
27.7	45.1	22.0	4.9	0.3	31.0	44.8	19.0	4.8	0.3	15.5	33.7	35.3	15.0	0.4
30.5	42.6	21.1	5.7	0.1	32.0	41.4	20.5	5.8	0.3	17.6	33.6	34.4	14.1	0.3
26.5	46.2	22.2	4.6	0.4	30.6	46.2	18.5	4.5	0.3	14.6	33.9	35.7	15.3	0.4
42.9	14.3	42.9	-	-	42.9	28.6	28.6	-	-	42.9	-	28.6	28.6	-
22.2	37.8	35.6	4.4	-	33.3	28.9	31.1	6.7	-	6.7	31.1	37.8	24.4	-
27.7	40.3	24.8	6.4	0.7	27.3	40.3	24.9	6.7	0.8	19.8	34.3	30.6	14.5	0.8
26.3	40.9	26.1	6.3	0.4	27.0	40.6	25.3	6.6	0.4	20.6	34.6	29.8	14.5	0.4
30.9	38.9	21.9	6.5	1.7	27.8	39.6	24.0	6.9	1.7	17.9	33.5	32.4	14.5	1.7
-	-	-	-	-	-	-	-	-	-	-	-	-	-	-
-	-	-	-	-	-	-	-	-	-	-	-	-	-	-
41.6	40.5	15.4	2.2	0.4	43.7	39.9	13.8	2.2	0.4	20.8	36.2	31.7	10.9	0.5
41.9	40.4	15.2	2.1	0.4	44.3	39.8	13.4	2.1	0.4	20.5	36.4	31.9	10.7	0.4
42.2	40.2	15.0	2.1	0.4	44.8	39.5	13.1	2.1	0.4	21.3	36.5	31.4	10.3	0.4
42.9	40.5	14.6	1.7	0.3	46.6	39.6	11.7	1.6	0.5	26.1	37.4	27.6	8.4	0.4
42.1	40.1	15.1	2.2	0.4	44.5	39.5	13.3	2.2	0.4	20.5	36.3	32.1	10.7	0.4
40.5	41.4	15.9	1.9	0.3	42.2	40.8	14.7	1.9	0.3	17.5	36.1	33.9	12.1	0.4
42.2	40.7	14.4	2.4	0.3	41.9	42.4	12.6	3.0	0.2	18.5	39.2	30.4	11.8	0.2
39.8	41.6	16.5	1.8	0.4	42.3	40.1	15.6	1.5	0.4	17.1	34.9	35.2	12.2	0.5
50.0	50.0	-	-	-	50.0	50.0	-	-	-	50.0	-	50.0	-	-
38.6	36.4	22.7	-	2.3	34.1	40.9	20.5	2.3	2.3	9.1	36.4	36.4	15.9	2.3
39.2	40.8	16.6	2.7	0.6	39.1	41.0	16.2	3.0	0.7	22.4	34.2	30.5	12.2	0.7
39.4	41.3	16.6	2.3	0.4	38.8	41.4	16.1	3.1	0.6	23.2	35.0	29.8	11.4	0.6
38.9	39.7	16.7	3.7	1.0	39.7	40.1	16.3	2.9	1.0	20.6	32.7	31.9	14.0	0.8
-	-	-	-	-	-	-	-	-	-	-	-	-	-	-
-	-	-	-	-	-	-	-	-	-	-	-	-	-	-

第72表　母・父と同居している子ども数・構成割合,

構成割合（%）

性、同居者の構成	総数	父					と				
		学校でのできごとについて					友だちのことについて				
		よくする	ときどきする	あまりしない	まったくしない	不詳	よくする	ときどきする	あまりしない	まったくしない	不詳
総数	100.0	14.6	31.6	35.6	17.4	0.8	11.2	27.0	39.2	21.6	1.1
父母と同居	100.0	14.6	31.4	35.7	17.5	0.8	11.1	26.9	39.3	21.7	1.0
父母又は父母ときょうだいのみ	100.0	14.3	31.2	36.0	17.7	0.8	11.0	26.7	39.3	22.0	1.0
父母のみ	100.0	17.0	33.8	32.6	15.9	0.7	13.0	28.6	37.9	19.5	1.0
父母ときょうだいのみ	100.0	13.9	30.8	36.6	18.0	0.8	10.7	26.3	39.6	22.4	1.0
父母と祖父母	100.0	15.6	32.4	34.5	16.7	0.8	11.6	27.8	39.0	20.5	1.1
父母と母方の祖父母	100.0	14.8	30.9	34.1	19.1	1.1	11.6	26.4	38.2	22.5	1.3
父母と父方の祖父母	100.0	15.9	32.9	34.6	15.9	0.7	11.6	28.3	39.3	19.7	1.0
父母と両方の祖父母	100.0	−	55.6	33.3	11.1	−	−	33.3	55.6	11.1	−
父母とその他	100.0	7.9	33.7	38.2	19.1	1.1	10.1	24.7	38.2	25.8	1.1
父又は母と同居	100.0	18.1	43.8	25.3	11.2	1.6	12.8	32.9	37.2	13.8	3.3
母のみ又は母ときょうだいのみ	−	−	−	−	−	−	−	−	−	−	−
母と祖父母等	−	−	−	−	−	−	−	−	−	−	−
父のみ又は父ときょうだいのみ	100.0	20.3	45.5	23.8	9.8	0.7	11.9	38.5	35.7	12.6	1.4
父と祖父母等	100.0	16.1	42.2	26.7	12.4	2.5	13.7	28.0	38.5	14.9	5.0
男児	100.0	13.3	30.6	37.0	18.2	0.9	10.5	27.4	39.8	21.1	1.1
父母と同居	100.0	13.3	30.4	37.2	18.2	0.9	10.5	27.4	39.9	21.2	1.1
父母又は父母ときょうだいのみ	100.0	13.3	30.0	37.3	18.4	0.9	10.5	27.1	39.8	21.5	1.1
父母のみ	100.0	14.5	31.5	35.9	17.1	0.9	11.5	28.0	38.8	20.6	1.1
父母ときょうだいのみ	100.0	13.1	29.8	37.6	18.6	0.9	10.4	27.0	40.0	21.6	1.1
父母と祖父母	100.0	13.5	31.9	36.4	17.4	0.8	10.5	28.4	40.1	19.9	1.0
父母と母方の祖父母	100.0	13.5	29.4	36.0	19.6	1.5	11.3	25.1	39.8	21.8	1.9
父母と父方の祖父母	100.0	13.5	32.8	36.5	16.5	0.6	10.3	29.7	40.1	19.2	0.7
父母と両方の祖父母	100.0	−	42.9	42.9	14.3	−	−	28.6	57.1	14.3	−
父母とその他	100.0	6.7	28.9	40.0	24.4	−	8.9	24.4	35.6	31.1	−
父又は母と同居	100.0	13.7	43.5	28.0	13.7	1.2	8.3	33.3	38.7	15.5	4.2
母のみ又は母ときょうだいのみ	−	−	−	−	−	−	−	−	−	−	−
母と祖父母等	−	−	−	−	−	−	−	−	−	−	−
父のみ又は父ときょうだいのみ	100.0	11.4	49.4	26.6	12.7	−	5.1	39.2	39.2	15.2	1.3
父と祖父母等	100.0	15.7	38.2	29.2	14.6	2.2	11.2	28.1	38.2	15.7	6.7
女児	100.0	15.9	32.7	34.0	16.6	0.7	11.8	26.4	38.6	22.1	1.0
父母と同居	100.0	15.8	32.6	34.2	16.7	0.7	11.8	26.4	38.6	22.2	1.0
父母又は父母ときょうだいのみ	100.0	15.4	32.5	34.6	16.9	0.7	11.5	26.2	38.8	22.5	1.0
父母のみ	100.0	19.5	36.1	29.1	14.7	0.5	14.5	29.2	37.0	18.4	0.9
父母ときょうだいのみ	100.0	14.7	31.8	35.5	17.3	0.7	11.0	25.6	39.1	23.3	1.0
父母と祖父母	100.0	17.7	32.9	32.4	16.1	0.8	12.7	27.2	37.9	21.1	1.1
父母と母方の祖父母	100.0	16.2	32.5	32.1	18.5	0.8	11.8	27.7	36.5	23.3	0.8
父母と父方の祖父母	100.0	18.3	33.0	32.6	15.2	0.9	13.1	26.9	38.5	20.3	1.2
父母と両方の祖父母	100.0	−	100.0	−	−	−	−	50.0	50.0	−	−
父母とその他	100.0	9.1	38.6	36.4	13.6	2.3	11.4	25.0	40.9	20.5	2.3
父又は母と同居	100.0	23.5	44.1	22.1	8.1	2.2	18.4	32.4	35.3	11.8	2.2
母のみ又は母ときょうだいのみ	−	−	−	−	−	−	−	−	−	−	−
母と祖父母等	−	−	−	−	−	−	−	−	−	−	−
父のみ又は父ときょうだいのみ	100.0	31.3	40.6	20.3	6.3	1.6	20.3	37.5	31.3	9.4	1.6
父と祖父母等	100.0	16.7	47.2	23.6	9.7	2.8	16.7	27.8	38.9	13.9	2.8

性、同居者の構成、家庭での会話別（4－4）

第15回調査（平成28年）

の					会					話				
将来や進路のことについて					勉強や成績のことについて					社会のできごとやニュースについて				
よくする	ときどきする	あまりしない	まったくしない	不詳	よくする	ときどきする	あまりしない	まったくしない	不詳	よくする	ときどきする	あまりしない	まったくしない	不詳
17.7	36.3	31.5	13.7	0.9	18.9	36.0	31.0	13.3	0.9	14.9	30.0	33.8	20.3	0.9
17.6	36.2	31.5	13.8	0.9	18.9	35.9	31.0	13.3	0.9	15.0	30.0	33.8	20.3	0.9
17.8	36.0	31.5	13.8	0.9	19.1	35.8	31.0	13.2	0.9	15.4	30.2	33.5	20.0	0.9
18.1	37.6	30.0	13.4	0.8	20.0	36.7	29.8	12.6	0.8	19.3	31.8	30.4	17.6	0.9
17.7	35.7	31.8	13.8	0.9	18.9	35.7	31.2	13.3	0.9	14.7	30.0	34.0	20.4	0.9
16.9	37.3	31.3	13.7	0.8	18.0	36.2	31.2	13.8	0.8	13.5	28.9	35.1	21.7	0.9
15.5	35.4	32.5	15.6	1.0	14.5	35.4	32.6	16.5	1.0	12.8	28.2	35.0	23.0	1.1
17.5	38.0	30.7	13.0	0.8	19.3	36.5	30.6	12.8	0.8	13.8	29.1	35.1	21.2	0.8
11.1	44.4	44.4	－	－	－	55.6	44.4	－	－	－	22.2	66.7	11.1	－
16.9	27.0	36.0	19.1	1.1	16.9	32.6	31.5	18.0	1.1	12.4	29.2	31.5	25.8	1.1
20.1	41.8	29.3	6.6	2.3	18.1	42.4	28.9	7.2	3.3	8.6	28.6	38.2	21.1	3.6
－	－	－	－	－	－	－	－	－	－	－	－	－	－	－
－	－	－	－	－	－	－	－	－	－	－	－	－	－	－
22.4	45.5	25.9	5.6	0.7	18.9	43.4	29.4	6.3	2.1	9.8	34.3	39.2	15.4	1.4
18.0	38.5	32.3	7.5	3.7	17.4	41.6	28.6	8.1	4.3	7.5	23.6	37.3	26.1	5.6
18.7	36.4	30.8	13.1	1.0	19.2	35.5	31.0	13.2	1.0	15.1	30.0	34.0	19.9	1.0
18.7	36.3	30.8	13.2	1.0	19.3	35.4	31.0	13.3	1.0	15.2	30.1	33.9	19.8	1.0
18.9	36.3	30.6	13.2	1.0	19.6	35.7	30.7	13.1	1.0	15.7	30.2	33.7	19.4	1.0
19.1	37.6	29.1	13.2	1.1	20.9	34.5	30.4	13.3	0.9	19.8	32.3	29.4	17.4	1.1
18.9	36.1	30.8	13.2	1.0	19.4	35.9	30.7	13.1	1.0	15.0	29.8	34.5	19.8	1.0
18.0	36.7	31.5	13.0	0.9	18.0	34.5	32.5	14.1	0.9	13.4	29.6	34.5	21.5	1.0
17.4	34.7	32.6	13.8	1.5	15.1	33.1	34.3	16.0	1.5	12.1	28.9	35.0	22.4	1.6
18.2	37.4	31.0	12.7	0.7	19.1	34.9	31.8	13.4	0.7	13.9	29.9	34.2	21.2	0.7
14.3	42.9	42.9	－	－	－	57.1	42.9	－	－	－	28.6	57.1	14.3	－
17.8	31.1	31.1	20.0	－	15.6	35.6	31.1	17.8	－	11.1	33.3	35.6	20.0	－
17.3	39.3	32.1	8.3	3.0	16.7	39.9	31.5	8.3	3.6	7.7	23.2	42.3	23.2	3.6
－	－	－	－	－	－	－	－	－	－	－	－	－	－	－
－	－	－	－	－	－	－	－	－	－	－	－	－	－	－
15.2	45.6	27.8	10.1	1.3	13.9	44.3	31.6	8.9	1.3	8.9	29.1	40.5	20.3	1.3
19.1	33.7	36.0	6.7	4.5	19.1	36.0	31.5	7.9	5.6	6.7	18.0	43.8	25.8	5.6
16.5	36.2	32.2	14.3	0.8	18.4	36.5	30.9	13.3	0.9	14.7	29.9	33.7	20.8	0.9
16.4	36.1	32.2	14.4	0.8	18.4	36.4	31.0	13.4	0.8	14.8	29.9	33.7	20.9	0.8
16.6	35.7	32.5	14.4	0.8	18.5	36.0	31.3	13.3	0.8	15.1	30.3	33.2	20.6	0.8
17.1	37.7	31.0	13.6	0.6	19.2	39.1	29.2	11.8	0.7	18.8	31.2	31.4	17.8	0.7
16.5	35.3	32.8	14.5	0.9	18.4	35.5	31.7	13.6	0.9	14.4	30.2	33.5	21.1	0.9
15.8	38.0	31.0	14.4	0.8	17.9	38.1	29.7	13.5	0.8	13.6	28.0	35.8	21.8	0.8
13.5	36.0	32.5	17.4	0.6	13.9	37.8	30.9	16.9	0.5	13.5	27.4	34.9	23.6	0.6
16.8	38.7	30.4	13.3	0.8	19.5	38.1	29.3	12.2	0.9	13.7	28.3	36.0	21.1	0.8
－	50.0	50.0	－	－	－	50.0	50.0	－	－	－	－	100.0	－	－
15.9	22.7	40.9	18.2	2.3	18.2	29.5	31.8	18.2	2.3	13.6	25.0	27.3	31.8	2.3
23.5	44.9	25.7	4.4	1.5	19.9	45.6	25.7	5.9	2.9	9.6	35.3	33.1	18.4	3.7
－	－	－	－	－	－	－	－	－	－	－	－	－	－	－
－	－	－	－	－	－	－	－	－	－	－	－	－	－	－
31.3	45.3	23.4	－	－	25.0	42.2	26.6	3.1	3.1	10.9	40.6	37.5	9.4	1.6
16.7	44.4	27.8	8.3	2.8	15.3	48.6	25.0	8.3	2.8	8.3	30.6	29.2	26.4	5.6

第73表　母・父と同居している子ども数・構成割合,

実　　数（人）

性、子ども自身の悩みや不安（複数回答）	総数	母と									
		学校でのできごとについて					友だちのことについて				
		よくする	ときどきする	あまりしない	まったくしない	不詳	よくする	ときどきする	あまりしない	まったくしない	不詳
総数	28 335	13 447	10 110	3 644	1 034	100	11 341	10 548	5 009	1 296	141
悩みや不安がある	13 475	6 716	4 631	1 601	484	43	5 592	4 877	2 315	631	60
親の仲が悪いこと	653	257	226	122	44	4	210	227	154	60	2
自分と家族の仲が悪いこと	566	185	184	118	75	4	153	183	140	86	4
友達との関係に関すること（友達ができない・友達の輪に入れないなど）	1 869	933	629	223	78	6	770	621	352	117	9
いじめに関すること	283	128	83	41	29	2	113	77	54	36	3
部活動（クラブ活動を含む）でのトラブルに関すること	921	541	261	92	27	−	460	295	130	35	1
恋愛に関すること	1 444	779	453	162	46	4	654	481	245	56	8
性に関すること	242	98	91	35	16	2	76	92	53	19	2
学校や塾の成績に関すること	7 972	4 108	2 708	893	250	13	3 429	2 853	1 330	339	21
進路に関すること	10 225	5 250	3 473	1 142	328	32	4 361	3 685	1 713	427	39
親がなにかと干渉してくること	1 732	595	662	355	114	6	491	651	424	156	10
親の期待や要求が高すぎること	1 480	611	510	260	93	6	488	533	327	123	9
何かにつけ兄弟姉妹と比べられること	1 300	549	464	210	72	5	462	456	291	87	4
自分の容姿に関すること	2 875	1 547	912	305	102	9	1 293	972	478	125	7
健康（病気）に関すること	1 411	731	428	179	66	7	576	485	246	95	9
その他	553	253	181	77	38	4	199	185	109	54	6
（再掲）特に深い悩みや強い不安											
親の仲が悪いこと	162	74	62	20	4	2	58	62	33	7	2
自分と家族の仲が悪いこと	108	37	31	19	21	−	31	28	29	20	−
友達との関係に関すること（友達ができない・友達の輪に入れないなど）	530	256	201	53	19	1	217	179	92	39	3
いじめに関すること	66	29	22	9	6	−	22	24	15	5	−
部活動（クラブ活動を含む）でのトラブルに関すること	263	155	82	20	6	−	134	93	30	6	−
恋愛に関すること	237	122	72	35	7	1	109	73	43	9	3
性に関すること	20	9	7	2	2	−	8	5	4	3	−
学校や塾の成績に関すること	2 562	1 385	852	259	62	4	1 156	946	375	81	4
進路に関すること	5 585	2 919	1 909	577	163	17	2 431	2 038	895	200	21
親がなにかと干渉してくること	363	104	140	90	28	1	84	122	115	39	3
親の期待や要求が高すぎること	257	91	89	60	16	1	74	94	68	19	2
何かにつけ兄弟姉妹と比べられること	160	69	60	25	5	1	64	54	35	6	1
自分の容姿に関すること	566	326	161	52	25	2	282	175	83	25	1
健康（病気）に関すること	345	172	106	46	17	4	138	126	53	22	6
その他	370	175	117	51	23	4	140	124	64	36	6
悩みや不安は特にない	14 461	6 581	5 351	1 972	521	36	5 621	5 537	2 613	631	59
不詳	399	150	128	71	29	21	128	134	81	34	22

性、子ども自身の悩みや不安（複数回答）、家庭での会話別（８－１）

第15回調査（平成28年）

の会話														
将来や進路のことについて					勉強や成績のことについて					社会のできごとやニュースについて				
よくする	ときどきする	あまりしない	まったくしない	不詳	よくする	ときどきする	あまりしない	まったくしない	不詳	よくする	ときどきする	あまりしない	まったくしない	不詳
10 042	11 858	5 267	1 023	145	10 804	11 798	4 629	965	139	5 361	10 195	9 157	3 475	147
5 269	5 460	2 256	427	63	5 566	5 369	2 052	425	63	2 639	4 824	4 295	1 651	66
229	230	153	38	3	222	248	147	33	3	114	205	205	126	3
163	202	143	54	4	175	188	143	56	4	81	151	193	138	3
670	781	336	74	8	711	738	331	80	9	368	631	600	263	7
125	103	39	13	3	109	97	52	22	3	61	98	73	48	3
363	351	168	37	2	400	348	135	36	2	200	306	289	125	1
579	550	263	45	7	575	598	216	47	8	286	489	457	205	7
81	103	41	15	2	74	115	37	14	2	43	76	90	31	2
3 225	3 250	1 260	211	26	3 539	3 153	1 078	182	20	1 567	2 893	2 550	936	26
4 284	4 123	1 532	248	38	4 456	4 027	1 449	255	38	2 011	3 737	3 248	1 186	43
488	692	437	101	14	580	697	360	85	10	255	586	588	291	12
508	553	330	78	11	597	548	259	67	9	240	472	520	238	10
449	508	271	66	6	499	487	247	64	3	196	419	440	241	4
1 102	1 178	502	85	8	1 147	1 170	460	89	9	583	1 016	914	355	7
578	515	256	55	7	591	534	217	58	11	331	511	397	165	7
195	208	107	39	4	186	214	103	44	6	137	166	155	92	3
60	48	44	8	2	52	68	31	9	2	25	54	51	29	3
25	46	21	16	－	27	40	26	15	－	14	26	31	37	－
162	241	99	25	3	174	226	107	20	3	108	180	165	74	3
29	27	8	2	－	25	23	12	6	－	14	23	19	10	－
93	105	55	9	1	107	108	39	8	1	57	77	100	29	－
82	108	37	8	2	86	110	31	7	3	61	70	70	33	3
8	6	4	2	－	7	8	3	2	－	4	3	8	5	－
1 019	1 053	413	68	9	1 184	1 009	314	50	5	524	947	804	281	6
2 519	2 254	696	98	18	2 539	2 174	734	117	21	1 110	2 055	1 788	607	25
73	147	106	33	4	91	145	99	26	2	45	119	126	69	4
79	88	73	14	3	92	93	56	14	2	36	70	101	47	3
55	55	39	10	1	55	57	40	7	1	21	55	55	28	1
218	213	110	21	4	217	223	99	25	2	111	203	176	74	2
118	143	63	16	5	132	130	63	13	7	93	120	101	26	5
133	139	66	29	3	118	148	65	34	5	99	108	95	65	3
4 658	6 247	2 925	571	60	5 115	6 289	2 495	508	54	2 657	5 251	4 724	1 770	59
115	151	86	25	22	123	140	82	32	22	65	120	138	54	22

第73表　母・父と同居している子ども数・構成割合，

実　数（人）

性、子ども自身の悩みや不安（複数回答）	総数	母と									
		学校でのできごとについて					友だちのことについて				
		よくする	ときどきする	あまりしない	まったくしない	不詳	よくする	ときどきする	あまりしない	まったくしない	不詳
男児	14 528	5 018	6 040	2 606	803	61	3 967	6 040	3 454	989	78
悩みや不安がある	5 618	1 988	2 276	993	338	23	1 495	2 301	1 359	434	29
親の仲が悪いこと	258	73	95	65	23	2	54	94	78	30	2
自分と家族の仲が悪いこと	264	66	81	72	43	2	51	78	86	46	3
友達との関係に関すること（友達ができない・友達の輪に入れないなど）	514	184	192	93	43	2	123	174	149	65	3
いじめに関すること	140	50	37	32	20	1	40	41	31	26	2
部活動（クラブ活動を含む）でのトラブルに関すること	249	108	79	45	17	－	85	84	56	23	1
恋愛に関すること	520	204	195	91	28	2	163	187	131	35	4
性に関すること	126	44	45	24	11	2	32	44	33	15	2
学校や塾の成績に関すること	3 029	1 088	1 242	540	154	5	815	1 252	742	212	8
進路に関すること	4 077	1 473	1 672	694	221	17	1 102	1 690	978	287	20
親がなにかと干渉してくること	896	222	356	238	76	4	173	334	275	107	7
親の期待や要求が高すぎること	719	220	264	167	65	3	173	257	199	85	5
何かにつけ兄弟姉妹と比べられること	497	149	195	111	39	3	124	182	143	45	3
自分の容姿に関すること	694	268	249	126	48	3	191	258	183	60	2
健康（病気）に関すること	570	212	195	114	46	3	145	217	142	63	3
その他	244	80	91	43	28	2	53	94	55	40	2
（再掲）特に深い悩みや強い不安											
親の仲が悪いこと	54	21	20	10	1	2	13	21	16	2	2
自分と家族の仲が悪いこと	55	11	17	11	16	－	9	14	20	12	－
友達との関係に関すること（友達ができない・友達の輪に入れないなど）	141	51	58	23	9	－	36	46	36	22	1
いじめに関すること	34	12	9	9	4	－	9	13	8	4	－
部活動（クラブ活動を含む）でのトラブルに関すること	64	31	20	10	3	－	25	25	11	3	－
恋愛に関すること	130	58	42	22	7	1	50	41	31	6	2
性に関すること	12	3	6	1	2	－	4	2	3	3	－
学校や塾の成績に関すること	974	384	386	158	44	2	269	427	220	56	2
進路に関すること	2 285	852	953	347	124	9	650	980	504	140	11
親がなにかと干渉してくること	227	49	98	64	15	1	40	79	81	25	2
親の期待や要求が高すぎること	147	46	48	39	13	1	40	49	42	15	1
何かにつけ兄弟姉妹と比べられること	77	23	36	15	2	1	24	29	19	4	1
自分の容姿に関すること	139	60	47	23	9	－	45	47	37	10	－
健康（病気）に関すること	148	54	49	32	12	1	41	57	33	16	1
その他	167	57	63	27	18	2	40	63	34	28	2
悩みや不安は特にない	8 660	2 962	3 676	1 555	443	24	2 418	3 649	2 029	529	35
不詳	250	68	88	58	22	14	54	90	66	26	14
女児	13 807	8 429	4 070	1 038	231	39	7 374	4 508	1 555	307	63
悩みや不安がある	7 857	4 728	2 355	608	146	20	4 097	2 576	956	197	31
親の仲が悪いこと	395	184	131	57	21	2	156	133	76	30	－
自分と家族の仲が悪いこと	302	119	103	46	32	2	102	105	54	40	1
友達との関係に関すること（友達ができない・友達の輪に入れないなど）	1 355	749	437	130	35	4	647	447	203	52	6
いじめに関すること	143	78	46	9	9	1	73	36	23	10	1
部活動（クラブ活動を含む）でのトラブルに関すること	672	433	182	47	10	－	375	211	74	12	－
恋愛に関すること	924	575	258	71	18	2	491	294	114	21	4
性に関すること	116	54	46	11	5	－	44	48	20	4	－
学校や塾の成績に関すること	4 943	3 020	1 466	353	96	8	2 614	1 601	588	127	13
進路に関すること	6 148	3 777	1 801	448	107	15	3 259	1 995	735	140	19
親がなにかと干渉してくること	836	373	306	117	38	2	318	317	149	49	3
親の期待や要求が高すぎること	761	391	246	93	28	3	315	276	128	38	4
何かにつけ兄弟姉妹と比べられること	803	400	269	99	33	2	338	274	148	42	1
自分の容姿に関すること	2 181	1 279	663	179	54	6	1 102	714	295	65	5
健康（病気）に関すること	841	519	233	65	20	4	431	268	104	32	6
その他	309	173	90	34	10	2	146	91	54	14	4
（再掲）特に深い悩みや強い不安											
親の仲が悪いこと	108	53	42	10	3	－	45	41	17	5	－
自分と家族の仲が悪いこと	53	26	14	8	5	－	22	14	9	8	－
友達との関係に関すること（友達ができない・友達の輪に入れないなど）	389	205	143	30	10	1	181	133	56	17	2
いじめに関すること	32	17	13	－	2	－	13	11	7	1	－
部活動（クラブ活動を含む）でのトラブルに関すること	199	124	62	10	3	－	109	68	19	3	－
恋愛に関すること	107	64	30	13	－	－	59	32	12	3	1
性に関すること	8	6	1	1	－	－	4	3	1	－	－
学校や塾の成績に関すること	1 588	1 001	466	101	18	2	887	519	155	25	2
進路に関すること	3 300	2 067	956	230	39	8	1 781	1 058	391	60	10
親がなにかと干渉してくること	136	55	42	26	13	－	44	43	34	14	1
親の期待や要求が高すぎること	110	45	41	21	3	－	34	45	26	4	1
何かにつけ兄弟姉妹と比べられること	83	46	24	10	3	－	40	25	16	2	－
自分の容姿に関すること	427	266	114	29	16	2	237	128	46	15	1
健康（病気）に関すること	197	118	57	14	5	3	97	69	20	6	5
その他	203	118	54	24	5	2	100	61	30	8	4
悩みや不安は特にない	5 801	3 619	1 675	417	78	12	3 203	1 888	584	102	24
不詳	149	82	40	13	7	7	74	44	15	8	8

性、子ども自身の悩みや不安（複数回答）、家庭での会話別（８－２）

第15回調査（平成28年）

の					会					話				
将来や進路のことについて					勉強や成績のことについて					社会のできごとやニュースについて				
よくする	ときどきする	あまりしない	まったくしない	不詳	よくする	ときどきする	あまりしない	まったくしない	不詳	よくする	ときどきする	あまりしない	まったくしない	不詳
4 304	6 272	3 143	725	84	4 776	6 285	2 728	661	78	2 495	5 202	4 776	1 973	82
1 869	2 305	1 149	264	31	2 033	2 303	1 007	245	30	1 014	2 012	1 791	772	29
78	93	64	20	3	73	104	63	15	3	44	77	84	51	2
57	103	70	31	3	70	83	78	30	3	40	67	86	69	2
137	215	125	34	3	161	201	117	31	4	98	174	153	86	3
53	52	23	11	1	49	46	32	11	2	30	48	37	23	2
79	102	47	19	2	96	91	47	13	2	52	90	73	33	1
186	192	111	28	3	190	223	82	21	4	116	158	173	69	4
35	51	25	13	2	31	58	23	12	2	23	37	48	16	2
1 051	1 251	602	116	9	1 193	1 240	493	95	8	538	1 132	972	378	9
1 491	1 670	755	143	18	1 578	1 653	687	141	18	725	1 518	1 307	508	19
200	362	263	61	10	257	365	213	53	8	123	303	310	153	7
217	262	182	51	7	249	286	134	45	5	115	236	253	111	4
143	195	121	33	5	158	191	117	28	3	79	158	171	87	2
218	276	159	38	3	235	289	139	28	3	128	251	215	97	3
194	214	120	41	1	208	215	110	33	4	129	203	171	66	1
80	83	50	30	1	78	93	44	27	2	70	66	60	47	1
20	15	14	3	2	15	24	10	3	2	6	22	16	8	2
8	25	10	12	－	10	17	17	11	－	8	11	14	22	－
35	63	34	8	1	40	57	35	8	1	33	49	37	21	1
13	14	5	2	－	12	10	9	3	－	7	10	10	7	－
21	27	9	6	1	26	22	12	3	1	11	26	17	10	－
46	54	22	7	1	43	63	17	5	2	35	33	43	17	2
4	4	2	2	－	4	4	2	2	－	3	1	6	2	－
317	402	212	40	3	400	403	139	29	3	185	372	297	117	3
903	957	358	59	8	923	923	364	67	8	406	864	724	281	10
37	95	67	24	4	51	93	62	19	2	29	72	79	44	3
43	48	45	9	2	51	59	28	8	1	19	43	58	26	1
23	27	19	7	1	22	27	23	4	1	8	26	30	12	1
46	49	35	7	2	48	51	33	6	1	25	47	46	20	1
46	59	31	12	－	47	61	32	7	1	46	45	44	13	－
52	63	30	21	1	51	67	26	21	2	48	46	39	33	1
2 374	3 870	1 939	438	39	2 682	3 892	1 661	391	34	1 451	3 106	2 903	1 161	39
61	97	55	23	14	61	90	60	25	14	30	84	82	40	14
5 738	5 586	2 124	298	61	6 028	5 513	1 901	304	61	2 866	4 993	4 381	1 502	65
3 400	3 155	1 107	163	32	3 533	3 066	1 045	180	33	1 625	2 812	2 504	879	37
151	137	89	18	－	149	144	84	18	－	70	128	121	75	1
106	99	73	23	1	105	105	65	26	1	41	84	107	69	1
533	566	211	40	5	550	537	214	49	5	270	457	447	177	4
72	51	16	2	2	60	51	20	11	1	31	50	36	25	1
284	249	121	18	－	304	257	88	23	－	148	216	216	92	－
393	358	152	17	4	385	375	134	26	4	170	331	284	136	3
46	52	16	2	－	43	57	14	2	－	20	39	42	15	－
2 174	1 999	658	95	17	2 346	1 913	585	87	12	1 029	1 761	1 578	558	17
2 793	2 453	777	105	20	2 878	2 374	762	114	20	1 286	2 219	1 941	678	24
288	330	174	40	4	323	332	147	32	2	132	283	278	138	5
291	291	148	27	4	348	262	125	22	4	125	236	267	127	6
306	313	150	33	1	341	296	130	36	－	117	261	269	154	2
884	902	343	47	5	912	881	321	61	6	455	765	699	258	4
384	301	136	14	6	383	319	107	25	7	202	308	226	99	6
115	125	57	9	3	108	121	59	17	4	67	100	95	45	2
40	33	30	5	－	37	44	21	6	－	19	32	35	21	1
17	21	11	4	－	17	23	9	4	－	6	15	17	15	－
127	178	65	17	2	134	169	72	12	2	75	131	128	53	2
16	13	3	－	－	13	13	3	3	－	7	13	9	3	－
72	78	46	3	－	81	86	27	5	－	46	51	83	19	－
36	54	15	1	1	43	47	14	2	1	26	37	27	16	1
4	2	2	－	－	3	4	1	－	－	1	2	2	3	－
702	651	201	28	6	784	606	175	21	2	339	575	507	164	3
1 616	1 297	338	39	10	1 616	1 251	370	50	13	704	1 191	1 064	326	15
36	52	39	9	－	40	52	37	7	－	16	47	47	25	1
36	40	28	5	1	41	34	28	6	1	17	27	43	21	2
32	28	20	3	－	33	30	17	3	－	13	29	25	16	－
172	164	75	14	2	169	172	66	19	1	86	156	130	54	1
72	84	32	4	5	85	69	31	6	6	47	75	57	13	5
81	76	36	8	2	67	81	39	13	3	51	62	56	32	2
2 284	2 377	986	133	21	2 433	2 397	834	117	20	1 206	2 145	1 821	609	20
54	54	31	2	8	62	50	22	7	8	35	36	56	14	8

第73表　母・父と同居している子ども数・構成割合，

実　数（人）

性 、 子ども自身の悩みや不安（複数回答）	総数	父と									
		学校でのできごとについて					友だちのことについて				
		よくする	ときどきする	あまりしない	まったくしない	不詳	よくする	ときどきする	あまりしない	まったくしない	不詳
総数	25 382	3 704	8 019	9 032	4 419	208	2 831	6 842	9 957	5 485	267
悩みや不安がある	11 964	1 585	3 670	4 295	2 334	80	1 174	2 987	4 751	2 949	103
親の仲が悪いこと	597	38	118	205	233	3	23	99	210	262	3
自分と家族の仲が悪いこと	485	36	80	153	212	4	25	65	164	228	3
友達との関係に関すること（友達ができない・友達の輪に入れないなど）	1 662	195	481	591	388	7	136	367	649	501	9
いじめに関すること	250	34	52	75	85	4	33	41	81	92	3
部活動（クラブ活動を含む）でのトラブルに関すること	813	136	257	267	150	3	96	216	300	197	4
恋愛に関すること	1 270	182	379	446	257	6	145	314	473	327	11
性に関すること	206	23	57	74	50	2	20	37	88	58	3
学校や塾の成績に関すること	7 092	934	2 206	2 567	1 345	40	705	1 789	2 827	1 721	50
進路に関すること	9 081	1 232	2 867	3 210	1 711	61	908	2 319	3 611	2 168	75
親がなにかと干渉してくること	1 559	141	383	612	413	10	93	321	634	498	13
親の期待や要求が高すぎること	1 307	131	346	483	335	12	100	281	508	406	12
何かにつけ兄弟姉妹と比べられること	1 179	113	297	425	338	6	84	243	450	394	8
自分の容姿に関すること	2 523	319	750	923	524	7	236	570	1 034	673	10
健康（病気）に関すること	1 244	152	391	428	265	8	111	305	476	341	11
その他	484	66	120	157	137	4	49	101	166	163	5
（再掲）特に深い悩みや強い不安											
親の仲が悪いこと	153	12	35	55	50	1	6	28	54	64	1
自分と家族の仲が悪いこと	86	5	10	26	45	–	3	8	28	47	–
友達との関係に関すること（友達ができない・友達の輪に入れないなど）	477	52	153	171	100	1	32	115	181	145	4
いじめに関すること	54	9	15	14	16	–	8	9	16	21	–
部活動（クラブ活動を含む）でのトラブルに関すること	230	38	85	73	33	1	29	71	81	48	1
恋愛に関すること	212	33	61	74	42	2	28	65	66	51	2
性に関すること	18	4	3	8	3	–	4	1	9	4	–
学校や塾の成績に関すること	2 280	348	705	814	404	9	264	578	906	521	11
進路に関すること	4 966	716	1 609	1 730	877	34	519	1 335	1 969	1 101	42
親がなにかと干渉してくること	323	26	78	134	84	1	15	58	139	109	2
親の期待や要求が高すぎること	225	18	54	89	61	3	17	37	95	72	4
何かにつけ兄弟姉妹と比べられること	146	18	41	47	38	2	12	37	49	45	3
自分の容姿に関すること	496	70	147	193	85	1	55	109	219	111	2
健康（病気）に関すること	303	26	103	112	57	5	24	83	114	75	7
その他	327	49	82	103	89	4	35	69	107	111	5
悩みや不安は特にない	13 060	2 073	4 246	4 623	2 014	104	1 618	3 776	5 074	2 455	137
不詳	358	46	103	114	71	24	39	79	132	81	27

第15回調査（平成28年）

の会話														
将来や進路のことについて					勉強や成績のことについて					社会のできごとやニュースについて				
よくする	ときどきする	あまりしない	まったくしない	不詳	よくする	ときどきする	あまりしない	まったくしない	不詳	よくする	ときどきする	あまりしない	まったくしない	不詳
4 480	9 209	7 983	3 475	235	4 785	9 132	7 865	3 366	234	3 790	7 604	8 588	5 163	237
2 216	4 274	3 635	1 748	91	2 339	4 197	3 627	1 713	88	1 828	3 555	3 891	2 601	89
69	147	186	191	4	61	156	186	191	3	56	119	166	253	3
58	111	149	164	3	61	103	149	169	3	52	86	146	198	3
258	559	541	298	6	278	547	523	304	10	254	440	519	441	8
40	80	68	59	3	40	78	66	64	2	36	55	75	81	3
144	286	254	125	4	162	283	238	126	4	139	237	253	180	4
260	431	368	201	10	254	447	358	202	9	235	341	379	306	9
35	70	53	46	2	32	60	63	49	2	37	54	59	54	2
1 379	2 550	2 145	972	46	1 489	2 513	2 110	937	43	1 088	2 141	2 360	1 459	44
1 808	3 319	2 668	1 223	63	1 876	3 262	2 694	1 188	61	1 418	2 751	2 974	1 876	62
214	509	536	289	11	250	485	525	288	11	212	458	479	399	11
249	423	390	234	11	287	417	382	213	8	206	348	405	337	11
186	395	358	234	6	200	373	379	222	5	168	283	389	333	6
422	904	776	414	7	444	901	770	399	9	424	734	779	580	6
246	381	398	209	10	253	413	363	205	10	218	393	355	269	9
86	149	129	116	4	79	156	131	112	6	94	146	109	131	4
21	32	56	43	1	14	38	57	43	1	20	27	45	60	1
9	16	24	37	−	6	17	23	40	−	7	11	21	47	−
50	159	177	89	2	64	149	171	90	3	77	108	158	132	2
15	15	11	13	−	14	16	11	13	−	10	18	11	15	−
37	90	73	29	1	41	96	60	32	1	38	75	74	42	1
38	83	58	29	4	40	80	60	30	2	46	47	63	53	3
5	6	3	4	−	4	5	5	4	−	3	3	6	6	−
450	819	699	301	11	502	793	684	289	12	350	701	760	458	11
1 073	1 902	1 358	595	38	1 106	1 836	1 412	577	35	763	1 537	1 660	969	37
40	98	118	66	1	43	92	113	74	1	48	88	98	87	2
34	66	78	44	3	37	70	78	37	3	28	52	69	73	3
28	53	34	29	2	33	40	45	25	3	31	34	45	33	3
90	166	162	76	2	88	170	159	76	3	91	150	152	101	2
47	109	98	43	6	57	114	84	43	5	54	96	91	56	6
59	105	83	76	4	53	110	84	74	6	69	97	68	89	4
2 214	4 812	4 242	1 673	119	2 389	4 815	4 140	1 597	119	1 915	3 963	4 575	2 486	121
50	123	106	54	25	57	120	98	56	27	47	86	122	76	27

第73表　母・父と同居している子ども数・構成割合,

実　　数（人）

性、子ども自身の悩みや不安（複数回答）	総数	父と 学校でのできごとについて よくする	ときどきする	あまりしない	まったくしない	不詳	友だちのことについて よくする	ときどきする	あまりしない	まったくしない	不詳
男児	13 086	1 745	3 999	4 848	2 377	117	1 374	3 591	5 213	2 764	144
悩みや不安がある	5 028	576	1 457	1 892	1 068	35	439	1 252	2 047	1 247	43
親の仲が悪いこと	235	8	47	84	93	3	7	37	92	96	3
自分と家族の仲が悪いこと	234	13	39	80	100	2	8	35	86	104	1
友達との関係に関すること（友達ができない・友達の輪に入れないなど）	467	43	112	184	126	2	29	89	182	163	4
いじめに関すること	126	17	21	37	49	2	15	18	43	49	1
部活動（クラブ活動を含む）でのトラブルに関すること	213	28	64	78	43	−	22	59	76	55	1
恋愛に関すること	463	62	122	179	97	3	49	115	173	119	7
性に関すること	106	11	30	37	26	2	8	21	44	30	3
学校や塾の成績に関すること	2 724	304	805	1 048	553	14	240	678	1 138	651	17
進路に関すること	3 659	433	1 107	1 361	728	30	328	948	1 496	853	34
親がなにかと干渉してくること	822	59	190	327	240	6	36	167	345	268	6
親の期待や要求が高すぎること	639	50	161	246	175	7	39	136	262	195	7
何かにつけ兄弟姉妹と比べられること	448	42	104	161	138	3	35	95	172	143	3
自分の容姿に関すること	612	73	173	230	135	1	54	134	260	162	2
健康（病気）に関すること	504	54	156	171	121	2	39	125	194	143	3
その他	215	24	49	71	69	2	19	45	69	80	2
（再掲）特に深い悩みや強い不安											
親の仲が悪いこと	50	4	9	21	15	1	2	8	20	19	1
自分と家族の仲が悪いこと	46	2	6	17	21	−	1	6	18	21	−
友達との関係に関すること（友達ができない・友達の輪に入れないなど）	127	14	32	48	33	−	11	22	44	47	3
いじめに関すること	28	5	7	7	9	−	4	3	9	12	−
部活動（クラブ活動を含む）でのトラブルに関すること	56	10	18	19	9	−	6	20	18	12	−
恋愛に関すること	121	17	29	47	26	2	17	33	40	30	1
性に関すること	11	3	2	3	3	−	2	1	4	4	−
学校や塾の成績に関すること	876	109	249	328	188	2	91	216	353	214	2
進路に関すること	2 044	256	655	753	365	15	191	569	856	411	17
親がなにかと干渉してくること	201	17	45	82	57	−	9	33	90	68	1
親の期待や要求が高すぎること	128	11	27	53	35	2	9	23	51	42	3
何かにつけ兄弟姉妹と比べられること	72	8	20	24	18	2	4	22	23	21	2
自分の容姿に関すること	123	16	35	50	22	−	14	25	52	32	−
健康（病気）に関すること	131	10	45	47	29	−	9	43	43	35	1
その他	146	17	36	46	45	2	11	33	45	55	2
悩みや不安は特にない	7 832	1 145	2 479	2 878	1 266	64	915	2 285	3 080	1 471	81
不詳	226	24	63	78	43	18	20	54	86	46	20
女児	12 296	1 959	4 020	4 184	2 042	91	1 457	3 251	4 744	2 721	123
悩みや不安がある	6 936	1 009	2 213	2 403	1 266	45	735	1 735	2 704	1 702	60
親の仲が悪いこと	362	30	71	121	140	−	16	62	118	166	−
自分と家族の仲が悪いこと	251	23	41	73	112	2	17	30	78	124	2
友達との関係に関すること（友達ができない・友達の輪に入れないなど）	1 195	152	369	407	262	5	107	278	467	338	5
いじめに関すること	124	17	31	38	36	2	18	23	38	43	2
部活動（クラブ活動を含む）でのトラブルに関すること	600	108	193	189	107	3	74	157	224	142	3
恋愛に関すること	807	120	257	267	160	3	96	199	300	208	4
性に関すること	100	12	27	37	24	−	12	16	44	28	−
学校や塾の成績に関すること	4 368	630	1 401	1 519	792	26	465	1 111	1 689	1 070	33
進路に関すること	5 422	799	1 760	1 849	983	31	580	1 371	2 115	1 315	41
親がなにかと干渉してくること	737	82	193	285	173	4	57	154	289	230	7
親の期待や要求が高すぎること	668	81	185	237	160	5	61	145	246	211	5
何かにつけ兄弟姉妹と比べられること	731	71	193	264	200	3	49	148	278	251	5
自分の容姿に関すること	1 911	246	577	693	389	6	182	436	774	511	8
健康（病気）に関すること	740	98	235	257	144	6	72	180	282	198	8
その他	269	42	71	86	68	2	30	56	97	83	3
（再掲）特に深い悩みや強い不安											
親の仲が悪いこと	103	8	26	34	35	−	4	20	34	45	−
自分と家族の仲が悪いこと	40	3	4	9	24	−	2	2	10	26	−
友達との関係に関すること（友達ができない・友達の輪に入れないなど）	350	38	121	123	67	1	21	93	137	98	1
いじめに関すること	26	4	8	7	7	−	4	6	7	9	−
部活動（クラブ活動を含む）でのトラブルに関すること	174	28	67	54	24	1	23	51	63	36	1
恋愛に関すること	91	16	32	27	16	−	11	32	26	21	1
性に関すること	7	1	1	5	−	−	2	−	5	−	−
学校や塾の成績に関すること	1 404	239	456	486	216	7	173	362	553	307	9
進路に関すること	2 922	460	954	977	512	19	328	766	1 113	690	25
親がなにかと干渉してくること	122	9	33	52	27	1	6	25	49	41	1
親の期待や要求が高すぎること	97	7	27	36	26	1	8	14	44	30	1
何かにつけ兄弟姉妹と比べられること	74	10	21	23	20	−	8	15	26	24	1
自分の容姿に関すること	373	54	112	143	63	1	41	84	167	79	2
健康（病気）に関すること	172	16	58	65	28	5	15	40	71	40	6
その他	181	32	46	57	44	2	24	36	62	56	3
悩みや不安は特にない	5 228	928	1 767	1 745	748	40	703	1 491	1 994	984	56
不詳	132	22	40	36	28	6	19	25	46	35	7

性、子ども自身の悩みや不安（複数回答）、家庭での会話別（8－4）

第15回調査（平成28年）

の			会				話							
将来や進路のことについて					勉強や成績のことについて					社会のできごとやニュースについて				
よくする	ときどきする	あまりしない	まったくしない	不詳	よくする	ときどきする	あまりしない	まったくしない	不詳	よくする	ときどきする	あまりしない	まったくしない	不詳
2 450	4 761	4 027	1 716	132	2 519	4 644	4 061	1 733	129	1 978	3 924	4 450	2 602	132
1 021	1 748	1 503	718	38	1 016	1 700	1 530	748	34	773	1 500	1 626	1 093	36
25	63	74	69	4	23	60	78	71	3	21	44	69	98	3
31	43	83	75	2	29	50	76	77	2	26	44	67	95	2
74	148	150	92	3	71	151	143	99	3	65	122	147	130	3
21	39	31	33	2	23	35	33	34	1	18	29	39	38	2
42	82	61	27	1	37	80	68	27	1	36	59	72	45	1
109	163	122	65	4	102	157	132	68	4	97	121	135	106	4
18	36	26	24	2	15	28	35	26	2	22	26	30	26	2
582	953	814	359	16	604	934	811	363	12	435	824	910	543	12
819	1 320	1 043	448	29	797	1 291	1 081	464	26	567	1 131	1 216	717	28
114	268	276	157	7	125	248	285	158	6	113	248	246	209	6
135	206	170	121	7	136	208	182	109	4	105	178	187	163	6
78	151	138	77	4	79	143	141	82	3	66	112	146	121	3
107	226	177	101	1	110	232	166	103	1	108	186	185	132	1
100	155	163	85	1	90	175	149	87	3	96	163	140	104	1
38	57	58	61	1	35	63	53	62	2	48	60	44	62	1
5	14	16	14	1	3	12	19	15	1	6	9	16	18	1
5	7	16	18	－	3	11	12	20	－	5	7	10	24	－
19	41	43	23	1	19	36	45	26	1	20	27	42	37	1
8	7	4	9	－	6	9	4	9	－	3	11	5	9	－
14	25	13	4	－	10	24	16	6	－	10	21	16	9	－
26	45	31	17	2	26	41	33	20	1	27	26	39	27	2
4	2	2	3	－	3	1	3	4	－	3	1	3	4	－
176	290	288	118	4	193	284	269	128	2	127	271	287	189	2
501	780	533	215	15	484	742	585	218	15	318	634	692	383	17
28	62	66	44	1	27	57	67	49	1	35	52	57	56	1
24	35	41	26	2	25	39	38	24	2	19	31	35	41	2
14	28	19	9	2	16	24	21	9	2	12	21	22	15	2
20	46	37	20	－	21	39	42	21	－	25	38	33	27	－
22	49	43	17	－	22	49	42	18	－	28	47	35	21	－
24	39	40	42	1	21	45	35	43	2	34	43	27	41	1
1 393	2 937	2 462	964	76	1 466	2 876	2 463	951	76	1 181	2 368	2 745	1 462	76
36	76	62	34	18	37	68	68	34	19	24	56	79	47	20
2 030	4 448	3 956	1 759	103	2 266	4 488	3 804	1 633	105	1 812	3 680	4 138	2 561	105
1 195	2 526	2 132	1 030	53	1 323	2 497	2 097	965	54	1 055	2 055	2 265	1 508	53
44	84	112	122	－	38	96	108	120	－	35	75	97	155	－
27	68	66	89	1	32	53	73	92	1	26	42	79	103	1
184	411	391	206	3	207	396	380	205	7	189	318	372	311	5
19	41	37	26	1	17	43	33	30	1	18	26	36	43	1
102	204	193	98	3	125	203	170	99	3	103	178	181	135	3
151	268	246	136	6	152	290	226	134	5	138	220	244	200	5
17	34	27	22	－	17	32	28	23	－	15	28	29	28	－
797	1 597	1 331	613	30	885	1 579	1 299	574	31	653	1 317	1 450	916	32
989	1 999	1 625	775	34	1 079	1 971	1 613	724	35	851	1 620	1 758	1 159	34
100	241	260	132	4	125	237	240	130	5	99	210	233	190	5
114	217	220	113	4	151	209	200	104	4	101	170	218	174	5
108	244	220	157	2	121	230	238	140	2	102	171	243	212	3
315	678	599	313	6	334	669	604	296	8	316	548	594	448	5
146	226	235	124	9	163	238	214	118	7	122	230	215	165	8
48	92	71	55	3	44	93	78	50	4	46	86	65	69	3
16	18	40	29	－	11	26	38	28	－	14	18	29	42	－
4	9	8	19	－	3	6	11	20	－	2	4	11	23	－
31	118	134	66	1	45	113	126	64	2	57	81	116	95	1
7	8	7	4	－	8	7	7	4	－	7	7	6	6	－
23	65	60	25	1	31	72	44	26	1	28	54	58	33	1
12	38	27	12	2	14	39	27	10	1	19	21	24	26	1
1	4	1	1	－	1	4	2	－	－	－	2	3	2	－
274	529	411	183	7	309	509	415	161	10	223	430	473	269	9
572	1 122	825	380	23	622	1 094	827	359	20	445	903	968	586	20
12	36	52	22	－	16	35	46	25	－	13	36	41	31	1
10	31	37	18	1	12	31	40	13	1	9	21	34	32	1
14	25	15	20	－	17	16	24	16	1	19	13	23	18	1
70	120	125	56	2	67	131	117	55	3	66	112	119	74	2
25	60	55	26	6	35	65	42	25	5	26	49	56	35	6
35	66	43	34	3	32	65	49	31	4	35	54	41	48	3
821	1 875	1 780	709	43	923	1 939	1 677	646	43	734	1 595	1 830	1 024	45
14	47	44	20	7	20	52	30	22	8	23	30	43	29	7

第73表　母・父と同居している子ども数・構成割合，

構成割合（%）

性、子ども自身の悩みや不安（複数回答）	総数	母と 学校でのできごとについて よくする	ときどきする	あまりしない	まったくしない	不詳	友だちのことについて よくする	ときどきする	あまりしない	まったくしない	不詳
総数	100.0	47.5	35.7	12.9	3.6	0.4	40.0	37.2	17.7	4.6	0.5
悩みや不安がある	100.0	49.8	34.4	11.9	3.6	0.3	41.5	36.2	17.2	4.7	0.4
親の仲が悪いこと	100.0	39.4	34.6	18.7	6.7	0.6	32.2	34.8	23.6	9.2	0.3
自分と家族の仲が悪いこと	100.0	32.7	32.5	20.8	13.3	0.7	27.0	32.3	24.7	15.2	0.7
友達との関係に関すること（友達ができない・友達の輪に入れないなど）	100.0	49.9	33.7	11.9	4.2	0.3	41.2	33.2	18.8	6.3	0.5
いじめに関すること	100.0	45.2	29.3	14.5	10.2	0.7	39.9	27.2	19.1	12.7	1.1
部活動（クラブ活動を含む）でのトラブルに関すること	100.0	58.7	28.3	10.0	2.9	−	49.9	32.0	14.1	3.8	0.1
恋愛に関すること	100.0	53.9	31.4	11.2	3.2	0.3	45.3	33.3	17.0	3.9	0.6
性に関すること	100.0	40.5	37.6	14.5	6.6	0.8	31.4	38.0	21.9	7.9	0.8
学校や塾の成績に関すること	100.0	51.5	34.0	11.2	3.1	0.2	43.0	35.8	16.7	4.3	0.3
進路に関すること	100.0	51.3	34.0	11.2	3.2	0.3	42.7	36.0	16.8	4.2	0.4
親がなにかと干渉してくること	100.0	34.4	38.2	20.5	6.6	0.3	28.3	37.6	24.5	9.0	0.6
親の期待や要求が高すぎること	100.0	41.3	34.5	17.6	6.3	0.4	33.0	36.0	22.1	8.3	0.6
何かにつけ兄弟姉妹と比べられること	100.0	42.2	35.7	16.2	5.5	0.4	35.5	35.1	22.4	6.7	0.3
自分の容姿に関すること	100.0	53.8	31.7	10.6	3.5	0.3	45.0	33.8	16.6	4.3	0.2
健康（病気）に関すること	100.0	51.8	30.3	12.7	4.7	0.5	40.8	34.4	17.4	6.7	0.6
その他	100.0	45.8	32.7	13.9	6.9	0.7	36.0	33.5	19.7	9.8	1.1
（再掲）特に深い悩みや強い不安											
親の仲が悪いこと	100.0	45.7	38.3	12.3	2.5	1.2	35.8	38.3	20.4	4.3	1.2
自分と家族の仲が悪いこと	100.0	34.3	28.7	17.6	19.4	−	28.7	25.9	26.9	18.5	−
友達との関係に関すること（友達ができない・友達の輪に入れないなど）	100.0	48.3	37.9	10.0	3.6	0.2	40.9	33.8	17.4	7.4	0.6
いじめに関すること	100.0	43.9	33.3	13.6	9.1	−	33.3	36.4	22.7	7.6	−
部活動（クラブ活動を含む）でのトラブルに関すること	100.0	58.9	31.2	7.6	2.3	−	51.0	35.4	11.4	2.3	−
恋愛に関すること	100.0	51.5	30.4	14.8	3.0	0.4	46.0	30.8	18.1	3.8	1.3
性に関すること	100.0	45.0	35.0	10.0	10.0	−	40.0	25.0	20.0	15.0	−
学校や塾の成績に関すること	100.0	54.1	33.3	10.1	2.4	0.2	45.1	36.9	14.6	3.2	0.2
進路に関すること	100.0	52.3	34.2	10.3	2.9	0.3	43.5	36.5	16.0	3.6	0.4
親がなにかと干渉してくること	100.0	28.7	38.6	24.8	7.7	0.3	23.1	33.6	31.7	10.7	0.8
親の期待や要求が高すぎること	100.0	35.4	34.6	23.3	6.2	0.4	28.8	36.6	26.5	7.4	0.8
何かにつけ兄弟姉妹と比べられること	100.0	43.1	37.5	15.6	3.1	0.6	40.0	33.8	21.9	3.8	0.6
自分の容姿に関すること	100.0	57.6	28.4	9.2	4.4	0.4	49.8	30.9	14.7	4.4	0.2
健康（病気）に関すること	100.0	49.9	30.7	13.3	4.9	1.2	40.0	36.5	15.4	6.4	1.7
その他	100.0	47.3	31.6	13.8	6.2	1.1	37.8	33.5	17.3	9.7	1.6
悩みや不安は特にない	100.0	45.5	37.0	13.6	3.6	0.2	38.9	38.3	18.1	4.4	0.4
不詳	100.0	37.6	32.1	17.8	7.3	5.3	32.1	33.6	20.3	8.5	5.5

性、子ども自身の悩みや不安（複数回答）、家庭での会話別（８－５）

第15回調査（平成28年）

の					会					話				
将来や進路のことについて					勉強や成績のことについて					社会のできごとやニュースについて				
よくする	ときどきする	あまりしない	まったくしない	不詳	よくする	ときどきする	あまりしない	まったくしない	不詳	よくする	ときどきする	あまりしない	まったくしない	不詳
35.4	41.8	18.6	3.6	0.5	38.1	41.6	16.3	3.4	0.5	18.9	36.0	32.3	12.3	0.5
39.1	40.5	16.7	3.2	0.5	41.3	39.8	15.2	3.2	0.5	19.6	35.8	31.9	12.3	0.5
35.1	35.2	23.4	5.8	0.5	34.0	38.0	22.5	5.1	0.5	17.5	31.4	31.4	19.3	0.5
28.8	35.7	25.3	9.5	0.7	30.9	33.2	25.3	9.9	0.7	14.3	26.7	34.1	24.4	0.5
35.8	41.8	18.0	4.0	0.4	38.0	39.5	17.7	4.3	0.5	19.7	33.8	32.1	14.1	0.4
44.2	36.4	13.8	4.6	1.1	38.5	34.3	18.4	7.8	1.1	21.6	34.6	25.8	17.0	1.1
39.4	38.1	18.2	4.0	0.2	43.4	37.8	14.7	3.9	0.2	21.7	33.2	31.4	13.6	0.1
40.1	38.1	18.2	3.1	0.5	39.8	41.4	15.0	3.3	0.6	19.8	33.9	31.6	14.2	0.5
33.5	42.6	16.9	6.2	0.8	30.6	47.5	15.3	5.8	0.8	17.8	31.4	37.2	12.8	0.8
40.5	40.8	15.8	2.6	0.3	44.4	39.6	13.5	2.3	0.3	19.7	36.3	32.0	11.7	0.3
41.9	40.3	15.0	2.4	0.4	43.6	39.4	14.2	2.5	0.4	19.7	36.5	31.8	11.6	0.4
28.2	40.0	25.2	5.8	0.8	33.5	40.2	20.8	4.9	0.6	14.7	33.8	33.9	16.8	0.7
34.3	37.4	22.3	5.3	0.7	40.3	37.0	17.5	4.5	0.6	16.2	31.9	35.1	16.1	0.7
34.5	39.1	20.8	5.1	0.5	38.4	37.5	19.0	4.9	0.2	15.1	32.2	33.8	18.5	0.3
38.3	41.0	17.5	3.0	0.3	39.9	40.7	16.0	3.1	0.3	20.3	35.3	31.8	12.3	0.2
41.0	36.5	18.1	3.9	0.5	41.9	37.8	15.4	4.1	0.8	23.5	36.2	28.1	11.7	0.5
35.3	37.6	19.3	7.1	0.7	33.6	38.7	18.6	8.0	1.1	24.8	30.0	28.0	16.6	0.5
37.0	29.6	27.2	4.9	1.2	32.1	42.0	19.1	5.6	1.2	15.4	33.3	31.5	17.9	1.9
23.1	42.6	19.4	14.8	－	25.0	37.0	24.1	13.9	－	13.0	24.1	28.7	34.3	－
30.6	45.5	18.7	4.7	0.6	32.8	42.6	20.2	3.8	0.6	20.4	34.0	31.1	14.0	0.6
43.9	40.9	12.1	3.0	－	37.9	34.8	18.2	9.1	－	21.2	34.8	28.8	15.2	－
35.4	39.9	20.9	3.4	0.4	40.7	41.1	14.8	3.0	0.4	21.7	29.3	38.0	11.0	－
34.6	45.6	15.6	3.4	0.8	36.3	46.4	13.1	3.0	1.3	25.7	29.5	29.5	13.9	1.3
40.0	30.0	20.0	10.0	－	35.0	40.0	15.0	10.0	－	20.0	15.0	40.0	25.0	－
39.8	41.1	16.1	2.7	0.4	46.2	39.4	12.3	2.0	0.2	20.5	37.0	31.4	11.0	0.2
45.1	40.4	12.5	1.8	0.3	45.5	38.9	13.1	2.1	0.4	19.9	36.8	32.0	10.9	0.4
20.1	40.5	29.2	9.1	1.1	25.1	39.9	27.3	7.2	0.6	12.4	32.8	34.7	19.0	1.1
30.7	34.2	28.4	5.4	1.2	35.8	36.2	21.8	5.4	0.8	14.0	27.2	39.3	18.3	1.2
34.4	34.4	24.4	6.3	0.6	34.4	35.6	25.0	4.4	0.6	13.1	34.4	34.4	17.5	0.6
38.5	37.6	19.4	3.7	0.7	38.3	39.4	17.5	4.4	0.4	19.6	35.9	31.1	13.1	0.4
34.2	41.4	18.3	4.6	1.4	38.3	37.7	18.3	3.8	2.0	27.0	34.8	29.3	7.5	1.4
35.9	37.6	17.8	7.8	0.8	31.9	40.0	17.6	9.2	1.4	26.8	29.2	25.7	17.6	0.8
32.2	43.2	20.2	3.9	0.4	35.4	43.5	17.3	3.5	0.4	18.4	36.3	32.7	12.2	0.4
28.8	37.8	21.6	6.3	5.5	30.8	35.1	20.6	8.0	5.5	16.3	30.1	34.6	13.5	5.5

第73表　母・父と同居している子ども数・構成割合，

構成割合（%）

性、子ども自身の悩みや不安（複数回答）	総数	母と									
		学校でのできごとについて					友だちのことについて				
		よくする	ときどきする	あまりしない	まったくしない	不詳	よくする	ときどきする	あまりしない	まったくしない	不詳
男児	100.0	34.5	41.6	17.9	5.5	0.4	27.3	41.6	23.8	6.8	0.5
悩みや不安がある	100.0	35.4	40.5	17.7	6.0	0.4	26.6	41.0	24.2	7.7	0.5
親の仲が悪いこと	100.0	28.3	36.8	25.2	8.9	0.8	20.9	36.4	30.2	11.6	0.8
自分と家族の仲が悪いこと	100.0	25.0	30.7	27.3	16.3	0.8	19.3	29.5	32.6	17.4	1.1
友達との関係に関すること（友達ができない・友達の輪に入れないなど）	100.0	35.8	37.4	18.1	8.4	0.4	23.9	33.9	29.0	12.6	0.6
いじめに関すること	100.0	35.7	26.4	22.9	14.3	0.7	28.6	29.3	22.1	18.6	1.4
部活動（クラブ活動を含む）でのトラブルに関すること	100.0	43.4	31.7	18.1	6.8	-	34.1	33.7	22.5	9.2	0.4
恋愛に関すること	100.0	39.2	37.5	17.5	5.4	0.4	31.3	36.0	25.2	6.7	0.8
性に関すること	100.0	34.9	35.7	19.0	8.7	1.6	25.4	34.9	26.2	11.9	1.6
学校や塾の成績に関すること	100.0	35.9	41.0	17.8	5.1	0.2	26.9	41.3	24.5	7.0	0.3
進路に関すること	100.0	36.1	41.0	17.0	5.4	0.4	27.0	41.5	24.0	7.0	0.5
親がなにかと干渉してくること	100.0	24.8	39.7	26.6	8.5	0.4	19.3	37.3	30.7	11.9	0.8
親の期待や要求が高すぎること	100.0	30.6	36.7	23.2	9.0	0.4	24.1	35.7	27.7	11.8	0.7
何かにつけ兄弟姉妹と比べられること	100.0	30.0	39.2	22.3	7.8	0.6	24.9	36.6	28.8	9.1	0.6
自分の容姿に関すること	100.0	38.6	35.9	18.2	6.9	0.4	27.5	37.2	26.4	8.6	0.3
健康（病気）に関すること	100.0	37.2	34.2	20.0	8.1	0.5	25.4	38.1	24.9	11.1	0.5
その他	100.0	32.8	37.3	17.6	11.5	0.8	21.7	38.5	22.5	16.4	0.8
（再掲）特に深い悩みや強い不安											
親の仲が悪いこと	100.0	38.9	37.0	18.5	1.9	3.7	24.1	38.9	29.6	3.7	3.7
自分と家族の仲が悪いこと	100.0	20.0	30.9	20.0	29.1	-	16.4	25.5	36.4	21.8	-
友達との関係に関すること（友達ができない・友達の輪に入れないなど）	100.0	36.2	41.1	16.3	6.4	-	25.5	32.6	25.5	15.6	0.7
いじめに関すること	100.0	35.3	26.5	26.5	11.8	-	26.5	38.2	23.5	11.8	-
部活動（クラブ活動を含む）でのトラブルに関すること	100.0	48.4	31.3	15.6	4.7	-	39.1	39.1	17.2	4.7	-
恋愛に関すること	100.0	44.6	32.3	16.9	5.4	0.8	38.5	31.5	23.8	4.6	1.5
性に関すること	100.0	25.0	50.0	8.3	16.7	-	33.3	16.7	25.0	25.0	-
学校や塾の成績に関すること	100.0	39.4	39.6	16.2	4.5	0.2	27.6	43.8	22.6	5.7	0.2
進路に関すること	100.0	37.3	41.7	15.2	5.4	0.4	28.4	42.9	22.1	6.1	0.5
親がなにかと干渉してくること	100.0	21.6	43.2	28.2	6.6	0.4	17.6	34.8	35.7	11.0	0.9
親の期待や要求が高すぎること	100.0	31.3	32.7	26.5	8.8	0.7	27.2	33.3	28.6	10.2	0.7
何かにつけ兄弟姉妹と比べられること	100.0	29.9	46.8	19.5	2.6	1.3	31.2	37.7	24.7	5.2	1.3
自分の容姿に関すること	100.0	43.2	33.8	16.5	6.5	-	32.4	33.8	26.6	7.2	-
健康（病気）に関すること	100.0	36.5	33.1	21.6	8.1	0.7	27.7	38.5	22.3	10.8	0.7
その他	100.0	34.1	37.7	16.2	10.8	1.2	24.0	37.7	20.4	16.8	1.2
悩みや不安は特にない	100.0	34.2	42.4	18.0	5.1	0.3	27.9	42.1	23.4	6.1	0.4
不詳	100.0	27.2	35.2	23.2	8.8	5.6	21.6	36.0	26.4	10.4	5.6
女児	100.0	61.0	29.5	7.5	1.7	0.3	53.4	32.7	11.3	2.2	0.5
悩みや不安がある	100.0	60.2	30.0	7.7	1.9	0.3	52.1	32.8	12.2	2.5	0.4
親の仲が悪いこと	100.0	46.6	33.2	14.4	5.3	0.5	39.5	33.7	19.2	7.6	-
自分と家族の仲が悪いこと	100.0	39.4	34.1	15.2	10.6	0.7	33.8	34.8	17.9	13.2	0.3
友達との関係に関すること（友達ができない・友達の輪に入れないなど）	100.0	55.3	32.3	9.6	2.6	0.3	47.7	33.0	15.0	3.8	0.4
いじめに関すること	100.0	54.5	32.2	6.3	6.3	0.7	51.0	25.2	16.1	7.0	0.7
部活動（クラブ活動を含む）でのトラブルに関すること	100.0	64.4	27.1	7.0	1.5	-	55.8	31.4	11.0	1.8	-
恋愛に関すること	100.0	62.2	27.9	7.7	1.9	0.2	53.1	31.8	12.3	2.3	0.4
性に関すること	100.0	46.6	39.7	9.5	4.3	-	37.9	41.4	17.2	3.4	-
学校や塾の成績に関すること	100.0	61.1	29.7	7.1	1.9	0.2	52.9	32.4	11.9	2.6	0.3
進路に関すること	100.0	61.4	29.3	7.3	1.7	0.2	53.0	32.4	12.0	2.3	0.3
親がなにかと干渉してくること	100.0	44.6	36.6	14.0	4.5	0.2	38.0	37.9	17.8	5.9	0.4
親の期待や要求が高すぎること	100.0	51.4	32.3	12.2	3.7	0.4	41.4	36.3	16.8	5.0	0.5
何かにつけ兄弟姉妹と比べられること	100.0	49.8	33.5	12.3	4.1	0.2	42.1	34.1	18.4	5.2	0.1
自分の容姿に関すること	100.0	58.6	30.4	8.2	2.5	0.3	50.5	32.7	13.5	3.0	0.2
健康（病気）に関すること	100.0	61.7	27.7	7.7	2.4	0.5	51.2	31.9	12.4	3.8	0.7
その他	100.0	56.0	29.1	11.0	3.2	0.6	47.2	29.4	17.5	4.5	1.3
（再掲）特に深い悩みや強い不安											
親の仲が悪いこと	100.0	49.1	38.9	9.3	2.8	-	41.7	38.0	15.7	4.6	-
自分と家族の仲が悪いこと	100.0	49.1	26.4	15.1	9.4	-	41.5	26.4	17.0	15.1	-
友達との関係に関すること（友達ができない・友達の輪に入れないなど）	100.0	52.7	36.8	7.7	2.6	0.3	46.5	34.2	14.4	4.4	0.5
いじめに関すること	100.0	53.1	40.6	-	6.3	-	40.6	34.4	21.9	3.1	-
部活動（クラブ活動を含む）でのトラブルに関すること	100.0	62.3	31.2	5.0	1.5	-	54.8	34.2	9.5	1.5	-
恋愛に関すること	100.0	59.8	28.0	12.1	-	-	55.1	29.9	11.2	2.8	0.9
性に関すること	100.0	75.0	12.5	12.5	-	-	50.0	37.5	12.5	-	-
学校や塾の成績に関すること	100.0	63.0	29.3	6.4	1.1	0.1	55.9	32.7	9.8	1.6	0.1
進路に関すること	100.0	62.6	29.0	7.0	1.2	0.2	54.0	32.1	11.8	1.8	0.3
親がなにかと干渉してくること	100.0	40.4	30.9	19.1	9.6	-	32.4	31.6	25.0	10.3	0.7
親の期待や要求が高すぎること	100.0	40.9	37.3	19.1	2.7	-	30.9	40.9	23.6	3.6	0.9
何かにつけ兄弟姉妹と比べられること	100.0	55.4	28.9	12.0	3.6	-	48.2	30.1	19.3	2.4	-
自分の容姿に関すること	100.0	62.3	26.7	6.8	3.7	0.5	55.5	30.0	10.8	3.5	0.2
健康（病気）に関すること	100.0	59.9	28.9	7.1	2.5	1.5	49.2	35.0	10.2	3.0	2.5
その他	100.0	58.1	26.6	11.8	2.5	1.0	49.3	30.0	14.8	3.9	2.0
悩みや不安は特にない	100.0	62.4	28.9	7.2	1.3	0.2	55.2	32.5	10.1	1.8	0.4
不詳	100.0	55.0	26.8	8.7	4.7	4.7	49.7	29.5	10.1	5.4	5.4

性、子ども自身の悩みや不安（複数回答）、家庭での会話別（８－６）

第15回調査（平成28年）

の					会					話				
将来や進路のことについて					勉強や成績のことについて					社会のできごとやニュースについて				
よくする	ときどきする	あまりしない	まったくしない	不詳	よくする	ときどきする	あまりしない	まったくしない	不詳	よくする	ときどきする	あまりしない	まったくしない	不詳
29.6	43.2	21.6	5.0	0.6	32.9	43.3	18.8	4.5	0.5	17.2	35.8	32.9	13.6	0.6
33.3	41.0	20.5	4.7	0.6	36.2	41.0	17.9	4.4	0.5	18.0	35.8	31.9	13.7	0.5
30.2	36.0	24.8	7.8	1.2	28.3	40.3	24.4	5.8	1.2	17.1	29.8	32.6	19.8	0.8
21.6	39.0	26.5	11.7	1.1	26.5	31.4	29.5	11.4	1.1	15.2	25.4	32.6	26.1	0.8
26.7	41.8	24.3	6.6	0.6	31.3	39.1	22.8	6.0	0.8	19.1	33.9	29.8	16.7	0.6
37.9	37.1	16.4	7.9	0.7	35.0	32.9	22.9	7.9	1.4	21.4	34.3	26.4	16.4	1.4
31.7	41.0	18.9	7.6	0.8	38.6	36.5	18.9	5.2	0.8	20.9	36.1	29.3	13.3	0.4
35.8	36.9	21.3	5.4	0.6	36.5	42.9	15.8	4.0	0.8	22.3	30.4	33.3	13.3	0.8
27.8	40.5	19.8	10.3	1.6	24.6	46.0	18.3	9.5	1.6	18.3	29.4	38.1	12.7	1.6
34.7	41.3	19.9	3.8	0.3	39.4	40.9	16.3	3.1	0.3	17.8	37.4	32.1	12.5	0.3
36.6	41.0	18.5	3.5	0.4	38.7	40.5	16.9	3.5	0.4	17.8	37.2	32.1	12.5	0.5
22.3	40.4	29.4	6.8	1.1	28.7	40.7	23.8	5.9	0.9	13.7	33.8	34.6	17.1	0.8
30.2	36.4	25.3	7.1	1.0	34.6	39.8	18.6	6.3	0.7	16.0	32.8	35.2	15.4	0.6
28.8	39.2	24.3	6.6	1.0	31.8	38.4	23.5	5.6	0.6	15.9	31.8	34.4	17.5	0.4
31.4	39.8	22.9	5.5	0.4	33.9	41.6	20.0	4.0	0.4	18.4	36.2	31.0	14.0	0.4
34.0	37.5	21.1	7.2	0.2	36.5	37.7	19.3	5.8	0.7	22.6	35.6	30.0	11.6	0.2
32.8	34.0	20.5	12.3	0.4	32.0	38.1	18.0	11.1	0.8	28.7	27.0	24.6	19.3	0.4
37.0	27.8	25.9	5.6	3.7	27.8	44.4	18.5	5.6	3.7	11.1	40.7	29.6	14.8	3.7
14.5	45.5	18.2	21.8	-	18.2	30.9	30.9	20.0	-	14.5	20.0	25.5	40.0	-
24.8	44.7	24.1	5.7	0.7	28.4	40.4	24.8	5.7	0.7	23.4	34.8	26.2	14.9	0.7
38.2	41.2	14.7	5.9	-	35.3	29.4	26.5	8.8	-	20.6	29.4	29.4	20.6	-
32.8	42.2	14.1	9.4	1.6	40.6	34.4	18.8	4.7	1.6	17.2	40.6	26.6	15.6	-
35.4	41.5	16.9	5.4	0.8	33.1	48.5	13.1	3.8	1.5	26.9	25.4	33.1	13.1	1.5
33.3	33.3	16.7	16.7	-	33.3	33.3	16.7	16.7	-	25.0	8.3	50.0	16.7	-
32.5	41.3	21.8	4.1	0.3	41.1	41.4	14.3	3.0	0.3	19.0	38.2	30.5	12.0	0.3
39.5	41.9	15.7	2.6	0.4	40.4	40.4	15.9	2.9	0.4	17.8	37.8	31.7	12.3	0.4
16.3	41.9	29.5	10.6	1.8	22.5	41.0	27.3	8.4	0.9	12.8	31.7	34.8	19.4	1.3
29.3	32.7	30.6	6.1	1.4	34.7	40.1	19.0	5.4	0.7	12.9	29.3	39.5	17.7	0.7
29.9	35.1	24.7	9.1	1.3	28.6	35.1	29.9	5.2	1.3	10.4	33.8	39.0	15.6	1.3
33.1	35.3	25.2	5.0	1.4	34.5	36.7	23.7	4.3	0.7	18.0	33.8	33.1	14.4	0.7
31.1	39.9	20.9	8.1	-	31.8	41.2	21.6	4.7	0.7	31.1	30.4	29.7	8.8	-
31.1	37.7	18.0	12.6	0.6	30.5	40.1	15.6	12.6	1.2	28.7	27.5	23.4	19.8	0.6
27.4	44.7	22.4	5.1	0.5	31.0	44.9	19.2	4.5	0.4	16.8	35.9	33.5	13.4	0.5
24.4	38.8	22.0	9.2	5.6	24.4	36.0	24.0	10.0	5.6	12.0	33.6	32.8	16.0	5.6
41.6	40.5	15.4	2.2	0.4	43.7	39.9	13.8	2.2	0.4	20.8	36.2	31.7	10.9	0.5
43.3	40.2	14.1	2.1	0.4	45.0	39.0	13.3	2.3	0.4	20.7	35.8	31.9	11.2	0.5
38.2	34.7	22.5	4.6	-	37.7	36.5	21.3	4.6	-	17.7	32.4	30.6	19.0	0.3
35.1	32.8	24.2	7.6	0.3	34.8	34.8	21.5	8.6	0.3	13.6	27.8	35.4	22.8	0.3
39.3	41.8	15.6	3.0	0.4	40.6	39.6	15.8	3.6	0.4	19.9	33.7	33.0	13.1	0.3
50.3	35.7	11.2	1.4	1.4	42.0	35.7	14.0	7.7	0.7	21.7	35.0	25.2	17.5	0.7
42.3	37.1	18.0	2.7	-	45.2	38.2	13.1	3.4	-	22.0	32.1	32.1	13.7	-
42.5	38.7	16.5	1.8	0.4	41.7	40.6	14.5	2.8	0.4	18.4	35.8	30.7	14.7	0.3
39.7	44.8	13.8	1.7	-	37.1	49.1	12.1	1.7	-	17.2	33.6	36.2	12.9	-
44.0	40.4	13.3	1.9	0.3	47.5	38.7	11.8	1.8	0.2	20.8	35.6	31.9	11.3	0.3
45.4	39.9	12.6	1.7	0.3	46.8	38.6	12.4	1.9	0.3	20.9	36.1	31.6	11.0	0.4
34.4	39.5	20.8	4.8	0.5	38.6	39.7	17.6	3.8	0.2	15.8	33.9	33.3	16.5	0.6
38.2	38.2	19.4	3.5	0.5	45.7	34.4	16.4	2.9	0.5	16.4	31.0	35.1	16.7	0.8
38.1	39.0	18.7	4.1	0.1	42.5	36.9	16.2	4.5	-	14.6	32.5	33.5	19.2	0.2
40.5	41.4	15.7	2.2	0.2	41.8	40.4	14.7	2.8	0.3	20.9	35.1	32.0	11.8	0.2
45.7	35.8	16.2	1.7	0.7	45.5	37.9	12.7	3.0	0.8	24.0	36.6	26.9	11.8	0.7
37.2	40.5	18.4	2.9	1.0	35.0	39.2	19.1	5.5	1.3	21.7	32.4	30.7	14.6	0.6
37.0	30.6	27.8	4.6	-	34.3	40.7	19.4	5.6	-	17.6	29.6	32.4	19.4	0.9
32.1	39.6	20.8	7.5	-	32.1	43.4	17.0	7.5	-	11.3	28.3	32.1	28.3	-
32.6	45.8	16.7	4.4	0.5	34.4	43.4	18.5	3.1	0.5	19.3	33.7	32.9	13.6	0.5
50.0	40.6	9.4	-	-	40.6	40.6	9.4	9.4	-	21.9	40.6	28.1	9.4	-
36.2	39.2	23.1	1.5	-	40.7	43.2	13.6	2.5	-	23.1	25.6	41.7	9.5	-
33.6	50.5	14.0	0.9	0.9	40.2	43.9	13.1	1.9	0.9	24.3	34.6	25.2	15.0	0.9
50.0	25.0	25.0	-	-	37.5	50.0	12.5	-	-	12.5	25.0	25.0	37.5	-
44.2	41.0	12.7	1.8	0.4	49.4	38.2	11.0	1.3	0.1	21.3	36.2	31.9	10.3	0.2
49.0	39.3	10.2	1.2	0.3	49.0	37.9	11.2	1.5	0.4	21.3	36.1	32.2	9.9	0.5
26.5	38.2	28.7	6.6	-	29.4	38.2	27.2	5.1	-	11.8	34.6	34.6	18.4	0.7
32.7	36.4	25.5	4.5	0.9	37.3	30.9	25.5	5.5	0.9	15.5	24.5	39.1	19.1	1.8
38.6	33.7	24.1	3.6	-	39.8	36.1	20.5	3.6	-	15.7	34.9	30.1	19.3	-
40.3	38.4	17.6	3.3	0.5	39.6	40.3	15.5	4.4	0.2	20.1	36.5	30.4	12.6	0.2
36.5	42.6	16.2	2.0	2.5	43.1	35.0	15.7	3.0	3.0	23.9	38.1	28.9	6.6	2.5
39.9	37.4	17.7	3.9	1.0	33.0	39.9	19.2	6.4	1.5	25.1	30.5	27.6	15.8	1.0
39.4	41.0	17.0	2.3	0.4	41.9	41.3	14.4	2.0	0.3	20.8	37.0	31.4	10.5	0.3
36.2	36.2	20.8	1.3	5.4	41.6	33.6	14.8	4.7	5.4	23.5	24.2	37.6	9.4	5.4

第73表　母・父と同居している子ども数・構成割合,

構成割合（%）

性、子ども自身の悩みや不安（複数回答）	総数	父と：学校でのできごとについて よくする	ときどきする	あまりしない	まったくしない	不詳	友だちのことについて よくする	ときどきする	あまりしない	まったくしない	不詳
総数	100.0	14.6	31.6	35.6	17.4	0.8	11.2	27.0	39.2	21.6	1.1
悩みや不安がある	100.0	13.2	30.7	35.9	19.5	0.7	9.8	25.0	39.7	24.6	0.9
親の仲が悪いこと	100.0	6.4	19.8	34.3	39.0	0.5	3.9	16.6	35.2	43.9	0.5
自分と家族の仲が悪いこと	100.0	7.4	16.5	31.5	43.7	0.8	5.2	13.4	33.8	47.0	0.6
友達との関係に関すること（友達ができない・友達の輪に入れないなど）	100.0	11.7	28.9	35.6	23.3	0.4	8.2	22.1	39.0	30.1	0.5
いじめに関すること	100.0	13.6	20.8	30.0	34.0	1.6	13.2	16.4	32.4	36.8	1.2
部活動（クラブ活動を含む）でのトラブルに関すること	100.0	16.7	31.6	32.8	18.5	0.4	11.8	26.6	36.9	24.2	0.5
恋愛に関すること	100.0	14.3	29.8	35.1	20.2	0.5	11.4	24.7	37.2	25.7	0.9
性に関すること	100.0	11.2	27.7	35.9	24.3	1.0	9.7	18.0	42.7	28.2	1.5
学校や塾の成績に関すること	100.0	13.2	31.1	36.2	19.0	0.6	9.9	25.2	39.9	24.3	0.7
進路に関すること	100.0	13.6	31.6	35.3	18.8	0.7	10.0	25.5	39.8	23.9	0.8
親がなにかと干渉してくること	100.0	9.0	24.6	39.3	26.5	0.6	6.0	20.6	40.7	31.9	0.8
親の期待や要求が高すぎること	100.0	10.0	26.5	37.0	25.6	0.9	7.7	21.5	38.9	31.1	0.9
何かにつけ兄弟姉妹と比べられること	100.0	9.6	25.2	36.0	28.7	0.5	7.1	20.6	38.2	33.4	0.7
自分の容姿に関すること	100.0	12.6	29.7	36.6	20.8	0.3	9.4	22.6	41.0	26.7	0.4
健康（病気）に関すること	100.0	12.2	31.4	34.4	21.3	0.6	8.9	24.5	38.3	27.4	0.9
その他	100.0	13.6	24.8	32.4	28.3	0.8	10.1	20.9	34.3	33.7	1.0
（再掲）特に深い悩みや強い不安											
親の仲が悪いこと	100.0	7.8	22.9	35.9	32.7	0.7	3.9	18.3	35.3	41.8	0.7
自分と家族の仲が悪いこと	100.0	5.8	11.6	30.2	52.3	-	3.5	9.3	32.6	54.7	-
友達との関係に関すること（友達ができない・友達の輪に入れないなど）	100.0	10.9	32.1	35.8	21.0	0.2	6.7	24.1	37.9	30.4	0.8
いじめに関すること	100.0	16.7	27.8	25.9	29.6	-	14.8	16.7	29.6	38.9	-
部活動（クラブ活動を含む）でのトラブルに関すること	100.0	16.5	37.0	31.7	14.3	0.4	12.6	30.9	35.2	20.9	0.4
恋愛に関すること	100.0	15.6	28.8	34.9	19.8	0.9	13.2	30.7	31.1	24.1	0.9
性に関すること	100.0	22.2	16.7	44.4	16.7	-	22.2	5.6	50.0	22.2	-
学校や塾の成績に関すること	100.0	15.3	30.9	35.7	17.7	0.4	11.6	25.4	39.7	22.9	0.5
進路に関すること	100.0	14.4	32.4	34.8	17.7	0.7	10.5	26.9	39.6	22.2	0.8
親がなにかと干渉してくること	100.0	8.0	24.1	41.5	26.0	0.3	4.6	18.0	43.0	33.7	0.6
親の期待や要求が高すぎること	100.0	8.0	24.0	39.6	27.1	1.3	7.6	16.4	42.2	32.0	1.8
何かにつけ兄弟姉妹と比べられること	100.0	12.3	28.1	32.2	26.0	1.4	8.2	25.3	33.6	30.8	2.1
自分の容姿に関すること	100.0	14.1	29.6	38.9	17.1	0.2	11.1	22.0	44.2	22.4	0.4
健康（病気）に関すること	100.0	8.6	34.0	37.0	18.8	1.7	7.9	27.4	37.6	24.8	2.3
その他	100.0	15.0	25.1	31.5	27.2	1.2	10.7	21.1	32.7	33.9	1.5
悩みや不安は特にない	100.0	15.9	32.5	35.4	15.4	0.8	12.4	28.9	38.9	18.8	1.0
不詳	100.0	12.8	28.8	31.8	19.8	6.7	10.9	22.1	36.9	22.6	7.5

性、子ども自身の悩みや不安（複数回答）、家庭での会話別（８－７）

第15回調査（平成28年）

の					会					話				
将来や進路のことについて					勉強や成績のことについて					社会のできごとやニュースについて				
よくする	ときどきする	あまりしない	まったくしない	不詳	よくする	ときどきする	あまりしない	まったくしない	不詳	よくする	ときどきする	あまりしない	まったくしない	不詳
17.7	36.3	31.5	13.7	0.9	18.9	36.0	31.0	13.3	0.9	14.9	30.0	33.8	20.3	0.9
18.5	35.7	30.4	14.6	0.8	19.6	35.1	30.3	14.3	0.7	15.3	29.7	32.5	21.7	0.7
11.6	24.6	31.2	32.0	0.7	10.2	26.1	31.2	32.0	0.5	9.4	19.9	27.8	42.4	0.5
12.0	22.9	30.7	33.8	0.6	12.6	21.2	30.7	34.8	0.6	10.7	17.7	30.1	40.8	0.6
15.5	33.6	32.6	17.9	0.4	16.7	32.9	31.5	18.3	0.6	15.3	26.5	31.2	26.5	0.5
16.0	32.0	27.2	23.6	1.2	16.0	31.2	26.4	25.6	0.8	14.4	22.0	30.0	32.4	1.2
17.7	35.2	31.2	15.4	0.5	19.9	34.8	29.3	15.5	0.5	17.1	29.2	31.1	22.1	0.5
20.5	33.9	29.0	15.8	0.8	20.0	35.2	28.2	15.9	0.7	18.5	26.9	29.8	24.1	0.7
17.0	34.0	25.7	22.3	1.0	15.5	29.1	30.6	23.8	1.0	18.0	26.2	28.6	26.2	1.0
19.4	36.0	30.2	13.7	0.6	21.0	35.4	29.8	13.2	0.6	15.3	30.2	33.3	20.6	0.6
19.9	36.5	29.4	13.5	0.7	20.7	35.9	29.7	13.1	0.7	15.6	30.3	32.7	20.7	0.7
13.7	32.6	34.4	18.5	0.7	16.0	31.1	33.7	18.5	0.7	13.6	29.4	30.7	25.6	0.7
19.1	32.4	29.8	17.9	0.8	22.0	31.9	29.2	16.3	0.6	15.8	26.6	31.0	25.8	0.8
15.8	33.5	30.4	19.8	0.5	17.0	31.6	32.1	18.8	0.4	14.2	24.0	33.0	28.2	0.5
16.7	35.8	30.8	16.4	0.3	17.6	35.7	30.5	15.8	0.4	16.8	29.1	30.9	23.0	0.2
19.8	30.6	32.0	16.8	0.8	20.3	33.2	29.2	16.5	0.8	17.5	31.6	28.5	21.6	0.7
17.8	30.8	26.7	24.0	0.8	16.3	32.2	27.1	23.1	1.2	19.4	30.2	22.5	27.1	0.8
13.7	20.9	36.6	28.1	0.7	9.2	24.8	37.3	28.1	0.7	13.1	17.6	29.4	39.2	0.7
10.5	18.6	27.9	43.0	－	7.0	19.8	26.7	46.5	－	8.1	12.8	24.4	54.7	－
10.5	33.3	37.1	18.7	0.4	13.4	31.2	35.8	18.9	0.6	16.1	22.6	33.1	27.7	0.4
27.8	27.8	20.4	24.1	－	25.9	29.6	20.4	24.1	－	18.5	33.3	20.4	27.8	－
16.1	39.1	31.7	12.6	0.4	17.8	41.7	26.1	13.9	0.4	16.5	32.6	32.2	18.3	0.4
17.9	39.2	27.4	13.7	1.9	18.9	37.7	28.3	14.2	0.9	21.7	22.2	29.7	25.0	1.4
27.8	33.3	16.7	22.2	－	22.2	27.8	27.8	22.2	－	16.7	16.7	33.3	33.3	－
19.7	35.9	30.7	13.2	0.5	22.0	34.8	30.0	12.7	0.5	15.4	30.7	33.3	20.1	0.5
21.6	38.3	27.3	12.0	0.8	22.3	37.0	28.4	11.6	0.7	15.4	31.0	33.4	19.5	0.7
12.4	30.3	36.5	20.4	0.3	13.3	28.5	35.0	22.9	0.3	14.9	27.2	30.3	26.9	0.6
15.1	29.3	34.7	19.6	1.3	16.4	31.1	34.7	16.4	1.3	12.4	23.1	30.7	32.4	1.3
19.2	36.3	23.3	19.9	1.4	22.6	27.4	30.8	17.1	2.1	21.2	23.3	30.8	22.6	2.1
18.1	33.5	32.7	15.3	0.4	17.7	34.3	32.1	15.3	0.6	18.3	30.2	30.6	20.4	0.4
15.5	36.0	32.3	14.2	2.0	18.8	37.6	27.7	14.2	1.7	17.8	31.7	30.0	18.5	2.0
18.0	32.1	25.4	23.2	1.2	16.2	33.6	25.7	22.6	1.8	21.1	29.7	20.8	27.2	1.2
17.0	36.8	32.5	12.8	0.9	18.3	36.9	31.7	12.2	0.9	14.7	30.3	35.0	19.0	0.9
14.0	34.4	29.6	15.1	7.0	15.9	33.5	27.4	15.6	7.5	13.1	24.0	34.1	21.2	7.5

第73表　母・父と同居している子ども数・構成割合，

構成割合（%）

性 、 子ども自身の悩みや不安（複数回答）	総数	父									と
		学校でのできごとについて					友だちのことについて				
		よくする	ときどきする	あまりしない	まったくしない	不詳	よくする	ときどきする	あまりしない	まったくしない	不詳
男児	100.0	13.3	30.6	37.0	18.2	0.9	10.5	27.4	39.8	21.1	1.1
悩みや不安がある	100.0	11.5	29.0	37.6	21.2	0.7	8.7	24.9	40.7	24.8	0.9
親の仲が悪いこと	100.0	3.4	20.0	35.7	39.6	1.3	3.0	15.7	39.1	40.9	1.3
自分と家族の仲が悪いこと	100.0	5.6	16.7	34.2	42.7	0.9	3.4	15.0	36.8	44.4	0.4
友達との関係に関すること（友達ができない・友達の輪に入れないなど）	100.0	9.2	24.0	39.4	27.0	0.4	6.2	19.1	39.0	34.9	0.9
いじめに関すること	100.0	13.5	16.7	29.4	38.9	1.6	11.9	14.3	34.1	38.9	0.8
部活動（クラブ活動を含む）でのトラブルに関すること	100.0	13.1	30.0	36.6	20.2	-	10.3	27.7	35.7	25.8	0.5
恋愛に関すること	100.0	13.4	26.3	38.7	21.0	0.6	10.6	24.8	37.4	25.7	1.5
性に関すること	100.0	10.4	28.3	34.9	24.5	1.9	7.5	19.8	41.5	28.3	2.8
学校や塾の成績に関すること	100.0	11.2	29.6	38.5	20.3	0.5	8.8	24.9	41.8	23.9	0.6
進路に関すること	100.0	11.8	30.3	37.2	19.9	0.8	9.0	25.9	40.9	23.3	0.9
親がなにかと干渉してくること	100.0	7.2	23.1	39.8	29.2	0.7	4.4	20.3	42.0	32.6	0.7
親の期待や要求が高すぎること	100.0	7.8	25.2	38.5	27.4	1.1	6.1	21.3	41.0	30.5	1.1
何かにつけ兄弟姉妹と比べられること	100.0	9.4	23.2	35.9	30.8	0.7	7.8	21.2	38.4	31.9	0.7
自分の容姿に関すること	100.0	11.9	28.3	37.6	22.1	0.2	8.8	21.9	42.5	26.5	0.3
健康（病気）に関すること	100.0	10.7	31.0	33.9	24.0	0.4	7.7	24.8	38.5	28.4	0.6
その他	100.0	11.2	22.8	33.0	32.1	0.9	8.8	20.9	32.1	37.2	0.9
（再掲）特に深い悩みや強い不安											
親の仲が悪いこと	100.0	8.0	18.0	42.0	30.0	2.0	4.0	16.0	40.0	38.0	2.0
自分と家族の仲が悪いこと	100.0	4.3	13.0	37.0	45.7	-	2.2	13.0	39.1	45.7	-
友達との関係に関すること（友達ができない・友達の輪に入れないなど）	100.0	11.0	25.2	37.8	26.0	-	8.7	17.3	34.6	37.0	2.4
いじめに関すること	100.0	17.9	25.0	25.0	32.1	-	14.3	10.7	32.1	42.9	-
部活動（クラブ活動を含む）でのトラブルに関すること	100.0	17.9	32.1	33.9	16.1	-	10.7	35.7	32.1	21.4	-
恋愛に関すること	100.0	14.0	24.0	38.8	21.5	1.7	14.0	27.3	33.1	24.8	0.8
性に関すること	100.0	27.3	18.2	27.3	27.3	-	18.2	9.1	36.4	36.4	-
学校や塾の成績に関すること	100.0	12.4	28.4	37.4	21.5	0.2	10.4	24.7	40.3	24.4	0.2
進路に関すること	100.0	12.5	32.0	36.8	17.9	0.7	9.3	27.8	41.9	20.1	0.8
親がなにかと干渉してくること	100.0	8.5	22.4	40.8	28.4	-	4.5	16.4	44.8	33.8	0.5
親の期待や要求が高すぎること	100.0	8.6	21.1	41.4	27.3	1.6	7.0	18.0	39.8	32.8	2.3
何かにつけ兄弟姉妹と比べられること	100.0	11.1	27.8	33.3	25.0	2.8	5.6	30.6	31.9	29.2	2.8
自分の容姿に関すること	100.0	13.0	28.5	40.7	17.9	-	11.4	20.3	42.3	26.0	-
健康（病気）に関すること	100.0	7.6	34.4	35.9	22.1	-	6.9	32.8	32.8	26.7	0.8
その他	100.0	11.6	24.7	31.5	30.8	1.4	7.5	22.6	30.8	37.7	1.4
悩みや不安は特にない	100.0	14.6	31.7	36.7	16.2	0.8	11.7	29.2	39.3	18.8	1.0
不詳	100.0	10.6	27.9	34.5	19.0	8.0	8.8	23.9	38.1	20.4	8.8
女児	100.0	15.9	32.7	34.0	16.6	0.7	11.8	26.4	38.6	22.1	1.0
悩みや不安がある	100.0	14.5	31.9	34.6	18.3	0.6	10.6	25.0	39.0	24.5	0.9
親の仲が悪いこと	100.0	8.3	19.6	33.4	38.7	-	4.4	17.1	32.6	45.9	-
自分と家族の仲が悪いこと	100.0	9.2	16.3	29.1	44.6	0.8	6.8	12.0	31.1	49.4	0.8
友達との関係に関すること（友達ができない・友達の輪に入れないなど）	100.0	12.7	30.9	34.1	21.9	0.4	9.0	23.3	39.1	28.3	0.4
いじめに関すること	100.0	13.7	25.0	30.6	29.0	1.6	14.5	18.5	30.6	34.7	1.6
部活動（クラブ活動を含む）でのトラブルに関すること	100.0	18.0	32.2	31.5	17.8	0.5	12.3	26.2	37.3	23.7	0.5
恋愛に関すること	100.0	14.9	31.8	33.1	19.8	0.4	11.9	24.7	37.2	25.8	0.5
性に関すること	100.0	12.0	27.0	37.0	24.0	-	12.0	16.0	44.0	28.0	-
学校や塾の成績に関すること	100.0	14.4	32.1	34.8	18.1	0.6	10.6	25.4	38.7	24.5	0.8
進路に関すること	100.0	14.7	32.5	34.1	18.1	0.6	10.7	25.3	39.0	24.3	0.8
親がなにかと干渉してくること	100.0	11.1	26.2	38.7	23.5	0.5	7.7	20.9	39.2	31.2	0.9
親の期待や要求が高すぎること	100.0	12.1	27.7	35.5	24.0	0.7	9.1	21.7	36.8	31.6	0.7
何かにつけ兄弟姉妹と比べられること	100.0	9.7	26.4	36.1	27.4	0.4	6.7	20.2	38.0	34.3	0.7
自分の容姿に関すること	100.0	12.9	30.2	36.3	20.4	0.3	9.5	22.8	40.5	26.7	0.4
健康（病気）に関すること	100.0	13.2	31.8	34.7	19.5	0.8	9.7	24.3	38.1	26.8	1.1
その他	100.0	15.6	26.4	32.0	25.3	0.7	11.2	20.8	36.1	30.9	1.1
（再掲）特に深い悩みや強い不安											
親の仲が悪いこと	100.0	7.8	25.2	33.0	34.0	-	3.9	19.4	33.0	43.7	-
自分と家族の仲が悪いこと	100.0	7.5	10.0	22.5	60.0	-	5.0	5.0	25.0	65.0	-
友達との関係に関すること（友達ができない・友達の輪に入れないなど）	100.0	10.9	34.6	35.1	19.1	0.3	6.0	26.6	39.1	28.0	0.3
いじめに関すること	100.0	15.4	30.8	26.9	26.9	-	15.4	23.1	26.9	34.6	-
部活動（クラブ活動を含む）でのトラブルに関すること	100.0	16.1	38.5	31.0	13.8	0.6	13.2	29.3	36.2	20.7	0.6
恋愛に関すること	100.0	17.6	35.2	29.7	17.6	-	12.1	35.2	28.6	23.1	1.1
性に関すること	100.0	14.3	14.3	71.4	-	-	28.6	-	71.4	-	-
学校や塾の成績に関すること	100.0	17.0	32.5	34.6	15.4	0.5	12.3	25.8	39.4	21.9	0.6
進路に関すること	100.0	15.7	32.6	33.4	17.5	0.7	11.2	26.2	38.1	23.6	0.9
親がなにかと干渉してくること	100.0	7.4	27.0	42.6	22.1	0.8	4.9	20.5	40.2	33.6	0.8
親の期待や要求が高すぎること	100.0	7.2	27.8	37.1	26.8	1.0	8.2	14.4	45.4	30.9	1.0
何かにつけ兄弟姉妹と比べられること	100.0	13.5	28.4	31.1	27.0	-	10.8	20.3	35.1	32.4	1.4
自分の容姿に関すること	100.0	14.5	30.0	38.3	16.9	0.3	11.0	22.5	44.8	21.2	0.5
健康（病気）に関すること	100.0	9.3	33.7	37.8	16.3	2.9	8.7	23.3	41.3	23.3	3.5
その他	100.0	17.7	25.4	31.5	24.3	1.1	13.3	19.9	34.3	30.9	1.7
悩みや不安は特にない	100.0	17.8	33.8	33.4	14.3	0.8	13.4	28.5	38.1	18.8	1.1
不詳	100.0	16.7	30.3	27.3	21.2	4.5	14.4	18.9	34.8	26.5	5.3

性、子ども自身の悩みや不安（複数回答）、家庭での会話別（８－８）

第15回調査（平成28年）

の					会					話				
将来や進路のことについて					勉強や成績のことについて					社会のできごとやニュースについて				
よくする	ときどきする	あまりしない	まったくしない	不詳	よくする	ときどきする	あまりしない	まったくしない	不詳	よくする	ときどきする	あまりしない	まったくしない	不詳
18.7	36.4	30.8	13.1	1.0	19.2	35.5	31.0	13.2	1.0	15.1	30.0	34.0	19.9	1.0
20.3	34.8	29.9	14.3	0.8	20.2	33.8	30.4	14.9	0.7	15.4	29.8	32.3	21.7	0.7
10.6	26.8	31.5	29.4	1.7	9.8	25.5	33.2	30.2	1.3	8.9	18.7	29.4	41.7	1.3
13.2	18.4	35.5	32.1	0.9	12.4	21.4	32.5	32.9	0.9	11.1	18.8	28.6	40.6	0.9
15.8	31.7	32.1	19.7	0.6	15.2	32.3	30.6	21.2	0.6	13.9	26.1	31.5	27.8	0.6
16.7	31.0	24.6	26.2	1.6	18.3	27.8	26.2	27.0	0.8	14.3	23.0	31.0	30.2	1.6
19.7	38.5	28.6	12.7	0.5	17.4	37.6	31.9	12.7	0.5	16.9	27.7	33.8	21.1	0.5
23.5	35.2	26.3	14.0	0.9	22.0	33.9	28.5	14.7	0.9	21.0	26.1	29.2	22.9	0.9
17.0	34.0	24.5	22.6	1.9	14.2	26.4	33.0	24.5	1.9	20.8	24.5	28.3	24.5	1.9
21.4	35.0	29.9	13.2	0.6	22.2	34.3	29.8	13.3	0.4	16.0	30.2	33.4	19.9	0.4
22.4	36.1	28.5	12.2	0.8	21.8	35.3	29.5	12.7	0.7	15.5	30.9	33.2	19.6	0.8
13.9	32.6	33.6	19.1	0.9	15.2	30.2	34.7	19.2	0.7	13.7	30.2	29.9	25.4	0.7
21.1	32.2	26.6	18.9	1.1	21.3	32.6	28.5	17.1	0.6	16.4	27.9	29.3	25.5	0.9
17.4	33.7	30.8	17.2	0.9	17.6	31.9	31.5	18.3	0.7	14.7	25.0	32.6	27.0	0.7
17.5	36.9	28.9	16.5	0.2	18.0	37.9	27.1	16.8	0.2	17.6	30.4	30.2	21.6	0.2
19.8	30.8	32.3	16.9	0.2	17.9	34.7	29.6	17.3	0.6	19.0	32.3	27.8	20.6	0.2
17.7	26.5	27.0	28.4	0.5	16.3	29.3	24.7	28.8	0.9	22.3	27.9	20.5	28.8	0.5
10.0	28.0	32.0	28.0	2.0	6.0	24.0	38.0	30.0	2.0	12.0	18.0	32.0	36.0	2.0
10.9	15.2	34.8	39.1	-	6.5	23.9	26.1	43.5	-	10.9	15.2	21.7	52.2	-
15.0	32.3	33.9	18.1	0.8	15.0	28.3	35.4	20.5	0.8	15.7	21.3	33.1	29.1	0.8
28.6	25.0	14.3	32.1	-	21.4	32.1	14.3	32.1	-	10.7	39.3	17.9	32.1	-
25.0	44.6	23.2	7.1	-	17.9	42.9	28.6	10.7	-	17.9	37.5	28.6	16.1	-
21.5	37.2	25.6	14.0	1.7	21.5	33.9	27.3	16.5	0.8	22.3	21.5	32.2	22.3	1.7
36.4	18.2	18.2	27.3	-	27.3	9.1	27.3	36.4	-	27.3	9.1	27.3	36.4	-
20.1	33.1	32.9	13.5	0.5	22.0	32.4	30.7	14.6	0.2	14.5	30.9	32.8	21.6	0.2
24.5	38.2	26.1	10.5	0.7	23.7	36.3	28.6	10.7	0.7	15.6	31.0	33.9	18.7	0.8
13.9	30.8	32.8	21.9	0.5	13.4	28.4	33.3	24.4	0.5	17.4	25.9	28.4	27.9	0.5
18.8	27.3	32.0	20.3	1.6	19.5	30.5	29.7	18.8	1.6	14.8	24.2	27.3	32.0	1.6
19.4	38.9	26.4	12.5	2.8	22.2	33.3	29.2	12.5	2.8	16.7	29.2	30.6	20.8	2.8
16.3	37.4	30.1	16.3	-	17.1	31.7	34.1	17.1	-	20.3	30.9	26.8	22.0	-
16.8	37.4	32.8	13.0	-	16.8	37.4	32.1	13.7	-	21.4	35.9	26.7	16.0	-
16.4	26.7	27.4	28.8	0.7	14.4	30.8	24.0	29.5	1.4	23.3	29.5	18.5	28.1	0.7
17.8	37.5	31.4	12.3	1.0	18.7	36.7	31.4	12.1	1.0	15.1	30.2	35.0	18.7	1.0
15.9	33.6	27.4	15.0	8.0	16.4	30.1	30.1	15.0	8.4	10.6	24.8	35.0	20.8	8.8
16.5	36.2	32.2	14.3	0.8	18.4	36.5	30.9	13.3	0.9	14.7	29.9	33.7	20.8	0.9
17.2	36.4	30.7	14.9	0.8	19.1	36.0	30.2	13.9	0.8	15.2	29.6	32.7	21.7	0.8
12.2	23.2	30.9	33.7	-	10.5	26.5	29.8	33.1	-	9.7	20.7	26.8	42.8	-
10.8	27.1	26.3	35.5	0.4	12.7	21.1	29.1	36.7	0.4	10.4	16.7	31.5	41.0	0.4
15.4	34.4	32.7	17.2	0.3	17.3	33.1	31.8	17.2	0.6	15.8	26.6	31.1	26.0	0.4
15.3	33.1	29.8	21.0	0.8	13.7	34.7	26.6	24.2	0.8	14.5	21.0	29.0	34.7	0.8
17.0	34.0	32.2	16.3	0.5	20.8	33.8	28.3	16.5	0.5	17.2	29.7	30.2	22.5	0.5
18.7	33.2	30.5	16.9	0.7	18.8	35.9	28.0	16.6	0.6	17.1	27.3	30.2	24.8	0.6
17.0	34.0	27.0	22.0	-	17.0	32.0	28.0	23.0	-	15.0	28.0	29.0	28.0	-
18.2	36.6	30.5	14.0	0.7	20.3	36.1	29.7	13.1	0.7	14.9	30.2	33.2	21.0	0.7
18.2	36.9	30.0	14.3	0.6	19.9	36.4	29.7	13.4	0.6	15.7	29.9	32.4	21.4	0.6
13.6	32.7	35.3	17.9	0.5	17.0	32.2	32.6	17.6	0.7	13.4	28.5	31.6	25.8	0.7
17.1	32.5	32.9	16.9	0.6	22.6	31.3	29.9	15.6	0.6	15.1	25.4	32.6	26.0	0.7
14.8	33.4	30.1	21.5	0.3	16.6	31.5	32.6	19.2	0.3	14.0	23.4	33.2	29.0	0.4
16.5	35.5	31.3	16.4	0.3	17.5	35.0	31.6	15.5	0.4	16.5	28.7	31.1	23.4	0.3
19.7	30.5	31.8	16.8	1.2	22.0	32.2	28.9	15.9	0.9	16.5	31.1	29.1	22.3	1.1
17.8	34.2	26.4	20.4	1.1	16.4	34.6	29.0	18.6	1.5	17.1	32.0	24.2	25.7	1.1
15.5	17.5	38.8	28.2	-	10.7	25.2	36.9	27.2	-	13.6	17.5	28.2	40.8	-
10.0	22.5	20.0	47.5	-	7.5	15.0	27.5	50.0	-	5.0	10.0	27.5	57.5	-
8.9	33.7	38.3	18.9	0.3	12.9	32.3	36.0	18.3	0.6	16.3	23.1	33.1	27.1	0.3
26.9	30.8	26.9	15.4	-	30.8	26.9	26.9	15.4	-	26.9	26.9	23.1	23.1	-
13.2	37.4	34.5	14.4	0.6	17.8	41.4	25.3	14.9	0.6	16.1	31.0	33.3	19.0	0.6
13.2	41.8	29.7	13.2	2.2	15.4	42.9	29.7	11.0	1.1	20.9	23.1	26.4	28.6	1.1
14.3	57.1	14.3	14.3	-	14.3	57.1	28.6	-	-	-	28.6	42.9	28.6	-
19.5	37.7	29.3	13.0	0.5	22.0	36.3	29.6	11.5	0.7	15.9	30.6	33.7	19.2	0.6
19.6	38.4	28.2	13.0	0.8	21.3	37.4	28.3	12.3	0.7	15.2	30.9	33.1	20.1	0.7
9.8	29.5	42.6	18.0	-	13.1	28.7	37.7	20.5	-	10.7	29.5	33.6	25.4	0.8
10.3	32.0	38.1	18.6	1.0	12.4	32.0	41.2	13.4	1.0	9.3	21.6	35.1	33.0	1.0
18.9	33.8	20.3	27.0	-	23.0	21.6	32.4	21.6	1.4	25.7	17.6	31.1	24.3	1.4
18.8	32.2	33.5	15.0	0.5	18.0	35.1	31.4	14.7	0.8	17.7	30.0	31.9	19.8	0.5
14.5	34.9	32.0	15.1	3.5	20.3	37.8	24.4	14.5	2.9	15.1	28.5	32.6	20.3	3.5
19.3	36.5	23.8	18.8	1.7	17.7	35.9	27.1	17.1	2.2	19.3	29.8	22.7	26.5	1.7
15.7	35.9	34.0	13.6	0.8	17.7	37.1	32.1	12.4	0.8	14.0	30.5	35.0	19.6	0.9
10.6	35.6	33.3	15.2	5.3	15.2	39.4	22.7	16.7	6.1	17.4	22.7	32.6	22.0	5.3

第74表　子ども数・構成割合，出生月、市郡、同居者の構成、

実　数（人）

出生月、市郡、同居者の構成	総数	学校												
		クラスの友人関係はうまくいっている					教師との関係はうまくいっている					ためになると思える授業		
		とてもそう思う	まあそう思う	あまりそう思わない	まったくそう思わない	不詳	とてもそう思う	まあそう思う	あまりそう思わない	まったくそう思わない	不詳	とてもそう思う	まあそう思う	あまりそう思わない
総数	28 810	15 318	11 705	1 178	431	178	10 953	14 704	2 310	648	195	7 415	14 665	5 526
父母のみ	2 999	1 535	1 267	139	49	9	1 126	1 552	239	70	12	763	1 571	561
父母ときょうだいのみ	17 111	9 299	6 860	648	243	61	6 662	8 703	1 322	351	73	4 438	8 743	3 278
父母と祖父母	4 879	2 659	1 953	196	57	14	1 908	2 475	381	99	16	1 331	2 475	893
父母とその他	89	50	33	3	3	−	30	48	7	4	−	21	45	20
父又は母と同居	3 561	1 731	1 533	189	78	30	1 194	1 862	352	123	30	830	1 773	760
その他	171	44	59	3	1	64	33	64	9	1	64	32	58	14
21大都市	7 541	4 076	3 042	283	100	40	2 883	3 895	552	170	41	1 885	3 800	1 509
父母のみ	961	532	381	34	11	3	394	475	66	22	4	270	468	190
父母ときょうだいのみ	4 773	2 627	1 909	166	56	15	1 858	2 466	344	87	18	1 190	2 440	944
父母と祖父母	797	431	322	33	10	1	310	411	56	20	−	208	400	153
父母とその他	23	13	9	−	1	−	9	11	1	2	−	5	12	4
父又は母と同居	948	466	404	49	22	7	304	517	84	38	5	204	470	213
その他	39	7	17	1	−	14	8	15	1	1	14	8	10	5
その他の市	18 677	9 866	7 609	784	298	120	7 111	9 449	1 558	423	136	4 865	9 522	3 529
父母のみ	1 795	880	784	94	33	4	644	951	152	42	6	436	968	328
父母ときょうだいのみ	10 954	5 925	4 392	428	170	39	4 273	5 523	869	240	49	2 890	5 595	2 067
父母と祖父母	3 443	1 873	1 381	137	40	12	1 358	1 724	279	67	15	942	1 743	631
父母とその他	61	32	24	3	2	−	19	35	6	1	−	15	31	14
父又は母と同居	2 309	1 122	995	120	52	20	795	1 175	245	73	21	561	1 145	481
その他	115	34	33	2	1	45	22	41	7	−	45	21	40	8
郡部	2 534	1 348	1 028	110	32	16	937	1 331	196	54	16	653	1 313	474
父母のみ	230	119	94	11	4	2	81	121	20	6	2	55	126	41
父母ときょうだいのみ	1 343	724	543	53	17	6	517	691	106	24	5	349	688	256
父母と祖父母	639	355	250	26	7	1	240	340	46	12	1	181	332	109
父母とその他	5	5	−	−	−	−	2	2	−	1	−	1	2	2
父又は母と同居	301	142	132	20	4	3	94	169	23	11	4	64	157	65
その他	16	3	9	−	−	4	3	8	1	−	4	3	8	1
外国	58	28	26	1	1	2	22	29	4	1	2	12	30	14
父母のみ	13	4	8	−	1	−	7	5	1	−	−	2	9	2
父母ときょうだいのみ	41	23	16	1	−	1	14	23	3	−	1	9	20	11
父母と祖父母	−	−	−	−	−	−	−	−	−	−	−	−	−	−
父母とその他	−	−	−	−	−	−	−	−	−	−	−	−	−	−
父又は母と同居	3	1	2	−	−	−	1	1	−	1	−	1	1	1
その他	1	−	−	−	−	1	−	−	−	−	1	−	−	−

学校生活の満足－部活動の有無・部活動の満足別（８－１）

第15回調査（平成28年）

生活の満足																
がたくさんある		楽しいと思える授業がたくさんある					学校の勉強は将来役に立つと思う					授業の内容をよく理解できている				
まったくそう思わない	不詳	とてもそう思う	まあそう思う	あまりそう思わない	まったくそう思わない	不詳	とてもそう思う	まあそう思う	あまりそう思わない	まったくそう思わない	不詳	とてもそう思う	まあそう思う	あまりそう思わない	まったくそう思わない	不詳
982	222	7 584	12 364	7 353	1 294	215	9 151	13 604	4 850	992	213	7 229	15 469	4 964	933	215
89	15	786	1 314	758	127	14	946	1 479	475	85	14	794	1 665	445	79	16
568	84	4 564	7 388	4 349	729	81	5 464	8 128	2 847	592	80	4 500	9 221	2 808	504	78
157	23	1 341	2 079	1 239	199	21	1 613	2 291	812	145	18	1 182	2 634	888	157	18
3	－	18	38	27	6	－	31	36	17	5	－	21	42	18	8	－
162	36	848	1 487	961	230	35	1 061	1 617	684	162	37	711	1 838	791	182	39
3	64	27	58	19	3	64	36	53	15	3	64	21	69	14	3	64
297	50	1 956	3 202	1 974	362	47	2 293	3 605	1 303	295	45	1 993	4 048	1 198	258	44
27	6	276	394	247	40	4	316	464	147	30	4	288	501	147	22	3
179	20	1 234	2 070	1 233	217	19	1 451	2 324	800	178	20	1 303	2 607	704	140	19
33	3	221	331	208	33	4	245	382	140	28	2	209	410	142	34	2
2	－	4	10	7	2	－	8	6	7	2	－	7	10	4	2	－
54	7	214	386	272	70	6	264	419	205	55	5	180	507	196	59	6
2	14	7	11	7	－	14	9	10	4	2	14	6	13	5	1	14
612	149	4 936	8 040	4 733	822	146	6 028	8 765	3 124	613	147	4 646	9 977	3 305	599	150
56	7	444	815	448	80	8	559	888	291	50	7	446	1 022	263	54	10
350	52	2 956	4 725	2 770	450	53	3 573	5 144	1 821	363	53	2 866	5 864	1 842	330	52
108	19	931	1 477	874	145	16	1 139	1 618	565	106	15	837	1 846	644	101	15
1	－	13	26	18	4	－	22	29	8	2	－	13	29	13	6	－
96	26	575	957	613	140	24	712	1 050	429	91	27	472	1 169	534	106	28
1	45	17	40	10	3	45	23	36	10	1	45	12	47	9	2	45
73	21	678	1 103	625	108	20	813	1 204	414	84	19	574	1 411	456	74	19
6	2	64	98	60	6	2	69	117	36	5	3	57	133	35	2	3
39	11	363	582	329	61	8	426	642	218	51	6	319	728	257	33	6
16	1	189	271	157	21	1	229	291	107	11	1	136	378	102	22	1
－	－	1	2	2	－	－	1	1	2	1	－	1	3	1	－	－
12	3	58	143	75	20	5	84	146	50	16	5	58	160	61	17	5
－	4	3	7	2	－	4	4	7	1	－	4	3	9	－	－	4
－	2	14	19	21	2	2	17	30	9	－	2	16	33	5	2	2
－	－	2	7	3	1	－	2	10	1	－	－	3	9	－	1	－
－	1	11	11	17	1	1	14	18	8	－	1	12	22	5	1	1
－	－	－	－	－	－	－	－	－	－	－	－	－	－	－	－	－
－	－	－	－	－	－	－	－	－	－	－	－	－	－	－	－	－
－	－	1	1	1	－	－	1	2	－	－	－	1	2	－	－	－
－	1	－	－	－	－	1	－	－	－	－	1	－	－	－	－	1

第74表　子ども数・構成割合，出生月、市郡、同居者の構成、

実　数（人）

出生月、市郡、同居者の構成	総数	学校 クラスの友人関係はうまくいっている とてもそう思う	まあそう思う	あまりそう思わない	まったくそう思わない	不詳	教師との関係はうまくいっている とてもそう思う	まあそう思う	あまりそう思わない	まったくそう思わない	不詳	ためになると思える授業 とてもそう思う	まあそう思う	あまりそう思わない
1月生まれ	14 462	7 881	5 718	550	229	84	5 557	7 268	1 194	352	91	3 527	7 334	2 935
父母のみ	1 495	779	614	69	30	3	579	758	116	39	3	361	789	288
父母ときょうだいのみ	8 621	4 801	3 361	295	126	38	3 390	4 300	697	191	43	2 108	4 371	1 762
父母と祖父母	2 462	1 374	953	101	27	7	973	1 237	191	54	7	641	1 248	473
父母とその他	40	25	11	1	3	－	14	21	2	3	－	10	22	6
父又は母と同居	1 768	880	749	84	43	12	584	922	183	65	14	393	873	400
その他	76	22	30	－	－	24	17	30	5	－	24	14	31	6
21大都市	3 845	2 118	1 526	129	53	19	1 469	1 972	285	98	21	865	1 950	822
父母のみ	491	281	187	16	5	2	207	237	29	16	2	128	247	97
父母ときょうだいのみ	2 416	1 342	964	69	29	12	931	1 240	182	49	14	537	1 228	521
父母と祖父母	417	237	156	18	6	－	167	210	28	12	－	103	215	77
父母とその他	10	8	1	－	1	－	5	3	1	1	－	3	5	1
父又は母と同居	493	246	207	26	12	2	152	274	45	20	2	90	247	124
その他	18	4	11	－	－	3	7	8	－	－	3	4	8	2
その他の市	9 282	5 040	3 664	363	159	56	3 575	4 607	814	226	60	2 309	4 709	1 856
父母のみ	889	435	383	48	22	1	328	461	78	21	1	204	475	175
父母ときょうだいのみ	5 485	3 063	2 114	199	88	21	2 173	2 695	464	129	24	1 376	2 786	1 101
父母と祖父母	1 708	949	667	67	18	7	673	847	144	37	7	441	860	336
父母とその他	27	14	10	1	2	－	8	17	1	1	－	6	16	4
父又は母と同居	1 124	562	476	48	29	9	384	569	123	38	10	273	553	237
その他	49	17	14	－	－	18	9	18	4	－	18	9	19	3
郡部	1 299	704	514	57	17	7	498	674	92	27	8	344	658	249
父母のみ	108	61	39	5	3	－	40	58	8	2	－	28	61	16
父母ときょうだいのみ	694	380	275	26	9	4	276	352	49	13	4	188	346	133
父母と祖父母	337	188	130	16	3	－	133	180	19	5	－	97	173	60
父母とその他	3	3	－	－	－	－	1	1	－	1	－	1	1	1
父又は母と同居	149	71	65	10	2	1	47	79	15	6	2	29	73	38
その他	8	1	5	－	－	2	1	4	1	－	2	1	4	1
外国	36	19	14	1	－	2	15	15	3	1	2	9	17	8
父母のみ	7	2	5	－	－	－	4	2	1	－	－	1	6	－
父母ときょうだいのみ	26	16	8	1	－	1	10	13	2	－	1	7	11	7
父母と祖父母	－	－	－	－	－	－	－	－	－	－	－	－	－	－
父母とその他	－	－	－	－	－	－	－	－	－	－	－	－	－	－
父又は母と同居	2	1	1	－	－	－	1	－	－	1	－	1	－	1
その他	1	－	－	－	－	1	－	－	－	－	1	－	－	－
7月生まれ	14 348	7 437	5 987	628	202	94	5 396	7 436	1 116	296	104	3 888	7 331	2 591
父母のみ	1 504	756	653	70	19	6	547	794	123	31	9	402	782	273
父母ときょうだいのみ	8 490	4 498	3 499	353	117	23	3 272	4 403	625	160	30	2 330	4 372	1 516
父母と祖父母	2 417	1 285	1 000	95	30	7	935	1 238	190	45	9	690	1 227	420
父母とその他	49	25	22	2	－	－	16	27	5	1	－	11	23	14
父又は母と同居	1 793	851	784	105	35	18	610	940	169	58	16	437	900	360
その他	95	22	29	3	1	40	16	34	4	1	40	18	27	8
21大都市	3 696	1 958	1 516	154	47	21	1 414	1 923	267	72	20	1 020	1 850	687
父母のみ	470	251	194	18	6	1	187	238	37	6	2	142	221	93
父母ときょうだいのみ	2 357	1 285	945	97	27	3	927	1 226	162	38	4	653	1 212	423
父母と祖父母	380	194	166	15	4	1	143	201	28	8	－	105	185	76
父母とその他	13	5	8	－	－	－	4	8	－	1	－	2	7	3
父又は母と同居	455	220	197	23	10	5	152	243	39	18	3	114	223	89
その他	21	3	6	1	－	11	1	7	1	1	11	4	2	3
その他の市	9 395	4 826	3 945	421	139	64	3 536	4 842	744	197	76	2 556	4 813	1 673
父母のみ	906	445	401	46	11	3	316	490	74	21	5	232	493	153
父母ときょうだいのみ	5 469	2 862	2 278	229	82	18	2 100	2 828	405	111	25	1 514	2 809	966
父母と祖父母	1 735	924	714	70	22	5	685	877	135	30	8	501	883	295
父母とその他	34	18	14	2	－	－	11	18	5	－	－	9	15	10
父又は母と同居	1 185	560	519	72	23	11	411	606	122	35	11	288	592	244
その他	66	17	19	2	1	27	13	23	3	－	27	12	21	5
郡部	1 235	644	514	53	15	9	439	657	104	27	8	309	655	225
父母のみ	122	58	55	6	1	2	41	63	12	4	2	27	65	25
父母ときょうだいのみ	649	344	268	27	8	2	241	339	57	11	1	161	342	123
父母と祖父母	302	167	120	10	4	1	107	160	27	7	1	84	159	49
父母とその他	2	2	－	－	－	－	1	1	－	－	－	－	1	1
父又は母と同居	152	71	67	10	2	2	47	90	8	5	2	35	84	27
その他	8	2	4	－	－	2	2	4	－	－	2	2	4	－
外国	22	9	12	－	1	－	7	14	1	－	－	3	13	6
父母のみ	6	2	3	－	1	－	3	3	－	－	－	1	3	2
父母ときょうだいのみ	15	7	8	－	－	－	4	10	1	－	－	2	9	4
父母と祖父母	－	－	－	－	－	－	－	－	－	－	－	－	－	－
父母とその他	－	－	－	－	－	－	－	－	－	－	－	－	－	－
父又は母と同居	1	－	1	－	－	－	－	1	－	－	－	－	1	－
その他	－	－	－	－	－	－	－	－	－	－	－	－	－	－

学校生活の満足－部活動の有無・部活動の満足別（８－２）

第15回調査（平成28年）

生活の満足																
がたくさんある		楽しいと思える授業がたくさんある					学校の勉強は将来役に立つと思う					授業の内容をよく理解できている				
まったくそう思わない	不詳	とてもそう思う	まあそう思う	あまりそう思わない	まったくそう思わない	不詳	とてもそう思う	まあそう思う	あまりそう思わない	まったくそう思わない	不詳	とてもそう思う	まあそう思う	あまりそう思わない	まったくそう思わない	不詳
564	102	3 698	6 191	3 773	700	100	4 326	6 970	2 516	550	100	3 531	7 817	2 560	452	102
52	5	377	662	375	74	7	447	757	238	48	5	388	830	230	40	7
334	46	2 218	3 709	2 255	396	43	2 585	4 164	1 493	334	45	2 206	4 697	1 432	243	43
89	11	680	1 036	628	107	11	772	1 172	429	81	8	592	1 320	463	79	8
2	–	10	18	9	3	–	13	18	7	2	–	12	20	5	3	–
86	16	400	739	494	120	15	494	830	343	83	18	322	919	421	86	20
1	24	13	27	12	–	24	15	29	6	2	24	11	31	9	1	24
184	24	928	1 622	1 057	214	24	1 087	1 876	686	172	24	982	2 076	639	124	24
17	2	131	205	130	23	2	159	234	78	18	2	140	256	84	9	2
115	15	573	1 044	654	130	15	671	1 202	420	107	16	633	1 339	364	64	16
21	1	119	161	113	22	2	122	200	75	19	1	111	204	81	21	–
1	–	2	4	3	1	–	4	2	3	1	–	5	4	–	1	–
29	3	98	201	154	38	2	127	230	108	26	2	89	266	107	28	3
1	3	5	7	3	–	3	4	8	2	1	3	4	7	3	1	3
342	66	2 404	3 999	2 387	429	63	2 813	4 467	1 607	332	63	2 241	5 009	1 676	289	67
32	3	213	401	222	48	5	253	462	144	28	2	218	503	135	28	5
199	23	1 445	2 364	1 422	233	21	1 684	2 631	948	199	23	1 397	2 975	931	160	22
61	10	457	737	430	75	9	530	819	297	55	7	407	920	323	50	8
1	–	7	13	5	2	–	8	15	3	1	–	6	15	4	2	–
49	12	275	467	301	71	10	328	523	212	48	13	207	577	277	49	14
–	18	7	17	7	–	18	10	17	3	1	18	6	19	6	–	18
38	10	357	558	317	56	11	414	608	220	46	11	300	710	243	37	9
3	–	33	51	22	2	–	35	55	15	2	1	30	65	11	2	–
20	7	192	295	168	33	6	219	319	123	28	5	169	368	135	18	4
7	–	104	138	85	10	–	120	153	57	7	–	74	196	59	8	–
–	–	1	1	1	–	–	1	1	1	–	–	1	1	1	–	–
8	1	26	70	39	11	3	38	76	23	9	3	25	75	37	9	3
–	2	1	3	2	–	2	1	4	1	–	2	1	5	–	–	2
–	2	9	12	12	1	2	12	19	3	–	2	8	22	2	2	2
–	–	–	5	1	1	–	–	6	1	–	–	–	6	–	1	–
–	1	8	6	11	–	1	11	12	2	–	1	7	15	2	1	1
–	–	–	–	–	–	–	–	–	–	–	–	–	–	–	–	–
–	–	–	–	–	–	–	–	–	–	–	–	–	–	–	–	–
–	–	1	1	–	–	–	1	1	–	–	–	1	1	–	–	–
–	1	–	–	–	–	1	–	–	–	–	1	–	–	–	–	1
418	120	3 886	6 173	3 580	594	115	4 825	6 634	2 334	442	113	3 698	7 652	2 404	481	113
37	10	409	652	383	53	7	499	722	237	37	9	406	835	215	39	9
234	38	2 346	3 679	2 094	333	38	2 879	3 964	1 354	258	35	2 294	4 524	1 376	261	35
68	12	661	1 043	611	92	10	841	1 119	383	64	10	590	1 314	425	78	10
1	–	8	20	18	3	–	18	18	10	3	–	9	22	13	5	–
76	20	448	748	467	110	20	567	787	341	79	19	389	919	370	96	19
2	40	14	31	7	3	40	21	24	9	1	40	10	38	5	2	40
113	26	1 028	1 580	917	148	23	1 206	1 729	617	123	21	1 011	1 972	559	134	20
10	4	145	189	117	17	2	157	230	69	12	2	148	245	63	13	1
64	5	661	1 026	579	87	4	780	1 122	380	71	4	670	1 268	340	76	3
12	2	102	170	95	11	2	123	182	65	9	1	98	206	61	13	2
1	–	2	6	4	1	–	4	4	4	1	–	2	6	4	1	–
25	4	116	185	118	32	4	137	189	97	29	3	91	241	89	31	3
1	11	2	4	4	–	11	5	2	2	1	11	2	6	2	–	11
270	83	2 532	4 041	2 346	393	83	3 215	4 298	1 517	281	84	2 405	4 968	1 629	310	83
24	4	231	414	226	32	3	306	426	147	22	5	228	519	128	26	5
151	29	1 511	2 361	1 348	217	32	1 889	2 513	873	164	30	1 469	2 889	911	170	30
47	9	474	740	444	70	7	609	799	268	51	8	430	926	321	51	7
–	–	6	13	13	2	–	14	14	5	1	–	7	14	9	4	–
47	14	300	490	312	69	14	384	527	217	43	14	265	592	257	57	14
1	27	10	23	3	3	27	13	19	7	–	27	6	28	3	2	27
35	11	321	545	308	52	9	399	596	194	38	8	274	701	213	37	10
3	2	31	47	38	4	2	34	62	21	3	2	27	68	24	–	3
19	4	171	287	161	28	2	207	323	95	23	1	150	360	122	15	2
9	1	85	133	72	11	1	109	138	50	4	1	62	182	43	14	1
–	–	–	1	1	–	–	–	–	1	1	–	–	2	–	–	–
4	2	32	73	36	9	2	46	70	27	7	2	33	85	24	8	2
–	2	2	4	–	–	2	3	3	–	–	2	2	4	–	–	2
–	–	5	7	9	1	–	5	11	6	–	–	8	11	3	–	–
–	–	2	2	2	–	–	2	4	–	–	–	3	3	–	–	–
–	–	3	5	6	1	–	3	6	6	–	–	5	7	3	–	–
–	–	–	–	–	–	–	–	–	–	–	–	–	–	–	–	–
–	–	–	–	1	–	–	–	1	–	–	–	–	1	–	–	–
–	–	–	–	–	–	–	–	–	–	–	–	–	–	–	–	–

第74表　子ども数・構成割合，出生月、市郡、同居者の構成、

実　数（人）

出生月、市郡、同居者の構成	総数	部活動を行っている	運動系	部活動の仲間や友人との関係はうまくいって			
				とてもそう思う	まあそう思う	あまりそう思わない	まったくそう思わない
総数	28 810	24 252	18 529	10 767	6 461	1 001	277
父母のみ	2 999	2 470	1 699	946	613	97	42
父母ときょうだいのみ	17 111	14 659	11 392	6 669	3 960	590	158
父母と祖父母	4 879	4 204	3 293	1 917	1 138	185	49
父母とその他	89	79	62	37	20	5	−
父又は母と同居	3 561	2 755	2 014	1 166	696	121	28
その他	171	85	69	32	34	3	−
21大都市	7 541	6 250	4 589	2 677	1 577	249	80
父母のみ	961	783	501	292	173	24	11
父母ときょうだいのみ	4 773	4 050	3 061	1 801	1 038	173	46
父母と祖父母	797	668	501	291	175	21	14
父母とその他	23	20	12	8	3	1	−
父又は母と同居	948	711	500	279	180	30	9
その他	39	18	14	6	8	−	−
その他の市	18 677	15 828	12 216	7 117	4 254	659	171
父母のみ	1 795	1 484	1 049	571	384	66	28
父母ときょうだいのみ	10 954	9 445	7 388	4 341	2 578	361	98
父母と祖父母	3 443	2 978	2 352	1 368	807	146	27
父母とその他	61	55	46	27	15	4	−
父又は母と同居	2 309	1 809	1 334	788	448	79	18
その他	115	57	47	22	22	3	−
郡部	2 534	2 140	1 697	955	623	91	26
父母のみ	230	196	144	79	55	7	3
父母ときょうだいのみ	1 343	1 137	921	513	338	54	14
父母と祖父母	639	558	440	258	156	18	8
父母とその他	5	4	4	2	2	−	−
父又は母と同居	301	235	180	99	68	12	1
その他	16	10	8	4	4	−	−
外国	58	34	27	18	7	2	−
父母のみ	13	7	5	4	1	−	−
父母ときょうだいのみ	41	27	22	14	6	2	−
父母と祖父母	−	−	−	−	−	−	−
父母とその他	−	−	−	−	−	−	−
父又は母と同居	3	−	−	−	−	−	−
その他	1	−	−	−	−	−	−

第15回調査（平成28年）

いる	文化系	部活動の仲間や友人との関係はうまくいっている					部活は行っていない	不詳
不詳		とてもそう思う	まあそう思う	あまりそう思わない	まったくそう思わない	不詳		
23	5 881	2 670	2 595	473	128	15	3 557	1 001
1	800	378	344	61	16	1	407	122
15	3 356	1 537	1 461	275	72	11	1 958	494
4	928	425	422	68	12	1	525	150
－	17	8	7	1	1	－	8	2
3	764	316	351	68	27	2	644	162
－	16	6	10	－	－	－	15	71
6	1 716	857	692	126	37	4	1 046	245
1	295	157	114	20	3	1	147	31
3	1 021	523	394	77	24	3	590	133
－	172	78	80	13	1	－	104	25
－	8	4	4	－	－	－	2	1
2	216	95	96	16	9	－	197	40
－	4	－	4	－	－	－	6	15
15	3 703	1 608	1 694	312	80	9	2 186	663
－	448	198	204	36	10	－	230	81
10	2 107	917	960	179	45	6	1 193	316
4	636	285	292	51	7	1	357	108
－	9	4	3	1	1	－	5	1
1	493	199	230	45	17	2	393	107
－	10	5	5	－	－	－	8	50
2	453	199	207	34	11	2	304	90
－	54	21	25	5	3	－	25	9
2	222	93	106	18	3	2	161	45
－	120	62	50	4	4	－	64	17
－	－	－	－	－	－	－	1	－
－	55	22	25	7	1	－	52	14
－	2	1	1	－	－	－	1	5
－	9	6	2	1	－	－	21	3
－	3	2	1	－	－	－	5	1
－	6	4	1	1	－	－	14	－
－	－	－	－	－	－	－	－	－
－	－	－	－	－	－	－	－	－
－	－	－	－	－	－	－	2	1
－	－	－	－	－	－	－	－	1

第74表　子ども数・構成割合，出生月、市郡、同居者の構成、

実　数（人）

出生月、市郡、同居者の構成	総数	部活動を行っている	運動系	部活動の仲間や友人との関係はうまくいって			
				とてもそう思う	まあそう思う	あまりそう思わない	まったくそう思わない
1月生まれ	14 462	11 864	8 923	5 124	3 138	519	129
父母のみ	1 495	1 210	804	437	289	57	20
父母ときょうだいのみ	8 621	7 192	5 522	3 187	1 935	314	78
父母と祖父母	2 462	2 082	1 621	939	573	85	22
父母とその他	40	35	28	18	9	1	–
父又は母と同居	1 768	1 304	918	530	316	61	9
その他	76	41	30	13	16	1	–
21大都市	3 845	3 116	2 226	1 295	770	124	33
父母のみ	491	396	236	140	74	15	6
父母ときょうだいのみ	2 416	2 005	1 484	865	516	82	19
父母と祖父母	417	350	264	157	93	9	5
父母とその他	10	9	6	5	1	–	–
父又は母と同居	493	344	226	124	80	18	3
その他	18	12	10	4	6	–	–
その他の市	9 282	7 663	5 846	3 372	2 037	347	82
父母のみ	889	719	501	260	190	38	13
父母ときょうだいのみ	5 485	4 607	3 572	2 075	1 240	203	49
父母と祖父母	1 708	1 445	1 130	658	388	68	14
父母とその他	27	24	20	12	7	1	–
父又は母と同居	1 124	843	605	358	204	36	6
その他	49	25	18	9	8	1	–
郡部	1 299	1 062	832	445	326	46	14
父母のみ	108	91	64	35	24	4	1
父母ときょうだいのみ	694	561	450	237	175	27	10
父母と祖父母	337	287	227	124	92	8	3
父母とその他	3	2	2	1	1	–	–
父又は母と同居	149	117	87	48	32	7	–
その他	8	4	2	–	2	–	–
外国	36	23	19	12	5	2	–
父母のみ	7	4	3	2	1	–	–
父母ときょうだいのみ	26	19	16	10	4	2	–
父母と祖父母	–	–	–	–	–	–	–
父母とその他	–	–	–	–	–	–	–
父又は母と同居	2	–	–	–	–	–	–
その他	1	–	–	–	–	–	–
7月生まれ	14 348	12 388	9 606	5 643	3 323	482	148
父母のみ	1 504	1 260	895	509	324	40	22
父母ときょうだいのみ	8 490	7 467	5 870	3 482	2 025	276	80
父母と祖父母	2 417	2 122	1 672	978	565	100	27
父母とその他	49	44	34	19	11	4	–
父又は母と同居	1 793	1 451	1 096	636	380	60	19
その他	95	44	39	19	18	2	–
21大都市	3 696	3 134	2 363	1 382	807	125	47
父母のみ	470	387	265	152	99	9	5
父母ときょうだいのみ	2 357	2 045	1 577	936	522	91	27
父母と祖父母	380	318	237	134	82	12	9
父母とその他	13	11	6	3	2	1	–
父又は母と同居	455	367	274	155	100	12	6
その他	21	6	4	2	2	–	–
その他の市	9 395	8 165	6 370	3 745	2 217	312	89
父母のみ	906	765	548	311	194	28	15
父母ときょうだいのみ	5 469	4 838	3 816	2 266	1 338	158	49
父母と祖父母	1 735	1 533	1 222	710	419	78	13
父母とその他	34	31	26	15	8	3	–
父又は母と同居	1 185	966	729	430	244	43	12
その他	66	32	29	13	14	2	–
郡部	1 235	1 078	865	510	297	45	12
父母のみ	122	105	80	44	31	3	2
父母ときょうだいのみ	649	576	471	276	163	27	4
父母と祖父母	302	271	213	134	64	10	5
父母とその他	2	2	2	1	1	–	–
父又は母と同居	152	118	93	51	36	5	1
その他	8	6	6	4	2	–	–
外国	22	11	8	6	2	–	–
父母のみ	6	3	2	2	–	–	–
父母ときょうだいのみ	15	8	6	4	2	–	–
父母と祖父母	–	–	–	–	–	–	–
父母とその他	–	–	–	–	–	–	–
父又は母と同居	1	–	–	–	–	–	–
その他	–	–	–	–	–	–	–

第15回調査（平成28年）

いる		部活動の仲間や友人との関係はうまくいっている					部活は行っていない	不詳
不詳	文化系	とてもそう思う	まあそう思う	あまりそう思わない	まったくそう思わない	不詳		
13	3 024	1 399	1 305	249	63	8	2 121	477
1	419	192	184	35	8	−	230	55
8	1 716	817	725	139	29	6	1 183	246
2	470	217	207	35	10	1	309	71
−	7	4	2	1	−	−	5	−
2	401	166	179	39	16	1	385	79
−	11	3	8	−	−	−	9	26
4	920	456	368	73	22	1	595	134
1	167	90	63	13	1	−	79	16
2	537	279	200	44	13	1	337	74
−	90	37	45	7	1	−	53	14
−	3	2	1	−	−	−	1	−
1	121	48	57	9	7	−	122	27
−	2	−	2	−	−	−	3	3
8	1 863	836	832	156	34	5	1 325	294
−	223	90	109	18	6	−	135	35
5	1 061	486	473	85	14	3	734	144
2	318	149	136	26	6	1	214	49
−	4	2	1	1	−	−	3	−
1	250	107	108	26	8	1	234	47
−	7	2	5	−	−	−	5	19
1	236	103	104	20	7	2	190	47
−	28	11	12	4	1	−	14	3
1	114	49	51	10	2	2	105	28
−	62	31	26	2	3	−	42	8
−	−	−	−	−	−	−	1	−
−	30	11	14	4	1	−	27	5
−	2	1	1	−	−	−	1	3
−	5	4	1	−	−	−	11	2
−	1	1	−	−	−	−	2	1
−	4	3	1	−	−	−	7	−
−	−	−	−	−	−	−	−	−
−	−	−	−	−	−	−	−	−
−	−	−	−	−	−	−	2	−
−	−	−	−	−	−	−	−	1
10	2 857	1 271	1 290	224	65	7	1 436	524
−	381	186	160	26	8	1	177	67
7	1 640	720	736	136	43	5	775	248
2	458	208	215	33	2	−	216	79
−	10	4	5	−	1	−	3	2
1	363	150	172	29	11	1	259	83
−	5	3	2	−	−	−	6	45
2	796	401	324	53	15	3	451	111
−	128	67	51	7	2	1	68	15
1	484	244	194	33	11	2	253	59
−	82	41	35	6	−	−	51	11
−	5	2	3	−	−	−	1	1
1	95	47	39	7	2	−	75	13
−	2	−	2	−	−	−	3	12
7	1 840	772	862	156	46	4	861	369
−	225	108	95	18	4	−	95	46
5	1 046	431	487	94	31	3	459	172
2	318	136	156	25	1	−	143	59
−	5	2	2	−	1	−	2	1
−	243	92	122	19	9	1	159	60
−	3	3	−	−	−	−	3	31
1	217	96	103	14	4	−	114	43
−	26	10	13	1	2	−	11	6
1	108	44	55	8	1	−	56	17
−	58	31	24	2	1	−	22	9
−	−	−	−	−	−	−	−	−
−	25	11	11	3	−	−	25	9
−	−	−	−	−	−	−	−	2
−	4	2	1	1	−	−	10	1
−	2	1	1	−	−	−	3	−
−	2	1	−	1	−	−	7	−
−	−	−	−	−	−	−	−	−
−	−	−	−	−	−	−	−	−
−	−	−	−	−	−	−	−	1
−	−	−	−	−	−	−	−	−

第74表　子ども数・構成割合，出生月、市郡、同居者の構成、

構成割合（%）

出生月、市郡、同居者の構成	総数	学校 クラスの友人関係はうまくいっている とてもそう思う	まあそう思う	あまりそう思わない	まったくそう思わない	不詳	教師との関係はうまくいっている とてもそう思う	まあそう思う	あまりそう思わない	まったくそう思わない	不詳	ためになると思える授業 とてもそう思う	まあそう思う	あまりそう思わない
総数	100.0	53.2	40.6	4.1	1.5	0.6	38.0	51.0	8.0	2.2	0.7	25.7	50.9	19.2
父母のみ	100.0	51.2	42.2	4.6	1.6	0.3	37.5	51.8	8.0	2.3	0.4	25.4	52.4	18.7
父母ときょうだいのみ	100.0	54.3	40.1	3.8	1.4	0.4	38.9	50.9	7.7	2.1	0.4	25.9	51.1	19.2
父母と祖父母	100.0	54.5	40.0	4.0	1.2	0.3	39.1	50.7	7.8	2.0	0.3	27.3	50.7	18.3
父母とその他	100.0	56.2	37.1	3.4	3.4	-	33.7	53.9	7.9	4.5	-	23.6	50.6	22.5
父又は母と同居	100.0	48.6	43.0	5.3	2.2	0.8	33.5	52.3	9.9	3.5	0.8	23.3	49.8	21.3
その他	100.0	25.7	34.5	1.8	0.6	37.4	19.3	37.4	5.3	0.6	37.4	18.7	33.9	8.2
21大都市	100.0	54.1	40.3	3.8	1.3	0.5	38.2	51.7	7.3	2.3	0.5	25.0	50.4	20.0
父母のみ	100.0	55.4	39.6	3.5	1.1	0.3	41.0	49.4	6.9	2.3	0.4	28.1	48.7	19.8
父母ときょうだいのみ	100.0	55.0	40.0	3.5	1.2	0.3	38.9	51.7	7.2	1.8	0.4	24.9	51.1	19.8
父母と祖父母	100.0	54.1	40.4	4.1	1.3	0.1	38.9	51.6	7.0	2.5	-	26.1	50.2	19.2
父母とその他	100.0	56.5	39.1	-	4.3	-	39.1	47.8	4.3	8.7	-	21.7	52.2	17.4
父又は母と同居	100.0	49.2	42.6	5.2	2.3	0.7	32.1	54.5	8.9	4.0	0.5	21.5	49.6	22.5
その他	100.0	17.9	43.6	2.6	-	35.9	20.5	38.5	2.6	2.6	35.9	20.5	25.6	12.8
その他の市	100.0	52.8	40.7	4.2	1.6	0.6	38.1	50.6	8.3	2.3	0.7	26.0	51.0	18.9
父母のみ	100.0	49.0	43.7	5.2	1.8	0.2	35.9	53.0	8.5	2.3	0.3	24.3	53.9	18.3
父母ときょうだいのみ	100.0	54.1	40.1	3.9	1.6	0.4	39.0	50.4	7.9	2.2	0.4	26.4	51.1	18.9
父母と祖父母	100.0	54.4	40.1	4.0	1.2	0.3	39.4	50.1	8.1	1.9	0.4	27.4	50.6	18.3
父母とその他	100.0	52.5	39.3	4.9	3.3	-	31.1	57.4	9.8	1.6	-	24.6	50.8	23.0
父又は母と同居	100.0	48.6	43.1	5.2	2.3	0.9	34.4	50.9	10.6	3.2	0.9	24.3	49.6	20.8
その他	100.0	29.6	28.7	1.7	0.9	39.1	19.1	35.7	6.1	-	39.1	18.3	34.8	7.0
郡部	100.0	53.2	40.6	4.3	1.3	0.6	37.0	52.5	7.7	2.1	0.6	25.8	51.8	18.7
父母のみ	100.0	51.7	40.9	4.8	1.7	0.9	35.2	52.6	8.7	2.6	0.9	23.9	54.8	17.8
父母ときょうだいのみ	100.0	53.9	40.4	3.9	1.3	0.4	38.5	51.5	7.9	1.8	0.4	26.0	51.2	19.1
父母と祖父母	100.0	55.6	39.1	4.1	1.1	0.2	37.6	53.2	7.2	1.9	0.2	28.3	52.0	17.1
父母とその他	100.0	100.0	-	-	-	-	40.0	40.0	-	20.0	-	20.0	40.0	40.0
父又は母と同居	100.0	47.2	43.9	6.6	1.3	1.0	31.2	56.1	7.6	3.7	1.3	21.3	52.2	21.6
その他	100.0	18.8	56.3	-	-	25.0	18.8	50.0	6.3	-	25.0	18.8	50.0	6.3
外国	100.0	48.3	44.8	1.7	1.7	3.4	37.9	50.0	6.9	1.7	3.4	20.7	51.7	24.1
父母のみ	100.0	30.8	61.5	-	7.7	-	53.8	38.5	7.7	-	-	15.4	69.2	15.4
父母ときょうだいのみ	100.0	56.1	39.0	2.4	-	2.4	34.1	56.1	7.3	-	2.4	22.0	48.8	26.8
父母と祖父母	-	-	-	-	-	-	-	-	-	-	-	-	-	-
父母とその他	-	-	-	-	-	-	-	-	-	-	-	-	-	-
父又は母と同居	100.0	33.3	66.7	-	-	-	33.3	33.3	-	33.3	-	33.3	33.3	33.3
その他	100.0	-	-	-	-	100.0	-	-	-	-	100.0	-	-	-

学校生活の満足－部活動の有無・部活動の満足別（8－5）

第15回調査（平成28年）

生	活	の					満				足					
がたくさんある		楽しいと思える授業がたくさんある					学校の勉強は将来役に立つと思う					授業の内容をよく理解できている				
まったくそう思わない	不詳	とてもそう思う	まあそう思う	あまりそう思わない	まったくそう思わない	不詳	とてもそう思う	まあそう思う	あまりそう思わない	まったくそう思わない	不詳	とてもそう思う	まあそう思う	あまりそう思わない	まったくそう思わない	不詳
3.4	0.8	26.3	42.9	25.5	4.5	0.7	31.8	47.2	16.8	3.4	0.7	25.1	53.7	17.2	3.2	0.7
3.0	0.5	26.2	43.8	25.3	4.2	0.5	31.5	49.3	15.8	2.8	0.5	26.5	55.5	14.8	2.6	0.5
3.3	0.5	26.7	43.2	25.4	4.3	0.5	31.9	47.5	16.6	3.5	0.5	26.3	53.9	16.4	2.9	0.5
3.2	0.5	27.5	42.6	25.4	4.1	0.4	33.1	47.0	16.6	3.0	0.4	24.2	54.0	18.2	3.2	0.4
3.4	−	20.2	42.7	30.3	6.7	−	34.8	40.4	19.1	5.6	−	23.6	47.2	20.2	9.0	−
4.5	1.0	23.8	41.8	27.0	6.5	1.0	29.8	45.4	19.2	4.5	1.0	20.0	51.6	22.2	5.1	1.1
1.8	37.4	15.8	33.9	11.1	1.8	37.4	21.1	31.0	8.8	1.8	37.4	12.3	40.4	8.2	1.8	37.4
3.9	0.7	25.9	42.5	26.2	4.8	0.6	30.4	47.8	17.3	3.9	0.6	26.4	53.7	15.9	3.4	0.6
2.8	0.6	28.7	41.0	25.7	4.2	0.4	32.9	48.3	15.3	3.1	0.4	30.0	52.1	15.3	2.3	0.3
3.8	0.4	25.9	43.4	25.8	4.5	0.4	30.4	48.7	16.8	3.7	0.4	27.3	54.6	14.7	2.9	0.4
4.1	0.4	27.7	41.5	26.1	4.1	0.5	30.7	47.9	17.6	3.5	0.3	26.2	51.4	17.8	4.3	0.3
8.7	−	17.4	43.5	30.4	8.7	−	34.8	26.1	30.4	8.7	−	30.4	43.5	17.4	8.7	−
5.7	0.7	22.6	40.7	28.7	7.4	0.6	27.8	44.2	21.6	5.8	0.5	19.0	53.5	20.7	6.2	0.6
5.1	35.9	17.9	28.2	17.9	−	35.9	23.1	25.6	10.3	5.1	35.9	15.4	33.3	12.8	2.6	35.9
3.3	0.8	26.4	43.0	25.3	4.4	0.8	32.3	46.9	16.7	3.3	0.8	24.9	53.4	17.7	3.2	0.8
3.1	0.4	24.7	45.4	25.0	4.5	0.4	31.1	49.5	16.2	2.8	0.4	24.8	56.9	14.7	3.0	0.6
3.2	0.5	27.0	43.1	25.3	4.1	0.5	32.6	47.0	16.6	3.3	0.5	26.2	53.5	16.8	3.0	0.5
3.1	0.6	27.0	42.9	25.4	4.2	0.5	33.1	47.0	16.4	3.1	0.4	24.3	53.6	18.7	2.9	0.4
1.6	−	21.3	42.6	29.5	6.6	−	36.1	47.5	13.1	3.3	−	21.3	47.5	21.3	9.8	−
4.2	1.1	24.9	41.4	26.5	6.1	1.0	30.8	45.5	18.6	3.9	1.2	20.4	50.6	23.1	4.6	1.2
0.9	39.1	14.8	34.8	8.7	2.6	39.1	20.0	31.3	8.7	0.9	39.1	10.4	40.9	7.8	1.7	39.1
2.9	0.8	26.8	43.5	24.7	4.3	0.8	32.1	47.5	16.3	3.3	0.7	22.7	55.7	18.0	2.9	0.7
2.6	0.9	27.8	42.6	26.1	2.6	0.9	30.0	50.9	15.7	2.2	1.3	24.8	57.8	15.2	0.9	1.3
2.9	0.8	27.0	43.3	24.5	4.5	0.6	31.7	47.8	16.2	3.8	0.4	23.8	54.2	19.1	2.5	0.4
2.5	0.2	29.6	42.4	24.6	3.3	0.2	35.8	45.5	16.7	1.7	0.2	21.3	59.2	16.0	3.4	0.2
−	−	20.0	40.0	40.0	−	−	20.0	20.0	40.0	20.0	−	20.0	60.0	20.0	−	−
4.0	1.0	19.3	47.5	24.9	6.6	1.7	27.9	48.5	16.6	5.3	1.7	19.3	53.2	20.3	5.6	1.7
−	25.0	18.8	43.8	12.5	−	25.0	25.0	43.8	6.3	−	25.0	18.8	56.3	−	−	25.0
−	3.4	24.1	32.8	36.2	3.4	3.4	29.3	51.7	15.5	−	3.4	27.6	56.9	8.6	3.4	3.4
−	−	15.4	53.8	23.1	7.7	−	15.4	76.9	7.7	−	−	23.1	69.2	−	7.7	−
−	2.4	26.8	26.8	41.5	2.4	2.4	34.1	43.9	19.5	−	2.4	29.3	53.7	12.2	2.4	2.4
−	−	−	−	−	−	−	−	−	−	−	−	−	−	−	−	−
−	−	−	−	−	−	−	−	−	−	−	−	−	−	−	−	−
−	−	33.3	33.3	33.3	−	−	33.3	66.7	−	−	−	33.3	66.7	−	−	−
−	100.0	−	−	−	−	100.0	−	−	−	−	100.0	−	−	−	−	100.0

第74表　子ども数・構成割合, 出生月、市郡、同居者の構成、

構成割合（%）

出生月、市郡、同居者の構成	総数	学校												
		クラスの友人関係はうまくいっている					教師との関係はうまくいっている					ためになると思える授業		
		とてもそう思う	まあそう思う	あまりそう思わない	まったくそう思わない	不詳	とてもそう思う	まあそう思う	あまりそう思わない	まったくそう思わない	不詳	とてもそう思う	まあそう思う	あまりそう思わない
1月生まれ	100.0	54.5	39.5	3.8	1.6	0.6	38.4	50.3	8.3	2.4	0.6	24.4	50.7	20.3
父母のみ	100.0	52.1	41.1	4.6	2.0	0.2	38.7	50.7	7.8	2.6	0.2	24.1	52.8	19.3
父母ときょうだいのみ	100.0	55.7	39.0	3.4	1.5	0.4	39.3	49.9	8.1	2.2	0.5	24.5	50.7	20.4
父母と祖父母	100.0	55.8	38.7	4.1	1.1	0.3	39.5	50.2	7.8	2.2	0.3	26.0	50.7	19.2
父母とその他	100.0	62.5	27.5	2.5	7.5	-	35.0	52.5	5.0	7.5	-	25.0	55.0	15.0
父又は母と同居	100.0	49.8	42.4	4.8	2.4	0.7	33.0	52.1	10.4	3.7	0.8	22.2	49.4	22.6
その他	100.0	28.9	39.5	-	-	31.6	22.4	39.5	6.6	-	31.6	18.4	40.8	7.9
21大都市	100.0	55.1	39.7	3.4	1.4	0.5	38.2	51.3	7.4	2.5	0.5	22.5	50.7	21.4
父母のみ	100.0	57.2	38.1	3.3	1.0	0.4	42.2	48.3	5.9	3.3	0.4	26.1	50.3	19.8
父母ときょうだいのみ	100.0	55.5	39.9	2.9	1.2	0.5	38.5	51.3	7.5	2.0	0.6	22.2	50.8	21.6
父母と祖父母	100.0	56.8	37.4	4.3	1.4	-	40.0	50.4	6.7	2.9	-	24.7	51.6	18.5
父母とその他	100.0	80.0	10.0	-	10.0	-	50.0	30.0	10.0	10.0	-	30.0	50.0	10.0
父又は母と同居	100.0	49.9	42.0	5.3	2.4	0.4	30.8	55.6	9.1	4.1	0.4	18.3	50.1	25.2
その他	100.0	22.2	61.1	-	-	16.7	38.9	44.4	-	-	16.7	22.2	44.4	11.1
その他の市	100.0	54.3	39.5	3.9	1.7	0.6	38.5	49.6	8.8	2.4	0.6	24.9	50.7	20.0
父母のみ	100.0	48.9	43.1	5.4	2.5	0.1	36.9	51.9	8.8	2.4	0.1	22.9	53.4	19.7
父母ときょうだいのみ	100.0	55.8	38.5	3.6	1.6	0.4	39.6	49.1	8.5	2.4	0.4	25.1	50.8	20.1
父母と祖父母	100.0	55.6	39.1	3.9	1.1	0.4	39.4	49.6	8.4	2.2	0.4	25.8	50.4	19.7
父母とその他	100.0	51.9	37.0	3.7	7.4	-	29.6	63.0	3.7	3.7	-	22.2	59.3	14.8
父又は母と同居	100.0	50.0	42.3	4.3	2.6	0.8	34.2	50.6	10.9	3.4	0.9	24.3	49.2	21.1
その他	100.0	34.7	28.6	-	-	36.7	18.4	36.7	8.2	-	36.7	18.4	38.8	6.1
郡部	100.0	54.2	39.6	4.4	1.3	0.5	38.3	51.9	7.1	2.1	0.6	26.5	50.7	19.2
父母のみ	100.0	56.5	36.1	4.6	2.8	-	37.0	53.7	7.4	1.9	-	25.9	56.5	14.8
父母ときょうだいのみ	100.0	54.8	39.6	3.7	1.3	0.6	39.8	50.7	7.1	1.9	0.6	27.1	49.9	19.2
父母と祖父母	100.0	55.8	38.6	4.7	0.9	-	39.5	53.4	5.6	1.5	-	28.8	51.3	17.8
父母とその他	100.0	100.0	-	-	-	-	33.3	33.3	-	33.3	-	33.3	33.3	33.3
父又は母と同居	100.0	47.7	43.6	6.7	1.3	0.7	31.5	53.0	10.1	4.0	1.3	19.5	49.0	25.5
その他	100.0	12.5	62.5	-	-	25.0	12.5	50.0	12.5	-	25.0	12.5	50.0	12.5
外国	100.0	52.8	38.9	2.8	-	5.6	41.7	41.7	8.3	2.8	5.6	25.0	47.2	22.2
父母のみ	100.0	28.6	71.4	-	-	-	57.1	28.6	14.3	-	-	14.3	85.7	-
父母ときょうだいのみ	100.0	61.5	30.8	3.8	-	3.8	38.5	50.0	7.7	-	3.8	26.9	42.3	26.9
父母と祖父母	-	-	-	-	-	-	-	-	-	-	-	-	-	-
父母とその他	-	-	-	-	-	-	-	-	-	-	-	-	-	-
父又は母と同居	100.0	50.0	50.0	-	-	-	50.0	-	-	50.0	-	50.0	-	50.0
その他	100.0	-	-	-	-	100.0	-	-	-	-	100.0	-	-	-
7月生まれ	100.0	51.8	41.7	4.4	1.4	0.7	37.6	51.8	7.8	2.1	0.7	27.1	51.1	18.1
父母のみ	100.0	50.3	43.4	4.7	1.3	0.4	36.4	52.8	8.2	2.1	0.6	26.7	52.0	18.2
父母ときょうだいのみ	100.0	53.0	41.2	4.2	1.4	0.3	38.5	51.9	7.4	1.9	0.4	27.4	51.5	17.9
父母と祖父母	100.0	53.2	41.4	3.9	1.2	0.3	38.7	51.2	7.9	1.9	0.4	28.5	50.8	17.4
父母とその他	100.0	51.0	44.9	4.1	-	-	32.7	55.1	10.2	2.0	-	22.4	46.9	28.6
父又は母と同居	100.0	47.5	43.7	5.9	2.0	1.0	34.0	52.4	9.4	3.2	0.9	24.4	50.2	20.1
その他	100.0	23.2	30.5	3.2	1.1	42.1	16.8	35.8	4.2	1.1	42.1	18.9	28.4	8.4
21大都市	100.0	53.0	41.0	4.2	1.3	0.6	38.3	52.0	7.2	1.9	0.5	27.6	50.1	18.6
父母のみ	100.0	53.4	41.3	3.8	1.3	0.2	39.8	50.6	7.9	1.3	0.4	30.2	47.0	19.8
父母ときょうだいのみ	100.0	54.5	40.1	4.1	1.1	0.1	39.3	52.0	6.9	1.6	0.2	27.7	51.4	17.9
父母と祖父母	100.0	51.1	43.7	3.9	1.1	0.3	37.6	52.9	7.4	2.1	-	27.6	48.7	20.0
父母とその他	100.0	38.5	61.5	-	-	-	30.8	61.5	-	7.7	-	15.4	53.8	23.1
父又は母と同居	100.0	48.4	43.3	5.1	2.2	1.1	33.4	53.4	8.6	4.0	0.7	25.1	49.0	19.6
その他	100.0	14.3	28.6	4.8	-	52.4	4.8	33.3	4.8	4.8	52.4	19.0	9.5	14.3
その他の市	100.0	51.4	42.0	4.5	1.5	0.7	37.6	51.5	7.9	2.1	0.8	27.2	51.2	17.8
父母のみ	100.0	49.1	44.3	5.1	1.2	0.3	34.9	54.1	8.2	2.3	0.6	25.6	54.4	16.9
父母ときょうだいのみ	100.0	52.3	41.7	4.2	1.5	0.3	38.4	51.7	7.4	2.0	0.5	27.7	51.4	17.7
父母と祖父母	100.0	53.3	41.2	4.0	1.3	0.3	39.5	50.5	7.8	1.7	0.5	28.9	50.9	17.0
父母とその他	100.0	52.9	41.2	5.9	-	-	32.4	52.9	14.7	-	-	26.5	44.1	29.4
父又は母と同居	100.0	47.3	43.8	6.1	1.9	0.9	34.7	51.1	10.3	3.0	0.9	24.3	50.0	20.6
その他	100.0	25.8	28.8	3.0	1.5	40.9	19.7	34.8	4.5	-	40.9	18.2	31.8	7.6
郡部	100.0	52.1	41.6	4.3	1.2	0.7	35.5	53.2	8.4	2.2	0.6	25.0	53.0	18.2
父母のみ	100.0	47.5	45.1	4.9	0.8	1.6	33.6	51.6	9.8	3.3	1.6	22.1	53.3	20.5
父母ときょうだいのみ	100.0	53.0	41.3	4.2	1.2	0.3	37.1	52.2	8.8	1.7	0.2	24.8	52.7	19.0
父母と祖父母	100.0	55.3	39.7	3.3	1.3	0.3	35.4	53.0	8.9	2.3	0.3	27.8	52.6	16.2
父母とその他	100.0	100.0	-	-	-	-	50.0	50.0	-	-	-	-	50.0	50.0
父又は母と同居	100.0	46.7	44.1	6.6	1.3	1.3	30.9	59.2	5.3	3.3	1.3	23.0	55.3	17.8
その他	100.0	25.0	50.0	-	-	25.0	25.0	50.0	-	-	25.0	25.0	50.0	-
外国	100.0	40.9	54.5	-	4.5	-	31.8	63.6	4.5	-	-	13.6	59.1	27.3
父母のみ	100.0	33.3	50.0	-	16.7	-	50.0	50.0	-	-	-	16.7	50.0	33.3
父母ときょうだいのみ	100.0	46.7	53.3	-	-	-	26.7	66.7	6.7	-	-	13.3	60.0	26.7
父母と祖父母	-	-	-	-	-	-	-	-	-	-	-	-	-	-
父母とその他	-	-	-	-	-	-	-	-	-	-	-	-	-	-
父又は母と同居	100.0	-	100.0	-	-	-	-	100.0	-	-	-	-	100.0	-
その他	-	-	-	-	-	-	-	-	-	-	-	-	-	-

学校生活の満足－部活動の有無・部活動の満足別（8－6）

第15回調査（平成28年）

生活の満足																
がたくさんある		楽しいと思える授業がたくさんある					学校の勉強は将来役に立つと思う					授業の内容をよく理解できている				
まったくそう思わない	不詳	とてもそう思う	まあそう思う	あまりそう思わない	まったくそう思わない	不詳	とてもそう思う	まあそう思う	あまりそう思わない	まったくそう思わない	不詳	とてもそう思う	まあそう思う	あまりそう思わない	まったくそう思わない	不詳
3.9	0.7	25.6	42.8	26.1	4.8	0.7	29.9	48.2	17.4	3.8	0.7	24.4	54.1	17.7	3.1	0.7
3.5	0.3	25.2	44.3	25.1	4.9	0.5	29.9	50.6	15.9	3.2	0.3	26.0	55.5	15.4	2.7	0.5
3.9	0.5	25.7	43.0	26.2	4.6	0.5	30.0	48.3	17.3	3.9	0.5	25.6	54.5	16.6	2.8	0.5
3.6	0.4	27.6	42.1	25.5	4.3	0.4	31.4	47.6	17.4	3.3	0.3	24.0	53.6	18.8	3.2	0.3
5.0	–	25.0	45.0	22.5	7.5	–	32.5	45.0	17.5	5.0	–	30.0	50.0	12.5	7.5	–
4.9	0.9	22.6	41.8	27.9	6.8	0.8	27.9	46.9	19.4	4.7	1.0	18.2	52.0	23.8	4.9	1.1
1.3	31.6	17.1	35.5	15.8	–	31.6	19.7	38.2	7.9	2.6	31.6	14.5	40.8	11.8	1.3	31.6
4.8	0.6	24.1	42.2	27.5	5.6	0.6	28.3	48.8	17.8	4.5	0.6	25.5	54.0	16.6	3.2	0.6
3.5	0.4	26.7	41.8	26.5	4.7	0.4	32.4	47.7	15.9	3.7	0.4	28.5	52.1	17.1	1.8	0.4
4.8	0.6	23.7	43.2	27.1	5.4	0.6	27.8	49.8	17.4	4.4	0.7	26.2	55.4	15.1	2.6	0.7
5.0	0.2	28.5	38.6	27.1	5.3	0.5	29.3	48.0	18.0	4.6	0.2	26.6	48.9	19.4	5.0	–
10.0	–	20.0	40.0	30.0	10.0	–	40.0	20.0	30.0	10.0	–	50.0	40.0	–	10.0	–
5.9	0.6	19.9	40.8	31.2	7.7	0.4	25.8	46.7	21.9	5.3	0.4	18.1	54.0	21.7	5.7	0.6
5.6	16.7	27.8	38.9	16.7	–	16.7	22.2	44.4	11.1	5.6	16.7	22.2	38.9	16.7	5.6	16.7
3.7	0.7	25.9	43.1	25.7	4.6	0.7	30.3	48.1	17.3	3.6	0.7	24.1	54.0	18.1	3.1	0.7
3.6	0.3	24.0	45.1	25.0	5.4	0.6	28.5	52.0	16.2	3.1	0.2	24.5	56.6	15.2	3.1	0.6
3.6	0.4	26.3	43.1	25.9	4.2	0.4	30.7	48.0	17.3	3.6	0.4	25.5	54.2	17.0	2.9	0.4
3.6	0.6	26.8	43.1	25.2	4.4	0.5	31.0	48.0	17.4	3.2	0.4	23.8	53.9	18.9	2.9	0.5
3.7	–	25.9	48.1	18.5	7.4	–	29.6	55.6	11.1	3.7	–	22.2	55.6	14.8	7.4	–
4.4	1.1	24.5	41.5	26.8	6.3	0.9	29.2	46.5	18.9	4.3	1.2	18.4	51.3	24.6	4.4	1.2
–	36.7	14.3	34.7	14.3	–	36.7	20.4	34.7	6.1	2.0	36.7	12.2	38.8	12.2	–	36.7
2.9	0.8	27.5	43.0	24.4	4.3	0.8	31.9	46.8	16.9	3.5	0.8	23.1	54.7	18.7	2.8	0.7
2.8	–	30.6	47.2	20.4	1.9	–	32.4	50.9	13.9	1.9	0.9	27.8	60.2	10.2	1.9	–
2.9	1.0	27.7	42.5	24.2	4.8	0.9	31.6	46.0	17.7	4.0	0.7	24.4	53.0	19.5	2.6	0.6
2.1	–	30.9	40.9	25.2	3.0	–	35.6	45.4	16.9	2.1	–	22.0	58.2	17.5	2.4	–
–	–	33.3	33.3	33.3	–	–	33.3	33.3	33.3	–	–	33.3	33.3	33.3	–	–
5.4	0.7	17.4	47.0	26.2	7.4	2.0	25.5	51.0	15.4	6.0	2.0	16.8	50.3	24.8	6.0	2.0
–	25.0	12.5	37.5	25.0	–	25.0	12.5	50.0	12.5	–	25.0	12.5	62.5	–	–	25.0
–	5.6	25.0	33.3	33.3	2.8	5.6	33.3	52.8	8.3	–	5.6	22.2	61.1	5.6	5.6	5.6
–	–	–	71.4	14.3	14.3	–	–	85.7	14.3	–	–	–	85.7	–	14.3	–
–	3.8	30.8	23.1	42.3	–	3.8	42.3	46.2	7.7	–	3.8	26.9	57.7	7.7	3.8	3.8
–	–	–	–	–	–	–	–	–	–	–	–	–	–	–	–	–
–	–	–	–	–	–	–	–	–	–	–	–	–	–	–	–	–
–	–	50.0	50.0	–	–	–	50.0	50.0	–	–	–	50.0	50.0	–	–	–
–	100.0	–	–	–	–	100.0	–	–	–	–	100.0	–	–	–	–	100.0
2.9	0.8	27.1	43.0	25.0	4.1	0.8	33.6	46.2	16.3	3.1	0.8	25.8	53.3	16.8	3.4	0.8
2.5	0.7	27.2	43.4	25.5	3.5	0.5	33.2	48.0	15.8	2.5	0.6	27.0	55.5	14.3	2.6	0.6
2.8	0.4	27.6	43.3	24.7	3.9	0.4	33.9	46.7	15.9	3.0	0.4	27.0	53.3	16.2	3.1	0.4
2.8	0.5	27.3	43.2	25.3	3.8	0.4	34.8	46.3	15.8	2.6	0.4	24.4	54.4	17.6	3.2	0.4
2.0	–	16.3	40.8	36.7	6.1	–	36.7	36.7	20.4	6.1	–	18.4	44.9	26.5	10.2	–
4.2	1.1	25.0	41.7	26.0	6.1	1.1	31.6	43.9	19.0	4.4	1.1	21.7	51.3	20.6	5.4	1.1
2.1	42.1	14.7	32.6	7.4	3.2	42.1	22.1	25.3	9.5	1.1	42.1	10.5	40.0	5.3	2.1	42.1
3.1	0.7	27.8	42.7	24.8	4.0	0.6	32.6	46.8	16.7	3.3	0.6	27.4	53.4	15.1	3.6	0.5
2.1	0.9	30.9	40.2	24.9	3.6	0.4	33.4	48.9	14.7	2.6	0.4	31.5	52.1	13.4	2.8	0.2
2.7	0.2	28.0	43.5	24.6	3.7	0.2	33.1	47.6	16.1	3.0	0.2	28.4	53.8	14.4	3.2	0.1
3.2	0.5	26.8	44.7	25.0	2.9	0.5	32.4	47.9	17.1	2.4	0.3	25.8	54.2	16.1	3.4	0.5
7.7	–	15.4	46.2	30.8	7.7	–	30.8	30.8	30.8	7.7	–	15.4	46.2	30.8	7.7	–
5.5	0.9	25.5	40.7	25.9	7.0	0.9	30.1	41.5	21.3	6.4	0.7	20.0	53.0	19.6	6.8	0.7
4.8	52.4	9.5	19.0	19.0	–	52.4	23.8	9.5	9.5	4.8	52.4	9.5	28.6	9.5	–	52.4
2.9	0.9	27.0	43.0	25.0	4.2	0.9	34.2	45.7	16.1	3.0	0.9	25.6	52.9	17.3	3.3	0.9
2.6	0.4	25.5	45.7	24.9	3.5	0.3	33.8	47.0	16.2	2.4	0.6	25.2	57.3	14.1	2.9	0.6
2.8	0.5	27.6	43.2	24.6	4.0	0.6	34.5	45.9	16.0	3.0	0.5	26.9	52.8	16.7	3.1	0.5
2.7	0.5	27.3	42.7	25.6	4.0	0.4	35.1	46.1	15.4	2.9	0.5	24.8	53.4	18.5	2.9	0.4
–	–	17.6	38.2	38.2	5.9	–	41.2	41.2	14.7	2.9	–	20.6	41.2	26.5	11.8	–
4.0	1.2	25.3	41.4	26.3	5.8	1.2	32.4	44.5	18.3	3.6	1.2	22.4	50.0	21.7	4.8	1.2
1.5	40.9	15.2	34.8	4.5	4.5	40.9	19.7	28.8	10.6	–	40.9	9.1	42.4	4.5	3.0	40.9
2.8	0.9	26.0	44.1	24.9	4.2	0.7	32.3	48.3	15.7	3.1	0.6	22.2	56.8	17.2	3.0	0.8
2.5	1.6	25.4	38.5	31.1	3.3	1.6	27.9	50.8	17.2	2.5	1.6	22.1	55.7	19.7	–	2.5
2.9	0.6	26.3	44.2	24.8	4.3	0.3	31.9	49.8	14.6	3.5	0.2	23.1	55.5	18.8	2.3	0.3
3.0	0.3	28.1	44.0	23.8	3.6	0.3	36.1	45.7	16.6	1.3	0.3	20.5	60.3	14.2	4.6	0.3
–	–	–	50.0	50.0	–	–	–	–	50.0	50.0	–	–	100.0	–	–	–
2.6	1.3	21.1	48.0	23.7	5.9	1.3	30.3	46.1	17.8	4.6	1.3	21.7	55.9	15.8	5.3	1.3
–	25.0	25.0	50.0	–	–	25.0	37.5	37.5	–	–	25.0	25.0	50.0	–	–	25.0
–	–	22.7	31.8	40.9	4.5	–	22.7	50.0	27.3	–	–	36.4	50.0	13.6	–	–
–	–	33.3	33.3	33.3	–	–	33.3	66.7	–	–	–	50.0	50.0	–	–	–
–	–	20.0	33.3	40.0	6.7	–	20.0	40.0	40.0	–	–	33.3	46.7	20.0	–	–
–	–	–	–	–	–	–	–	–	–	–	–	–	–	–	–	–
–	–	–	–	100.0	–	–	–	100.0	–	–	–	–	100.0	–	–	–
–	–	–	–	–	–	–	–	–	–	–	–	–	–	–	–	–

構成割合（%）

出生月、市郡、同居者の構成	総数	部活動を行っている	運動系	部活動の仲間や友人との関係はうまくいって			
				とてもそう思う	まあそう思う	あまりそう思わない	まったくそう思わない
総数	100.0	84.2	64.3	37.4	22.4	3.5	1.0
父母のみ	100.0	82.4	56.7	31.5	20.4	3.2	1.4
父母ときょうだいのみ	100.0	85.7	66.6	39.0	23.1	3.4	0.9
父母と祖父母	100.0	86.2	67.5	39.3	23.3	3.8	1.0
父母とその他	100.0	88.8	69.7	41.6	22.5	5.6	−
父又は母と同居	100.0	77.4	56.6	32.7	19.5	3.4	0.8
その他	100.0	49.7	40.4	18.7	19.9	1.8	−
21大都市	100.0	82.9	60.9	35.5	20.9	3.3	1.1
父母のみ	100.0	81.5	52.1	30.4	18.0	2.5	1.1
父母ときょうだいのみ	100.0	84.9	64.1	37.7	21.7	3.6	1.0
父母と祖父母	100.0	83.8	62.9	36.5	22.0	2.6	1.8
父母とその他	100.0	87.0	52.2	34.8	13.0	4.3	−
父又は母と同居	100.0	75.0	52.7	29.4	19.0	3.2	0.9
その他	100.0	46.2	35.9	15.4	20.5	−	−
その他の市	100.0	84.7	65.4	38.1	22.8	3.5	0.9
父母のみ	100.0	82.7	58.4	31.8	21.4	3.7	1.6
父母ときょうだいのみ	100.0	86.2	67.4	39.6	23.5	3.3	0.9
父母と祖父母	100.0	86.5	68.3	39.7	23.4	4.2	0.8
父母とその他	100.0	90.2	75.4	44.3	24.6	6.6	−
父又は母と同居	100.0	78.3	57.8	34.1	19.4	3.4	0.8
その他	100.0	49.6	40.9	19.1	19.1	2.6	−
郡部	100.0	84.5	67.0	37.7	24.6	3.6	1.0
父母のみ	100.0	85.2	62.6	34.3	23.9	3.0	1.3
父母ときょうだいのみ	100.0	84.7	68.6	38.2	25.2	4.0	1.0
父母と祖父母	100.0	87.3	68.9	40.4	24.4	2.8	1.3
父母とその他	100.0	80.0	80.0	40.0	40.0	−	−
父又は母と同居	100.0	78.1	59.8	32.9	22.6	4.0	0.3
その他	100.0	62.5	50.0	25.0	25.0	−	−
外国	100.0	58.6	46.6	31.0	12.1	3.4	−
父母のみ	100.0	53.8	38.5	30.8	7.7	−	−
父母ときょうだいのみ	100.0	65.9	53.7	34.1	14.6	4.9	−
父母と祖父母	−	−	−	−	−	−	−
父母とその他	−	−	−	−	−	−	−
父又は母と同居	100.0	−	−	−	−	−	−
その他	100.0	−	−	−	−	−	−

第15回調査（平成28年）

いる		部活動の仲間や友人との関係はうまくいっている					部活は行っていない	不詳
不詳	文化系	とてもそう思う	まあそう思う	あまりそう思わない	まったくそう思わない	不詳		
0.1	20.4	9.3	9.0	1.6	0.4	0.1	12.3	3.5
0.0	26.7	12.6	11.5	2.0	0.5	0.0	13.6	4.1
0.1	19.6	9.0	8.5	1.6	0.4	0.1	11.4	2.9
0.1	19.0	8.7	8.6	1.4	0.2	0.0	10.8	3.1
-	19.1	9.0	7.9	1.1	1.1	-	9.0	2.2
0.1	21.5	8.9	9.9	1.9	0.8	0.1	18.1	4.5
-	9.4	3.5	5.8	-	-	-	8.8	41.5
0.1	22.8	11.4	9.2	1.7	0.5	0.1	13.9	3.2
0.1	30.7	16.3	11.9	2.1	0.3	0.1	15.3	3.2
0.1	21.4	11.0	8.3	1.6	0.5	0.1	12.4	2.8
-	21.6	9.8	10.0	1.6	0.1	-	13.0	3.1
-	34.8	17.4	17.4	-	-	-	8.7	4.3
0.2	22.8	10.0	10.1	1.7	0.9	-	20.8	4.2
-	10.3	-	10.3	-	-	-	15.4	38.5
0.1	19.8	8.6	9.1	1.7	0.4	0.0	11.7	3.5
-	25.0	11.0	11.4	2.0	0.6	-	12.8	4.5
0.1	19.2	8.4	8.8	1.6	0.4	0.1	10.9	2.9
0.1	18.5	8.3	8.5	1.5	0.2	0.0	10.4	3.1
-	14.8	6.6	4.9	1.6	1.6	-	8.2	1.6
0.0	21.4	8.6	10.0	1.9	0.7	0.1	17.0	4.6
-	8.7	4.3	4.3	-	-	-	7.0	43.5
0.1	17.9	7.9	8.2	1.3	0.4	0.1	12.0	3.6
-	23.5	9.1	10.9	2.2	1.3	-	10.9	3.9
0.1	16.5	6.9	7.9	1.3	0.2	0.1	12.0	3.4
-	18.8	9.7	7.8	0.6	0.6	-	10.0	2.7
-	-	-	-	-	-	-	20.0	-
-	18.3	7.3	8.3	2.3	0.3	-	17.3	4.7
-	12.5	6.3	6.3	-	-	-	6.3	31.3
-	15.5	10.3	3.4	1.7	-	-	36.2	5.2
-	23.1	15.4	7.7	-	-	-	38.5	7.7
-	14.6	9.8	2.4	2.4	-	-	34.1	-
-	-	-	-	-	-	-	-	-
-	-	-	-	-	-	-	-	-
-	-	-	-	-	-	-	66.7	33.3
-	-	-	-	-	-	-	-	100.0

第74表　子ども数・構成割合，出生月、市郡、同居者の構成、

構成割合（%）

出生月、市郡、同居者の構成	総数	部活動を行っている	運動系	部活動の仲間や友人との関係はうまくいって とてもそう思う	まあそう思う	あまりそう思わない	まったくそう思わない
1月生まれ	100.0	82.0	61.7	35.4	21.7	3.6	0.9
父母のみ	100.0	80.9	53.8	29.2	19.3	3.8	1.3
父母ときょうだいのみ	100.0	83.4	64.1	37.0	22.4	3.6	0.9
父母と祖父母	100.0	84.6	65.8	38.1	23.3	3.5	0.9
父母とその他	100.0	87.5	70.0	45.0	22.5	2.5	-
父又は母と同居	100.0	73.8	51.9	30.0	17.9	3.5	0.5
その他	100.0	53.9	39.5	17.1	21.1	1.3	-
21大都市	100.0	81.0	57.9	33.7	20.0	3.2	0.9
父母のみ	100.0	80.7	48.1	28.5	15.1	3.1	1.2
父母ときょうだいのみ	100.0	83.0	61.4	35.8	21.4	3.4	0.8
父母と祖父母	100.0	83.9	63.3	37.6	22.3	2.2	1.2
父母とその他	100.0	90.0	60.0	50.0	10.0	-	-
父又は母と同居	100.0	69.8	45.8	25.2	16.2	3.7	0.6
その他	100.0	66.7	55.6	22.2	33.3	-	-
その他の市	100.0	82.6	63.0	36.3	21.9	3.7	0.9
父母のみ	100.0	80.9	56.4	29.2	21.4	4.3	1.5
父母ときょうだいのみ	100.0	84.0	65.1	37.8	22.6	3.7	0.9
父母と祖父母	100.0	84.6	66.2	38.5	22.7	4.0	0.8
父母とその他	100.0	88.9	74.1	44.4	25.9	3.7	-
父又は母と同居	100.0	75.0	53.8	31.9	18.1	3.2	0.5
その他	100.0	51.0	36.7	18.4	16.3	2.0	-
郡部	100.0	81.8	64.0	34.3	25.1	3.5	1.1
父母のみ	100.0	84.3	59.3	32.4	22.2	3.7	0.9
父母ときょうだいのみ	100.0	80.8	64.8	34.1	25.2	3.9	1.4
父母と祖父母	100.0	85.2	67.4	36.8	27.3	2.4	0.9
父母とその他	100.0	66.7	66.7	33.3	33.3	-	-
父又は母と同居	100.0	78.5	58.4	32.2	21.5	4.7	-
その他	100.0	50.0	25.0	-	25.0	-	-
外国	100.0	63.9	52.8	33.3	13.9	5.6	-
父母のみ	100.0	57.1	42.9	28.6	14.3	-	-
父母ときょうだいのみ	100.0	73.1	61.5	38.5	15.4	7.7	-
父母と祖父母	-	-	-	-	-	-	-
父母とその他	-	-	-	-	-	-	-
父又は母と同居	100.0	-	-	-	-	-	-
その他	100.0	-	-	-	-	-	-
7月生まれ	100.0	86.3	67.0	39.3	23.2	3.4	1.0
父母のみ	100.0	83.8	59.5	33.8	21.5	2.7	1.5
父母ときょうだいのみ	100.0	88.0	69.1	41.0	23.9	3.3	0.9
父母と祖父母	100.0	87.8	69.2	40.5	23.4	4.1	1.1
父母とその他	100.0	89.8	69.4	38.8	22.4	8.2	-
父又は母と同居	100.0	80.9	61.1	35.5	21.2	3.3	1.1
その他	100.0	46.3	41.1	20.0	18.9	2.1	-
21大都市	100.0	84.8	63.9	37.4	21.8	3.4	1.3
父母のみ	100.0	82.3	56.4	32.3	21.1	1.9	1.1
父母ときょうだいのみ	100.0	86.8	66.9	39.7	22.1	3.9	1.1
父母と祖父母	100.0	83.7	62.4	35.3	21.6	3.2	2.4
父母とその他	100.0	84.6	46.2	23.1	15.4	7.7	-
父又は母と同居	100.0	80.7	60.2	34.1	22.0	2.6	1.3
その他	100.0	28.6	19.0	9.5	9.5	-	-
その他の市	100.0	86.9	67.8	39.9	23.6	3.3	0.9
父母のみ	100.0	84.4	60.5	34.3	21.4	3.1	1.7
父母ときょうだいのみ	100.0	88.5	69.8	41.4	24.5	2.9	0.9
父母と祖父母	100.0	88.4	70.4	40.9	24.1	4.5	0.7
父母とその他	100.0	91.2	76.5	44.1	23.5	8.8	-
父又は母と同居	100.0	81.5	61.5	36.3	20.6	3.6	1.0
その他	100.0	48.5	43.9	19.7	21.2	3.0	-
郡部	100.0	87.3	70.0	41.3	24.0	3.6	1.0
父母のみ	100.0	86.1	65.6	36.1	25.4	2.5	1.6
父母ときょうだいのみ	100.0	88.8	72.6	42.5	25.1	4.2	0.6
父母と祖父母	100.0	89.7	70.5	44.4	21.2	3.3	1.7
父母とその他	100.0	100.0	100.0	50.0	50.0	-	-
父又は母と同居	100.0	77.6	61.2	33.6	23.7	3.3	0.7
その他	100.0	75.0	75.0	50.0	25.0	-	-
外国	100.0	50.0	36.4	27.3	9.1	-	-
父母のみ	100.0	50.0	33.3	33.3	-	-	-
父母ときょうだいのみ	100.0	53.3	40.0	26.7	13.3	-	-
父母と祖父母	-	-	-	-	-	-	-
父母とその他	-	-	-	-	-	-	-
父又は母と同居	100.0	-	-	-	-	-	-
その他	-	-	-	-	-	-	-

学校生活の満足－部活動の有無・部活動の満足別（８－８）

第15回調査（平成28年）

いる	文化系	部活動の仲間や友人との関係はうまくいっている					部活は行っていない	不詳
不詳		とてもそう思う	まあそう思う	あまりそう思わない	まったくそう思わない	不詳		
0.1	20.9	9.7	9.0	1.7	0.4	0.1	14.7	3.3
0.1	28.0	12.8	12.3	2.3	0.5	–	15.4	3.7
0.1	19.9	9.5	8.4	1.6	0.3	0.1	13.7	2.9
0.1	19.1	8.8	8.4	1.4	0.4	0.0	12.6	2.9
–	17.5	10.0	5.0	2.5	–	–	12.5	–
0.1	22.7	9.4	10.1	2.2	0.9	0.1	21.8	4.5
–	14.5	3.9	10.5	–	–	–	11.8	34.2
0.1	23.9	11.9	9.6	1.9	0.6	0.0	15.5	3.5
0.2	34.0	18.3	12.8	2.6	0.2	–	16.1	3.3
0.1	22.2	11.5	8.3	1.8	0.5	0.0	13.9	3.1
–	21.6	8.9	10.8	1.7	0.2	–	12.7	3.4
–	30.0	20.0	10.0	–	–	–	10.0	–
0.2	24.5	9.7	11.6	1.8	1.4	–	24.7	5.5
–	11.1	–	11.1	–	–	–	16.7	16.7
0.1	20.1	9.0	9.0	1.7	0.4	0.1	14.3	3.2
–	25.1	10.1	12.3	2.0	0.7	–	15.2	3.9
0.1	19.3	8.9	8.6	1.5	0.3	0.1	13.4	2.6
0.1	18.6	8.7	8.0	1.5	0.4	0.1	12.5	2.9
–	14.8	7.4	3.7	3.7	–	–	11.1	–
0.1	22.2	9.5	9.6	2.3	0.7	0.1	20.8	4.2
–	14.3	4.1	10.2	–	–	–	10.2	38.8
0.1	18.2	7.9	8.0	1.5	0.5	0.2	14.6	3.6
–	25.9	10.2	11.1	3.7	0.9	–	13.0	2.8
0.1	16.4	7.1	7.3	1.4	0.3	0.3	15.1	4.0
–	18.4	9.2	7.7	0.6	0.9	–	12.5	2.4
–	–	–	–	–	–	–	33.3	–
–	20.1	7.4	9.4	2.7	0.7	–	18.1	3.4
–	25.0	12.5	12.5	–	–	–	12.5	37.5
–	13.9	11.1	2.8	–	–	–	30.6	5.6
–	14.3	14.3	–	–	–	–	28.6	14.3
–	15.4	11.5	3.8	–	–	–	26.9	–
–	–	–	–	–	–	–	–	–
–	–	–	–	–	–	–	–	–
–	–	–	–	–	–	–	100.0	–
–	–	–	–	–	–	–	–	100.0
0.1	19.9	8.9	9.0	1.6	0.5	0.0	10.0	3.7
–	25.3	12.4	10.6	1.7	0.5	0.1	11.8	4.5
0.1	19.3	8.5	8.7	1.6	0.5	0.1	9.1	2.9
0.1	18.9	8.6	8.9	1.4	0.1	–	8.9	3.3
–	20.4	8.2	10.2	–	2.0	–	6.1	4.1
0.1	20.2	8.4	9.6	1.6	0.6	0.1	14.4	4.6
–	5.3	3.2	2.1	–	–	–	6.3	47.4
0.1	21.5	10.8	8.8	1.4	0.4	0.1	12.2	3.0
–	27.2	14.3	10.9	1.5	0.4	0.2	14.5	3.2
0.0	20.5	10.4	8.2	1.4	0.5	0.1	10.7	2.5
–	21.6	10.8	9.2	1.6	–	–	13.4	2.9
–	38.5	15.4	23.1	–	–	–	7.7	7.7
0.2	20.9	10.3	8.6	1.5	0.4	–	16.5	2.9
–	9.5	–	9.5	–	–	–	14.3	57.1
0.1	19.6	8.2	9.2	1.7	0.5	0.0	9.2	3.9
–	24.8	11.9	10.5	2.0	0.4	–	10.5	5.1
0.1	19.1	7.9	8.9	1.7	0.6	0.1	8.4	3.1
0.1	18.3	7.8	9.0	1.4	0.1	–	8.2	3.4
–	14.7	5.9	5.9	–	2.9	–	5.9	2.9
–	20.5	7.8	10.3	1.6	0.8	0.1	13.4	5.1
–	4.5	4.5	–	–	–	–	4.5	47.0
0.1	17.6	7.8	8.3	1.1	0.3	–	9.2	3.5
–	21.3	8.2	10.7	0.8	1.6	–	9.0	4.9
0.2	16.6	6.8	8.5	1.2	0.2	–	8.6	2.6
–	19.2	10.3	7.9	0.7	0.3	–	7.3	3.0
–	–	–	–	–	–	–	–	–
–	16.4	7.2	7.2	2.0	–	–	16.4	5.9
–	–	–	–	–	–	–	–	25.0
–	18.2	9.1	4.5	4.5	–	–	45.5	4.5
–	33.3	16.7	16.7	–	–	–	50.0	–
–	13.3	6.7	–	6.7	–	–	46.7	–
–	–	–	–	–	–	–	–	–
–	–	–	–	–	–	–	–	–
–	–	–	–	–	–	–	–	100.0
–	–	–	–	–	–	–	–	–

第75表　子ども数・構成割合, 出生月、性、きょうだい構成、

実　数（人）

出生月、性、きょうだい構成	総数	学							校						生
		クラスの友人関係はうまくいっている					教師との関係はうまくいっている					ためになると思える授業がたくさ			
		とてもそう思う	まあそう思う	あまりそう思わない	まったくそう思わない	不詳	とてもそう思う	まあそう思う	あまりそう思わない	まったくそう思わない	不詳	とてもそう思う	まあそう思う	あまりそう思わない	まったくそう思わない
総数	28 810	15 318	11 705	1 178	431	178	10 953	14 704	2 310	648	195	7 415	14 665	5 526	982
ひとり	4 874	2 408	2 069	226	82	89	1 759	2 504	396	121	94	1 216	2 496	895	169
弟妹のみ	10 617	5 797	4 189	442	150	39	4 317	5 267	769	218	46	2 978	5 366	1 898	322
兄姉のみ	10 242	5 433	4 224	400	147	38	3 731	5 350	886	232	43	2 440	5 248	2 122	376
兄弟姉妹あり	3 077	1 680	1 223	110	52	12	1 146	1 583	259	77	12	781	1 555	611	115
男児	14 796	8 072	5 912	487	211	114	5 660	7 522	1 164	331	119	4 109	7 280	2 737	534
ひとり	2 468	1 267	1 020	91	33	57	898	1 268	177	66	59	674	1 209	431	95
弟妹のみ	5 350	3 008	2 069	180	70	23	2 219	2 611	383	111	26	1 627	2 609	909	175
兄姉のみ	5 329	2 865	2 190	169	79	26	1 924	2 798	464	117	26	1 346	2 683	1 060	202
兄弟姉妹あり	1 649	932	633	47	29	8	619	845	140	37	8	462	779	337	62
女児	14 014	7 246	5 793	691	220	64	5 293	7 182	1 146	317	76	3 306	7 385	2 789	448
ひとり	2 406	1 141	1 049	135	49	32	861	1 236	219	55	35	542	1 287	464	74
弟妹のみ	5 267	2 789	2 120	262	80	16	2 098	2 656	386	107	20	1 351	2 757	989	147
兄姉のみ	4 913	2 568	2 034	231	68	12	1 807	2 552	422	115	17	1 094	2 565	1 062	174
兄弟姉妹あり	1 428	748	590	63	23	4	527	738	119	40	4	319	776	274	53
1月生まれ	14 462	7 881	5 718	550	229	84	5 557	7 268	1 194	352	91	3 527	7 334	2 935	564
ひとり	2 418	1 216	1 012	108	51	31	892	1 224	200	69	33	562	1 250	471	100
弟妹のみ	5 346	2 979	2 064	208	71	24	2 184	2 632	387	115	28	1 426	2 701	997	190
兄姉のみ	5 115	2 793	2 040	180	78	24	1 886	2 605	472	127	25	1 163	2 564	1 151	208
兄弟姉妹あり	1 583	893	602	54	29	5	595	807	135	41	5	376	819	316	66
男児	7 344	4 032	2 916	232	108	56	2 777	3 715	614	179	59	1 913	3 598	1 461	304
ひとり	1 213	629	492	49	22	21	439	620	89	41	24	291	610	231	57
弟妹のみ	2 677	1 509	1 043	82	28	15	1 092	1 317	196	56	16	773	1 310	477	98
兄姉のみ	2 596	1 389	1 071	76	43	17	926	1 345	248	61	16	628	1 270	563	113
兄弟姉妹あり	858	505	310	25	15	3	320	433	81	21	3	221	408	190	36
女児	7 118	3 849	2 802	318	121	28	2 780	3 553	580	173	32	1 614	3 736	1 474	260
ひとり	1 205	587	520	59	29	10	453	604	111	28	9	271	640	240	43
弟妹のみ	2 669	1 470	1 021	126	43	9	1 092	1 315	191	59	12	653	1 391	520	92
兄姉のみ	2 519	1 404	969	104	35	7	960	1 260	224	66	9	535	1 294	588	95
兄弟姉妹あり	725	388	292	29	14	2	275	374	54	20	2	155	411	126	30
7月生まれ	14 348	7 437	5 987	628	202	94	5 396	7 436	1 116	296	104	3 888	7 331	2 591	418
ひとり	2 456	1 192	1 057	118	31	58	867	1 280	196	52	61	654	1 246	424	69
弟妹のみ	5 271	2 818	2 125	234	79	15	2 133	2 635	382	103	18	1 552	2 665	901	132
兄姉のみ	5 127	2 640	2 184	220	69	14	1 845	2 745	414	105	18	1 277	2 684	971	168
兄弟姉妹あり	1 494	787	621	56	23	7	551	776	124	36	7	405	736	295	49
男児	7 452	4 040	2 996	255	103	58	2 883	3 807	550	152	60	2 196	3 682	1 276	230
ひとり	1 255	638	528	42	11	36	459	648	88	25	35	383	599	200	38
弟妹のみ	2 673	1 499	1 026	98	42	8	1 127	1 294	187	55	10	854	1 299	432	77
兄姉のみ	2 733	1 476	1 119	93	36	9	998	1 453	216	56	10	718	1 413	497	89
兄弟姉妹あり	791	427	323	22	14	5	299	412	59	16	5	241	371	147	26
女児	6 896	3 397	2 991	373	99	36	2 513	3 629	566	144	44	1 692	3 649	1 315	188
ひとり	1 201	554	529	76	20	22	408	632	108	27	26	271	647	224	31
弟妹のみ	2 598	1 319	1 099	136	37	7	1 006	1 341	195	48	8	698	1 366	469	55
兄姉のみ	2 394	1 164	1 065	127	33	5	847	1 292	198	49	8	559	1 271	474	79
兄弟姉妹あり	703	360	298	34	9	2	252	364	65	20	2	164	365	148	23

第15回調査（平成28年）

活	の		満		足										
んある	楽しいと思える授業がたくさんある					学校の勉強は将来役に立つと思う					授業の内容をよく理解できている				
不詳	とてもそう思う	まあそう思う	あまりそう思わない	まったくそう思わない	不詳	とてもそう思う	まあそう思う	あまりそう思わない	まったくそう思わない	不詳	とてもそう思う	まあそう思う	あまりそう思わない	まったくそう思わない	不詳
222	7 584	12 364	7 353	1 294	215	9 151	13 604	4 850	992	213	7 229	15 469	4 964	933	215
98	1 225	2 127	1 204	221	97	1 521	2 320	781	152	100	1 207	2 629	790	147	101
53	3 116	4 555	2 478	413	55	3 610	4 899	1 714	343	51	3 011	5 653	1 620	283	50
56	2 467	4 367	2 842	516	50	3 055	4 944	1 813	381	49	2 335	5 517	1 966	372	52
15	776	1 315	829	144	13	965	1 441	542	116	13	676	1 670	588	131	12
136	4 152	6 191	3 657	664	132	4 750	6 858	2 485	573	130	4 113	7 675	2 421	458	129
59	672	1 066	564	108	58	769	1 158	393	88	60	673	1 286	382	68	59
30	1 680	2 217	1 195	225	33	1 862	2 393	861	203	31	1 689	2 748	745	139	29
38	1 354	2 234	1 458	251	32	1 591	2 542	954	211	31	1 348	2 781	988	178	34
9	446	674	440	80	9	528	765	277	71	8	403	860	306	73	7
86	3 432	6 173	3 696	630	83	4 401	6 746	2 365	419	83	3 116	7 794	2 543	475	86
39	553	1 061	640	113	39	752	1 162	388	64	40	534	1 343	408	79	42
23	1 436	2 338	1 283	188	22	1 748	2 506	853	140	20	1 322	2 905	875	144	21
18	1 113	2 133	1 384	265	18	1 464	2 402	859	170	18	987	2 736	978	194	18
6	330	641	389	64	4	437	676	265	45	5	273	810	282	58	5
102	3 698	6 191	3 773	700	100	4 326	6 970	2 516	550	100	3 531	7 817	2 560	452	102
35	594	1 052	609	126	37	704	1 189	401	87	37	592	1 292	421	74	39
32	1 539	2 274	1 282	218	33	1 705	2 515	906	190	30	1 497	2 877	805	137	30
29	1 193	2 173	1 450	273	26	1 451	2 517	909	211	27	1 124	2 772	1 008	181	30
6	372	692	432	83	4	466	749	300	62	6	318	876	326	60	3
68	1 991	3 060	1 863	363	67	2 215	3 483	1 267	314	65	2 023	3 785	1 259	212	65
24	311	523	292	62	25	352	589	197	50	25	336	614	205	33	25
19	834	1 097	608	118	20	878	1 234	434	113	18	838	1 387	381	54	17
22	629	1 085	728	135	19	729	1 261	474	113	19	652	1 333	498	91	22
3	217	355	235	48	3	256	399	162	38	3	197	451	175	34	1
34	1 707	3 131	1 910	337	33	2 111	3 487	1 249	236	35	1 508	4 032	1 301	240	37
11	283	529	317	64	12	352	600	204	37	12	256	678	216	41	14
13	705	1 177	674	100	13	827	1 281	472	77	12	659	1 490	424	83	13
7	564	1 088	722	138	7	722	1 256	435	98	8	472	1 439	510	90	8
3	155	337	197	35	1	210	350	138	24	3	121	425	151	26	2
120	3 886	6 173	3 580	594	115	4 825	6 634	2 334	442	113	3 698	7 652	2 404	481	113
63	631	1 075	595	95	60	817	1 131	380	65	63	615	1 337	369	73	62
21	1 577	2 281	1 196	195	22	1 905	2 384	808	153	21	1 514	2 776	815	146	20
27	1 274	2 194	1 392	243	24	1 604	2 427	904	170	22	1 211	2 745	958	191	22
9	404	623	397	61	9	499	692	242	54	7	358	794	262	71	9
68	2 161	3 131	1 794	301	65	2 535	3 375	1 218	259	65	2 090	3 890	1 162	246	64
35	361	543	272	46	33	417	569	196	38	35	337	672	177	35	34
11	846	1 120	587	107	13	984	1 159	427	90	13	851	1 361	364	85	12
16	725	1 149	730	116	13	862	1 281	480	98	12	696	1 448	490	87	12
6	229	319	205	32	6	272	366	115	33	5	206	409	131	39	6
52	1 725	3 042	1 786	293	50	2 290	3 259	1 116	183	48	1 608	3 762	1 242	235	49
28	270	532	323	49	27	400	562	184	27	28	278	665	192	38	28
10	731	1 161	609	88	9	921	1 225	381	63	8	663	1 415	451	61	8
11	549	1 045	662	127	11	742	1 146	424	72	10	515	1 297	468	104	10
3	175	304	192	29	3	227	326	127	21	2	152	385	131	32	3

第75表　子ども数・構成割合，出生月、性、きょうだい構成、

実　数（人）

出生月、性、きょうだい構成	総数	部活動を行っている	運動系	部活動の仲間や友人との関係はうまくいって とてもそう思う	まあそう思う	あまりそう思わない	まったくそう思わない
総数	28 810	24 252	18 529	10 767	6 461	1 001	277
ひとり	4 874	3 909	2 711	1 536	965	154	54
弟妹のみ	10 617	9 129	6 798	3 957	2 333	389	109
兄姉のみ	10 242	8 605	6 854	3 982	2 421	345	98
兄弟姉妹あり	3 077	2 609	2 166	1 292	742	113	16
男児	14 796	12 306	11 159	6 774	3 733	491	144
ひとり	2 468	1 925	1 640	980	555	74	30
弟妹のみ	5 350	4 557	4 105	2 494	1 358	193	52
兄姉のみ	5 329	4 438	4 112	2 481	1 401	170	55
兄弟姉妹あり	1 649	1 386	1 302	819	419	54	7
女児	14 014	11 946	7 370	3 993	2 728	510	133
ひとり	2 406	1 984	1 071	556	410	80	24
弟妹のみ	5 267	4 572	2 693	1 463	975	196	57
兄姉のみ	4 913	4 167	2 742	1 501	1 020	175	43
兄弟姉妹あり	1 428	1 223	864	473	323	59	9
1月生まれ	14 462	11 864	8 923	5 124	3 138	519	129
ひとり	2 418	1 905	1 273	706	454	86	26
弟妹のみ	5 346	4 473	3 282	1 898	1 136	200	43
兄姉のみ	5 115	4 177	3 284	1 869	1 182	177	50
兄弟姉妹あり	1 583	1 309	1 084	651	366	56	10
男児	7 344	5 932	5 338	3 205	1 807	255	64
ひとり	1 213	937	785	470	260	41	14
弟妹のみ	2 677	2 216	1 976	1 194	661	99	19
兄姉のみ	2 596	2 083	1 922	1 126	680	87	26
兄弟姉妹あり	858	696	655	415	206	28	5
女児	7 118	5 932	3 585	1 919	1 331	264	65
ひとり	1 205	968	488	236	194	45	12
弟妹のみ	2 669	2 257	1 306	704	475	101	24
兄姉のみ	2 519	2 094	1 362	743	502	90	24
兄弟姉妹あり	725	613	429	236	160	28	5
7月生まれ	14 348	12 388	9 606	5 643	3 323	482	148
ひとり	2 456	2 004	1 438	830	511	68	28
弟妹のみ	5 271	4 656	3 516	2 059	1 197	189	66
兄姉のみ	5 127	4 428	3 570	2 113	1 239	168	48
兄弟姉妹あり	1 494	1 300	1 082	641	376	57	6
男児	7 452	6 374	5 821	3 569	1 926	236	80
ひとり	1 255	988	855	510	295	33	16
弟妹のみ	2 673	2 341	2 129	1 300	697	94	33
兄姉のみ	2 733	2 355	2 190	1 355	721	83	29
兄弟姉妹あり	791	690	647	404	213	26	2
女児	6 896	6 014	3 785	2 074	1 397	246	68
ひとり	1 201	1 016	583	320	216	35	12
弟妹のみ	2 598	2 315	1 387	759	500	95	33
兄姉のみ	2 394	2 073	1 380	758	518	85	19
兄弟姉妹あり	703	610	435	237	163	31	4

第15回調査（平成28年）

いる		部活動の仲間や友人との関係はうまくいっている					部活は行っていない	不詳
不詳	文化系	とてもそう思う	まあそう思う	あまりそう思わない	まったくそう思わない	不詳		
23	5 881	2 670	2 595	473	128	15	3 557	1 001
2	1 235	561	545	101	25	3	687	278
10	2 400	1 116	1 046	178	52	8	1 176	312
8	1 793	799	795	154	42	3	1 314	323
3	453	194	209	40	9	1	380	88
17	1 221	534	546	102	30	9	1 869	621
1	303	140	131	24	7	1	372	171
8	484	212	220	34	12	6	597	196
5	347	146	152	37	11	1	696	195
3	87	36	43	7	－	1	204	59
6	4 660	2 136	2 049	371	98	6	1 688	380
1	932	421	414	77	18	2	315	107
2	1 916	904	826	144	40	2	579	116
3	1 446	653	643	117	31	2	618	128
－	366	158	166	33	9	－	176	29
13	3 024	1 399	1 305	249	63	8	2 121	477
1	650	286	294	56	13	1	392	121
5	1 230	591	516	93	25	5	722	151
6	914	420	388	82	22	2	774	164
1	230	102	107	18	3	－	233	41
7	629	271	282	56	16	4	1 112	300
－	160	72	70	13	5	－	201	75
3	258	122	109	19	5	3	365	96
3	169	64	78	20	6	1	413	100
1	42	13	25	4	－	－	133	29
6	2 395	1 128	1 023	193	47	4	1 009	177
1	490	214	224	43	8	1	191	46
2	972	469	407	74	20	2	357	55
3	745	356	310	62	16	1	361	64
－	188	89	82	14	3	－	100	12
10	2 857	1 271	1 290	224	65	7	1 436	524
1	585	275	251	45	12	2	295	157
5	1 170	525	530	85	27	3	454	161
2	879	379	407	72	20	1	540	159
2	223	92	102	22	6	1	147	47
10	592	263	264	46	14	5	757	321
1	143	68	61	11	2	1	171	96
5	226	90	111	15	7	3	232	100
2	178	82	74	17	5	－	283	95
2	45	23	18	3	－	1	71	30
－	2 265	1 008	1 026	178	51	2	679	203
－	442	207	190	34	10	1	124	61
－	944	435	419	70	20	－	222	61
－	701	297	333	55	15	1	257	64
－	178	69	84	19	6	－	76	17

第75表　子ども数・構成割合，出生月、性、きょうだい構成、

構成割合（%）

出生月、性、きょうだい構成	総数	学校生活 クラスの友人関係はうまくいっている とてもそう思う	まあそう思う	あまりそう思わない	まったくそう思わない	不詳	教師との関係はうまくいっている とてもそう思う	まあそう思う	あまりそう思わない	まったくそう思わない	不詳	ためになると思える授業がたくさ とてもそう思う	まあそう思う	あまりそう思わない	まったくそう思わない
総数	100.0	53.2	40.6	4.1	1.5	0.6	38.0	51.0	8.0	2.2	0.7	25.7	50.9	19.2	3.4
ひとり	100.0	49.4	42.4	4.6	1.7	1.8	36.1	51.4	8.1	2.5	1.9	24.9	51.2	18.4	3.5
弟妹のみ	100.0	54.6	39.5	4.2	1.4	0.4	40.7	49.6	7.2	2.1	0.4	28.0	50.5	17.9	3.0
兄姉のみ	100.0	53.0	41.2	3.9	1.4	0.4	36.4	52.2	8.7	2.3	0.4	23.8	51.2	20.7	3.7
兄弟姉妹あり	100.0	54.6	39.7	3.6	1.7	0.4	37.2	51.4	8.4	2.5	0.4	25.4	50.5	19.9	3.7
男児	100.0	54.6	40.0	3.3	1.4	0.8	38.3	50.8	7.9	2.2	0.8	27.8	49.2	18.5	3.6
ひとり	100.0	51.3	41.3	3.7	1.3	2.3	36.4	51.4	7.2	2.7	2.4	27.3	49.0	17.5	3.8
弟妹のみ	100.0	56.2	38.7	3.4	1.3	0.4	41.5	48.8	7.2	2.1	0.5	30.4	48.8	17.0	3.3
兄姉のみ	100.0	53.8	41.1	3.2	1.5	0.5	36.1	52.5	8.7	2.2	0.5	25.3	50.3	19.9	3.8
兄弟姉妹あり	100.0	56.5	38.4	2.9	1.8	0.5	37.5	51.2	8.5	2.2	0.5	28.0	47.2	20.4	3.8
女児	100.0	51.7	41.3	4.9	1.6	0.5	37.8	51.2	8.2	2.3	0.5	23.6	52.7	19.9	3.2
ひとり	100.0	47.4	43.6	5.6	2.0	1.3	35.8	51.4	9.1	2.3	1.5	22.5	53.5	19.3	3.1
弟妹のみ	100.0	53.0	40.3	5.0	1.5	0.3	39.8	50.4	7.3	2.0	0.4	25.7	52.3	18.8	2.8
兄姉のみ	100.0	52.3	41.4	4.7	1.4	0.2	36.8	51.9	8.6	2.3	0.3	22.3	52.2	21.6	3.5
兄弟姉妹あり	100.0	52.4	41.3	4.4	1.6	0.3	36.9	51.7	8.3	2.8	0.3	22.3	54.3	19.2	3.7
1月生まれ	100.0	54.5	39.5	3.8	1.6	0.6	38.4	50.3	8.3	2.4	0.6	24.4	50.7	20.3	3.9
ひとり	100.0	50.3	41.9	4.5	2.1	1.3	36.9	50.6	8.3	2.9	1.4	23.2	51.7	19.5	4.1
弟妹のみ	100.0	55.7	38.6	3.9	1.3	0.4	40.9	49.2	7.2	2.2	0.5	26.7	50.5	18.6	3.6
兄姉のみ	100.0	54.6	39.9	3.5	1.5	0.5	36.9	50.9	9.2	2.5	0.5	22.7	50.1	22.5	4.1
兄弟姉妹あり	100.0	56.4	38.0	3.4	1.8	0.3	37.6	51.0	8.5	2.6	0.3	23.8	51.7	20.0	4.2
男児	100.0	54.9	39.7	3.2	1.5	0.8	37.8	50.6	8.4	2.4	0.8	26.0	49.0	19.9	4.1
ひとり	100.0	51.9	40.6	4.0	1.8	1.7	36.2	51.1	7.3	3.4	2.0	24.0	50.3	19.0	4.7
弟妹のみ	100.0	56.4	39.0	3.1	1.0	0.6	40.8	49.2	7.3	2.1	0.6	28.9	48.9	17.8	3.7
兄姉のみ	100.0	53.5	41.3	2.9	1.7	0.7	35.7	51.8	9.6	2.3	0.6	24.2	48.9	21.7	4.4
兄弟姉妹あり	100.0	58.9	36.1	2.9	1.7	0.3	37.3	50.5	9.4	2.4	0.3	25.8	47.6	22.1	4.2
女児	100.0	54.1	39.4	4.5	1.7	0.4	39.1	49.9	8.1	2.4	0.4	22.7	52.5	20.7	3.7
ひとり	100.0	48.7	43.2	4.9	2.4	0.8	37.6	50.1	9.2	2.3	0.7	22.5	53.1	19.9	3.6
弟妹のみ	100.0	55.1	38.3	4.7	1.6	0.3	40.9	49.3	7.2	2.2	0.4	24.5	52.1	19.5	3.4
兄姉のみ	100.0	55.7	38.5	4.1	1.4	0.3	38.1	50.0	8.9	2.6	0.4	21.2	51.4	23.3	3.8
兄弟姉妹あり	100.0	53.5	40.3	4.0	1.9	0.3	37.9	51.6	7.4	2.8	0.3	21.4	56.7	17.4	4.1
7月生まれ	100.0	51.8	41.7	4.4	1.4	0.7	37.6	51.8	7.8	2.1	0.7	27.1	51.1	18.1	2.9
ひとり	100.0	48.5	43.0	4.8	1.3	2.4	35.3	52.1	8.0	2.1	2.5	26.6	50.7	17.3	2.8
弟妹のみ	100.0	53.5	40.3	4.4	1.5	0.3	40.5	50.0	7.2	2.0	0.3	29.4	50.6	17.1	2.5
兄姉のみ	100.0	51.5	42.6	4.3	1.3	0.3	36.0	53.5	8.1	2.0	0.4	24.9	52.4	18.9	3.3
兄弟姉妹あり	100.0	52.7	41.6	3.7	1.5	0.5	36.9	51.9	8.3	2.4	0.5	27.1	49.3	19.7	3.3
男児	100.0	54.2	40.2	3.4	1.4	0.8	38.7	51.1	7.4	2.0	0.8	29.5	49.4	17.1	3.1
ひとり	100.0	50.8	42.1	3.3	0.9	2.9	36.6	51.6	7.0	2.0	2.8	30.5	47.7	15.9	3.0
弟妹のみ	100.0	56.1	38.4	3.7	1.6	0.3	42.2	48.4	7.0	2.1	0.4	31.9	48.6	16.2	2.9
兄姉のみ	100.0	54.0	40.9	3.4	1.3	0.3	36.5	53.2	7.9	2.0	0.4	26.3	51.7	18.2	3.3
兄弟姉妹あり	100.0	54.0	40.8	2.8	1.8	0.6	37.8	52.1	7.5	2.0	0.6	30.5	46.9	18.6	3.3
女児	100.0	49.3	43.4	5.4	1.4	0.5	36.4	52.6	8.2	2.1	0.6	24.5	52.9	19.1	2.7
ひとり	100.0	46.1	44.0	6.3	1.7	1.8	34.0	52.6	9.0	2.2	2.2	22.6	53.9	18.7	2.6
弟妹のみ	100.0	50.8	42.3	5.2	1.4	0.3	38.7	51.6	7.5	1.8	0.3	26.9	52.6	18.1	2.1
兄姉のみ	100.0	48.6	44.5	5.3	1.4	0.2	35.4	54.0	8.3	2.0	0.3	23.4	53.1	19.8	3.3
兄弟姉妹あり	100.0	51.2	42.4	4.8	1.3	0.3	35.8	51.8	9.2	2.8	0.3	23.3	51.9	21.1	3.3

学校生活の満足－部活動の有無・部活動の満足別（4－3）

第15回調査（平成28年）

活	の				満				足						
んある	楽しいと思える授業がたくさんある					学校の勉強は将来役に立つと思う					授業の内容をよく理解できている				
不詳	とてもそう思う	まあそう思う	あまりそう思わない	まったくそう思わない	不詳	とてもそう思う	まあそう思う	あまりそう思わない	まったくそう思わない	不詳	とてもそう思う	まあそう思う	あまりそう思わない	まったくそう思わない	不詳
0.8	26.3	42.9	25.5	4.5	0.7	31.8	47.2	16.8	3.4	0.7	25.1	53.7	17.2	3.2	0.7
2.0	25.1	43.6	24.7	4.5	2.0	31.2	47.6	16.0	3.1	2.1	24.8	53.9	16.2	3.0	2.1
0.5	29.3	42.9	23.3	3.9	0.5	34.0	46.1	16.1	3.2	0.5	28.4	53.2	15.3	2.7	0.5
0.5	24.1	42.6	27.7	5.0	0.5	29.8	48.3	17.7	3.7	0.5	22.8	53.9	19.2	3.6	0.5
0.5	25.2	42.7	26.9	4.7	0.4	31.4	46.8	17.6	3.8	0.4	22.0	54.3	19.1	4.3	0.4
0.9	28.1	41.8	24.7	4.5	0.9	32.1	46.4	16.8	3.9	0.9	27.8	51.9	16.4	3.1	0.9
2.4	27.2	43.2	22.9	4.4	2.4	31.2	46.9	15.9	3.6	2.4	27.3	52.1	15.5	2.8	2.4
0.6	31.4	41.4	22.3	4.2	0.6	34.8	44.7	16.1	3.8	0.6	31.6	51.4	13.9	2.6	0.5
0.7	25.4	41.9	27.4	4.7	0.6	29.9	47.7	17.9	4.0	0.6	25.3	52.2	18.5	3.3	0.6
0.5	27.0	40.9	26.7	4.9	0.5	32.0	46.4	16.8	4.3	0.5	24.4	52.2	18.6	4.4	0.4
0.6	24.5	44.0	26.4	4.5	0.6	31.4	48.1	16.9	3.0	0.6	22.2	55.6	18.1	3.4	0.6
1.6	23.0	44.1	26.6	4.7	1.6	31.3	48.3	16.1	2.7	1.7	22.2	55.8	17.0	3.3	1.7
0.4	27.3	44.4	24.4	3.6	0.4	33.2	47.6	16.2	2.7	0.4	25.1	55.2	16.6	2.7	0.4
0.4	22.7	43.4	28.2	5.4	0.4	29.8	48.9	17.5	3.5	0.4	20.1	55.7	19.9	3.9	0.4
0.4	23.1	44.9	27.2	4.5	0.3	30.6	47.3	18.6	3.2	0.4	19.1	56.7	19.7	4.1	0.4
0.7	25.6	42.8	26.1	4.8	0.7	29.9	48.2	17.4	3.8	0.7	24.4	54.1	17.7	3.1	0.7
1.4	24.6	43.5	25.2	5.2	1.5	29.1	49.2	16.6	3.6	1.5	24.5	53.4	17.4	3.1	1.6
0.6	28.8	42.5	24.0	4.1	0.6	31.9	47.0	16.9	3.6	0.6	28.0	53.8	15.1	2.6	0.6
0.6	23.3	42.5	28.3	5.3	0.5	28.4	49.2	17.8	4.1	0.5	22.0	54.2	19.7	3.5	0.6
0.4	23.5	43.7	27.3	5.2	0.3	29.4	47.3	19.0	3.9	0.4	20.1	55.3	20.6	3.8	0.2
0.9	27.1	41.7	25.4	4.9	0.9	30.2	47.4	17.3	4.3	0.9	27.5	51.5	17.1	2.9	0.9
2.0	25.6	43.1	24.1	5.1	2.1	29.0	48.6	16.2	4.1	2.1	27.7	50.6	16.9	2.7	2.1
0.7	31.2	41.0	22.7	4.4	0.7	32.8	46.1	16.2	4.2	0.7	31.3	51.8	14.2	2.0	0.6
0.8	24.2	41.8	28.0	5.2	0.7	28.1	48.6	18.3	4.4	0.7	25.1	51.3	19.2	3.5	0.8
0.3	25.3	41.4	27.4	5.6	0.3	29.8	46.5	18.9	4.4	0.3	23.0	52.6	20.4	4.0	0.1
0.5	24.0	44.0	26.8	4.7	0.5	29.7	49.0	17.5	3.3	0.5	21.2	56.6	18.3	3.4	0.5
0.9	23.5	43.9	26.3	5.3	1.0	29.2	49.8	16.9	3.1	1.0	21.2	56.3	17.9	3.4	1.2
0.5	26.4	44.1	25.3	3.7	0.5	31.0	48.0	17.7	2.9	0.4	24.7	55.8	15.9	3.1	0.5
0.3	22.4	43.2	28.7	5.5	0.3	28.7	49.9	17.3	3.9	0.3	18.7	57.1	20.2	3.6	0.3
0.4	21.4	46.5	27.2	4.8	0.1	29.0	48.3	19.0	3.3	0.4	16.7	58.6	20.8	3.6	0.3
0.8	27.1	43.0	25.0	4.1	0.8	33.6	46.2	16.3	3.1	0.8	25.8	53.3	16.8	3.4	0.8
2.6	25.7	43.8	24.2	3.9	2.4	33.3	46.1	15.5	2.6	2.6	25.0	54.4	15.0	3.0	2.5
0.4	29.9	43.3	22.7	3.7	0.4	36.1	45.2	15.3	2.9	0.4	28.7	52.7	15.5	2.8	0.4
0.5	24.8	42.8	27.2	4.7	0.5	31.3	47.3	17.6	3.3	0.4	23.6	53.5	18.7	3.7	0.4
0.6	27.0	41.7	26.6	4.1	0.6	33.4	46.3	16.2	3.6	0.5	24.0	53.1	17.5	4.8	0.6
0.9	29.0	42.0	24.1	4.0	0.9	34.0	45.3	16.3	3.5	0.9	28.0	52.2	15.6	3.3	0.9
2.8	28.8	43.3	21.7	3.7	2.6	33.2	45.3	15.6	3.0	2.8	26.9	53.5	14.1	2.8	2.7
0.4	31.6	41.9	22.0	4.0	0.5	36.8	43.4	16.0	3.4	0.5	31.8	50.9	13.6	3.2	0.4
0.6	26.5	42.0	26.7	4.2	0.5	31.5	46.9	17.6	3.6	0.4	25.5	53.0	17.9	3.2	0.4
0.8	29.0	40.3	25.9	4.0	0.8	34.4	46.3	14.5	4.2	0.6	26.0	51.7	16.6	4.9	0.8
0.8	25.0	44.1	25.9	4.2	0.7	33.2	47.3	16.2	2.7	0.7	23.3	54.6	18.0	3.4	0.7
2.3	22.5	44.3	26.9	4.1	2.2	33.3	46.8	15.3	2.2	2.3	23.1	55.4	16.0	3.2	2.3
0.4	28.1	44.7	23.4	3.4	0.3	35.5	47.2	14.7	2.4	0.3	25.5	54.5	17.4	2.3	0.3
0.5	22.9	43.7	27.7	5.3	0.5	31.0	47.9	17.7	3.0	0.4	21.5	54.2	19.5	4.3	0.4
0.4	24.9	43.2	27.3	4.1	0.4	32.3	46.4	18.1	3.0	0.3	21.6	54.8	18.6	4.6	0.4

第75表　子ども数・構成割合，出生月、性、きょうだい構成、

構成割合（%）

出生月、性、きょうだい構成	総数	部活動を行っている	運動系	部活動の仲間や友人との関係はうまくいって：とてもそう思う	まあそう思う	あまりそう思わない	まったくそう思わない
総数	100.0	84.2	64.3	37.4	22.4	3.5	1.0
ひとり	100.0	80.2	55.6	31.5	19.8	3.2	1.1
弟妹のみ	100.0	86.0	64.0	37.3	22.0	3.7	1.0
兄姉のみ	100.0	84.0	66.9	38.9	23.6	3.4	1.0
兄弟姉妹あり	100.0	84.8	70.4	42.0	24.1	3.7	0.5
男児	100.0	83.2	75.4	45.8	25.2	3.3	1.0
ひとり	100.0	78.0	66.5	39.7	22.5	3.0	1.2
弟妹のみ	100.0	85.2	76.7	46.6	25.4	3.6	1.0
兄姉のみ	100.0	83.3	77.2	46.6	26.3	3.2	1.0
兄弟姉妹あり	100.0	84.1	79.0	49.7	25.4	3.3	0.4
女児	100.0	85.2	52.6	28.5	19.5	3.6	0.9
ひとり	100.0	82.5	44.5	23.1	17.0	3.3	1.0
弟妹のみ	100.0	86.8	51.1	27.8	18.5	3.7	1.1
兄姉のみ	100.0	84.8	55.8	30.6	20.8	3.6	0.9
兄弟姉妹あり	100.0	85.6	60.5	33.1	22.6	4.1	0.6
1月生まれ	100.0	82.0	61.7	35.4	21.7	3.6	0.9
ひとり	100.0	78.8	52.6	29.2	18.8	3.6	1.1
弟妹のみ	100.0	83.7	61.4	35.5	21.2	3.7	0.8
兄姉のみ	100.0	81.7	64.2	36.5	23.1	3.5	1.0
兄弟姉妹あり	100.0	82.7	68.5	41.1	23.1	3.5	0.6
男児	100.0	80.8	72.7	43.6	24.6	3.5	0.9
ひとり	100.0	77.2	64.7	38.7	21.4	3.4	1.2
弟妹のみ	100.0	82.8	73.8	44.6	24.7	3.7	0.7
兄姉のみ	100.0	80.2	74.0	43.4	26.2	3.4	1.0
兄弟姉妹あり	100.0	81.1	76.3	48.4	24.0	3.3	0.6
女児	100.0	83.3	50.4	27.0	18.7	3.7	0.9
ひとり	100.0	80.3	40.5	19.6	16.1	3.7	1.0
弟妹のみ	100.0	84.6	48.9	26.4	17.8	3.8	0.9
兄姉のみ	100.0	83.1	54.1	29.5	19.9	3.6	1.0
兄弟姉妹あり	100.0	84.6	59.2	32.6	22.1	3.9	0.7
7月生まれ	100.0	86.3	67.0	39.3	23.2	3.4	1.0
ひとり	100.0	81.6	58.6	33.8	20.8	2.8	1.1
弟妹のみ	100.0	88.3	66.7	39.1	22.7	3.6	1.3
兄姉のみ	100.0	86.4	69.6	41.2	24.2	3.3	0.9
兄弟姉妹あり	100.0	87.0	72.4	42.9	25.2	3.8	0.4
男児	100.0	85.5	78.1	47.9	25.8	3.2	1.1
ひとり	100.0	78.7	68.1	40.6	23.5	2.6	1.3
弟妹のみ	100.0	87.6	79.6	48.6	26.1	3.5	1.2
兄姉のみ	100.0	86.2	80.1	49.6	26.4	3.0	1.1
兄弟姉妹あり	100.0	87.2	81.8	51.1	26.9	3.3	0.3
女児	100.0	87.2	54.9	30.1	20.3	3.6	1.0
ひとり	100.0	84.6	48.5	26.6	18.0	2.9	1.0
弟妹のみ	100.0	89.1	53.4	29.2	19.2	3.7	1.3
兄姉のみ	100.0	86.6	57.6	31.7	21.6	3.6	0.8
兄弟姉妹あり	100.0	86.8	61.9	33.7	23.2	4.4	0.6

学校生活の満足－部活動の有無・部活動の満足別（４－４）

第15回調査（平成28年）

いる		部活動の仲間や友人との関係はうまくいっている					部活は行っていない	不詳
不詳	文化系	とてもそう思う	まあそう思う	あまりそう思わない	まったくそう思わない	不詳		
0.1	20.4	9.3	9.0	1.6	0.4	0.1	12.3	3.5
0.0	25.3	11.5	11.2	2.1	0.5	0.1	14.1	5.7
0.1	22.6	10.5	9.9	1.7	0.5	0.1	11.1	2.9
0.1	17.5	7.8	7.8	1.5	0.4	0.0	12.8	3.2
0.1	14.7	6.3	6.8	1.3	0.3	0.0	12.3	2.9
0.1	8.3	3.6	3.7	0.7	0.2	0.1	12.6	4.2
0.0	12.3	5.7	5.3	1.0	0.3	0.0	15.1	6.9
0.1	9.0	4.0	4.1	0.6	0.2	0.1	11.2	3.7
0.1	6.5	2.7	2.9	0.7	0.2	0.0	13.1	3.7
0.2	5.3	2.2	2.6	0.4	－	0.1	12.4	3.6
0.0	33.3	15.2	14.6	2.6	0.7	0.0	12.0	2.7
0.0	38.7	17.5	17.2	3.2	0.7	0.1	13.1	4.4
0.0	36.4	17.2	15.7	2.7	0.8	0.0	11.0	2.2
0.1	29.4	13.3	13.1	2.4	0.6	0.0	12.6	2.6
－	25.6	11.1	11.6	2.3	0.6	－	12.3	2.0
0.1	20.9	9.7	9.0	1.7	0.4	0.1	14.7	3.3
0.0	26.9	11.8	12.2	2.3	0.5	0.0	16.2	5.0
0.1	23.0	11.1	9.7	1.7	0.5	0.1	13.5	2.8
0.1	17.9	8.2	7.6	1.6	0.4	0.0	15.1	3.2
0.1	14.5	6.4	6.8	1.1	0.2	－	14.7	2.6
0.1	8.6	3.7	3.8	0.8	0.2	0.1	15.1	4.1
－	13.2	5.9	5.8	1.1	0.4	－	16.6	6.2
0.1	9.6	4.6	4.1	0.7	0.2	0.1	13.6	3.6
0.1	6.5	2.5	3.0	0.8	0.2	0.0	15.9	3.9
0.1	4.9	1.5	2.9	0.5	－	－	15.5	3.4
0.1	33.6	15.8	14.4	2.7	0.7	0.1	14.2	2.5
0.1	40.7	17.8	18.6	3.6	0.7	0.1	15.9	3.8
0.1	36.4	17.6	15.2	2.8	0.7	0.1	13.4	2.1
0.1	29.6	14.1	12.3	2.5	0.6	0.0	14.3	2.5
－	25.9	12.3	11.3	1.9	0.4	－	13.8	1.7
0.1	19.9	8.9	9.0	1.6	0.5	0.0	10.0	3.7
0.0	23.8	11.2	10.2	1.8	0.5	0.1	12.0	6.4
0.1	22.2	10.0	10.1	1.6	0.5	0.1	8.6	3.1
0.0	17.1	7.4	7.9	1.4	0.4	0.0	10.5	3.1
0.1	14.9	6.2	6.8	1.5	0.4	0.1	9.8	3.1
0.1	7.9	3.5	3.5	0.6	0.2	0.1	10.2	4.3
0.1	11.4	5.4	4.9	0.9	0.2	0.1	13.6	7.6
0.2	8.5	3.4	4.2	0.6	0.3	0.1	8.7	3.7
0.1	6.5	3.0	2.7	0.6	0.2	－	10.4	3.5
0.3	5.7	2.9	2.3	0.4	－	0.1	9.0	3.8
－	32.8	14.6	14.9	2.6	0.7	0.0	9.8	2.9
－	36.8	17.2	15.8	2.8	0.8	0.1	10.3	5.1
－	36.3	16.7	16.1	2.7	0.8	－	8.5	2.3
－	29.3	12.4	13.9	2.3	0.6	0.0	10.7	2.7
－	25.3	9.8	11.9	2.7	0.9	－	10.8	2.4

第76表　子ども数・構成割合，性、家庭での会話、

実　数（人）

性、家庭での会話	総数	学校 クラスの友人関係はうまくいっている とてもそう思う	まあそう思う	あまりそう思わない	まったくそう思わない	不詳	教師との関係はうまくいっている とてもそう思う	まあそう思う	あまりそう思わない	まったくそう思わない	不詳	ためになると思 とてもそう思う	まあそう思う
総数													
母との会話													
学校でのできごとについて	28 408	15 149	11 499	1 163	422	175	10 829	14 470	2 280	638	191	7 312	14 457
よくする	13 448	8 285	4 518	480	135	30	6 370	6 007	798	233	40	4 244	6 658
ときどきする	10 115	4 856	4 732	407	89	31	3 136	5 891	883	171	34	2 176	5 506
あまりしない	3 644	1 575	1 767	202	90	10	1 018	2 037	462	112	15	677	1 850
まったくしない	1 036	396	452	71	104	13	279	500	129	118	10	195	406
不詳	165	37	30	3	4	91	26	35	8	4	92	20	37
友だちのことについて	28 408	15 149	11 499	1 163	422	175	10 829	14 470	2 280	638	191	7 312	14 457
よくする	11 342	7 293	3 525	387	112	25	5 617	4 807	676	213	29	3 765	5 487
ときどきする	10 550	5 194	4 874	361	90	31	3 439	6 047	857	173	34	2 316	5 762
あまりしない	5 012	2 129	2 455	317	94	17	1 397	2 920	557	118	20	931	2 629
まったくしない	1 298	478	593	94	123	10	337	645	179	130	7	273	523
不詳	206	55	52	4	3	92	39	51	11	4	101	27	56
将来や進路のことについて	28 408	15 149	11 499	1 163	422	175	10 829	14 470	2 280	638	191	7 312	14 457
よくする	10 042	6 264	3 226	388	137	27	4 910	4 287	612	201	32	3 432	4 750
ときどきする	11 863	5 987	5 242	462	139	33	4 044	6 626	954	203	36	2 619	6 459
あまりしない	5 268	2 393	2 522	256	79	18	1 535	3 000	572	144	17	999	2 778
まったくしない	1 025	444	458	52	63	8	298	503	131	85	8	232	411
不詳	210	61	51	5	4	89	42	54	11	5	98	30	59
勉強や成績のことについて	28 408	15 149	11 499	1 163	422	175	10 829	14 470	2 280	638	191	7 312	14 457
よくする	10 804	6 737	3 525	392	123	27	5 249	4 704	622	196	33	3 747	5 099
ときどきする	11 802	5 902	5 308	432	125	35	3 921	6 706	947	193	35	2 513	6 556
あまりしない	4 631	2 080	2 180	271	86	14	1 345	2 575	564	131	16	834	2 371
まったくしない	967	371	441	64	83	8	277	436	135	112	7	191	375
不詳	204	59	45	4	5	91	37	49	12	6	100	27	56
社会のできごとやニュースについて	28 408	15 149	11 499	1 163	422	175	10 829	14 470	2 280	638	191	7 312	14 457
よくする	5 361	3 309	1 753	193	83	23	2 705	2 188	319	126	23	1 983	2 357
ときどきする	10 196	5 388	4 272	391	118	27	3 830	5 430	734	176	26	2 556	5 552
あまりしない	9 162	4 683	3 952	388	115	24	3 115	5 052	796	169	30	2 018	4 933
まったくしない	3 477	1 704	1 471	187	103	12	1 139	1 745	417	163	13	726	1 553
不詳	212	65	51	4	3	89	40	55	14	4	99	29	62
父との会話													
学校でのできごとについて	26 149	14 027	10 566	1 030	368	158	10 067	13 312	2 042	552	176	6 807	13 341
よくする	3 734	2 609	992	95	27	11	2 174	1 314	179	51	16	1 591	1 638
ときどきする	8 186	4 683	3 206	236	47	14	3 377	4 208	489	94	18	2 249	4 482
あまりしない	9 263	4 516	4 209	409	107	22	3 030	5 249	804	154	26	2 004	4 965
まったくしない	4 662	2 085	2 082	286	184	25	1 390	2 445	554	248	25	889	2 150
不詳	304	134	77	4	3	86	96	96	16	5	91	74	106
友だちのことについて	26 149	14 027	10 566	1 030	368	158	10 067	13 312	2 042	552	176	6 807	13 341
よくする	2 858	2 086	672	64	29	7	1 736	930	139	46	7	1 274	1 192
ときどきする	6 967	4 081	2 658	179	35	14	3 009	3 454	403	83	18	1 995	3 754
あまりしない	10 203	5 113	4 552	416	96	26	3 451	5 773	806	143	30	2 322	5 547
まったくしない	5 757	2 577	2 587	363	206	24	1 748	3 040	670	276	23	1 120	2 718
不詳	364	170	97	8	2	87	123	115	24	4	98	96	130
将来や進路のことについて	26 149	14 027	10 566	1 030	368	158	10 067	13 312	2 042	552	176	6 807	13 341
よくする	4 569	3 051	1 308	154	43	13	2 465	1 768	239	81	16	1 837	2 022
ときどきする	9 387	5 169	3 805	290	102	21	3 686	4 928	620	127	26	2 441	5 105
あまりしない	8 201	4 009	3 720	368	87	17	2 703	4 626	710	141	21	1 740	4 433
まったくしない	3 660	1 645	1 648	211	135	21	1 104	1 885	454	199	18	700	1 668
不詳	332	153	85	7	1	86	109	105	19	4	95	89	113
勉強や成績のことについて	26 149	14 027	10 566	1 030	368	158	10 067	13 312	2 042	552	176	6 807	13 341
よくする	4 874	3 248	1 437	134	40	15	2 666	1 868	244	77	19	2 015	2 123
ときどきする	9 330	5 168	3 767	297	81	17	3 644	4 946	602	116	22	2 439	5 137
あまりしない	8 063	3 937	3 649	370	89	18	2 609	4 570	720	143	21	1 605	4 394
まったくしない	3 551	1 523	1 628	225	154	21	1 041	1 823	457	211	19	660	1 576
不詳	331	151	85	4	4	87	107	105	19	5	95	88	111
社会のできごとやニュースについて	26 149	14 027	10 566	1 030	368	158	10 067	13 312	2 042	552	176	6 807	13 341
よくする	3 841	2 509	1 161	125	36	10	2 107	1 449	207	68	10	1 585	1 642
ときどきする	7 734	4 249	3 138	242	82	23	3 058	4 030	502	118	26	2 108	4 183
あまりしない	8 810	4 538	3 815	355	83	19	3 040	4 934	685	128	23	1 938	4 837
まったくしない	5 430	2 576	2 368	302	165	19	1 755	2 793	628	234	20	1 089	2 567
不詳	334	155	84	6	2	87	107	106	20	4	97	87	112

第15回調査（平成28年）

生活の満足																	
える授業がたくさんある			楽しいと思える授業がたくさんある					学校の勉強は将来役に立つと思う					授業の内容をよく理解できている				
あまりそう思わない	まったくそう思わない	不詳	とてもそう思う	まあそう思う	あまりそう思わない	まったくそう思わない	不詳	とてもそう思う	まあそう思う	あまりそう思わない	まったくそう思わない	不詳	とてもそう思う	まあそう思う	あまりそう思わない	まったくそう思わない	不詳
5 452	969	218	7 496	12 177	7 248	1 277	210	9 037	13 395	4 789	979	208	7 164	15 253	4 865	916	210
2 162	328	56	4 420	5 674	2 866	436	52	5 157	6 001	1 897	344	49	4 103	7 091	1 899	308	47
2 091	299	43	2 161	4 647	2 852	413	42	2 755	5 168	1 847	303	42	2 124	5 805	1 840	299	47
939	163	15	697	1 487	1 217	232	11	864	1 792	798	177	13	718	1 895	852	169	10
251	174	10	202	341	292	190	11	242	394	238	150	12	206	428	255	134	13
9	5	94	16	28	21	6	94	19	40	9	5	92	13	34	19	6	93
5 452	969	218	7 496	12 177	7 248	1 277	210	9 037	13 395	4 789	979	208	7 164	15 253	4 865	916	210
1 772	279	39	3 931	4 686	2 307	381	37	4 517	4 951	1 542	301	31	3 533	5 879	1 622	276	32
2 149	276	47	2 303	4 889	2 931	385	42	2 940	5 393	1 887	284	46	2 307	6 072	1 837	288	46
1 215	214	23	956	2 116	1 625	294	21	1 222	2 483	1 066	218	23	1 032	2 692	1 073	194	21
302	193	7	281	441	359	208	9	331	510	280	169	8	268	565	306	150	9
14	7	102	25	45	26	9	101	27	58	14	7	100	24	45	27	8	102
5 452	969	218	7 496	12 177	7 248	1 277	210	9 037	13 395	4 789	979	208	7 164	15 253	4 865	916	210
1 536	282	42	3 503	4 025	2 111	363	40	4 233	4 233	1 255	284	37	3 426	5 058	1 286	238	34
2 385	353	47	2 692	5 476	3 176	474	45	3 317	6 067	2 078	356	45	2 595	6 805	2 072	344	47
1 261	208	22	1 039	2 281	1 648	283	17	1 219	2 623	1 203	203	20	922	2 873	1 241	211	21
254	120	8	234	349	282	150	10	232	415	240	129	9	195	467	238	116	9
16	6	99	28	46	31	7	98	36	57	13	7	97	26	50	28	7	99
5 452	969	218	7 496	12 177	7 248	1 277	210	9 037	13 395	4 789	979	208	7 164	15 253	4 865	916	210
1 640	274	44	3 795	4 366	2 258	345	40	4 599	4 515	1 376	279	35	3 815	5 457	1 289	208	35
2 365	322	46	2 605	5 507	3 199	448	43	3 179	6 206	2 047	328	42	2 437	6 954	2 059	306	46
1 201	206	19	872	1 971	1 485	286	17	1 026	2 250	1 112	222	21	740	2 407	1 238	227	19
234	159	8	201	290	279	187	10	205	369	241	142	10	147	392	254	165	9
12	8	101	23	43	27	11	100	28	55	13	8	100	25	43	25	10	101
5 452	969	218	7 496	12 177	7 248	1 277	210	9 037	13 395	4 789	979	208	7 164	15 253	4 865	916	210
811	176	34	2 022	2 062	1 029	215	33	2 394	2 117	665	158	27	1 994	2 567	639	131	30
1 815	235	38	2 586	4 730	2 507	338	35	3 190	5 117	1 613	241	35	2 509	5 802	1 608	240	37
1 909	270	32	2 086	4 082	2 589	375	30	2 540	4 620	1 689	277	36	1 943	5 180	1 742	266	31
903	282	13	775	1 257	1 091	341	13	882	1 478	810	295	12	690	1 655	849	271	12
14	6	101	27	46	32	8	99	31	63	12	8	98	28	49	27	8	100
4 947	854	200	6 955	11 257	6 625	1 117	195	8 356	12 426	4 311	866	190	6 744	14 082	4 351	782	190
418	67	20	1 640	1 399	582	90	23	1 846	1 401	378	87	22	1 486	1 746	409	75	18
1 285	144	26	2 283	3 889	1 790	199	25	2 774	4 064	1 166	157	25	2 210	4 661	1 161	127	27
2 007	255	32	2 057	4 138	2 699	341	28	2 551	4 725	1 691	271	25	2 068	5 256	1 687	228	24
1 210	383	30	901	1 740	1 515	479	27	1 106	2 131	1 052	347	26	924	2 304	1 062	344	28
27	5	92	74	91	39	8	92	79	105	24	4	92	56	115	32	8	93
4 947	854	200	6 955	11 257	6 625	1 117	195	8 356	12 426	4 311	866	190	6 744	14 082	4 351	782	190
328	55	9	1 302	1 018	443	81	14	1 454	1 038	282	73	11	1 156	1 303	328	63	8
1 061	132	25	2 032	3 284	1 456	173	22	2 420	3 395	992	135	25	1 941	3 914	961	125	26
2 052	248	34	2 379	4 642	2 818	330	34	2 945	5 213	1 748	266	31	2 383	5 800	1 778	213	29
1 472	415	32	1 141	2 203	1 862	524	27	1 429	2 655	1 261	387	25	1 185	2 925	1 246	373	28
34	4	100	101	110	46	9	98	108	125	28	5	98	79	140	38	8	99
4 947	854	200	6 955	11 257	6 625	1 117	195	8 356	12 426	4 311	866	190	6 744	14 082	4 351	782	190
583	107	20	1 872	1 735	800	142	20	2 201	1 763	475	111	19	1 808	2 161	496	88	16
1 589	221	31	2 484	4 382	2 210	280	31	3 107	4 659	1 360	231	30	2 499	5 358	1 334	166	30
1 771	227	30	1 784	3 669	2 404	316	28	2 125	4 232	1 587	231	26	1 690	4 621	1 636	228	26
974	295	23	729	1 370	1 169	371	21	833	1 656	863	289	19	680	1 816	850	293	21
30	4	96	86	101	42	8	95	90	116	26	4	96	67	126	35	7	97
4 947	854	200	6 955	11 257	6 625	1 117	195	8 356	12 426	4 311	866	190	6 744	14 082	4 351	782	190
621	95	20	2 022	1 870	830	130	22	2 401	1 845	504	104	20	2 058	2 247	477	75	17
1 524	197	33	2 514	4 359	2 168	264	25	3 078	4 679	1 342	206	25	2 464	5 396	1 296	148	26
1 805	231	28	1 653	3 646	2 412	321	31	2 006	4 207	1 581	241	28	1 543	4 615	1 649	228	28
966	326	23	680	1 281	1 175	394	21	780	1 582	859	308	22	608	1 703	895	323	22
31	5	96	86	101	40	8	96	91	113	25	7	95	71	121	34	8	97
4 947	854	200	6 955	11 257	6 625	1 117	195	8 356	12 426	4 311	866	190	6 744	14 082	4 351	782	190
509	91	14	1 622	1 446	648	110	15	1 873	1 436	420	98	14	1 613	1 786	369	59	14
1 241	169	33	2 155	3 562	1 758	229	30	2 623	3 834	1 079	170	28	2 120	4 360	1 078	146	30
1 787	216	32	1 979	4 041	2 463	297	30	2 444	4 556	1 558	221	31	1 902	5 062	1 624	196	26
1 378	374	22	1 113	2 111	1 711	473	22	1 329	2 484	1 225	373	19	1 040	2 752	1 244	373	21
32	4	99	86	97	45	8	98	87	116	29	4	98	69	122	36	8	99

第76表　子ども数・構成割合，性、家庭での会話、

実　数（人）

性、家庭での会話	総数	学校 クラスの友人関係はうまくいっている とてもそう思う	まあそう思う	あまりそう思わない	まったくそう思わない	不詳	教師との関係はうまくいっている とてもそう思う	まあそう思う	あまりそう思わない	まったくそう思わない	不詳	ためになると思 とてもそう思う	まあそう思う
男児													
母との会話													
学校でのできごとについて	14 573	7 977	5 793	482	209	112	5 595	7 384	1 149	328	117	4 049	7 166
よくする	5 019	3 361	1 464	132	47	15	2 607	2 054	257	85	16	1 890	2 254
ときどきする	6 042	3 094	2 708	181	39	20	1 979	3 471	478	92	22	1 450	3 250
あまりしない	2 606	1 188	1 242	118	51	7	780	1 440	311	65	10	544	1 313
まったくしない	804	314	362	49	69	10	215	399	98	84	8	154	326
不詳	102	20	17	2	3	60	14	20	5	2	61	11	23
友だちのことについて	14 573	7 977	5 793	482	209	112	5 595	7 384	1 149	328	117	4 049	7 166
よくする	3 968	2 845	989	93	28	13	2 214	1 456	211	74	13	1 611	1 692
ときどきする	6 040	3 174	2 656	148	44	18	2 097	3 400	439	85	19	1 499	3 231
あまりしない	3 456	1 552	1 672	175	44	13	1 005	2 008	355	73	15	712	1 803
まったくしない	990	377	449	64	92	8	260	492	137	95	6	212	409
不詳	119	29	27	2	1	60	19	28	7	1	64	15	31
将来や進路のことについて	14 573	7 977	5 793	482	209	112	5 595	7 384	1 149	328	117	4 049	7 166
よくする	4 304	2 900	1 203	134	49	18	2 291	1 678	234	80	21	1 704	1 849
ときどきする	6 275	3 307	2 708	175	69	16	2 177	3 477	506	99	16	1 521	3 322
あまりしない	3 143	1 427	1 518	139	45	14	896	1 836	314	85	12	635	1 671
まったくしない	726	307	338	31	44	6	208	361	88	62	7	170	291
不詳	125	36	26	3	2	58	23	32	7	2	61	19	33
勉強や成績のことについて	14 573	7 977	5 793	482	209	112	5 595	7 384	1 149	328	117	4 049	7 166
よくする	4 776	3 181	1 402	131	46	16	2 501	1 932	245	79	19	1 875	2 080
ときどきする	6 287	3 266	2 759	181	60	21	2 104	3 566	494	103	20	1 487	3 396
あまりしない	2 729	1 239	1 300	129	51	10	781	1 554	316	68	10	538	1 396
まったくしない	662	258	310	39	49	6	189	306	86	75	6	133	263
不詳	119	33	22	2	3	59	20	26	8	3	62	16	31
社会のできごとやニュースについて	14 573	7 977	5 793	482	209	112	5 595	7 384	1 149	328	117	4 049	7 166
よくする	2 495	1 628	749	67	37	14	1 361	927	129	65	13	1 002	1 002
ときどきする	5 202	2 812	2 147	173	53	17	1 936	2 767	392	92	15	1 411	2 723
あまりしない	4 779	2 511	2 032	159	61	16	1 638	2 656	390	77	18	1 152	2 532
まったくしない	1 974	989	840	81	57	7	639	1 004	229	93	9	468	875
不詳	123	37	25	2	1	58	21	30	9	1	62	16	34
父との会話													
学校でのできごとについて	13 505	7 411	5 376	433	183	102	5 230	6 836	1 049	282	108	3 784	6 647
よくする	1 760	1 323	388	30	10	9	1 108	542	75	24	11	835	696
ときどきする	4 076	2 399	1 557	96	17	7	1 689	2 094	240	44	9	1 223	2 179
あまりしない	4 967	2 473	2 244	187	51	12	1 629	2 836	419	69	14	1 161	2 576
まったくしない	2 520	1 140	1 142	117	103	18	750	1 309	304	141	16	516	1 142
不詳	182	76	45	3	2	56	54	55	11	4	58	49	54
友だちのことについて	13 505	7 411	5 376	433	183	102	5 230	6 836	1 049	282	108	3 784	6 647
よくする	1 388	1 092	261	20	9	6	920	377	61	24	6	700	509
ときどきする	3 653	2 210	1 343	74	14	12	1 576	1 822	199	43	13	1 117	1 919
あまりしない	5 337	2 699	2 411	175	42	10	1 799	3 037	423	65	13	1 298	2 820
まったくしない	2 917	1 313	1 311	157	117	19	867	1 535	352	147	16	608	1 330
不詳	210	97	50	7	1	55	68	65	14	3	60	61	69
将来や進路のことについて	13 505	7 411	5 376	433	183	102	5 230	6 836	1 049	282	108	3 784	6 647
よくする	2 496	1 748	646	70	21	11	1 397	924	120	42	13	1 081	1 030
ときどきする	4 846	2 713	1 946	125	51	11	1 903	2 536	330	63	14	1 309	2 576
あまりしない	4 144	2 062	1 884	147	42	9	1 332	2 377	359	66	10	946	2 181
まったくしない	1 821	800	851	86	68	16	537	936	227	108	13	391	799
不詳	198	88	49	5	1	55	61	63	13	3	58	57	61
勉強や成績のことについて	13 505	7 411	5 376	433	183	102	5 230	6 836	1 049	282	108	3 784	6 647
よくする	2 564	1 789	695	52	17	11	1 461	936	123	32	12	1 159	1 025
ときどきする	4 737	2 687	1 870	127	44	9	1 859	2 489	313	63	13	1 309	2 541
あまりしない	4 165	2 059	1 896	157	43	10	1 311	2 405	367	70	12	889	2 208
まったくしない	1 844	787	869	95	77	16	538	947	234	113	12	372	812
不詳	195	89	46	2	2	56	61	59	12	4	59	55	61
社会のできごとやニュースについて	13 505	7 411	5 376	433	183	102	5 230	6 836	1 049	282	108	3 784	6 647
よくする	2 008	1 378	551	58	14	7	1 163	704	102	33	6	889	789
ときどきする	3 988	2 237	1 585	107	47	12	1 592	2 050	264	68	14	1 155	2 086
あまりしない	4 560	2 383	1 986	139	39	13	1 547	2 583	358	57	15	1 080	2 432
まったくしない	2 751	1 321	1 209	125	82	14	866	1 439	312	121	13	603	1 281
不詳	198	92	45	4	1	56	62	60	13	3	60	57	59

学校生活の満足－部活動の有無・部活動の満足別（12－２）

第15回調査（平成28年）

生活の満足																	
える授業がたくさんある			楽しいと思える授業がたくさんある					学校の勉強は将来役に立つと思う					授業の内容をよく理解できている				
あまりそう思わない	まったくそう思わない	不詳	とてもそう思う	まあそう思う	あまりそう思わない	まったくそう思わない	不詳	とてもそう思う	まあそう思う	あまりそう思わない	まったくそう思わない	不詳	とてもそう思う	まあそう思う	あまりそう思わない	まったくそう思わない	不詳
2 694	530	134	4 103	6 083	3 598	659	130	4 687	6 739	2 451	568	128	4 074	7 553	2 366	453	127
733	117	25	1 933	1 943	978	143	22	2 086	2 080	688	145	20	1 895	2 372	626	106	20
1 134	178	30	1 451	2 774	1 560	228	29	1 752	3 045	1 030	187	28	1 439	3 449	973	152	29
628	110	11	547	1 079	822	150	8	645	1 277	546	128	10	566	1 375	552	106	7
195	121	8	161	276	223	134	10	193	316	180	105	10	164	343	201	86	10
4	4	60	11	11	15	4	61	11	21	7	3	60	10	14	14	3	61
2 694	530	134	4 103	6 083	3 598	659	130	4 687	6 739	2 451	568	128	4 074	7 553	2 366	453	127
557	91	17	1 653	1 464	721	114	16	1 756	1 564	513	122	13	1 557	1 819	489	90	13
1 127	155	28	1 488	2 791	1 528	209	24	1 787	3 042	1 017	169	25	1 508	3 396	965	146	25
780	142	19	726	1 463	1 069	181	17	877	1 704	710	146	19	776	1 882	668	113	17
225	138	6	219	349	263	151	8	252	401	203	127	7	218	437	227	101	7
5	4	64	17	16	17	4	65	15	28	8	4	64	15	19	17	3	65
2 694	530	134	4 103	6 083	3 598	659	130	4 687	6 739	2 451	568	128	4 074	7 553	2 366	453	127
606	120	25	1 720	1 579	839	142	24	1 932	1 712	496	142	22	1 724	1 977	488	96	19
1 208	199	25	1 543	2 846	1 623	241	22	1 819	3 146	1 082	206	22	1 575	3 506	1 005	164	25
696	125	16	643	1 390	925	172	13	751	1 558	696	123	15	615	1 703	689	122	14
175	83	7	177	248	191	101	9	165	291	169	93	8	144	342	165	68	7
9	3	61	20	20	20	3	62	20	32	8	4	61	16	25	19	3	62
2 694	530	134	4 103	6 083	3 598	659	130	4 687	6 739	2 451	568	128	4 074	7 553	2 366	453	127
676	118	27	1 898	1 776	946	134	22	2 133	1 912	571	140	20	1 972	2 210	487	88	19
1 190	188	26	1 506	2 921	1 600	237	23	1 757	3 233	1 072	203	22	1 488	3 638	1 001	137	23
665	118	12	540	1 162	848	166	13	646	1 306	635	128	14	495	1 408	686	126	14
158	101	7	142	207	187	117	9	135	260	166	92	9	103	278	176	97	8
5	5	62	17	17	17	5	63	16	28	7	5	63	16	19	16	5	63
2 694	530	134	4 103	6 083	3 598	659	130	4 687	6 739	2 451	568	128	4 074	7 553	2 366	453	127
384	87	20	1 025	879	472	100	19	1 150	917	320	92	16	1 037	1 099	287	55	17
914	129	25	1 402	2 356	1 249	174	21	1 662	2 558	821	139	22	1 442	2 842	777	119	22
922	154	19	1 173	2 118	1 280	190	18	1 328	2 408	874	148	21	1 119	2 661	847	134	18
467	157	7	485	713	575	192	9	529	825	428	185	7	458	930	437	142	7
7	3	63	18	17	22	3	63	18	31	8	4	62	18	21	18	3	63
2 481	470	123	3 815	5 669	3 318	582	121	4 343	6 320	2 220	505	117	3 855	7 006	2 141	388	115
185	31	13	869	585	259	35	12	905	620	179	44	12	820	740	164	26	10
585	75	14	1 211	1 900	857	95	13	1 422	1 979	574	89	12	1 238	2 228	537	59	14
1 075	136	19	1 174	2 181	1 419	176	17	1 364	2 517	915	157	14	1 214	2 747	874	120	12
619	225	18	512	961	757	271	19	604	1 147	537	212	20	541	1 235	546	179	19
17	3	59	49	42	26	5	60	48	57	15	3	59	42	56	20	4	60
2 481	470	123	3 815	5 669	3 318	582	121	4 343	6 320	2 220	505	117	3 855	7 006	2 141	388	115
145	26	8	722	432	194	33	7	754	463	130	35	6	668	562	132	21	5
527	71	19	1 113	1 685	747	91	17	1 286	1 742	529	80	16	1 113	1 991	464	67	18
1 075	129	15	1 301	2 387	1 472	161	16	1 511	2 739	921	152	14	1 365	2 937	921	104	10
716	242	21	613	1 111	880	293	20	727	1 310	625	234	21	652	1 447	604	193	21
18	2	60	66	54	25	4	61	65	66	15	4	60	57	69	20	3	61
2 481	470	123	3 815	5 669	3 318	582	121	4 343	6 320	2 220	505	117	3 855	7 006	2 141	388	115
315	55	15	1 100	886	423	73	14	1 233	938	246	67	12	1 082	1 111	248	44	11
811	133	17	1 342	2 193	1 142	153	16	1 553	2 399	726	152	16	1 391	2 709	639	90	17
886	115	16	933	1 842	1 201	153	15	1 087	2 106	821	116	14	958	2 235	825	114	12
450	165	16	382	698	526	199	16	414	813	412	167	15	374	888	407	137	15
19	2	59	58	50	26	4	60	56	64	15	3	60	50	63	22	3	60
2 481	470	123	3 815	5 669	3 318	582	121	4 343	6 320	2 220	505	117	3 855	7 006	2 141	388	115
319	47	14	1 146	919	424	63	12	1 298	934	259	61	12	1 179	1 126	213	36	10
750	120	17	1 360	2 146	1 080	137	14	1 563	2 342	689	132	11	1 388	2 635	624	77	13
931	121	16	881	1 874	1 232	160	18	1 022	2 164	829	134	16	883	2 304	844	119	15
465	179	16	370	680	560	218	16	404	818	431	173	18	353	880	441	154	16
16	3	60	58	50	22	4	61	56	62	12	5	60	52	61	19	2	61
2 481	470	123	3 815	5 669	3 318	582	121	4 343	6 320	2 220	505	117	3 855	7 006	2 141	388	115
271	49	10	919	701	323	56	9	1 014	710	219	58	7	924	883	169	25	7
622	106	19	1 161	1 796	886	129	16	1 360	1 935	565	113	15	1 215	2 154	515	88	16
919	111	18	1 067	2 075	1 256	144	18	1 226	2 371	818	125	20	1 084	2 527	830	103	16
650	202	15	609	1 051	826	249	16	688	1 243	600	206	14	581	1 382	605	169	14
19	2	61	59	46	27	4	62	55	61	18	3	61	51	60	22	3	62

第76表　子ども数・構成割合，性、家庭での会話、

実　数（人）

性、家庭での会話	総数	学校 クラスの友人関係はうまくいっている とてもそう思う	まあそう思う	あまりそう思わない	まったくそう思わない	不詳	教師との関係はうまくいっている とてもそう思う	まあそう思う	あまりそう思わない	まったくそう思わない	不詳	ためになると思 とてもそう思う	まあそう思う
女児													
母との会話													
学校でのできごとについて	13 835	7 172	5 706	681	213	63	5 234	7 086	1 131	310	74	3 263	7 291
よくする	8 429	4 924	3 054	348	88	15	3 763	3 953	541	148	24	2 354	4 404
ときどきする	4 073	1 762	2 024	226	50	11	1 157	2 420	405	79	12	726	2 256
あまりしない	1 038	387	525	84	39	3	238	597	151	47	5	133	537
まったくしない	232	82	90	22	35	3	64	101	31	34	2	41	80
不詳	63	17	13	1	1	31	12	15	3	2	31	9	14
友だちのことについて	13 835	7 172	5 706	681	213	63	5 234	7 086	1 131	310	74	3 263	7 291
よくする	7 374	4 448	2 536	294	84	12	3 403	3 351	465	139	16	2 154	3 795
ときどきする	4 510	2 020	2 218	213	46	13	1 342	2 647	418	88	15	817	2 531
あまりしない	1 556	577	783	142	50	4	392	912	202	45	5	219	826
まったくしない	308	101	144	30	31	2	77	153	42	35	1	61	114
不詳	87	26	25	2	2	32	20	23	4	3	37	12	25
将来や進路のことについて	13 835	7 172	5 706	681	213	63	5 234	7 086	1 131	310	74	3 263	7 291
よくする	5 738	3 364	2 023	254	88	9	2 619	2 609	378	121	11	1 728	2 901
ときどきする	5 588	2 680	2 534	287	70	17	1 867	3 149	448	104	20	1 098	3 137
あまりしない	2 125	966	1 004	117	34	4	639	1 164	258	59	5	364	1 107
まったくしない	299	137	120	21	19	2	90	142	43	23	1	62	120
不詳	85	25	25	2	2	31	19	22	4	3	37	11	26
勉強や成績のことについて	13 835	7 172	5 706	681	213	63	5 234	7 086	1 131	310	74	3 263	7 291
よくする	6 028	3 556	2 123	261	77	11	2 748	2 772	377	117	14	1 872	3 019
ときどきする	5 515	2 636	2 549	251	65	14	1 817	3 140	453	90	15	1 026	3 160
あまりしない	1 902	841	880	142	35	4	564	1 021	248	63	6	296	975
まったくしない	305	113	131	25	34	2	88	130	49	37	1	58	112
不詳	85	26	23	2	2	32	17	23	4	3	38	11	25
社会のできごとやニュースについて	13 835	7 172	5 706	681	213	63	5 234	7 086	1 131	310	74	3 263	7 291
よくする	2 866	1 681	1 004	126	46	9	1 344	1 261	190	61	10	981	1 355
ときどきする	4 994	2 576	2 125	218	65	10	1 894	2 663	342	84	11	1 145	2 829
あまりしない	4 383	2 172	1 920	229	54	8	1 477	2 396	406	92	12	866	2 401
まったくしない	1 503	715	631	106	46	5	500	741	188	70	4	258	678
不詳	89	28	26	2	2	31	19	25	5	3	37	13	28
父との会話													
学校でのできごとについて	12 644	6 616	5 190	597	185	56	4 837	6 476	993	270	68	3 023	6 694
よくする	1 974	1 286	604	65	17	2	1 066	772	104	27	5	756	942
ときどきする	4 110	2 284	1 649	140	30	7	1 688	2 114	249	50	9	1 026	2 303
あまりしない	4 296	2 043	1 965	222	56	10	1 401	2 413	385	85	12	843	2 389
まったくしない	2 142	945	940	169	81	7	640	1 136	250	107	9	373	1 008
不詳	122	58	32	1	1	30	42	41	5	1	33	25	52
友だちのことについて	12 644	6 616	5 190	597	185	56	4 837	6 476	993	270	68	3 023	6 694
よくする	1 470	994	411	44	20	1	816	553	78	22	1	574	683
ときどきする	3 314	1 871	1 315	105	21	2	1 433	1 632	204	40	5	878	1 835
あまりしない	4 866	2 414	2 141	241	54	16	1 652	2 736	383	78	17	1 024	2 727
まったくしない	2 840	1 264	1 276	206	89	5	881	1 505	318	129	7	512	1 388
不詳	154	73	47	1	1	32	55	50	10	1	38	35	61
将来や進路のことについて	12 644	6 616	5 190	597	185	56	4 837	6 476	993	270	68	3 023	6 694
よくする	2 073	1 303	662	84	22	2	1 068	844	119	39	3	756	992
ときどきする	4 541	2 456	1 859	165	51	10	1 783	2 392	290	64	12	1 132	2 529
あまりしない	4 057	1 947	1 836	221	45	8	1 371	2 249	351	75	11	794	2 252
まったくしない	1 839	845	797	125	67	5	567	949	227	91	5	309	869
不詳	134	65	36	2	-	31	48	42	6	1	37	32	52
勉強や成績のことについて	12 644	6 616	5 190	597	185	56	4 837	6 476	993	270	68	3 023	6 694
よくする	2 310	1 459	742	82	23	4	1 205	932	121	45	7	856	1 098
ときどきする	4 593	2 481	1 897	170	37	8	1 785	2 457	289	53	9	1 130	2 596
あまりしない	3 898	1 878	1 753	213	46	8	1 298	2 165	353	73	9	716	2 186
まったくしない	1 707	736	759	130	77	5	503	876	223	98	7	288	764
不詳	136	62	39	2	2	31	46	46	7	1	36	33	50
社会のできごとやニュースについて	12 644	6 616	5 190	597	185	56	4 837	6 476	993	270	68	3 023	6 694
よくする	1 833	1 131	610	67	22	3	944	745	105	35	4	696	853
ときどきする	3 746	2 012	1 553	135	35	11	1 466	1 980	238	50	12	953	2 097
あまりしない	4 250	2 155	1 829	216	44	6	1 493	2 351	327	71	8	858	2 405
まったくしない	2 679	1 255	1 159	177	83	5	889	1 354	316	113	7	486	1 286
不詳	136	63	39	2	1	31	45	46	7	1	37	30	53

第15回調査（平成28年）

生活の満足																	
える授業がたくさんある			楽しいと思える授業がたくさんある					学校の勉強は将来役に立つと思う					授業の内容をよく理解できている				
あまりそう思わない	まったくそう思わない	不詳	とてもそう思う	まあそう思う	あまりそう思わない	まったくそう思わない	不詳	とてもそう思う	まあそう思う	あまりそう思わない	まったくそう思わない	不詳	とてもそう思う	まあそう思う	あまりそう思わない	まったくそう思わない	不詳
2 758	439	84	3 393	6 094	3 650	618	80	4 350	6 656	2 338	411	80	3 090	7 700	2 499	463	83
1 429	211	31	2 487	3 731	1 888	293	30	3 071	3 921	1 209	199	29	2 208	4 719	1 273	202	27
957	121	13	710	1 873	1 292	185	13	1 003	2 123	817	116	14	685	2 356	867	147	18
311	53	4	150	408	395	82	3	219	515	252	49	3	152	520	300	63	3
56	53	2	41	65	69	56	1	49	78	58	45	2	42	85	54	48	3
5	1	34	5	17	6	2	33	8	19	2	2	32	3	20	5	3	32
2 758	439	84	3 393	6 094	3 650	618	80	4 350	6 656	2 338	411	80	3 090	7 700	2 499	463	83
1 215	188	22	2 278	3 222	1 586	267	21	2 761	3 387	1 029	179	18	1 976	4 060	1 133	186	19
1 022	121	19	815	2 098	1 403	176	18	1 153	2 351	870	115	21	799	2 676	872	142	21
435	72	4	230	653	556	113	4	345	779	356	72	4	256	810	405	81	4
77	55	1	62	92	96	57	1	79	109	77	42	1	50	128	79	49	2
9	3	38	8	29	9	5	36	12	30	6	3	36	9	26	10	5	37
2 758	439	84	3 393	6 094	3 650	618	80	4 350	6 656	2 338	411	80	3 090	7 700	2 499	463	83
930	162	17	1 783	2 446	1 272	221	16	2 301	2 521	759	142	15	1 702	3 081	798	142	15
1 177	154	22	1 149	2 630	1 553	233	23	1 498	2 921	996	150	23	1 020	3 299	1 067	180	22
565	83	6	396	891	723	111	4	468	1 065	507	80	5	307	1 170	552	89	7
79	37	1	57	101	91	49	1	67	124	71	36	1	51	125	73	48	2
7	3	38	8	26	11	4	36	16	25	5	3	36	10	25	9	4	37
2 758	439	84	3 393	6 094	3 650	618	80	4 350	6 656	2 338	411	80	3 090	7 700	2 499	463	83
964	156	17	1 897	2 590	1 312	211	18	2 466	2 603	805	139	15	1 843	3 247	802	120	16
1 175	134	20	1 099	2 586	1 599	211	20	1 422	2 973	975	125	20	949	3 316	1 058	169	23
536	88	7	332	809	637	120	4	380	944	477	94	7	245	999	552	101	5
76	58	1	59	83	92	70	1	70	109	75	50	1	44	114	78	68	1
7	3	39	6	26	10	6	37	12	27	6	3	37	9	24	9	5	38
2 758	439	84	3 393	6 094	3 650	618	80	4 350	6 656	2 338	411	80	3 090	7 700	2 499	463	83
427	89	14	997	1 183	557	115	14	1 244	1 200	345	66	11	957	1 468	352	76	13
901	106	13	1 184	2 374	1 258	164	14	1 528	2 559	792	102	13	1 067	2 960	831	121	15
987	116	13	913	1 964	1 309	185	12	1 212	2 212	815	129	15	824	2 519	895	132	13
436	125	6	290	544	516	149	4	353	653	382	110	5	232	725	412	129	5
7	3	38	9	29	10	5	36	13	32	4	4	36	10	28	9	5	37
2 466	384	77	3 140	5 588	3 307	535	74	4 013	6 106	2 091	361	73	2 889	7 076	2 210	394	75
233	36	7	771	814	323	55	11	941	781	199	43	10	666	1 006	245	49	8
700	69	12	1 072	1 989	933	104	12	1 352	2 085	592	68	13	972	2 433	624	68	13
932	119	13	883	1 957	1 280	165	11	1 187	2 208	776	114	11	854	2 509	813	108	12
591	158	12	389	779	758	208	8	502	984	515	135	6	383	1 069	516	165	9
10	2	33	25	49	13	3	32	31	48	9	1	33	14	59	12	4	33
2 466	384	77	3 140	5 588	3 307	535	74	4 013	6 106	2 091	361	73	2 889	7 076	2 210	394	75
183	29	1	580	586	249	48	7	700	575	152	38	5	488	741	196	42	3
534	61	6	919	1 599	709	82	5	1 134	1 653	463	55	9	828	1 923	497	58	8
977	119	19	1 078	2 255	1 346	169	18	1 434	2 474	827	114	17	1 018	2 863	857	109	19
756	173	11	528	1 092	982	231	7	702	1 345	636	153	4	533	1 478	642	180	7
16	2	40	35	56	21	5	37	43	59	13	1	38	22	71	18	5	38
2 466	384	77	3 140	5 588	3 307	535	74	4 013	6 106	2 091	361	73	2 889	7 076	2 210	394	75
268	52	5	772	849	377	69	6	968	825	229	44	7	726	1 050	248	44	5
778	88	14	1 142	2 189	1 068	127	15	1 554	2 260	634	79	14	1 108	2 649	695	76	13
885	112	14	851	1 827	1 203	163	13	1 038	2 126	766	115	12	732	2 386	811	114	14
524	130	7	347	672	643	172	5	419	843	451	122	4	306	928	443	156	6
11	2	37	28	51	16	4	35	34	52	11	1	36	17	63	13	4	37
2 466	384	77	3 140	5 588	3 307	535	74	4 013	6 106	2 091	361	73	2 889	7 076	2 210	394	75
302	48	6	876	951	406	67	10	1 103	911	245	43	8	879	1 121	264	39	7
774	77	16	1 154	2 213	1 088	127	11	1 515	2 337	653	74	14	1 076	2 761	672	71	13
874	110	12	772	1 772	1 180	161	13	984	2 043	752	107	12	660	2 311	805	109	13
501	147	7	310	601	615	176	5	376	764	428	135	4	255	823	454	169	6
15	2	36	28	51	18	4	35	35	51	13	2	35	19	60	15	6	36
2 466	384	77	3 140	5 588	3 307	535	74	4 013	6 106	2 091	361	73	2 889	7 076	2 210	394	75
238	42	4	703	745	325	54	6	859	726	201	40	7	689	903	200	34	7
619	63	14	994	1 766	872	100	14	1 263	1 899	514	57	13	905	2 206	563	58	14
868	105	14	912	1 966	1 207	153	12	1 218	2 185	740	96	11	818	2 535	794	93	10
728	172	7	504	1 060	885	224	6	641	1 241	625	167	5	459	1 370	639	204	7
13	2	38	27	51	18	4	36	32	55	11	1	37	18	62	14	5	37

第76表　子ども数・構成割合，性、家庭での会話、

実　数（人）

性　、 家庭での会話	総数	部活動を行っている	運動系	部活動の仲間や友人との関係はうまくいって：とてもそう思う	まあそう思う	あまりそう思わない	まったくそう思わない
総数							
母との会話							
学校でのできごとについて	28 408	23 956	18 303	10 648	6 374	983	275
よくする	13 448	11 666	8 440	5 318	2 541	458	118
ときどきする	10 115	8 555	6 773	3 729	2 638	312	84
あまりしない	3 644	2 974	2 457	1 273	973	162	42
まったくしない	1 036	714	596	301	215	49	31
不詳	165	47	37	27	7	2	–
友だちのことについて	28 408	23 956	18 303	10 648	6 374	983	275
よくする	11 342	9 847	7 078	4 580	2 023	373	97
ときどきする	10 550	8 930	7 000	3 921	2 665	329	75
あまりしない	5 012	4 160	3 401	1 742	1 385	208	59
まったくしない	1 298	937	760	364	282	70	44
不詳	206	82	64	41	19	3	–
将来や進路のことについて	28 408	23 956	18 303	10 648	6 374	983	275
よくする	10 042	8 642	6 414	4 031	1 940	337	99
ときどきする	11 863	10 093	7 780	4 392	2 882	404	92
あまりしない	5 268	4 392	3 438	1 865	1 318	192	58
まったくしない	1 025	743	601	314	216	46	25
不詳	210	86	70	46	18	4	1
勉強や成績のことについて	28 408	23 956	18 303	10 648	6 374	983	275
よくする	10 804	9 373	6 999	4 423	2 116	356	95
ときどきする	11 802	10 102	7 808	4 347	2 956	405	93
あまりしない	4 631	3 754	2 924	1 575	1 105	175	63
まったくしない	967	647	505	261	177	44	23
不詳	204	80	67	42	20	3	1
社会のできごとやニュースについて	28 408	23 956	18 303	10 648	6 374	983	275
よくする	5 361	4 556	3 343	2 108	1 013	161	57
ときどきする	10 196	8 663	6 605	3 796	2 387	341	71
あまりしない	9 162	7 850	6 118	3 480	2 229	333	71
まったくしない	3 477	2 800	2 168	1 218	726	145	76
不詳	212	87	69	46	19	3	–
父との会話							
学校でのできごとについて	26 149	22 200	17 051	9 915	5 947	914	254
よくする	3 734	3 291	2 470	1 728	623	88	30
ときどきする	8 186	7 112	5 474	3 288	1 862	263	55
あまりしない	9 263	7 889	6 122	3 345	2 332	349	88
まったくしない	4 662	3 747	2 855	1 471	1 090	210	79
不詳	304	161	130	83	40	4	2
友だちのことについて	26 149	22 200	17 051	9 915	5 947	914	254
よくする	2 858	2 524	1 918	1 380	451	67	19
ときどきする	6 967	6 037	4 692	2 876	1 559	209	42
あまりしない	10 203	8 714	6 750	3 731	2 555	365	91
まったくしない	5 757	4 711	3 520	1 815	1 333	268	99
不詳	364	214	171	113	49	5	3
将来や進路のことについて	26 149	22 200	17 051	9 915	5 947	914	254
よくする	4 569	3 968	3 108	2 074	846	146	41
ときどきする	9 387	8 112	6 277	3 674	2 236	302	56
あまりしない	8 201	7 006	5 313	2 939	1 975	309	81
まったくしない	3 660	2 930	2 205	1 130	848	152	74
不詳	332	184	148	98	42	5	2
勉強や成績のことについて	26 149	22 200	17 051	9 915	5 947	914	254
よくする	4 874	4 289	3 295	2 170	937	150	35
ときどきする	9 330	8 103	6 256	3 689	2 193	306	64
あまりしない	8 063	6 825	5 248	2 898	1 963	300	76
まったくしない	3 551	2 800	2 106	1 062	813	153	76
不詳	331	183	146	96	41	5	3
社会のできごとやニュースについて	26 149	22 200	17 051	9 915	5 947	914	254
よくする	3 841	3 342	2 528	1 682	686	126	33
ときどきする	7 734	6 700	5 138	3 002	1 832	240	56
あまりしない	8 810	7 554	5 902	3 315	2 198	311	70
まったくしない	5 430	4 416	3 333	1 816	1 189	232	93
不詳	334	188	150	100	42	5	2

第15回調査（平成28年）

いる		部活動の仲間や友人との関係はうまくいっている					部活は行っていない	不詳
不詳	文化系	とてもそう思う	まあそう思う	あまりそう思わない	まったくそう思わない	不詳		
23	5 810	2 638	2 562	467	128	15	3 480	972
5	3 315	1 678	1 320	250	58	9	1 425	357
10	1 829	709	929	143	44	4	1 232	328
7	534	202	255	56	19	2	532	138
−	122	46	51	18	7	−	265	57
1	10	3	7	−	−	−	26	92
23	5 810	2 638	2 562	467	128	15	3 480	972
5	2 845	1 464	1 101	219	54	7	1 188	307
10	1 982	801	997	140	40	4	1 286	334
7	783	300	375	83	21	4	680	172
−	182	67	78	25	12	−	296	65
1	18	6	11	−	1	−	30	94
23	5 810	2 638	2 562	467	128	15	3 480	972
7	2 288	1 188	858	183	52	7	1 107	293
10	2 378	988	1 162	176	46	6	1 407	363
5	977	403	462	88	22	2	706	170
−	151	55	69	20	7	−	231	51
1	16	4	11	−	1	−	29	95
23	5 810	2 638	2 562	467	128	15	3 480	972
9	2 442	1 266	939	175	55	7	1 138	293
7	2 355	989	1 137	178	46	5	1 348	352
6	855	326	414	93	19	3	696	181
−	145	53	63	21	8	−	270	50
1	13	4	9	−	−	−	28	96
23	5 810	2 638	2 562	467	128	15	3 480	972
4	1 252	654	478	90	25	5	625	180
10	2 122	959	963	159	33	8	1 218	315
5	1 777	767	815	150	43	2	1 056	256
3	641	254	293	67	27	−	549	128
1	18	4	13	1	−	−	32	93
21	5 291	2 425	2 326	422	105	13	3 064	885
1	851	478	294	65	12	2	346	97
6	1 682	810	737	114	19	2	831	243
8	1 810	770	860	149	28	3	1 092	282
5	916	354	418	94	46	4	752	163
1	32	13	17	−	−	2	43	100
21	5 291	2 425	2 326	422	105	13	3 064	885
1	630	353	209	53	12	3	259	75
6	1 382	667	601	95	18	1	715	215
8	2 016	911	935	144	22	4	1 182	307
5	1 219	475	557	130	53	4	861	185
1	44	19	24	−	−	1	47	103
21	5 291	2 425	2 326	422	105	13	3 064	885
1	889	478	313	75	20	3	459	142
9	1 894	905	836	130	20	3	997	278
9	1 720	717	829	144	27	3	966	229
1	751	310	328	73	37	3	595	135
1	37	15	20	−	1	1	47	101
21	5 291	2 425	2 326	422	105	13	3 064	885
3	1 028	573	360	74	19	2	451	134
4	1 896	897	838	142	18	1	951	276
11	1 616	664	790	127	29	6	999	239
2	713	274	319	79	38	3	617	134
1	38	17	19	−	1	1	46	102
21	5 291	2 425	2 326	422	105	13	3 064	885
1	850	468	302	65	13	2	386	113
8	1 601	777	684	116	20	4	803	231
8	1 691	720	819	123	26	3	1 005	251
3	1 110	446	498	118	45	3	824	190
1	39	14	23	−	1	1	46	100

実　数（人）

性　、家庭での会話	総数	部活動を行っている	運動系	部活動の仲間や友人との関係はうまくいって とてもそう思う	まあそう思う	あまりそう思わない	まったくそう思わない
男児							
母との会話							
学校でのできごとについて	14 573	12 147	11 017	6 696	3 681	480	143
よくする	5 019	4 359	3 924	2 693	1 027	153	49
ときどきする	6 042	5 086	4 654	2 701	1 721	181	42
あまりしない	2 606	2 122	1 920	1 032	747	107	29
まったくしない	804	553	495	251	183	38	23
不詳	102	27	24	19	3	1	－
友だちのことについて	14 573	12 147	11 017	6 696	3 681	480	143
よくする	3 968	3 450	3 122	2 221	757	104	37
ときどきする	6 040	5 080	4 628	2 752	1 642	190	36
あまりしない	3 456	2 865	2 600	1 393	1 036	132	34
まったくしない	990	710	629	301	239	53	36
不詳	119	42	38	29	7	1	－
将来や進路のことについて	14 573	12 147	11 017	6 696	3 681	480	143
よくする	4 304	3 692	3 359	2 263	918	129	46
ときどきする	6 275	5 319	4 834	2 858	1 721	201	45
あまりしない	3 143	2 574	2 320	1 297	866	118	35
まったくしない	726	513	458	244	167	31	16
不詳	125	49	46	34	9	1	1
勉強や成績のことについて	14 573	12 147	11 017	6 696	3 681	480	143
よくする	4 776	4 127	3 745	2 514	1 041	144	41
ときどきする	6 287	5 380	4 895	2 857	1 781	205	47
あまりしない	2 729	2 164	1 955	1 095	715	101	38
まったくしない	662	433	381	201	135	29	16
不詳	119	43	41	29	9	1	1
社会のできごとやニュースについて	14 573	12 147	11 017	6 696	3 681	480	143
よくする	2 495	2 109	1 869	1 254	509	72	32
ときどきする	5 202	4 371	3 951	2 376	1 371	163	32
あまりしない	4 779	4 066	3 752	2 214	1 315	176	43
まったくしない	1 974	1 555	1 402	818	479	68	36
不詳	123	46	43	34	7	1	－
父との会話							
学校でのできごとについて	13 505	11 342	10 318	6 271	3 443	455	132
よくする	1 760	1 550	1 411	1 048	311	37	14
ときどきする	4 076	3 532	3 235	2 046	1 030	128	25
あまりしない	4 967	4 176	3 805	2 169	1 403	180	48
まったくしない	2 520	1 993	1 784	949	678	108	45
不詳	182	91	83	59	21	2	－
友だちのことについて	13 505	11 342	10 318	6 271	3 443	455	132
よくする	1 388	1 222	1 128	862	227	28	10
ときどきする	3 653	3 151	2 891	1 862	902	101	20
あまりしない	5 337	4 524	4 129	2 372	1 517	189	46
まったくしない	2 917	2 330	2 063	1 095	774	135	55
不詳	210	115	107	80	23	2	1
将来や進路のことについて	13 505	11 342	10 318	6 271	3 443	455	132
よくする	2 496	2 158	1 982	1 360	512	81	28
ときどきする	4 846	4 168	3 816	2 346	1 289	148	25
あまりしない	4 144	3 488	3 157	1 832	1 126	154	39
まったくしない	1 821	1 425	1 268	664	493	70	40
不詳	198	103	95	69	23	2	－
勉強や成績のことについて	13 505	11 342	10 318	6 271	3 443	455	132
よくする	2 564	2 235	2 036	1 395	538	79	21
ときどきする	4 737	4 090	3 748	2 317	1 253	147	28
あまりしない	4 165	3 493	3 183	1 827	1 144	160	44
まったくしない	1 844	1 423	1 258	664	486	67	39
不詳	195	101	93	68	22	2	－
社会のできごとやニュースについて	13 505	11 342	10 318	6 271	3 443	455	132
よくする	2 008	1 750	1 564	1 100	378	69	16
ときどきする	3 988	3 419	3 107	1 892	1 049	127	31
あまりしない	4 560	3 864	3 565	2 085	1 286	153	36
まったくしない	2 751	2 206	1 987	1 124	708	104	49
不詳	198	103	95	70	22	2	－

学校生活の満足－部活動の有無・部活動の満足別（12－５）

第15回調査（平成28年）

いる		部活動の仲間や友人との関係はうまくいっている					部活は行っていない	不詳
不詳	文化系	とてもそう思う	まあそう思う	あまりそう思わない	まったくそう思わない	不詳		
17	1 204	527	537	101	30	9	1 827	599
2	462	248	160	41	7	6	503	157
9	461	174	242	31	13	1	733	223
5	216	82	104	22	6	2	373	111
－	62	23	28	7	4	－	204	47
1	3	－	3	－	－	－	14	61
17	1 204	527	537	101	30	9	1 827	599
3	350	200	111	28	7	4	387	131
8	480	183	249	35	11	2	742	218
5	284	112	137	27	5	3	454	137
－	86	30	38	11	7	－	229	51
1	4	2	2	－	－	－	15	62
17	1 204	527	537	101	30	9	1 827	599
3	352	195	110	35	8	4	461	151
9	522	210	261	36	12	3	736	220
4	265	100	132	23	8	2	442	127
－	62	20	33	7	2	－	173	40
1	3	2	1	－	－	－	15	61
17	1 204	527	537	101	30	9	1 827	599
5	407	223	139	33	8	4	495	154
5	516	201	263	34	15	3	690	217
6	224	85	106	27	4	2	438	127
－	55	17	28	7	3	－	190	39
1	2	1	1	－	－	－	14	62
17	1 204	527	537	101	30	9	1 827	599
2	254	141	87	17	5	4	283	103
9	450	186	223	30	8	3	642	189
4	339	140	156	31	10	2	552	161
1	158	59	69	23	7	－	334	85
1	3	1	2	－	－	－	16	61
17	1 092	478	490	92	24	8	1 614	549
1	149	98	39	9	1	2	149	61
6	319	143	151	21	4	－	413	131
5	392	157	183	41	8	3	602	189
4	224	78	113	21	11	1	426	101
1	8	2	4	－	－	2	24	67
17	1 092	478	490	92	24	8	1 614	549
1	102	71	20	7	1	3	113	53
6	279	129	125	21	4	－	376	126
5	420	186	189	34	8	3	620	193
4	283	89	152	30	11	1	480	107
1	8	3	4	－	－	1	25	70
17	1 092	478	490	92	24	8	1 614	549
1	190	109	56	18	4	3	248	90
8	384	177	176	27	3	1	519	159
6	341	130	171	31	7	2	505	151
1	169	59	83	16	10	1	316	80
1	8	3	4	－	－	1	26	69
17	1 092	478	490	92	24	8	1 614	549
3	215	131	63	17	2	2	240	89
3	365	162	172	26	4	1	492	155
8	328	123	168	27	7	3	519	153
2	176	59	83	22	11	1	338	83
1	8	3	4	－	－	1	25	69
17	1 092	478	490	92	24	8	1 614	549
1	205	120	68	13	2	2	187	71
8	330	149	147	25	7	2	426	143
5	318	121	164	27	4	2	537	159
2	231	86	106	27	11	1	438	107
1	8	2	5	－	－	1	26	69

第76表　子ども数・構成割合，性、家庭での会話、

実　数（人）

性　、家庭での会話	総数	部活動を行っている	運動系	部活動の仲間や友人との関係はうまくいって とてもそう思う	まあそう思う	あまりそう思わない	まったくそう思わない
女児							
母との会話							
学校でのできごとについて	13 835	11 809	7 286	3 952	2 693	503	132
よくする	8 429	7 307	4 516	2 625	1 514	305	69
ときどきする	4 073	3 469	2 119	1 028	917	131	42
あまりしない	1 038	852	537	241	226	55	13
まったくしない	232	161	101	50	32	11	8
不詳	63	20	13	8	4	1	-
友だちのことについて	13 835	11 809	7 286	3 952	2 693	503	132
よくする	7 374	6 397	3 956	2 359	1 266	269	60
ときどきする	4 510	3 850	2 372	1 169	1 023	139	39
あまりしない	1 556	1 295	801	349	349	76	25
まったくしない	308	227	131	63	43	17	8
不詳	87	40	26	12	12	2	-
将来や進路のことについて	13 835	11 809	7 286	3 952	2 693	503	132
よくする	5 738	4 950	3 055	1 768	1 022	208	53
ときどきする	5 588	4 774	2 946	1 534	1 161	203	47
あまりしない	2 125	1 818	1 118	568	452	74	23
まったくしない	299	230	143	70	49	15	9
不詳	85	37	24	12	9	3	-
勉強や成績のことについて	13 835	11 809	7 286	3 952	2 693	503	132
よくする	6 028	5 246	3 254	1 909	1 075	212	54
ときどきする	5 515	4 722	2 913	1 490	1 175	200	46
あまりしない	1 902	1 590	969	480	390	74	25
まったくしない	305	214	124	60	42	15	7
不詳	85	37	26	13	11	2	-
社会のできごとやニュースについて	13 835	11 809	7 286	3 952	2 693	503	132
よくする	2 866	2 447	1 474	854	504	89	25
ときどきする	4 994	4 292	2 654	1 420	1 016	178	39
あまりしない	4 383	3 784	2 366	1 266	914	157	28
まったくしない	1 503	1 245	766	400	247	77	40
不詳	89	41	26	12	12	2	-
父との会話							
学校でのできごとについて	12 644	10 858	6 733	3 644	2 504	459	122
よくする	1 974	1 741	1 059	680	312	51	16
ときどきする	4 110	3 580	2 239	1 242	832	135	30
あまりしない	4 296	3 713	2 317	1 176	929	169	40
まったくしない	2 142	1 754	1 071	522	412	102	34
不詳	122	70	47	24	19	2	2
友だちのことについて	12 644	10 858	6 733	3 644	2 504	459	122
よくする	1 470	1 302	790	518	224	39	9
ときどきする	3 314	2 886	1 801	1 014	657	108	22
あまりしない	4 866	4 190	2 621	1 359	1 038	176	45
まったくしない	2 840	2 381	1 457	720	559	133	44
不詳	154	99	64	33	26	3	2
将来や進路のことについて	12 644	10 858	6 733	3 644	2 504	459	122
よくする	2 073	1 810	1 126	714	334	65	13
ときどきする	4 541	3 944	2 461	1 328	947	154	31
あまりしない	4 057	3 518	2 156	1 107	849	155	42
まったくしない	1 839	1 505	937	466	355	82	34
不詳	134	81	53	29	19	3	2
勉強や成績のことについて	12 644	10 858	6 733	3 644	2 504	459	122
よくする	2 310	2 054	1 259	775	399	71	14
ときどきする	4 593	4 013	2 508	1 372	940	159	36
あまりしない	3 898	3 332	2 065	1 071	819	140	32
まったくしない	1 707	1 377	848	398	327	86	37
不詳	136	82	53	28	19	3	3
社会のできごとやニュースについて	12 644	10 858	6 733	3 644	2 504	459	122
よくする	1 833	1 592	964	582	308	57	17
ときどきする	3 746	3 281	2 031	1 110	783	113	25
あまりしない	4 250	3 690	2 337	1 230	912	158	34
まったくしない	2 679	2 210	1 346	692	481	128	44
不詳	136	85	55	30	20	3	2

第15回調査（平成28年）

いる	文化系	部活動の仲間や友人との関係はうまくいっている					部活は行っていない	不詳
不詳		とてもそう思う	まあそう思う	あまりそう思わない	まったくそう思わない	不詳		
6	4 606	2 111	2 025	366	98	6	1 653	373
3	2 853	1 430	1 160	209	51	3	922	200
1	1 368	535	687	112	31	3	499	105
2	318	120	151	34	13	－	159	27
－	60	23	23	11	3	－	61	10
－	7	3	4	－	－	－	12	31
6	4 606	2 111	2 025	366	98	6	1 653	373
2	2 495	1 264	990	191	47	3	801	176
2	1 502	618	748	105	29	2	544	116
2	499	188	238	56	16	1	226	35
－	96	37	40	14	5	－	67	14
－	14	4	9	－	1	－	15	32
6	4 606	2 111	2 025	366	98	6	1 653	373
4	1 936	993	748	148	44	3	646	142
1	1 856	778	901	140	34	3	671	143
1	712	303	330	65	14	－	264	43
－	89	35	36	13	5	－	58	11
－	13	2	10	－	1	－	14	34
6	4 606	2 111	2 025	366	98	6	1 653	373
4	2 035	1 043	800	142	47	3	643	139
2	1 839	788	874	144	31	2	658	135
－	631	241	308	66	15	1	258	54
－	90	36	35	14	5	－	80	11
－	11	3	8	－	－	－	14	34
6	4 606	2 111	2 025	366	98	6	1 653	373
2	998	513	391	73	20	1	342	77
1	1 672	773	740	129	25	5	576	126
1	1 438	627	659	119	33	－	504	95
2	483	195	224	44	20	－	215	43
－	15	3	11	1	－	－	16	32
4	4 199	1 947	1 836	330	81	5	1 450	336
－	702	380	255	56	11	－	197	36
－	1 363	667	586	93	15	2	418	112
3	1 418	613	677	108	20	－	490	93
1	692	276	305	73	35	3	326	62
－	24	11	13	－	－	－	19	33
4	4 199	1 947	1 836	330	81	5	1 450	336
－	528	282	189	46	11	－	146	22
－	1 103	538	476	74	14	1	339	89
3	1 596	725	746	110	14	1	562	114
1	936	386	405	100	42	3	381	78
－	36	16	20	－	－	－	22	33
4	4 199	1 947	1 836	330	81	5	1 450	336
－	699	369	257	57	16	－	211	52
1	1 510	728	660	103	17	2	478	119
3	1 379	587	658	113	20	1	461	78
－	582	251	245	57	27	2	279	55
－	29	12	16	－	1	－	21	32
4	4 199	1 947	1 836	330	81	5	1 450	336
－	813	442	297	57	17	－	211	45
1	1 531	735	666	116	14	－	459	121
3	1 288	541	622	100	22	3	480	86
－	537	215	236	57	27	2	279	51
－	30	14	15	－	1	－	21	33
4	4 199	1 947	1 836	330	81	5	1 450	336
－	645	348	234	52	11	－	199	42
－	1 271	628	537	91	13	2	377	88
3	1 373	599	655	96	22	1	468	92
1	879	360	392	91	34	2	386	83
－	31	12	18	－	1	－	20	31

第76表　子ども数・構成割合，性、家庭での会話、

構成割合（%）

性、家庭での会話	総数	学校：クラスの友人関係はうまくいっている：とてもそう思う	まあそう思う	あまりそう思わない	まったくそう思わない	不詳	教師との関係はうまくいっている：とてもそう思う	まあそう思う	あまりそう思わない	まったくそう思わない	不詳	ためになると思：とてもそう思う	まあそう思う
総数													
母との会話													
学校でのできごとについて	100.0	53.3	40.5	4.1	1.5	0.6	38.1	50.9	8.0	2.2	0.7	25.7	50.9
よくする	100.0	61.6	33.6	3.6	1.0	0.2	47.4	44.7	5.9	1.7	0.3	31.6	49.5
ときどきする	100.0	48.0	46.8	4.0	0.9	0.3	31.0	58.2	8.7	1.7	0.3	21.5	54.4
あまりしない	100.0	43.2	48.5	5.5	2.5	0.3	27.9	55.9	12.7	3.1	0.4	18.6	50.8
まったくしない	100.0	38.2	43.6	6.9	10.0	1.3	26.9	48.3	12.5	11.4	1.0	18.8	39.2
不詳	100.0	22.4	18.2	1.8	2.4	55.2	15.8	21.2	4.8	2.4	55.8	12.1	22.4
友だちのことについて	100.0	53.3	40.5	4.1	1.5	0.6	38.1	50.9	8.0	2.2	0.7	25.7	50.9
よくする	100.0	64.3	31.1	3.4	1.0	0.2	49.5	42.4	6.0	1.9	0.3	33.2	48.4
ときどきする	100.0	49.2	46.2	3.4	0.9	0.3	32.6	57.3	8.1	1.6	0.3	22.0	54.6
あまりしない	100.0	42.5	49.0	6.3	1.9	0.3	27.9	58.3	11.1	2.4	0.4	18.6	52.5
まったくしない	100.0	36.8	45.7	7.2	9.5	0.8	26.0	49.7	13.8	10.0	0.5	21.0	40.3
不詳	100.0	26.7	25.2	1.9	1.5	44.7	18.9	24.8	5.3	1.9	49.0	13.1	27.2
将来や進路のことについて	100.0	53.3	40.5	4.1	1.5	0.6	38.1	50.9	8.0	2.2	0.7	25.7	50.9
よくする	100.0	62.4	32.1	3.9	1.4	0.3	48.9	42.7	6.1	2.0	0.3	34.2	47.3
ときどきする	100.0	50.5	44.2	3.9	1.2	0.3	34.1	55.9	8.0	1.7	0.3	22.1	54.4
あまりしない	100.0	45.4	47.9	4.9	1.5	0.3	29.1	56.9	10.9	2.7	0.3	19.0	52.7
まったくしない	100.0	43.3	44.7	5.1	6.1	0.8	29.1	49.1	12.8	8.3	0.8	22.6	40.1
不詳	100.0	29.0	24.3	2.4	1.9	42.4	20.0	25.7	5.2	2.4	46.7	14.3	28.1
勉強や成績のことについて	100.0	53.3	40.5	4.1	1.5	0.6	38.1	50.9	8.0	2.2	0.7	25.7	50.9
よくする	100.0	62.4	32.6	3.6	1.1	0.2	48.6	43.5	5.8	1.8	0.3	34.7	47.2
ときどきする	100.0	50.0	45.0	3.7	1.1	0.3	33.2	56.8	8.0	1.6	0.3	21.3	55.5
あまりしない	100.0	44.9	47.1	5.9	1.9	0.3	29.0	55.6	12.2	2.8	0.3	18.0	51.2
まったくしない	100.0	38.4	45.6	6.6	8.6	0.8	28.6	45.1	14.0	11.6	0.7	19.8	38.8
不詳	100.0	28.9	22.1	2.0	2.5	44.6	18.1	24.0	5.9	2.9	49.0	13.2	27.5
社会のできごとやニュースについて	100.0	53.3	40.5	4.1	1.5	0.6	38.1	50.9	8.0	2.2	0.7	25.7	50.9
よくする	100.0	61.7	32.7	3.6	1.5	0.4	50.5	40.8	6.0	2.4	0.4	37.0	44.0
ときどきする	100.0	52.8	41.9	3.8	1.2	0.3	37.6	53.3	7.2	1.7	0.3	25.1	54.5
あまりしない	100.0	51.1	43.1	4.2	1.3	0.3	34.0	55.1	8.7	1.8	0.3	22.0	53.8
まったくしない	100.0	49.0	42.3	5.4	3.0	0.3	32.8	50.2	12.0	4.7	0.4	20.9	44.7
不詳	100.0	30.7	24.1	1.9	1.4	42.0	18.9	25.9	6.6	1.9	46.7	13.7	29.2
父との会話													
学校でのできごとについて	100.0	53.6	40.4	3.9	1.4	0.6	38.5	50.9	7.8	2.1	0.7	26.0	51.0
よくする	100.0	69.9	26.6	2.5	0.7	0.3	58.2	35.2	4.8	1.4	0.4	42.6	43.9
ときどきする	100.0	57.2	39.2	2.9	0.6	0.2	41.3	51.4	6.0	1.1	0.2	27.5	54.8
あまりしない	100.0	48.8	45.4	4.4	1.2	0.2	32.7	56.7	8.7	1.7	0.3	21.6	53.6
まったくしない	100.0	44.7	44.7	6.1	3.9	0.5	29.8	52.4	11.9	5.3	0.5	19.1	46.1
不詳	100.0	44.1	25.3	1.3	1.0	28.3	31.6	31.6	5.3	1.6	29.9	24.3	34.9
友だちのことについて	100.0	53.6	40.4	3.9	1.4	0.6	38.5	50.9	7.8	2.1	0.7	26.0	51.0
よくする	100.0	73.0	23.5	2.2	1.0	0.2	60.7	32.5	4.9	1.6	0.2	44.6	41.7
ときどきする	100.0	58.6	38.2	2.6	0.5	0.2	43.2	49.6	5.8	1.2	0.3	28.6	53.9
あまりしない	100.0	50.1	44.6	4.1	0.9	0.3	33.8	56.6	7.9	1.4	0.3	22.8	54.4
まったくしない	100.0	44.8	44.9	6.3	3.6	0.4	30.4	52.8	11.6	4.8	0.4	19.5	47.2
不詳	100.0	46.7	26.6	2.2	0.5	23.9	33.8	31.6	6.6	1.1	26.9	26.4	35.7
将来や進路のことについて	100.0	53.6	40.4	3.9	1.4	0.6	38.5	50.9	7.8	2.1	0.7	26.0	51.0
よくする	100.0	66.8	28.6	3.4	0.9	0.3	54.0	38.7	5.2	1.8	0.4	40.2	44.3
ときどきする	100.0	55.1	40.5	3.1	1.1	0.2	39.3	52.5	6.6	1.4	0.3	26.0	54.4
あまりしない	100.0	48.9	45.4	4.5	1.1	0.2	33.0	56.4	8.7	1.7	0.3	21.2	54.1
まったくしない	100.0	44.9	45.0	5.8	3.7	0.6	30.2	51.5	12.4	5.4	0.5	19.1	45.6
不詳	100.0	46.1	25.6	2.1	0.3	25.9	32.8	31.6	5.7	1.2	28.6	26.8	34.0
勉強や成績のことについて	100.0	53.6	40.4	3.9	1.4	0.6	38.5	50.9	7.8	2.1	0.7	26.0	51.0
よくする	100.0	66.6	29.5	2.7	0.8	0.3	54.7	38.3	5.0	1.6	0.4	41.3	43.6
ときどきする	100.0	55.4	40.4	3.2	0.9	0.2	39.1	53.0	6.5	1.2	0.2	26.1	55.1
あまりしない	100.0	48.8	45.3	4.6	1.1	0.2	32.4	56.7	8.9	1.8	0.3	19.9	54.5
まったくしない	100.0	42.9	45.8	6.3	4.3	0.6	29.3	51.3	12.9	5.9	0.5	18.6	44.4
不詳	100.0	45.6	25.7	1.2	1.2	26.3	32.3	31.7	5.7	1.5	28.7	26.6	33.5
社会のできごとやニュースについて	100.0	53.6	40.4	3.9	1.4	0.6	38.5	50.9	7.8	2.1	0.7	26.0	51.0
よくする	100.0	65.3	30.2	3.3	0.9	0.3	54.9	37.7	5.4	1.8	0.3	41.3	42.7
ときどきする	100.0	54.9	40.6	3.1	1.1	0.3	39.5	52.1	6.5	1.5	0.3	27.3	54.1
あまりしない	100.0	51.5	43.3	4.0	0.9	0.2	34.5	56.0	7.8	1.5	0.3	22.0	54.9
まったくしない	100.0	47.4	43.6	5.6	3.0	0.3	32.3	51.4	11.6	4.3	0.4	20.1	47.3
不詳	100.0	46.4	25.1	1.8	0.6	26.0	32.0	31.7	6.0	1.2	29.0	26.0	33.5

第15回調査（平成28年）

生活の満足																	
える授業がたくさんある			楽しいと思える授業がたくさんある					学校の勉強は将来役に立つと思う					授業の内容をよく理解できている				
あまりそう思わない	まったくそう思わない	不詳	とてもそう思う	まあそう思う	あまりそう思わない	まったくそう思わない	不詳	とてもそう思う	まあそう思う	あまりそう思わない	まったくそう思わない	不詳	とてもそう思う	まあそう思う	あまりそう思わない	まったくそう思わない	不詳
19.2	3.4	0.8	26.4	42.9	25.5	4.5	0.7	31.8	47.2	16.9	3.4	0.7	25.2	53.7	17.1	3.2	0.7
16.1	2.4	0.4	32.9	42.2	21.3	3.2	0.4	38.3	44.6	14.1	2.6	0.4	30.5	52.7	14.1	2.3	0.3
20.7	3.0	0.4	21.4	45.9	28.2	4.1	0.4	27.2	51.1	18.3	3.0	0.4	21.0	57.4	18.2	3.0	0.5
25.8	4.5	0.4	19.1	40.8	33.4	6.4	0.3	23.7	49.2	21.9	4.9	0.4	19.7	52.0	23.4	4.6	0.3
24.2	16.8	1.0	19.5	32.9	28.2	18.3	1.1	23.4	38.0	23.0	14.5	1.2	19.9	41.3	24.6	12.9	1.3
5.5	3.0	57.0	9.7	17.0	12.7	3.6	57.0	11.5	24.2	5.5	3.0	55.8	7.9	20.6	11.5	3.6	56.4
19.2	3.4	0.8	26.4	42.9	25.5	4.5	0.7	31.8	47.2	16.9	3.4	0.7	25.2	53.7	17.1	3.2	0.7
15.6	2.5	0.3	34.7	41.3	20.3	3.4	0.3	39.8	43.7	13.6	2.7	0.3	31.1	51.8	14.3	2.4	0.3
20.4	2.6	0.4	21.8	46.3	27.8	3.6	0.4	27.9	51.1	17.9	2.7	0.4	21.9	57.6	17.4	2.7	0.4
24.2	4.3	0.5	19.1	42.2	32.4	5.9	0.4	24.4	49.5	21.3	4.3	0.5	20.6	53.7	21.4	3.9	0.4
23.3	14.9	0.5	21.6	34.0	27.7	16.0	0.7	25.5	39.3	21.6	13.0	0.6	20.6	43.5	23.6	11.6	0.7
6.8	3.4	49.5	12.1	21.8	12.6	4.4	49.0	13.1	28.2	6.8	3.4	48.5	11.7	21.8	13.1	3.9	49.5
19.2	3.4	0.8	26.4	42.9	25.5	4.5	0.7	31.8	47.2	16.9	3.4	0.7	25.2	53.7	17.1	3.2	0.7
15.3	2.8	0.4	34.9	40.1	21.0	3.6	0.4	42.2	42.2	12.5	2.8	0.4	34.1	50.4	12.8	2.4	0.3
20.1	3.0	0.4	22.7	46.2	26.8	4.0	0.4	28.0	51.1	17.5	3.0	0.4	21.9	57.4	17.5	2.9	0.4
23.9	3.9	0.4	19.7	43.3	31.3	5.4	0.3	23.1	49.8	22.8	3.9	0.4	17.5	54.5	23.6	4.0	0.4
24.8	11.7	0.8	22.8	34.0	27.5	14.6	1.0	22.6	40.5	23.4	12.6	0.9	19.0	45.6	23.2	11.3	0.9
7.6	2.9	47.1	13.3	21.9	14.8	3.3	46.7	17.1	27.1	6.2	3.3	46.2	12.4	23.8	13.3	3.3	47.1
19.2	3.4	0.8	26.4	42.9	25.5	4.5	0.7	31.8	47.2	16.9	3.4	0.7	25.2	53.7	17.1	3.2	0.7
15.2	2.5	0.4	35.1	40.4	20.9	3.2	0.4	42.6	41.8	12.7	2.6	0.3	35.3	50.5	11.9	1.9	0.3
20.0	2.7	0.4	22.1	46.7	27.1	3.8	0.4	26.9	52.6	17.3	2.8	0.4	20.6	58.9	17.4	2.6	0.4
25.9	4.4	0.4	18.8	42.6	32.1	6.2	0.4	22.2	48.6	24.0	4.8	0.5	16.0	52.0	26.7	4.9	0.4
24.2	16.4	0.8	20.8	30.0	28.9	19.3	1.0	21.2	38.2	24.9	14.7	1.0	15.2	40.5	26.3	17.1	0.9
5.9	3.9	49.5	11.3	21.1	13.2	5.4	49.0	13.7	27.0	6.4	3.9	49.0	12.3	21.1	12.3	4.9	49.5
19.2	3.4	0.8	26.4	42.9	25.5	4.5	0.7	31.8	47.2	16.9	3.4	0.7	25.2	53.7	17.1	3.2	0.7
15.1	3.3	0.6	37.7	38.5	19.2	4.0	0.6	44.7	39.5	12.4	2.9	0.5	37.2	47.9	11.9	2.4	0.6
17.8	2.3	0.4	25.4	46.4	24.6	3.3	0.3	31.3	50.2	15.8	2.4	0.3	24.6	56.9	15.8	2.4	0.4
20.8	2.9	0.3	22.8	44.6	28.3	4.1	0.3	27.7	50.4	18.4	3.0	0.4	21.2	56.5	19.0	2.9	0.3
26.0	8.1	0.4	22.3	36.2	31.4	9.8	0.4	25.4	42.5	23.3	8.5	0.3	19.8	47.6	24.4	7.8	0.3
6.6	2.8	47.6	12.7	21.7	15.1	3.8	46.7	14.6	29.7	5.7	3.8	46.2	13.2	23.1	12.7	3.8	47.2
18.9	3.3	0.8	26.6	43.0	25.3	4.3	0.7	32.0	47.5	16.5	3.3	0.7	25.8	53.9	16.6	3.0	0.7
11.2	1.8	0.5	43.9	37.5	15.6	2.4	0.6	49.4	37.5	10.1	2.3	0.6	39.8	46.8	11.0	2.0	0.5
15.7	1.8	0.3	27.9	47.5	21.9	2.4	0.3	33.9	49.6	14.2	1.9	0.3	27.0	56.9	14.2	1.6	0.3
21.7	2.8	0.3	22.2	44.7	29.1	3.7	0.3	27.5	51.0	18.3	2.9	0.3	22.3	56.7	18.2	2.5	0.3
26.0	8.2	0.6	19.3	37.3	32.5	10.3	0.6	23.7	45.7	22.6	7.4	0.6	19.8	49.4	22.8	7.4	0.6
8.9	1.6	30.3	24.3	29.9	12.8	2.6	30.3	26.0	34.5	7.9	1.3	30.3	18.4	37.8	10.5	2.6	30.6
18.9	3.3	0.8	26.6	43.0	25.3	4.3	0.7	32.0	47.5	16.5	3.3	0.7	25.8	53.9	16.6	3.0	0.7
11.5	1.9	0.3	45.6	35.6	15.5	2.8	0.5	50.9	36.3	9.9	2.6	0.4	40.4	45.6	11.5	2.2	0.3
15.2	1.9	0.4	29.2	47.1	20.9	2.5	0.3	34.7	48.7	14.2	1.9	0.4	27.9	56.2	13.8	1.8	0.4
20.1	2.4	0.3	23.3	45.5	27.6	3.2	0.3	28.9	51.1	17.1	2.6	0.3	23.4	56.8	17.4	2.1	0.3
25.6	7.2	0.6	19.8	38.3	32.3	9.1	0.5	24.8	46.1	21.9	6.7	0.4	20.6	50.8	21.6	6.5	0.5
9.3	1.1	27.5	27.7	30.2	12.6	2.5	26.9	29.7	34.3	7.7	1.4	26.9	21.7	38.5	10.4	2.2	27.2
18.9	3.3	0.8	26.6	43.0	25.3	4.3	0.7	32.0	47.5	16.5	3.3	0.7	25.8	53.9	16.6	3.0	0.7
12.8	2.3	0.4	41.0	38.0	17.5	3.1	0.4	48.2	38.6	10.4	2.4	0.4	39.6	47.3	10.9	1.9	0.4
16.9	2.4	0.3	26.5	46.7	23.5	3.0	0.3	33.1	49.6	14.5	2.5	0.3	26.6	57.1	14.2	1.8	0.3
21.6	2.8	0.4	21.8	44.7	29.3	3.9	0.3	25.9	51.6	19.4	2.8	0.3	20.6	56.3	19.9	2.8	0.3
26.6	8.1	0.6	19.9	37.4	31.9	10.1	0.6	22.8	45.2	23.6	7.9	0.5	18.6	49.6	23.2	8.0	0.6
9.0	1.2	28.9	25.9	30.4	12.7	2.4	28.6	27.1	34.9	7.8	1.2	28.9	20.2	38.0	10.5	2.1	29.2
18.9	3.3	0.8	26.6	43.0	25.3	4.3	0.7	32.0	47.5	16.5	3.3	0.7	25.8	53.9	16.6	3.0	0.7
12.7	1.9	0.4	41.5	38.4	17.0	2.7	0.5	49.3	37.9	10.3	2.1	0.4	42.2	46.1	9.8	1.5	0.3
16.3	2.1	0.4	26.9	46.7	23.2	2.8	0.3	33.0	50.2	14.4	2.2	0.3	26.4	57.8	13.9	1.6	0.3
22.4	2.9	0.3	20.5	45.2	29.9	4.0	0.4	24.9	52.2	19.6	3.0	0.3	19.1	57.2	20.5	2.8	0.3
27.2	9.2	0.6	19.1	36.1	33.1	11.1	0.6	22.0	44.6	24.2	8.7	0.6	17.1	48.0	25.2	9.1	0.6
9.4	1.5	29.0	26.0	30.5	12.1	2.4	29.0	27.5	34.1	7.6	2.1	28.7	21.5	36.6	10.3	2.4	29.3
18.9	3.3	0.8	26.6	43.0	25.3	4.3	0.7	32.0	47.5	16.5	3.3	0.7	25.8	53.9	16.6	3.0	0.7
13.3	2.4	0.4	42.2	37.6	16.9	2.9	0.4	48.8	37.4	10.9	2.6	0.4	42.0	46.5	9.6	1.5	0.4
16.0	2.2	0.4	27.9	46.1	22.7	3.0	0.4	33.9	49.6	14.0	2.2	0.4	27.4	56.4	13.9	1.9	0.4
20.3	2.5	0.4	22.5	45.9	28.0	3.4	0.3	27.7	51.7	17.7	2.5	0.4	21.6	57.5	18.4	2.2	0.3
25.4	6.9	0.4	20.5	38.9	31.5	8.7	0.4	24.5	45.7	22.6	6.9	0.3	19.2	50.7	22.9	6.9	0.4
9.6	1.2	29.6	25.7	29.0	13.5	2.4	29.3	26.0	34.7	8.7	1.2	29.3	20.7	36.5	10.8	2.4	29.6

第76表　子ども数・構成割合，性、家庭での会話、

構成割合（%）

性、家庭での会話	総数	学校											
		クラスの友人関係はうまくいっている					教師との関係はうまくいっている					ためになると思	
		とてもそう思う	まあそう思う	あまりそう思わない	まったくそう思わない	不詳	とてもそう思う	まあそう思う	あまりそう思わない	まったくそう思わない	不詳	とてもそう思う	まあそう思う
男児													
母との会話													
学校でのできごとについて	100.0	54.7	39.8	3.3	1.4	0.8	38.4	50.7	7.9	2.3	0.8	27.8	49.2
よくする	100.0	67.0	29.2	2.6	0.9	0.3	51.9	40.9	5.1	1.7	0.3	37.7	44.9
ときどきする	100.0	51.2	44.8	3.0	0.6	0.3	32.8	57.4	7.9	1.5	0.4	24.0	53.8
あまりしない	100.0	45.6	47.7	4.5	2.0	0.3	29.9	55.3	11.9	2.5	0.4	20.9	50.4
まったくしない	100.0	39.1	45.0	6.1	8.6	1.2	26.7	49.6	12.2	10.4	1.0	19.2	40.5
不詳	100.0	19.6	16.7	2.0	2.9	58.8	13.7	19.6	4.9	2.0	59.8	10.8	22.5
友だちのことについて	100.0	54.7	39.8	3.3	1.4	0.8	38.4	50.7	7.9	2.3	0.8	27.8	49.2
よくする	100.0	71.7	24.9	2.3	0.7	0.3	55.8	36.7	5.3	1.9	0.3	40.6	42.6
ときどきする	100.0	52.5	44.0	2.5	0.7	0.3	34.7	56.3	7.3	1.4	0.3	24.8	53.5
あまりしない	100.0	44.9	48.4	5.1	1.3	0.4	29.1	58.1	10.3	2.1	0.4	20.6	52.2
まったくしない	100.0	38.1	45.4	6.5	9.3	0.8	26.3	49.7	13.8	9.6	0.6	21.4	41.3
不詳	100.0	24.4	22.7	1.7	0.8	50.4	16.0	23.5	5.9	0.8	53.8	12.6	26.1
将来や進路のことについて	100.0	54.7	39.8	3.3	1.4	0.8	38.4	50.7	7.9	2.3	0.8	27.8	49.2
よくする	100.0	67.4	28.0	3.1	1.1	0.4	53.2	39.0	5.4	1.9	0.5	39.6	43.0
ときどきする	100.0	52.7	43.2	2.8	1.1	0.3	34.7	55.4	8.1	1.6	0.3	24.2	52.9
あまりしない	100.0	45.4	48.3	4.4	1.4	0.4	28.5	58.4	10.0	2.7	0.4	20.2	53.2
まったくしない	100.0	42.3	46.6	4.3	6.1	0.8	28.7	49.7	12.1	8.5	1.0	23.4	40.1
不詳	100.0	28.8	20.8	2.4	1.6	46.4	18.4	25.6	5.6	1.6	48.8	15.2	26.4
勉強や成績のことについて	100.0	54.7	39.8	3.3	1.4	0.8	38.4	50.7	7.9	2.3	0.8	27.8	49.2
よくする	100.0	66.6	29.4	2.7	1.0	0.3	52.4	40.5	5.1	1.7	0.4	39.3	43.6
ときどきする	100.0	51.9	43.9	2.9	1.0	0.3	33.5	56.7	7.9	1.6	0.3	23.7	54.0
あまりしない	100.0	45.4	47.6	4.7	1.9	0.4	28.6	56.9	11.6	2.5	0.4	19.7	51.2
まったくしない	100.0	39.0	46.8	5.9	7.4	0.9	28.5	46.2	13.0	11.3	0.9	20.1	39.7
不詳	100.0	27.7	18.5	1.7	2.5	49.6	16.8	21.8	6.7	2.5	52.1	13.4	26.1
社会のできごとやニュースについて	100.0	54.7	39.8	3.3	1.4	0.8	38.4	50.7	7.9	2.3	0.8	27.8	49.2
よくする	100.0	65.3	30.0	2.7	1.5	0.6	54.5	37.2	5.2	2.6	0.5	40.2	40.2
ときどきする	100.0	54.1	41.3	3.3	1.0	0.3	37.2	53.2	7.5	1.8	0.3	27.1	52.3
あまりしない	100.0	52.5	42.5	3.3	1.3	0.3	34.3	55.6	8.2	1.6	0.4	24.1	53.0
まったくしない	100.0	50.1	42.6	4.1	2.9	0.4	32.4	50.9	11.6	4.7	0.5	23.7	44.3
不詳	100.0	30.1	20.3	1.6	0.8	47.2	17.1	24.4	7.3	0.8	50.4	13.0	27.6
父との会話													
学校でのできごとについて	100.0	54.9	39.8	3.2	1.4	0.8	38.7	50.6	7.8	2.1	0.8	28.0	49.2
よくする	100.0	75.2	22.0	1.7	0.6	0.5	63.0	30.8	4.3	1.4	0.6	47.4	39.5
ときどきする	100.0	58.9	38.2	2.4	0.4	0.2	41.4	51.4	5.9	1.1	0.2	30.0	53.5
あまりしない	100.0	49.8	45.2	3.8	1.0	0.2	32.8	57.1	8.4	1.4	0.3	23.4	51.9
まったくしない	100.0	45.2	45.3	4.6	4.1	0.7	29.8	51.9	12.1	5.6	0.6	20.5	45.3
不詳	100.0	41.8	24.7	1.6	1.1	30.8	29.7	30.2	6.0	2.2	31.9	26.9	29.7
友だちのことについて	100.0	54.9	39.8	3.2	1.4	0.8	38.7	50.6	7.8	2.1	0.8	28.0	49.2
よくする	100.0	78.7	18.8	1.4	0.6	0.4	66.3	27.2	4.4	1.7	0.4	50.4	36.7
ときどきする	100.0	60.5	36.8	2.0	0.4	0.3	43.1	49.9	5.4	1.2	0.4	30.6	52.5
あまりしない	100.0	50.6	45.2	3.3	0.8	0.2	33.7	56.9	7.9	1.2	0.2	24.3	52.8
まったくしない	100.0	45.0	44.9	5.4	4.0	0.7	29.7	52.6	12.1	5.0	0.5	20.8	45.6
不詳	100.0	46.2	23.8	3.3	0.5	26.2	32.4	31.0	6.7	1.4	28.6	29.0	32.9
将来や進路のことについて	100.0	54.9	39.8	3.2	1.4	0.8	38.7	50.6	7.8	2.1	0.8	28.0	49.2
よくする	100.0	70.0	25.9	2.8	0.8	0.4	56.0	37.0	4.8	1.7	0.5	43.3	41.3
ときどきする	100.0	56.0	40.2	2.6	1.1	0.2	39.3	52.3	6.8	1.3	0.3	27.0	53.2
あまりしない	100.0	49.8	45.5	3.5	1.0	0.2	32.1	57.4	8.7	1.6	0.2	22.8	52.6
まったくしない	100.0	43.9	46.7	4.7	3.7	0.9	29.5	51.4	12.5	5.9	0.7	21.5	43.9
不詳	100.0	44.4	24.7	2.5	0.5	27.8	30.8	31.8	6.6	1.5	29.3	28.8	30.8
勉強や成績のことについて	100.0	54.9	39.8	3.2	1.4	0.8	38.7	50.6	7.8	2.1	0.8	28.0	49.2
よくする	100.0	69.8	27.1	2.0	0.7	0.4	57.0	36.5	4.8	1.2	0.5	45.2	40.0
ときどきする	100.0	56.7	39.5	2.7	0.9	0.2	39.2	52.5	6.6	1.3	0.3	27.6	53.6
あまりしない	100.0	49.4	45.5	3.8	1.0	0.2	31.5	57.7	8.8	1.7	0.3	21.3	53.0
まったくしない	100.0	42.7	47.1	5.2	4.2	0.9	29.2	51.4	12.7	6.1	0.7	20.2	44.0
不詳	100.0	45.6	23.6	1.0	1.0	28.7	31.3	30.3	6.2	2.1	30.3	28.2	31.3
社会のできごとやニュースについて	100.0	54.9	39.8	3.2	1.4	0.8	38.7	50.6	7.8	2.1	0.8	28.0	49.2
よくする	100.0	68.6	27.4	2.9	0.7	0.3	57.9	35.1	5.1	1.6	0.3	44.3	39.3
ときどきする	100.0	56.1	39.7	2.7	1.2	0.3	39.9	51.4	6.6	1.7	0.4	29.0	52.3
あまりしない	100.0	52.3	43.6	3.0	0.9	0.3	33.9	56.6	7.9	1.3	0.3	23.7	53.3
まったくしない	100.0	48.0	43.9	4.5	3.0	0.5	31.5	52.3	11.3	4.4	0.5	21.9	46.6
不詳	100.0	46.5	22.7	2.0	0.5	28.3	31.3	30.3	6.6	1.5	30.3	28.8	29.8

学校生活の満足－部活動の有無・部活動の満足別（12－８）

第15回調査（平成28年）

生活の満足 える授業がたくさんある			楽しいと思える授業がたくさんある					学校の勉強は将来役に立つと思う					授業の内容をよく理解できている				
あまりそう思わない	まったくそう思わない	不詳	とてもそう思う	まあそう思う	あまりそう思わない	まったくそう思わない	不詳	とてもそう思う	まあそう思う	あまりそう思わない	まったくそう思わない	不詳	とてもそう思う	まあそう思う	あまりそう思わない	まったくそう思わない	不詳
18.5	3.6	0.9	28.2	41.7	24.7	4.5	0.9	32.2	46.2	16.8	3.9	0.9	28.0	51.8	16.2	3.1	0.9
14.6	2.3	0.5	38.5	38.7	19.5	2.8	0.4	41.6	41.4	13.7	2.9	0.4	37.8	47.3	12.5	2.1	0.4
18.8	2.9	0.5	24.0	45.9	25.8	3.8	0.5	29.0	50.4	17.0	3.1	0.5	23.8	57.1	16.1	2.5	0.5
24.1	4.2	0.4	21.0	41.4	31.5	5.8	0.3	24.8	49.0	21.0	4.9	0.4	21.7	52.8	21.2	4.1	0.3
24.3	15.0	1.0	20.0	34.3	27.7	16.7	1.2	24.0	39.3	22.4	13.1	1.2	20.4	42.7	25.0	10.7	1.2
3.9	3.9	58.8	10.8	10.8	14.7	3.9	59.8	10.8	20.6	6.9	2.9	58.8	9.8	13.7	13.7	2.9	59.8
18.5	3.6	0.9	28.2	41.7	24.7	4.5	0.9	32.2	46.2	16.8	3.9	0.9	28.0	51.8	16.2	3.1	0.9
14.0	2.3	0.4	41.7	36.9	18.2	2.9	0.4	44.3	39.4	12.9	3.1	0.3	39.2	45.8	12.3	2.3	0.3
18.7	2.6	0.5	24.6	46.2	25.3	3.5	0.4	29.6	50.4	16.8	2.8	0.4	25.0	56.2	16.0	2.4	0.4
22.6	4.1	0.5	21.0	42.3	30.9	5.2	0.5	25.4	49.3	20.5	4.2	0.5	22.5	54.5	19.3	3.3	0.5
22.7	13.9	0.6	22.1	35.3	26.6	15.3	0.8	25.5	40.5	20.5	12.8	0.7	22.0	44.1	22.9	10.2	0.7
4.2	3.4	53.8	14.3	13.4	14.3	3.4	54.6	12.6	23.5	6.7	3.4	53.8	12.6	16.0	14.3	2.5	54.6
18.5	3.6	0.9	28.2	41.7	24.7	4.5	0.9	32.2	46.2	16.8	3.9	0.9	28.0	51.8	16.2	3.1	0.9
14.1	2.8	0.6	40.0	36.7	19.5	3.3	0.6	44.9	39.8	11.5	3.3	0.5	40.1	45.9	11.3	2.2	0.4
19.3	3.2	0.4	24.6	45.4	25.9	3.8	0.4	29.0	50.1	17.2	3.3	0.4	25.1	55.9	16.0	2.6	0.4
22.1	4.0	0.5	20.5	44.2	29.4	5.5	0.4	23.9	49.6	22.1	3.9	0.5	19.6	54.2	21.9	3.9	0.4
24.1	11.4	1.0	24.4	34.2	26.3	13.9	1.2	22.7	40.1	23.3	12.8	1.1	19.8	47.1	22.7	9.4	1.0
7.2	2.4	48.8	16.0	16.0	16.0	2.4	49.6	16.0	25.6	6.4	3.2	48.8	12.8	20.0	15.2	2.4	49.6
18.5	3.6	0.9	28.2	41.7	24.7	4.5	0.9	32.2	46.2	16.8	3.9	0.9	28.0	51.8	16.2	3.1	0.9
14.2	2.5	0.6	39.7	37.2	19.8	2.8	0.5	44.7	40.0	12.0	2.9	0.4	41.3	46.3	10.2	1.8	0.4
18.9	3.0	0.4	24.0	46.5	25.4	3.8	0.4	27.9	51.4	17.1	3.2	0.3	23.7	57.9	15.9	2.2	0.4
24.4	4.3	0.4	19.8	42.6	31.1	6.1	0.5	23.7	47.9	23.3	4.7	0.5	18.1	51.6	25.1	4.6	0.5
23.9	15.3	1.1	21.5	31.3	28.2	17.7	1.4	20.4	39.3	25.1	13.9	1.4	15.6	42.0	26.6	14.7	1.2
4.2	4.2	52.1	14.3	14.3	14.3	4.2	52.9	13.4	23.5	5.9	4.2	52.9	13.4	16.0	13.4	4.2	52.9
18.5	3.6	0.9	28.2	41.7	24.7	4.5	0.9	32.2	46.2	16.8	3.9	0.9	28.0	51.8	16.2	3.1	0.9
15.4	3.5	0.8	41.1	35.2	18.9	4.0	0.8	46.1	36.8	12.8	3.7	0.6	41.6	44.0	11.5	2.2	0.7
17.6	2.5	0.5	27.0	45.3	24.0	3.3	0.4	31.9	49.2	15.8	2.7	0.4	27.7	54.6	14.9	2.3	0.4
19.3	3.2	0.4	24.5	44.3	26.8	4.0	0.4	27.8	50.4	18.3	3.1	0.4	23.4	55.7	17.7	2.8	0.4
23.7	8.0	0.4	24.6	36.1	29.1	9.7	0.5	26.8	41.8	21.7	9.4	0.4	23.2	47.1	22.1	7.2	0.4
5.7	2.4	51.2	14.6	13.8	17.9	2.4	51.2	14.6	25.2	6.5	3.3	50.4	14.6	17.1	14.6	2.4	51.2
18.4	3.5	0.9	28.2	42.0	24.6	4.3	0.9	32.2	46.8	16.4	3.7	0.9	28.5	51.9	15.9	2.9	0.9
10.5	1.8	0.7	49.4	33.2	14.7	2.0	0.7	51.4	35.2	10.2	2.5	0.7	46.6	42.0	9.3	1.5	0.6
14.4	1.8	0.3	29.7	46.6	21.0	2.3	0.3	34.9	48.6	14.1	2.2	0.3	30.4	54.7	13.2	1.4	0.3
21.6	2.7	0.4	23.6	43.9	28.6	3.5	0.3	27.5	50.7	18.4	3.2	0.3	24.4	55.3	17.6	2.4	0.2
24.6	8.9	0.7	20.3	38.1	30.0	10.8	0.8	24.0	45.5	21.3	8.4	0.8	21.5	49.0	21.7	7.1	0.8
9.3	1.6	32.4	26.9	23.1	14.3	2.7	33.0	26.4	31.3	8.2	1.6	32.4	23.1	30.8	11.0	2.2	33.0
18.4	3.5	0.9	28.2	42.0	24.6	4.3	0.9	32.2	46.8	16.4	3.7	0.9	28.5	51.9	15.9	2.9	0.9
10.4	1.9	0.6	52.0	31.1	14.0	2.4	0.5	54.3	33.4	9.4	2.5	0.4	48.1	40.5	9.5	1.5	0.4
14.4	1.9	0.5	30.5	46.1	20.4	2.5	0.5	35.2	47.7	14.5	2.2	0.4	30.5	54.5	12.7	1.8	0.5
20.1	2.4	0.3	24.4	44.7	27.6	3.0	0.3	28.3	51.3	17.3	2.8	0.3	25.6	55.0	17.3	1.9	0.2
24.5	8.3	0.7	21.0	38.1	30.2	10.0	0.7	24.9	44.9	21.4	8.0	0.7	22.4	49.6	20.7	6.6	0.7
8.6	1.0	28.6	31.4	25.7	11.9	1.9	29.0	31.0	31.4	7.1	1.9	28.6	27.1	32.9	9.5	1.4	29.0
18.4	3.5	0.9	28.2	42.0	24.6	4.3	0.9	32.2	46.8	16.4	3.7	0.9	28.5	51.9	15.9	2.9	0.9
12.6	2.2	0.6	44.1	35.5	16.9	2.9	0.6	49.4	37.6	9.9	2.7	0.5	43.3	44.5	9.9	1.8	0.4
16.7	2.7	0.4	27.7	45.3	23.6	3.2	0.3	32.0	49.5	15.0	3.1	0.3	28.7	55.9	13.2	1.9	0.4
21.4	2.8	0.4	22.5	44.4	29.0	3.7	0.4	26.2	50.8	19.8	2.8	0.3	23.1	53.9	19.9	2.8	0.3
24.7	9.1	0.9	21.0	38.3	28.9	10.9	0.9	22.7	44.6	22.6	9.2	0.8	20.5	48.8	22.4	7.5	0.8
9.6	1.0	29.8	29.3	25.3	13.1	2.0	30.3	28.3	32.3	7.6	1.5	30.3	25.3	31.8	11.1	1.5	30.3
18.4	3.5	0.9	28.2	42.0	24.6	4.3	0.9	32.2	46.8	16.4	3.7	0.9	28.5	51.9	15.9	2.9	0.9
12.4	1.8	0.5	44.7	35.8	16.5	2.5	0.5	50.6	36.4	10.1	2.4	0.5	46.0	43.9	8.3	1.4	0.4
15.8	2.5	0.4	28.7	45.3	22.8	2.9	0.3	33.0	49.4	14.5	2.8	0.2	29.3	55.6	13.2	1.6	0.3
22.4	2.9	0.4	21.2	45.0	29.6	3.8	0.4	24.5	52.0	19.9	3.2	0.4	21.2	55.3	20.3	2.9	0.4
25.2	9.7	0.9	20.1	36.9	30.4	11.8	0.9	21.9	44.4	23.4	9.4	1.0	19.1	47.7	23.9	8.4	0.9
8.2	1.5	30.8	29.7	25.6	11.3	2.1	31.3	28.7	31.8	6.2	2.6	30.8	26.7	31.3	9.7	1.0	31.3
18.4	3.5	0.9	28.2	42.0	24.6	4.3	0.9	32.2	46.8	16.4	3.7	0.9	28.5	51.9	15.9	2.9	0.9
13.5	2.4	0.5	45.8	34.9	16.1	2.8	0.4	50.5	35.4	10.9	2.9	0.3	46.0	44.0	8.4	1.2	0.3
15.6	2.7	0.5	29.1	45.0	22.2	3.2	0.4	34.1	48.5	14.2	2.8	0.4	30.5	54.0	12.9	2.2	0.4
20.2	2.4	0.4	23.4	45.5	27.5	3.2	0.4	26.9	52.0	17.9	2.7	0.4	23.8	55.4	18.2	2.3	0.4
23.6	7.3	0.5	22.1	38.2	30.0	9.1	0.6	25.0	45.2	21.8	7.5	0.5	21.1	50.2	22.0	6.1	0.5
9.6	1.0	30.8	29.8	23.2	13.6	2.0	31.3	27.8	30.8	9.1	1.5	30.8	25.8	30.3	11.1	1.5	31.3

第76表　子ども数・構成割合，性、家庭での会話、

構成割合（%）

性、家庭での会話	総数	学校：クラスの友人関係はうまくいっている					学校：教師との関係はうまくいっている					学校：ためになると思	
		とてもそう思う	まあそう思う	あまりそう思わない	まったくそう思わない	不詳	とてもそう思う	まあそう思う	あまりそう思わない	まったくそう思わない	不詳	とてもそう思う	まあそう思う
女児													
母との会話													
学校でのできごとについて	100.0	51.8	41.2	4.9	1.5	0.5	37.8	51.2	8.2	2.2	0.5	23.6	52.7
よくする	100.0	58.4	36.2	4.1	1.0	0.2	44.6	46.9	6.4	1.8	0.3	27.9	52.2
ときどきする	100.0	43.3	49.7	5.5	1.2	0.3	28.4	59.4	9.9	1.9	0.3	17.8	55.4
あまりしない	100.0	37.3	50.6	8.1	3.8	0.3	22.9	57.5	14.5	4.5	0.5	12.8	51.7
まったくしない	100.0	35.3	38.8	9.5	15.1	1.3	27.6	43.5	13.4	14.7	0.9	17.7	34.5
不詳	100.0	27.0	20.6	1.6	1.6	49.2	19.0	23.8	4.8	3.2	49.2	14.3	22.2
友だちのことについて	100.0	51.8	41.2	4.9	1.5	0.5	37.8	51.2	8.2	2.2	0.5	23.6	52.7
よくする	100.0	60.3	34.4	4.0	1.1	0.2	46.1	45.4	6.3	1.9	0.2	29.2	51.5
ときどきする	100.0	44.8	49.2	4.7	1.0	0.3	29.8	58.7	9.3	2.0	0.3	18.1	56.1
あまりしない	100.0	37.1	50.3	9.1	3.2	0.3	25.2	58.6	13.0	2.9	0.3	14.1	53.1
まったくしない	100.0	32.8	46.8	9.7	10.1	0.6	25.0	49.7	13.6	11.4	0.3	19.8	37.0
不詳	100.0	29.9	28.7	2.3	2.3	36.8	23.0	26.4	4.6	3.4	42.5	13.8	28.7
将来や進路のことについて	100.0	51.8	41.2	4.9	1.5	0.5	37.8	51.2	8.2	2.2	0.5	23.6	52.7
よくする	100.0	58.6	35.3	4.4	1.5	0.2	45.6	45.5	6.6	2.1	0.2	30.1	50.6
ときどきする	100.0	48.0	45.3	5.1	1.3	0.3	33.4	56.4	8.0	1.9	0.4	19.6	56.1
あまりしない	100.0	45.5	47.2	5.5	1.6	0.2	30.1	54.8	12.1	2.8	0.2	17.1	52.1
まったくしない	100.0	45.8	40.1	7.0	6.4	0.7	30.1	47.5	14.4	7.7	0.3	20.7	40.1
不詳	100.0	29.4	29.4	2.4	2.4	36.5	22.4	25.9	4.7	3.5	43.5	12.9	30.6
勉強や成績のことについて	100.0	51.8	41.2	4.9	1.5	0.5	37.8	51.2	8.2	2.2	0.5	23.6	52.7
よくする	100.0	59.0	35.2	4.3	1.3	0.2	45.6	46.0	6.3	1.9	0.2	31.1	50.1
ときどきする	100.0	47.8	46.2	4.6	1.2	0.3	32.9	56.9	8.2	1.6	0.3	18.6	57.3
あまりしない	100.0	44.2	46.3	7.5	1.8	0.2	29.7	53.7	13.0	3.3	0.3	15.6	51.3
まったくしない	100.0	37.0	43.0	8.2	11.1	0.7	28.9	42.6	16.1	12.1	0.3	19.0	36.7
不詳	100.0	30.6	27.1	2.4	2.4	37.6	20.0	27.1	4.7	3.5	44.7	12.9	29.4
社会のできごとやニュースについて	100.0	51.8	41.2	4.9	1.5	0.5	37.8	51.2	8.2	2.2	0.5	23.6	52.7
よくする	100.0	58.7	35.0	4.4	1.6	0.3	46.9	44.0	6.6	2.1	0.3	34.2	47.3
ときどきする	100.0	51.6	42.6	4.4	1.3	0.2	37.9	53.3	6.8	1.7	0.2	22.9	56.6
あまりしない	100.0	49.6	43.8	5.2	1.2	0.2	33.7	54.7	9.3	2.1	0.3	19.8	54.8
まったくしない	100.0	47.6	42.0	7.1	3.1	0.3	33.3	49.3	12.5	4.7	0.3	17.2	45.1
不詳	100.0	31.5	29.2	2.2	2.2	34.8	21.3	28.1	5.6	3.4	41.6	14.6	31.5
父との会話													
学校でのできごとについて	100.0	52.3	41.0	4.7	1.5	0.4	38.3	51.2	7.9	2.1	0.5	23.9	52.9
よくする	100.0	65.1	30.6	3.3	0.9	0.1	54.0	39.1	5.3	1.4	0.3	38.3	47.7
ときどきする	100.0	55.6	40.1	3.4	0.7	0.2	41.1	51.4	6.1	1.2	0.2	25.0	56.0
あまりしない	100.0	47.6	45.7	5.2	1.3	0.2	32.6	56.2	9.0	2.0	0.3	19.6	55.6
まったくしない	100.0	44.1	43.9	7.9	3.8	0.3	29.9	53.0	11.7	5.0	0.4	17.4	47.1
不詳	100.0	47.5	26.2	0.8	0.8	24.6	34.4	33.6	4.1	0.8	27.0	20.5	42.6
友だちのことについて	100.0	52.3	41.0	4.7	1.5	0.4	38.3	51.2	7.9	2.1	0.5	23.9	52.9
よくする	100.0	67.6	28.0	3.0	1.4	0.1	55.5	37.6	5.3	1.5	0.1	39.0	46.5
ときどきする	100.0	56.5	39.7	3.2	0.6	0.1	43.2	49.2	6.2	1.2	0.2	26.5	55.4
あまりしない	100.0	49.6	44.0	5.0	1.1	0.3	33.9	56.2	7.9	1.6	0.3	21.0	56.0
まったくしない	100.0	44.5	44.9	7.3	3.1	0.2	31.0	53.0	11.2	4.5	0.2	18.0	48.9
不詳	100.0	47.4	30.5	0.6	0.6	20.8	35.7	32.5	6.5	0.6	24.7	22.7	39.6
将来や進路のことについて	100.0	52.3	41.0	4.7	1.5	0.4	38.3	51.2	7.9	2.1	0.5	23.9	52.9
よくする	100.0	62.9	31.9	4.1	1.1	0.1	51.5	40.7	5.7	1.9	0.1	36.5	47.9
ときどきする	100.0	54.1	40.9	3.6	1.1	0.2	39.3	52.7	6.4	1.4	0.3	24.9	55.7
あまりしない	100.0	48.0	45.3	5.4	1.1	0.2	33.8	55.4	8.7	1.8	0.3	19.6	55.5
まったくしない	100.0	45.9	43.3	6.8	3.6	0.3	30.8	51.6	12.3	4.9	0.3	16.8	47.3
不詳	100.0	48.5	26.9	1.5	-	23.1	35.8	31.3	4.5	0.7	27.6	23.9	38.8
勉強や成績のことについて	100.0	52.3	41.0	4.7	1.5	0.4	38.3	51.2	7.9	2.1	0.5	23.9	52.9
よくする	100.0	63.2	32.1	3.5	1.0	0.2	52.2	40.3	5.2	1.9	0.3	37.1	47.5
ときどきする	100.0	54.0	41.3	3.7	0.8	0.2	38.9	53.5	6.3	1.2	0.2	24.6	56.5
あまりしない	100.0	48.2	45.0	5.5	1.2	0.2	33.3	55.5	9.1	1.9	0.2	18.4	56.1
まったくしない	100.0	43.1	44.5	7.6	4.5	0.3	29.5	51.3	13.1	5.7	0.4	16.9	44.8
不詳	100.0	45.6	28.7	1.5	1.5	22.8	33.8	33.8	5.1	0.7	26.5	24.3	36.8
社会のできごとやニュースについて	100.0	52.3	41.0	4.7	1.5	0.4	38.3	51.2	7.9	2.1	0.5	23.9	52.9
よくする	100.0	61.7	33.3	3.7	1.2	0.2	51.5	40.6	5.7	1.9	0.2	38.0	46.5
ときどきする	100.0	53.7	41.5	3.6	0.9	0.3	39.1	52.9	6.4	1.3	0.3	25.4	56.0
あまりしない	100.0	50.7	43.0	5.1	1.0	0.1	35.1	55.3	7.7	1.7	0.2	20.2	56.6
まったくしない	100.0	46.8	43.3	6.6	3.1	0.2	33.2	50.5	11.8	4.2	0.3	18.1	48.0
不詳	100.0	46.3	28.7	1.5	0.7	22.8	33.1	33.8	5.1	0.7	27.2	22.1	39.0

学校生活の満足－部活動の有無・部活動の満足別（12－９）

第15回調査（平成28年）

生活の満足																	
える授業がたくさんある			楽しいと思える授業がたくさんある					学校の勉強は将来役に立つと思う					授業の内容をよく理解できている				
あまりそう思わない	まったくそう思わない	不詳	とてもそう思う	まあそう思う	あまりそう思わない	まったくそう思わない	不詳	とてもそう思う	まあそう思う	あまりそう思わない	まったくそう思わない	不詳	とてもそう思う	まあそう思う	あまりそう思わない	まったくそう思わない	不詳
19.9	3.2	0.6	24.5	44.0	26.4	4.5	0.6	31.4	48.1	16.9	3.0	0.6	22.3	55.7	18.1	3.3	0.6
17.0	2.5	0.4	29.5	44.3	22.4	3.5	0.4	36.4	46.5	14.3	2.4	0.3	26.2	56.0	15.1	2.4	0.3
23.5	3.0	0.3	17.4	46.0	31.7	4.5	0.3	24.6	52.1	20.1	2.8	0.3	16.8	57.8	21.3	3.6	0.4
30.0	5.1	0.4	14.5	39.3	38.1	7.9	0.3	21.1	49.6	24.3	4.7	0.3	14.6	50.1	28.9	6.1	0.3
24.1	22.8	0.9	17.7	28.0	29.7	24.1	0.4	21.1	33.6	25.0	19.4	0.9	18.1	36.6	23.3	20.7	1.3
7.9	1.6	54.0	7.9	27.0	9.5	3.2	52.4	12.7	30.2	3.2	3.2	50.8	4.8	31.7	7.9	4.8	50.8
19.9	3.2	0.6	24.5	44.0	26.4	4.5	0.6	31.4	48.1	16.9	3.0	0.6	22.3	55.7	18.1	3.3	0.6
16.5	2.5	0.3	30.9	43.7	21.5	3.6	0.3	37.4	45.9	14.0	2.4	0.2	26.8	55.1	15.4	2.5	0.3
22.7	2.7	0.4	18.1	46.5	31.1	3.9	0.4	25.6	52.1	19.3	2.5	0.5	17.7	59.3	19.3	3.1	0.5
28.0	4.6	0.3	14.8	42.0	35.7	7.3	0.3	22.2	50.1	22.9	4.6	0.3	16.5	52.1	26.0	5.2	0.3
25.0	17.9	0.3	20.1	29.9	31.2	18.5	0.3	25.6	35.4	25.0	13.6	0.3	16.2	41.6	25.6	15.9	0.6
10.3	3.4	43.7	9.2	33.3	10.3	5.7	41.4	13.8	34.5	6.9	3.4	41.4	10.3	29.9	11.5	5.7	42.5
19.9	3.2	0.6	24.5	44.0	26.4	4.5	0.6	31.4	48.1	16.9	3.0	0.6	22.3	55.7	18.1	3.3	0.6
16.2	2.8	0.3	31.1	42.6	22.2	3.9	0.3	40.1	43.9	13.2	2.5	0.3	29.7	53.7	13.9	2.5	0.3
21.1	2.8	0.4	20.6	47.1	27.8	4.2	0.4	26.8	52.3	17.8	2.7	0.4	18.3	59.0	19.1	3.2	0.4
26.6	3.9	0.3	18.6	41.9	34.0	5.2	0.2	22.0	50.1	23.9	3.8	0.2	14.4	55.1	26.0	4.2	0.3
26.4	12.4	0.3	19.1	33.8	30.4	16.4	0.3	22.4	41.5	23.7	12.0	0.3	17.1	41.8	24.4	16.1	0.7
8.2	3.5	44.7	9.4	30.6	12.9	4.7	42.4	18.8	29.4	5.9	3.5	42.4	11.8	29.4	10.6	4.7	43.5
19.9	3.2	0.6	24.5	44.0	26.4	4.5	0.6	31.4	48.1	16.9	3.0	0.6	22.3	55.7	18.1	3.3	0.6
16.0	2.6	0.3	31.5	43.0	21.8	3.5	0.3	40.9	43.2	13.4	2.3	0.2	30.6	53.9	13.3	2.0	0.3
21.3	2.4	0.4	19.9	46.9	29.0	3.8	0.4	25.8	53.9	17.7	2.3	0.4	17.2	60.1	19.2	3.1	0.4
28.2	4.6	0.4	17.5	42.5	33.5	6.3	0.2	20.0	49.6	25.1	4.9	0.4	12.9	52.5	29.0	5.3	0.3
24.9	19.0	0.3	19.3	27.2	30.2	23.0	0.3	23.0	35.7	24.6	16.4	0.3	14.4	37.4	25.6	22.3	0.3
8.2	3.5	45.9	7.1	30.6	11.8	7.1	43.5	14.1	31.8	7.1	3.5	43.5	10.6	28.2	10.6	5.9	44.7
19.9	3.2	0.6	24.5	44.0	26.4	4.5	0.6	31.4	48.1	16.9	3.0	0.6	22.3	55.7	18.1	3.3	0.6
14.9	3.1	0.5	34.8	41.3	19.4	4.0	0.5	43.4	41.9	12.0	2.3	0.4	33.4	51.2	12.3	2.7	0.5
18.0	2.1	0.3	23.7	47.5	25.2	3.3	0.3	30.6	51.2	15.9	2.0	0.3	21.4	59.3	16.6	2.4	0.3
22.5	2.6	0.3	20.8	44.8	29.9	4.2	0.3	27.7	50.5	18.6	2.9	0.3	18.8	57.5	20.4	3.0	0.3
29.0	8.3	0.4	19.3	36.2	34.3	9.9	0.3	23.5	43.4	25.4	7.3	0.3	15.4	48.2	27.4	8.6	0.3
7.9	3.4	42.7	10.1	32.6	11.2	5.6	40.4	14.6	36.0	4.5	4.5	40.4	11.2	31.5	10.1	5.6	41.6
19.5	3.0	0.6	24.8	44.2	26.2	4.2	0.6	31.7	48.3	16.5	2.9	0.6	22.8	56.0	17.5	3.1	0.6
11.8	1.8	0.4	39.1	41.2	16.4	2.8	0.6	47.7	39.6	10.1	2.2	0.5	33.7	51.0	12.4	2.5	0.4
17.0	1.7	0.3	26.1	48.4	22.7	2.5	0.3	32.9	50.7	14.4	1.7	0.3	23.6	59.2	15.2	1.7	0.3
21.7	2.8	0.3	20.6	45.6	29.8	3.8	0.3	27.6	51.4	18.1	2.7	0.3	19.9	58.4	18.9	2.5	0.3
27.6	7.4	0.6	18.2	36.4	35.4	9.7	0.4	23.4	45.9	24.0	6.3	0.3	17.9	49.9	24.1	7.7	0.4
8.2	1.6	27.0	20.5	40.2	10.7	2.5	26.2	25.4	39.3	7.4	0.8	27.0	11.5	48.4	9.8	3.3	27.0
19.5	3.0	0.6	24.8	44.2	26.2	4.2	0.6	31.7	48.3	16.5	2.9	0.6	22.8	56.0	17.5	3.1	0.6
12.4	2.0	0.1	39.5	39.9	16.9	3.3	0.5	47.6	39.1	10.3	2.6	0.3	33.2	50.4	13.3	2.9	0.2
16.1	1.8	0.2	27.7	48.2	21.4	2.5	0.2	34.2	49.9	14.0	1.7	0.3	25.0	58.0	15.0	1.8	0.2
20.1	2.4	0.4	22.2	46.3	27.7	3.5	0.4	29.5	50.8	17.0	2.3	0.3	20.9	58.8	17.6	2.2	0.4
26.6	6.1	0.4	18.6	38.5	34.6	8.1	0.2	24.7	47.4	22.4	5.4	0.1	18.8	52.0	22.6	6.3	0.2
10.4	1.3	26.0	22.7	36.4	13.6	3.2	24.0	27.9	38.3	8.4	0.6	24.7	14.3	46.1	11.7	3.2	24.7
19.5	3.0	0.6	24.8	44.2	26.2	4.2	0.6	31.7	48.3	16.5	2.9	0.6	22.8	56.0	17.5	3.1	0.6
12.9	2.5	0.2	37.2	41.0	18.2	3.3	0.3	46.7	39.8	11.0	2.1	0.3	35.0	50.7	12.0	2.1	0.2
17.1	1.9	0.3	25.1	48.2	23.5	2.8	0.3	34.2	49.8	14.0	1.7	0.3	24.4	58.3	15.3	1.7	0.3
21.8	2.8	0.3	21.0	45.0	29.7	4.0	0.3	25.6	52.4	18.9	2.8	0.3	18.0	58.8	20.0	2.8	0.3
28.5	7.1	0.4	18.9	36.5	35.0	9.4	0.3	22.8	45.8	24.5	6.6	0.2	16.6	50.5	24.1	8.5	0.3
8.2	1.5	27.6	20.9	38.1	11.9	3.0	26.1	25.4	38.8	8.2	0.7	26.9	12.7	47.0	9.7	3.0	27.6
19.5	3.0	0.6	24.8	44.2	26.2	4.2	0.6	31.7	48.3	16.5	2.9	0.6	22.8	56.0	17.5	3.1	0.6
13.1	2.1	0.3	37.9	41.2	17.6	2.9	0.4	47.7	39.4	10.6	1.9	0.3	38.1	48.5	11.4	1.7	0.3
16.9	1.7	0.3	25.1	48.2	23.7	2.8	0.2	33.0	50.9	14.2	1.6	0.3	23.4	60.1	14.6	1.5	0.3
22.4	2.8	0.3	19.8	45.5	30.3	4.1	0.3	25.2	52.4	19.3	2.7	0.3	16.9	59.3	20.7	2.8	0.3
29.3	8.6	0.4	18.2	35.2	36.0	10.3	0.3	22.0	44.8	25.1	7.9	0.2	14.9	48.2	26.6	9.9	0.4
11.0	1.5	26.5	20.6	37.5	13.2	2.9	25.7	25.7	37.5	9.6	1.5	25.7	14.0	44.1	11.0	4.4	26.5
19.5	3.0	0.6	24.8	44.2	26.2	4.2	0.6	31.7	48.3	16.5	2.9	0.6	22.8	56.0	17.5	3.1	0.6
13.0	2.3	0.2	38.4	40.6	17.7	2.9	0.3	46.9	39.6	11.0	2.2	0.4	37.6	49.3	10.9	1.9	0.4
16.5	1.7	0.4	26.5	47.1	23.3	2.7	0.4	33.7	50.7	13.7	1.5	0.3	24.2	58.9	15.0	1.5	0.4
20.4	2.5	0.3	21.5	46.3	28.4	3.6	0.3	28.7	51.4	17.4	2.3	0.3	19.2	59.6	18.7	2.2	0.2
27.2	6.4	0.3	18.8	39.6	33.0	8.4	0.2	23.9	46.3	23.3	6.2	0.2	17.1	51.1	23.9	7.6	0.3
9.6	1.5	27.9	19.9	37.5	13.2	2.9	26.5	23.5	40.4	8.1	0.7	27.2	13.2	45.6	10.3	3.7	27.2

第76表　子ども数・構成割合, 性、家庭での会話、

構成割合（%）

性　　　、 家庭での会話	総数	部活動を行っている	運動系	部活動の仲間や友人との関係はうまくいって　とてもそう思う	まあそう思う	あまりそう思わない	まったくそう思わない
総数							
母との会話							
学校でのできごとについて	100.0	84.3	64.4	37.5	22.4	3.5	1.0
よくする	100.0	86.7	62.8	39.5	18.9	3.4	0.9
ときどきする	100.0	84.6	67.0	36.9	26.1	3.1	0.8
あまりしない	100.0	81.6	67.4	34.9	26.7	4.4	1.2
まったくしない	100.0	68.9	57.5	29.1	20.8	4.7	3.0
不詳	100.0	28.5	22.4	16.4	4.2	1.2	-
友だちのことについて	100.0	84.3	64.4	37.5	22.4	3.5	1.0
よくする	100.0	86.8	62.4	40.4	17.8	3.3	0.9
ときどきする	100.0	84.6	66.4	37.2	25.3	3.1	0.7
あまりしない	100.0	83.0	67.9	34.8	27.6	4.2	1.2
まったくしない	100.0	72.2	58.6	28.0	21.7	5.4	3.4
不詳	100.0	39.8	31.1	19.9	9.2	1.5	-
将来や進路のことについて	100.0	84.3	64.4	37.5	22.4	3.5	1.0
よくする	100.0	86.1	63.9	40.1	19.3	3.4	1.0
ときどきする	100.0	85.1	65.6	37.0	24.3	3.4	0.8
あまりしない	100.0	83.4	65.3	35.4	25.0	3.6	1.1
まったくしない	100.0	72.5	58.6	30.6	21.1	4.5	2.4
不詳	100.0	41.0	33.3	21.9	8.6	1.9	0.5
勉強や成績のことについて	100.0	84.3	64.4	37.5	22.4	3.5	1.0
よくする	100.0	86.8	64.8	40.9	19.6	3.3	0.9
ときどきする	100.0	85.6	66.2	36.8	25.0	3.4	0.8
あまりしない	100.0	81.1	63.1	34.0	23.9	3.8	1.4
まったくしない	100.0	66.9	52.2	27.0	18.3	4.6	2.4
不詳	100.0	39.2	32.8	20.6	9.8	1.5	0.5
社会のできごとやニュースについて	100.0	84.3	64.4	37.5	22.4	3.5	1.0
よくする	100.0	85.0	62.4	39.3	18.9	3.0	1.1
ときどきする	100.0	85.0	64.8	37.2	23.4	3.3	0.7
あまりしない	100.0	85.7	66.8	38.0	24.3	3.6	0.8
まったくしない	100.0	80.5	62.4	35.0	20.9	4.2	2.2
不詳	100.0	41.0	32.5	21.7	9.0	1.4	-
父との会話							
学校でのできごとについて	100.0	84.9	65.2	37.9	22.7	3.5	1.0
よくする	100.0	88.1	66.1	46.3	16.7	2.4	0.8
ときどきする	100.0	86.9	66.9	40.2	22.7	3.2	0.7
あまりしない	100.0	85.2	66.1	36.1	25.2	3.8	1.0
まったくしない	100.0	80.4	61.2	31.6	23.4	4.5	1.7
不詳	100.0	53.0	42.8	27.3	13.2	1.3	0.7
友だちのことについて	100.0	84.9	65.2	37.9	22.7	3.5	1.0
よくする	100.0	88.3	67.1	48.3	15.8	2.3	0.7
ときどきする	100.0	86.7	67.3	41.3	22.4	3.0	0.6
あまりしない	100.0	85.4	66.2	36.6	25.0	3.6	0.9
まったくしない	100.0	81.8	61.1	31.5	23.2	4.7	1.7
不詳	100.0	58.8	47.0	31.0	13.5	1.4	0.8
将来や進路のことについて	100.0	84.9	65.2	37.9	22.7	3.5	1.0
よくする	100.0	86.8	68.0	45.4	18.5	3.2	0.9
ときどきする	100.0	86.4	66.9	39.1	23.8	3.2	0.6
あまりしない	100.0	85.4	64.8	35.8	24.1	3.8	1.0
まったくしない	100.0	80.1	60.2	30.9	23.2	4.2	2.0
不詳	100.0	55.4	44.6	29.5	12.7	1.5	0.6
勉強や成績のことについて	100.0	84.9	65.2	37.9	22.7	3.5	1.0
よくする	100.0	88.0	67.6	44.5	19.2	3.1	0.7
ときどきする	100.0	86.8	67.1	39.5	23.5	3.3	0.7
あまりしない	100.0	84.6	65.1	35.9	24.3	3.7	0.9
まったくしない	100.0	78.9	59.3	29.9	22.9	4.3	2.1
不詳	100.0	55.3	44.1	29.0	12.4	1.5	0.9
社会のできごとやニュースについて	100.0	84.9	65.2	37.9	22.7	3.5	1.0
よくする	100.0	87.0	65.8	43.8	17.9	3.3	0.9
ときどきする	100.0	86.6	66.4	38.8	23.7	3.1	0.7
あまりしない	100.0	85.7	67.0	37.6	24.9	3.5	0.8
まったくしない	100.0	81.3	61.4	33.4	21.9	4.3	1.7
不詳	100.0	56.3	44.9	29.9	12.6	1.5	0.6

第15回調査（平成28年）

いる		部活動の仲間や友人との関係はうまくいっている						
不　詳	文化系	とてもそう思う	まあそう思う	あまりそう思わない	まったくそう思わない	不　詳	部活は行っていない	不　詳
0.1	20.5	9.3	9.0	1.6	0.5	0.1	12.3	3.4
0.0	24.7	12.5	9.8	1.9	0.4	0.1	10.6	2.7
0.1	18.1	7.0	9.2	1.4	0.4	0.0	12.2	3.2
0.2	14.7	5.5	7.0	1.5	0.5	0.1	14.6	3.8
−	11.8	4.4	4.9	1.7	0.7	−	25.6	5.5
0.6	6.1	1.8	4.2	−	−	−	15.8	55.8
0.1	20.5	9.3	9.0	1.6	0.5	0.1	12.3	3.4
0.0	25.1	12.9	9.7	1.9	0.5	0.1	10.5	2.7
0.1	18.8	7.6	9.5	1.3	0.4	0.0	12.2	3.2
0.1	15.6	6.0	7.5	1.7	0.4	0.1	13.6	3.4
−	14.0	5.2	6.0	1.9	0.9	−	22.8	5.0
0.5	8.7	2.9	5.3	−	0.5	−	14.6	45.6
0.1	20.5	9.3	9.0	1.6	0.5	0.1	12.3	3.4
0.1	22.8	11.8	8.5	1.8	0.5	0.1	11.0	2.9
0.1	20.0	8.3	9.8	1.5	0.4	0.1	11.9	3.1
0.1	18.5	7.6	8.8	1.7	0.4	0.0	13.4	3.2
−	14.7	5.4	6.7	2.0	0.7	−	22.5	5.0
0.5	7.6	1.9	5.2	−	0.5	−	13.8	45.2
0.1	20.5	9.3	9.0	1.6	0.5	0.1	12.3	3.4
0.1	22.6	11.7	8.7	1.6	0.5	0.1	10.5	2.7
0.1	20.0	8.4	9.6	1.5	0.4	0.0	11.4	3.0
0.1	18.5	7.0	8.9	2.0	0.4	0.1	15.0	3.9
−	15.0	5.5	6.5	2.2	0.8	−	27.9	5.2
0.5	6.4	2.0	4.4	−	−	−	13.7	47.1
0.1	20.5	9.3	9.0	1.6	0.5	0.1	12.3	3.4
0.1	23.4	12.2	8.9	1.7	0.5	0.1	11.7	3.4
0.1	20.8	9.4	9.4	1.6	0.3	0.1	11.9	3.1
0.1	19.4	8.4	8.9	1.6	0.5	0.0	11.5	2.8
0.1	18.4	7.3	8.4	1.9	0.8	−	15.8	3.7
0.5	8.5	1.9	6.1	0.5	−	−	15.1	43.9
0.1	20.2	9.3	8.9	1.6	0.4	0.0	11.7	3.4
0.0	22.8	12.8	7.9	1.7	0.3	0.1	9.3	2.6
0.1	20.5	9.9	9.0	1.4	0.2	0.0	10.2	3.0
0.1	19.5	8.3	9.3	1.6	0.3	0.0	11.8	3.0
0.1	19.6	7.6	9.0	2.0	1.0	0.1	16.1	3.5
0.3	10.5	4.3	5.6	−	−	0.7	14.1	32.9
0.1	20.2	9.3	8.9	1.6	0.4	0.0	11.7	3.4
0.0	22.0	12.4	7.3	1.9	0.4	0.1	9.1	2.6
0.1	19.8	9.6	8.6	1.4	0.3	0.0	10.3	3.1
0.1	19.8	8.9	9.2	1.4	0.2	0.0	11.6	3.0
0.1	21.2	8.3	9.7	2.3	0.9	0.1	15.0	3.2
0.3	12.1	5.2	6.6	−	−	0.3	12.9	28.3
0.1	20.2	9.3	8.9	1.6	0.4	0.0	11.7	3.4
0.0	19.5	10.5	6.9	1.6	0.4	0.1	10.0	3.1
0.1	20.2	9.6	8.9	1.4	0.2	0.0	10.6	3.0
0.1	21.0	8.7	10.1	1.8	0.3	0.0	11.8	2.8
0.0	20.5	8.5	9.0	2.0	1.0	0.1	16.3	3.7
0.3	11.1	4.5	6.0	−	0.3	0.3	14.2	30.4
0.1	20.2	9.3	8.9	1.6	0.4	0.0	11.7	3.4
0.1	21.1	11.8	7.4	1.5	0.4	0.0	9.3	2.7
0.0	20.3	9.6	9.0	1.5	0.2	0.0	10.2	3.0
0.1	20.0	8.2	9.8	1.6	0.4	0.1	12.4	3.0
0.1	20.1	7.7	9.0	2.2	1.1	0.1	17.4	3.8
0.3	11.5	5.1	5.7	−	0.3	0.3	13.9	30.8
0.1	20.2	9.3	8.9	1.6	0.4	0.0	11.7	3.4
0.0	22.1	12.2	7.9	1.7	0.3	0.1	10.0	2.9
0.1	20.7	10.0	8.8	1.5	0.3	0.1	10.4	3.0
0.1	19.2	8.2	9.3	1.4	0.3	0.0	11.4	2.8
0.1	20.4	8.2	9.2	2.2	0.8	0.1	15.2	3.5
0.3	11.7	4.2	6.9	−	0.3	0.3	13.8	29.9

第76表　子ども数・構成割合，性、家庭での会話、

構成割合（%）

性、家庭での会話	総数	部活動を行っている	運動系	部活動の仲間や友人との関係はうまくいって とてもそう思う	まあそう思う	あまりそう思わない	まったくそう思わない
男児							
母との会話							
学校でのできごとについて	100.0	83.4	75.6	45.9	25.3	3.3	1.0
よくする	100.0	86.8	78.2	53.7	20.5	3.0	1.0
ときどきする	100.0	84.2	77.0	44.7	28.5	3.0	0.7
あまりしない	100.0	81.4	73.7	39.6	28.7	4.1	1.1
まったくしない	100.0	68.8	61.6	31.2	22.8	4.7	2.9
不詳	100.0	26.5	23.5	18.6	2.9	1.0	-
友だちのことについて	100.0	83.4	75.6	45.9	25.3	3.3	1.0
よくする	100.0	86.9	78.7	56.0	19.1	2.6	0.9
ときどきする	100.0	84.1	76.6	45.6	27.2	3.1	0.6
あまりしない	100.0	82.9	75.2	40.3	30.0	3.8	1.0
まったくしない	100.0	71.7	63.5	30.4	24.1	5.4	3.6
不詳	100.0	35.3	31.9	24.4	5.9	0.8	-
将来や進路のことについて	100.0	83.4	75.6	45.9	25.3	3.3	1.0
よくする	100.0	85.8	78.0	52.6	21.3	3.0	1.1
ときどきする	100.0	84.8	77.0	45.5	27.4	3.2	0.7
あまりしない	100.0	81.9	73.8	41.3	27.6	3.8	1.1
まったくしない	100.0	70.7	63.1	33.6	23.0	4.3	2.2
不詳	100.0	39.2	36.8	27.2	7.2	0.8	0.8
勉強や成績のことについて	100.0	83.4	75.6	45.9	25.3	3.3	1.0
よくする	100.0	86.4	78.4	52.6	21.8	3.0	0.9
ときどきする	100.0	85.6	77.9	45.4	28.3	3.3	0.7
あまりしない	100.0	79.3	71.6	40.1	26.2	3.7	1.4
まったくしない	100.0	65.4	57.6	30.4	20.4	4.4	2.4
不詳	100.0	36.1	34.5	24.4	7.6	0.8	0.8
社会のできごとやニュースについて	100.0	83.4	75.6	45.9	25.3	3.3	1.0
よくする	100.0	84.5	74.9	50.3	20.4	2.9	1.3
ときどきする	100.0	84.0	76.0	45.7	26.4	3.1	0.6
あまりしない	100.0	85.1	78.5	46.3	27.5	3.7	0.9
まったくしない	100.0	78.8	71.0	41.4	24.3	3.4	1.8
不詳	100.0	37.4	35.0	27.6	5.7	0.8	-
父との会話							
学校でのできごとについて	100.0	84.0	76.4	46.4	25.5	3.4	1.0
よくする	100.0	88.1	80.2	59.5	17.7	2.1	0.8
ときどきする	100.0	86.7	79.4	50.2	25.3	3.1	0.6
あまりしない	100.0	84.1	76.6	43.7	28.2	3.6	1.0
まったくしない	100.0	79.1	70.8	37.7	26.9	4.3	1.8
不詳	100.0	50.0	45.6	32.4	11.5	1.1	-
友だちのことについて	100.0	84.0	76.4	46.4	25.5	3.4	1.0
よくする	100.0	88.0	81.3	62.1	16.4	2.0	0.7
ときどきする	100.0	86.3	79.1	51.0	24.7	2.8	0.5
あまりしない	100.0	84.8	77.4	44.4	28.4	3.5	0.9
まったくしない	100.0	79.9	70.7	37.5	26.5	4.6	1.9
不詳	100.0	54.8	51.0	38.1	11.0	1.0	0.5
将来や進路のことについて	100.0	84.0	76.4	46.4	25.5	3.4	1.0
よくする	100.0	86.5	79.4	54.5	20.5	3.2	1.1
ときどきする	100.0	86.0	78.7	48.4	26.6	3.1	0.5
あまりしない	100.0	84.2	76.2	44.2	27.2	3.7	0.9
まったくしない	100.0	78.3	69.6	36.5	27.1	3.8	2.2
不詳	100.0	52.0	48.0	34.8	11.6	1.0	-
勉強や成績のことについて	100.0	84.0	76.4	46.4	25.5	3.4	1.0
よくする	100.0	87.2	79.4	54.4	21.0	3.1	0.8
ときどきする	100.0	86.3	79.1	48.9	26.5	3.1	0.6
あまりしない	100.0	83.9	76.4	43.9	27.5	3.8	1.1
まったくしない	100.0	77.2	68.2	36.0	26.4	3.6	2.1
不詳	100.0	51.8	47.7	34.9	11.3	1.0	-
社会のできごとやニュースについて	100.0	84.0	76.4	46.4	25.5	3.4	1.0
よくする	100.0	87.2	77.9	54.8	18.8	3.4	0.8
ときどきする	100.0	85.7	77.9	47.4	26.3	3.2	0.8
あまりしない	100.0	84.7	78.2	45.7	28.2	3.4	0.8
まったくしない	100.0	80.2	72.2	40.9	25.7	3.8	1.8
不詳	100.0	52.0	48.0	35.4	11.1	1.0	-

学校生活の満足－部活動の有無・部活動の満足別（12－11）

第15回調査（平成28年）

いる		部活動の仲間や友人との関係はうまくいっている					部活は行っていない	不詳
不詳	文化系	とてもそう思う	まあそう思う	あまりそう思わない	まったくそう思わない	不詳		
0.1	8.3	3.6	3.7	0.7	0.2	0.1	12.5	4.1
0.0	9.2	4.9	3.2	0.8	0.1	0.1	10.0	3.1
0.1	7.6	2.9	4.0	0.5	0.2	0.0	12.1	3.7
0.2	8.3	3.1	4.0	0.8	0.2	0.1	14.3	4.3
－	7.7	2.9	3.5	0.9	0.5	－	25.4	5.8
1.0	2.9	－	2.9	－	－	－	13.7	59.8
0.1	8.3	3.6	3.7	0.7	0.2	0.1	12.5	4.1
0.1	8.8	5.0	2.8	0.7	0.2	0.1	9.8	3.3
0.1	7.9	3.0	4.1	0.6	0.2	0.0	12.3	3.6
0.1	8.2	3.2	4.0	0.8	0.1	0.1	13.1	4.0
－	8.7	3.0	3.8	1.1	0.7	－	23.1	5.2
0.8	3.4	1.7	1.7	－	－	－	12.6	52.1
0.1	8.3	3.6	3.7	0.7	0.2	0.1	12.5	4.1
0.1	8.2	4.5	2.6	0.8	0.2	0.1	10.7	3.5
0.1	8.3	3.3	4.2	0.6	0.2	0.0	11.7	3.5
0.1	8.4	3.2	4.2	0.7	0.3	0.1	14.1	4.0
－	8.5	2.8	4.5	1.0	0.3	－	23.8	5.5
0.8	2.4	1.6	0.8	－	－	－	12.0	48.8
0.1	8.3	3.6	3.7	0.7	0.2	0.1	12.5	4.1
0.1	8.5	4.7	2.9	0.7	0.2	0.1	10.4	3.2
0.1	8.2	3.2	4.2	0.5	0.2	0.0	11.0	3.5
0.2	8.2	3.1	3.9	1.0	0.1	0.1	16.0	4.7
－	8.3	2.6	4.2	1.1	0.5	－	28.7	5.9
0.8	1.7	0.8	0.8	－	－	－	11.8	52.1
0.1	8.3	3.6	3.7	0.7	0.2	0.1	12.5	4.1
0.1	10.2	5.7	3.5	0.7	0.2	0.2	11.3	4.1
0.2	8.7	3.6	4.3	0.6	0.2	0.1	12.3	3.6
0.1	7.1	2.9	3.3	0.6	0.2	0.0	11.6	3.4
0.1	8.0	3.0	3.5	1.2	0.4	－	16.9	4.3
0.8	2.4	0.8	1.6	－	－	－	13.0	49.6
0.1	8.1	3.5	3.6	0.7	0.2	0.1	12.0	4.1
0.1	8.5	5.6	2.2	0.5	0.1	0.1	8.5	3.5
0.1	7.8	3.5	3.7	0.5	0.1	－	10.1	3.2
0.1	7.9	3.2	3.7	0.8	0.2	0.1	12.1	3.8
0.2	8.9	3.1	4.5	0.8	0.4	0.0	16.9	4.0
0.5	4.4	1.1	2.2	－	－	1.1	13.2	36.8
0.1	8.1	3.5	3.6	0.7	0.2	0.1	12.0	4.1
0.1	7.3	5.1	1.4	0.5	0.1	0.2	8.1	3.8
0.2	7.6	3.5	3.4	0.6	0.1	－	10.3	3.4
0.1	7.9	3.5	3.5	0.6	0.1	0.1	11.6	3.6
0.1	9.7	3.1	5.2	1.0	0.4	0.0	16.5	3.7
0.5	3.8	1.4	1.9	－	－	0.5	11.9	33.3
0.1	8.1	3.5	3.6	0.7	0.2	0.1	12.0	4.1
0.0	7.6	4.4	2.2	0.7	0.2	0.1	9.9	3.6
0.2	7.9	3.7	3.6	0.6	0.1	0.0	10.7	3.3
0.1	8.2	3.1	4.1	0.7	0.2	0.0	12.2	3.6
0.1	9.3	3.2	4.6	0.9	0.5	0.1	17.4	4.4
0.5	4.0	1.5	2.0	－	－	0.5	13.1	34.8
0.1	8.1	3.5	3.6	0.7	0.2	0.1	12.0	4.1
0.1	8.4	5.1	2.5	0.7	0.1	0.1	9.4	3.5
0.1	7.7	3.4	3.6	0.5	0.1	0.0	10.4	3.3
0.2	7.9	3.0	4.0	0.6	0.2	0.1	12.5	3.7
0.1	9.5	3.2	4.5	1.2	0.6	0.1	18.3	4.5
0.5	4.1	1.5	2.1	－	－	0.5	12.8	35.4
0.1	8.1	3.5	3.6	0.7	0.2	0.1	12.0	4.1
0.0	10.2	6.0	3.4	0.6	0.1	0.1	9.3	3.5
0.2	8.3	3.7	3.7	0.6	0.2	0.1	10.7	3.6
0.1	7.0	2.7	3.6	0.6	0.1	0.0	11.8	3.5
0.1	8.4	3.1	3.9	1.0	0.4	0.0	15.9	3.9
0.5	4.0	1.0	2.5	－	－	0.5	13.1	34.8

第76表　子ども数・構成割合，性、家庭での会話、

構成割合（%）

性　、 家庭での会話	総数	部活動を 行っている	運動系	部活動の仲間や友人との関係はうまくいって とてもそう思う	まあそう思う	あまりそう思わない	まったくそう思わない
女児							
母との会話							
学校でのできごとについて	100.0	85.4	52.7	28.6	19.5	3.6	1.0
よくする	100.0	86.7	53.6	31.1	18.0	3.6	0.8
ときどきする	100.0	85.2	52.0	25.2	22.5	3.2	1.0
あまりしない	100.0	82.1	51.7	23.2	21.8	5.3	1.3
まったくしない	100.0	69.4	43.5	21.6	13.8	4.7	3.4
不詳	100.0	31.7	20.6	12.7	6.3	1.6	−
友だちのことについて	100.0	85.4	52.7	28.6	19.5	3.6	1.0
よくする	100.0	86.8	53.6	32.0	17.2	3.6	0.8
ときどきする	100.0	85.4	52.6	25.9	22.7	3.1	0.9
あまりしない	100.0	83.2	51.5	22.4	22.4	4.9	1.6
まったくしない	100.0	73.7	42.5	20.5	14.0	5.5	2.6
不詳	100.0	46.0	29.9	13.8	13.8	2.3	−
将来や進路のことについて	100.0	85.4	52.7	28.6	19.5	3.6	1.0
よくする	100.0	86.3	53.2	30.8	17.8	3.6	0.9
ときどきする	100.0	85.4	52.7	27.5	20.8	3.6	0.8
あまりしない	100.0	85.6	52.6	26.7	21.3	3.5	1.1
まったくしない	100.0	76.9	47.8	23.4	16.4	5.0	3.0
不詳	100.0	43.5	28.2	14.1	10.6	3.5	−
勉強や成績のことについて	100.0	85.4	52.7	28.6	19.5	3.6	1.0
よくする	100.0	87.0	54.0	31.7	17.8	3.5	0.9
ときどきする	100.0	85.6	52.8	27.0	21.3	3.6	0.8
あまりしない	100.0	83.6	50.9	25.2	20.5	3.9	1.3
まったくしない	100.0	70.2	40.7	19.7	13.8	4.9	2.3
不詳	100.0	43.5	30.6	15.3	12.9	2.4	−
社会のできごとやニュースについて	100.0	85.4	52.7	28.6	19.5	3.6	1.0
よくする	100.0	85.4	51.4	29.8	17.6	3.1	0.9
ときどきする	100.0	85.9	53.1	28.4	20.3	3.6	0.8
あまりしない	100.0	86.3	54.0	28.9	20.9	3.6	0.6
まったくしない	100.0	82.8	51.0	26.6	16.4	5.1	2.7
不詳	100.0	46.1	29.2	13.5	13.5	2.2	−
父との会話							
学校でのできごとについて	100.0	85.9	53.3	28.8	19.8	3.6	1.0
よくする	100.0	88.2	53.6	34.4	15.8	2.6	0.8
ときどきする	100.0	87.1	54.5	30.2	20.2	3.3	0.7
あまりしない	100.0	86.4	53.9	27.4	21.6	3.9	0.9
まったくしない	100.0	81.9	50.0	24.4	19.2	4.8	1.6
不詳	100.0	57.4	38.5	19.7	15.6	1.6	1.6
友だちのことについて	100.0	85.9	53.3	28.8	19.8	3.6	1.0
よくする	100.0	88.6	53.7	35.2	15.2	2.7	0.6
ときどきする	100.0	87.1	54.3	30.6	19.8	3.3	0.7
あまりしない	100.0	86.1	53.9	27.9	21.3	3.6	0.9
まったくしない	100.0	83.8	51.3	25.4	19.7	4.7	1.5
不詳	100.0	64.3	41.6	21.4	16.9	1.9	1.3
将来や進路のことについて	100.0	85.9	53.3	28.8	19.8	3.6	1.0
よくする	100.0	87.3	54.3	34.4	16.1	3.1	0.6
ときどきする	100.0	86.9	54.2	29.2	20.9	3.4	0.7
あまりしない	100.0	86.7	53.1	27.3	20.9	3.8	1.0
まったくしない	100.0	81.8	51.0	25.3	19.3	4.5	1.8
不詳	100.0	60.4	39.6	21.6	14.2	2.2	1.5
勉強や成績のことについて	100.0	85.9	53.3	28.8	19.8	3.6	1.0
よくする	100.0	88.9	54.5	33.5	17.3	3.1	0.6
ときどきする	100.0	87.4	54.6	29.9	20.5	3.5	0.8
あまりしない	100.0	85.5	53.0	27.5	21.0	3.6	0.8
まったくしない	100.0	80.7	49.7	23.3	19.2	5.0	2.2
不詳	100.0	60.3	39.0	20.6	14.0	2.2	2.2
社会のできごとやニュースについて	100.0	85.9	53.3	28.8	19.8	3.6	1.0
よくする	100.0	86.9	52.6	31.8	16.8	3.1	0.9
ときどきする	100.0	87.6	54.2	29.6	20.9	3.0	0.7
あまりしない	100.0	86.8	55.0	28.9	21.5	3.7	0.8
まったくしない	100.0	82.5	50.2	25.8	18.0	4.8	1.6
不詳	100.0	62.5	40.4	22.1	14.7	2.2	1.5

第15回調査（平成28年）

いる		部活動の仲間や友人との関係はうまくいっている					部活は行っていない	不詳
不詳	文化系	とてもそう思う	まあそう思う	あまりそう思わない	まったくそう思わない	不詳		
0.0	33.3	15.3	14.6	2.6	0.7	0.0	11.9	2.7
0.0	33.8	17.0	13.8	2.5	0.6	0.0	10.9	2.4
0.0	33.6	13.1	16.9	2.7	0.8	0.1	12.3	2.6
0.2	30.6	11.6	14.5	3.3	1.3	-	15.3	2.6
-	25.9	9.9	9.9	4.7	1.3	-	26.3	4.3
-	11.1	4.8	6.3	-	-	-	19.0	49.2
0.0	33.3	15.3	14.6	2.6	0.7	0.0	11.9	2.7
0.0	33.8	17.1	13.4	2.6	0.6	0.0	10.9	2.4
0.0	33.3	13.7	16.6	2.3	0.6	0.0	12.1	2.6
0.1	32.1	12.1	15.3	3.6	1.0	0.1	14.5	2.2
-	31.2	12.0	13.0	4.5	1.6	-	21.8	4.5
-	16.1	4.6	10.3	-	1.1	-	17.2	36.8
0.0	33.3	15.3	14.6	2.6	0.7	0.0	11.9	2.7
0.1	33.7	17.3	13.0	2.6	0.8	0.1	11.3	2.5
0.0	33.2	13.9	16.1	2.5	0.6	0.1	12.0	2.6
0.0	33.5	14.3	15.5	3.1	0.7	-	12.4	2.0
-	29.8	11.7	12.0	4.3	1.7	-	19.4	3.7
-	15.3	2.4	11.8	-	1.2	-	16.5	40.0
0.0	33.3	15.3	14.6	2.6	0.7	0.0	11.9	2.7
0.1	33.8	17.3	13.3	2.4	0.8	0.0	10.7	2.3
0.0	33.3	14.3	15.8	2.6	0.6	0.0	11.9	2.4
-	33.2	12.7	16.2	3.5	0.8	0.1	13.6	2.8
-	29.5	11.8	11.5	4.6	1.6	-	26.2	3.6
-	12.9	3.5	9.4	-	-	-	16.5	40.0
0.0	33.3	15.3	14.6	2.6	0.7	0.0	11.9	2.7
0.1	34.8	17.9	13.6	2.5	0.7	0.0	11.9	2.7
0.0	33.5	15.5	14.8	2.6	0.5	0.1	11.5	2.5
0.0	32.8	14.3	15.0	2.7	0.8	-	11.5	2.2
0.1	32.1	13.0	14.9	2.9	1.3	-	14.3	2.9
-	16.9	3.4	12.4	1.1	-	-	18.0	36.0
0.0	33.2	15.4	14.5	2.6	0.6	0.0	11.5	2.7
-	35.6	19.3	12.9	2.8	0.6	-	10.0	1.8
-	33.2	16.2	14.3	2.3	0.4	0.0	10.2	2.7
0.1	33.0	14.3	15.8	2.5	0.5	-	11.4	2.2
0.0	32.3	12.9	14.2	3.4	1.6	0.1	15.2	2.9
-	19.7	9.0	10.7	-	-	-	15.6	27.0
0.0	33.2	15.4	14.5	2.6	0.6	0.0	11.5	2.7
-	35.9	19.2	12.9	3.1	0.7	-	9.9	1.5
-	33.3	16.2	14.4	2.2	0.4	0.0	10.2	2.7
0.1	32.8	14.9	15.3	2.3	0.3	0.0	11.5	2.3
0.0	33.0	13.6	14.3	3.5	1.5	0.1	13.4	2.7
-	23.4	10.4	13.0	-	-	-	14.3	21.4
0.0	33.2	15.4	14.5	2.6	0.6	0.0	11.5	2.7
-	33.7	17.8	12.4	2.7	0.8	-	10.2	2.5
0.0	33.3	16.0	14.5	2.3	0.4	0.0	10.5	2.6
0.1	34.0	14.5	16.2	2.8	0.5	0.0	11.4	1.9
-	31.6	13.6	13.3	3.1	1.5	0.1	15.2	3.0
-	21.6	9.0	11.9	-	0.7	-	15.7	23.9
0.0	33.2	15.4	14.5	2.6	0.6	0.0	11.5	2.7
-	35.2	19.1	12.9	2.5	0.7	-	9.1	1.9
0.0	33.3	16.0	14.5	2.5	0.3	-	10.0	2.6
0.1	33.0	13.9	16.0	2.6	0.6	0.1	12.3	2.2
-	31.5	12.6	13.8	3.3	1.6	0.1	16.3	3.0
-	22.1	10.3	11.0	-	0.7	-	15.4	24.3
0.0	33.2	15.4	14.5	2.6	0.6	0.0	11.5	2.7
-	35.2	19.0	12.8	2.8	0.6	-	10.9	2.3
-	33.9	16.8	14.3	2.4	0.3	0.1	10.1	2.3
0.1	32.3	14.1	15.4	2.3	0.5	0.0	11.0	2.2
0.0	32.8	13.4	14.6	3.4	1.3	0.1	14.4	3.1
-	22.8	8.8	13.2	-	0.7	-	14.7	22.8

第77表　子ども数・構成割合，性、子ども自身の悩みや不安（複数回答）、

実　数（人）

性、子ども自身の悩みや不安（複数回答）	総数	学校 クラスの友人関係はうまくいっている とてもそう思う	まあそう思う	あまりそう思わない	まったくそう思わない	不詳	教師との関係はうまくいっている とてもそう思う	まあそう思う	あまりそう思わない	まったくそう思わない	不詳	ためになると思 とてもそう思う	まあそう思う
総数	28 810	15 318	11 705	1 178	431	178	10 953	14 704	2 310	648	195	7 415	14 665
悩みや不安がある	13 662	6 005	6 349	916	346	46	4 317	7 412	1 425	456	52	2 882	6 926
親の仲が悪いこと	662	215	346	67	32	2	156	361	97	46	2	123	286
自分と家族の仲が悪いこと	577	187	278	73	35	4	118	287	116	53	3	93	218
友達との関係に関すること（友達ができない・友達の輪に入れないなど）	1 890	158	972	542	207	11	337	1 068	334	143	8	292	892
いじめに関すること	290	36	90	90	71	3	53	121	74	41	1	55	113
部活動（クラブ活動を含む）でのトラブルに関すること	926	281	493	117	33	2	247	498	134	45	2	178	470
恋愛に関すること	1 468	616	662	150	37	3	509	736	166	52	5	357	695
性に関すること	248	72	120	42	12	2	67	130	33	16	2	58	105
学校や塾の成績に関すること	8 081	3 520	3 844	548	149	20	2 465	4 490	870	236	20	1 728	4 141
進路に関すること	10 376	4 618	4 844	638	246	30	3 348	5 655	1 037	301	35	2 243	5 304
親がなにかと干渉してくること	1 761	667	892	135	56	11	424	969	272	87	9	260	830
親の期待や要求が高すぎること	1 501	627	703	123	43	5	399	800	220	74	8	248	714
何かにつけ兄弟姉妹と比べられること	1 318	548	601	120	46	3	352	722	189	51	4	231	647
自分の容姿に関すること	2 912	1 011	1 468	315	106	12	769	1 640	369	122	12	506	1 417
健康（病気）に関すること	1 427	496	705	142	76	8	407	765	176	73	6	302	684
その他	559	183	277	55	38	6	135	271	71	77	5	102	232
（再掲）特に深い悩みや強い不安													
親の仲が悪いこと	165	71	78	12	3	1	53	91	15	5	1	43	69
自分と家族の仲が悪いこと	109	40	50	12	6	1	24	56	19	9	1	21	38
友達との関係に関すること（友達ができない・友達の輪に入れないなど）	535	40	231	185	78	1	98	310	87	39	1	84	255
いじめに関すること	66	10	18	20	18	−	13	26	19	8	−	17	28
部活動（クラブ活動を含む）でのトラブルに関すること	265	110	133	19	2	1	85	139	28	12	1	52	146
恋愛に関すること	243	127	95	18	2	1	109	100	25	9	−	73	107
性に関すること	20	9	9	2	−	−	7	10	1	2	−	6	8
学校や塾の成績に関すること	2 607	1 180	1 276	130	15	6	816	1 496	230	60	5	597	1 380
進路に関すること	5 658	2 844	2 477	231	92	14	2 059	2 978	482	120	19	1 330	2 981
親がなにかと干渉してくること	369	164	180	17	5	3	103	198	51	14	3	57	174
親の期待や要求が高すぎること	258	122	116	15	5	−	69	138	33	16	2	45	124
何かにつけ兄弟姉妹と比べられること	161	86	57	16	1	1	58	77	20	4	2	37	71
自分の容姿に関すること	575	211	299	43	18	4	161	321	69	20	4	101	262
健康（病気）に関すること	348	137	167	27	15	2	107	191	31	17	2	65	163
その他	374	125	180	37	28	4	97	174	44	56	3	69	161
悩みや不安は特にない	14 669	9 098	5 204	244	80	43	6 485	7 099	844	188	53	4 431	7 553
不詳	479	215	152	18	5	89	151	193	41	4	90	102	186

第15回調査（平成28年）

生活の満足																	
える授業がたくさんある			楽しいと思える授業がたくさんある					学校の勉強は将来役に立つと思う					授業の内容をよく理解できている				
あまりそう思わない	まったくそう思わない	不詳	とてもそう思う	まあそう思う	あまりそう思わない	まったくそう思わない	不詳	とてもそう思う	まあそう思う	あまりそう思わない	まったくそう思わない	不詳	とてもそう思う	まあそう思う	あまりそう思わない	まったくそう思わない	不詳
5 526	982	222	7 584	12 364	7 353	1 294	215	9 151	13 604	4 850	992	213	7 229	15 469	4 964	933	215
3 169	619	66	2 855	5 675	4 287	783	62	3 844	6 522	2 657	579	60	2 604	7 401	2 965	628	64
193	57	3	124	237	233	65	3	152	288	170	50	2	107	317	171	65	2
183	79	4	114	160	224	75	4	128	231	157	57	4	96	231	176	70	4
525	168	13	257	709	684	229	11	466	878	397	138	11	301	915	496	169	9
74	45	3	44	89	90	64	3	75	117	57	37	4	42	111	88	46	3
231	44	3	190	376	304	53	3	265	430	190	39	2	179	523	174	48	2
340	69	7	385	579	407	92	5	487	625	279	71	6	342	725	313	82	6
62	21	2	53	83	87	23	2	69	100	56	21	2	52	99	67	28	2
1 861	323	28	1 674	3 389	2 560	434	24	2 375	3 851	1 532	301	22	1 388	4 356	1 947	362	28
2 345	441	43	2 211	4 352	3 208	566	39	3 040	4 937	1 962	399	38	1 976	5 682	2 206	472	40
518	142	11	273	674	650	153	11	338	828	466	117	12	302	911	411	125	12
417	115	7	289	567	518	120	7	338	683	355	119	6	288	821	309	75	8
339	96	5	245	528	432	110	3	340	586	301	88	3	199	672	351	92	4
800	173	16	529	1 110	1 032	229	12	751	1 357	630	162	12	525	1 483	715	175	14
325	105	11	283	555	448	130	11	417	617	290	95	8	269	731	295	118	14
151	66	8	96	186	199	71	7	127	245	126	54	7	109	265	125	54	6
46	6	1	47	63	46	7	2	43	73	41	7	1	36	87	32	9	1
38	11	1	23	32	43	10	1	25	41	35	7	1	18	49	32	10	－
150	43	3	70	190	212	62	1	133	262	104	35	1	94	251	155	35	－
16	4	1	15	19	20	11	1	23	27	10	5	1	14	26	17	8	1
61	4	2	60	118	77	9	1	85	118	54	7	1	52	165	41	6	1
54	8	1	79	92	59	12	1	87	107	37	11	1	69	118	47	8	1
4	2	－	4	7	7	2	－	7	7	5	1	－	6	9	4	1	－
538	85	7	553	1 147	785	114	8	817	1 271	441	72	6	433	1 414	658	93	9
1 138	188	21	1 336	2 456	1 610	234	22	1 780	2 726	959	170	23	1 215	3 218	1 013	190	22
108	29	1	61	155	122	29	2	75	166	100	25	3	81	190	72	22	4
70	18	1	55	101	86	15	1	52	121	61	23	1	66	147	34	10	1
38	13	2	36	62	51	11	1	44	69	37	10	1	32	69	47	12	1
172	34	6	110	206	209	46	4	148	244	139	39	5	102	301	130	37	5
90	26	4	67	135	114	29	3	84	165	75	21	3	64	180	70	30	4
91	48	5	62	129	127	51	5	80	170	79	41	4	72	172	87	39	4
2 276	345	64	4 622	6 533	2 963	489	62	5 185	6 906	2 124	394	60	4 524	7 867	1 927	291	60
81	18	92	107	156	103	22	91	122	176	69	19	93	101	201	72	14	91

第77表　子ども数・構成割合，性、子ども自身の悩みや不安（複数回答）、

実　数（人）

性、子ども自身の悩みや不安（複数回答）	総数	学校：クラスの友人関係はうまくいっている					教師との関係はうまくいっている					ためになると思	
		とてもそう思う	まあそう思う	あまりそう思わない	まったくそう思わない	不詳	とてもそう思う	まあそう思う	あまりそう思わない	まったくそう思わない	不詳	とてもそう思う	まあそう思う
男児	14 796	8 072	5 912	487	211	114	5 660	7 522	1 164	331	119	4 109	7 280
悩みや不安がある	5 706	2 525	2 661	335	156	29	1 745	3 110	613	208	30	1 257	2 789
親の仲が悪いこと	263	83	139	25	15	1	54	149	41	18	1	52	109
自分と家族の仲が悪いこと	270	79	143	28	16	4	55	133	55	24	3	46	101
友達との関係に関すること（友達ができない・友達の輪に入れないなど）	523	40	248	151	76	8	83	292	92	50	6	82	235
いじめに関すること	144	17	50	43	32	2	27	59	35	23	-	30	60
部活動（クラブ活動を含む）でのトラブルに関すること	249	73	125	37	13	1	69	112	46	21	1	52	113
恋愛に関すること	526	237	227	46	14	2	202	267	41	11	5	148	237
性に関すること	127	40	62	18	6	1	39	64	13	9	2	24	58
学校や塾の成績に関すること	3 079	1 333	1 494	179	60	13	916	1 711	345	96	11	700	1 515
進路に関すること	4 146	1 860	1 938	220	110	18	1 300	2 277	416	134	19	936	2 060
親がなにかと干渉してくること	918	340	466	62	40	10	216	495	148	51	8	141	402
親の期待や要求が高すぎること	732	287	352	56	32	5	176	400	107	45	4	131	343
何かにつけ兄弟姉妹と比べられること	502	202	230	45	22	3	128	266	79	25	4	100	222
自分の容姿に関すること	702	239	347	79	33	4	178	387	96	36	5	136	313
健康（病気）に関すること	578	215	267	53	37	6	165	310	64	34	5	131	263
その他	246	87	122	16	17	4	62	120	28	32	4	44	97
（再掲）特に深い悩みや強い不安													
親の仲が悪いこと	56	25	24	5	1	1	17	31	6	1	1	20	20
自分と家族の仲が悪いこと	55	18	29	4	3	1	11	32	9	2	1	10	22
友達との関係に関すること（友達ができない・友達の輪に入れないなど）	143	12	52	55	23	1	22	83	25	12	1	23	66
いじめに関すること	34	6	11	9	8	-	7	13	9	5	-	8	14
部活動（クラブ活動を含む）でのトラブルに関すること	64	23	34	5	1	1	23	26	6	8	1	15	29
恋愛に関すること	132	69	51	11	-	1	60	57	11	4	-	40	54
性に関すること	12	6	4	2	-	-	3	7	-	2	-	4	4
学校や塾の成績に関すること	996	446	490	51	6	3	301	572	92	28	3	245	499
進路に関すること	2 317	1 164	1 016	82	48	7	825	1 224	202	57	9	557	1 200
親がなにかと干渉してくること	231	103	112	9	4	3	61	126	34	8	2	39	103
親の期待や要求が高すぎること	148	66	72	5	5	-	37	77	21	13	-	30	70
何かにつけ兄弟姉妹と比べられること	77	41	27	7	1	1	27	35	11	2	2	22	28
自分の容姿に関すること	140	49	76	11	3	1	37	75	22	5	1	33	51
健康（病気）に関すること	151	69	66	6	8	2	44	88	12	5	2	21	72
その他	168	62	82	10	12	2	47	81	17	21	2	34	72
悩みや不安は特にない	8 787	5 419	3 149	140	53	26	3 831	4 284	523	120	29	2 790	4 373
不詳	303	128	102	12	2	59	84	128	28	3	60	62	118
女児	14 014	7 246	5 793	691	220	64	5 293	7 182	1 146	317	76	3 306	7 385
悩みや不安がある	7 956	3 480	3 688	581	190	17	2 572	4 302	812	248	22	1 625	4 137
親の仲が悪いこと	399	132	207	42	17	1	102	212	56	28	1	71	177
自分と家族の仲が悪いこと	307	108	135	45	19	-	63	154	61	29	-	47	117
友達との関係に関すること（友達ができない・友達の輪に入れないなど）	1 367	118	724	391	131	3	254	776	242	93	2	210	657
いじめに関すること	146	19	40	47	39	1	26	62	39	18	1	25	53
部活動（クラブ活動を含む）でのトラブルに関すること	677	208	368	80	20	1	178	386	88	24	1	126	357
恋愛に関すること	942	379	435	104	23	1	307	469	125	41	-	209	458
性に関すること	121	32	58	24	6	1	28	66	20	7	-	34	47
学校や塾の成績に関すること	5 002	2 187	2 350	369	89	7	1 549	2 779	525	140	9	1 028	2 626
進路に関すること	6 230	2 758	2 906	418	136	12	2 048	3 378	621	167	16	1 307	3 244
親がなにかと干渉してくること	843	327	426	73	16	1	208	474	124	36	1	119	428
親の期待や要求が高すぎること	769	340	351	67	11	-	223	400	113	29	4	117	371
何かにつけ兄弟姉妹と比べられること	816	346	371	75	24	-	224	456	110	26	-	131	425
自分の容姿に関すること	2 210	772	1 121	236	73	8	591	1 253	273	86	7	370	1 104
健康（病気）に関すること	849	281	438	89	39	2	242	455	112	39	1	171	421
その他	313	96	155	39	21	2	73	151	43	45	1	58	135
（再掲）特に深い悩みや強い不安													
親の仲が悪いこと	109	46	54	7	2	-	36	60	9	4	-	23	49
自分と家族の仲が悪いこと	54	22	21	8	3	-	13	24	10	7	-	11	16
友達との関係に関すること（友達ができない・友達の輪に入れないなど）	392	28	179	130	55	-	76	227	62	27	-	61	189
いじめに関すること	32	4	7	11	10	-	6	13	10	3	-	9	14
部活動（クラブ活動を含む）でのトラブルに関すること	201	87	99	14	1	-	62	113	22	4	-	37	117
恋愛に関すること	111	58	44	7	2	-	49	43	14	5	-	33	53
性に関すること	8	3	5	-	-	-	4	3	1	-	-	2	4
学校や塾の成績に関すること	1 611	734	786	79	9	3	515	924	138	32	2	352	881
進路に関すること	3 341	1 680	1 461	149	44	7	1 234	1 754	280	63	10	773	1 781
親がなにかと干渉してくること	138	61	68	8	1	-	42	72	17	6	1	18	71
親の期待や要求が高すぎること	110	56	44	10	-	-	32	61	12	3	2	15	54
何かにつけ兄弟姉妹と比べられること	84	45	30	9	-	-	31	42	9	2	-	15	43
自分の容姿に関すること	435	162	223	32	15	3	124	246	47	15	3	68	211
健康（病気）に関すること	197	68	101	21	7	-	63	103	19	12	-	44	91
その他	206	63	98	27	16	2	50	93	27	35	1	35	89
悩みや不安は特にない	5 882	3 679	2 055	104	27	17	2 654	2 815	321	68	24	1 641	3 180
不詳	176	87	50	6	3	30	67	65	13	1	30	40	68

学校生活の満足－部活動の有無・部活動の満足別（8－2）

第15回調査（平成28年）

生活の満足																	
える授業がたくさんある			楽しいと思える授業がたくさんある					学校の勉強は将来役に立つと思う					授業の内容をよく理解できている				
あまりそう思わない	まったくそう思わない	不詳	とてもそう思う	まあそう思う	あまりそう思わない	まったくそう思わない	不詳	とてもそう思う	まあそう思う	あまりそう思わない	まったくそう思わない	不詳	とてもそう思う	まあそう思う	あまりそう思わない	まったくそう思わない	不詳
2 737	534	136	4 152	6 191	3 657	664	132	4 750	6 858	2 485	573	130	4 113	7 675	2 421	458	129
1 330	292	38	1 201	2 311	1 813	345	36	1 540	2 682	1 161	286	37	1 160	2 992	1 238	283	33
76	25	1	52	93	93	24	1	56	110	71	25	1	37	131	69	25	1
81	39	3	54	78	100	34	4	63	97	72	34	4	50	110	77	30	3
140	58	8	74	189	182	71	7	123	245	94	53	8	86	240	140	52	5
32	20	2	26	43	44	29	2	40	59	23	19	3	25	48	46	23	2
70	12	2	54	94	81	19	1	76	109	46	17	1	46	135	46	21	1
113	23	5	153	212	127	30	4	188	211	96	27	4	147	256	96	23	4
30	13	2	29	43	39	14	2	31	52	31	11	2	28	51	30	16	2
728	121	15	652	1 245	1 007	163	12	853	1 473	613	127	13	566	1 595	760	146	12
935	193	22	890	1 688	1 315	231	22	1 171	1 937	825	191	22	837	2 206	881	202	20
291	75	9	142	335	349	83	9	178	411	248	70	11	172	468	199	70	9
192	62	4	146	274	244	64	4	159	332	174	63	4	147	385	151	45	4
142	35	3	95	186	177	41	3	132	209	125	33	3	96	251	122	30	3
196	51	6	139	259	244	57	3	167	332	155	44	4	145	328	173	54	2
130	47	7	121	220	176	54	7	163	245	116	48	6	115	283	119	54	7
64	35	6	40	86	80	35	5	54	101	53	33	5	50	112	53	27	4
15	-	1	21	20	13	1	1	14	27	12	2	1	11	33	10	1	1
19	3	1	13	19	20	2	1	14	23	14	3	1	10	27	15	3	-
35	17	2	20	47	54	21	1	34	66	28	14	1	24	72	37	10	-
9	2	1	7	8	14	4	1	14	12	4	3	1	8	11	10	4	1
15	3	2	15	29	14	5	1	25	25	10	3	1	15	38	5	5	1
30	7	1	46	48	30	7	1	48	58	17	8	1	43	65	20	3	1
2	2	-	3	4	3	2	-	3	4	4	1	-	4	5	2	1	-
216	31	5	215	427	309	42	3	282	501	184	26	3	184	502	268	38	4
463	88	9	537	978	684	107	11	710	1 089	420	85	13	521	1 282	421	82	11
70	18	1	39	95	77	18	2	52	95	67	14	3	56	116	43	14	2
35	13	-	33	63	42	10	-	31	67	35	15	-	43	78	21	6	-
16	9	2	20	24	26	6	1	26	26	18	6	1	18	30	20	8	1
45	9	2	29	49	52	9	1	31	63	37	8	1	26	70	33	10	1
43	12	3	23	63	50	12	3	28	68	38	14	3	26	82	25	15	3
34	25	3	31	63	46	25	3	40	70	31	24	3	34	74	39	19	2
1 358	229	37	2 888	3 781	1 776	306	36	3 134	4 067	1 280	274	32	2 887	4 556	1 139	169	36
49	13	61	63	99	68	13	60	76	109	44	13	61	66	127	44	6	60
2 789	448	86	3 432	6 173	3 696	630	83	4 401	6 746	2 365	419	83	3 116	7 794	2 543	475	86
1 839	327	28	1 654	3 364	2 474	438	26	2 304	3 840	1 496	293	23	1 444	4 409	1 727	345	31
117	32	2	72	144	140	41	2	96	178	99	25	1	70	186	102	40	1
102	40	1	60	82	124	41	-	65	134	85	23	-	46	121	99	40	1
385	110	5	183	520	502	158	4	343	633	303	85	3	215	675	356	117	4
42	25	1	18	46	46	35	1	35	58	34	18	1	17	63	42	23	1
161	32	1	136	282	223	34	2	189	321	144	22	1	133	388	128	27	1
227	46	2	232	367	280	62	1	299	414	183	44	2	195	469	217	59	2
32	8	-	24	40	48	9	-	38	48	25	10	-	24	48	37	12	-
1 133	202	13	1 022	2 144	1 553	271	12	1 522	2 378	919	174	9	822	2 761	1 187	216	16
1 410	248	21	1 321	2 664	1 893	335	17	1 869	3 000	1 137	208	16	1 139	3 476	1 325	270	20
227	67	2	131	339	301	70	2	160	417	218	47	1	130	443	212	55	3
225	53	3	143	293	274	56	3	179	351	181	56	2	141	436	158	30	4
197	61	2	150	342	255	69	-	208	377	176	55	-	103	421	229	62	1
604	122	10	390	851	788	172	9	584	1 025	475	118	8	380	1 155	542	121	12
195	58	4	162	335	272	76	4	254	372	174	47	2	154	448	176	64	7
87	31	2	56	100	119	36	2	73	144	73	21	2	59	153	72	27	2
31	6	-	26	43	33	6	1	29	46	29	5	-	25	54	22	8	-
19	8	-	10	13	23	8	-	11	18	21	4	-	8	22	17	7	-
115	26	1	50	143	158	41	-	99	196	76	21	-	70	179	118	25	-
7	2	-	8	11	6	7	-	9	15	6	2	-	6	15	7	4	-
46	1	-	45	89	63	4	-	60	93	44	4	-	37	127	36	1	-
24	1	-	33	44	29	5	-	39	49	20	3	-	26	53	27	5	-
2	-	-	1	3	4	-	-	4	3	1	-	-	2	4	2	-	-
322	54	2	338	720	476	72	5	535	770	257	46	3	249	912	390	55	5
675	100	12	799	1 478	926	127	11	1 070	1 637	539	85	10	694	1 936	592	108	11
38	11	-	22	60	45	11	-	23	71	33	11	-	25	74	29	8	2
35	5	1	22	38	44	5	1	21	54	26	8	1	23	69	13	4	1
22	4	-	16	38	25	5	-	18	43	19	4	-	14	39	27	4	-
127	25	4	81	157	157	37	3	117	181	102	31	4	76	231	97	27	4
47	14	1	44	72	64	17	-	56	97	37	7	-	38	98	45	15	1
57	23	2	31	66	81	26	2	40	100	48	17	1	38	98	48	20	2
918	116	27	1 734	2 752	1 187	183	26	2 051	2 839	844	120	28	1 637	3 311	788	122	24
32	5	31	44	57	35	9	31	46	67	25	6	32	35	74	28	8	31

第77表　子ども数・構成割合，性、子ども自身の悩みや不安（複数回答）、

実　数（人）

性、子ども自身の悩みや不安（複数回答）	総数	部活動を行っている	運動系	部活動の仲間や友人との関係はうまくいって			
				とてもそう思う	まあそう思う	あまりそう思わない	まったくそう思わない
総数	28 810	24 252	18 529	10 767	6 461	1 001	277
悩みや不安がある	13 662	11 440	8 123	4 030	3 240	652	193
親の仲が悪いこと	662	543	377	165	148	42	22
自分と家族の仲が悪いこと	577	453	298	117	112	49	20
友達との関係に関すること（友達ができない・友達の輪に入れないなど）	1 890	1 488	836	213	395	159	68
いじめに関すること	290	218	128	27	51	30	19
部活動（クラブ活動を含む）でのトラブルに関すること	926	881	475	89	209	116	61
恋愛に関すること	1 468	1 268	850	416	322	86	24
性に関すること	248	202	133	60	54	13	6
学校や塾の成績に関すること	8 081	6 911	4 819	2 369	1 932	399	113
進路に関すること	10 376	8 765	6 244	3 145	2 457	494	142
親がなにかと干渉してくること	1 761	1 443	1 044	404	476	122	39
親の期待や要求が高すぎること	1 501	1 265	918	409	365	104	39
何かにつけ兄弟姉妹と比べられること	1 318	1 116	791	373	315	83	20
自分の容姿に関すること	2 912	2 404	1 491	613	635	181	58
健康（病気）に関すること	1 427	1 107	708	304	286	83	34
その他	559	430	270	122	103	33	12
（再掲）特に深い悩みや強い不安							
親の仲が悪いこと	165	141	102	56	36	5	5
自分と家族の仲が悪いこと	109	79	50	24	17	6	3
友達との関係に関すること（友達ができない・友達の輪に入れないなど）	535	423	223	41	117	47	18
いじめに関すること	66	53	34	9	10	11	4
部活動（クラブ活動を含む）でのトラブルに関すること	265	252	136	32	54	27	23
恋愛に関すること	243	219	164	95	53	11	5
性に関すること	20	14	8	5	2	−	1
学校や塾の成績に関すること	2 607	2 240	1 542	784	616	113	28
進路に関すること	5 658	4 804	3 537	1 923	1 343	208	63
親がなにかと干渉してくること	369	308	227	95	112	18	2
親の期待や要求が高すぎること	258	222	170	91	59	18	2
何かにつけ兄弟姉妹と比べられること	161	137	105	56	40	9	−
自分の容姿に関すること	575	472	315	130	135	40	10
健康（病気）に関すること	348	248	165	82	62	16	5
その他	374	274	171	79	71	16	5
悩みや不安は特にない	14 669	12 516	10 170	6 593	3 145	339	79
不詳	479	296	236	144	76	10	5

学校生活の満足－部活動の有無・部活動の満足別（８－３）

第15回調査（平成28年）

いる		部活動の仲間や友人との関係はうまくいっている						
不詳	文化系	とてもそう思う	まあそう思う	あまりそう思わない	まったくそう思わない	不詳	部活は行っていない	不詳
23	5 881	2 670	2 595	473	128	15	3 557	1 001
8	3 401	1 361	1 582	356	95	7	1 810	412
－	171	63	74	25	9	－	89	30
－	158	54	67	27	10	－	98	26
1	671	189	324	115	43	－	358	44
1	92	27	39	13	13	－	65	7
－	411	57	212	98	44	－	18	27
2	425	172	173	67	13	－	170	30
－	71	32	26	10	3	－	39	7
6	2 132	882	970	219	58	3	945	225
6	2 579	1 063	1 186	259	64	7	1 318	293
3	411	159	187	49	16	－	249	69
1	357	136	167	41	13	－	195	41
－	336	131	142	42	21	－	171	31
4	942	347	432	126	35	2	436	72
1	411	161	187	45	16	2	274	46
－	167	72	73	13	9	－	109	20
－	41	15	21	4	1	－	19	5
－	31	10	13	7	1	－	23	7
－	207	55	105	36	11	－	99	13
－	20	5	9	3	3	－	13	－
－	116	16	53	34	13	－	6	7
－	57	24	22	11	－	－	21	3
－	6	3	2	1	－	－	5	1
1	715	318	328	60	8	1	300	67
－	1 294	581	578	109	24	2	701	153
－	84	31	42	7	4	－	46	15
－	54	26	24	3	1	－	30	6
－	32	13	15	4	－	－	17	7
－	166	68	79	12	6	1	92	11
－	86	30	40	12	4	－	88	12
－	107	45	47	10	5	－	85	15
14	2 418	1 280	990	112	29	7	1 682	471
1	62	29	23	5	4	1	65	118

第77表　子ども数・構成割合，性、子ども自身の悩みや不安（複数回答）、

実　　数（人）

性、子ども自身の悩みや不安（複数回答）	総数	部活動を行っている	運動系	部活動の仲間や友人との関係はうまくいって			
				とてもそう思う	まあそう思う	あまりそう思わない	まったくそう思わない
男児	14 796	12 306	11 159	6 774	3 733	491	144
悩みや不安がある	5 706	4 683	4 125	2 105	1 628	295	92
親の仲が悪いこと	263	212	180	72	81	18	9
自分と家族の仲が悪いこと	270	201	168	63	69	26	10
友達との関係に関すること（友達ができない・友達の輪に入れないなど）	523	374	294	67	136	62	29
いじめに関すること	144	110	81	17	33	18	13
部活動（クラブ活動を含む）でのトラブルに関すること	249	235	191	34	80	45	32
恋愛に関すること	526	459	381	199	140	30	12
性に関すること	127	102	82	34	37	9	2
学校や塾の成績に関すること	3 079	2 601	2 281	1 123	929	170	55
進路に関すること	4 146	3 445	3 055	1 586	1 191	210	65
親がなにかと干渉してくること	918	736	637	249	297	68	21
親の期待や要求が高すぎること	732	608	536	244	211	59	21
何かにつけ兄弟姉妹と比べられること	502	418	365	169	143	43	10
自分の容姿に関すること	702	561	458	190	192	51	24
健康（病気）に関すること	578	448	366	151	154	39	22
その他	246	179	150	74	55	14	7
（再掲）特に深い悩みや強い不安							
親の仲が悪いこと	56	49	41	24	15	2	-
自分と家族の仲が悪いこと	55	38	35	16	13	4	2
友達との関係に関すること（友達ができない・友達の輪に入れないなど）	143	105	78	13	36	20	9
いじめに関すること	34	29	22	7	6	7	2
部活動（クラブ活動を含む）でのトラブルに関すること	64	58	45	9	21	6	9
恋愛に関すること	132	122	106	63	33	7	3
性に関すること	12	6	2	2	-	-	-
学校や塾の成績に関すること	996	847	742	378	297	47	20
進路に関すること	2 317	1 929	1 739	987	638	88	26
親がなにかと干渉してくること	231	189	161	72	76	12	1
親の期待や要求が高すぎること	148	126	111	58	42	10	1
何かにつけ兄弟姉妹と比べられること	77	63	58	30	22	6	-
自分の容姿に関すること	140	114	94	38	42	11	3
健康（病気）に関すること	151	108	95	47	35	10	3
その他	168	115	94	47	37	7	3
悩みや不安は特にない	8 787	7 441	6 868	4 568	2 051	190	48
不詳	303	182	166	101	54	6	4
女児	14 014	11 946	7 370	3 993	2 728	510	133
悩みや不安がある	7 956	6 757	3 998	1 925	1 612	357	101
親の仲が悪いこと	399	331	197	93	67	24	13
自分と家族の仲が悪いこと	307	252	130	54	43	23	10
友達との関係に関すること（友達ができない・友達の輪に入れないなど）	1 367	1 114	542	146	259	97	39
いじめに関すること	146	108	47	10	18	12	6
部活動（クラブ活動を含む）でのトラブルに関すること	677	646	284	55	129	71	29
恋愛に関すること	942	809	469	217	182	56	12
性に関すること	121	100	51	26	17	4	4
学校や塾の成績に関すること	5 002	4 310	2 538	1 246	1 003	229	58
進路に関すること	6 230	5 320	3 189	1 559	1 266	284	77
親がなにかと干渉してくること	843	707	407	155	179	54	18
親の期待や要求が高すぎること	769	657	382	165	154	45	18
何かにつけ兄弟姉妹と比べられること	816	698	426	204	172	40	10
自分の容姿に関すること	2 210	1 843	1 033	423	443	130	34
健康（病気）に関すること	849	659	342	153	132	44	12
その他	313	251	120	48	48	19	5
（再掲）特に深い悩みや強い不安							
親の仲が悪いこと	109	92	61	32	21	3	5
自分と家族の仲が悪いこと	54	41	15	8	4	2	1
友達との関係に関すること（友達ができない・友達の輪に入れないなど）	392	318	145	28	81	27	9
いじめに関すること	32	24	12	2	4	4	2
部活動（クラブ活動を含む）でのトラブルに関すること	201	194	91	23	33	21	14
恋愛に関すること	111	97	58	32	20	4	2
性に関すること	8	8	6	3	2	-	1
学校や塾の成績に関すること	1 611	1 393	800	406	319	66	8
進路に関すること	3 341	2 875	1 798	936	705	120	37
親がなにかと干渉してくること	138	119	66	23	36	6	1
親の期待や要求が高すぎること	110	96	59	33	17	8	1
何かにつけ兄弟姉妹と比べられること	84	74	47	26	18	3	-
自分の容姿に関すること	435	358	221	92	93	29	7
健康（病気）に関すること	197	140	70	35	27	6	2
その他	206	159	77	32	34	9	2
悩みや不安は特にない	5 882	5 075	3 302	2 025	1 094	149	31
不詳	176	114	70	43	22	4	1

学校生活の満足－部活動の有無・部活動の満足別（８－４）

第15回調査（平成28年）

いる	文化系	部活動の仲間や友人との関係はうまくいっている					部活は行っていない	不詳
不詳		とてもそう思う	まあそう思う	あまりそう思わない	まったくそう思わない	不詳		
17	1 221	534	546	102	30	9	1 869	621
5	591	221	280	64	21	5	802	221
–	35	13	15	4	3	–	38	13
–	35	9	20	5	1	–	52	17
–	88	26	36	19	7	–	132	17
–	31	12	10	5	4	–	30	4
–	47	10	22	10	5	–	6	8
–	81	45	24	10	2	–	53	14
–	22	16	2	1	3	–	19	6
4	336	135	153	36	10	2	362	116
3	413	157	199	42	10	5	556	145
2	107	48	42	13	4	–	136	46
1	77	30	40	3	4	–	96	28
–	58	23	24	6	5	–	65	19
1	107	44	46	12	5	–	118	23
–	87	34	31	16	4	2	106	24
–	34	15	13	5	1	–	56	11
–	9	4	4	–	1	–	5	2
–	5	1	3	1	–	–	12	5
–	30	8	14	4	4	–	35	3
–	8	3	3	1	1	–	5	–
–	13	–	6	4	3	–	3	3
–	17	11	6	–	–	–	8	2
–	4	2	1	1	–	–	5	1
–	109	45	53	10	1	–	115	34
–	198	74	99	19	4	2	312	76
–	30	12	14	3	1	–	31	11
–	17	9	7	–	1	–	17	5
–	5	1	2	2	–	–	10	4
–	20	9	9	1	1	–	24	2
–	14	4	6	4	–	–	36	7
–	24	10	9	4	1	–	46	7
11	613	306	256	38	9	4	1 024	322
1	17	7	10	–	–	–	43	78
6	4 660	2 136	2 049	371	98	6	1 688	380
3	2 810	1 140	1 302	292	74	2	1 008	191
–	136	50	59	21	6	–	51	17
–	123	45	47	22	9	–	46	9
1	583	163	288	96	36	–	226	27
1	61	15	29	8	9	–	35	3
–	364	47	190	88	39	–	12	19
2	344	127	149	57	11	–	117	16
–	49	16	24	9	–	–	20	1
2	1 796	747	817	183	48	1	583	109
3	2 166	906	987	217	54	2	762	148
1	304	111	145	36	12	–	113	23
–	280	106	127	38	9	–	99	13
–	278	108	118	36	16	–	106	12
3	835	303	386	114	30	2	318	49
1	324	127	156	29	12	–	168	22
–	133	57	60	8	8	–	53	9
–	32	11	17	4	–	–	14	3
–	26	9	10	6	1	–	11	2
–	177	47	91	32	7	–	64	10
–	12	2	6	2	2	–	8	–
–	103	16	47	30	10	–	3	4
–	40	13	16	11	–	–	13	1
–	2	1	1	–	–	–	–	–
1	606	273	275	50	7	1	185	33
–	1 096	507	479	90	20	–	389	77
–	54	19	28	4	3	–	15	4
–	37	17	17	3	–	–	13	1
–	27	12	13	2	–	–	7	3
–	146	59	70	11	5	1	68	9
–	72	26	34	8	4	–	52	5
–	83	35	38	6	4	–	39	8
3	1 805	974	734	74	20	3	658	149
–	45	22	13	5	4	1	22	40

第77表　子ども数・構成割合，性、子ども自身の悩みや不安（複数回答）、

構成割合（%）

性、子ども自身の悩みや不安（複数回答）	総数	学校											
		クラスの友人関係はうまくいっている					教師との関係はうまくいっている					ためになると思	
		とてもそう思う	まあそう思う	あまりそう思わない	まったくそう思わない	不詳	とてもそう思う	まあそう思う	あまりそう思わない	まったくそう思わない	不詳	とてもそう思う	まあそう思う
総数	100.0	53.2	40.6	4.1	1.5	0.6	38.0	51.0	8.0	2.2	0.7	25.7	50.9
悩みや不安がある	100.0	44.0	46.5	6.7	2.5	0.3	31.6	54.3	10.4	3.3	0.4	21.1	50.7
親の仲が悪いこと	100.0	32.5	52.3	10.1	4.8	0.3	23.6	54.5	14.7	6.9	0.3	18.6	43.2
自分と家族の仲が悪いこと	100.0	32.4	48.2	12.7	6.1	0.7	20.5	49.7	20.1	9.2	0.5	16.1	37.8
友達との関係に関すること（友達ができない・友達の輪に入れないなど）	100.0	8.4	51.4	28.7	11.0	0.6	17.8	56.5	17.7	7.6	0.4	15.4	47.2
いじめに関すること	100.0	12.4	31.0	31.0	24.5	1.0	18.3	41.7	25.5	14.1	0.3	19.0	39.0
部活動（クラブ活動を含む）でのトラブルに関すること	100.0	30.3	53.2	12.6	3.6	0.2	26.7	53.8	14.5	4.9	0.2	19.2	50.8
恋愛に関すること	100.0	42.0	45.1	10.2	2.5	0.2	34.7	50.1	11.3	3.5	0.3	24.3	47.3
性に関すること	100.0	29.0	48.4	16.9	4.8	0.8	27.0	52.4	13.3	6.5	0.8	23.4	42.3
学校や塾の成績に関すること	100.0	43.6	47.6	6.8	1.8	0.2	30.5	55.6	10.8	2.9	0.2	21.4	51.2
進路に関すること	100.0	44.5	46.7	6.1	2.4	0.3	32.3	54.5	10.0	2.9	0.3	21.6	51.1
親がなにかと干渉してくること	100.0	37.9	50.7	7.7	3.2	0.6	24.1	55.0	15.4	4.9	0.5	14.8	47.1
親の期待や要求が高すぎること	100.0	41.8	46.8	8.2	2.9	0.3	26.6	53.3	14.7	4.9	0.5	16.5	47.6
何かにつけ兄弟姉妹と比べられること	100.0	41.6	45.6	9.1	3.5	0.2	26.7	54.8	14.3	3.9	0.3	17.5	49.1
自分の容姿に関すること	100.0	34.7	50.4	10.8	3.6	0.4	26.4	56.3	12.7	4.2	0.4	17.4	48.7
健康（病気）に関すること	100.0	34.8	49.4	10.0	5.3	0.6	28.5	53.6	12.3	5.1	0.4	21.2	47.9
その他	100.0	32.7	49.6	9.8	6.8	1.1	24.2	48.5	12.7	13.8	0.9	18.2	41.5
（再掲）特に深い悩みや強い不安													
親の仲が悪いこと	100.0	43.0	47.3	7.3	1.8	0.6	32.1	55.2	9.1	3.0	0.6	26.1	41.8
自分と家族の仲が悪いこと	100.0	36.7	45.9	11.0	5.5	0.9	22.0	51.4	17.4	8.3	0.9	19.3	34.9
友達との関係に関すること（友達ができない・友達の輪に入れないなど）	100.0	7.5	43.2	34.6	14.6	0.2	18.3	57.9	16.3	7.3	0.2	15.7	47.7
いじめに関すること	100.0	15.2	27.3	30.3	27.3	-	19.7	39.4	28.8	12.1	-	25.8	42.4
部活動（クラブ活動を含む）でのトラブルに関すること	100.0	41.5	50.2	7.2	0.8	0.4	32.1	52.5	10.6	4.5	0.4	19.6	55.1
恋愛に関すること	100.0	52.3	39.1	7.4	0.8	0.4	44.9	41.2	10.3	3.7	-	30.0	44.0
性に関すること	100.0	45.0	45.0	10.0	-	-	35.0	50.0	5.0	10.0	-	30.0	40.0
学校や塾の成績に関すること	100.0	45.3	48.9	5.0	0.6	0.2	31.3	57.4	8.8	2.3	0.2	22.9	52.9
進路に関すること	100.0	50.3	43.8	4.1	1.6	0.2	36.4	52.6	8.5	2.1	0.3	23.5	52.7
親がなにかと干渉してくること	100.0	44.4	48.8	4.6	1.4	0.8	27.9	53.7	13.8	3.8	0.8	15.4	47.2
親の期待や要求が高すぎること	100.0	47.3	45.0	5.8	1.9	-	26.7	53.5	12.8	6.2	0.8	17.4	48.1
何かにつけ兄弟姉妹と比べられること	100.0	53.4	35.4	9.9	0.6	0.6	36.0	47.8	12.4	2.5	1.2	23.0	44.1
自分の容姿に関すること	100.0	36.7	52.0	7.5	3.1	0.7	28.0	55.8	12.0	3.5	0.7	17.6	45.6
健康（病気）に関すること	100.0	39.4	48.0	7.8	4.3	0.6	30.7	54.9	8.9	4.9	0.6	18.7	46.8
その他	100.0	33.4	48.1	9.9	7.5	1.1	25.9	46.5	11.8	15.0	0.8	18.4	43.0
悩みや不安は特にない	100.0	62.0	35.5	1.7	0.5	0.3	44.2	48.4	5.8	1.3	0.4	30.2	51.5
不詳	100.0	44.9	31.7	3.8	1.0	18.6	31.5	40.3	8.6	0.8	18.8	21.3	38.8

学校生活の満足－部活動の有無・部活動の満足別（８－５）

第15回調査（平成28年）

生活の満足																	
える授業がたくさんある			楽しいと思える授業がたくさんある					学校の勉強は将来役に立つと思う					授業の内容をよく理解できている				
あまりそう思わない	まったくそう思わない	不詳	とてもそう思う	まあそう思う	あまりそう思わない	まったくそう思わない	不詳	とてもそう思う	まあそう思う	あまりそう思わない	まったくそう思わない	不詳	とてもそう思う	まあそう思う	あまりそう思わない	まったくそう思わない	不詳
19.2	3.4	0.8	26.3	42.9	25.5	4.5	0.7	31.8	47.2	16.8	3.4	0.7	25.1	53.7	17.2	3.2	0.7
23.2	4.5	0.5	20.9	41.5	31.4	5.7	0.5	28.1	47.7	19.4	4.2	0.4	19.1	54.2	21.7	4.6	0.5
29.2	8.6	0.5	18.7	35.8	35.2	9.8	0.5	23.0	43.5	25.7	7.6	0.3	16.2	47.9	25.8	9.8	0.3
31.7	13.7	0.7	19.8	27.7	38.8	13.0	0.7	22.2	40.0	27.2	9.9	0.7	16.6	40.0	30.5	12.1	0.7
27.8	8.9	0.7	13.6	37.5	36.2	12.1	0.6	24.7	46.5	21.0	7.3	0.6	15.9	48.4	26.2	8.9	0.5
25.5	15.5	1.0	15.2	30.7	31.0	22.1	1.0	25.9	40.3	19.7	12.8	1.4	14.5	38.3	30.3	15.9	1.0
24.9	4.8	0.3	20.5	40.6	32.8	5.7	0.3	28.6	46.4	20.5	4.2	0.2	19.3	56.5	18.8	5.2	0.2
23.2	4.7	0.5	26.2	39.4	27.7	6.3	0.3	33.2	42.6	19.0	4.8	0.4	23.3	49.4	21.3	5.6	0.4
25.0	8.5	0.8	21.4	33.5	35.1	9.3	0.8	27.8	40.3	22.6	8.5	0.8	21.0	39.9	27.0	11.3	0.8
23.0	4.0	0.3	20.7	41.9	31.7	5.4	0.3	29.4	47.7	19.0	3.7	0.3	17.2	53.9	24.1	4.5	0.3
22.6	4.3	0.4	21.3	41.9	30.9	5.5	0.4	29.3	47.6	18.9	3.8	0.4	19.0	54.8	21.3	4.5	0.4
29.4	8.1	0.6	15.5	38.3	36.9	8.7	0.6	19.2	47.0	26.5	6.6	0.7	17.1	51.7	23.3	7.1	0.7
27.8	7.7	0.5	19.3	37.8	34.5	8.0	0.5	22.5	45.5	23.7	7.9	0.4	19.2	54.7	20.6	5.0	0.5
25.7	7.3	0.4	18.6	40.1	32.8	8.3	0.2	25.8	44.5	22.8	6.7	0.2	15.1	51.0	26.6	7.0	0.3
27.5	5.9	0.5	18.2	38.1	35.4	7.9	0.4	25.8	46.6	21.6	5.6	0.4	18.0	50.9	24.6	6.0	0.5
22.8	7.4	0.8	19.8	38.9	31.4	9.1	0.8	29.2	43.2	20.3	6.7	0.6	18.9	51.2	20.7	8.3	1.0
27.0	11.8	1.4	17.2	33.3	35.6	12.7	1.3	22.7	43.8	22.5	9.7	1.3	19.5	47.4	22.4	9.7	1.1
27.9	3.6	0.6	28.5	38.2	27.9	4.2	1.2	26.1	44.2	24.8	4.2	0.6	21.8	52.7	19.4	5.5	0.6
34.9	10.1	0.9	21.1	29.4	39.4	9.2	0.9	22.9	37.6	32.1	6.4	0.9	16.5	45.0	29.4	9.2	－
28.0	8.0	0.6	13.1	35.5	39.6	11.6	0.2	24.9	49.0	19.4	6.5	0.2	17.6	46.9	29.0	6.5	－
24.2	6.1	1.5	22.7	28.8	30.3	16.7	1.5	34.8	40.9	15.2	7.6	1.5	21.2	39.4	25.8	12.1	1.5
23.0	1.5	0.8	22.6	44.5	29.1	3.4	0.4	32.1	44.5	20.4	2.6	0.4	19.6	62.3	15.5	2.3	0.4
22.2	3.3	0.4	32.5	37.9	24.3	4.9	0.4	35.8	44.0	15.2	4.5	0.4	28.4	48.6	19.3	3.3	0.4
20.0	10.0	－	20.0	35.0	35.0	10.0	－	35.0	35.0	25.0	5.0	－	30.0	45.0	20.0	5.0	－
20.6	3.3	0.3	21.2	44.0	30.1	4.4	0.3	31.3	48.8	16.9	2.8	0.2	16.6	54.2	25.2	3.6	0.3
20.1	3.3	0.4	23.6	43.4	28.5	4.1	0.4	31.5	48.2	16.9	3.0	0.4	21.5	56.9	17.9	3.4	0.4
29.3	7.9	0.3	16.5	42.0	33.1	7.9	0.5	20.3	45.0	27.1	6.8	0.8	22.0	51.5	19.5	6.0	1.1
27.1	7.0	0.4	21.3	39.1	33.3	5.8	0.4	20.2	46.9	23.6	8.9	0.4	25.6	57.0	13.2	3.9	0.4
23.6	8.1	1.2	22.4	38.5	31.7	6.8	0.6	27.3	42.9	23.0	6.2	0.6	19.9	42.9	29.2	7.5	0.6
29.9	5.9	1.0	19.1	35.8	36.3	8.0	0.7	25.7	42.4	24.2	6.8	0.9	17.7	52.3	22.6	6.4	0.9
25.9	7.5	1.1	19.3	38.8	32.8	8.3	0.9	24.1	47.4	21.6	6.0	0.9	18.4	51.7	20.1	8.6	1.1
24.3	12.8	1.3	16.6	34.5	34.0	13.6	1.3	21.4	45.5	21.1	11.0	1.1	19.3	46.0	23.3	10.4	1.1
15.5	2.4	0.4	31.5	44.5	20.2	3.3	0.4	35.3	47.1	14.5	2.7	0.4	30.8	53.6	13.1	2.0	0.4
16.9	3.8	19.2	22.3	32.6	21.5	4.6	19.0	25.5	36.7	14.4	4.0	19.4	21.1	42.0	15.0	2.9	19.0

第77表　子ども数・構成割合，性、子ども自身の悩みや不安（複数回答）、

構成割合（%）

性、子ども自身の悩みや不安（複数回答）	総数	学校											
		クラスの友人関係はうまくいっている					教師との関係はうまくいっている					ためになると思	
		とてもそう思う	まあそう思う	あまりそう思わない	まったくそう思わない	不詳	とてもそう思う	まあそう思う	あまりそう思わない	まったくそう思わない	不詳	とてもそう思う	まあそう思う
男児	100.0	54.6	40.0	3.3	1.4	0.8	38.3	50.8	7.9	2.2	0.8	27.8	49.2
悩みや不安がある	100.0	44.3	46.6	5.9	2.7	0.5	30.6	54.5	10.7	3.6	0.5	22.0	48.9
親の仲が悪いこと	100.0	31.6	52.9	9.5	5.7	0.4	20.5	56.7	15.6	6.8	0.4	19.8	41.4
自分と家族の仲が悪いこと	100.0	29.3	53.0	10.4	5.9	1.5	20.4	49.3	20.4	8.9	1.1	17.0	37.4
友達との関係に関すること（友達ができない・友達の輪に入れないなど）	100.0	7.6	47.4	28.9	14.5	1.5	15.9	55.8	17.6	9.6	1.1	15.7	44.9
いじめに関すること	100.0	11.8	34.7	29.9	22.2	1.4	18.8	41.0	24.3	16.0	－	20.8	41.7
部活動（クラブ活動を含む）でのトラブルに関すること	100.0	29.3	50.2	14.9	5.2	0.4	27.7	45.0	18.5	8.4	0.4	20.9	45.4
恋愛に関すること	100.0	45.1	43.2	8.7	2.7	0.4	38.4	50.8	7.8	2.1	1.0	28.1	45.1
性に関すること	100.0	31.5	48.8	14.2	4.7	0.8	30.7	50.4	10.2	7.1	1.6	18.9	45.7
学校や塾の成績に関すること	100.0	43.3	48.5	5.8	1.9	0.4	29.7	55.6	11.2	3.1	0.4	22.7	49.2
進路に関すること	100.0	44.9	46.7	5.3	2.7	0.4	31.4	54.9	10.0	3.2	0.5	22.6	49.7
親がなにかと干渉してくること	100.0	37.0	50.8	6.8	4.4	1.1	23.5	53.9	16.1	5.6	0.9	15.4	43.8
親の期待や要求が高すぎること	100.0	39.2	48.1	7.7	4.4	0.7	24.0	54.6	14.6	6.1	0.5	17.9	46.9
何かにつけ兄弟姉妹と比べられること	100.0	40.2	45.8	9.0	4.4	0.6	25.5	53.0	15.7	5.0	0.8	19.9	44.2
自分の容姿に関すること	100.0	34.0	49.4	11.3	4.7	0.6	25.4	55.1	13.7	5.1	0.7	19.4	44.6
健康（病気）に関すること	100.0	37.2	46.2	9.2	6.4	1.0	28.5	53.6	11.1	5.9	0.9	22.7	45.5
その他	100.0	35.4	49.6	6.5	6.9	1.6	25.2	48.8	11.4	13.0	1.6	17.9	39.4
（再掲）特に深い悩みや強い不安													
親の仲が悪いこと	100.0	44.6	42.9	8.9	1.8	1.8	30.4	55.4	10.7	1.8	1.8	35.7	35.7
自分と家族の仲が悪いこと	100.0	32.7	52.7	7.3	5.5	1.8	20.0	58.2	16.4	3.6	1.8	18.2	40.0
友達との関係に関すること（友達ができない・友達の輪に入れないなど）	100.0	8.4	36.4	38.5	16.1	0.7	15.4	58.0	17.5	8.4	0.7	16.1	46.2
いじめに関すること	100.0	17.6	32.4	26.5	23.5	－	20.6	38.2	26.5	14.7	－	23.5	41.2
部活動（クラブ活動を含む）でのトラブルに関すること	100.0	35.9	53.1	7.8	1.6	1.6	35.9	40.6	9.4	12.5	1.6	23.4	45.3
恋愛に関すること	100.0	52.3	38.6	8.3	－	0.8	45.5	43.2	8.3	3.0	－	30.3	40.9
性に関すること	100.0	50.0	33.3	16.7	－	－	25.0	58.3	－	16.7	－	33.3	33.3
学校や塾の成績に関すること	100.0	44.8	49.2	5.1	0.6	0.3	30.2	57.4	9.2	2.8	0.3	24.6	50.1
進路に関すること	100.0	50.2	43.8	3.5	2.1	0.3	35.6	52.8	8.7	2.5	0.4	24.0	51.8
親がなにかと干渉してくること	100.0	44.6	48.5	3.9	1.7	1.3	26.4	54.5	14.7	3.5	0.9	16.9	44.6
親の期待や要求が高すぎること	100.0	44.6	48.6	3.4	3.4	－	25.0	52.0	14.2	8.8	－	20.3	47.3
何かにつけ兄弟姉妹と比べられること	100.0	53.2	35.1	9.1	1.3	1.3	35.1	45.5	14.3	2.6	2.6	28.6	36.4
自分の容姿に関すること	100.0	35.0	54.3	7.9	2.1	0.7	26.4	53.6	15.7	3.6	0.7	23.6	36.4
健康（病気）に関すること	100.0	45.7	43.7	4.0	5.3	1.3	29.1	58.3	7.9	3.3	1.3	13.9	47.7
その他	100.0	36.9	48.8	6.0	7.1	1.2	28.0	48.2	10.1	12.5	1.2	20.2	42.9
悩みや不安は特にない	100.0	61.7	35.8	1.6	0.6	0.3	43.6	48.8	6.0	1.4	0.3	31.8	49.8
不詳	100.0	42.2	33.7	4.0	0.7	19.5	27.7	42.2	9.2	1.0	19.8	20.5	38.9
女児	100.0	51.7	41.3	4.9	1.6	0.5	37.8	51.2	8.2	2.3	0.5	23.6	52.7
悩みや不安がある	100.0	43.7	46.4	7.3	2.4	0.2	32.3	54.1	10.2	3.1	0.3	20.4	52.0
親の仲が悪いこと	100.0	33.1	51.9	10.5	4.3	0.3	25.6	53.1	14.0	7.0	0.3	17.8	44.4
自分と家族の仲が悪いこと	100.0	35.2	44.0	14.7	6.2	－	20.5	50.2	19.9	9.4	－	15.3	38.1
友達との関係に関すること（友達ができない・友達の輪に入れないなど）	100.0	8.6	53.0	28.6	9.6	0.2	18.6	56.8	17.7	6.8	0.1	15.4	48.1
いじめに関すること	100.0	13.0	27.4	32.2	26.7	0.7	17.8	42.5	26.7	12.3	0.7	17.1	36.3
部活動（クラブ活動を含む）でのトラブルに関すること	100.0	30.7	54.4	11.8	3.0	0.1	26.3	57.0	13.0	3.5	0.1	18.6	52.7
恋愛に関すること	100.0	40.2	46.2	11.0	2.4	0.1	32.6	49.8	13.3	4.4	－	22.2	48.6
性に関すること	100.0	26.4	47.9	19.8	5.0	0.8	23.1	54.5	16.5	5.8	－	28.1	38.8
学校や塾の成績に関すること	100.0	43.7	47.0	7.4	1.8	0.1	31.0	55.6	10.5	2.8	0.2	20.6	52.5
進路に関すること	100.0	44.3	46.6	6.7	2.2	0.2	32.9	54.2	10.0	2.7	0.3	21.0	52.1
親がなにかと干渉してくること	100.0	38.8	50.5	8.7	1.9	0.1	24.7	56.2	14.7	4.3	0.1	14.1	50.8
親の期待や要求が高すぎること	100.0	44.2	45.6	8.7	1.4	－	29.0	52.0	14.7	3.8	0.5	15.2	48.2
何かにつけ兄弟姉妹と比べられること	100.0	42.4	45.5	9.2	2.9	－	27.5	55.9	13.5	3.2	－	16.1	52.1
自分の容姿に関すること	100.0	34.9	50.7	10.7	3.3	0.4	26.7	56.7	12.4	3.9	0.3	16.7	50.0
健康（病気）に関すること	100.0	33.1	51.6	10.5	4.6	0.2	28.5	53.6	13.2	4.6	0.1	20.1	49.6
その他	100.0	30.7	49.5	12.5	6.7	0.6	23.3	48.2	13.7	14.4	0.3	18.5	43.1
（再掲）特に深い悩みや強い不安													
親の仲が悪いこと	100.0	42.2	49.5	6.4	1.8	－	33.0	55.0	8.3	3.7	－	21.1	45.0
自分と家族の仲が悪いこと	100.0	40.7	38.9	14.8	5.6	－	24.1	44.4	18.5	13.0	－	20.4	29.6
友達との関係に関すること（友達ができない・友達の輪に入れないなど）	100.0	7.1	45.7	33.2	14.0	－	19.4	57.9	15.8	6.9	－	15.6	48.2
いじめに関すること	100.0	12.5	21.9	34.4	31.3	－	18.8	40.6	31.3	9.4	－	28.1	43.8
部活動（クラブ活動を含む）でのトラブルに関すること	100.0	43.3	49.3	7.0	0.5	－	30.8	56.2	10.9	2.0	－	18.4	58.2
恋愛に関すること	100.0	52.3	39.6	6.3	1.8	－	44.1	38.7	12.6	4.5	－	29.7	47.7
性に関すること	100.0	37.5	62.5	－	－	－	50.0	37.5	12.5	－	－	25.0	50.0
学校や塾の成績に関すること	100.0	45.6	48.8	4.9	0.6	0.2	32.0	57.4	8.6	2.0	0.1	21.8	54.7
進路に関すること	100.0	50.3	43.7	4.5	1.3	0.2	36.9	52.5	8.4	1.9	0.3	23.1	53.3
親がなにかと干渉してくること	100.0	44.2	49.3	5.8	0.7	－	30.4	52.2	12.3	4.3	0.7	13.0	51.4
親の期待や要求が高すぎること	100.0	50.9	40.0	9.1	－	－	29.1	55.5	10.9	2.7	1.8	13.6	49.1
何かにつけ兄弟姉妹と比べられること	100.0	53.6	35.7	10.7	－	－	36.9	50.0	10.7	2.4	－	17.9	51.2
自分の容姿に関すること	100.0	37.2	51.3	7.4	3.4	0.7	28.5	56.6	10.8	3.4	0.7	15.6	48.5
健康（病気）に関すること	100.0	34.5	51.3	10.7	3.6	－	32.0	52.3	9.6	6.1	－	22.3	46.2
その他	100.0	30.6	47.6	13.1	7.8	1.0	24.3	45.1	13.1	17.0	0.5	17.0	43.2
悩みや不安は特にない	100.0	62.5	34.9	1.8	0.5	0.3	45.1	47.9	5.5	1.2	0.4	27.9	54.1
不詳	100.0	49.4	28.4	3.4	1.7	17.0	38.1	36.9	7.4	0.6	17.0	22.7	38.6

第15回調査（平成28年）

生活の満足																	
える授業がたくさんある			楽しいと思える授業がたくさんある					学校の勉強は将来役に立つと思う					授業の内容をよく理解できている				
あまりそう思わない	まったくそう思わない	不詳	とてもそう思う	まあそう思う	あまりそう思わない	まったくそう思わない	不詳	とてもそう思う	まあそう思う	あまりそう思わない	まったくそう思わない	不詳	とてもそう思う	まあそう思う	あまりそう思わない	まったくそう思わない	不詳
18.5	3.6	0.9	28.1	41.8	24.7	4.5	0.9	32.1	46.4	16.8	3.9	0.9	27.8	51.9	16.4	3.1	0.9
23.3	5.1	0.7	21.0	40.5	31.8	6.0	0.6	27.0	47.0	20.3	5.0	0.6	20.3	52.4	21.7	5.0	0.6
28.9	9.5	0.4	19.8	35.4	35.4	9.1	0.4	21.3	41.8	27.0	9.5	0.4	14.1	49.8	26.2	9.5	0.4
30.0	14.4	1.1	20.0	28.9	37.0	12.6	1.5	23.3	35.9	26.7	12.6	1.5	18.5	40.7	28.5	11.1	1.1
26.8	11.1	1.5	14.1	36.1	34.8	13.6	1.3	23.5	46.8	18.0	10.1	1.5	16.4	45.9	26.8	9.9	1.0
22.2	13.9	1.4	18.1	29.9	30.6	20.1	1.4	27.8	41.0	16.0	13.2	2.1	17.4	33.3	31.9	16.0	1.4
28.1	4.8	0.8	21.7	37.8	32.5	7.6	0.4	30.5	43.8	18.5	6.8	0.4	18.5	54.2	18.5	8.4	0.4
21.5	4.4	1.0	29.1	40.3	24.1	5.7	0.8	35.7	40.1	18.3	5.1	0.8	27.9	48.7	18.3	4.4	0.8
23.6	10.2	1.6	22.8	33.9	30.7	11.0	1.6	24.4	40.9	24.4	8.7	1.6	22.0	40.2	23.6	12.6	1.6
23.6	3.9	0.5	21.2	40.4	32.7	5.3	0.4	27.7	47.8	19.9	4.1	0.4	18.4	51.8	24.7	4.7	0.4
22.6	4.7	0.5	21.5	40.7	31.7	5.6	0.5	28.2	46.7	19.9	4.6	0.5	20.2	53.2	21.2	4.9	0.5
31.7	8.2	1.0	15.5	36.5	38.0	9.0	1.0	19.4	44.8	27.0	7.6	1.2	18.7	51.0	21.7	7.6	1.0
26.2	8.5	0.5	19.9	37.4	33.3	8.7	0.5	21.7	45.4	23.8	8.6	0.5	20.1	52.6	20.6	6.1	0.5
28.3	7.0	0.6	18.9	37.1	35.3	8.2	0.6	26.3	41.6	24.9	6.6	0.6	19.1	50.0	24.3	6.0	0.6
27.9	7.3	0.9	19.8	36.9	34.8	8.1	0.4	23.8	47.3	22.1	6.3	0.6	20.7	46.7	24.6	7.7	0.3
22.5	8.1	1.2	20.9	38.1	30.4	9.3	1.2	28.2	42.4	20.1	8.3	1.0	19.9	49.0	20.6	9.3	1.2
26.0	14.2	2.4	16.3	35.0	32.5	14.2	2.0	22.0	41.1	21.5	13.4	2.0	20.3	45.5	21.5	11.0	1.6
26.8	−	1.8	37.5	35.7	23.2	1.8	1.8	25.0	48.2	21.4	3.6	1.8	19.6	58.9	17.9	1.8	1.8
34.5	5.5	1.8	23.6	34.5	36.4	3.6	1.8	25.5	41.8	25.5	5.5	1.8	18.2	49.1	27.3	5.5	−
24.5	11.9	1.4	14.0	32.9	37.8	14.7	0.7	23.8	46.2	19.6	9.8	0.7	16.8	50.3	25.9	7.0	−
26.5	5.9	2.9	20.6	23.5	41.2	11.8	2.9	41.2	35.3	11.8	8.8	2.9	23.5	32.4	29.4	11.8	2.9
23.4	4.7	3.1	23.4	45.3	21.9	7.8	1.6	39.1	39.1	15.6	4.7	1.6	23.4	59.4	7.8	7.8	1.6
22.7	5.3	0.8	34.8	36.4	22.7	5.3	0.8	36.4	43.9	12.9	6.1	0.8	32.6	49.2	15.2	2.3	0.8
16.7	16.7	−	25.0	33.3	25.0	16.7	−	25.0	33.3	33.3	8.3	−	33.3	41.7	16.7	8.3	−
21.7	3.1	0.5	21.6	42.9	31.0	4.2	0.3	28.3	50.3	18.5	2.6	0.3	18.5	50.4	26.9	3.8	0.4
20.0	3.8	0.4	23.2	42.2	29.5	4.6	0.5	30.6	47.0	18.1	3.7	0.6	22.5	55.3	18.2	3.5	0.5
30.3	7.8	0.4	16.9	41.1	33.3	7.8	0.9	22.5	41.1	29.0	6.1	1.3	24.2	50.2	18.6	6.1	0.9
23.6	8.8	−	22.3	42.6	28.4	6.8	−	20.9	45.3	23.6	10.1	−	29.1	52.7	14.2	4.1	−
20.8	11.7	2.6	26.0	31.2	33.8	7.8	1.3	33.8	33.8	23.4	7.8	1.3	23.4	39.0	26.0	10.4	1.3
32.1	6.4	1.4	20.7	35.0	37.1	6.4	0.7	22.1	45.0	26.4	5.7	0.7	18.6	50.0	23.6	7.1	0.7
28.5	7.9	2.0	15.2	41.7	33.1	7.9	2.0	18.5	45.0	25.2	9.3	2.0	17.2	54.3	16.6	9.9	2.0
20.2	14.9	1.8	18.5	37.5	27.4	14.9	1.8	23.8	41.7	18.5	14.3	1.8	20.2	44.0	23.2	11.3	1.2
15.5	2.6	0.4	32.9	43.0	20.2	3.5	0.4	35.7	46.3	14.6	3.1	0.4	32.9	51.8	13.0	1.9	0.4
16.2	4.3	20.1	20.8	32.7	22.4	4.3	19.8	25.1	36.0	14.5	4.3	20.1	21.8	41.9	14.5	2.0	19.8
19.9	3.2	0.6	24.5	44.0	26.4	4.5	0.6	31.4	48.1	16.9	3.0	0.6	22.2	55.6	18.1	3.4	0.6
23.1	4.1	0.4	20.8	42.3	31.1	5.5	0.3	29.0	48.3	18.8	3.7	0.3	18.1	55.4	21.7	4.3	0.4
29.3	8.0	0.5	18.0	36.1	35.1	10.3	0.5	24.1	44.6	24.8	6.3	0.3	17.5	46.6	25.6	10.0	0.3
33.2	13.0	0.3	19.5	26.7	40.4	13.4	−	21.2	43.6	27.7	7.5	−	15.0	39.4	32.2	13.0	0.3
28.2	8.0	0.4	13.4	38.0	36.7	11.6	0.3	25.1	46.3	22.2	6.2	0.2	15.7	49.4	26.0	8.6	0.3
28.8	17.1	0.7	12.3	31.5	31.5	24.0	0.7	24.0	39.7	23.3	12.3	0.7	11.6	43.2	28.8	15.8	0.7
23.8	4.7	0.1	20.1	41.7	32.9	5.0	0.3	27.9	47.4	21.3	3.2	0.1	19.6	57.3	18.9	4.0	0.1
24.1	4.9	0.2	24.6	39.0	29.7	6.6	0.1	31.7	43.9	19.4	4.7	0.2	20.7	49.8	23.0	6.3	0.2
26.4	6.6	−	19.8	33.1	39.7	7.4	−	31.4	39.7	20.7	8.3	−	19.8	39.7	30.6	9.9	−
22.7	4.0	0.3	20.4	42.9	31.0	5.4	0.2	30.4	47.5	18.4	3.5	0.2	16.4	55.2	23.7	4.3	0.3
22.6	4.0	0.3	21.2	42.8	30.4	5.4	0.3	30.0	48.2	18.3	3.3	0.3	18.3	55.8	21.3	4.3	0.3
26.9	7.9	0.2	15.5	40.2	35.7	8.3	0.2	19.0	49.5	25.9	5.6	0.1	15.4	52.6	25.1	6.5	0.4
29.3	6.9	0.4	18.6	38.1	35.6	7.3	0.4	23.3	45.6	23.5	7.3	0.3	18.3	56.7	20.5	3.9	0.5
24.1	7.5	0.2	18.4	41.9	31.3	8.5	−	25.5	46.2	21.6	6.7	−	12.6	51.6	28.1	7.6	0.1
27.3	5.5	0.5	17.6	38.5	35.7	7.8	0.4	26.4	46.4	21.5	5.3	0.4	17.2	52.3	24.5	5.5	0.5
23.0	6.8	0.5	19.1	39.5	32.0	9.0	0.5	29.9	43.8	20.5	5.5	0.2	18.1	52.8	20.7	7.5	0.8
27.8	9.9	0.6	17.9	31.9	38.0	11.5	0.6	23.3	46.0	23.3	6.7	0.6	18.8	48.9	23.0	8.6	0.6
28.4	5.5	−	23.9	39.4	30.3	5.5	0.9	26.6	42.2	26.6	4.6	−	22.9	49.5	20.2	7.3	−
35.2	14.8	−	18.5	24.1	42.6	14.8	−	20.4	33.3	38.9	7.4	−	14.8	40.7	31.5	13.0	−
29.3	6.6	0.3	12.8	36.5	40.3	10.5	−	25.3	50.0	19.4	5.4	−	17.9	45.7	30.1	6.4	−
21.9	6.3	−	25.0	34.4	18.8	21.9	−	28.1	46.9	18.8	6.3	−	18.8	46.9	21.9	12.5	−
22.9	0.5	−	22.4	44.3	31.3	2.0	−	29.9	46.3	21.9	2.0	−	18.4	63.2	17.9	0.5	−
21.6	0.9	−	29.7	39.6	26.1	4.5	−	35.1	44.1	18.0	2.7	−	23.4	47.7	24.3	4.5	−
25.0	−	−	12.5	37.5	50.0	−	−	50.0	37.5	12.5	−	−	25.0	50.0	25.0	−	−
20.0	3.4	0.1	21.0	44.7	29.5	4.5	0.3	33.2	47.8	16.0	2.9	0.2	15.5	56.6	24.2	3.4	0.3
20.2	3.0	0.4	23.9	44.2	27.7	3.8	0.3	32.0	49.0	16.1	2.5	0.3	20.8	57.9	17.7	3.2	0.3
27.5	8.0	−	15.9	43.5	32.6	8.0	−	16.7	51.4	23.9	8.0	−	18.1	53.6	21.0	5.8	1.4
31.8	4.5	0.9	20.0	34.5	40.0	4.5	0.9	19.1	49.1	23.6	7.3	0.9	20.9	62.7	11.8	3.6	0.9
26.2	4.8	−	19.0	45.2	29.8	6.0	−	21.4	51.2	22.6	4.8	−	16.7	46.4	32.1	4.8	−
29.2	5.7	0.9	18.6	36.1	36.1	8.5	0.7	26.9	41.6	23.4	7.1	0.9	17.5	53.1	22.3	6.2	0.9
23.9	7.1	0.5	22.3	36.5	32.5	8.6	−	28.4	49.2	18.8	3.6	−	19.3	49.7	22.8	7.6	0.5
27.7	11.2	1.0	15.0	32.0	39.3	12.6	1.0	19.4	48.5	23.3	8.3	0.5	18.4	47.6	23.3	9.7	1.0
15.6	2.0	0.5	29.5	46.8	20.2	3.1	0.4	34.9	48.3	14.3	2.0	0.5	27.8	56.3	13.4	2.1	0.4
18.2	2.8	17.6	25.0	32.4	19.9	5.1	17.6	26.1	38.1	14.2	3.4	18.2	19.9	42.0	15.9	4.5	17.6

第77表　子ども数・構成割合，性、子ども自身の悩みや不安（複数回答）、

構成割合（%）

性、子ども自身の悩みや不安（複数回答）	総数	部活動を行っている	運動系	部活動の仲間や友人との関係はうまくいって：とてもそう思う	まあそう思う	あまりそう思わない	まったくそう思わない
総数	100.0	84.2	64.3	37.4	22.4	3.5	1.0
悩みや不安がある	100.0	83.7	59.5	29.5	23.7	4.8	1.4
親の仲が悪いこと	100.0	82.0	56.9	24.9	22.4	6.3	3.3
自分と家族の仲が悪いこと	100.0	78.5	51.6	20.3	19.4	8.5	3.5
友達との関係に関すること（友達ができない・友達の輪に入れないなど）	100.0	78.7	44.2	11.3	20.9	8.4	3.6
いじめに関すること	100.0	75.2	44.1	9.3	17.6	10.3	6.6
部活動（クラブ活動を含む）でのトラブルに関すること	100.0	95.1	51.3	9.6	22.6	12.5	6.6
恋愛に関すること	100.0	86.4	57.9	28.3	21.9	5.9	1.6
性に関すること	100.0	81.5	53.6	24.2	21.8	5.2	2.4
学校や塾の成績に関すること	100.0	85.5	59.6	29.3	23.9	4.9	1.4
進路に関すること	100.0	84.5	60.2	30.3	23.7	4.8	1.4
親がなにかと干渉してくること	100.0	81.9	59.3	22.9	27.0	6.9	2.2
親の期待や要求が高すぎること	100.0	84.3	61.2	27.2	24.3	6.9	2.6
何かにつけ兄弟姉妹と比べられること	100.0	84.7	60.0	28.3	23.9	6.3	1.5
自分の容姿に関すること	100.0	82.6	51.2	21.1	21.8	6.2	2.0
健康（病気）に関すること	100.0	77.6	49.6	21.3	20.0	5.8	2.4
その他	100.0	76.9	48.3	21.8	18.4	5.9	2.1
（再掲）特に深い悩みや強い不安							
親の仲が悪いこと	100.0	85.5	61.8	33.9	21.8	3.0	3.0
自分と家族の仲が悪いこと	100.0	72.5	45.9	22.0	15.6	5.5	2.8
友達との関係に関すること（友達ができない・友達の輪に入れないなど）	100.0	79.1	41.7	7.7	21.9	8.8	3.4
いじめに関すること	100.0	80.3	51.5	13.6	15.2	16.7	6.1
部活動（クラブ活動を含む）でのトラブルに関すること	100.0	95.1	51.3	12.1	20.4	10.2	8.7
恋愛に関すること	100.0	90.1	67.5	39.1	21.8	4.5	2.1
性に関すること	100.0	70.0	40.0	25.0	10.0	-	5.0
学校や塾の成績に関すること	100.0	85.9	59.1	30.1	23.6	4.3	1.1
進路に関すること	100.0	84.9	62.5	34.0	23.7	3.7	1.1
親がなにかと干渉してくること	100.0	83.5	61.5	25.7	30.4	4.9	0.5
親の期待や要求が高すぎること	100.0	86.0	65.9	35.3	22.9	7.0	0.8
何かにつけ兄弟姉妹と比べられること	100.0	85.1	65.2	34.8	24.8	5.6	-
自分の容姿に関すること	100.0	82.1	54.8	22.6	23.5	7.0	1.7
健康（病気）に関すること	100.0	71.3	47.4	23.6	17.8	4.6	1.4
その他	100.0	73.3	45.7	21.1	19.0	4.3	1.3
悩みや不安は特にない	100.0	85.3	69.3	44.9	21.4	2.3	0.5
不詳	100.0	61.8	49.3	30.1	15.9	2.1	1.0

学校生活の満足－部活動の有無・部活動の満足別（８－７）

第15回調査（平成28年）

いる		部活動の仲間や友人との関係はうまくいっている					部活は行っていない	不詳
不詳	文化系	とてもそう思う	まあそう思う	あまりそう思わない	まったくそう思わない	不詳		
0.1	20.4	9.3	9.0	1.6	0.4	0.1	12.3	3.5
0.1	24.9	10.0	11.6	2.6	0.7	0.1	13.2	3.0
－	25.8	9.5	11.2	3.8	1.4	－	13.4	4.5
－	27.4	9.4	11.6	4.7	1.7	－	17.0	4.5
0.1	35.5	10.0	17.1	6.1	2.3	－	18.9	2.3
0.3	31.7	9.3	13.4	4.5	4.5	－	22.4	2.4
－	44.4	6.2	22.9	10.6	4.8	－	1.9	2.9
0.1	29.0	11.7	11.8	4.6	0.9	－	11.6	2.0
－	28.6	12.9	10.5	4.0	1.2	－	15.7	2.8
0.1	26.4	10.9	12.0	2.7	0.7	0.0	11.7	2.8
0.1	24.9	10.2	11.4	2.5	0.6	0.1	12.7	2.8
0.2	23.3	9.0	10.6	2.8	0.9	－	14.1	3.9
0.1	23.8	9.1	11.1	2.7	0.9	－	13.0	2.7
－	25.5	9.9	10.8	3.2	1.6	－	13.0	2.4
0.1	32.3	11.9	14.8	4.3	1.2	0.1	15.0	2.5
0.1	28.8	11.3	13.1	3.2	1.1	0.1	19.2	3.2
－	29.9	12.9	13.1	2.3	1.6	－	19.5	3.6
－	24.8	9.1	12.7	2.4	0.6	－	11.5	3.0
－	28.4	9.2	11.9	6.4	0.9	－	21.1	6.4
－	38.7	10.3	19.6	6.7	2.1	－	18.5	2.4
－	30.3	7.6	13.6	4.5	4.5	－	19.7	－
－	43.8	6.0	20.0	12.8	4.9	－	2.3	2.6
－	23.5	9.9	9.1	4.5	－	－	8.6	1.2
－	30.0	15.0	10.0	5.0	－	－	25.0	5.0
0.0	27.4	12.2	12.6	2.3	0.3	0.0	11.5	2.6
－	22.9	10.3	10.2	1.9	0.4	0.0	12.4	2.7
－	22.8	8.4	11.4	1.9	1.1	－	12.5	4.1
－	20.9	10.1	9.3	1.2	0.4	－	11.6	2.3
－	19.9	8.1	9.3	2.5	－	－	10.6	4.3
－	28.9	11.8	13.7	2.1	1.0	0.2	16.0	1.9
－	24.7	8.6	11.5	3.4	1.1	－	25.3	3.4
－	28.6	12.0	12.6	2.7	1.3	－	22.7	4.0
0.1	16.5	8.7	6.7	0.8	0.2	0.0	11.5	3.2
0.2	12.9	6.1	4.8	1.0	0.8	0.2	13.6	24.6

第77表　子ども数・構成割合，性、子ども自身の悩みや不安（複数回答）、

構成割合（%）

性、子ども自身の悩みや不安（複数回答）	総数	部活動を行っている	運動系	部活動の仲間や友人との関係はうまくいって とてもそう思う	まあそう思う	あまりそう思わない	まったくそう思わない
男児	100.0	83.2	75.4	45.8	25.2	3.3	1.0
悩みや不安がある	100.0	82.1	72.3	36.9	28.5	5.2	1.6
親の仲が悪いこと	100.0	80.6	68.4	27.4	30.8	6.8	3.4
自分と家族の仲が悪いこと	100.0	74.4	62.2	23.3	25.6	9.6	3.7
友達との関係に関すること（友達ができない・友達の輪に入れないなど）	100.0	71.5	56.2	12.8	26.0	11.9	5.5
いじめに関すること	100.0	76.4	56.3	11.8	22.9	12.5	9.0
部活動（クラブ活動を含む）でのトラブルに関すること	100.0	94.4	76.7	13.7	32.1	18.1	12.9
恋愛に関すること	100.0	87.3	72.4	37.8	26.6	5.7	2.3
性に関すること	100.0	80.3	64.6	26.8	29.1	7.1	1.6
学校や塾の成績に関すること	100.0	84.5	74.1	36.5	30.2	5.5	1.8
進路に関すること	100.0	83.1	73.7	38.3	28.7	5.1	1.6
親がなにかと干渉してくること	100.0	80.2	69.4	27.1	32.4	7.4	2.3
親の期待や要求が高すぎること	100.0	83.1	73.2	33.3	28.8	8.1	2.9
何かにつけ兄弟姉妹と比べられること	100.0	83.3	72.7	33.7	28.5	8.6	2.0
自分の容姿に関すること	100.0	79.9	65.2	27.1	27.4	7.3	3.4
健康（病気）に関すること	100.0	77.5	63.3	26.1	26.6	6.7	3.8
その他	100.0	72.8	61.0	30.1	22.4	5.7	2.8
（再掲）特に深い悩みや強い不安							
親の仲が悪いこと	100.0	87.5	73.2	42.9	26.8	3.6	-
自分と家族の仲が悪いこと	100.0	69.1	63.6	29.1	23.6	7.3	3.6
友達との関係に関すること（友達ができない・友達の輪に入れないなど）	100.0	73.4	54.5	9.1	25.2	14.0	6.3
いじめに関すること	100.0	85.3	64.7	20.6	17.6	20.6	5.9
部活動（クラブ活動を含む）でのトラブルに関すること	100.0	90.6	70.3	14.1	32.8	9.4	14.1
恋愛に関すること	100.0	92.4	80.3	47.7	25.0	5.3	2.3
性に関すること	100.0	50.0	16.7	16.7	-	-	-
学校や塾の成績に関すること	100.0	85.0	74.5	38.0	29.8	4.7	2.0
進路に関すること	100.0	83.3	75.1	42.6	27.5	3.8	1.1
親がなにかと干渉してくること	100.0	81.8	69.7	31.2	32.9	5.2	0.4
親の期待や要求が高すぎること	100.0	85.1	75.0	39.2	28.4	6.8	0.7
何かにつけ兄弟姉妹と比べられること	100.0	81.8	75.3	39.0	28.6	7.8	-
自分の容姿に関すること	100.0	81.4	67.1	27.1	30.0	7.9	2.1
健康（病気）に関すること	100.0	71.5	62.9	31.1	23.2	6.6	2.0
その他	100.0	68.5	56.0	28.0	22.0	4.2	1.8
悩みや不安は特にない	100.0	84.7	78.2	52.0	23.3	2.2	0.5
不詳	100.0	60.1	54.8	33.3	17.8	2.0	1.3
女児	100.0	85.2	52.6	28.5	19.5	3.6	0.9
悩みや不安がある	100.0	84.9	50.3	24.2	20.3	4.5	1.3
親の仲が悪いこと	100.0	83.0	49.4	23.3	16.8	6.0	3.3
自分と家族の仲が悪いこと	100.0	82.1	42.3	17.6	14.0	7.5	3.3
友達との関係に関すること（友達ができない・友達の輪に入れないなど）	100.0	81.5	39.6	10.7	18.9	7.1	2.9
いじめに関すること	100.0	74.0	32.2	6.8	12.3	8.2	4.1
部活動（クラブ活動を含む）でのトラブルに関すること	100.0	95.4	41.9	8.1	19.1	10.5	4.3
恋愛に関すること	100.0	85.9	49.8	23.0	19.3	5.9	1.3
性に関すること	100.0	82.6	42.1	21.5	14.0	3.3	3.3
学校や塾の成績に関すること	100.0	86.2	50.7	24.9	20.1	4.6	1.2
進路に関すること	100.0	85.4	51.2	25.0	20.3	4.6	1.2
親がなにかと干渉してくること	100.0	83.9	48.3	18.4	21.2	6.4	2.1
親の期待や要求が高すぎること	100.0	85.4	49.7	21.5	20.0	5.9	2.3
何かにつけ兄弟姉妹と比べられること	100.0	85.5	52.2	25.0	21.1	4.9	1.2
自分の容姿に関すること	100.0	83.4	46.7	19.1	20.0	5.9	1.5
健康（病気）に関すること	100.0	77.6	40.3	18.0	15.5	5.2	1.4
その他	100.0	80.2	38.3	15.3	15.3	6.1	1.6
（再掲）特に深い悩みや強い不安							
親の仲が悪いこと	100.0	84.4	56.0	29.4	19.3	2.8	4.6
自分と家族の仲が悪いこと	100.0	75.9	27.8	14.8	7.4	3.7	1.9
友達との関係に関すること（友達ができない・友達の輪に入れないなど）	100.0	81.1	37.0	7.1	20.7	6.9	2.3
いじめに関すること	100.0	75.0	37.5	6.3	12.5	12.5	6.3
部活動（クラブ活動を含む）でのトラブルに関すること	100.0	96.5	45.3	11.4	16.4	10.4	7.0
恋愛に関すること	100.0	87.4	52.3	28.8	18.0	3.6	1.8
性に関すること	100.0	100.0	75.0	37.5	25.0	-	12.5
学校や塾の成績に関すること	100.0	86.5	49.7	25.2	19.8	4.1	0.5
進路に関すること	100.0	86.1	53.8	28.0	21.1	3.6	1.1
親がなにかと干渉してくること	100.0	86.2	47.8	16.7	26.1	4.3	0.7
親の期待や要求が高すぎること	100.0	87.3	53.6	30.0	15.5	7.3	0.9
何かにつけ兄弟姉妹と比べられること	100.0	88.1	56.0	31.0	21.4	3.6	-
自分の容姿に関すること	100.0	82.3	50.8	21.1	21.4	6.7	1.6
健康（病気）に関すること	100.0	71.1	35.5	17.8	13.7	3.0	1.0
その他	100.0	77.2	37.4	15.5	16.5	4.4	1.0
悩みや不安は特にない	100.0	86.3	56.1	34.4	18.6	2.5	0.5
不詳	100.0	64.8	39.8	24.4	12.5	2.3	0.6

学校生活の満足－部活動の有無・部活動の満足別（８－８）

第15回調査（平成28年）

いる	文化系	部活動の仲間や友人との関係はうまくいっている					部活は行っていない	不詳
不詳		とてもそう思う	まあそう思う	あまりそう思わない	まったくそう思わない	不詳		
0.1	8.3	3.6	3.7	0.7	0.2	0.1	12.6	4.2
0.1	10.4	3.9	4.9	1.1	0.4	0.1	14.1	3.9
－	13.3	4.9	5.7	1.5	1.1	－	14.4	4.9
－	13.0	3.3	7.4	1.9	0.4	－	19.3	6.3
－	16.8	5.0	6.9	3.6	1.3	－	25.2	3.3
－	21.5	8.3	6.9	3.5	2.8	－	20.8	2.8
－	18.9	4.0	8.8	4.0	2.0	－	2.4	3.2
－	15.4	8.6	4.6	1.9	0.4	－	10.1	2.7
－	17.3	12.6	1.6	0.8	2.4	－	15.0	4.7
0.1	10.9	4.4	5.0	1.2	0.3	0.1	11.8	3.8
0.1	10.0	3.8	4.8	1.0	0.2	0.1	13.4	3.5
0.2	11.7	5.2	4.6	1.4	0.4	－	14.8	5.0
0.1	10.5	4.1	5.5	0.4	0.5	－	13.1	3.8
－	11.6	4.6	4.8	1.2	1.0	－	12.9	3.8
0.1	15.2	6.3	6.6	1.7	0.7	－	16.8	3.3
－	15.1	5.9	5.4	2.8	0.7	0.3	18.3	4.2
－	13.8	6.1	5.3	2.0	0.4	－	22.8	4.5
－	16.1	7.1	7.1	－	1.8	－	8.9	3.6
－	9.1	1.8	5.5	1.8	－	－	21.8	9.1
－	21.0	5.6	9.8	2.8	2.8	－	24.5	2.1
－	23.5	8.8	8.8	2.9	2.9	－	14.7	－
－	20.3	－	9.4	6.3	4.7	－	4.7	4.7
－	12.9	8.3	4.5	－	－	－	6.1	1.5
－	33.3	16.7	8.3	8.3	－	－	41.7	8.3
－	10.9	4.5	5.3	1.0	0.1	－	11.5	3.4
－	8.5	3.2	4.3	0.8	0.2	0.1	13.5	3.3
－	13.0	5.2	6.1	1.3	0.4	－	13.4	4.8
－	11.5	6.1	4.7	－	0.7	－	11.5	3.4
－	6.5	1.3	2.6	2.6	－	－	13.0	5.2
－	14.3	6.4	6.4	0.7	0.7	－	17.1	1.4
－	9.3	2.6	4.0	2.6	－	－	23.8	4.6
－	14.3	6.0	5.4	2.4	0.6	－	27.4	4.2
0.1	7.0	3.5	2.9	0.4	0.1	0.0	11.7	3.7
0.3	5.6	2.3	3.3	－	－	－	14.2	25.7
0.0	33.3	15.2	14.6	2.6	0.7	0.0	12.0	2.7
0.0	35.3	14.3	16.4	3.7	0.9	0.0	12.7	2.4
－	34.1	12.5	14.8	5.3	1.5	－	12.8	4.3
－	40.1	14.7	15.3	7.2	2.9	－	15.0	2.9
0.1	42.6	11.9	21.1	7.0	2.6	－	16.5	2.0
0.7	41.8	10.3	19.9	5.5	6.2	－	24.0	2.1
－	53.8	6.9	28.1	13.0	5.8	－	1.8	2.8
0.2	36.5	13.5	15.8	6.1	1.2	－	12.4	1.7
－	40.5	13.2	19.8	7.4	－	－	16.5	0.8
0.0	35.9	14.9	16.3	3.7	1.0	0.0	11.7	2.2
0.0	34.8	14.5	15.8	3.5	0.9	0.0	12.2	2.4
0.1	36.1	13.2	17.2	4.3	1.4	－	13.4	2.7
－	36.4	13.8	16.5	4.9	1.2	－	12.9	1.7
－	34.1	13.2	14.5	4.4	2.0	－	13.0	1.5
0.1	37.8	13.7	17.5	5.2	1.4	0.1	14.4	2.2
0.1	38.2	15.0	18.4	3.4	1.4	－	19.8	2.6
－	42.5	18.2	19.2	2.6	2.6	－	16.9	2.9
－	29.4	10.1	15.6	3.7	－	－	12.8	2.8
－	48.1	16.7	18.5	11.1	1.9	－	20.4	3.7
－	45.2	12.0	23.2	8.2	1.8	－	16.3	2.6
－	37.5	6.3	18.8	6.3	6.3	－	25.0	－
－	51.2	8.0	23.4	14.9	5.0	－	1.5	2.0
－	36.0	11.7	14.4	9.9	－	－	11.7	0.9
－	25.0	12.5	12.5	－	－	－	－	－
0.1	37.6	16.9	17.1	3.1	0.4	0.1	11.5	2.0
－	32.8	15.2	14.3	2.7	0.6	－	11.6	2.3
－	39.1	13.8	20.3	2.9	2.2	－	10.9	2.9
－	33.6	15.5	15.5	2.7	－	－	11.8	0.9
－	32.1	14.3	15.5	2.4	－	－	8.3	3.6
－	33.6	13.6	16.1	2.5	1.1	0.2	15.6	2.1
－	36.5	13.2	17.3	4.1	2.0	－	26.4	2.5
－	40.3	17.0	18.4	2.9	1.9	－	18.9	3.9
0.1	30.7	16.6	12.5	1.3	0.3	0.1	11.2	2.5
－	25.6	12.5	7.4	2.8	2.3	0.6	12.5	22.7

第78表　子ども数・構成割合，性、将来について（進路）、

性、将来について（進路）	総数	学校											
		クラスの友人関係はうまくいっている					教師との関係はうまくいっている					ためになると思	
		とてもそう思う	まあそう思う	あまりそう思わない	まったくそう思わない	不詳	とてもそう思う	まあそう思う	あまりそう思わない	まったくそう思わない	不詳	とてもそう思う	まあそう思う
													実
総数	28 810	15 318	11 705	1 178	431	178	10 953	14 704	2 310	648	195	7 415	14 665
中学卒業後に働くことを考えている	95	45	32	9	8	1	30	35	18	11	1	25	28
中学卒業後は専門学校・各種学校へ進み、その後、働くことを考えている	648	334	246	43	23	2	239	310	68	29	2	175	306
高校卒業後に働くことを考えている	3 661	1 809	1 586	173	73	20	1 241	1 931	358	110	21	829	1 844
高校卒業後は専門学校・各種学校へ進み、その後、働くことを考えている	4 194	2 239	1 689	193	63	10	1 545	2 174	365	96	14	931	2 245
大学卒業後に働くことを考えている	15 065	8 534	5 873	499	126	33	6 253	7 558	980	231	43	4 393	7 664
具体的にはまだ考えていない	4 924	2 295	2 221	250	136	22	1 604	2 626	505	167	22	1 039	2 507
不詳	223	62	58	11	2	90	41	70	16	4	92	23	71
男児	14 796	8 072	5 912	487	211	114	5 660	7 522	1 164	331	119	4 109	7 280
中学卒業後に働くことを考えている	62	32	21	4	4	1	24	19	11	7	1	21	17
中学卒業後は専門学校・各種学校へ進み、その後、働くことを考えている	306	173	109	14	9	1	125	143	28	10	－	97	142
高校卒業後に働くことを考えている	2 297	1 193	974	75	39	16	792	1 221	202	67	15	570	1 163
高校卒業後は専門学校・各種学校へ進み、その後、働くことを考えている	1 298	712	517	50	15	4	497	662	112	21	6	342	655
大学卒業後に働くことを考えている	7 810	4 559	2 955	216	58	22	3 250	3 903	509	121	27	2 391	3 837
具体的にはまだ考えていない	2 884	1 363	1 305	121	85	10	949	1 528	293	104	10	674	1 424
不詳	139	40	31	7	1	60	23	46	9	1	60	14	42
女児	14 014	7 246	5 793	691	220	64	5 293	7 182	1 146	317	76	3 306	7 385
中学卒業後に働くことを考えている	33	13	11	5	4	－	6	16	7	4	－	4	11
中学卒業後は専門学校・各種学校へ進み、その後、働くことを考えている	342	161	137	29	14	1	114	167	40	19	2	78	164
高校卒業後に働くことを考えている	1 364	616	612	98	34	4	449	710	156	43	6	259	681
高校卒業後は専門学校・各種学校へ進み、その後、働くことを考えている	2 896	1 527	1 172	143	48	6	1 048	1 512	253	75	8	589	1 590
大学卒業後に働くことを考えている	7 255	3 975	2 918	283	68	11	3 003	3 655	471	110	16	2 002	3 827
具体的にはまだ考えていない	2 040	932	916	129	51	12	655	1 098	212	63	12	365	1 083
不詳	84	22	27	4	1	30	18	24	7	3	32	9	29
													構成
総数	100.0	53.2	40.6	4.1	1.5	0.6	38.0	51.0	8.0	2.2	0.7	25.7	50.9
中学卒業後に働くことを考えている	100.0	47.4	33.7	9.5	8.4	1.1	31.6	36.8	18.9	11.6	1.1	26.3	29.5
中学卒業後は専門学校・各種学校へ進み、その後、働くことを考えている	100.0	51.5	38.0	6.6	3.5	0.3	36.9	47.8	10.5	4.5	0.3	27.0	47.2
高校卒業後に働くことを考えている	100.0	49.4	43.3	4.7	2.0	0.5	33.9	52.7	9.8	3.0	0.6	22.6	50.4
高校卒業後は専門学校・各種学校へ進み、その後、働くことを考えている	100.0	53.4	40.3	4.6	1.5	0.2	36.8	51.8	8.7	2.3	0.3	22.2	53.5
大学卒業後に働くことを考えている	100.0	56.6	39.0	3.3	0.8	0.2	41.5	50.2	6.5	1.5	0.3	29.2	50.9
具体的にはまだ考えていない	100.0	46.6	45.1	5.1	2.8	0.4	32.6	53.3	10.3	3.4	0.4	21.1	50.9
不詳	100.0	27.8	26.0	4.9	0.9	40.4	18.4	31.4	7.2	1.8	41.3	10.3	31.8
男児	100.0	54.6	40.0	3.3	1.4	0.8	38.3	50.8	7.9	2.2	0.8	27.8	49.2
中学卒業後に働くことを考えている	100.0	51.6	33.9	6.5	6.5	1.6	38.7	30.6	17.7	11.3	1.6	33.9	27.4
中学卒業後は専門学校・各種学校へ進み、その後、働くことを考えている	100.0	56.5	35.6	4.6	2.9	0.3	40.8	46.7	9.2	3.3	－	31.7	46.4
高校卒業後に働くことを考えている	100.0	51.9	42.4	3.3	1.7	0.7	34.5	53.2	8.8	2.9	0.7	24.8	50.6
高校卒業後は専門学校・各種学校へ進み、その後、働くことを考えている	100.0	54.9	39.8	3.9	1.2	0.3	38.3	51.0	8.6	1.6	0.5	26.3	50.5
大学卒業後に働くことを考えている	100.0	58.4	37.8	2.8	0.7	0.3	41.6	50.0	6.5	1.5	0.3	30.6	49.1
具体的にはまだ考えていない	100.0	47.3	45.2	4.2	2.9	0.3	32.9	53.0	10.2	3.6	0.3	23.4	49.4
不詳	100.0	28.8	22.3	5.0	0.7	43.2	16.5	33.1	6.5	0.7	43.2	10.1	30.2
女児	100.0	51.7	41.3	4.9	1.6	0.5	37.8	51.2	8.2	2.3	0.5	23.6	52.7
中学卒業後に働くことを考えている	100.0	39.4	33.3	15.2	12.1	－	18.2	48.5	21.2	12.1	－	12.1	33.3
中学卒業後は専門学校・各種学校へ進み、その後、働くことを考えている	100.0	47.1	40.1	8.5	4.1	0.3	33.3	48.8	11.7	5.6	0.6	22.8	48.0
高校卒業後に働くことを考えている	100.0	45.2	44.9	7.2	2.5	0.3	32.9	52.1	11.4	3.2	0.4	19.0	49.9
高校卒業後は専門学校・各種学校へ進み、その後、働くことを考えている	100.0	52.7	40.5	4.9	1.7	0.2	36.2	52.2	8.7	2.6	0.3	20.3	54.9
大学卒業後に働くことを考えている	100.0	54.8	40.2	3.9	0.9	0.2	41.4	50.4	6.5	1.5	0.2	27.6	52.7
具体的にはまだ考えていない	100.0	45.7	44.9	6.3	2.5	0.6	32.1	53.8	10.4	3.1	0.6	17.9	53.1
不詳	100.0	26.2	32.1	4.8	1.2	35.7	21.4	28.6	8.3	3.6	38.1	10.7	34.5

学校生活の満足－部活動の有無・部活動の満足別（２－１）

第15回調査（平成28年）

生活の満足																	
える授業がたくさんある			楽しいと思える授業がたくさんある					学校の勉強は将来役に立つと思う					授業の内容をよく理解できている				
あまりそう思わない	まったくそう思わない	不詳	とてもそう思う	まあそう思う	あまりそう思わない	まったくそう思わない	不詳	とてもそう思う	まあそう思う	あまりそう思わない	まったくそう思わない	不詳	とてもそう思う	まあそう思う	あまりそう思わない	まったくそう思わない	不詳
数（人）																	
5 526	982	222	7 584	12 364	7 353	1 294	215	9 151	13 604	4 850	992	213	7 229	15 469	4 964	933	215
25	16	1	21	23	30	19	2	23	29	26	15	2	18	29	27	20	1
131	31	5	167	258	177	42	4	202	284	128	30	4	112	310	170	53	3
814	152	22	823	1 503	1 076	235	24	953	1 752	753	179	24	468	1 784	1 135	249	25
866	131	21	960	1 817	1 212	189	16	1 217	2 020	806	133	18	586	2 413	1 005	173	17
2 573	381	54	4 567	6 636	3 368	445	49	5 550	7 051	2 056	362	46	5 207	8 236	1 447	132	43
1 088	263	27	1 024	2 072	1 447	353	28	1 178	2 400	1 051	268	27	815	2 624	1 155	296	34
29	8	92	22	55	43	11	92	28	68	30	5	92	23	73	25	10	92
2 737	534	136	4 152	6 191	3 657	664	132	4 750	6 858	2 485	573	130	4 113	7 675	2 421	458	129
14	9	1	18	12	19	11	2	17	19	17	7	2	14	19	16	12	1
55	10	2	89	131	70	15	1	98	137	57	13	1	62	152	71	20	1
455	91	18	556	962	630	132	17	659	1 075	440	107	16	340	1 125	670	144	18
254	36	11	356	516	368	51	7	401	595	252	42	8	224	737	281	48	8
1 331	219	32	2 474	3 350	1 705	249	32	2 836	3 631	1 082	231	30	2 924	4 117	681	61	27
608	166	12	646	1 189	834	202	13	726	1 356	618	171	13	535	1 483	683	169	14
20	3	60	13	31	31	4	60	13	45	19	2	60	14	42	19	4	60
2 789	448	86	3 432	6 173	3 696	630	83	4 401	6 746	2 365	419	83	3 116	7 794	2 543	475	86
11	7	－	3	11	11	8	－	6	10	9	8	－	4	10	11	8	－
76	21	3	78	127	107	27	3	104	147	71	17	3	50	158	99	33	2
359	61	4	267	541	446	103	7	294	677	313	72	8	128	659	465	105	7
612	95	10	604	1 301	844	138	9	816	1 425	554	91	10	362	1 676	724	125	9
1 242	162	22	2 093	3 286	1 663	196	17	2 714	3 420	974	131	16	2 283	4 119	766	71	16
480	97	15	378	883	613	151	15	452	1 044	433	97	14	280	1 141	472	127	20
9	5	32	9	24	12	7	32	15	23	11	3	32	9	31	6	6	32
割合（%）																	
19.2	3.4	0.8	26.3	42.9	25.5	4.5	0.7	31.8	47.2	16.8	3.4	0.7	25.1	53.7	17.2	3.2	0.7
26.3	16.8	1.1	22.1	24.2	31.6	20.0	2.1	24.2	30.5	27.4	15.8	2.1	18.9	30.5	28.4	21.1	1.1
20.2	4.8	0.8	25.8	39.8	27.3	6.5	0.6	31.2	43.8	19.8	4.6	0.6	17.3	47.8	26.2	8.2	0.5
22.2	4.2	0.6	22.5	41.1	29.4	6.4	0.7	26.0	47.9	20.6	4.9	0.7	12.8	48.7	31.0	6.8	0.7
20.6	3.1	0.5	22.9	43.3	28.9	4.5	0.4	29.0	48.2	19.2	3.2	0.4	14.0	57.5	24.0	4.1	0.4
17.1	2.5	0.4	30.3	44.0	22.4	3.0	0.3	36.8	46.8	13.6	2.4	0.3	34.6	54.7	9.6	0.9	0.3
22.1	5.3	0.5	20.8	42.1	29.4	7.2	0.6	23.9	48.7	21.3	5.4	0.5	16.6	53.3	23.5	6.0	0.7
13.0	3.6	41.3	9.9	24.7	19.3	4.9	41.3	12.6	30.5	13.5	2.2	41.3	10.3	32.7	11.2	4.5	41.3
18.5	3.6	0.9	28.1	41.8	24.7	4.5	0.9	32.1	46.4	16.8	3.9	0.9	27.8	51.9	16.4	3.1	0.9
22.6	14.5	1.6	29.0	19.4	30.6	17.7	3.2	27.4	30.6	27.4	11.3	3.2	22.6	30.6	25.8	19.4	1.6
18.0	3.3	0.7	29.1	42.8	22.9	4.9	0.3	32.0	44.8	18.6	4.2	0.3	20.3	49.7	23.2	6.5	0.3
19.8	4.0	0.8	24.2	41.9	27.4	5.7	0.7	28.7	46.8	19.2	4.7	0.7	14.8	49.0	29.2	6.3	0.8
19.6	2.8	0.8	27.4	39.8	28.4	3.9	0.5	30.9	45.8	19.4	3.2	0.6	17.3	56.8	21.6	3.7	0.6
17.0	2.8	0.4	31.7	42.9	21.8	3.2	0.4	36.3	46.5	13.9	3.0	0.4	37.4	52.7	8.7	0.8	0.3
21.1	5.8	0.4	22.4	41.2	28.9	7.0	0.5	25.2	47.0	21.4	5.9	0.5	18.6	51.4	23.7	5.9	0.5
14.4	2.2	43.2	9.4	22.3	22.3	2.9	43.2	9.4	32.4	13.7	1.4	43.2	10.1	30.2	13.7	2.9	43.2
19.9	3.2	0.6	24.5	44.0	26.4	4.5	0.6	31.4	48.1	16.9	3.0	0.6	22.2	55.6	18.1	3.4	0.6
33.3	21.2	－	9.1	33.3	33.3	24.2	－	18.2	30.3	27.3	24.2	－	12.1	30.3	33.3	24.2	－
22.2	6.1	0.9	22.8	37.1	31.3	7.9	0.9	30.4	43.0	20.8	5.0	0.9	14.6	46.2	28.9	9.6	0.6
26.3	4.5	0.3	19.6	39.7	32.7	7.6	0.5	21.6	49.6	22.9	5.3	0.6	9.4	48.3	34.1	7.7	0.5
21.1	3.3	0.3	20.9	44.9	29.1	4.8	0.3	28.2	49.2	19.1	3.1	0.3	12.5	57.9	25.0	4.3	0.3
17.1	2.2	0.3	28.8	45.3	22.9	2.7	0.2	37.4	47.1	13.4	1.8	0.2	31.5	56.8	10.6	1.0	0.2
23.5	4.8	0.7	18.5	43.3	30.0	7.4	0.7	22.2	51.2	21.2	4.8	0.7	13.7	55.9	23.1	6.2	1.0
10.7	6.0	38.1	10.7	28.6	14.3	8.3	38.1	17.9	27.4	13.1	3.6	38.1	10.7	36.9	7.1	7.1	38.1

第78表　子ども数・構成割合，性、将来について（進路）、

性、将来について（進路）	総数	部活動を行っている	運動系	部活動の仲間や友人との関係はうまくいって とてもそう思う	まあそう思う	あまりそう思わない	まったくそう思わない
							実
総数	28 810	24 252	18 529	10 767	6 461	1 001	277
中学卒業後に働くことを考えている	95	57	47	26	16	1	3
中学卒業後は専門学校・各種学校へ進み、その後、働くことを考えている	648	489	361	188	150	18	5
高校卒業後に働くことを考えている	3 661	2 829	2 240	1 275	803	121	39
高校卒業後は専門学校・各種学校へ進み、その後、働くことを考えている	4 194	3 536	2 582	1 484	888	164	41
大学卒業後に働くことを考えている	15 065	13 261	10 056	6 003	3 412	504	129
具体的にはまだ考えていない	4 924	3 988	3 172	1 758	1 161	191	57
不詳	223	92	71	33	31	2	3
男児	14 796	12 306	11 159	6 774	3 733	491	144
中学卒業後に働くことを考えている	62	36	34	18	12	1	2
中学卒業後は専門学校・各種学校へ進み、その後、働くことを考えている	306	230	197	105	83	8	1
高校卒業後に働くことを考えている	2 297	1 778	1 594	956	535	77	24
高校卒業後は専門学校・各種学校へ進み、その後、働くことを考えている	1 298	1 069	982	591	327	52	9
大学卒業後に働くことを考えている	7 810	6 841	6 217	3 871	2 017	253	70
具体的にはまだ考えていない	2 884	2 297	2 086	1 209	741	98	35
不詳	139	55	49	24	18	2	3
女児	14 014	11 946	7 370	3 993	2 728	510	133
中学卒業後に働くことを考えている	33	21	13	8	4	-	1
中学卒業後は専門学校・各種学校へ進み、その後、働くことを考えている	342	259	164	83	67	10	4
高校卒業後に働くことを考えている	1 364	1 051	646	319	268	44	15
高校卒業後は専門学校・各種学校へ進み、その後、働くことを考えている	2 896	2 467	1 600	893	561	112	32
大学卒業後に働くことを考えている	7 255	6 420	3 839	2 132	1 395	251	59
具体的にはまだ考えていない	2 040	1 691	1 086	549	420	93	22
不詳	84	37	22	9	13	-	-
							構　成
総数	100.0	84.2	64.3	37.4	22.4	3.5	1.0
中学卒業後に働くことを考えている	100.0	60.0	49.5	27.4	16.8	1.1	3.2
中学卒業後は専門学校・各種学校へ進み、その後、働くことを考えている	100.0	75.5	55.7	29.0	23.1	2.8	0.8
高校卒業後に働くことを考えている	100.0	77.3	61.2	34.8	21.9	3.3	1.1
高校卒業後は専門学校・各種学校へ進み、その後、働くことを考えている	100.0	84.3	61.6	35.4	21.2	3.9	1.0
大学卒業後に働くことを考えている	100.0	88.0	66.8	39.8	22.6	3.3	0.9
具体的にはまだ考えていない	100.0	81.0	64.4	35.7	23.6	3.9	1.2
不詳	100.0	41.3	31.8	14.8	13.9	0.9	1.3
男児	100.0	83.2	75.4	45.8	25.2	3.3	1.0
中学卒業後に働くことを考えている	100.0	58.1	54.8	29.0	19.4	1.6	3.2
中学卒業後は専門学校・各種学校へ進み、その後、働くことを考えている	100.0	75.2	64.4	34.3	27.1	2.6	0.3
高校卒業後に働くことを考えている	100.0	77.4	69.4	41.6	23.3	3.4	1.0
高校卒業後は専門学校・各種学校へ進み、その後、働くことを考えている	100.0	82.4	75.7	45.5	25.2	4.0	0.7
大学卒業後に働くことを考えている	100.0	87.6	79.6	49.6	25.8	3.2	0.9
具体的にはまだ考えていない	100.0	79.6	72.3	41.9	25.7	3.4	1.2
不詳	100.0	39.6	35.3	17.3	12.9	1.4	2.2
女児	100.0	85.2	52.6	28.5	19.5	3.6	0.9
中学卒業後に働くことを考えている	100.0	63.6	39.4	24.2	12.1	-	3.0
中学卒業後は専門学校・各種学校へ進み、その後、働くことを考えている	100.0	75.7	48.0	24.3	19.6	2.9	1.2
高校卒業後に働くことを考えている	100.0	77.1	47.4	23.4	19.6	3.2	1.1
高校卒業後は専門学校・各種学校へ進み、その後、働くことを考えている	100.0	85.2	55.2	30.8	19.4	3.9	1.1
大学卒業後に働くことを考えている	100.0	88.5	52.9	29.4	19.2	3.5	0.8
具体的にはまだ考えていない	100.0	82.9	53.2	26.9	20.6	4.6	1.1
不詳	100.0	44.0	26.2	10.7	15.5	-	-

学校生活の満足－部活動の有無・部活動の満足別（２－２）

第15回調査（平成28年）

いる	文化系	部活動の仲間や友人との関係はうまくいっている					部活は行っていない	不詳
不詳		とてもそう思う	まあそう思う	あまりそう思わない	まったくそう思わない	不詳		
数（人）								
23	5 881	2 670	2 595	473	128	15	3 557	1 001
1	10	2	4	2	1	1	30	8
－	132	56	62	10	3	1	124	35
2	605	259	260	65	16	5	681	151
5	965	423	432	83	26	1	516	142
8	3 310	1 584	1 412	247	61	6	1 385	419
5	837	341	408	66	21	1	787	149
2	22	5	17	－	－	－	34	97
17	1 221	534	546	102	30	9	1 869	621
1	2	－	1	－	－	1	18	8
－	34	16	13	2	2	1	55	21
2	194	86	80	20	5	3	410	109
3	88	37	39	10	2	－	172	57
6	671	306	293	52	17	3	710	259
3	225	88	114	18	4	1	485	102
2	7	1	6	－	－	－	19	65
6	4 660	2 136	2 049	371	98	6	1 688	380
－	8	2	3	2	1	－	12	－
－	98	40	49	8	1	－	69	14
－	411	173	180	45	11	2	271	42
2	877	386	393	73	24	1	344	85
2	2 639	1 278	1 119	195	44	3	675	160
2	612	253	294	48	17	－	302	47
－	15	4	11	－	－	－	15	32
割合（%）								
0.1	20.4	9.3	9.0	1.6	0.4	0.1	12.3	3.5
1.1	10.5	2.1	4.2	2.1	1.1	1.1	31.6	8.4
－	20.4	8.6	9.6	1.5	0.5	0.2	19.1	5.4
0.1	16.5	7.1	7.1	1.8	0.4	0.1	18.6	4.1
0.1	23.0	10.1	10.3	2.0	0.6	0.0	12.3	3.4
0.1	22.0	10.5	9.4	1.6	0.4	0.0	9.2	2.8
0.1	17.0	6.9	8.3	1.3	0.4	0.0	16.0	3.0
0.9	9.9	2.2	7.6	－	－	－	15.2	43.5
0.1	8.3	3.6	3.7	0.7	0.2	0.1	12.6	4.2
1.6	3.2	－	1.6	－	－	1.6	29.0	12.9
－	11.1	5.2	4.2	0.7	0.7	0.3	18.0	6.9
0.1	8.4	3.7	3.5	0.9	0.2	0.1	17.8	4.7
0.2	6.8	2.9	3.0	0.8	0.2	－	13.3	4.4
0.1	8.6	3.9	3.8	0.7	0.2	0.0	9.1	3.3
0.1	7.8	3.1	4.0	0.6	0.1	0.0	16.8	3.5
1.4	5.0	0.7	4.3	－	－	－	13.7	46.8
0.0	33.3	15.2	14.6	2.6	0.7	0.0	12.0	2.7
－	24.2	6.1	9.1	6.1	3.0	－	36.4	－
－	28.7	11.7	14.3	2.3	0.3	－	20.2	4.1
－	30.1	12.7	13.2	3.3	0.8	0.1	19.9	3.1
0.1	30.3	13.3	13.6	2.5	0.8	0.0	11.9	2.9
0.0	36.4	17.6	15.4	2.7	0.6	0.0	9.3	2.2
0.1	30.0	12.4	14.4	2.4	0.8	－	14.8	2.3
－	17.9	4.8	13.1	－	－	－	17.9	38.1

第79表　子ども数・構成割合,

出生月、性	総数	平日の家庭学習の時間								
		しない	する	1時間未満	1時間～2時間未満	2時間～3時間未満	3時間～4時間未満	4時間～5時間未満	5時間～6時間未満	6時間以上
										実
総数	28 810	1 729	26 713	4 423	8 579	7 514	3 986	1 361	502	348
男児	14 796	1 010	13 549	2 538	4 432	3 682	1 874	628	227	168
女児	14 014	719	13 164	1 885	4 147	3 832	2 112	733	275	180
1月生まれ	14 462	753	13 541	1 704	3 501	3 884	2 669	1 088	427	268
男児	7 344	424	6 807	979	1 855	1 920	1 236	509	188	120
女児	7 118	329	6 734	725	1 646	1 964	1 433	579	239	148
7月生まれ	14 348	976	13 172	2 719	5 078	3 630	1 317	273	75	80
男児	7 452	586	6 742	1 559	2 577	1 762	638	119	39	48
女児	6 896	390	6 430	1 160	2 501	1 868	679	154	36	32
										構成
総数	100.0	6.0	92.7	15.4	29.8	26.1	13.8	4.7	1.7	1.2
男児	100.0	6.8	91.6	17.2	30.0	24.9	12.7	4.2	1.5	1.1
女児	100.0	5.1	93.9	13.5	29.6	27.3	15.1	5.2	2.0	1.3
1月生まれ	100.0	5.2	93.6	11.8	24.2	26.9	18.5	7.5	3.0	1.9
男児	100.0	5.8	92.7	13.3	25.3	26.1	16.8	6.9	2.6	1.6
女児	100.0	4.6	94.6	10.2	23.1	27.6	20.1	8.1	3.4	2.1
7月生まれ	100.0	6.8	91.8	19.0	35.4	25.3	9.2	1.9	0.5	0.6
男児	100.0	7.9	90.5	20.9	34.6	23.6	8.6	1.6	0.5	0.6
女児	100.0	5.7	93.2	16.8	36.3	27.1	9.8	2.2	0.5	0.5

出生月、性、平日－休日の家庭学習の時間別

第15回調査（平成28年）

不　詳	休日の家庭学習の時間									
	しない	する	1時間未満	1時間～2時間未満	2時間～3時間未満	3時間～4時間未満	4時間～5時間未満	5時間～6時間未満	6時間以上	不　詳
数（人）										
368	2 934	25 310	4 734	5 778	5 250	3 647	2 255	1 377	2 269	566
237	1 746	12 685	2 667	3 001	2 604	1 766	1 034	607	1 006	365
131	1 188	12 625	2 067	2 777	2 646	1 881	1 221	770	1 263	201
168	1 180	13 016	1 649	2 184	2 357	2 115	1 661	1 106	1 944	266
113	690	6 481	945	1 176	1 205	1 049	760	494	852	173
55	490	6 535	704	1 008	1 152	1 066	901	612	1 092	93
200	1 754	12 294	3 085	3 594	2 893	1 532	594	271	325	300
124	1 056	6 204	1 722	1 825	1 399	717	274	113	154	192
76	698	6 090	1 363	1 769	1 494	815	320	158	171	108
割合（%）										
1.3	10.2	87.9	16.4	20.1	18.2	12.7	7.8	4.8	7.9	2.0
1.6	11.8	85.7	18.0	20.3	17.6	11.9	7.0	4.1	6.8	2.5
0.9	8.5	90.1	14.7	19.8	18.9	13.4	8.7	5.5	9.0	1.4
1.2	8.2	90.0	11.4	15.1	16.3	14.6	11.5	7.6	13.4	1.8
1.5	9.4	88.2	12.9	16.0	16.4	14.3	10.3	6.7	11.6	2.4
0.8	6.9	91.8	9.9	14.2	16.2	15.0	12.7	8.6	15.3	1.3
1.4	12.2	85.7	21.5	25.0	20.2	10.7	4.1	1.9	2.3	2.1
1.7	14.2	83.3	23.1	24.5	18.8	9.6	3.7	1.5	2.1	2.6
1.1	10.1	88.3	19.8	25.7	21.7	11.8	4.6	2.3	2.5	1.6

第80表　子ども数・構成割合,

実　数（人）

市郡、同居者の構成	総数	しない	する	平日の家庭学習の時間 1時間未満	1時間～2時間未満	2時間～3時間未満	3時間～4時間未満	4時間～5時間未満	5時間～6時間未満
総数	28 810	1 729	26 713	4 423	8 579	7 514	3 986	1 361	502
父母と同居	25 078	1 392	23 438	3 759	7 459	6 668	3 569	1 208	459
父母又は父母ときょうだいのみ	20 110	1 107	18 801	3 003	5 853	5 346	2 906	1 016	397
父母のみ	2 999	160	2 809	452	916	766	441	148	54
父母ときょうだいのみ	17 111	947	15 992	2 551	4 937	4 580	2 465	868	343
父母と祖父母	4 879	277	4 556	742	1 580	1 300	650	187	62
父母と母方の祖父母	1 349	85	1 253	230	423	341	184	48	21
父母と父方の祖父母	3 521	192	3 294	511	1 152	958	464	139	41
父母と両方の祖父母	9	-	9	1	5	1	2	-	-
父母とその他	89	8	81	14	26	22	13	5	-
父又は母と同居	3 561	326	3 181	647	1 086	821	404	149	42
母のみ又は母ときょうだいのみ	2 268	215	2 021	425	680	516	253	93	33
母と祖父母等	989	80	895	162	295	248	120	52	9
父のみ又は父ときょうだいのみ	143	17	123	25	51	29	14	2	-
父と祖父母等	161	14	142	35	60	28	17	2	-
その他	171	11	94	17	34	25	13	4	1
21大都市	7 541	436	7 023	1 126	2 090	1 942	1 120	428	173
父母と同居	6 554	343	6 152	958	1 827	1 725	983	376	159
父母又は父母ときょうだいのみ	5 734	300	5 382	836	1 597	1 489	858	344	141
父母のみ	961	50	902	143	290	232	145	59	21
父母ときょうだいのみ	4 773	250	4 480	693	1 307	1 257	713	285	120
父母と祖父母	797	42	748	119	225	229	120	31	18
父母と母方の祖父母	261	13	247	51	69	70	39	8	10
父母と父方の祖父母	534	29	499	67	156	159	80	23	8
父母と両方の祖父母	2	-	2	1	-	-	1	-	-
父母とその他	23	1	22	3	5	7	5	1	-
父又は母と同居	948	91	848	164	257	214	129	50	14
母のみ又は母ときょうだいのみ	689	68	615	115	187	158	94	36	11
母と祖父母等	202	16	185	36	58	44	28	12	3
父のみ又は父ときょうだいのみ	37	5	31	10	8	6	4	1	-
父と祖父母等	20	2	17	3	4	6	3	1	-
その他	39	2	23	4	6	3	8	2	-
その他の市	18 677	1 112	17 313	2 857	5 643	4 946	2 549	831	305
父母と同居	16 253	900	15 187	2 416	4 890	4 390	2 303	738	278
父母又は父母ときょうだいのみ	12 749	702	11 911	1 882	3 748	3 450	1 844	603	238
父母のみ	1 795	98	1 679	266	542	478	265	80	30
父母ときょうだいのみ	10 954	604	10 232	1 616	3 206	2 972	1 579	523	208
父母と祖父母	3 443	191	3 222	523	1 124	927	451	131	40
父母と母方の祖父母	928	57	864	153	291	238	126	39	11
父母と父方の祖父母	2 510	134	2 353	370	830	688	324	92	29
父母と両方の祖父母	5	-	5	-	3	1	1	-	-
父母とその他	61	7	54	11	18	13	8	4	-
父又は母と同居	2 309	205	2 065	434	727	535	242	91	26
母のみ又は母ときょうだいのみ	1 431	128	1 278	287	444	325	140	53	22
母と祖父母等	672	53	610	108	201	175	83	36	4
父のみ又は父ときょうだいのみ	94	12	81	15	38	20	7	1	-
父と祖父母等	112	12	96	24	44	15	12	1	-
その他	115	7	61	7	26	21	4	2	1
郡部	2 534	176	2 327	430	833	616	307	99	23
父母と同居	2 217	145	2 050	376	729	543	273	91	21
父母又は父母ときょうだいのみ	1 573	101	1 459	276	495	397	194	66	17
父母のみ	230	11	217	40	82	54	28	8	3
父母ときょうだいのみ	1 343	90	1 242	236	413	343	166	58	14
父母と祖父母	639	44	586	100	231	144	79	25	4
父母と母方の祖父母	160	15	142	26	63	33	19	1	-
父母と父方の祖父母	477	29	442	74	166	111	60	24	4
父母と両方の祖父母	2	-	2	-	2	-	-	-	-
父母とその他	5	-	5	-	3	2	-	-	-
父又は母と同居	301	29	267	48	102	72	33	8	2
母のみ又は母ときょうだいのみ	145	18	127	22	49	33	19	4	-
母と祖父母等	115	11	100	18	36	29	9	4	2
父のみ又は父ときょうだいのみ	12	-	11	-	5	3	3	-	-
父と祖父母等	29	-	29	8	12	7	2	-	-
その他	16	2	10	6	2	1	1	-	-
外国	58	5	50	10	13	10	10	3	1
父母と同居	54	4	49	9	13	10	10	3	1
父母又は父母ときょうだいのみ	54	4	49	9	13	10	10	3	1
父母のみ	13	1	11	3	2	2	3	1	-
父母ときょうだいのみ	41	3	38	6	11	8	7	2	1
父母と祖父母	-	-	-	-	-	-	-	-	-
父母と母方の祖父母	-	-	-	-	-	-	-	-	-
父母と父方の祖父母	-	-	-	-	-	-	-	-	-
父母と両方の祖父母	-	-	-	-	-	-	-	-	-
父母とその他	-	-	-	-	-	-	-	-	-
父又は母と同居	3	1	1	1	-	-	-	-	-
母のみ又は母ときょうだいのみ	3	1	1	1	-	-	-	-	-
母と祖父母等	-	-	-	-	-	-	-	-	-
父のみ又は父ときょうだいのみ	-	-	-	-	-	-	-	-	-
父と祖父母等	-	-	-	-	-	-	-	-	-
その他	1	-	-	-	-	-	-	-	-

第15回調査（平成28年）

6時間以上	不詳	休日の家庭学習の時間 しない	する	1時間未満	1時間～2時間未満	2時間～3時間未満	3時間～4時間未満	4時間～5時間未満	5時間～6時間未満	6時間以上	不詳
348	368	2 934	25 310	4 734	5 778	5 250	3 647	2 255	1 377	2 269	566
316	248	2 388	22 278	4 022	5 028	4 639	3 243	2 039	1 249	2 058	412
280	202	1 917	17 860	3 221	3 988	3 650	2 572	1 661	1 021	1 747	333
32	30	268	2 683	479	552	573	405	255	165	254	48
248	172	1 649	15 177	2 742	3 436	3 077	2 167	1 406	856	1 493	285
35	46	460	4 340	785	1 025	968	655	377	222	308	79
6	11	149	1 181	217	290	257	180	101	55	81	19
29	35	311	3 150	566	734	709	474	274	166	227	60
－	－	－	9	2	1	2	1	2	1	－	－
1	－	11	78	16	15	21	16	1	6	3	－
32	54	534	2 940	691	728	590	385	209	127	210	87
21	32	354	1 858	440	445	367	245	130	92	139	56
9	14	128	841	177	225	175	108	62	30	64	20
2	3	26	111	33	21	23	16	10	3	5	6
－	5	26	130	41	37	25	16	7	2	2	5
－	66	12	92	21	22	21	19	7	1	1	67
144	82	802	6 590	1 241	1 399	1 326	982	572	388	682	149
124	59	639	5 804	1 057	1 219	1 180	872	512	354	610	111
117	52	553	5 079	923	1 063	1 031	743	456	307	556	102
12	9	82	863	158	173	175	136	76	58	87	16
105	43	471	4 216	765	890	856	607	380	249	469	86
6	7	84	704	130	154	145	122	56	45	52	9
－	1	26	233	47	51	40	43	23	15	14	2
6	6	58	469	82	103	105	79	33	29	38	7
－	－	－	2	1	－	－	－	－	1	－	－
1	－	2	21	4	2	4	7	－	2	2	－
20	9	160	764	180	173	144	105	58	33	71	24
14	6	112	562	125	128	99	84	43	29	54	15
4	1	33	164	42	37	40	15	11	4	15	5
2	1	10	24	9	4	2	4	3	－	2	3
－	1	5	14	4	4	3	2	1	－	－	1
－	14	3	22	4	7	2	5	2	1	1	14
182	252	1 867	16 445	3 050	3 832	3 411	2 338	1 494	882	1 438	365
172	166	1 529	14 463	2 579	3 327	3 011	2 082	1 355	795	1 314	261
146	136	1 208	11 336	2 008	2 589	2 311	1 621	1 079	642	1 086	205
18	18	165	1 603	281	331	352	233	160	93	153	27
128	118	1 043	9 733	1 727	2 258	1 959	1 388	919	549	933	178
26	30	312	3 075	560	727	685	452	275	149	227	56
6	7	103	811	137	203	181	120	70	38	62	14
20	23	209	2 259	422	523	502	332	204	111	165	42
－	－	－	5	1	1	2	－	1	－	－	－
－	－	9	52	11	11	15	9	1	4	1	－
10	39	332	1 921	457	494	382	242	135	87	124	56
7	25	220	1 173	291	288	236	145	77	62	74	38
3	9	80	580	113	165	110	79	46	22	45	12
－	1	15	77	23	16	19	8	6	2	3	2
－	4	17	91	30	25	17	10	6	1	2	4
－	47	6	61	14	11	18	14	4	－	－	48
19	31	255	2 231	438	536	506	322	185	100	144	48
17	22	212	1 967	381	471	441	284	168	93	129	38
14	13	148	1 401	285	325	301	203	122	65	100	24
2	2	20	206	39	45	43	35	18	12	14	4
12	11	128	1 195	246	280	258	168	104	53	86	20
3	9	64	561	95	144	138	81	46	28	29	14
－	3	20	137	33	36	36	17	8	2	5	3
3	6	44	422	62	108	102	63	37	26	24	11
－	－	－	2	－	－	－	1	1	－	－	－
－	－	－	5	1	2	2	－	－	－	－	－
2	5	40	255	54	61	64	38	16	7	15	6
－	－	20	123	24	29	32	16	10	1	11	2
2	4	15	97	22	23	25	14	5	4	4	3
－	1	1	10	1	1	2	4	1	1	－	1
－	－	4	25	7	8	5	4	－	1	－	－
－	4	3	9	3	4	1	－	1	－	－	4
3	3	10	44	5	11	7	5	4	7	5	4
3	1	8	44	5	11	7	5	4	7	5	2
3	1	8	44	5	11	7	5	4	7	5	2
－	1	1	11	1	3	3	1	1	2	－	1
3	－	7	33	4	8	4	4	3	5	5	1
－	－	－	－	－	－	－	－	－	－	－	－
－	－	－	－	－	－	－	－	－	－	－	－
－	－	－	－	－	－	－	－	－	－	－	－
－	－	－	－	－	－	－	－	－	－	－	－
－	－	－	－	－	－	－	－	－	－	－	－
－	1	2	－	－	－	－	－	－	－	－	1
－	1	2	－	－	－	－	－	－	－	－	1
－	－	－	－	－	－	－	－	－	－	－	－
－	－	－	－	－	－	－	－	－	－	－	－
－	－	－	－	－	－	－	－	－	－	－	－
－	1	－	－	－	－	－	－	－	－	－	1

構成割合（%）

市郡、同居者の構成	総数	平日の家庭学習の時間							
		しない	する						
				1時間未満	1時間～2時間未満	2時間～3時間未満	3時間～4時間未満	4時間～5時間未満	5時間～6時間未満
総数	100.0	6.0	92.7	15.4	29.8	26.1	13.8	4.7	1.7
父母と同居	100.0	5.6	93.5	15.0	29.7	26.6	14.2	4.8	1.8
父母又は父母ときょうだいのみ	100.0	5.5	93.5	14.9	29.1	26.6	14.5	5.1	2.0
父母のみ	100.0	5.3	93.7	15.1	30.5	25.5	14.7	4.9	1.8
父母ときょうだいのみ	100.0	5.5	93.5	14.9	28.9	26.8	14.4	5.1	2.0
父母と祖父母	100.0	5.7	93.4	15.2	32.4	26.6	13.3	3.8	1.3
父母と母方の祖父母	100.0	6.3	92.9	17.0	31.4	25.3	13.6	3.6	1.6
父母と父方の祖父母	100.0	5.5	93.6	14.5	32.7	27.2	13.2	3.9	1.2
父母と両方の祖父母	100.0	−	100.0	11.1	55.6	11.1	22.2	−	−
父母とその他	100.0	9.0	91.0	15.7	29.2	24.7	14.6	5.6	−
父又は母と同居	100.0	9.2	89.3	18.2	30.5	23.1	11.3	4.2	1.2
母のみ又は母ときょうだいのみ	100.0	9.5	89.1	18.7	30.0	22.8	11.2	4.1	1.5
母と祖父母等	100.0	8.1	90.5	16.4	29.8	25.1	12.1	5.3	0.9
父のみ又は父ときょうだいのみ	100.0	11.9	86.0	17.5	35.7	20.3	9.8	1.4	−
父と祖父母等	100.0	8.7	88.2	21.7	37.3	17.4	10.6	1.2	−
その他	100.0	6.4	55.0	9.9	19.9	14.6	7.6	2.3	0.6
21大都市	100.0	5.8	93.1	14.9	27.7	25.8	14.9	5.7	2.3
父母と同居	100.0	5.2	93.9	14.6	27.9	26.3	15.0	5.7	2.4
父母又は父母ときょうだいのみ	100.0	5.2	93.9	14.6	27.9	26.0	15.0	6.0	2.5
父母のみ	100.0	5.2	93.9	14.9	30.2	24.1	15.1	6.1	2.2
父母ときょうだいのみ	100.0	5.2	93.9	14.5	27.4	26.3	14.9	6.0	2.5
父母と祖父母	100.0	5.3	93.9	14.9	28.2	28.7	15.1	3.9	2.3
父母と母方の祖父母	100.0	5.0	94.6	19.5	26.4	26.8	14.9	3.1	3.8
父母と父方の祖父母	100.0	5.4	93.4	12.5	29.2	29.8	15.0	4.3	1.5
父母と両方の祖父母	100.0	−	100.0	50.0	−	−	50.0	−	−
父母とその他	100.0	4.3	95.7	13.0	21.7	30.4	21.7	4.3	−
父又は母と同居	100.0	9.6	89.5	17.3	27.1	22.6	13.6	5.3	1.5
母のみ又は母ときょうだいのみ	100.0	9.9	89.3	16.7	27.1	22.9	13.6	5.2	1.6
母と祖父母等	100.0	7.9	91.6	17.8	28.7	21.8	13.9	5.9	1.5
父のみ又は父ときょうだいのみ	100.0	13.5	83.8	27.0	21.6	16.2	10.8	2.7	−
父と祖父母等	100.0	10.0	85.0	15.0	20.0	30.0	15.0	5.0	−
その他	100.0	5.1	59.0	10.3	15.4	7.7	20.5	5.1	−
その他の市	100.0	6.0	92.7	15.3	30.2	26.5	13.6	4.4	1.6
父母と同居	100.0	5.5	93.4	14.9	30.1	27.0	14.2	4.5	1.7
父母又は父母ときょうだいのみ	100.0	5.5	93.4	14.8	29.4	27.1	14.5	4.7	1.9
父母のみ	100.0	5.5	93.5	14.8	30.2	26.6	14.8	4.5	1.7
父母ときょうだいのみ	100.0	5.5	93.4	14.8	29.3	27.1	14.4	4.8	1.9
父母と祖父母	100.0	5.5	93.6	15.2	32.6	26.9	13.1	3.8	1.2
父母と母方の祖父母	100.0	6.1	93.1	16.5	31.4	25.6	13.6	4.2	1.2
父母と父方の祖父母	100.0	5.3	93.7	14.7	33.1	27.4	12.9	3.7	1.2
父母と両方の祖父母	100.0	−	100.0	−	60.0	20.0	20.0	−	−
父母とその他	100.0	11.5	88.5	18.0	29.5	21.3	13.1	6.6	−
父又は母と同居	100.0	8.9	89.4	18.8	31.5	23.2	10.5	3.9	1.1
母のみ又は母ときょうだいのみ	100.0	8.9	89.3	20.1	31.0	22.7	9.8	3.7	1.5
母と祖父母等	100.0	7.9	90.8	16.1	29.9	26.0	12.4	5.4	0.6
父のみ又は父ときょうだいのみ	100.0	12.8	86.2	16.0	40.4	21.3	7.4	1.1	−
父と祖父母等	100.0	10.7	85.7	21.4	39.3	13.4	10.7	0.9	−
その他	100.0	6.1	53.0	6.1	22.6	18.3	3.5	1.7	0.9
郡部	100.0	6.9	91.8	17.0	32.9	24.3	12.1	3.9	0.9
父母と同居	100.0	6.5	92.5	17.0	32.9	24.5	12.3	4.1	0.9
父母又は父母ときょうだいのみ	100.0	6.4	92.8	17.5	31.5	25.2	12.3	4.2	1.1
父母のみ	100.0	4.8	94.3	17.4	35.7	23.5	12.2	3.5	1.3
父母ときょうだいのみ	100.0	6.7	92.5	17.6	30.8	25.5	12.4	4.3	1.0
父母と祖父母	100.0	6.9	91.7	15.6	36.2	22.5	12.4	3.9	0.6
父母と母方の祖父母	100.0	9.4	88.8	16.3	39.4	20.6	11.9	0.6	−
父母と父方の祖父母	100.0	6.1	92.7	15.5	34.8	23.3	12.6	5.0	0.8
父母と両方の祖父母	100.0	−	100.0	−	100.0	−	−	−	−
父母とその他	100.0	−	100.0	−	60.0	40.0	−	−	−
父又は母と同居	100.0	9.6	88.7	15.9	33.9	23.9	11.0	2.7	0.7
母のみ又は母ときょうだいのみ	100.0	12.4	87.6	15.2	33.8	22.8	13.1	2.8	−
母と祖父母等	100.0	9.6	87.0	15.7	31.3	25.2	7.8	3.5	1.7
父のみ又は父ときょうだいのみ	100.0	−	91.7	−	41.7	25.0	25.0	−	−
父と祖父母等	100.0	−	100.0	27.6	41.4	24.1	6.9	−	−
その他	100.0	12.5	62.5	37.5	12.5	6.3	6.3	−	−
外国	100.0	8.6	86.2	17.2	22.4	17.2	17.2	5.2	1.7
父母と同居	100.0	7.4	90.7	16.7	24.1	18.5	18.5	5.6	1.9
父母又は父母ときょうだいのみ	100.0	7.4	90.7	16.7	24.1	18.5	18.5	5.6	1.9
父母のみ	100.0	7.7	84.6	23.1	15.4	15.4	23.1	7.7	−
父母ときょうだいのみ	100.0	7.3	92.7	14.6	26.8	19.5	17.1	4.9	2.4
父母と祖父母	−	−	−	−	−	−	−	−	−
父母と母方の祖父母	−	−	−	−	−	−	−	−	−
父母と父方の祖父母	−	−	−	−	−	−	−	−	−
父母と両方の祖父母	−	−	−	−	−	−	−	−	−
父母とその他	−	−	−	−	−	−	−	−	−
父又は母と同居	100.0	33.3	33.3	33.3	−	−	−	−	−
母のみ又は母ときょうだいのみ	100.0	33.3	33.3	33.3	−	−	−	−	−
母と祖父母等	−	−	−	−	−	−	−	−	−
父のみ又は父ときょうだいのみ	−	−	−	−	−	−	−	−	−
父と祖父母等	−	−	−	−	−	−	−	−	−
その他	100.0	−	−	−	−	−	−	−	−

第15回調査（平成28年）

		休日の家庭学習の時間									
6時間以上	不詳	しない	する	1時間未満	1時間～2時間未満	2時間～3時間未満	3時間～4時間未満	4時間～5時間未満	5時間～6時間未満	6時間以上	不詳
1.2	1.3	10.2	87.9	16.4	20.1	18.2	12.7	7.8	4.8	7.9	2.0
1.3	1.0	9.5	88.8	16.0	20.0	18.5	12.9	8.1	5.0	8.2	1.6
1.4	1.0	9.5	88.8	16.0	19.8	18.2	12.8	8.3	5.1	8.7	1.7
1.1	1.0	8.9	89.5	16.0	18.4	19.1	13.5	8.5	5.5	8.5	1.6
1.4	1.0	9.6	88.7	16.0	20.1	18.0	12.7	8.2	5.0	8.7	1.7
0.7	0.9	9.4	89.0	16.1	21.0	19.8	13.4	7.7	4.6	6.3	1.6
0.4	0.8	11.0	87.5	16.1	21.5	19.1	13.3	7.5	4.1	6.0	1.4
0.8	1.0	8.8	89.5	16.1	20.8	20.1	13.5	7.8	4.7	6.4	1.7
-	-	-	100.0	22.2	11.1	22.2	11.1	22.2	11.1	-	-
1.1	-	12.4	87.6	18.0	16.9	23.6	18.0	1.1	6.7	3.4	-
0.9	1.5	15.0	82.6	19.4	20.4	16.6	10.8	5.9	3.6	5.9	2.4
0.9	1.4	15.6	81.9	19.4	19.6	16.2	10.8	5.7	4.1	6.1	2.5
0.9	1.4	12.9	85.0	17.9	22.8	17.7	10.9	6.3	3.0	6.5	2.0
1.4	2.1	18.2	77.6	23.1	14.7	16.1	11.2	7.0	2.1	3.5	4.2
-	3.1	16.1	80.7	25.5	23.0	15.5	9.9	4.3	1.2	1.2	3.1
-	38.6	7.0	53.8	12.3	12.9	12.3	11.1	4.1	0.6	0.6	39.2
1.9	1.1	10.6	87.4	16.5	18.6	17.6	13.0	7.6	5.1	9.0	2.0
1.9	0.9	9.7	88.6	16.1	18.6	18.0	13.3	7.8	5.4	9.3	1.7
2.0	0.9	9.6	88.6	16.1	18.5	18.0	13.0	8.0	5.4	9.7	1.8
1.2	0.9	8.5	89.8	16.4	18.0	18.2	14.2	7.9	6.0	9.1	1.7
2.2	0.9	9.9	88.3	16.0	18.6	17.9	12.7	8.0	5.2	9.8	1.8
0.8	0.9	10.5	88.3	16.3	19.3	18.2	15.3	7.0	5.6	6.5	1.1
-	0.4	10.0	89.3	18.0	19.5	15.3	16.5	8.8	5.7	5.4	0.8
1.1	1.1	10.9	87.8	15.4	19.3	19.7	14.8	6.2	5.4	7.1	1.3
-	-	-	100.0	50.0	-	-	-	-	50.0	-	-
4.3	-	8.7	91.3	17.4	8.7	17.4	30.4	-	8.7	8.7	-
2.1	0.9	16.9	80.6	19.0	18.2	15.2	11.1	6.1	3.5	7.5	2.5
2.0	0.9	16.3	81.6	18.1	18.6	14.4	12.2	6.2	4.2	7.8	2.2
2.0	0.5	16.3	81.2	20.8	18.3	19.8	7.4	5.4	2.0	7.4	2.5
5.4	2.7	27.0	64.9	24.3	10.8	5.4	10.8	8.1	-	5.4	8.1
-	5.0	25.0	70.0	20.0	20.0	15.0	10.0	5.0	-	-	5.0
-	35.9	7.7	56.4	10.3	17.9	5.1	12.8	5.1	2.6	2.6	35.9
1.0	1.3	10.0	88.0	16.3	20.5	18.3	12.5	8.0	4.7	7.7	2.0
1.1	1.0	9.4	89.0	15.9	20.5	18.5	12.8	8.3	4.9	8.1	1.6
1.1	1.1	9.5	88.9	15.8	20.3	18.1	12.7	8.5	5.0	8.5	1.6
1.0	1.0	9.2	89.3	15.7	18.4	19.6	13.0	8.9	5.2	8.5	1.5
1.2	1.1	9.5	88.9	15.8	20.6	17.9	12.7	8.4	5.0	8.5	1.6
0.8	0.9	9.1	89.3	16.3	21.1	19.9	13.1	8.0	4.3	6.6	1.6
0.6	0.8	11.1	87.4	14.8	21.9	19.5	12.9	7.5	4.1	6.7	1.5
0.8	0.9	8.3	90.0	16.8	20.8	20.0	13.2	8.1	4.4	6.6	1.7
-	-	-	100.0	20.0	20.0	40.0	-	20.0	-	-	-
-	-	14.8	85.2	18.0	18.0	24.6	14.8	1.6	6.6	1.6	-
0.4	1.7	14.4	83.2	19.8	21.4	16.5	10.5	5.8	3.8	5.4	2.4
0.5	1.7	15.4	82.0	20.3	20.1	16.5	10.1	5.4	4.3	5.2	2.7
0.4	1.3	11.9	86.3	16.8	24.6	16.4	11.8	6.8	3.3	6.7	1.8
-	1.1	16.0	81.9	24.5	17.0	20.2	8.5	6.4	2.1	3.2	2.1
-	3.6	15.2	81.3	26.8	22.3	15.2	8.9	5.4	0.9	1.8	3.6
-	40.9	5.2	53.0	12.2	9.6	15.7	12.2	3.5	-	-	41.7
0.7	1.2	10.1	88.0	17.3	21.2	20.0	12.7	7.3	3.9	5.7	1.9
0.8	1.0	9.6	88.7	17.2	21.2	19.9	12.8	7.6	4.2	5.8	1.7
0.9	0.8	9.4	89.1	18.1	20.7	19.1	12.9	7.8	4.1	6.4	1.5
0.9	0.9	8.7	89.6	17.0	19.6	18.7	15.2	7.8	5.2	6.1	1.7
0.9	0.8	9.5	89.0	18.3	20.8	19.2	12.5	7.7	3.9	6.4	1.5
0.5	1.4	10.0	87.8	14.9	22.5	21.6	12.7	7.2	4.4	4.5	2.2
-	1.9	12.5	85.6	20.6	22.5	22.5	10.6	5.0	1.3	3.1	1.9
0.6	1.3	9.2	88.5	13.0	22.6	21.4	13.2	7.8	5.5	5.0	2.3
-	-	-	100.0	-	-	-	50.0	50.0	-	-	-
-	-	-	100.0	20.0	40.0	40.0	-	-	-	-	-
0.7	1.7	13.3	84.7	17.9	20.3	21.3	12.6	5.3	2.3	5.0	2.0
-	-	13.8	84.8	16.6	20.0	22.1	11.0	6.9	0.7	7.6	1.4
1.7	3.5	13.0	84.3	19.1	20.0	21.7	12.2	4.3	3.5	3.5	2.6
-	8.3	8.3	83.3	8.3	8.3	16.7	33.3	8.3	8.3	-	8.3
-	-	13.8	86.2	24.1	27.6	17.2	13.8	-	3.4	-	-
-	25.0	18.8	56.3	18.8	25.0	6.3	-	6.3	-	-	25.0
5.2	5.2	17.2	75.9	8.6	19.0	12.1	8.6	6.9	12.1	8.6	6.9
5.6	1.9	14.8	81.5	9.3	20.4	13.0	9.3	7.4	13.0	9.3	3.7
5.6	1.9	14.8	81.5	9.3	20.4	13.0	9.3	7.4	13.0	9.3	3.7
-	7.7	7.7	84.6	7.7	23.1	23.1	7.7	7.7	15.4	-	7.7
7.3	-	17.1	80.5	9.8	19.5	9.8	9.8	7.3	12.2	12.2	2.4
-	-	-	-	-	-	-	-	-	-	-	-
-	-	-	-	-	-	-	-	-	-	-	-
-	-	-	-	-	-	-	-	-	-	-	-
-	-	-	-	-	-	-	-	-	-	-	-
-	33.3	66.7	-	-	-	-	-	-	-	-	33.3
-	33.3	66.7	-	-	-	-	-	-	-	-	33.3
-	-	-	-	-	-	-	-	-	-	-	-
-	-	-	-	-	-	-	-	-	-	-	-
-	100.0	-	-	-	-	-	-	-	-	-	100.0

第81表　子ども数・構成割合，地域ブロック、

実　　数（人）

地域ブロック、きょうだい構成	総数	平日の家庭学習の時間 しない	する	1時間未満	1時間～2時間未満	2時間～3時間未満	3時間～4時間未満	4時間～5時間未満	5時間～6時間未満	6時間以上
総数	28 810	1 729	26 713	4 423	8 579	7 514	3 986	1 361	502	348
ひとり	4 874	294	4 462	721	1 484	1 223	673	239	81	41
弟妹のみ	10 617	507	10 004	1 384	3 125	2 939	1 620	547	218	171
兄姉のみ	10 242	687	9 443	1 719	3 078	2 606	1 314	462	166	98
兄弟姉妹あり	3 077	241	2 804	599	892	746	379	113	37	38
北海道	1 035	76	948	199	334	215	124	43	19	14
ひとり	230	19	208	49	66	50	33	4	4	2
弟妹のみ	375	25	347	54	124	76	55	22	6	10
兄姉のみ	332	25	303	74	112	68	27	14	7	1
兄弟姉妹あり	98	7	90	22	32	21	9	3	2	1
東北	2 092	103	1 965	345	743	503	258	82	19	15
ひとり	377	16	354	66	133	80	48	22	4	1
弟妹のみ	778	36	736	100	265	209	110	33	9	10
兄姉のみ	708	36	662	135	255	171	73	21	4	3
兄弟姉妹あり	229	15	213	44	90	43	27	6	2	1
関東1	7 784	441	7 235	1 133	2 185	2 002	1 128	433	220	134
ひとり	1 366	84	1 249	204	393	335	195	76	32	14
弟妹のみ	2 782	113	2 637	349	784	766	418	170	89	61
兄姉のみ	2 894	194	2 667	447	832	707	402	151	85	43
兄弟姉妹あり	742	50	682	133	176	194	113	36	14	16
関東2	2 379	134	2 220	371	727	661	323	106	18	14
ひとり	400	19	369	54	119	113	54	24	2	3
弟妹のみ	865	50	809	118	258	240	138	38	9	8
兄姉のみ	833	47	781	135	268	238	99	35	5	1
兄弟姉妹あり	281	18	261	64	82	70	32	9	2	2
北陸	1 365	92	1 255	236	487	327	140	38	19	8
ひとり	200	11	188	33	70	56	21	4	2	2
弟妹のみ	539	31	500	67	197	133	68	22	10	3
兄姉のみ	479	35	437	102	171	108	37	9	7	3
兄弟姉妹あり	147	15	130	34	49	30	14	3	－	－
東海	3 728	198	3 487	578	1 107	1 077	526	134	38	27
ひとり	572	35	522	71	171	162	85	21	6	6
弟妹のみ	1 410	61	1 336	189	417	421	230	53	16	10
兄姉のみ	1 361	74	1 276	237	404	392	176	47	12	8
兄弟姉妹あり	385	28	353	81	115	102	35	13	4	3
近畿1	3 813	266	3 496	546	1 058	1 036	534	193	66	63
ひとり	607	39	552	74	189	160	80	32	12	5
弟妹のみ	1 424	67	1 340	183	369	428	217	75	32	36
兄姉のみ	1 402	127	1 261	219	391	349	194	75	17	16
兄弟姉妹あり	380	33	343	70	109	99	43	11	5	6
近畿2	947	53	882	115	234	258	172	50	31	22
ひとり	136	5	126	13	37	37	26	7	2	4
弟妹のみ	354	21	327	39	89	91	71	16	16	5
兄姉のみ	340	20	319	44	81	94	59	21	11	9
兄弟姉妹あり	117	7	110	19	27	36	16	6	2	4
中国	1 716	101	1 594	337	564	428	185	56	12	12
ひとり	306	20	279	63	102	69	32	8	4	1
弟妹のみ	616	28	584	100	207	167	73	26	4	7
兄姉のみ	589	33	547	129	197	141	56	18	3	3
兄弟姉妹あり	205	20	184	45	58	51	24	4	1	1
四国	863	67	777	126	274	222	106	33	9	7
ひとり	159	13	139	23	58	36	17	3	1	1
弟妹のみ	301	19	278	36	86	91	45	15	3	2
兄姉のみ	311	27	278	51	96	77	35	14	3	2
兄弟姉妹あり	92	8	82	16	34	18	9	1	2	2
北九州	1 849	113	1 715	269	514	426	324	128	36	18
ひとり	318	22	289	46	85	65	55	26	10	2
弟妹のみ	692	26	661	93	192	181	118	51	15	11
兄姉のみ	599	41	552	88	169	137	109	37	8	4
兄弟姉妹あり	240	24	213	42	68	43	42	14	3	1
南九州	1 181	80	1 089	158	339	349	156	62	14	11
ひとり	186	9	175	21	59	58	24	11	2	－
弟妹のみ	451	28	421	52	130	130	72	24	8	5
兄姉のみ	389	28	355	56	102	123	45	20	4	5
兄弟姉妹あり	155	15	138	29	48	38	15	7	－	1
外国	58	5	50	10	13	10	10	3	1	3
ひとり	17	2	12	4	2	2	3	1	－	－
弟妹のみ	30	2	28	4	7	6	5	2	1	3
兄姉のみ	5	－	5	2	－	1	2	－	－	－
兄弟姉妹あり	6	1	5	－	4	1	－	－	－	－

第15回調査（平成28年）

不　　詳	休日の家庭学習の時間									
	しない	する	1時間未満	1時間～2時間未満	2時間～3時間未満	3時間～4時間未満	4時間～5時間未満	5時間～6時間未満	6時間以上	不　　詳
368	2 934	25 310	4 734	5 778	5 250	3 647	2 255	1 377	2 269	566
118	502	4 220	797	930	884	616	370	248	375	152
106	883	9 557	1 566	2 150	1 987	1 443	898	558	955	177
112	1 167	8 892	1 794	2 063	1 845	1 253	751	439	747	183
32	382	2 641	577	635	534	335	236	132	192	54
11	117	901	184	228	189	127	69	43	61	17
3	32	193	40	44	36	35	16	9	13	5
3	37	333	61	71	77	47	32	19	26	5
4	39	288	66	84	59	35	14	12	18	5
1	9	87	17	29	17	10	7	3	4	2
24	141	1 914	308	428	446	307	194	105	126	37
7	24	342	68	66	71	61	27	23	26	11
6	51	716	93	155	168	116	83	46	55	11
10	48	649	112	154	158	100	65	26	34	11
1	18	207	35	53	49	30	19	10	11	4
108	826	6 796	1 301	1 454	1 355	950	549	389	798	162
33	138	1 186	226	245	257	164	98	71	125	42
32	226	2 509	441	538	488	349	212	153	328	47
33	348	2 491	502	535	503	350	196	126	279	55
10	114	610	132	136	107	87	43	39	66	18
25	202	2 145	354	509	477	299	203	130	173	32
12	32	355	48	86	84	43	35	25	34	13
6	75	780	118	187	161	121	76	46	71	10
5	68	758	138	174	175	105	64	46	56	7
2	27	252	50	62	57	30	28	13	12	2
18	118	1 221	228	283	259	188	110	54	99	26
1	15	183	32	49	34	28	16	6	18	2
8	41	487	70	99	121	80	47	27	43	11
7	44	424	94	101	83	65	36	15	30	11
2	18	127	32	34	21	15	11	6	8	2
43	361	3 294	634	791	688	496	286	154	245	73
15	67	488	91	102	98	81	54	24	38	17
13	108	1 276	233	291	264	196	118	66	108	26
11	141	1 197	250	309	242	171	89	56	80	23
4	45	333	60	89	84	48	25	8	19	7
51	500	3 228	658	720	668	436	286	177	283	85
16	81	502	92	111	116	63	45	29	46	24
17	140	1 251	226	272	259	178	114	80	122	33
14	220	1 159	261	258	230	163	99	59	89	23
4	59	316	79	79	63	32	28	9	26	5
12	99	832	134	191	163	109	75	57	103	16
5	15	115	16	30	16	17	7	13	16	6
6	36	310	45	68	67	47	23	25	35	8
1	38	301	50	73	56	35	33	12	42	1
－	10	106	23	20	24	10	12	7	10	1
21	179	1 504	316	390	315	209	127	72	75	33
7	38	259	60	64	57	37	17	9	15	9
4	53	557	85	158	120	80	53	27	34	6
9	65	509	120	131	106	68	35	28	21	15
1	23	179	51	37	32	24	22	8	5	3
19	98	738	144	187	154	104	69	32	48	27
7	17	135	31	34	30	16	12	6	6	7
4	29	266	43	73	43	54	25	9	19	6
6	42	257	51	61	64	25	26	12	18	12
2	10	80	19	19	17	9	6	5	5	2
21	175	1 644	289	352	312	236	187	103	165	30
7	29	279	61	56	47	41	29	19	26	10
5	48	637	88	147	128	96	75	34	69	7
6	67	522	89	108	100	84	61	31	49	10
3	31	206	51	41	37	15	22	19	21	3
12	108	1 049	179	234	217	181	96	54	88	24
2	11	172	31	40	35	29	13	12	12	3
2	35	409	60	86	88	76	37	22	40	7
6	46	333	60	74	69	51	33	15	31	10
2	16	135	28	34	25	25	13	5	5	4
3	10	44	5	11	7	5	4	7	5	4
3	3	11	1	3	3	1	1	2	－	3
－	4	26	3	5	3	3	3	4	5	－
－	1	4	1	1	－	1	－	1	－	－
－	2	3	－	2	1	－	－	－	－	1

第81表　子ども数・構成割合，地域ブロック、

構成割合（%）

地域ブロック、きょうだい構成	総数	しない	する	平日の家庭学習の時間						
				1時間未満	1時間～2時間未満	2時間～3時間未満	3時間～4時間未満	4時間～5時間未満	5時間～6時間未満	6時間以上
総数	100.0	6.0	92.7	15.4	29.8	26.1	13.8	4.7	1.7	1.2
ひとり	100.0	6.0	91.5	14.8	30.4	25.1	13.8	4.9	1.7	0.8
弟妹のみ	100.0	4.8	94.2	13.0	29.4	27.7	15.3	5.2	2.1	1.6
兄姉のみ	100.0	6.7	92.2	16.8	30.1	25.4	12.8	4.5	1.6	1.0
兄弟姉妹あり	100.0	7.8	91.1	19.5	29.0	24.2	12.3	3.7	1.2	1.2
北海道	100.0	7.3	91.6	19.2	32.3	20.8	12.0	4.2	1.8	1.4
ひとり	100.0	8.3	90.4	21.3	28.7	21.7	14.3	1.7	1.7	0.9
弟妹のみ	100.0	6.7	92.5	14.4	33.1	20.3	14.7	5.9	1.6	2.7
兄姉のみ	100.0	7.5	91.3	22.3	33.7	20.5	8.1	4.2	2.1	0.3
兄弟姉妹あり	100.0	7.1	91.8	22.4	32.7	21.4	9.2	3.1	2.0	1.0
東北	100.0	4.9	93.9	16.5	35.5	24.0	12.3	3.9	0.9	0.7
ひとり	100.0	4.2	93.9	17.5	35.3	21.2	12.7	5.8	1.1	0.3
弟妹のみ	100.0	4.6	94.6	12.9	34.1	26.9	14.1	4.2	1.2	1.3
兄姉のみ	100.0	5.1	93.5	19.1	36.0	24.2	10.3	3.0	0.6	0.4
兄弟姉妹あり	100.0	6.6	93.0	19.2	39.3	18.8	11.8	2.6	0.9	0.4
関東1	100.0	5.7	92.9	14.6	28.1	25.7	14.5	5.6	2.8	1.7
ひとり	100.0	6.1	91.4	14.9	28.8	24.5	14.3	5.6	2.3	1.0
弟妹のみ	100.0	4.1	94.8	12.5	28.2	27.5	15.0	6.1	3.2	2.2
兄姉のみ	100.0	6.7	92.2	15.4	28.7	24.4	13.9	5.2	2.9	1.5
兄弟姉妹あり	100.0	6.7	91.9	17.9	23.7	26.1	15.2	4.9	1.9	2.2
関東2	100.0	5.6	93.3	15.6	30.6	27.8	13.6	4.5	0.8	0.6
ひとり	100.0	4.8	92.3	13.5	29.8	28.3	13.5	6.0	0.5	0.8
弟妹のみ	100.0	5.8	93.5	13.6	29.8	27.7	16.0	4.4	1.0	0.9
兄姉のみ	100.0	5.6	93.8	16.2	32.2	28.6	11.9	4.2	0.6	0.1
兄弟姉妹あり	100.0	6.4	92.9	22.8	29.2	24.9	11.4	3.2	0.7	0.7
北陸	100.0	6.7	91.9	17.3	35.7	24.0	10.3	2.8	1.4	0.6
ひとり	100.0	5.5	94.0	16.5	35.0	28.0	10.5	2.0	1.0	1.0
弟妹のみ	100.0	5.8	92.8	12.4	36.5	24.7	12.6	4.1	1.9	0.6
兄姉のみ	100.0	7.3	91.2	21.3	35.7	22.5	7.7	1.9	1.5	0.6
兄弟姉妹あり	100.0	10.2	88.4	23.1	33.3	20.4	9.5	2.0	–	–
東海	100.0	5.3	93.5	15.5	29.7	28.9	14.1	3.6	1.0	0.7
ひとり	100.0	6.1	91.3	12.4	29.9	28.3	14.9	3.7	1.0	1.0
弟妹のみ	100.0	4.3	94.8	13.4	29.6	29.9	16.3	3.8	1.1	0.7
兄姉のみ	100.0	5.4	93.8	17.4	29.7	28.8	12.9	3.5	0.9	0.6
兄弟姉妹あり	100.0	7.3	91.7	21.0	29.9	26.5	9.1	3.4	1.0	0.8
近畿1	100.0	7.0	91.7	14.3	27.7	27.2	14.0	5.1	1.7	1.7
ひとり	100.0	6.4	90.9	12.2	31.1	26.4	13.2	5.3	2.0	0.8
弟妹のみ	100.0	4.7	94.1	12.9	25.9	30.1	15.2	5.3	2.2	2.5
兄姉のみ	100.0	9.1	89.9	15.6	27.9	24.9	13.8	5.3	1.2	1.1
兄弟姉妹あり	100.0	8.7	90.3	18.4	28.7	26.1	11.3	2.9	1.3	1.6
近畿2	100.0	5.6	93.1	12.1	24.7	27.2	18.2	5.3	3.3	2.3
ひとり	100.0	3.7	92.6	9.6	27.2	27.2	19.1	5.1	1.5	2.9
弟妹のみ	100.0	5.9	92.4	11.0	25.1	25.7	20.1	4.5	4.5	1.4
兄姉のみ	100.0	5.9	93.8	12.9	23.8	27.6	17.4	6.2	3.2	2.6
兄弟姉妹あり	100.0	6.0	94.0	16.2	23.1	30.8	13.7	5.1	1.7	3.4
中国	100.0	5.9	92.9	19.6	32.9	24.9	10.8	3.3	0.7	0.7
ひとり	100.0	6.5	91.2	20.6	33.3	22.5	10.5	2.6	1.3	0.3
弟妹のみ	100.0	4.5	94.8	16.2	33.6	27.1	11.9	4.2	0.6	1.1
兄姉のみ	100.0	5.6	92.9	21.9	33.4	23.9	9.5	3.1	0.5	0.5
兄弟姉妹あり	100.0	9.8	89.8	22.0	28.3	24.9	11.7	2.0	0.5	0.5
四国	100.0	7.8	90.0	14.6	31.7	25.7	12.3	3.8	1.0	0.8
ひとり	100.0	8.2	87.4	14.5	36.5	22.6	10.7	1.9	0.6	0.6
弟妹のみ	100.0	6.3	92.4	12.0	28.6	30.2	15.0	5.0	1.0	0.7
兄姉のみ	100.0	8.7	89.4	16.4	30.9	24.8	11.3	4.5	1.0	0.6
兄弟姉妹あり	100.0	8.7	89.1	17.4	37.0	19.6	9.8	1.1	2.2	2.2
北九州	100.0	6.1	92.8	14.5	27.8	23.0	17.5	6.9	1.9	1.0
ひとり	100.0	6.9	90.9	14.5	26.7	20.4	17.3	8.2	3.1	0.6
弟妹のみ	100.0	3.8	95.5	13.4	27.7	26.2	17.1	7.4	2.2	1.6
兄姉のみ	100.0	6.8	92.2	14.7	28.2	22.9	18.2	6.2	1.3	0.7
兄弟姉妹あり	100.0	10.0	88.8	17.5	28.3	17.9	17.5	5.8	1.3	0.4
南九州	100.0	6.8	92.2	13.4	28.7	29.6	13.2	5.2	1.2	0.9
ひとり	100.0	4.8	94.1	11.3	31.7	31.2	12.9	5.9	1.1	–
弟妹のみ	100.0	6.2	93.3	11.5	28.8	28.8	16.0	5.3	1.8	1.1
兄姉のみ	100.0	7.2	91.3	14.4	26.2	31.6	11.6	5.1	1.0	1.3
兄弟姉妹あり	100.0	9.7	89.0	18.7	31.0	24.5	9.7	4.5	–	0.6
外国	100.0	8.6	86.2	17.2	22.4	17.2	17.2	5.2	1.7	5.2
ひとり	100.0	11.8	70.6	23.5	11.8	11.8	17.6	5.9	–	–
弟妹のみ	100.0	6.7	93.3	13.3	23.3	20.0	16.7	6.7	3.3	10.0
兄姉のみ	100.0	–	100.0	40.0	–	20.0	40.0	–	–	–
兄弟姉妹あり	100.0	16.7	83.3	–	66.7	16.7	–	–	–	–

きょうだい構成、平日－休日の家庭学習の時間別（２－２）

第15回調査（平成28年）

不　詳	しない	する	休日の家庭学習の時間 1時間未満	1時間～ 2時間未満	2時間～ 3時間未満	3時間～ 4時間未満	4時間～ 5時間未満	5時間～ 6時間未満	6時間以上	不　詳
1.3	10.2	87.9	16.4	20.1	18.2	12.7	7.8	4.8	7.9	2.0
2.4	10.3	86.6	16.4	19.1	18.1	12.6	7.6	5.1	7.7	3.1
1.0	8.3	90.0	14.7	20.3	18.7	13.6	8.5	5.3	9.0	1.7
1.1	11.4	86.8	17.5	20.1	18.0	12.2	7.3	4.3	7.3	1.8
1.0	12.4	85.8	18.8	20.6	17.4	10.9	7.7	4.3	6.2	1.8
1.1	11.3	87.1	17.8	22.0	18.3	12.3	6.7	4.2	5.9	1.6
1.3	13.9	83.9	17.4	19.1	15.7	15.2	7.0	3.9	5.7	2.2
0.8	9.9	88.8	16.3	18.9	20.5	12.5	8.5	5.1	6.9	1.3
1.2	11.7	86.7	19.9	25.3	17.8	10.5	4.2	3.6	5.4	1.5
1.0	9.2	88.8	17.3	29.6	17.3	10.2	7.1	3.1	4.1	2.0
1.1	6.7	91.5	14.7	20.5	21.3	14.7	9.3	5.0	6.0	1.8
1.9	6.4	90.7	18.0	17.5	18.8	16.2	7.2	6.1	6.9	2.9
0.8	6.6	92.0	12.0	19.9	21.6	14.9	10.7	5.9	7.1	1.4
1.4	6.8	91.7	15.8	21.8	22.3	14.1	9.2	3.7	4.8	1.6
0.4	7.9	90.4	15.3	23.1	21.4	13.1	8.3	4.4	4.8	1.7
1.4	10.6	87.3	16.7	18.7	17.4	12.2	7.1	5.0	10.3	2.1
2.4	10.1	86.8	16.5	17.9	18.8	12.0	7.2	5.2	9.2	3.1
1.2	8.1	90.2	15.9	19.3	17.5	12.5	7.6	5.5	11.8	1.7
1.1	12.0	86.1	17.3	18.5	17.4	12.1	6.8	4.4	9.6	1.9
1.3	15.4	82.2	17.8	18.3	14.4	11.7	5.8	5.3	8.9	2.4
1.1	8.5	90.2	14.9	21.4	20.1	12.6	8.5	5.5	7.3	1.3
3.0	8.0	88.8	12.0	21.5	21.0	10.8	8.8	6.3	8.5	3.3
0.7	8.7	90.2	13.6	21.6	18.6	14.0	8.8	5.3	8.2	1.2
0.6	8.2	91.0	16.6	20.9	21.0	12.6	7.7	5.5	6.7	0.8
0.7	9.6	89.7	17.8	22.1	20.3	10.7	10.0	4.6	4.3	0.7
1.3	8.6	89.5	16.7	20.7	19.0	13.8	8.1	4.0	7.3	1.9
0.5	7.5	91.5	16.0	24.5	17.0	14.0	8.0	3.0	9.0	1.0
1.5	7.6	90.4	13.0	18.4	22.4	14.8	8.7	5.0	8.0	2.0
1.5	9.2	88.5	19.6	21.1	17.3	13.6	7.5	3.1	6.3	2.3
1.4	12.2	86.4	21.8	23.1	14.3	10.2	7.5	4.1	5.4	1.4
1.2	9.7	88.4	17.0	21.2	18.5	13.3	7.7	4.1	6.6	2.0
2.6	11.7	85.3	15.9	17.8	17.1	14.2	9.4	4.2	6.6	3.0
0.9	7.7	90.5	16.5	20.6	18.7	13.9	8.4	4.7	7.7	1.8
0.8	10.4	88.0	18.4	22.7	17.8	12.6	6.5	4.1	5.9	1.7
1.0	11.7	86.5	15.6	23.1	21.8	12.5	6.5	2.1	4.9	1.8
1.3	13.1	84.7	17.3	18.9	17.5	11.4	7.5	4.6	7.4	2.2
2.6	13.3	82.7	15.2	18.3	19.1	10.4	7.4	4.8	7.6	4.0
1.2	9.8	87.9	15.9	19.1	18.2	12.5	8.0	5.6	8.6	2.3
1.0	15.7	82.7	18.6	18.4	16.4	11.6	7.1	4.2	6.3	1.6
1.1	15.5	83.2	20.8	20.8	16.6	8.4	7.4	2.4	6.8	1.3
1.3	10.5	87.9	14.1	20.2	17.2	11.5	7.9	6.0	10.9	1.7
3.7	11.0	84.6	11.8	22.1	11.8	12.5	5.1	9.6	11.8	4.4
1.7	10.2	87.6	12.7	19.2	18.9	13.3	6.5	7.1	9.9	2.3
0.3	11.2	88.5	14.7	21.5	16.5	10.3	9.7	3.5	12.4	0.3
－	8.5	90.6	19.7	17.1	20.5	8.5	10.3	6.0	8.5	0.9
1.2	10.4	87.6	18.4	22.7	18.4	12.2	7.4	4.2	4.4	1.9
2.3	12.4	84.6	19.6	20.9	18.6	12.1	5.6	2.9	4.9	2.9
0.6	8.6	90.4	13.8	25.6	19.5	13.0	8.6	4.4	5.5	1.0
1.5	11.0	86.4	20.4	22.2	18.0	11.5	5.9	4.8	3.6	2.5
0.5	11.2	87.3	24.9	18.0	15.6	11.7	10.7	3.9	2.4	1.5
2.2	11.4	85.5	16.7	21.7	17.8	12.1	8.0	3.7	5.6	3.1
4.4	10.7	84.9	19.5	21.4	18.9	10.1	7.5	3.8	3.8	4.4
1.3	9.6	88.4	14.3	24.3	14.3	17.9	8.3	3.0	6.3	2.0
1.9	13.5	82.6	16.4	19.6	20.6	8.0	8.4	3.9	5.8	3.9
2.2	10.9	87.0	20.7	20.7	18.5	9.8	6.5	5.4	5.4	2.2
1.1	9.5	88.9	15.6	19.0	16.9	12.8	10.1	5.6	8.9	1.6
2.2	9.1	87.7	19.2	17.6	14.8	12.9	9.1	6.0	8.2	3.1
0.7	6.9	92.1	12.7	21.2	18.5	13.9	10.8	4.9	10.0	1.0
1.0	11.2	87.1	14.9	18.0	16.7	14.0	10.2	5.2	8.2	1.7
1.3	12.9	85.8	21.3	17.1	15.4	6.3	9.2	7.9	8.8	1.3
1.0	9.1	88.8	15.2	19.8	18.4	15.3	8.1	4.6	7.5	2.0
1.1	5.9	92.5	16.7	21.5	18.8	15.6	7.0	6.5	6.5	1.6
0.4	7.8	90.7	13.3	19.1	19.5	16.9	8.2	4.9	8.9	1.6
1.5	11.8	85.6	15.4	19.0	17.7	13.1	8.5	3.9	8.0	2.6
1.3	10.3	87.1	18.1	21.9	16.1	16.1	8.4	3.2	3.2	2.6
5.2	17.2	75.9	8.6	19.0	12.1	8.6	6.9	12.1	8.6	6.9
17.6	17.6	64.7	5.9	17.6	17.6	5.9	5.9	11.8	－	17.6
－	13.3	86.7	10.0	16.7	10.0	10.0	10.0	13.3	16.7	－
－	20.0	80.0	20.0	20.0	－	20.0	－	20.0	－	－
－	33.3	50.0	－	33.3	16.7	－	－	－	－	16.7

第82表　子ども数・構成割合，

出生月、きょうだい構成	総数	しない	する	1時間未満	1時間～2時間未満	2時間～3時間未満	3時間～4時間未満	4時間～5時間未満	5時間～6時間未満	6時間以上
			平日の家庭学習の時間							
										実
総数	28 810	1 729	26 713	4 423	8 579	7 514	3 986	1 361	502	348
ひとり	4 874	294	4 462	721	1 484	1 223	673	239	81	41
弟妹のみ	10 617	507	10 004	1 384	3 125	2 939	1 620	547	218	171
兄姉のみ	10 242	687	9 443	1 719	3 078	2 606	1 314	462	166	98
兄弟姉妹あり	3 077	241	2 804	599	892	746	379	113	37	38
1月生まれ	14 462	753	13 541	1 704	3 501	3 884	2 669	1 088	427	268
ひとり	2 418	125	2 249	288	609	614	458	186	65	29
弟妹のみ	5 346	228	5 067	506	1 231	1 509	1 057	443	186	135
兄姉のみ	5 115	287	4 768	673	1 258	1 358	887	372	144	76
兄弟姉妹あり	1 583	113	1 457	237	403	403	267	87	32	28
7月生まれ	14 348	976	13 172	2 719	5 078	3 630	1 317	273	75	80
ひとり	2 456	169	2 213	433	875	609	215	53	16	12
弟妹のみ	5 271	279	4 937	878	1 894	1 430	563	104	32	36
兄姉のみ	5 127	400	4 675	1 046	1 820	1 248	427	90	22	22
兄弟姉妹あり	1 494	128	1 347	362	489	343	112	26	5	10
										構成
総数	100.0	6.0	92.7	15.4	29.8	26.1	13.8	4.7	1.7	1.2
ひとり	100.0	6.0	91.5	14.8	30.4	25.1	13.8	4.9	1.7	0.8
弟妹のみ	100.0	4.8	94.2	13.0	29.4	27.7	15.3	5.2	2.1	1.6
兄姉のみ	100.0	6.7	92.2	16.8	30.1	25.4	12.8	4.5	1.6	1.0
兄弟姉妹あり	100.0	7.8	91.1	19.5	29.0	24.2	12.3	3.7	1.2	1.2
1月生まれ	100.0	5.2	93.6	11.8	24.2	26.9	18.5	7.5	3.0	1.9
ひとり	100.0	5.2	93.0	11.9	25.2	25.4	18.9	7.7	2.7	1.2
弟妹のみ	100.0	4.3	94.8	9.5	23.0	28.2	19.8	8.3	3.5	2.5
兄姉のみ	100.0	5.6	93.2	13.2	24.6	26.5	17.3	7.3	2.8	1.5
兄弟姉妹あり	100.0	7.1	92.0	15.0	25.5	25.5	16.9	5.5	2.0	1.8
7月生まれ	100.0	6.8	91.8	19.0	35.4	25.3	9.2	1.9	0.5	0.6
ひとり	100.0	6.9	90.1	17.6	35.6	24.8	8.8	2.2	0.7	0.5
弟妹のみ	100.0	5.3	93.7	16.7	35.9	27.1	10.7	2.0	0.6	0.7
兄姉のみ	100.0	7.8	91.2	20.4	35.5	24.3	8.3	1.8	0.4	0.4
兄弟姉妹あり	100.0	8.6	90.2	24.2	32.7	23.0	7.5	1.7	0.3	0.7

出生月、きょうだい構成、平日－休日の家庭学習の時間別

第15回調査（平成28年）

不詳	休日の家庭学習の時間 しない	する	1時間未満	1時間～2時間未満	2時間～3時間未満	3時間～4時間未満	4時間～5時間未満	5時間～6時間未満	6時間以上	不詳
数（人）										
368	2 934	25 310	4 734	5 778	5 250	3 647	2 255	1 377	2 269	566
118	502	4 220	797	930	884	616	370	248	375	152
106	883	9 557	1 566	2 150	1 987	1 443	898	558	955	177
112	1 167	8 892	1 794	2 063	1 845	1 253	751	439	747	183
32	382	2 641	577	635	534	335	236	132	192	54
168	1 180	13 016	1 649	2 184	2 357	2 115	1 661	1 106	1 944	266
44	223	2 136	291	331	399	341	263	200	311	59
51	359	4 896	494	788	848	834	661	439	832	91
60	441	4 579	654	786	846	745	548	356	644	95
13	157	1 405	210	279	264	195	189	111	157	21
200	1 754	12 294	3 085	3 594	2 893	1 532	594	271	325	300
74	279	2 084	506	599	485	275	107	48	64	93
55	524	4 661	1 072	1 362	1 139	609	237	119	123	86
52	726	4 313	1 140	1 277	999	508	203	83	103	88
19	225	1 236	367	356	270	140	47	21	35	33
割合（%）										
1.3	10.2	87.9	16.4	20.1	18.2	12.7	7.8	4.8	7.9	2.0
2.4	10.3	86.6	16.4	19.1	18.1	12.6	7.6	5.1	7.7	3.1
1.0	8.3	90.0	14.7	20.3	18.7	13.6	8.5	5.3	9.0	1.7
1.1	11.4	86.8	17.5	20.1	18.0	12.2	7.3	4.3	7.3	1.8
1.0	12.4	85.8	18.8	20.6	17.4	10.9	7.7	4.3	6.2	1.8
1.2	8.2	90.0	11.4	15.1	16.3	14.6	11.5	7.6	13.4	1.8
1.8	9.2	88.3	12.0	13.7	16.5	14.1	10.9	8.3	12.9	2.4
1.0	6.7	91.6	9.2	14.7	15.9	15.6	12.4	8.2	15.6	1.7
1.2	8.6	89.5	12.8	15.4	16.5	14.6	10.7	7.0	12.6	1.9
0.8	9.9	88.8	13.3	17.6	16.7	12.3	11.9	7.0	9.9	1.3
1.4	12.2	85.7	21.5	25.0	20.2	10.7	4.1	1.9	2.3	2.1
3.0	11.4	84.9	20.6	24.4	19.7	11.2	4.4	2.0	2.6	3.8
1.0	9.9	88.4	20.3	25.8	21.6	11.6	4.5	2.3	2.3	1.6
1.0	14.2	84.1	22.2	24.9	19.5	9.9	4.0	1.6	2.0	1.7
1.3	15.1	82.7	24.6	23.8	18.1	9.4	3.1	1.4	2.3	2.2

第83表　子ども数・総数に対する割合，

市郡、同居者の構成	総数	学習塾等の種類（複数回答）			
		学習塾	家庭教師	通信教育	学習塾等を利用していない
		実数（人）			
総数	28 810	18 366	1 217	2 683	5 858
父母と同居	25 078	16 313	1 038	2 404	4 952
父母又は父母ときょうだいのみ	20 110	13 273	781	1 954	3 820
父母のみ	2 999	1 967	151	354	551
父母ときょうだいのみ	17 111	11 306	630	1 600	3 269
父母と祖父母	4 879	2 990	252	447	1 107
父母と母方の祖父母	1 349	832	83	133	284
父母と父方の祖父母	3 521	2 153	168	313	820
父母と両方の祖父母	9	5	1	1	3
父母とその他	89	50	5	3	25
父又は母と同居	3 561	2 022	174	273	856
母のみ又は母ときょうだいのみ	2 268	1 317	96	186	516
母と祖父母等	989	575	57	71	237
父のみ又は父ときょうだいのみ	143	64	7	8	49
父と祖父母等	161	66	14	8	54
その他	171	31	5	6	50
21大都市	7 541	5 236	320	642	1 236
父母と同居	6 554	4 609	270	579	1 061
父母又は父母ときょうだいのみ	5 734	4 034	226	521	931
父母のみ	961	643	46	98	180
父母ときょうだいのみ	4 773	3 391	180	423	751
父母と祖父母	797	559	42	56	128
父母と母方の祖父母	261	169	15	25	55
父母と父方の祖父母	534	389	27	31	72
父母と両方の祖父母	2	1	−	−	1
父母とその他	23	16	2	2	2
父又は母と同居	948	617	49	63	164
母のみ又は母ときょうだいのみ	689	451	32	51	118
母と祖父母等	202	134	14	11	33
父のみ又は父ときょうだいのみ	37	22	1	1	9
父と祖父母等	20	10	2	−	4
その他	39	10	1	−	11
その他の市	18 677	11 775	780	1 798	3 865
父母と同居	16 253	10 483	669	1 609	3 240
父母又は父母ときょうだいのみ	12 749	8 356	487	1 280	2 434
父母のみ	1 795	1 197	90	224	306
父母ときょうだいのみ	10 954	7 159	397	1 056	2 128
父母と祖父母	3 443	2 095	179	328	786
父母と母方の祖父母	928	583	60	97	175
父母と父方の祖父母	2 510	1 509	119	231	609
父母と両方の祖父母	5	3	−	−	2
父母とその他	61	32	3	1	20
父又は母と同居	2 309	1 272	107	184	594
母のみ又は母ときょうだいのみ	1 431	804	55	123	350
母と祖父母等	672	382	40	48	172
父のみ又は父ときょうだいのみ	94	38	6	6	34
父と祖父母等	112	48	6	7	38
その他	115	20	4	5	31
郡部	2 534	1 330	103	235	742
父母と同居	2 217	1 197	86	208	636
父母又は父母ときょうだいのみ	1 573	859	55	145	440
父母のみ	230	122	9	30	62
父母ときょうだいのみ	1 343	737	46	115	378
父母と祖父母	639	336	31	63	193
父母と母方の祖父母	160	80	8	11	54
父母と父方の祖父母	477	255	22	51	139
父母と両方の祖父母	2	1	1	1	−
父母とその他	5	2	−	−	3
父又は母と同居	301	132	17	26	98
母のみ又は母ときょうだいのみ	145	61	8	12	48
母と祖父母等	115	59	3	12	32
父のみ又は父ときょうだいのみ	12	4	−	1	6
父と祖父母等	29	8	6	1	12
その他	16	1	−	1	8
外国	58	25	14	8	15
父母と同居	54	24	13	8	15
父母又は父母ときょうだいのみ	54	24	13	8	15
父母のみ	13	5	6	2	3
父母ときょうだいのみ	41	19	7	6	12
父母と祖父母	−	−	−	−	−
父母と母方の祖父母	−	−	−	−	−
父母と父方の祖父母	−	−	−	−	−
父母と両方の祖父母	−	−	−	−	−
父母とその他	−	−	−	−	−
父又は母と同居	3	1	1	−	−
母のみ又は母ときょうだいのみ	3	1	1	−	−
母と祖父母等	−	−	−	−	−
父のみ又は父ときょうだいのみ	−	−	−	−	−
父と祖父母等	−	−	−	−	−
その他	1	−	−	−	−

注：総数には「家や塾などで勉強しない者」及び「不詳」を含む。

市郡、同居者の構成、学習塾等の種類（複数回答）別

第15回調査（平成28年）

不詳	総数	学習塾等の種類（複数回答）				
		学習塾	家庭教師	通信教育	学習塾等を利用していない	不詳
	総数に対する割合（%）					
2 038	100.0	63.7	4.2	9.3	20.3	7.1
1 580	100.0	65.0	4.1	9.6	19.7	6.3
1 256	100.0	66.0	3.9	9.7	19.0	6.2
183	100.0	65.6	5.0	11.8	18.4	6.1
1 073	100.0	66.1	3.7	9.4	19.1	6.3
314	100.0	61.3	5.2	9.2	22.7	6.4
97	100.0	61.7	6.2	9.9	21.1	7.2
217	100.0	61.1	4.8	8.9	23.3	6.2
-	100.0	55.6	11.1	11.1	33.3	-
10	100.0	56.2	5.6	3.4	28.1	11.2
377	100.0	56.8	4.9	7.7	24.0	10.6
245	100.0	58.1	4.2	8.2	22.8	10.8
91	100.0	58.1	5.8	7.2	24.0	9.2
19	100.0	44.8	4.9	5.6	34.3	13.3
22	100.0	41.0	8.7	5.0	33.5	13.7
81	100.0	18.1	2.9	3.5	29.2	47.4
482	100.0	69.4	4.2	8.5	16.4	6.4
366	100.0	70.3	4.1	8.8	16.2	5.6
317	100.0	70.4	3.9	9.1	16.2	5.5
54	100.0	66.9	4.8	10.2	18.7	5.6
263	100.0	71.0	3.8	8.9	15.7	5.5
46	100.0	70.1	5.3	7.0	16.1	5.8
14	100.0	64.8	5.7	9.6	21.1	5.4
32	100.0	72.8	5.1	5.8	13.5	6.0
-	100.0	50.0	-	-	50.0	-
3	100.0	69.6	8.7	8.7	8.7	13.0
99	100.0	65.1	5.2	6.6	17.3	10.4
72	100.0	65.5	4.6	7.4	17.1	10.4
19	100.0	66.3	6.9	5.4	16.3	9.4
4	100.0	59.5	2.7	2.7	24.3	10.8
4	100.0	50.0	10.0	-	20.0	20.0
17	100.0	25.6	2.6	-	28.2	43.6
1 333	100.0	63.0	4.2	9.6	20.7	7.1
1 035	100.0	64.5	4.1	9.9	19.9	6.4
810	100.0	65.5	3.8	10.0	19.1	6.4
111	100.0	66.7	5.0	12.5	17.0	6.2
699	100.0	65.4	3.6	9.6	19.4	6.4
218	100.0	60.8	5.2	9.5	22.8	6.3
68	100.0	62.8	6.5	10.5	18.9	7.3
150	100.0	60.1	4.7	9.2	24.3	6.0
-	100.0	60.0	-	-	40.0	-
7	100.0	52.5	4.9	1.6	32.8	11.5
241	100.0	55.1	4.6	8.0	25.7	10.4
151	100.0	56.2	3.8	8.6	24.5	10.6
60	100.0	56.8	6.0	7.1	25.6	8.9
14	100.0	40.4	6.4	6.4	36.2	14.9
16	100.0	42.9	5.4	6.3	33.9	14.3
57	100.0	17.4	3.5	4.3	27.0	49.6
215	100.0	52.5	4.1	9.3	29.3	8.5
174	100.0	54.0	3.9	9.4	28.7	7.8
124	100.0	54.6	3.5	9.2	28.0	7.9
17	100.0	53.0	3.9	13.0	27.0	7.4
107	100.0	54.9	3.4	8.6	28.1	8.0
50	100.0	52.6	4.9	9.9	30.2	7.8
15	100.0	50.0	5.0	6.9	33.8	9.4
35	100.0	53.5	4.6	10.7	29.1	7.3
-	100.0	50.0	50.0	50.0	-	-
-	100.0	40.0	-	-	60.0	-
35	100.0	43.9	5.6	8.6	32.6	11.6
20	100.0	42.1	5.5	8.3	33.1	13.8
12	100.0	51.3	2.6	10.4	27.8	10.4
1	100.0	33.3	-	8.3	50.0	8.3
2	100.0	27.6	20.7	3.4	41.4	6.9
6	100.0	6.3	-	6.3	50.0	37.5
8	100.0	43.1	24.1	13.8	25.9	13.8
5	100.0	44.4	24.1	14.8	27.8	9.3
5	100.0	44.4	24.1	14.8	27.8	9.3
1	100.0	38.5	46.2	15.4	23.1	7.7
4	100.0	46.3	17.1	14.6	29.3	9.8
-	-	-	-	-	-	-
-	-	-	-	-	-	-
-	-	-	-	-	-	-
-	-	-	-	-	-	-
-	-	-	-	-	-	-
2	100.0	33.3	33.3	-	-	66.7
2	100.0	33.3	33.3	-	-	66.7
-	-	-	-	-	-	-
-	-	-	-	-	-	-
-	-	-	-	-	-	-
1	100.0	-	-	-	-	100.0

第84表　子ども数・総数に対する割合，

地域ブロック	総数	学習塾等の種類（複数回答）			
		学習塾	家庭教師	通信教育	学習塾等を利用していない
	実数（人）				
総数	28 810	18 366	1 217	2 683	5 858
北海道	1 035	506	69	117	294
東北	2 092	1 026	88	214	710
関東１	7 784	5 492	246	701	1 226
関東２	2 379	1 419	121	251	547
北陸	1 365	691	89	145	390
東海	3 728	2 496	165	362	655
近畿１	3 813	2 677	151	337	534
近畿２	947	673	35	77	144
中国	1 716	1 039	70	174	409
四国	863	520	50	102	174
北九州	1 849	1 138	81	118	435
南九州	1 181	664	38	77	325
外国	58	25	14	8	15

注：総数には「家や塾などで勉強しない者」及び「不詳」を含む。

地域ブロック、学習塾等の種類（複数回答）別

第15回調査（平成28年）

不詳	総数	学習塾等の種類（複数回答）				
		学習塾	家庭教師	通信教育	学習塾等を利用していない	不詳
	総数に対する割合（%）					
2 038	100.0	63.7	4.2	9.3	20.3	7.1
92	100.0	48.9	6.7	11.3	28.4	8.9
149	100.0	49.0	4.2	10.2	33.9	7.1
510	100.0	70.6	3.2	9.0	15.8	6.6
158	100.0	59.6	5.1	10.6	23.0	6.6
104	100.0	50.6	6.5	10.6	28.6	7.6
238	100.0	67.0	4.4	9.7	17.6	6.4
299	100.0	70.2	4.0	8.8	14.0	7.8
62	100.0	71.1	3.7	8.1	15.2	6.5
107	100.0	60.5	4.1	10.1	23.8	6.2
78	100.0	60.3	5.8	11.8	20.2	9.0
136	100.0	61.5	4.4	6.4	23.5	7.4
97	100.0	56.2	3.2	6.5	27.5	8.2
8	100.0	43.1	24.1	13.8	25.9	13.8

第85表　子ども数・総数に対する割合，

出生月、性、きょうだい構成	総数	学習塾等の種類（複数回答）				
		学習塾	家庭教師	通信教育	学習塾等を利用していない	不詳
			実数（人）			
総数	28 810	18 366	1 217	2 683	5 858	2 038
ひとり	4 874	3 011	269	540	960	409
弟妹のみ	10 617	7 035	456	1 176	1 937	598
兄姉のみ	10 242	6 538	381	747	2 173	764
兄弟姉妹あり	3 077	1 782	111	220	788	267
男児	14 796	9 430	633	1 102	2 995	1 232
ひとり	2 468	1 496	151	220	496	239
弟妹のみ	5 350	3 542	237	492	987	346
兄姉のみ	5 329	3 429	187	298	1 111	472
兄弟姉妹あり	1 649	963	58	92	401	175
女児	14 014	8 936	584	1 581	2 863	806
ひとり	2 406	1 515	118	320	464	170
弟妹のみ	5 267	3 493	219	684	950	252
兄姉のみ	4 913	3 109	194	449	1 062	292
兄弟姉妹あり	1 428	819	53	128	387	92
1月生まれ	14 462	9 683	700	1 287	2 662	893
ひとり	2 418	1 565	150	275	428	172
弟妹のみ	5 346	3 765	263	550	842	264
兄姉のみ	5 115	3 406	225	350	1 007	329
兄弟姉妹あり	1 583	947	62	112	385	128
男児	7 344	4 923	370	508	1 352	525
ひとり	1 213	775	82	105	218	97
弟妹のみ	2 677	1 884	139	213	435	147
兄姉のみ	2 596	1 739	116	145	504	198
兄弟姉妹あり	858	525	33	45	195	83
女児	7 118	4 760	330	779	1 310	368
ひとり	1 205	790	68	170	210	75
弟妹のみ	2 669	1 881	124	337	407	117
兄姉のみ	2 519	1 667	109	205	503	131
兄弟姉妹あり	725	422	29	67	190	45
7月生まれ	14 348	8 683	517	1 396	3 196	1 145
ひとり	2 456	1 446	119	265	532	237
弟妹のみ	5 271	3 270	193	626	1 095	334
兄姉のみ	5 127	3 132	156	397	1 166	435
兄弟姉妹あり	1 494	835	49	108	403	139
男児	7 452	4 507	263	594	1 643	707
ひとり	1 255	721	69	115	278	142
弟妹のみ	2 673	1 658	98	279	552	199
兄姉のみ	2 733	1 690	71	153	607	274
兄弟姉妹あり	791	438	25	47	206	92
女児	6 896	4 176	254	802	1 553	438
ひとり	1 201	725	50	150	254	95
弟妹のみ	2 598	1 612	95	347	543	135
兄姉のみ	2 394	1 442	85	244	559	161
兄弟姉妹あり	703	397	24	61	197	47

注：総数には「家や塾などで勉強しない者」及び「不詳」を含む。

出生月、性、きょうだい構成、学習塾等の種類（複数回答）別

第15回調査（平成28年）

総数	学習塾等の種類（複数回答）				
	学習塾	家庭教師	通信教育	学習塾等を利用していない	不詳
	総数に対する割合 （%）				
100.0	63.7	4.2	9.3	20.3	7.1
100.0	61.8	5.5	11.1	19.7	8.4
100.0	66.3	4.3	11.1	18.2	5.6
100.0	63.8	3.7	7.3	21.2	7.5
100.0	57.9	3.6	7.1	25.6	8.7
100.0	63.7	4.3	7.4	20.2	8.3
100.0	60.6	6.1	8.9	20.1	9.7
100.0	66.2	4.4	9.2	18.4	6.5
100.0	64.3	3.5	5.6	20.8	8.9
100.0	58.4	3.5	5.6	24.3	10.6
100.0	63.8	4.2	11.3	20.4	5.8
100.0	63.0	4.9	13.3	19.3	7.1
100.0	66.3	4.2	13.0	18.0	4.8
100.0	63.3	3.9	9.1	21.6	5.9
100.0	57.4	3.7	9.0	27.1	6.4
100.0	67.0	4.8	8.9	18.4	6.2
100.0	64.7	6.2	11.4	17.7	7.1
100.0	70.4	4.9	10.3	15.8	4.9
100.0	66.6	4.4	6.8	19.7	6.4
100.0	59.8	3.9	7.1	24.3	8.1
100.0	67.0	5.0	6.9	18.4	7.1
100.0	63.9	6.8	8.7	18.0	8.0
100.0	70.4	5.2	8.0	16.2	5.5
100.0	67.0	4.5	5.6	19.4	7.6
100.0	61.2	3.8	5.2	22.7	9.7
100.0	66.9	4.6	10.9	18.4	5.2
100.0	65.6	5.6	14.1	17.4	6.2
100.0	70.5	4.6	12.6	15.2	4.4
100.0	66.2	4.3	8.1	20.0	5.2
100.0	58.2	4.0	9.2	26.2	6.2
100.0	60.5	3.6	9.7	22.3	8.0
100.0	58.9	4.8	10.8	21.7	9.6
100.0	62.0	3.7	11.9	20.8	6.3
100.0	61.1	3.0	7.7	22.7	8.5
100.0	55.9	3.3	7.2	27.0	9.3
100.0	60.5	3.5	8.0	22.0	9.5
100.0	57.5	5.5	9.2	22.2	11.3
100.0	62.0	3.7	10.4	20.7	7.4
100.0	61.8	2.6	5.6	22.2	10.0
100.0	55.4	3.2	5.9	26.0	11.6
100.0	60.6	3.7	11.6	22.5	6.4
100.0	60.4	4.2	12.5	21.1	7.9
100.0	62.0	3.7	13.4	20.9	5.2
100.0	60.2	3.6	10.2	23.4	6.7
100.0	56.5	3.4	8.7	28.0	6.7

第86表　学習塾等を利用している子ども数・構成割合,

出生月、市郡	総数	学校の勉強の補助・補習のため	受験や進学のため	その他	不詳
			実数（人）		
総数	20 914	5 040	15 492	263	119
21大都市	5 823	1 417	4 301	71	34
その他の市	13 479	3 209	10 024	166	80
郡部	1 577	402	1 149	21	5
外国	35	12	18	5	−
1月生まれ	10 907	2 069	8 666	110	62
21大都市	3 073	616	2 404	35	18
その他の市	6 981	1 281	5 594	66	40
郡部	834	166	658	6	4
外国	19	6	10	3	−
7月生まれ	10 007	2 971	6 826	153	57
21大都市	2 750	801	1 897	36	16
その他の市	6 498	1 928	4 430	100	40
郡部	743	236	491	15	1
外国	16	6	8	2	−

第87表　学習塾等を利用している子ども数・構成割合,

性、地域ブロック	総数	学校の勉強の補助・補習のため	受験や進学のため	その他	不詳
			実数（人）		
総数	20 914	5 040	15 492	263	119
北海道	649	191	442	11	5
東北	1 233	230	981	18	4
関東1	6 048	1 395	4 543	74	36
関東2	1 674	395	1 245	26	8
北陸	871	201	654	10	6
東海	2 835	834	1 964	24	13
近畿1	2 980	735	2 189	35	21
近畿2	741	172	551	11	7
中国	1 200	337	831	22	10
四国	611	174	426	9	2
北九州	1 278	233	1 029	11	5
南九州	759	131	619	7	2
外国	35	12	18	5	−
男児	10 569	2 503	7 869	133	64
北海道	284	86	192	6	−
東北	618	118	488	9	3
関東1	3 081	699	2 321	43	18
関東2	838	186	632	17	3
北陸	436	103	327	5	1
東海	1 453	403	1 034	10	6
近畿1	1 515	380	1 104	13	18
近畿2	400	100	289	7	4
中国	581	157	406	10	8
四国	286	78	206	2	−
北九州	669	123	539	4	3
南九州	392	66	323	3	−
外国	16	4	8	4	−
女児	10 345	2 537	7 623	130	55
北海道	365	105	250	5	5
東北	615	112	493	9	1
関東1	2 967	696	2 222	31	18
関東2	836	209	613	9	5
北陸	435	98	327	5	5
東海	1 382	431	930	14	7
近畿1	1 465	355	1 085	22	3
近畿2	341	72	262	4	3
中国	619	180	425	12	2
四国	325	96	220	7	2
北九州	609	110	490	7	2
南九州	367	65	296	4	2
外国	19	8	10	1	−

出生月、市郡、学習塾等を利用する主な目的別

第15回調査（平成28年）

総数	学校の勉強の補助・補習のため	受験や進学のため	その他	不詳
構成割合（%）				
100.0	24.1	74.1	1.3	0.6
100.0	24.3	73.9	1.2	0.6
100.0	23.8	74.4	1.2	0.6
100.0	25.5	72.9	1.3	0.3
100.0	34.3	51.4	14.3	-
100.0	19.0	79.5	1.0	0.6
100.0	20.0	78.2	1.1	0.6
100.0	18.3	80.1	0.9	0.6
100.0	19.9	78.9	0.7	0.5
100.0	31.6	52.6	15.8	-
100.0	29.7	68.2	1.5	0.6
100.0	29.1	69.0	1.3	0.6
100.0	29.7	68.2	1.5	0.6
100.0	31.8	66.1	2.0	0.1
100.0	37.5	50.0	12.5	-

性、地域ブロック、学習塾等を利用する主な目的別

第15回調査（平成28年）

総数	学校の勉強の補助・補習のため	受験や進学のため	その他	不詳
構成割合（%）				
100.0	24.1	74.1	1.3	0.6
100.0	29.4	68.1	1.7	0.8
100.0	18.7	79.6	1.5	0.3
100.0	23.1	75.1	1.2	0.6
100.0	23.6	74.4	1.6	0.5
100.0	23.1	75.1	1.1	0.7
100.0	29.4	69.3	0.8	0.5
100.0	24.7	73.5	1.2	0.7
100.0	23.2	74.4	1.5	0.9
100.0	28.1	69.3	1.8	0.8
100.0	28.5	69.7	1.5	0.3
100.0	18.2	80.5	0.9	0.4
100.0	17.3	81.6	0.9	0.3
100.0	34.3	51.4	14.3	-
100.0	23.7	74.5	1.3	0.6
100.0	30.3	67.6	2.1	-
100.0	19.1	79.0	1.5	0.5
100.0	22.7	75.3	1.4	0.6
100.0	22.2	75.4	2.0	0.4
100.0	23.6	75.0	1.1	0.2
100.0	27.7	71.2	0.7	0.4
100.0	25.1	72.9	0.9	1.2
100.0	25.0	72.3	1.8	1.0
100.0	27.0	69.9	1.7	1.4
100.0	27.3	72.0	0.7	-
100.0	18.4	80.6	0.6	0.4
100.0	16.8	82.4	0.8	-
100.0	25.0	50.0	25.0	-
100.0	24.5	73.7	1.3	0.5
100.0	28.8	68.5	1.4	1.4
100.0	18.2	80.2	1.5	0.2
100.0	23.5	74.9	1.0	0.6
100.0	25.0	73.3	1.1	0.6
100.0	22.5	75.2	1.1	1.1
100.0	31.2	67.3	1.0	0.5
100.0	24.2	74.1	1.5	0.2
100.0	21.1	76.8	1.2	0.9
100.0	29.1	68.7	1.9	0.3
100.0	29.5	67.7	2.2	0.6
100.0	18.1	80.5	1.1	0.3
100.0	17.7	80.7	1.1	0.5
100.0	42.1	52.6	5.3	-

第88表　学習塾等を利用している子ども数・構成割合，

出生月、性、平日－休日の家庭学習の時間	総数	学校の勉強の補助・補習のため	受験や進学のため	その他	不詳
	実数（人）				
総数					
平日の家庭学習の時間	20 914	5 040	15 492	263	119
しない	86	37	43	5	1
する	20 699	4 972	15 360	252	115
1時間未満	1 990	799	1 103	78	10
1時間～2時間未満	6 242	2 105	4 014	92	31
2時間～3時間未満	6 628	1 407	5 123	55	43
3時間～4時間未満	3 713	485	3 192	17	19
4時間～5時間未満	1 302	115	1 180	4	3
5時間～6時間未満	485	39	440	2	4
6時間以上	339	22	308	4	5
不詳	129	31	89	6	3
男児					
平日の家庭学習の時間	10 569	2 503	7 869	133	64
しない	46	18	24	3	1
する	10 441	2 469	7 787	124	61
1時間未満	1 128	448	633	38	9
1時間～2時間未満	3 266	1 066	2 135	50	15
2時間～3時間未満	3 296	674	2 573	26	23
3時間～4時間未満	1 758	202	1 544	4	8
4時間～5時間未満	607	47	557	1	2
5時間～6時間未満	223	22	198	2	1
6時間以上	163	10	147	3	3
不詳	82	16	58	6	2
女児					
平日の家庭学習の時間	10 345	2 537	7 623	130	55
しない	40	19	19	2	－
する	10 258	2 503	7 573	128	54
1時間未満	862	351	470	40	1
1時間～2時間未満	2 976	1 039	1 879	42	16
2時間～3時間未満	3 332	733	2 550	29	20
3時間～4時間未満	1 955	283	1 648	13	11
4時間～5時間未満	695	68	623	3	1
5時間～6時間未満	262	17	242	－	3
6時間以上	176	12	161	1	2
不詳	47	15	31	－	1
総数					
休日の家庭学習の時間	20 914	5 040	15 492	263	119
しない	1 132	418	669	38	7
する	19 488	4 547	14 618	216	107
1時間未満	2 859	989	1 782	69	19
1時間～2時間未満	4 079	1 316	2 686	56	21
2時間～3時間未満	4 054	1 054	2 943	40	17
3時間～4時間未満	3 115	639	2 436	21	19
4時間～5時間未満	1 989	293	1 669	15	12
5時間～6時間未満	1 260	121	1 125	7	7
6時間以上	2 132	135	1 977	8	12
不詳	294	75	205	9	5
男児					
休日の家庭学習の時間	10 569	2 503	7 869	133	64
しない	678	241	407	24	6
する	9 702	2 217	7 329	102	54
1時間未満	1 573	548	981	32	12
1時間～2時間未満	2 107	663	1 406	27	11
2時間～3時間未満	2 056	493	1 533	22	8
3時間～4時間未満	1 535	277	1 240	9	9
4時間～5時間未満	911	134	765	7	5
5時間～6時間未満	569	49	515	2	3
6時間以上	951	53	889	3	6
不詳	189	45	133	7	4
女児					
休日の家庭学習の時間	10 345	2 537	7 623	130	55
しない	454	177	262	14	1
する	9 786	2 330	7 289	114	53
1時間未満	1 286	441	801	37	7
1時間～2時間未満	1 972	653	1 280	29	10
2時間～3時間未満	1 998	561	1 410	18	9
3時間～4時間未満	1 580	362	1 196	12	10
4時間～5時間未満	1 078	159	904	8	7
5時間～6時間未満	691	72	610	5	4
6時間以上	1 181	82	1 088	5	6
不詳	105	30	72	2	1

出生月、性、平日－休日の家庭学習の時間、学習塾等を利用する主な目的別（３－１）

第15回調査（平成28年）

総数	学校の勉強の補助・補習のため	受験や進学のため	その他	不詳
構成割合（%）				
100.0	24.1	74.1	1.3	0.6
100.0	43.0	50.0	5.8	1.2
100.0	24.0	74.2	1.2	0.6
100.0	40.2	55.4	3.9	0.5
100.0	33.7	64.3	1.5	0.5
100.0	21.2	77.3	0.8	0.6
100.0	13.1	86.0	0.5	0.5
100.0	8.8	90.6	0.3	0.2
100.0	8.0	90.7	0.4	0.8
100.0	6.5	90.9	1.2	1.5
100.0	24.0	69.0	4.7	2.3
100.0	23.7	74.5	1.3	0.6
100.0	39.1	52.2	6.5	2.2
100.0	23.6	74.6	1.2	0.6
100.0	39.7	56.1	3.4	0.8
100.0	32.6	65.4	1.5	0.5
100.0	20.4	78.1	0.8	0.7
100.0	11.5	87.8	0.2	0.5
100.0	7.7	91.8	0.2	0.3
100.0	9.9	88.8	0.9	0.4
100.0	6.1	90.2	1.8	1.8
100.0	19.5	70.7	7.3	2.4
100.0	24.5	73.7	1.3	0.5
100.0	47.5	47.5	5.0	-
100.0	24.4	73.8	1.2	0.5
100.0	40.7	54.5	4.6	0.1
100.0	34.9	63.1	1.4	0.5
100.0	22.0	76.5	0.9	0.6
100.0	14.5	84.3	0.7	0.6
100.0	9.8	89.6	0.4	0.1
100.0	6.5	92.4	-	1.1
100.0	6.8	91.5	0.6	1.1
100.0	31.9	66.0	-	2.1
100.0	24.1	74.1	1.3	0.6
100.0	36.9	59.1	3.4	0.6
100.0	23.3	75.0	1.1	0.5
100.0	34.6	62.3	2.4	0.7
100.0	32.3	65.8	1.4	0.5
100.0	26.0	72.6	1.0	0.4
100.0	20.5	78.2	0.7	0.6
100.0	14.7	83.9	0.8	0.6
100.0	9.6	89.3	0.6	0.6
100.0	6.3	92.7	0.4	0.6
100.0	25.5	69.7	3.1	1.7
100.0	23.7	74.5	1.3	0.6
100.0	35.5	60.0	3.5	0.9
100.0	22.9	75.5	1.1	0.6
100.0	34.8	62.4	2.0	0.8
100.0	31.5	66.7	1.3	0.5
100.0	24.0	74.6	1.1	0.4
100.0	18.0	80.8	0.6	0.6
100.0	14.7	84.0	0.8	0.5
100.0	8.6	90.5	0.4	0.5
100.0	5.6	93.5	0.3	0.6
100.0	23.8	70.4	3.7	2.1
100.0	24.5	73.7	1.3	0.5
100.0	39.0	57.7	3.1	0.2
100.0	23.8	74.5	1.2	0.5
100.0	34.3	62.3	2.9	0.5
100.0	33.1	64.9	1.5	0.5
100.0	28.1	70.6	0.9	0.5
100.0	22.9	75.7	0.8	0.6
100.0	14.7	83.9	0.7	0.6
100.0	10.4	88.3	0.7	0.6
100.0	6.9	92.1	0.4	0.5
100.0	28.6	68.6	1.9	1.0

第88表　学習塾等を利用している子ども数・構成割合，

出生月、性、平日－休日の家庭学習の時間	総数	学校の勉強の補助・補習のため	受験や進学のため	その他	不詳
	実数（人）				
1月生まれ					
平日の家庭学習の時間	10 907	2 069	8 666	110	62
しない	37	13	21	2	1
する	10 805	2 045	8 595	106	59
1時間未満	725	273	420	27	5
1時間～2時間未満	2 511	758	1 702	38	13
2時間～3時間未満	3 367	629	2 695	23	20
3時間～4時間未満	2 478	269	2 187	10	12
4時間～5時間未満	1 044	73	965	4	2
5時間～6時間未満	417	28	384	2	3
6時間以上	263	15	242	2	4
不詳	65	11	50	2	2
男児					
平日の家庭学習の時間	5 467	1 016	4 357	61	33
しない	21	5	14	1	1
する	5 402	1 004	4 310	58	30
1時間未満	413	145	245	18	5
1時間～2時間未満	1 352	401	922	22	7
2時間～3時間未満	1 688	308	1 362	10	8
3時間～4時間未満	1 152	100	1 043	3	6
4時間～5時間未満	493	27	464	1	1
5時間～6時間未満	186	16	168	2	–
6時間以上	118	7	106	2	3
不詳	44	7	33	2	2
女児					
平日の家庭学習の時間	5 440	1 053	4 309	49	29
しない	16	8	7	1	–
する	5 403	1 041	4 285	48	29
1時間未満	312	128	175	9	–
1時間～2時間未満	1 159	357	780	16	6
2時間～3時間未満	1 679	321	1 333	13	12
3時間～4時間未満	1 326	169	1 144	7	6
4時間～5時間未満	551	46	501	3	1
5時間～6時間未満	231	12	216	–	3
6時間以上	145	8	136	–	1
不詳	21	4	17	–	–
1月生まれ					
休日の家庭学習の時間	10 907	2 069	8 666	110	62
しない	388	132	239	14	3
する	10 380	1 907	8 324	93	56
1時間未満	927	294	600	26	7
1時間～2時間未満	1 491	449	1 013	21	8
2時間～3時間未満	1 827	435	1 368	17	7
3時間～4時間未満	1 806	336	1 454	8	8
4時間～5時間未満	1 468	196	1 256	8	8
5時間～6時間未満	1 020	90	917	7	6
6時間以上	1 841	107	1 716	6	12
不詳	139	30	103	3	3
男児					
休日の家庭学習の時間	5 467	1 016	4 357	61	33
しない	233	73	146	11	3
する	5 143	925	4 143	48	27
1時間未満	523	169	333	16	5
1時間～2時間未満	813	236	564	9	4
2時間～3時間未満	957	209	735	11	2
3時間～4時間未満	909	146	757	3	3
4時間～5時間未満	670	89	573	4	4
5時間～6時間未満	463	35	423	2	3
6時間以上	808	41	758	3	6
不詳	91	18	68	2	3
女児					
休日の家庭学習の時間	5 440	1 053	4 309	49	29
しない	155	59	93	3	–
する	5 237	982	4 181	45	29
1時間未満	404	125	267	10	2
1時間～2時間未満	678	213	449	12	4
2時間～3時間未満	870	226	633	6	5
3時間～4時間未満	897	190	697	5	5
4時間～5時間未満	798	107	683	4	4
5時間～6時間未満	557	55	494	5	3
6時間以上	1 033	66	958	3	6
不詳	48	12	35	1	–

第15回調査（平成28年）

総数	学校の勉強の補助・補習のため	受験や進学のため	その他	不詳
構成割合（%）				
100.0	19.0	79.5	1.0	0.6
100.0	35.1	56.8	5.4	2.7
100.0	18.9	79.5	1.0	0.5
100.0	37.7	57.9	3.7	0.7
100.0	30.2	67.8	1.5	0.5
100.0	18.7	80.0	0.7	0.6
100.0	10.9	88.3	0.4	0.5
100.0	7.0	92.4	0.4	0.2
100.0	6.7	92.1	0.5	0.7
100.0	5.7	92.0	0.8	1.5
100.0	16.9	76.9	3.1	3.1
100.0	18.6	79.7	1.1	0.6
100.0	23.8	66.7	4.8	4.8
100.0	18.6	79.8	1.1	0.6
100.0	35.1	59.3	4.4	1.2
100.0	29.7	68.2	1.6	0.5
100.0	18.2	80.7	0.6	0.5
100.0	8.7	90.5	0.3	0.5
100.0	5.5	94.1	0.2	0.2
100.0	8.6	90.3	1.1	－
100.0	5.9	89.8	1.7	2.5
100.0	15.9	75.0	4.5	4.5
100.0	19.4	79.2	0.9	0.5
100.0	50.0	43.8	6.3	－
100.0	19.3	79.3	0.9	0.5
100.0	41.0	56.1	2.9	－
100.0	30.8	67.3	1.4	0.5
100.0	19.1	79.4	0.8	0.7
100.0	12.7	86.3	0.5	0.5
100.0	8.3	90.9	0.5	0.2
100.0	5.2	93.5	－	1.3
100.0	5.5	93.8	－	0.7
100.0	19.0	81.0	－	－
100.0	19.0	79.5	1.0	0.6
100.0	34.0	61.6	3.6	0.8
100.0	18.4	80.2	0.9	0.5
100.0	31.7	64.7	2.8	0.8
100.0	30.1	67.9	1.4	0.5
100.0	23.8	74.9	0.9	0.4
100.0	18.6	80.5	0.4	0.4
100.0	13.4	85.6	0.5	0.5
100.0	8.8	89.9	0.7	0.6
100.0	5.8	93.2	0.3	0.7
100.0	21.6	74.1	2.2	2.2
100.0	18.6	79.7	1.1	0.6
100.0	31.3	62.7	4.7	1.3
100.0	18.0	80.6	0.9	0.5
100.0	32.3	63.7	3.1	1.0
100.0	29.0	69.4	1.1	0.5
100.0	21.8	76.8	1.1	0.2
100.0	16.1	83.3	0.3	0.3
100.0	13.3	85.5	0.6	0.6
100.0	7.6	91.4	0.4	0.6
100.0	5.1	93.8	0.4	0.7
100.0	19.8	74.7	2.2	3.3
100.0	19.4	79.2	0.9	0.5
100.0	38.1	60.0	1.9	－
100.0	18.8	79.8	0.9	0.6
100.0	30.9	66.1	2.5	0.5
100.0	31.4	66.2	1.8	0.6
100.0	26.0	72.8	0.7	0.6
100.0	21.2	77.7	0.6	0.6
100.0	13.4	85.6	0.5	0.5
100.0	9.9	88.7	0.9	0.5
100.0	6.4	92.7	0.3	0.6
100.0	25.0	72.9	2.1	－

第88表　学習塾等を利用している子ども数・構成割合,

出生月、性、平日－休日の家庭学習の時間	総数	学校の勉強の補助・補習のため	受験や進学のため	その他	不詳
	実数（人）				
7月生まれ					
平日の家庭学習の時間	10 007	2 971	6 826	153	57
しない	49	24	22	3	－
する	9 894	2 927	6 765	146	56
1時間未満	1 265	526	683	51	5
1時間～2時間未満	3 731	1 347	2 312	54	18
2時間～3時間未満	3 261	778	2 428	32	23
3時間～4時間未満	1 235	216	1 005	7	7
4時間～5時間未満	258	42	215	－	1
5時間～6時間未満	68	11	56	－	1
6時間以上	76	7	66	2	1
不詳	64	20	39	4	1
男児					
平日の家庭学習の時間	5 102	1 487	3 512	72	31
しない	25	13	10	2	－
する	5 039	1 465	3 477	66	31
1時間未満	715	303	388	20	4
1時間～2時間未満	1 914	665	1 213	28	8
2時間～3時間未満	1 608	366	1 211	16	15
3時間～4時間未満	606	102	501	1	2
4時間～5時間未満	114	20	93	－	1
5時間～6時間未満	37	6	30	－	1
6時間以上	45	3	41	1	－
不詳	38	9	25	4	－
女児					
平日の家庭学習の時間	4 905	1 484	3 314	81	26
しない	24	11	12	1	－
する	4 855	1 462	3 288	80	25
1時間未満	550	223	295	31	1
1時間～2時間未満	1 817	682	1 099	26	10
2時間～3時間未満	1 653	412	1 217	16	8
3時間～4時間未満	629	114	504	6	5
4時間～5時間未満	144	22	122	－	－
5時間～6時間未満	31	5	26	－	－
6時間以上	31	4	25	1	1
不詳	26	11	14	－	1
7月生まれ					
休日の家庭学習の時間	10 007	2 971	6 826	153	57
しない	744	286	430	24	4
する	9 108	2 640	6 294	123	51
1時間未満	1 932	695	1 182	43	12
1時間～2時間未満	2 588	867	1 673	35	13
2時間～3時間未満	2 227	619	1 575	23	10
3時間～4時間未満	1 309	303	982	13	11
4時間～5時間未満	521	97	413	7	4
5時間～6時間未満	240	31	208	－	1
6時間以上	291	28	261	2	－
不詳	155	45	102	6	2
男児					
休日の家庭学習の時間	5 102	1 487	3 512	72	31
しない	445	168	261	13	3
する	4 559	1 292	3 186	54	27
1時間未満	1 050	379	648	16	7
1時間～2時間未満	1 294	427	842	18	7
2時間～3時間未満	1 099	284	798	11	6
3時間～4時間未満	626	131	483	6	6
4時間～5時間未満	241	45	192	3	1
5時間～6時間未満	106	14	92	－	－
6時間以上	143	12	131	－	－
不詳	98	27	65	5	1
女児					
休日の家庭学習の時間	4 905	1 484	3 314	81	26
しない	299	118	169	11	1
する	4 549	1 348	3 108	69	24
1時間未満	882	316	534	27	5
1時間～2時間未満	1 294	440	831	17	6
2時間～3時間未満	1 128	335	777	12	4
3時間～4時間未満	683	172	499	7	5
4時間～5時間未満	280	52	221	4	3
5時間～6時間未満	134	17	116	－	1
6時間以上	148	16	130	2	－
不詳	57	18	37	1	1

出生月、性、平日－休日の家庭学習の時間、学習塾等を利用する主な目的別（３－３）

第15回調査（平成28年）

総数	学校の勉強の補助・補習のため	受験や進学のため	その他	不詳
		構成割合（%）		
100.0	29.7	68.2	1.5	0.6
100.0	49.0	44.9	6.1	–
100.0	29.6	68.4	1.5	0.6
100.0	41.6	54.0	4.0	0.4
100.0	36.1	62.0	1.4	0.5
100.0	23.9	74.5	1.0	0.7
100.0	17.5	81.4	0.6	0.6
100.0	16.3	83.3	–	0.4
100.0	16.2	82.4	–	1.5
100.0	9.2	86.8	2.6	1.3
100.0	31.3	60.9	6.3	1.6
100.0	29.1	68.8	1.4	0.6
100.0	52.0	40.0	8.0	–
100.0	29.1	69.0	1.3	0.6
100.0	42.4	54.3	2.8	0.6
100.0	34.7	63.4	1.5	0.4
100.0	22.8	75.3	1.0	0.9
100.0	16.8	82.7	0.2	0.3
100.0	17.5	81.6	–	0.9
100.0	16.2	81.1	–	2.7
100.0	6.7	91.1	2.2	–
100.0	23.7	65.8	10.5	–
100.0	30.3	67.6	1.7	0.5
100.0	45.8	50.0	4.2	–
100.0	30.1	67.7	1.6	0.5
100.0	40.5	53.6	5.6	0.2
100.0	37.5	60.5	1.4	0.6
100.0	24.9	73.6	1.0	0.5
100.0	18.1	80.1	1.0	0.8
100.0	15.3	84.7	–	–
100.0	16.1	83.9	–	–
100.0	12.9	80.6	3.2	3.2
100.0	42.3	53.8	–	3.8
100.0	29.7	68.2	1.5	0.6
100.0	38.4	57.8	3.2	0.5
100.0	29.0	69.1	1.4	0.6
100.0	36.0	61.2	2.2	0.6
100.0	33.5	64.6	1.4	0.5
100.0	27.8	70.7	1.0	0.4
100.0	23.1	75.0	1.0	0.8
100.0	18.6	79.3	1.3	0.8
100.0	12.9	86.7	–	0.4
100.0	9.6	89.7	0.7	–
100.0	29.0	65.8	3.9	1.3
100.0	29.1	68.8	1.4	0.6
100.0	37.8	58.7	2.9	0.7
100.0	28.3	69.9	1.2	0.6
100.0	36.1	61.7	1.5	0.7
100.0	33.0	65.1	1.4	0.5
100.0	25.8	72.6	1.0	0.5
100.0	20.9	77.2	1.0	1.0
100.0	18.7	79.7	1.2	0.4
100.0	13.2	86.8	–	–
100.0	8.4	91.6	–	–
100.0	27.6	66.3	5.1	1.0
100.0	30.3	67.6	1.7	0.5
100.0	39.5	56.5	3.7	0.3
100.0	29.6	68.3	1.5	0.5
100.0	35.8	60.5	3.1	0.6
100.0	34.0	64.2	1.3	0.5
100.0	29.7	68.9	1.1	0.4
100.0	25.2	73.1	1.0	0.7
100.0	18.6	78.9	1.4	1.1
100.0	12.7	86.6	–	0.7
100.0	10.8	87.8	1.4	–
100.0	31.6	64.9	1.8	1.8

第89表　母と同居している子ども数・総数に対する割合，

母の年齢、母の学歴	総数	学習塾等の種類（複数回答） 学習塾	家庭教師	通信教育	学習塾等を利用していない
		実数（人）			
総数	28 067	18 043	1 177	2 643	5 641
中学校	959	457	55	56	276
高校	10 119	6 094	445	843	2 320
専修・専門学校・短大・高専	12 344	8 463	524	1 170	2 135
大学・大学院	4 479	2 923	147	557	878
その他・不詳	166	106	6	17	32
34歳以下	140	64	5	5	48
中学校	56	26	1	2	19
高校	78	35	3	2	27
専修・専門学校・短大・高専	3	1	1	1	1
大学・大学院	–	–	–	–	–
その他・不詳	3	2	–	–	1
35～39歳	2 356	1 327	97	184	617
中学校	198	87	5	15	59
高校	1 160	599	60	85	343
専修・専門学校・短大・高専	856	554	29	64	181
大学・大学院	124	74	2	16	33
その他・不詳	18	13	1	4	1
40～44歳	10 642	6 892	433	1 017	2 089
中学校	333	164	25	17	92
高校	3 837	2 354	163	325	857
専修・専門学校・短大・高専	4 819	3 307	194	461	823
大学・大学院	1 597	1 028	48	208	309
その他・不詳	56	39	3	6	8
45～49歳	10 856	7 179	448	1 019	2 070
中学校	255	124	17	15	76
高校	3 643	2 268	151	306	780
専修・専門学校・短大・高専	4 903	3 427	210	457	818
大学・大学院	1 994	1 323	68	236	381
その他・不詳	61	37	2	5	15
50歳以上	4 057	2 574	192	418	810
中学校	113	56	7	7	27
高校	1 392	833	66	125	310
専修・専門学校・短大・高専	1 762	1 174	90	187	311
大学・大学院	762	496	29	97	155
その他・不詳	28	15	–	2	7

注：１）第２回調査と第15回調査の回答を得た者を集計。
　　２）総数には母の年齢「不詳」を含む。
　　３）総数には「家や塾などで勉強しない者」及び「不詳」を含む。

第15回調査（平成28年）

不詳	総数	学習塾等の種類（複数回答） 学習塾	家庭教師	通信教育	学習塾等を利用していない	不詳
	総数に対する割合（%）					
1 894	100.0	64.3	4.2	9.4	20.1	6.7
141	100.0	47.7	5.7	5.8	28.8	14.7
804	100.0	60.2	4.4	8.3	22.9	7.9
696	100.0	68.6	4.2	9.5	17.3	5.6
239	100.0	65.3	3.3	12.4	19.6	5.3
14	100.0	63.9	3.6	10.2	19.3	8.4
21	100.0	45.7	3.6	3.6	34.3	15.0
10	100.0	46.4	1.8	3.6	33.9	17.9
11	100.0	44.9	3.8	2.6	34.6	14.1
−	100.0	33.3	33.3	33.3	33.3	−
−	−	−	−	−	−	−
−	100.0	66.7	−	−	33.3	−
208	100.0	56.3	4.1	7.8	26.2	8.8
36	100.0	43.9	2.5	7.6	29.8	18.2
109	100.0	51.6	5.2	7.3	29.6	9.4
56	100.0	64.7	3.4	7.5	21.1	6.5
6	100.0	59.7	1.6	12.9	26.6	4.8
1	100.0	72.2	5.6	22.2	5.6	5.6
694	100.0	64.8	4.1	9.6	19.6	6.5
43	100.0	49.2	7.5	5.1	27.6	12.9
285	100.0	61.4	4.2	8.5	22.3	7.4
269	100.0	68.6	4.0	9.6	17.1	5.6
93	100.0	64.4	3.0	13.0	19.3	5.8
4	100.0	69.6	5.4	10.7	14.3	7.1
676	100.0	66.1	4.1	9.4	19.1	6.2
32	100.0	48.6	6.7	5.9	29.8	12.5
274	100.0	62.3	4.1	8.4	21.4	7.5
264	100.0	69.9	4.3	9.3	16.7	5.4
101	100.0	66.3	3.4	11.8	19.1	5.1
5	100.0	60.7	3.3	8.2	24.6	8.2
294	100.0	63.4	4.7	10.3	20.0	7.2
19	100.0	49.6	6.2	6.2	23.9	16.8
125	100.0	59.8	4.7	9.0	22.3	9.0
107	100.0	66.6	5.1	10.6	17.7	6.1
39	100.0	65.1	3.8	12.7	20.3	5.1
4	100.0	53.6	−	7.1	25.0	14.3

第90表　学習塾等を利用している子ども数・構成割合,

出生月、市郡	学習 総数	1週間の日数 1日	2日	3日	4日	5日	6日	7日
								実
総数	18 366	2 163	5 536	5 572	2 671	1 228	844	340
21大都市	5 236	553	1 371	1 711	821	379	283	113
その他の市	11 775	1 406	3 703	3 494	1 674	770	516	205
郡部	1 330	199	456	361	175	77	41	21
外国	25	5	6	6	1	2	4	1
1月生まれ	9 683	934	2 536	2 702	1 659	872	686	289
21大都市	2 786	245	672	804	482	256	230	95
その他の市	6 171	588	1 655	1 712	1 062	558	419	174
郡部	712	97	206	184	115	57	34	19
外国	14	4	3	2	-	1	3	1
7月生まれ	8 683	1 229	3 000	2 870	1 012	356	158	51
21大都市	2 450	308	699	907	339	123	53	18
その他の市	5 604	818	2 048	1 782	612	212	97	31
郡部	618	102	250	177	60	20	7	2
外国	11	1	3	4	1	1	1	-
								構成
総数	100.0	11.8	30.1	30.3	14.5	6.7	4.6	1.9
21大都市	100.0	10.6	26.2	32.7	15.7	7.2	5.4	2.2
その他の市	100.0	11.9	31.4	29.7	14.2	6.5	4.4	1.7
郡部	100.0	15.0	34.3	27.1	13.2	5.8	3.1	1.6
外国	100.0	20.0	24.0	24.0	4.0	8.0	16.0	4.0
1月生まれ	100.0	9.6	26.2	27.9	17.1	9.0	7.1	3.0
21大都市	100.0	8.8	24.1	28.9	17.3	9.2	8.3	3.4
その他の市	100.0	9.5	26.8	27.7	17.2	9.0	6.8	2.8
郡部	100.0	13.6	28.9	25.8	16.2	8.0	4.8	2.7
外国	100.0	28.6	21.4	14.3	-	7.1	21.4	7.1
7月生まれ	100.0	14.2	34.6	33.1	11.7	4.1	1.8	0.6
21大都市	100.0	12.6	28.5	37.0	13.8	5.0	2.2	0.7
その他の市	100.0	14.6	36.5	31.8	10.9	3.8	1.7	0.6
郡部	100.0	16.5	40.5	28.6	9.7	3.2	1.1	0.3
外国	100.0	9.1	27.3	36.4	9.1	9.1	9.1	-

出生月、市郡、１週間の学習塾等の日数別

第15回調査（平成28年）

	家庭教師								
		１週間の日数							
不詳	総数	1日	2日	3日	4日	5日	6日	7日	不詳
数（人）									
12	1 217	777	330	72	9	9	3	13	4
5	320	197	91	23	2	2	−	5	−
7	780	498	216	45	5	4	2	6	4
−	103	72	20	3	2	3	1	2	−
−	14	10	3	1	−	−	−	−	−
5	700	401	224	50	7	6	2	8	2
2	195	110	61	19	−	2	−	3	−
3	440	249	148	30	5	2	1	3	2
−	62	40	14	1	2	2	1	2	−
−	3	2	1	−	−	−	−	−	−
7	517	376	106	22	2	3	1	5	2
3	125	87	30	4	2	−	−	2	−
4	340	249	68	15	−	2	1	3	2
−	41	32	6	2	−	1	−	−	−
−	11	8	2	1	−	−	−	−	−
割合（%）									
0.1	100.0	63.8	27.1	5.9	0.7	0.7	0.2	1.1	0.3
0.1	100.0	61.6	28.4	7.2	0.6	0.6	−	1.6	−
0.1	100.0	63.8	27.7	5.8	0.6	0.5	0.3	0.8	0.5
−	100.0	69.9	19.4	2.9	1.9	2.9	1.0	1.9	−
−	100.0	71.4	21.4	7.1	−	−	−	−	−
0.1	100.0	57.3	32.0	7.1	1.0	0.9	0.3	1.1	0.3
0.1	100.0	56.4	31.3	9.7	−	1.0	−	1.5	−
0.0	100.0	56.6	33.6	6.8	1.1	0.5	0.2	0.7	0.5
−	100.0	64.5	22.6	1.6	3.2	3.2	1.6	3.2	−
−	100.0	66.7	33.3	−	−	−	−	−	−
0.1	100.0	72.7	20.5	4.3	0.4	0.6	0.2	1.0	0.4
0.1	100.0	69.6	24.0	3.2	1.6	−	−	1.6	−
0.1	100.0	73.2	20.0	4.4	−	0.6	0.3	0.9	0.6
−	100.0	78.0	14.6	4.9	−	2.4	−	−	−
−	100.0	72.7	18.2	9.1	−	−	−	−	−

第91表　学習塾等を利用している子ども数・構成割合,

性、地域ブロック	学習塾 総数	1週間の日数 1日	2日	3日	4日	5日	6日	7日
								実
総数	18 366	2 163	5 536	5 572	2 671	1 228	844	340
北海道	506	74	176	182	37	15	18	4
東北	1 026	192	394	236	94	50	36	23
関東1	5 492	597	1 397	1 720	973	381	301	120
関東2	1 419	213	456	412	178	91	51	18
北陸	691	138	285	167	35	34	23	9
東海	2 496	265	927	820	262	133	58	29
近畿1	2 677	248	819	818	411	202	126	50
近畿2	673	49	167	172	141	80	43	21
中国	1 039	170	397	277	109	41	32	12
四国	520	68	186	149	65	24	21	7
北九州	1 138	98	241	367	239	107	68	17
南九州	664	46	85	246	126	68	63	29
外国	25	5	6	6	1	2	4	1
男児	9 430	1 032	2 773	2 875	1 409	679	483	177
北海道	226	32	65	91	17	10	9	2
東北	531	96	205	124	47	29	21	9
関東1	2 812	293	697	861	520	204	176	61
関東2	723	104	232	202	95	46	32	12
北陸	353	69	147	83	15	19	15	5
東海	1 308	122	458	446	153	78	34	17
近畿1	1 388	110	424	446	204	112	67	24
近畿2	365	22	81	95	79	53	27	8
中国	525	78	210	134	58	18	19	8
四国	250	29	85	72	35	13	11	5
北九州	585	53	122	188	116	61	32	12
南九州	353	23	44	130	70	34	39	13
外国	11	1	3	3	−	2	1	1
女児	8 936	1 131	2 763	2 697	1 262	549	361	163
北海道	280	42	111	91	20	5	9	2
東北	495	96	189	112	47	21	15	14
関東1	2 680	304	700	859	453	177	125	59
関東2	696	109	224	210	83	45	19	6
北陸	338	69	138	84	20	15	8	4
東海	1 188	143	469	374	109	55	24	12
近畿1	1 289	138	395	372	207	90	59	26
近畿2	308	27	86	77	62	27	16	13
中国	514	92	187	143	51	23	13	4
四国	270	39	101	77	30	11	10	2
北九州	553	45	119	179	123	46	36	5
南九州	311	23	41	116	56	34	24	16
外国	14	4	3	3	1	−	3	−
								構　成
総数	100.0	11.8	30.1	30.3	14.5	6.7	4.6	1.9
北海道	100.0	14.6	34.8	36.0	7.3	3.0	3.6	0.8
東北	100.0	18.7	38.4	23.0	9.2	4.9	3.5	2.2
関東1	100.0	10.9	25.4	31.3	17.7	6.9	5.5	2.2
関東2	100.0	15.0	32.1	29.0	12.5	6.4	3.6	1.3
北陸	100.0	20.0	41.2	24.2	5.1	4.9	3.3	1.3
東海	100.0	10.6	37.1	32.9	10.5	5.3	2.3	1.2
近畿1	100.0	9.3	30.6	30.6	15.4	7.5	4.7	1.9
近畿2	100.0	7.3	24.8	25.6	21.0	11.9	6.4	3.1
中国	100.0	16.4	38.2	26.7	10.5	3.9	3.1	1.2
四国	100.0	13.1	35.8	28.7	12.5	4.6	4.0	1.3
北九州	100.0	8.6	21.2	32.2	21.0	9.4	6.0	1.5
南九州	100.0	6.9	12.8	37.0	19.0	10.2	9.5	4.4
外国	100.0	20.0	24.0	24.0	4.0	8.0	16.0	4.0
男児	100.0	10.9	29.4	30.5	14.9	7.2	5.1	1.9
北海道	100.0	14.2	28.8	40.3	7.5	4.4	4.0	0.9
東北	100.0	18.1	38.6	23.4	8.9	5.5	4.0	1.7
関東1	100.0	10.4	24.8	30.6	18.5	7.3	6.3	2.2
関東2	100.0	14.4	32.1	27.9	13.1	6.4	4.4	1.7
北陸	100.0	19.5	41.6	23.5	4.2	5.4	4.2	1.4
東海	100.0	9.3	35.0	34.1	11.7	6.0	2.6	1.3
近畿1	100.0	7.9	30.5	32.1	14.7	8.1	4.8	1.7
近畿2	100.0	6.0	22.2	26.0	21.6	14.5	7.4	2.2
中国	100.0	14.9	40.0	25.5	11.0	3.4	3.6	1.5
四国	100.0	11.6	34.0	28.8	14.0	5.2	4.4	2.0
北九州	100.0	9.1	20.9	32.1	19.8	10.4	5.5	2.1
南九州	100.0	6.5	12.5	36.8	19.8	9.6	11.0	3.7
外国	100.0	9.1	27.3	27.3	−	18.2	9.1	9.1
女児	100.0	12.7	30.9	30.2	14.1	6.1	4.0	1.8
北海道	100.0	15.0	39.6	32.5	7.1	1.8	3.2	0.7
東北	100.0	19.4	38.2	22.6	9.5	4.2	3.0	2.8
関東1	100.0	11.3	26.1	32.1	16.9	6.6	4.7	2.2
関東2	100.0	15.7	32.2	30.2	11.9	6.5	2.7	0.9
北陸	100.0	20.4	40.8	24.9	5.9	4.4	2.4	1.2
東海	100.0	12.0	39.5	31.5	9.2	4.6	2.0	1.0
近畿1	100.0	10.7	30.6	28.9	16.1	7.0	4.6	2.0
近畿2	100.0	8.8	27.9	25.0	20.1	8.8	5.2	4.2
中国	100.0	17.9	36.4	27.8	9.9	4.5	2.5	0.8
四国	100.0	14.4	37.4	28.5	11.1	4.1	3.7	0.7
北九州	100.0	8.1	21.5	32.4	22.2	8.3	6.5	0.9
南九州	100.0	7.4	13.2	37.3	18.0	10.9	7.7	5.1
外国	100.0	28.6	21.4	21.4	7.1	−	21.4	−

第15回調査（平成28年）

	家庭教師								
	総数	１週間の日数							
不詳		1日	2日	3日	4日	5日	6日	7日	不詳
数（人）									
12	1 217	777	330	72	9	9	3	13	4
-	69	39	20	6	1	2	-	1	-
1	88	57	23	6	-	-	-	1	1
3	246	156	65	14	4	3	-	4	-
-	121	72	35	10	-	1	-	1	2
-	89	69	17	2	-	-	-	1	-
2	165	116	38	8	1	-	1	1	-
3	151	88	45	14	1	1	1	1	-
-	35	19	13	-	1	1	-	1	-
1	70	46	19	4	-	-	-	1	-
-	50	38	11	-	-	-	-	1	-
1	81	50	25	5	-	1	-	-	-
1	38	17	16	2	1	-	1	-	1
-	14	10	3	1	-	-	-	-	-
2	633	388	185	36	6	8	1	7	2
-	31	17	9	3	-	2	-	-	-
-	45	28	14	3	-	-	-	-	-
-	137	78	44	6	3	3	-	3	-
-	53	32	13	5	-	1	-	1	1
-	48	36	11	-	-	-	-	1	-
-	82	57	22	2	1	-	-	-	-
1	83	45	25	11	1	-	-	1	-
-	22	13	7	-	1	1	-	-	-
-	30	21	6	2	-	-	-	1	-
-	20	14	6	-	-	-	-	-	-
1	52	30	19	2	-	1	-	-	-
-	22	12	7	1	-	-	1	-	1
-	8	5	2	1	-	-	-	-	-
10	584	389	145	36	3	1	2	6	2
-	38	22	11	3	1	-	-	1	-
1	43	29	9	3	-	-	-	1	1
3	109	78	21	8	1	-	-	1	-
-	68	40	22	5	-	-	-	-	1
-	41	33	6	2	-	-	-	-	-
2	83	59	16	6	-	-	1	1	-
2	68	43	20	3	-	1	1	-	-
-	13	6	6	-	-	-	-	1	-
1	40	25	13	2	-	-	-	-	-
-	30	24	5	-	-	-	-	1	-
-	29	20	6	3	-	-	-	-	-
1	16	5	9	1	1	-	-	-	-
-	6	5	1	-	-	-	-	-	-
割合（%）									
0.1	100.0	63.8	27.1	5.9	0.7	0.7	0.2	1.1	0.3
-	100.0	56.5	29.0	8.7	1.4	2.9	-	1.4	-
0.1	100.0	64.8	26.1	6.8	-	-	-	1.1	1.1
0.1	100.0	63.4	26.4	5.7	1.6	1.2	-	1.6	-
-	100.0	59.5	28.9	8.3	-	0.8	-	0.8	1.7
-	100.0	77.5	19.1	2.2	-	-	-	1.1	-
0.1	100.0	70.3	23.0	4.8	0.6	-	0.6	0.6	-
0.1	100.0	58.3	29.8	9.3	0.7	0.7	0.7	0.7	-
-	100.0	54.3	37.1	-	2.9	2.9	-	2.9	-
0.1	100.0	65.7	27.1	5.7	-	-	-	1.4	-
-	100.0	76.0	22.0	-	-	-	-	2.0	-
0.1	100.0	61.7	30.9	6.2	-	1.2	-	-	-
0.2	100.0	44.7	42.1	5.3	2.6	-	2.6	-	2.6
-	100.0	71.4	21.4	7.1	-	-	-	-	-
0.0	100.0	61.3	29.2	5.7	0.9	1.3	0.2	1.1	0.3
-	100.0	54.8	29.0	9.7	-	6.5	-	-	-
-	100.0	62.2	31.1	6.7	-	-	-	-	-
-	100.0	56.9	32.1	4.4	2.2	2.2	-	2.2	-
-	100.0	60.4	24.5	9.4	-	1.9	-	1.9	1.9
-	100.0	75.0	22.9	-	-	-	-	2.1	-
-	100.0	69.5	26.8	2.4	1.2	-	-	-	-
0.1	100.0	54.2	30.1	13.3	1.2	-	-	1.2	-
-	100.0	59.1	31.8	-	4.5	4.5	-	-	-
-	100.0	70.0	20.0	6.7	-	-	-	3.3	-
-	100.0	70.0	30.0	-	-	-	-	-	-
0.2	100.0	57.7	36.5	3.8	-	1.9	-	-	-
-	100.0	54.5	31.8	4.5	-	-	4.5	-	4.5
-	100.0	62.5	25.0	12.5	-	-	-	-	-
0.1	100.0	66.6	24.8	6.2	0.5	0.2	0.3	1.0	0.3
-	100.0	57.9	28.9	7.9	2.6	-	-	2.6	-
0.2	100.0	67.4	20.9	7.0	-	-	-	2.3	2.3
0.1	100.0	71.6	19.3	7.3	0.9	-	-	0.9	-
-	100.0	58.8	32.4	7.4	-	-	-	-	1.5
-	100.0	80.5	14.6	4.9	-	-	-	-	-
0.2	100.0	71.1	19.3	7.2	-	-	1.2	1.2	-
0.2	100.0	63.2	29.4	4.4	-	1.5	1.5	-	-
-	100.0	46.2	46.2	-	-	-	-	7.7	-
0.2	100.0	62.5	32.5	5.0	-	-	-	-	-
-	100.0	80.0	16.7	-	-	-	-	3.3	-
-	100.0	69.0	20.7	10.3	-	-	-	-	-
0.3	100.0	31.3	56.3	6.3	6.3	-	-	-	-
-	100.0	83.3	16.7	-	-	-	-	-	-

第92表　学習塾等を利用している子ども数・構成割合,

実　数（人）

出生月、性、平日－休日の家庭学習の時間	総数	学習塾　1週間の日数　1日	2日	3日	4日	5日	6日	7日
総数								
平日の家庭学習の時間	18 366	2 163	5 536	5 572	2 671	1 228	844	340
しない	61	30	19	8	2	2	-	-
する	18 189	2 105	5 490	5 537	2 654	1 218	835	339
1時間未満	1 386	459	591	237	68	18	7	4
1時間～2時間未満	5 217	921	2 202	1 419	426	168	63	15
2時間～3時間未満	6 068	501	1 773	2 154	999	403	183	52
3時間～4時間未満	3 493	173	667	1 232	734	339	250	97
4時間～5時間未満	1 238	37	171	320	275	181	180	72
5時間～6時間未満	460	6	63	104	88	58	86	55
6時間以上	327	8	23	71	64	51	66	44
不詳	116	28	27	27	15	8	9	1
男児								
平日の家庭学習の時間	9 430	1 032	2 773	2 875	1 409	679	483	177
しない	32	14	11	5	1	1	-	-
する	9 325	998	2 745	2 856	1 399	674	476	176
1時間未満	835	264	353	153	47	12	3	3
1時間～2時間未満	2 808	423	1 179	793	252	107	45	8
2時間～3時間未満	3 062	212	833	1 112	542	220	112	31
3時間～4時間未満	1 674	78	269	579	360	197	144	47
4時間～5時間未満	576	18	69	134	136	89	90	40
5時間～6時間未満	213	1	26	52	38	26	46	24
6時間以上	157	2	16	33	24	23	36	23
不詳	73	20	17	14	9	4	7	1
女児								
平日の家庭学習の時間	8 936	1 131	2 763	2 697	1 262	549	361	163
しない	29	16	8	3	1	1	-	-
する	8 864	1 107	2 745	2 681	1 255	544	359	163
1時間未満	551	195	238	84	21	6	4	1
1時間～2時間未満	2 409	498	1 023	626	174	61	18	7
2時間～3時間未満	3 006	289	940	1 042	457	183	71	21
3時間～4時間未満	1 819	95	398	653	374	142	106	50
4時間～5時間未満	662	19	102	186	139	92	90	32
5時間～6時間未満	247	5	37	52	50	32	40	31
6時間以上	170	6	7	38	40	28	30	21
不詳	43	8	10	13	6	4	2	-
総数								
休日の家庭学習の時間	18 366	2 163	5 536	5 572	2 671	1 228	844	340
しない	1 035	145	476	295	84	28	6	-
する	17 061	1 975	4 982	5 205	2 552	1 178	821	338
1時間未満	2 385	387	996	667	210	97	24	2
1時間～2時間未満	3 497	517	1 345	1 029	395	147	50	11
2時間～3時間未満	3 514	477	1 040	1 231	465	180	96	24
3時間～4時間未満	2 749	263	701	954	454	218	128	30
4時間～5時間未満	1 791	146	412	553	368	155	120	35
5時間～6時間未満	1 153	84	225	307	255	133	108	41
6時間以上	1 972	101	263	464	405	248	295	195
不詳	270	43	78	72	35	22	17	2
男児								
休日の家庭学習の時間	9 430	1 032	2 773	2 875	1 409	679	483	177
しない	624	86	276	194	52	13	3	-
する	8 631	917	2 450	2 636	1 332	651	469	175
1時間未満	1 332	204	551	378	117	64	16	2
1時間～2時間未満	1 841	233	697	552	227	92	31	8
2時間～3時間未満	1 823	225	520	624	268	106	63	17
3時間～4時間未満	1 388	120	314	494	235	125	84	16
4時間～5時間未満	836	55	173	245	197	78	68	20
5時間～6時間未満	523	41	84	137	119	64	58	20
6時間以上	888	39	111	206	169	122	149	92
不詳	175	29	47	45	25	15	11	2
女児								
休日の家庭学習の時間	8 936	1 131	2 763	2 697	1 262	549	361	163
しない	411	59	200	101	32	15	3	-
する	8 430	1 058	2 532	2 569	1 220	527	352	163
1時間未満	1 053	183	445	289	93	33	8	-
1時間～2時間未満	1 656	284	648	477	168	55	19	3
2時間～3時間未満	1 691	252	520	607	197	74	33	7
3時間～4時間未満	1 361	143	387	460	219	93	44	14
4時間～5時間未満	955	91	239	308	171	77	52	15
5時間～6時間未満	630	43	141	170	136	69	50	21
6時間以上	1 084	62	152	258	236	126	146	103
不詳	95	14	31	27	10	7	6	-

出生月、性、平日－休日の家庭学習の時間、１週間の学習塾等の日数別（６－１）

第15回調査（平成28年）

	家庭教師								
	総数	1週間の日数							
不詳		1日	2日	3日	4日	5日	6日	7日	不詳
12	1 217	777	330	72	9	9	3	13	4
-	10	7	3	-	-	-	-	-	-
11	1 193	760	325	71	9	9	3	13	3
2	206	147	39	16	1	2	-	1	-
3	470	311	127	25	2	2	-	3	-
3	315	200	89	15	3	1	1	4	2
1	138	70	45	13	1	3	2	4	-
2	42	19	20	-	2	-	-	1	-
-	13	8	2	1	-	1	-	-	1
-	9	5	3	1	-	-	-	-	-
1	14	10	2	1	-	-	-	-	1
2	633	388	185	36	6	8	1	7	2
-	8	6	2	-	-	-	-	-	-
1	613	374	181	35	6	8	1	7	1
-	121	82	26	11	-	1	-	1	-
1	231	148	67	12	1	2	-	1	-
-	154	88	52	8	2	1	1	2	-
-	64	33	22	3	1	3	-	2	-
-	29	14	12	-	2	-	-	1	-
-	8	5	-	1	-	1	-	-	1
-	6	4	2	-	-	-	-	-	-
1	12	8	2	1	-	-	-	-	1
10	584	389	145	36	3	1	2	6	2
-	2	1	1	-	-	-	-	-	-
10	580	386	144	36	3	1	2	6	2
2	85	65	13	5	1	1	-	-	-
2	239	163	60	13	1	-	-	2	-
3	161	112	37	7	1	-	-	2	2
1	74	37	23	10	-	-	2	2	-
2	13	5	8	-	-	-	-	-	-
-	5	3	2	-	-	-	-	-	-
-	3	1	1	1	-	-	-	-	-
-	2	2	-	-	-	-	-	-	-
12	1 217	777	330	72	9	9	3	13	4
1	64	45	15	2	1	1	-	-	-
10	1 128	715	310	69	8	7	3	13	3
2	222	148	56	14	1	1	-	2	-
3	266	176	65	20	1	2	1	1	-
1	232	154	63	9	2	1	-	3	-
1	167	101	46	12	1	2	-	3	2
2	112	60	39	9	1	-	1	2	-
-	53	33	19	1	-	-	-	-	-
1	76	43	22	4	2	1	1	2	1
1	25	17	5	1	-	1	-	-	1
2	633	388	185	36	6	8	1	7	2
-	35	26	8	-	-	1	-	-	-
1	582	351	175	35	6	6	1	7	1
-	124	83	32	7	1	-	-	1	-
1	138	82	38	14	1	2	-	1	-
-	125	80	36	5	1	1	-	2	-
-	72	44	21	4	-	2	-	1	-
-	49	21	23	2	1	-	1	1	-
-	29	16	12	1	-	-	-	-	-
-	45	25	13	2	2	1	-	1	1
1	16	11	2	1	-	1	-	-	1
10	584	389	145	36	3	1	2	6	2
1	29	19	7	2	1	-	-	-	-
9	546	364	135	34	2	1	2	6	2
2	98	65	24	7	-	1	-	1	-
2	128	94	27	6	-	-	1	-	-
1	107	74	27	4	1	-	-	1	-
1	95	57	25	8	1	-	-	2	2
2	63	39	16	7	-	-	-	1	-
-	24	17	7	-	-	-	-	-	-
1	31	18	9	2	-	-	1	1	-
-	9	6	3	-	-	-	-	-	-

第92表　学習塾等を利用している子ども数・構成割合,

実　数（人）

出生月、性、平日－休日の家庭学習の時間	学習塾							
	総数	1週間の日数						
		1日	2日	3日	4日	5日	6日	7日
1月生まれ								
平日の家庭学習の時間	9 683	934	2 536	2 702	1 659	872	686	289
しない	29	11	9	5	2	2	-	-
する	9 592	912	2 510	2 682	1 650	866	679	288
1時間未満	521	170	218	87	32	7	3	2
1時間～2時間未満	2 093	333	836	567	201	102	44	9
2時間～3時間未満	3 026	253	842	945	558	258	131	39
3時間～4時間未満	2 309	113	431	710	505	258	210	81
4時間～5時間未満	991	31	117	236	230	150	160	66
5時間～6時間未満	395	5	48	89	72	50	78	53
6時間以上	257	7	18	48	52	41	53	38
不詳	62	11	17	15	7	4	7	1
男児								
平日の家庭学習の時間	4 923	445	1 241	1 376	855	479	380	147
しない	16	5	6	3	1	1	-	-
する	4 866	431	1 225	1 363	850	476	375	146
1時間未満	314	99	132	55	21	5	1	1
1時間～2時間未満	1 158	160	452	325	119	64	32	6
2時間～3時間未満	1 540	109	392	487	304	145	80	23
3時間～4時間未満	1 092	46	169	328	243	152	116	38
4時間～5時間未満	469	14	48	104	115	71	81	36
5時間～6時間未満	177	1	20	41	30	22	40	23
6時間以上	116	2	12	23	18	17	25	19
不詳	41	9	10	10	4	2	5	1
女児								
平日の家庭学習の時間	4 760	489	1 295	1 326	804	393	306	142
しない	13	6	3	2	1	1	-	-
する	4 726	481	1 285	1 319	800	390	304	142
1時間未満	207	71	86	32	11	2	2	1
1時間～2時間未満	935	173	384	242	82	38	12	3
2時間～3時間未満	1 486	144	450	458	254	113	51	16
3時間～4時間未満	1 217	67	262	382	262	106	94	43
4時間～5時間未満	522	17	69	132	115	79	79	30
5時間～6時間未満	218	4	28	48	42	28	38	30
6時間以上	141	5	6	25	34	24	28	19
不詳	21	2	7	5	3	2	2	-
1月生まれ								
休日の家庭学習の時間	9 683	934	2 536	2 702	1 659	872	686	289
しない	352	52	146	99	36	15	3	-
する	9 202	866	2 353	2 571	1 606	846	669	287
1時間未満	778	133	306	209	66	50	13	-
1時間～2時間未満	1 284	171	486	333	176	77	33	8
2時間～3時間未満	1 586	196	468	506	226	108	67	15
3時間～4時間未満	1 594	139	394	511	285	148	95	21
4時間～5時間未満	1 307	89	302	385	283	120	98	29
5時間～6時間未満	941	62	177	240	212	120	93	37
6時間以上	1 712	76	220	387	358	223	270	177
不詳	129	16	37	32	17	11	14	2
男児								
休日の家庭学習の時間	4 923	445	1 241	1 376	855	479	380	147
しない	211	32	85	65	22	6	1	-
する	4 627	403	1 133	1 289	821	466	370	145
1時間未満	444	74	170	122	36	33	9	-
1時間～2時間未満	715	79	264	192	101	52	21	6
2時間～3時間未満	844	89	238	265	130	65	46	11
3時間～4時間未満	822	67	182	268	151	84	59	11
4時間～5時間未満	611	37	122	170	148	63	55	16
5時間～6時間未満	431	28	64	108	106	58	49	18
6時間以上	760	29	93	164	149	111	131	83
不詳	85	10	23	22	12	7	9	2
女児								
休日の家庭学習の時間	4 760	489	1 295	1 326	804	393	306	142
しない	141	20	61	34	14	9	2	-
する	4 575	463	1 220	1 282	785	380	299	142
1時間未満	334	59	136	87	30	17	4	-
1時間～2時間未満	569	92	222	141	75	25	12	2
2時間～3時間未満	742	107	230	241	96	43	21	4
3時間～4時間未満	772	72	212	243	134	64	36	10
4時間～5時間未満	696	52	180	215	135	57	43	13
5時間～6時間未満	510	34	113	132	106	62	44	19
6時間以上	952	47	127	223	209	112	139	94
不詳	44	6	14	10	5	4	5	-

出生月、性、平日－休日の家庭学習の時間、１週間の学習塾等の日数別（６－２）

第15回調査（平成28年）

	家庭教師								
		１週間の日数							
不詳	総数	1日	2日	3日	4日	5日	6日	7日	不詳
5	700	401	224	50	7	6	2	8	2
-	5	3	2	-	-	-	-	-	-
5	690	397	220	49	7	6	2	8	1
2	89	57	22	9	-	1	-	-	-
1	241	141	80	15	2	1	-	2	-
-	211	123	69	13	2	1	1	2	-
1	99	50	32	10	1	2	1	3	-
1	35	17	15	-	2	-	-	1	-
-	10	6	1	1	-	1	-	-	1
-	5	3	1	1	-	-	-	-	-
-	5	1	2	1	-	-	-	-	1
-	370	199	130	24	5	5	1	4	2
-	3	2	1	-	-	-	-	-	-
-	362	196	127	23	5	5	1	4	1
-	48	28	15	5	-	-	-	-	-
-	126	67	49	7	1	1	-	1	-
-	110	58	40	8	1	1	1	1	-
-	44	24	14	2	1	2	-	1	-
-	24	13	8	-	2	-	-	1	-
-	7	4	-	1	-	1	-	-	1
-	3	2	1	-	-	-	-	-	-
-	5	1	2	1	-	-	-	-	1
5	330	202	94	26	2	1	1	4	-
-	2	1	1	-	-	-	-	-	-
5	328	201	93	26	2	1	1	4	-
2	41	29	7	4	-	1	-	-	-
1	115	74	31	8	1	-	-	1	-
-	101	65	29	5	1	-	-	1	-
1	55	26	18	8	-	-	1	2	-
1	11	4	7	-	-	-	-	-	-
-	3	2	1	-	-	-	-	-	-
-	2	1	-	1	-	-	-	-	-
-	-	-	-	-	-	-	-	-	-
5	700	401	224	50	7	6	2	8	2
1	25	12	10	2	1	-	-	-	-
4	663	384	210	47	6	5	2	8	1
1	93	56	27	9	-	1	-	-	-
-	116	65	39	9	1	1	-	1	-
-	141	87	46	6	1	-	-	1	-
1	113	67	31	9	1	2	-	3	-
1	95	48	35	9	1	-	1	1	-
-	37	23	13	1	-	-	-	-	-
1	68	38	19	4	2	1	1	2	1
-	12	5	4	1	-	1	-	-	1
-	370	199	130	24	5	5	1	4	2
-	13	7	6	-	-	-	-	-	-
-	348	188	122	23	5	4	1	4	1
-	55	34	17	4	-	-	-	-	-
-	59	26	24	6	1	1	-	1	-
-	82	47	29	4	1	-	-	1	-
-	51	29	15	4	-	2	-	1	-
-	40	17	19	2	1	-	1	-	-
-	22	13	8	1	-	-	-	-	-
-	39	22	10	2	2	1	-	1	1
-	9	4	2	1	-	1	-	-	1
5	330	202	94	26	2	1	1	4	-
1	12	5	4	2	1	-	-	-	-
4	315	196	88	24	1	1	1	4	-
1	38	22	10	5	-	1	-	-	-
-	57	39	15	3	-	-	-	-	-
-	59	40	17	2	-	-	-	-	-
1	62	38	16	5	1	-	-	2	-
1	55	31	16	7	-	-	-	1	-
-	15	10	5	-	-	-	-	-	-
1	29	16	9	2	-	-	1	1	-
-	3	1	2	-	-	-	-	-	-

第92表　学習塾等を利用している子ども数・構成割合,

実　数（人）

出生月、性、平日－休日の家庭学習の時間	学習塾 総数	1週間の日数 1日	2日	3日	4日	5日	6日	7日
7月生まれ								
平日の家庭学習の時間	8 683	1 229	3 000	2 870	1 012	356	158	51
しない	32	19	10	3	-	-	-	-
する	8 597	1 193	2 980	2 855	1 004	352	156	51
1時間未満	865	289	373	150	36	11	4	2
1時間～2時間未満	3 124	588	1 366	852	225	66	19	6
2時間～3時間未満	3 042	248	931	1 209	441	145	52	13
3時間～4時間未満	1 184	60	236	522	229	81	40	16
4時間～5時間未満	247	6	54	84	45	31	20	6
5時間～6時間未満	65	1	15	15	16	8	8	2
6時間以上	70	1	5	23	12	10	13	6
不詳	54	17	10	12	8	4	2	-
男児								
平日の家庭学習の時間	4 507	587	1 532	1 499	554	200	103	30
しない	16	9	5	2	-	-	-	-
する	4 459	567	1 520	1 493	549	198	101	30
1時間未満	521	165	221	98	26	7	2	2
1時間～2時間未満	1 650	263	727	468	133	43	13	2
2時間～3時間未満	1 522	103	441	625	238	75	32	8
3時間～4時間未満	582	32	100	251	117	45	28	9
4時間～5時間未満	107	4	21	30	21	18	9	4
5時間～6時間未満	36	-	6	11	8	4	6	1
6時間以上	41	-	4	10	6	6	11	4
不詳	32	11	7	4	5	2	2	-
女児								
平日の家庭学習の時間	4 176	642	1 468	1 371	458	156	55	21
しない	16	10	5	1	-	-	-	-
する	4 138	626	1 460	1 362	455	154	55	21
1時間未満	344	124	152	52	10	4	2	-
1時間～2時間未満	1 474	325	639	384	92	23	6	4
2時間～3時間未満	1 520	145	490	584	203	70	20	5
3時間～4時間未満	602	28	136	271	112	36	12	7
4時間～5時間未満	140	2	33	54	24	13	11	2
5時間～6時間未満	29	1	9	4	8	4	2	1
6時間以上	29	1	1	13	6	4	2	2
不詳	22	6	3	8	3	2	-	-
7月生まれ								
休日の家庭学習の時間	8 683	1 229	3 000	2 870	1 012	356	158	51
しない	683	93	330	196	48	13	3	-
する	7 859	1 109	2 629	2 634	946	332	152	51
1時間未満	1 607	254	690	458	144	47	11	2
1時間～2時間未満	2 213	346	859	696	219	70	17	3
2時間～3時間未満	1 928	281	572	725	239	72	29	9
3時間～4時間未満	1 155	124	307	443	169	70	33	9
4時間～5時間未満	484	57	110	168	85	35	22	6
5時間～6時間未満	212	22	48	67	43	13	15	4
6時間以上	260	25	43	77	47	25	25	18
不詳	141	27	41	40	18	11	3	-
男児								
休日の家庭学習の時間	4 507	587	1 532	1 499	554	200	103	30
しない	413	54	191	129	30	7	2	-
する	4 004	514	1 317	1 347	511	185	99	30
1時間未満	888	130	381	256	81	31	7	2
1時間～2時間未満	1 126	154	433	360	126	40	10	2
2時間～3時間未満	979	136	282	359	138	41	17	6
3時間～4時間未満	566	53	132	226	84	41	25	5
4時間～5時間未満	225	18	51	75	49	15	13	4
5時間～6時間未満	92	13	20	29	13	6	9	2
6時間以上	128	10	18	42	20	11	18	9
不詳	90	19	24	23	13	8	2	-
女児								
休日の家庭学習の時間	4 176	642	1 468	1 371	458	156	55	21
しない	270	39	139	67	18	6	1	-
する	3 855	595	1 312	1 287	435	147	53	21
1時間未満	719	124	309	202	63	16	4	-
1時間～2時間未満	1 087	192	426	336	93	30	7	1
2時間～3時間未満	949	145	290	366	101	31	12	3
3時間～4時間未満	589	71	175	217	85	29	8	4
4時間～5時間未満	259	39	59	93	36	20	9	2
5時間～6時間未満	120	9	28	38	30	7	6	2
6時間以上	132	15	25	35	27	14	7	9
不詳	51	8	17	17	5	3	1	-

出生月、性、平日－休日の家庭学習の時間、１週間の学習塾等の日数別（６－３）

第15回調査（平成28年）

	家庭教師								
	総数	１週間の日数							
不詳		１日	２日	３日	４日	５日	６日	７日	不詳
7	517	376	106	22	2	3	1	5	2
－	5	4	1	－	－	－	－	－	－
6	503	363	105	22	2	3	1	5	2
－	117	90	17	7	1	1	－	1	－
2	229	170	47	10	－	1	－	1	－
3	104	77	20	2	1	－	－	2	2
－	39	20	13	3	－	1	1	1	－
1	7	2	5	－	－	－	－	－	－
－	3	2	1	－	－	－	－	－	－
－	4	2	2	－	－	－	－	－	－
1	9	9	－	－	－	－	－	－	－
2	263	189	55	12	1	3	－	3	－
－	5	4	1	－	－	－	－	－	－
1	251	178	54	12	1	3	－	3	－
－	73	54	11	6	－	1	－	1	－
1	105	81	18	5	－	1	－	－	－
－	44	30	12	－	1	－	－	1	－
－	20	9	8	1	－	1	－	1	－
－	5	1	4	－	－	－	－	－	－
－	1	1	－	－	－	－	－	－	－
－	3	2	1	－	－	－	－	－	－
1	7	7	－	－	－	－	－	－	－
5	254	187	51	10	1	－	1	2	2
－	－	－	－	－	－	－	－	－	－
5	252	185	51	10	1	－	1	2	2
－	44	36	6	1	1	－	－	－	－
1	124	89	29	5	－	－	－	1	－
3	60	47	8	2	－	－	－	1	2
－	19	11	5	2	－	－	1	－	－
1	2	1	1	－	－	－	－	－	－
－	2	1	1	－	－	－	－	－	－
－	1	－	1	－	－	－	－	－	－
－	2	2	－	－	－	－	－	－	－
7	517	376	106	22	2	3	1	5	2
－	39	33	5	－	－	1	－	－	－
6	465	331	100	22	2	2	1	5	2
1	129	92	29	5	1	－	－	2	－
3	150	111	26	11	－	1	1	－	－
1	91	67	17	3	1	1	－	2	－
－	54	34	15	3	－	－	－	－	2
1	17	12	4	－	－	－	－	1	－
－	16	10	6	－	－	－	－	－	－
－	8	5	3	－	－	－	－	－	－
1	13	12	1	－	－	－	－	－	－
2	263	189	55	12	1	3	－	3	－
－	22	19	2	－	－	1	－	－	－
1	234	163	53	12	1	2	－	3	－
－	69	49	15	3	1	－	－	1	－
1	79	56	14	8	－	1	－	－	－
－	43	33	7	1	－	1	－	1	－
－	21	15	6	－	－	－	－	－	－
－	9	4	4	－	－	－	－	1	－
－	7	3	4	－	－	－	－	－	－
－	6	3	3	－	－	－	－	－	－
1	7	7	－	－	－	－	－	－	－
5	254	187	51	10	1	－	1	2	2
－	17	14	3	－	－	－	－	－	－
5	231	168	47	10	1	－	1	2	2
1	60	43	14	2	－	－	－	1	－
2	71	55	12	3	－	－	1	－	－
1	48	34	10	2	1	－	－	1	－
－	33	19	9	3	－	－	－	－	2
1	8	8	－	－	－	－	－	－	－
－	9	7	2	－	－	－	－	－	－
－	2	2	－	－	－	－	－	－	－
－	6	5	1	－	－	－	－	－	－

第92表　学習塾等を利用している子ども数・構成割合,

構成割合（%）

出生月、性、平日－休日の家庭学習の時間	学習塾							
	総数	1週間の日数						
		1日	2日	3日	4日	5日	6日	7日
総数								
平日の家庭学習の時間	100.0	11.8	30.1	30.3	14.5	6.7	4.6	1.9
しない	100.0	49.2	31.1	13.1	3.3	3.3	-	-
する	100.0	11.6	30.2	30.4	14.6	6.7	4.6	1.9
1時間未満	100.0	33.1	42.6	17.1	4.9	1.3	0.5	0.3
1時間～2時間未満	100.0	17.7	42.2	27.2	8.2	3.2	1.2	0.3
2時間～3時間未満	100.0	8.3	29.2	35.5	16.5	6.6	3.0	0.9
3時間～4時間未満	100.0	5.0	19.1	35.3	21.0	9.7	7.2	2.8
4時間～5時間未満	100.0	3.0	13.8	25.8	22.2	14.6	14.5	5.8
5時間～6時間未満	100.0	1.3	13.7	22.6	19.1	12.6	18.7	12.0
6時間以上	100.0	2.4	7.0	21.7	19.6	15.6	20.2	13.5
不詳	100.0	24.1	23.3	23.3	12.9	6.9	7.8	0.9
男児								
平日の家庭学習の時間	100.0	10.9	29.4	30.5	14.9	7.2	5.1	1.9
しない	100.0	43.8	34.4	15.6	3.1	3.1	-	-
する	100.0	10.7	29.4	30.6	15.0	7.2	5.1	1.9
1時間未満	100.0	31.6	42.3	18.3	5.6	1.4	0.4	0.4
1時間～2時間未満	100.0	15.1	42.0	28.2	9.0	3.8	1.6	0.3
2時間～3時間未満	100.0	6.9	27.2	36.3	17.7	7.2	3.7	1.0
3時間～4時間未満	100.0	4.7	16.1	34.6	21.5	11.8	8.6	2.8
4時間～5時間未満	100.0	3.1	12.0	23.3	23.6	15.5	15.6	6.9
5時間～6時間未満	100.0	0.5	12.2	24.4	17.8	12.2	21.6	11.3
6時間以上	100.0	1.3	10.2	21.0	15.3	14.6	22.9	14.6
不詳	100.0	27.4	23.3	19.2	12.3	5.5	9.6	1.4
女児								
平日の家庭学習の時間	100.0	12.7	30.9	30.2	14.1	6.1	4.0	1.8
しない	100.0	55.2	27.6	10.3	3.4	3.4	-	-
する	100.0	12.5	31.0	30.2	14.2	6.1	4.1	1.8
1時間未満	100.0	35.4	43.2	15.2	3.8	1.1	0.7	0.2
1時間～2時間未満	100.0	20.7	42.5	26.0	7.2	2.5	0.7	0.3
2時間～3時間未満	100.0	9.6	31.3	34.7	15.2	6.1	2.4	0.7
3時間～4時間未満	100.0	5.2	21.9	35.9	20.6	7.8	5.8	2.7
4時間～5時間未満	100.0	2.9	15.4	28.1	21.0	13.9	13.6	4.8
5時間～6時間未満	100.0	2.0	15.0	21.1	20.2	13.0	16.2	12.6
6時間以上	100.0	3.5	4.1	22.4	23.5	16.5	17.6	12.4
不詳	100.0	18.6	23.3	30.2	14.0	9.3	4.7	-
総数								
休日の家庭学習の時間	100.0	11.8	30.1	30.3	14.5	6.7	4.6	1.9
しない	100.0	14.0	46.0	28.5	8.1	2.7	0.6	-
する	100.0	11.6	29.2	30.5	15.0	6.9	4.8	2.0
1時間未満	100.0	16.2	41.8	28.0	8.8	4.1	1.0	0.1
1時間～2時間未満	100.0	14.8	38.5	29.4	11.3	4.2	1.4	0.3
2時間～3時間未満	100.0	13.6	29.6	35.0	13.2	5.1	2.7	0.7
3時間～4時間未満	100.0	9.6	25.5	34.7	16.5	7.9	4.7	1.1
4時間～5時間未満	100.0	8.2	23.0	30.9	20.5	8.7	6.7	2.0
5時間～6時間未満	100.0	7.3	19.5	26.6	22.1	11.5	9.4	3.6
6時間以上	100.0	5.1	13.3	23.5	20.5	12.6	15.0	9.9
不詳	100.0	15.9	28.9	26.7	13.0	8.1	6.3	0.7
男児								
休日の家庭学習の時間	100.0	10.9	29.4	30.5	14.9	7.2	5.1	1.9
しない	100.0	13.8	44.2	31.1	8.3	2.1	0.5	-
する	100.0	10.6	28.4	30.5	15.4	7.5	5.4	2.0
1時間未満	100.0	15.3	41.4	28.4	8.8	4.8	1.2	0.2
1時間～2時間未満	100.0	12.7	37.9	30.0	12.3	5.0	1.7	0.4
2時間～3時間未満	100.0	12.3	28.5	34.2	14.7	5.8	3.5	0.9
3時間～4時間未満	100.0	8.6	22.6	35.6	16.9	9.0	6.1	1.2
4時間～5時間未満	100.0	6.6	20.7	29.3	23.6	9.3	8.1	2.4
5時間～6時間未満	100.0	7.8	16.1	26.2	22.8	12.2	11.1	3.8
6時間以上	100.0	4.4	12.5	23.2	19.0	13.7	16.8	10.4
不詳	100.0	16.6	26.9	25.7	14.3	8.6	6.3	1.1
女児								
休日の家庭学習の時間	100.0	12.7	30.9	30.2	14.1	6.1	4.0	1.8
しない	100.0	14.4	48.7	24.6	7.8	3.6	0.7	-
する	100.0	12.6	30.0	30.5	14.5	6.3	4.2	1.9
1時間未満	100.0	17.4	42.3	27.4	8.8	3.1	0.8	-
1時間～2時間未満	100.0	17.1	39.1	28.8	10.1	3.3	1.1	0.2
2時間～3時間未満	100.0	14.9	30.8	35.9	11.6	4.4	2.0	0.4
3時間～4時間未満	100.0	10.5	28.4	33.8	16.1	6.8	3.2	1.0
4時間～5時間未満	100.0	9.5	25.0	32.3	17.9	8.1	5.4	1.6
5時間～6時間未満	100.0	6.8	22.4	27.0	21.6	11.0	7.9	3.3
6時間以上	100.0	5.7	14.0	23.8	21.8	11.6	13.5	9.5
不詳	100.0	14.7	32.6	28.4	10.5	7.4	6.3	-

出生月、性、平日－休日の家庭学習の時間、１週間の学習塾等の日数別（６－４）

第15回調査（平成28年）

		家庭教師							
	総数	１週間の日数							
不詳		1日	2日	3日	4日	5日	6日	7日	不詳
0.1	100.0	63.8	27.1	5.9	0.7	0.7	0.2	1.1	0.3
−	100.0	70.0	30.0	−	−	−	−	−	−
0.1	100.0	63.7	27.2	6.0	0.8	0.8	0.3	1.1	0.3
0.1	100.0	71.4	18.9	7.8	0.5	1.0	−	0.5	−
0.1	100.0	66.2	27.0	5.3	0.4	0.4	−	0.6	−
0.0	100.0	63.5	28.3	4.8	1.0	0.3	0.3	1.3	0.6
0.0	100.0	50.7	32.6	9.4	0.7	2.2	1.4	2.9	−
0.2	100.0	45.2	47.6	−	4.8	−	−	2.4	−
−	100.0	61.5	15.4	7.7	−	7.7	−	−	7.7
−	100.0	55.6	33.3	11.1	−	−	−	−	−
0.9	100.0	71.4	14.3	7.1	−	−	−	−	7.1
0.0	100.0	61.3	29.2	5.7	0.9	1.3	0.2	1.1	0.3
−	100.0	75.0	25.0	−	−	−	−	−	−
0.0	100.0	61.0	29.5	5.7	1.0	1.3	0.2	1.1	0.2
−	100.0	67.8	21.5	9.1	−	0.8	−	0.8	−
0.0	100.0	64.1	29.0	5.2	0.4	0.9	−	0.4	−
−	100.0	57.1	33.8	5.2	1.3	0.6	0.6	1.3	−
−	100.0	51.6	34.4	4.7	1.6	4.7	−	3.1	−
−	100.0	48.3	41.4	−	6.9	−	−	3.4	−
−	100.0	62.5	−	12.5	−	12.5	−	−	12.5
−	100.0	66.7	33.3	−	−	−	−	−	−
1.4	100.0	66.7	16.7	8.3	−	−	−	−	8.3
0.1	100.0	66.6	24.8	6.2	0.5	0.2	0.3	1.0	0.3
−	100.0	50.0	50.0	−	−	−	−	−	−
0.1	100.0	66.6	24.8	6.2	0.5	0.2	0.3	1.0	0.3
0.4	100.0	76.5	15.3	5.9	1.2	1.2	−	−	−
0.1	100.0	68.2	25.1	5.4	0.4	−	−	0.8	−
0.1	100.0	69.6	23.0	4.3	0.6	−	−	1.2	1.2
0.1	100.0	50.0	31.1	13.5	−	−	2.7	2.7	−
0.3	100.0	38.5	61.5	−	−	−	−	−	−
−	100.0	60.0	40.0	−	−	−	−	−	−
−	100.0	33.3	33.3	33.3	−	−	−	−	−
−	100.0	100.0	−	−	−	−	−	−	−
0.1	100.0	63.8	27.1	5.9	0.7	0.7	0.2	1.1	0.3
0.1	100.0	70.3	23.4	3.1	1.6	1.6	−	−	−
0.1	100.0	63.4	27.5	6.1	0.7	0.6	0.3	1.2	0.3
0.1	100.0	66.7	25.2	6.3	0.5	0.5	−	0.9	−
0.1	100.0	66.2	24.4	7.5	0.4	0.8	0.4	0.4	−
0.0	100.0	66.4	27.2	3.9	0.9	0.4	−	1.3	−
0.0	100.0	60.5	27.5	7.2	0.6	1.2	−	1.8	1.2
0.1	100.0	53.6	34.8	8.0	0.9	−	0.9	1.8	−
−	100.0	62.3	35.8	1.9	−	−	−	−	−
0.1	100.0	56.6	28.9	5.3	2.6	1.3	1.3	2.6	1.3
0.4	100.0	68.0	20.0	4.0	−	4.0	−	−	4.0
0.0	100.0	61.3	29.2	5.7	0.9	1.3	0.2	1.1	0.3
−	100.0	74.3	22.9	−	−	2.9	−	−	−
0.0	100.0	60.3	30.1	6.0	1.0	1.0	0.2	1.2	0.2
−	100.0	66.9	25.8	5.6	0.8	−	−	0.8	−
0.1	100.0	59.4	27.5	10.1	0.7	1.4	−	0.7	−
−	100.0	64.0	28.8	4.0	0.8	0.8	−	1.6	−
−	100.0	61.1	29.2	5.6	−	2.8	−	1.4	−
−	100.0	42.9	46.9	4.1	2.0	−	2.0	2.0	−
−	100.0	55.2	41.4	3.4	−	−	−	−	−
−	100.0	55.6	28.9	4.4	4.4	2.2	−	2.2	2.2
0.6	100.0	68.8	12.5	6.3	−	6.3	−	−	6.3
0.1	100.0	66.6	24.8	6.2	0.5	0.2	0.3	1.0	0.3
0.2	100.0	65.5	24.1	6.9	3.4	−	−	−	−
0.1	100.0	66.7	24.7	6.2	0.4	0.2	0.4	1.1	0.4
0.2	100.0	66.3	24.5	7.1	−	1.0	−	1.0	−
0.1	100.0	73.4	21.1	4.7	−	−	0.8	−	−
0.1	100.0	69.2	25.2	3.7	0.9	−	−	0.9	−
0.1	100.0	60.0	26.3	8.4	1.1	−	−	2.1	2.1
0.2	100.0	61.9	25.4	11.1	−	−	−	1.6	−
−	100.0	70.8	29.2	−	−	−	−	−	−
0.1	100.0	58.1	29.0	6.5	−	−	3.2	3.2	−
−	100.0	66.7	33.3	−	−	−	−	−	−

構成割合（%）

出生月、性、平日－休日の家庭学習の時間	総数	学習塾 1週間の日数 1日	2日	3日	4日	5日	6日	7日
1月生まれ								
平日の家庭学習の時間	100.0	9.6	26.2	27.9	17.1	9.0	7.1	3.0
しない	100.0	37.9	31.0	17.2	6.9	6.9	-	-
する	100.0	9.5	26.2	28.0	17.2	9.0	7.1	3.0
1時間未満	100.0	32.6	41.8	16.7	6.1	1.3	0.6	0.4
1時間～2時間未満	100.0	15.9	39.9	27.1	9.6	4.9	2.1	0.4
2時間～3時間未満	100.0	8.4	27.8	31.2	18.4	8.5	4.3	1.3
3時間～4時間未満	100.0	4.9	18.7	30.7	21.9	11.2	9.1	3.5
4時間～5時間未満	100.0	3.1	11.8	23.8	23.2	15.1	16.1	6.7
5時間～6時間未満	100.0	1.3	12.2	22.5	18.2	12.7	19.7	13.4
6時間以上	100.0	2.7	7.0	18.7	20.2	16.0	20.6	14.8
不詳	100.0	17.7	27.4	24.2	11.3	6.5	11.3	1.6
男児								
平日の家庭学習の時間	100.0	9.0	25.2	28.0	17.4	9.7	7.7	3.0
しない	100.0	31.3	37.5	18.8	6.3	6.3	-	-
する	100.0	8.9	25.2	28.0	17.5	9.8	7.7	3.0
1時間未満	100.0	31.5	42.0	17.5	6.7	1.6	0.3	0.3
1時間～2時間未満	100.0	13.8	39.0	28.1	10.3	5.5	2.8	0.5
2時間～3時間未満	100.0	7.1	25.5	31.6	19.7	9.4	5.2	1.5
3時間～4時間未満	100.0	4.2	15.5	30.0	22.3	13.9	10.6	3.5
4時間～5時間未満	100.0	3.0	10.2	22.2	24.5	15.1	17.3	7.7
5時間～6時間未満	100.0	0.6	11.3	23.2	16.9	12.4	22.6	13.0
6時間以上	100.0	1.7	10.3	19.8	15.5	14.7	21.6	16.4
不詳	100.0	22.0	24.4	24.4	9.8	4.9	12.2	2.4
女児								
平日の家庭学習の時間	100.0	10.3	27.2	27.9	16.9	8.3	6.4	3.0
しない	100.0	46.2	23.1	15.4	7.7	7.7	-	-
する	100.0	10.2	27.2	27.9	16.9	8.3	6.4	3.0
1時間未満	100.0	34.3	41.5	15.5	5.3	1.0	1.0	0.5
1時間～2時間未満	100.0	18.5	41.1	25.9	8.8	4.1	1.3	0.3
2時間～3時間未満	100.0	9.7	30.3	30.8	17.1	7.6	3.4	1.1
3時間～4時間未満	100.0	5.5	21.5	31.4	21.5	8.7	7.7	3.5
4時間～5時間未満	100.0	3.3	13.2	25.3	22.0	15.1	15.1	5.7
5時間～6時間未満	100.0	1.8	12.8	22.0	19.3	12.8	17.4	13.8
6時間以上	100.0	3.5	4.3	17.7	24.1	17.0	19.9	13.5
不詳	100.0	9.5	33.3	23.8	14.3	9.5	9.5	-
1月生まれ								
休日の家庭学習の時間	100.0	9.6	26.2	27.9	17.1	9.0	7.1	3.0
しない	100.0	14.8	41.5	28.1	10.2	4.3	0.9	-
する	100.0	9.4	25.6	27.9	17.5	9.2	7.3	3.1
1時間未満	100.0	17.1	39.3	26.9	8.5	6.4	1.7	-
1時間～2時間未満	100.0	13.3	37.9	25.9	13.7	6.0	2.6	0.6
2時間～3時間未満	100.0	12.4	29.5	31.9	14.2	6.8	4.2	0.9
3時間～4時間未満	100.0	8.7	24.7	32.1	17.9	9.3	6.0	1.3
4時間～5時間未満	100.0	6.8	23.1	29.5	21.7	9.2	7.5	2.2
5時間～6時間未満	100.0	6.6	18.8	25.5	22.5	12.8	9.9	3.9
6時間以上	100.0	4.4	12.9	22.6	20.9	13.0	15.8	10.3
不詳	100.0	12.4	28.7	24.8	13.2	8.5	10.9	1.6
男児								
休日の家庭学習の時間	100.0	9.0	25.2	28.0	17.4	9.7	7.7	3.0
しない	100.0	15.2	40.3	30.8	10.4	2.8	0.5	-
する	100.0	8.7	24.5	27.9	17.7	10.1	8.0	3.1
1時間未満	100.0	16.7	38.3	27.5	8.1	7.4	2.0	-
1時間～2時間未満	100.0	11.0	36.9	26.9	14.1	7.3	2.9	0.8
2時間～3時間未満	100.0	10.5	28.2	31.4	15.4	7.7	5.5	1.3
3時間～4時間未満	100.0	8.2	22.1	32.6	18.4	10.2	7.2	1.3
4時間～5時間未満	100.0	6.1	20.0	27.8	24.2	10.3	9.0	2.6
5時間～6時間未満	100.0	6.5	14.8	25.1	24.6	13.5	11.4	4.2
6時間以上	100.0	3.8	12.2	21.6	19.6	14.6	17.2	10.9
不詳	100.0	11.8	27.1	25.9	14.1	8.2	10.6	2.4
女児								
休日の家庭学習の時間	100.0	10.3	27.2	27.9	16.9	8.3	6.4	3.0
しない	100.0	14.2	43.3	24.1	9.9	6.4	1.4	-
する	100.0	10.1	26.7	28.0	17.2	8.3	6.5	3.1
1時間未満	100.0	17.7	40.7	26.0	9.0	5.1	1.2	-
1時間～2時間未満	100.0	16.2	39.0	24.8	13.2	4.4	2.1	0.4
2時間～3時間未満	100.0	14.4	31.0	32.5	12.9	5.8	2.8	0.5
3時間～4時間未満	100.0	9.3	27.5	31.5	17.4	8.3	4.7	1.3
4時間～5時間未満	100.0	7.5	25.9	30.9	19.4	8.2	6.2	1.9
5時間～6時間未満	100.0	6.7	22.2	25.9	20.8	12.2	8.6	3.7
6時間以上	100.0	4.9	13.3	23.4	22.0	11.8	14.6	9.9
不詳	100.0	13.6	31.8	22.7	11.4	9.1	11.4	-

第15回調査（平成28年）

	家庭教師								
		1週間の日数							
不詳	総数	1日	2日	3日	4日	5日	6日	7日	不詳
0.1	100.0	57.3	32.0	7.1	1.0	0.9	0.3	1.1	0.3
-	100.0	60.0	40.0	-	-	-	-	-	-
0.1	100.0	57.5	31.9	7.1	1.0	0.9	0.3	1.2	0.1
0.4	100.0	64.0	24.7	10.1	-	1.1	-	-	-
0.0	100.0	58.5	33.2	6.2	0.8	0.4	-	0.8	-
-	100.0	58.3	32.7	6.2	0.9	0.5	0.5	0.9	-
0.0	100.0	50.5	32.3	10.1	1.0	2.0	1.0	3.0	-
0.1	100.0	48.6	42.9	-	5.7	-	-	2.9	-
-	100.0	60.0	10.0	10.0	-	10.0	-	-	10.0
-	100.0	60.0	20.0	20.0	-	-	-	-	-
-	100.0	20.0	40.0	20.0	-	-	-	-	20.0
-	100.0	53.8	35.1	6.5	1.4	1.4	0.3	1.1	0.5
-	100.0	66.7	33.3	-	-	-	-	-	-
-	100.0	54.1	35.1	6.4	1.4	1.4	0.3	1.1	0.3
-	100.0	58.3	31.3	10.4	-	-	-	-	-
-	100.0	53.2	38.9	5.6	0.8	0.8	-	0.8	-
-	100.0	52.7	36.4	7.3	0.9	0.9	0.9	0.9	-
-	100.0	54.5	31.8	4.5	2.3	4.5	-	2.3	-
-	100.0	54.2	33.3	-	8.3	-	-	4.2	-
-	100.0	57.1	-	14.3	-	14.3	-	-	14.3
-	100.0	66.7	33.3	-	-	-	-	-	-
-	100.0	20.0	40.0	20.0	-	-	-	-	20.0
0.1	100.0	61.2	28.5	7.9	0.6	0.3	0.3	1.2	-
-	100.0	50.0	50.0	-	-	-	-	-	-
0.1	100.0	61.3	28.4	7.9	0.6	0.3	0.3	1.2	-
1.0	100.0	70.7	17.1	9.8	-	2.4	-	-	-
0.1	100.0	64.3	27.0	7.0	0.9	-	-	0.9	-
-	100.0	64.4	28.7	5.0	1.0	-	-	1.0	-
0.1	100.0	47.3	32.7	14.5	-	-	1.8	3.6	-
0.2	100.0	36.4	63.6	-	-	-	-	-	-
-	100.0	66.7	33.3	-	-	-	-	-	-
-	100.0	50.0	-	50.0	-	-	-	-	-
-	-	-	-	-	-	-	-	-	-
0.1	100.0	57.3	32.0	7.1	1.0	0.9	0.3	1.1	0.3
0.3	100.0	48.0	40.0	8.0	4.0	-	-	-	-
0.0	100.0	57.9	31.7	7.1	0.9	0.8	0.3	1.2	0.2
0.1	100.0	60.2	29.0	9.7	-	1.1	-	-	-
-	100.0	56.0	33.6	7.8	0.9	0.9	-	0.9	-
-	100.0	61.7	32.6	4.3	0.7	-	-	0.7	-
0.1	100.0	59.3	27.4	8.0	0.9	1.8	-	2.7	-
0.1	100.0	50.5	36.8	9.5	1.1	-	1.1	1.1	-
-	100.0	62.2	35.1	2.7	-	-	-	-	-
0.1	100.0	55.9	27.9	5.9	2.9	1.5	1.5	2.9	1.5
-	100.0	41.7	33.3	8.3	-	8.3	-	-	8.3
-	100.0	53.8	35.1	6.5	1.4	1.4	0.3	1.1	0.5
-	100.0	53.8	46.2	-	-	-	-	-	-
-	100.0	54.0	35.1	6.6	1.4	1.1	0.3	1.1	0.3
-	100.0	61.8	30.9	7.3	-	-	-	-	-
-	100.0	44.1	40.7	10.2	1.7	1.7	-	1.7	-
-	100.0	57.3	35.4	4.9	1.2	-	-	1.2	-
-	100.0	56.9	29.4	7.8	-	3.9	-	2.0	-
-	100.0	42.5	47.5	5.0	2.5	-	2.5	-	-
-	100.0	59.1	36.4	4.5	-	-	-	-	-
-	100.0	56.4	25.6	5.1	5.1	2.6	-	2.6	2.6
-	100.0	44.4	22.2	11.1	-	11.1	-	-	11.1
0.1	100.0	61.2	28.5	7.9	0.6	0.3	0.3	1.2	-
0.7	100.0	41.7	33.3	16.7	8.3	-	-	-	-
0.1	100.0	62.2	27.9	7.6	0.3	0.3	0.3	1.3	-
0.3	100.0	57.9	26.3	13.2	-	2.6	-	-	-
-	100.0	68.4	26.3	5.3	-	-	-	-	-
-	100.0	67.8	28.8	3.4	-	-	-	-	-
0.1	100.0	61.3	25.8	8.1	1.6	-	-	3.2	-
0.1	100.0	56.4	29.1	12.7	-	-	-	1.8	-
-	100.0	66.7	33.3	-	-	-	-	-	-
0.1	100.0	55.2	31.0	6.9	-	-	3.4	3.4	-
-	100.0	33.3	66.7	-	-	-	-	-	-

第92表　学習塾等を利用している子ども数・構成割合,

構成割合（%）

出生月、性、平日－休日の家庭学習の時間	学習塾							
	総数	1週間の日数						
		1日	2日	3日	4日	5日	6日	7日
7月生まれ								
平日の家庭学習の時間	100.0	14.2	34.6	33.1	11.7	4.1	1.8	0.6
しない	100.0	59.4	31.3	9.4	–	–	–	–
する	100.0	13.9	34.7	33.2	11.7	4.1	1.8	0.6
1時間未満	100.0	33.4	43.1	17.3	4.2	1.3	0.5	0.2
1時間～2時間未満	100.0	18.8	43.7	27.3	7.2	2.1	0.6	0.2
2時間～3時間未満	100.0	8.2	30.6	39.7	14.5	4.8	1.7	0.4
3時間～4時間未満	100.0	5.1	19.9	44.1	19.3	6.8	3.4	1.4
4時間～5時間未満	100.0	2.4	21.9	34.0	18.2	12.6	8.1	2.4
5時間～6時間未満	100.0	1.5	23.1	23.1	24.6	12.3	12.3	3.1
6時間以上	100.0	1.4	7.1	32.9	17.1	14.3	18.6	8.6
不詳	100.0	31.5	18.5	22.2	14.8	7.4	3.7	–
男児								
平日の家庭学習の時間	100.0	13.0	34.0	33.3	12.3	4.4	2.3	0.7
しない	100.0	56.3	31.3	12.5	–	–	–	–
する	100.0	12.7	34.1	33.5	12.3	4.4	2.3	0.7
1時間未満	100.0	31.7	42.4	18.8	5.0	1.3	0.4	0.4
1時間～2時間未満	100.0	15.9	44.1	28.4	8.1	2.6	0.8	0.1
2時間～3時間未満	100.0	6.8	29.0	41.1	15.6	4.9	2.1	0.5
3時間～4時間未満	100.0	5.5	17.2	43.1	20.1	7.7	4.8	1.5
4時間～5時間未満	100.0	3.7	19.6	28.0	19.6	16.8	8.4	3.7
5時間～6時間未満	100.0	–	16.7	30.6	22.2	11.1	16.7	2.8
6時間以上	100.0	–	9.8	24.4	14.6	14.6	26.8	9.8
不詳	100.0	34.4	21.9	12.5	15.6	6.3	6.3	–
女児								
平日の家庭学習の時間	100.0	15.4	35.2	32.8	11.0	3.7	1.3	0.5
しない	100.0	62.5	31.3	6.3	–	–	–	–
する	100.0	15.1	35.3	32.9	11.0	3.7	1.3	0.5
1時間未満	100.0	36.0	44.2	15.1	2.9	1.2	0.6	–
1時間～2時間未満	100.0	22.0	43.4	26.1	6.2	1.6	0.4	0.3
2時間～3時間未満	100.0	9.5	32.2	38.4	13.4	4.6	1.3	0.3
3時間～4時間未満	100.0	4.7	22.6	45.0	18.6	6.0	2.0	1.2
4時間～5時間未満	100.0	1.4	23.6	38.6	17.1	9.3	7.9	1.4
5時間～6時間未満	100.0	3.4	31.0	13.8	27.6	13.8	6.9	3.4
6時間以上	100.0	3.4	3.4	44.8	20.7	13.8	6.9	6.9
不詳	100.0	27.3	13.6	36.4	13.6	9.1	–	–
7月生まれ								
休日の家庭学習の時間	100.0	14.2	34.6	33.1	11.7	4.1	1.8	0.6
しない	100.0	13.6	48.3	28.7	7.0	1.9	0.4	–
する	100.0	14.1	33.5	33.5	12.0	4.2	1.9	0.6
1時間未満	100.0	15.8	42.9	28.5	9.0	2.9	0.7	0.1
1時間～2時間未満	100.0	15.6	38.8	31.5	9.9	3.2	0.8	0.1
2時間～3時間未満	100.0	14.6	29.7	37.6	12.4	3.7	1.5	0.5
3時間～4時間未満	100.0	10.7	26.6	38.4	14.6	6.1	2.9	0.8
4時間～5時間未満	100.0	11.8	22.7	34.7	17.6	7.2	4.5	1.2
5時間～6時間未満	100.0	10.4	22.6	31.6	20.3	6.1	7.1	1.9
6時間以上	100.0	9.6	16.5	29.6	18.1	9.6	9.6	6.9
不詳	100.0	19.1	29.1	28.4	12.8	7.8	2.1	–
男児								
休日の家庭学習の時間	100.0	13.0	34.0	33.3	12.3	4.4	2.3	0.7
しない	100.0	13.1	46.2	31.2	7.3	1.7	0.5	–
する	100.0	12.8	32.9	33.6	12.8	4.6	2.5	0.7
1時間未満	100.0	14.6	42.9	28.8	9.1	3.5	0.8	0.2
1時間～2時間未満	100.0	13.7	38.5	32.0	11.2	3.6	0.9	0.2
2時間～3時間未満	100.0	13.9	28.8	36.7	14.1	4.2	1.7	0.6
3時間～4時間未満	100.0	9.4	23.3	39.9	14.8	7.2	4.4	0.9
4時間～5時間未満	100.0	8.0	22.7	33.3	21.8	6.7	5.8	1.8
5時間～6時間未満	100.0	14.1	21.7	31.5	14.1	6.5	9.8	2.2
6時間以上	100.0	7.8	14.1	32.8	15.6	8.6	14.1	7.0
不詳	100.0	21.1	26.7	25.6	14.4	8.9	2.2	–
女児								
休日の家庭学習の時間	100.0	15.4	35.2	32.8	11.0	3.7	1.3	0.5
しない	100.0	14.4	51.5	24.8	6.7	2.2	0.4	–
する	100.0	15.4	34.0	33.4	11.3	3.8	1.4	0.5
1時間未満	100.0	17.2	43.0	28.1	8.8	2.2	0.6	–
1時間～2時間未満	100.0	17.7	39.2	30.9	8.6	2.8	0.6	0.1
2時間～3時間未満	100.0	15.3	30.6	38.6	10.6	3.3	1.3	0.3
3時間～4時間未満	100.0	12.1	29.7	36.8	14.4	4.9	1.4	0.7
4時間～5時間未満	100.0	15.1	22.8	35.9	13.9	7.7	3.5	0.8
5時間～6時間未満	100.0	7.5	23.3	31.7	25.0	5.8	5.0	1.7
6時間以上	100.0	11.4	18.9	26.5	20.5	10.6	5.3	6.8
不詳	100.0	15.7	33.3	33.3	9.8	5.9	2.0	–

第15回調査（平成28年）

		家庭教師							
		1週間の日数							
不詳	総数	1日	2日	3日	4日	5日	6日	7日	不詳
0.1	100.0	72.7	20.5	4.3	0.4	0.6	0.2	1.0	0.4
－	100.0	80.0	20.0	－	－	－	－	－	－
0.1	100.0	72.2	20.9	4.4	0.4	0.6	0.2	1.0	0.4
－	100.0	76.9	14.5	6.0	0.9	0.9	－	0.9	－
0.1	100.0	74.2	20.5	4.4	－	0.4	－	0.4	－
0.1	100.0	74.0	19.2	1.9	1.0	－	－	1.9	1.9
－	100.0	51.3	33.3	7.7	－	2.6	2.6	2.6	－
0.4	100.0	28.6	71.4	－	－	－	－	－	－
－	100.0	66.7	33.3	－	－	－	－	－	－
－	100.0	50.0	50.0	－	－	－	－	－	－
1.9	100.0	100.0	－	－	－	－	－	－	－
0.0	100.0	71.9	20.9	4.6	0.4	1.1	－	1.1	－
－	100.0	80.0	20.0	－	－	－	－	－	－
0.0	100.0	70.9	21.5	4.8	0.4	1.2	－	1.2	－
－	100.0	74.0	15.1	8.2	－	1.4	－	1.4	－
0.1	100.0	77.1	17.1	4.8	－	1.0	－	－	－
－	100.0	68.2	27.3	－	2.3	－	－	2.3	－
－	100.0	45.0	40.0	5.0	－	5.0	－	5.0	－
－	100.0	20.0	80.0	－	－	－	－	－	－
－	100.0	100.0	－	－	－	－	－	－	－
－	100.0	66.7	33.3	－	－	－	－	－	－
3.1	100.0	100.0	－	－	－	－	－	－	－
0.1	100.0	73.6	20.1	3.9	0.4	－	0.4	0.8	0.8
－	－	－	－	－	－	－	－	－	－
0.1	100.0	73.4	20.2	4.0	0.4	－	0.4	0.8	0.8
－	100.0	81.8	13.6	2.3	2.3	－	－	－	－
0.1	100.0	71.8	23.4	4.0	－	－	－	0.8	－
0.2	100.0	78.3	13.3	3.3	－	－	－	1.7	3.3
－	100.0	57.9	26.3	10.5	－	－	5.3	－	－
0.7	100.0	50.0	50.0	－	－	－	－	－	－
－	100.0	50.0	50.0	－	－	－	－	－	－
－	100.0	－	100.0	－	－	－	－	－	－
－	100.0	100.0	－	－	－	－	－	－	－
0.1	100.0	72.7	20.5	4.3	0.4	0.6	0.2	1.0	0.4
－	100.0	84.6	12.8	－	－	2.6	－	－	－
0.1	100.0	71.2	21.5	4.7	0.4	0.4	0.2	1.1	0.4
0.1	100.0	71.3	22.5	3.9	0.8	－	－	1.6	－
0.1	100.0	74.0	17.3	7.3	－	0.7	0.7	－	－
0.1	100.0	73.6	18.7	3.3	1.1	1.1	－	2.2	－
－	100.0	63.0	27.8	5.6	－	－	－	－	3.7
0.2	100.0	70.6	23.5	－	－	－	－	5.9	－
－	100.0	62.5	37.5	－	－	－	－	－	－
－	100.0	62.5	37.5	－	－	－	－	－	－
0.7	100.0	92.3	7.7	－	－	－	－	－	－
0.0	100.0	71.9	20.9	4.6	0.4	1.1	－	1.1	－
－	100.0	86.4	9.1	－	－	4.5	－	－	－
0.0	100.0	69.7	22.6	5.1	0.4	0.9	－	1.3	－
－	100.0	71.0	21.7	4.3	1.4	－	－	1.4	－
0.1	100.0	70.9	17.7	10.1	－	1.3	－	－	－
－	100.0	76.7	16.3	2.3	－	2.3	－	2.3	－
－	100.0	71.4	28.6	－	－	－	－	－	－
－	100.0	44.4	44.4	－	－	－	－	11.1	－
－	100.0	42.9	57.1	－	－	－	－	－	－
－	100.0	50.0	50.0	－	－	－	－	－	－
1.1	100.0	100.0	－	－	－	－	－	－	－
0.1	100.0	73.6	20.1	3.9	0.4	－	0.4	0.8	0.8
－	100.0	82.4	17.6	－	－	－	－	－	－
0.1	100.0	72.7	20.3	4.3	0.4	－	0.4	0.9	0.9
0.1	100.0	71.7	23.3	3.3	－	－	－	1.7	－
0.2	100.0	77.5	16.9	4.2	－	－	1.4	－	－
0.1	100.0	70.8	20.8	4.2	2.1	－	－	2.1	－
－	100.0	57.6	27.3	9.1	－	－	－	－	6.1
0.4	100.0	100.0	－	－	－	－	－	－	－
－	100.0	77.8	22.2	－	－	－	－	－	－
－	100.0	100.0	－	－	－	－	－	－	－
－	100.0	83.3	16.7	－	－	－	－	－	－

第93表　学習塾等を利用している子ども数・構成割合，

実　数（人）

性、平日の起床時間－平日の就寝時間	学習塾							
	総数	1週間の日数						
		1日	2日	3日	4日	5日	6日	7日
総数								
平日の起床時間	18 366	2 163	5 536	5 572	2 671	1 228	844	340
午前５時前	97	19	34	23	10	5	3	3
午前５時　～５時29分	242	46	83	71	22	6	13	1
午前５時30分～５時59分	787	158	269	219	71	35	22	12
午前６時　～６時29分	3 626	592	1 216	1 069	421	174	105	47
午前６時30分～６時59分	5 810	687	1 823	1 781	810	354	261	92
午前７時　～７時29分	5 951	532	1 623	1 833	1 005	501	313	138
午前７時30分～７時59分	1 525	90	382	486	288	127	109	42
午前８時　～８時29分	117	7	38	31	16	14	11	－
午前８時30分～８時59分	20	6	7	4	1	1	1	－
午前９時以降	9	－	2	4	3	－	－	－
時間が不規則	156	20	52	48	19	9	3	5
不詳	26	6	7	3	5	2	3	－
男児								
平日の起床時間	9 430	1 032	2 773	2 875	1 409	679	483	177
午前５時前	57	13	16	13	6	4	3	2
午前５時　～５時29分	113	20	38	34	8	3	9	1
午前５時30分～５時59分	352	76	116	101	23	16	14	6
午前６時　～６時29分	1 633	243	559	476	201	81	47	26
午前６時30分～６時59分	2 826	337	858	863	398	179	144	47
午前７時　～７時29分	3 245	267	861	1 011	560	297	178	70
午前７時30分～７時59分	993	53	258	317	183	85	73	23
午前８時　～８時29分	86	5	26	23	13	9	10	－
午前８時30分～８時59分	10	4	4	1	－	－	1	－
午前９時以降	5	－	1	3	1	－	－	－
時間が不規則	95	12	31	31	13	3	3	2
不詳	15	2	5	2	3	2	1	－
女児								
平日の起床時間	8 936	1 131	2 763	2 697	1 262	549	361	163
午前５時前	40	6	18	10	4	1	－	1
午前５時　～５時29分	129	26	45	37	14	3	4	－
午前５時30分～５時59分	435	82	153	118	48	19	8	6
午前６時　～６時29分	1 993	349	657	593	220	93	58	21
午前６時30分～６時59分	2 984	350	965	918	412	175	117	45
午前７時　～７時29分	2 706	265	762	822	445	204	135	68
午前７時30分～７時59分	532	37	124	169	105	42	36	19
午前８時　～８時29分	31	2	12	8	3	5	1	－
午前８時30分～８時59分	10	2	3	3	1	1	－	－
午前９時以降	4	－	1	1	2	－	－	－
時間が不規則	61	8	21	17	6	6	－	3
不詳	11	4	2	1	2	－	2	－
総数								
平日の就寝時間	18 366	2 163	5 536	5 572	2 671	1 228	844	340
午後９時前	19	6	7	2	2	1	－	1
午後９時　～９時29分	98	28	31	27	9	1	2	－
午後９時30分～９時59分	236	55	97	55	13	7	6	2
午後10時　～10時29分	1 005	187	420	242	91	34	22	7
午後10時30分～10時59分	2 073	337	761	592	203	97	60	23
午後11時　～11時29分	4 074	528	1 314	1 233	589	222	137	46
午後11時30分～11時59分	3 971	388	1 130	1 272	623	308	176	73
午前０時　～０時29分	3 301	291	815	1 073	528	276	215	101
午前０時30分～０時59分	1 376	113	309	413	270	117	110	44
午前１時以降	938	70	220	285	172	90	69	31
時間が不規則	1 237	155	419	374	162	72	43	12
不詳	38	5	13	4	9	3	4	－
男児								
平日の就寝時間	9 430	1 032	2 773	2 875	1 409	679	483	177
午後９時前	13	4	5	1	2	－	－	1
午後９時　～９時29分	58	17	21	17	3	－	－	－
午後９時30分～９時59分	137	35	56	31	8	5	2	－
午後10時　～10時29分	601	101	248	145	67	21	14	5
午後10時30分～10時59分	1 196	173	411	370	118	61	46	17
午後11時　～11時29分	2 254	264	699	687	340	140	94	29
午後11時30分～11時59分	2 048	179	549	648	339	182	110	41
午前０時　～０時29分	1 479	119	356	474	248	135	106	40
午前０時30分～０時59分	577	37	113	178	124	59	44	22
午前１時以降	444	26	108	141	74	39	40	16
時間が不規則	601	76	198	181	79	35	26	6
不詳	22	1	9	2	7	2	1	－
女児								
平日の就寝時間	8 936	1 131	2 763	2 697	1 262	549	361	163
午後９時前	6	2	2	1	－	1	－	－
午後９時　～９時29分	40	11	10	10	6	1	2	－
午後９時30分～９時59分	99	20	41	24	5	2	4	2
午後10時　～10時29分	404	86	172	97	24	13	8	2
午後10時30分～10時59分	877	164	350	222	85	36	14	6
午後11時　～11時29分	1 820	264	615	546	249	82	43	17
午後11時30分～11時59分	1 923	209	581	624	284	126	66	32
午前０時　～０時29分	1 822	172	459	599	280	141	109	61
午前０時30分～０時59分	799	76	196	235	146	58	66	22
午前１時以降	494	44	112	144	98	51	29	15
時間が不規則	636	79	221	193	83	37	17	6
不詳	16	4	4	2	2	1	3	－

性、平日の起床時間－平日の就寝時間、１週間の学習塾等の日数別（２－１）

第15回調査（平成28年）

	家庭教師								
		１週間の日数							
不詳	総数	1日	2日	3日	4日	5日	6日	7日	不詳
12	1 217	777	330	72	9	9	3	13	4
-	12	10	1	1	-	-	-	-	-
-	25	21	4	-	-	-	-	-	-
1	57	39	14	2	-	-	-	1	1
2	260	176	68	9	1	2	-	4	-
2	367	232	99	26	5	2	1	1	1
6	359	222	99	25	2	1	2	6	2
1	99	60	27	6	1	4	-	1	-
-	12	4	7	1	-	-	-	-	-
-	2	-	2	-	-	-	-	-	-
-	3	2	1	-	-	-	-	-	-
-	18	9	7	2	-	-	-	-	-
-	3	2	1	-	-	-	-	-	-
2	633	388	185	36	6	8	1	7	2
-	7	6	-	1	-	-	-	-	-
-	9	9	-	-	-	-	-	-	-
-	24	16	7	-	-	-	-	-	1
-	120	78	34	4	1	2	-	1	-
-	169	105	47	11	2	2	1	-	1
1	206	120	64	14	2	1	-	5	-
1	73	41	23	4	1	3	-	1	-
-	9	4	4	1	-	-	-	-	-
-	1	-	1	-	-	-	-	-	-
-	2	1	1	-	-	-	-	-	-
-	10	6	3	1	-	-	-	-	-
-	3	2	1	-	-	-	-	-	-
10	584	389	145	36	3	1	2	6	2
-	5	4	1	-	-	-	-	-	-
-	16	12	4	-	-	-	-	-	-
1	33	23	7	2	-	-	-	1	-
2	140	98	34	5	-	-	-	3	-
2	198	127	52	15	3	-	-	1	-
5	153	102	35	11	-	-	2	1	2
-	26	19	4	2	-	1	-	-	-
-	3	-	3	-	-	-	-	-	-
-	1	-	1	-	-	-	-	-	-
-	1	1	-	-	-	-	-	-	-
-	8	3	4	1	-	-	-	-	-
-	-	-	-	-	-	-	-	-	-
12	1 217	777	330	72	9	9	3	13	4
-	4	2	2	-	-	-	-	-	-
-	16	12	3	1	-	-	-	-	-
1	26	20	5	1	-	-	-	-	-
2	105	75	20	6	-	1	-	3	-
-	160	102	48	7	1	1	-	1	-
5	261	172	62	16	4	2	1	3	1
1	221	148	56	13	1	-	1	2	-
2	175	104	57	8	1	2	1	1	1
-	80	47	21	7	1	1	-	2	1
1	56	30	19	6	-	1	-	-	-
-	110	63	36	7	1	1	-	1	1
-	3	2	1	-	-	-	-	-	-
2	633	388	185	36	6	8	1	7	2
-	4	2	2	-	-	-	-	-	-
-	13	11	1	1	-	-	-	-	-
-	13	10	2	1	-	-	-	-	-
-	46	28	11	3	-	1	-	3	-
-	82	56	23	2	-	1	-	-	-
1	147	90	37	11	3	2	1	2	1
-	108	70	32	5	1	-	-	-	-
1	92	53	35	2	-	1	-	1	-
-	35	18	9	4	1	1	-	1	1
-	29	11	13	4	-	1	-	-	-
-	61	37	19	3	1	1	-	-	-
-	3	2	1	-	-	-	-	-	-
10	584	389	145	36	3	1	2	6	2
-	-	-	-	-	-	-	-	-	-
-	3	1	2	-	-	-	-	-	-
1	13	10	3	-	-	-	-	-	-
2	59	47	9	3	-	-	-	-	-
-	78	46	25	5	1	-	-	1	-
4	114	82	25	5	1	-	-	1	-
1	113	78	24	8	-	-	1	2	-
1	83	51	22	6	1	1	1	-	1
-	45	29	12	3	-	-	-	1	-
1	27	19	6	2	-	-	-	-	-
-	49	26	17	4	-	-	-	1	1
-	-	-	-	-	-	-	-	-	-

第93表　学習塾等を利用している子ども数・構成割合，

構成割合（%）

性　、 平日の起床時間－ 平日の就寝時間	総数	学習塾 1週間の日数 1日	2日	3日	4日	5日	6日	7日
総数								
平日の起床時間	100.0	11.8	30.1	30.3	14.5	6.7	4.6	1.9
午前５時前	100.0	19.6	35.1	23.7	10.3	5.2	3.1	3.1
午前５時　～５時29分	100.0	19.0	34.3	29.3	9.1	2.5	5.4	0.4
午前５時30分～５時59分	100.0	20.1	34.2	27.8	9.0	4.4	2.8	1.5
午前６時　～６時29分	100.0	16.3	33.5	29.5	11.6	4.8	2.9	1.3
午前６時30分～６時59分	100.0	11.8	31.4	30.7	13.9	6.1	4.5	1.6
午前７時　～７時29分	100.0	8.9	27.3	30.8	16.9	8.4	5.3	2.3
午前７時30分～７時59分	100.0	5.9	25.0	31.9	18.9	8.3	7.1	2.8
午前８時　～８時29分	100.0	6.0	32.5	26.5	13.7	12.0	9.4	－
午前８時30分～８時59分	100.0	30.0	35.0	20.0	5.0	5.0	5.0	－
午前９時以降	100.0	－	22.2	44.4	33.3	－	－	－
時間が不規則	100.0	12.8	33.3	30.8	12.2	5.8	1.9	3.2
不詳	100.0	23.1	26.9	11.5	19.2	7.7	11.5	－
男児								
平日の起床時間	100.0	10.9	29.4	30.5	14.9	7.2	5.1	1.9
午前５時前	100.0	22.8	28.1	22.8	10.5	7.0	5.3	3.5
午前５時　～５時29分	100.0	17.7	33.6	30.1	7.1	2.7	8.0	0.9
午前５時30分～５時59分	100.0	21.6	33.0	28.7	6.5	4.5	4.0	1.7
午前６時　～６時29分	100.0	14.9	34.2	29.1	12.3	5.0	2.9	1.6
午前６時30分～６時59分	100.0	11.9	30.4	30.5	14.1	6.3	5.1	1.7
午前７時　～７時29分	100.0	8.2	26.5	31.2	17.3	9.2	5.5	2.2
午前７時30分～７時59分	100.0	5.3	26.0	31.9	18.4	8.6	7.4	2.3
午前８時　～８時29分	100.0	5.8	30.2	26.7	15.1	10.5	11.6	－
午前８時30分～８時59分	100.0	40.0	40.0	10.0	－	－	10.0	－
午前９時以降	100.0	－	20.0	60.0	20.0	－	－	－
時間が不規則	100.0	12.6	32.6	32.6	13.7	3.2	3.2	2.1
不詳	100.0	13.3	33.3	13.3	20.0	13.3	6.7	－
女児								
平日の起床時間	100.0	12.7	30.9	30.2	14.1	6.1	4.0	1.8
午前５時前	100.0	15.0	45.0	25.0	10.0	2.5	－	2.5
午前５時　～５時29分	100.0	20.2	34.9	28.7	10.9	2.3	3.1	－
午前５時30分～５時59分	100.0	18.9	35.2	27.1	11.0	4.4	1.8	1.4
午前６時　～６時29分	100.0	17.5	33.0	29.8	11.0	4.7	2.9	1.1
午前６時30分～６時59分	100.0	11.7	32.3	30.8	13.8	5.9	3.9	1.5
午前７時　～７時29分	100.0	9.8	28.2	30.4	16.4	7.5	5.0	2.5
午前７時30分～７時59分	100.0	7.0	23.3	31.8	19.7	7.9	6.8	3.6
午前８時　～８時29分	100.0	6.5	38.7	25.8	9.7	16.1	3.2	－
午前８時30分～８時59分	100.0	20.0	30.0	30.0	10.0	10.0	－	－
午前９時以降	100.0	－	25.0	25.0	50.0	－	－	－
時間が不規則	100.0	13.1	34.4	27.9	9.8	9.8	－	4.9
不詳	100.0	36.4	18.2	9.1	18.2	－	18.2	－
総数								
平日の就寝時間	100.0	11.8	30.1	30.3	14.5	6.7	4.6	1.9
午後９時前	100.0	31.6	36.8	10.5	10.5	5.3	－	5.3
午後９時　～９時29分	100.0	28.6	31.6	27.6	9.2	1.0	2.0	－
午後９時30分～９時59分	100.0	23.3	41.1	23.3	5.5	3.0	2.5	0.8
午後10時　～10時29分	100.0	18.6	41.8	24.1	9.1	3.4	2.2	0.7
午後10時30分～10時59分	100.0	16.3	36.7	28.6	9.8	4.7	2.9	1.1
午後11時　～11時29分	100.0	13.0	32.3	30.3	14.5	5.4	3.4	1.1
午後11時30分～11時59分	100.0	9.8	28.5	32.0	15.7	7.8	4.4	1.8
午前０時　～０時29分	100.0	8.8	24.7	32.5	16.0	8.4	6.5	3.1
午前０時30分～０時59分	100.0	8.2	22.5	30.0	19.6	8.5	8.0	3.2
午前１時以降	100.0	7.5	23.5	30.4	18.3	9.6	7.4	3.3
時間が不規則	100.0	12.5	33.9	30.2	13.1	5.8	3.5	1.0
不詳	100.0	13.2	34.2	10.5	23.7	7.9	10.5	－
男児								
平日の就寝時間	100.0	10.9	29.4	30.5	14.9	7.2	5.1	1.9
午後９時前	100.0	30.8	38.5	7.7	15.4	－	－	7.7
午後９時　～９時29分	100.0	29.3	36.2	29.3	5.2	－	－	－
午後９時30分～９時59分	100.0	25.5	40.9	22.6	5.8	3.6	1.5	－
午後10時　～10時29分	100.0	16.8	41.3	24.1	11.1	3.5	2.3	0.8
午後10時30分～10時59分	100.0	14.5	34.4	30.9	9.9	5.1	3.8	1.4
午後11時　～11時29分	100.0	11.7	31.0	30.5	15.1	6.2	4.2	1.3
午後11時30分～11時59分	100.0	8.7	26.8	31.6	16.6	8.9	5.4	2.0
午前０時　～０時29分	100.0	8.0	24.1	32.0	16.8	9.1	7.2	2.7
午前０時30分～０時59分	100.0	6.4	19.6	30.8	21.5	10.2	7.6	3.8
午前１時以降	100.0	5.9	24.3	31.8	16.7	8.8	9.0	3.6
時間が不規則	100.0	12.6	32.9	30.1	13.1	5.8	4.3	1.0
不詳	100.0	4.5	40.9	9.1	31.8	9.1	4.5	－
女児								
平日の就寝時間	100.0	12.7	30.9	30.2	14.1	6.1	4.0	1.8
午後９時前	100.0	33.3	33.3	16.7	－	16.7	－	－
午後９時　～９時29分	100.0	27.5	25.0	25.0	15.0	2.5	5.0	－
午後９時30分～９時59分	100.0	20.2	41.4	24.2	5.1	2.0	4.0	2.0
午後10時　～10時29分	100.0	21.3	42.6	24.0	5.9	3.2	2.0	0.5
午後10時30分～10時59分	100.0	18.7	39.9	25.3	9.7	4.1	1.6	0.7
午後11時　～11時29分	100.0	14.5	33.8	30.0	13.7	4.5	2.4	0.9
午後11時30分～11時59分	100.0	10.9	30.2	32.4	14.8	6.6	3.4	1.7
午前０時　～０時29分	100.0	9.4	25.2	32.9	15.4	7.7	6.0	3.3
午前０時30分～０時59分	100.0	9.5	24.5	29.4	18.3	7.3	8.3	2.8
午前１時以降	100.0	8.9	22.7	29.1	19.8	10.3	5.9	3.0
時間が不規則	100.0	12.4	34.7	30.3	13.1	5.8	2.7	0.9
不詳	100.0	25.0	25.0	12.5	12.5	6.3	18.8	－

性、平日の起床時間－平日の就寝時間、１週間の学習塾等の日数別（２－２）

第15回調査（平成28年）

	家庭教師								
		1週間の日数							
不詳	総数	1日	2日	3日	4日	5日	6日	7日	不詳
0.1	100.0	63.8	27.1	5.9	0.7	0.7	0.2	1.1	0.3
-	100.0	83.3	8.3	8.3	-	-	-	-	-
-	100.0	84.0	16.0	-	-	-	-	-	-
0.1	100.0	68.4	24.6	3.5	-	-	-	1.8	1.8
0.1	100.0	67.7	26.2	3.5	0.4	0.8	-	1.5	-
0.0	100.0	63.2	27.0	7.1	1.4	0.5	0.3	0.3	0.3
0.1	100.0	61.8	27.6	7.0	0.6	0.3	0.6	1.7	0.6
0.1	100.0	60.6	27.3	6.1	1.0	4.0	-	1.0	-
-	100.0	33.3	58.3	8.3	-	-	-	-	-
-	100.0	-	100.0	-	-	-	-	-	-
-	100.0	66.7	33.3	-	-	-	-	-	-
-	100.0	50.0	38.9	11.1	-	-	-	-	-
-	100.0	66.7	33.3	-	-	-	-	-	-
0.0	100.0	61.3	29.2	5.7	0.9	1.3	0.2	1.1	0.3
-	100.0	85.7	-	14.3	-	-	-	-	-
-	100.0	100.0	-	-	-	-	-	-	-
-	100.0	66.7	29.2	-	-	-	-	-	4.2
-	100.0	65.0	28.3	3.3	0.8	1.7	-	0.8	-
-	100.0	62.1	27.8	6.5	1.2	1.2	0.6	-	0.6
0.0	100.0	58.3	31.1	6.8	1.0	0.5	-	2.4	-
0.1	100.0	56.2	31.5	5.5	1.4	4.1	-	1.4	-
-	100.0	44.4	44.4	11.1	-	-	-	-	-
-	100.0	-	100.0	-	-	-	-	-	-
-	100.0	50.0	50.0	-	-	-	-	-	-
-	100.0	60.0	30.0	10.0	-	-	-	-	-
-	100.0	66.7	33.3	-	-	-	-	-	-
0.1	100.0	66.6	24.8	6.2	0.5	0.2	0.3	1.0	0.3
-	100.0	80.0	20.0	-	-	-	-	-	-
-	100.0	75.0	25.0	-	-	-	-	-	-
0.2	100.0	69.7	21.2	6.1	-	-	-	3.0	-
0.1	100.0	70.0	24.3	3.6	-	-	-	2.1	-
0.1	100.0	64.1	26.3	7.6	1.5	-	-	0.5	-
0.2	100.0	66.7	22.9	7.2	-	-	1.3	0.7	1.3
-	100.0	73.1	15.4	7.7	-	3.8	-	-	-
-	100.0	-	100.0	-	-	-	-	-	-
-	100.0	-	100.0	-	-	-	-	-	-
-	100.0	100.0	-	-	-	-	-	-	-
-	100.0	37.5	50.0	12.5	-	-	-	-	-
-	-	-	-	-	-	-	-	-	-
0.1	100.0	63.8	27.1	5.9	0.7	0.7	0.2	1.1	0.3
-	100.0	50.0	50.0	-	-	-	-	-	-
-	100.0	75.0	18.8	6.3	-	-	-	-	-
0.4	100.0	76.9	19.2	3.8	-	-	-	-	-
0.2	100.0	71.4	19.0	5.7	-	1.0	-	2.9	-
-	100.0	63.8	30.0	4.4	0.6	0.6	-	0.6	-
0.1	100.0	65.9	23.8	6.1	1.5	0.8	0.4	1.1	0.4
0.0	100.0	67.0	25.3	5.9	0.5	-	0.5	0.9	-
0.1	100.0	59.4	32.6	4.6	0.6	1.1	0.6	0.6	0.6
-	100.0	58.8	26.3	8.8	1.3	1.3	-	2.5	1.3
0.1	100.0	53.6	33.9	10.7	-	1.8	-	-	-
-	100.0	57.3	32.7	6.4	0.9	0.9	-	0.9	0.9
-	100.0	66.7	33.3	-	-	-	-	-	-
0.0	100.0	61.3	29.2	5.7	0.9	1.3	0.2	1.1	0.3
-	100.0	50.0	50.0	-	-	-	-	-	-
-	100.0	84.6	7.7	7.7	-	-	-	-	-
-	100.0	76.9	15.4	7.7	-	-	-	-	-
-	100.0	60.9	23.9	6.5	-	2.2	-	6.5	-
-	100.0	68.3	28.0	2.4	-	1.2	-	-	-
0.0	100.0	61.2	25.2	7.5	2.0	1.4	0.7	1.4	0.7
-	100.0	64.8	29.6	4.6	0.9	-	-	-	-
0.1	100.0	57.6	38.0	2.2	-	1.1	-	1.1	-
-	100.0	51.4	25.7	11.4	2.9	2.9	-	2.9	2.9
-	100.0	37.9	44.8	13.8	-	3.4	-	-	-
-	100.0	60.7	31.1	4.9	1.6	1.6	-	-	-
-	100.0	66.7	33.3	-	-	-	-	-	-
0.1	100.0	66.6	24.8	6.2	0.5	0.2	0.3	1.0	0.3
-	-	-	-	-	-	-	-	-	-
-	100.0	33.3	66.7	-	-	-	-	-	-
1.0	100.0	76.9	23.1	-	-	-	-	-	-
0.5	100.0	79.7	15.3	5.1	-	-	-	-	-
-	100.0	59.0	32.1	6.4	1.3	-	-	1.3	-
0.2	100.0	71.9	21.9	4.4	0.9	-	-	0.9	-
0.1	100.0	69.0	21.2	7.1	-	-	0.9	1.8	-
0.1	100.0	61.4	26.5	7.2	1.2	1.2	1.2	-	1.2
-	100.0	64.4	26.7	6.7	-	-	-	2.2	-
0.2	100.0	70.4	22.2	7.4	-	-	-	-	-
-	100.0	53.1	34.7	8.2	-	-	-	2.0	2.0
-	-	-	-	-	-	-	-	-	-

第94表　子ども数・総数に対する割合，出生月、性、１年前（第14回調査）

出生月、性、第14回調査の学習塾等の種類（複数回答）	総数	第15回調査の学習塾等の種類 学習塾	家庭教師	通信教育	学習塾等を利用していない
	実数（人）				
総数					
総数	27 797	17 747	1 161	2 619	5 657
学習塾等の種類					
学習塾	14 047	12 916	383	709	519
家庭教師	972	431	575	47	68
通信教育	3 983	2 237	130	1 886	383
学習塾等を利用していない	7 280	2 402	159	305	3 861
不詳	2 882	966	89	141	854
男児	14 276	9 131	598	1 079	2 884
学習塾等の種類					
学習塾	7 397	6 803	214	291	254
家庭教師	525	246	304	21	33
通信教育	1 687	927	65	774	179
学習塾等を利用していない	3 631	1 158	60	125	1 953
不詳	1 655	538	54	66	479
女児	13 521	8 616	563	1 540	2 773
学習塾等の種類					
学習塾	6 650	6 113	169	418	265
家庭教師	447	185	271	26	35
通信教育	2 296	1 310	65	1 112	204
学習塾等を利用していない	3 649	1 244	99	180	1 908
不詳	1 227	428	35	75	375
１月生まれ					
総数	13 937	9 349	671	1 255	2 564
学習塾等の種類					
学習塾	7 327	6 746	213	362	294
家庭教師	559	248	338	18	28
通信教育	2 038	1 257	68	917	173
学習塾等を利用していない	3 331	1 272	91	136	1 643
不詳	1 429	494	51	68	437
男児	7 078	4 768	350	500	1 293
学習塾等の種類					
学習塾	3 804	3 516	122	143	137
家庭教師	308	143	186	9	12
通信教育	847	516	33	369	76
学習塾等を利用していない	1 623	618	28	46	820
不詳	823	266	33	30	253
女児	6 859	4 581	321	755	1 271
学習塾等の種類					
学習塾	3 523	3 230	91	219	157
家庭教師	251	105	152	9	16
通信教育	1 191	741	35	548	97
学習塾等を利用していない	1 708	654	63	90	823
不詳	606	228	18	38	184
７月生まれ					
総数	13 860	8 398	490	1 364	3 093
学習塾等の種類					
学習塾	6 720	6 170	170	347	225
家庭教師	413	183	237	29	40
通信教育	1 945	980	62	969	210
学習塾等を利用していない	3 949	1 130	68	169	2 218
不詳	1 453	472	38	73	417
男児	7 198	4 363	248	579	1 591
学習塾等の種類					
学習塾	3 593	3 287	92	148	117
家庭教師	217	103	118	12	21
通信教育	840	411	32	405	103
学習塾等を利用していない	2 008	540	32	79	1 133
不詳	832	272	21	36	226
女児	6 662	4 035	242	785	1 502
学習塾等の種類					
学習塾	3 127	2 883	78	199	108
家庭教師	196	80	119	17	19
通信教育	1 105	569	30	564	107
学習塾等を利用していない	1 941	590	36	90	1 085
不詳	621	200	17	37	191

注：１）第14回調査と第15回調査の回答を得た者を集計。
　　２）総数には「家や塾などで勉強しない者」及び「不詳」を含む。

の学習塾等の種類（複数回答）、現在（第15回調査）の学習塾等の種類（複数回答）別

第15回調査（平成28年）

塾等の種類（複数回答）						
		学習塾等の種類				
不詳	総数	学習塾	家庭教師	通信教育	学習塾等を利用していない	不詳
	総数に対する割合（%）					
1 931	100.0	63.8	4.2	9.4	20.4	6.9
343	100.0	91.9	2.7	5.0	3.7	2.4
41	100.0	44.3	59.2	4.8	7.0	4.2
92	100.0	56.2	3.3	47.4	9.6	2.3
602	100.0	33.0	2.2	4.2	53.0	8.3
874	100.0	33.5	3.1	4.9	29.6	30.3
1 168	100.0	64.0	4.2	7.6	20.2	8.2
208	100.0	92.0	2.9	3.9	3.4	2.8
29	100.0	46.9	57.9	4.0	6.3	5.5
44	100.0	54.9	3.9	45.9	10.6	2.6
356	100.0	31.9	1.7	3.4	53.8	9.8
542	100.0	32.5	3.3	4.0	28.9	32.7
763	100.0	63.7	4.2	11.4	20.5	5.6
135	100.0	91.9	2.5	6.3	4.0	2.0
12	100.0	41.4	60.6	5.8	7.8	2.7
48	100.0	57.1	2.8	48.4	8.9	2.1
246	100.0	34.1	2.7	4.9	52.3	6.7
332	100.0	34.9	2.9	6.1	30.6	27.1
839	100.0	67.1	4.8	9.0	18.4	6.0
162	100.0	92.1	2.9	4.9	4.0	2.2
26	100.0	44.4	60.5	3.2	5.0	4.7
40	100.0	61.7	3.3	45.0	8.5	2.0
218	100.0	38.2	2.7	4.1	49.3	6.5
405	100.0	34.6	3.6	4.8	30.6	28.3
495	100.0	67.4	4.9	7.1	18.3	7.0
87	100.0	92.4	3.2	3.8	3.6	2.3
20	100.0	46.4	60.4	2.9	3.9	6.5
17	100.0	60.9	3.9	43.6	9.0	2.0
120	100.0	38.1	1.7	2.8	50.5	7.4
256	100.0	32.3	4.0	3.6	30.7	31.1
344	100.0	66.8	4.7	11.0	18.5	5.0
75	100.0	91.7	2.6	6.2	4.5	2.1
6	100.0	41.8	60.6	3.6	6.4	2.4
23	100.0	62.2	2.9	46.0	8.1	1.9
98	100.0	38.3	3.7	5.3	48.2	5.7
149	100.0	37.6	3.0	6.3	30.4	24.6
1 092	100.0	60.6	3.5	9.8	22.3	7.9
181	100.0	91.8	2.5	5.2	3.3	2.7
15	100.0	44.3	57.4	7.0	9.7	3.6
52	100.0	50.4	3.2	49.8	10.8	2.7
384	100.0	28.6	1.7	4.3	56.2	9.7
469	100.0	32.5	2.6	5.0	28.7	32.3
673	100.0	60.6	3.4	8.0	22.1	9.3
121	100.0	91.5	2.6	4.1	3.3	3.4
9	100.0	47.5	54.4	5.5	9.7	4.1
27	100.0	48.9	3.8	48.2	12.3	3.2
236	100.0	26.9	1.6	3.9	56.4	11.8
286	100.0	32.7	2.5	4.3	27.2	34.4
419	100.0	60.6	3.6	11.8	22.5	6.3
60	100.0	92.2	2.5	6.4	3.5	1.9
6	100.0	40.8	60.7	8.7	9.7	3.1
25	100.0	51.5	2.7	51.0	9.7	2.3
148	100.0	30.4	1.9	4.6	55.9	7.6
183	100.0	32.2	2.7	6.0	30.8	29.5

第95表　子ども数・構成割合,

実　数（人）

性、同居者の構成	総数	進路							結			
		中学卒業後に働くことを考えている	中学卒業後は専門学校・各種学校へ進み、その後、働くことを考えている	高校卒業後に働くことを考えている	高校卒業後は専門学校・各種学校へ進み、その後、働くことを考えている	大学卒業後に働くことを考えている	具体的にはまだ考えていない	不詳	10代のうちにしたいと考えている	20～24歳でしたいと考えている	25～29歳でしたいと考えている	30～34歳でしたいと考えている
総数	28 810	95	648	3 661	4 194	15 065	4 924	223	106	5 986	8 585	880
父母と同居	25 078	74	537	3 007	3 555	13 481	4 292	132	82	5 252	7 619	752
父母又は父母ときょうだいのみ	20 110	54	411	2 232	2 701	11 186	3 422	104	63	4 132	6 171	615
父母のみ	2 999	9	48	282	324	1 865	451	20	9	507	995	121
父母ときょうだいのみ	17 111	45	363	1 950	2 377	9 321	2 971	84	54	3 625	5 176	494
父母と祖父母	4 879	18	124	758	837	2 263	851	28	17	1 085	1 430	137
父母と母方の祖父母	1 349	7	40	177	210	673	232	10	5	295	383	41
父母と父方の祖父母	3 521	11	84	577	626	1 589	616	18	12	787	1 045	96
父母と両方の祖父母	9	－	－	4	1	1	3	－	－	3	2	－
父母とその他	89	2	2	17	17	32	19	－	2	35	18	－
父又は母と同居	3 561	21	107	642	616	1 536	613	26	23	718	941	125
母のみ又は母ときょうだいのみ	2 268	14	67	409	385	992	383	18	8	460	594	82
母と祖父母等	989	5	29	157	174	446	172	6	13	204	273	30
父のみ又は父ときょうだいのみ	143	－	4	32	23	47	36	1	－	23	39	6
父と祖父母等	161	2	7	44	34	51	22	1	2	31	35	7
その他	171	－	4	12	23	48	19	65	1	16	25	3
男児	14 796	62	306	2 297	1 298	7 810	2 884	139	53	2 171	3 996	596
父母と同居	12 918	49	257	1 884	1 109	7 028	2 511	80	42	1 941	3 564	509
父母又は父母ときょうだいのみ	10 369	34	197	1 379	833	5 844	2 019	63	33	1 527	2 858	412
父母のみ	1 517	5	25	165	108	928	272	14	5	190	435	76
父母ときょうだいのみ	8 852	29	172	1 214	725	4 916	1 747	49	28	1 337	2 423	336
父母と祖父母	2 504	14	60	495	269	1 170	479	17	8	401	698	97
父母と母方の祖父母	688	6	19	125	66	325	144	3	4	113	179	25
父母と父方の祖父母	1 809	8	41	367	202	845	332	14	4	287	517	72
父母と両方の祖父母	7	－	－	3	1	－	3	－	－	1	2	－
父母とその他	45	1	－	10	7	14	13	－	1	13	8	－
父又は母と同居	1 778	13	47	403	184	753	361	17	10	224	419	85
母のみ又は母ときょうだいのみ	1 135	9	25	248	115	494	233	11	3	136	266	53
母と祖父母等	475	3	15	108	50	205	90	4	7	65	118	21
父のみ又は父ときょうだいのみ	79	－	3	19	6	26	24	1	－	8	18	6
父と祖父母等	89	1	4	28	13	28	14	1	－	15	17	5
その他	100	－	2	10	5	29	12	42	1	6	13	2
女児	14 014	33	342	1 364	2 896	7 255	2 040	84	53	3 815	4 589	284
父母と同居	12 160	25	280	1 123	2 446	6 453	1 781	52	40	3 311	4 055	243
父母又は父母ときょうだいのみ	9 741	20	214	853	1 868	5 342	1 403	41	30	2 605	3 313	203
父母のみ	1 482	4	23	117	216	937	179	6	4	317	560	45
父母ときょうだいのみ	8 259	16	191	736	1 652	4 405	1 224	35	26	2 288	2 753	158
父母と祖父母	2 375	4	64	263	568	1 093	372	11	9	684	732	40
父母と母方の祖父母	661	1	21	52	144	348	88	7	1	182	204	16
父母と父方の祖父母	1 712	3	43	210	424	744	284	4	8	500	528	24
父母と両方の祖父母	2	－	－	1	－	1	－	－	－	2	－	－
父母とその他	44	1	2	7	10	18	6	－	1	22	10	－
父又は母と同居	1 783	8	60	239	432	783	252	9	13	494	522	40
母のみ又は母ときょうだいのみ	1 133	5	42	161	270	498	150	7	5	324	328	29
母と祖父母等	514	2	14	49	124	241	82	2	6	139	155	9
父のみ又は父ときょうだいのみ	64	－	1	13	17	21	12	－	－	15	21	－
父と祖父母等	72	1	3	16	21	23	8	－	2	16	18	2
その他	71	－	2	2	18	19	7	23	－	10	12	1

第15回調査（平成28年）

婚						最初の子どもを持つ時期									
35～39歳でしたいと考えている	40歳以降でしたいと考えている	結婚はしたいが時期は考えていない	結婚はしたくない	具体的にはまだ考えていない	不詳	10代のうちに持ちたいと考えている	20～24歳で持ちたいと考えている	25～29歳で持ちたいと考えている	30～34歳で持ちたいと考えている	35～39歳で持ちたいと考えている	40歳以降で持ちたいと考えている	子どもは持ちたいが時期は考えていない	子どもは持ちたくない	具体的にはまだ考えていない	不詳
29	13	2 115	1 254	9 556	286	53	2 546	9 157	2 409	164	12	2 129	1 322	10 707	311
24	11	1 852	1 044	8 256	186	34	2 195	8 116	2 131	137	8	1 869	1 108	9 274	206
19	8	1 468	841	6 639	154	26	1 709	6 497	1 745	108	6	1 462	907	7 483	167
3	1	242	132	958	31	2	202	958	322	23	1	214	156	1 090	31
16	7	1 226	709	5 681	123	24	1 507	5 539	1 423	85	5	1 248	751	6 393	136
5	3	377	200	1 593	32	7	468	1 592	380	29	2	398	197	1 767	39
2	1	99	60	458	5	2	126	431	113	3	－	97	61	507	9
3	2	278	140	1 131	27	5	341	1 158	267	26	2	301	136	1 255	30
－	－	－	－	4	－	－	1	3	－	－	－	－	－	5	－
－	－	7	3	24	－	1	18	27	6	－	－	9	4	24	－
5	2	253	207	1 254	33	19	344	1 009	273	26	3	250	210	1 388	39
4	1	166	139	792	22	11	218	640	173	19	3	160	134	884	26
1	1	60	59	341	7	8	92	301	75	2	－	64	65	375	7
－	－	12	4	58	1	－	11	42	12	2	－	11	4	60	1
－	－	15	5	63	3	－	23	26	13	3	－	15	7	69	5
－	－	10	3	46	67	－	7	32	5	1	1	10	4	45	66
26	12	1 079	645	6 027	191	28	782	3 808	1 512	128	12	1 016	622	6 684	204
22	10	949	547	5 209	125	20	694	3 388	1 343	105	8	895	533	5 796	136
17	8	766	444	4 203	101	16	553	2 676	1 088	83	6	709	443	4 687	108
3	1	129	76	583	19	2	63	378	186	18	1	108	84	657	20
14	7	637	368	3 620	82	14	490	2 298	902	65	5	601	359	4 030	88
5	2	180	102	987	24	3	136	703	250	22	2	181	89	1 090	28
2	1	45	35	281	3	2	36	194	65	3	－	41	31	311	5
3	1	135	67	702	21	1	99	508	185	19	2	140	58	774	23
－	－	－	－	4	－	－	1	1	－	－	－	－	－	5	－
－	－	3	1	19	－	1	5	9	5	－	－	5	1	19	－
4	2	127	98	786	23	8	85	407	166	22	3	117	88	856	26
3	1	83	66	509	15	3	55	252	101	16	3	74	59	555	17
1	1	30	29	198	5	5	16	125	50	2	－	29	24	219	5
－	－	4	1	41	1	－	5	17	7	2	－	5	1	41	1
－	－	10	2	38	2	－	9	13	8	2	－	9	4	41	3
－	－	3	－	32	43	－	3	13	3	1	1	4	1	32	42
3	1	1 036	609	3 529	95	25	1 764	5 349	897	36	－	1 113	700	4 023	107
2	1	903	497	3 047	61	14	1 501	4 728	788	32	－	974	575	3 478	70
2	－	702	397	2 436	53	10	1 156	3 821	657	25	－	753	464	2 796	59
－	－	113	56	375	12	－	139	580	136	5	－	106	72	433	11
2	－	589	341	2 061	41	10	1 017	3 241	521	20	－	647	392	2 363	48
－	1	197	98	606	8	4	332	889	130	7	－	217	108	677	11
－	－	54	25	177	2	－	90	237	48	－	－	56	30	196	4
－	1	143	73	429	6	4	242	650	82	7	－	161	78	481	7
－	－	－	－	－	－	－	－	2	－	－	－	－	－	－	－
－	－	4	2	5	－	－	13	18	1	－	－	4	3	5	－
1	－	126	109	468	10	11	259	602	107	4	－	133	122	532	13
1	－	83	73	283	7	8	163	388	72	3	－	86	75	329	9
－	－	30	30	143	2	3	76	176	25	－	－	35	41	156	2
－	－	8	3	17	－	－	6	25	5	－	－	6	3	19	－
－	－	5	3	25	1	－	14	13	5	1	－	6	3	28	2
－	－	7	3	14	24	－	4	19	2	－	－	6	3	13	24

構成割合（%）

性、同居者の構成	総数	進路							結			
		中学卒業後に働くことを考えている	中学卒業後は専門学校・各種学校へ進み、その後、働くことを考えている	高校卒業後に働くことを考えている	高校卒業後は専門学校・各種学校へ進み、その後、働くことを考えている	大学卒業後に働くことを考えている	具体的にはまだ考えていない	不詳	10代のうちにしたいと考えている	20～24歳でしたいと考えている	25～29歳でしたいと考えている	30～34歳でしたいと考えている
総数	100.0	0.3	2.2	12.7	14.6	52.3	17.1	0.8	0.4	20.8	29.8	3.1
父母と同居	100.0	0.3	2.1	12.0	14.2	53.8	17.1	0.5	0.3	20.9	30.4	3.0
父母又は父母ときょうだいのみ	100.0	0.3	2.0	11.1	13.4	55.6	17.0	0.5	0.3	20.5	30.7	3.1
父母のみ	100.0	0.3	1.6	9.4	10.8	62.2	15.0	0.7	0.3	16.9	33.2	4.0
父母ときょうだいのみ	100.0	0.3	2.1	11.4	13.9	54.5	17.4	0.5	0.3	21.2	30.2	2.9
父母と祖父母	100.0	0.4	2.5	15.5	17.2	46.4	17.4	0.6	0.3	22.2	29.3	2.8
父母と母方の祖父母	100.0	0.5	3.0	13.1	15.6	49.9	17.2	0.7	0.4	21.9	28.4	3.0
父母と父方の祖父母	100.0	0.3	2.4	16.4	17.8	45.1	17.5	0.5	0.3	22.4	29.7	2.7
父母と両方の祖父母	100.0	-	-	44.4	11.1	11.1	33.3	-	-	33.3	22.2	-
父母とその他	100.0	2.2	2.2	19.1	19.1	36.0	21.3	-	2.2	39.3	20.2	-
父又は母と同居	100.0	0.6	3.0	18.0	17.3	43.1	17.2	0.7	0.6	20.2	26.4	3.5
母のみ又は母ときょうだいのみ	100.0	0.6	3.0	18.0	17.0	43.7	16.9	0.8	0.4	20.3	26.2	3.6
母と祖父母等	100.0	0.5	2.9	15.9	17.6	45.1	17.4	0.6	1.3	20.6	27.6	3.0
父のみ又は父ときょうだいのみ	100.0	-	2.8	22.4	16.1	32.9	25.2	0.7	-	16.1	27.3	4.2
父と祖父母等	100.0	1.2	4.3	27.3	21.1	31.7	13.7	0.6	1.2	19.3	21.7	4.3
その他	100.0	-	2.3	7.0	13.5	28.1	11.1	38.0	0.6	9.4	14.6	1.8
男児	100.0	0.4	2.1	15.5	8.8	52.8	19.5	0.9	0.4	14.7	27.0	4.0
父母と同居	100.0	0.4	2.0	14.6	8.6	54.4	19.4	0.6	0.3	15.0	27.6	3.9
父母又は父母ときょうだいのみ	100.0	0.3	1.9	13.3	8.0	56.4	19.5	0.6	0.3	14.7	27.6	4.0
父母のみ	100.0	0.3	1.6	10.9	7.1	61.2	17.9	0.9	0.3	12.5	28.7	5.0
父母ときょうだいのみ	100.0	0.3	1.9	13.7	8.2	55.5	19.7	0.6	0.3	15.1	27.4	3.8
父母と祖父母	100.0	0.6	2.4	19.8	10.7	46.7	19.1	0.7	0.3	16.0	27.9	3.9
父母と母方の祖父母	100.0	0.9	2.8	18.2	9.6	47.2	20.9	0.4	0.6	16.4	26.0	3.6
父母と父方の祖父母	100.0	0.4	2.3	20.3	11.2	46.7	18.4	0.8	0.2	15.9	28.6	4.0
父母と両方の祖父母	100.0	-	-	42.9	14.3	-	42.9	-	-	14.3	28.6	-
父母とその他	100.0	2.2	-	22.2	15.6	31.1	28.9	-	2.2	28.9	17.8	-
父又は母と同居	100.0	0.7	2.6	22.7	10.3	42.4	20.3	1.0	0.6	12.6	23.6	4.8
母のみ又は母ときょうだいのみ	100.0	0.8	2.2	21.9	10.1	43.5	20.5	1.0	0.3	12.0	23.4	4.7
母と祖父母等	100.0	0.6	3.2	22.7	10.5	43.2	18.9	0.8	1.5	13.7	24.8	4.4
父のみ又は父ときょうだいのみ	100.0	-	3.8	24.1	7.6	32.9	30.4	1.3	-	10.1	22.8	7.6
父と祖父母等	100.0	1.1	4.5	31.5	14.6	31.5	15.7	1.1	-	16.9	19.1	5.6
その他	100.0	-	2.0	10.0	5.0	29.0	12.0	42.0	1.0	6.0	13.0	2.0
女児	100.0	0.2	2.4	9.7	20.7	51.8	14.6	0.6	0.4	27.2	32.7	2.0
父母と同居	100.0	0.2	2.3	9.2	20.1	53.1	14.6	0.4	0.3	27.2	33.3	2.0
父母又は父母ときょうだいのみ	100.0	0.2	2.2	8.8	19.2	54.8	14.4	0.4	0.3	26.7	34.0	2.1
父母のみ	100.0	0.3	1.6	7.9	14.6	63.2	12.1	0.4	0.3	21.4	37.8	3.0
父母ときょうだいのみ	100.0	0.2	2.3	8.9	20.0	53.3	14.8	0.4	0.3	27.7	33.3	1.9
父母と祖父母	100.0	0.2	2.7	11.1	23.9	46.0	15.7	0.5	0.4	28.8	30.8	1.7
父母と母方の祖父母	100.0	0.2	3.2	7.9	21.8	52.6	13.3	1.1	0.2	27.5	30.9	2.4
父母と父方の祖父母	100.0	0.2	2.5	12.3	24.8	43.5	16.6	0.2	0.5	29.2	30.8	1.4
父母と両方の祖父母	100.0	-	-	50.0	-	50.0	-	-	-	100.0	-	-
父母とその他	100.0	2.3	4.5	15.9	22.7	40.9	13.6	-	2.3	50.0	22.7	-
父又は母と同居	100.0	0.4	3.4	13.4	24.2	43.9	14.1	0.5	0.7	27.7	29.3	2.2
母のみ又は母ときょうだいのみ	100.0	0.4	3.7	14.2	23.8	44.0	13.2	0.6	0.4	28.6	28.9	2.6
母と祖父母等	100.0	0.4	2.7	9.5	24.1	46.9	16.0	0.4	1.2	27.0	30.2	1.8
父のみ又は父ときょうだいのみ	100.0	-	1.6	20.3	26.6	32.8	18.8	-	-	23.4	32.8	-
父と祖父母等	100.0	1.4	4.2	22.2	29.2	31.9	11.1	-	2.8	22.2	25.0	2.8
その他	100.0	-	2.8	2.8	25.4	26.8	9.9	32.4	-	14.1	16.9	1.4

第15回調査（平成28年）

婚						最初の子どもを持つ時期									
35～39歳でしたいと考えている	40歳以降でしたいと考えている	結婚はしたいが時期は考えていない	結婚はしたくない	具体的にはまだ考えていない	不詳	10代のうちに持ちたいと考えている	20～24歳で持ちたいと考えている	25～29歳で持ちたいと考えている	30～34歳で持ちたいと考えている	35～39歳で持ちたいと考えている	40歳以降で持ちたいと考えている	子どもは持ちたいが時期は考えていない	子どもは持ちたくない	具体的にはまだ考えていない	不詳
0.1	0.0	7.3	4.4	33.2	1.0	0.2	8.8	31.8	8.4	0.6	0.0	7.4	4.6	37.2	1.1
0.1	0.0	7.4	4.2	32.9	0.7	0.1	8.8	32.4	8.5	0.5	0.0	7.5	4.4	37.0	0.8
0.1	0.0	7.3	4.2	33.0	0.8	0.1	8.5	32.3	8.7	0.5	0.0	7.3	4.5	37.2	0.8
0.1	0.0	8.1	4.4	31.9	1.0	0.1	6.7	31.9	10.7	0.8	0.0	7.1	5.2	36.3	1.0
0.1	0.0	7.2	4.1	33.2	0.7	0.1	8.8	32.4	8.3	0.5	0.0	7.3	4.4	37.4	0.8
0.1	0.1	7.7	4.1	32.7	0.7	0.1	9.6	32.6	7.8	0.6	0.0	8.2	4.0	36.2	0.8
0.1	0.1	7.3	4.4	34.0	0.4	0.1	9.3	31.9	8.4	0.2	－	7.2	4.5	37.6	0.7
0.1	0.1	7.9	4.0	32.1	0.8	0.1	9.7	32.9	7.6	0.7	0.1	8.5	3.9	35.6	0.9
－	－	－	－	44.4	－	－	11.1	33.3	－	－	－	－	－	55.6	－
－	－	7.9	3.4	27.0	－	1.1	20.2	30.3	6.7	－	－	10.1	4.5	27.0	－
0.1	0.1	7.1	5.8	35.2	0.9	0.5	9.7	28.3	7.7	0.7	0.1	7.0	5.9	39.0	1.1
0.2	0.0	7.3	6.1	34.9	1.0	0.5	9.6	28.2	7.6	0.8	0.1	7.1	5.9	39.0	1.1
0.1	0.1	6.1	6.0	34.5	0.7	0.8	9.3	30.4	7.6	0.2	－	6.5	6.6	37.9	0.7
－	－	8.4	2.8	40.6	0.7	－	7.7	29.4	8.4	1.4	－	7.7	2.8	42.0	0.7
－	－	9.3	3.1	39.1	1.9	－	14.3	16.1	8.1	1.9	－	9.3	4.3	42.9	3.1
－	－	5.8	1.8	26.9	39.2	－	4.1	18.7	2.9	0.6	0.6	5.8	2.3	26.3	38.6
0.2	0.1	7.3	4.4	40.7	1.3	0.2	5.3	25.7	10.2	0.9	0.1	6.9	4.2	45.2	1.4
0.2	0.1	7.3	4.2	40.3	1.0	0.2	5.4	26.2	10.4	0.8	0.1	6.9	4.1	44.9	1.1
0.2	0.1	7.4	4.3	40.5	1.0	0.2	5.3	25.8	10.5	0.8	0.1	6.8	4.3	45.2	1.0
0.2	0.1	8.5	5.0	38.4	1.3	0.1	4.2	24.9	12.3	1.2	0.1	7.1	5.5	43.3	1.3
0.2	0.1	7.2	4.2	40.9	0.9	0.2	5.5	26.0	10.2	0.7	0.1	6.8	4.1	45.5	1.0
0.2	0.1	7.2	4.1	39.4	1.0	0.1	5.4	28.1	10.0	0.9	0.1	7.2	3.6	43.5	1.1
0.3	0.1	6.5	5.1	40.8	0.4	0.3	5.2	28.2	9.4	0.4	－	6.0	4.5	45.2	0.7
0.2	0.1	7.5	3.7	38.8	1.2	0.1	5.5	28.1	10.2	1.1	0.1	7.7	3.2	42.8	1.3
－	－	－	－	57.1	－	－	14.3	14.3	－	－	－	－	－	71.4	－
－	－	6.7	2.2	42.2	－	2.2	11.1	20.0	11.1	－	－	11.1	2.2	42.2	－
0.2	0.1	7.1	5.5	44.2	1.3	0.4	4.8	22.9	9.3	1.2	0.2	6.6	4.9	48.1	1.5
0.3	0.1	7.3	5.8	44.8	1.3	0.3	4.8	22.2	8.9	1.4	0.3	6.5	5.2	48.9	1.5
0.2	0.2	6.3	6.1	41.7	1.1	1.1	3.4	26.3	10.5	0.4	－	6.1	5.1	46.1	1.1
－	－	5.1	1.3	51.9	1.3	－	6.3	21.5	8.9	2.5	－	6.3	1.3	51.9	1.3
－	－	11.2	2.2	42.7	2.2	－	10.1	14.6	9.0	2.2	－	10.1	4.5	46.1	3.4
－	－	3.0	－	32.0	43.0	－	3.0	13.0	3.0	1.0	1.0	4.0	1.0	32.0	42.0
0.0	0.0	7.4	4.3	25.2	0.7	0.2	12.6	38.2	6.4	0.3	－	7.9	5.0	28.7	0.8
0.0	0.0	7.4	4.1	25.1	0.5	0.1	12.3	38.9	6.5	0.3	－	8.0	4.7	28.6	0.6
0.0	－	7.2	4.1	25.0	0.5	0.1	11.9	39.2	6.7	0.3	－	7.7	4.8	28.7	0.6
－	－	7.6	3.8	25.3	0.8	－	9.4	39.1	9.2	0.3	－	7.2	4.9	29.2	0.7
0.0	－	7.1	4.1	25.0	0.5	0.1	12.3	39.2	6.3	0.2	－	7.8	4.7	28.6	0.6
－	0.0	8.3	4.1	25.5	0.3	0.2	14.0	37.4	5.5	0.3	－	9.1	4.5	28.5	0.5
－	－	8.2	3.8	26.8	0.3	－	13.6	35.9	7.3	－	－	8.5	4.5	29.7	0.6
－	0.1	8.4	4.3	25.1	0.4	0.2	14.1	38.0	4.8	0.4	－	9.4	4.6	28.1	0.4
－	－	－	－	－	－	－	－	100.0	－	－	－	－	－	－	－
－	－	9.1	4.5	11.4	－	－	29.5	40.9	2.3	－	－	9.1	6.8	11.4	－
0.1	－	7.1	6.1	26.2	0.6	0.6	14.5	33.8	6.0	0.2	－	7.5	6.8	29.8	0.7
0.1	－	7.3	6.4	25.0	0.6	0.7	14.4	34.2	6.4	0.3	－	7.6	6.6	29.0	0.8
－	－	5.8	5.8	27.8	0.4	0.6	14.8	34.2	4.9	－	－	6.8	8.0	30.4	0.4
－	－	12.5	4.7	26.6	－	－	9.4	39.1	7.8	－	－	9.4	4.7	29.7	－
－	－	6.9	4.2	34.7	1.4	－	19.4	18.1	6.9	1.4	－	8.3	4.2	38.9	2.8
－	－	9.9	4.2	19.7	33.8	－	5.6	26.8	2.8	－	－	8.5	4.2	18.3	33.8

第96表　母・父と同居している子ども数・構成割合，

母－父の年齢	総　数	進			路				結				
		中学卒業後に働くことを考えている	中学卒業後は専門学校・各種学校へ進み、その後、働くことを考えている	高校卒業後に働くことを考えている	高校卒業後は専門学校・各種学校へ進み、その後、働くことを考えている	大学卒業後に働くことを考えている	具体的にはまだ考えていない	不　詳	10代のうちにしたいと考えている	20～24歳でしたいと考えている	25～29歳でしたいと考えている	30～34歳でしたいと考えている	35～39歳でしたいと考えている
													実
母	28 335	93	633	3 573	4 114	14 919	4 847	156	103	5 916	8 486	864	29
34歳以下	148	3	8	43	29	40	25	－	8	43	37	8	－
35～39歳	2 404	15	85	473	467	881	464	19	26	687	537	62	3
40～44歳	10 731	32	253	1 449	1 615	5 533	1 803	46	32	2 521	3 106	299	12
45～49歳	10 936	33	212	1 158	1 485	6 122	1 869	57	27	2 023	3 481	342	8
50歳以上	4 094	10	73	446	515	2 332	684	34	10	637	1 315	153	5
父	25 382	76	548	3 083	3 612	13 579	4 350	134	84	5 306	7 693	765	24
34歳以下	46	1	3	11	11	14	6	－	－	18	7	1	－
35～39歳	1 203	9	37	261	256	405	225	10	12	380	269	42	3
40～44歳	6 775	24	165	869	1 078	3 447	1 165	27	24	1 685	2 014	143	5
45～49歳	9 441	17	172	999	1 313	5 289	1 605	46	29	1 880	2 965	295	7
50歳以上	7 632	23	158	884	911	4 315	1 294	47	18	1 293	2 361	275	8
													構　成
母	100.0	0.3	2.2	12.6	14.5	52.7	17.1	0.6	0.4	20.9	29.9	3.0	0.1
34歳以下	100.0	2.0	5.4	29.1	19.6	27.0	16.9	－	5.4	29.1	25.0	5.4	－
35～39歳	100.0	0.6	3.5	19.7	19.4	36.6	19.3	0.8	1.1	28.6	22.3	2.6	0.1
40～44歳	100.0	0.3	2.4	13.5	15.0	51.6	16.8	0.4	0.3	23.5	28.9	2.8	0.1
45～49歳	100.0	0.3	1.9	10.6	13.6	56.0	17.1	0.5	0.2	18.5	31.8	3.1	0.1
50歳以上	100.0	0.2	1.8	10.9	12.6	57.0	16.7	0.8	0.2	15.6	32.1	3.7	0.1
父	100.0	0.3	2.2	12.1	14.2	53.5	17.1	0.5	0.3	20.9	30.3	3.0	0.1
34歳以下	100.0	2.2	6.5	23.9	23.9	30.4	13.0	－	－	39.1	15.2	2.2	－
35～39歳	100.0	0.7	3.1	21.7	21.3	33.7	18.7	0.8	1.0	31.6	22.4	3.5	0.2
40～44歳	100.0	0.4	2.4	12.8	15.9	50.9	17.2	0.4	0.4	24.9	29.7	2.1	0.1
45～49歳	100.0	0.2	1.8	10.6	13.9	56.0	17.0	0.5	0.3	19.9	31.4	3.1	0.1
50歳以上	100.0	0.3	2.1	11.6	11.9	56.5	17.0	0.6	0.2	16.9	30.9	3.6	0.1

注：総数には母－父の年齢の「不詳」を含む。

母－父の年齢、将来について別

第15回調査（平成28年）

婚					最初の子どもを持つ時期									
40歳以降でしたいと考えている	結婚はしたいが時期は考えていない	結婚はしたくない	具体的には考えていない	不詳	10代のうちに持ちたいと考えている	20～24歳で持ちたいと考えている	25～29歳で持ちたいと考えている	30～34歳で持ちたいと考えている	35～39歳で持ちたいと考えている	40歳以降で持ちたいと考えている	子どもは持ちたいが時期は考えていない	子どもは持ちたくない	具体的には考えていない	不詳
数（人）														
13	2 078	1 242	9 389	215	53	2 505	9 057	2 379	158	11	2 093	1 307	10 533	239
－	11	3	38	－	5	29	41	15	1	－	11	7	39	－
1	177	111	775	25	15	414	627	141	8	2	186	114	870	27
6	739	484	3 461	71	12	1 083	3 600	739	47	5	755	489	3 921	80
4	811	448	3 716	76	13	744	3 579	1 023	63	3	811	493	4 119	88
2	337	196	1 396	43	8	233	1 200	460	39	1	329	203	1 577	44
11	1 879	1 053	8 377	190	34	2 229	8 184	2 156	142	8	1 895	1 119	9 403	212
－	5	－	15	－	－	11	8	5	－	－	4	1	17	－
－	92	47	344	14	6	222	327	82	6	－	102	47	396	15
3	458	275	2 128	40	5	755	2 352	404	23	3	494	284	2 409	46
6	709	374	3 107	69	11	723	3 116	866	54	5	689	414	3 488	75
2	593	338	2 679	65	11	488	2 303	775	57	－	582	354	2 988	74
割合（%）														
0.0	7.3	4.4	33.1	0.8	0.2	8.8	32.0	8.4	0.6	0.0	7.4	4.6	37.2	0.8
－	7.4	2.0	25.7	－	3.4	19.6	27.7	10.1	0.7	－	7.4	4.7	26.4	－
0.0	7.4	4.6	32.2	1.0	0.6	17.2	26.1	5.9	0.3	0.1	7.7	4.7	36.2	1.1
0.1	6.9	4.5	32.3	0.7	0.1	10.1	33.5	6.9	0.4	0.0	7.0	4.6	36.5	0.7
0.0	7.4	4.1	34.0	0.7	0.1	6.8	32.7	9.4	0.6	0.0	7.4	4.5	37.7	0.8
0.0	8.2	4.8	34.1	1.1	0.2	5.7	29.3	11.2	1.0	0.0	8.0	5.0	38.5	1.1
0.0	7.4	4.1	33.0	0.7	0.1	8.8	32.2	8.5	0.6	0.0	7.5	4.4	37.0	0.8
－	10.9	－	32.6	－	－	23.9	17.4	10.9	－	－	8.7	2.2	37.0	－
－	7.6	3.9	28.6	1.2	0.5	18.5	27.2	6.8	0.5	－	8.5	3.9	32.9	1.2
0.0	6.8	4.1	31.4	0.6	0.1	11.1	34.7	6.0	0.3	0.0	7.3	4.2	35.6	0.7
0.1	7.5	4.0	32.9	0.7	0.1	7.7	33.0	9.2	0.6	0.1	7.3	4.4	36.9	0.8
0.0	7.8	4.4	35.1	0.9	0.1	6.4	30.2	10.2	0.7	－	7.6	4.6	39.2	1.0

第97表　子ども数・構成割合，

性、子どもが望む進路	総数	保護：中学卒業後に働いてほしい	中学卒業後は専門学校・各種学校へ進み、その後、働いてほしい	高校卒業後に働いてほしい
				実
総数	28 810	13	223	2 376
中学卒業後に働くことを考えている	95	6	4	23
中学卒業後は専門学校・各種学校へ進み、その後、働くことを考えている	648	–	95	86
高校卒業後に働くことを考えている	3 661	2	32	1 460
高校卒業後は専門学校・各種学校へ進み、その後、働くことを考えている	4 194	2	46	236
大学卒業後に働くことを考えている	15 065	–	12	99
具体的にはまだ考えていない	4 924	3	28	434
不詳	223	–	6	38
男児	14 796	7	109	1 416
中学卒業後に働くことを考えている	62	3	2	12
中学卒業後は専門学校・各種学校へ進み、その後、働くことを考えている	306	–	49	44
高校卒業後に働くことを考えている	2 297	1	20	928
高校卒業後は専門学校・各種学校へ進み、その後、働くことを考えている	1 298	1	13	94
大学卒業後に働くことを考えている	7 810	–	5	56
具体的にはまだ考えていない	2 884	2	16	254
不詳	139	–	4	28
女児	14 014	6	114	960
中学卒業後に働くことを考えている	33	3	2	11
中学卒業後は専門学校・各種学校へ進み、その後、働くことを考えている	342	–	46	42
高校卒業後に働くことを考えている	1 364	1	12	532
高校卒業後は専門学校・各種学校へ進み、その後、働くことを考えている	2 896	1	33	142
大学卒業後に働くことを考えている	7 255	–	7	43
具体的にはまだ考えていない	2 040	1	12	180
不詳	84	–	2	10
				構成
総数	100.0	0.0	0.8	8.2
中学卒業後に働くことを考えている	100.0	6.3	4.2	24.2
中学卒業後は専門学校・各種学校へ進み、その後、働くことを考えている	100.0	–	14.7	13.3
高校卒業後に働くことを考えている	100.0	0.1	0.9	39.9
高校卒業後は専門学校・各種学校へ進み、その後、働くことを考えている	100.0	0.0	1.1	5.6
大学卒業後に働くことを考えている	100.0	–	0.1	0.7
具体的にはまだ考えていない	100.0	0.1	0.6	8.8
不詳	100.0	–	2.7	17.0
男児	100.0	0.0	0.7	9.6
中学卒業後に働くことを考えている	100.0	4.8	3.2	19.4
中学卒業後は専門学校・各種学校へ進み、その後、働くことを考えている	100.0	–	16.0	14.4
高校卒業後に働くことを考えている	100.0	0.0	0.9	40.4
高校卒業後は専門学校・各種学校へ進み、その後、働くことを考えている	100.0	0.1	1.0	7.2
大学卒業後に働くことを考えている	100.0	–	0.1	0.7
具体的にはまだ考えていない	100.0	0.1	0.6	8.8
不詳	100.0	–	2.9	20.1
女児	100.0	0.0	0.8	6.9
中学卒業後に働くことを考えている	100.0	9.1	6.1	33.3
中学卒業後は専門学校・各種学校へ進み、その後、働くことを考えている	100.0	–	13.5	12.3
高校卒業後に働くことを考えている	100.0	0.1	0.9	39.0
高校卒業後は専門学校・各種学校へ進み、その後、働くことを考えている	100.0	0.0	1.1	4.9
大学卒業後に働くことを考えている	100.0	–	0.1	0.6
具体的にはまだ考えていない	100.0	0.0	0.6	8.8
不詳	100.0	–	2.4	11.9

性、子どもが望む進路、保護者が望む進路別

第15回調査（平成28年）

者が望む進路				
高校卒業後は専門学校・各種学校へ進み、その後、働いてほしい	大学卒業後に働いてほしい	子どもの意思にまかせる	特に考えていない	不詳
数（人）				
3 130	12 372	10 095	142	459
6	9	37	4	6
132	67	257	−	11
373	212	1 492	21	69
1 551	619	1 649	16	75
481	9 878	4 370	32	193
564	1 521	2 224	65	85
23	66	66	4	20
1 164	6 970	4 794	77	259
3	8	27	3	4
48	37	120	−	8
224	159	903	13	49
429	246	489	5	21
174	5 449	1 994	19	113
273	1 031	1 225	34	49
13	40	36	3	15
1 966	5 402	5 301	65	200
3	1	10	1	2
84	30	137	−	3
149	53	589	8	20
1 122	373	1 160	11	54
307	4 429	2 376	13	80
291	490	999	31	36
10	26	30	1	5
割合（%）				
10.9	42.9	35.0	0.5	1.6
6.3	9.5	38.9	4.2	6.3
20.4	10.3	39.7	−	1.7
10.2	5.8	40.8	0.6	1.9
37.0	14.8	39.3	0.4	1.8
3.2	65.6	29.0	0.2	1.3
11.5	30.9	45.2	1.3	1.7
10.3	29.6	29.6	1.8	9.0
7.9	47.1	32.4	0.5	1.8
4.8	12.9	43.5	4.8	6.5
15.7	12.1	39.2	−	2.6
9.8	6.9	39.3	0.6	2.1
33.1	19.0	37.7	0.4	1.6
2.2	69.8	25.5	0.2	1.4
9.5	35.7	42.5	1.2	1.7
9.4	28.8	25.9	2.2	10.8
14.0	38.5	37.8	0.5	1.4
9.1	3.0	30.3	3.0	6.1
24.6	8.8	40.1	−	0.9
10.9	3.9	43.2	0.6	1.5
38.7	12.9	40.1	0.4	1.9
4.2	61.0	32.7	0.2	1.1
14.3	24.0	49.0	1.5	1.8
11.9	31.0	35.7	1.2	6.0

第98表　母・父と同居している子ども数・総数に対する割合，

実　数（人）

性、母－父の学歴	総数	子ども 中学卒業後に働くことを考えている	中学卒業後は専門学校・各種学校へ進み、その後、働くことを考えている	高校卒業後に働くことを考えている
総数				
母	28 083	92	623	3 529
中学校	961	16	41	264
高校	10 123	48	273	2 022
専修・専門学校・短大・高専	12 347	23	255	1 058
大学・大学院	4 483	5	43	161
その他・不詳	169	-	11	24
父	25 166	75	539	3 049
中学校	1 352	14	59	345
高校	9 248	39	265	1 759
専修・専門学校・短大・高専	3 942	6	96	444
大学・大学院	10 408	15	109	458
その他・不詳	216	1	10	43
男児				
母	14 394	61	288	2 215
中学校	466	9	15	145
高校	5 171	28	115	1 229
専修・専門学校・短大・高専	6 389	19	132	713
大学・大学院	2 273	5	20	109
その他・不詳	95	-	6	19
父	12 978	50	257	1 914
中学校	671	8	23	204
高校	4 741	26	116	1 116
専修・専門学校・短大・高専	2 077	3	55	284
大学・大学院	5 373	12	59	285
その他・不詳	116	1	4	25
女児				
母	13 689	31	335	1 314
中学校	495	7	26	119
高校	4 952	20	158	793
専修・専門学校・短大・高専	5 958	4	123	345
大学・大学院	2 210	-	23	52
その他・不詳	74	-	5	5
父	12 188	25	282	1 135
中学校	681	6	36	141
高校	4 507	13	149	643
専修・専門学校・短大・高専	1 865	3	41	160
大学・大学院	5 035	3	50	173
その他・不詳	100	-	6	18

注：第２回調査と第15回調査の回答を得た者を集計。

性、母－父の学歴、子どもが望む進路別（２－１）

第15回調査（平成28年）

が　望　む　進　路			
高校卒業後は専門学校・各種学校へ進み、その後、働くことを考えている	大学卒業後に働くことを考えている	具体的にはまだ考えていない	不詳
4 072	14 805	4 806	156
200	259	177	4
1 853	3 983	1 882	62
1 710	7 104	2 131	66
285	3 378	588	23
24	81	28	1
3 576	13 477	4 316	134
287	372	258	17
1 732	3 649	1 753	51
674	1 939	765	18
857	7 427	1 497	45
26	90	43	3
1 260	7 667	2 808	95
56	131	108	2
579	2 118	1 062	40
527	3 679	1 282	37
91	1 693	340	15
7	46	16	1
1 118	7 028	2 529	82
86	199	137	14
550	1 901	1 000	32
224	1 037	467	7
253	3 837	900	27
5	54	25	2
2 812	7 138	1 998	61
144	128	69	2
1 274	1 865	820	22
1 183	3 425	849	29
194	1 685	248	8
17	35	12	-
2 458	6 449	1 787	52
201	173	121	3
1 182	1 748	753	19
450	902	298	11
604	3 590	597	18
21	36	18	1

第98表　母・父と同居している子ども数・総数に対する割合，

総数に対する割合（%）

性、母－父の学歴	総数	子ども		
		中学卒業後に働くことを考えている	中学卒業後は専門学校・各種学校へ進み、その後、働くことを考えている	高校卒業後に働くことを考えている
総数				
母	100.0	0.3	2.2	12.6
中学校	100.0	1.7	4.3	27.5
高校	100.0	0.5	2.7	20.0
専修・専門学校・短大・高専	100.0	0.2	2.1	8.6
大学・大学院	100.0	0.1	1.0	3.6
その他・不詳	100.0	−	6.5	14.2
父	100.0	0.3	2.1	12.1
中学校	100.0	1.0	4.4	25.5
高校	100.0	0.4	2.9	19.0
専修・専門学校・短大・高専	100.0	0.2	2.4	11.3
大学・大学院	100.0	0.1	1.0	4.4
その他・不詳	100.0	0.5	4.6	19.9
男児				
母	100.0	0.4	2.0	15.4
中学校	100.0	1.9	3.2	31.1
高校	100.0	0.5	2.2	23.8
専修・専門学校・短大・高専	100.0	0.3	2.1	11.2
大学・大学院	100.0	0.2	0.9	4.8
その他・不詳	100.0	−	6.3	20.0
父	100.0	0.4	2.0	14.7
中学校	100.0	1.2	3.4	30.4
高校	100.0	0.5	2.4	23.5
専修・専門学校・短大・高専	100.0	0.1	2.6	13.7
大学・大学院	100.0	0.2	1.1	5.3
その他・不詳	100.0	0.9	3.4	21.6
女児				
母	100.0	0.2	2.4	9.6
中学校	100.0	1.4	5.3	24.0
高校	100.0	0.4	3.2	16.0
専修・専門学校・短大・高専	100.0	0.1	2.1	5.8
大学・大学院	100.0	−	1.0	2.4
その他・不詳	100.0	−	6.8	6.8
父	100.0	0.2	2.3	9.3
中学校	100.0	0.9	5.3	20.7
高校	100.0	0.3	3.3	14.3
専修・専門学校・短大・高専	100.0	0.2	2.2	8.6
大学・大学院	100.0	0.1	1.0	3.4
その他・不詳	100.0	−	6.0	18.0

注：第２回調査と第15回調査の回答を得た者を集計。

性、母－父の学歴、子どもが望む進路別（２－２）

第15回調査（平成28年）

が望む進路			
高校卒業後は専門学校・各種学校へ進み、その後、働くことを考えている	大学卒業後に働くことを考えている	具体的にはまだ考えていない	不詳
14.5	52.7	17.1	0.6
20.8	27.0	18.4	0.4
18.3	39.3	18.6	0.6
13.8	57.5	17.3	0.5
6.4	75.4	13.1	0.5
14.2	47.9	16.6	0.6
14.2	53.6	17.2	0.5
21.2	27.5	19.1	1.3
18.7	39.5	19.0	0.6
17.1	49.2	19.4	0.5
8.2	71.4	14.4	0.4
12.0	41.7	19.9	1.4
8.8	53.3	19.5	0.7
12.0	28.1	23.2	0.4
11.2	41.0	20.5	0.8
8.2	57.6	20.1	0.6
4.0	74.5	15.0	0.7
7.4	48.4	16.8	1.1
8.6	54.2	19.5	0.6
12.8	29.7	20.4	2.1
11.6	40.1	21.1	0.7
10.8	49.9	22.5	0.3
4.7	71.4	16.8	0.5
4.3	46.6	21.6	1.7
20.5	52.1	14.6	0.4
29.1	25.9	13.9	0.4
25.7	37.7	16.6	0.4
19.9	57.5	14.2	0.5
8.8	76.2	11.2	0.4
23.0	47.3	16.2	−
20.2	52.9	14.7	0.4
29.5	25.4	17.8	0.4
26.2	38.8	16.7	0.4
24.1	48.4	16.0	0.6
12.0	71.3	11.9	0.4
21.0	36.0	18.0	1.0

第99表　習い事・学習塾等を利用している子ども数・構成割合，

1か月の習い事・学習塾等の費用	総数	保護		
		中学卒業後に働いてほしい	中学卒業後は専門学校・各種学校へ進み、その後、働いてほしい	高校卒業後に働いてほしい
				実
習い事・スポーツクラブ等	9 673	3	51	587
5千円未満	2 023	1	13	162
5千～1万円未満	2 812	1	15	167
1～2万円未満	2 603	-	13	142
2～3万円未満	898	-	5	55
3～4万円未満	483	1	3	27
4～5万円未満	211	-	-	10
5～6万円未満	190	-	1	6
6万円以上	393	-	1	12
不詳	60	-	-	6
学習塾・家庭教師・通信教育等	21 476	2	105	1 181
5千円未満	.254	1	1	27
5千～1万円未満	1 912	-	11	136
1～2万円未満	3 354	1	19	305
2～3万円未満	4 136	-	27	247
3～4万円未満	3 721	-	18	192
4～5万円未満	1 987	-	5	69
5～6万円未満	1 563	-	6	63
6万円以上	4 496	-	16	139
不詳	53	-	2	3
				構成
習い事・スポーツクラブ等	100.0	0.0	0.5	6.1
5千円未満	100.0	0.0	0.6	8.0
5千～1万円未満	100.0	0.0	0.5	5.9
1～2万円未満	100.0	-	0.5	5.5
2～3万円未満	100.0	-	0.6	6.1
3～4万円未満	100.0	0.2	0.6	5.6
4～5万円未満	100.0	-	-	4.7
5～6万円未満	100.0	-	0.5	3.2
6万円以上	100.0	-	0.3	3.1
不詳	100.0	-	-	10.0
学習塾・家庭教師・通信教育等	100.0	0.0	0.5	5.5
5千円未満	100.0	0.4	0.4	10.6
5千～1万円未満	100.0	-	0.6	7.1
1～2万円未満	100.0	0.0	0.6	9.1
2～3万円未満	100.0	-	0.7	6.0
3～4万円未満	100.0	-	0.5	5.2
4～5万円未満	100.0	-	0.3	3.5
5～6万円未満	100.0	-	0.4	4.0
6万円以上	100.0	-	0.4	3.1
不詳	100.0	-	3.8	5.7

1か月の習い事・学習塾等の費用、保護者が望む進路別

第15回調査（平成28年）

者が望む進路				
高校卒業後は専門学校・各種学校へ進み、その後、働いてほしい	大学卒業後に働いてほしい	子どもの意思にまかせる	特に考えていない	不詳
数（人）				
958	4 500	3 420	42	112
226	832	760	10	19
313	1 263	1 003	16	34
220	1 294	893	12	29
92	438	296	1	11
36	229	178	－	9
18	106	74	－	3
20	99	63	－	1
25	209	138	3	5
8	30	15	－	1
2 316	10 283	7 271	78	240
33	77	110	1	4
212	712	812	9	20
448	1 298	1 225	20	38
525	1 863	1 415	21	38
401	1 886	1 176	6	42
186	1 059	643	4	21
145	866	455	6	22
365	2 502	1 410	10	54
1	20	25	1	1
割合（%）				
9.9	46.5	35.4	0.4	1.2
11.2	41.1	37.6	0.5	0.9
11.1	44.9	35.7	0.6	1.2
8.5	49.7	34.3	0.5	1.1
10.2	48.8	33.0	0.1	1.2
7.5	47.4	36.9	－	1.9
8.5	50.2	35.1	－	1.4
10.5	52.1	33.2	－	0.5
6.4	53.2	35.1	0.8	1.3
13.3	50.0	25.0	－	1.7
10.8	47.9	33.9	0.4	1.1
13.0	30.3	43.3	0.4	1.6
11.1	37.2	42.5	0.5	1.0
13.4	38.7	36.5	0.6	1.1
12.7	45.0	34.2	0.5	0.9
10.8	50.7	31.6	0.2	1.1
9.4	53.3	32.4	0.2	1.1
9.3	55.4	29.1	0.4	1.4
8.1	55.6	31.4	0.2	1.2
1.9	37.7	47.2	1.9	1.9

第100表　子ども数・構成割合，

性、市郡	総数	働きたい地域を決めている	現在住んでいる市区町村、または現在住んでいる市区町村から通える地域	その他の地域
				実
総数	28 810	8 438	5 236	3 166
21大都市	7 541	2 184	1 507	667
その他の市	18 677	5 510	3 318	2 169
郡部	2 534	730	406	322
外国	58	14	5	8
男児	14 796	3 983	2 551	1 416
21大都市	3 914	1 064	738	320
その他の市	9 552	2 566	1 603	954
郡部	1 305	349	209	140
外国	25	4	1	2
女児	14 014	4 455	2 685	1 750
21大都市	3 627	1 120	769	347
その他の市	9 125	2 944	1 715	1 215
郡部	1 229	381	197	182
外国	33	10	4	6
				構成
総数	100.0	29.3	18.2	11.0
21大都市	100.0	29.0	20.0	8.8
その他の市	100.0	29.5	17.8	11.6
郡部	100.0	28.8	16.0	12.7
外国	100.0	24.1	8.6	13.8
男児	100.0	26.9	17.2	9.6
21大都市	100.0	27.2	18.9	8.2
その他の市	100.0	26.9	16.8	10.0
郡部	100.0	26.7	16.0	10.7
外国	100.0	16.0	4.0	8.0
女児	100.0	31.8	19.2	12.5
21大都市	100.0	30.9	21.2	9.6
その他の市	100.0	32.3	18.8	13.3
郡部	100.0	31.0	16.0	14.8
外国	100.0	30.3	12.1	18.2

性、市郡、働きたい地域別

第15回調査（平成28年）

不　詳	働けるならどの地域でもよい	まだ考えていない	不　詳
数（人）			
36	5 472	14 658	242
10	1 387	3 910	60
23	3 558	9 448	161
2	514	1 272	18
1	13	28	3
16	2 953	7 706	154
6	734	2 074	42
9	1 934	4 953	99
-	280	666	10
1	5	13	3
20	2 519	6 952	88
4	653	1 836	18
14	1 624	4 495	62
2	234	606	8
-	8	15	-
割合（%）			
0.1	19.0	50.9	0.8
0.1	18.4	51.8	0.8
0.1	19.1	50.6	0.9
0.1	20.3	50.2	0.7
1.7	22.4	48.3	5.2
0.1	20.0	52.1	1.0
0.2	18.8	53.0	1.1
0.1	20.2	51.9	1.0
-	21.5	51.0	0.8
4.0	20.0	52.0	12.0
0.1	18.0	49.6	0.6
0.1	18.0	50.6	0.5
0.2	17.8	49.3	0.7
0.2	19.0	49.3	0.7
-	24.2	45.5	-

第101表　子ども数・構成割合,

実　数（人）

性、地域ブロック	総数	働きたい地域を決めている	現在住んでいる市区町村、または現在住んでいる市区町村から通える地域	その他の地域
総数	28 810	8 438	5 236	3 166
北海道	1 035	353	219	132
東北	2 092	715	379	332
関東１	7 784	2 108	1 491	612
関東２	2 379	720	414	306
北陸	1 365	430	258	168
東海	3 728	1 086	687	393
近畿１	3 813	995	618	370
近畿２	947	233	149	84
中国	1 716	564	321	241
四国	863	278	168	110
北九州	1 849	547	314	232
南九州	1 181	395	213	178
外国	58	14	5	8
男児	14 796	3 983	2 551	1 416
北海道	494	152	103	48
東北	1 077	339	188	150
関東１	3 999	1 007	708	296
関東２	1 218	340	212	128
北陸	706	204	132	71
東海	1 944	529	356	170
近畿１	1 969	487	306	178
近畿２	501	118	79	39
中国	859	268	155	112
四国	404	104	71	33
北九州	975	240	146	94
南九州	625	191	94	95
外国	25	4	1	2
女児	14 014	4 455	2 685	1 750
北海道	541	201	116	84
東北	1 015	376	191	182
関東１	3 785	1 101	783	316
関東２	1 161	380	202	178
北陸	659	226	126	97
東海	1 784	557	331	223
近畿１	1 844	508	312	192
近畿２	446	115	70	45
中国	857	296	166	129
四国	459	174	97	77
北九州	874	307	168	138
南九州	556	204	119	83
外国	33	10	4	6

性、地域ブロック、働きたい地域別（２－１）

第15回調査（平成28年）

不　　　詳	働けるならどの地域でもよい	まだ考えていない	不　　　詳
36	5 472	14 658	242
2	212	465	5
4	392	972	13
5	1 436	4 171	69
−	432	1 206	21
4	250	675	10
6	798	1 819	25
7	704	2 085	29
−	180	525	9
2	328	812	12
−	149	424	12
1	364	914	24
4	214	562	10
1	13	28	3
16	2 953	7 706	154
1	109	230	3
1	221	509	8
3	767	2 181	44
−	233	634	11
1	142	353	7
3	430	968	17
3	372	1 093	17
−	93	283	7
1	170	413	8
−	78	214	8
−	211	510	14
2	122	305	7
1	5	13	3
20	2 519	6 952	88
1	103	235	2
3	171	463	5
2	669	1 990	25
−	199	572	10
3	108	322	3
3	368	851	8
4	332	992	12
−	87	242	2
1	158	399	4
−	71	210	4
1	153	404	10
2	92	257	3
−	8	15	−

第101表　子ども数・構成割合，

構成割合（%）

性、地域ブロック	総数	働きたい地域を決めている	現在住んでいる市区町村、または現在住んでいる市区町村から通える地域	その他の地域
総数	100.0	29.3	18.2	11.0
北海道	100.0	34.1	21.2	12.8
東北	100.0	34.2	18.1	15.9
関東１	100.0	27.1	19.2	7.9
関東２	100.0	30.3	17.4	12.9
北陸	100.0	31.5	18.9	12.3
東海	100.0	29.1	18.4	10.5
近畿１	100.0	26.1	16.2	9.7
近畿２	100.0	24.6	15.7	8.9
中国	100.0	32.9	18.7	14.0
四国	100.0	32.2	19.5	12.7
北九州	100.0	29.6	17.0	12.5
南九州	100.0	33.4	18.0	15.1
外国	100.0	24.1	8.6	13.8
男児	100.0	26.9	17.2	9.6
北海道	100.0	30.8	20.9	9.7
東北	100.0	31.5	17.5	13.9
関東１	100.0	25.2	17.7	7.4
関東２	100.0	27.9	17.4	10.5
北陸	100.0	28.9	18.7	10.1
東海	100.0	27.2	18.3	8.7
近畿１	100.0	24.7	15.5	9.0
近畿２	100.0	23.6	15.8	7.8
中国	100.0	31.2	18.0	13.0
四国	100.0	25.7	17.6	8.2
北九州	100.0	24.6	15.0	9.6
南九州	100.0	30.6	15.0	15.2
外国	100.0	16.0	4.0	8.0
女児	100.0	31.8	19.2	12.5
北海道	100.0	37.2	21.4	15.5
東北	100.0	37.0	18.8	17.9
関東１	100.0	29.1	20.7	8.3
関東２	100.0	32.7	17.4	15.3
北陸	100.0	34.3	19.1	14.7
東海	100.0	31.2	18.6	12.5
近畿１	100.0	27.5	16.9	10.4
近畿２	100.0	25.8	15.7	10.1
中国	100.0	34.5	19.4	15.1
四国	100.0	37.9	21.1	16.8
北九州	100.0	35.1	19.2	15.8
南九州	100.0	36.7	21.4	14.9
外国	100.0	30.3	12.1	18.2

性、地域ブロック、働きたい地域別（２－２）

第15回調査（平成28年）

不　　　　詳	働けるならどの地域でもよい	まだ考えていない	不　　　　詳
0.1	19.0	50.9	0.8
0.2	20.5	44.9	0.5
0.2	18.7	46.5	0.6
0.1	18.4	53.6	0.9
-	18.2	50.7	0.9
0.3	18.3	49.5	0.7
0.2	21.4	48.8	0.7
0.2	18.5	54.7	0.8
-	19.0	55.4	1.0
0.1	19.1	47.3	0.7
-	17.3	49.1	1.4
0.1	19.7	49.4	1.3
0.3	18.1	47.6	0.8
1.7	22.4	48.3	5.2
0.1	20.0	52.1	1.0
0.2	22.1	46.6	0.6
0.1	20.5	47.3	0.7
0.1	19.2	54.5	1.1
-	19.1	52.1	0.9
0.1	20.1	50.0	1.0
0.2	22.1	49.8	0.9
0.2	18.9	55.5	0.9
-	18.6	56.5	1.4
0.1	19.8	48.1	0.9
-	19.3	53.0	2.0
-	21.6	52.3	1.4
0.3	19.5	48.8	1.1
4.0	20.0	52.0	12.0
0.1	18.0	49.6	0.6
0.2	19.0	43.4	0.4
0.3	16.8	45.6	0.5
0.1	17.7	52.6	0.7
-	17.1	49.3	0.9
0.5	16.4	48.9	0.5
0.2	20.6	47.7	0.4
0.2	18.0	53.8	0.7
-	19.5	54.3	0.4
0.1	18.4	46.6	0.5
-	15.5	45.8	0.9
0.1	17.5	46.2	1.1
0.4	16.5	46.2	0.5
-	24.2	45.5	-

第102表　子ども数・構成割合，

性、子どもが望む進路	総数	働きたい地域を決めている	現在住んでいる市区町村、または現在住んでいる市区町村から通える地域	その他の地域
				実
総数	28 810	8 438	5 236	3 166
中学卒業後に働くことを考えている	95	45	36	8
中学卒業後は専門学校・各種学校へ進み、その後、働くことを考えている	648	208	135	73
高校卒業後に働くことを考えている	3 661	1 257	946	304
高校卒業後は専門学校・各種学校へ進み、その後、働くことを考えている	4 194	1 455	873	576
大学卒業後に働くことを考えている	15 065	4 759	2 785	1 958
具体的にはまだ考えていない	4 924	696	447	243
不詳	223	18	14	4
男児	14 796	3 983	2 551	1 416
中学卒業後に働くことを考えている	62	30	24	5
中学卒業後は専門学校・各種学校へ進み、その後、働くことを考えている	306	89	61	28
高校卒業後に働くことを考えている	2 297	756	588	164
高校卒業後は専門学校・各種学校へ進み、その後、働くことを考えている	1 298	440	281	158
大学卒業後に働くことを考えている	7 810	2 279	1 336	936
具体的にはまだ考えていない	2 884	382	257	122
不詳	139	7	4	3
女児	14 014	4 455	2 685	1 750
中学卒業後に働くことを考えている	33	15	12	3
中学卒業後は専門学校・各種学校へ進み、その後、働くことを考えている	342	119	74	45
高校卒業後に働くことを考えている	1 364	501	358	140
高校卒業後は専門学校・各種学校へ進み、その後、働くことを考えている	2 896	1 015	592	418
大学卒業後に働くことを考えている	7 255	2 480	1 449	1 022
具体的にはまだ考えていない	2 040	314	190	121
不詳	84	11	10	1
				構　成
総数	100.0	29.3	18.2	11.0
中学卒業後に働くことを考えている	100.0	47.4	37.9	8.4
中学卒業後は専門学校・各種学校へ進み、その後、働くことを考えている	100.0	32.1	20.8	11.3
高校卒業後に働くことを考えている	100.0	34.3	25.8	8.3
高校卒業後は専門学校・各種学校へ進み、その後、働くことを考えている	100.0	34.7	20.8	13.7
大学卒業後に働くことを考えている	100.0	31.6	18.5	13.0
具体的にはまだ考えていない	100.0	14.1	9.1	4.9
不詳	100.0	8.1	6.3	1.8
男児	100.0	26.9	17.2	9.6
中学卒業後に働くことを考えている	100.0	48.4	38.7	8.1
中学卒業後は専門学校・各種学校へ進み、その後、働くことを考えている	100.0	29.1	19.9	9.2
高校卒業後に働くことを考えている	100.0	32.9	25.6	7.1
高校卒業後は専門学校・各種学校へ進み、その後、働くことを考えている	100.0	33.9	21.6	12.2
大学卒業後に働くことを考えている	100.0	29.2	17.1	12.0
具体的にはまだ考えていない	100.0	13.2	8.9	4.2
不詳	100.0	5.0	2.9	2.2
女児	100.0	31.8	19.2	12.5
中学卒業後に働くことを考えている	100.0	45.5	36.4	9.1
中学卒業後は専門学校・各種学校へ進み、その後、働くことを考えている	100.0	34.8	21.6	13.2
高校卒業後に働くことを考えている	100.0	36.7	26.2	10.3
高校卒業後は専門学校・各種学校へ進み、その後、働くことを考えている	100.0	35.0	20.4	14.4
大学卒業後に働くことを考えている	100.0	34.2	20.0	14.1
具体的にはまだ考えていない	100.0	15.4	9.3	5.9
不詳	100.0	13.1	11.9	1.2

性、子どもが望む進路、働きたい地域別

第15回調査（平成28年）

不詳	働けるならどの地域でもよい	まだ考えていない	不詳
数（人）			
36	5 472	14 658	242
1	19	31	−
−	129	308	3
7	829	1 560	15
6	870	1 856	13
16	2 971	7 300	35
6	643	3 572	13
−	11	31	163
16	2 953	7 706	154
1	13	19	−
−	68	148	1
4	544	983	14
1	273	579	6
7	1 651	3 861	19
3	397	2 098	7
−	7	18	107
20	2 519	6 952	88
−	6	12	−
−	61	160	2
3	285	577	1
5	597	1 277	7
9	1 320	3 439	16
3	246	1 474	6
−	4	13	56
割合（%）			
0.1	19.0	50.9	0.8
1.1	20.0	32.6	−
−	19.9	47.5	0.5
0.2	22.6	42.6	0.4
0.1	20.7	44.3	0.3
0.1	19.7	48.5	0.2
0.1	13.1	72.5	0.3
−	4.9	13.9	73.1
0.1	20.0	52.1	1.0
1.6	21.0	30.6	−
−	22.2	48.4	0.3
0.2	23.7	42.8	0.6
0.1	21.0	44.6	0.5
0.1	21.1	49.4	0.2
0.1	13.8	72.7	0.2
−	5.0	12.9	77.0
0.1	18.0	49.6	0.6
−	18.2	36.4	−
−	17.8	46.8	0.6
0.2	20.9	42.3	0.1
0.2	20.6	44.1	0.2
0.1	18.2	47.4	0.2
0.1	12.1	72.3	0.3
−	4.8	15.5	66.7

第103表　子ども数・総数に対する割合，性、同居者の構成、

実　数（人）

性　　、 同居者の構成	総数	就きたい職業は決まっている	高収入が得られるから	地位や名声が得られるから	自分の能力や適性が生かせるから	自分の興味や好みにあっているから
総数	28 810	12 675	2 953	812	6 054	9 905
父母と同居	25 078	10 989	2 574	706	5 301	8 636
父母又は父母ときょうだいのみ	20 110	8 782	2 111	593	4 278	6 904
父母のみ	2 999	1 321	332	84	664	1 036
父母ときょうだいのみ	17 111	7 461	1 779	509	3 614	5 868
父母と祖父母	4 879	2 174	459	113	1 005	1 705
父母と母方の祖父母	1 349	616	144	38	293	477
父母と父方の祖父母	3 521	1 555	315	75	711	1 225
父母と両方の祖父母	9	3	-	-	1	3
父母とその他	89	33	4	-	18	27
父又は母と同居	3 561	1 630	369	101	723	1 230
母のみ又は母ときょうだいのみ	2 268	1 032	229	72	458	785
母と祖父母等	989	492	123	27	217	362
父のみ又は父ときょうだいのみ	143	46	9	1	21	42
父と祖父母等	161	60	8	1	27	41
その他	171	56	10	5	30	39
男児	14 796	5 627	1 467	464	2 649	4 127
父母と同居	12 918	4 916	1 297	408	2 345	3 634
父母又は父母ときょうだいのみ	10 369	3 937	1 074	341	1 879	2 907
父母のみ	1 517	606	168	45	296	451
父母ときょうだいのみ	8 852	3 331	906	296	1 583	2 456
父母と祖父母	2 504	964	221	67	458	716
父母と母方の祖父母	688	269	68	23	127	198
父母と父方の祖父母	1 809	694	153	44	330	517
父母と両方の祖父母	7	1	-	-	1	1
父母とその他	45	15	2	-	8	11
父又は母と同居	1 778	681	163	53	290	473
母のみ又は母ときょうだいのみ	1 135	426	97	38	184	300
母と祖父母等	475	206	57	14	88	143
父のみ又は父ときょうだいのみ	79	17	3	-	5	14
父と祖父母等	89	32	6	1	13	16
その他	100	30	7	3	14	20
女児	14 014	7 048	1 486	348	3 405	5 778
父母と同居	12 160	6 073	1 277	298	2 956	5 002
父母又は父母ときょうだいのみ	9 741	4 845	1 037	252	2 399	3 997
父母のみ	1 482	715	164	39	368	585
父母ときょうだいのみ	8 259	4 130	873	213	2 031	3 412
父母と祖父母	2 375	1 210	238	46	547	989
父母と母方の祖父母	661	347	76	15	166	279
父母と父方の祖父母	1 712	861	162	31	381	708
父母と両方の祖父母	2	2	-	-	-	2
父母とその他	44	18	2	-	10	16
父又は母と同居	1 783	949	206	48	433	757
母のみ又は母ときょうだいのみ	1 133	606	132	34	274	485
母と祖父母等	514	286	66	13	129	219
父のみ又は父ときょうだいのみ	64	29	6	1	16	28
父と祖父母等	72	28	2	-	14	25
その他	71	26	3	2	16	19

第15回調査（平成28年）

社会や人のために役立ち、貢献できるから	失業のおそれがないから	親（祖父母や親せきを含む）の仕事を継ぎたいから	その他	不詳	就きたい職業は決まっていない	不詳
5 294	1 675	428	367	86	15 873	262
4 627	1 444	373	298	68	13 925	164
3 731	1 206	283	236	51	11 196	132
564	192	46	27	9	1 651	27
3 167	1 014	237	209	42	9 545	105
880	236	89	59	17	2 674	31
273	67	16	18	7	723	10
607	169	73	41	10	1 945	21
–	–	–	–	–	6	–
16	2	1	3	–	55	1
639	226	49	67	18	1 898	33
407	141	33	36	11	1 215	21
202	72	10	28	4	489	8
14	7	1	–	–	96	1
16	6	5	3	3	98	3
28	5	6	2	–	50	65
2 085	731	277	135	50	9 004	165
1 844	636	249	108	39	7 897	105
1 493	533	184	87	25	6 347	85
225	85	33	8	3	891	20
1 268	448	151	79	22	5 456	65
344	103	65	20	14	1 521	19
104	28	8	5	6	414	5
240	75	57	15	8	1 101	14
–	–	–	–	–	6	–
7	–	–	1	–	29	1
227	91	24	25	11	1 079	18
150	61	16	11	7	697	12
68	23	3	13	1	265	4
4	3	1	–	–	61	1
5	4	4	1	3	56	1
14	4	4	2	–	28	42
3 209	944	151	232	36	6 869	97
2 783	808	124	190	29	6 028	59
2 238	673	99	149	26	4 849	47
339	107	13	19	6	760	7
1 899	566	86	130	20	4 089	40
536	133	24	39	3	1 153	12
169	39	8	13	1	309	5
367	94	16	26	2	844	7
–	–	–	–	–	–	–
9	2	1	2	–	26	–
412	135	25	42	7	819	15
257	80	17	25	4	518	9
134	49	7	15	3	224	4
10	4	–	–	–	35	–
11	2	1	2	–	42	2
14	1	2	–	–	22	23

第103表　子ども数・総数に対する割合，性、同居者の構成、

総数に対する割合（%）

性　　、 同居者の構成	総数	就きたい職業は決まっている	高収入が得られるから	地位や名声が得られるから	自分の能力や適性が生かせるから	自分の興味や好みにあっているから
総数	100.0	44.0	10.2	2.8	21.0	34.4
父母と同居	100.0	43.8	10.3	2.8	21.1	34.4
父母又は父母ときょうだいのみ	100.0	43.7	10.5	2.9	21.3	34.3
父母のみ	100.0	44.0	11.1	2.8	22.1	34.5
父母ときょうだいのみ	100.0	43.6	10.4	3.0	21.1	34.3
父母と祖父母	100.0	44.6	9.4	2.3	20.6	34.9
父母と母方の祖父母	100.0	45.7	10.7	2.8	21.7	35.4
父母と父方の祖父母	100.0	44.2	8.9	2.1	20.2	34.8
父母と両方の祖父母	100.0	33.3	-	-	11.1	33.3
父母とその他	100.0	37.1	4.5	-	20.2	30.3
父又は母と同居	100.0	45.8	10.4	2.8	20.3	34.5
母のみ又は母ときょうだいのみ	100.0	45.5	10.1	3.2	20.2	34.6
母と祖父母等	100.0	49.7	12.4	2.7	21.9	36.6
父のみ又は父ときょうだいのみ	100.0	32.2	6.3	0.7	14.7	29.4
父と祖父母等	100.0	37.3	5.0	0.6	16.8	25.5
その他	100.0	32.7	5.8	2.9	17.5	22.8
男児	100.0	38.0	9.9	3.1	17.9	27.9
父母と同居	100.0	38.1	10.0	3.2	18.2	28.1
父母又は父母ときょうだいのみ	100.0	38.0	10.4	3.3	18.1	28.0
父母のみ	100.0	39.9	11.1	3.0	19.5	29.7
父母ときょうだいのみ	100.0	37.6	10.2	3.3	17.9	27.7
父母と祖父母	100.0	38.5	8.8	2.7	18.3	28.6
父母と母方の祖父母	100.0	39.1	9.9	3.3	18.5	28.8
父母と父方の祖父母	100.0	38.4	8.5	2.4	18.2	28.6
父母と両方の祖父母	100.0	14.3	-	-	14.3	14.3
父母とその他	100.0	33.3	4.4	-	17.8	24.4
父又は母と同居	100.0	38.3	9.2	3.0	16.3	26.6
母のみ又は母ときょうだいのみ	100.0	37.5	8.5	3.3	16.2	26.4
母と祖父母等	100.0	43.4	12.0	2.9	18.5	30.1
父のみ又は父ときょうだいのみ	100.0	21.5	3.8	-	6.3	17.7
父と祖父母等	100.0	36.0	6.7	1.1	14.6	18.0
その他	100.0	30.0	7.0	3.0	14.0	20.0
女児	100.0	50.3	10.6	2.5	24.3	41.2
父母と同居	100.0	49.9	10.5	2.5	24.3	41.1
父母又は父母ときょうだいのみ	100.0	49.7	10.6	2.6	24.6	41.0
父母のみ	100.0	48.2	11.1	2.6	24.8	39.5
父母ときょうだいのみ	100.0	50.0	10.6	2.6	24.6	41.3
父母と祖父母	100.0	50.9	10.0	1.9	23.0	41.6
父母と母方の祖父母	100.0	52.5	11.5	2.3	25.1	42.2
父母と父方の祖父母	100.0	50.3	9.5	1.8	22.3	41.4
父母と両方の祖父母	100.0	100.0	-	-	-	100.0
父母とその他	100.0	40.9	4.5	-	22.7	36.4
父又は母と同居	100.0	53.2	11.6	2.7	24.3	42.5
母のみ又は母ときょうだいのみ	100.0	53.5	11.7	3.0	24.2	42.8
母と祖父母等	100.0	55.6	12.8	2.5	25.1	42.6
父のみ又は父ときょうだいのみ	100.0	45.3	9.4	1.6	25.0	43.8
父と祖父母等	100.0	38.9	2.8	-	19.4	34.7
その他	100.0	36.6	4.2	2.8	22.5	26.8

就きたい職業の有無・就きたい理由（複数回答）別（２－２）

第15回調査（平成28年）

社会や人のために役立ち、貢献できるから	失業のおそれがないから	親（祖父母や親せきを含む）の仕事を継ぎたいから	その他	不詳	就きたい職業は決まっていない	不詳
18.4	5.8	1.5	1.3	0.3	55.1	0.9
18.5	5.8	1.5	1.2	0.3	55.5	0.7
18.6	6.0	1.4	1.2	0.3	55.7	0.7
18.8	6.4	1.5	0.9	0.3	55.1	0.9
18.5	5.9	1.4	1.2	0.2	55.8	0.6
18.0	4.8	1.8	1.2	0.3	54.8	0.6
20.2	5.0	1.2	1.3	0.5	53.6	0.7
17.2	4.8	2.1	1.2	0.3	55.2	0.6
－	－	－	－	－	66.7	－
18.0	2.2	1.1	3.4	－	61.8	1.1
17.9	6.3	1.4	1.9	0.5	53.3	0.9
17.9	6.2	1.5	1.6	0.5	53.6	0.9
20.4	7.3	1.0	2.8	0.4	49.4	0.8
9.8	4.9	0.7	－	－	67.1	0.7
9.9	3.7	3.1	1.9	1.9	60.9	1.9
16.4	2.9	3.5	1.2	－	29.2	38.0
14.1	4.9	1.9	0.9	0.3	60.9	1.1
14.3	4.9	1.9	0.8	0.3	61.1	0.8
14.4	5.1	1.8	0.8	0.2	61.2	0.8
14.8	5.6	2.2	0.5	0.2	58.7	1.3
14.3	5.1	1.7	0.9	0.2	61.6	0.7
13.7	4.1	2.6	0.8	0.6	60.7	0.8
15.1	4.1	1.2	0.7	0.9	60.2	0.7
13.3	4.1	3.2	0.8	0.4	60.9	0.8
－	－	－	－	－	85.7	－
15.6	－	－	2.2	－	64.4	2.2
12.8	5.1	1.3	1.4	0.6	60.7	1.0
13.2	5.4	1.4	1.0	0.6	61.4	1.1
14.3	4.8	0.6	2.7	0.2	55.8	0.8
5.1	3.8	1.3	－	－	77.2	1.3
5.6	4.5	4.5	1.1	3.4	62.9	1.1
14.0	4.0	4.0	2.0	－	28.0	42.0
22.9	6.7	1.1	1.7	0.3	49.0	0.7
22.9	6.6	1.0	1.6	0.2	49.6	0.5
23.0	6.9	1.0	1.5	0.3	49.8	0.5
22.9	7.2	0.9	1.3	0.4	51.3	0.5
23.0	6.9	1.0	1.6	0.2	49.5	0.5
22.6	5.6	1.0	1.6	0.1	48.5	0.5
25.6	5.9	1.2	2.0	0.2	46.7	0.8
21.4	5.5	0.9	1.5	0.1	49.3	0.4
－	－	－	－	－	－	－
20.5	4.5	2.3	4.5	－	59.1	－
23.1	7.6	1.4	2.4	0.4	45.9	0.8
22.7	7.1	1.5	2.2	0.4	45.7	0.8
26.1	9.5	1.4	2.9	0.6	43.6	0.8
15.6	6.3	－	－	－	54.7	－
15.3	2.8	1.4	2.8	－	58.3	2.8
19.7	1.4	2.8	－	－	31.0	32.4

第104表　子ども数・構成割合，性、同居者の構成、

実　数（人）

性、同居者の構成	総数	就きたい職業は決まっている	高収入が得られるから	地位や名声が得られるから	自分の能力や適性が生かせるから	自分の興味や好みにあっているから
総数	28 810	12 675	878	72	1 591	6 643
父母と同居	25 078	10 989	755	60	1 384	5 797
父母又は父母ときょうだいのみ	20 110	8 782	619	50	1 106	4 633
父母のみ	2 999	1 321	101	7	176	671
父母ときょうだいのみ	17 111	7 461	518	43	930	3 962
父母と祖父母	4 879	2 174	136	10	273	1 147
父母と母方の祖父母	1 349	616	41	3	72	317
父母と父方の祖父母	3 521	1 555	95	7	201	827
父母と両方の祖父母	9	3	−	−	−	3
父母とその他	89	33	−	−	5	17
父又は母と同居	3 561	1 630	122	12	197	824
母のみ又は母ときょうだいのみ	2 268	1 032	72	8	132	528
母と祖父母等	989	492	47	3	49	239
父のみ又は父ときょうだいのみ	143	46	−	−	7	29
父と祖父母等	161	60	3	1	9	28
その他	171	56	1	−	10	22
男児	14 796	5 627	468	48	763	2 754
父母と同居	12 918	4 916	399	42	667	2 424
父母又は父母ときょうだいのみ	10 369	3 937	333	37	527	1 949
父母のみ	1 517	606	53	5	85	302
父母ときょうだいのみ	8 852	3 331	280	32	442	1 647
父母と祖父母	2 504	964	66	5	136	468
父母と母方の祖父母	688	269	22	2	34	137
父母と父方の祖父母	1 809	694	44	3	102	330
父母と両方の祖父母	7	1	−	−	−	1
父母とその他	45	15	−	−	4	7
父又は母と同居	1 778	681	68	6	91	318
母のみ又は母ときょうだいのみ	1 135	426	37	3	62	199
母と祖父母等	475	206	28	2	21	98
父のみ又は父ときょうだいのみ	79	17	−	−	3	9
父と祖父母等	89	32	3	1	5	12
その他	100	30	1	−	5	12
女児	14 014	7 048	410	24	828	3 889
父母と同居	12 160	6 073	356	18	717	3 373
父母又は父母ときょうだいのみ	9 741	4 845	286	13	579	2 684
父母のみ	1 482	715	48	2	91	369
父母ときょうだいのみ	8 259	4 130	238	11	488	2 315
父母と祖父母	2 375	1 210	70	5	137	679
父母と母方の祖父母	661	347	19	1	38	180
父母と父方の祖父母	1 712	861	51	4	99	497
父母と両方の祖父母	2	2	−	−	−	2
父母とその他	44	18	−	−	1	10
父又は母と同居	1 783	949	54	6	106	506
母のみ又は母ときょうだいのみ	1 133	606	35	5	70	329
母と祖父母等	514	286	19	1	28	141
父のみ又は父ときょうだいのみ	64	29	−	−	4	20
父と祖父母等	72	28	−	−	4	16
その他	71	26	−	−	5	10

就きたい職業の有無・就きたい一番の理由別（２－１）

第15回調査（平成28年）

社会や人のために役立ち、貢献できるから	失業のおそれがないから	親（祖父母や親せきを含む）の仕事を継ぎたいから	その他	不詳	就きたい職業は決まっていない	不詳
1 822	439	218	243	769	15 873	262
1 576	383	192	192	650	13 925	164
1 249	312	138	151	524	11 196	132
180	53	21	16	96	1 651	27
1 069	259	117	135	428	9 545	105
321	71	53	40	123	2 674	31
103	24	8	14	34	723	10
218	47	45	26	89	1 945	21
－	－	－	－	－	6	－
6	－	1	1	3	55	1
233	56	23	49	114	1 898	33
139	37	14	23	79	1 215	21
81	14	5	24	30	489	8
6	2	1	－	1	96	1
7	3	3	2	4	98	3
13	－	3	2	5	50	65
700	214	168	97	415	9 004	165
615	190	154	75	350	7 897	105
489	157	108	60	277	6 347	85
66	28	17	3	47	891	20
423	129	91	57	230	5 456	65
124	33	46	15	71	1 521	19
34	10	5	4	21	414	5
90	23	41	11	50	1 101	14
－	－	－	－	－	6	－
2	－	－	－	2	29	1
79	24	13	20	62	1 079	18
47	18	8	8	44	697	12
27	3	1	11	15	265	4
3	1	1	－	－	61	1
2	2	3	1	3	56	1
6	－	1	2	3	28	42
1 122	225	50	146	354	6 869	97
961	193	38	117	300	6 028	59
760	155	30	91	247	4 849	47
114	25	4	13	49	760	7
646	130	26	78	198	4 089	40
197	38	7	25	52	1 153	12
69	14	3	10	13	309	5
128	24	4	15	39	844	7
－	－	－	－	－	－	－
4	－	1	1	1	26	－
154	32	10	29	52	819	15
92	19	6	15	35	518	9
54	11	4	13	15	224	4
3	1	－	－	1	35	－
5	1	－	1	1	42	2
7	－	2	－	2	22	23

第104表　子ども数・構成割合，性、同居者の構成、

構成割合（%）

性　、 同居者の構成	総数	就きたい職業は決まっている	高収入が得られるから	地位や名声が得られるから	自分の能力や適性が生かせるから	自分の興味や好みにあっているから
総数	100.0	44.0	3.0	0.2	5.5	23.1
父母と同居	100.0	43.8	3.0	0.2	5.5	23.1
父母又は父母ときょうだいのみ	100.0	43.7	3.1	0.2	5.5	23.0
父母のみ	100.0	44.0	3.4	0.2	5.9	22.4
父母ときょうだいのみ	100.0	43.6	3.0	0.3	5.4	23.2
父母と祖父母	100.0	44.6	2.8	0.2	5.6	23.5
父母と母方の祖父母	100.0	45.7	3.0	0.2	5.3	23.5
父母と父方の祖父母	100.0	44.2	2.7	0.2	5.7	23.5
父母と両方の祖父母	100.0	33.3	-	-	-	33.3
父母とその他	100.0	37.1	-	-	5.6	19.1
父又は母と同居	100.0	45.8	3.4	0.3	5.5	23.1
母のみ又は母ときょうだいのみ	100.0	45.5	3.2	0.4	5.8	23.3
母と祖父母等	100.0	49.7	4.8	0.3	5.0	24.2
父のみ又は父ときょうだいのみ	100.0	32.2	-	-	4.9	20.3
父と祖父母等	100.0	37.3	1.9	0.6	5.6	17.4
その他	100.0	32.7	0.6	-	5.8	12.9
男児	100.0	38.0	3.2	0.3	5.2	18.6
父母と同居	100.0	38.1	3.1	0.3	5.2	18.8
父母又は父母ときょうだいのみ	100.0	38.0	3.2	0.4	5.1	18.8
父母のみ	100.0	39.9	3.5	0.3	5.6	19.9
父母ときょうだいのみ	100.0	37.6	3.2	0.4	5.0	18.6
父母と祖父母	100.0	38.5	2.6	0.2	5.4	18.7
父母と母方の祖父母	100.0	39.1	3.2	0.3	4.9	19.9
父母と父方の祖父母	100.0	38.4	2.4	0.2	5.6	18.2
父母と両方の祖父母	100.0	14.3	-	-	-	14.3
父母とその他	100.0	33.3	-	-	8.9	15.6
父又は母と同居	100.0	38.3	3.8	0.3	5.1	17.9
母のみ又は母ときょうだいのみ	100.0	37.5	3.3	0.3	5.5	17.5
母と祖父母等	100.0	43.4	5.9	0.4	4.4	20.6
父のみ又は父ときょうだいのみ	100.0	21.5	-	-	3.8	11.4
父と祖父母等	100.0	36.0	3.4	1.1	5.6	13.5
その他	100.0	30.0	1.0	-	5.0	12.0
女児	100.0	50.3	2.9	0.2	5.9	27.8
父母と同居	100.0	49.9	2.9	0.1	5.9	27.7
父母又は父母ときょうだいのみ	100.0	49.7	2.9	0.1	5.9	27.6
父母のみ	100.0	48.2	3.2	0.1	6.1	24.9
父母ときょうだいのみ	100.0	50.0	2.9	0.1	5.9	28.0
父母と祖父母	100.0	50.9	2.9	0.2	5.8	28.6
父母と母方の祖父母	100.0	52.5	2.9	0.2	5.7	27.2
父母と父方の祖父母	100.0	50.3	3.0	0.2	5.8	29.0
父母と両方の祖父母	100.0	100.0	-	-	-	100.0
父母とその他	100.0	40.9	-	-	2.3	22.7
父又は母と同居	100.0	53.2	3.0	0.3	5.9	28.4
母のみ又は母ときょうだいのみ	100.0	53.5	3.1	0.4	6.2	29.0
母と祖父母等	100.0	55.6	3.7	0.2	5.4	27.4
父のみ又は父ときょうだいのみ	100.0	45.3	-	-	6.3	31.3
父と祖父母等	100.0	38.9	-	-	5.6	22.2
その他	100.0	36.6	-	-	7.0	14.1

就きたい職業の有無・就きたい一番の理由別（２－２）

第15回調査（平成28年）

社会や人のために役立ち、貢献できるから	失業のおそれがないから	親（祖父母や親せきを含む）の仕事を継ぎたいから	その他	不詳	就きたい職業は決まっていない	不詳
6.3	1.5	0.8	0.8	2.7	55.1	0.9
6.3	1.5	0.8	0.8	2.6	55.5	0.7
6.2	1.6	0.7	0.8	2.6	55.7	0.7
6.0	1.8	0.7	0.5	3.2	55.1	0.9
6.2	1.5	0.7	0.8	2.5	55.8	0.6
6.6	1.5	1.1	0.8	2.5	54.8	0.6
7.6	1.8	0.6	1.0	2.5	53.6	0.7
6.2	1.3	1.3	0.7	2.5	55.2	0.6
-	-	-	-	-	66.7	-
6.7	-	1.1	1.1	3.4	61.8	1.1
6.5	1.6	0.6	1.4	3.2	53.3	0.9
6.1	1.6	0.6	1.0	3.5	53.6	0.9
8.2	1.4	0.5	2.4	3.0	49.4	0.8
4.2	1.4	0.7	-	0.7	67.1	0.7
4.3	1.9	1.9	1.2	2.5	60.9	1.9
7.6	-	1.8	1.2	2.9	29.2	38.0
4.7	1.4	1.1	0.7	2.8	60.9	1.1
4.8	1.5	1.2	0.6	2.7	61.1	0.8
4.7	1.5	1.0	0.6	2.7	61.2	0.8
4.4	1.8	1.1	0.2	3.1	58.7	1.3
4.8	1.5	1.0	0.6	2.6	61.6	0.7
5.0	1.3	1.8	0.6	2.8	60.7	0.8
4.9	1.5	0.7	0.6	3.1	60.2	0.7
5.0	1.3	2.3	0.6	2.8	60.9	0.8
-	-	-	-	-	85.7	-
4.4	-	-	-	4.4	64.4	2.2
4.4	1.3	0.7	1.1	3.5	60.7	1.0
4.1	1.6	0.7	0.7	3.9	61.4	1.1
5.7	0.6	0.2	2.3	3.2	55.8	0.8
3.8	1.3	1.3	-	-	77.2	1.3
2.2	2.2	3.4	1.1	3.4	62.9	1.1
6.0	-	1.0	2.0	3.0	28.0	42.0
8.0	1.6	0.4	1.0	2.5	49.0	0.7
7.9	1.6	0.3	1.0	2.5	49.6	0.5
7.8	1.6	0.3	0.9	2.5	49.8	0.5
7.7	1.7	0.3	0.9	3.3	51.3	0.5
7.8	1.6	0.3	0.9	2.4	49.5	0.5
8.3	1.6	0.3	1.1	2.2	48.5	0.5
10.4	2.1	0.5	1.5	2.0	46.7	0.8
7.5	1.4	0.2	0.9	2.3	49.3	0.4
-	-	-	-	-	-	-
9.1	-	2.3	2.3	2.3	59.1	-
8.6	1.8	0.6	1.6	2.9	45.9	0.8
8.1	1.7	0.5	1.3	3.1	45.7	0.8
10.5	2.1	0.8	2.5	2.9	43.6	0.8
4.7	1.6	-	-	1.6	54.7	-
6.9	1.4	-	1.4	1.4	58.3	2.8
9.9	-	2.8	-	2.8	31.0	32.4

第105表　就きたい職業が決まっている子ども数・構成割合，

性、就きたいと思った一番のきっかけ	総数	就き：高収入が得られるから	就き：地位や名声が得られるから	就き：自分の能力や適性が生かせるから
				実
総数	12 675	878	72	1 591
親（祖父母や親せきを含む）の働く姿をみていたから	1 310	120	8	131
親（祖父母や親せきを含む）からすすめられたから	1 413	287	7	193
先輩や友人との話	843	47	4	147
学校での職場体験や職場見学	1 756	79	7	225
ボランティア活動	132	2	−	22
職業適性検査	221	26	−	47
TV・雑誌・インターネットなどのメディアの情報	4 309	212	26	458
パンフレットや求人案内	119	15	−	14
その他	1 421	48	7	212
不詳	1 151	42	13	142
男児	5 627	468	48	763
親（祖父母や親せきを含む）の働く姿をみていたから	683	71	6	76
親（祖父母や親せきを含む）からすすめられたから	589	113	4	91
先輩や友人との話	424	34	3	87
学校での職場体験や職場見学	613	47	5	87
ボランティア活動	33	1	−	7
職業適性検査	105	15	−	24
TV・雑誌・インターネットなどのメディアの情報	2 023	132	18	226
パンフレットや求人案内	73	8	−	8
その他	490	17	3	76
不詳	594	30	9	81
女児	7 048	410	24	828
親（祖父母や親せきを含む）の働く姿をみていたから	627	49	2	55
親（祖父母や親せきを含む）からすすめられたから	824	174	3	102
先輩や友人との話	419	13	1	60
学校での職場体験や職場見学	1 143	32	2	138
ボランティア活動	99	1	−	15
職業適性検査	116	11	−	23
TV・雑誌・インターネットなどのメディアの情報	2 286	80	8	232
パンフレットや求人案内	46	7	−	6
その他	931	31	4	136
不詳	557	12	4	61
				構　成
総数	100.0	6.9	0.6	12.6
親（祖父母や親せきを含む）の働く姿をみていたから	100.0	9.2	0.6	10.0
親（祖父母や親せきを含む）からすすめられたから	100.0	20.3	0.5	13.7
先輩や友人との話	100.0	5.6	0.5	17.4
学校での職場体験や職場見学	100.0	4.5	0.4	12.8
ボランティア活動	100.0	1.5	−	16.7
職業適性検査	100.0	11.8	−	21.3
TV・雑誌・インターネットなどのメディアの情報	100.0	4.9	0.6	10.6
パンフレットや求人案内	100.0	12.6	−	11.8
その他	100.0	3.4	0.5	14.9
不詳	100.0	3.6	1.1	12.3
男児	100.0	8.3	0.9	13.6
親（祖父母や親せきを含む）の働く姿をみていたから	100.0	10.4	0.9	11.1
親（祖父母や親せきを含む）からすすめられたから	100.0	19.2	0.7	15.4
先輩や友人との話	100.0	8.0	0.7	20.5
学校での職場体験や職場見学	100.0	7.7	0.8	14.2
ボランティア活動	100.0	3.0	−	21.2
職業適性検査	100.0	14.3	−	22.9
TV・雑誌・インターネットなどのメディアの情報	100.0	6.5	0.9	11.2
パンフレットや求人案内	100.0	11.0	−	11.0
その他	100.0	3.5	0.6	15.5
不詳	100.0	5.1	1.5	13.6
女児	100.0	5.8	0.3	11.7
親（祖父母や親せきを含む）の働く姿をみていたから	100.0	7.8	0.3	8.8
親（祖父母や親せきを含む）からすすめられたから	100.0	21.1	0.4	12.4
先輩や友人との話	100.0	3.1	0.2	14.3
学校での職場体験や職場見学	100.0	2.8	0.2	12.1
ボランティア活動	100.0	1.0	−	15.2
職業適性検査	100.0	9.5	−	19.8
TV・雑誌・インターネットなどのメディアの情報	100.0	3.5	0.3	10.1
パンフレットや求人案内	100.0	15.2	−	13.0
その他	100.0	3.3	0.4	14.6
不詳	100.0	2.2	0.7	11.0

性、就きたいと思った一番のきっかけ、就きたい一番の理由別

第15回調査（平成28年）

たい一番の理由					
自分の興味や好みにあっているから	社会や人のために役立ち、貢献できるから	失業のおそれがないから	親（祖父母や親せきを含む）の仕事を継ぎたいから	その他	不詳
数（人）					
6 643	1 822	439	218	243	769
439	270	82	166	20	74
426	261	133	29	12	65
436	106	41	2	9	51
1 021	290	45	3	13	73
48	45	2	1	2	10
91	35	11	−	1	10
2 762	493	72	3	55	228
55	14	6	1	6	8
764	227	19	4	75	65
601	81	28	9	50	185
2 754	700	214	168	97	415
217	102	33	128	5	45
167	94	65	23	4	28
201	40	23	−	4	32
311	98	22	3	9	31
8	11	1	−	1	4
39	16	6	−	−	5
1 234	221	36	3	25	128
35	8	3	1	2	8
258	72	9	3	23	29
284	38	16	7	24	105
3 889	1 122	225	50	146	354
222	168	49	38	15	29
259	167	68	6	8	37
235	66	18	2	5	19
710	192	23	−	4	42
40	34	1	1	1	6
52	19	5	−	1	5
1 528	272	36	−	30	100
20	6	3	−	4	−
506	155	10	1	52	36
317	43	12	2	26	80
割合（%）					
52.4	14.4	3.5	1.7	1.9	6.1
33.5	20.6	6.3	12.7	1.5	5.6
30.1	18.5	9.4	2.1	0.8	4.6
51.7	12.6	4.9	0.2	1.1	6.0
58.1	16.5	2.6	0.2	0.7	4.2
36.4	34.1	1.5	0.8	1.5	7.6
41.2	15.8	5.0	−	0.5	4.5
64.1	11.4	1.7	0.1	1.3	5.3
46.2	11.8	5.0	0.8	5.0	6.7
53.8	16.0	1.3	0.3	5.3	4.6
52.2	7.0	2.4	0.8	4.3	16.1
48.9	12.4	3.8	3.0	1.7	7.4
31.8	14.9	4.8	18.7	0.7	6.6
28.4	16.0	11.0	3.9	0.7	4.8
47.4	9.4	5.4	−	0.9	7.5
50.7	16.0	3.6	0.5	1.5	5.1
24.2	33.3	3.0	−	3.0	12.1
37.1	15.2	5.7	−	−	4.8
61.0	10.9	1.8	0.1	1.2	6.3
47.9	11.0	4.1	1.4	2.7	11.0
52.7	14.7	1.8	0.6	4.7	5.9
47.8	6.4	2.7	1.2	4.0	17.7
55.2	15.9	3.2	0.7	2.1	5.0
35.4	26.8	7.8	6.1	2.4	4.6
31.4	20.3	8.3	0.7	1.0	4.5
56.1	15.8	4.3	0.5	1.2	4.5
62.1	16.8	2.0	−	0.3	3.7
40.4	34.3	1.0	1.0	1.0	6.1
44.8	16.4	4.3	−	0.9	4.3
66.8	11.9	1.6	−	1.3	4.4
43.5	13.0	6.5	−	8.7	−
54.4	16.6	1.1	0.1	5.6	3.9
56.9	7.7	2.2	0.4	4.7	14.4

第106表　子ども数・構成割合,

性、市郡	総数	小遣いをもらっている	定期的にもらっている	必要なときにもらっている	もらっているがもらい方が不詳	1千円未満	1～2千円未満
							実
総数	28 810	23 622	14 325	9 076	221	1 202	6 737
21大都市	7 541	6 420	4 248	2 112	60	287	1 694
その他の市	18 677	15 262	9 054	6 063	145	809	4 479
郡部	2 534	1 900	1 003	882	15	101	558
外国	58	40	20	19	1	5	6
男児	14 796	12 050	7 321	4 593	136	654	3 482
21大都市	3 914	3 307	2 157	1 104	46	156	881
その他の市	9 552	7 750	4 642	3 026	82	446	2 307
郡部	1 305	977	515	455	7	48	292
外国	25	16	7	8	1	4	2
女児	14 014	11 572	7 004	4 483	85	548	3 255
21大都市	3 627	3 113	2 091	1 008	14	131	813
その他の市	9 125	7 512	4 412	3 037	63	363	2 172
郡部	1 229	923	488	427	8	53	266
外国	33	24	13	11	-	1	4
							構成
総数	100.0	82.0	49.7	31.5	0.8	4.2	23.4
21大都市	100.0	85.1	56.3	28.0	0.8	3.8	22.5
その他の市	100.0	81.7	48.5	32.5	0.8	4.3	24.0
郡部	100.0	75.0	39.6	34.8	0.6	4.0	22.0
外国	100.0	69.0	34.5	32.8	1.7	8.6	10.3
男児	100.0	81.4	49.5	31.0	0.9	4.4	23.5
21大都市	100.0	84.5	55.1	28.2	1.2	4.0	22.5
その他の市	100.0	81.1	48.6	31.7	0.9	4.7	24.2
郡部	100.0	74.9	39.5	34.9	0.5	3.7	22.4
外国	100.0	64.0	28.0	32.0	4.0	16.0	8.0
女児	100.0	82.6	50.0	32.0	0.6	3.9	23.2
21大都市	100.0	85.8	57.7	27.8	0.4	3.6	22.4
その他の市	100.0	82.3	48.4	33.3	0.7	4.0	23.8
郡部	100.0	75.1	39.7	34.7	0.7	4.3	21.6
外国	100.0	72.7	39.4	33.3	-	3.0	12.1

性、市郡、小遣いの有無・小遣いの金額別

第15回調査（平成28年）

1か月あたりの金額						もらっていない	不詳
2～3千円未満	3～4千円未満	4～5千円未満	5千～1万円未満	1万円以上	不詳		
数（人）							
5 476	6 225	754	2 206	452	570	4 952	236
1 481	1 774	245	664	149	126	1 067	54
3 556	3 961	449	1 350	271	387	3 261	154
430	483	58	185	29	56	609	25
9	7	2	7	3	1	15	3
2 849	3 054	378	1 087	242	304	2 585	161
777	881	121	348	77	66	573	34
1 849	1 916	226	646	148	212	1 693	109
221	255	31	90	15	25	312	16
2	2	-	3	2	1	7	2
2 627	3 171	376	1 119	210	266	2 367	75
704	893	124	316	72	60	494	20
1 707	2 045	223	704	123	175	1 568	45
209	228	27	95	14	31	297	9
7	5	2	4	1	-	8	1
割合（%）							
19.0	21.6	2.6	7.7	1.6	2.0	17.2	0.8
19.6	23.5	3.2	8.8	2.0	1.7	14.1	0.7
19.0	21.2	2.4	7.2	1.5	2.1	17.5	0.8
17.0	19.1	2.3	7.3	1.1	2.2	24.0	1.0
15.5	12.1	3.4	12.1	5.2	1.7	25.9	5.2
19.3	20.6	2.6	7.3	1.6	2.1	17.5	1.1
19.9	22.5	3.1	8.9	2.0	1.7	14.6	0.9
19.4	20.1	2.4	6.8	1.5	2.2	17.7	1.1
16.9	19.5	2.4	6.9	1.1	1.9	23.9	1.2
8.0	8.0	-	12.0	8.0	4.0	28.0	8.0
18.7	22.6	2.7	8.0	1.5	1.9	16.9	0.5
19.4	24.6	3.4	8.7	2.0	1.7	13.6	0.6
18.7	22.4	2.4	7.7	1.3	1.9	17.2	0.5
17.0	18.6	2.2	7.7	1.1	2.5	24.2	0.7
21.2	15.2	6.1	12.1	3.0	-	24.2	3.0

第107表　子ども数・構成割合,

性、同居者の構成	総数	小遣いをもらっている	定期的にもらっている	必要なときにもらっている	もらっているがもらい方が不詳	1千円未満	1～2千円未満
							実
総数	28 810	23 622	14 325	9 076	221	1 202	6 737
父母のみ	2 999	2 481	1 496	962	23	126	633
父母ときょうだいのみ	17 111	14 145	8 935	5 092	118	758	4 226
父母と祖父母	4 879	3 905	2 179	1 686	40	183	1 114
父母とその他	89	78	30	47	1	2	20
父又は母と同居	3 561	2 925	1 642	1 245	38	132	729
その他	171	88	43	44	1	1	15
男児	14 796	12 050	7 321	4 593	136	654	3 482
父母のみ	1 517	1 241	737	490	14	73	317
父母ときょうだいのみ	8 852	7 258	4 598	2 586	74	427	2 204
父母と祖父母	2 504	1 999	1 126	852	21	98	571
父母とその他	45	40	17	22	1	1	8
父又は母と同居	1 778	1 467	822	620	25	55	379
その他	100	45	21	23	1	－	3
女児	14 014	11 572	7 004	4 483	85	548	3 255
父母のみ	1 482	1 240	759	472	9	53	316
父母ときょうだいのみ	8 259	6 887	4 337	2 506	44	331	2 022
父母と祖父母	2 375	1 906	1 053	834	19	85	543
父母とその他	44	38	13	25	－	1	12
父又は母と同居	1 783	1 458	820	625	13	77	350
その他	71	43	22	21	－	1	12
							構成
総数	100.0	82.0	49.7	31.5	0.8	4.2	23.4
父母のみ	100.0	82.7	49.9	32.1	0.8	4.2	21.1
父母ときょうだいのみ	100.0	82.7	52.2	29.8	0.7	4.4	24.7
父母と祖父母	100.0	80.0	44.7	34.6	0.8	3.8	22.8
父母とその他	100.0	87.6	33.7	52.8	1.1	2.2	22.5
父又は母と同居	100.0	82.1	46.1	35.0	1.1	3.7	20.5
その他	100.0	51.5	25.1	25.7	0.6	0.6	8.8
男児	100.0	81.4	49.5	31.0	0.9	4.4	23.5
父母のみ	100.0	81.8	48.6	32.3	0.9	4.8	20.9
父母ときょうだいのみ	100.0	82.0	51.9	29.2	0.8	4.8	24.9
父母と祖父母	100.0	79.8	45.0	34.0	0.8	3.9	22.8
父母とその他	100.0	88.9	37.8	48.9	2.2	2.2	17.8
父又は母と同居	100.0	82.5	46.2	34.9	1.4	3.1	21.3
その他	100.0	45.0	21.0	23.0	1.0	－	3.0
女児	100.0	82.6	50.0	32.0	0.6	3.9	23.2
父母のみ	100.0	83.7	51.2	31.8	0.6	3.6	21.3
父母ときょうだいのみ	100.0	83.4	52.5	30.3	0.5	4.0	24.5
父母と祖父母	100.0	80.3	44.3	35.1	0.8	3.6	22.9
父母とその他	100.0	86.4	29.5	56.8	－	2.3	27.3
父又は母と同居	100.0	81.8	46.0	35.1	0.7	4.3	19.6
その他	100.0	60.6	31.0	29.6	－	1.4	16.9

性、同居者の構成、小遣いの有無・小遣いの金額別

第15回調査（平成28年）

1か月あたりの金額						もらっていない	不詳
2～3千円未満	3～4千円未満	4～5千円未満	5千～1万円未満	1万円以上	不詳		
数（人）							
5 476	6 225	754	2 206	452	570	4 952	236
554	664	94	274	68	68	495	23
3 376	3 714	406	1 139	221	305	2 878	88
914	1 015	123	380	73	103	944	30
20	16	3	11	3	3	11	-
597	793	124	382	80	88	606	30
15	23	4	20	7	3	18	65
2 849	3 054	378	1 087	242	304	2 585	161
266	331	53	136	37	28	258	18
1 761	1 802	209	550	125	180	1 533	61
476	521	65	179	39	50	486	19
12	5	2	9	1	2	5	-
323	383	48	201	36	42	290	21
11	12	1	12	4	2	13	42
2 627	3 171	376	1 119	210	266	2 367	75
288	333	41	138	31	40	237	5
1 615	1 912	197	589	96	125	1 345	27
438	494	58	201	34	53	458	11
8	11	1	2	2	1	6	-
274	410	76	181	44	46	316	9
4	11	3	8	3	1	5	23
割合（%）							
19.0	21.6	2.6	7.7	1.6	2.0	17.2	0.8
18.5	22.1	3.1	9.1	2.3	2.3	16.5	0.8
19.7	21.7	2.4	6.7	1.3	1.8	16.8	0.5
18.7	20.8	2.5	7.8	1.5	2.1	19.3	0.6
22.5	18.0	3.4	12.4	3.4	3.4	12.4	-
16.8	22.3	3.5	10.7	2.2	2.5	17.0	0.8
8.8	13.5	2.3	11.7	4.1	1.8	10.5	38.0
19.3	20.6	2.6	7.3	1.6	2.1	17.5	1.1
17.5	21.8	3.5	9.0	2.4	1.8	17.0	1.2
19.9	20.4	2.4	6.2	1.4	2.0	17.3	0.7
19.0	20.8	2.6	7.1	1.6	2.0	19.4	0.8
26.7	11.1	4.4	20.0	2.2	4.4	11.1	-
18.2	21.5	2.7	11.3	2.0	2.4	16.3	1.2
11.0	12.0	1.0	12.0	4.0	2.0	13.0	42.0
18.7	22.6	2.7	8.0	1.5	1.9	16.9	0.5
19.4	22.5	2.8	9.3	2.1	2.7	16.0	0.3
19.6	23.2	2.4	7.1	1.2	1.5	16.3	0.3
18.4	20.8	2.4	8.5	1.4	2.2	19.3	0.5
18.2	25.0	2.3	4.5	4.5	2.3	13.6	-
15.4	23.0	4.3	10.2	2.5	2.6	17.7	0.5
5.6	15.5	4.2	11.3	4.2	1.4	7.0	32.4

第108表　子ども数・構成割合,

性、きょうだい構成	総数	小遣いをもらっている	定期的にもらっている	必要なときにもらっている	もらっているがもらい方が不詳	1千円未満	1～2千円未満
							実
総数	28 810	23 622	14 325	9 076	221	1 202	6 737
ひとり	4 874	3 968	2 306	1 621	41	178	972
弟妹のみ	10 617	8 754	5 393	3 285	76	477	2 631
兄姉のみ	10 242	8 402	5 167	3 162	73	391	2 407
兄弟姉妹あり	3 077	2 498	1 459	1 008	31	156	727
男児	14 796	12 050	7 321	4 593	136	654	3 482
ひとり	2 468	1 988	1 144	817	27	97	491
弟妹のみ	5 350	4 384	2 742	1 594	48	258	1 342
兄姉のみ	5 329	4 334	2 684	1 605	45	207	1 252
兄弟姉妹あり	1 649	1 344	751	577	16	92	397
女児	14 014	11 572	7 004	4 483	85	548	3 255
ひとり	2 406	1 980	1 162	804	14	81	481
弟妹のみ	5 267	4 370	2 651	1 691	28	219	1 289
兄姉のみ	4 913	4 068	2 483	1 557	28	184	1 155
兄弟姉妹あり	1 428	1 154	708	431	15	64	330
							構成
総数	100.0	82.0	49.7	31.5	0.8	4.2	23.4
ひとり	100.0	81.4	47.3	33.3	0.8	3.7	19.9
弟妹のみ	100.0	82.5	50.8	30.9	0.7	4.5	24.8
兄姉のみ	100.0	82.0	50.4	30.9	0.7	3.8	23.5
兄弟姉妹あり	100.0	81.2	47.4	32.8	1.0	5.1	23.6
男児	100.0	81.4	49.5	31.0	0.9	4.4	23.5
ひとり	100.0	80.6	46.4	33.1	1.1	3.9	19.9
弟妹のみ	100.0	81.9	51.3	29.8	0.9	4.8	25.1
兄姉のみ	100.0	81.3	50.4	30.1	0.8	3.9	23.5
兄弟姉妹あり	100.0	81.5	45.5	35.0	1.0	5.6	24.1
女児	100.0	82.6	50.0	32.0	0.6	3.9	23.2
ひとり	100.0	82.3	48.3	33.4	0.6	3.4	20.0
弟妹のみ	100.0	83.0	50.3	32.1	0.5	4.2	24.5
兄姉のみ	100.0	82.8	50.5	31.7	0.6	3.7	23.5
兄弟姉妹あり	100.0	80.8	49.6	30.2	1.1	4.5	23.1

性、きょうだい構成、小遣いの有無・小遣いの金額別

第15回調査（平成28年）

1か月あたりの金額						もらっていない	不詳
2～3千円未満	3～4千円未満	4～5千円未満	5千～1万円未満	1万円以上	不詳		
数（人）							
5 476	6 225	754	2 206	452	570	4 952	236
868	1 056	167	499	126	102	801	105
2 132	2 204	272	694	139	205	1 799	64
1 893	2 321	242	797	156	195	1 787	53
583	644	73	216	31	68	565	14
2 849	3 054	378	1 087	242	304	2 585	161
429	526	85	249	65	46	410	70
1 095	1 058	131	311	73	116	926	40
1 012	1 145	124	410	81	103	957	38
313	325	38	117	23	39	292	13
2 627	3 171	376	1 119	210	266	2 367	75
439	530	82	250	61	56	391	35
1 037	1 146	141	383	66	89	873	24
881	1 176	118	387	75	92	830	15
270	319	35	99	8	29	273	1
割合（%）							
19.0	21.6	2.6	7.7	1.6	2.0	17.2	0.8
17.8	21.7	3.4	10.2	2.6	2.1	16.4	2.2
20.1	20.8	2.6	6.5	1.3	1.9	16.9	0.6
18.5	22.7	2.4	7.8	1.5	1.9	17.4	0.5
18.9	20.9	2.4	7.0	1.0	2.2	18.4	0.5
19.3	20.6	2.6	7.3	1.6	2.1	17.5	1.1
17.4	21.3	3.4	10.1	2.6	1.9	16.6	2.8
20.5	19.8	2.4	5.8	1.4	2.2	17.3	0.7
19.0	21.5	2.3	7.7	1.5	1.9	18.0	0.7
19.0	19.7	2.3	7.1	1.4	2.4	17.7	0.8
18.7	22.6	2.7	8.0	1.5	1.9	16.9	0.5
18.2	22.0	3.4	10.4	2.5	2.3	16.3	1.5
19.7	21.8	2.7	7.3	1.3	1.7	16.6	0.5
17.9	23.9	2.4	7.9	1.5	1.9	16.9	0.3
18.9	22.3	2.5	6.9	0.6	2.0	19.1	0.1

第109表　子ども数・構成割合，性、

性　、 学習塾等の種類 （複数回答）	総数	小遣いを もらっている	定期的に もらっている	必要なときに もらっている	もらっている がもらい方が 不詳	1千円未満	1～2千円 未満
							実
総数	28 810	23 622	14 325	9 076	221	1 202	6 737
学習塾等の種類							
学習塾	18 366	15 387	9 482	5 758	147	735	4 461
家庭教師	1 217	1 020	556	449	15	47	243
通信教育	2 683	2 175	1 389	774	12	152	764
学習塾等を利用していない	5 858	4 636	2 686	1 909	41	275	1 280
不詳	2 038	1 518	872	627	19	69	345
男児	14 796	12 050	7 321	4 593	136	654	3 482
学習塾等の種類							
学習塾	9 430	7 901	4 913	2 896	92	408	2 325
家庭教師	633	523	296	214	13	30	120
通信教育	1 102	880	560	314	6	66	313
学習塾等を利用していない	2 995	2 336	1 325	987	24	140	659
不詳	1 232	901	522	368	11	43	214
女児	14 014	11 572	7 004	4 483	85	548	3 255
学習塾等の種類							
学習塾	8 936	7 486	4 569	2 862	55	327	2 136
家庭教師	584	497	260	235	2	17	123
通信教育	1 581	1 295	829	460	6	86	451
学習塾等を利用していない	2 863	2 300	1 361	922	17	135	621
不詳	806	617	350	259	8	26	131
							構　成
総数	100.0	82.0	49.7	31.5	0.8	4.2	23.4
学習塾等の種類							
学習塾	100.0	83.8	51.6	31.4	0.8	4.0	24.3
家庭教師	100.0	83.8	45.7	36.9	1.2	3.9	20.0
通信教育	100.0	81.1	51.8	28.8	0.4	5.7	28.5
学習塾等を利用していない	100.0	79.1	45.9	32.6	0.7	4.7	21.9
不詳	100.0	74.5	42.8	30.8	0.9	3.4	16.9
男児	100.0	81.4	49.5	31.0	0.9	4.4	23.5
学習塾等の種類							
学習塾	100.0	83.8	52.1	30.7	1.0	4.3	24.7
家庭教師	100.0	82.6	46.8	33.8	2.1	4.7	19.0
通信教育	100.0	79.9	50.8	28.5	0.5	6.0	28.4
学習塾等を利用していない	100.0	78.0	44.2	33.0	0.8	4.7	22.0
不詳	100.0	73.1	42.4	29.9	0.9	3.5	17.4
女児	100.0	82.6	50.0	32.0	0.6	3.9	23.2
学習塾等の種類							
学習塾	100.0	83.8	51.1	32.0	0.6	3.7	23.9
家庭教師	100.0	85.1	44.5	40.2	0.3	2.9	21.1
通信教育	100.0	81.9	52.4	29.1	0.4	5.4	28.5
学習塾等を利用していない	100.0	80.3	47.5	32.2	0.6	4.7	21.7
不詳	100.0	76.6	43.4	32.1	1.0	3.2	16.3

注：総数には「家や塾などで勉強しない者」及び「不詳」を含む。

学習塾等の種類（複数回答）、小遣いの有無・小遣いの金額別

第15回調査（平成28年）

	1か月あたりの金額						もらっていない	不詳
	2〜3千円未満	3〜4千円未満	4〜5千円未満	5千〜1万円未満	1万円以上	不詳		
数（人）								
	5 476	6 225	754	2 206	452	570	4 952	236
	3 673	4 078	455	1 379	251	355	2 886	93
	222	270	36	144	33	25	187	10
	503	508	53	128	21	46	497	11
	1 019	1 218	177	464	104	99	1 199	23
	308	403	63	195	62	73	413	107
	2 849	3 054	378	1 087	242	304	2 585	161
	1 947	2 021	225	661	128	186	1 465	64
	114	136	23	71	15	14	102	8
	213	196	18	47	9	18	216	6
	513	577	93	238	56	60	643	16
	181	230	34	116	42	41	259	72
	2 627	3 171	376	1 119	210	266	2 367	75
	1 726	2 057	230	718	123	169	1 421	29
	108	134	13	73	18	11	85	2
	290	312	35	81	12	28	281	5
	506	641	84	226	48	39	556	7
	127	173	29	79	20	32	154	35
割合（%）								
	19.0	21.6	2.6	7.7	1.6	2.0	17.2	0.8
	20.0	22.2	2.5	7.5	1.4	1.9	15.7	0.5
	18.2	22.2	3.0	11.8	2.7	2.1	15.4	0.8
	18.7	18.9	2.0	4.8	0.8	1.7	18.5	0.4
	17.4	20.8	3.0	7.9	1.8	1.7	20.5	0.4
	15.1	19.8	3.1	9.6	3.0	3.6	20.3	5.3
	19.3	20.6	2.6	7.3	1.6	2.1	17.5	1.1
	20.6	21.4	2.4	7.0	1.4	2.0	15.5	0.7
	18.0	21.5	3.6	11.2	2.4	2.2	16.1	1.3
	19.3	17.8	1.6	4.3	0.8	1.6	19.6	0.5
	17.1	19.3	3.1	7.9	1.9	2.0	21.5	0.5
	14.7	18.7	2.8	9.4	3.4	3.3	21.0	5.8
	18.7	22.6	2.7	8.0	1.5	1.9	16.9	0.5
	19.3	23.0	2.6	8.0	1.4	1.9	15.9	0.3
	18.5	22.9	2.2	12.5	3.1	1.9	14.6	0.3
	18.3	19.7	2.2	5.1	0.8	1.8	17.8	0.3
	17.7	22.4	2.9	7.9	1.7	1.4	19.4	0.2
	15.8	21.5	3.6	9.8	2.5	4.0	19.1	4.3

第110表　母・父と同居している子ども数・構成割合，

実　数（人）

出生月、母－父の就業状況	総数	小遣いをもらっている	定期的にもらっている	必要なときにもらっている	もらっているがもらい方が不詳		
						1千円未満	1～2千円未満
母の就業状況	28 335	23 275	14 135	8 927	213	1 197	6 669
無職	5 254	4 237	2 645	1 553	39	225	1 198
仕事を探している	1 464	1 201	735	452	14	61	368
仕事を探していない	3 567	2 870	1 813	1 034	23	156	794
求職状況不詳	186	137	80	55	2	7	27
学生	37	29	17	12	－	1	9
有職	22 946	18 927	11 432	7 324	171	963	5 443
勤め(常勤)	7 121	5 829	3 379	2 407	43	301	1 658
勤め(パート・アルバイト)	13 677	11 334	7 070	4 153	111	577	3 385
自営業・家業	1 832	1 514	828	669	17	63	326
内職	196	151	99	52	－	13	46
その他	120	99	56	43	－	9	28
不詳	135	111	58	50	3	9	28
1月生まれ	14 228	11 544	7 086	4 360	98	553	3 232
無職	2 758	2 197	1 363	812	22	105	607
仕事を探している	796	645	394	242	9	30	177
仕事を探していない	1 835	1 459	911	536	12	70	407
求職状況不詳	112	82	51	30	1	4	22
学生	15	11	7	4	－	1	1
有職	11 403	9 293	5 698	3 520	75	444	2 613
勤め(常勤)	3 519	2 853	1 684	1 150	19	133	824
勤め(パート・アルバイト)	6 791	5 554	3 503	2 005	46	269	1 592
自営業・家業	926	761	433	318	10	31	158
内職	105	76	51	25	－	6	25
その他	62	49	27	22	－	5	14
不詳	67	54	25	28	1	4	12
7月生まれ	14 107	11 731	7 049	4 567	115	644	3 437
無職	2 496	2 040	1 282	741	17	120	591
仕事を探している	668	556	341	210	5	31	191
仕事を探していない	1 732	1 411	902	498	11	86	387
求職状況不詳	74	55	29	25	1	3	5
学生	22	18	10	8	－	－	8
有職	11 543	9 634	5 734	3 804	96	519	2 830
勤め(常勤)	3 602	2 976	1 695	1 257	24	168	834
勤め(パート・アルバイト)	6 886	5 780	3 567	2 148	65	308	1 793
自営業・家業	906	753	395	351	7	32	168
内職	91	75	48	27	－	7	21
その他	58	50	29	21	－	4	14
不詳	68	57	33	22	2	5	16
父の就業状況	25 382	20 868	12 787	7 892	189	1 073	6 046
無職	350	267	151	113	3	13	75
仕事を探している	208	158	90	66	2	10	39
仕事を探していない	102	79	46	32	1	2	23
求職状況不詳	36	27	13	14	－	1	11
学生	4	3	2	1	－	－	2
有職	24 800	20 407	12 525	7 698	184	1 047	5 915
勤め(常勤)	20 870	17 189	10 733	6 315	141	914	5 206
勤め(パート・アルバイト)	297	232	107	118	7	13	60
自営業・家業	3 573	2 936	1 656	1 244	36	118	637
内職	1	1	1	－	－	－	－
その他	59	49	28	21	－	2	12
不詳	232	194	111	81	2	13	56
1月生まれ	12 776	10 382	6 412	3 884	86	499	2 946
無職	182	132	75	54	3	5	41
仕事を探している	108	77	44	31	2	4	22
仕事を探していない	51	36	21	14	1	－	11
求職状況不詳	20	17	9	8	－	1	6
学生	3	2	1	1	－	－	2
有職	12 479	10 159	6 286	3 790	83	491	2 885
勤め(常勤)	10 478	8 531	5 371	3 101	59	427	2 554
勤め(パート・アルバイト)	156	121	53	64	4	9	25
自営業・家業	1 822	1 487	849	618	20	53	303
内職	－	－	－	－	－	－	－
その他	23	20	13	7	－	2	3
不詳	115	91	51	40	－	3	20
7月生まれ	12 606	10 486	6 375	4 008	103	574	3 100
無職	168	135	76	59	－	8	34
仕事を探している	100	81	46	35	－	6	17
仕事を探していない	51	43	25	18	－	2	12
求職状況不詳	16	10	4	6	－	－	5
学生	1	1	1	－	－	－	－
有職	12 321	10 248	6 239	3 908	101	556	3 030
勤め(常勤)	10 392	8 658	5 362	3 214	82	487	2 652
勤め(パート・アルバイト)	141	111	54	54	3	4	35
自営業・家業	1 751	1 449	807	626	16	65	334
内職	1	1	1	－	－	－	－
その他	36	29	15	14	－	－	9
不詳	117	103	60	41	2	10	36

第15回調査（平成28年）

１か月あたりの金額						もらっていない	不詳
２～３千円未満	３～４千円未満	４～５千円未満	５千～１万円未満	１万円以上	不詳		
5 415	6 131	732	2 136	437	558	4 892	168
964	1 093	127	403	105	122	979	38
281	311	27	96	17	40	252	11
646	735	92	292	78	77	675	22
30	42	7	11	9	4	45	4
7	5	1	4	1	1	7	1
4 427	5 014	601	1 717	329	433	3 891	128
1 309	1 551	184	589	116	121	1 248	44
2 718	2 996	335	905	158	260	2 265	78
331	414	78	202	50	50	313	5
47	30	4	8	1	2	44	1
22	23	－	13	4	－	21	－
24	24	4	16	3	3	22	2
2 732	3 102	365	1 069	216	275	2 591	93
506	576	78	204	55	66	543	18
154	180	16	52	12	24	143	8
332	367	57	145	40	41	370	6
18	25	4	5	3	1	27	3
2	4	1	2	－	－	3	1
2 214	2 517	285	854	159	207	2 035	75
635	785	83	279	54	60	639	27
1 374	1 499	159	465	78	118	1 193	44
171	207	40	100	26	28	162	3
22	13	3	5	1	1	28	1
12	13	－	5	－	－	13	－
12	9	2	11	2	2	13	－
2 683	3 029	367	1 067	221	283	2 301	75
458	517	49	199	50	56	436	20
127	131	11	44	5	16	109	3
314	368	35	147	38	36	305	16
12	17	3	6	6	3	18	1
5	1	－	2	1	1	4	－
2 213	2 497	316	863	170	226	1 856	53
674	766	101	310	62	61	609	17
1 344	1 497	176	440	80	142	1 072	34
160	207	38	102	24	22	151	2
25	17	1	3	－	1	16	－
10	10	－	8	4	－	8	－
12	15	2	5	1	1	9	2
4 910	5 480	644	1 854	373	488	4 370	144
59	69	10	24	9	8	78	5
39	42	2	15	5	6	47	3
13	26	5	6	2	2	22	1
6	1	3	3	2	－	8	1
1	－	－	－	－	－	1	－
4 817	5 361	623	1 809	360	475	4 257	136
4 087	4 473	495	1 376	255	383	3 561	120
50	48	8	41	6	6	64	1
670	822	117	388	98	86	622	15
－	1	－	－	－	－	－	－
10	17	3	4	1	－	10	－
34	50	11	21	4	5	35	3
2 482	2 783	325	928	183	236	2 313	81
26	33	6	15	6	－	48	2
17	18	2	10	4	－	30	1
5	15	1	3	1	－	14	1
4	－	3	2	1	－	3	－
－	－	－	－	－	－	1	－
2 439	2 726	312	897	176	233	2 242	78
2 068	2 252	246	676	126	182	1 881	66
25	27	5	26	1	3	34	1
341	440	60	194	48	48	324	11
－	－	－	－	－	－	－	－
5	7	1	1	1	－	3	－
17	24	7	16	1	3	23	1
2 428	2 697	319	926	190	252	2 057	63
33	36	4	9	3	8	30	3
22	24	－	5	1	6	17	2
8	11	4	3	1	2	8	－
2	1	－	1	1	－	5	1
1	－	－	－	－	－	－	－
2 378	2 635	311	912	184	242	2 015	58
2 019	2 221	249	700	129	201	1 680	54
25	21	3	15	5	3	30	－
329	382	57	194	50	38	298	4
－	1	－	－	－	－	－	－
5	10	2	3	－	－	7	－
17	26	4	5	3	2	12	2

第110表　母・父と同居している子ども数・構成割合，

構成割合（%）

出生月、母－父の就業状況	総数	小遣いをもらっている	定期的にもらっている	必要なときにもらっている	もらっているがもらい方が不詳	１千円未満	１～２千円未満
母の就業状況	100.0	82.1	49.9	31.5	0.8	4.2	23.5
無職	100.0	80.6	50.3	29.6	0.7	4.3	22.8
仕事を探している	100.0	82.0	50.2	30.9	1.0	4.2	25.1
仕事を探していない	100.0	80.5	50.8	29.0	0.6	4.4	22.3
求職状況不詳	100.0	73.7	43.0	29.6	1.1	3.8	14.5
学生	100.0	78.4	45.9	32.4	–	2.7	24.3
有職	100.0	82.5	49.8	31.9	0.7	4.2	23.7
勤め(常勤)	100.0	81.9	47.5	33.8	0.6	4.2	23.3
勤め(パート・アルバイト)	100.0	82.9	51.7	30.4	0.8	4.2	24.7
自営業・家業	100.0	82.6	45.2	36.5	0.9	3.4	17.8
内職	100.0	77.0	50.5	26.5	–	6.6	23.5
その他	100.0	82.5	46.7	35.8	–	7.5	23.3
不詳	100.0	82.2	43.0	37.0	2.2	6.7	20.7
１月生まれ	100.0	81.1	49.8	30.6	0.7	3.9	22.7
無職	100.0	79.7	49.4	29.4	0.8	3.8	22.0
仕事を探している	100.0	81.0	49.5	30.4	1.1	3.8	22.2
仕事を探していない	100.0	79.5	49.6	29.2	0.7	3.8	22.2
求職状況不詳	100.0	73.2	45.5	26.8	0.9	3.6	19.6
学生	100.0	73.3	46.7	26.7	–	6.7	6.7
有職	100.0	81.5	50.0	30.9	0.7	3.9	22.9
勤め(常勤)	100.0	81.1	47.9	32.7	0.5	3.8	23.4
勤め(パート・アルバイト)	100.0	81.8	51.6	29.5	0.7	4.0	23.4
自営業・家業	100.0	82.2	46.8	34.3	1.1	3.3	17.1
内職	100.0	72.4	48.6	23.8	–	5.7	23.8
その他	100.0	79.0	43.5	35.5	–	8.1	22.6
不詳	100.0	80.6	37.3	41.8	1.5	6.0	17.9
７月生まれ	100.0	83.2	50.0	32.4	0.8	4.6	24.4
無職	100.0	81.7	51.4	29.7	0.7	4.8	23.7
仕事を探している	100.0	83.2	51.0	31.4	0.7	4.6	28.6
仕事を探していない	100.0	81.5	52.1	28.8	0.6	5.0	22.3
求職状況不詳	100.0	74.3	39.2	33.8	1.4	4.1	6.8
学生	100.0	81.8	45.5	36.4	–	–	36.4
有職	100.0	83.5	49.7	33.0	0.8	4.5	24.5
勤め(常勤)	100.0	82.6	47.1	34.9	0.7	4.7	23.2
勤め(パート・アルバイト)	100.0	83.9	51.8	31.2	0.9	4.5	26.0
自営業・家業	100.0	83.1	43.6	38.7	0.8	3.5	18.5
内職	100.0	82.4	52.7	29.7	–	7.7	23.1
その他	100.0	86.2	50.0	36.2	–	6.9	24.1
不詳	100.0	83.8	48.5	32.4	2.9	7.4	23.5
父の就業状況	100.0	82.2	50.4	31.1	0.7	4.2	23.8
無職	100.0	76.3	43.1	32.3	0.9	3.7	21.4
仕事を探している	100.0	76.0	43.3	31.7	1.0	4.8	18.8
仕事を探していない	100.0	77.5	45.1	31.4	1.0	2.0	22.5
求職状況不詳	100.0	75.0	36.1	38.9	–	2.8	30.6
学生	100.0	75.0	50.0	25.0	–	–	50.0
有職	100.0	82.3	50.5	31.0	0.7	4.2	23.9
勤め(常勤)	100.0	82.4	51.4	30.3	0.7	4.4	24.9
勤め(パート・アルバイト)	100.0	78.1	36.0	39.7	2.4	4.4	20.2
自営業・家業	100.0	82.2	46.3	34.8	1.0	3.3	17.8
内職	100.0	100.0	100.0	–	–	–	–
その他	100.0	83.1	47.5	35.6	–	3.4	20.3
不詳	100.0	83.6	47.8	34.9	0.9	5.6	24.1
１月生まれ	100.0	81.3	50.2	30.4	0.7	3.9	23.1
無職	100.0	72.5	41.2	29.7	1.6	2.7	22.5
仕事を探している	100.0	71.3	40.7	28.7	1.9	3.7	20.4
仕事を探していない	100.0	70.6	41.2	27.5	2.0	–	21.6
求職状況不詳	100.0	85.0	45.0	40.0	–	5.0	30.0
学生	100.0	66.7	33.3	33.3	–	–	66.7
有職	100.0	81.4	50.4	30.4	0.7	3.9	23.1
勤め(常勤)	100.0	81.4	51.3	29.6	0.6	4.1	24.4
勤め(パート・アルバイト)	100.0	77.6	34.0	41.0	2.6	5.8	16.0
自営業・家業	100.0	81.6	46.6	33.9	1.1	2.9	16.6
内職	–	–	–	–	–	–	–
その他	100.0	87.0	56.5	30.4	–	8.7	13.0
不詳	100.0	79.1	44.3	34.8	–	2.6	17.4
７月生まれ	100.0	83.2	50.6	31.8	0.8	4.6	24.6
無職	100.0	80.4	45.2	35.1	–	4.8	20.2
仕事を探している	100.0	81.0	46.0	35.0	–	6.0	17.0
仕事を探していない	100.0	84.3	49.0	35.3	–	3.9	23.5
求職状況不詳	100.0	62.5	25.0	37.5	–	–	31.3
学生	100.0	100.0	100.0	–	–	–	–
有職	100.0	83.2	50.6	31.7	0.8	4.5	24.6
勤め(常勤)	100.0	83.3	51.6	30.9	0.8	4.7	25.5
勤め(パート・アルバイト)	100.0	78.7	38.3	38.3	2.1	2.8	24.8
自営業・家業	100.0	82.8	46.1	35.8	0.9	3.7	19.1
内職	100.0	100.0	100.0	–	–	–	–
その他	100.0	80.6	41.7	38.9	–	–	25.0
不詳	100.0	88.0	51.3	35.0	1.7	8.5	30.8

出生月、母－父の就業状況、小遣いの有無・小遣いの金額別（２－２）

第15回調査（平成28年）

１か月あたりの金額						もらっていない	不詳
２～３千円未満	３～４千円未満	４～５千円未満	５千～１万円未満	１万円以上	不詳		
19.1	21.6	2.6	7.5	1.5	2.0	17.3	0.6
18.3	20.8	2.4	7.7	2.0	2.3	18.6	0.7
19.2	21.2	1.8	6.6	1.2	2.7	17.2	0.8
18.1	20.6	2.6	8.2	2.2	2.2	18.9	0.6
16.1	22.6	3.8	5.9	4.8	2.2	24.2	2.2
18.9	13.5	2.7	10.8	2.7	2.7	18.9	2.7
19.3	21.9	2.6	7.5	1.4	1.9	17.0	0.6
18.4	21.8	2.6	8.3	1.6	1.7	17.5	0.6
19.9	21.9	2.4	6.6	1.2	1.9	16.6	0.6
18.1	22.6	4.3	11.0	2.7	2.7	17.1	0.3
24.0	15.3	2.0	4.1	0.5	1.0	22.4	0.5
18.3	19.2	－	10.8	3.3	－	17.5	－
17.8	17.8	3.0	11.9	2.2	2.2	16.3	1.5
19.2	21.8	2.6	7.5	1.5	1.9	18.2	0.7
18.3	20.9	2.8	7.4	2.0	2.4	19.7	0.7
19.3	22.6	2.0	6.5	1.5	3.0	18.0	1.0
18.1	20.0	3.1	7.9	2.2	2.2	20.2	0.3
16.1	22.3	3.6	4.5	2.7	0.9	24.1	2.7
13.3	26.7	6.7	13.3	－	－	20.0	6.7
19.4	22.1	2.5	7.5	1.4	1.8	17.8	0.7
18.0	22.3	2.4	7.9	1.5	1.7	18.2	0.8
20.2	22.1	2.3	6.8	1.1	1.7	17.6	0.6
18.5	22.4	4.3	10.8	2.8	3.0	17.5	0.3
21.0	12.4	2.9	4.8	1.0	1.0	26.7	1.0
19.4	21.0	－	8.1	－	－	21.0	－
17.9	13.4	3.0	16.4	3.0	3.0	19.4	－
19.0	21.5	2.6	7.6	1.6	2.0	16.3	0.5
18.3	20.7	2.0	8.0	2.0	2.2	17.5	0.8
19.0	19.6	1.6	6.6	0.7	2.4	16.3	0.4
18.1	21.2	2.0	8.5	2.2	2.1	17.6	0.9
16.2	23.0	4.1	8.1	8.1	4.1	24.3	1.4
22.7	4.5	－	9.1	4.5	4.5	18.2	－
19.2	21.6	2.7	7.5	1.5	2.0	16.1	0.5
18.7	21.3	2.8	8.6	1.7	1.7	16.9	0.5
19.5	21.7	2.6	6.4	1.2	2.1	15.6	0.5
17.7	22.8	4.2	11.3	2.6	2.4	16.7	0.2
27.5	18.7	1.1	3.3	－	1.1	17.6	－
17.2	17.2	－	13.8	6.9	－	13.8	－
17.6	22.1	2.9	7.4	1.5	1.5	13.2	2.9
19.3	21.6	2.5	7.3	1.5	1.9	17.2	0.6
16.9	19.7	2.9	6.9	2.6	2.3	22.3	1.4
18.8	20.2	1.0	7.2	2.4	2.9	22.6	1.4
12.7	25.5	4.9	5.9	2.0	2.0	21.6	1.0
16.7	2.8	8.3	8.3	5.6	－	22.2	2.8
25.0	－	－	－	－	－	25.0	－
19.4	21.6	2.5	7.3	1.5	1.9	17.2	0.5
19.6	21.4	2.4	6.6	1.2	1.8	17.1	0.6
16.8	16.2	2.7	13.8	2.0	2.0	21.5	0.3
18.8	23.0	3.3	10.9	2.7	2.4	17.4	0.4
－	100.0	－	－	－	－	－	－
16.9	28.8	5.1	6.8	1.7	－	16.9	－
14.7	21.6	4.7	9.1	1.7	2.2	15.1	1.3
19.4	21.8	2.5	7.3	1.4	1.8	18.1	0.6
14.3	18.1	3.3	8.2	3.3	－	26.4	1.1
15.7	16.7	1.9	9.3	3.7	－	27.8	0.9
9.8	29.4	2.0	5.9	2.0	－	27.5	2.0
20.0	－	15.0	10.0	5.0	－	15.0	－
－	－	－	－	－	－	33.3	－
19.5	21.8	2.5	7.2	1.4	1.9	18.0	0.6
19.7	21.5	2.3	6.5	1.2	1.7	18.0	0.6
16.0	17.3	3.2	16.7	0.6	1.9	21.8	0.6
18.7	24.1	3.3	10.6	2.6	2.6	17.8	0.6
－	－	－	－	－	－	－	－
21.7	30.4	4.3	4.3	4.3	－	13.0	－
14.8	20.9	6.1	13.9	0.9	2.6	20.0	0.9
19.3	21.4	2.5	7.3	1.5	2.0	16.3	0.5
19.6	21.4	2.4	5.4	1.8	4.8	17.9	1.8
22.0	24.0	－	5.0	1.0	6.0	17.0	2.0
15.7	21.6	7.8	5.9	2.0	3.9	15.7	－
12.5	6.3	－	6.3	6.3	－	31.3	6.3
100.0	－	－	－	－	－	－	－
19.3	21.4	2.5	7.4	1.5	2.0	16.4	0.5
19.4	21.4	2.4	6.7	1.2	1.9	16.2	0.5
17.7	14.9	2.1	10.6	3.5	2.1	21.3	－
18.8	21.8	3.3	11.1	2.9	2.2	17.0	0.2
－	100.0	－	－	－	－	－	－
13.9	27.8	5.6	8.3	－	－	19.4	－
14.5	22.2	3.4	4.3	2.6	1.7	10.3	1.7

第111表　子ども数・総数に対する割合，性、同居者の構成、

性　、 同居者の構成	総数	悩みや 不安がある	子ども自					
			親の仲が 悪いこと	自分と 家族の仲が 悪いこと	友達との関係に関すること（友達ができない・友達の輪に入れないなど）	いじめに 関すること	部活動（クラブ活動を含む）でのトラブルに関すること	恋愛に 関すること
								実
総数	28 810	13 662	662	577	1 890	290	926	1 468
父母のみ	2 999	1 487	77	42	227	36	130	168
父母ときょうだいのみ	17 111	8 006	409	343	1 091	157	532	836
父母と祖父母	4 879	2 297	103	89	323	50	145	244
父母とその他	89	39	1	2	4	–	3	6
父又は母と同居	3 561	1 781	70	99	241	47	114	206
その他	171	52	2	2	4	–	2	8
男児	14 796	5 706	263	270	523	144	249	526
父母のみ	1 517	606	31	24	67	15	34	54
父母ときょうだいのみ	8 852	3 362	153	156	305	82	150	311
父母と祖父母	2 504	976	46	48	87	25	29	93
父母とその他	45	17	–	–	–	–	–	1
父又は母と同居	1 778	724	33	42	63	22	36	65
その他	100	21	–	–	1	–	–	2
女児	14 014	7 956	399	307	1 367	146	677	942
父母のみ	1 482	881	46	18	160	21	96	114
父母ときょうだいのみ	8 259	4 644	256	187	786	75	382	525
父母と祖父母	2 375	1 321	57	41	236	25	116	151
父母とその他	44	22	1	2	4	–	3	5
父又は母と同居	1 783	1 057	37	57	178	25	78	141
その他	71	31	2	2	3	–	2	6
								総数に対する
総数	100.0	47.4	2.3	2.0	6.6	1.0	3.2	5.1
父母のみ	100.0	49.6	2.6	1.4	7.6	1.2	4.3	5.6
父母ときょうだいのみ	100.0	46.8	2.4	2.0	6.4	0.9	3.1	4.9
父母と祖父母	100.0	47.1	2.1	1.8	6.6	1.0	3.0	5.0
父母とその他	100.0	43.8	1.1	2.2	4.5	–	3.4	6.7
父又は母と同居	100.0	50.0	2.0	2.8	6.8	1.3	3.2	5.8
その他	100.0	30.4	1.2	1.2	2.3	–	1.2	4.7
男児	100.0	38.6	1.8	1.8	3.5	1.0	1.7	3.6
父母のみ	100.0	39.9	2.0	1.6	4.4	1.0	2.2	3.6
父母ときょうだいのみ	100.0	38.0	1.7	1.8	3.4	0.9	1.7	3.5
父母と祖父母	100.0	39.0	1.8	1.9	3.5	1.0	1.2	3.7
父母とその他	100.0	37.8	–	–	–	–	–	2.2
父又は母と同居	100.0	40.7	1.9	2.4	3.5	1.2	2.0	3.7
その他	100.0	21.0	–	–	1.0	–	–	2.0
女児	100.0	56.8	2.8	2.2	9.8	1.0	4.8	6.7
父母のみ	100.0	59.4	3.1	1.2	10.8	1.4	6.5	7.7
父母ときょうだいのみ	100.0	56.2	3.1	2.3	9.5	0.9	4.6	6.4
父母と祖父母	100.0	55.6	2.4	1.7	9.9	1.1	4.9	6.4
父母とその他	100.0	50.0	2.3	4.5	9.1	–	6.8	11.4
父又は母と同居	100.0	59.3	2.1	3.2	10.0	1.4	4.4	7.9
その他	100.0	43.7	2.8	2.8	4.2	–	2.8	8.5

子ども自身の悩みや不安（複数回答）－相談相手（複数回答）別（２－１）

第15回調査（平成28年）

身の悩みや不安（複数回答）								
性に関すること	学校や塾の成績に関すること	進路に関すること	親がなにかと干渉してくること	親の期待や要求が高すぎること	何かにつけ兄弟姉妹と比べられること	自分の容姿に関すること	健康（病気）に関すること	その他
数（人）								
248	8 081	10 376	1 761	1 501	1 318	2 912	1 427	559
22	888	1 108	258	186	45	318	189	74
139	4 759	6 120	970	853	878	1 678	767	310
43	1 338	1 710	302	251	233	500	273	90
－	27	29	6	4	7	4	3	5
40	1 040	1 372	219	199	153	398	191	79
4	29	37	6	8	2	14	4	1
127	3 079	4 146	918	732	502	702	578	246
13	334	425	135	99	14	80	75	37
67	1 819	2 479	491	400	332	395	312	131
25	522	690	175	130	94	131	110	45
－	10	11	2	1	3	1	1	－
22	383	526	112	98	59	92	78	33
－	11	15	3	4	－	3	2	－
121	5 002	6 230	843	769	816	2 210	849	313
9	554	683	123	87	31	238	114	37
72	2 940	3 641	479	453	546	1 283	455	179
18	816	1 020	127	121	139	369	163	45
－	17	18	4	3	4	3	2	5
18	657	846	107	101	94	306	113	46
4	18	22	3	4	2	11	2	1
割合（%）								
0.9	28.0	36.0	6.1	5.2	4.6	10.1	5.0	1.9
0.7	29.6	36.9	8.6	6.2	1.5	10.6	6.3	2.5
0.8	27.8	35.8	5.7	5.0	5.1	9.8	4.5	1.8
0.9	27.4	35.0	6.2	5.1	4.8	10.2	5.6	1.8
－	30.3	32.6	6.7	4.5	7.9	4.5	3.4	5.6
1.1	29.2	38.5	6.1	5.6	4.3	11.2	5.4	2.2
2.3	17.0	21.6	3.5	4.7	1.2	8.2	2.3	0.6
0.9	20.8	28.0	6.2	4.9	3.4	4.7	3.9	1.7
0.9	22.0	28.0	8.9	6.5	0.9	5.3	4.9	2.4
0.8	20.5	28.0	5.5	4.5	3.8	4.5	3.5	1.5
1.0	20.8	27.6	7.0	5.2	3.8	5.2	4.4	1.8
－	22.2	24.4	4.4	2.2	6.7	2.2	2.2	－
1.2	21.5	29.6	6.3	5.5	3.3	5.2	4.4	1.9
－	11.0	15.0	3.0	4.0	－	3.0	2.0	－
0.9	35.7	44.5	6.0	5.5	5.8	15.8	6.1	2.2
0.6	37.4	46.1	8.3	5.9	2.1	16.1	7.7	2.5
0.9	35.6	44.1	5.8	5.5	6.6	15.5	5.5	2.2
0.8	34.4	42.9	5.3	5.1	5.9	15.5	6.9	1.9
－	38.6	40.9	9.1	6.8	9.1	6.8	4.5	11.4
1.0	36.8	47.4	6.0	5.7	5.3	17.2	6.3	2.6
5.6	25.4	31.0	4.2	5.6	2.8	15.5	2.8	1.4

第111表　子ども数・総数に対する割合，性、同居者の構成、

性、同居者の構成	相談相手（							
	母	父	兄弟姉妹	祖父・祖母	その他の家族	親せき	友人	先輩・後輩
								実
総数	8 545	3 305	2 049	875	106	223	7 866	918
父母のみ	979	469	64	67	8	28	846	111
父母ときょうだいのみ	5 039	2 085	1 343	409	44	111	4 694	528
父母と祖父母	1 441	593	386	200	24	36	1 320	150
父母とその他	27	13	9	3	3	2	26	4
父又は母と同居	1 033	135	238	189	26	44	952	119
その他	26	10	9	7	1	2	28	6
男児	3 228	1 656	700	387	42	72	2 642	310
父母のみ	371	221	25	31	2	8	266	25
父母ときょうだいのみ	1 918	1 070	461	190	19	36	1 590	189
父母と祖父母	546	284	130	80	11	10	464	58
父母とその他	11	8	4	2	1	−	8	−
父又は母と同居	373	67	77	81	8	18	307	36
その他	9	6	3	3	1	−	7	2
女児	5 317	1 649	1 349	488	64	151	5 224	608
父母のみ	608	248	39	36	6	20	580	86
父母ときょうだいのみ	3 121	1 015	882	219	25	75	3 104	339
父母と祖父母	895	309	256	120	13	26	856	92
父母とその他	16	5	5	1	2	2	18	4
父又は母と同居	660	68	161	108	18	26	645	83
その他	17	4	6	4	−	2	21	4
								総数に対する
総数	29.7	11.5	7.1	3.0	0.4	0.8	27.3	3.2
父母のみ	32.6	15.6	2.1	2.2	0.3	0.9	28.2	3.7
父母ときょうだいのみ	29.4	12.2	7.8	2.4	0.3	0.6	27.4	3.1
父母と祖父母	29.5	12.2	7.9	4.1	0.5	0.7	27.1	3.1
父母とその他	30.3	14.6	10.1	3.4	3.4	2.2	29.2	4.5
父又は母と同居	29.0	3.8	6.7	5.3	0.7	1.2	26.7	3.3
その他	15.2	5.8	5.3	4.1	0.6	1.2	16.4	3.5
男児	21.8	11.2	4.7	2.6	0.3	0.5	17.9	2.1
父母のみ	24.5	14.6	1.6	2.0	0.1	0.5	17.5	1.6
父母ときょうだいのみ	21.7	12.1	5.2	2.1	0.2	0.4	18.0	2.1
父母と祖父母	21.8	11.3	5.2	3.2	0.4	0.4	18.5	2.3
父母とその他	24.4	17.8	8.9	4.4	2.2	−	17.8	−
父又は母と同居	21.0	3.8	4.3	4.6	0.4	1.0	17.3	2.0
その他	9.0	6.0	3.0	3.0	1.0	−	7.0	2.0
女児	37.9	11.8	9.6	3.5	0.5	1.1	37.3	4.3
父母のみ	41.0	16.7	2.6	2.4	0.4	1.3	39.1	5.8
父母ときょうだいのみ	37.8	12.3	10.7	2.7	0.3	0.9	37.6	4.1
父母と祖父母	37.7	13.0	10.8	5.1	0.5	1.1	36.0	3.9
父母とその他	36.4	11.4	11.4	2.3	4.5	4.5	40.9	9.1
父又は母と同居	37.0	3.8	9.0	6.1	1.0	1.5	36.2	4.7
その他	23.9	5.6	8.5	5.6	−	2.8	29.6	5.6

子ども自身の悩みや不安（複数回答）－相談相手（複数回答）別（２－２）

第15回調査（平成28年）

複数回答）										
	教師	学校カウンセラー（スクールカウンセラー）	カウンセラー（電話相談を含む）	医師	インターネットの相談サイト	その他	誰にも相談しない	不詳	悩みや不安は特になし	不詳
数（人）										
	2 395	244	109	161	127	319	1 889	130	14 669	479
	274	33	16	22	18	34	190	10	1 476	36
	1 424	123	57	82	67	187	1 118	79	8 865	240
	406	37	23	28	24	44	300	21	2 517	65
	13	4	-	-	-	1	3	-	47	3
	265	45	13	29	18	53	272	19	1 711	69
	13	2	-	-	-	-	6	1	53	66
	999	74	45	75	39	99	1 078	74	8 787	303
	117	9	7	9	6	9	105	4	884	27
	609	37	25	36	17	59	648	43	5 345	145
	150	10	8	15	7	13	176	15	1 485	43
	5	1	-	-	-	-	1	-	27	1
	113	16	5	15	9	18	145	11	1 010	44
	5	1	-	-	-	-	3	1	36	43
	1 396	170	64	86	88	220	811	56	5 882	176
	157	24	9	13	12	25	85	6	592	9
	815	86	32	46	50	128	470	36	3 520	95
	256	27	15	13	17	31	124	6	1 032	22
	8	3	-	-	-	1	2	-	20	2
	152	29	8	14	9	35	127	8	701	25
	8	1	-	-	-	-	3	-	17	23
割合（%）										
	8.3	0.8	0.4	0.6	0.4	1.1	6.6	0.5	50.9	1.7
	9.1	1.1	0.5	0.7	0.6	1.1	6.3	0.3	49.2	1.2
	8.3	0.7	0.3	0.5	0.4	1.1	6.5	0.5	51.8	1.4
	8.3	0.8	0.5	0.6	0.5	0.9	6.1	0.4	51.6	1.3
	14.6	4.5	-	-	-	1.1	3.4	-	52.8	3.4
	7.4	1.3	0.4	0.8	0.5	1.5	7.6	0.5	48.0	1.9
	7.6	1.2	-	-	-	-	3.5	0.6	31.0	38.6
	6.8	0.5	0.3	0.5	0.3	0.7	7.3	0.5	59.4	2.0
	7.7	0.6	0.5	0.6	0.4	0.6	6.9	0.3	58.3	1.8
	6.9	0.4	0.3	0.4	0.2	0.7	7.3	0.5	60.4	1.6
	6.0	0.4	0.3	0.6	0.3	0.5	7.0	0.6	59.3	1.7
	11.1	2.2	-	-	-	-	2.2	-	60.0	2.2
	6.4	0.9	0.3	0.8	0.5	1.0	8.2	0.6	56.8	2.5
	5.0	1.0	-	-	-	-	3.0	1.0	36.0	43.0
	10.0	1.2	0.5	0.6	0.6	1.6	5.8	0.4	42.0	1.3
	10.6	1.6	0.6	0.9	0.8	1.7	5.7	0.4	39.9	0.6
	9.9	1.0	0.4	0.6	0.6	1.5	5.7	0.4	42.6	1.2
	10.8	1.1	0.6	0.5	0.7	1.3	5.2	0.3	43.5	0.9
	18.2	6.8	-	-	-	2.3	4.5	-	45.5	4.5
	8.5	1.6	0.4	0.8	0.5	2.0	7.1	0.4	39.3	1.4
	11.3	1.4	-	-	-	-	4.2	-	23.9	32.4

第112表　子ども数・総数に対する割合,

市郡、同居者の構成	総数	負担に思うことや悩みがある	子どもを育てていて					
			子育ての出費がかさむ	配偶者が子育てに無関心	ほかの保護者との付き合いが煩わしい	気持ちに余裕をもって子どもに接することができない	子どもの反抗的な態度や言動	子どもの暴力に関すること
								実
総数	28 810	21 297	11 674	1 139	1 013	2 302	5 101	153
父母のみ	2 999	2 176	1 007	132	125	231	539	17
父母ときょうだいのみ	17 111	12 740	7 379	741	545	1 282	3 003	69
父母と祖父母	4 879	3 449	1 719	180	172	341	755	21
父母とその他	89	62	37	3	4	6	13	－
父又は母と同居	3 561	2 746	1 472	78	158	427	750	41
その他	171	124	60	5	9	15	41	5
21大都市	7 541	5 549	3 295	304	228	575	1 379	47
父母のみ	961	697	357	42	35	74	193	7
父母ときょうだいのみ	4 773	3 542	2 217	209	122	336	854	24
父母と祖父母	797	564	304	27	27	46	116	3
父母とその他	23	17	12	1	1	3	4	－
父又は母と同居	948	703	390	22	39	112	202	11
その他	39	26	15	3	4	4	10	2
その他の市	18 677	13 868	7 490	737	676	1 537	3 300	91
父母のみ	1 795	1 304	581	80	77	139	304	9
父母ときょうだいのみ	10 954	8 174	4 641	472	367	851	1 914	40
父母と祖父母	3 443	2 447	1 234	132	119	255	557	15
父母とその他	61	44	24	2	3	3	9	－
父又は母と同居	2 309	1 815	971	50	105	280	488	25
その他	115	84	39	1	5	9	28	2
郡部	2 534	1 840	877	97	108	188	410	15
父母のみ	230	164	65	10	13	17	40	1
父母ときょうだいのみ	1 343	998	514	60	55	94	226	5
父母と祖父母	639	438	181	21	26	40	82	3
父母とその他	5	1	1	－	－	－	－	－
父又は母と同居	301	226	111	6	14	35	59	5
その他	16	13	5	－	－	2	3	1
外国	58	40	12	1	1	2	12	－
父母のみ	13	11	4	－	－	1	2	－
父母ときょうだいのみ	41	26	7	－	1	1	9	－
父母と祖父母	－	－	－	－	－	－	－	－
父母とその他	－	－	－	－	－	－	－	－
父又は母と同居	3	2	－	－	－	－	1	－
その他	1	1	1	1	－	－	－	－
								総数に対する
総数	100.0	73.9	40.5	4.0	3.5	8.0	17.7	0.5
父母のみ	100.0	72.6	33.6	4.4	4.2	7.7	18.0	0.6
父母ときょうだいのみ	100.0	74.5	43.1	4.3	3.2	7.5	17.6	0.4
父母と祖父母	100.0	70.7	35.2	3.7	3.5	7.0	15.5	0.4
父母とその他	100.0	69.7	41.6	3.4	4.5	6.7	14.6	－
父又は母と同居	100.0	77.1	41.3	2.2	4.4	12.0	21.1	1.2
その他	100.0	72.5	35.1	2.9	5.3	8.8	24.0	2.9
21大都市	100.0	73.6	43.7	4.0	3.0	7.6	18.3	0.6
父母のみ	100.0	72.5	37.1	4.4	3.6	7.7	20.1	0.7
父母ときょうだいのみ	100.0	74.2	46.4	4.4	2.6	7.0	17.9	0.5
父母と祖父母	100.0	70.8	38.1	3.4	3.4	5.8	14.6	0.4
父母とその他	100.0	73.9	52.2	4.3	4.3	13.0	17.4	－
父又は母と同居	100.0	74.2	41.1	2.3	4.1	11.8	21.3	1.2
その他	100.0	66.7	38.5	7.7	10.3	10.3	25.6	5.1
その他の市	100.0	74.3	40.1	3.9	3.6	8.2	17.7	0.5
父母のみ	100.0	72.6	32.4	4.5	4.3	7.7	16.9	0.5
父母ときょうだいのみ	100.0	74.6	42.4	4.3	3.4	7.8	17.5	0.4
父母と祖父母	100.0	71.1	35.8	3.8	3.5	7.4	16.2	0.4
父母とその他	100.0	72.1	39.3	3.3	4.9	4.9	14.8	－
父又は母と同居	100.0	78.6	42.1	2.2	4.5	12.1	21.1	1.1
その他	100.0	73.0	33.9	0.9	4.3	7.8	24.3	1.7
郡部	100.0	72.6	34.6	3.8	4.3	7.4	16.2	0.6
父母のみ	100.0	71.3	28.3	4.3	5.7	7.4	17.4	0.4
父母ときょうだいのみ	100.0	74.3	38.3	4.5	4.1	7.0	16.8	0.4
父母と祖父母	100.0	68.5	28.3	3.3	4.1	6.3	12.8	0.5
父母とその他	100.0	20.0	20.0	－	－	－	－	－
父又は母と同居	100.0	75.1	36.9	2.0	4.7	11.6	19.6	1.7
その他	100.0	81.3	31.3	－	－	12.5	18.8	6.3
外国	100.0	69.0	20.7	1.7	1.7	3.4	20.7	－
父母のみ	100.0	84.6	30.8	－	－	7.7	15.4	－
父母ときょうだいのみ	100.0	63.4	17.1	－	2.4	2.4	22.0	－
父母と祖父母	－	－	－	－	－	－	－	－
父母とその他	－	－	－	－	－	－	－	－
父又は母と同居	100.0	66.7	－	－	－	－	33.3	－
その他	100.0	100.0	100.0	100.0	－	－	－	－

市郡、同居者の構成、子どもを育てていて負担に思うことや悩み(複数回答）別

第15回調査（平成28年）

負担に思うことや悩み（複数回答）								負担に思うことや悩みは特にない	不詳
子どもの成績に関すること	子どもの将来（進路など）に関すること	子どもがいじめられている	子どもが学校に行きたがらない（行かない）	子どもが病気がちである	子どもの交友関係に関すること	子どもの異性との交際に関すること	その他		
数（人）									
10 094	13 436	186	793	468	1 900	480	1 020	6 777	736
1 074	1 453	29	98	62	198	58	121	752	71
5 949	7 752	95	408	256	1 051	254	557	3 973	398
1 640	2 278	25	118	67	316	67	157	1 289	141
31	39	−	3	2	8	4	2	24	3
1 334	1 827	35	153	79	309	91	170	699	116
66	87	2	13	2	18	6	13	40	7
2 661	3 371	48	189	133	454	106	271	1 818	174
332	450	7	24	27	58	18	41	250	14
1 684	2 076	23	100	66	256	61	149	1 116	115
280	352	7	22	17	56	9	27	217	16
6	8	−	−	−	1	1	−	6	−
343	469	11	38	23	81	16	52	218	27
16	16	−	5	−	2	1	2	11	2
6 574	8 795	118	532	290	1 256	336	663	4 318	491
657	877	18	69	33	125	35	74	443	48
3 809	4 993	62	269	160	689	174	367	2 534	246
1 154	1 631	16	82	42	224	51	103	885	111
25	31	−	3	2	7	3	2	14	3
887	1 203	21	103	52	197	68	106	416	78
42	60	1	6	1	14	5	11	26	5
840	1 237	20	72	45	187	36	82	625	69
82	116	4	5	2	14	5	3	57	9
441	663	10	39	30	104	17	40	310	35
206	295	2	14	8	36	7	27	187	14
−	−	−	−	−	−	−	−	4	−
104	153	3	12	4	31	7	12	64	11
7	10	1	2	1	2	−	−	3	−
19	33	−	−	−	3	2	4	16	2
3	10	−	−	−	1	−	3	2	−
15	20	−	−	−	2	2	1	13	2
−	−	−	−	−	−	−	−	−	−
−	−	−	−	−	−	−	−	−	−
−	2	−	−	−	−	−	−	1	−
1	1	−	−	−	−	−	−	−	−
割合（%）									
35.0	46.6	0.6	2.8	1.6	6.6	1.7	3.5	23.5	2.6
35.8	48.4	1.0	3.3	2.1	6.6	1.9	4.0	25.1	2.4
34.8	45.3	0.6	2.4	1.5	6.1	1.5	3.3	23.2	2.3
33.6	46.7	0.5	2.4	1.4	6.5	1.4	3.2	26.4	2.9
34.8	43.8	−	3.4	2.2	9.0	4.5	2.2	27.0	3.4
37.5	51.3	1.0	4.3	2.2	8.7	2.6	4.8	19.6	3.3
38.6	50.9	1.2	7.6	1.2	10.5	3.5	7.6	23.4	4.1
35.3	44.7	0.6	2.5	1.8	6.0	1.4	3.6	24.1	2.3
34.5	46.8	0.7	2.5	2.8	6.0	1.9	4.3	26.0	1.5
35.3	43.5	0.5	2.1	1.4	5.4	1.3	3.1	23.4	2.4
35.1	44.2	0.9	2.8	2.1	7.0	1.1	3.4	27.2	2.0
26.1	34.8	−	−	−	4.3	4.3	−	26.1	−
36.2	49.5	1.2	4.0	2.4	8.5	1.7	5.5	23.0	2.8
41.0	41.0	−	12.8	−	5.1	2.6	5.1	28.2	5.1
35.2	47.1	0.6	2.8	1.6	6.7	1.8	3.5	23.1	2.6
36.6	48.9	1.0	3.8	1.8	7.0	1.9	4.1	24.7	2.7
34.8	45.6	0.6	2.5	1.5	6.3	1.6	3.4	23.1	2.2
33.5	47.4	0.5	2.4	1.2	6.5	1.5	3.0	25.7	3.2
41.0	50.8	−	4.9	3.3	11.5	4.9	3.3	23.0	4.9
38.4	52.1	0.9	4.5	2.3	8.5	2.9	4.6	18.0	3.4
36.5	52.2	0.9	5.2	0.9	12.2	4.3	9.6	22.6	4.3
33.1	48.8	0.8	2.8	1.8	7.4	1.4	3.2	24.7	2.7
35.7	50.4	1.7	2.2	0.9	6.1	2.2	1.3	24.8	3.9
32.8	49.4	0.7	2.9	2.2	7.7	1.3	3.0	23.1	2.6
32.2	46.2	0.3	2.2	1.3	5.6	1.1	4.2	29.3	2.2
−	−	−	−	−	−	−	−	80.0	−
34.6	50.8	1.0	4.0	1.3	10.3	2.3	4.0	21.3	3.7
43.8	62.5	6.3	12.5	6.3	12.5	−	−	18.8	−
32.8	56.9	−	−	−	5.2	3.4	6.9	27.6	3.4
23.1	76.9	−	−	−	7.7	−	23.1	15.4	−
36.6	48.8	−	−	−	4.9	4.9	2.4	31.7	4.9
−	−	−	−	−	−	−	−	−	−
−	−	−	−	−	−	−	−	−	−
−	66.7	−	−	−	−	−	−	33.3	−
100.0	100.0	−	−	−	−	−	−	−	−

第113表　子ども数・総数に対する割合，

性　、 きょうだい構成	総　　数	負担に思うことや悩みがある	子育ての出費がかさむ	配偶者が子育てに無関心	ほかの保護者との付き合いが煩わしい	気持ちに余裕をもって子どもに接することができない	子どもの反抗的な態度や言動	子どもの暴力に関すること
			子どもを育てていて					
								実
総数	28 810	21 297	11 674	1 139	1 013	2 302	5 101	153
ひとり	4 874	3 564	1 674	184	203	426	919	37
弟妹のみ	10 617	8 345	5 050	440	411	1 018	2 013	58
兄姉のみ	10 242	7 152	3 717	382	292	638	1 654	46
兄弟姉妹あり	3 077	2 236	1 233	133	107	220	515	12
男児	14 796	11 268	5 962	613	561	1 171	2 696	122
ひとり	2 468	1 849	817	99	115	215	506	28
弟妹のみ	5 350	4 303	2 518	227	227	500	1 036	49
兄姉のみ	5 329	3 875	1 962	219	158	348	889	35
兄弟姉妹あり	1 649	1 241	665	68	61	108	265	10
女児	14 014	10 029	5 712	526	452	1 131	2 405	31
ひとり	2 406	1 715	857	85	88	211	413	9
弟妹のみ	5 267	4 042	2 532	213	184	518	977	9
兄姉のみ	4 913	3 277	1 755	163	134	290	765	11
兄弟姉妹あり	1 428	995	568	65	46	112	250	2
								総数に対する
総数	100.0	73.9	40.5	4.0	3.5	8.0	17.7	0.5
ひとり	100.0	73.1	34.3	3.8	4.2	8.7	18.9	0.8
弟妹のみ	100.0	78.6	47.6	4.1	3.9	9.6	19.0	0.5
兄姉のみ	100.0	69.8	36.3	3.7	2.9	6.2	16.1	0.4
兄弟姉妹あり	100.0	72.7	40.1	4.3	3.5	7.1	16.7	0.4
男児	100.0	76.2	40.3	4.1	3.8	7.9	18.2	0.8
ひとり	100.0	74.9	33.1	4.0	4.7	8.7	20.5	1.1
弟妹のみ	100.0	80.4	47.1	4.2	4.2	9.3	19.4	0.9
兄姉のみ	100.0	72.7	36.8	4.1	3.0	6.5	16.7	0.7
兄弟姉妹あり	100.0	75.3	40.3	4.1	3.7	6.5	16.1	0.6
女児	100.0	71.6	40.8	3.8	3.2	8.1	17.2	0.2
ひとり	100.0	71.3	35.6	3.5	3.7	8.8	17.2	0.4
弟妹のみ	100.0	76.7	48.1	4.0	3.5	9.8	18.5	0.2
兄姉のみ	100.0	66.7	35.7	3.3	2.7	5.9	15.6	0.2
兄弟姉妹あり	100.0	69.7	39.8	4.6	3.2	7.8	17.5	0.1

性、きょうだい構成、子どもを育てていて負担に思うことや悩み（複数回答）別

第15回調査（平成28年）

負担に思うことや悩み（複数回答）								負担に思うことや悩みは特にない	不詳
子どもの成績に関すること	子どもの将来（進路など）に関すること	子どもがいじめられている	子どもが学校に行きたがらない（行かない）	子どもが病気がちである	子どもの交友関係に関すること	子どもの異性との交際に関すること	その他		
数（人）									
10 094	13 436	186	793	468	1 900	480	1 020	6 777	736
1 794	2 414	41	184	103	372	108	202	1 177	133
3 971	5 282	57	259	158	778	210	370	2 044	228
3 332	4 377	70	275	167	581	116	350	2 795	295
997	1 363	18	75	40	169	46	98	761	80
5 750	7 576	96	404	216	906	239	590	3 158	370
999	1 323	16	87	47	176	55	106	545	74
2 186	2 901	31	127	65	368	100	207	938	109
1 978	2 541	40	149	81	285	63	219	1 310	144
587	811	9	41	23	77	21	58	365	43
4 344	5 860	90	389	252	994	241	430	3 619	366
795	1 091	25	97	56	196	53	96	632	59
1 785	2 381	26	132	93	410	110	163	1 106	119
1 354	1 836	30	126	86	296	53	131	1 485	151
410	552	9	34	17	92	25	40	396	37
割合（%）									
35.0	46.6	0.6	2.8	1.6	6.6	1.7	3.5	23.5	2.6
36.8	49.5	0.8	3.8	2.1	7.6	2.2	4.1	24.1	2.7
37.4	49.8	0.5	2.4	1.5	7.3	2.0	3.5	19.3	2.1
32.5	42.7	0.7	2.7	1.6	5.7	1.1	3.4	27.3	2.9
32.4	44.3	0.6	2.4	1.3	5.5	1.5	3.2	24.7	2.6
38.9	51.2	0.6	2.7	1.5	6.1	1.6	4.0	21.3	2.5
40.5	53.6	0.6	3.5	1.9	7.1	2.2	4.3	22.1	3.0
40.9	54.2	0.6	2.4	1.2	6.9	1.9	3.9	17.5	2.0
37.1	47.7	0.8	2.8	1.5	5.3	1.2	4.1	24.6	2.7
35.6	49.2	0.5	2.5	1.4	4.7	1.3	3.5	22.1	2.6
31.0	41.8	0.6	2.8	1.8	7.1	1.7	3.1	25.8	2.6
33.0	45.3	1.0	4.0	2.3	8.1	2.2	4.0	26.3	2.5
33.9	45.2	0.5	2.5	1.8	7.8	2.1	3.1	21.0	2.3
27.6	37.4	0.6	2.6	1.8	6.0	1.1	2.7	30.2	3.1
28.7	38.7	0.6	2.4	1.2	6.4	1.8	2.8	27.7	2.6

第114表　母・父と同居している子ども数・総数に対する割合,

母－父の年齢	総数	負担に思うことや悩みがある	子どもを育てていて 子育ての出費がかさむ	配偶者が子育てに無関心	ほかの保護者との付き合いが煩わしい	気持ちに余裕をもって子どもに接することができない	子どもの反抗的な態度や言動	子どもの暴力に関すること
								実
母の年齢	28 335	20 938	11 505	1 126	990	2 239	5 013	148
34歳以下	148	116	66	5	7	18	34	1
35～39歳	2 404	1 858	1 082	103	105	182	475	15
40～44歳	10 731	8 102	4 695	411	395	826	1 862	53
45～49歳	10 936	7 885	4 214	432	339	808	1 823	53
50歳以上	4 094	2 964	1 442	175	143	402	816	26
父の年齢	25 382	18 662	10 251	1 064	860	1 908	4 357	107
34歳以下	46	34	16	3	–	8	12	–
35～39歳	1 203	922	560	68	44	100	238	6
40～44歳	6 775	5 101	3 034	264	258	475	1 124	19
45～49歳	9 441	6 849	3 750	392	287	682	1 564	36
50歳以上	7 632	5 530	2 786	322	255	608	1 355	45
								総数に対する
母の年齢	100.0	73.9	40.6	4.0	3.5	7.9	17.7	0.5
34歳以下	100.0	78.4	44.6	3.4	4.7	12.2	23.0	0.7
35～39歳	100.0	77.3	45.0	4.3	4.4	7.6	19.8	0.6
40～44歳	100.0	75.5	43.8	3.8	3.7	7.7	17.4	0.5
45～49歳	100.0	72.1	38.5	4.0	3.1	7.4	16.7	0.5
50歳以上	100.0	72.4	35.2	4.3	3.5	9.8	19.9	0.6
父の年齢	100.0	73.5	40.4	4.2	3.4	7.5	17.2	0.4
34歳以下	100.0	73.9	34.8	6.5	–	17.4	26.1	–
35～39歳	100.0	76.6	46.6	5.7	3.7	8.3	19.8	0.5
40～44歳	100.0	75.3	44.8	3.9	3.8	7.0	16.6	0.3
45～49歳	100.0	72.5	39.7	4.2	3.0	7.2	16.6	0.4
50歳以上	100.0	72.5	36.5	4.2	3.3	8.0	17.8	0.6

注：総数には母－父の年齢の「不詳」を含む。

第115表　母と同居している子ども数・総数に対する割合,

母の就業状況	総数	負担に思うことや悩みがある	子どもを育てていて 子育ての出費がかさむ	配偶者が子育てに無関心	ほかの保護者との付き合いが煩わしい	気持ちに余裕をもって子どもに接することができない	子どもの反抗的な態度や言動	子どもの暴力に関すること
								実
総数	28 335	20 938	11 505	1 126	990	2 239	5 013	148
無職	5 254	3 849	2 080	225	250	363	943	40
仕事を探している	1 464	1 190	736	91	85	124	290	10
仕事を探していない	3 567	2 495	1 247	122	152	215	611	23
求職状況不詳	186	134	79	9	10	22	34	6
学生	37	30	18	3	3	2	8	1
有職	22 946	17 054	9 404	901	738	1 874	4 058	108
勤め(常勤)	7 121	5 320	2 668	261	238	749	1 320	45
勤め(パート・アルバイト)	13 677	10 280	6 011	578	432	991	2 394	54
自営業・家業	1 832	1 221	593	48	53	103	284	7
内職	196	144	79	9	9	16	36	–
その他	120	89	53	5	6	15	24	2
不詳	135	35	21	–	2	2	12	–
								総数に対する
総数	100.0	73.9	40.6	4.0	3.5	7.9	17.7	0.5
無職	100.0	73.3	39.6	4.3	4.8	6.9	17.9	0.8
仕事を探している	100.0	81.3	50.3	6.2	5.8	8.5	19.8	0.7
仕事を探していない	100.0	69.9	35.0	3.4	4.3	6.0	17.1	0.6
求職状況不詳	100.0	72.0	42.5	4.8	5.4	11.8	18.3	3.2
学生	100.0	81.1	48.6	8.1	8.1	5.4	21.6	2.7
有職	100.0	74.3	41.0	3.9	3.2	8.2	17.7	0.5
勤め(常勤)	100.0	74.7	37.5	3.7	3.3	10.5	18.5	0.6
勤め(パート・アルバイト)	100.0	75.2	43.9	4.2	3.2	7.2	17.5	0.4
自営業・家業	100.0	66.6	32.4	2.6	2.9	5.6	15.5	0.4
内職	100.0	73.5	40.3	4.6	4.6	8.2	18.4	–
その他	100.0	74.2	44.2	4.2	5.0	12.5	20.0	1.7
不詳	100.0	25.9	15.6	–	1.5	1.5	8.9	–

母－父の年齢、子どもを育てていて負担に思うことや悩み（複数回答）別

第15回調査（平成28年）

負担に思うことや悩み（複数回答） 子どもの成績に関すること	 子どもの将来（進路など）に関すること	 子どもがいじめられている	 子どもが学校に行きたがらない（行かない）	 子どもが病気がちである	 子どもの交友関係に関すること	 子どもの異性との交際に関すること	 その他	負担に思うことや悩みは特にない	不詳
数（人）									
9 921	13 173	178	770	462	1 853	462	1 001	6 678	719
59	82	2	6	1	9	10	3	27	5
895	1 202	18	77	34	190	68	66	476	70
3 808	5 069	58	258	183	703	179	342	2 389	240
3 692	4 954	55	275	167	661	149	405	2 764	287
1 457	1 859	43	153	77	289	56	185	1 013	117
8 801	11 698	155	637	391	1 602	395	843	6 097	623
18	21	1	1	–	3	3	1	12	–
417	585	9	36	21	76	31	26	251	30
2 350	3 181	37	126	111	448	128	184	1 522	152
3 208	4 245	49	215	126	596	127	303	2 358	234
2 694	3 521	58	242	129	456	99	318	1 905	197
割合（%）									
35.0	46.5	0.6	2.7	1.6	6.5	1.6	3.5	23.6	2.5
39.9	55.4	1.4	4.1	0.7	6.1	6.8	2.0	18.2	3.4
37.2	50.0	0.7	3.2	1.4	7.9	2.8	2.7	19.8	2.9
35.5	47.2	0.5	2.4	1.7	6.6	1.7	3.2	22.3	2.2
33.8	45.3	0.5	2.5	1.5	6.0	1.4	3.7	25.3	2.6
35.6	45.4	1.1	3.7	1.9	7.1	1.4	4.5	24.7	2.9
34.7	46.1	0.6	2.5	1.5	6.3	1.6	3.3	24.0	2.5
39.1	45.7	2.2	2.2	–	6.5	6.5	2.2	26.1	–
34.7	48.6	0.7	3.0	1.7	6.3	2.6	2.2	20.9	2.5
34.7	47.0	0.5	1.9	1.6	6.6	1.9	2.7	22.5	2.2
34.0	45.0	0.5	2.3	1.3	6.3	1.3	3.2	25.0	2.5
35.3	46.1	0.8	3.2	1.7	6.0	1.3	4.2	25.0	2.6

母の就業状況、子どもを育てていて負担に思うことや悩み（複数回答）別

第15回調査（平成28年）

負担に思うことや悩み（複数回答） 子どもの成績に関すること	 子どもの将来（進路など）に関すること	 子どもがいじめられている	 子どもが学校に行きたがらない（行かない）	 子どもが病気がちである	 子どもの交友関係に関すること	 子どもの異性との交際に関すること	 その他	負担に思うことや悩みは特にない	不詳
数（人）									
9 921	13 173	178	770	462	1 853	462	1 001	6 678	719
1 748	2 474	46	193	121	365	81	208	1 292	113
549	776	16	62	39	114	24	61	236	38
1 118	1 591	29	119	75	235	53	140	1 002	70
65	88	1	10	6	13	3	3	47	5
16	19	–	2	1	3	1	4	7	–
8 158	10 676	131	575	339	1 480	377	791	5 374	518
2 647	3 527	28	189	96	448	143	268	1 637	164
4 835	6 298	89	331	206	900	202	433	3 102	295
567	719	12	43	29	100	22	74	558	53
65	86	2	10	5	23	6	7	48	4
44	46	–	2	3	9	4	9	29	2
15	23	1	2	2	8	4	2	12	88
割合（%）									
35.0	46.5	0.6	2.7	1.6	6.5	1.6	3.5	23.6	2.5
33.3	47.1	0.9	3.7	2.3	6.9	1.5	4.0	24.6	2.2
37.5	53.0	1.1	4.2	2.7	7.8	1.6	4.2	16.1	2.6
31.3	44.6	0.8	3.3	2.1	6.6	1.5	3.9	28.1	2.0
34.9	47.3	0.5	5.4	3.2	7.0	1.6	1.6	25.3	2.7
43.2	51.4	–	5.4	2.7	8.1	2.7	10.8	18.9	–
35.6	46.5	0.6	2.5	1.5	6.4	1.6	3.4	23.4	2.3
37.2	49.5	0.4	2.7	1.3	6.3	2.0	3.8	23.0	2.3
35.4	46.0	0.7	2.4	1.5	6.6	1.5	3.2	22.7	2.2
30.9	39.2	0.7	2.3	1.6	5.5	1.2	4.0	30.5	2.9
33.2	43.9	1.0	5.1	2.6	11.7	3.1	3.6	24.5	2.0
36.7	38.3	–	1.7	2.5	7.5	3.3	7.5	24.2	1.7
11.1	17.0	0.7	1.5	1.5	5.9	3.0	1.5	8.9	65.2

第116表　母と同居している子ども数・総数に対する割合,

母の就業パターン	総数	負担に思うことや悩みがある	子どもを育てていて					
			子育ての出費がかさむ	配偶者が子育てに無関心	ほかの保護者との付き合いが煩わしい	気持ちに余裕をもって子どもに接することができない	子どもの反抗的な態度や言動	子どもの暴力に関すること
								実
総数	23 346	17 248	9 461	903	799	1 816	4 143	124
出産１年前から無職	1 449	1 021	551	50	65	90	247	7
出産後から無職	576	434	234	24	31	34	104	5
出産後から有職	4 552	3 306	1 868	176	118	278	744	20
１年前までに有職	4 348	3 159	1 777	168	111	264	706	19
1年前から現在までに有職	204	147	91	8	7	14	38	1
出産１年前から有職	3 104	2 246	980	83	100	323	557	16
その他	11 263	8 524	4 886	457	403	898	2 059	63
不詳	2 402	1 717	942	113	82	193	432	13
								総数に対する
総数	100.0	73.9	40.5	3.9	3.4	7.8	17.7	0.5
出産１年前から無職	100.0	70.5	38.0	3.5	4.5	6.2	17.0	0.5
出産後から無職	100.0	75.3	40.6	4.2	5.4	5.9	18.1	0.9
出産後から有職	100.0	72.6	41.0	3.9	2.6	6.1	16.3	0.4
１年前までに有職	100.0	72.7	40.9	3.9	2.6	6.1	16.2	0.4
1年前から現在までに有職	100.0	72.1	44.6	3.9	3.4	6.9	18.6	0.5
出産１年前から有職	100.0	72.4	31.6	2.7	3.2	10.4	17.9	0.5
その他	100.0	75.7	43.4	4.1	3.6	8.0	18.3	0.6
不詳	100.0	71.5	39.2	4.7	3.4	8.0	18.0	0.5

注：第１回調査から第15回調査まで回答を得た者を集計。

母の就業パターン（第１回調査からの）、子どもを育てていて負担に思うことや悩み（複数回答）別

第15回調査（平成28年）

負担に思うことや悩み（複数回答）								負担に思うことや悩みは特にない	不詳
子どもの成績に関すること	子どもの将来（進路など）に関すること	子どもがいじめられている	子どもが学校に行きたがらない（行かない）	子どもが病気がちである	子どもの交友関係に関すること	子どもの異性との交際に関すること	その他		
数（人）									
8 186	10 810	147	612	366	1 521	373	808	5 550	548
470	656	7	41	26	94	18	50	409	19
199	267	5	18	14	44	8	29	136	6
1 542	1 993	25	95	54	244	60	151	1 148	98
1 473	1 915	25	90	52	232	59	143	1 094	95
69	78	-	5	2	12	1	8	54	3
1 133	1 510	15	63	42	196	50	124	796	62
4 061	5 340	72	322	191	780	190	362	2 515	224
781	1 044	23	73	39	163	47	92	546	139
割合（%）									
35.1	46.3	0.6	2.6	1.6	6.5	1.6	3.5	23.8	2.3
32.4	45.3	0.5	2.8	1.8	6.5	1.2	3.5	28.2	1.3
34.5	46.4	0.9	3.1	2.4	7.6	1.4	5.0	23.6	1.0
33.9	43.8	0.5	2.1	1.2	5.4	1.3	3.3	25.2	2.2
33.9	44.0	0.6	2.1	1.2	5.3	1.4	3.3	25.2	2.2
33.8	38.2	-	2.5	1.0	5.9	0.5	3.9	26.5	1.5
36.5	48.6	0.5	2.0	1.4	6.3	1.6	4.0	25.6	2.0
36.1	47.4	0.6	2.9	1.7	6.9	1.7	3.2	22.3	2.0
32.5	43.5	1.0	3.0	1.6	6.8	2.0	3.8	22.7	5.8

第117表　子ども数・構成割合・１か月の平均子育て費用，

出生月、性、市郡	総数	１か月の子育て費用								
		１万円未満	１～２万円未満	２～３万円未満	３～４万円未満	４～５万円未満	５～６万円未満	６～７万円未満	７万円以上	不詳
	実数（人）									
総数	28 810	65	747	1 871	3 177	3 012	4 156	2 896	12 531	355
21大都市	7 541	16	142	315	549	588	949	713	4 183	86
その他の市	18 677	42	488	1 266	2 208	2 118	2 825	1 945	7 556	229
郡部	2 534	7	115	290	417	301	375	236	755	38
外国	58	－	2	－	3	5	7	2	37	2
男児	14 796	38	403	989	1 619	1 494	2 083	1 435	6 543	192
21大都市	3 914	10	74	169	273	306	472	339	2 223	48
その他の市	9 552	26	268	653	1 140	1 044	1 412	974	3 909	126
郡部	1 305	2	61	167	203	140	197	121	397	17
外国	25	－	－	－	3	4	2	1	14	1
女児	14 014	27	344	882	1 558	1 518	2 073	1 461	5 988	163
21大都市	3 627	6	68	146	276	282	477	374	1 960	38
その他の市	9 125	16	220	613	1 068	1 074	1 413	971	3 647	103
郡部	1 229	5	54	123	214	161	178	115	358	21
外国	33	－	2	－	－	1	5	1	23	1
１月生まれ	14 462	31	343	798	1 341	1 166	1 758	1 203	7 669	153
21大都市	3 845	9	58	145	229	226	371	288	2 484	35
その他の市	9 282	16	234	523	921	811	1 203	802	4 668	104
郡部	1 299	6	49	130	190	124	180	111	496	13
外国	36	－	2	－	1	5	4	2	21	1
男児	7 344	16	190	409	668	548	904	563	3 964	82
21大都市	1 976	4	29	76	111	117	183	129	1 303	24
その他の市	4 682	10	133	261	465	378	623	372	2 388	52
郡部	670	2	28	72	91	49	97	61	265	5
外国	16	－	－	－	1	4	1	1	8	1
女児	7 118	15	153	389	673	618	854	640	3 705	71
21大都市	1 869	5	29	69	118	109	188	159	1 181	11
その他の市	4 600	6	101	262	456	433	580	430	2 280	52
郡部	629	4	21	58	99	75	83	50	231	8
外国	20	－	2	－	－	1	3	1	13	－
７月生まれ	14 348	34	404	1 073	1 836	1 846	2 398	1 693	4 862	202
21大都市	3 696	7	84	170	320	362	578	425	1 699	51
その他の市	9 395	26	254	743	1 287	1 307	1 622	1 143	2 888	125
郡部	1 235	1	66	160	227	177	195	125	259	25
外国	22	－	－	－	2	－	3	－	16	1
男児	7 452	22	213	580	951	946	1 179	872	2 579	110
21大都市	1 938	6	45	93	162	189	289	210	920	24
その他の市	4 870	16	135	392	675	666	789	602	1 521	74
郡部	635	－	33	95	112	91	100	60	132	12
外国	9	－	－	－	2	－	1	－	6	－
女児	6 896	12	191	493	885	900	1 219	821	2 283	92
21大都市	1 758	1	39	77	158	173	289	215	779	27
その他の市	4 525	10	119	351	612	641	833	541	1 367	51
郡部	600	1	33	65	115	86	95	65	127	13
外国	13	－	－	－	－	－	2	－	10	1

出生月、性、市郡、１か月の子育て費用別

第15回調査（平成28年）

総数	１か月の子育て費用 1万円未満	1～2万円未満	2～3万円未満	3～4万円未満	4～5万円未満	5～6万円未満	6～7万円未満	7万円以上	不詳	1か月の平均子育て費用（千円）
構成割合（%）										
100.0	0.2	2.6	6.5	11.0	10.5	14.4	10.1	43.5	1.2	88
100.0	0.2	1.9	4.2	7.3	7.8	12.6	9.5	55.5	1.1	106
100.0	0.2	2.6	6.8	11.8	11.3	15.1	10.4	40.5	1.2	83
100.0	0.3	4.5	11.4	16.5	11.9	14.8	9.3	29.8	1.5	74
100.0	－	3.4	－	5.2	8.6	12.1	3.4	63.8	3.4	142
100.0	0.3	2.7	6.7	10.9	10.1	14.1	9.7	44.2	1.3	89
100.0	0.3	1.9	4.3	7.0	7.8	12.1	8.7	56.8	1.2	108
100.0	0.3	2.8	6.8	11.9	10.9	14.8	10.2	40.9	1.3	83
100.0	0.2	4.7	12.8	15.6	10.7	15.1	9.3	30.4	1.3	74
100.0	－	－	－	12.0	16.0	8.0	4.0	56.0	4.0	105
100.0	0.2	2.5	6.3	11.1	10.8	14.8	10.4	42.7	1.2	88
100.0	0.2	1.9	4.0	7.6	7.8	13.2	10.3	54.0	1.0	103
100.0	0.2	2.4	6.7	11.7	11.8	15.5	10.6	40.0	1.1	83
100.0	0.4	4.4	10.0	17.4	13.1	14.5	9.4	29.1	1.7	73
100.0	－	6.1	－	－	3.0	15.2	3.0	69.7	3.0	169
100.0	0.2	2.4	5.5	9.3	8.1	12.2	8.3	53.0	1.1	103
100.0	0.2	1.5	3.8	6.0	5.9	9.6	7.5	64.6	0.9	122
100.0	0.2	2.5	5.6	9.9	8.7	13.0	8.6	50.3	1.1	97
100.0	0.5	3.8	10.0	14.6	9.5	13.9	8.5	38.2	1.0	87
100.0	－	5.6	－	2.8	13.9	11.1	5.6	58.3	2.8	133
100.0	0.2	2.6	5.6	9.1	7.5	12.3	7.7	54.0	1.1	104
100.0	0.2	1.5	3.8	5.6	5.9	9.3	6.5	65.9	1.2	126
100.0	0.2	2.8	5.6	9.9	8.1	13.3	7.9	51.0	1.1	97
100.0	0.3	4.2	10.7	13.6	7.3	14.5	9.1	39.6	0.7	89
100.0	－	－	－	6.3	25.0	6.3	6.3	50.0	6.3	114
100.0	0.2	2.1	5.5	9.5	8.7	12.0	9.0	52.1	1.0	101
100.0	0.3	1.6	3.7	6.3	5.8	10.1	8.5	63.2	0.6	118
100.0	0.1	2.2	5.7	9.9	9.4	12.6	9.3	49.6	1.1	97
100.0	0.6	3.3	9.2	15.7	11.9	13.2	7.9	36.7	1.3	85
100.0	－	10.0	－	－	5.0	15.0	5.0	65.0	－	147
100.0	0.2	2.8	7.5	12.8	12.9	16.7	11.8	33.9	1.4	74
100.0	0.2	2.3	4.6	8.7	9.8	15.6	11.5	46.0	1.4	88
100.0	0.3	2.7	7.9	13.7	13.9	17.3	12.2	30.7	1.3	70
100.0	0.1	5.3	13.0	18.4	14.3	15.8	10.1	21.0	2.0	59
100.0	－	－	－	9.1	－	13.6	－	72.7	4.5	157
100.0	0.3	2.9	7.8	12.8	12.7	15.8	11.7	34.6	1.5	74
100.0	0.3	2.3	4.8	8.4	9.8	14.9	10.8	47.5	1.2	91
100.0	0.3	2.8	8.0	13.9	13.7	16.2	12.4	31.2	1.5	70
100.0	－	5.2	15.0	17.6	14.3	15.7	9.4	20.8	1.9	58
100.0	－	－	－	22.2	－	11.1	－	66.7	－	91
100.0	0.2	2.8	7.1	12.8	13.1	17.7	11.9	33.1	1.3	73
100.0	0.1	2.2	4.4	9.0	9.8	16.4	12.2	44.3	1.5	86
100.0	0.2	2.6	7.8	13.5	14.2	18.4	12.0	30.2	1.1	70
100.0	0.2	5.5	10.8	19.2	14.3	15.8	10.8	21.2	2.2	60
100.0	－	－	－	－	－	15.4	－	76.9	7.7	207

第118表　子ども数・構成割合・1か月の平均子育て費用,

出生月、性、きょうだい構成	総数	1か月の子育て費用 1万円未満	1～2万円未満	2～3万円未満	3～4万円未満	4～5万円未満	5～6万円未満	6～7万円未満	7万円以上	不詳
	実数（人）									
総数	28 810	65	747	1 871	3 177	3 012	4 156	2 896	12 531	355
ひとり	4 874	9	93	229	454	428	663	436	2 484	78
弟妹のみ	10 617	15	233	609	1 088	1 075	1 555	1 151	4 763	128
兄姉のみ	10 242	30	300	726	1 215	1 139	1 475	995	4 243	119
兄弟姉妹あり	3 077	11	121	307	420	370	463	314	1 041	30
男児	14 796	38	403	989	1 619	1 494	2 083	1 435	6 543	192
ひとり	2 468	5	49	120	240	217	339	207	1 252	39
弟妹のみ	5 350	9	120	324	540	532	750	564	2 438	73
兄姉のみ	5 329	18	169	375	637	560	736	504	2 265	65
兄弟姉妹あり	1 649	6	65	170	202	185	258	160	588	15
女児	14 014	27	344	882	1 558	1 518	2 073	1 461	5 988	163
ひとり	2 406	4	44	109	214	211	324	229	1 232	39
弟妹のみ	5 267	6	113	285	548	543	805	587	2 325	55
兄姉のみ	4 913	12	131	351	578	579	739	491	1 978	54
兄弟姉妹あり	1 428	5	56	137	218	185	205	154	453	15
1月生まれ	14 462	31	343	798	1 341	1 166	1 758	1 203	7 669	153
ひとり	2 418	4	36	97	178	155	276	179	1 457	36
弟妹のみ	5 346	9	121	245	440	418	626	481	2 954	52
兄姉のみ	5 115	11	144	301	524	438	651	407	2 588	51
兄弟姉妹あり	1 583	7	42	155	199	155	205	136	670	14
男児	7 344	16	190	409	668	548	904	563	3 964	82
ひとり	1 213	1	17	52	92	74	153	73	730	21
弟妹のみ	2 677	5	64	130	223	196	312	232	1 484	31
兄姉のみ	2 596	7	85	150	258	196	319	192	1 363	26
兄弟姉妹あり	858	3	24	77	95	82	120	66	387	4
女児	7 118	15	153	389	673	618	854	640	3 705	71
ひとり	1 205	3	19	45	86	81	123	106	727	15
弟妹のみ	2 669	4	57	115	217	222	314	249	1 470	21
兄姉のみ	2 519	4	59	151	266	242	332	215	1 225	25
兄弟姉妹あり	725	4	18	78	104	73	85	70	283	10
7月生まれ	14 348	34	404	1 073	1 836	1 846	2 398	1 693	4 862	202
ひとり	2 456	5	57	132	276	273	387	257	1 027	42
弟妹のみ	5 271	6	112	364	648	657	929	670	1 809	76
兄姉のみ	5 127	19	156	425	691	701	824	588	1 655	68
兄弟姉妹あり	1 494	4	79	152	221	215	258	178	371	16
男児	7 452	22	213	580	951	946	1 179	872	2 579	110
ひとり	1 255	4	32	68	148	143	186	134	522	18
弟妹のみ	2 673	4	56	194	317	336	438	332	954	42
兄姉のみ	2 733	11	84	225	379	364	417	312	902	39
兄弟姉妹あり	791	3	41	93	107	103	138	94	201	11
女児	6 896	12	191	493	885	900	1 219	821	2 283	92
ひとり	1 201	1	25	64	128	130	201	123	505	24
弟妹のみ	2 598	2	56	170	331	321	491	338	855	34
兄姉のみ	2 394	8	72	200	312	337	407	276	753	29
兄弟姉妹あり	703	1	38	59	114	112	120	84	170	5

出生月、性、きょうだい構成、1か月の子育て費用別

第15回調査（平成28年）

総数	1万円未満	1～2万円未満	2～3万円未満	3～4万円未満	4～5万円未満	5～6万円未満	6～7万円未満	7万円以上	不詳	1か月の平均子育て費用（千円）
構成割合（%）										
100.0	0.2	2.6	6.5	11.0	10.5	14.4	10.1	43.5	1.2	88
100.0	0.2	1.9	4.7	9.3	8.8	13.6	8.9	51.0	1.6	97
100.0	0.1	2.2	5.7	10.2	10.1	14.6	10.8	44.9	1.2	91
100.0	0.3	2.9	7.1	11.9	11.1	14.4	9.7	41.4	1.2	86
100.0	0.4	3.9	10.0	13.6	12.0	15.0	10.2	33.8	1.0	75
100.0	0.3	2.7	6.7	10.9	10.1	14.1	9.7	44.2	1.3	89
100.0	0.2	2.0	4.9	9.7	8.8	13.7	8.4	50.7	1.6	97
100.0	0.2	2.2	6.1	10.1	9.9	14.0	10.5	45.6	1.4	93
100.0	0.3	3.2	7.0	12.0	10.5	13.8	9.5	42.5	1.2	85
100.0	0.4	3.9	10.3	12.2	11.2	15.6	9.7	35.7	0.9	78
100.0	0.2	2.5	6.3	11.1	10.8	14.8	10.4	42.7	1.2	88
100.0	0.2	1.8	4.5	8.9	8.8	13.5	9.5	51.2	1.6	98
100.0	0.1	2.1	5.4	10.4	10.3	15.3	11.1	44.1	1.0	89
100.0	0.2	2.7	7.1	11.8	11.8	15.0	10.0	40.3	1.1	86
100.0	0.4	3.9	9.6	15.3	13.0	14.4	10.8	31.7	1.1	72
100.0	0.2	2.4	5.5	9.3	8.1	12.2	8.3	53.0	1.1	103
100.0	0.2	1.5	4.0	7.4	6.4	11.4	7.4	60.3	1.5	110
100.0	0.2	2.3	4.6	8.2	7.8	11.7	9.0	55.3	1.0	106
100.0	0.2	2.8	5.9	10.2	8.6	12.7	8.0	50.6	1.0	101
100.0	0.4	2.7	9.8	12.6	9.8	13.0	8.6	42.3	0.9	89
100.0	0.2	2.6	5.6	9.1	7.5	12.3	7.7	54.0	1.1	104
100.0	0.1	1.4	4.3	7.6	6.1	12.6	6.0	60.2	1.7	111
100.0	0.2	2.4	4.9	8.3	7.3	11.7	8.7	55.4	1.2	108
100.0	0.3	3.3	5.8	9.9	7.6	12.3	7.4	52.5	1.0	101
100.0	0.3	2.8	9.0	11.1	9.6	14.0	7.7	45.1	0.5	94
100.0	0.2	2.1	5.5	9.5	8.7	12.0	9.0	52.1	1.0	101
100.0	0.2	1.6	3.7	7.1	6.7	10.2	8.8	60.3	1.2	110
100.0	0.1	2.1	4.3	8.1	8.3	11.8	9.3	55.1	0.8	104
100.0	0.2	2.3	6.0	10.6	9.6	13.2	8.5	48.6	1.0	100
100.0	0.6	2.5	10.8	14.3	10.1	11.7	9.7	39.0	1.4	84
100.0	0.2	2.8	7.5	12.8	12.9	16.7	11.8	33.9	1.4	74
100.0	0.2	2.3	5.4	11.2	11.1	15.8	10.5	41.8	1.7	85
100.0	0.1	2.1	6.9	12.3	12.5	17.6	12.7	34.3	1.4	76
100.0	0.4	3.0	8.3	13.5	13.7	16.1	11.5	32.3	1.3	71
100.0	0.3	5.3	10.2	14.8	14.4	17.3	11.9	24.8	1.1	60
100.0	0.3	2.9	7.8	12.8	12.7	15.8	11.7	34.6	1.5	74
100.0	0.3	2.5	5.4	11.8	11.4	14.8	10.7	41.6	1.4	83
100.0	0.1	2.1	7.3	11.9	12.6	16.4	12.4	35.7	1.6	77
100.0	0.4	3.1	8.2	13.9	13.3	15.3	11.4	33.0	1.4	71
100.0	0.4	5.2	11.8	13.5	13.0	17.4	11.9	25.4	1.4	61
100.0	0.2	2.8	7.1	12.8	13.1	17.7	11.9	33.1	1.3	73
100.0	0.1	2.1	5.3	10.7	10.8	16.7	10.2	42.0	2.0	86
100.0	0.1	2.2	6.5	12.7	12.4	18.9	13.0	32.9	1.3	74
100.0	0.3	3.0	8.4	13.0	14.1	17.0	11.5	31.5	1.2	71
100.0	0.1	5.4	8.4	16.2	15.9	17.1	11.9	24.2	0.7	59

第119表　子ども数・構成割合，きょうだい構成、

きょうだい構成、第14回調査の1か月の子育て費用	第15回調査の								
	総数	1か月の子育て費用							
		1万円未満	1～2万円未満	2～3万円未満	3～4万円未満	4～5万円未満	5～6万円未満	6～7万円未満	7万円以上
	実数（人）								
総数	27 797	64	722	1 806	3 067	2 913	3 996	2 777	12 123
1万円未満	90	9	21	23	16	4	3	3	7
1～2万円未満	1 087	22	227	234	209	103	79	39	152
2～3万円未満	2 792	12	215	580	612	377	364	138	467
3～4万円未満	4 547	10	134	526	964	761	746	394	964
4～5万円未満	3 980	3	34	204	550	680	794	476	1 213
5～6万円未満	4 752	2	32	121	413	556	971	685	1 938
6～7万円未満	2 673	－	5	28	119	186	424	450	1 447
7万円以上	7 451	2	33	69	149	219	570	567	5 786
不詳	425	4	21	21	35	27	45	25	149
ひとり	4 741	9	90	223	442	413	643	428	2 420
1万円未満	13	1	2	3	2	1	1	－	1
1～2万円未満	136	4	19	38	23	9	12	10	18
2～3万円未満	336	1	21	60	79	39	54	15	59
3～4万円未満	597	2	24	67	124	99	114	37	121
4～5万円未満	597	－	7	21	85	112	124	61	181
5～6万円未満	765	－	5	17	78	80	155	113	310
6～7万円未満	476	－	2	3	17	30	75	84	263
7万円以上	1 740	－	6	12	28	40	100	105	1 439
不詳	81	1	4	2	6	3	8	3	28
弟妹のみ	10 222	14	223	594	1 053	1 043	1 486	1 098	4 594
1万円未満	26	3	8	6	5	2	－	－	1
1～2万円未満	332	4	69	63	69	29	22	13	55
2～3万円未満	982	2	76	189	216	139	131	61	158
3～4万円未満	1 687	2	35	180	327	273	293	172	388
4～5万円未満	1 496	1	6	65	191	247	298	194	486
5～6万円未満	1 765	1	11	43	129	194	369	256	747
6～7万円未満	1 043	－	1	13	52	71	157	163	579
7万円以上	2 742	－	9	30	54	78	200	225	2 123
不詳	149	1	8	5	10	10	16	14	57
兄姉のみ	9 905	30	291	701	1 183	1 107	1 423	952	4 107
1万円未満	40	3	9	11	9	1	2	1	3
1～2万円未満	445	11	98	92	80	50	32	13	61
2～3万円未満	1 040	6	81	227	229	140	129	43	180
3～4万円未満	1 695	5	55	201	389	292	257	140	338
4～5万円未満	1 440	2	17	84	210	242	291	167	417
5～6万円未満	1 709	－	11	45	165	222	331	233	693
6～7万円未満	918	－	2	10	39	73	152	151	487
7万円以上	2 466	1	12	19	50	76	214	199	1 878
不詳	152	2	6	12	12	11	15	5	50
兄弟姉妹あり	2 929	11	118	288	389	350	444	299	1 002
1万円未満	11	2	2	3	－	－	－	2	2
1～2万円未満	174	3	41	41	37	15	13	3	18
2～3万円未満	434	3	37	104	88	59	50	19	70
3～4万円未満	568	1	20	78	124	97	82	45	117
4～5万円未満	447	－	4	34	64	79	81	54	129
5～6万円未満	513	1	5	16	41	60	116	83	188
6～7万円未満	236	－	－	2	11	12	40	52	118
7万円以上	503	1	6	8	17	25	56	38	346
不詳	43	－	3	2	7	3	6	3	14

注：1）第14回調査と第15回調査の回答を得た者を集計。
　　2）きょうだい構成は第15回調査時のものである。

1年前（第14回調査）の1か月の子育て費用、現在（第15回調査）の1か月の子育て費用別

第15回調査（平成28年）

1か月の子育て費用	総数	1か月の子育て費用								
不詳		1万円未満	1～2万円未満	2～3万円未満	3～4万円未満	4～5万円未満	5～6万円未満	6～7万円未満	7万円以上	不詳
	構成割合（%）									
329	100.0	0.2	2.6	6.5	11.0	10.5	14.4	10.0	43.6	1.2
4	100.0	10.0	23.3	25.6	17.8	4.4	3.3	3.3	7.8	4.4
22	100.0	2.0	20.9	21.5	19.2	9.5	7.3	3.6	14.0	2.0
27	100.0	0.4	7.7	20.8	21.9	13.5	13.0	4.9	16.7	1.0
48	100.0	0.2	2.9	11.6	21.2	16.7	16.4	8.7	21.2	1.1
26	100.0	0.1	0.9	5.1	13.8	17.1	19.9	12.0	30.5	0.7
34	100.0	0.0	0.7	2.5	8.7	11.7	20.4	14.4	40.8	0.7
14	100.0	－	0.2	1.0	4.5	7.0	15.9	16.8	54.1	0.5
56	100.0	0.0	0.4	0.9	2.0	2.9	7.6	7.6	77.7	0.8
98	100.0	0.9	4.9	4.9	8.2	6.4	10.6	5.9	35.1	23.1
73	100.0	0.2	1.9	4.7	9.3	8.7	13.6	9.0	51.0	1.5
2	100.0	7.7	15.4	23.1	15.4	7.7	7.7	－	7.7	15.4
3	100.0	2.9	14.0	27.9	16.9	6.6	8.8	7.4	13.2	2.2
8	100.0	0.3	6.3	17.9	23.5	11.6	16.1	4.5	17.6	2.4
9	100.0	0.3	4.0	11.2	20.8	16.6	19.1	6.2	20.3	1.5
6	100.0	－	1.2	3.5	14.2	18.8	20.8	10.2	30.3	1.0
7	100.0	－	0.7	2.2	10.2	10.5	20.3	14.8	40.5	0.9
2	100.0	－	0.4	0.6	3.6	6.3	15.8	17.6	55.3	0.4
10	100.0	－	0.3	0.7	1.6	2.3	5.7	6.0	82.7	0.6
26	100.0	1.2	4.9	2.5	7.4	3.7	9.9	3.7	34.6	32.1
117	100.0	0.1	2.2	5.8	10.3	10.2	14.5	10.7	44.9	1.1
1	100.0	11.5	30.8	23.1	19.2	7.7	－	－	3.8	3.8
8	100.0	1.2	20.8	19.0	20.8	8.7	6.6	3.9	16.6	2.4
10	100.0	0.2	7.7	19.2	22.0	14.2	13.3	6.2	16.1	1.0
17	100.0	0.1	2.1	10.7	19.4	16.2	17.4	10.2	23.0	1.0
8	100.0	0.1	0.4	4.3	12.8	16.5	19.9	13.0	32.5	0.5
15	100.0	0.1	0.6	2.4	7.3	11.0	20.9	14.5	42.3	0.8
7	100.0	－	0.1	1.2	5.0	6.8	15.1	15.6	55.5	0.7
23	100.0	－	0.3	1.1	2.0	2.8	7.3	8.2	77.4	0.8
28	100.0	0.7	5.4	3.4	6.7	6.7	10.7	9.4	38.3	18.8
111	100.0	0.3	2.9	7.1	11.9	11.2	14.4	9.6	41.5	1.1
1	100.0	7.5	22.5	27.5	22.5	2.5	5.0	2.5	7.5	2.5
8	100.0	2.5	22.0	20.7	18.0	11.2	7.2	2.9	13.7	1.8
5	100.0	0.6	7.8	21.8	22.0	13.5	12.4	4.1	17.3	0.5
18	100.0	0.3	3.2	11.9	22.9	17.2	15.2	8.3	19.9	1.1
10	100.0	0.1	1.2	5.8	14.6	16.8	20.2	11.6	29.0	0.7
9	100.0	－	0.6	2.6	9.7	13.0	19.4	13.6	40.6	0.5
4	100.0	－	0.2	1.1	4.2	8.0	16.6	16.4	53.1	0.4
17	100.0	0.0	0.5	0.8	2.0	3.1	8.7	8.1	76.2	0.7
39	100.0	1.3	3.9	7.9	7.9	7.2	9.9	3.3	32.9	25.7
28	100.0	0.4	4.0	9.8	13.3	11.9	15.2	10.2	34.2	1.0
－	100.0	18.2	18.2	27.3	－	－	－	18.2	18.2	－
3	100.0	1.7	23.6	23.6	21.3	8.6	7.5	1.7	10.3	1.7
4	100.0	0.7	8.5	24.0	20.3	13.6	11.5	4.4	16.1	0.9
4	100.0	0.2	3.5	13.7	21.8	17.1	14.4	7.9	20.6	0.7
2	100.0	－	0.9	7.6	14.3	17.7	18.1	12.1	28.9	0.4
3	100.0	0.2	1.0	3.1	8.0	11.7	22.6	16.2	36.6	0.6
1	100.0	－	－	0.8	4.7	5.1	16.9	22.0	50.0	0.4
6	100.0	0.2	1.2	1.6	3.4	5.0	11.1	7.6	68.8	1.2
5	100.0	－	7.0	4.7	16.3	7.0	14.0	7.0	32.6	11.6

第120表　学校にかかった費用のある子ども数・構成割合・1か月の

出生月、性、市郡	総数	1か月の学校にかかった費用								
		5千円未満	5千～1万円未満	1～2万円未満	2～3万円未満	3～4万円未満	4～5万円未満	5～6万円未満	6万円以上	不詳
	実数（人）									
総数	27 035	1 403	7 697	12 274	1 771	674	464	594	2 011	147
21大都市	6 820	464	2 055	2 430	368	185	152	260	868	38
その他の市	17 756	823	4 909	8 651	1 226	433	281	301	1 037	95
郡部	2 418	115	728	1 186	172	53	25	30	95	14
外国	41	1	5	7	5	3	6	3	11	-
男児	13 877	717	3 974	6 306	917	329	246	309	1 013	66
21大都市	3 563	239	1 048	1 290	196	97	85	138	451	19
その他の市	9 051	416	2 554	4 392	626	209	152	151	511	40
郡部	1 245	62	369	620	94	21	6	18	48	7
外国	18	-	3	4	1	2	3	2	3	-
女児	13 158	686	3 723	5 968	854	345	218	285	998	81
21大都市	3 257	225	1 007	1 140	172	88	67	122	417	19
その他の市	8 705	407	2 355	4 259	600	224	129	150	526	55
郡部	1 173	53	359	566	78	32	19	12	47	7
外国	23	1	2	3	4	1	3	1	8	-
1月生まれ	13 327	877	4 508	5 430	706	257	214	286	978	71
21大都市	3 339	278	1 169	1 067	142	77	60	126	403	17
その他の市	8 727	524	2 913	3 803	482	150	139	148	517	51
郡部	1 238	74	423	555	79	28	12	11	53	3
外国	23	1	3	5	3	2	3	1	5	-
男児	6 775	436	2 276	2 791	352	129	114	151	494	32
21大都市	1 732	141	582	579	70	42	37	67	205	9
その他の市	4 393	255	1 487	1 911	236	71	76	75	261	21
郡部	639	40	205	298	45	14	1	8	26	2
外国	11	-	2	3	1	2	-	1	2	-
女児	6 552	441	2 232	2 639	354	128	100	135	484	39
21大都市	1 607	137	587	488	72	35	23	59	198	8
その他の市	4 334	269	1 426	1 892	246	79	63	73	256	30
郡部	599	34	218	257	34	14	11	3	27	1
外国	12	1	1	2	2	-	3	-	3	-
7月生まれ	13 708	526	3 189	6 844	1 065	417	250	308	1 033	76
21大都市	3 481	186	886	1 363	226	108	92	134	465	21
その他の市	9 029	299	1 996	4 848	744	283	142	153	520	44
郡部	1 180	41	305	631	93	25	13	19	42	11
外国	18	-	2	2	2	1	3	2	6	-
男児	7 102	281	1 698	3 515	565	200	132	158	519	34
21大都市	1 831	98	466	711	126	55	48	71	246	10
その他の市	4 658	161	1 067	2 481	390	138	76	76	250	19
郡部	606	22	164	322	49	7	5	10	22	5
外国	7	-	1	1	-	-	3	1	1	-
女児	6 606	245	1 491	3 329	500	217	118	150	514	42
21大都市	1 650	88	420	652	100	53	44	63	219	11
その他の市	4 371	138	929	2 367	354	145	66	77	270	25
郡部	574	19	141	309	44	18	8	9	20	6
外国	11	-	1	1	2	1	-	1	5	-

平均学校にかかった費用, 出生月、性、市郡、1か月の学校にかかった費用別

第15回調査（平成28年）

総数	1か月の学校にかかった費用 5千円未満	5千～1万円未満	1～2万円未満	2～3万円未満	3～4万円未満	4～5万円未満	5～6万円未満	6万円以上	不詳	1か月の平均学校にかかった費用（千円）
				構成割合（%）						
100.0	5.2	28.5	45.4	6.6	2.5	1.7	2.2	7.4	0.5	20
100.0	6.8	30.1	35.6	5.4	2.7	2.2	3.8	12.7	0.6	26
100.0	4.6	27.6	48.7	6.9	2.4	1.6	1.7	5.8	0.5	18
100.0	4.8	30.1	49.0	7.1	2.2	1.0	1.2	3.9	0.6	16
100.0	2.4	12.2	17.1	12.2	7.3	14.6	7.3	26.8	-	75
100.0	5.2	28.6	45.4	6.6	2.4	1.8	2.2	7.3	0.5	20
100.0	6.7	29.4	36.2	5.5	2.7	2.4	3.9	12.7	0.5	27
100.0	4.6	28.2	48.5	6.9	2.3	1.7	1.7	5.6	0.4	18
100.0	5.0	29.6	49.8	7.6	1.7	0.5	1.4	3.9	0.6	16
100.0	-	16.7	22.2	5.6	11.1	16.7	11.1	16.7	-	50
100.0	5.2	28.3	45.4	6.5	2.6	1.7	2.2	7.6	0.6	20
100.0	6.9	30.9	35.0	5.3	2.7	2.1	3.7	12.8	0.6	26
100.0	4.7	27.1	48.9	6.9	2.6	1.5	1.7	6.0	0.6	19
100.0	4.5	30.6	48.3	6.6	2.7	1.6	1.0	4.0	0.6	16
100.0	4.3	8.7	13.0	17.4	4.3	13.0	4.3	34.8	-	95
100.0	6.6	33.8	40.7	5.3	1.9	1.6	2.1	7.3	0.5	20
100.0	8.3	35.0	32.0	4.3	2.3	1.8	3.8	12.1	0.5	26
100.0	6.0	33.4	43.6	5.5	1.7	1.6	1.7	5.9	0.6	18
100.0	6.0	34.2	44.8	6.4	2.3	1.0	0.9	4.3	0.2	16
100.0	4.3	13.0	21.7	13.0	8.7	13.0	4.3	21.7	-	61
100.0	6.4	33.6	41.2	5.2	1.9	1.7	2.2	7.3	0.5	20
100.0	8.1	33.6	33.4	4.0	2.4	2.1	3.9	11.8	0.5	26
100.0	5.8	33.8	43.5	5.4	1.6	1.7	1.7	5.9	0.5	18
100.0	6.3	32.1	46.6	7.0	2.2	0.2	1.3	4.1	0.3	17
100.0	-	18.2	27.3	9.1	18.2	-	9.1	18.2	-	56
100.0	6.7	34.1	40.3	5.4	2.0	1.5	2.1	7.4	0.6	20
100.0	8.5	36.5	30.4	4.5	2.2	1.4	3.7	12.3	0.5	25
100.0	6.2	32.9	43.7	5.7	1.8	1.5	1.7	5.9	0.7	18
100.0	5.7	36.4	42.9	5.7	2.3	1.8	0.5	4.5	0.2	16
100.0	8.3	8.3	16.7	16.7	-	25.0	-	25.0	-	66
100.0	3.8	23.3	49.9	7.8	3.0	1.8	2.2	7.5	0.6	21
100.0	5.3	25.5	39.2	6.5	3.1	2.6	3.8	13.4	0.6	27
100.0	3.3	22.1	53.7	8.2	3.1	1.6	1.7	5.8	0.5	19
100.0	3.5	25.8	53.5	7.9	2.1	1.1	1.6	3.6	0.9	16
100.0	-	11.1	11.1	11.1	5.6	16.7	11.1	33.3	-	93
100.0	4.0	23.9	49.5	8.0	2.8	1.9	2.2	7.3	0.5	20
100.0	5.4	25.5	38.8	6.9	3.0	2.6	3.9	13.4	0.5	27
100.0	3.5	22.9	53.3	8.4	3.0	1.6	1.6	5.4	0.4	18
100.0	3.6	27.1	53.1	8.1	1.2	0.8	1.7	3.6	0.8	15
100.0	-	14.3	14.3	-	-	42.9	14.3	14.3	-	41
100.0	3.7	22.6	50.4	7.6	3.3	1.8	2.3	7.8	0.6	21
100.0	5.3	25.5	39.5	6.1	3.2	2.7	3.8	13.3	0.7	27
100.0	3.2	21.3	54.2	8.1	3.3	1.5	1.8	6.2	0.6	20
100.0	3.3	24.6	53.8	7.7	3.1	1.4	1.6	3.5	1.0	16
100.0	-	9.1	9.1	18.2	9.1	-	9.1	45.5	-	127

第121表　学校にかかった費用のある子ども数・構成割合・１か月の平均

出生月、性、地域ブロック	総数	１か月の学校にかかった費用								
		5千円未満	5千～1万円未満	1～2万円未満	2～3万円未満	3～4万円未満	4～5万円未満	5～6万円未満	6万円以上	不詳
	実数（人）									
総数	27 035	1 403	7 697	12 274	1 771	674	464	594	2 011	147
北海道	965	72	490	255	58	17	10	7	52	4
東北	2 018	34	403	1 192	226	58	26	21	48	10
関東１	7 074	443	1 896	2 684	473	190	138	260	955	35
関東２	2 305	52	526	1 268	197	67	41	38	103	13
北陸	1 332	15	130	971	119	36	13	3	38	7
東海	3 599	125	932	1 944	204	95	62	61	155	21
近畿１	3 466	352	1 319	1 092	123	43	38	94	379	26
近畿２	880	77	328	328	39	16	9	13	62	8
中国	1 636	70	422	852	108	47	49	32	48	8
四国	828	30	239	429	48	23	17	16	23	3
北九州	1 760	93	664	730	82	44	31	25	85	6
南九州	1 131	39	343	522	89	35	24	21	52	6
外国	41	1	5	7	5	3	6	3	11	－
男児	13 877	717	3 974	6 306	917	329	246	309	1 013	66
北海道	454	37	229	108	35	11	3	3	25	3
東北	1 038	17	220	604	112	29	13	10	28	5
関東１	3 646	237	978	1 415	251	81	79	129	464	12
関東２	1 181	26	263	663	99	30	21	17	56	6
北陸	686	7	66	501	66	16	4	3	21	2
東海	1 873	61	476	1 021	101	51	32	33	88	10
近畿１	1 795	170	716	547	63	22	23	54	187	13
近畿２	464	44	169	178	24	5	4	5	33	2
中国	820	31	221	413	53	31	24	17	25	5
四国	385	15	112	200	19	9	10	9	10	1
北九州	927	52	346	384	40	20	16	15	51	3
南九州	590	20	175	268	53	22	14	12	22	4
外国	18	－	3	4	1	2	3	2	3	－
女児	13 158	686	3 723	5 968	854	345	218	285	998	81
北海道	511	35	261	147	23	6	7	4	27	1
東北	980	17	183	588	114	29	13	11	20	5
関東１	3 428	206	918	1 269	222	109	59	131	491	23
関東２	1 124	26	263	605	98	37	20	21	47	7
北陸	646	8	64	470	53	20	9	－	17	5
東海	1 726	64	456	923	103	44	30	28	67	11
近畿１	1 671	182	603	545	60	21	15	40	192	13
近畿２	416	33	159	150	15	11	5	8	29	6
中国	816	39	201	439	55	16	25	15	23	3
四国	443	15	127	229	29	14	7	7	13	2
北九州	833	41	318	346	42	24	15	10	34	3
南九州	541	19	168	254	36	13	10	9	30	2
外国	23	1	2	3	4	1	3	1	8	－

学校にかかった費用, 出生月、性、地域ブロック、１か月の学校にかかった費用別（２－１）

第15回調査（平成28年）

総数	１か月の学校にかかった費用 5千円未満	5千～1万円未満	1～2万円未満	2～3万円未満	3～4万円未満	4～5万円未満	5～6万円未満	6万円以上	不詳	１か月の平均学校にかかった費用（千円）
構成割合（%）										
100.0	5.2	28.5	45.4	6.6	2.5	1.7	2.2	7.4	0.5	20
100.0	7.5	50.8	26.4	6.0	1.8	1.0	0.7	5.4	0.4	15
100.0	1.7	20.0	59.1	11.2	2.9	1.3	1.0	2.4	0.5	16
100.0	6.3	26.8	37.9	6.7	2.7	2.0	3.7	13.5	0.5	27
100.0	2.3	22.8	55.0	8.5	2.9	1.8	1.6	4.5	0.6	18
100.0	1.1	9.8	72.9	8.9	2.7	1.0	0.2	2.9	0.5	17
100.0	3.5	25.9	54.0	5.7	2.6	1.7	1.7	4.3	0.6	17
100.0	10.2	38.1	31.5	3.5	1.2	1.1	2.7	10.9	0.8	22
100.0	8.8	37.3	37.3	4.4	1.8	1.0	1.5	7.0	0.9	16
100.0	4.3	25.8	52.1	6.6	2.9	3.0	2.0	2.9	0.5	16
100.0	3.6	28.9	51.8	5.8	2.8	2.1	1.9	2.8	0.4	15
100.0	5.3	37.7	41.5	4.7	2.5	1.8	1.4	4.8	0.3	16
100.0	3.4	30.3	46.2	7.9	3.1	2.1	1.9	4.6	0.5	18
100.0	2.4	12.2	17.1	12.2	7.3	14.6	7.3	26.8	-	75
100.0	5.2	28.6	45.4	6.6	2.4	1.8	2.2	7.3	0.5	20
100.0	8.1	50.4	23.8	7.7	2.4	0.7	0.7	5.5	0.7	16
100.0	1.6	21.2	58.2	10.8	2.8	1.3	1.0	2.7	0.5	16
100.0	6.5	26.8	38.8	6.9	2.2	2.2	3.5	12.7	0.3	26
100.0	2.2	22.3	56.1	8.4	2.5	1.8	1.4	4.7	0.5	18
100.0	1.0	9.6	73.0	9.6	2.3	0.6	0.4	3.1	0.3	17
100.0	3.3	25.4	54.5	5.4	2.7	1.7	1.8	4.7	0.5	17
100.0	9.5	39.9	30.5	3.5	1.2	1.3	3.0	10.4	0.7	21
100.0	9.5	36.4	38.4	5.2	1.1	0.9	1.1	7.1	0.4	16
100.0	3.8	27.0	50.4	6.5	3.8	2.9	2.1	3.0	0.6	17
100.0	3.9	29.1	51.9	4.9	2.3	2.6	2.3	2.6	0.3	15
100.0	5.6	37.3	41.4	4.3	2.2	1.7	1.6	5.5	0.3	17
100.0	3.4	29.7	45.4	9.0	3.7	2.4	2.0	3.7	0.7	18
100.0	-	16.7	22.2	5.6	11.1	16.7	11.1	16.7	-	50
100.0	5.2	28.3	45.4	6.5	2.6	1.7	2.2	7.6	0.6	20
100.0	6.8	51.1	28.8	4.5	1.2	1.4	0.8	5.3	0.2	14
100.0	1.7	18.7	60.0	11.6	3.0	1.3	1.1	2.0	0.5	16
100.0	6.0	26.8	37.0	6.5	3.2	1.7	3.8	14.3	0.7	28
100.0	2.3	23.4	53.8	8.7	3.3	1.8	1.9	4.2	0.6	18
100.0	1.2	9.9	72.8	8.2	3.1	1.4	-	2.6	0.8	17
100.0	3.7	26.4	53.5	6.0	2.5	1.7	1.6	3.9	0.6	17
100.0	10.9	36.1	32.6	3.6	1.3	0.9	2.4	11.5	0.8	22
100.0	7.9	38.2	36.1	3.6	2.6	1.2	1.9	7.0	1.4	17
100.0	4.8	24.6	53.8	6.7	2.0	3.1	1.8	2.8	0.4	15
100.0	3.4	28.7	51.7	6.5	3.2	1.6	1.6	2.9	0.5	15
100.0	4.9	38.2	41.5	5.0	2.9	1.8	1.2	4.1	0.4	15
100.0	3.5	31.1	47.0	6.7	2.4	1.8	1.7	5.5	0.4	18
100.0	4.3	8.7	13.0	17.4	4.3	13.0	4.3	34.8	-	95

第121表　学校にかかった費用のある子ども数・構成割合・１か月の平均

出生月、性、地域ブロック	総数	１か月の学校にかかった費用								
		５千円未満	５千～１万円未満	１～２万円未満	２～３万円未満	３～４万円未満	４～５万円未満	５～６万円未満	６万円以上	不詳
	実数（人）									
１月生まれ	13 327	877	4 508	5 430	706	257	214	286	978	71
北海道	491	43	278	108	26	9	4	4	19	-
東北	982	20	232	549	100	23	13	11	28	6
関東１	3 434	274	1 139	1 158	135	62	63	131	454	18
関東２	1 106	38	339	549	73	18	17	21	45	6
北陸	643	5	76	452	62	13	7	1	23	4
東海	1 783	89	579	884	61	30	24	30	78	8
近畿１	1 657	214	689	432	51	15	17	44	179	16
近畿２	473	51	186	159	20	8	7	8	31	3
中国	806	39	225	391	64	22	25	10	25	5
四国	421	16	127	206	29	12	10	8	13	-
北九州	901	59	397	308	43	24	13	9	46	2
南九州	607	28	238	229	39	19	11	8	32	3
外国	23	1	3	5	3	2	3	1	5	-
男児	6 775	436	2 276	2 791	352	129	114	151	494	32
北海道	238	25	128	48	17	5	-	3	12	-
東北	512	9	130	282	46	12	5	6	18	4
関東１	1 738	139	559	618	69	27	35	65	219	7
関東２	577	20	174	284	39	9	10	10	27	4
北陸	316	3	36	224	30	7	2	1	13	-
東海	892	44	287	446	23	13	14	18	43	4
近畿１	856	95	372	223	25	10	12	24	88	7
近畿２	242	28	91	84	14	3	3	2	16	1
中国	400	19	109	194	32	13	13	7	11	2
四国	211	10	67	102	12	3	6	6	5	-
北九州	486	33	208	175	19	13	8	3	26	1
南九州	296	11	113	108	25	12	6	5	14	2
外国	11	-	2	3	1	2	-	1	2	-
女児	6 552	441	2 232	2 639	354	128	100	135	484	39
北海道	253	18	150	60	9	4	4	1	7	-
東北	470	11	102	267	54	11	8	5	10	2
関東１	1 696	135	580	540	66	35	28	66	235	11
関東２	529	18	165	265	34	9	7	11	18	2
北陸	327	2	40	228	32	6	5	-	10	4
東海	891	45	292	438	38	17	10	12	35	4
近畿１	801	119	317	209	26	5	5	20	91	9
近畿２	231	23	95	75	6	5	4	6	15	2
中国	406	20	116	197	32	9	12	3	14	3
四国	210	6	60	104	17	9	4	2	8	-
北九州	415	26	189	133	24	11	5	6	20	1
南九州	311	17	125	121	14	7	5	3	18	1
外国	12	1	1	2	2	-	3	-	3	-
７月生まれ	13 708	526	3 189	6 844	1 065	417	250	308	1 033	76
北海道	474	29	212	147	32	8	6	3	33	4
東北	1 036	14	171	643	126	35	13	10	20	4
関東１	3 640	169	757	1 526	338	128	75	129	501	17
関東２	1 199	14	187	719	124	49	24	17	58	7
北陸	689	10	54	519	57	23	6	2	15	3
東海	1 816	36	353	1 060	143	65	38	31	77	13
近畿１	1 809	138	630	660	72	28	21	50	200	10
近畿２	407	26	142	169	19	8	2	5	31	5
中国	830	31	197	461	44	25	24	22	23	3
四国	407	14	112	223	19	11	7	8	10	3
北九州	859	34	267	422	39	20	18	16	39	4
南九州	524	11	105	293	50	16	13	13	20	3
外国	18	-	2	2	2	1	3	2	6	-
男児	7 102	281	1 698	3 515	565	200	132	158	519	34
北海道	216	12	101	60	18	6	3	-	13	3
東北	526	8	90	322	66	17	8	4	10	1
関東１	1 908	98	419	797	182	54	44	64	245	5
関東２	604	6	89	379	60	21	11	7	29	2
北陸	370	4	30	277	36	9	2	2	8	2
東海	981	17	189	575	78	38	18	15	45	6
近畿１	939	75	344	324	38	12	11	30	99	6
近畿２	222	16	78	94	10	2	1	3	17	1
中国	420	12	112	219	21	18	11	10	14	3
四国	174	5	45	98	7	6	4	3	5	1
北九州	441	19	138	209	21	7	8	12	25	2
南九州	294	9	62	160	28	10	8	7	8	2
外国	7	-	1	1	-	-	3	1	1	-
女児	6 606	245	1 491	3 329	500	217	118	150	514	42
北海道	258	17	111	87	14	2	3	3	20	1
東北	510	6	81	321	60	18	5	6	10	3
関東１	1 732	71	338	729	156	74	31	65	256	12
関東２	595	8	98	340	64	28	13	10	29	5
北陸	319	6	24	242	21	14	4	-	7	1
東海	835	19	164	485	65	27	20	16	32	7
近畿１	870	63	286	336	34	16	10	20	101	4
近畿２	185	10	64	75	9	6	1	2	14	4
中国	410	19	85	242	23	7	13	12	9	-
四国	233	9	67	125	12	5	3	5	5	2
北九州	418	15	129	213	18	13	10	4	14	2
南九州	230	2	43	133	22	6	5	6	12	1
外国	11	-	1	1	2	1	-	1	5	-

学校にかかった費用，出生月、性、地域ブロック、１か月の学校にかかった費用別（２－２）

第15回調査（平成28年）

総数	１か月の学校にかかった費用 5千円未満	5千～1万円未満	1～2万円未満	2～3万円未満	3～4万円未満	4～5万円未満	5～6万円未満	6万円以上	不詳	1か月の平均学校にかかった費用（千円）
					構成割合（%）					
100.0	6.6	33.8	40.7	5.3	1.9	1.6	2.1	7.3	0.5	20
100.0	8.8	56.6	22.0	5.3	1.8	0.8	0.8	3.9	-	15
100.0	2.0	23.6	55.9	10.2	2.3	1.3	1.1	2.9	0.6	16
100.0	8.0	33.2	33.7	3.9	1.8	1.8	3.8	13.2	0.5	26
100.0	3.4	30.7	49.6	6.6	1.6	1.5	1.9	4.1	0.5	17
100.0	0.8	11.8	70.3	9.6	2.0	1.1	0.2	3.6	0.6	18
100.0	5.0	32.5	49.6	3.4	1.7	1.3	1.7	4.4	0.4	16
100.0	12.9	41.6	26.1	3.1	0.9	1.0	2.7	10.8	1.0	21
100.0	10.8	39.3	33.6	4.2	1.7	1.5	1.7	6.6	0.6	16
100.0	4.8	27.9	48.5	7.9	2.7	3.1	1.2	3.1	0.6	16
100.0	3.8	30.2	48.9	6.9	2.9	2.4	1.9	3.1	-	16
100.0	6.5	44.1	34.2	4.8	2.7	1.4	1.0	5.1	0.2	15
100.0	4.6	39.2	37.7	6.4	3.1	1.8	1.3	5.3	0.5	18
100.0	4.3	13.0	21.7	13.0	8.7	13.0	4.3	21.7	-	61
100.0	6.4	33.6	41.2	5.2	1.9	1.7	2.2	7.3	0.5	20
100.0	10.5	53.8	20.2	7.1	2.1	-	1.3	5.0	-	18
100.0	1.8	25.4	55.1	9.0	2.3	1.0	1.2	3.5	0.8	16
100.0	8.0	32.2	35.6	4.0	1.6	2.0	3.7	12.6	0.4	26
100.0	3.5	30.2	49.2	6.8	1.6	1.7	1.7	4.7	0.7	17
100.0	0.9	11.4	70.9	9.5	2.2	0.6	0.3	4.1	-	18
100.0	4.9	32.2	50.0	2.6	1.5	1.6	2.0	4.8	0.4	17
100.0	11.1	43.5	26.1	2.9	1.2	1.4	2.8	10.3	0.8	20
100.0	11.6	37.6	34.7	5.8	1.2	1.2	0.8	6.6	0.4	15
100.0	4.8	27.3	48.5	8.0	3.3	3.3	1.8	2.8	0.5	16
100.0	4.7	31.8	48.3	5.7	1.4	2.8	2.8	2.4	-	16
100.0	6.8	42.8	36.0	3.9	2.7	1.6	0.6	5.3	0.2	16
100.0	3.7	38.2	36.5	8.4	4.1	2.0	1.7	4.7	0.7	19
100.0	-	18.2	27.3	9.1	18.2	-	9.1	18.2	-	56
100.0	6.7	34.1	40.3	5.4	2.0	1.5	2.1	7.4	0.6	20
100.0	7.1	59.3	23.7	3.6	1.6	1.6	0.4	2.8	-	12
100.0	2.3	21.7	56.8	11.5	2.3	1.7	1.1	2.1	0.4	15
100.0	8.0	34.2	31.8	3.9	2.1	1.7	3.9	13.9	0.6	27
100.0	3.4	31.2	50.1	6.4	1.7	1.3	2.1	3.4	0.4	16
100.0	0.6	12.2	69.7	9.8	1.8	1.5	-	3.1	1.2	18
100.0	5.1	32.8	49.2	4.3	1.9	1.1	1.3	3.9	0.4	16
100.0	14.9	39.6	26.1	3.2	0.6	0.6	2.5	11.4	1.1	22
100.0	10.0	41.1	32.5	2.6	2.2	1.7	2.6	6.5	0.9	17
100.0	4.9	28.6	48.5	7.9	2.2	3.0	0.7	3.4	0.7	16
100.0	2.9	28.6	49.5	8.1	4.3	1.9	1.0	3.8	-	17
100.0	6.3	45.5	32.0	5.8	2.7	1.2	1.4	4.8	0.2	15
100.0	5.5	40.2	38.9	4.5	2.3	1.6	1.0	5.8	0.3	17
100.0	8.3	8.3	16.7	16.7	-	25.0	-	25.0	-	66
100.0	3.8	23.3	49.9	7.8	3.0	1.8	2.2	7.5	0.6	21
100.0	6.1	44.7	31.0	6.8	1.7	1.3	0.6	7.0	0.8	15
100.0	1.4	16.5	62.1	12.2	3.4	1.3	1.0	1.9	0.4	16
100.0	4.6	20.8	41.9	9.3	3.5	2.1	3.5	13.8	0.5	28
100.0	1.2	15.6	60.0	10.3	4.1	2.0	1.4	4.8	0.6	19
100.0	1.5	7.8	75.3	8.3	3.3	0.9	0.3	2.2	0.4	16
100.0	2.0	19.4	58.4	7.9	3.6	2.1	1.7	4.2	0.7	18
100.0	7.6	34.8	36.5	4.0	1.5	1.2	2.8	11.1	0.6	22
100.0	6.4	34.9	41.5	4.7	2.0	0.5	1.2	7.6	1.2	17
100.0	3.7	23.7	55.5	5.3	3.0	2.9	2.7	2.8	0.4	17
100.0	3.4	27.5	54.8	4.7	2.7	1.7	2.0	2.5	0.7	14
100.0	4.0	31.1	49.1	4.5	2.3	2.1	1.9	4.5	0.5	16
100.0	2.1	20.0	55.9	9.5	3.1	2.5	2.5	3.8	0.6	18
100.0	-	11.1	11.1	11.1	5.6	16.7	11.1	33.3	-	93
100.0	4.0	23.9	49.5	8.0	2.8	1.9	2.2	7.3	0.5	20
100.0	5.6	46.8	27.8	8.3	2.8	1.4	-	6.0	1.4	14
100.0	1.5	17.1	61.2	12.5	3.2	1.5	0.8	1.9	0.2	16
100.0	5.1	22.0	41.8	9.5	2.8	2.3	3.4	12.8	0.3	27
100.0	1.0	14.7	62.7	9.9	3.5	1.8	1.2	4.8	0.3	18
100.0	1.1	8.1	74.9	9.7	2.4	0.5	0.5	2.2	0.5	16
100.0	1.7	19.3	58.6	8.0	3.9	1.8	1.5	4.6	0.6	17
100.0	8.0	36.6	34.5	4.0	1.3	1.2	3.2	10.5	0.6	21
100.0	7.2	35.1	42.3	4.5	0.9	0.5	1.4	7.7	0.5	17
100.0	2.9	26.7	52.1	5.0	4.3	2.6	2.4	3.3	0.7	18
100.0	2.9	25.9	56.3	4.0	3.4	2.3	1.7	2.9	0.6	15
100.0	4.3	31.3	47.4	4.8	1.6	1.8	2.7	5.7	0.5	18
100.0	3.1	21.1	54.4	9.5	3.4	2.7	2.4	2.7	0.7	16
100.0	-	14.3	14.3	-	-	42.9	14.3	14.3	-	41
100.0	3.7	22.6	50.4	7.6	3.3	1.8	2.3	7.8	0.6	21
100.0	6.6	43.0	33.7	5.4	0.8	1.2	1.2	7.8	0.4	16
100.0	1.2	15.9	62.9	11.8	3.5	1.0	1.2	2.0	0.6	16
100.0	4.1	19.5	42.1	9.0	4.3	1.8	3.8	14.8	0.7	29
100.0	1.3	16.5	57.1	10.8	4.7	2.2	1.7	4.9	0.8	20
100.0	1.9	7.5	75.9	6.6	4.4	1.3	-	2.2	0.3	17
100.0	2.3	19.6	58.1	7.8	3.2	2.4	1.9	3.8	0.8	19
100.0	7.2	32.9	38.6	3.9	1.8	1.1	2.3	11.6	0.5	23
100.0	5.4	34.6	40.5	4.9	3.2	0.5	1.1	7.6	2.2	17
100.0	4.6	20.7	59.0	5.6	1.7	3.2	2.9	2.2	-	15
100.0	3.9	28.8	53.6	5.2	2.1	1.3	2.1	2.1	0.9	14
100.0	3.6	30.9	51.0	4.3	3.1	2.4	1.0	3.3	0.5	15
100.0	0.9	18.7	57.8	9.6	2.6	2.2	2.6	5.2	0.4	20
100.0	-	9.1	9.1	18.2	9.1	-	9.1	45.5	-	127

第122表　学校にかかった費用のある子ども数・構成割合・1か月の

出生月、性、きょうだい構成	総数	1か月の学校にかかった費用								
		5千円未満	5千～1万円未満	1～2万円未満	2～3万円未満	3～4万円未満	4～5万円未満	5～6万円未満	6万円以上	不詳
	実数（人）									
総数	27 035	1 403	7 697	12 274	1 771	674	464	594	2 011	147
ひとり	4 508	248	1 201	1 905	271	133	95	133	495	27
弟妹のみ	10 040	448	2 751	4 671	757	266	174	203	709	61
兄姉のみ	9 575	557	2 881	4 292	562	210	160	200	667	46
兄弟姉妹あり	2 912	150	864	1 406	181	65	35	58	140	13
男児	13 877	717	3 974	6 306	917	329	246	309	1 013	66
ひとり	2 279	130	608	973	134	65	48	62	248	11
弟妹のみ	5 058	211	1 402	2 363	373	130	91	107	352	29
兄姉のみ	4 989	295	1 513	2 229	299	101	87	103	340	22
兄弟姉妹あり	1 551	81	451	741	111	33	20	37	73	4
女児	13 158	686	3 723	5 968	854	345	218	285	998	81
ひとり	2 229	118	593	932	137	68	47	71	247	16
弟妹のみ	4 982	237	1 349	2 308	384	136	83	96	357	32
兄姉のみ	4 586	262	1 368	2 063	263	109	73	97	327	24
兄弟姉妹あり	1 361	69	413	665	70	32	15	21	67	9
1月生まれ	13 327	877	4 508	5 430	706	257	214	286	978	71
ひとり	2 184	148	707	797	111	55	45	64	243	14
弟妹のみ	4 978	290	1 617	2 132	311	97	87	93	325	26
兄姉のみ	4 688	342	1 665	1 856	211	80	67	102	339	26
兄弟姉妹あり	1 477	97	519	645	73	25	15	27	71	5
男児	6 775	436	2 276	2 791	352	129	114	151	494	32
ひとり	1 090	75	354	412	49	28	20	27	119	6
弟妹のみ	2 502	141	802	1 089	150	47	51	48	161	13
兄姉のみ	2 379	164	850	938	108	40	37	57	174	11
兄弟姉妹あり	804	56	270	352	45	14	6	19	40	2
女児	6 552	441	2 232	2 639	354	128	100	135	484	39
ひとり	1 094	73	353	385	62	27	25	37	124	8
弟妹のみ	2 476	149	815	1 043	161	50	36	45	164	13
兄姉のみ	2 309	178	815	918	103	40	30	45	165	15
兄弟姉妹あり	673	41	249	293	28	11	9	8	31	3
7月生まれ	13 708	526	3 189	6 844	1 065	417	250	308	1 033	76
ひとり	2 324	100	494	1 108	160	78	50	69	252	13
弟妹のみ	5 062	158	1 134	2 539	446	169	87	110	384	35
兄姉のみ	4 887	215	1 216	2 436	351	130	93	98	328	20
兄弟姉妹あり	1 435	53	345	761	108	40	20	31	69	8
男児	7 102	281	1 698	3 515	565	200	132	158	519	34
ひとり	1 189	55	254	561	85	37	28	35	129	5
弟妹のみ	2 556	70	600	1 274	223	83	40	59	191	16
兄姉のみ	2 610	131	663	1 291	191	61	50	46	166	11
兄弟姉妹あり	747	25	181	389	66	19	14	18	33	2
女児	6 606	245	1 491	3 329	500	217	118	150	514	42
ひとり	1 135	45	240	547	75	41	22	34	123	8
弟妹のみ	2 506	88	534	1 265	223	86	47	51	193	19
兄姉のみ	2 277	84	553	1 145	160	69	43	52	162	9
兄弟姉妹あり	688	28	164	372	42	21	6	13	36	6

平均学校にかかった費用，出生月、性、きょうだい構成、1か月の学校にかかった費用別

第15回調査（平成28年）

総数	5千円未満	5千～1万円未満	1～2万円未満	2～3万円未満	3～4万円未満	4～5万円未満	5～6万円未満	6万円以上	不詳	1か月の平均学校にかかった費用（千円）
					構成割合（%）					
100.0	5.2	28.5	45.4	6.6	2.5	1.7	2.2	7.4	0.5	20
100.0	5.5	26.6	42.3	6.0	3.0	2.1	3.0	11.0	0.6	25
100.0	4.5	27.4	46.5	7.5	2.6	1.7	2.0	7.1	0.6	20
100.0	5.8	30.1	44.8	5.9	2.2	1.7	2.1	7.0	0.5	19
100.0	5.2	29.7	48.3	6.2	2.2	1.2	2.0	4.8	0.4	17
100.0	5.2	28.6	45.4	6.6	2.4	1.8	2.2	7.3	0.5	20
100.0	5.7	26.7	42.7	5.9	2.9	2.1	2.7	10.9	0.5	25
100.0	4.2	27.7	46.7	7.4	2.6	1.8	2.1	7.0	0.6	20
100.0	5.9	30.3	44.7	6.0	2.0	1.7	2.1	6.8	0.4	18
100.0	5.2	29.1	47.8	7.2	2.1	1.3	2.4	4.7	0.3	17
100.0	5.2	28.3	45.4	6.5	2.6	1.7	2.2	7.6	0.6	20
100.0	5.3	26.6	41.8	6.1	3.1	2.1	3.2	11.1	0.7	26
100.0	4.8	27.1	46.3	7.7	2.7	1.7	1.9	7.2	0.6	20
100.0	5.7	29.8	45.0	5.7	2.4	1.6	2.1	7.1	0.5	20
100.0	5.1	30.3	48.9	5.1	2.4	1.1	1.5	4.9	0.7	16
100.0	6.6	33.8	40.7	5.3	1.9	1.6	2.1	7.3	0.5	20
100.0	6.8	32.4	36.5	5.1	2.5	2.1	2.9	11.1	0.6	25
100.0	5.8	32.5	42.8	6.2	1.9	1.7	1.9	6.5	0.5	19
100.0	7.3	35.5	39.6	4.5	1.7	1.4	2.2	7.2	0.6	19
100.0	6.6	35.1	43.7	4.9	1.7	1.0	1.8	4.8	0.3	17
100.0	6.4	33.6	41.2	5.2	1.9	1.7	2.2	7.3	0.5	20
100.0	6.9	32.5	37.8	4.5	2.6	1.8	2.5	10.9	0.6	25
100.0	5.6	32.1	43.5	6.0	1.9	2.0	1.9	6.4	0.5	19
100.0	6.9	35.7	39.4	4.5	1.7	1.6	2.4	7.3	0.5	19
100.0	7.0	33.6	43.8	5.6	1.7	0.7	2.4	5.0	0.2	18
100.0	6.7	34.1	40.3	5.4	2.0	1.5	2.1	7.4	0.6	20
100.0	6.7	32.3	35.2	5.7	2.5	2.3	3.4	11.3	0.7	25
100.0	6.0	32.9	42.1	6.5	2.0	1.5	1.8	6.6	0.5	19
100.0	7.7	35.3	39.8	4.5	1.7	1.3	1.9	7.1	0.6	19
100.0	6.1	37.0	43.5	4.2	1.6	1.3	1.2	4.6	0.4	15
100.0	3.8	23.3	49.9	7.8	3.0	1.8	2.2	7.5	0.6	21
100.0	4.3	21.3	47.7	6.9	3.4	2.2	3.0	10.8	0.6	26
100.0	3.1	22.4	50.2	8.8	3.3	1.7	2.2	7.6	0.7	21
100.0	4.4	24.9	49.8	7.2	2.7	1.9	2.0	6.7	0.4	19
100.0	3.7	24.0	53.0	7.5	2.8	1.4	2.2	4.8	0.6	17
100.0	4.0	23.9	49.5	8.0	2.8	1.9	2.2	7.3	0.5	20
100.0	4.6	21.4	47.2	7.1	3.1	2.4	2.9	10.8	0.4	25
100.0	2.7	23.5	49.8	8.7	3.2	1.6	2.3	7.5	0.6	21
100.0	5.0	25.4	49.5	7.3	2.3	1.9	1.8	6.4	0.4	18
100.0	3.3	24.2	52.1	8.8	2.5	1.9	2.4	4.4	0.3	17
100.0	3.7	22.6	50.4	7.6	3.3	1.8	2.3	7.8	0.6	21
100.0	4.0	21.1	48.2	6.6	3.6	1.9	3.0	10.8	0.7	27
100.0	3.5	21.3	50.5	8.9	3.4	1.9	2.0	7.7	0.8	21
100.0	3.7	24.3	50.3	7.0	3.0	1.9	2.3	7.1	0.4	20
100.0	4.1	23.8	54.1	6.1	3.1	0.9	1.9	5.2	0.9	17

第123表　学校にかかった費用のある子ども数・構成割合，きょうだい構成、

きょうだい構成、第14回調査の1か月の学校にかかった費用	第15回調査の1か								
	総数	5千円未満	5千～1万円未満	1～2万円未満	2～3万円未満	3～4万円未満	4～5万円未満	5～6万円未満	6万円以上
	実数（人）								
総数	25 091	1 221	7 118	11 507	1 649	631	421	563	1 865
5千円未満	1 064	358	417	195	33	15	9	8	27
5千～1万円未満	6 956	526	3 583	2 220	270	86	45	26	162
1～2万円未満	12 148	277	2 658	7 680	850	223	80	53	285
2～3万円未満	1 771	29	244	946	321	99	25	21	82
3～4万円未満	580	8	68	201	96	106	34	24	39
4～5万円未満	413	1	32	55	29	53	119	69	55
5～6万円未満	518	5	26	36	12	17	60	200	161
6万円以上	1 528	11	62	139	34	29	49	158	1 044
不詳	113	6	28	35	4	3	-	4	10
ひとり	4 189	218	1 102	1 793	252	129	89	125	460
5千円未満	187	66	74	31	8	3	-	1	4
5千～1万円未満	1 049	87	536	340	39	12	4	7	23
1～2万円未満	1 896	58	417	1 191	115	46	10	7	46
2～3万円未満	304	3	42	164	51	18	5	3	17
3～4万円未満	102	1	15	31	16	18	12	4	5
4～5万円未満	90	-	6	9	10	14	26	19	6
5～6万円未満	118	-	1	3	3	7	14	47	42
6万円以上	420	3	5	22	9	10	18	36	316
不詳	23	-	6	2	1	1	-	1	1
弟妹のみ	9 318	387	2 552	4 372	697	251	156	192	664
5千円未満	344	111	129	67	14	3	4	2	12
5千～1万円未満	2 504	163	1 278	830	105	30	15	6	61
1～2万円未満	4 653	90	975	2 925	376	101	31	21	115
2～3万円未満	710	11	97	369	139	40	14	10	27
3～4万円未満	227	3	24	76	37	50	9	9	16
4～5万円未満	153	-	13	17	9	18	46	25	25
5～6万円未満	202	3	9	14	6	2	25	73	70
6万円以上	490	5	19	60	11	6	12	44	333
不詳	35	1	8	14	-	1	-	2	5
兄姉のみ	8 915	485	2 676	4 040	532	191	145	192	616
5千円未満	437	145	177	78	11	8	3	5	10
5千～1万円未満	2 612	217	1 382	771	103	33	23	9	58
1～2万円未満	4 256	101	959	2 713	267	53	33	17	99
2～3万円未満	552	12	81	304	92	29	3	6	25
3～4万円未満	190	1	20	74	32	29	9	9	15
4～5万円未満	138	-	10	23	10	19	38	20	18
5～6万円未満	154	1	9	15	1	6	18	61	43
6万円以上	531	3	28	47	13	13	18	64	344
不詳	45	5	10	15	3	1	-	1	4
兄弟姉妹あり	2 669	131	788	1 302	168	60	31	54	125
5千円未満	96	36	37	19	-	1	2	-	1
5千～1万円未満	791	59	387	279	23	11	3	4	20
1～2万円未満	1 343	28	307	851	92	23	6	8	25
2～3万円未満	205	3	24	109	39	12	3	2	13
3～4万円未満	61	3	9	20	11	9	4	2	3
4～5万円未満	32	1	3	6	-	2	9	5	6
5～6万円未満	44	1	7	4	2	2	3	19	6
6万円以上	87	-	10	10	1	-	1	14	51
不詳	10	-	4	4	-	-	-	-	-

注：1）第14回調査と第15回調査の回答を得た者を集計。
　　2）きょうだい構成は第15回調査時のものである。

1年前（第14回調査）の1か月の学校にかかった費用、現在（第15回調査）の1か月の学校にかかった費用別

第15回調査（平成28年）

	月の学校にかかった費用									
不詳	総数	5千円未満	5千〜1万円未満	1〜2万円未満	2〜3万円未満	3〜4万円未満	4〜5万円未満	5〜6万円未満	6万円以上	不詳
	構成割合（%）									
116	100.0	4.9	28.4	45.9	6.6	2.5	1.7	2.2	7.4	0.5
2	100.0	33.6	39.2	18.3	3.1	1.4	0.8	0.8	2.5	0.2
38	100.0	7.6	51.5	31.9	3.9	1.2	0.6	0.4	2.3	0.5
42	100.0	2.3	21.9	63.2	7.0	1.8	0.7	0.4	2.3	0.3
4	100.0	1.6	13.8	53.4	18.1	5.6	1.4	1.2	4.6	0.2
4	100.0	1.4	11.7	34.7	16.6	18.3	5.9	4.1	6.7	0.7
−	100.0	0.2	7.7	13.3	7.0	12.8	28.8	16.7	13.3	−
1	100.0	1.0	5.0	6.9	2.3	3.3	11.6	38.6	31.1	0.2
2	100.0	0.7	4.1	9.1	2.2	1.9	3.2	10.3	68.3	0.1
23	100.0	5.3	24.8	31.0	3.5	2.7	−	3.5	8.8	20.4
21	100.0	5.2	26.3	42.8	6.0	3.1	2.1	3.0	11.0	0.5
−	100.0	35.3	39.6	16.6	4.3	1.6	−	0.5	2.1	−
1	100.0	8.3	51.1	32.4	3.7	1.1	0.4	0.7	2.2	0.1
6	100.0	3.1	22.0	62.8	6.1	2.4	0.5	0.4	2.4	0.3
1	100.0	1.0	13.8	53.9	16.8	5.9	1.6	1.0	5.6	0.3
−	100.0	1.0	14.7	30.4	15.7	17.6	11.8	3.9	4.9	−
−	100.0	−	6.7	10.0	11.1	15.6	28.9	21.1	6.7	−
1	100.0	−	0.8	2.5	2.5	5.9	11.9	39.8	35.6	0.8
1	100.0	0.7	1.2	5.2	2.1	2.4	4.3	8.6	75.2	0.2
11	100.0	−	26.1	8.7	4.3	4.3	−	4.3	4.3	47.8
47	100.0	4.2	27.4	46.9	7.5	2.7	1.7	2.1	7.1	0.5
2	100.0	32.3	37.5	19.5	4.1	0.9	1.2	0.6	3.5	0.6
16	100.0	6.5	51.0	33.1	4.2	1.2	0.6	0.2	2.4	0.6
19	100.0	1.9	21.0	62.9	8.1	2.2	0.7	0.5	2.5	0.4
3	100.0	1.5	13.7	52.0	19.6	5.6	2.0	1.4	3.8	0.4
3	100.0	1.3	10.6	33.5	16.3	22.0	4.0	4.0	7.0	1.3
−	100.0	−	8.5	11.1	5.9	11.8	30.1	16.3	16.3	−
−	100.0	1.5	4.5	6.9	3.0	1.0	12.4	36.1	34.7	−
−	100.0	1.0	3.9	12.2	2.2	1.2	2.4	9.0	68.0	−
4	100.0	2.9	22.9	40.0	−	2.9	−	5.7	14.3	11.4
38	100.0	5.4	30.0	45.3	6.0	2.1	1.6	2.2	6.9	0.4
−	100.0	33.2	40.5	17.8	2.5	1.8	0.7	1.1	2.3	−
16	100.0	8.3	52.9	29.5	3.9	1.3	0.9	0.3	2.2	0.6
14	100.0	2.4	22.5	63.7	6.3	1.2	0.8	0.4	2.3	0.3
−	100.0	2.2	14.7	55.1	16.7	5.3	0.5	1.1	4.5	−
1	100.0	0.5	10.5	38.9	16.8	15.3	4.7	4.7	7.9	0.5
−	100.0	−	7.2	16.7	7.2	13.8	27.5	14.5	13.0	−
−	100.0	0.6	5.8	9.7	0.6	3.9	11.7	39.6	27.9	−
1	100.0	0.6	5.3	8.9	2.4	2.4	3.4	12.1	64.8	0.2
6	100.0	11.1	22.2	33.3	6.7	2.2	−	2.2	8.9	13.3
10	100.0	4.9	29.5	48.8	6.3	2.2	1.2	2.0	4.7	0.4
−	100.0	37.5	38.5	19.8	−	1.0	2.1	−	1.0	−
5	100.0	7.5	48.9	35.3	2.9	1.4	0.4	0.5	2.5	0.6
3	100.0	2.1	22.9	63.4	6.9	1.7	0.4	0.6	1.9	0.2
−	100.0	1.5	11.7	53.2	19.0	5.9	1.5	1.0	6.3	−
−	100.0	4.9	14.8	32.8	18.0	14.8	6.6	3.3	4.9	−
−	100.0	3.1	9.4	18.8	−	6.3	28.1	15.6	18.8	−
−	100.0	2.3	15.9	9.1	4.5	4.5	6.8	43.2	13.6	−
−	100.0	−	11.5	11.5	1.1	−	1.1	16.1	58.6	−
2	100.0	−	40.0	40.0	−	−	−	−	−	20.0

第124表　習い事・学習塾等の費用のある子ども数・構成割合・１か月の平均

実　　数（人）

出生月、性、市郡	総数	1か月の習い事・スポーツクラブ等にかかった費用 5千円未満	5千～1万円未満	1～2万円未満	2～3万円未満	3～4万円未満	4～5万円未満	5～6万円未満	6万円以上	不詳
総数	9 673	2 023	2 812	2 603	898	483	211	190	393	60
21大都市	2 501	418	663	748	246	139	78	56	129	24
その他の市	6 297	1 385	1 891	1 657	570	302	118	116	227	31
郡部	844	217	257	187	77	39	13	17	32	5
外国	31	3	1	11	5	3	2	1	5	−
男児	4 556	957	1 177	1 218	475	269	114	114	197	35
21大都市	1 191	193	298	349	125	63	46	36	69	12
その他の市	2 962	664	781	781	304	179	61	64	109	19
郡部	390	99	98	83	42	24	7	14	19	4
外国	13	1	−	5	4	3	−	−	−	−
女児	5 117	1 066	1 635	1 385	423	214	97	76	196	25
21大都市	1 310	225	365	399	121	76	32	20	60	12
その他の市	3 335	721	1 110	876	266	123	57	52	118	12
郡部	454	118	159	104	35	15	6	3	13	1
外国	18	2	1	6	1	−	2	1	5	−
1月生まれ	3 738	761	1 108	948	291	172	79	102	249	28
21大都市	1 030	169	261	307	92	58	23	32	78	10
その他の市	2 364	509	746	560	178	99	48	61	147	16
郡部	324	81	101	73	18	14	6	8	21	2
外国	20	2	−	8	3	1	2	1	3	−
男児	1 611	337	434	405	128	83	30	52	127	15
21大都市	467	83	118	130	42	21	9	18	41	5
その他の市	1 001	225	281	241	74	50	21	27	73	9
郡部	135	28	35	31	9	11	−	7	13	1
外国	8	1	−	3	3	1	−	−	−	−
女児	2 127	424	674	543	163	89	49	50	122	13
21大都市	563	86	143	177	50	37	14	14	37	5
その他の市	1 363	284	465	319	104	49	27	34	74	7
郡部	189	53	66	42	9	3	6	1	8	1
外国	12	1	−	5	−	−	2	1	3	−
7月生まれ	5 935	1 262	1 704	1 655	607	311	132	88	144	32
21大都市	1 471	249	402	441	154	81	55	24	51	14
その他の市	3 933	876	1 145	1 097	392	203	70	55	80	15
郡部	520	136	156	114	59	25	7	9	11	3
外国	11	1	1	3	2	2	−	−	2	−
男児	2 945	620	743	813	347	186	84	62	70	20
21大都市	724	110	180	219	83	42	37	18	28	7
その他の市	1 961	439	500	540	230	129	40	37	36	10
郡部	255	71	63	52	33	13	7	7	6	3
外国	5	−	−	2	1	2	−	−	−	−
女児	2 990	642	961	842	260	125	48	26	74	12
21大都市	747	139	222	222	71	39	18	6	23	7
その他の市	1 972	437	645	557	162	74	30	18	44	5
郡部	265	65	93	62	26	12	−	2	5	−
外国	6	1	1	1	1	−	−	−	2	−

習い事・学習塾等の費用，出生月、性、市郡、１か月の習い事・学習塾等の費用別（２－１）

第15回調査（平成28年）

総数	1か月の学習塾・家庭教師・通信教育等にかかった費用								
	5千円未満	5千～1万円未満	1～2万円未満	2～3万円未満	3～4万円未満	4～5万円未満	5～6万円未満	6万円以上	不詳
21 476	254	1 912	3 354	4 136	3 721	1 987	1 563	4 496	53
5 968	56	384	652	1 003	1 120	633	522	1 574	24
13 826	159	1 296	2 314	2 813	2 377	1 234	950	2 658	25
1 640	38	227	382	314	219	119	88	249	4
42	1	5	6	6	5	1	3	15	－
10 883	108	888	1 675	2 068	1 893	1 023	801	2 398	29
3 086	22	178	340	501	564	331	254	882	14
6 948	70	606	1 144	1 390	1 212	625	500	1 387	14
830	16	101	187	175	114	66	45	125	1
19	－	3	4	2	3	1	2	4	－
10 593	146	1 024	1 679	2 068	1 828	964	762	2 098	24
2 882	34	206	312	502	556	302	268	692	10
6 878	89	690	1 170	1 423	1 165	609	450	1 271	11
810	22	126	195	139	105	53	43	124	3
23	1	2	2	4	2	－	1	11	－
11 333	108	752	1 322	1 582	1 575	1 057	1 073	3 837	27
3 175	23	139	240	377	436	293	327	1 328	12
7 252	75	505	918	1 072	1 016	682	679	2 291	14
882	9	105	161	131	122	81	64	208	1
24	1	3	3	2	1	1	3	10	－
5 718	46	355	643	744	789	546	547	2 034	14
1 629	9	68	123	170	212	152	162	726	7
3 622	33	233	442	502	509	344	349	1 203	7
456	4	52	75	71	68	49	34	103	－
11	－	2	3	1	－	1	2	2	－
5 615	62	397	679	838	786	511	526	1 803	13
1 546	14	71	117	207	224	141	165	602	5
3 630	42	272	476	570	507	338	330	1 088	7
426	5	53	86	60	54	32	30	105	1
13	1	1	－	1	1	－	1	8	－
10 143	146	1 160	2 032	2 554	2 146	930	490	659	26
2 793	33	245	412	626	684	340	195	246	12
6 574	84	791	1 396	1 741	1 361	552	271	367	11
758	29	122	221	183	97	38	24	41	3
18	－	2	3	4	4	－	－	5	－
5 165	62	533	1 032	1 324	1 104	477	254	364	15
1 457	13	110	217	331	352	179	92	156	7
3 326	37	373	702	888	703	281	151	184	7
374	12	49	112	104	46	17	11	22	1
8	－	1	1	1	3	－	－	2	－
4 978	84	627	1 000	1 230	1 042	453	236	295	11
1 336	20	135	195	295	332	161	103	90	5
3 248	47	418	694	853	658	271	120	183	4
384	17	73	109	79	51	21	13	19	2
10	－	1	2	3	1	－	－	3	－

第124表　習い事・学習塾等の費用のある子ども数・構成割合・1か月の平均

構成割合（%）

出生月、性、市郡	総数	1か月の習い事・スポーツクラブ等にかかった費用								
		5千円未満	5千～1万円未満	1～2万円未満	2～3万円未満	3～4万円未満	4～5万円未満	5～6万円未満	6万円以上	不詳
総数	100.0	20.9	29.1	26.9	9.3	5.0	2.2	2.0	4.1	0.6
21大都市	100.0	16.7	26.5	29.9	9.8	5.6	3.1	2.2	5.2	1.0
その他の市	100.0	22.0	30.0	26.3	9.1	4.8	1.9	1.8	3.6	0.5
郡部	100.0	25.7	30.5	22.2	9.1	4.6	1.5	2.0	3.8	0.6
外国	100.0	9.7	3.2	35.5	16.1	9.7	6.5	3.2	16.1	-
男児	100.0	21.0	25.8	26.7	10.4	5.9	2.5	2.5	4.3	0.8
21大都市	100.0	16.2	25.0	29.3	10.5	5.3	3.9	3.0	5.8	1.0
その他の市	100.0	22.4	26.4	26.4	10.3	6.0	2.1	2.2	3.7	0.6
郡部	100.0	25.4	25.1	21.3	10.8	6.2	1.8	3.6	4.9	1.0
外国	100.0	7.7	-	38.5	30.8	23.1	-	-	-	-
女児	100.0	20.8	32.0	27.1	8.3	4.2	1.9	1.5	3.8	0.5
21大都市	100.0	17.2	27.9	30.5	9.2	5.8	2.4	1.5	4.6	0.9
その他の市	100.0	21.6	33.3	26.3	8.0	3.7	1.7	1.6	3.5	0.4
郡部	100.0	26.0	35.0	22.9	7.7	3.3	1.3	0.7	2.9	0.2
外国	100.0	11.1	5.6	33.3	5.6	-	11.1	5.6	27.8	-
1月生まれ	100.0	20.4	29.6	25.4	7.8	4.6	2.1	2.7	6.7	0.7
21大都市	100.0	16.4	25.3	29.8	8.9	5.6	2.2	3.1	7.6	1.0
その他の市	100.0	21.5	31.6	23.7	7.5	4.2	2.0	2.6	6.2	0.7
郡部	100.0	25.0	31.2	22.5	5.6	4.3	1.9	2.5	6.5	0.6
外国	100.0	10.0	-	40.0	15.0	5.0	10.0	5.0	15.0	-
男児	100.0	20.9	26.9	25.1	7.9	5.2	1.9	3.2	7.9	0.9
21大都市	100.0	17.8	25.3	27.8	9.0	4.5	1.9	3.9	8.8	1.1
その他の市	100.0	22.5	28.1	24.1	7.4	5.0	2.1	2.7	7.3	0.9
郡部	100.0	20.7	25.9	23.0	6.7	8.1	-	5.2	9.6	0.7
外国	100.0	12.5	-	37.5	37.5	12.5	-	-	-	-
女児	100.0	19.9	31.7	25.5	7.7	4.2	2.3	2.4	5.7	0.6
21大都市	100.0	15.3	25.4	31.4	8.9	6.6	2.5	2.5	6.6	0.9
その他の市	100.0	20.8	34.1	23.4	7.6	3.6	2.0	2.5	5.4	0.5
郡部	100.0	28.0	34.9	22.2	4.8	1.6	3.2	0.5	4.2	0.5
外国	100.0	8.3	-	41.7	-	-	16.7	8.3	25.0	-
7月生まれ	100.0	21.3	28.7	27.9	10.2	5.2	2.2	1.5	2.4	0.5
21大都市	100.0	16.9	27.3	30.0	10.5	5.5	3.7	1.6	3.5	1.0
その他の市	100.0	22.3	29.1	27.9	10.0	5.2	1.8	1.4	2.0	0.4
郡部	100.0	26.2	30.0	21.9	11.3	4.8	1.3	1.7	2.1	0.6
外国	100.0	9.1	9.1	27.3	18.2	18.2	-	-	18.2	-
男児	100.0	21.1	25.2	27.6	11.8	6.3	2.9	2.1	2.4	0.7
21大都市	100.0	15.2	24.9	30.2	11.5	5.8	5.1	2.5	3.9	1.0
その他の市	100.0	22.4	25.5	27.5	11.7	6.6	2.0	1.9	1.8	0.5
郡部	100.0	27.8	24.7	20.4	12.9	5.1	2.7	2.7	2.4	1.2
外国	100.0	-	-	40.0	20.0	40.0	-	-	-	-
女児	100.0	21.5	32.1	28.2	8.7	4.2	1.6	0.9	2.5	0.4
21大都市	100.0	18.6	29.7	29.7	9.5	5.2	2.4	0.8	3.1	0.9
その他の市	100.0	22.2	32.7	28.2	8.2	3.8	1.5	0.9	2.2	0.3
郡部	100.0	24.5	35.1	23.4	9.8	4.5	-	0.8	1.9	-
外国	100.0	16.7	16.7	16.7	16.7	-	-	-	33.3	-

習い事・学習塾等の費用，出生月、性、市郡、１か月の習い事・学習塾等の費用別（２－２）

第15回調査（平成28年）

総数	１か月の学習塾・家庭教師・通信教育等にかかった費用									１か月の平均習い事・学習塾等の費用（千円）
	５千円未満	５千～１万円未満	１～２万円未満	２～３万円未満	３～４万円未満	４～５万円未満	５～６万円未満	６万円以上	不詳	
100.0	1.2	8.9	15.6	19.3	17.3	9.3	7.3	20.9	0.2	46
100.0	0.9	6.4	10.9	16.8	18.8	10.6	8.7	26.4	0.4	54
100.0	1.2	9.4	16.7	20.3	17.2	8.9	6.9	19.2	0.2	44
100.0	2.3	13.8	23.3	19.1	13.4	7.3	5.4	15.2	0.2	37
100.0	2.4	11.9	14.3	14.3	11.9	2.4	7.1	35.7	-	56
100.0	1.0	8.2	15.4	19.0	17.4	9.4	7.4	22.0	0.3	47
100.0	0.7	5.8	11.0	16.2	18.3	10.7	8.2	28.6	0.5	56
100.0	1.0	8.7	16.5	20.0	17.4	9.0	7.2	20.0	0.2	45
100.0	1.9	12.2	22.5	21.1	13.7	8.0	5.4	15.1	0.1	38
100.0	-	15.8	21.1	10.5	15.8	5.3	10.5	21.1	-	41
100.0	1.4	9.7	15.9	19.5	17.3	9.1	7.2	19.8	0.2	45
100.0	1.2	7.1	10.8	17.4	19.3	10.5	9.3	24.0	0.3	53
100.0	1.3	10.0	17.0	20.7	16.9	8.9	6.5	18.5	0.2	43
100.0	2.7	15.6	24.1	17.2	13.0	6.5	5.3	15.3	0.4	35
100.0	4.3	8.7	8.7	17.4	8.7	-	4.3	47.8	-	69
100.0	1.0	6.6	11.7	14.0	13.9	9.3	9.5	33.9	0.2	59
100.0	0.7	4.4	7.6	11.9	13.7	9.2	10.3	41.8	0.4	69
100.0	1.0	7.0	12.7	14.8	14.0	9.4	9.4	31.6	0.2	56
100.0	1.0	11.9	18.3	14.9	13.8	9.2	7.3	23.6	0.1	46
100.0	4.2	12.5	12.5	8.3	4.2	4.2	12.5	41.7	-	59
100.0	0.8	6.2	11.2	13.0	13.8	9.5	9.6	35.6	0.2	60
100.0	0.6	4.2	7.6	10.4	13.0	9.3	9.9	44.6	0.4	70
100.0	0.9	6.4	12.2	13.9	14.1	9.5	9.6	33.2	0.2	58
100.0	0.9	11.4	16.4	15.6	14.9	10.7	7.5	22.6	-	48
100.0	-	18.2	27.3	9.1	-	9.1	18.2	18.2	-	37
100.0	1.1	7.1	12.1	14.9	14.0	9.1	9.4	32.1	0.2	58
100.0	0.9	4.6	7.6	13.4	14.5	9.1	10.7	38.9	0.3	68
100.0	1.2	7.5	13.1	15.7	14.0	9.3	9.1	30.0	0.2	55
100.0	1.2	12.4	20.2	14.1	12.7	7.5	7.0	24.6	0.2	45
100.0	7.7	7.7	-	7.7	7.7	-	7.7	61.5	-	80
100.0	1.4	11.4	20.0	25.2	21.2	9.2	4.8	6.5	0.3	33
100.0	1.2	8.8	14.8	22.4	24.5	12.2	7.0	8.8	0.4	38
100.0	1.3	12.0	21.2	26.5	20.7	8.4	4.1	5.6	0.2	31
100.0	3.8	16.1	29.2	24.1	12.8	5.0	3.2	5.4	0.4	27
100.0	-	11.1	16.7	22.2	22.2	-	-	27.8	-	52
100.0	1.2	10.3	20.0	25.6	21.4	9.2	4.9	7.0	0.3	34
100.0	0.9	7.5	14.9	22.7	24.2	12.3	6.3	10.7	0.5	40
100.0	1.1	11.2	21.1	26.7	21.1	8.4	4.5	5.5	0.2	32
100.0	3.2	13.1	29.9	27.8	12.3	4.5	2.9	5.9	0.3	28
100.0	-	12.5	12.5	12.5	37.5	-	-	25.0	-	50
100.0	1.7	12.6	20.1	24.7	20.9	9.1	4.7	5.9	0.2	32
100.0	1.5	10.1	14.6	22.1	24.9	12.1	7.7	6.7	0.4	36
100.0	1.4	12.9	21.4	26.3	20.3	8.3	3.7	5.6	0.1	31
100.0	4.4	19.0	28.4	20.6	13.3	5.5	3.4	4.9	0.5	26
100.0	-	10.0	20.0	30.0	10.0	-	-	30.0	-	53

第125表　学習塾等の費用のある子ども数・構成割合・1か月の平均

出生月、市郡、1週間の学習塾等の日数	総数	1か月の学習塾・家庭教師・通信教育等にかかった費用 5千円未満	5千～1万円未満	1～2万円未満	2～3万円未満	3～4万円未満	4～5万円未満	5～6万円未満	6万円以上	不詳
						実数（人）				
総数										
学習塾の日数	17 753	64	574	2 522	3 683	3 372	1 809	1 439	4 248	42
1日	2 006	38	276	693	444	204	105	67	177	2
2日	5 350	17	194	1 107	1 396	1 085	427	329	781	14
3日	5 426	6	66	460	1 176	1 236	672	511	1 287	12
4日	2 614	2	16	147	358	499	350	277	958	7
5日	1 185	-	9	71	149	202	125	124	501	4
6日	832	-	7	33	116	106	92	85	391	2
7日	329	-	4	10	43	36	36	46	153	1
不詳	11	1	2	1	1	4	2	-	-	-
家庭教師の日数	1 173	7	34	209	243	235	117	87	240	1
1日	754	5	27	176	178	152	64	32	120	-
2日	324	2	4	27	55	63	45	41	87	-
3日	68	-	3	2	7	15	6	10	24	1
4日	8	-	-	2	2	1	1	-	2	-
5日	5	-	-	-	1	1	1	1	1	-
6日	2	-	-	-	-	2	-	-	-	-
7日	9	-	-	1	-	1	-	3	4	-
不詳	3	-	-	1	-	-	-	-	2	-
21大都市										
学習塾の日数	5 082	13	98	452	905	1 031	581	479	1 502	21
1日	509	9	36	156	136	66	30	21	54	1
2日	1 324	2	36	163	294	318	133	101	270	7
3日	1 673	1	16	90	308	392	222	179	458	7
4日	809	1	4	21	83	157	118	92	330	3
5日	370	-	3	17	35	50	37	41	185	2
6日	281	-	2	5	32	37	31	27	146	1
7日	111	-	-	-	17	8	9	18	59	-
不詳	5	-	1	-	-	3	1	-	-	-
家庭教師の日数	313	2	8	49	57	59	34	21	83	-
1日	194	1	7	38	41	38	21	6	42	-
2日	89	1	1	7	12	18	11	10	29	-
3日	22	-	-	1	3	3	2	4	9	-
4日	2	-	-	2	-	-	-	-	-	-
5日	2	-	-	-	1	-	-	-	1	-
6日	-	-	-	-	-	-	-	-	-	-
7日	4	-	-	1	-	-	-	1	2	-
不詳	-	-	-	-	-	-	-	-	-	-
その他の市										
学習塾の日数	11 374	40	394	1 768	2 502	2 144	1 128	883	2 496	19
1日	1 305	23	201	471	272	122	69	44	102	1
2日	3 591	12	129	796	998	710	270	208	462	6
3日	3 395	3	43	311	781	787	404	309	753	4
4日	1 633	1	10	109	247	300	219	172	571	4
5日	741	-	4	45	101	135	81	78	295	2
6日	506	-	3	26	80	65	57	47	227	1
7日	197	-	3	9	22	24	27	25	86	1
不詳	6	1	1	1	1	1	1	-	-	-
家庭教師の日数	749	4	19	140	158	155	75	57	140	1
1日	481	3	14	119	116	100	39	22	68	-
2日	213	1	3	19	38	42	31	27	52	-
3日	42	-	2	1	4	10	3	6	15	1
4日	4	-	-	-	-	1	1	-	2	-
5日	2	-	-	-	-	-	1	1	-	-
6日	1	-	-	-	-	1	-	-	-	-
7日	3	-	-	-	-	1	-	1	1	-
不詳	3	-	-	1	-	-	-	-	2	-
郡部										
学習塾の日数	1 273	11	81	301	274	193	100	75	236	2
1日	188	6	39	66	34	16	6	2	19	-
2日	429	3	29	147	104	56	24	19	46	1
3日	352	2	6	59	87	55	46	23	73	1
4日	171	-	2	17	28	42	13	13	56	-
5日	72	-	2	9	13	16	7	4	21	-
6日	41	-	2	2	4	4	4	11	14	-
7日	20	-	1	1	4	4	-	3	7	-
不詳	-	-	-	-	-	-	-	-	-	-
家庭教師の日数	97	1	6	18	24	19	8	7	14	-
1日	69	1	5	18	18	13	4	3	7	-
2日	19	-	-	-	4	3	3	3	6	-
3日	3	-	1	-	-	1	1	-	-	-
4日	2	-	-	-	2	-	-	-	-	-
5日	1	-	-	-	-	1	-	-	-	-
6日	1	-	-	-	-	1	-	-	-	-
7日	2	-	-	-	-	-	-	1	1	-
不詳	-	-	-	-	-	-	-	-	-	-

注：総数には外国在住分を含む。

学習塾等の費用，出生月、市郡、１週間の学習塾等の日数、１か月の学習塾等の費用別（３－１）

第15回調査（平成28年）

総数	１か月の学習塾・家庭教師・通信教育等にかかった費用									１か月の平均学習塾等の費用（千円）
	５千円未満	５千～１万円未満	１～２万円未満	２～３万円未満	３～４万円未満	４～５万円未満	５～６万円未満	６万円以上	不詳	
構成割合（％）										
100.0	0.4	3.2	14.2	20.7	19.0	10.2	8.1	23.9	0.2	49
100.0	1.9	13.8	34.5	22.1	10.2	5.2	3.3	8.8	0.1	27
100.0	0.3	3.6	20.7	26.1	20.3	8.0	6.1	14.6	0.3	39
100.0	0.1	1.2	8.5	21.7	22.8	12.4	9.4	23.7	0.2	50
100.0	0.1	0.6	5.6	13.7	19.1	13.4	10.6	36.6	0.3	63
100.0	–	0.8	6.0	12.6	17.0	10.5	10.5	42.3	0.3	69
100.0	–	0.8	4.0	13.9	12.7	11.1	10.2	47.0	0.2	76
100.0	–	1.2	3.0	13.1	10.9	10.9	14.0	46.5	0.3	72
100.0	9.1	18.2	9.1	9.1	36.4	18.2	–	–	–	24
100.0	0.6	2.9	17.8	20.7	20.0	10.0	7.4	20.5	0.1	45
100.0	0.7	3.6	23.3	23.6	20.2	8.5	4.2	15.9	–	38
100.0	0.6	1.2	8.3	17.0	19.4	13.9	12.7	26.9	–	52
100.0	–	4.4	2.9	10.3	22.1	8.8	14.7	35.3	1.5	71
100.0	–	–	25.0	25.0	12.5	12.5	–	25.0	–	64
100.0	–	–	–	20.0	20.0	20.0	20.0	20.0	–	93
100.0	–	–	–	–	100.0	–	–	–	–	30
100.0	–	–	11.1	–	11.1	–	33.3	44.4	–	134
100.0	–	–	33.3	–	–	–	–	66.7	–	70
100.0	0.3	1.9	8.9	17.8	20.3	11.4	9.4	29.6	0.4	56
100.0	1.8	7.1	30.6	26.7	13.0	5.9	4.1	10.6	0.2	30
100.0	0.2	2.7	12.3	22.2	24.0	10.0	7.6	20.4	0.5	47
100.0	0.1	1.0	5.4	18.4	23.4	13.3	10.7	27.4	0.4	54
100.0	0.1	0.5	2.6	10.3	19.4	14.6	11.4	40.8	0.4	69
100.0	–	0.8	4.6	9.5	13.5	10.0	11.1	50.0	0.5	76
100.0	–	0.7	1.8	11.4	13.2	11.0	9.6	52.0	0.4	81
100.0	–	–	–	15.3	7.2	8.1	16.2	53.2	–	91
100.0	–	20.0	–	–	60.0	20.0	–	–	–	30
100.0	0.6	2.6	15.7	18.2	18.8	10.9	6.7	26.5	–	52
100.0	0.5	3.6	19.6	21.1	19.6	10.8	3.1	21.6	–	44
100.0	1.1	1.1	7.9	13.5	20.2	12.4	11.2	32.6	–	58
100.0	–	–	4.5	13.6	13.6	9.1	18.2	40.9	–	83
100.0	–	–	100.0	–	–	–	–	–	–	13
100.0	–	–	–	50.0	–	–	–	50.0	–	169
–	–	–	–	–	–	–	–	–	–	–
100.0	–	–	25.0	–	–	–	25.0	50.0	–	94
–	–	–	–	–	–	–	–	–	–	–
100.0	0.4	3.5	15.5	22.0	18.9	9.9	7.8	21.9	0.2	46
100.0	1.8	15.4	36.1	20.8	9.3	5.3	3.4	7.8	0.1	27
100.0	0.3	3.6	22.2	27.8	19.8	7.5	5.8	12.9	0.2	36
100.0	0.1	1.3	9.2	23.0	23.2	11.9	9.1	22.2	0.1	49
100.0	0.1	0.6	6.7	15.1	18.4	13.4	10.5	35.0	0.2	61
100.0	–	0.5	6.1	13.6	18.2	10.9	10.5	39.8	0.3	67
100.0	–	0.6	5.1	15.8	12.8	11.3	9.3	44.9	0.2	73
100.0	–	1.5	4.6	11.2	12.2	13.7	12.7	43.7	0.5	62
100.0	16.7	16.7	16.7	16.7	16.7	16.7	–	–	–	19
100.0	0.5	2.5	18.7	21.1	20.7	10.0	7.6	18.7	0.1	42
100.0	0.6	2.9	24.7	24.1	20.8	8.1	4.6	14.1	–	36
100.0	0.5	1.4	8.9	17.8	19.7	14.6	12.7	24.4	–	49
100.0	–	4.8	2.4	9.5	23.8	7.1	14.3	35.7	2.4	69
100.0	–	–	–	–	25.0	25.0	–	50.0	–	109
100.0	–	–	–	–	–	50.0	50.0	–	–	48
100.0	–	–	–	–	100.0	–	–	–	–	30
100.0	–	–	–	–	33.3	–	33.3	33.3	–	93
100.0	–	–	33.3	–	–	–	–	66.7	–	70
100.0	0.9	6.4	23.6	21.5	15.2	7.9	5.9	18.5	0.2	40
100.0	3.2	20.7	35.1	18.1	8.5	3.2	1.1	10.1	–	23
100.0	0.7	6.8	34.3	24.2	13.1	5.6	4.4	10.7	0.2	32
100.0	0.6	1.7	16.8	24.7	15.6	13.1	6.5	20.7	0.3	41
100.0	–	1.2	9.9	16.4	24.6	7.6	7.6	32.7	–	59
100.0	–	2.8	12.5	18.1	22.2	9.7	5.6	29.2	–	54
100.0	–	4.9	4.9	9.8	9.8	9.8	26.8	34.1	–	81
100.0	–	5.0	5.0	20.0	20.0	–	15.0	35.0	–	56
–	–	–	–	–	–	–	–	–	–	–
100.0	1.0	6.2	18.6	24.7	19.6	8.2	7.2	14.4	–	40
100.0	1.4	7.2	26.1	26.1	18.8	5.8	4.3	10.1	–	31
100.0	–	–	–	21.1	15.8	15.8	15.8	31.6	–	53
100.0	–	33.3	–	–	33.3	33.3	–	–	–	25
100.0	–	–	–	100.0	–	–	–	–	–	26
100.0	–	–	–	–	100.0	–	–	–	–	30
100.0	–	–	–	–	100.0	–	–	–	–	30
100.0	–	–	–	–	–	–	50.0	50.0	–	275
–	–	–	–	–	–	–	–	–	–	–

第125表　学習塾等の費用のある子ども数・構成割合・1か月の平均

出生月、市郡、1週間の学習塾等の日数	総数	1か月の学習塾・家庭教師・通信教育等にかかった費用 5千円未満	5千～1万円未満	1～2万円未満	2～3万円未満	3～4万円未満	4～5万円未満	5～6万円未満	6万円以上	不詳
					実数（人）					
1月生まれ										
学習塾の日数	9 473	28	213	955	1 335	1 366	930	978	3 646	22
1日	886	16	102	254	193	85	64	45	127	-
2日	2 474	11	77	395	453	455	232	217	628	6
3日	2 651	1	20	178	339	397	296	331	1 084	5
4日	1 635	-	5	68	157	216	159	181	845	4
5日	855	-	4	35	78	114	80	88	452	4
6日	683	-	3	16	81	68	75	76	362	2
7日	284	-	2	8	33	29	23	40	148	1
不詳	5	-	-	1	1	2	1	-	-	-
家庭教師の日数	682	3	11	93	123	130	80	61	180	1
1日	393	3	10	77	86	74	41	19	83	-
2日	220	-	-	14	31	42	34	31	68	-
3日	48	-	1	2	3	9	3	8	21	1
4日	6	-	-	-	2	1	1	-	2	-
5日	4	-	-	-	1	1	1	-	1	-
6日	2	-	-	-	-	2	-	-	-	-
7日	8	-	-	-	-	1	-	3	4	-
不詳	1	-	-	-	-	-	-	-	1	-
21大都市										
学習塾の日数	2 730	9	31	155	322	380	258	293	1 271	11
1日	230	6	13	52	56	30	21	12	40	-
2日	654	2	15	54	96	133	63	66	221	4
3日	792	1	2	34	87	102	87	100	377	2
4日	475	-	-	8	28	59	35	53	290	2
5日	253	-	-	5	19	27	22	25	153	2
6日	230	-	1	2	24	23	24	22	133	1
7日	94	-	-	-	12	5	5	15	57	-
不詳	2	-	-	-	-	1	1	-	-	-
家庭教師の日数	192	1	1	24	29	34	21	16	66	-
1日	108	1	1	21	17	21	12	3	32	-
2日	61	-	-	2	9	11	8	9	22	-
3日	18	-	-	1	2	2	1	3	9	-
4日	-	-	-	-	-	-	-	-	-	-
5日	2	-	-	-	1	-	-	-	1	-
6日	-	-	-	-	-	-	-	-	-	-
7日	3	-	-	-	-	-	-	1	2	-
不詳	-	-	-	-	-	-	-	-	-	-
その他の市										
学習塾の日数	6 034	17	145	673	904	882	606	629	2 168	10
1日	560	10	74	171	116	47	39	31	72	-
2日	1 616	7	49	282	321	296	149	141	369	2
3日	1 676	-	14	123	223	268	184	214	648	2
4日	1 046	-	4	50	118	132	117	119	504	2
5日	546	-	2	25	52	76	52	59	278	2
6日	416	-	1	13	55	42	47	43	214	1
7日	171	-	1	8	18	20	18	22	83	1
不詳	3	-	-	1	1	1	-	-	-	-
家庭教師の日数	427	2	6	60	80	84	53	38	103	1
1日	243	2	5	47	58	47	26	13	45	-
2日	145	-	-	12	21	28	23	19	42	-
3日	29	-	1	1	1	6	2	5	12	1
4日	4	-	-	-	-	1	1	-	2	-
5日	1	-	-	-	-	-	1	-	-	-
6日	1	-	-	-	-	1	-	-	-	-
7日	3	-	-	-	-	1	-	1	1	-
不詳	1	-	-	-	-	-	-	-	1	-
郡部										
学習塾の日数	695	2	37	126	107	104	66	54	198	1
1日	92	-	15	31	19	8	4	2	13	-
2日	201	2	13	58	36	26	20	9	37	-
3日	181	-	4	21	29	27	25	17	57	1
4日	114	-	1	10	11	25	7	9	51	-
5日	55	-	2	5	7	11	6	3	21	-
6日	34	-	1	1	2	3	4	11	12	-
7日	18	-	1	-	3	4	-	3	7	-
不詳	-	-	-	-	-	-	-	-	-	-
家庭教師の日数	60	-	4	9	13	12	6	5	11	-
1日	40	-	4	9	10	6	3	2	6	-
2日	13	-	-	-	1	3	3	2	4	-
3日	1	-	-	-	-	1	-	-	-	-
4日	2	-	-	-	2	-	-	-	-	-
5日	1	-	-	-	-	1	-	-	-	-
6日	1	-	-	-	-	1	-	-	-	-
7日	2	-	-	-	-	-	-	1	1	-
不詳	-	-	-	-	-	-	-	-	-	-

注：総数には外国在住分を含む。

学習塾等の費用，出生月、市郡、１週間の学習塾等の日数、１か月の学習塾等の費用別（３－２）

第15回調査（平成28年）

総数	１か月の学習塾・家庭教師・通信教育等にかかった費用 5千円未満	5千～1万円未満	1～2万円未満	2～3万円未満	3～4万円未満	4～5万円未満	5～6万円未満	6万円以上	不詳	1か月の平均学習塾等の費用（千円）
構成割合（%）										
100.0	0.3	2.2	10.1	14.1	14.4	9.8	10.3	38.5	0.2	63
100.0	1.8	11.5	28.7	21.8	9.6	7.2	5.1	14.3	–	34
100.0	0.4	3.1	16.0	18.3	18.4	9.4	8.8	25.4	0.2	49
100.0	0.0	0.8	6.7	12.8	15.0	11.2	12.5	40.9	0.2	64
100.0	–	0.3	4.2	9.6	13.2	9.7	11.1	51.7	0.2	76
100.0	–	0.5	4.1	9.1	13.3	9.4	10.3	52.9	0.5	80
100.0	–	0.4	2.3	11.9	10.0	11.0	11.1	53.0	0.3	84
100.0	–	0.7	2.8	11.6	10.2	8.1	14.1	52.1	0.4	77
100.0	–	–	20.0	20.0	40.0	20.0	–	–	–	30
100.0	0.4	1.6	13.6	18.0	19.1	11.7	8.9	26.4	0.1	53
100.0	0.8	2.5	19.6	21.9	18.8	10.4	4.8	21.1	–	44
100.0	–	–	6.4	14.1	19.1	15.5	14.1	30.9	–	58
100.0	–	2.1	4.2	6.3	18.8	6.3	16.7	43.8	2.1	82
100.0	–	–	–	33.3	16.7	16.7	–	33.3	–	81
100.0	–	–	–	25.0	25.0	25.0	–	25.0	–	102
100.0	–	–	–	–	100.0	–	–	–	–	30
100.0	–	–	–	–	12.5	–	37.5	50.0	–	149
100.0	–	–	–	–	–	–	–	100.0	–	100
100.0	0.3	1.1	5.7	11.8	13.9	9.5	10.7	46.6	0.4	72
100.0	2.6	5.7	22.6	24.3	13.0	9.1	5.2	17.4	–	38
100.0	0.3	2.3	8.3	14.7	20.3	9.6	10.1	33.8	0.6	61
100.0	0.1	0.3	4.3	11.0	12.9	11.0	12.6	47.6	0.3	71
100.0	–	–	1.7	5.9	12.4	7.4	11.2	61.1	0.4	86
100.0	–	–	2.0	7.5	10.7	8.7	9.9	60.5	0.8	87
100.0	–	0.4	0.9	10.4	10.0	10.4	9.6	57.8	0.4	88
100.0	–	–	–	12.8	5.3	5.3	16.0	60.6	–	100
100.0	–	–	–	–	50.0	50.0	–	–	–	42
100.0	0.5	0.5	12.5	15.1	17.7	10.9	8.3	34.4	–	64
100.0	0.9	0.9	19.4	15.7	19.4	11.1	2.8	29.6	–	53
100.0	–	–	3.3	14.8	18.0	13.1	14.8	36.1	–	68
100.0	–	–	5.6	11.1	11.1	5.6	16.7	50.0	–	92
–	–	–	–	–	–	–	–	–	–	–
100.0	–	–	–	50.0	–	–	–	50.0	–	169
–	–	–	–	–	–	–	–	–	–	–
100.0	–	–	–	–	–	–	33.3	66.7	–	122
–	–	–	–	–	–	–	–	–	–	–
100.0	0.3	2.4	11.2	15.0	14.6	10.0	10.4	35.9	0.2	60
100.0	1.8	13.2	30.5	20.7	8.4	7.0	5.5	12.9	–	33
100.0	0.4	3.0	17.5	19.9	18.3	9.2	8.7	22.8	0.1	45
100.0	–	0.8	7.3	13.3	16.0	11.0	12.8	38.7	0.1	63
100.0	–	0.4	4.8	11.3	12.6	11.2	11.4	48.2	0.2	72
100.0	–	0.4	4.6	9.5	13.9	9.5	10.8	50.9	0.4	78
100.0	–	0.2	3.1	13.2	10.1	11.3	10.3	51.4	0.2	80
100.0	–	0.6	4.7	10.5	11.7	10.5	12.9	48.5	0.6	66
100.0	–	–	33.3	33.3	33.3	–	–	–	–	21
100.0	0.5	1.4	14.1	18.7	19.7	12.4	8.9	24.1	0.2	49
100.0	0.8	2.1	19.3	23.9	19.3	10.7	5.3	18.5	–	41
100.0	–	–	8.3	14.5	19.3	15.9	13.1	29.0	–	55
100.0	–	3.4	3.4	3.4	20.7	6.9	17.2	41.4	3.4	77
100.0	–	–	–	–	25.0	25.0	–	50.0	–	109
100.0	–	–	–	–	–	100.0	–	–	–	40
100.0	–	–	–	–	100.0	–	–	–	–	30
100.0	–	–	–	–	33.3	–	33.3	33.3	–	93
100.0	–	–	–	–	–	–	–	100.0	–	100
100.0	0.3	5.3	18.1	15.4	15.0	9.5	7.8	28.5	0.1	50
100.0	–	16.3	33.7	20.7	8.7	4.3	2.2	14.1	–	27
100.0	1.0	6.5	28.9	17.9	12.9	10.0	4.5	18.4	–	40
100.0	–	2.2	11.6	16.0	14.9	13.8	9.4	31.5	0.6	48
100.0	–	0.9	8.8	9.6	21.9	6.1	7.9	44.7	–	71
100.0	–	3.6	9.1	12.7	20.0	10.9	5.5	38.2	–	63
100.0	–	2.9	2.9	5.9	8.8	11.8	32.4	35.3	–	90
100.0	–	5.6	–	16.7	22.2	–	16.7	38.9	–	61
–	–	–	–	–	–	–	–	–	–	–
100.0	–	6.7	15.0	21.7	20.0	10.0	8.3	18.3	–	46
100.0	–	10.0	22.5	25.0	15.0	7.5	5.0	15.0	–	35
100.0	–	–	–	7.7	23.1	23.1	15.4	30.8	–	54
100.0	–	–	–	–	100.0	–	–	–	–	30
100.0	–	–	–	100.0	–	–	–	–	–	26
100.0	–	–	–	–	100.0	–	–	–	–	30
100.0	–	–	–	–	100.0	–	–	–	–	30
100.0	–	–	–	–	–	–	50.0	50.0	–	275
–	–	–	–	–	–	–	–	–	–	–

第125表　学習塾等の費用のある子ども数・構成割合・1か月の平均

出生月、市郡、1週間の学習塾等の日数	総数	1か月の学習塾・家庭教師・通信教育等にかかった費用 5千円未満	5千～1万円未満	1～2万円未満	2～3万円未満	3～4万円未満	4～5万円未満	5～6万円未満	6万円以上	不詳
	実数（人）									
7月生まれ										
学習塾の日数	8 280	36	361	1 567	2 348	2 006	879	461	602	20
1日	1 120	22	174	439	251	119	41	22	50	2
2日	2 876	6	117	712	943	630	195	112	153	8
3日	2 775	5	46	282	837	839	376	180	203	7
4日	979	2	11	79	201	283	191	96	113	3
5日	330	–	5	36	71	88	45	36	49	–
6日	149	–	4	17	35	38	17	9	29	–
7日	45	–	2	2	10	7	13	6	5	–
不詳	6	1	2	–	–	2	1	–	–	–
家庭教師の日数	491	4	23	116	120	105	37	26	60	–
1日	361	2	17	99	92	78	23	13	37	–
2日	104	2	4	13	24	21	11	10	19	–
3日	20	–	2	–	4	6	3	2	3	–
4日	2	–	–	2	–	–	–	–	–	–
5日	1	–	–	–	–	–	–	1	–	–
6日	–	–	–	–	–	–	–	–	–	–
7日	1	–	–	1	–	–	–	–	–	–
不詳	2	–	–	1	–	–	–	–	1	–
21大都市										
学習塾の日数	2 352	4	67	297	583	651	323	186	231	10
1日	279	3	23	104	80	36	9	9	14	1
2日	670	–	21	109	198	185	70	35	49	3
3日	881	–	14	56	221	290	135	79	81	5
4日	334	1	4	13	55	98	83	39	40	1
5日	117	–	3	12	16	23	15	16	32	–
6日	51	–	1	3	8	14	7	5	13	–
7日	17	–	–	–	5	3	4	3	2	–
不詳	3	–	1	–	–	2	–	–	–	–
家庭教師の日数	121	1	7	25	28	25	13	5	17	–
1日	86	–	6	17	24	17	9	3	10	–
2日	28	1	1	5	3	7	3	1	7	–
3日	4	–	–	–	1	1	1	1	–	–
4日	2	–	–	2	–	–	–	–	–	–
5日	–	–	–	–	–	–	–	–	–	–
6日	–	–	–	–	–	–	–	–	–	–
7日	1	–	–	1	–	–	–	–	–	–
不詳	–	–	–	–	–	–	–	–	–	–
その他の市										
学習塾の日数	5 340	23	249	1 095	1 598	1 262	522	254	328	9
1日	745	13	127	300	156	75	30	13	30	1
2日	1 975	5	80	514	677	414	121	67	93	4
3日	1 719	3	29	188	558	519	220	95	105	2
4日	587	1	6	59	129	168	102	53	67	2
5日	195	–	2	20	49	59	29	19	17	–
6日	90	–	2	13	25	23	10	4	13	–
7日	26	–	2	1	4	4	9	3	3	–
不詳	3	1	1	–	–	–	1	–	–	–
家庭教師の日数	322	2	13	80	78	71	22	19	37	–
1日	238	1	9	72	58	53	13	9	23	–
2日	68	1	3	7	17	14	8	8	10	–
3日	13	–	1	–	3	4	1	1	3	–
4日	–	–	–	–	–	–	–	–	–	–
5日	1	–	–	–	–	–	–	1	–	–
6日	–	–	–	–	–	–	–	–	–	–
7日	–	–	–	–	–	–	–	–	–	–
不詳	2	–	–	1	–	–	–	–	1	–
郡部										
学習塾の日数	578	9	44	175	167	89	34	21	38	1
1日	96	6	24	35	15	8	2	–	6	–
2日	228	1	16	89	68	30	4	10	9	1
3日	171	2	2	38	58	28	21	6	16	–
4日	57	–	1	7	17	17	6	4	5	–
5日	17	–	–	4	6	5	1	1	–	–
6日	7	–	1	1	2	1	–	–	2	–
7日	2	–	–	1	1	–	–	–	–	–
不詳	–	–	–	–	–	–	–	–	–	–
家庭教師の日数	37	1	2	9	11	7	2	2	3	–
1日	29	1	1	9	8	7	1	1	1	–
2日	6	–	–	–	3	–	–	1	2	–
3日	2	–	1	–	–	–	1	–	–	–
4日	–	–	–	–	–	–	–	–	–	–
5日	–	–	–	–	–	–	–	–	–	–
6日	–	–	–	–	–	–	–	–	–	–
7日	–	–	–	–	–	–	–	–	–	–
不詳	–	–	–	–	–	–	–	–	–	–

注：総数には外国在住分を含む。

学習塾等の費用, 出生月、市郡、１週間の学習塾等の日数、１か月の学習塾等の費用別（３－３）

第15回調査（平成28年）

総数	１か月の学習塾・家庭教師・通信教育等にかかった費用									１か月の平均学習塾等の費用（千円）
	５千円未満	５千～１万円未満	１～２万円未満	２～３万円未満	３～４万円未満	４～５万円未満	５～６万円未満	６万円以上	不詳	
構成割合（%）										
100.0	0.4	4.4	18.9	28.4	24.2	10.6	5.6	7.3	0.2	33
100.0	2.0	15.5	39.2	22.4	10.6	3.7	2.0	4.5	0.2	23
100.0	0.2	4.1	24.8	32.8	21.9	6.8	3.9	5.3	0.3	30
100.0	0.2	1.7	10.2	30.2	30.2	13.5	6.5	7.3	0.3	36
100.0	0.2	1.1	8.1	20.5	28.9	19.5	9.8	11.5	0.3	42
100.0	-	1.5	10.9	21.5	26.7	13.6	10.9	14.8	-	42
100.0	-	2.7	11.4	23.5	25.5	11.4	6.0	19.5	-	42
100.0	-	4.4	4.4	22.2	15.6	28.9	13.3	11.1	-	38
100.0	16.7	33.3	-	-	33.3	16.7	-	-	-	19
100.0	0.8	4.7	23.6	24.4	21.4	7.5	5.3	12.2	-	33
100.0	0.6	4.7	27.4	25.5	21.6	6.4	3.6	10.2	-	31
100.0	1.9	3.8	12.5	23.1	20.2	10.6	9.6	18.3	-	38
100.0	-	10.0	-	20.0	30.0	15.0	10.0	15.0	-	46
100.0	-	-	100.0	-	-	-	-	-	-	13
100.0	-	-	-	-	-	-	100.0	-	-	56
-	-	-	-	-	-	-	-	-	-	-
100.0	-	-	100.0	-	-	-	-	-	-	12
100.0	-	-	50.0	-	-	-	-	50.0	-	56
100.0	0.2	2.8	12.6	24.8	27.7	13.7	7.9	9.8	0.4	38
100.0	1.1	8.2	37.3	28.7	12.9	3.2	3.2	5.0	0.4	24
100.0	-	3.1	16.3	29.6	27.6	10.4	5.2	7.3	0.4	34
100.0	-	1.6	6.4	25.1	32.9	15.3	9.0	9.2	0.6	39
100.0	0.3	1.2	3.9	16.5	29.3	24.9	11.7	12.0	0.3	45
100.0	-	2.6	10.3	13.7	19.7	12.8	13.7	27.4	-	52
100.0	-	2.0	5.9	15.7	27.5	13.7	9.8	25.5	-	50
100.0	-	-	-	29.4	17.6	23.5	17.6	11.8	-	39
100.0	-	33.3	-	-	66.7	-	-	-	-	22
100.0	0.8	5.8	20.7	23.1	20.7	10.7	4.1	14.0	-	33
100.0	-	7.0	19.8	27.9	19.8	10.5	3.5	11.6	-	32
100.0	3.6	3.6	17.9	10.7	25.0	10.7	3.6	25.0	-	38
100.0	-	-	-	25.0	25.0	25.0	25.0	-	-	39
100.0	-	-	100.0	-	-	-	-	-	-	13
-	-	-	-	-	-	-	-	-	-	-
-	-	-	-	-	-	-	-	-	-	-
100.0	-	-	100.0	-	-	-	-	-	-	12
-	-	-	-	-	-	-	-	-	-	-
100.0	0.4	4.7	20.5	29.9	23.6	9.8	4.8	6.1	0.2	31
100.0	1.7	17.0	40.3	20.9	10.1	4.0	1.7	4.0	0.1	22
100.0	0.3	4.1	26.0	34.3	21.0	6.1	3.4	4.7	0.2	28
100.0	0.2	1.7	10.9	32.5	30.2	12.8	5.5	6.1	0.1	35
100.0	0.2	1.0	10.1	22.0	28.6	17.4	9.0	11.4	0.3	40
100.0	-	1.0	10.3	25.1	30.3	14.9	9.7	8.7	-	37
100.0	-	2.2	14.4	27.8	25.6	11.1	4.4	14.4	-	38
100.0	-	7.7	3.8	15.4	15.4	34.6	11.5	11.5	-	38
100.0	33.3	33.3	-	-	-	33.3	-	-	-	16
100.0	0.6	4.0	24.8	24.2	22.0	6.8	5.9	11.5	-	34
100.0	0.4	3.8	30.3	24.4	22.3	5.5	3.8	9.7	-	31
100.0	1.5	4.4	10.3	25.0	20.6	11.8	11.8	14.7	-	38
100.0	-	7.7	-	23.1	30.8	7.7	7.7	23.1	-	52
-	-	-	-	-	-	-	-	-	-	-
100.0	-	-	-	-	-	-	100.0	-	-	56
-	-	-	-	-	-	-	-	-	-	-
-	-	-	-	-	-	-	-	-	-	-
100.0	-	-	50.0	-	-	-	-	50.0	-	56
100.0	1.6	7.6	30.3	28.9	15.4	5.9	3.6	6.6	0.2	28
100.0	6.3	25.0	36.5	15.6	8.3	2.1	-	6.3	-	19
100.0	0.4	7.0	39.0	29.8	13.2	1.8	4.4	3.9	0.4	26
100.0	1.2	1.2	22.2	33.9	16.4	12.3	3.5	9.4	-	33
100.0	-	1.8	12.3	29.8	29.8	10.5	7.0	8.8	-	37
100.0	-	-	23.5	35.3	29.4	5.9	5.9	-	-	27
100.0	-	14.3	14.3	28.6	14.3	-	-	28.6	-	33
100.0	-	-	50.0	50.0	-	-	-	-	-	20
-	-	-	-	-	-	-	-	-	-	-
100.0	2.7	5.4	24.3	29.7	18.9	5.4	5.4	8.1	-	29
100.0	3.4	3.4	31.0	27.6	24.1	3.4	3.4	3.4	-	25
100.0	-	-	-	50.0	-	-	16.7	33.3	-	51
100.0	-	50.0	-	-	-	50.0	-	-	-	23
-	-	-	-	-	-	-	-	-	-	-
-	-	-	-	-	-	-	-	-	-	-
-	-	-	-	-	-	-	-	-	-	-
-	-	-	-	-	-	-	-	-	-	-
-	-	-	-	-	-	-	-	-	-	-

第126表　習い事・学習塾等の費用のある子ども数・構成割合・
1か月の習い事・学習塾等の費用別（2－1）

実　数（人）

出生月、性、きょうだい構成	総数	1か月の習い事・スポーツクラブ等にかかった費用								
		5千円未満	5千～1万円未満	1～2万円未満	2～3万円未満	3～4万円未満	4～5万円未満	5～6万円未満	6万円以上	不詳
総数	9 673	2 023	2 812	2 603	898	483	211	190	393	60
ひとり	1 768	314	527	498	176	98	38	34	73	10
弟妹のみ	3 680	749	1 059	1 000	329	194	93	86	143	27
兄姉のみ	3 196	696	927	850	309	142	62	53	140	17
兄弟姉妹あり	1 029	264	299	255	84	49	18	17	37	6
男児	4 556	957	1 177	1 218	475	269	114	114	197	35
ひとり	798	145	219	212	89	52	19	22	33	7
弟妹のみ	1 710	358	429	465	169	110	46	47	71	15
兄姉のみ	1 541	331	389	424	168	75	35	35	73	11
兄弟姉妹あり	507	123	140	117	49	32	14	10	20	2
女児	5 117	1 066	1 635	1 385	423	214	97	76	196	25
ひとり	970	169	308	286	87	46	19	12	40	3
弟妹のみ	1 970	391	630	535	160	84	47	39	72	12
兄姉のみ	1 655	365	538	426	141	67	27	18	67	6
兄弟姉妹あり	522	141	159	138	35	17	4	7	17	4
1月生まれ	3 738	761	1 108	948	291	172	79	102	249	28
ひとり	711	114	227	198	63	33	11	16	43	6
弟妹のみ	1 433	293	415	360	97	80	40	50	87	11
兄姉のみ	1 183	248	345	298	99	44	22	26	92	9
兄弟姉妹あり	411	106	121	92	32	15	6	10	27	2
男児	1 611	337	434	405	128	83	30	52	127	15
ひとり	306	48	95	81	27	15	2	12	22	4
弟妹のみ	605	135	166	141	37	41	15	22	43	5
兄姉のみ	498	97	121	141	46	17	10	14	47	5
兄弟姉妹あり	202	57	52	42	18	10	3	4	15	1
女児	2 127	424	674	543	163	89	49	50	122	13
ひとり	405	66	132	117	36	18	9	4	21	2
弟妹のみ	828	158	249	219	60	39	25	28	44	6
兄姉のみ	685	151	224	157	53	27	12	12	45	4
兄弟姉妹あり	209	49	69	50	14	5	3	6	12	1
7月生まれ	5 935	1 262	1 704	1 655	607	311	132	88	144	32
ひとり	1 057	200	300	300	113	65	27	18	30	4
弟妹のみ	2 247	456	644	640	232	114	53	36	56	16
兄姉のみ	2 013	448	582	552	210	98	40	27	48	8
兄弟姉妹あり	618	158	178	163	52	34	12	7	10	4
男児	2 945	620	743	813	347	186	84	62	70	20
ひとり	492	97	124	131	62	37	17	10	11	3
弟妹のみ	1 105	223	263	324	132	69	31	25	28	10
兄姉のみ	1 043	234	268	283	122	58	25	21	26	6
兄弟姉妹あり	305	66	88	75	31	22	11	6	5	1
女児	2 990	642	961	842	260	125	48	26	74	12
ひとり	565	103	176	169	51	28	10	8	19	1
弟妹のみ	1 142	233	381	316	100	45	22	11	28	6
兄姉のみ	970	214	314	269	88	40	15	6	22	2
兄弟姉妹あり	313	92	90	88	21	12	1	1	5	3

1か月の平均習い事・学習塾等の費用，出生月、性、きょうだい構成、

第15回調査（平成28年）

総数	1か月の学習塾・家庭教師・通信教育等にかかった費用								
	5千円未満	5千～1万円未満	1～2万円未満	2～3万円未満	3～4万円未満	4～5万円未満	5～6万円未満	6万円以上	不詳
21 476	254	1 912	3 354	4 136	3 721	1 987	1 563	4 496	53
3 624	46	322	543	615	648	341	281	815	13
8 340	100	755	1 275	1 598	1 395	794	636	1 766	21
7 458	76	640	1 189	1 489	1 318	687	522	1 523	14
2 054	32	195	347	434	360	165	124	392	5
10 883	108	888	1 675	2 068	1 893	1 023	801	2 398	29
1 799	20	149	264	309	299	184	134	432	8
4 150	42	354	638	782	716	377	324	906	11
3 838	27	285	600	746	696	372	280	826	6
1 096	19	100	173	231	182	90	63	234	4
10 593	146	1 024	1 679	2 068	1 828	964	762	2 098	24
1 825	26	173	279	306	349	157	147	383	5
4 190	58	401	637	816	679	417	312	860	10
3 620	49	355	589	743	622	315	242	697	8
958	13	95	174	203	178	75	61	158	1
11 333	108	752	1 322	1 582	1 575	1 057	1 073	3 837	27
1 886	15	128	197	237	268	160	190	684	7
4 420	50	295	520	590	571	440	446	1 499	9
3 922	29	246	467	579	576	357	352	1 309	7
1 105	14	83	138	176	160	100	85	345	4
5 718	46	355	643	744	789	546	547	2 034	14
937	7	56	93	112	124	82	95	363	5
2 194	24	142	249	283	290	211	231	760	4
1 978	7	111	227	260	289	195	181	706	2
609	8	46	74	89	86	58	40	205	3
5 615	62	397	679	838	786	511	526	1 803	13
949	8	72	104	125	144	78	95	321	2
2 226	26	153	271	307	281	229	215	739	5
1 944	22	135	240	319	287	162	171	603	5
496	6	37	64	87	74	42	45	140	1
10 143	146	1 160	2 032	2 554	2 146	930	490	659	26
1 738	31	194	346	378	380	181	91	131	6
3 920	50	460	755	1 008	824	354	190	267	12
3 536	47	394	722	910	742	330	170	214	7
949	18	112	209	258	200	65	39	47	1
5 165	62	533	1 032	1 324	1 104	477	254	364	15
862	13	93	171	197	175	102	39	69	3
1 956	18	212	389	499	426	166	93	146	7
1 860	20	174	373	486	407	177	99	120	4
487	11	54	99	142	96	32	23	29	1
4 978	84	627	1 000	1 230	1 042	453	236	295	11
876	18	101	175	181	205	79	52	62	3
1 964	32	248	366	509	398	188	97	121	5
1 676	27	220	349	424	335	153	71	94	3
462	7	58	110	116	104	33	16	18	−

第126表　習い事・学習塾等の費用のある子ども数・構成割合・

1か月の習い事・学習塾等の費用別（2－2）

構成割合（%）

出生月、性、きょうだい構成	総数	1か月の習い事・スポーツクラブ等にかかった費用								
		5千円未満	5千～1万円未満	1～2万円未満	2～3万円未満	3～4万円未満	4～5万円未満	5～6万円未満	6万円以上	不詳
総数	100.0	20.9	29.1	26.9	9.3	5.0	2.2	2.0	4.1	0.6
ひとり	100.0	17.8	29.8	28.2	10.0	5.5	2.1	1.9	4.1	0.6
弟妹のみ	100.0	20.4	28.8	27.2	8.9	5.3	2.5	2.3	3.9	0.7
兄姉のみ	100.0	21.8	29.0	26.6	9.7	4.4	1.9	1.7	4.4	0.5
兄弟姉妹あり	100.0	25.7	29.1	24.8	8.2	4.8	1.7	1.7	3.6	0.6
男児	100.0	21.0	25.8	26.7	10.4	5.9	2.5	2.5	4.3	0.8
ひとり	100.0	18.2	27.4	26.6	11.2	6.5	2.4	2.8	4.1	0.9
弟妹のみ	100.0	20.9	25.1	27.2	9.9	6.4	2.7	2.7	4.2	0.9
兄姉のみ	100.0	21.5	25.2	27.5	10.9	4.9	2.3	2.3	4.7	0.7
兄弟姉妹あり	100.0	24.3	27.6	23.1	9.7	6.3	2.8	2.0	3.9	0.4
女児	100.0	20.8	32.0	27.1	8.3	4.2	1.9	1.5	3.8	0.5
ひとり	100.0	17.4	31.8	29.5	9.0	4.7	2.0	1.2	4.1	0.3
弟妹のみ	100.0	19.8	32.0	27.2	8.1	4.3	2.4	2.0	3.7	0.6
兄姉のみ	100.0	22.1	32.5	25.7	8.5	4.0	1.6	1.1	4.0	0.4
兄弟姉妹あり	100.0	27.0	30.5	26.4	6.7	3.3	0.8	1.3	3.3	0.8
1月生まれ	100.0	20.4	29.6	25.4	7.8	4.6	2.1	2.7	6.7	0.7
ひとり	100.0	16.0	31.9	27.8	8.9	4.6	1.5	2.3	6.0	0.8
弟妹のみ	100.0	20.4	29.0	25.1	6.8	5.6	2.8	3.5	6.1	0.8
兄姉のみ	100.0	21.0	29.2	25.2	8.4	3.7	1.9	2.2	7.8	0.8
兄弟姉妹あり	100.0	25.8	29.4	22.4	7.8	3.6	1.5	2.4	6.6	0.5
男児	100.0	20.9	26.9	25.1	7.9	5.2	1.9	3.2	7.9	0.9
ひとり	100.0	15.7	31.0	26.5	8.8	4.9	0.7	3.9	7.2	1.3
弟妹のみ	100.0	22.3	27.4	23.3	6.1	6.8	2.5	3.6	7.1	0.8
兄姉のみ	100.0	19.5	24.3	28.3	9.2	3.4	2.0	2.8	9.4	1.0
兄弟姉妹あり	100.0	28.2	25.7	20.8	8.9	5.0	1.5	2.0	7.4	0.5
女児	100.0	19.9	31.7	25.5	7.7	4.2	2.3	2.4	5.7	0.6
ひとり	100.0	16.3	32.6	28.9	8.9	4.4	2.2	1.0	5.2	0.5
弟妹のみ	100.0	19.1	30.1	26.4	7.2	4.7	3.0	3.4	5.3	0.7
兄姉のみ	100.0	22.0	32.7	22.9	7.7	3.9	1.8	1.8	6.6	0.6
兄弟姉妹あり	100.0	23.4	33.0	23.9	6.7	2.4	1.4	2.9	5.7	0.5
7月生まれ	100.0	21.3	28.7	27.9	10.2	5.2	2.2	1.5	2.4	0.5
ひとり	100.0	18.9	28.4	28.4	10.7	6.1	2.6	1.7	2.8	0.4
弟妹のみ	100.0	20.3	28.7	28.5	10.3	5.1	2.4	1.6	2.5	0.7
兄姉のみ	100.0	22.3	28.9	27.4	10.4	4.9	2.0	1.3	2.4	0.4
兄弟姉妹あり	100.0	25.6	28.8	26.4	8.4	5.5	1.9	1.1	1.6	0.6
男児	100.0	21.1	25.2	27.6	11.8	6.3	2.9	2.1	2.4	0.7
ひとり	100.0	19.7	25.2	26.6	12.6	7.5	3.5	2.0	2.2	0.6
弟妹のみ	100.0	20.2	23.8	29.3	11.9	6.2	2.8	2.3	2.5	0.9
兄姉のみ	100.0	22.4	25.7	27.1	11.7	5.6	2.4	2.0	2.5	0.6
兄弟姉妹あり	100.0	21.6	28.9	24.6	10.2	7.2	3.6	2.0	1.6	0.3
女児	100.0	21.5	32.1	28.2	8.7	4.2	1.6	0.9	2.5	0.4
ひとり	100.0	18.2	31.2	29.9	9.0	5.0	1.8	1.4	3.4	0.2
弟妹のみ	100.0	20.4	33.4	27.7	8.8	3.9	1.9	1.0	2.5	0.5
兄姉のみ	100.0	22.1	32.4	27.7	9.1	4.1	1.5	0.6	2.3	0.2
兄弟姉妹あり	100.0	29.4	28.8	28.1	6.7	3.8	0.3	0.3	1.6	1.0

1か月の平均習い事・学習塾等の費用，出生月、性、きょうだい構成、

第15回調査（平成28年）

総数	1か月の学習塾・家庭教師・通信教育等にかかった費用									1か月の平均習い事・学習塾等の費用（千円）
	5千円未満	5千～1万円未満	1～2万円未満	2～3万円未満	3～4万円未満	4～5万円未満	5～6万円未満	6万円以上	不詳	
100.0	1.2	8.9	15.6	19.3	17.3	9.3	7.3	20.9	0.2	46
100.0	1.3	8.9	15.0	17.0	17.9	9.4	7.8	22.5	0.4	48
100.0	1.2	9.1	15.3	19.2	16.7	9.5	7.6	21.2	0.3	47
100.0	1.0	8.6	15.9	20.0	17.7	9.2	7.0	20.4	0.2	46
100.0	1.6	9.5	16.9	21.1	17.5	8.0	6.0	19.1	0.2	42
100.0	1.0	8.2	15.4	19.0	17.4	9.4	7.4	22.0	0.3	47
100.0	1.1	8.3	14.7	17.2	16.6	10.2	7.4	24.0	0.4	49
100.0	1.0	8.5	15.4	18.8	17.3	9.1	7.8	21.8	0.3	48
100.0	0.7	7.4	15.6	19.4	18.1	9.7	7.3	21.5	0.2	47
100.0	1.7	9.1	15.8	21.1	16.6	8.2	5.7	21.4	0.4	44
100.0	1.4	9.7	15.9	19.5	17.3	9.1	7.2	19.8	0.2	45
100.0	1.4	9.5	15.3	16.8	19.1	8.6	8.1	21.0	0.3	46
100.0	1.4	9.6	15.2	19.5	16.2	10.0	7.4	20.5	0.2	47
100.0	1.4	9.8	16.3	20.5	17.2	8.7	6.7	19.3	0.2	44
100.0	1.4	9.9	18.2	21.2	18.6	7.8	6.4	16.5	0.1	39
100.0	1.0	6.6	11.7	14.0	13.9	9.3	9.5	33.9	0.2	59
100.0	0.8	6.8	10.4	12.6	14.2	8.5	10.1	36.3	0.4	61
100.0	1.1	6.7	11.8	13.3	12.9	10.0	10.1	33.9	0.2	61
100.0	0.7	6.3	11.9	14.8	14.7	9.1	9.0	33.4	0.2	58
100.0	1.3	7.5	12.5	15.9	14.5	9.0	7.7	31.2	0.4	54
100.0	0.8	6.2	11.2	13.0	13.8	9.5	9.6	35.6	0.2	60
100.0	0.7	6.0	9.9	12.0	13.2	8.8	10.1	38.7	0.5	64
100.0	1.1	6.5	11.3	12.9	13.2	9.6	10.5	34.6	0.2	60
100.0	0.4	5.6	11.5	13.1	14.6	9.9	9.2	35.7	0.1	60
100.0	1.3	7.6	12.2	14.6	14.1	9.5	6.6	33.7	0.5	57
100.0	1.1	7.1	12.1	14.9	14.0	9.1	9.4	32.1	0.2	58
100.0	0.8	7.6	11.0	13.2	15.2	8.2	10.0	33.8	0.2	58
100.0	1.2	6.9	12.2	13.8	12.6	10.3	9.7	33.2	0.2	61
100.0	1.1	6.9	12.3	16.4	14.8	8.3	8.8	31.0	0.3	57
100.0	1.2	7.5	12.9	17.5	14.9	8.5	9.1	28.2	0.2	51
100.0	1.4	11.4	20.0	25.2	21.2	9.2	4.8	6.5	0.3	33
100.0	1.8	11.2	19.9	21.7	21.9	10.4	5.2	7.5	0.3	35
100.0	1.3	11.7	19.3	25.7	21.0	9.0	4.8	6.8	0.3	33
100.0	1.3	11.1	20.4	25.7	21.0	9.3	4.8	6.1	0.2	32
100.0	1.9	11.8	22.0	27.2	21.1	6.8	4.1	5.0	0.1	29
100.0	1.2	10.3	20.0	25.6	21.4	9.2	4.9	7.0	0.3	34
100.0	1.5	10.8	19.8	22.9	20.3	11.8	4.5	8.0	0.3	35
100.0	0.9	10.8	19.9	25.5	21.8	8.5	4.8	7.5	0.4	34
100.0	1.1	9.4	20.1	26.1	21.9	9.5	5.3	6.5	0.2	34
100.0	2.3	11.1	20.3	29.2	19.7	6.6	4.7	6.0	0.2	30
100.0	1.7	12.6	20.1	24.7	20.9	9.1	4.7	5.9	0.2	32
100.0	2.1	11.5	20.0	20.7	23.4	9.0	5.9	7.1	0.3	34
100.0	1.6	12.6	18.6	25.9	20.3	9.6	4.9	6.2	0.3	32
100.0	1.6	13.1	20.8	25.3	20.0	9.1	4.2	5.6	0.2	31
100.0	1.5	12.6	23.8	25.1	22.5	7.1	3.5	3.9	−	27

第127表　習い事・学習塾等の費用のある子ども数・構成割合，

現在（第15回調査）の１か月の習い事・学習塾等の費用別（４－１）

実　数（人）

きょうだい構成、第14回調査の１か月の習い事・学習塾等の費用	第15回調査の１か								
	総数	１か月の習い事・スポーツクラブ等にかかった費用							
		５千円未満	５千～１万円未満	１～２万円未満	２～３万円未満	３～４万円未満	４～５万円未満	５～６万円未満	６万円以上
総数									
習い事・スポーツクラブ等	7 649	1 593	2 313	2 099	681	363	163	133	279
５千円未満	1 413	906	254	127	46	20	17	17	18
５千～１万円未満	2 298	358	1 314	381	95	48	23	21	51
１～２万円未満	2 379	213	541	1 171	220	103	37	28	61
２～３万円未満	755	66	110	231	191	77	21	21	36
３～４万円未満	387	21	46	95	71	73	36	18	26
４～５万円未満	146	12	20	30	20	13	11	9	30
５～６万円未満	89	6	10	23	13	13	11	4	9
６万円以上	152	6	16	30	20	15	7	14	44
不詳	30	5	2	11	5	1	－	1	4
学習塾・家庭教師・通信教育等	6 345	1 268	1 843	1 720	592	317	147	137	277
５千円未満	164	33	56	50	9	6	1	2	7
５千～１万円未満	1 207	251	407	341	100	39	19	12	31
１～２万円未満	1 778	345	507	533	189	85	37	27	42
２～３万円未満	1 635	354	443	390	176	115	45	37	63
３～４万円未満	789	165	213	190	62	49	26	31	48
４～５万円未満	330	54	105	83	15	12	9	16	30
５～６万円未満	172	34	41	54	10	2	4	6	20
６万円以上	257	30	69	74	29	7	6	6	36
不詳	13	2	2	5	2	2	－	－	－
ひとり									
習い事・スポーツクラブ等	1 427	251	430	414	147	76	31	22	53
５千円未満	196	128	39	12	8	4	1	1	2
５千～１万円未満	400	55	238	62	18	8	2	6	10
１～２万円未満	504	48	109	257	48	21	7	6	8
２～３万円未満	155	12	26	49	39	16	3	4	6
３～４万円未満	83	3	9	19	17	16	11	2	5
４～５万円未満	23	2	2	3	5	3	3	－	5
５～６万円未満	23	3	3	4	5	2	4	－	2
６万円以上	40	－	4	8	5	6	－	3	14
不詳	3	－	－	－	2	－	－	－	1
学習塾・家庭教師・通信教育等	1 205	216	361	333	128	62	21	28	50
５千円未満	20	2	8	6	1	－	－	－	3
５千～１万円未満	209	35	82	59	16	7	3	1	5
１～２万円未満	305	48	92	92	37	12	9	5	7
２～３万円未満	318	76	83	73	42	22	5	4	12
３～４万円未満	168	32	46	46	14	11	3	10	6
４～５万円未満	75	12	26	16	4	6	1	3	7
５～６万円未満	35	5	5	12	6	－	－	2	4
６万円以上	71	6	18	27	8	3	－	3	6
不詳	4	－	1	2	－	1	－	－	－
弟妹のみ									
習い事・スポーツクラブ等	2 897	587	883	812	237	148	68	59	94
５千円未満	551	340	91	71	17	8	7	8	5
５千～１万円未満	862	130	505	130	37	20	14	11	15
１～２万円未満	890	67	208	442	76	44	17	12	21
２～３万円未満	292	29	38	91	68	30	8	12	16
３～４万円未満	160	9	23	42	25	32	13	8	8
４～５万円未満	66	7	10	18	8	4	5	3	10
５～６万円未満	24	1	1	6	1	7	3	1	4
６万円以上	41	2	6	7	5	3	1	4	13
不詳	11	2	1	5	－	－	－	－	2
学習塾・家庭教師・通信教育等	2 521	487	742	671	225	135	65	66	107
５千円未満	71	15	25	21	4	3	－	1	2
５千～１万円未満	515	103	173	149	46	15	8	7	10
１～２万円未満	687	126	207	208	60	33	14	13	20
２～３万円未満	647	136	169	144	72	53	22	18	28
３～４万円未満	302	62	77	70	23	25	12	14	15
４～５万円未満	134	23	38	38	6	2	5	8	10
５～６万円未満	65	11	25	13	2	－	2	3	9
６万円以上	98	11	28	27	12	3	2	2	13
不詳	2	－	－	1	－	1	－	－	－

注：１）第14回調査と第15回調査の回答を得た者を集計。
　　２）きょうだい構成は第15回調査時のものである。

きょうだい構成、１年前（第14回調査）の１か月の習い事・学習塾等の費用、

第15回調査（平成28年）

月の習い事・学習塾等の費用										
	総数	１か月の学習塾・家庭教師・通信教育等にかかった費用								
不詳		５千円未満	５千～１万円未満	１～２万円未満	２～３万円未満	３～４万円未満	４～５万円未満	５～６万円未満	６万円以上	不詳
25	9 883	142	917	1 580	1 925	1 667	949	701	1 986	16
8	2 077	40	211	328	441	350	173	139	392	3
7	3 063	44	320	501	588	510	289	218	590	3
5	2 824	39	278	479	519	459	287	178	578	7
2	947	13	53	146	212	168	98	77	180	－
1	452	5	30	66	89	93	40	40	89	－
1	194	－	3	17	36	31	28	19	59	1
－	111	－	12	11	15	21	11	9	32	－
－	167	1	8	24	18	22	18	14	61	1
1	48	－	2	8	7	13	5	7	5	1
44	16 880	114	1 425	2 525	3 273	2 935	1 593	1 274	3 703	38
－	282	42	62	47	36	34	12	16	33	－
7	2 836	42	1 037	458	381	296	131	139	348	4
13	4 408	17	236	1 537	1 046	582	280	201	503	6
12	4 414	7	52	348	1 389	1 069	452	330	757	10
5	2 393	3	12	75	283	683	385	280	668	4
6	1 036	2	4	26	68	142	205	148	435	6
1	634	－	6	11	34	55	70	90	367	1
－	843	1	13	18	33	66	57	67	585	3
－	34	－	3	5	3	8	1	3	7	4
3	1 716	22	150	284	276	308	170	132	371	3
1	265	4	30	32	53	49	22	22	53	－
1	497	5	41	92	86	93	45	41	93	1
－	561	9	51	110	80	95	60	34	122	－
－	187	3	12	25	34	27	22	21	43	－
1	82	1	8	12	7	22	8	6	18	－
－	36	－	－	4	5	5	6	2	14	－
－	29	－	3	4	6	7	1	1	7	－
－	49	－	3	4	5	8	6	3	19	1
－	10	－	2	1	－	2	－	2	2	1
6	2 953	23	248	416	490	529	289	235	713	10
－	29	4	7	3	4	6	－	1	4	－
1	480	11	186	82	55	46	22	22	56	－
3	655	4	39	247	122	93	34	34	82	－
1	773	2	8	61	243	195	67	57	136	4
－	461	－	2	14	39	136	79	58	132	1
－	217	2	2	4	11	26	58	24	89	1
1	138	－	－	2	8	14	21	17	75	1
－	194	－	3	3	6	12	8	22	139	1
－	6	－	1	－	2	1	－	－	－	2
9	3 967	60	382	611	796	636	377	286	811	8
4	883	15	90	141	174	158	77	53	173	2
－	1 210	21	132	198	237	187	114	82	239	－
3	1 129	14	117	162	227	176	111	84	233	5
－	363	7	18	53	92	55	40	29	69	－
－	202	3	15	37	42	33	10	21	41	－
1	83	－	2	6	14	17	12	8	23	1
－	31	－	4	4	2	5	5	2	9	－
－	50	－	4	8	4	1	6	6	21	－
1	16	－	－	2	4	4	2	1	3	－
23	6 641	43	574	963	1 262	1 144	642	533	1 466	14
－	124	16	26	26	17	13	5	7	14	－
4	1 181	16	417	191	161	131	55	59	149	2
6	1 711	4	96	557	399	235	127	93	196	4
5	1 725	3	21	135	506	414	201	130	312	3
4	904	3	5	34	117	237	140	115	252	1
4	410	－	2	8	35	57	65	69	173	1
－	250	－	3	6	12	25	26	40	138	－
－	329	1	4	5	15	31	22	20	229	2
－	7	－	－	1	－	1	1	－	3	1

第127表　習い事・学習塾等の費用のある子ども数・構成割合,

現在（第15回調査）の１か月の習い事・学習塾等の費用別（４－２）

実　数（人）

きょうだい構成、第14回調査の1か月の習い事・学習塾等の費用	第15回調査の1か								
	1か月の習い事・スポーツクラブ等にかかった費用								
	総数	5千円未満	5千～1万円未満	1～2万円未満	2～3万円未満	3～4万円未満	4～5万円未満	5～6万円未満	6万円以上
兄姉のみ									
習い事・スポーツクラブ等	2 527	546	759	676	239	102	48	40	107
5千円未満	477	311	91	31	15	4	6	7	9
5千～1万円未満	778	125	436	141	31	16	5	3	17
1～2万円未満	765	73	168	373	80	25	10	8	27
2～3万円未満	241	19	38	68	69	23	7	3	12
3～4万円未満	115	7	11	28	24	20	7	8	10
4～5万円未満	44	2	6	8	5	4	3	5	11
5～6万円未満	33	2	2	10	6	4	4	2	3
6万円以上	61	4	6	13	6	5	6	4	17
不詳	13	3	1	4	3	1	－	－	1
学習塾・家庭教師・通信教育等	2 046	419	582	563	195	95	52	33	95
5千円未満	56	11	18	17	3	3	1	1	2
5千～1万円未満	362	73	120	97	33	12	7	4	15
1～2万円未満	605	132	156	184	68	34	12	7	10
2～3万円未満	540	106	162	140	51	31	15	9	20
3～4万円未満	256	54	67	65	23	10	11	5	20
4～5万円未満	91	13	31	22	4	2	2	5	10
5～6万円未満	60	17	9	22	2	2	2	1	5
6万円以上	72	11	19	16	9	1	2	1	13
不詳	4	2	－	－	2	－	－	－	－
兄弟姉妹あり									
習い事・スポーツクラブ等	798	209	241	197	58	37	16	12	25
5千円未満	189	127	33	13	6	4	3	1	2
5千～1万円未満	258	48	135	48	9	4	2	1	9
1～2万円未満	220	25	56	99	16	13	3	2	5
2～3万円未満	67	6	8	23	15	8	3	2	2
3～4万円未満	29	2	3	6	5	5	5	－	3
4～5万円未満	13	1	2	1	2	2	－	1	4
5～6万円未満	9	－	4	3	1	－	－	1	－
6万円以上	10	－	－	2	4	1	－	3	－
不詳	3	－	－	2	－	－	－	1	－
学習塾・家庭教師・通信教育等	573	146	158	153	44	25	9	10	25
5千円未満	17	5	5	6	1	－	－	－	－
5千～1万円未満	121	40	32	36	5	5	1	－	1
1～2万円未満	181	39	52	49	24	6	2	2	5
2～3万円未満	130	36	29	33	11	9	3	6	3
3～4万円未満	63	17	23	9	2	3	－	2	7
4～5万円未満	30	6	10	7	1	2	1	－	3
5～6万円未満	12	1	2	7	－	－	－	－	2
6万円以上	16	2	4	4	－	－	2	－	4
不詳	3	－	1	2	－	－	－	－	－

注：１）第14回調査と第15回調査の回答を得た者を集計。
　　２）きょうだい構成は第15回調査時のものである。

きょうだい構成、１年前（第14回調査）の１か月の習い事・学習塾等の費用、

第15回調査（平成28年）

月の習い事・学習塾等の費用										
	総数	１か月の学習塾・家庭教師・通信教育等にかかった費用								
不詳		５千円未満	５千～１万円未満	１～２万円未満	２～３万円未満	３～４万円未満	４～５万円未満	５～６万円未満	６万円以上	不詳
10	3 261	40	283	525	674	560	315	228	631	5
3	684	11	57	120	160	105	56	55	119	1
4	1 057	14	114	160	206	181	102	78	200	2
1	894	11	83	160	170	145	93	50	180	2
2	317	3	18	52	71	71	31	18	53	−
−	134	1	7	10	37	29	14	10	26	−
−	63	−	−	6	16	6	10	5	20	−
−	39	−	3	2	6	7	3	5	13	−
−	56	−	1	10	6	11	4	4	20	−
−	17	−	−	5	2	5	2	3	−	−
12	5 799	34	473	904	1 199	998	540	409	1 231	11
−	89	14	22	13	8	10	5	4	13	−
1	917	10	345	137	134	95	43	46	106	1
2	1 596	8	79	577	414	192	95	56	174	1
6	1 543	2	15	126	512	361	150	118	256	3
1	833	−	3	24	92	260	130	90	232	2
2	334	−	−	11	18	45	72	42	143	3
−	202	−	2	3	13	13	19	30	122	−
−	267	−	5	9	7	18	26	20	182	−
−	18	−	2	4	1	4	−	3	3	1
3	939	20	102	160	179	163	87	55	173	−
−	245	10	34	35	54	38	18	9	47	−
2	299	4	33	51	59	49	28	17	58	−
1	240	5	27	47	42	43	23	10	43	−
−	80	−	5	16	15	15	5	9	15	−
−	34	−	−	7	3	9	8	3	4	−
−	12	−	1	1	1	3	−	4	2	−
−	12	−	2	1	1	2	2	1	3	−
−	12	1	−	2	3	2	2	1	1	−
−	5	−	−	−	1	2	1	1	−	−
3	1 487	14	130	242	322	264	122	97	293	3
−	40	8	7	5	7	5	2	4	2	−
1	258	5	89	48	31	24	11	12	37	1
2	446	1	22	156	111	62	24	18	51	1
−	373	−	8	26	128	99	34	25	53	−
−	195	−	2	3	35	50	36	17	52	−
−	75	−	−	3	4	14	10	13	30	1
−	44	−	1	−	1	3	4	3	32	−
−	53	−	1	1	5	5	1	5	35	−
−	3	−	−	−	−	2	−	−	1	−

第127表　習い事・学習塾等の費用のある子ども数・構成割合，
現在（第15回調査）の１か月の習い事・学習塾等の費用別（４－３）

構成割合（%）

きょうだい構成、第14回調査の１か月の習い事・学習塾等の費用	第15回調査の１か								
	総数	１か月の習い事・スポーツクラブ等にかかった費用							
		５千円未満	５千～１万円未満	１～２万円未満	２～３万円未満	３～４万円未満	４～５万円未満	５～６万円未満	６万円以上
総数									
習い事・スポーツクラブ等	100.0	20.8	30.2	27.4	8.9	4.7	2.1	1.7	3.6
５千円未満	100.0	64.1	18.0	9.0	3.3	1.4	1.2	1.2	1.3
５千～１万円未満	100.0	15.6	57.2	16.6	4.1	2.1	1.0	0.9	2.2
１～２万円未満	100.0	9.0	22.7	49.2	9.2	4.3	1.6	1.2	2.6
２～３万円未満	100.0	8.7	14.6	30.6	25.3	10.2	2.8	2.8	4.8
３～４万円未満	100.0	5.4	11.9	24.5	18.3	18.9	9.3	4.7	6.7
４～５万円未満	100.0	8.2	13.7	20.5	13.7	8.9	7.5	6.2	20.5
５～６万円未満	100.0	6.7	11.2	25.8	14.6	14.6	12.4	4.5	10.1
６万円以上	100.0	3.9	10.5	19.7	13.2	9.9	4.6	9.2	28.9
不詳	100.0	16.7	6.7	36.7	16.7	3.3	－	3.3	13.3
学習塾・家庭教師・通信教育等	100.0	20.0	29.0	27.1	9.3	5.0	2.3	2.2	4.4
５千円未満	100.0	20.1	34.1	30.5	5.5	3.7	0.6	1.2	4.3
５千～１万円未満	100.0	20.8	33.7	28.3	8.3	3.2	1.6	1.0	2.6
１～２万円未満	100.0	19.4	28.5	30.0	10.6	4.8	2.1	1.5	2.4
２～３万円未満	100.0	21.7	27.1	23.9	10.8	7.0	2.8	2.3	3.9
３～４万円未満	100.0	20.9	27.0	24.1	7.9	6.2	3.3	3.9	6.1
４～５万円未満	100.0	16.4	31.8	25.2	4.5	3.6	2.7	4.8	9.1
５～６万円未満	100.0	19.8	23.8	31.4	5.8	1.2	2.3	3.5	11.6
６万円以上	100.0	11.7	26.8	28.8	11.3	2.7	2.3	2.3	14.0
不詳	100.0	15.4	15.4	38.5	15.4	15.4	－	－	－
ひとり									
習い事・スポーツクラブ等	100.0	17.6	30.1	29.0	10.3	5.3	2.2	1.5	3.7
５千円未満	100.0	65.3	19.9	6.1	4.1	2.0	0.5	0.5	1.0
５千～１万円未満	100.0	13.8	59.5	15.5	4.5	2.0	0.5	1.5	2.5
１～２万円未満	100.0	9.5	21.6	51.0	9.5	4.2	1.4	1.2	1.6
２～３万円未満	100.0	7.7	16.8	31.6	25.2	10.3	1.9	2.6	3.9
３～４万円未満	100.0	3.6	10.8	22.9	20.5	19.3	13.3	2.4	6.0
４～５万円未満	100.0	8.7	8.7	13.0	21.7	13.0	13.0	－	21.7
５～６万円未満	100.0	13.0	13.0	17.4	21.7	8.7	17.4	－	8.7
６万円以上	100.0	－	10.0	20.0	12.5	15.0	－	7.5	35.0
不詳	100.0	－	－	－	66.7	－	－	－	33.3
学習塾・家庭教師・通信教育等	100.0	17.9	30.0	27.6	10.6	5.1	1.7	2.3	4.1
５千円未満	100.0	10.0	40.0	30.0	5.0	－	－	－	15.0
５千～１万円未満	100.0	16.7	39.2	28.2	7.7	3.3	1.4	0.5	2.4
１～２万円未満	100.0	15.7	30.2	30.2	12.1	3.9	3.0	1.6	2.3
２～３万円未満	100.0	23.9	26.1	23.0	13.2	6.9	1.6	1.3	3.8
３～４万円未満	100.0	19.0	27.4	27.4	8.3	6.5	1.8	6.0	3.6
４～５万円未満	100.0	16.0	34.7	21.3	5.3	8.0	1.3	4.0	9.3
５～６万円未満	100.0	14.3	14.3	34.3	17.1	－	－	5.7	11.4
６万円以上	100.0	8.5	25.4	38.0	11.3	4.2	－	4.2	8.5
不詳	100.0	－	25.0	50.0	－	25.0	－	－	－
弟妹のみ									
習い事・スポーツクラブ等	100.0	20.3	30.5	28.0	8.2	5.1	2.3	2.0	3.2
５千円未満	100.0	61.7	16.5	12.9	3.1	1.5	1.3	1.5	0.9
５千～１万円未満	100.0	15.1	58.6	15.1	4.3	2.3	1.6	1.3	1.7
１～２万円未満	100.0	7.5	23.4	49.7	8.5	4.9	1.9	1.3	2.4
２～３万円未満	100.0	9.9	13.0	31.2	23.3	10.3	2.7	4.1	5.5
３～４万円未満	100.0	5.6	14.4	26.3	15.6	20.0	8.1	5.0	5.0
４～５万円未満	100.0	10.6	15.2	27.3	12.1	6.1	7.6	4.5	15.2
５～６万円未満	100.0	4.2	4.2	25.0	4.2	29.2	12.5	4.2	16.7
６万円以上	100.0	4.9	14.6	17.1	12.2	7.3	2.4	9.8	31.7
不詳	100.0	18.2	9.1	45.5	－	－	－	－	18.2
学習塾・家庭教師・通信教育等	100.0	19.3	29.4	26.6	8.9	5.4	2.6	2.6	4.2
５千円未満	100.0	21.1	35.2	29.6	5.6	4.2	－	1.4	2.8
５千～１万円未満	100.0	20.0	33.6	28.9	8.9	2.9	1.6	1.4	1.9
１～２万円未満	100.0	18.3	30.1	30.3	8.7	4.8	2.0	1.9	2.9
２～３万円未満	100.0	21.0	26.1	22.3	11.1	8.2	3.4	2.8	4.3
３～４万円未満	100.0	20.5	25.5	23.2	7.6	8.3	4.0	4.6	5.0
４～５万円未満	100.0	17.2	28.4	28.4	4.5	1.5	3.7	6.0	7.5
５～６万円未満	100.0	16.9	38.5	20.0	3.1	－	3.1	4.6	13.8
６万円以上	100.0	11.2	28.6	27.6	12.2	3.1	2.0	2.0	13.3
不詳	100.0	－	－	50.0	－	50.0	－	－	－

注：１）第14回調査と第15回調査の回答を得た者を集計。
　　２）きょうだい構成は第15回調査時のものである。

きょうだい構成、1年前（第14回調査）の1か月の習い事・学習塾等の費用、

第15回調査（平成28年）

月の習い事・学習塾等の費用										
	総数	1か月の学習塾・家庭教師・通信教育等にかかった費用								
不詳		5千円未満	5千～1万円未満	1～2万円未満	2～3万円未満	3～4万円未満	4～5万円未満	5～6万円未満	6万円以上	不詳
0.3	100.0	1.4	9.3	16.0	19.5	16.9	9.6	7.1	20.1	0.2
0.6	100.0	1.9	10.2	15.8	21.2	16.9	8.3	6.7	18.9	0.1
0.3	100.0	1.4	10.4	16.4	19.2	16.7	9.4	7.1	19.3	0.1
0.2	100.0	1.4	9.8	17.0	18.4	16.3	10.2	6.3	20.5	0.2
0.3	100.0	1.4	5.6	15.4	22.4	17.7	10.3	8.1	19.0	-
0.3	100.0	1.1	6.6	14.6	19.7	20.6	8.8	8.8	19.7	-
0.7	100.0	-	1.5	8.8	18.6	16.0	14.4	9.8	30.4	0.5
-	100.0	-	10.8	9.9	13.5	18.9	9.9	8.1	28.8	-
-	100.0	0.6	4.8	14.4	10.8	13.2	10.8	8.4	36.5	0.6
3.3	100.0	-	4.2	16.7	14.6	27.1	10.4	14.6	10.4	2.1
0.7	100.0	0.7	8.4	15.0	19.4	17.4	9.4	7.5	21.9	0.2
-	100.0	14.9	22.0	16.7	12.8	12.1	4.3	5.7	11.7	-
0.6	100.0	1.5	36.6	16.1	13.4	10.4	4.6	4.9	12.3	0.1
0.7	100.0	0.4	5.4	34.9	23.7	13.2	6.4	4.6	11.4	0.1
0.7	100.0	0.2	1.2	7.9	31.5	24.2	10.2	7.5	17.1	0.2
0.6	100.0	0.1	0.5	3.1	11.8	28.5	16.1	11.7	27.9	0.2
1.8	100.0	0.2	0.4	2.5	6.6	13.7	19.8	14.3	42.0	0.6
0.6	100.0	-	0.9	1.7	5.4	8.7	11.0	14.2	57.9	0.2
-	100.0	0.1	1.5	2.1	3.9	7.8	6.8	7.9	69.4	0.4
-	100.0	-	8.8	14.7	8.8	23.5	2.9	8.8	20.6	11.8
0.2	100.0	1.3	8.7	16.6	16.1	17.9	9.9	7.7	21.6	0.2
0.5	100.0	1.5	11.3	12.1	20.0	18.5	8.3	8.3	20.0	-
0.3	100.0	1.0	8.2	18.5	17.3	18.7	9.1	8.2	18.7	0.2
-	100.0	1.6	9.1	19.6	14.3	16.9	10.7	6.1	21.7	-
-	100.0	1.6	6.4	13.4	18.2	14.4	11.8	11.2	23.0	-
1.2	100.0	1.2	9.8	14.6	8.5	26.8	9.8	7.3	22.0	-
-	100.0	-	-	11.1	13.9	13.9	16.7	5.6	38.9	-
-	100.0	-	10.3	13.8	20.7	24.1	3.4	3.4	24.1	-
-	100.0	-	6.1	8.2	10.2	16.3	12.2	6.1	38.8	2.0
-	100.0	-	20.0	10.0	-	20.0	-	20.0	20.0	10.0
0.5	100.0	0.8	8.4	14.1	16.6	17.9	9.8	8.0	24.1	0.3
-	100.0	13.8	24.1	10.3	13.8	20.7	-	3.4	13.8	-
0.5	100.0	2.3	38.8	17.1	11.5	9.6	4.6	4.6	11.7	-
1.0	100.0	0.6	6.0	37.7	18.6	14.2	5.2	5.2	12.5	-
0.3	100.0	0.3	1.0	7.9	31.4	25.2	8.7	7.4	17.6	0.5
-	100.0	-	0.4	3.0	8.5	29.5	17.1	12.6	28.6	0.2
-	100.0	0.9	0.9	1.8	5.1	12.0	26.7	11.1	41.0	0.5
2.9	100.0	-	-	1.4	5.8	10.1	15.2	12.3	54.3	0.7
-	100.0	-	1.5	1.5	3.1	6.2	4.1	11.3	71.6	0.5
-	100.0	-	16.7	-	33.3	16.7	-	-	-	33.3
0.3	100.0	1.5	9.6	15.4	20.1	16.0	9.5	7.2	20.4	0.2
0.7	100.0	1.7	10.2	16.0	19.7	17.9	8.7	6.0	19.6	0.2
-	100.0	1.7	10.9	16.4	19.6	15.5	9.4	6.8	19.8	-
0.3	100.0	1.2	10.4	14.3	20.1	15.6	9.8	7.4	20.6	0.4
-	100.0	1.9	5.0	14.6	25.3	15.2	11.0	8.0	19.0	-
-	100.0	1.5	7.4	18.3	20.8	16.3	5.0	10.4	20.3	-
1.5	100.0	-	2.4	7.2	16.9	20.5	14.5	9.6	27.7	1.2
-	100.0	-	12.9	12.9	6.5	16.1	16.1	6.5	29.0	-
-	100.0	-	8.0	16.0	8.0	2.0	12.0	12.0	42.0	-
9.1	100.0	-	-	12.5	25.0	25.0	12.5	6.3	18.8	-
0.9	100.0	0.6	8.6	14.5	19.0	17.2	9.7	8.0	22.1	0.2
-	100.0	12.9	21.0	21.0	13.7	10.5	4.0	5.6	11.3	-
0.8	100.0	1.4	35.3	16.2	13.6	11.1	4.7	5.0	12.6	0.2
0.9	100.0	0.2	5.6	32.6	23.3	13.7	7.4	5.4	11.5	0.2
0.8	100.0	0.2	1.2	7.8	29.3	24.0	11.7	7.5	18.1	0.2
1.3	100.0	0.3	0.6	3.8	12.9	26.2	15.5	12.7	27.9	0.1
3.0	100.0	-	0.5	2.0	8.5	13.9	15.9	16.8	42.2	0.2
-	100.0	-	1.2	2.4	4.8	10.0	10.4	16.0	55.2	-
-	100.0	0.3	1.2	1.5	4.6	9.4	6.7	6.1	69.6	0.6
-	100.0	-	-	14.3	-	14.3	14.3	-	42.9	14.3

第127表　習い事・学習塾等の費用のある子ども数・構成割合,

現在（第15回調査）の１か月の習い事・学習塾等の費用別（４－４）

構成割合（%）

きょうだい構成、第14回調査の１か月の習い事・学習塾等の費用	第15回調査の１か								
		１か月の習い事・スポーツクラブ等にかかった費用							
	総数	５千円未満	５千～１万円未満	１～２万円未満	２～３万円未満	３～４万円未満	４～５万円未満	５～６万円未満	６万円以上
兄姉のみ									
習い事・スポーツクラブ等	100.0	21.6	30.0	26.8	9.5	4.0	1.9	1.6	4.2
５千円未満	100.0	65.2	19.1	6.5	3.1	0.8	1.3	1.5	1.9
５千～１万円未満	100.0	16.1	56.0	18.1	4.0	2.1	0.6	0.4	2.2
１～２万円未満	100.0	9.5	22.0	48.8	10.5	3.3	1.3	1.0	3.5
２～３万円未満	100.0	7.9	15.8	28.2	28.6	9.5	2.9	1.2	5.0
３～４万円未満	100.0	6.1	9.6	24.3	20.9	17.4	6.1	7.0	8.7
４～５万円未満	100.0	4.5	13.6	18.2	11.4	9.1	6.8	11.4	25.0
５～６万円未満	100.0	6.1	6.1	30.3	18.2	12.1	12.1	6.1	9.1
６万円以上	100.0	6.6	9.8	21.3	9.8	8.2	9.8	6.6	27.9
不詳	100.0	23.1	7.7	30.8	23.1	7.7	－	－	7.7
学習塾・家庭教師・通信教育等	100.0	20.5	28.4	27.5	9.5	4.6	2.5	1.6	4.6
５千円未満	100.0	19.6	32.1	30.4	5.4	5.4	1.8	1.8	3.6
５千～１万円未満	100.0	20.2	33.1	26.8	9.1	3.3	1.9	1.1	4.1
１～２万円未満	100.0	21.8	25.8	30.4	11.2	5.6	2.0	1.2	1.7
２～３万円未満	100.0	19.6	30.0	25.9	9.4	5.7	2.8	1.7	3.7
３～４万円未満	100.0	21.1	26.2	25.4	9.0	3.9	4.3	2.0	7.8
４～５万円未満	100.0	14.3	34.1	24.2	4.4	2.2	2.2	5.5	11.0
５～６万円未満	100.0	28.3	15.0	36.7	3.3	3.3	3.3	1.7	8.3
６万円以上	100.0	15.3	26.4	22.2	12.5	1.4	2.8	1.4	18.1
不詳	100.0	50.0	－	－	50.0	－	－	－	－
兄弟姉妹あり									
習い事・スポーツクラブ等	100.0	26.2	30.2	24.7	7.3	4.6	2.0	1.5	3.1
５千円未満	100.0	67.2	17.5	6.9	3.2	2.1	1.6	0.5	1.1
５千～１万円未満	100.0	18.6	52.3	18.6	3.5	1.6	0.8	0.4	3.5
１～２万円未満	100.0	11.4	25.5	45.0	7.3	5.9	1.4	0.9	2.3
２～３万円未満	100.0	9.0	11.9	34.3	22.4	11.9	4.5	3.0	3.0
３～４万円未満	100.0	6.9	10.3	20.7	17.2	17.2	17.2	－	10.3
４～５万円未満	100.0	7.7	15.4	7.7	15.4	15.4	－	7.7	30.8
５～６万円未満	100.0	－	44.4	33.3	11.1	－	－	11.1	－
６万円以上	100.0	－	－	20.0	40.0	10.0	－	30.0	－
不詳	100.0	－	－	66.7	－	－	－	33.3	－
学習塾・家庭教師・通信教育等	100.0	25.5	27.6	26.7	7.7	4.4	1.6	1.7	4.4
５千円未満	100.0	29.4	29.4	35.3	5.9	－	－	－	－
５千～１万円未満	100.0	33.1	26.4	29.8	4.1	4.1	0.8	－	0.8
１～２万円未満	100.0	21.5	28.7	27.1	13.3	3.3	1.1	1.1	2.8
２～３万円未満	100.0	27.7	22.3	25.4	8.5	6.9	2.3	4.6	2.3
３～４万円未満	100.0	27.0	36.5	14.3	3.2	4.8	－	3.2	11.1
４～５万円未満	100.0	20.0	33.3	23.3	3.3	6.7	3.3	－	10.0
５～６万円未満	100.0	8.3	16.7	58.3	－	－	－	－	16.7
６万円以上	100.0	12.5	25.0	25.0	－	－	12.5	－	25.0
不詳	100.0	－	33.3	66.7	－	－	－	－	－

注：１）第14回調査と第15回調査の回答を得た者を集計。
　　２）きょうだい構成は第15回調査時のものである。

きょうだい構成、１年前（第14回調査）の１か月の習い事・学習塾等の費用、

第15回調査（平成28年）

月の習い事・学習塾等の費用										
	総数	１か月の学習塾・家庭教師・通信教育等にかかった費用								
不詳		５千円未満	５千～１万円未満	１～２万円未満	２～３万円未満	３～４万円未満	４～５万円未満	５～６万円未満	６万円以上	不詳
0.4	100.0	1.2	8.7	16.1	20.7	17.2	9.7	7.0	19.3	0.2
0.6	100.0	1.6	8.3	17.5	23.4	15.4	8.2	8.0	17.4	0.1
0.5	100.0	1.3	10.8	15.1	19.5	17.1	9.6	7.4	18.9	0.2
0.1	100.0	1.2	9.3	17.9	19.0	16.2	10.4	5.6	20.1	0.2
0.8	100.0	0.9	5.7	16.4	22.4	22.4	9.8	5.7	16.7	－
－	100.0	0.7	5.2	7.5	27.6	21.6	10.4	7.5	19.4	－
－	100.0	－	－	9.5	25.4	9.5	15.9	7.9	31.7	－
－	100.0	－	7.7	5.1	15.4	17.9	7.7	12.8	33.3	－
－	100.0	－	1.8	17.9	10.7	19.6	7.1	7.1	35.7	－
－	100.0	－	－	29.4	11.8	29.4	11.8	17.6	－	－
0.6	100.0	0.6	8.2	15.6	20.7	17.2	9.3	7.1	21.2	0.2
－	100.0	15.7	24.7	14.6	9.0	11.2	5.6	4.5	14.6	－
0.3	100.0	1.1	37.6	14.9	14.6	10.4	4.7	5.0	11.6	0.1
0.3	100.0	0.5	4.9	36.2	25.9	12.0	6.0	3.5	10.9	0.1
1.1	100.0	0.1	1.0	8.2	33.2	23.4	9.7	7.6	16.6	0.2
0.4	100.0	－	0.4	2.9	11.0	31.2	15.6	10.8	27.9	0.2
2.2	100.0	－	－	3.3	5.4	13.5	21.6	12.6	42.8	0.9
－	100.0	－	1.0	1.5	6.4	6.4	9.4	14.9	60.4	－
－	100.0	－	1.9	3.4	2.6	6.7	9.7	7.5	68.2	－
－	100.0	－	11.1	22.2	5.6	22.2	－	16.7	16.7	5.6
0.4	100.0	2.1	10.9	17.0	19.1	17.4	9.3	5.9	18.4	－
－	100.0	4.1	13.9	14.3	22.0	15.5	7.3	3.7	19.2	－
0.8	100.0	1.3	11.0	17.1	19.7	16.4	9.4	5.7	19.4	－
0.5	100.0	2.1	11.3	19.6	17.5	17.9	9.6	4.2	17.9	－
－	100.0	－	6.3	20.0	18.8	18.8	6.3	11.3	18.8	－
－	100.0	－	－	20.6	8.8	26.5	23.5	8.8	11.8	－
－	100.0	－	8.3	8.3	8.3	25.0	－	33.3	16.7	－
－	100.0	－	16.7	8.3	8.3	16.7	16.7	8.3	25.0	－
－	100.0	8.3	－	16.7	25.0	16.7	16.7	8.3	8.3	－
－	100.0	－	－	－	20.0	40.0	20.0	20.0	－	－
0.5	100.0	0.9	8.7	16.3	21.7	17.8	8.2	6.5	19.7	0.2
－	100.0	20.0	17.5	12.5	17.5	12.5	5.0	10.0	5.0	－
0.8	100.0	1.9	34.5	18.6	12.0	9.3	4.3	4.7	14.3	0.4
1.1	100.0	0.2	4.9	35.0	24.9	13.9	5.4	4.0	11.4	0.2
－	100.0	－	2.1	7.0	34.3	26.5	9.1	6.7	14.2	－
－	100.0	－	1.0	1.5	17.9	25.6	18.5	8.7	26.7	－
－	100.0	－	－	4.0	5.3	18.7	13.3	17.3	40.0	1.3
－	100.0	－	2.3	－	2.3	6.8	9.1	6.8	72.7	－
－	100.0	－	1.9	1.9	9.4	9.4	1.9	9.4	66.0	－
－	100.0	－	－	－	－	66.7	－	－	33.3	－

第128表　子ども数・構成割合，同居者の構成、子どもを

同居者の構成、子どもを育てていて負担に思うことや悩み（複数回答）	総数	父母の総収入額				
		200万円未満	200～400万円未満	400～600万円未満	600～800万円未満	800万円以上
				実数（人）		
総数	28 810	1 358	3 093	6 410	6 908	10 337
負担に思うことや悩みがある	21 297	1 042	2 400	4 940	5 163	7 336
子育ての出費がかさむ	11 674	573	1 346	2 907	2 960	3 665
配偶者が子育てに無関心	1 139	41	110	303	302	358
ほかの保護者との付き合いが煩わしい	1 013	70	136	297	222	273
気持ちに余裕をもって子どもに接することができない	2 302	150	330	533	500	747
子どもの反抗的な態度や言動	5 101	274	595	1 150	1 144	1 842
子どもの暴力に関すること	153	19	35	27	24	44
子どもの成績に関すること	10 094	512	1 163	2 312	2 431	3 486
子どもの将来（進路など）に関すること	13 436	698	1 605	3 160	3 213	4 488
子どもがいじめられている	186	21	36	46	39	43
子どもが学校に行きたがらない（行かない）	793	75	136	188	175	204
子どもが病気がちである	468	27	70	113	114	136
子どもの交友関係に関すること	1 900	125	259	481	461	539
子どもの異性との交際に関すること	480	32	65	110	124	139
その他	1 020	60	132	196	216	393
負担に思うことや悩みは特にない	6 777	275	619	1 334	1 583	2 794
不詳	736	41	74	136	162	207
父母のみ	2 999	77	220	673	744	1 208
負担に思うことや悩みがある	2 176	52	167	529	542	837
子育ての出費がかさむ	1 007	19	94	275	265	332
配偶者が子育てに無関心	132	7	15	35	30	43
ほかの保護者との付き合いが煩わしい	125	6	7	38	33	37
気持ちに余裕をもって子どもに接することができない	231	10	14	61	48	89
子どもの反抗的な態度や言動	539	17	42	138	120	211
子どもの暴力に関すること	17	3	3	1	5	3
子どもの成績に関すること	1 074	26	91	244	272	416
子どもの将来（進路など）に関すること	1 453	38	114	372	357	535
子どもがいじめられている	29	1	4	11	5	8
子どもが学校に行きたがらない（行かない）	98	6	10	26	28	26
子どもが病気がちである	62	2	3	20	18	19
子どもの交友関係に関すること	198	5	15	60	46	67
子どもの異性との交際に関すること	58	-	5	21	15	17
その他	121	5	9	25	27	52
負担に思うことや悩みは特にない	752	23	48	131	186	344
不詳	71	2	5	13	16	27
父母ときょうだいのみ	17 111	354	1 012	3 794	4 548	7 001
負担に思うことや悩みがある	12 740	255	787	2 958	3 455	5 048
子育ての出費がかさむ	7 379	141	466	1 847	2 091	2 695
配偶者が子育てに無関心	741	18	53	202	214	243
ほかの保護者との付き合いが煩わしい	545	17	43	169	140	171
気持ちに余裕をもって子どもに接することができない	1 282	41	93	301	332	502
子どもの反抗的な態度や言動	3 003	61	189	679	758	1 263
子どもの暴力に関すること	69	1	6	18	12	32
子どもの成績に関すること	5 949	113	384	1 382	1 612	2 360
子どもの将来（進路など）に関すること	7 752	157	517	1 830	2 084	3 021
子どもがいじめられている	95	4	12	24	26	28
子どもが学校に行きたがらない（行かない）	408	14	39	111	103	135
子どもが病気がちである	256	5	31	63	72	81
子どもの交友関係に関すること	1 051	27	79	279	313	336
子どもの異性との交際に関すること	254	5	14	54	80	96
その他	557	9	30	114	129	262
負担に思うことや悩みは特にない	3 973	86	200	760	993	1 833
不詳	398	13	25	76	100	120
父母と祖父母	4 879	121	495	1 364	1 261	1 530
負担に思うことや悩みがある	3 449	99	374	1 003	896	1 018
子育ての出費がかさむ	1 719	54	190	543	472	433
配偶者が子育てに無関心	180	5	25	52	45	46
ほかの保護者との付き合いが煩わしい	172	3	27	57	37	45
気持ちに余裕をもって子どもに接することができない	341	7	43	99	82	106
子どもの反抗的な態度や言動	755	19	82	206	193	244
子どもの暴力に関すること	21	1	2	4	7	7
子どもの成績に関すること	1 640	53	167	474	421	495
子どもの将来（進路など）に関すること	2 278	73	252	666	605	643
子どもがいじめられている	25	1	6	6	8	4
子どもが学校に行きたがらない（行かない）	118	5	20	29	32	30
子どもが病気がちである	67	-	6	21	17	23
子どもの交友関係に関すること	316	11	41	90	75	95
子どもの異性との交際に関すること	67	2	10	17	20	18
その他	157	8	16	34	43	54
負担に思うことや悩みは特にない	1 289	19	112	327	328	469
不詳	141	3	9	34	37	43

育てていて負担に思うことや悩み（複数回答）、父母の総収入額別（２－１）

第15回調査（平成28年）

不詳	総数	父母の総収入額					
		200万円未満	200～400万円未満	400～600万円未満	600～800万円未満	800万円以上	不詳
	構成割合（%）						
704	100.0	4.7	10.7	22.2	24.0	35.9	2.4
416	100.0	4.9	11.3	23.2	24.2	34.4	2.0
223	100.0	4.9	11.5	24.9	25.4	31.4	1.9
25	100.0	3.6	9.7	26.6	26.5	31.4	2.2
15	100.0	6.9	13.4	29.3	21.9	26.9	1.5
42	100.0	6.5	14.3	23.2	21.7	32.5	1.8
96	100.0	5.4	11.7	22.5	22.4	36.1	1.9
4	100.0	12.4	22.9	17.6	15.7	28.8	2.6
190	100.0	5.1	11.5	22.9	24.1	34.5	1.9
272	100.0	5.2	11.9	23.5	23.9	33.4	2.0
1	100.0	11.3	19.4	24.7	21.0	23.1	0.5
15	100.0	9.5	17.2	23.7	22.1	25.7	1.9
8	100.0	5.8	15.0	24.1	24.4	29.1	1.7
35	100.0	6.6	13.6	25.3	24.3	28.4	1.8
10	100.0	6.7	13.5	22.9	25.8	29.0	2.1
23	100.0	5.9	12.9	19.2	21.2	38.5	2.3
172	100.0	4.1	9.1	19.7	23.4	41.2	2.5
116	100.0	5.6	10.1	18.5	22.0	28.1	15.8
77	100.0	2.6	7.3	22.4	24.8	40.3	2.6
49	100.0	2.4	7.7	24.3	24.9	38.5	2.3
22	100.0	1.9	9.3	27.3	26.3	33.0	2.2
2	100.0	5.3	11.4	26.5	22.7	32.6	1.5
4	100.0	4.8	5.6	30.4	26.4	29.6	3.2
9	100.0	4.3	6.1	26.4	20.8	38.5	3.9
11	100.0	3.2	7.8	25.6	22.3	39.1	2.0
2	100.0	17.6	17.6	5.9	29.4	17.6	11.8
25	100.0	2.4	8.5	22.7	25.3	38.7	2.3
37	100.0	2.6	7.8	25.6	24.6	36.8	2.5
-	100.0	3.4	13.8	37.9	17.2	27.6	-
2	100.0	6.1	10.2	26.5	28.6	26.5	2.0
-	100.0	3.2	4.8	32.3	29.0	30.6	-
5	100.0	2.5	7.6	30.3	23.2	33.8	2.5
-	100.0	-	8.6	36.2	25.9	29.3	-
3	100.0	4.1	7.4	20.7	22.3	43.0	2.5
20	100.0	3.1	6.4	17.4	24.7	45.7	2.7
8	100.0	2.8	7.0	18.3	22.5	38.0	11.3
402	100.0	2.1	5.9	22.2	26.6	40.9	2.3
237	100.0	2.0	6.2	23.2	27.1	39.6	1.9
139	100.0	1.9	6.3	25.0	28.3	36.5	1.9
11	100.0	2.4	7.2	27.3	28.9	32.8	1.5
5	100.0	3.1	7.9	31.0	25.7	31.4	0.9
13	100.0	3.2	7.3	23.5	25.9	39.2	1.0
53	100.0	2.0	6.3	22.6	25.2	42.1	1.8
-	100.0	1.4	8.7	26.1	17.4	46.4	-
98	100.0	1.9	6.5	23.2	27.1	39.7	1.6
143	100.0	2.0	6.7	23.6	26.9	39.0	1.8
1	100.0	4.2	12.6	25.3	27.4	29.5	1.1
6	100.0	3.4	9.6	27.2	25.2	33.1	1.5
4	100.0	2.0	12.1	24.6	28.1	31.6	1.6
17	100.0	2.6	7.5	26.5	29.8	32.0	1.6
5	100.0	2.0	5.5	21.3	31.5	37.8	2.0
13	100.0	1.6	5.4	20.5	23.2	47.0	2.3
101	100.0	2.2	5.0	19.1	25.0	46.1	2.5
64	100.0	3.3	6.3	19.1	25.1	30.2	16.1
108	100.0	2.5	10.1	28.0	25.8	31.4	2.2
59	100.0	2.9	10.8	29.1	26.0	29.5	1.7
27	100.0	3.1	11.1	31.6	27.5	25.2	1.6
7	100.0	2.8	13.9	28.9	25.0	25.6	3.9
3	100.0	1.7	15.7	33.1	21.5	26.2	1.7
4	100.0	2.1	12.6	29.0	24.0	31.1	1.2
11	100.0	2.5	10.9	27.3	25.6	32.3	1.5
-	100.0	4.8	9.5	19.0	33.3	33.3	-
30	100.0	3.2	10.2	28.9	25.7	30.2	1.8
39	100.0	3.2	11.1	29.2	26.6	28.2	1.7
-	100.0	4.0	24.0	24.0	32.0	16.0	-
2	100.0	4.2	16.9	24.6	27.1	25.4	1.7
-	100.0	-	9.0	31.3	25.4	34.3	-
4	100.0	3.5	13.0	28.5	23.7	30.1	1.3
-	100.0	3.0	14.9	25.4	29.9	26.9	-
2	100.0	5.1	10.2	21.7	27.4	34.4	1.3
34	100.0	1.5	8.7	25.4	25.4	36.4	2.6
15	100.0	2.1	6.4	24.1	26.2	30.5	10.6

第128表　子ども数・構成割合，同居者の構成、子どもを

同居者の構成、子どもを育てていて負担に思うことや悩み（複数回答）	総数	父母の総収入額				
		200万円未満	200～400万円未満	400～600万円未満	600～800万円未満	800万円以上
	実数（人）					
父母とその他	89	5	16	21	18	27
負担に思うことや悩みがある	62	2	10	16	13	20
子育ての出費がかさむ	37	2	7	8	7	12
配偶者が子育てに無関心	3	-	2	-	-	1
ほかの保護者との付き合いが煩わしい	4	-	3	1	-	-
気持ちに余裕をもって子どもに接することができない	6	-	-	1	1	3
子どもの反抗的な態度や言動	13	-	1	4	2	6
子どもの暴力に関すること	-	-	-	-	-	-
子どもの成績に関すること	31	2	5	9	5	9
子どもの将来（進路など）に関すること	39	2	6	11	8	11
子どもがいじめられている	-	-	-	-	-	-
子どもが学校に行きたがらない（行かない）	3	1	1	-	-	1
子どもが病気がちである	2	1	1	-	-	-
子どもの交友関係に関すること	8	2	1	2	2	1
子どもの異性との交際に関すること	4	1	1	2	-	-
その他	2	-	-	-	-	1
負担に思うことや悩みは特にない	24	3	6	4	5	6
不詳	3	-	-	1	-	1
父又は母と同居	3 561	790	1 322	523	313	515
負担に思うことや悩みがある	2 746	626	1 038	408	240	376
子育ての出費がかさむ	1 472	355	579	220	119	170
配偶者が子育てに無関心	78	11	14	13	13	22
ほかの保護者との付き合いが煩わしい	158	44	53	28	12	19
気持ちに余裕をもって子どもに接することができない	427	92	175	66	36	44
子どもの反抗的な態度や言動	750	173	269	110	68	111
子どもの暴力に関すること	41	14	19	4	-	2
子どもの成績に関すること	1 334	316	504	188	111	186
子どもの将来（進路など）に関すること	1 827	422	701	260	150	253
子どもがいじめられている	35	15	13	4	-	3
子どもが学校に行きたがらない（行かない）	153	48	59	20	10	12
子どもが病気がちである	79	19	28	9	7	13
子どもの交友関係に関すること	309	78	119	44	24	36
子どもの異性との交際に関すること	91	22	34	15	8	7
その他	170	35	73	21	16	22
負担に思うことや悩みは特にない	699	142	251	104	65	123
不詳	116	22	33	11	8	16
その他	171	11	28	35	24	56
負担に思うことや悩みがある	124	8	24	26	17	37
子育ての出費がかさむ	60	2	10	14	6	23
配偶者が子育てに無関心	5	-	1	1	-	3
ほかの保護者との付き合いが煩わしい	9	-	3	4	-	1
気持ちに余裕をもって子どもに接することができない	15	-	5	5	1	3
子どもの反抗的な態度や言動	41	4	12	13	3	7
子どもの暴力に関すること	5	-	5	-	-	-
子どもの成績に関すること	66	2	12	15	10	20
子どもの将来（進路など）に関すること	87	6	15	21	9	25
子どもがいじめられている	2	-	1	1	-	-
子どもが学校に行きたがらない（行かない）	13	1	7	2	2	-
子どもが病気がちである	2	-	1	-	-	-
子どもの交友関係に関すること	18	2	4	6	1	4
子どもの異性との交際に関すること	6	2	1	1	1	1
その他	13	3	4	2	1	2
負担に思うことや悩みは特にない	40	2	2	8	6	19
不詳	7	1	2	1	1	-

育てていて負担に思うことや悩み（複数回答）、父母の総収入額別（２－２）

第15回調査（平成28年）

不　詳	総　数	父母の総収入額 200万円未満	200～400万円未満	400～600万円未満	600～800万円未満	800万円以上	不　詳
	構成割合（%）						
2	100.0	5.6	18.0	23.6	20.2	30.3	2.2
1	100.0	3.2	16.1	25.8	21.0	32.3	1.6
1	100.0	5.4	18.9	21.6	18.9	32.4	2.7
-	100.0	-	66.7	-	-	33.3	-
-	100.0	-	75.0	25.0	-	-	-
1	100.0	-	-	16.7	16.7	50.0	16.7
-	100.0	-	7.7	30.8	15.4	46.2	-
-	-	-	-	-	-	-	-
1	100.0	6.5	16.1	29.0	16.1	29.0	3.2
1	100.0	5.1	15.4	28.2	20.5	28.2	2.6
-	-	-	-	-	-	-	-
-	100.0	33.3	33.3	-	-	33.3	-
-	100.0	50.0	50.0	-	-	-	-
-	100.0	25.0	12.5	25.0	25.0	12.5	-
-	100.0	25.0	25.0	50.0	-	-	-
1	100.0	-	-	-	-	50.0	50.0
-	100.0	12.5	25.0	16.7	20.8	25.0	-
1	100.0	-	-	33.3	-	33.3	33.3
98	100.0	22.2	37.1	14.7	8.8	14.5	2.8
58	100.0	22.8	37.8	14.9	8.7	13.7	2.1
29	100.0	24.1	39.3	14.9	8.1	11.5	2.0
5	100.0	14.1	17.9	16.7	16.7	28.2	6.4
2	100.0	27.8	33.5	17.7	7.6	12.0	1.3
14	100.0	21.5	41.0	15.5	8.4	10.3	3.3
19	100.0	23.1	35.9	14.7	9.1	14.8	2.5
2	100.0	34.1	46.3	9.8	-	4.9	4.9
29	100.0	23.7	37.8	14.1	8.3	13.9	2.2
41	100.0	23.1	38.4	14.2	8.2	13.8	2.2
-	100.0	42.9	37.1	11.4	-	8.6	-
4	100.0	31.4	38.6	13.1	6.5	7.8	2.6
3	100.0	24.1	35.4	11.4	8.9	16.5	3.8
8	100.0	25.2	38.5	14.2	7.8	11.7	2.6
5	100.0	24.2	37.4	16.5	8.8	7.7	5.5
3	100.0	20.6	42.9	12.4	9.4	12.9	1.8
14	100.0	20.3	35.9	14.9	9.3	17.6	2.0
26	100.0	19.0	28.4	9.5	6.9	13.8	22.4
17	100.0	6.4	16.4	20.5	14.0	32.7	9.9
12	100.0	6.5	19.4	21.0	13.7	29.8	9.7
5	100.0	3.3	16.7	23.3	10.0	38.3	8.3
-	100.0	-	20.0	20.0	-	60.0	-
1	100.0	-	33.3	44.4	-	11.1	11.1
1	100.0	-	33.3	33.3	6.7	20.0	6.7
2	100.0	9.8	29.3	31.7	7.3	17.1	4.9
-	100.0	-	100.0	-	-	-	-
7	100.0	3.0	18.2	22.7	15.2	30.3	10.6
11	100.0	6.9	17.2	24.1	10.3	28.7	12.6
-	100.0	-	50.0	50.0	-	-	-
1	100.0	7.7	53.8	15.4	15.4	-	7.7
1	100.0	-	50.0	-	-	-	50.0
1	100.0	11.1	22.2	33.3	5.6	22.2	5.6
-	100.0	33.3	16.7	16.7	16.7	16.7	-
1	100.0	23.1	30.8	15.4	7.7	15.4	7.7
3	100.0	5.0	5.0	20.0	15.0	47.5	7.5
2	100.0	14.3	28.6	14.3	14.3	-	28.6

第129表　子ども数・構成割合，きょうだい構成、

きょうだい構成、学習塾等の種類（複数回答）	総数	父母の総収入額				
		200万円未満	200～400万円未満	400～600万円未満	600～800万円未満	800万円以上
	実数（人）					
総数	28 810	1 358	3 093	6 410	6 908	10 337
学習塾等の種類						
学習塾	18 366	704	1 541	3 827	4 592	7 293
家庭教師	1 217	56	129	249	286	467
通信教育	2 683	97	253	594	705	980
学習塾等を利用していない	5 858	356	926	1 453	1 266	1 690
不詳	2 038	187	341	540	392	505
ひとり	4 874	371	729	1 050	1 013	1 579
学習塾等の種類						
学習塾	3 011	183	399	632	655	1 073
家庭教師	269	19	41	48	58	97
通信教育	540	43	75	114	132	166
学習塾等を利用していない	960	98	168	204	178	281
不詳	409	49	84	103	62	87
弟妹のみ	10 617	415	1 035	2 569	2 773	3 575
学習塾等の種類						
学習塾	7 035	235	537	1 599	1 915	2 584
家庭教師	456	21	39	101	119	168
通信教育	1 176	28	106	295	339	383
学習塾等を利用していない	1 937	92	298	526	436	538
不詳	598	52	92	174	126	139
兄姉のみ	10 242	464	997	2 074	2 386	4 066
学習塾等の種類						
学習塾	6 538	238	467	1 210	1 577	2 899
家庭教師	381	14	37	75	88	159
通信教育	747	22	55	138	187	330
学習塾等を利用していない	2 173	129	327	522	467	660
不詳	764	69	131	182	145	211
兄弟姉妹あり	3 077	108	332	717	736	1 117
学習塾等の種類						
学習塾	1 782	48	138	386	445	737
家庭教師	111	2	12	25	21	43
通信教育	220	4	17	47	47	101
学習塾等を利用していない	788	37	133	201	185	211
不詳	267	17	34	81	59	68

注：総数には「家や塾などで勉強しない者」及び「不詳」を含む。

学習塾等の種類（複数回答）、父母の総収入額別

第15回調査（平成28年）

不詳	総数	父母の総収入額 200万円未満	200～400万円未満	400～600万円未満	600～800万円未満	800万円以上	不詳
	構成割合（%）						
704	100.0	4.7	10.7	22.2	24.0	35.9	2.4
409	100.0	3.8	8.4	20.8	25.0	39.7	2.2
30	100.0	4.6	10.6	20.5	23.5	38.4	2.5
54	100.0	3.6	9.4	22.1	26.3	36.5	2.0
167	100.0	6.1	15.8	24.8	21.6	28.8	2.9
73	100.0	9.2	16.7	26.5	19.2	24.8	3.6
132	100.0	7.6	15.0	21.5	20.8	32.4	2.7
69	100.0	6.1	13.3	21.0	21.8	35.6	2.3
6	100.0	7.1	15.2	17.8	21.6	36.1	2.2
10	100.0	8.0	13.9	21.1	24.4	30.7	1.9
31	100.0	10.2	17.5	21.3	18.5	29.3	3.2
24	100.0	12.0	20.5	25.2	15.2	21.3	5.9
250	100.0	3.9	9.7	24.2	26.1	33.7	2.4
165	100.0	3.3	7.6	22.7	27.2	36.7	2.3
8	100.0	4.6	8.6	22.1	26.1	36.8	1.8
25	100.0	2.4	9.0	25.1	28.8	32.6	2.1
47	100.0	4.7	15.4	27.2	22.5	27.8	2.4
15	100.0	8.7	15.4	29.1	21.1	23.2	2.5
255	100.0	4.5	9.7	20.2	23.3	39.7	2.5
147	100.0	3.6	7.1	18.5	24.1	44.3	2.2
8	100.0	3.7	9.7	19.7	23.1	41.7	2.1
15	100.0	2.9	7.4	18.5	25.0	44.2	2.0
68	100.0	5.9	15.0	24.0	21.5	30.4	3.1
26	100.0	9.0	17.1	23.8	19.0	27.6	3.4
67	100.0	3.5	10.8	23.3	23.9	36.3	2.2
28	100.0	2.7	7.7	21.7	25.0	41.4	1.6
8	100.0	1.8	10.8	22.5	18.9	38.7	7.2
4	100.0	1.8	7.7	21.4	21.4	45.9	1.8
21	100.0	4.7	16.9	25.5	23.5	26.8	2.7
8	100.0	6.4	12.7	30.3	22.1	25.5	3.0

第130表　父母と同居している子ども数・構成割合，

市郡、1か月の子育て費用	総数	父母の総収入額				
		200万円未満	200～400万円未満	400～600万円未満	600～800万円未満	800万円以上
	実数（人）					
総数	25 078	557	1 743	5 852	6 571	9 766
1万円未満	49	3	11	15	11	6
1～2万円未満	620	28	123	197	150	102
2～3万円未満	1 549	36	222	560	393	310
3～4万円未満	2 682	85	295	851	723	673
4～5万円未満	2 628	53	221	741	790	779
5～6万円未満	3 575	87	238	899	1 101	1 196
6～7万円未満	2 547	48	129	597	685	1 053
7万円以上	11 150	197	488	1 966	2 696	5 616
不詳	278	20	16	26	22	31
21大都市	6 554	141	335	1 279	1 586	3 061
1万円未満	12	－	3	5	2	2
1～2万円未満	114	6	23	25	35	18
2～3万円未満	243	4	35	87	67	47
3～4万円未満	452	14	41	131	131	122
4～5万円未満	515	15	34	140	153	164
5～6万円未満	814	21	45	206	253	279
6～7万円未満	619	9	23	138	150	292
7万円以上	3 716	65	126	537	792	2 130
不詳	69	7	5	10	3	7
その他の市	16 253	353	1 192	3 924	4 403	6 005
1万円未満	32	3	7	6	9	4
1～2万円未満	399	17	75	138	92	67
2～3万円未満	1 053	25	154	364	270	218
3～4万円未満	1 875	56	209	601	512	463
4～5万円未満	1 855	36	164	520	560	545
5～6万円未満	2 422	58	167	599	741	816
6～7万円未満	1 718	32	94	409	473	687
7万円以上	6 725	115	312	1 274	1 731	3 184
不詳	174	11	10	13	15	21
郡部	2 217	60	213	648	580	659
1万円未満	5	－	1	4	－	－
1～2万円未満	105	5	24	34	23	16
2～3万円未満	253	7	33	109	56	45
3～4万円未満	352	15	45	118	80	86
4～5万円未満	253	2	23	81	75	68
5～6万円未満	333	8	26	94	107	95
6～7万円未満	208	7	11	50	62	73
7万円以上	675	16	49	155	173	273
不詳	33	－	1	3	4	3
外国	54	3	3	1	2	41
1万円未満	－	－	－	－	－	－
1～2万円未満	2	－	1	－	－	1
2～3万円未満	－	－	－	－	－	－
3～4万円未満	3	－	－	1	－	2
4～5万円未満	5	－	－	－	2	2
5～6万円未満	6	－	－	－	－	6
6～7万円未満	2	－	1	－	－	1
7万円以上	34	1	1	－	－	29
不詳	2	2	－	－	－	－

注：父母と同居している第15回調査の回答を得た者を集計。

市郡、１か月の子育て費用、父母の総収入額別

第15回調査（平成28年）

不　　詳	総　　数	父母の総収入額 200万円未満	200～400万円未満	400～600万円未満	600～800万円未満	800万円以上	不　　詳
	構成割合（%）						
589	100.0	2.2	7.0	23.3	26.2	38.9	2.3
3	100.0	6.1	22.4	30.6	22.4	12.2	6.1
20	100.0	4.5	19.8	31.8	24.2	16.5	3.2
28	100.0	2.3	14.3	36.2	25.4	20.0	1.8
55	100.0	3.2	11.0	31.7	27.0	25.1	2.1
44	100.0	2.0	8.4	28.2	30.1	29.6	1.7
54	100.0	2.4	6.7	25.1	30.8	33.5	1.5
35	100.0	1.9	5.1	23.4	26.9	41.3	1.4
187	100.0	1.8	4.4	17.6	24.2	50.4	1.7
163	100.0	7.2	5.8	9.4	7.9	11.2	58.6
152	100.0	2.2	5.1	19.5	24.2	46.7	2.3
-	100.0	-	25.0	41.7	16.7	16.7	-
7	100.0	5.3	20.2	21.9	30.7	15.8	6.1
3	100.0	1.6	14.4	35.8	27.6	19.3	1.2
13	100.0	3.1	9.1	29.0	29.0	27.0	2.9
9	100.0	2.9	6.6	27.2	29.7	31.8	1.7
10	100.0	2.6	5.5	25.3	31.1	34.3	1.2
7	100.0	1.5	3.7	22.3	24.2	47.2	1.1
66	100.0	1.7	3.4	14.5	21.3	57.3	1.8
37	100.0	10.1	7.2	14.5	4.3	10.1	53.6
376	100.0	2.2	7.3	24.1	27.1	36.9	2.3
3	100.0	9.4	21.9	18.8	28.1	12.5	9.4
10	100.0	4.3	18.8	34.6	23.1	16.8	2.5
22	100.0	2.4	14.6	34.6	25.6	20.7	2.1
34	100.0	3.0	11.1	32.1	27.3	24.7	1.8
30	100.0	1.9	8.8	28.0	30.2	29.4	1.6
41	100.0	2.4	6.9	24.7	30.6	33.7	1.7
23	100.0	1.9	5.5	23.8	27.5	40.0	1.3
109	100.0	1.7	4.6	18.9	25.7	47.3	1.6
104	100.0	6.3	5.7	7.5	8.6	12.1	59.8
57	100.0	2.7	9.6	29.2	26.2	29.7	2.6
-	100.0	-	20.0	80.0	-	-	-
3	100.0	4.8	22.9	32.4	21.9	15.2	2.9
3	100.0	2.8	13.0	43.1	22.1	17.8	1.2
8	100.0	4.3	12.8	33.5	22.7	24.4	2.3
4	100.0	0.8	9.1	32.0	29.6	26.9	1.6
3	100.0	2.4	7.8	28.2	32.1	28.5	0.9
5	100.0	3.4	5.3	24.0	29.8	35.1	2.4
9	100.0	2.4	7.3	23.0	25.6	40.4	1.3
22	100.0	-	3.0	9.1	12.1	9.1	66.7
4	100.0	5.6	5.6	1.9	3.7	75.9	7.4
-	-	-	-	-	-	-	-
-	100.0	-	50.0	-	-	50.0	-
-	-	-	-	-	-	-	-
-	100.0	-	-	33.3	-	66.7	-
1	100.0	-	-	-	40.0	40.0	20.0
-	100.0	-	-	-	-	100.0	-
-	100.0	-	50.0	-	-	50.0	-
3	100.0	2.9	2.9	-	-	85.3	8.8
-	100.0	100.0	-	-	-	-	-

第131表　父母と同居している子ども数・構成割合，

きょうだい構成、1か月の子育て費用	総数	父母の総収入額				
		200万円未満	200～400万円未満	400～600万円未満	600～800万円未満	800万円以上
	実数（人）					
総数	25 078	557	1 743	5 852	6 571	9 766
1万円未満	49	3	11	15	11	6
1～2万円未満	620	28	123	197	150	102
2～3万円未満	1 549	36	222	560	393	310
3～4万円未満	2 682	85	295	851	723	673
4～5万円未満	2 628	53	221	741	790	779
5～6万円未満	3 575	87	238	899	1 101	1 196
6～7万円未満	2 547	48	129	597	685	1 053
7万円以上	11 150	197	488	1 966	2 696	5 616
不詳	278	20	16	26	22	31
ひとり	3 665	94	289	867	907	1 419
1万円未満	7	2	-	3	1	1
1～2万円未満	59	3	15	14	12	11
2～3万円未満	151	6	37	55	33	17
3～4万円未満	315	17	38	96	76	80
4～5万円未満	318	7	31	109	86	81
5～6万円未満	468	10	35	128	137	151
6～7万円未満	332	6	24	94	92	111
7万円以上	1 973	38	105	363	466	964
不詳	42	5	4	5	4	3
弟妹のみ	9 671	213	686	2 422	2 688	3 438
1万円未満	11	-	2	3	3	1
1～2万円未満	206	7	47	69	55	24
2～3万円未満	528	14	73	198	143	94
3～4万円未満	971	25	120	336	261	212
4～5万円未満	980	25	92	307	292	250
5～6万円未満	1 404	34	90	386	476	398
6～7万円未満	1 045	22	50	255	300	401
7万円以上	4 413	79	207	857	1 149	2 044
不詳	113	7	5	11	9	14
兄姉のみ	8 962	202	552	1 892	2 254	3 848
1万円未満	23	1	6	5	6	4
1～2万円未満	249	13	45	81	54	48
2～3万円未満	597	13	72	208	146	145
3～4万円未満	1 020	29	99	300	287	279
4～5万円未満	991	18	68	249	296	340
5～6万円未満	1 292	37	84	284	370	494
6～7万円未満	881	15	39	186	223	411
7万円以上	3 812	69	133	570	866	2 114
不詳	97	7	6	9	6	13
兄弟姉妹あり	2 780	48	216	671	722	1 061
1万円未満	8	-	3	4	1	-
1～2万円未満	106	5	16	33	29	19
2～3万円未満	273	3	40	99	71	54
3～4万円未満	376	14	38	119	99	102
4～5万円未満	339	3	30	76	116	108
5～6万円未満	411	6	29	101	118	153
6～7万円未満	289	5	16	62	70	130
7万円以上	952	11	43	176	215	494
不詳	26	1	1	1	3	1

注：父母と同居している第15回調査の回答を得た者を集計。

第15回調査（平成28年）

不詳	総数	父母の総収入額 200万円未満	200～400万円未満	400～600万円未満	600～800万円未満	800万円以上	不詳
	構成割合（%）						
589	100.0	2.2	7.0	23.3	26.2	38.9	2.3
3	100.0	6.1	22.4	30.6	22.4	12.2	6.1
20	100.0	4.5	19.8	31.8	24.2	16.5	3.2
28	100.0	2.3	14.3	36.2	25.4	20.0	1.8
55	100.0	3.2	11.0	31.7	27.0	25.1	2.1
44	100.0	2.0	8.4	28.2	30.1	29.6	1.7
54	100.0	2.4	6.7	25.1	30.8	33.5	1.5
35	100.0	1.9	5.1	23.4	26.9	41.3	1.4
187	100.0	1.8	4.4	17.6	24.2	50.4	1.7
163	100.0	7.2	5.8	9.4	7.9	11.2	58.6
89	100.0	2.6	7.9	23.7	24.7	38.7	2.4
-	100.0	28.6	-	42.9	14.3	14.3	-
4	100.0	5.1	25.4	23.7	20.3	18.6	6.8
3	100.0	4.0	24.5	36.4	21.9	11.3	2.0
8	100.0	5.4	12.1	30.5	24.1	25.4	2.5
4	100.0	2.2	9.7	34.3	27.0	25.5	1.3
7	100.0	2.1	7.5	27.4	29.3	32.3	1.5
5	100.0	1.8	7.2	28.3	27.7	33.4	1.5
37	100.0	1.9	5.3	18.4	23.6	48.9	1.9
21	100.0	11.9	9.5	11.9	9.5	7.1	50.0
224	100.0	2.2	7.1	25.0	27.8	35.5	2.3
2	100.0	-	18.2	27.3	27.3	9.1	18.2
4	100.0	3.4	22.8	33.5	26.7	11.7	1.9
6	100.0	2.7	13.8	37.5	27.1	17.8	1.1
17	100.0	2.6	12.4	34.6	26.9	21.8	1.8
14	100.0	2.6	9.4	31.3	29.8	25.5	1.4
20	100.0	2.4	6.4	27.5	33.9	28.3	1.4
17	100.0	2.1	4.8	24.4	28.7	38.4	1.6
77	100.0	1.8	4.7	19.4	26.0	46.3	1.7
67	100.0	6.2	4.4	9.7	8.0	12.4	59.3
214	100.0	2.3	6.2	21.1	25.2	42.9	2.4
1	100.0	4.3	26.1	21.7	26.1	17.4	4.3
8	100.0	5.2	18.1	32.5	21.7	19.3	3.2
13	100.0	2.2	12.1	34.8	24.5	24.3	2.2
26	100.0	2.8	9.7	29.4	28.1	27.4	2.5
20	100.0	1.8	6.9	25.1	29.9	34.3	2.0
23	100.0	2.9	6.5	22.0	28.6	38.2	1.8
7	100.0	1.7	4.4	21.1	25.3	46.7	0.8
60	100.0	1.8	3.5	15.0	22.7	55.5	1.6
56	100.0	7.2	6.2	9.3	6.2	13.4	57.7
62	100.0	1.7	7.8	24.1	26.0	38.2	2.2
-	100.0	-	37.5	50.0	12.5	-	-
4	100.0	4.7	15.1	31.1	27.4	17.9	3.8
6	100.0	1.1	14.7	36.3	26.0	19.8	2.2
4	100.0	3.7	10.1	31.6	26.3	27.1	1.1
6	100.0	0.9	8.8	22.4	34.2	31.9	1.8
4	100.0	1.5	7.1	24.6	28.7	37.2	1.0
6	100.0	1.7	5.5	21.5	24.2	45.0	2.1
13	100.0	1.2	4.5	18.5	22.6	51.9	1.4
19	100.0	3.8	3.8	3.8	11.5	3.8	73.1

第132表　父母と同居している学校にかかった費用のある子ども数・

市郡、1か月の学校にかかった費用	総数	父母の総収入額				
		200万円未満	200～400万円未満	400～600万円未満	600～800万円未満	800万円以上
	実数（人）					
総数	23 774	503	1 641	5 586	6 282	9 346
５千円未満	1 167	30	70	254	316	482
５千～１万円未満	6 774	142	488	1 623	1 856	2 567
１～２万円未満	10 818	226	770	2 803	3 042	3 803
２～３万円未満	1 552	39	156	425	391	522
３～４万円未満	600	14	41	124	158	248
４～５万円未満	422	4	24	60	86	238
５～６万円未満	548	10	17	52	89	368
６万円以上	1 773	28	69	228	320	1 091
不詳	120	10	6	17	24	27
21大都市	5 982	118	295	1 162	1 465	2 839
５千円未満	378	12	15	78	109	162
５千～１万円未満	1 782	35	106	424	447	746
１～２万円未満	2 149	39	118	469	613	870
２～３万円未満	329	11	26	67	73	149
３～４万円未満	165	3	7	24	45	80
４～５万円未満	137	1	2	11	31	90
５～６万円未満	235	4	5	11	26	185
６万円以上	777	10	14	70	118	551
不詳	30	3	2	8	3	6
その他の市	15 616	328	1 139	3 795	4 251	5 831
５千円未満	682	15	44	140	186	287
５千～１万円未満	4 327	90	318	1 005	1 214	1 633
１～２万円未満	7 627	159	548	2 023	2 167	2 612
２～３万円未満	1 078	25	119	315	276	329
３～４万円未満	381	9	27	87	99	152
４～５万円未満	256	3	22	40	49	135
５～６万円未満	283	4	10	37	58	167
６万円以上	905	17	48	140	184	497
不詳	77	6	3	8	18	19
郡部	2 137	56	206	629	565	643
５千円未満	106	3	11	36	21	32
５千～１万円未満	660	17	64	194	195	183
１～２万円未満	1 035	28	103	311	261	316
２～３万円未満	140	3	11	43	42	39
３～４万円未満	51	2	7	13	14	13
４～５万円未満	24	－	－	9	6	9
５～６万円未満	27	1	2	4	5	15
６万円以上	81	1	7	18	18	34
不詳	13	1	1	1	3	2
外国	39	1	1	－	1	33
５千円未満	1	－	－	－	－	1
５千～１万円未満	5	－	－	－	－	5
１～２万円未満	7	－	1	－	1	5
２～３万円未満	5	－	－	－	－	5
３～４万円未満	3	－	－	－	－	3
４～５万円未満	5	－	－	－	－	4
５～６万円未満	3	1	－	－	－	1
６万円以上	10	－	－	－	－	9
不詳	－	－	－	－	－	－

注：父母と同居している第15回調査の回答を得た者を集計。

構成割合, 市郡、1か月の学校にかかった費用、父母の総収入額別

第15回調査（平成28年）

不詳	総数	父母の総収入額					
		200万円未満	200～400万円未満	400～600万円未満	600～800万円未満	800万円以上	不詳
	構成割合（%）						
416	100.0	2.1	6.9	23.5	26.4	39.3	1.7
15	100.0	2.6	6.0	21.8	27.1	41.3	1.3
98	100.0	2.1	7.2	24.0	27.4	37.9	1.4
174	100.0	2.1	7.1	25.9	28.1	35.2	1.6
19	100.0	2.5	10.1	27.4	25.2	33.6	1.2
15	100.0	2.3	6.8	20.7	26.3	41.3	2.5
10	100.0	0.9	5.7	14.2	20.4	56.4	2.4
12	100.0	1.8	3.1	9.5	16.2	67.2	2.2
37	100.0	1.6	3.9	12.9	18.0	61.5	2.1
36	100.0	8.3	5.0	14.2	20.0	22.5	30.0
103	100.0	2.0	4.9	19.4	24.5	47.5	1.7
2	100.0	3.2	4.0	20.6	28.8	42.9	0.5
24	100.0	2.0	5.9	23.8	25.1	41.9	1.3
40	100.0	1.8	5.5	21.8	28.5	40.5	1.9
3	100.0	3.3	7.9	20.4	22.2	45.3	0.9
6	100.0	1.8	4.2	14.5	27.3	48.5	3.6
2	100.0	0.7	1.5	8.0	22.6	65.7	1.5
4	100.0	1.7	2.1	4.7	11.1	78.7	1.7
14	100.0	1.3	1.8	9.0	15.2	70.9	1.8
8	100.0	10.0	6.7	26.7	10.0	20.0	26.7
272	100.0	2.1	7.3	24.3	27.2	37.3	1.7
10	100.0	2.2	6.5	20.5	27.3	42.1	1.5
67	100.0	2.1	7.3	23.2	28.1	37.7	1.5
118	100.0	2.1	7.2	26.5	28.4	34.2	1.5
14	100.0	2.3	11.0	29.2	25.6	30.5	1.3
7	100.0	2.4	7.1	22.8	26.0	39.9	1.8
7	100.0	1.2	8.6	15.6	19.1	52.7	2.7
7	100.0	1.4	3.5	13.1	20.5	59.0	2.5
19	100.0	1.9	5.3	15.5	20.3	54.9	2.1
23	100.0	7.8	3.9	10.4	23.4	24.7	29.9
38	100.0	2.6	9.6	29.4	26.4	30.1	1.8
3	100.0	2.8	10.4	34.0	19.8	30.2	2.8
7	100.0	2.6	9.7	29.4	29.5	27.7	1.1
16	100.0	2.7	10.0	30.0	25.2	30.5	1.5
2	100.0	2.1	7.9	30.7	30.0	27.9	1.4
2	100.0	3.9	13.7	25.5	27.5	25.5	3.9
−	100.0	−	−	37.5	25.0	37.5	−
−	100.0	3.7	7.4	14.8	18.5	55.6	−
3	100.0	1.2	8.6	22.2	22.2	42.0	3.7
5	100.0	7.7	7.7	7.7	23.1	15.4	38.5
3	100.0	2.6	2.6	−	2.6	84.6	7.7
−	100.0	−	−	−	−	100.0	−
−	100.0	−	−	−	−	100.0	−
−	100.0	−	14.3	−	14.3	71.4	−
−	100.0	−	−	−	−	100.0	−
−	100.0	−	−	−	−	100.0	−
1	100.0	−	−	−	−	80.0	20.0
1	100.0	33.3	−	−	−	33.3	33.3
1	100.0	−	−	−	−	90.0	10.0
−	−	−	−	−	−	−	−

第133表　父母と同居している学校にかかった費用のある子ども数・

きょうだい構成、1か月の学校にかかった費用	総数	父母の総収入額				
		200万円未満	200～400万円未満	400～600万円未満	600～800万円未満	800万円以上
	実数（人）					
総数	23 774	503	1 641	5 586	6 282	9 346
5千円未満	1 167	30	70	254	316	482
5千～1万円未満	6 774	142	488	1 623	1 856	2 567
1～2万円未満	10 818	226	770	2 803	3 042	3 803
2～3万円未満	1 552	39	156	425	391	522
3～4万円未満	600	14	41	124	158	248
4～5万円未満	422	4	24	60	86	238
5～6万円未満	548	10	17	52	89	368
6万円以上	1 773	28	69	228	320	1 091
不詳	120	10	6	17	24	27
ひとり	3 464	83	271	819	863	1 361
5千円未満	184	4	9	36	56	76
5千～1万円未満	913	23	82	243	232	314
1～2万円未満	1 459	37	124	396	401	475
2～3万円未満	200	4	28	58	48	61
3～4万円未満	114	3	6	24	23	57
4～5万円未満	79	1	3	10	11	53
5～6万円未満	122	3	4	8	23	82
6万円以上	377	6	13	41	67	241
不詳	16	2	2	3	2	2
弟妹のみ	9 205	203	648	2 307	2 582	3 310
5千円未満	386	13	25	84	113	144
5千～1万円未満	2 529	51	181	643	734	887
1～2万円未満	4 284	95	303	1 175	1 269	1 379
2～3万円未満	689	17	71	208	192	194
3～4万円未満	249	5	20	55	68	93
4～5万円未満	164	1	8	23	40	87
5～6万円未満	189	6	5	24	32	120
6万円以上	661	11	33	88	127	390
不詳	54	4	2	7	7	16
兄姉のみ	8 464	173	521	1 815	2 141	3 664
5千円未満	466	9	28	94	122	209
5千～1万円未満	2 544	53	170	549	677	1 064
1～2万円未満	3 798	76	238	906	1 010	1 502
2～3万円未満	496	15	40	115	112	203
3～4万円未満	179	5	12	31	47	79
4～5万円未満	149	2	11	21	30	81
5～6万円未満	183	−	5	18	26	129
6万円以上	610	10	16	76	106	388
不詳	39	3	1	5	11	9
兄弟姉妹あり	2 641	44	201	645	696	1 011
5千円未満	131	4	8	40	25	53
5千～1万円未満	788	15	55	188	213	302
1～2万円未満	1 277	18	105	326	362	447
2～3万円未満	167	3	17	44	39	64
3～4万円未満	58	1	3	14	20	19
4～5万円未満	30	−	2	6	5	17
5～6万円未満	54	1	3	2	8	37
6万円以上	125	1	7	23	20	72
不詳	11	1	1	2	4	−

注：父母と同居している第15回調査の回答を得た者を集計。

構成割合，きょうだい構成、１か月の学校にかかった費用、父母の総収入額別

第15回調査（平成28年）

不詳	総数	父母の総収入額 200万円未満	200～400万円未満	400～600万円未満	600～800万円未満	800万円以上	不詳
	構成割合（%）						
416	100.0	2.1	6.9	23.5	26.4	39.3	1.7
15	100.0	2.6	6.0	21.8	27.1	41.3	1.3
98	100.0	2.1	7.2	24.0	27.4	37.9	1.4
174	100.0	2.1	7.1	25.9	28.1	35.2	1.6
19	100.0	2.5	10.1	27.4	25.2	33.6	1.2
15	100.0	2.3	6.8	20.7	26.3	41.3	2.5
10	100.0	0.9	5.7	14.2	20.4	56.4	2.4
12	100.0	1.8	3.1	9.5	16.2	67.2	2.2
37	100.0	1.6	3.9	12.9	18.0	61.5	2.1
36	100.0	8.3	5.0	14.2	20.0	22.5	30.0
67	100.0	2.4	7.8	23.6	24.9	39.3	1.9
3	100.0	2.2	4.9	19.6	30.4	41.3	1.6
19	100.0	2.5	9.0	26.6	25.4	34.4	2.1
26	100.0	2.5	8.5	27.1	27.5	32.6	1.8
1	100.0	2.0	14.0	29.0	24.0	30.5	0.5
1	100.0	2.6	5.3	21.1	20.2	50.0	0.9
1	100.0	1.3	3.8	12.7	13.9	67.1	1.3
2	100.0	2.5	3.3	6.6	18.9	67.2	1.6
9	100.0	1.6	3.4	10.9	17.8	63.9	2.4
5	100.0	12.5	12.5	18.8	12.5	12.5	31.3
155	100.0	2.2	7.0	25.1	28.0	36.0	1.7
7	100.0	3.4	6.5	21.8	29.3	37.3	1.8
33	100.0	2.0	7.2	25.4	29.0	35.1	1.3
63	100.0	2.2	7.1	27.4	29.6	32.2	1.5
7	100.0	2.5	10.3	30.2	27.9	28.2	1.0
8	100.0	2.0	8.0	22.1	27.3	37.3	3.2
5	100.0	0.6	4.9	14.0	24.4	53.0	3.0
2	100.0	3.2	2.6	12.7	16.9	63.5	1.1
12	100.0	1.7	5.0	13.3	19.2	59.0	1.8
18	100.0	7.4	3.7	13.0	13.0	29.6	33.3
150	100.0	2.0	6.2	21.4	25.3	43.3	1.8
4	100.0	1.9	6.0	20.2	26.2	44.8	0.9
31	100.0	2.1	6.7	21.6	26.6	41.8	1.2
66	100.0	2.0	6.3	23.9	26.6	39.5	1.7
11	100.0	3.0	8.1	23.2	22.6	40.9	2.2
5	100.0	2.8	6.7	17.3	26.3	44.1	2.8
4	100.0	1.3	7.4	14.1	20.1	54.4	2.7
5	100.0	-	2.7	9.8	14.2	70.5	2.7
14	100.0	1.6	2.6	12.5	17.4	63.6	2.3
10	100.0	7.7	2.6	12.8	28.2	23.1	25.6
44	100.0	1.7	7.6	24.4	26.4	38.3	1.7
1	100.0	3.1	6.1	30.5	19.1	40.5	0.8
15	100.0	1.9	7.0	23.9	27.0	38.3	1.9
19	100.0	1.4	8.2	25.5	28.3	35.0	1.5
-	100.0	1.8	10.2	26.3	23.4	38.3	-
1	100.0	1.7	5.2	24.1	34.5	32.8	1.7
-	100.0	-	6.7	20.0	16.7	56.7	-
3	100.0	1.9	5.6	3.7	14.8	68.5	5.6
2	100.0	0.8	5.6	18.4	16.0	57.6	1.6
3	100.0	9.1	9.1	18.2	36.4	-	27.3

第134表　父母と同居している子ども数・構成割合,

市郡、1か月の習い事・学習塾等の費用	総数	父母の総収入額 200万円未満	200～400万円未満	400～600万円未満	600～800万円未満	800万円以上
	実数（人）					
総数	25 078	557	1 743	5 852	6 571	9 766
習い事・スポーツクラブ等	8 562	164	486	1 825	2 212	3 721
５千円未満	1 788	33	118	452	468	695
５千～１万円未満	2 503	57	166	536	678	1 024
１～２万円未満	2 313	34	98	465	591	1 078
２～３万円未満	775	16	48	146	198	350
３～４万円未満	436	10	22	93	105	201
４～５万円未満	183	-	12	35	44	84
５～６万円未満	167	6	6	28	42	80
６万円以上	347	6	13	61	74	188
不詳	50	2	3	9	12	21
学習塾・家庭教師・通信教育等	19 048	364	1 043	4 188	5 134	7 976
５千円未満	216	5	16	62	62	66
５千～１万円未満	1 677	34	154	448	468	547
１～２万円未満	2 937	54	209	797	822	1 001
２～３万円未満	3 669	67	204	867	1 060	1 402
３～４万円未満	3 298	65	164	691	884	1 445
４～５万円未満	1 757	30	82	314	446	855
５～６万円未満	1 405	31	63	277	373	636
６万円以上	4 041	75	150	724	1 012	2 007
不詳	48	3	1	8	7	17
21大都市	6 554	141	335	1 279	1 586	3 061
習い事・スポーツクラブ等	2 204	39	94	380	525	1 115
５千円未満	368	6	23	80	96	158
５千～１万円未満	587	12	28	115	155	268
１～２万円未満	663	12	18	87	145	382
２～３万円未満	212	3	8	36	44	115
３～４万円未満	125	1	7	25	28	61
４～５万円未満	65	-	6	10	15	33
５～６万円未満	51	1	2	8	17	20
６万円以上	114	3	1	15	22	70
不詳	19	1	1	4	3	8
学習塾・家庭教師・通信教育等	5 268	112	236	1 025	1 291	2 514
５千円未満	49	1	1	17	9	20
５千～１万円未満	341	9	30	77	95	126
１～２万円未満	550	12	31	123	134	242
２～３万円未満	884	14	54	200	244	355
３～４万円未満	991	27	45	188	257	461
４～５万円未満	566	13	21	90	120	313
５～６万円未満	463	9	12	91	108	235
６万円以上	1 403	25	41	234	322	754
不詳	21	2	1	5	2	8
その他の市	16 253	353	1 192	3 924	4 403	6 005
習い事・スポーツクラブ等	5 591	111	340	1 249	1 478	2 323
５千円未満	1 227	23	81	314	318	476
５千～１万円未満	1 688	40	123	354	460	681
１～２万円未満	1 473	21	69	345	401	613
２～３万円未満	497	12	34	95	131	216
３～４万円未満	273	7	13	58	67	126
４～５万円未満	105	-	6	21	26	46
５～６万円未満	103	4	3	18	21	55
６万円以上	199	3	9	39	49	97
不詳	26	1	2	5	5	13
学習塾・家庭教師・通信教育等	12 280	221	698	2 774	3 429	4 936
５千円未満	132	4	11	31	43	41
５千～１万円未満	1 140	23	109	318	316	355
１～２万円未満	2 046	35	145	574	598	651
２～３万円未満	2 498	48	131	588	723	964
３～４万円未満	2 105	36	106	455	574	901
４～５万円未満	1 082	15	58	193	294	501
５～６万円未満	863	18	44	175	239	371
６万円以上	2 391	41	94	437	639	1 143
不詳	23	1	-	3	3	9

注：１）父母と同居している第15回調査の回答を得た者を集計。
　　２）総数には「習い事・スポーツクラブ等にかかった費用のない者」及び「学習塾・家庭教師・通信教育等にかかった費用がない者」を含む。

市郡、１か月の習い事・学習塾等の費用、父母の総収入額別（２－１）

第15回調査（平成28年）

不　詳	総　数	父母の総収入額					
		200万円未満	200～400万円未満	400～600万円未満	600～800万円未満	800万円以上	不　詳
	構成割合（%）						
589	100.0	2.2	7.0	23.3	26.2	38.9	2.3
154	100.0	1.9	5.7	21.3	25.8	43.5	1.8
22	100.0	1.8	6.6	25.3	26.2	38.9	1.2
42	100.0	2.3	6.6	21.4	27.1	40.9	1.7
47	100.0	1.5	4.2	20.1	25.6	46.6	2.0
17	100.0	2.1	6.2	18.8	25.5	45.2	2.2
5	100.0	2.3	5.0	21.3	24.1	46.1	1.1
8	100.0	-	6.6	19.1	24.0	45.9	4.4
5	100.0	3.6	3.6	16.8	25.1	47.9	3.0
5	100.0	1.7	3.7	17.6	21.3	54.2	1.4
3	100.0	4.0	6.0	18.0	24.0	42.0	6.0
343	100.0	1.9	5.5	22.0	27.0	41.9	1.8
5	100.0	2.3	7.4	28.7	28.7	30.6	2.3
26	100.0	2.0	9.2	26.7	27.9	32.6	1.6
54	100.0	1.8	7.1	27.1	28.0	34.1	1.8
69	100.0	1.8	5.6	23.6	28.9	38.2	1.9
49	100.0	2.0	5.0	21.0	26.8	43.8	1.5
30	100.0	1.7	4.7	17.9	25.4	48.7	1.7
25	100.0	2.2	4.5	19.7	26.5	45.3	1.8
73	100.0	1.9	3.7	17.9	25.0	49.7	1.8
12	100.0	6.3	2.1	16.7	14.6	35.4	25.0
152	100.0	2.2	5.1	19.5	24.2	46.7	2.3
51	100.0	1.8	4.3	17.2	23.8	50.6	2.3
5	100.0	1.6	6.3	21.7	26.1	42.9	1.4
9	100.0	2.0	4.8	19.6	26.4	45.7	1.5
19	100.0	1.8	2.7	13.1	21.9	57.6	2.9
6	100.0	1.4	3.8	17.0	20.8	54.2	2.8
3	100.0	0.8	5.6	20.0	22.4	48.8	2.4
1	100.0	-	9.2	15.4	23.1	50.8	1.5
3	100.0	2.0	3.9	15.7	33.3	39.2	5.9
3	100.0	2.6	0.9	13.2	19.3	61.4	2.6
2	100.0	5.3	5.3	21.1	15.8	42.1	10.5
90	100.0	2.1	4.5	19.5	24.5	47.7	1.7
1	100.0	2.0	2.0	34.7	18.4	40.8	2.0
4	100.0	2.6	8.8	22.6	27.9	37.0	1.2
8	100.0	2.2	5.6	22.4	24.4	44.0	1.5
17	100.0	1.6	6.1	22.6	27.6	40.2	1.9
13	100.0	2.7	4.5	19.0	25.9	46.5	1.3
9	100.0	2.3	3.7	15.9	21.2	55.3	1.6
8	100.0	1.9	2.6	19.7	23.3	50.8	1.7
27	100.0	1.8	2.9	16.7	23.0	53.7	1.9
3	100.0	9.5	4.8	23.8	9.5	38.1	14.3
376	100.0	2.2	7.3	24.1	27.1	36.9	2.3
90	100.0	2.0	6.1	22.3	26.4	41.5	1.6
15	100.0	1.9	6.6	25.6	25.9	38.8	1.2
30	100.0	2.4	7.3	21.0	27.3	40.3	1.8
24	100.0	1.4	4.7	23.4	27.2	41.6	1.6
9	100.0	2.4	6.8	19.1	26.4	43.5	1.8
2	100.0	2.6	4.8	21.2	24.5	46.2	0.7
6	100.0	-	5.7	20.0	24.8	43.8	5.7
2	100.0	3.9	2.9	17.5	20.4	53.4	1.9
2	100.0	1.5	4.5	19.6	24.6	48.7	1.0
-	100.0	3.8	7.7	19.2	19.2	50.0	-
222	100.0	1.8	5.7	22.6	27.9	40.2	1.8
2	100.0	3.0	8.3	23.5	32.6	31.1	1.5
19	100.0	2.0	9.6	27.9	27.7	31.1	1.7
43	100.0	1.7	7.1	28.1	29.2	31.8	2.1
44	100.0	1.9	5.2	23.5	28.9	38.6	1.8
33	100.0	1.7	5.0	21.6	27.3	42.8	1.6
21	100.0	1.4	5.4	17.8	27.2	46.3	1.9
16	100.0	2.1	5.1	20.3	27.7	43.0	1.9
37	100.0	1.7	3.9	18.3	26.7	47.8	1.5
7	100.0	4.3	-	13.0	13.0	39.1	30.4

第134表　父母と同居している子ども数・構成割合，

市郡、1か月の習い事・学習塾等の費用	総数	父母の総収入額 200万円未満	200～400万円未満	400～600万円未満	600～800万円未満	800万円以上
	実数（人）					
郡部	2 217	60	213	648	580	659
習い事・スポーツクラブ等	738	13	51	196	207	260
５千円未満	190	4	14	58	54	58
５千～１万円未満	227	5	15	67	63	74
１～２万円未満	166	1	11	33	43	74
２～３万円未満	61	1	6	15	23	15
３～４万円未満	36	1	2	10	10	13
４～５万円未満	11	-	-	4	3	4
５～６万円未満	13	1	1	2	4	5
６万円以上	29	-	2	7	3	17
不詳	5	-	-	-	4	-
学習塾・家庭教師・通信教育等	1 461	31	107	389	413	493
５千円未満	34	-	4	14	10	4
５千～１万円未満	191	2	15	53	57	61
１～２万円未満	335	7	33	100	90	102
２～３万円未満	281	5	19	79	92	78
３～４万円未満	199	2	13	48	53	80
４～５万円未満	109	2	3	31	32	41
５～６万円未満	76	4	6	11	26	28
６万円以上	232	9	14	53	51	99
不詳	4	-	-	-	2	-
外国	54	3	3	1	2	41
習い事・スポーツクラブ等	29	1	1	-	2	23
５千円未満	3	-	-	-	-	3
５千～１万円未満	1	-	-	-	-	1
１～２万円未満	11	-	-	-	2	9
２～３万円未満	5	-	-	-	-	4
３～４万円未満	2	1	-	-	-	1
４～５万円未満	2	-	-	-	-	1
５～６万円未満	-	-	-	-	-	-
６万円以上	5	-	1	-	-	4
不詳	-	-	-	-	-	-
学習塾・家庭教師・通信教育等	39	-	2	-	1	33
５千円未満	1	-	-	-	-	1
５千～１万円未満	5	-	-	-	-	5
１～２万円未満	6	-	-	-	-	6
２～３万円未満	6	-	-	-	1	5
３～４万円未満	3	-	-	-	-	3
４～５万円未満	-	-	-	-	-	-
５～６万円未満	3	-	1	-	-	2
６万円以上	15	-	1	-	-	11
不詳	-	-	-	-	-	-

注：1）父母と同居している第15回調査の回答を得た者を集計。
　　2）総数には「習い事・スポーツクラブ等にかかった費用のない者」及び「学習塾・家庭教師・通信教育等にかかった費用がない者」を含む。

市郡、１か月の習い事・学習塾等の費用、父母の総収入額別（２－２）

第15回調査（平成28年）

不詳	総数	父母の総収入額 200万円未満	200～400万円未満	400～600万円未満	600～800万円未満	800万円以上	不詳
	構成割合（%）						
57	100.0	2.7	9.6	29.2	26.2	29.7	2.6
11	100.0	1.8	6.9	26.6	28.0	35.2	1.5
2	100.0	2.1	7.4	30.5	28.4	30.5	1.1
3	100.0	2.2	6.6	29.5	27.8	32.6	1.3
4	100.0	0.6	6.6	19.9	25.9	44.6	2.4
1	100.0	1.6	9.8	24.6	37.7	24.6	1.6
-	100.0	2.8	5.6	27.8	27.8	36.1	-
-	100.0	-	-	36.4	27.3	36.4	-
-	100.0	7.7	7.7	15.4	30.8	38.5	-
-	100.0	-	6.9	24.1	10.3	58.6	-
1	100.0	-	-	-	80.0	-	20.0
28	100.0	2.1	7.3	26.6	28.3	33.7	1.9
2	100.0	-	11.8	41.2	29.4	11.8	5.9
3	100.0	1.0	7.9	27.7	29.8	31.9	1.6
3	100.0	2.1	9.9	29.9	26.9	30.4	0.9
8	100.0	1.8	6.8	28.1	32.7	27.8	2.8
3	100.0	1.0	6.5	24.1	26.6	40.2	1.5
-	100.0	1.8	2.8	28.4	29.4	37.6	-
1	100.0	5.3	7.9	14.5	34.2	36.8	1.3
6	100.0	3.9	6.0	22.8	22.0	42.7	2.6
2	100.0	-	-	-	50.0	-	50.0
4	100.0	5.6	5.6	1.9	3.7	75.9	7.4
2	100.0	3.4	3.4	-	6.9	79.3	6.9
-	100.0	-	-	-	-	100.0	-
-	100.0	-	-	-	-	100.0	-
-	100.0	-	-	-	18.2	81.8	-
1	100.0	-	-	-	-	80.0	20.0
-	100.0	50.0	-	-	-	50.0	-
1	100.0	-	-	-	-	50.0	50.0
-	-	-	-	-	-	-	-
-	100.0	-	20.0	-	-	80.0	-
-	-	-	-	-	-	-	-
3	100.0	-	5.1	-	2.6	84.6	7.7
-	100.0	-	-	-	-	100.0	-
-	100.0	-	-	-	-	100.0	-
-	100.0	-	-	-	-	100.0	-
-	100.0	-	-	-	16.7	83.3	-
-	100.0	-	-	-	-	100.0	-
-	-	-	-	-	-	-	-
-	100.0	-	33.3	-	-	66.7	-
3	100.0	-	6.7	-	-	73.3	20.0
-	-	-	-	-	-	-	-

第135表　父母と同居している子ども数・構成割合,

きょうだい構成、1か月の習い事・学習塾等の費用	総数	父母の総収入額 200万円未満	200～400万円未満	400～600万円未満	600～800万円未満	800万円以上
	実数（人）					
総数	25 078	557	1 743	5 852	6 571	9 766
習い事・スポーツクラブ等	8 562	164	486	1 825	2 212	3 721
５千円未満	1 788	33	118	452	468	695
５千～１万円未満	2 503	57	166	536	678	1 024
１～２万円未満	2 313	34	98	465	591	1 078
２～３万円未満	775	16	48	146	198	350
３～４万円未満	436	10	22	93	105	201
４～５万円未満	183	-	12	35	44	84
５～６万円未満	167	6	6	28	42	80
６万円以上	347	6	13	61	74	188
不詳	50	2	3	9	12	21
学習塾・家庭教師・通信教育等	19 048	364	1 043	4 188	5 134	7 976
５千円未満	216	5	16	62	62	66
５千～１万円未満	1 677	34	154	448	468	547
１～２万円未満	2 937	54	209	797	822	1 001
２～３万円未満	3 669	67	204	867	1 060	1 402
３～４万円未満	3 298	65	164	691	884	1 445
４～５万円未満	1 757	30	82	314	446	855
５～６万円未満	1 405	31	63	277	373	636
６万円以上	4 041	75	150	724	1 012	2 007
不詳	48	3	1	8	7	17
ひとり	3 665	94	289	867	907	1 419
習い事・スポーツクラブ等	1 386	27	83	292	328	627
５千円未満	233	5	10	60	70	85
５千～１万円未満	432	6	33	95	97	190
１～２万円未満	388	7	16	70	98	191
２～３万円未満	138	4	9	27	25	68
３～４万円未満	81	1	9	15	16	39
４～５万円未満	27	-	1	6	5	13
５～６万円未満	24	2	1	5	5	10
６万円以上	56	2	2	13	10	29
不詳	7	-	2	1	2	2
学習塾・家庭教師・通信教育等	2 836	59	192	657	727	1 147
５千円未満	23	1	1	7	8	4
５千～１万円未満	248	8	30	68	65	73
１～２万円未満	424	11	36	115	111	143
２～３万円未満	458	6	34	110	113	185
３～４万円未満	519	12	32	122	127	217
４～５万円未満	264	1	12	46	64	138
５～６万円未満	234	4	14	55	64	90
６万円以上	657	15	33	129	175	295
不詳	9	1	-	5	-	2
弟妹のみ	9 671	213	686	2 422	2 688	3 438
習い事・スポーツクラブ等	3 399	68	202	808	922	1 336
５千円未満	694	10	50	206	193	226
５千～１万円未満	977	27	73	224	270	369
１～２万円未満	931	16	41	206	256	393
２～３万円未満	295	5	16	62	80	124
３～４万円未満	179	5	7	44	48	73
４～５万円未満	85	-	6	18	21	37
５～６万円未満	80	2	1	18	20	37
６万円以上	134	1	7	24	29	69
不詳	24	2	1	6	5	8
学習塾・家庭教師・通信教育等	7 657	145	435	1 834	2 218	2 877
５千円未満	92	4	8	28	29	21
５千～１万円未満	690	13	66	207	204	190
１～２万円未満	1 151	16	88	329	349	351
２～３万円未満	1 470	31	81	373	457	497
３～４万円未満	1 275	22	57	303	386	486
４～５万円未満	734	17	35	156	207	305
５～６万円未満	584	14	27	127	157	251
６万円以上	1 641	26	72	309	426	772
不詳	20	2	1	2	3	4

注：１）父母と同居している第15回調査の回答を得た者を集計。
　　２）総数には「習い事・スポーツクラブ等にかかった費用のない者」及び「学習塾・家庭教師・通信教育等にかかった費用がない者」を含む。

第15回調査（平成28年）

不詳	総数	父母の総収入額					
		200万円未満	200～400万円未満	400～600万円未満	600～800万円未満	800万円以上	不詳
	構成割合（%）						
589	100.0	2.2	7.0	23.3	26.2	38.9	2.3
154	100.0	1.9	5.7	21.3	25.8	43.5	1.8
22	100.0	1.8	6.6	25.3	26.2	38.9	1.2
42	100.0	2.3	6.6	21.4	27.1	40.9	1.7
47	100.0	1.5	4.2	20.1	25.6	46.6	2.0
17	100.0	2.1	6.2	18.8	25.5	45.2	2.2
5	100.0	2.3	5.0	21.3	24.1	46.1	1.1
8	100.0	-	6.6	19.1	24.0	45.9	4.4
5	100.0	3.6	3.6	16.8	25.1	47.9	3.0
5	100.0	1.7	3.7	17.6	21.3	54.2	1.4
3	100.0	4.0	6.0	18.0	24.0	42.0	6.0
343	100.0	1.9	5.5	22.0	27.0	41.9	1.8
5	100.0	2.3	7.4	28.7	28.7	30.6	2.3
26	100.0	2.0	9.2	26.7	27.9	32.6	1.6
54	100.0	1.8	7.1	27.1	28.0	34.1	1.8
69	100.0	1.8	5.6	23.6	28.9	38.2	1.9
49	100.0	2.0	5.0	21.0	26.8	43.8	1.5
30	100.0	1.7	4.7	17.9	25.4	48.7	1.7
25	100.0	2.2	4.5	19.7	26.5	45.3	1.8
73	100.0	1.9	3.7	17.9	25.0	49.7	1.8
12	100.0	6.3	2.1	16.7	14.6	35.4	25.0
89	100.0	2.6	7.9	23.7	24.7	38.7	2.4
29	100.0	1.9	6.0	21.1	23.7	45.2	2.1
3	100.0	2.1	4.3	25.8	30.0	36.5	1.3
11	100.0	1.4	7.6	22.0	22.5	44.0	2.5
6	100.0	1.8	4.1	18.0	25.3	49.2	1.5
5	100.0	2.9	6.5	19.6	18.1	49.3	3.6
1	100.0	1.2	11.1	18.5	19.8	48.1	1.2
2	100.0	-	3.7	22.2	18.5	48.1	7.4
1	100.0	8.3	4.2	20.8	20.8	41.7	4.2
-	100.0	3.6	3.6	23.2	17.9	51.8	-
-	100.0	-	28.6	14.3	28.6	28.6	-
54	100.0	2.1	6.8	23.2	25.6	40.4	1.9
2	100.0	4.3	4.3	30.4	34.8	17.4	8.7
4	100.0	3.2	12.1	27.4	26.2	29.4	1.6
8	100.0	2.6	8.5	27.1	26.2	33.7	1.9
10	100.0	1.3	7.4	24.0	24.7	40.4	2.2
9	100.0	2.3	6.2	23.5	24.5	41.8	1.7
3	100.0	0.4	4.5	17.4	24.2	52.3	1.1
7	100.0	1.7	6.0	23.5	27.4	38.5	3.0
10	100.0	2.3	5.0	19.6	26.6	44.9	1.5
1	100.0	11.1	-	55.6	-	22.2	11.1
224	100.0	2.2	7.1	25.0	27.8	35.5	2.3
63	100.0	2.0	5.9	23.8	27.1	39.3	1.9
9	100.0	1.4	7.2	29.7	27.8	32.6	1.3
14	100.0	2.8	7.5	22.9	27.6	37.8	1.4
19	100.0	1.7	4.4	22.1	27.5	42.2	2.0
8	100.0	1.7	5.4	21.0	27.1	42.0	2.7
2	100.0	2.8	3.9	24.6	26.8	40.8	1.1
3	100.0	-	7.1	21.2	24.7	43.5	3.5
2	100.0	2.5	1.3	22.5	25.0	46.3	2.5
4	100.0	0.7	5.2	17.9	21.6	51.5	3.0
2	100.0	8.3	4.2	25.0	20.8	33.3	8.3
148	100.0	1.9	5.7	24.0	29.0	37.6	1.9
2	100.0	4.3	8.7	30.4	31.5	22.8	2.2
10	100.0	1.9	9.6	30.0	29.6	27.5	1.4
18	100.0	1.4	7.6	28.6	30.3	30.5	1.6
31	100.0	2.1	5.5	25.4	31.1	33.8	2.1
21	100.0	1.7	4.5	23.8	30.3	38.1	1.6
14	100.0	2.3	4.8	21.3	28.2	41.6	1.9
8	100.0	2.4	4.6	21.7	26.9	43.0	1.4
36	100.0	1.6	4.4	18.8	26.0	47.0	2.2
8	100.0	10.0	5.0	10.0	15.0	20.0	40.0

第135表　父母と同居している子ども数・構成割合,

きょうだい構成、1か月の習い事・学習塾等の費用	総数	父母の総収入額				
		200万円未満	200～400万円未満	400～600万円未満	600～800万円未満	800万円以上
	実数（人）					
兄姉のみ	8 962	202	552	1 892	2 254	3 848
習い事・スポーツクラブ等	2 841	56	134	534	720	1 353
５千円未満	617	15	35	132	150	277
５千～１万円未満	816	19	43	153	226	362
１～２万円未満	762	10	25	149	182	381
２～３万円未満	269	6	18	42	70	131
３～４万円未満	132	1	4	23	31	71
４～５万円未満	55	－	5	8	13	29
５～６万円未満	47	2	2	4	13	24
６万円以上	129	3	2	21	32	70
不詳	14	－	－	2	3	8
学習塾・家庭教師・通信教育等	6 668	136	300	1 292	1 706	3 123
５千円未満	71	－	4	20	16	30
５千～１万円未満	562	8	36	137	152	221
１～２万円未満	1 052	24	64	270	275	396
２～３万円未満	1 341	27	62	291	385	555
３～４万円未満	1 169	24	57	201	287	582
４～５万円未満	605	9	24	85	154	324
５～６万円未満	471	13	18	72	120	240
６万円以上	1 383	31	35	215	315	767
不詳	14	－	－	1	2	8
兄弟姉妹あり	2 780	48	216	671	722	1 061
習い事・スポーツクラブ等	936	13	67	191	242	405
５千円未満	244	3	23	54	55	107
５千～１万円未満	278	5	17	64	85	103
１～２万円未満	232	1	16	40	55	113
２～３万円未満	73	1	5	15	23	27
３～４万円未満	44	3	2	11	10	18
４～５万円未満	16	－	－	3	5	5
５～６万円未満	16	－	2	1	4	9
６万円以上	28	－	2	3	3	20
不詳	5	－	－	－	2	3
学習塾・家庭教師・通信教育等	1 887	24	116	405	483	829
５千円未満	30	－	3	7	9	11
５千～１万円未満	177	5	22	36	47	63
１～２万円未満	310	3	21	83	87	111
２～３万円未満	400	3	27	93	105	165
３～４万円未満	335	7	18	65	84	160
４～５万円未満	154	3	11	27	21	88
５～６万円未満	116	－	4	23	32	55
６万円以上	360	3	10	71	96	173
不詳	5	－	－	－	2	3

注：１）父母と同居している第15回調査の回答を得た者を集計。
　　２）総数には「習い事・スポーツクラブ等にかかった費用のない者」及び「学習塾・家庭教師・通信教育等にかかった費用がない者」を含む。

きょうだい構成、１か月の習い事・学習塾等の費用、父母の総収入額別（２－２）

第15回調査（平成28年）

不詳	総数	父母の総収入額 200万円未満	200～400万円未満	400～600万円未満	600～800万円未満	800万円以上	不詳
	構成割合（%）						
214	100.0	2.3	6.2	21.1	25.2	42.9	2.4
44	100.0	2.0	4.7	18.8	25.3	47.6	1.5
8	100.0	2.4	5.7	21.4	24.3	44.9	1.3
13	100.0	2.3	5.3	18.8	27.7	44.4	1.6
15	100.0	1.3	3.3	19.6	23.9	50.0	2.0
2	100.0	2.2	6.7	15.6	26.0	48.7	0.7
2	100.0	0.8	3.0	17.4	23.5	53.8	1.5
-	100.0	-	9.1	14.5	23.6	52.7	-
2	100.0	4.3	4.3	8.5	27.7	51.1	4.3
1	100.0	2.3	1.6	16.3	24.8	54.3	0.8
1	100.0	-	-	14.3	21.4	57.1	7.1
111	100.0	2.0	4.5	19.4	25.6	46.8	1.7
1	100.0	-	5.6	28.2	22.5	42.3	1.4
8	100.0	1.4	6.4	24.4	27.0	39.3	1.4
23	100.0	2.3	6.1	25.7	26.1	37.6	2.2
21	100.0	2.0	4.6	21.7	28.7	41.4	1.6
18	100.0	2.1	4.9	17.2	24.6	49.8	1.5
9	100.0	1.5	4.0	14.0	25.5	53.6	1.5
8	100.0	2.8	3.8	15.3	25.5	51.0	1.7
20	100.0	2.2	2.5	15.5	22.8	55.5	1.4
3	100.0	-	-	7.1	14.3	57.1	21.4
62	100.0	1.7	7.8	24.1	26.0	38.2	2.2
18	100.0	1.4	7.2	20.4	25.9	43.3	1.9
2	100.0	1.2	9.4	22.1	22.5	43.9	0.8
4	100.0	1.8	6.1	23.0	30.6	37.1	1.4
7	100.0	0.4	6.9	17.2	23.7	48.7	3.0
2	100.0	1.4	6.8	20.5	31.5	37.0	2.7
-	100.0	6.8	4.5	25.0	22.7	40.9	-
3	100.0	-	-	18.8	31.3	31.3	18.8
-	100.0	-	12.5	6.3	25.0	56.3	-
-	100.0	-	7.1	10.7	10.7	71.4	-
-	100.0	-	-	-	40.0	60.0	-
30	100.0	1.3	6.1	21.5	25.6	43.9	1.6
-	100.0	-	10.0	23.3	30.0	36.7	-
4	100.0	2.8	12.4	20.3	26.6	35.6	2.3
5	100.0	1.0	6.8	26.8	28.1	35.8	1.6
7	100.0	0.8	6.8	23.3	26.3	41.3	1.8
1	100.0	2.1	5.4	19.4	25.1	47.8	0.3
4	100.0	1.9	7.1	17.5	13.6	57.1	2.6
2	100.0	-	3.4	19.8	27.6	47.4	1.7
7	100.0	0.8	2.8	19.7	26.7	48.1	1.9
-	100.0	-	-	-	40.0	60.0	-

Ⅳ　用 語 の 説 明

同居者

同居者には以下のものは含まない。

① 長期（概ね３か月以上）にわたって不在にしている者

② 現在不在で不在期間が長期にわたることがわかっている者

ただし、①、②の者で途中定期的に帰宅する者は同居としている。

きょうだい数

調査対象児と同居している兄弟姉妹の数

調査対象児が双子の場合、他にきょうだいがいなければ、きょうだい数２人、三つ子の場合は、きょうだい数３人としている。（調査対象に四つ子以上はいなかった。）

きょうだい構成

調査対象児と同居している兄弟姉妹の年齢別にみた構成

調査対象児が双子、三つ子の場合、他にきょうだいがいなければ、きょうだい「兄姉のみ」としている。

年齢不詳のきょうだいがいる場合、第１回調査からいるきょうだいは「兄姉」としている。

「ひとり」　　　調査対象児のみ

「弟妹のみ」　　調査対象児のほかに、弟や妹がいる

「兄姉のみ」　　調査対象児のほかに、兄や姉がいる

「兄弟姉妹あり」調査対象児のほかに、兄や姉と弟や妹がいる

同居者の構成

父母と同居

- 父母又は父母ときょうだいのみ
  - 父母のみ＝調査対象児＋父＋母
  - 父母ときょうだいのみ＝調査対象児＋父＋母＋兄弟姉妹
- 父母と祖父母
  - 父母と母方の祖父母＝調査対象児＋父＋母＋母方の祖父母（＋兄弟姉妹）（＋その他の同居者）
  - 父母と父方の祖父母＝調査対象児＋父＋母＋父方の祖父母（＋兄弟姉妹）（＋その他の同居者）
  - 父母と両方の祖父母＝調査対象児＋父＋母＋母方及び父方の祖父母（＋兄弟姉妹）（＋その他の同居者）
- 父母とその他＝調査対象児＋父＋母＋その他の同居者（＋兄弟姉妹）

父又は母と同居

母のみ又は母ときょうだいのみ＝調査対象児＋母（＋兄弟姉妹）
母と祖父母等＝調査対象児＋母＋祖父母又はその他の同居者、又は両方（＋兄弟姉妹）
父のみ又は父ときょうだいのみ＝調査対象児＋父（＋兄弟姉妹）
父と祖父母等＝調査対象児＋父＋祖父母又はその他の同居者、又は両方（＋兄弟姉妹）

その他＝父とも母とも同居していない場合

父母の年齢

第15回調査時（１月生まれの場合は平成28年１月、７月生まれの場合は平成28年７月）における調査対象児の父母の年齢

市郡

調査対象児の第15回調査時（１月生まれの場合は平成28年１月、７月生まれの場合は平成28年７月）における住所地

「21大都市」　東京都区部、札幌市、仙台市、さいたま市、千葉市、横浜市、川崎市、相模原市、新潟市、静岡市、浜松市、名古屋市、京都市、大阪市、堺市、神戸市、岡山市、広島市、北九州市、福岡市、熊本市

「その他の市」　21大都市以外の市

「郡部」　21大都市、その他の市以外

「外国」　外国

地域ブロック

「北海道」　北海道

「東北」　青森県、岩手県、宮城県、秋田県、山形県、福島県

「関東１」　埼玉県、千葉県、東京都、神奈川県

「関東２」　茨城県、栃木県、群馬県、山梨県、長野県

「北陸」　新潟県、富山県、石川県、福井県

「東海」　岐阜県、静岡県、愛知県、三重県

「近畿１」　京都府、大阪府、兵庫県

「近畿２」　滋賀県、奈良県、和歌山県

「中国」　鳥取県、島根県、岡山県、広島県、山口県

「四国」　徳島県、香川県、愛媛県、高知県

「北九州」　福岡県、佐賀県、長崎県、大分県

「南九州」　熊本県、宮崎県、鹿児島県、沖縄県

「外国」　外国

就業状況

「有職」

育児休業中等の休業を含む。

第１、２、４、５、６、７、８、９、10、11、12、13、14、15回調査 ･･･ 勤め、自営業・家業、内職、その他を合わせたもの

第３回調査 ･･･ 収入を伴う仕事、又は収入を得ることを目的とする仕事に従事している場合

「勤め（常勤）」

事業所の所定労働時間を通じて勤務する者

「勤め（パート・アルバイト）」

同一事業所の一般の労働者より１日の所定労働時間が短い又は１日の所定労働時間が同じでも１週の所定労働日数が少ない者

「無職」

家事（専業）、無職、学生を合わせたもの

第２回調査　父母の学歴

父又は母が最後に卒業した、あるいは在学中の学校

「中学校」　中学校、中学卒業後の専修・専門学校

「高校」　高等学校

「専修・専門学校・短大・高専」　高校卒業後の専修・専門学校、短期大学、高等専門学校

「大学・大学院」　大学、大学院

子どもの体型

肥満度は調査対象者の年齢にあわせ、第１回から第６回調査まではカウプ指数で算出し、第７回から第12回調査までは実測体重と日比式から求められる標準体重とを比較して分類した。第13回及び第14回調査では学校保健統計調査方式による肥満区分により分類し、第15回調査はBMI方式による肥満区分により分類した。

注）体重、身長ともに記載のある場合に算出

「低体重（痩せ型）」　肥満度　１８．５未満

「普通体重」　肥満度　１８．５以上 ～ ２５．０未満

「肥満（１度）」　肥満度　２５．０以上 ～ ３０．０未満

「肥満（２度）」　肥満度　３０．０以上 ～ ３５．０未満

「肥満（３度）」　肥満度　３５．０以上 ～ ４０．０未満

「肥満（４度）」　肥満度　４０．０以上

※BMI方式による肥満度

BMI＝ 体重（kg）÷（身長（m））^{2}

〔算出例〕

身長150cm　体重50kg　の場合

BMI＝50kg÷(1.5m)^2＝22.2 →「普通体重」

朝食の内容

「バランスよく食べている」　主食、主菜、副菜をバランスよく食べている

主食 ････ ごはん・パン・麺類などの料理

主菜 ････ 肉・魚・卵・大豆製品などを使った料理

副菜 ････ 野菜・きのこ・いも・海藻などを使った料理

間食の種類

お菓子	スナック菓子、ケーキ、チョコレート、アメ、せんべい　など
氷菓子	アイスクリーム、アイスキャンディー　など
飲料	牛乳、スポーツドリンク、果物ジュース　など
炭酸飲料	コーラ、サイダー　など
果物	バナナ、リンゴ、みかん　など
ご飯・パン・麺類	おにぎり、菓子パン、カップ麺　など

将来について

進路

「各種学校」　看護学校、経理・簿記学校、栄養士・調理師学校、服飾学校、美容学校などのいわゆる専門学校と呼ばれている学校や高等専修学校、各種学校

１か月の子育て費用

１月生まれの調査対象児の場合は平成27年12月の１か月間、７月生まれの対象児の場合は平成28年６月の１か月間に、調査対象児にかかった費用で、千円単位に四捨五入した金額

習い事等にかかった費用

１か月の子育て費用のうち、習い事等にかかった費用

学習塾等にかかった費用

１か月の子育て費用のうち、学習塾等にかかった費用

第13回21世紀出生児縦断調査（平成13年出生児）（平成26年） 正誤情報

統計表（修正箇所は網掛け部）

第96表　学習塾等を利用している子ども数・構成割合，性、地域ブロック、学習塾等の1週間の日数別（401頁）

【誤】（構成割合）

性、地域ブロック			家庭教師								
				1週間の日数							
		不詳	総数	1日	2日	3日	4日	5日	6日	7日	不詳
総数	総数	0.4	5.5	4.0	1.0	0.1	0.1	0.1	0.1	0.1	0.1
	北海道	0.6	9.9	7.0	2.0	0.3	0.3	0.3	–	–	–
	東北	0.4	6.5	5.3	0.9	–	0.2	–	0.2	–	–
	関東1	0.4	4.8	3.3	0.8	0.1	0.1	0.1	0.1	0.2	0.1
	関東2	0.2	5.1	3.5	0.9	0.2	0.5	–	–	–	–
	北陸	0.5	9.1	8.4	0.5	–	0.2	–	–	–	–
	東海	0.3	5.4	4.4	0.7	0.2	–	0.1	0.1	–	0.1
	近畿1	0.5	4.2	3.2	0.8	–	–	0.1	–	0.1	0.1
	近畿2	0.2	5.0	2.8	1.6	–	0.2	–	0.4	–	–
	中国	0.2	5.6	3.6	1.2	0.1	0.1	–	0.1	–	0.4
	四国	–	5.8	3.3	2.0	0.3	–	–	–	–	0.3
	北九州	0.6	6.8	5.1	0.8	–	0.1	0.3	–	0.3	0.1
	南九州	0.8	5.3	3.7	1.1	–	–	0.3	0.3	–	–
	外国	3.3	70.0	36.7	23.3	6.7	3.3	–	–	–	–
男児	総数	0.4	5.5	3.9	1.0	0.1	0.1	0.1	0.1	0.1	0.1
	北海道	1.2	7.7	4.2	3.0	–	–	0.6	–	–	–
	東北	–	6.6	4.9	1.0	–	0.3	–	0.3	–	–
	関東1	0.4	4.6	3.2	0.8	0.1	0.1	0.1	–	0.3	0.1
	関東2	–	5.0	2.9	1.1	0.2	0.8	–	–	–	–
	北陸	0.9	13.5	12.6	0.5	–	0.5	–	–	–	–
	東海	0.5	5.4	4.2	0.8	0.1	–	0.1	0.1	–	0.1
	近畿1	0.3	4.4	3.2	0.9	–	–	–	–	0.1	0.2
	近畿2	–	5.9	3.7	1.5	–	–	–	0.7	–	–
	中国	0.2	4.4	2.9	1.0	–	–	–	–	–	0.5
	四国	–	3.0	2.0	1.0	–	–	–	–	–	–
	北九州	0.3	7.3	5.4	1.1	–	0.3	0.5	–	–	–
	南九州	1.4	6.5	5.1	0.9	–	–	–	0.5	–	–
	外国	–	66.7	33.3	26.7	6.7	–	–	–	–	–
女児	総数	0.4	5.6	4.1	0.9	0.1	0.1	0.0	0.1	0.1	0.1
	北海道	–	11.9	9.7	1.1	0.6	0.6	–	–	–	–
	東北	0.8	6.5	5.8	0.8	–	–	–	–	–	–
	関東1	0.5	5.0	3.4	0.9	0.1	0.1	–	0.2	0.2	0.1
	関東2	0.4	5.2	4.2	0.6	0.2	0.2	–	–	–	–
	北陸	–	4.9	4.5	0.4	–	–	–	–	–	–
	東海	0.1	5.5	4.7	0.6	0.2	–	–	–	–	–
	近畿1	0.7	4.0	3.2	0.7	–	–	0.1	–	0.1	–
	近畿2	0.4	3.8	1.7	1.7	–	0.4	–	–	–	–
	中国	0.3	6.8	4.3	1.5	0.3	0.3	–	0.3	–	0.3
	四国	–	8.5	4.5	3.0	0.5	–	–	–	–	0.5
	北九州	0.9	6.3	4.8	0.6	–	–	–	–	0.6	0.3
	南九州	–	3.8	1.9	1.3	–	–	0.6	–	–	–
	外国	6.7	73.3	40.0	20.0	6.7	6.7	–	–	–	–

【正】（構成割合）

性、地域ブロック			家庭教師								
				1週間の日数							
		不詳	総数	1日	2日	3日	4日	5日	6日	7日	不詳
総数	総数	0.4	100.0	72.6	17.8	1.8	2.0	1.1	1.4	1.7	1.6
	北海道	0.6	100.0	70.6	20.6	2.9	2.9	2.9	–	–	–
	東北	0.4	100.0	81.1	13.5	–	2.7	–	2.7	–	–
	関東1	0.4	100.0	69.7	17.7	1.7	1.1	1.1	2.3	4.6	1.7
	関東2	0.2	100.0	68.6	17.6	3.9	9.8	–	–	–	–
	北陸	0.5	100.0	92.5	5.0	–	2.5	–	–	–	–
	東海	0.3	100.0	81.7	12.5	2.9	–	1.0	1.0	–	1.0
	近畿1	0.5	100.0	75.0	19.0	–	–	1.2	–	2.4	2.4
	近畿2	0.2	100.0	56.0	32.0	–	4.0	–	8.0	–	–
	中国	0.2	100.0	64.4	22.2	2.2	2.2	–	2.2	–	6.7
	四国	–	100.0	56.5	34.8	4.3	–	–	–	–	4.3
	北九州	0.6	100.0	75.0	12.5	–	2.1	4.2	–	4.2	2.1
	南九州	0.8	100.0	70.0	20.0	–	–	5.0	5.0	–	–
	外国	3.3	100.0	52.4	33.3	9.5	4.8	–	–	–	–
男児	総数	0.4	100.0	71.7	18.6	1.1	2.2	1.6	1.3	1.6	1.9
	北海道	1.2	100.0	53.8	38.5	–	–	7.7	–	–	–
	東北	–	100.0	75.0	15.0	–	5.0	–	5.0	–	–
	関東1	0.4	100.0	70.0	17.8	1.1	1.1	2.2	–	5.6	2.2
	関東2	–	100.0	57.7	23.1	3.8	15.4	–	–	–	–
	北陸	0.9	100.0	93.1	3.4	–	3.4	–	–	–	–
	東海	0.5	100.0	78.2	14.5	1.8	–	1.8	1.8	–	1.8
	近畿1	0.3	100.0	72.3	21.3	–	–	–	–	2.1	4.3
	近畿2	–	100.0	62.5	25.0	–	–	–	12.5	–	–
	中国	0.2	100.0	66.7	22.2	–	–	–	–	–	11.1
	四国	–	100.0	66.7	33.3	–	–	–	–	–	–
	北九州	0.3	100.0	74.1	14.8	–	3.7	7.4	–	–	–
	南九州	1.4	100.0	78.6	14.3	–	–	–	7.1	–	–
	外国	–	100.0	50.0	40.0	10.0	–	–	–	–	–
女児	総数	0.4	100.0	73.5	17.0	2.7	1.8	0.6	1.5	1.8	1.2
	北海道	–	100.0	81.0	9.5	4.8	4.8	–	–	–	–
	東北	0.8	100.0	88.2	11.8	–	–	–	–	–	–
	関東1	0.5	100.0	69.4	17.6	2.4	1.2	–	4.7	3.5	1.2
	関東2	0.4	100.0	80.0	12.0	4.0	4.0	–	–	–	–
	北陸	–	100.0	90.9	9.1	–	–	–	–	–	–
	東海	0.1	100.0	85.7	10.2	4.1	–	–	–	–	–
	近畿1	0.7	100.0	78.4	16.2	–	–	2.7	–	2.7	–
	近畿2	0.4	100.0	44.4	44.4	–	11.1	–	–	–	–
	中国	0.3	100.0	63.0	22.2	3.7	3.7	–	3.7	–	3.7
	四国	–	100.0	52.9	35.3	5.9	–	–	–	–	5.9
	北九州	0.9	100.0	76.2	9.5	–	–	–	–	9.5	4.8
	南九州	–	100.0	50.0	33.3	–	–	16.7	–	–	–
	外国	6.7	100.0	54.5	27.3	9.1	9.1	–	–	–	–

第14回21世紀出生児縦断調査（平成13年出生児）（平成27年）　正誤情報

統計表（修正箇所は網掛け部）

第95表　学習塾等を利用している子ども数・構成割合，性、地域ブロック、学習塾等の1週間の日数別（393頁）

【誤】（構成割合）

性、地域ブロック			家庭教師								
				1週間の日数							
		不詳	総数	1日	2日	3日	4日	5日	6日	7日	不詳
総数	総数	0.0	7.0	5.1	1.4	0.2	0.1	0.1	0.0	0.1	0.2
	北海道	-	13.2	9.7	2.2	0.5	-	0.2	-	0.2	0.2
	東北	-	9.4	7.6	1.0	-	-	0.1	-	-	0.6
	関東1	0.0	5.3	3.8	1.0	0.1	0.1	0.0	0.0	0.0	0.2
	関東2	0.1	7.3	5.0	1.5	0.3	0.1	0.1	-	0.1	0.3
	北陸	-	12.0	10.1	1.9	-	-	-	-	-	-
	東海	0.0	6.8	4.8	1.4	0.2	0.1	0.1	-	0.0	0.1
	近畿1	0.0	5.6	3.5	1.7	0.2	0.0	-	-	0.0	0.1
	近畿2	0.2	4.9	3.0	1.8	-	-	-	-	0.2	-
	中国	-	8.1	6.1	1.2	0.2	-	-	-	0.1	0.4
	四国	-	9.6	7.6	1.4	0.7	-	-	-	-	-
	北九州	-	9.6	8.0	0.9	0.2	0.1	0.1	0.1	-	0.1
	南九州	0.2	6.4	3.9	2.1	-	-	0.5	-	-	-
	外国	-	58.6	34.5	13.8	10.3	-	-	-	-	-
男児	総数	0.1	7.3	5.1	1.6	0.2	0.1	0.1	0.0	0.1	0.2
	北海道	-	12.8	8.2	2.6	0.5	-	0.5	-	0.5	0.5
	東北	-	8.7	6.7	0.8	-	-	0.3	-	-	0.8
	関東1	0.0	5.0	3.5	1.0	0.0	0.0	0.1	0.0	0.1	0.2
	関東2	0.2	8.0	5.4	1.4	0.3	0.2	-	-	0.2	0.5
	北陸	-	15.2	13.3	1.9	-	-	-	-	-	-
	東海	0.1	6.7	4.2	1.8	0.2	0.2	0.2	-	-	0.3
	近畿1	0.1	6.3	3.8	2.0	0.1	0.1	-	-	0.1	0.2
	近畿2	0.3	7.3	4.5	2.6	-	-	-	-	0.3	-
	中国	-	7.2	5.2	1.1	0.2	-	-	-	0.2	0.4
	四国	-	9.2	6.8	1.0	1.5	-	-	-	-	-
	北九州	-	11.3	9.1	1.3	0.2	0.2	0.2	0.2	-	-
	南九州	0.4	8.6	5.3	3.3	-	-	-	-	-	-
	外国	-	66.7	40.0	13.3	13.3	-	-	-	-	-
女児	総数	0.0	6.7	5.1	1.2	0.2	0.0	0.0	-	0.0	0.1
	北海道	-	13.6	11.2	1.9	0.5	-	-	-	-	-
	東北	-	10.1	8.5	1.3	-	-	-	-	-	0.3
	関東1	0.0	5.7	4.1	1.0	0.2	0.1	-	-	-	0.3
	関東2	-	6.6	4.5	1.7	0.2	-	0.2	-	-	-
	北陸	-	8.8	6.8	2.0	-	-	-	-	-	-
	東海	-	6.9	5.5	1.0	0.3	-	-	-	0.1	-
	近畿1	-	4.8	3.2	1.3	0.3	-	-	-	-	-
	近畿2	-	1.9	1.2	0.8	-	-	-	-	-	-
	中国	-	9.0	6.9	1.4	0.2	-	-	-	-	0.5
	四国	-	10.0	8.3	1.7	-	-	-	-	-	-
	北九州	-	7.7	6.7	0.5	0.2	-	-	-	-	0.2
	南九州	-	3.7	2.1	0.5	-	-	1.0	-	-	-
	外国	-	50.0	28.6	14.3	7.1	-	-	-	-	-

【正】（構成割合）

性、地域ブロック			家庭教師								
				1週間の日数							
		不詳	総数	1日	2日	3日	4日	5日	6日	7日	不詳
総数	総数	0.0	100.0	72.1	19.7	2.8	0.8	1.0	0.2	0.8	2.8
	北海道	-	100.0	73.6	17.0	3.8	-	1.9	-	1.9	1.9
	東北	-	100.0	81.0	11.1	-	-	1.6	-	-	6.3
	関東1	0.0	100.0	71.7	18.5	2.1	1.3	0.9	0.4	0.9	4.3
	関東2	0.1	100.0	68.2	21.2	3.5	1.2	1.2	-	1.2	3.5
	北陸	-	100.0	83.9	16.1	-	-	-	-	-	-
	東海	0.0	100.0	70.3	20.9	3.4	1.4	1.4	-	0.7	2.0
	近畿1	0.0	100.0	63.1	30.0	3.1	0.8	-	-	0.8	2.3
	近畿2	0.2	100.0	60.7	35.7	-	-	-	-	3.6	-
	中国	-	100.0	75.0	15.3	2.8	-	-	-	1.4	5.6
	四国	-	100.0	78.6	14.3	7.1	-	-	-	-	-
	北九州	-	100.0	82.9	9.8	2.4	1.2	1.2	1.2	-	1.2
	南九州	0.2	100.0	60.7	32.1	-	-	7.1	-	-	-
	外国	-	100.0	58.8	23.5	17.6	-	-	-	-	-
男児	総数	0.1	100.0	69.2	21.2	2.4	1.0	1.2	0.3	1.2	3.3
	北海道	-	100.0	64.0	20.0	4.0	-	4.0	-	4.0	4.0
	東北	-	100.0	77.4	9.7	-	-	3.2	-	-	9.7
	関東1	0.0	100.0	70.4	20.0	0.9	0.9	1.7	0.9	1.7	3.5
	関東2	0.2	100.0	68.1	17.0	4.3	2.1	-	-	2.1	6.4
	北陸	-	100.0	87.5	12.5	-	-	-	-	-	-
	東海	0.1	100.0	61.5	26.9	2.6	2.6	2.6	-	-	3.8
	近畿1	0.1	100.0	60.8	31.6	1.3	1.3	-	-	1.3	3.8
	近畿2	0.3	100.0	60.9	34.8	-	-	-	-	4.3	-
	中国	-	100.0	72.7	15.2	3.0	-	-	-	3.0	6.1
	四国	-	100.0	73.7	10.5	15.8	-	-	-	-	-
	北九州	-	100.0	80.4	11.8	2.0	2.0	2.0	2.0	-	-
	南九州	0.4	100.0	61.9	38.1	-	-	-	-	-	-
	外国	-	100.0	60.0	20.0	20.0	-	-	-	-	-
女児	総数	0.0	100.0	75.6	17.8	3.2	0.4	0.6	-	0.2	2.1
	北海道	-	100.0	82.1	14.3	3.6	-	-	-	-	-
	東北	-	100.0	84.4	12.5	-	-	-	-	-	3.1
	関東1	0.0	100.0	72.9	16.9	3.4	1.7	-	-	-	5.1
	関東2	-	100.0	68.4	26.3	2.6	-	2.6	-	-	-
	北陸	-	100.0	77.3	22.7	-	-	-	-	-	-
	東海	-	100.0	80.0	14.3	4.3	-	-	-	1.4	-
	近畿1	-	100.0	66.7	27.5	5.9	-	-	-	-	-
	近畿2	-	100.0	60.0	40.0	-	-	-	-	-	-
	中国	-	100.0	76.9	15.4	2.6	-	-	-	-	5.1
	四国	-	100.0	82.6	17.4	-	-	-	-	-	-
	北九州	-	100.0	87.1	6.5	3.2	-	-	-	-	3.2
	南九州	-	100.0	57.1	14.3	-	-	28.6	-	-	-
	外国	-	100.0	57.1	28.6	14.3	-	-	-	-	-

定価は表紙に表示してあります。

平成30年２月15日　発 行

第　15　回

21世紀出生児縦断調査

（平　成　28　年）

編　　集　厚生労働省政策統括官（統計・情報政策担当）

発　　行　一般財団法人　厚生労働統計協会
郵便番号 103-0001
東京都中央区日本橋小伝馬町４－９
小伝馬町新日本橋ビルディング３Ｆ
電　話　03－5623－4123（代表）

印　　刷　統計印刷工業株式会社